W0244670

Whisky
Die Enzyklopädie

Eric Stephen, ehemaliger *warehouse manager* (Lagerhauschef)
bei Glenfiddich beim Degustieren aus einem Fass in einem der
Lagerhäuser.
Foto: William Grant & Sons Ltd.

Peter Hofmann

Whisky
Die Enzyklopädie

Kultur, Geschichte, Herstellung, Genuss
und die Whisk(e)y-Destillerien weltweit

AT Verlag

Hinweis zur Schreibweise

Wenn von Whisky im Allgemeinen die Rede ist, wird in diesem Buch die Schreibweise »Whisky« verwendet; Ausnahmen siehe Abschnitt »Whisky oder Whiskey?«, Seite 14.

© 2012
AT Verlag, Aarau und München

Lektorat · Petra Holzmann, München
Gestaltung und Satz · Peter Hofmann
Kartografie · Kartografie + Grafik Klaus-Peter Lawall, Unterensingen, www.karto-lawall.net
Bildaufbereitung · Vogt-Schild Druck, Derendingen
Druck und Bindearbeiten · Offizin Andersen Nexö, Leipzig
Printed in Germany

ISBN 978-3-03800-718-0

www.at-verlag.ch

Inhalt

Vorwort und Dank

Liebe Whiskyfreundin,
lieber Whiskyfreund,

die zweite, grundlegend überarbeitete Ausgabe meines Buches »Whisky – Die Enzyklopädie« liegt vor Ihnen. Dass es so weit kommen konnte, ist für mich wie ein Wunder!

Ursprünglich gab es lediglich eine Fülle von Reisenotizen, die nur mir selber als Erinnerung und Nachschlagemöglichkeit dienen sollten. Viele meiner Freunde waren aber der Meinung, dass meine Dokumentation auf großes Interesse stoßen würde. Sie haben mich richtiggehend dazu gedrängt, ein Buch über und um den Whisky zu schreiben. Ihnen und auch dem mutigen Verlag, der das Risiko eingegangen ist, einen solchen Schmöker herauszubringen, danke ich an dieser Stelle noch einmal ganz herzlich.

Derart ermutigt, schwebte mir bald ein Werk vor, das dem Whiskyliebhaber das Wichtigste zusammengefasst in einer leicht lesbaren und verständlichen Form präsentiert. Auch der visuelle Aspekt sollte nicht zu kurz kommen. Es war mir wichtig, das geschriebene Wort durch Bilder und Illustrationen in der richtigen Art und Weise zu veranschaulichen.

Mit Freude und auch ein bisschen Stolz erfüllt mich die Tatsache, dass Tausende diese doch in vielerlei Hinsicht gewichtige Enzyklopädie nicht nur gekauft, sondern auch lieb gewonnen haben. Das durfte ich aus unzähligen Mails, Gesprächen und Zuschriften erfahren. Ich hätte mir die weite Akzeptanz und den großen Erfolg des Buches nie vorstellen können.

Dass mein Buch auch national und international Anerkennung gefunden hat, ist ein weiterer Grund zur Freude.

Ein Dankeschön geht an die Jury der Historia Gastronomica Helvetica, die mir für die erste Auflage meines Buches den Schweizer Literaturpreis »Silberlorbeeren« verliehen hat. Ein ganz besonderes Erlebnis war es für mich auch, an der Frankfurter Buchmesse im Rahmen des Literarischen Wettbewerbs 2009 von der Gastronomischen Akademie Deutschlands e.V. eine Goldmedaille überreicht zu bekommen.

Einen großen Dank spreche ich auch denjenigen unter den großen Whiskybuch-Autoren aus, die mir positive Signale zu meinem Buch sandten und es bei der einen oder anderen Gelegenheit lobend erwähnten. Einige gaben mir zusätzlich wertvolle Inputs und Anstöße für diese neue Ausgabe. Ich habe sie dankbar aufgenommen und soweit als möglich bei der Neuauflage berücksichtigt.

Doch was erwartet Sie, liebe Whiskyfreundin, lieber Whiskyfreund, in der zweiten, überarbeiteten Auflage dieses Buches?

Im ersten Teil gehe ich auf Wissenswertes und Interessantes über die Geschichte und die Entwicklung der Techniken der Destillation und über die Whiskys und ihre Herstellung im Allgemeinen ein. Dabei sind neue Erkenntnisse und neue Entdeckungen geschichtlicher und verfahrenstechnischer Natur berücksichtigt worden. Nach einigen allgemeinen Informationen über die Haupt- und Unterarten von Whiskys gibt es einen vertieften Einblick in die Whiskyherstellung.

Diesem allgemeinen Teil folgt die Vorstellung verschiedener »Whiskyländer«. In dieser Auflage steht Schottland, das Königreich der Whiskys, an erster Stelle. Es ist das Land, in welchem meine Leidenschaft für dieses Edeldestillat geweckt wurde und in das es mich immer und immer wieder – und das nicht nur wegen den Whiskys – hinzieht.

Seit der ersten Auflage hat sich in Schottland einiges geändert. Neben der Neuformierung der Whiskyregionen durch die Scotch Whisky Association waren auch die Neueröffnungen, Schließungen sowie Aus- oder Abbauten von Kapazitäten in Destillerien zu berücksichtigen. In den gegenüber der ersten Auflage umfangreicheren Kapiteln über Irland, Kanada, die USA und der jüngsten Whiskynation Japan gab es ebenfalls einige Änderungen. Das Gleiche gilt für den Überblick über die weiteren whiskyproduzierenden Länder. Im Kapitel Europa umfasst der Abschnitt Großbritannien neu auch die Destillerien in England (Cornwall und Norfolk).

Das Kapitel mit den Destillerien in den deutschsprachigen Ländern habe ich für diese Auflage erweitert und umgestaltet. Damit entspreche ich einem viel geäußerten Wunsch der Leser der ersten Auflage. Auch über die Destillerien Afrikas, Asiens, Australiens und Neuseelands sowie Südamerikas sind neue Informationen eingeflossen.

Ein gesondertes Kapitel befasst sich mit Informationen zum Genießen von Whiskys. Dort finden Sie auch Tipps zu den Gläsern, die sich dafür am besten eignen.

Nicht aufgenommen habe ich die Anregung, die neue Auflage durch Benotungen von Düften und Geschmäckern der Whiskys aus den verschiedenen Destillerien und Produktionsländern zu ergänzen. Zum einen erscheinen jedes Jahr etliche Publikationen darüber. Sie sind jedoch oft schon in dem Moment, in dem sie auf dem Ladentisch liegen, nicht mehr aktuell, weil Jahr für Jahr die verschiedensten neuen Abfüllungen – überdies meistens in limitierten Auflagen – auf den Markt kommen. So kann beim besten Willen keine Veröffentlichung (außer im Internet natürlich) à jour sein. Zum anderen stellt sich die Frage, ob man sich beeinflussen lassen will, wie einem persönlich ein bestimmter Whisky schmecken soll? Die Geschmäcker sind nun einmal verschieden und der Genuss und die Empfindung bei einem Dram Whisky oft auch stark von der Tagesform abhängig. Und gerade dieses immer wieder neue Erfahren und Genießen gehört mit zum Interessantesten an diesem edelsten aller Destillate. Die »Geschmacks-Publikationen« können einem aber zumindest einen manchmal hilfreichen und informativen Überblick über die Geschmacksrichtungen und die Vielfalt an Abfüllungen geben. Aus diesem Grund mache ich als Orientierungshilfe auch in dieser Auflage bei den einzelnen Destillerien im Info-Kasten stichwortartige Anmerkungen zum Hausstil (das heißt zur generellen Geschmacksrichtung ohne Berücksichtigung von Fass-*finishings* und progressiven oder experimentellen Abfüllungen).

Es hat mir wieder enorm viel Spaß gemacht, die für die Überarbeitung notwendigen Informationen und Bilder auf Reisen durch die verschiedenen Länder zusammenzutragen. Es war und ist immer speziell, mit eigenen Augen zu sehen, selbst mit den Spezialisten zu sprechen, selbst zu erleben und selbst genießen zu dürfen. Und ich hatte in den eineinhalb Jahren, in welchen ich an dieser neuen Auflage arbeitete, viele wertvolle Wiedersehen und neue Begegnungen mit interessanten Menschen, von denen nicht wenige gute Freunde wurden. Ihnen verdanke ich eine Menge wertvoller Informationen und Erfahrungen.

Ein großes Dankeschön auch an alle Helfer, welche mir in den verschiedenen Whiskygebieten speziell für diese neue Auflage Kontakte geknüpft und Türen geöffnet haben, über oder durch welche ich zu den aktuellen Informationen kam. Die Wichtigsten unter ihnen möchte ich hier mit ihren Internetauftritten gerne vorstellen.
Irland: Heidi Donelon; www.irelandwhiskeytrail.com
Japan: Dr. John Hawkins; www.maison-de-stuff.net/john und Clint Anesbury; Whiskies R Us; whiskiesrus.blogspot.jp
Kanada: Chip Dykstra; therumhowlerblog.wordpress.com
USA: Greg Gilbert; bourbondork.blogspot.com
Sie haben mir im einen oder anderen Fall auch mit Fotos ausgeholfen.

Ein spezielles Dankeschön gehört meiner Partnerin, Dr. Annemarie Vetter, welche mich stark unterstützte, auf vielen Reisen begleitete und auch das eine und andere Bild beisteuerte.

Wie schon in der ersten Ausgabe stammen auch bei der Neuauflage die meisten Bilder von mir selbst. Einige Fotos wurden mir aber auch von Destillerien, Firmen, Organisationen oder Privatpersonen freundlicherweise zur Verfügung gestellt. Auch bei ihnen bedanke ich mich herzlich.

Ihnen allen wünsche ich jetzt viel Spaß beim Stöbern und Lesen in dieser wieder mit viel Herzblut geschaffenen neuen Auflage.

Ende August 2012   Peter Hofmann

Interessantes und Wissenswertes um und über Whisky

Überblick

In diesem ersten Kapitel werden verschiedene Fragen gestellt und beantwortet:

Warum gilt Whisky international als ungekrönter König der Destillate?

Wie wird das Wort geschrieben: Whisky oder Whiskey?

Wann, wo und von wem wurde das »Wasser des Lebens« *(water of life)* – wie Whisky auch genannt wird – erfunden?

Die Ausführungen über die Vor-Whisky-Zeit bieten einen kompakten Überblick über den langen Weg von der ersten Erzeugung von Alkohol bis hin zur Erfindung und Verfeinerung der Destillation. Erst auf der Grundlage dieses in jahrhundertelangen Versuchen erlangten Wissens und Könnens war es möglich, hochprozentigen Alkohol und damit auch Whisky zu destillieren.

Am Schluss dieses Kapitels werden die Hauptarten von Whisky vorgestellt.

Vorherige Doppelseite · Blick in eines der bis zu elfstöckigen Lagerhäuser der Destillerie Heaven Hill in Louisville (Kentucky, USA).

Whisky –
König der Destillate

Was ist das Besondere am Whisky? Warum gilt er international als ungekrönter König der Destillate? Weshalb gibt es kein anderes durch den Prozess der Destillation gewonnenes alkoholisches Getränk, das so sagenumwoben und von unzähligen Mythen umrankt ist? Whisky ist doch nichts anderes als ein durch Destillation aus einer Art Bier gewonnener Getreideschnaps, der während einer – durch das Gesetz des jeweiligen Landes – bestimmten Dauer in Eichenfässern gereift ist. Trotzdem, oder vielleicht gerade deshalb, ist er eines der wunderbarsten Getränke. Whisky hebt sich von den anderen Destillaten besonders durch seine beispiellos breite Geschmacksvielfalt ab.

Dem Genießer und Liebhaber stehen schon allein nur bei den schottischen Whiskys eine Unzahl Sorten mit unglaublich vielen unterschiedlichen Aromen und Geschmäckern zur Auswahl.

Und das gesamte Angebot ist noch viel größer: Außer den schottischen Whiskys gibt es die Whiskys aus England, Wales und die Whiskeys aus Irland (inklusive Nordirland), des Weiteren die Bourbons (nicht nur, aber vor allem jene aus Kentucky) sowie die Tennessee- und sonstigen Whiskyarten und Spezialitäten aus den USA. Nicht vergessen werden dürfen ebenfalls die Whiskys aus den verschiedenen Provinzen Kanadas mit ihren speziellen, weichen Noten. Oder die Whiskys aus der neuen, aufstrebenden Whiskynation Japan. Und daneben existieren auch noch all die anderen Whisky- und Whiskeysorten, die rund um den Globus destilliert werden.

Egal in welcher Stimmung man sich auch gerade befindet: Man wird immer einen Whisky finden, der zur momentanen persönlichen Verfassung passt. Und eine negative Stimmung wird beim Genießen eines schönen Whiskys sicher in eine positive umschlagen. Zumindest wird dies in einer alten schottischen Weisheit behauptet.

Und alte schottische Weisheiten stimmen immer ...

Ein Ständchen für den Nachwuchs eines der Könige der Destillate in einem Lagerhaus der Destillerie Jack Daniel in Lynchburg, Tennessee, USA.

Whisky oder Whiskey

Das Wort Whisky hat seinen Ursprung in den Begriffen *uisge beatha* (schottisch-gälisch) oder *uisce beatha* (irisch-gälisch). Beides bedeutet »Wasser des Lebens« und ist eine Übersetzung des lateinischen Ausdrucks *aqua vitae*, aus welchem zum Beispiel auch das französische *eau de vie* oder das skandinavische *Aquavit* abgeleitet wurde.

Das Wort »Whisky« selbst entsprang einer Verfremdung – um nicht zu sagen Verschandelung – durch die Engländer, die der gälischen Sprache nicht mächtig waren und deshalb gebräuchliche schottische Ausdrücke »abänderten«. Sie benutzten nach einer Zwischenform erst *usquebaugh* (sprich uisgibaff), und schließlich nur noch den ersten Teil dieses neuen Wortes. Aus diesem wurde zuerst *uisge*, dann *usky* oder *uisky*. Zu guter Letzt entstand das heute gebräuchliche Wort »Whisky«.

Nun aber einige Worte zur Schreibweise von Whisky beziehungsweise Whiskey:

Bis zum Ende des 19. Jahrhunderts wurde »Whisky« noch in allen whiskyproduzierenden Ländern meist ohne »e« geschrieben. Nur in Irland wurde bereits früher sowohl die Schreibweise »Whisky« als auch »Whiskey« verwendet. »Whisky« wird in den Wörterbüchern als schottisch-englische, »Whiskey« als irisch-englische (auch: hiberno-englische) Schreibweise definiert.

Ende des 19. Jahrhunderts begannen die irischen Destillerien generell damit, ihre Produkte »Whiskey« zu nennen. Sie wollten sich nicht nur durch ihre Destillate selbst, sondern auch durch deren Schreibweise von der damals vor allem Blends – mit zum Teil bedenklicher Qualität – produzierenden schottischen Konkurrenz abheben.

In den USA sind bis in die heutige Zeit beide Schreibweisen in Anwendung. Die Destillerien bestehen individuell auf der von ihnen als richtig angesehenen Schreibweise, welche auch mit der Herkunft ihrer Gründer zu tun hat. Dies, obwohl das staatliche Bureau of Alcohol, Tobacco and Firearms (Departement für Alkohol, Tabak und Feuer- resp. Schusswaffen) im Jahr 1968 entschied, dass Whisky ohne »e« zu schreiben sei. Ein paar Destillerien folgten der Vorschrift, andere blieben der Tradition verpflichtet und bei der Schreibweise »Whiskey«. Das staatliche Büro gab klein bei und akzeptiert heute beide Schreibweisen.

Generell kann man sagen, dass in der Regel die Schotten, Kanadier und Japaner die Schreibweise »Whisky« benutzen, die Iren und viele Amerikaner »Whiskey«. In den anderen Ländern der Welt orientiert sich die Schreibweise an dem jeweiligen Whiskytyp, der den Betreibern der dortigen Destillerien mehr oder weniger als Vorbild dient.

In diesem Buch wird in den allgemeinen Texten die schottische Schreibweise – also Whisky – verwendet. Werden andere Länder, ihre Destillerien und Produkte spezifisch beschrieben, kommt die dort bevorzugte Schreibweise zur Anwendung.

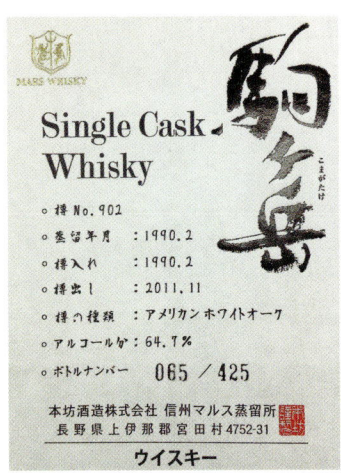

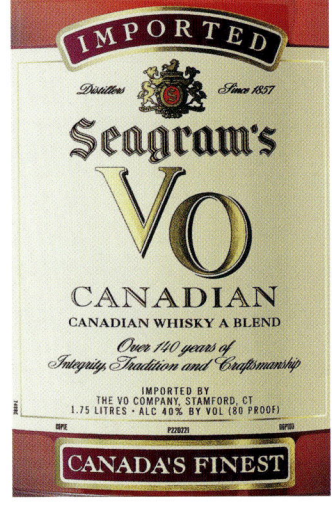

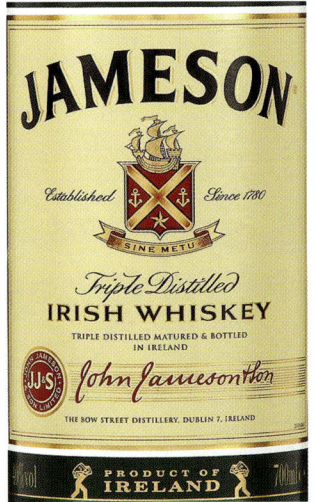

Obere Reihe links · Etikette des »Mars Single Cask« aus der Destillerie Shinshu Mars mit der für Japan üblichen Bezeichnung »Whisky«.

Obere Reihe Mitte · Die Destillerie Maker's Mark in Kentucky bezeichnet ihr Destillat auf der Etikette ihres »Kentucky Straight Bourbon« in der schottischen Schreibweise als »Whisky«.

Obere Reihe rechts · Etikette des Brora Single Malt aus dem schottischen Highland mit der für Schottland typischen Schreibweise Whisky.

Untere Reihe links · Im Gegensatz zu Maker's Mark bezeichnet die Jack Daniel Distillery in Tennessee auf den Etiketten ihren »Sour Mash« als »Tennessee Whiskey« und folgt damit dem Großteil der US-amerikanischen Destillerien, welche die irische Schreibweise bevorzugen.

Untere Reihe Mitte · Der »Seagram's VO« bezeichnet seine Art auf der Etikette als »Canadian Whisky« und wendet dabei die in Kanada übliche Schreibweise »Whisky« an.

Untere Reihe rechts · Der »Jameson« trägt wie alle »Irish Whiskeys« die für diese Insel – das heißt sowohl für das Gebiet der Republik Irland oder das zum Vereinigten Königreich von Großbritannien gehörende Nordirland – typische Bezeichnung »Whiskey«.

Die Vor-Whisky-Zeit

Überblick

Dieser Abschnitt über die Vor-Whisky-Zeit beginnt mit einem kompakten Überblick über die Entwicklung von der ersten Erzeugung von Alkohol, gewonnen aus Vergärung, bis hin zur Erfindung und Verfeinerung der Destillation und der dazu notwendigen Verfahren im Allgemeinen. Er gibt also einen Abriss über die Vorgeschichte der Whisky-Destillation.

Es ist jedoch auch heute noch extrem schwierig herauszufinden, wo, wann und mit welchem Erfolg das erste Mal destilliert wurde. Weil es sich bei der Destillation um eine alchemistische und bis ins Mittelalter geheim gehaltene Technologie handelt (man wollte eigentlich Gold herstellen und schuf bei dieser Gelegenheit etliche Nebenprodukte), gibt es viele sich widersprechende Quellen. (Als Alchemie wird ein Zweig der Naturphilosophie bezeichnet, aus dem sich ungefähr im 18. Jahrhundert die moderne Chemie und Pharmazie entwickelte.)

Um die Entwicklung der Destillation zu veranschaulichen, stelle ich hier eine Kombination der mir persönlich am ehesten Sinn machenden Geschichten, Spekulationen und Überlieferungen vor. Dabei wird die laufende Verbesserung der Techniken beziehungsweise der angewendeten Technologien in Text und Bild aufgezeigt.

Vom Parfüm zum alkoholischen Getränk

Urkunden belegen, dass Alkohol durch Vergärung mindestens seit dem Jahr 8000 v. Chr. (manche Quellen legen die Ursprünge sogar auf die Zeit um 10 000 v. Chr.) gewonnen wird. Aus dieser Zeit gibt es erste Quellen aus dem Vorderen Orient, aus denen hervorgeht, dass alkoholische Getränke aus Getreide hergestellt wurden (Bier). Vergorene Fruchtsäfte waren damals ebenfalls schon bekannt. Die ersten Darstellungen der Herstellung von Wein stammen aus dem 3. Jahrtausend v. Chr. aus dem alten Ägypten.

Die ersten Zeugnisse über die Technik des Destillierens datieren ebenso aus der Zeit um das Jahr 3000 v. Chr.

Das Wort »Destillation« stammt vom lateinischen *destillare*, was mit »herabträufeln« oder »abtropfen« übersetzt wird. Um destillieren zu können, braucht man die richtigen Hilfsmittel und Geräte. Die wichtigste Apparatur ist dabei der Brennhafen oder Destilliertopf. Die ältesten bei archäologischen Ausgrabungen gefundenen und identifizierten Destilliertöpfe stammen aus Mesopotamien (dem heutigen Irak). Sie werden auf die Zeit um 3000 v. Chr. datiert.

Ein ähnlicher Topf – er wird auf die Zeit um 2000 v. Chr. geschätzt – wurde in Afghanistan gefunden. Noch früher gelang es im fernen Osten den Chinesen mit Hilfe der Destillation ätherische Öle herzustellen, die man zur Herstellung von Salben einsetzte. Beispiele für solche ätherischen Öle waren Parfüms aus Rosen, Narzissen, Lilien, Lotusblumen, Veilchen und anderen wohlriechenden Pflanzen. Auch die Inder, Mongolen, Tibeter und andere Völker Asiens wandten eine der chinesischen Art ähnliche Destillation an. Destilliertöpfe dienten also zur damaligen Zeit nicht zur Herstellung von Alkohol, dazu waren sie noch nicht geeignet, sondern zum Destillieren von Riech- und Duftstoffen.

Die altertümlichen Destilliertöpfe bestanden aus einem Gefäß mit einem Deckel. Unter dem Gefäß wurde ein Feuer angezündet und damit die Flüssigkeit im Gefäß erhitzt. Der beim Erhitzen entstandene Dampf schlug sich am Deckel nieder und kondensierte (verflüssigte sich) an dessen kühler Oberfläche. Damit dieses Kondensat nicht wieder ins Gefäß zurücktropfen konnte, legte man auf ein unter dem Deckel angebrachtes Gitter Wollbüschel, teilweise auch Schwämme. Mit diesen wurde die herabtropfende Flüssigkeit aufgefangen. Die getränkten Wollbüschel oder Schwämme wurden dann über Gefäßen, in denen die Destillate aufbewahrt werden sollten, ausgepresst. Auf diese Art und Weise wurden, wie gesagt, vor allem Riech- und Duftstoffe, das heißt ätherische Öle gewonnen.

Das Wort Alkohol stammt aus dem Mittleren Osten und hat seinen Ursprung im arabischen Begriff »al-kuhl«. Es hat jedoch mit Alkohol im heutigen Sinne nichts zu tun. Die Bezeichnung »al-kuhl« stand damals für etwas sehr Feines oder Subtiles und war der Ausdruck für ein Antimonsulfit (genauer Name »Stibnit«), das sich leicht zu einem extrem feinen Pulver verreiben lässt. Dieses schwarze Pul-

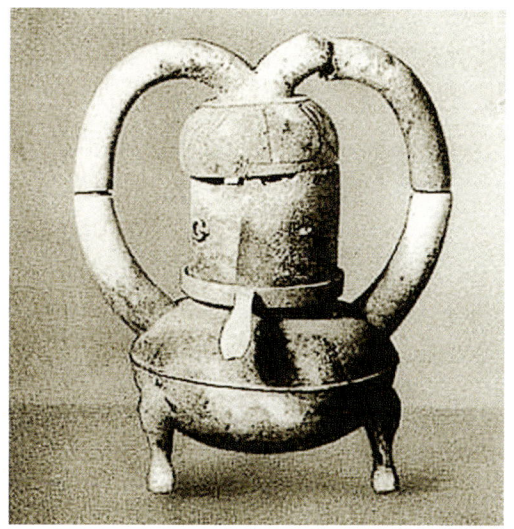

Rechts · Bildtafel aus Mesopotamien mit der Darstellung von Tätigkeiten und Utensilien im Zusammenhang mit der Herstellung alkoholischer Getränke und destillierter Essenzen.

Ganz rechts oben · Destillierapparat aus China (Han Dynastie, circa 100 v. Chr.).

Ganz rechts unten · Destilliergefäß mit Wollbüscheln auf einem Gitter zum Auffangen der destillierten Flüssigkeit.

A Destilliergefäß; B Feuer; C Gitter; D Wollbüschel

ver wurde mit Salben, denen man destillierte ätherische Öle zugab, vermischt. Die so entstandene schwarze Salbe wurde von den Ägypterinnen zu kosmetischen Zwecken, nämlich als Augen-Make-up, eingesetzt. Dadurch erhielt es bereits im alten Ägypten die Bedeutung »Augenschminke«.

Dass zu jener Zeit noch kein Alkohol – zumindest kein hochprozentiger – destilliert werden konnte, hatte einen ganz einfachen Grund: Bei der Destillation werden die verschiedenen Elemente, die in den zu destillierenden Flüssigkeiten enthalten sind, durch Kochen beziehungsweise Sieden getrennt. Die chemischen Elemente mit dem niedrigsten Siedepunkt verdampfen beim Erhitzen zuerst. Diese schnell flüchtigen Stoffe können nur durch Kondensation ihres »Dampfes« mit Hilfe eines Kühlsystems wieder aufgefangen werden.

Weil die alten Völker in Mesopotamien, Ägypten usw. noch keine Einrichtung zur Kühlung besaßen, funktionier-

te dieses Verfahren nur bei zu destillierenden Flüssigkeiten, deren Siedepunkt höher liegt als derjenige von Wasser, das bei 100 Grad Celsius verdampft.

Bei schweren ätherischen Ölen (Rosenöl usw.) ist dies der Fall. Nicht aber beim Alkohol. Dieser verdampft nämlich bereits bei ungefähr 78 Grad Celsius. Beim damals bekannten und anwendbaren Stand der Technik verflüchtigte er sich und konnte deshalb nicht als Destillat gewonnen werden.

Die Ägypter entwickelten in den folgenden Jahrhunderten die von den Mesopotamiern übernommene Technik der Destillation weiter. Sie kannten auch schon den später von den Griechen meistens eingesetzten Destillierhelm, griechisch *ambix*, lateinisch *alembicus*, arabisch *al-ambiq*. Von diesen Bezeichnungen leitet sich der später am meisten gebrauchte Begriff »Alembicus« ab. Im Alembicus gelangte der Dampf über einen sich verjüngenden Hals

Weitere Hinweise auf frühe Destillationsanwendungen gibt unter anderem die Bibel: Im alten Testament wird ein Getränk namens *maaim haaim* erwähnt, das die Herzen der Menschen erfreut haben soll. Dieser Ausdruck wurde später mit *aqua vitae* übersetzt.

Im ersten Jahrtausend nach Christus wurde vor allem in den arabischen Ländern die Technik der Destillation weiterentwickelt. So waren bereits das schonende Erhitzen im Wasserbad und auch die Wasserdampf-Destillation zur Herstellung von ätherischen Ölen und Duftölen aus Kräutern bekannt.

Diese schonenderen Verfahren erlaubten bedeutend feinere Prozessabläufe, dank denen auch Stoffe gewonnen werden konnten, die mit den alten Verfahren verloren gegangen waren. Die destillierten Flüssigkeiten und Öle wurden intensiver und aromatischer.

Mit dem Jahr 800 n. Chr. ist auf der Zeitlinie ein Punkt erreicht, ab der die Geschichte der Destillation gut dokumentiert ist. Das heißt, ab dann sind sich mehr oder weniger alle Quellen einig:

Um das Jahr 800 herum wirkten im Vorderen Orient und speziell in Persien einige berühmte Wissenschafter/Alchemisten, die neben anderen bahnbrechenden Entdeckungen auch die Destillationsmethoden stark verbesserten.

Maßgebend in dieser Hinsicht war vor allem Abu Musa Jabir ibn Hayyan (721–815), ein im Westen auch »Geber« genannter Alchemist, Pharmazeut, Philosoph, Astronom und Physiker. Seine im Mittelalter ins Lateinische übersetzten Schriften wurden zu Standardwerken der europäischen Alchemisten.

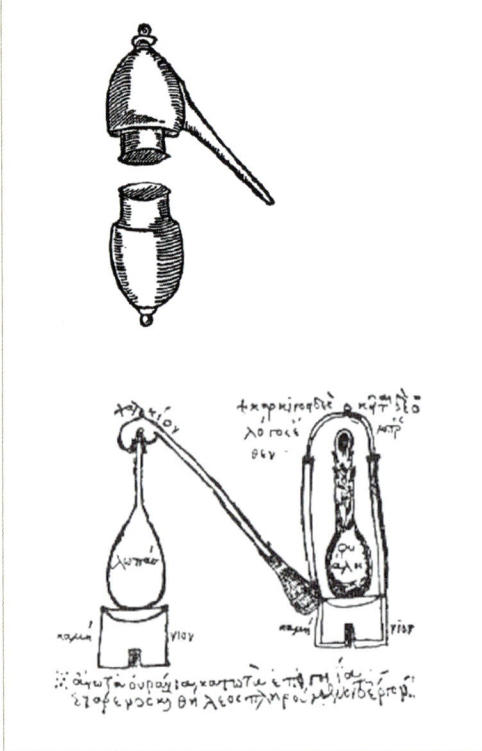

Linke Spalte · Bereits Nofretete benützte Parfüm, das durch einen Destillationsprozess gewonnen wurde.

Mittlere Spalte · Die obere Zeichnung zeigt die beiden Teile eines Alembicus (unten Boiler, oben Helm) ungefähr aus der Zeit zu Beginn unserer Zeitrechnung. Bei der unteren Illustration handelt es sich um Skizzen von Destilliergeräten aus altgriechischer Zeit.

Rechte Spalte oben · Die Schriften von Abu Musa Jabir ibn Hayyan (721–815) – einem im Westen auch »Geber« genannten Alchemisten und Wissenschafter – wurden im Mittelalter ins Lateinische übersetzt und zu Standardwerken der europäischen Alchemisten.

Rechte Spalte unten · Der persische Arzt Abu Bakr Muhammad Ibn Zakariya al-Razi (864–925) – auch Ar-Razi oder Rhazes genannt – setzte bereits vereinzelt durch Destillation gewonnenen Alkohol zu medizinischen Zwecken in seiner Praxis ein.

– meistens ein Rohr – in einen kugelförmigen oder konischen Helmaufsatz. Dieser besaß innen eine Auffangrinne. In dieser sammelte sich die destillierte Flüssigkeit und wurde durch ein weiteres Rohr in ein Auffanggefäß geleitet. Die Kühlung des Dampfes erfolgte durch die Luft, welche die relativ große Oberfläche des Helmaufsatzes umgab. Von den griechischen Destilliergeräten sind uns einige Typen in Skizzen überliefert.

Im 4. Jahrhundert vor Christus schrieb der griechische Gelehrte Aristoteles in einem seiner Werke, dass sich Meerwasser durch Destillation trinkbar machen lässt und dass Weine und andere Flüssigkeiten (wie zum Beispiel vergorene Fruchtsäfte) demselben Verfahren unterzogen werden können. Er erwähnte dabei eine entflammbare Ausdünstung des Weines. Das weist darauf hin, dass ein ungefähr 40- bis 45-prozentiger Alkohol (in diesem Fall Weinbrand) destilliert werden konnte. Eine alkoholische Flüssigkeit mit einem solchen Volumenprozentsatz brennt bei einer Umgebungstemperatur von ungefähr 20 Grad Celsius.

Und schon der persische Arzt Abu Bakr Muhammad Ibn Zakariya al-Razi (864–925) – er wurde auch Ar-Razi oder Rhazes genannt – hat durch Destillation gewonnenen Alkohol zu medizinischen Zwecken in seiner Praxis eingesetzt. Er fand unter anderem heraus, dass Alkohol eine sterilisierende und reinigende Eigenschaft hat. In seinen später ebenfalls ins Latein übersetzten Schriften auf dem Gebiet der Alchemie beschrieb al-Razi zum ersten Mal wissenschaftlich Apparaturen und Arbeitsverfahren der Destillation. Er arbeitete auch an der Verbesserung der Kühlung weiter.

Neben den Schriften dieser beiden gibt es noch weitere Belege von verschiedenen arabischen Alchemisten und Ärzten, in denen die Destillation von Alkohol aus Wein beschrieben wird. Es ist also sicher, dass bereits vor dem Jahr 1000 n. Chr. hochprozentiger Alkohol destilliert werden konnte.

Nicht nur im Vorderen Orient, sondern auch in Europa wurde – und dies vor allem in Italien – an Universitäten und Klöstern/Klosterschulen laufend an der Verbesserung der Destillier-Apparaturen gearbeitet. So versah man beispielsweise die Destillierapparate mit langen Kühlrohren.

Im 10. und 11. Jahrhundert wurden dann bereits größere Öfen, auf die mehrere kleine Destillierapparaturen gestellt wurden, eingesetzt. Diese konnten so gleichzeitig betrieben werden.

Die Stadt Salerno – südlich von Neapel am Mittelmeer gelegen – beherbergte im Mittelalter die erste und bedeutendste medizinische Schule außerhalb des arabischen Raums. Hier wurden auch die Werke von Jabir ibn Hayyan und anderen arabischen Alchemisten und Ärzten ins Lateinische übersetzt.

Eine interessante Quelle ist auch eine in lateinischer Sprache verfasste Handschrift aus den Anfängen des 12. Jahrhunderts mit dem Titel »Mappae clavicula« (übersetzt: kleiner Schlüssel zur Malkunst oder – in einer etwas freieren Übersetzung – zu mittelalterlichen Technologien). Dort findet man eine Formel zur Destillation von Branntwein. Diese Formel lautet:

> »Man mische zwei Teile reinen und sehr starken Wein mit einem dritten Teil Salz und koche ihn in einem diesem Zweck dienlichen Gefäß. So entsteht ein Wasser, welches angezündet eine Flamme ergibt, den Stoff selbst aber unverbrannt lässt.«

Es wird angenommen, dass die Autoren eine aus dem arabischen übersetzte Formel zitierten.

Ab dem 12. Jahrhundert verbreitete sich die Technik der Destillation von Alkohol sehr schnell über Italien hinaus vor allem nach Frankreich und Spanien. Die brennbare und zum Sterilisieren sowie zur Reinigung und Desinfektion geeignete Flüssigkeit fand vor allem in der Medizin breite Verwendung.

Im Mittelalter wurde in erster Linie an Universitäten und in den Klöstern destilliert. Dabei brannte man vor allem Wein zu Weinbrand (in Frankreich zunächst bekannt unter

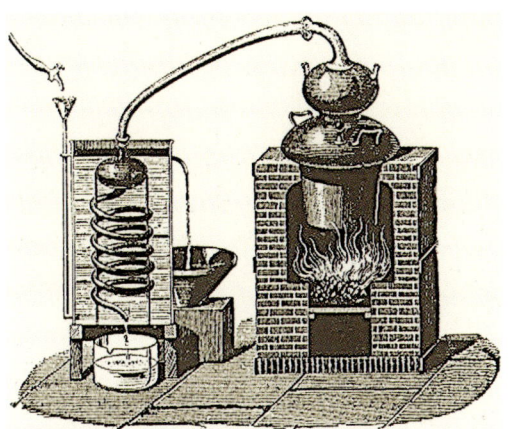

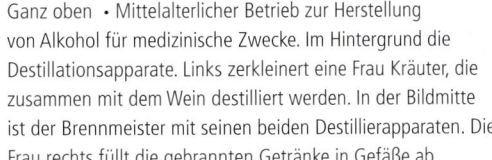

Ganz oben · Mittelalterlicher Betrieb zur Herstellung von Alkohol für medizinische Zwecke. Im Hintergrund die Destillationsapparate. Links zerkleinert eine Frau Kräuter, die zusammen mit dem Wein destilliert werden. In der Bildmitte ist der Brennmeister mit seinen beiden Destillierapparaten. Die Frau rechts füllt die gebrannten Getränke in Gefäße ab.

Mitte · Sogenannter Galerieofen mit mehreren Destillationsapparaten.

Unten: Bei diesem alten Destillierapparat wird das Kühlrohr durch ein mit Wasser gefülltes Fass geführt.

Mitte · Mittelalterliche Destilliereinheit mit geschlängelter Kühleinrichtung.

Unten · Die »Mohrenkopf« genannte Destillieranlage erhielt ihren Namen vom turbanähnlichen Aufbau.

dem Namen »Armagnac«, später auch als »Cognac«). Bereits damals destillierte man Flüssigkeiten auch mehrmals hintereinander, um hochprozentigeren Alkohol zu erhalten.

Dass man hochprozentigen Alkohol destillieren konnte, war der laufenden Weiterentwicklung der Destillierapparate oder -geräte und den Möglichkeiten zur Kühlung zu verdanken. Dafür gab es verschiedene Verfahren. Ein Typ der weiterentwickelten Apparate hatte beispielsweise ein Kühlrohr, das durch ein mit Wasser gefülltes Fass geleitet wurde.

Bei einer anderen Anlage war der Destillierkopf von einer großen Wasserschüssel umgeben. Weil das Gebilde wie ein Turban aussah, wurde diese Apparatur »Mohrenkopf« genannt. Mit Hilfe dieser Anlagen konnten bereits zur damaligen Zeit problemlos alkoholische Destillate hergestellt werden.

Sie stehen als Beispiele dafür, mit wie viel Ideenreichtum im frühen Mittelalter an der Weiterentwicklung der Destillationstechnik gearbeitet wurde.

Thaddäus Florentinus, ein Arzt und Gründer einer Medizinschule in Bologna (1223–1303), war wahrscheinlich der erste, der eine geschlängelte Kühlvorrichtung verwendete. Zumindest beschrieb er diese Technik in einem seiner zahlreichen Werke über medizinische Rezepte und Techniken rund um die Destillation. Er war es auch, der in seinen Schriften den bis dahin verwendeten Begriff *aqua ardens* (brennendes Wasser) – es wird so genannt, weil es brennbar ist – durch die Bezeichnung *aqua vitae* (Wasser des Lebens) – wegen seiner lebenserhaltenden Heilkraft – ersetzte.

Ab dem späteren Mittelalter wurden bei der Alkohol-Destillation auch Kräuter zugesetzt. So entstanden die für medizinische Zwecke einsetzbaren alkoholhaltigen Kräuterextrakte. Einige von ihnen – oder zumindest die ihnen zugrunde liegenden Rezepte – kennt man auch heute noch, beispielsweise den Melissengeist oder die Chartreuse.

Die Destillation wurde für die Herstellung von verschiedensten Heilmitteln genutzt. Wirksam waren diese – nach den mittelalterlichen Beschreibungen – zum Beispiel gegen Pest, Gicht, Cholera, Blasensteine, Husten, Heiserkeit, Zahnschmerzen, trübe Augen, Schwerhörigkeit usw. Häufig sollte ein und dasselbe Mittel gegen all diese Beschwerdeformen helfen.

Auch die berauschende Wirkung der gebrannten Getränke war damals schon bekannt. Hauptsächlich in den Gebieten rund um die Klöster und in den größeren Städten wurde den gebrannten Wassern schon bald stark zugesprochen. Nicht nur die Fürstenhäuser gehörten zu den Abnehmern der Destillate, nein, auch in den Wirts- und Gasthäusern nahm der Absatz stetig zu. Bald waren auch die ersten Anzeichen und Folgen von Alkoholmissbrauch zu spüren. Um diesem entgegenzuwirken, wurden Verbote erlassen. Diese griffen aber nicht.

So wurde von verschiedenen Regierungen im 15. Jahrhundert eine Maßnahme ergriffen, unter der die Liebhaber von Destillaten – also auch die Whisky-Genießer – heute noch zu leiden haben: Die Branntwein- oder Alkoholsteuer wurde eingeführt. Im Vordergrund stand bei dieser Maßnahme zwar der Gedanke an die Eindämmung des Alkoholmissbrauchs, ein nicht zu verachtender Nebeneffekt der Steuerabgaben bestand jedoch darin, dass die Herrscher in den Gebieten oder Ländern so auch am Tun ihrer destillierenden Untertanen mitverdienen konnten.

Doch zurück zur Destillation selbst. Immer noch im Mittelalter setzte der Gelehrte Hieronymus Brunschwig (1450–1512) einen weiteren Meilenstein in der Entwicklung der Destillation. Er wirkte in Straßburg im Elsass und schrieb bedeutende Bücher über Chirurgie und medizinische Destillation. In ihnen sind viele auch heute noch gültige Lehrsätze enthalten. In seinen Büchern über die Destillation werden die damals bekannten Destilliertechniken und die Rezepte für die verschiedensten Heilmittel sehr detailliert beschrieben und mit Abbildungen dokumentiert.

Gegen Ende des 15. Jahrhunderts war die Destilliertechnik genügend ausgereift und damit die Zeit gekommen, dass der König der Destillate, der Whisky, erfunden werden konnte.

Doppelseite aus einem der Destillierbücher von Hieronymus Brunschwig (1450–1512).

Die Erfindung des Whiskys

Wann, wo und von wem wurde das erste Mal Whisky, das aus Getreide hergestellte alkoholische Getränk, destilliert? Das weiß bis heute niemand wirklich.

Die Schotten streiten mit den Iren um die Ehre, den Whisky erfunden zu haben. Aber auch die Waliser aus dem Westen der britischen Halbinsel erheben für sich den Anspruch, die ersten Whiskybrenner gewesen zu sein. Und wer weiß, vielleicht war es jemand in Cornwall? Zeigt die Geschichte doch auf, dass vor Jahrhunderten auch in diesem Landstrich im Südwesten Englands ebenfalls Whisky gebrannt wurde.

Irland beruft sich auf eine Legende, die besagt, dass der irische Nationalheilige Sankt Patrick persönlich den ersten Whisky hergestellt hat.

Hier diese Legende in Kurzform: Der heilige Mann – er lebte von circa 389 bis 461 – saß einmal in Gedanken versunken an seinem Lagerfeuer. Über diesem Feuer brodelte in einem Topf vergorener Gerstenschleim. Der Dampf stieg in die kalte irische Luft auf. In dieser kühlte er ab und es bildeten sich Tropfen. Diese fielen in den leeren Trinkbecher von Sankt Patrick. Er stellte verwundert fest, dass sich dieses »Wasser vom Himmel« an den Fingern kälter anfühlte als Eis, doch im Gaumen prickelte und in der Kehle brannte wie Feuer ... So war der erste Whisky entstanden.[1]

Sicher belegt ist, dass Mönche und Priester die Kunst des Destillierens aus Italien und Frankreich nach Cornwall, Irland, Schottland und Wales – in welcher Reihenfolge auch immer, hier einfach alphabetisch aufgelistet – brachten. Sie lernten die Destillationstechniken unterwegs auf ihren durch längere Zwischenaufenthalte in Klöstern unterbrochenen Pilgerreisen nach Rom. In den meisten dieser Klöster Frankreichs und vor allem Italiens wurde bereits destilliert. Die Mönche von den britischen Inseln hatten bei ihren Klosteraufenthalten genügend Zeit, sich in die Geheimnisse der Destillation einweihen zu lassen und die Technik des Brennens von alkoholischer Medizin zu erlernen. Wieder zurück in Irland, Schottland, Cornwall und Wales stellten sie dann mit Hilfe ihres erworbenen Wissens das erste *uisge beatha* aus Getreide, genauer gesagt aus einem daraus gewonnenen Bier her. Sie konzentrierten sich auf dieses Aus-

gangsprodukt, weil in keinem ihrer Gebiete Reben wuchsen, Getreide aber in ausreichender Menge vorhanden war.

Der schottische Gelehrte Douglas Young – er lebte Ende des 15., Anfang des 16. Jahrhunderts – spottete über die in Cornwall und Wales, besonders aber über die in Irland hergestellten Getreidedestillate: Man hätte sie höchstens zum Einreiben von kranken Maultieren verwenden können. Trinkbar sei das *uisge beatha* erst geworden, als man sich in Schottland intensiv damit zu befassen begann und die Brennprozesse verbesserte und perfektionierte. Diese Aussage bestätigt die Vermutung, dass die Destillate in Schottland nicht nur für den medizinischen Bedarf genutzt wurden. Doch wahrscheinlich war dieses andere Einsatzgebiet nicht beabsichtigt und hat sich rein zufällig ergeben ...

Den ältesten Beweis für die Herstellung eines Getreidedestillates (und damit von Whisky) findet man in einem Dokument vom 24. August 1494, es stammt aus dem kleinen Örtchen Falkland im ehemaligen Königreich Fife (nördlich von Edinburgh, Schottland). Darin hält der Zahlmeister des damaligen Königs in einer Schatzkammerrolle fest, dass an jenem Tag in dessen Namen an einen Klosterbruder mit dem Namen John Cor acht Boll (1 Boll = 211,5 Liter = circa 140 kg) Getreide für die Zubereitung von *aqua vitae* geliefert wurden. (Mit dieser Menge Gerste könnten mit der heutigen Destillationstechnik ungefähr 750 bis 800 Liter Whisky produziert werden.)

John Cor brannte in der Klosterdestillerie der Lindores Abbey in der Nähe von Falkland. Der Besteller war König James IV., der beliebteste König aus dem Hause der sonst eher unbeliebten und recht eigensinnig und nicht volks-

Links • Sankt Patrick, der Nationalheilige Irlands, der Erfinder des Whisk(e)ys? (Ikone)

Rechts • König James IV. (1473–1513) führte mit der Bestellung von Whisky zu einem Eintrag in eine Rolle seiner Schatzkammer. Diese Rolle wurde zum ältesten Beweisstück für die Whiskyherstellung auf der Welt.

nah regierenden Stuarts (früher: Stewarts). Doch er war nicht nur König, sondern auch Gelehrter und beherrschte viele (einige Quellen sprechen von 10) Sprachen. Er war ebenfalls Arzt, daher kann man ziemlich sicher sein, dass das *uisge beatha* wirklich medizinischen Zwecken diente. Allerdings wurde dem jungen König auch nachgesagt, dass er – vor allem gegen Ende seines kurzen Lebens, er wurde nur 40 Jahre alt – eine große Vorliebe für *aqua vitae* oder *uisge beatha* hatte.

Dieses Dokument aus Falkland lässt den Schluss zu, dass Schottland die älteste Whiskynation der Erde ist. Diese erste schriftliche Erwähnung der Herstellung von *aqua vitae* in Schottland ist aber auch in anderer Hinsicht bedeutsam: Sie enthält den ersten urkundlichen Beleg, dass man dieses Getränk aus Getreide destillierte, und nicht aus Wein – wie lange Zeit von Schulen und Universitäten (nicht nur Großbritanniens) angenommen wurde.

Bei der Erforschung der Geschichte berühmter Spirituosen ist es generell schwer, eine Grenze zwischen Legende und Wirklichkeit zu ziehen. Beim Whisky ist dies so gut wie unmöglich: Mythologie und Wirklichkeit gehen nahtlos ineinander über.

---

[1] Der heilige Patrick stammte gemäß der einen Quelle aus Old Kilpatrick in der Nähe von Dumbarton in Schottland. Er wurde dort als Sohn eines Beamten einer vor Ort stationierten römischen Legion und einer Keltin geboren. Nach einer anderen Quelle wurde er als Sohn wohlhabender Eltern im Örtchen Bannaventa Berniae in Wales geboren und trug eigentlich den Namen Maewyn. Ob nun das eine oder das andere stimmt: Nach beiden Versionen war Sankt Patrick also ursprünglich ein Halbschotte/Halbrömer oder Waliser. Das würde allerdings bedeuten, dass doch kein Ire Erfinder des Whisk(e)ys war ...

Die Whisky-Hauptarten

Whiskys können grundsätzlich in zwei Hauptgruppen eingeteilt werden: in Unblended (ungemischte) und Blended (gemischte) Whiskys.

Ausgangs- oder Rohprodukt für diese beiden Whisky-Hauptgruppen ist immer Getreide. Aus diesem gewinnt man durch Gärung eine dem Bier ähnliche alkoholhaltige Flüssigkeit, die anschließend destilliert wird.

Unblended Whiskys

Für die Herstellung von Unblended Whiskys darf jeweils nur eine einzige Getreidesorte verwendet werden. Je nach Getreidesorte werden sie als Malt- (Malz), Corn- (Mais), Rye- (Roggen), Wheat- (Weizen) Whiskys usw. bezeichnet. Unter Malt (Malz) wird grundsätzlich immer durch den Prozess des Mälzens behandelte Gerste verstanden.

Diese Whiskys dürfen auf verschiedene Arten beziehungsweise in verschiedenen Verfahren destilliert werden. Bei einem Unblended Whisky ist in einigen Ländern das Mischen von Whiskys aus einer einzigen Getreidesorte gestattet. Das Mischen (Blenden) mit aus anderen Getreidearten gebrannten Whiskys ist jedoch nicht erlaubt.

Der maximale Alkoholgehalt der Destillation (das heißt, bis zu welchem Volumenprozent destilliert werden darf), die Art und die Dauer der Lagerung unterliegen den gesetzlichen Vorschriften der betreffenden Länder.

Unblended Whiskys werden in den schottischen Destillerien in zwei verschiedenen Destillationsprozessen hergestellt, die sich vor allem durch die eingesetzte Technologie unterscheiden.

Das *pot still*-Verfahren

Pot stills werden die kupfernen Brennblasen genannt. Ihre Form erinnert meistens an einen Kessel mit einem Schwanenhals. Die Whiskys werden in diesen *stills* in einzeln aufeinanderfolgenden, also in unterbrochenen (man gebraucht dafür auch das schöne Wort »fraktioniert«) und nicht in kontinuierlichen Produktionsschritten destilliert. Zwischen den einzelnen Brennprozessen müssen die *stills* jedes Mal geleert und gereinigt werden.

In *pot stills* werden heute in Schottland (von experimentellen Arten einmal abgesehen) nur noch Malt-Whiskys gebrannt. Topprodukte unter diesen sind die Single Malt-Abfüllungen. Für einen Single Malt wird immer nur reines Gerstenmalz verwendet.

In den *pot stills* wird in der Regel in zwei Durchläufen bis zu einem Alkoholgehalt von 74 Prozent destilliert. In Ausnahmefällen kommt auch in Schottland die in Irland überwiegend praktizierte dreifache Destillation zur Anwendung (zum Beispiel in der Destillerie Auchentoshan). Mit ihr wird ein Alkoholgehalt von bis zu 82 Volumenprozent erreicht.

Einige der *pot stills* in der Destillerie Glenfiddich in Dufftown (Speyside).

Die Kolonnenbrennerei · Als *pot still* wird seit ein paar Jahrzehnten sehr oft auch die unter dem Begriff »Kolonnenbrennerei« eingesetzte *still*-Art bezeichnet. Diese meist von einem der weltweit berühmten deutschen Hersteller stammenden Brennapparate sind im Prinzip eine Mischung zwischen einer *pot* und einer *continuous still*. Man trifft diese Typen mehr oder weniger auf der ganzen Welt an. Diese *stills* erlauben es dank dem speziellen Aufbau, Whiskys bereits in einem Durchlauf zu brennen.

Es gibt jedoch sehr viele Destillerien, die Whisky auch in den Kolonnenbrennereien zweimal destillieren.

Unten · Einer von vielen unterschiedlichen Typen von Kolonnenbrennanlagen, wie sie in vielen kleinen, sogenannten Micro-Destillerien eingesetzt werden (Carl GmbH, Eislingen).

Unten rechts · Die *column stills* der Grain-Destillerie Girvan in der Nähe der gleichnamigen Stadt an der Westküste erinnern an eine Raffinerie.

Das *continuous, column oder Coffey still*-Verfahren

In einem kontinuierlichen Prozess werden keine *pot stills* eingesetzt, sondern hohe, säulenartige Destillierapparate. In Schottland werden in ihnen die Grain-Whiskys produziert. Es handelt sich dabei im Gegensatz zu den *pot stills* um industrielle Anlagen, deren Aussehen stark an die einer Raffinerie erinnert.

Während die *pot stills* nach jedem Destillationsprozess geleert und gereinigt werden müssen, können die *continuous* oder *Coffey stills* ohne Unterbrechung betrieben werden. Reinigungen sind nur intervallmäßig, aber nicht produktionsbedingt notwendig.

In anderen Ländern werden oft sogenannte *column stills* eingesetzt. Sehr oft wird dabei in nur einer solchen *still* destilliert. Meist wird aber das in ihr produzierte Destillat noch einer zusätzlichen Destillation in einem speziell dazu konstruierten Apparat (*doubler, thumper, kettle* usw.) unterzogen. Auf diese Typen wird bei den Ländern, in denen sie eingesetzt werden (zum Beispiel Japan, Kanada, USA) näher eingegangen.

Der Alkoholgehalt des in den kontinuierlichen Brennapparaten erreichbaren Destillates ist bedeutend höher als der aus den *pot stills*: Er beträgt bis zu knapp 95 Prozent, wobei aber bei der Whiskydestillation meistens niedrigere Werte gefahren werden.

Blended Whiskys

Blended Whiskys werden, nomen est omen, geblended, also gemischt. Sie werden durch den *Master Blender* (männlich oder weiblich) in darauf spezialisierten Firmen nach Rezepturen »aufgebaut«, wie das Fachwort für diese Tätigkeit heißt. Es handelt sich dabei um eine hoch spezialisierte Arbeit, ist doch der Geschmack eines Whiskys von Fass zu Fass verschieden.

Die *Master Blender* können sich nicht auf fixe Rezepte stützen. Sie müssen bei jeder Produktion am Grundrezept Anpassungen vornehmen, damit die Blended Whiskys ihrer Marke immer den gleichen Geschmack haben.

Die Whiskyherstellung

Überblick

In diesem Kapitel wird die Herstellung von Malt-Whisky einerseits und Grain-Whisky andererseits erklärt. Als Erstes werden die benötigten Grundmaterialien, Zutaten sowie Hilfsmittel und -materialien beschrieben.

Die Darstellung der Herstellungsarten und -technologien erfolgt am Beispiel von Schottland. Die dort seit vielen Jahrzehnten, teilweise sogar seit mehreren Jahrhunderten angewandten Herstellungsmethoden werden grundsätzlich in ähnlicher Art und Weise auch in den Destillerien in den anderen Ländern der Erde eingesetzt. Sollten wesentliche Unterschiede zu den schottischen Methoden bestehen, werden diese Eigen- und Besonderheiten bei den betreffenden Ländern behandelt.

Vorherige Doppelseite · Das hochmoderne *stillhouse* der Destillerie Glenburgie in der Speyside.

Die Herstellung von Malt-Whisky

Für die Herstellung eines Malt-Whiskys braucht man zum einen verschiedene Rohmaterialien und Zutaten, zum anderen benötigt man die für die Prozesse und Lagerung notwendigen Anlagen, Hilfsmaterialien und -mittel.

Und es braucht noch etwas: Geld, viel Geld! Müssen doch für einen Whisky bereits vor, während und knapp nach der Herstellung alle Material- und Produktionskosten bezahlt werden. Der Whisky selbst kann aber frühestens nach drei Jahren und einem Tag (das ist in Schottland und vielen anderen Ländern die gesetzlich vorgeschriebene Mindestlagerzeit) verkauft werden. Ein Single Malt wird sogar meistens noch viel später verkauft, nämlich dann, wenn er nach zehn und manchmal viel mehr Jahren Fasslagerung seine volle Reife erreicht hat.

Das gibt eine Vorstellung davon, warum man über große Geldmittel verfügen muss, um eine Destillerie eröffnen und dann vor allem erfolgreich betreiben zu können.

Einige Destillerien verkaufen – und das sei hier ebenfalls erwähnt – einen Teil des produzierten neuen Destillats direkt nach der Produktion an Blendingfirmen. Das noch nicht als Whisky bezeichnete Destillat wird mit Tanklastwagen abgeholt und erst in den Lagerhäusern der Käufer in Fässer abgefüllt und gelagert. Auf diese Weise können etablierte Destillerien zumindest einen Teil der Produktion sofort verkaufen.

Die Hauptbestandteile eines Malt-Whiskys

Wasser

»You must know: God is washing his flowers in Scotland very often.« [1]

Dieser Ausspruch einer Taxifahrerin in Glasgow – das Auto schwamm im Regenwasser – sagt eigentlich alles. Lautet doch die typische Wetterprognose in Schottland: »Wenn es nicht regnet, wird es sicher bald beginnen.«

Und doch sollte man sich nicht grämen, denn das, was einen in Schottland – manchmal auch überraschend – so schön nass macht, ist einer der wichtigsten Bestandteile jedes Whiskys. Wasser wird für die Whiskyherstellung gleich mehrere Male benötigt:

Zuerst braucht man es zum Einweichen der Gerstenkörner. Anschließend wird mit Hilfe von Wasser der zuckerhaltige Anteil aus der gekeimten Gerste herausgewaschen. Später wird Wasser benötigt, um die Kondensatoren zu kühlen, in denen sich die Alkoholdämpfe während des Destillationsprozesses wieder verflüssigen. Dann wird das neue Destillat meistens vor dem Abfüllen in die Eichenfässer mit Wasser auf einen Alkoholgehalt von in der Regel 63,5 Prozent reduziert. Und noch später, nach Beendigung des Reifeprozesses des Whiskys in den Fässern, wird dieser mit Wasser auf Trinkstärke verdünnt, falls er nicht in Fassstärke, das heißt wie er dann gerade ist, abgefüllt wird.

So ist es nicht verwunderlich, dass die meisten Destillerien in der Nähe von reichlich sprudelnden Quellen oder Flüssen mit gutem, klaren Wasser liegen. Fast alle sind an Flüssen oder Bächen zu finden, aus denen Wasser – zumindest das für die Kühlung der Kondensatoren – entnommen werden kann.

Wenn das Quellwasser durch Torf (also durch ein Moor) gesickert ist, färbt der Geschmack von Torf auf das Wasser ab. Wird das Wasser für den Whisky selbst verwendet, geht der Geruch (oder Geschmack) dieses Wassers das erste Mal während des Herstellungsprozesses (Einweichen) und ein zweites Mal beim Verdünnen in den Whisky über.

---

[1] Zu deutsch: »Sie müssen wissen: Gott wäscht seine Blumen in Schottland sehr häufig.«

Gerste

Schottische Malt-Whiskys werden wie bereits erwähnt ausschließlich aus reiner, gemälzter Gerste hergestellt. Bei der Gerste *(barley)* unterscheidet man zwei Hauptarten: Es gibt zweireihige (oder zweizeilige) und sechsreihige (sechszeilige) Gerste. Die Unterscheidung beruht auf der Anzahl von Kornreihen an einer Ähre. Für die Whiskyherstellung setzt man in der Regel die zweireihige (oder zweizeilige) Gerste ein, weil ihre Körner größer, gleichmäßiger und deshalb ergiebiger sind. Die Getreideproduzenten-Verbände teilen Gerste in neun Qualitätsklassen ein. Für die Malt-Whisky-Produktion wird nur Gerste der besten drei Klassen verwendet. Das bedeutet: Nur ungefähr 20 Prozent einer normalen Ernte ist für das Mälzen geeignet.

Viele Destillerien in Schottland behaupten auch heute noch, dass die beste Gerste aus Schottland selbst kommt. Wahr ist auf alle Fälle, dass die kalten, langen und dunklen schottischen Winter – vor allem im Hochland – die Insekten im Boden töten. Dadurch wird die Behandlung des Korns mit den umstrittenen Pestiziden weitgehend überflüssig. Im Sommer dagegen ist es sehr lange hell. Dies hilft mit, dass sich die Gerstenkörner gut entwickeln und mehr Aromastoffe bilden können.

Die Bauern im schottischen Hochland sind wirklich zu bewundern. Sie bauen ihre Gerste auf Böden an, die keine große Ausbeute zulassen und bei denen sie damit rechnen müssen, dass im Sommer Stürme die ganze Ernte vernichten. Ihr Kampf ist eindrucksvoll, aber auf die Dauer doch ein wenig fragwürdig. Um überleben zu können, pflanzen die Bauern vermehrt neue Sorten an, die widerstandsfähiger sind und größere Erträge ermöglichen. Dabei kommen die verschiedensten Gerstenarten respektive -züchtungen zur Anwendung. Einzelne Malt-Destillerien wechseln die Sorten sehr oft. Dabei werden immer mehr die altbekannten Typen wie zum Beispiel Golden Promise oder Optic durch neue Züchtungen wie Concerto, Oxbridge, Pearl, Westminster usw. abgelöst.

Der laufend steigende Bedarf der Destillerien kann durch die schottischen Farmer schon seit Jahren nicht mehr gedeckt werden. Je mehr der Verbrauch ansteigt, desto kleiner wird der Anteil an schottischer Gerste im Whisky. Immer mehr Gerste wird – und dies häufig bereits in gemälzter Form – aus England, Frankreich und anderen Ländern importiert.

Oben · Sechszeilige (sechsreihige) Gerste.

Unten · Die für die Herstellung von Whisky meistens verwendete zweizeilige oder zweireihige Gerste.

Zutaten und Hilfsmittel

Hefe

Für die Malt-Whisky-Herstellung braucht man nur eine Zutat, nämlich Hefe. Warum ist sie für den Herstellungsprozess unverzichtbar? Weil Hefe bei der Whiskyherstellung dafür sorgt, dass die aus der gemälzten Gerste gewonnene Zuckerlösung im Gärbottich zum großen Teil in Alkohol umgewandelt wird.

Hefen sind den Pilzen verwandte Mikroorganismen, die in Kulturen gezüchtet werden. Ihre Zellen sind mit bloßem Auge nicht erkennbar. In einem Gramm Hefe sind ungefähr zehn Milliarden Zellen enthalten. Wie Pilzsporen können auch Hefen jahrelang schlafen. Sie erwachen jedoch schlagartig, wenn sie auf die richtige Nahrung – im Fall der Whiskyherstellung auf Zucker – stoßen. Sie stürzen sich darauf und benutzen die Stärke als Nahrung. Das hat drei verschiedene Reaktionen zur Folge: Ihre Zellen vermehren sich und zwar so schnell, dass sich ihre Zahl innerhalb von zwei Stunden verdoppeln kann. Ein weiterer Effekt ist, dass der Zucker in erstaunliche Mengen Alkohol umgewandelt wird. Bei diesem Vorgang fällt als Nebenprodukt auch Kohlendioxid an. Daneben erzeugt die Hefe während des Gärprozesses Wärme.

Es gibt verschiedene Hefearten oder -stämme. So kann sich eine Art für ein bestimmtes Einsatzgebiet eignen, für ein anderes jedoch völlig untauglich sein. Würde man beispielsweise Bierhefe für die Herstellung von Brot einsetzen, würde dieses bitter schmecken. Die Hefe gibt dem Whisky einige wichtige Geschmacksnoten mit: Sie kann ihn je nach Art der verwendeten Kultur milchig, fruchtig, bitter oder süß machen.

Aus diesem Grund besitzen viele Destillerien eigene Hefekulturen, die über Jahrzehnte immer weiter gezüchtet werden und ihren Destillaten einen besonderen Geschmack verleihen. Andere Destillerien kaufen Hefen aus zentralen Kulturen zu, sei es getrocknet in Klumpen, in Pulverform oder flüssig.

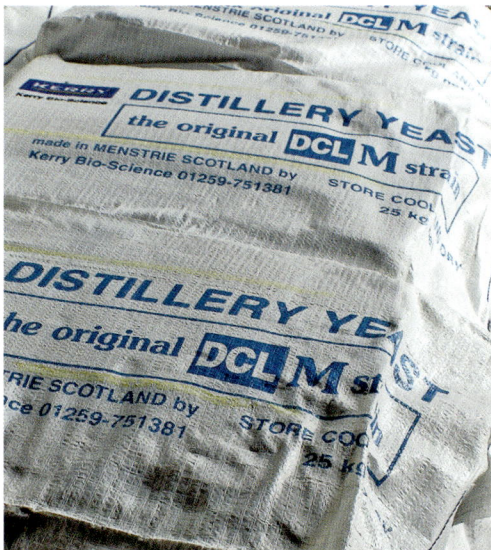

Mittlere Spalte oben • Die trockene Destilleriehefe *(Distillery Yeast)* wird in Pulverform in Säcken angeliefert.

Mittlere Spalte unten • Trockenhefe

Rechte Spalte oben • Die Hefe wird in einem speziellen Tank für ihren Einsatz vorbereitet.

Rechte Spalte unten • Flüssighefe

der »Clynelish« mit 30 ppm Phenolgehalt. Am meisten getorft sind die Whiskys von der Insel Islay, wo der Whisky von Ardbeg mit 50 ppm Phenol bei den normalen Abfüllungen einer der Rauchigsten ist. Er wird neuerdings jedoch von einigen noch extremer rauchigen Malts aus der Destillerie Bruichladdich – sonst eher bekannt für nicht rauchige Whiskys – übertroffen. Auch andere Destillerien beteiligen sich an dem Wettbewerb: »Wer produziert den rauchigsten Whisky?« Über dessen Sinn lässt sich streiten.

Nicht gestritten wird jedoch über die Gefäße, in denen Whisky gelagert wird, ja gelagert werden muss: Eichenfässer!

<hr>

[1] Phenol ist die Bezeichnung für die aromareichen chemischen Bestandteile, die der Whisky aus dem Torf aufnimmt. Chemisch gesehen handelt es sich dabei um Derivate von Hydrocarbonat. Sie werden in ppm (*parts per million* oder Anteile auf eine Million) gemessen.

Linke Spalte · Torfstechen ist eine harte Arbeit.

Mittlere Spalte · Torffeld

Rechte Spalte und unten · Industrieller Torfabbau

Torf

Torf war und ist in Schottland für die Whiskyherstellung wichtig und bedeutend. Früher war Torf – zusammen mit Holz – ein wichtiger Brennstoff, heute ist er in erster Linie Lieferant für den Rauchgeschmack in den Whiskys wie zum Beispiel in den meisten von der Insel Islay.

Torf besteht aus verrotteten Moorpflanzen (Moosarten, Heidekräutern und Gräsern). Seine Zusammensetzung hängt vom jeweiligen Torfmoor und der Vegetation zum Zeitpunkt seines Entstehens ab. Für die Entstehung braucht Torf viel Regen und kühle Temperaturen. In einem mit Wasser voll gesogenen Boden bildet sich aus den verrottenden Pflanzen im Laufe der Jahre eine immer dicker werdende Torfschicht. Es gibt in Schottland Torfmoore, die über 10 000 Jahre alt sind und in denen die Torfschicht eine Dicke von bis zu 10 Metern erreicht.

Torf darf in Schottland mit wenigen Ausnahmen nur durch Handarbeit (Torfstechen) gewonnen werden. Stechen von Hand ist eine harte und schwere Arbeit: Der Torf wird in Form von Ziegeln aus dem Moor gestochen, diese werden für etwa zwei Wochen auf dem Boden ausgelegt und danach, wenn sie sich verfestigt haben, zu kleinen Pyramiden aufgeschichtet. In dieser Form müssen die Ziegel für längere Zeit getrocknet werden, bevor sie als Brennstoff dienen können.

Es gibt heute in Schottland nur noch drei Gebiete, in denen Torf großflächig industriell abgebaut und verarbeitet werden darf. Die Lizenz für die industrielle Torfgewinnung ist jedoch zeitlich und mengenmäßig begrenzt. Der Abbau wird streng kontrolliert.

In den Destillerien wurde Torf früher für das Trocknen des Malzes und zum Heizen der *stills* eingesetzt. Das wird aber seit längerer Zeit nicht mehr gemacht. Vielmehr wird

er heute in den Whisky-Destillerien oder in den großen Mälzereien dem Darr- oder Trockenfeuer aus Kohle beigegeben, um dem Malz den gewünschten, mehr oder weniger stark torfigen beziehungsweise rauchigen Geschmack zu verleihen.

Schottische Destillerien haben unterschiedliche Einstellungen zum Torfen. So torft zum Beispiel die Destillerie Glengoyne ihre Whiskys überhaupt nicht.

Die Destillerien in der Speyside torfen ihre Whiskys normalerweise mit 2 bis 8 ppm Phenol[1]. Noch mehr Torfgehalt haben beispielsweise der »Highland Park« mit 20 ppm und

28

Fässer

Seit wann Fässer zur Lagerung und Reifung von Whisky verwendet werden, ist nicht genau bekannt. Man weiß aber, dass die Kelten die Erfinder der Holzfässer waren. Sie haben die Fässer aus Dauben zusammengesetzt, auf beiden Seiten mit einem Boden verschlossen und mit Ringen zusammengehalten. Die Holzfässer wurden dann zum Transport und zur Lagerung von Lebensmitteln und Flüssigkeiten, darunter auch Wein, verwendet. Wahrscheinlich bemerkte man schon damals, dass ein Wein, der länger im Fass war (zum Beispiel auf einem langen Transportweg), besser wurde. Durch die Römer lernten dann auch die Länder des europäischen Festlandes dieses Aufbewahrungs- und Transportmittel kennen.

Heute werden in allen Whisky produzierenden Ländern in der Regel Eichenfässer eingesetzt, zum Teil ist dies sogar gesetzlich vorgeschrieben. Der Grund dafür, warum gerade Eichenfässer verwendet werden, ist nicht zweifelsfrei geklärt. Wahrscheinlich ist dies aber auf den Handel mit Wein zurückzuführen. Die Engländer liebten die süßen Weine. Ihr Handelspartner dafür war Frankreich. Wegen den sich über Jahrzehnte hinziehenden Unstimmigkeiten mit Frankreich nahmen sie Handelsbeziehungen zu Spanien und Portugal auf. Von dort importierten sie dann Sherry und Port in großen Mengen. Diese wurden in Fässern geliefert. Diese aus europäischer (meistens spanischer, aber auch französischer) Eiche gefertigten Fässer wurden nur für Transportzwecke verwendet. Nach der Abfüllung der Weine in handelbare Gefäße hatte man in England keine Verwendung mehr für die Fässer. In Schottland dagegen konnte man sie gut für den Transport und die Lagerung von Whisky gebrauchen.

Gute Eichenfässer sind für den Whisky äußerst wichtig. Das Reifen im Fass erhöht seine Komplexität und gibt ihm Duft, Farbe und Aroma. Es ist wissenschaftlich bewiesen, dass die Reifung im Fass den Geschmack eines Whiskys zu ungefähr 60 Prozent bestimmt. Dabei gibt es verschiedene Faktoren, die das Resultat beeinflussen. Von Bedeutung sind zum Beispiel die vorherige Nutzung des Fasses, der Ort der Lagerung, das am Lagerort herrschende Klima (zum Beispiel salzige Meeres- oder reine Gebirgsluft) sowie die Länge der Lager- beziehungsweise Reifezeit.

Nicht nur in Schottland, sondern in fast allen Whisky produzierenden Ländern, werden heute für die Reifung von Whiskys Fässer aus weißer amerikanischer Eiche eingesetzt. Der Grund dafür ist ein in den USA geltendes Gesetz. Es schreibt vor, dass für die Lagerung von Whiskys, die später den Namen Bourbon oder Tennessee tragen, die Fässer nur einmal verwendet werden dürfen. Da Fässer sehr teuer sind, war es naheliegend, diese »Ex-Bourbon-Fässer« in Ländern, deren Gesetze ein mehrmaliges Verwenden nicht verbieten, einzusetzen.

Nach der Revision des US-Whiskygesetzes von 2007 dürfen jedoch auch in den USA bestimmte Whiskysorten in

Oben • Die weiße amerikanische Eiche *(american white oak)* liefert für die meisten Whiskyfässer das Holz.

Mitte • Aus diesen Bestandteilen werden neue Fässer hergestellt oder gebrauchte repariert.

Unten • Hinter der Speyside Cooperage liegen zehntausende von Fässern zu Pyramiden aufgeschichtet zur Reparatur bereit.

Ganz oben · Ein Küfer *(cooper)* beim Zusammenbauen eines neuen Fasses.

Oben · Die Fässer werden innen mehr oder weniger stark angekohlt.

Unten · Die drei für die Lagerung von Whiskys hauptsächlich eingesetzten Fassgrößen (von links nach rechts): *Sherry butt*, 500 bis 550 Liter; *hogshead*, 250 Liter; *barrel*, 200 Liter.

bereits einmal verwendeten Fässern gelagert werden. Die zukünftigen Auswirkungen dieser Neuerung auf die Preise und die Verfügbarkeit von Fässern lassen sich noch nicht abschätzen.

Die aus den USA importierten Fässer werden in zwei Haupttypen eingeteilt: Die *barrels* werden in der Regel als ganze Fässer, manchmal jedoch auch in ihre Einzelteile zerlegt, z. B. nach Schottland geliefert. Sie haben ein Fassungsvermögen von ungefähr 200 Litern. *Hogsheads* (übersetzt: Schweineköpfe) nennt man die Fässer, die in den großen, zentralen oder von den Destillerien selbst betriebenen Küfereien *(cooperages)* aus den Bestandteilen von *barrels* auf ein Fassungsvermögen von ungefähr 250 Litern vergrößert wurden.

In den USA wurden in den Fässern Whiskys für mindestens zwei, drei oder noch mehr Jahre gelagert (je nach Typ und zu erreichender Alterungsstufe). Die Fässer gaben diesen Whiskys während der Reifezeit einen typischen Eichegeschmack mit. Ebenfalls einen Einfluss auf den Geschmack der Whiskys hat die Tatsache, dass die Fässer in den USA in einem dort erfundenen Verfahren vor ihrer Verwendung innen ausgebrannt beziehungsweise angekohlt wurden. Diese Prozesse – »toasting« für oberflächliches

Anbrennen oder »charring« für echtes Ankohlen genannt – werden inzwischen weltweit angewendet. Sie verhindern die Abgabe von unerwünschten Aromen (zum Beispiel Harzgeschmack) aus dem Holz in den Whisky. Zudem verleiht das beim Ankohlen entstehende Vanillin einem in solchen Fässern gereiften Whisky neben den Aromen von Holz, Kokosnuss und Karamell zusätzlich einen mehr oder weniger starken Geschmack nach Vanille.

Die in Schottland in solchen Ex-Bourbon-Fässern gelagerten Whiskys nehmen diese Aromen ebenfalls auf. Sie zeichnen sich durch einen typischen Vanille-Eiche-Geschmack aus.

Auch die Technik des Ausbrennens der Fässer ist Gegenstand von Experimenten: So hat die schottische Destillerie Ardbeg einige Fässer innen extrem stark angekohlt. Dadurch erhielten diese eine der Alligatorhaut ähnelnde Struktur, was die Marketing-Spezialisten bei der Namensgebung inspirierte. 2011 brachte Ardbeg diesen Whisky unter dem Namen »Alligator« auf den Markt.

Sherryfässer – sie werden als *butts* oder *puncheons* bezeichnet – sind größer als die amerikanischen Bourbonfässer. Sie fassen 500 beziehungsweise 545 Liter. Dass in ihnen für die Dauer von mehreren Jahren Sherrys der verschiedenen Arten wie beispielsweise »Amontillado«, »Fino« oder »Oloroso« gereift sind, schlägt sich beim Whisky in der Farbe und im typischen Sherrybeigeschmack nieder. Da Sherry nicht mehr so beliebt ist, gibt es seit einigen Jahren einen Mangel an Ex-Sherry-Fässern. Die Fässer sind extrem gesucht, und ihr Preis ist schon fast in astronomische Höhen gestiegen. So sind einige schottische Destillerien seit ein paar Jahren dazu übergegangen, *hogsheads* auf ihre Kosten herstellen zu lassen und die von ihnen ausgewählten spanischen Sherry-Produzenten mit diesen Fässern zu beliefern. Die Destillerien bezahlen sogar zusätzlich noch dafür, dass Süßweine in den Fässern gelagert werden. Nach Abschluss des Reifeprozesses der Süßweine erhalten die schottischen Destillerien die leeren Fässer wieder zurück. Dann werden sie zur Reifung von Whiskys verwendet.

Portweinfässer aus Portugal kamen und kommen für die Lagerung von Whiskys nicht so oft zum Einsatz wie die Sherryfässer. Sogenannte *port pipes* fassen 550 Liter. Sie werden auch für Fass-*finishings* gebraucht.

All diese Fasstypen werden wegen den immer höher werdenden Anschaffungskosten in Schottland mehr als einmal wiederverwendet. Das ist vom Gesetz her auch erlaubt. Man kann auf Etiketten von Abfüllungen, auf denen die für die Reifung benutzte Fassart aufgeführt ist, auch die Angaben »first fill« oder »refill« finden. »First fill« bedeutet: Dieses Fass wurde zum ersten Mal für die Lagerung von Whisky eingesetzt. »Refill« heißt dagegen: Es wurde bereits einoder mehrere Male gebraucht.

Der Wiederbenutzung von Fässern sind jedoch Grenzen gesetzt. Ist ein Fass ausgelaugt, kann es dem Whisky keine Aromen mehr mitgeben. Aus diesem Grund werden die Fässer vor jeder neuen Befüllung genau untersucht, ob sie noch einmal verwendet werden können.

Der Herstellungsprozess

Das Mälzen

Mälzen ist der erste Prozess der Herstellung eines Malt-Whiskys. Heutzutage gibt es nur noch wenige Destillerien in Schottland, die diese arbeitsaufwendige Tätigkeit selbst ausführen. Die meisten beziehen das Malz aus einer der Großmälzereien, die viel wirtschaftlicher produzieren können. Am Beispiel einer Destillerie, die das Mälzen noch in althergebrachter Art selbst macht, beschreibe ich zunächst, wie der Prozess abläuft:

Wenn die Gerste mit einem LKW angeliefert wird, werden als Erstes ein paar Proben genommen. Die stichprobenweise entnommenen Körner werden im Labor auf Reife, Qualität und eventuellen Parasitenbefall geprüft. Erfüllen sie die hohen Anforderungen, die die Destillerien an die Qualität stellen müssen, wird die Gerste in die hohen Getreidesilos gepumpt.

Die Gerste kann erst für die Whiskyherstellung verwendet werden, wenn sie keine Fremdkörper mehr enthält. Deswegen werden zuerst in einem *destoner* (Entsteiner) Steine und mit Hilfe eines starken Magneten auch eventuell vorhandene Metallteile entfernt. Anschließend werden mit Hilfe einer Siebmaschine alle Teile ausgesiebt, die nicht die Größe eines Gerstenkorns haben.

Jetzt ist die Gerste bereit für den Keimungsprozess. Dafür werden die Körner als Erstes in *steeps* (großen Bottichen) eingeweicht. Das geschieht in zwei Schritten: Das erste Einweichwasser hat eine Temperatur von ungefähr 15 Grad Celsius. Nach etwa 8 Stunden ist der Feuchtegehalt im Korn von 12 auf ungefähr 35 Prozent angestiegen. Nun wird das Wasser abgelassen und die feuchte Gerste für circa 12 Stunden an der Luft gelassen. Nach dieser Zeit werden die *steeps* noch einmal mit Wasser gefüllt und die Gerste noch einmal so lange eingeweicht, bis die Gerste einen Feuchtegehalt von circa 45 Prozent erreicht hat. Normalerweise dauert dies etwa 15 Stunden.

Während des Einweichens treten in den Gerstenkörnern Enzyme (Auslöser von Reaktionen) in Aktion. Die einen sind für das Aufbrechen des Korns und das Freilegen der Stärke verantwortlich, andere wiederum dringen in die Stärke ein und zerteilen sie in kleinere Elemente.

Die mit etwa 45 Prozent ideal feuchte Gerste wird nun im Mälzhaus auf einem Keim- oder Mälzboden *(malting floor)* – einem harten Boden, in der heutigen Zeit meist aus Beton – in einer etwa 10 Zentimeter dicken Schicht ausgebracht. Mälzböden können beinahe so groß wie Fußballfelder sein. Größere Destillerien hatten früher in den Mälzhäusern *(maltings)* mehrere solcher Mälzböden auf verschiedenen Etagen.

Die Enzyme in den Körnern setzen jetzt auf dem Mälzboden ihre bereits beim Einweichen begonnene Arbeit fort. Das Korn beginnt zu keimen. Während des Keimungsprozesses entsteht Wärme, wobei in Bodennähe wegen der fehlenden Luftzirkulation in der etwa 10 Zentimeter dicken Schicht die höchsten Temperaturen herrschen. Dort entwickeln sich die Keimlinge schneller. Damit alle Körner gleichmäßig keimen können, müssen sie in regelmäßigen Abständen (alle vier Stunden) gewendet werden.

Oben links · Die Gerste wird mit einem LKW angeliefert.

Oben rechts · Die in einen unter der Straße liegenden Auffangbehälter gefüllte Gerste wird aus diesem ins Lager gepumpt.

Mitte · Rohgerstenlager, im Vordergrund ein Transportwagen.

Unten links · Die Gerste kommt nach der Qualitätskontrolle in ein Einweichbecken *(steep)*.

Unten rechts · Gerste während dem Einweichprozess *(steeping)*.

Ein positiver Nebeneffekt dieses Wendens ist, dass sich die Keimlinge nicht ineinander verhaken und so verklumpen.

Der Keimungsprozess und das mit ihm verbundene Wenden und Belüften dauert ungefähr eine Woche. Während der Keimung wird die im Getreidekorn vorhandene Stärke in Malzzucker umgewandelt. Aus diesem wird später bei der Gärung der Alkohol entstehen.

Hat der Keim beinahe die Länge des Korns erreicht und beginnen die Triebe leicht zu welken, ist der größtmögliche Teil in Zucker umgewandelt. Die Keimung muss jetzt so schnell wie möglich abgebrochen werden. Das geschieht durch Trocknen des Grünmalzes, so nennt man die gekeimte Gerste während dieses Prozesses im noch ungetrockneten Zustand.

Das Grünmalz wird über eine Transportvorrichtung auf den Trocken- oder Darrboden gebracht und dort in einer etwa 20 bis 30 Zentimeter dicken Schicht ausgelegt.

Beim Darrboden handelt es sich in Schottland um eine Art feinmaschigen Rost. Ein Kohlefeuer darunter liefert heiße Luft und Rauch, die durch den Rost und die darauf liegende Gerste aufsteigen. Die Arbeiter mussten früher — in der in den Darrböden herrschenden Hitze und im Rauch — auch während des Trockenprozesses die Körner von Zeit zu Zeit wenden.

Dem Kohlefeuer wird in Schottland in den meisten Fällen am Anfang des Trocknungsprozesses Torf beigegeben, weil die noch nasse Gerste die im Rauch enthaltenen Ge-

Ganz oben · Maschinell gewendete Gerste auf einem der Mälzböden der Destillerie Highland Park auf Orkney.

Oben · Nach dem Einweichen hat die Gerste einen Feuchteanteil von ungefähr 45 Prozent.

Oben rechts · Nach ungefähr einer Woche haben sich an den Gerstenkörnern Keimlinge gebildet.

Rechts · Früher musste die Gerste auf dem Mälzboden noch mit speziellen Rechen gewendet werden.

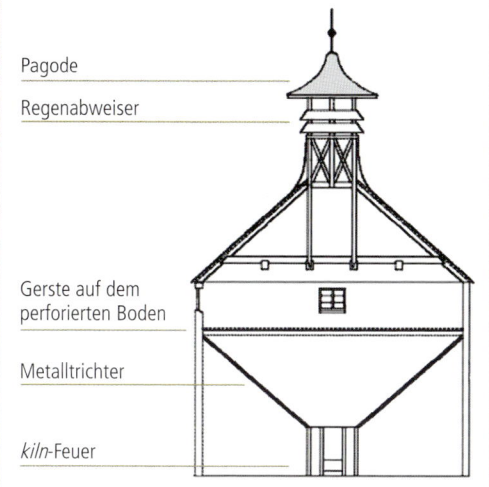

Pagode

Regenabweiser

Gerste auf dem
perforierten Boden

Metalltrichter

kiln-Feuer

Oben links · Einer der beiden *kilns* der Destillerie Bowmore.

Unten links · Schnitt durch einen *kiln*.

Rechte Spalte oben · Heiße Luft und Torfrauch steigt im *kiln* durch das gekeimte Malz.

Rechte Spalte Mitte · Der feinmaschige Gitterrost lässt die Hitze und den Torfrauch in und durch das Malz zur Trocknung aufsteigen.

Rechte Spalte unten · Feuer im Ofen des *kiln*.

schmacksstoffe besser aufnimmt als die schon trockene. Das Malz (das heißt, das getrocknete Getreide) erhält so – je nach Dauer und Menge der Torfzugabe – einen mehr oder weniger starken Torfgeschmack. Dieser verleiht dem späteren Whisky sein schwächer oder stärker ausgeprägtes Raucharoma.

Die heiße Luft, der Rauch und der Wasserdampf entweichen durch die Öffnungen von turmähnlichen Gebilden, die sich über den Trockenböden erheben. Diese typischen und oft von weither sichtbaren Türme mit ihren Pagodendächern werden *kilns* genannt.

Die Trocknung und die anschließende Abkühlung dauern ungefähr zwei Tage. Danach wird das trockene Gerstenmalz (es hat jetzt nur noch einen Wassergehalt von ungefähr 4 Prozent) über eine Transportvorrichtung in große Vorratsbehälter *(malt bins)* geleitet. Damit ist der Prozess des Mälzens abgeschlossen.

Früher mälzten fast alle Malt-Destillerien auf diese aufwendige Art in eigenen *floor maltings* (Mälzböden). Heute führen nur noch sehr wenige Destillerien diesen Prozess komplett oder für einen Teil ihrer Produktion selbst durch. Um Kosten zu sparen, beziehen heute fast alle Destillerien ihr Malz direkt von großen Mälzereien. Die schönen und die alten Brennereien dominierenden *kilns* haben daher ihren ursprünglichen Verwendungszweck eingebüßt. In Destillerien, die für Besucher geöffnet sind, befinden sich dort in der Regel die Besucherzentren oder Destillerie-Shops.

Die Großmälzereien gehen anders vor: Sie wenden mechanische Verfahren an und mälzen in »Mälzkästen« *(Saladin boxes)* oder in »Trommelmälzen« *(drum maltings)*. Die Mälzkästen werden am Anfang des Prozesses wie eine *steep* eingesetzt. Sie werden mit Wasser gefüllt und die Gerste darin eingeweicht. Ist der gewünschte Feuchtigkeitsgehalt in den Körnern erreicht, wird das Wasser abgelassen. In einigen Großmälzereien (zum Beispiel Tamdhu) wurde bzw. wird die Gerste immer noch im Gegensatz zu dem eben beschriebenen Verfahren zuerst in *steeps* einge-

weicht und erst, wenn sie mit Wasser vollgesogen ist, in die Mälzkästen gepumpt. Die Gerste wird jetzt in den Kästen zum Keimen gebracht. Mit Hilfe von hin- und herfahrenden Schneckenwellen wird die Gerste in den Kästen während des Keimungsprozesses laufend von unten nach oben umgewälzt, was ein gleichmäßiges Keimen ermöglicht. Die verschiedenen Mälzkästen befinden sich in einzelnen Räumen – denn nicht alle Mälzkästen sind hinsichtlich der Arbeitsabläufe im gleichen Stadium. Während des Keimens wird ein starker Luftzug durch den Raum geführt, um die keimende Gerste mit genügend Sauerstoff zu versorgen und den Keimungsprozess zu beschleunigen.

Auch bei diesem modernen Mälzverfahren wird die keimende Gerste anschließend auf Trockenböden transportiert. Das geschieht jedoch automatisiert. Und auch hier wird für das Trocknen Luft mit mehr oder weniger Rauch- und Torfanteil in einer genau bestimmten Temperatur durch die keimende Gerste geblasen. Die heiße Luft wird seit einigen Jahren in den Großmälzereien nicht mehr durch Kohlefeuer, sondern in großen Heizzentralen erzeugt. Mit Hilfe von großen Ventilatoren wird sie durch das auf den Darr- oder Trockenböden liegende Malz geblasen. Der für rauchig aromatisiertes Malz benötigte Torfrauch wird in einem separaten Ofen durch das Verbrennen von meistens leicht angefeuchtetem Torf – er verbrennt so langsamer und riecht stärker – produziert und in den von der Heizzentrale kommenden Heißluftstrom eingeleitet. Dabei wird genau nach den Wünschen und Rezepten der einzelnen Destille-

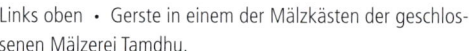

Links oben · Gerste in einem der Mälzkästen der geschlossenen Mälzerei Tamdhu.

Links unten · Trommelmälzen in der Destillerie Speyburn (nicht mehr in Betrieb).

In dieser Spalte von oben nach unten · Rohe Gerste; gekeimte Gerste (Grünmalz); getrocknete oder gedarrte Gerste (Malz).

rien getrocknet. Das heißt, es wird ohne Torf oder mit einer genau spezifizierten Torfmenge und Dauer der Torfzugabe getrocknet, um den gewünschten ppm-Wert zu erreichen. Die Großmälzereien besitzen keine *kilns* mehr. Ihre Trockenböden sind in die modernen Gebäude integriert, und Rauch und heiße Luft treten durch normale Kamine aus, die aus Energiespargründen mit Wärmerückgewinnern ausgestattet sind.

Wird in den Großmälzereien der Prozess des Trommelmälzens eingesetzt, wird die Gerste zuerst in *steeps* eingeweicht. Das geschieht in mehreren Schritten: In die *steeping tanks* oder *vessels* wird Gerste eingefüllt und so viel Wasser zugegeben, dass alle Körner darin schwimmen. Dieses erste Einweichen dauert 8 bis 9 Stunden. In dieser Zeit steigt der Feuchtgehalt in der Gerste auf 32 bis 35 Prozent. Das Wasser wird abgelassen, danach ruht die Gerste für ungefähr 10 Stunden an der Luft.

Dann wird nochmals Wasser eingefüllt und die Gerste wieder für etwa 10 Stunden eingeweicht, wodurch sich ihre Feuchtigkeit auf 40 bis 43 Prozent erhöht. Auch dieses Wasser wird abgelassen, und die Gerste ruht nochmals 10 bis 12 Stunden an der Luft, bevor ein drittes Mal Wasser in den Tank gefüllt wird. Nach weiteren 10 Stunden im Wasser hat die Gerste einen Feuchtigkeitsgehalt von 45 bis 47 Prozent. Jetzt ist sie bereit für den Keimungsprozess. Sowohl während des Wässerns als auch in den Ruhephasen wird das Kohlendioxid, das bei diesem Prozess entsteht, beseitigt.

Die mit Wasser vollgesogene Gerste wird jetzt für den Keimungsprozess in große Trommeln, in denen Stäbe und Rechen montiert sind, geschüttet. Während des Keimens wird sie durch Drehen dieser Trommeln etwa alle 10 Stunden automatisch gewendet.

In die Trommeln wird während der ganzen Zeit Luft mit einer Temperatur von 12 bis 18 Grad Celsius und einer bestimmten Feuchte eingeblasen. Der Keimungsvorgang – er dauert etwa fünf Tage – muss auch bei dieser Art des Mälzens im richtigen Moment abgebrochen werden.

In modernen Mälzereien wird das gekeimte Malz aus den Trommeln – wie bei den *Saladin boxes* beschrieben – in einen *kiln* gepumpt und dort getrocknet. So kann eine höhere Produktivität als bei einer Trocknung direkt in den Trommeln erreicht werden. Das Füllen eines großen *kilns* (er kann bis zu 60 Tonnen Malz fassen) dauert ungefähr eineinhalb Stunden und das Entladen eine knappe dreiviertel Stunde. Das Trocknen selbst nimmt circa 22 Stunden in Anspruch.

Nach Abschluss des Mälzprozesses wird das Malz zuerst auf seine Reinheit (beispielsweise auf eventuellen Insektenbefall) und auf seinen (vielleicht noch zu hohen) Feuchtigkeitsgehalt untersucht. Dann werden in einem letzten Arbeitsschritt in einer speziellen Anlage die Wurzelfasern (die Keimlinge) entfernt. Anschließend kommt das Malz ins Malzlager. Von dort wird es von den Großmälzereien an die Destillerien ausgeliefert und in deren Malzlagern zwischengelagert.

Das Maischen

Bevor das selbst hergestellte oder zugekaufte Malz weiterverarbeitet wird, unterzieht fast jede Destillerie es noch einmal den gleichen Prozessen, die die Gerste bereits vor dem Mälzen schon einmal durchlaufen hat. Das heißt in einem sogenannten *destoner* (Entsteiner), der zusätzlich mit einem starken Magnet ausgestattet ist, werden eventuell noch vorhandene Fremdkörper und Metallpartikel entfernt. Dann werden in einer Siebmaschine alle Teile, die nicht die

Größe eines Gerstenkorns haben, ausgesiebt. Man macht diese zusätzlichen Schritte in den Destillerien, weil man sicher sein will, dass das Malz wirklich keine Fremdkörper mehr enthält, die beim anschließenden Mahlen die empfindliche Mühle kaputt machen könnten. Schaut man in die Auffangbehälter für die herausgeholten Fremdkörper und Partikel, kann man die Sorge der Destilleriebesitzer gut verstehen.

Das so von Fremdkörpern befreite Malz wird jetzt über eine Wiegeeinrichtung (man benötigt eine Kontrolle über

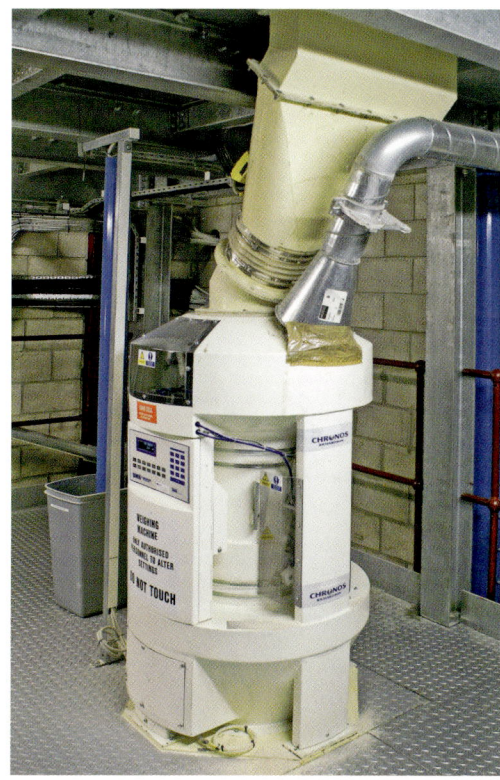

Mittlere Spalte oben · Entsteiner *(destoner)* zur Entfernung von Fremdkörpern im Malz.

Mittlere Spalte unten · Der Kontrolldurchlauf durch den *destoner* hat sich gelohnt: Es hatte viele Steine im angelieferten Malz.

Linke Spalte oben · In der Malzwägeanlage *(malt weighing machine)* werden die maximalen Malzmengen für die Mühle abgewogen und portioniert.

Linke Spalte unten · Steht in fast allen Destillerien Schottlands: Die fast immer bordeauxrot angemalte Porteus-Mühle.

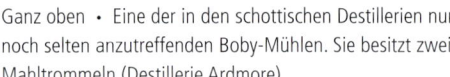

das Malz zu einem sogenannten *grist*. Eigentlich dürfte man nur einen Teil des Mahlgutes als *grist* bezeichnen: Es besteht nämlich aus 15 bis 20 Prozent Schalenteilen *(husk)*, 75 bis 80 Prozent Schrot (Teilen des Korns, *grist*) und 4 bis 10 Prozent feinem Mehl *(flour)*. Bei diesen Angaben handelt es sich um Durchschnittswerte. Jede Destillerie hat hier ihre eigenen Mahlvorschriften. Die richtige Feinheit des *grist* ist sehr wichtig und wird sorgfältig überwacht. Für die spätere Gewinnung des Zuckers in einem Maischbottich ist es außerordentlich wichtig, wie fein das Malz gemahlen ist: Wurde zu fein gemahlen, läuft die Maische im Maischbottich während des Prozesses zu langsam ab. Ist zu grob gemahlen worden, geht es zu schnell, sodass ein maximales Auswaschen des Zuckers nicht möglich ist. Also ist ein Mittelmaß angesagt – obwohl aus einem feinen *grist* mehr Zucker und damit Alkohol gewonnen werden kann.

Nach dem Mahlen kommt der *grist* in die Maischmaschine, wo er mit heißem Wasser vermischt wird. Die Wassertemperatur spielt dabei eine entscheidende Rolle, damit die maximale Menge an löslichem Zucker aus dem *grist* herausgewaschen werden kann.

Die in der Maischmaschine kontinuierlich hergestellte Mischung wird direkt in einen Maischbottich, den *mash tun,* geleitet.

In den schottischen Destillerien werden verschiedene Arten von Maischbottichen eingesetzt.

Der Urtyp wird beispielsweise noch bei Bruichladdich oder Glenglassaugh eingesetzt. Der traditionelle Maischbottich ist ein großer, aus Gusseisenplatten zusammengeschraubter Bottich/Kessel, oft noch ohne einen die Hitze zurückhaltenden Deckel. Im Bottich selbst drehen sich Rührrechen und verhindern so das Zusammenklumpen der Maische. Der Boden des Bottichs ist mit feinen Löchern versehen, durch die die zuckerhaltige Flüssigkeit – sie wird »Würze« (*wort, worts* oder *sweet water*) genannt – abgezogen und im sogenannten *underback* gesammelt werden kann. Die traditionellen Maischbottiche sind meistens erst nachträglich mit offenen *underbacks* zur Kontrolle des Maischeflusses versehen worden. Die im Maischbottich am Ende des Maischprozesses zurückbleibenden Getreidereste, sie werden als *draff* bezeichnet, werden zu einem ausgezeichneten Tierfutter verarbeitet. Sie müssen bei den alten

Ganz oben • Eine der in den schottischen Destillerien nur noch selten anzutreffenden Boby-Mühlen. Sie besitzt zwei Mahltrommeln (Destillerie Ardmore).

Oben • Das nach dem Mahlprozess anfallende Gut wird als *grist* bezeichnet, obwohl es aus verschiedenen Komponenten besteht.

Oben rechts • Die Bestandteile des *grist*: Im linken Kistchen die Schalenteile *(husk)*, im mittleren das eigentliche Schrot oder Malz *(grist)* und im rechten das Mehl *(flour)*.

Rechts • In der Maischmaschine wird der *grist* mit heissem Wasser vermischt und diese Mischung in den Maischbottich geführt.

die Menge des Malzes) in die Malzmühle geführt. In den meisten Destillerien sind diese Mühlen beeindruckend alt und sehr gepflegt. In den schottischen Destillerien trifft man hauptsächlich zwei Typen von Mühlen an: Porteus-Mühlen und die mit zwei kompletten Mahltrommeln ausgestatteten Boby-Mühlen. Die Porteus-Mühlen – sie sind in der Regel bordeauxrot bemalt – sind bedeutend verbreiteter als die (meist an ihrer grauen Farbe erkennbaren) Boby-Mühlen. Beide Mühlentypen sind sich jedoch in einer Eigenschaft gleich: Diese alten Mühlen sind sehr robust und erreichen trotz Dauereinsatz ohne Weiteres ein Alter von 60 und mehr Jahren. Diese Langlebigkeit wirkte sich negativ auf die beiden Herstellerfirmen aus. Weil sie kaum noch neue Mühlen verkaufen konnten, gingen sie pleite. Wenn heute eine dieser alten Mühlen wegen der fehlenden Ersatzteile nicht mehr repariert werden kann und ausgetauscht werden muss, kommen moderne Mahlsysteme anderer Hersteller zum Einsatz, die ziemlich sicher nicht so lange in Betrieb bleiben werden.

In der Regel läuft der Mahlprozess in den Mühlen folgendermaßen ab: Ein erster Walzensatz bricht die Schalen der gemälzten Gerste auf. Ein zweiter Walzensatz mahlt dann

Ganz oben links · Ein altes Rührwerk mit sich drehenden Rechen in einem alten traditionellen Maischbottich *(mash tun)*.

Ganz oben rechts · Moderne *lauter tuns* (Läuter- oder Lauterbottiche) besitzen Messerbalken, um das Auswaschen des Zuckers aus der Maische zu beschleunigen.

Bilder über zwei Spalten, oben · Ein alter, traditioneller Maischbottich ohne Deckel mit sich drehenden Rechen.

Bilder über zwei Spalten, Mitte · Maischbottich in von außen gesehen traditioneller Bauart. In seinem Inneren kann sich jedoch sowohl ein traditionelles Rührwerk mit Rechen als auch ein moderneres mit Messerbalken *(semi lauter tun)* befinden.

Bilder über zwei Spalten, unten · Hochmoderner *full lauter tun*, in welchem die sich drehenden Messerbalken gegenüber einem *semi lauter tun* zusätzlich ebenfalls in der Höhe an den Füllstand der Maische im Bottich angepasst werden können.

Systemen aus dem Maischbottich herausgesogen oder geschaufelt und der Bottich muss mühsam wieder gereinigt werden.

Der Maischprozess (das heißt die eigentliche Zucker- oder Stärkeextraktion) läuft in diesen alten wie auch den Bottichen der neueren Generation in der Regel dreistufig ab. Er dauert aber in den älteren Modellen länger: Während der ersten Stufe wird der *grist* in der Maischmaschine mit Wasser, das eine Temperatur von ungefähr 65 Grad Celsius hat, vermischt und von dort direkt in den Maischbottich geführt. Die Wassertemperatur muss für diesen Prozessschritt so genau wie möglich eingehalten werden. Ist das Wasser zu heiß, werden viele der für die folgenden Prozesse wichtigen Enzyme abgetötet. Nach ungefähr drei Stunden wird die Würze nach dem Auslösen des größten Teils an Zucker in den *underback* abgezogen.

Jetzt wird für die zweite Stufe dem Brei im Bottich heißeres Wasser (über 70 Grad Celsius) zugeführt. Es wird in der Regel von einer Art Sprinkler auf die Masse / den »Kuchen« aufgesprüht und wäscht sie beim Durchdringen noch einmal aus. Die so gewonnene, immer noch zuckerhaltige Flüssigkeit wird nach einer weiteren halben Stunde ebenfalls abgezogen.

Die dritte Stufe läuft nach dem gleichen Verfahren wie die zweite ab. Sie dauert aber nur noch ungefähr 15 Minuten. Dieses Mal wird mit einer Wassertemperatur von etwa 85 Grad Celsius gearbeitet. Die während dieser letzten Stufe gewonnene Flüssigkeit hat nur noch einen Zuckeranteil von etwa einem Prozent. Sie kommt deshalb nicht mehr in den *underback*, sondern wird wieder in den Heißwassertank zurückgepumpt und für die erste Stufe des nächsten Maischvorganges gebraucht.

Die in der ersten und zweiten Maischstufe gewonnene warme *wort* läuft aus dem *underback* durch einen modernen Wärmeaustauscher, wo sie für den nächsten zu durchlaufenden Prozess, den der Fermentierung oder Gärung, auf ungefähr 18 bis 20 Grad Celsius abgekühlt wird.

Die modernen Maischbottiche, sie wurden zuerst in der modernen Bierproduktion eingesetzt, werden – je nach Ausbaustufe und Ausführung – als *semi lauter* oder *full lauter tuns* bezeichnet. Die deutsche Bezeichnung für diese Art Maischbottich ist »Läuter-« oder »Lauterbottich«. Es gibt sie – wie angedeutet – in verschiedenen Ausführungen. Einer der modernsten *lauter tuns* hat zum Beispiel die Möglichkeit, die sich drehenden Messer- respektive Aufhackmesserbalken (darunter versteht man die zwei oder mehr

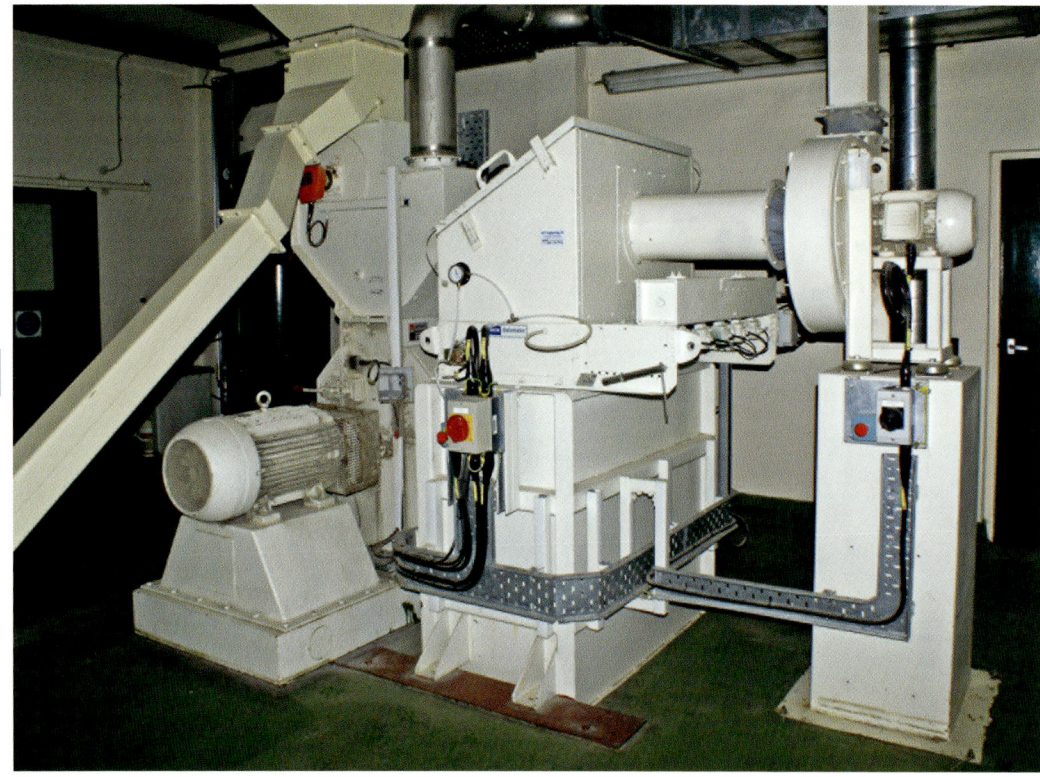

15 Minuten für den nächsten Maischvorgang vorbereitet werden, denn die Entfernung des *draft* und die Reinigung des Bottichs für den nächsten Prozess können in dieser kurzen Zeit ohne zusätzlichen Personalaufwand erledigt werden. Der *draft* wird dabei durch spezielle Klappen im Boden abgeführt. In einem solchen modernen Maischbottich können über acht Maischen pro Tag ausgeführt werden. Das heißt, der Maischvorgang in einem modernen *full lauter tun* dauert nur noch knapp drei Stunden.

Bereits beim Maischprozess kann der Geschmack des späteren Whiskys beeinflusst werden. Dies geschieht allein durch die Methode des Abziehens der *wort*. Wird diese langsam aus dem Maischbottich abgezogen und sind deshalb fast keine Feststoffe mehr darin, wird der spätere Whisky nur einen schwachen Getreidegeschmack haben. Wird dagegen schnell abgezogen, gelangt eine größere Menge an Feststoffen in die *wort* und der Whisky wird einen stärkeren Geschmack nach Getreide und Nüssen haben.

Eine komplett andere Art des Maischens wird meines Wissens in Schottland nur in der Destillerie Teaninich im Norden der Highlands angewandt. Bereits das Mahlen erfolgt anders: In dieser Destillerie wird das Malz nicht in einer alten Walzenmühle zu *grist* gemahlen, sondern in einer Hammermühle mit Hilfe von kleinen Hämmern, die gegen ein perforiertes Gitter rotieren, zu einem sehr feinen *grist* geschlagen. Er sieht wie grobes Mehl aus. Teaninich hat auch keinen Maischbottich mehr, sondern arbeitet mit einem sogenannten Maischfilter- oder Kammerfilter-Pressverfahren. Dieses Verfahren, das sonst nur in Bierbrauereien angewendet wird, funktioniert folgendermaßen: Der *grist* wird mit dem ersten heißen Wasser in einem sogenannten *mash conversion vessel* (Maische-Umwandlungstank) gemischt. Darin wirbelt ein Mixer die Maische auf, bis sie in etwa die Konsistenz eines schottischen Frühstücksporridge hat. Dieser Brei wird in eine große Presse – sie wird *mash filter* (Filterpresse) genannt – gebracht, in der die *mash* in 24 sogenannten Filterplatten mit Hilfe von Druckluft ausgepresst wird. Die *wort* (zuckerhaltige Flüssigkeit) wird in einem Tank gesammelt. Es wird ein zweites Mal heißes Wasser durch die Filter geschickt, noch einmal ausgepresst und die *wort* wieder gesammelt. Die übriggebliebene Flüssigkeit wird für den ersten Durchgang der nächsten Pressung verwendet. Die Filterplatten können am Ende des Prozesses unten geöffnet und vom *draff* befreit werden. Dieser fällt auf ein Förderband und kommt so direkt in die *dark grains*-Anlage. Ein kompletter Pressprozess dauert nur ungefähr zwei Stunden. Auch bei dieser Methode wird die Maische *(wort)* auf 18 bis 20 Grad Celsius abgekühlt. Hätte sie für den nachfolgenden Gärprozess eine höhere Temperatur, würde dort die Hefe abgetötet und könnte ihr Werk nicht mehr vollbringen.

Der Zuckeranteil der *wort* liegt bei ungefähr 50 Prozent. Im nächsten Prozessschritt, der Gärung *(fermentation)*, wird dieser Zucker in Alkohol umgewandelt.

Ganz oben · In der Destillerie Teaninich steht eine sonst eher in der Getreideaufbereitung für Bier eingesetzte Hammermühle. In ihr wird das Malz zu einem sehr feinen *grist* zerschlagen.

Oben · Bei Teaninich sucht man vergebens nach einem Maischbottich. Auch für das Maischen hat man sich der normalerweise für die Bierherstellung angewandten Technologie verschrieben und nutzt einen vor allem dort verwendeten Maischfilter.

Balken, die sich, mit speziellen Messern und »Schuhen« bestückt, um die Achse im Zentrum des Bottichs drehen) in der Höhe zu verstellen und so dem Pegelstand während des Abflusses der *wort* zu folgen. Sie erlauben zusätzlich das Hochheben oder Absenken des Bodens (Senkboden) und das Zuführen der *mash* oder von heißem Wasser (für die zweite oder dritte Maischstufe) von unten sowie von der Seite. Durch ein ausgeklügeltes System der Durchdringung des *grist*-Kuchens und des Abziehens der *wort* kann der für eine Maische erforderliche Zeitaufwand stark verkürzt werden. Ein moderner Maischbottich kann zudem innerhalb von

Das Fermentieren oder Gären

Der Prozess der Fermentierung oder Gärung ist vergleichbar mit demjenigen beim Bierbrauen. Während dieser jedoch steril verlaufen muss, ist ein steriles Arbeiten bei der Whiskyherstellung nicht nötig, weil die durch den Gärungsvorgang gewonnene Flüssigkeit bei der Whiskyproduktion noch gebrannt wird.

So geht die Fermentierung oder Gärung vor sich: Die abgekühlte Würze *(wort)* wird in die Gär- oder Fermentierbottiche *(wash backs)* gepumpt. Die dafür eingesetzten — meistens riesigen — Gärbottiche bestehen in der Regel aus Lärchen- oder Kiefernholz. Einige Destillerien sind jedoch dazu übergegangen, für die Gärung Bottiche aus Edelstahl einzusetzen (zum Beispiel Macallan). Die Destillerie Bowmore, die sich ebenfalls für Edelstahlbottiche entschieden hatte, ersetzte diese aber wieder durch solche aus Holz. Die Qualität des Whiskys, für den die *wort* in den Edelstahlbottichen vergärt wurde, sei nicht mehr die gleiche gewesen.

Links • Stahl-Gärbottiche der Destillerie Tomatin in den Highlands.

Unten • Hölzerne *wash backs* (Gärbottiche) in der Destillerie Talisker auf der Insel Skye.

Bis heute scheiden sich die Geister, welche Gärbottiche die besseren sind.

Für Holzbottiche sprechen jedenfalls auch finanzielle Argumente. Sie sind um einiges günstiger als diejenigen aus Edelstahl. Zudem lassen sie sich im Gärhaus selbst zusammenbauen. Dagegen werden Stahlbottiche in einem Stück angeliefert, was oft noch bauliche Maßnahmen erforderlich macht.

Gärbottiche können, je nach Größe der Destillerie, 1000 bis 60 000 Liter fassen.

Für den Prozess wird der Gär- oder Fermentierbottich zu ungefähr zwei Dritteln mit *wort* gefüllt. Dieser süßen, vor allem aus Malzzucker bestehenden Flüssigkeit wird eine bestimmte Menge an Hefe zugesetzt, die meistens aus einer speziellen Kultur stammt. Die Hefezugabe entspricht ungefähr 2 bis 2,5 Prozent des Gewichts der *wort*.

In der ersten Phase des Fermentierprozesses, der — je nach Größe des Bottichs — einige Stunden dauern kann, gewöhnen sich die Hefezellen an ihre neue Umgebung und wachen aus ihrem Schlaf auf.

Dann beginnt die im wahrsten Sinne des Wortes aufwühlende zweite Phase: Die Hefezellen beginnen sich rasend schnell zu vermehren. Sie verbrauchen den Zucker in der Flüssigkeit und wandeln ihn in Alkohol und Kohlendioxyd um. Schon nach wenigen Stunden beginnt die Maische im Bottich zu brodeln und zu schäumen. Tempo und Heftigkeit des Gärprozesses sind erstaunlich. Die Intensität des Brodelns kann so stark sein, dass sogar der Boden des Gärhauses zum Beben gebracht wird.

Damit nicht die halbe Destillerie mit Schaum überschwemmt wird, verfügen deshalb viele der heutigen Gärbottiche unterhalb des Deckels über ein rotierendes Paddel, das den Schaum zerschlägt und ihn mit dem durch seine Propellerform entstehenden Luftzug nach unten drückt. In einigen Destillerien wird mit einem absenkbaren Gitter der Schaumbildung entgegengewirkt.

Das beim Gärprozess anfallende Kohlendioxyd wird in den größeren Destillerien abgesaugt, gesammelt und weiterverkauft. Die kleinen Brennereien leiten es einfach ins Freie.

In der letzten Phase — die ungefähr 12 Stunden dauert — beginnt der Alkohol die Aktivität der Hefezellen zu beruhigen. Dafür vermehren sich ab diesem Zeitpunkt die Bakterien sprunghaft. Sie stammen aus dem Malz und senken den pH-Wert (Säuregrad) der Maische ab.

Während dieses Prozesses können sich auch weitere Aromen, die für den späteren Whisky von Bedeutung sind, entwickeln. Deshalb ist es wichtig, dass die Zeit, die die Gärung oder Fermentierung dauert, nach den Wünschen, die an den späteren Whisky gestellt werden, festgesetzt und eingehalten wird.

Die Gärzeiten variieren von Destillerie zu Destillerie zwischen 48 und 120 Stunden. Einige Destillerien wechseln zwischen einer kurzen (50 bis 55 Stunden) und einer langen Gärzeit (bis 120 Stunden) ab.

Ein normaler Gärprozess wäre eigentlich nach 48 Stunden beendet. In vielen Destillerien wird die vergorene Flüssigkeit jedoch länger in den Bottichen gelassen. Auf diese Weise wird auf den Geschmack des Destillates Einfluss genommen.

Eine kurze Gärzeit (48 bis circa 55 Stunden) ergibt in der Regel einen eher malzigen, eine längere Gärung (über 60 Stunden) einen fruchtigeren, komplexeren Whisky. Das

würde bedeuten, dass in den Destillerien, in denen zwischen kurzer und langer Gärzeit abgewechselt wird, jede Woche zwei verschiedene Whiskytypen hergestellt werden. Oder gibt es noch andere Einflussfaktoren?

Hier lassen sich die einzelnen Destillerien allerdings nicht in die Karten blicken — Betriebsgeheimnis!

Während des Gärprozesses erhält der spätere *new make* oder *Baby Whisky* ungefähr 40 Prozent seines Geschmacks. Die restlichen 60 Prozent werden durch das Destillieren beeinflusst.

Achtung: Diese Angaben beziehen sich auf den Geschmack des *new make* und nicht auf den des gereiften Whiskys, bei dem Fass und Lagerung noch eine große Rolle spielen.

Das Resultat der Fermentierung oder Gärung ist eine schwach alkoholhaltige Flüssigkeit, die *wash* genannt wird. Diese hat, je nach dem in der betreffenden Destillerie angewandten Gärverfahren, etwa 6 bis 9 Volumenprozent Alkohol. Sie wird in Tanks geleitet und in diesen zwischengelagert. Die — einem Bier sehr ähnliche — *wash* ist das Ausgangsprodukt für die Destillation.

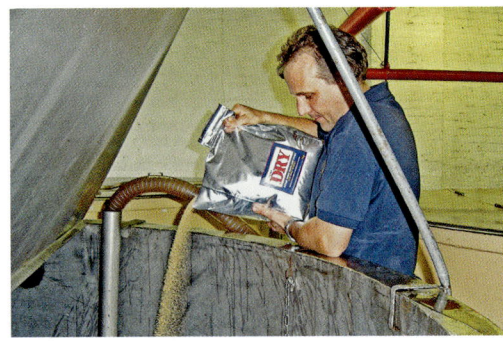

Mittlere Spalte oben · In die zu vergärende Maische wird Trockenhefe in einem bestimmten Prozentsatz zugegeben.

Rechte Spalte oben · Flüssige Hefe wird durch einen Schlauch in die Maische eingebracht.

Mittlere Spalte unten · Die Hefe tut ihr Werk. Um ein Überschäumen des Bottichs zu verhindern, ist ein rotierendes Paddel angebracht, welches den Schaum zerschlägt und so das Schäumen in Grenzen hält.

Rechte Spalte Mitte · Das Resultat des je nach Destillerie zwischen 48 und bis zu 120 Stunden dauernden Vergärungsprozesses ist eine schwach alkoholhaltige Flüssigkeit mit 6 bis 9 Volumenprozent, welche einem Bier ähnelt.

Rechte Spalte unten · Mit Hilfe eines solchen Behälters werden während des Vergärungsprozesses Proben entnommen.

Die Destillation

Bei der Destillation wird der Alkohol der vergorenen Maische *(wash)* durch einen Verdampfungsprozess vom Wasser getrennt und konzentriert.

Die Destillation in einer Whisky-Destillerie erfolgt in mehr oder weniger großen kupfernen Brennkesseln.

Diese haben meistens einen schmaler werdenden, oben abgeknickten Hals (Schwanenhals), aus dem ein sich ebenfalls verjüngendes Rohr *(lyne arm)* in eine Kühleinheit führt.

Einer der schönsten Ausblicke aus einem *stillhouse* (Brennhaus) ist der aus demjenigen von Caol Ila auf der Insel Islay hinüber auf die Insel Jura mit den »Paps« genannten Bergen.

Zur Herstellung von Malt-Whiskys sind mindestens zwei Brennvorgänge nötig. Hatte früher eine Destillerie nur einen einzigen Brennkessel *(pot still)* zur Verfügung, machte sie die zwei Durchläufe in der gleichen *still* hintereinander.

Die Brennkessel (pot stills)

Die *pot stills* für die erste Destillation – sie werden *wash stills* genannt – sind in der Regel größer als diejenigen für den zweiten Durchlauf. In der zweiten Destillation wird normalerweise nur noch die während des ersten Durchlaufs gewonnene alkoholische Flüssigkeit noch einmal gebrannt. Das heißt, ein großer Teil der *wash,* vor allem das in ihr enthaltene Wasser, kommt nicht mehr in die zweite *still.* Das Fassungsvermögen einer *wash still* in den schottischen Malt-Destillerien beträgt zwischen 1000 und beinahe 30 000 Litern.

Der Aufbau, die Form der *pot stills* und auch der Winkel, in dem der *lyne arm* in den Kondensator führt, sind mitverantwortlich für den speziellen Geschmack der Whiskys aus der betreffenden Destillerie.

Die in den verschiedenen Destillerien anzutreffenden *stills* können mehr oder weniger in vier Haupttypen/Formen eingeteilt werden: Zwiebelform, Form mit ballförmigen Ausbuchtungen, Form mit kragenförmigen Einbuchtungen und Laternenform. Am meisten verbreitet sind die *stills* in Zwiebelform ohne Ein- oder Ausbuchtungen. Auch die *stills* mit ballförmigen Ausbuchtungen und diejenigen mit kragenförmigen Einbuchtungen am Halsansatz sind relativ häufig zu sehen. Eher selten anzutreffen ist die gerade Laternenform.

Bei den normalen zwiebelförmigen *stills* ist die Dicke und Länge des Halses von großer Bedeutung. Ein dicker, kurzer Hals erlaubt dem Alkoholdampf, sehr schnell in den Kopf der *still* aufzusteigen (das heißt in das Rohr, das diesen mit dem Kondensator verbindet) und von ihm in die Kondensationseinheit zu gelangen. Ein öliger und schwerer Whisky ist das Resultat. Das Verbindungsrohr, der sogenannte *lyne arm* (auch »Dampfrohr« oder nur »Arm« genannt) geht in einem von Destillerie zu Destillerie unterschiedlichen Winkel vom Kopf der *still* weg. Auch das hat Einfluss auf das Destillat.

Ist der *lyne arm* leicht bis stark abwärts geneigt, gelangen alle Teile im Alkoholdampf (auch die schwereren und öligen) in den Kondensator. Das Resultat ist ein eher schweres und öliges Destillat. Hat der Arm jedoch einen leicht ansteigenden Winkel, wird das Resultat ein feines und leichtes Destillat sein, weil die schwereren und stark öligen Teile im Dampf bereits hier kondensieren; sie laufen in die *still* zurück und werden noch einmal destilliert *(reflux)*.

Ein enger und hoher Hals der *still* bewirkt, dass der Alkoholdampf länger braucht und schon an den Halswänden zu kondensieren beginnt. Da dieses Kondensat schwerer ist als der Dampf, tropft es wieder in den Brennkessel zurück. Der Whisky wird weicher. Typische Beispiele für hohe *stills* findet man in der Destillerie Glenmorangie im Norden der Region Highland.

Sowohl die ballförmigen Ausbuchtungen als auch die kragenförmigen Einbuchtungen an den *stills* haben in etwa das gleiche Ziel: Der Alkoholdampf soll wegen dieser »Schikanen« teilweise bereits in der *still* kondensieren und in den Brennkessel zurücktropfen. Dadurch soll der spätere Whisky weicher werden.

Die *stills* in Laternenform mit ihren relativ engen und kurzen Hälsen ermöglichen es dem Alkoholdampf ebenfalls, schnell aufzusteigen. Meistens geht jedoch der *lyne arm* bei diesen *stills* nicht am Kopf, sondern ein paar Zentimeter unterhalb weg. Dadurch entsteht auch hier im über dem Arm liegenden Teil des Kopfs eine Kondensation und ein *reflux,* was den Charakter des Destillates ebenfalls beeinflusst. In einigen Destillerien wird der Rückfluss *(reflux)* noch durch spezielle Einrichtungen verstärkt oder provoziert. So haben zum Beispiel einige der *stills* in der Destillerie Dalmore (im Norden der Highlands) um den oberen Teil ihres Kopfes, etwa auf vier Fünftel ihrer Höhe, einen rund um den Hals führenden Wasserkanal. Das in diesen Kanal geleitete Kühlwasser fließt von dort aus Löchern über die Außenseite der *still*-Hälse herunter und kühlt diese ab. Man erreicht auf diese Weise einen vermehrten Rückfluss von bereits an den *still*-Wänden kondensiertem Alkohol in den Brennkessel. So kann man einen weicheren Whisky produzieren. Diese Technologie trifft man auch in anderen Destillerien an.

Eine weitere Möglichkeit, das Destillat weicher zu machen, ist der Einsatz eines sogenannten *purifiers* (Reinigers). Es handelt sich dabei um ein Gefäß, das am Arm, meistens kurz vor dessen Eintritt in den Kondensator, angebracht ist. In diesen Behälter fließt als Erstes einmal eine bestimmte Menge an bereits im Arm kondensiertem Alkohol. Zusätzlich kondensieren zum Teil die in dieses Gefäß

Links · Zwiebelförmige *stills* in der Destillerie Glendullan in der Speyside.

Links unten · *Stills* mit Ausbuchtungen am unteren Ende des Halses in der Destillerie Strathmill in der Speyside.

Unten · Eine in Schottland selten anzutreffende *still* in Laternenform. Diese *low wines still* in der Destillerie Dalmore im Norden des Hochlands stammt aus dem Jahr 1874!

gelangenden Alkoholdämpfe. Beide Anteile werden zusammen aus dem *purifier* wieder in die *still* zur nochmaligen Destillation zurückgeführt.

Die *pot stills* in den einzelnen Destillerien unterscheiden sich jedoch nicht nur hinsichtlich der Formen und Größen der Brennkessel, der Höhe des Schwanenhalses und den genannten Zusatzelementen. Es gibt noch weitere Eigen- oder Besonderheiten, die den jeweils dort produzierten Malt-Whiskys einen anderen und für jede Destillerie typischen Charakter und Geschmack verleihen.

Ein weiterer Faktor, der sich auf die spätere Qualität eines Malt-Whiskys auswirkt, ist der Kontakt des Dampfes mit dem Kupfermantel der *pot still*. Während dem mehr oder weniger schnellen Aufsteigen der Alkoholdämpfe entsteht zwischen ihnen und den Kupferpartikeln eine chemische Reaktion, die einen Teil der unerwünschten schwefligen oder pflanzlichen Aromen zum Verschwinden bringt. Wegen dieser Reaktion, die gleichzeitig auch ein langsames Zersetzen des Kupfermantels zur Folge hat, müssen Teile der *pot still* von Zeit zu Zeit ersetzt werden. Es wird berichtet, dass die Destillerien – um einen gleichbleibenden Geschmack ihrer Whiskys gewährleisten zu können – beim Austausch von Teilen oder bei der Anschaffung neuer *pot stills* die alten Kessel detailgetreu nachbilden lassen. Gerüchte besagen sogar, dass bei der Nachbildung auch verlangt wird, dass die neuen Kessel die in den alten Kesseln im Laufe der Jahre entstandenen Beulen aufweisen.

Auch die Art der Beheizung der *pot stills* soll eine Wirkung auf den späteren Geschmack des Whiskys haben. So beheizt eine Destillerie ihre Brennkessel direkt mit Kohle oder Gasfeuer; eine andere indirekt aus einer zentralen, mit Öl oder Gas betriebenen Heizungsanlage. Aus dieser wird heißes Wasser oder Wasserdampf unter die *pot stills* oder in die in diese eingebauten Heizelemente geführt.

Einige Destillerien – vor allem jene, welche sehr lange oder auch heute noch die direkte Befeuerung praktizieren – setzen im Inneren der *pot stills* zusätzlich rotierende Kupferbesen *(rummager)* ein. Diese sollen verhindern, dass sich am Boden der *stills* Stoffe festsetzen, anbrennen und so schlechte Aromen entfalten.

Anfangs und bis ins 19. Jahrhundert wurden in Schottland für das Kühlen der anfallenden Alkoholdämpfe vor allem Schlangen- oder Schneckenrohre *(worm tubes)* eingesetzt. Diese sich um die eigene Achse drehenden Rohre haben einen immer enger werdenden Durchmesser. In ihnen werden die heißen Alkoholdämpfe zum Abkühlen und Verflüssigen (Kondensieren) durch einen Bottich oder eine Wanne mit Kühlwasser geführt. Diese Kühlmethode wird heute nur noch bei wenigen Destillerien (zum Beispiel bei Glen Elgin, Mortlach und Talisker) eingesetzt. Weil in einer *worm tube* das Kondensat nicht mit viel Kupfer in Berührung kommt, wird das Destillat eher schwer im Geschmack.

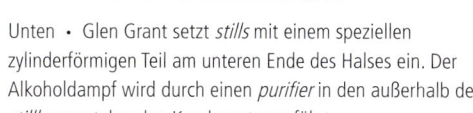

Oben ganz links • In vielen Destillerien ist vor dem Kondensator ein *purifier* montiert.

Oben links • Nicht nur bei Glenfiddich werden *rummager* zur Verhinderung des Anbrennens der *wash* verwendet.

Mittlere Reihe • Verschiedene Typen von Heizelementen (Rohre oder Zylinder) in einer *still*.

Unten links • *Stills* mit Einbuchtungen in der Destillerie Glenlivet in der Speyside. Man sieht auf diesem Bild auch sehr schön, wie die *lyne arms* vom Kopf der *stills* in verschiedenen Winkeln zu den Rohrkondensatoren führen.

Unten • Glen Grant setzt *stills* mit einem speziellen zylinderförmigen Teil am unteren Ende des Halses ein. Der Alkoholdampf wird durch einen *purifier* in den außerhalb des *stillhouse* stehenden Kondensator geführt.

Normalerweise kommen heute Kondensatoren (auch »Rohrbündel-Wärmeaustauscher« genannt) zur Anwendung: In einem länglichen, zylinderförmigen Metallkörper aus Kupfer oder Messing (vereinzelt auch aus Stahl) sind Bündel von Kühlwasserrohren aus Kupfer eingebaut. An diesen wird der in diese Behälter geleitete Dampf zum Kondensieren gebracht. Durch den intensiven Kontakt mit Kupfer auch während des Kondensierens entsteht ein eher leichtes Destillat.

Jede Destillerie ist davon überzeugt, dass ihre spezielle Art von *stills* und die von ihr angewandte Technik genau den gewünschten direkten und wichtigen Einfluss auf die Qualität und den Geschmack ihres Destillates hat.

Die spezielle *Lomond still*

Nicht unerwähnt bleiben soll eine spezielle *still*-Art, die der junge Chemiker Alasdair Cunningham 1955/56 in der Destillerie Dumbarton zusammen mit dem Konstruktionszeichner Arthur Warren entwickelte. Die Idee hinter der Erfindung war, mit einer einzigen *still* verschiedene Whiskystile destillieren zu können. Die Hiram-Walker-Gruppe, für die Cunningham arbeitete, besaß damals in Schottland mehrere Destillerien. In diesen kam der neue *still*-Typ, die *Lomond still,* zum Einsatz.

Von einer herkömmlichen *still* unterschied sich die *Lomond still* dadurch, dass auf einem normalen Brennkessel anstelle des üblichen Schwanenhalses ein dickes, zylindrisches Rohr aufgesetzt war. In dieses waren drei bewegliche

Kupferplatten eingebaut, die – je nach angestrebtem Whiskystil – waage- oder senkrecht verstellt werden konnten. Durch diese Möglichkeiten konnte der *reflux,* und damit die Schwere oder Leichtigkeit des *new make,* variiert werden. Die Platten konnten zusätzlich noch mit Wasser gekühlt werden. Eine weitere Besonderheit der *Lomond still* war, dass der Winkel des *lyne arms* ebenfalls verändert werden konnte.

Zu Testzwecken wurde zuerst eine Muster-*still* gebaut und in der Malt-Destillerie Inverleven im Komplex der Dumbarton Distillery in Betrieb genommen. Weil die Resultate der Muster-*still* – sie war halb so groß wie die geplante *still* – befriedigend erschienen, wurden einige *Lomond stills* in der richtigen Größe gebaut. Das »Muster« in halber Größe trat eine Reise durch beinahe ganz Schottland an. Zuerst wurde sie in die Destillerie Glenburgie bei Forres, später in die Brennerei Scapa auf Orkney gebracht.

Die Destillerien, in denen *stills* dieses Typs in den folgenden Jahren eingesetzt wurden (neben Dumbarton: Glenburgie, Miltonduff und Scapa), waren mit den erzielten Resultaten bezüglich der Variationsmöglichkeiten des Geschmacks des späteren Whiskys jedoch auf die Dauer nicht zufrieden. Zudem war die Reinigung der *still* extrem aufwendig. Diese Umstände führten dazu, dass die *Lomond stills* jeweils nach wenigen Jahren wieder durch normale *pot stills* ersetzt wurden. In der Destillerie Scapa ist eine solche *still* bis heute in Betrieb, aber ohne die beweglichen Kupferplatten und ohne die Möglichkeit, den *lyne arm* zu verstellen.

Eine zweite *Lomond still* haben die Besitzer von Bruichladdich vor der Verschrottung gerettet. Dieses Exemplar aus der ehemaligen Destillerie Inverleven (Dumbarton) wurde größtenteils um- und ihre beweglichen Kupferplatten ausgebaut, sie kann so nicht mehr als typische *Lomond still* bezeichnet werden. Sie ist seit dem Jahr 2010 im *stillhouse* der Bruichladdich Distillery auf Islay in Betrieb, und man destilliert dort in ihr ... Gin!

Der Prozess des Destillierens

Die erste Destillation

Schottische Malt-Whiskys werden – wie bereits ausgeführt – in mindestens zwei Destillationsläufen hergestellt.

Für den ersten Brennprozess wird die *wash* in die erste *still* gepumpt – sie wird *wash still* oder *low wines still* genannt – bis diese gut zur Hälfte, maximal aber zu zwei Dritteln gefüllt ist.

Jetzt wird die *still* aufgeheizt. Weil sie nicht vollständig gefüllt ist, hat die Flüssigkeit die Möglichkeit, sich während des Erhitzens auszudehnen. Mit steigender Temperatur beginnt die *wash* im Kessel zu kochen und dabei zu brodeln und zu schäumen. Die *wash still* besitzt im Hals mindestens ein Sichtfenster. Durch dieses kann der Brennmeister

Linke Spalte • Außerhalb des *stillhouse* stehen in der Destillerie Mortlach die Wassertanks, durch welche die heißen Alkoholdämpfe zur Abkühlung in einem schneckenförmig angelegten Rohr *(worm tube)* geführt werden.

Unten • Die bei Bruichladdich heute zur Destillation von Gin verwendete *Lomond still*.

Ganz unten • Diese seltene Aufnahme von *Lomond stills* aus dem Jahr 1958 zeigt die zwei *Lomond stills* neben den beiden *pot stills* bei Glenburgie.

(stillman) das Schäumen überwachen. Er verhindert durch Steuerung der Hitze, dass die *wash* überschäumt und der Schaum durch den Schwanenhals über den Arm bis in den Kondensator gelangen kann. Er sorgt auch dafür, dass die *wash* langsam erhitzt wird, weil sich sonst ölige und hefige Stoffe am Schwanenhals festsetzen. Dadurch erhielte der spätere Whisky ein beißendes Aroma.

Während der Destillation wird die *wash* bis knapp unterhalb des Siedepunktes von Wasser, das heißt auf ungefähr 95 Grad Celsius, erhitzt. Der Alkohol – der mit 78,3 Grad Celsius einen niedrigeren Siedepunkt als Wasser hat – kann so vom Wasser, der Hefe und den vielen anderen in der *wash* sonst noch enthaltenen Stoffen getrennt werden.

Der Alkoholdampf steigt den Hals empor und gelangt über den mehr oder weniger (nach oben oder unten) ab-

In den Sichtfenstern der *wash still* kann der *stillman* (Brennmeister) das beim Aufheizen der *wash* auftretende Schäumen überwachen.

gewinkelten *lyne arm* in den Kondensator und wird dort verflüssigt.

Die Dauer der ersten Destillation hängt in erster Linie von der Größe und Form des Brennkessels, also der *still,* ab. Mit einer *pot still,* die ein Fassungsvermögen von 24 000 Litern hat und mit circa 16 000 Liter gefüllt ist, können in einer Stunde etwa 1000 Liter Destillat hergestellt werden. Aus der Menge der in die *still* eingefüllten *wash* kann knapp ein Drittel an Destillat gewonnen werden.

Der erste Brennvorgang dauert so lange, bis die verbleibende Flüssigkeit noch einen Restalkoholanteil von ungefähr einem Prozent hat. Der während der ersten Destillation entstandene Rohbrand – er wird *low wines* genannt und hat je nach Destillerie einen Alkoholgehalt von 20 bis 27 Prozent – wird in einem Tank zwischengelagert. Die im Kessel zurückgebliebenen Stoffe (*burnt* oder *pot ale*) werden aus der *still* herausgeholt und später zu einem Sirup eingedickt. Dieser wird zusammen mit den Maischrückständen als Viehfutter (*dark grains*) verkauft.

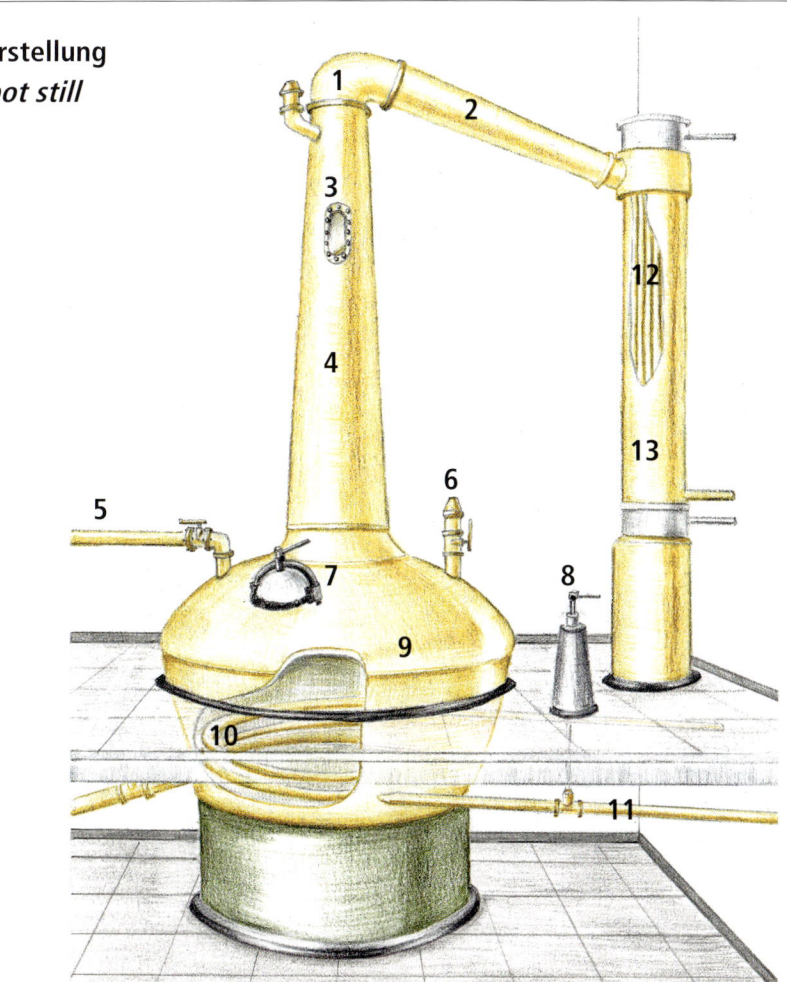

Schematische Darstellung einer typischen *pot still*

1 · Schwanenhals

2 · Dampfrohr oder Arm *(lyne arm)*; führt die Alkoholdämpfe in den Kondensator.

3 · Sichtfenster; gibt dem Brennmeister die Möglichkeit, die aufsteigenden Dämpfe und den Schaum zu sehen.

4 · Hals der *pot still*; nur die leichtesten Dämpfe erreichen den Schwanenhals.

5 · Befüllrohr

6 · Druck-Sicherheitsventil; öffnet bei zu hohem Druck und verhindert so das Explodieren des Kessels.

7 · Mannsloch; Einstieg für die Reinigung und Überprüfung des Kessels und der Heizelemente.

8 · Hahn zur Regulierung der Dampfzufuhr der *still*-Heizung.

9 · Brennkessel

10 · Heizelement, in diesem Fall ein dampfführendes Rohr.

11 · Dampfzufuhr

12 · Kühlrohre; an ihnen kondensiert (verflüssigt sich) der Alkoholdampf.

13 · Rohrbündelkondensator

Die *wash still* muss am Ende jedes Destillationslaufs komplett geleert und gereinigt werden, bevor sie für die nächste Destillation wieder gefüllt werden kann.

Die zweite Destillation

In der *spirit still,* dem Brennkessel für die zweite Destillation, wird der Rohbrand (also die *low wines*), angereichert mit dem Vor- und Nachlauf des vorausgegangenen zweiten Destillationslaufs, gebrannt. Beim Vor- und Nachlauf handelt es sich um den Teil des Destillats, der noch nicht für den zukünftigen Whisky geeignet war.

Dieses Gemisch enthält neben Ethylalkohol und Wasser auch noch eine große Menge an unreinen Alkoholarten und Ölen sowie anderen Verbindungen aus Wasser-, Sauer- und Kohlenstoff. Die zweite Destillation dient dazu, diese giftigen oder geschmacklich schlechten Stoffe zu eliminie-

ren und den Alkoholgehalt zu erhöhen. Im Endprodukt, einem Malt-Whisky, sind aber immer noch Hunderte von unterschiedlichen Stoffen vorhanden.

Der *stillman* (Brennmeister) trennt bei der zweiten Destillation das Destillat in einen Vorlauf *(foreshot),* einen Mittellauf *(middle cut* oder *heart)* und einen Nachlauf *(feints).*

Der Vorlauf ist ziemlich ölig und enthält viele ungenießbare Stoffe wie zum Beispiel Methanol und Ester. Im Nachlauf sind einige giftige oder schlecht riechende Stoffe (zum Beispiel Fuselöle) enthalten. Für den zukünftigen Whisky wird nur der reine Mittellauf, also der *middle cut* verwendet. Der prozentuale Anteil der drei Phasen ist von Destillerie zu Destillerie unterschiedlich. Die zweite Destillation erbringt in etwa die folgenden Mengenanteile: *foreshot* = 5 bis 10 Prozent; *middle cut* = 15 bis 30 Prozent; *feints* = Rest.

Oben • Dem *stillman* stehen im *sample safe* Alkohol-Hydrometer, Thermometer und eine Wasserzufuhr zur Kontrolle des Destillationsfortschritts zur Verfügung.

Oben rechts • Die *spirit and sample safes* sind so etwas wie die Aushängeschilder der Destillerien. Dementsprechend werden sie auch gepflegt wie dieser auf Hochglanz polierte in der Destillerie Glenrothes in der Speyside.

Rechts • In der Destillerie Benrinnes in der Speyside wurde bis vor kurzer Zeit noch in einem speziellen Verfahren dreifach destilliert. Deshalb stehen neben der großen *wash still* zwei kleinere mit der Bezeichnung *low wines* versehene *stills* unterschiedlicher Bauart. In ihnen wurde die zweite und dritte Destillation gemacht.

Der *stillman* beobachtet im *spirit and sample safe,* einem meist sehr dekorativ aussehenden Glaskasten mit Messing- oder Kupferrahmen, den Durchfluss des Destillats. Er hat keine Möglichkeit, den Alkohol zu probieren, weil der *spirit and sample safe* aus steuertechnischen Gründen immer verschlossen ist. Ein Öffnen ist nur beim Austesten von neuen *stills,* Rezepturen und für die Reinigung erlaubt.

Zur Prüfung der Reinheit hat der *stillman* jedoch zum Beispiel die Möglichkeit, im *sample safe* das Destillat in ein Gefäß zu leiten und ihm Wasser beizumischen. Am Grad der dadurch ausgelösten Trübung kann er erkennen, ob das Destillat rein genug ist. Im *sample safe* befinden sich auch noch weitere Hilfs- und Kontrollmittel. So kann der *stillman* zum Beispiel mit einem Thermometer die Temperatur und mit einem Hydrometer den Alkoholgehalt messen. Ist das Destillat klar genug und stimmt der Alkoholgehalt, legt er einen Hebel um und führt so den Mittellauf in den Sammeltank.

Der *middle cut,* auch *heart of the run* genannt, hat – je nach Destillerie – einen Alkoholgehalt von 68 bis 74 Prozent. Das Erkennen des richtigen Zeitpunkts für das Drehen des Hebels, um den reinen Mittellauf in den Sammelbehälter zu leiten, ist entscheidend für das Aroma des späteren Malt-Whiskys.

Denn gerade am Ende des Vorlaufs beziehungsweise zu Beginn des *middle cut* ist das Destillat sehr reich an den für einen guten Whisky wichtigen aromatischen Stoffen. Genauso entscheidend ist aber auch der Zeitpunkt, an dem der *stillman* den Hebel wieder zurückschwenken muss: am Ende des Mittellaufs. Denn kurz nach der Hälfte des Mittellaufs kommen diejenigen Aromatypen auf, die am Anfang noch angenehm riechen, aber mit der Fortdauer des Prozesses plötzlich sehr unangenehme Eigenheiten entfalten können. Dies ist ungefähr bei einem noch verbleibenden Alkoholgehalt von 65 Volumenprozent der Fall. Spätestens dann muss der Hebel wieder umgelegt werden.

Wartet der *stillman* mit dem Umschalten zu lange, wird der Whisky derb und hart. Legt er den Hebel andererseits zu früh um, wird es dem Whisky an Charakter mangeln. Wann genau der *middle cut* beendet wird, ist ein gut gehütetes Geheimnis jeder Destillerie und ihres *stillmans.*

Leider wird in einigen Destillerien seit einiger Zeit aus Kostengründen die Phase des *middle cut* früher eingeleitet und nach hinten verlängert. Das beeinträchtigt die Qualität, und der Malt einer Destillerie schmeckt plötzlich anders.

Doch was passiert mit den drei Teilen der Destillation? Die Flüssigkeit, die am Anfang des Destillationsvorganges abgezweigt wird (der Vorlauf = *foreshot*), wird genauso wie auch der Nachlauf (die *feints*) zur erneuten Destillation in die *low wines* zurückgeleitet und diesen beigemischt.

Der *middle cut,* also das Herzstück, wird aus dem Sammelbehälter als »Roh-Whisky« *(new make)* in Fässer abgefüllt und der Reifung zugeführt.

Die *spirit stills* müssen wie die *wash stills* nach jedem Destillationslauf komplett geleert, gereinigt und neu befüllt werden. In dieser Art von Brennblasen kann nicht kontinuierlich gebrannt werden.

Die dritte Destillation

Im Gegensatz zur irischen Tradition der »Triple Distillation« brennen in Schottland nur noch wenige Destillerien ein drittes Mal.

Beispiele sind Auchentoshan und Springbank, bei Letzterer geschieht dies aber nur bei einzelnen Malt-Whisky-Sorten (zum Beispiel beim »Hazelburn«).

In der Destillerie Mortlach wird auf eine spezielle Art und Weise ebenfalls dreifach oder sogar mehrfach destilliert. Durch das dreifache Brennen wird der zukünftige Charakter eines Whiskys zusätzlich beeinflusst.

Der erste Lauf geschieht bei der dreifachen Destillation in der *wash still,* der zweite in einer sogenannten *intermediate still* und der dritte in der *spirit still*. Die Prozesse sind in den beiden Destillerien unterschiedlich. Ziel ist aber bei beiden, einen noch reineren und weicheren Whisky zu produzieren. In den Porträts der beiden Brennereien wird näher auf die angewandten Prozesse eingegangen.

Die Dreifach-Destillation ist sehr kostspielig. In den Lowlands, wo sie häufig praktiziert wurde, ist sie mitverantwortlich dafür, dass Destillerien (zum Beispiel Rosebank) schließen mussten. Die Destillerie Auchentoshan nutzt sie jedoch als Haupt-Marketingargument und lebt gar nicht schlecht damit. Einige der anderen Destillerien, die dreifach destilliert haben, sind zum normalen zweifachen Brennen übergegangen.

Das Abfüllen in Fässer

Das reine Destillat, das nach der zweiten (oder in den genannten Fällen der dritten) Destillation in einen Sammelbehälter geführt wurde, wird von dort in den Tank oder die Tanks *(spirit receiver)* im Fassabfüllraum gepumpt.

Der junge Brand – er wird *new make* oder *new spirit* genannt (früher wurde auch die Bezeichnung *clearic* angewendet, heute wird er modern auch als *Baby Whisky* bezeichnet) – ist klar, heftig und feurig und besitzt etwa 65 bis 74 Alkohol-Volumenprozent. Bevor er in die Eichenfässer abgefüllt wird, verdünnt man ihn mit Wasser. Dieses stammt, wenn dieser Prozess in den Destillerien selbst aus-

Oben • Schön angeordnete Fässer warten vor der Abfüllhalle der Destillerie Glen Grant in der Speyside auf die Befüllung.

Unten links • Fassabfüllanlage in der Destillerie Ardbeg auf Islay.

Unten • In der Destillerie Glencadam im Osten der Highlands werden Fässer befüllt.

geführt wird, in den meisten Fällen aus eigenen Quellen. Wird er jedoch erst an einem zentralen Lagerort in Fässer abgefüllt und dort verdünnt, wird das Wasser aus dieser Gegend verwendet.

Der Grund für das Verdünnen der Whiskys vor der Fassabfüllung ist, dass man in den Destillerien die Erkenntnis gewonnen hat, dass Whisky nach der Zugabe von Wasser schneller reift.

Die angestrebten Alkoholanteile liegen zwischen 60 bis 68 Prozent, abhängig von den Erfahrungswerten der jeweiligen Destillerie. Sehr viele Destillerien verdünnen (die Fachleute nennen diesen Prozess »rektifizieren«) auf genau 63,5 Prozent Alkoholanteil. Langjährige Erfahrung hat gezeigt, dass Whiskys, die mit einem Alkoholanteil von weniger als 63,5 Prozent in die Fässer abgefüllt wurden, nach einer längeren Lagerzeit zu schwach werden. Das Verdünnen des späteren Whiskys vor der Fassabfüllung bringt auch einen kommerziellen Vorteil, obwohl wegen der größeren Abfüllmenge mehr von den teuren Fässern zur Lagerung benötigt werden.

Für einen Whisky, der sehr lange in ausgesuchten Fässern reifen soll, wird der *new make* in einigen schottischen Destillerien auch heute noch unverdünnt abgefüllt.

Der junge Brand wird in der Regel in gebrauchte Eichenfässer abgefüllt. Darin muss er mindestens drei Jahre und einen Tag ruhen und reifen, bis er sich endlich Whisky nennen darf. Bei einem Malt-Whisky dauert die Lagerung aber meistens bedeutend länger.

In vielen Destillerien, vor allem bei solchen, die zu größeren Konzernen gehören, wird der junge Brand zu einem großen Teil sofort nach der Destillation mit Tanklastwagen abgeholt und in zentralen, großen Lagern verdünnt, in Fässer abgefüllt und gelagert. So wird auch mit vielen auf den bekannten Whisky-Inseln gebrannten *new makes* verfahren.

Linke Seite • Ein volles Fass wird zum Lagerhaus gerollt.

Lagern und Reifen

Einer der wichtigsten und entscheidendsten Prozesse in Bezug auf den späteren Geschmack eines Whiskys ist das Lagern und Reifen in Eichenfässern. Während der vielen Jahre der Lagerung und Reifung nimmt der Whisky Gerbstoffe, ölige Substanzen, Ester, Säuren und Farbe aus dem Eichenholz des Fasses auf. Diese haben dann, neben anderen fassspezifischen Merkmalen, einen starken Einfluss auf seinen späteren Geschmack.

Das Toasten der Fässer vor dem Gebrauch hilft zusätzlich beim Reduzieren der schwefligen Elemente im Destillat. Es wird als sicher angenommen, dass die Reifung und Lagerung in Fässern etwa ein Drittel des Geschmacks eines Malt-Whiskys ausmachen. Von den Fässern erhält er auch seine natürliche Farbe.

Links oben • »Psst … Whisky schläft – Engel draußen bleiben.« Dieses Schild an der Tür eines der Lagerhäuser der Destillerie Bladnoch ganz im Süden der Lowlands sagt eigentlich alles!

Ganz oben • Zu den Lagerhäusern der Destillerie Knockdhu führen Holzschienen, auf welchen die Fässer zur Ein- und Auslagerung gerollt werden können. Die Gebäude sind schwarz vom Pilzbefall. Bei der Pilzart handelt es sich um eine, welche den verdunsteten Alkohol *(angels' share)* besonders liebt.

Oben • Ein Fasslager der ursprünglichen Art (Destillerie Dalmore in den nördlichen Highlands).

Oben · Hochregallager in der Destillerie Glencadam im Osten der Highlands.

Durch die Holzporen der Fässer dringt einerseits Luft ein, andererseits verdunstet dadurch ein Teil des Whiskys. Dabei werden auch unerwünschte Stoffe, die auf den Whisky einen negativen Einfluss haben könnten, ausgeschieden. Etwa 1,5 bis 2 Prozent des Inhalts eines Fasses verdunsten auf diese Weise pro Jahr als *angels' share* (Anteil der Engel) und hüllen die Brennereien und Lagerhäuser in einen unbeschreiblichen Duft. Eine Reduktion des *angels' share* wäre finanziell interessant: Man kann davon ausgehen, dass allein in Schottland ungefähr 25 Millionen Fässer gefüllt mit Whisky lagern und aus diesen 2 Prozent pro Jahr verdunsten. Das bedeutet, dass der Inhalt von 500 000 Fässern (oder mehr als 150 Millionen Flaschen) pro Jahr in die Luft entschwindet. Wahrlich ein Sparpotenzial! Schon vor Jahrzehnten hat man versucht, den *angels' share* zu eliminieren. Diese früheren Versuche waren aber erfolglos und wurden aufgegeben. Seit 2010 hat Diageo die Frage, wie das Verdunsten zu verhindern ist, wieder aufgegriffen. So wurden auch als Test Fässer in Folie eingeschweißt. Auf die Entwicklung und Resultate kann man gespannt sein.

Die über das Jahr auftretenden Temperaturschwankungen sind für die Reifung des Whiskys ebenfalls bedeutsam. Der Wechsel von Wärme und Kälte lässt den Whisky im Fass arbeiten. Whisky dehnt sich in der Wärme aus und zieht sich in der Kälte zusammen. Dadurch werden mehr Stoffe aus den Fässern aufgenommen. Das ist der Grund dafür, dass in den Lagerhäusern einiger nicht so ideal gelegenen

Destillerien (vor allem in den USA) mit Hilfe von speziellen Anlagen Klimaänderungen simuliert werden.

Im Laufe der Jahre reift das Destillat in den Fässern zu einem milden und feinen Whisky heran. Der Wahl des Fasses kommt dabei eine absolut entscheidende Bedeutung zu. So gibt zum Beispiel ein neueres Fass bedeutend mehr Gerbstoffe ab als ein durch mehrmaligen Gebrauch eventuell bereits etwas ausgelaugtes. Dazu kommt noch, dass kein Fass wie das andere ist.

Whiskys können deshalb, obwohl sie aus dem gleichen Destillationslauf stammen und die gleiche Reifezeit sowie den gleichen Lagerort haben, von Fass zu Fass einen anderen Geschmack haben. Da die Fässer beim Abfüllen fortlaufend nummeriert werden, kann diese Tatsache leicht überprüft und bewiesen werden.

Die optimale Dauer der Lagerung hängt von verschiedenen Kriterien ab. Einflussfaktoren sind beispielsweise die Größe der verwendeten Fässer, der Alkoholgehalt des gelagerten Whiskys und der Wechsel von Temperatur und Luftfeuchtigkeit im Lagerhaus. Zu beachten ist auch, dass leichtere Whiskys (zum Beispiel jene aus den Lowlands) schneller reifen als schwerere (zum Beispiel Whiskys von der Insel Islay).

Einige Destillerien beeinflussen den Geschmack eines Whiskys darüber hinaus gezielt durch ein Fass-*finishing*. Sie füllen die Whiskys am Ende der Lagerzeit noch für eine gewisse – meistens nur kurze – Zeit in zuvor für Calvados, Cognac, Madeira, Portwein, Rotwein usw. verwendete Fässer (um nur einige Möglichkeiten zu nennen) um. Diese Whiskys nehmen so zusätzlich Geschmackseinheiten der vorher in diesen Fässern gelagerten Produkte an.

Im schottischen Gesetz ist vorgeschrieben, dass der junge Brand mindestens drei Jahre und einen Tag in Holzfässern reifen muss, bevor er den Namen Whisky tragen darf. Die Malt-Destillerien in Schottland lagern ihr Wasser des Lebens jedoch bedeutend länger, denn es gilt (zumindest bis zu einem gewissen Alter): Je länger die Reife, umso ausgewogener der Geschmack.

Aber das hat seinen Preis: Je länger die Lagerung im Fass dauert, desto mehr verdunstet und umso höher ist der Preis des Whiskys.

Whisky reift – im Gegensatz zu Wein beispielsweise – in der Flasche nicht weiter. Er behält aber, vorausgesetzt er ist gut verschlossen, den Geschmack bei, den er bei der Abfüllung in die Flasche hatte.

Für die Lagerung und Reifung von Whiskys gibt es verschiedene Arten von Lagerhäusern. Kleinere Destillerien benutzen in der Regel niedrige Steinhäuser mit Naturböden. Dort werden drei bis vier Fassreihen aufeinander gestapelt. Die großen Destillerien wie auch die Konzerne mit ihren zentralen Lagern lassen die Whiskys in riesigen modernen – und in einigen Fällen sogar klimatisierten – Lagerhäusern reifen. Die Fässer liegen dort in Hochregallagern.

Der Typ eines Lagerhauses hat ebenfalls Einfluss auf Geschmack und Charakter von Whiskys. So unterscheiden sich diejenigen, die in alten Lagerhäusern reifen, von jenen, die diesen Prozess in den modernen Lagerhallen durchlaufen, obwohl Letztere zum Teil mit modernster Technik beinahe jedes Klima und jede Umgebung simulieren können.

Gleichzeitig gilt, dass neben der Art des Lagerhauses auch sein Standort eine bedeutende Rolle spielt. Der gleiche Whisky würde sich, wenn er an verschiedenen Orten gelagert würde, verschieden entwickeln.

Ein Whisky aus einem Lagerhaus, das in der zentralen Speyside oder sonst irgendwo im Landesinnern, zum Beispiel mitten in einem Gebiet mit viel Erika (Heidekraut), liegt, erhält einen anderen Geschmack als ein Whisky aus einem Lagerhaus, das am Meer oder in einer Stadt steht.

Der Speyside-Whisky profitiert von der milden und würzigen Landluft in seiner Region. Er ist während des Jahres relativ großen Temperaturschwankungen ausgesetzt (-15 bis +30 Grad Celsius).

In den westlichen Küstengebieten und auf den diesen vorgelagerten Inseln schwankt die Temperatur wegen des Golfstroms nicht so stark (-5 bis +25 Grad Celsius). Aber die Lagerhäuser sind dort öfters einmal den tobenden Herbst- und Winterstürmen ausgesetzt. Die an den Küsten oder auf den Inseln lagernden Whiskys werden sicher auch durch das Salz und den Geruch von Seetang in der durch die Lagerhäuser zirkulierenden Luft beeinflusst.

Nach dem Reifeprozess in den Fässern besitzt der Malt-Whisky meistens noch eine Stärke von 50 bis 60 Volumenprozent Alkohol. Diese hängt – neben der Stärke bei der Abfüllung – einerseits von der Dauer der Lagerung und andererseits vom Zustand der Fässer ab (Verdunstung).

Das Abfüllen in Flaschen

Während seiner gesamten Lager- und Reifezeit wird der Whisky überwacht und seine Entwicklung mindestens halbjährlich kontrolliert. Hat er die richtige Reife und das angestrebte Fassalter erreicht, kann er in Flaschen abgefüllt werden. Die bei den Kontrollen für gut befundenen und

Was ist in einer Flasche Malt-Whisky?

Nun ist der gesamte Prozess der Malt-Whisky-Herstellung von der Anlieferung der Gerste bis zur fertig abgefüllten Flasche vorgestellt. Man könnte sich jetzt die Frage stellen, wie viel Gerste, Wasser und Hefe für eine Flasche Malt-Whisky benötigt werden? Um darauf eine Antwort geben zu können, habe ich bei verschiedenen Destillerien nachgefragt. Die von den Destillerien angegebenen Werte waren mehr oder weniger genaue Erfahrungswerte. Sie bezogen sich auf Produktionswochen oder sogar auf ganze Monate. Bei den folgenden Berechnungen gehe ich von den Werten aus, die in einer Einheit *new make* oder *Baby Whisky* beim Abfüllen ins Fass enthalten sind.

Die folgende Tabelle zeigt die für die Produktion benötigten Mengen (gerundet) für

a) ein Fass *(barrel)* mit 200 Litern *new make* bei einem (für die Abfüllung in Fässer standardmäßigen) Alkoholgehalt von 63,5 Volumenprozent
b) einen Liter Whisky mit 63,5 Prozent
c) einen Liter Whisky mit 46 Prozent
d) eine 0,7-Liter-Flasche Whisky mit 46 Prozent

Bedarf für das Produkt	a) Fass 200 l 63,5 %	b) Flasche 1 l 63,5 %	c) Flasche 1 l 46 %	d) Flasche 0,7 46 %
Gerste	462 kg	2,3 kg	1,7 kg	1,2 kg
ergibt Gerstenmalz	385 kg	1,95 kg	1,4 kg	0,98 kg
Wasser	77 l	0,39 l	0,28 / 0,55* l	0,2 / 0,39* l
Hefe	7,7 kg	0,04 kg	0,03 kg	0,02 kg

* Zweite Zahl inklusive Wasser zum Verdünnen auf Trinkstärke

Eigentlich müsste man auch noch den Verlust durch das Verdunsten *(angels' share)* von ungefähr zwei Prozent pro Jahr Lagerung berücksichtigen ... Die angegebenen Werte sind also keine exakten Daten, sie ermöglichen aber eine ungefähre Vorstellung darüber, wie viel Rohstoffe für eine Flasche Whisky benötigt werden.

Wieviel Wasser ist zur Herstellung einer Flasche Malt-Whisky nötig?

Für eine Destillerie ist es sehr wichtig, dass sie über eigene Quellen verfügt oder in der Nähe von Flüssen angesiedelt ist. Sie braucht nicht nur Wasser für das Produkt Whisky, sondern auch für die verschiedenen Prozesse (Mälzen, Kühlen, Verarbeitung). Während ein Teil des für den Produktionsprozess benötigten Wassers verdunstet, kann ein anderer Teil mehrmals verwendet werden.

Die folgende Tabelle zeigt den Wasserbedarf für die Produktion der bereits oben verwendeten Einheiten.

Wasserbedarf für die Produktion	a) Fass 200 l 63,5 %	b) Flasche 1 l 63,5 %	c) Flasche 1 l 46 %	d) Flasche 0,7 l 46 %
Mälzen, Wasser zum Einweichen	2308 l	11,5 l	8,4 l	5,9 l
Kühlwasser	46 154 l	230,8 l	167,2 l	117 l
Sonstiges Prozesswasser	3135 l	15,7 l	11,4 l	8 l

Ganz oben • Mit einem *valinch* (einer Art großer Pipette) wird aus einem Fass eine Probe gezogen.

Oben • Entnommene Proben werden analysiert, etikettiert und für das Abfüllungsarchiv dokumentiert.

ausgewählten Fässer werden aus dem Lager geholt. Würde dieser Whisky jetzt Fass um Fass in Flaschen abgefüllt, würde nur der Inhalt von ein paar hundert Flaschen gleich schmecken.

Um zu erreichen, dass die Abfüllungen eines Whiskys einer Destillerie mit einem bestimmten Fassalter einen repräsentativen und in etwa gleichen Geschmack haben, wird der Whisky der ausgesuchten Fässer in einem großen Bottich zusammengeschüttet und vermischt. Dies geschieht mit Hilfe eines Rührwerks oder mit Druckluft, die in den Behälter geblasen wird.

Stammen alle so zusammengeschütteten und gemischten Whiskys aus der gleichen Destillerie, darf das abgefüllte Produkt die Bezeichnung »Single Malt« tragen. Sind dabei Whiskys aus Fässern verschiedener Destillationsjahrgänge zusammengemischt worden, so bestimmt der jüngste Whisky das Alter, das auf dem Etikett angegeben wird. Wird auf dem Flaschenetikett als Alter des Whiskys zum Beispiel »12 years old« angegeben, entsprechen diese 12 Jahre dem Alter des jüngsten in der betreffenden Tranche enthaltenen Whiskys, das heißt desjenigen, der am wenigsten lang im Fass gereift ist. Ältere Whiskys dürfen darin jedoch unbeschränkt enthalten sein.

Nach dem Mischen wird der Whisky gesiebt und gefiltert, um eventuelle, aus den Prozessen oder der Fasslagerung stammende Rückstände oder Unreinheiten zu entfernen. Manchmal wird er zusätzlich noch einer Kühlfilterung unterzogen (siehe Kasten, Seite 52).

Vor der Flaschenabfüllung wird der bis jetzt noch fassstarke Whisky in der Regel mit Wasser auf die für die betreffende Destillerie übliche Trinkstärke zwischen 40 und 46 Prozent Alkoholgehalt verdünnt.

Bei einigen Whiskys wird, wenn sie in den Fässern nicht den richtig schönen Gold- oder Bernsteinton erhalten haben, mit Farbe etwas nachgeholfen. Sie werden mit Karamell-Farbe (Zuckercouleur) »geschönt«. Man gebraucht aber so wenig davon, dass es auf den Geschmack keinen Einfluss hat. Trotzdem ist es ein Schönheitsfehler.

Erfreulicherweise gehen immer mehr Destillerien dazu über, ihre Whiskys in der Originalfarbe zu belassen.

Nur wenige Malt-Destillerien besitzen eigene Flaschen-Abfüllanlagen (wie zum Beispiel Bruichladdich, Glenfiddich und Springbank).

Fast alle anderen beauftragen für die Massenabfüllungen große Abfüllbetriebe, die vor allem in der Nähe der beiden größten schottischen Städte Edinburgh oder Glasgow stehen.

Einige Destillerien machen eigene Abfüllungen bei besonders gut gelungenen Fässern (*Single Cask*-Abfüllungen) oder alten Jahrgängen, oft sogar noch manuell. (Siehe Seite 62.)

Links • Bei Abfüllungen von einzelnen Fässern wird auch heute noch oft manuell gearbeitet. Hier eine *Single Cask*-Abfüllung von Duncan Taylor, dem unabhängigen Abfüller in Huntly.

Unten • Moderne kleine Flaschenabfüllanlage.

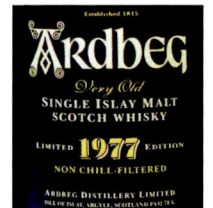

Kühlfilterung *(chill filtration)*

Die in Eichenfässern gelagerten Whiskys enthalten Stoffe, die sie unter bestimmten Bedingungen trüb werden lassen können. So zum Beispiel bei der Verdünnung mit Wasser auf Trinkstärke. Auch bei der Zugabe von Eis in die Whiskys können sich diese milchig verfärben. Diese Stoffe – es handelt sich bei ihnen größtenteils um Öle und Fettarten – können mit Hilfe der Kühlfilterung extrahiert werden.

Was passiert bei der Kühlfilterung?
Der Whisky wird in einer Kühlfilteranlage (siehe Bild rechts) zuerst auf ungefähr 5 Grad Celsius abgekühlt. Bei dieser Temperatur verfestigen sich die von den betreffenden Abfüllern nicht erwünschten Stoffe (Öle und Fette) und lassen sich ausfiltern.

Das Kühlfilterungsverfahren wurde und wird vor allem von den Herstellern von Blended Whiskys, aber auch von Single Malts in Original- oder Eigentümerabfüllung angewendet. Die Produzenten glaub(t)en, ihren Kunden eine Trübung der Whiskys nicht zumuten zu können. Die Mehrzahl der heute im Handel erhältlichen Whiskysorten – vor allem der Blended Whiskys – ist immer noch *chill filtered,* wie die Bezeichnung dieses Verfahrens auf Englisch heißt.

Einige unabhängige Abfüller, die ihre Whiskys in natürlicher, also nicht kühlgefilterter Form auf den Markt brachten, haben eine Trendwende bewirkt. Dank ihnen haben die Whiskyliebhaber gemerkt, dass durch den Prozess der Kühlfilterung wichtige Geschmacks- und Aromastoffe, die zum Charakter eines bestimmten Whiskys gehören, verloren gehen. Dadurch entstand der Wunsch nach nicht kühlgefiltertem Whisky.

Seit einigen Jahren erfüllen mehr und mehr Produzenten diesen Wunsch. Eine Vorreiterrolle unter den Destillerien hat dabei Ardbeg eingenommen. Jetzt bieten viele Destillerien und Abfüller ihre Whiskys *non chill filtered* an.

Die Herstellung von Grain-Whisky

Während als Rohmaterial für einen Malt-Whisky nur reines Gerstenmalz verwendet werden darf, können für einen Whisky, der die Bezeichnung »Grain« trägt, die verschiedensten Getreidesorten wie zum Beispiel Roggen, Weizen oder Mais verwendet werden. Die gesetzlichen Vorschriften in Schottland schreiben nur vor, dass ein – in der Menge nicht spezifizierter – Anteil an Gerstenmalz in der Maische für einen Grain-Whisky enthalten sein muss.

Nicht nur die verwendeten Rohmaterialien sind bei der Herstellung von Grain-Whiskys anders. Auch im Prozess der Destillation unterscheiden sich die beiden Whiskyarten.

Grain-Whiskys werden so gut wie immer im kontinuierlichen Verfahren in sogenannten *patent, continuous* oder *Coffey stills* gebrannt. In anderen Ländern sind noch weitere Arten von kontinuierlichen Brennapparaturen im Einsatz. Einer der großen Vorteile des kontinuierlichen Verfahrens ist, dass nicht nach jeder Destillation die Brennblase komplett ausgeräumt, gereinigt und neu beschickt werden muss. So kann einiges an Kosten eingespart werden.

Grain-Whiskys werden hauptsächlich als Basis für die Blended Whiskys produziert. Zu diesen gehören, um nur einige zu nennen: Ballantines, Chivas Regal, Johnny Walker usw.

Grain-Whiskys werden eher selten und nur von wenigen Destillerien oder unabhängigen *bottlern* (Abfüllern) als »Single Grain« abgefüllt. Einige davon wurden von Konzernen als günstige Alternative zu anderen Spirituosen auf den Markt gebracht. Diese Abfüllungen kamen aber selten über eine Test- oder Einführungsphase hinaus.

Zurzeit ist ein Single Grain-Whisky als eigenständiges Produkt zum Beispiel von Diageo (»Cameronbrig Grain Whisky«) erhältlich. Ein weiteres, aus Grain-Whisky bestehendes Produkt wird von der Edrington Group als Blended Grain-Whisky vertrieben (»Snow Grouse Grain Whisky«).

Die wenigen in Flaschen abgefüllten und meistens jungen Grains werden preislich um einiges günstiger als

Light, Delicate, Exquisite.

PURE

CAMBUS
Patent Still
Scotch Grain Whisky

7 Years Old. Matured in Wood

The Whisky with an individuality—notably different to all others in peculiar delicacy and charm of flavour—mild and mellow. A soft, round, natural, wholesome stimulant, that ministers to good health and neither affects the head nor the liver.

Cambus is not a Pot Still Whisky.

Ask your Wine Merchant for CAMBUS.
3/6 a Bottle, 42/- a Case.

**THE DISTILLERS CO., LTD.
EDINBURGH.**

Single Malts verkauft. Sie erobern sich deshalb vor allem die jugendlichen Käuferschichten, die sie in Mixgetränken, mit Eis oder als Bestandteil von Alcopops zu sich nehmen.

Bei den meisten Single Grain-Abfüllungen handelt es sich jedoch um Einzelfassabfüllungen einiger weniger, älterer Fässer. Sie wurden vor allem für Sammler realisiert und sind deshalb meistens auch rar und in der Regel teuer. Es gibt darunter einige wirklich gute Abfüllungen, die mindestens einen Versuch wert sind.

Zu Beginn des 20. Jahrhunderts kämpften die Grain-Destillerien mit ihren Produkten noch direkt um Marktanteile. Dabei wurde in der Werbung sogar mit dem Hinweis »Cambus ist kein Pot Still Whisky« gearbeitet. Ein wirklicher Erfolg stellte sich damals aber nicht ein. Die Blended Whiskys – bestehend aus der Mischung von Malt- und Grain-Whiskys – liefen ihren eigenen Basisprodukten den Rang ab.

Links • Werbung der Destillerie Cambus für ihren Grain-Whisky (ungefähr um 1910) mit den beiden speziellen Hinweisen: »Patent Still Scotch Grain Whisky« und »Cambus is not a Pot Still Whisky«.

Unten • Von ihrer Besitzerin Diageo plc im Jahr 2011 dem Erdboden gleichgemacht: die riesige Grain-Destillerie Port Dundas in Glasgow. Dankeschön für die Erlaubnis, dieses Foto zu verwenden, an Ben Cooper, www.transientplaces.co.uk

Die Hauptbestandteile eines Grain-Whiskys

Wasser

Wie bei der Herstellung von Malt-Whiskys spielt auch bei der Grain-Whisky-Produktion Wasser eine sehr wichtige Rolle. Genau wie bei jener wird es auch hier ein erstes Mal gebraucht, um das für den Gärungsprozess benötigte Getreide darin einzuweichen oder darin zu kochen. Später wird der zuckerhaltige Anteil mit Wasser aus der Maische – sie heißt auch hier so – ausgewaschen oder herausgekocht. Daneben wird Wasser auch als Kühlmittel eingesetzt. Zum Schluss wird es zum Verdünnen des Grain- oder des damit produzierten Blended Whiskys auf Trinkstärke verwendet, falls der Whisky nicht fassstark abgefüllt wird.

Getreide

Im Gegensatz zur Malt-Whisky-Herstellung darf für Grain-Whiskys jedes Getreide, das gärungsfähigen Zucker erzeugen kann, zum Einsatz kommen. So können viele billige Getreidearten wie Weizen, Mais oder Roggen verwendet werden. In Schottland wird – neben dem gesetzlich vorgeschriebenen Anteil an Gerstenmalz – vor allem Weizen, aber auch (zwar immer weniger) Mais verwendet.

Diese Seite, linke Spalte · Regentropfen auf einem Blatt.

Mittlere Spalte · Reife Maiskolben

Rechte Spalte · Weizenähren

Nächste Seite, linke Spalte · Grünmalz

Mittlere Spalte · Destillierhefe *(distillers yeast)*

Rechte Spalte · Fässer

Grünmalz

Grünmalz nennt man gekeimte Gerste, die nicht getrocknet wurde. Bei der Herstellung von Grünmalz wird die Gerste – wie bei der Malzproduktion für die Malt-Whiskys – zuerst in einer *steep* (einem mit Wasser gefüllten, großen Becken) eingeweicht. Sie saugt sich dort mit Wasser voll. Hat sie einen Feuchtigkeitsgehalt von etwas über 40 Prozent erreicht, wird sie in große Bottiche oder Trommeln gefüllt, wo sie laufend bewegt wird. Die Umgebungstemperatur und die Belüftung werden so gesteuert, dass die Körner zu keimen beginnen. Haben die Keimlinge die richtige Länge erreicht, muss auch hier die Keimung abgebrochen werden. Dies geschieht jedoch nicht durch Trocknen, sondern durch das direkte Einbringen in den Herstellungsprozess.

Zutaten und Hilfsmittel

Hefe

Hefe wird bei der Grain-Whisky-Herstellung ebenfalls als Hilfsmittel eingesetzt. Auch hier wandelt sie, als Zusatz in die Maische gegeben, Zucker bzw. Stärke in Alkohol um und ermöglicht auf diese Weise die Herstellung einer destillierfähigen Flüssigkeit.

Fässer

Grain-Whiskys müssen nach den genau gleichen Vorschriften und Gesetzen wie Malt-Whiskys gelagert werden. Dies bedeutet, dass auch die Grain-Whiskys mindestens drei Jahre in Eichenfässern gelagert werden müssen.

Für die Lagerung von Grain-Whiskys werden vor allem Ex-Bourbon-Fässer, in eher seltenen Fällen Ex-Sherry-Fässer eingesetzt. Dabei werden in der Regel *refill*, das heißt schon mehrfach verwendete Fässer genommen.

Der Herstellungsprozess

Das Mälzen und Kochen

Bei der Grain-Whisky-Produktion muss mindestens ein wenn auch nur kleiner Teil des eingesetzten Getreides – nämlich die Gerste – gemälzt werden, der Zucker kann nicht nur einfach aus dem gerade eingesetzten Getreide herausgekocht werden. Würde man eine nur auf diese Art gewonnene Flüssigkeit einsetzen, könnte nicht wirklich effektiv vergärt werden und man erhielte einen zu geringen Alkoholanteil in der zu destillierenden Flüssigkeit.

Damit die Gärung richtig funktioniert, muss man ihr zu einem bestimmten Prozentsatz (meistens unter 15 Prozent) gemälzte Gerste zugeben. Einige Grain-Destillerien verwenden dazu die genau gleiche Malzart wie die Malt-Destillerien und kaufen diese ebenfalls von den Großmälzereien. Viele Betriebe nehmen nur kleine Mengen davon und bringen sie neben dem sogenannten Grünmalz in den Prozess ein.

Grünmalz wird die gekeimte Gerste genannt, die nicht getrocknet wurde. Das Grünmalz wurde bis vor wenigen Jahren in der Regel in den Grain-Destillerien selbst hergestellt, heute kaufen einige auch das Grünmalz von den Großmälzereien zu.

Bei der Herstellung von Grünmalz wird die Gerste – wie bei der Malzproduktion für die Malt-Whiskys – zuerst in einer *steep* (einem mit Wasser gefüllten, großen Becken) eingeweicht. Sie saugt sich dort mit Wasser voll. Hat sie einen Feuchtigkeitsgehalt von etwas über 40 Prozent erreicht, wird sie in große Bottiche oder Trommeln gefüllt, wo sie laufend bewegt wird.

Die Umgebungstemperatur und die Belüftung werden so gesteuert, dass die Körner zu keimen beginnen. Haben die Keimlinge die richtige Länge erreicht, muss auch hier die Keimung abgebrochen werden. Dies geschieht jedoch nicht wie in den Malt-Destillerien durch Trocknen, sondern durch unmittelbares Einbringen in die Produktion.

Die gekeimte Gerste (Grünmalz) wird in ungetrocknetem Zustand gemahlen und direkt in den nachfolgenden Prozess eingebracht.

Oben • Mit speziellen LKWs wird das Grünmalz angeliefert. Ihre Ladeflächen sind nur mit einer Blache abgedeckt.

Mitte • In diesen etwas speziell geformten »Dampfkochtöpfen« wird in der North British Grain Distillery in Edinburgh das Getreide (vor allem Mais) gekocht.

Unten • Eine andere Art Maiskocher kommt in der Glen Turner Grain Distillery in Bathgate bei Edinburgh zum Einsatz.

Das Maischen

Die Maische für die Grain-Whisky-Herstellung wird aus dem gärungsfähigen Getreide gemacht, das am Markt am günstigsten zu erhalten ist (meistens Weizen, manchmal auch Mais).

Im Gegensatz zu Schottland, wo für die Herstellung von Grain-Whiskys gesetzlich kein bestimmter Anteil an Gerstenmalz vorgeschrieben ist, sind zum Beispiel in den USA die Grain-Whisky-Sorten durch Gesetze weitgehend definiert. Für jede wichtigere Grain-Whisky-Art sind dort die vom Gesetz vorgegebenen prozentualen Anteile an den verschiedenen darin enthaltenen Getreidearten einzuhalten.

Vor dem Maischen wird das dafür ausgewählte Getreide von Fremdkörpern befreit, gereinigt und fein gemahlen. Das so entstandene Mahlgut kommt in eine Art riesigen Dampfkochtopf. Dieser wird mit heißem Wasser gefüllt und das gemahlene Getreide darin aufgeweicht. Zusätzlich wird in den Kochkessel heißer Dampf eingeblasen.

Der im Mahlgut enthaltene Zucker wird unter Druck – ähnlich wie in einem Haushalts-Dampfkochtopf – ausgelaugt. Es entsteht eine schlammige zuckerhaltige Flüssigkeit, die jetzt für den Maischvorgang bereit ist.

Das parallel zu diesem Arbeitsschritt vorbereitete Grünmalz wird jetzt zuerst, zusammen mit dem Anteil an aus dem Gerstenmalz stammendem *grist*, in der Maischmaschine mit heißem Wasser vermischt und in den noch leeren, riesigen Maischbottich geleert. Anschließend wird die aus dem Kochprozess stammende schlammige, zuckerhaltige Flüssigkeit zusammen mit Wasser in den *mash tun* geleitet.

Die im *grist* aus Gerstenmalz (Grünmalz) vorhandenen Enzyme wandeln die Stärke in der Flüssigkeit in gärfähigen Zucker um. Die Wasserzufuhr und -temperatur werden so gesteuert, dass die Brühe durchschnittlich eine Temperatur von ungefähr 63 Grad Celsius hat. Dies ist die optimale Temperatur, um den Zucker aus der Maische herauszuwaschen. Im Maischbottich – in der Regel ein moderner *lau-ter tun* (Lauter- oder Läuterbottich) – drehen sich Rechen oder Messerbalken, um die Masse gut umzurühren respektive aufzuhacken und mit dem Wasser zu vermischen, sodass dieses den Zucker »mitnehmen« kann.

Die so gewonnene Flüssigkeit wird *wort* (Würze), in den USA und anderen Ländern auch *mash* genannt. Die *wort* wird abgezogen, gefiltert, gekühlt und dann dem nächsten Produktionsschritt, der Gärung, zugeführt.

Die Rückstände im Maischbottich werden in einer speziell dafür eingerichteten Abteilung der Destillerie, in der *dark grains*-Anlage, zu einem sehr proteinreichen Viehfutter verarbeitet.

Ein hochmoderner Maischbottich in der Grain-Destillerie North British. Durch die Rohre werden heisses Wasser, die aus Mais oder Gerste durch Kochen gewonnene zuckerhaltige Flüssigkeit, das gemahlene Grünmalz und weitere Zutaten zugeführt.

Das Gären

Die *wort* kommt nach dem Kühlen in riesige, aus Edelstahl gebaute Gärbottiche *(wash backs)*. Sie stehen wegen ihrer Größe sehr oft im Freien. In diesen Bottichen wird durch Hefezugabe die Gärung eingeleitet. Nach zwei bis drei Tagen (von Destillerie zu Destillerie unterschiedlich) ist die Gärung oder Fermentierung abgeschlossen und die vergorene *wash* für die Destillation bereit. Sie hat einen Alkoholgehalt von etwa acht Volumenprozent und ähnelt geschmacklich einem nicht besonders guten Bier. In den USA und einigen anderen Ländern wird diese Flüssigkeit denn auch als *beer* bezeichnet. Das während des Gärens neben dem Alkohol anfallende Kohlendioxid wird abgesogen und in einer speziellen Anlage für eine Wiederverwendung in einem anderen Anwendungsgebiet (zum Beispiel als Kohlensäure in Mineralwasser) aufbereitet.

Die stählernen *wash backs* müssen nach jedem Gebrauch gereinigt und sterilisiert werden.

Ein Vergleich der ersten Produktionsschritte bei der Herstellung von Grain-Whiskys mit denjenigen bei der Herstellung von Malt-Whiskys zeigt: Es werden andere Ausgangsprodukte verwendet. Nur die verwendete Gerste wird gemälzt und getrocknet. Das übrige eingesetzte Getreide wird gekocht, und der Maische wird Grünmalz zugegeben. Der wichtigste Unterschied zwischen beiden Herstellungsarten besteht jedoch im Destillierprozess.

Oben • Von den im Freien stehenden, turmhohen Gärbottichen der Grain Destillerie North British genießt man einen herrlichen Blick auf Stadt und Schloss Edinburgh.

Mitte • Die Gärbottiche *(wash backs)* stehen heute in den Grain-Destillerien nicht mehr in riesigen Gärhäusern, sondern in der Regel im Freien.

Unten • Die Ausmaße der im Freien stehenden Gärbottiche der Grain-Destillerie Strathclyde in Glasgow lassen sich anhand der parkierten Autos in etwa abschätzen.

Das Destillieren

Die Destillation der Grain-Whiskys erfolgt in einem kontinuierlichen Verfahren, das heißt, es kann fortlaufend produziert und die verwendeten Brennapparaturen müssen nicht wie die *pot stills* laufend gereinigt werden.

Ein Schotte und ein Ire haben das kontinuierliche Brennverfahren in den ersten Jahrzehnten des 19. Jahrhunderts fast zur gleichen Zeit unabhängig voneinander erfunden.

Der Schotte Robert Stein setzte es 1826/27 in der familieneigenen schottischen Lowland-Destillerie Kilbagie (sie wurde 1851 stillgelegt) ein. Der Ire Aeneas Coffey war oberster Zöllner in Irland, bevor er zu einem Destilleriebesitzer und genialen Erfinder wurde. Coffey experimentierte zuerst in Irland in seiner eigenen Destillerie Dock (Patentanmeldung im Jahr 1831) und ab ungefähr 1840 in Schottland auf der Insel Islay in der Destillerie Port Ellen. Er entwickelte ein bedeutend effektiveres und besseres System, als es das Stein'sche war.

So spricht heute auch niemand von einer *Stein still*, sondern man bezeichnet die Brennapparate für die kontinuierliche Destillation als *Coffey still*. Das Verfahren wird bei der Grain-Whisky-Herstellung auch heute noch in den Grundzügen unverändert eingesetzt.

(Nebenbei bemerkt: Robert Stein und Aeneas Coffey waren nicht die ersten, die mit Hilfe von Dampf destillierten. Der US-Amerikaner Alexander Anderson machte bereits in den 1790er-Jahren Experimente mit dieser Art der Destillation.)

Die *Coffey stills* unterscheiden sich schon vom Aussehen her stark von den *pot stills*, in denen die Malt-Whiskys gebrannt werden.

Es handelt sich bei ihnen um zwei miteinander verbundene Säulen, die je etwa 15 Meter hoch sind. Es existieren auch niedrigere und höhere Anlagen. In den großen schottischen Grain-Destillerien wird in den *continuous stills* nicht nur Whisky, sondern es werden auch Destillate für andere Spirituosen wie zum Beispiel Gin oder Wodka hergestellt.

Die *stills* bei den Grain-Destillerien sind, falls überhaupt, meistens nur innen verkupfert. Die Verkupferung ist aber – wie bei der Herstellung von Malt-Whiskys – mitentscheidend für den späteren Geschmack des Whiskys. Auch beim kontinuierlichen Verfahren wird das Kupfer während des Destillationsvorgangs nach und nach abgetragen und muss von Zeit zu Zeit erneuert werden. Für das sehr oft in den gleichen Brennapparaten hergestellte Ausgangsdestillat für Gin oder Wodka ist die Verkupferung jedoch ein Luxus.

Der Prozess sieht viel komplizierter aus, als er es in Wirklichkeit ist. Alle Elemente sind in absolut perfekter Weise aufeinander abgestimmt. Der Ablauf ist wirklich genial. Die Destillation in einer *Coffey* oder *continuous still* funktioniert folgendermaßen (die in Klammern genannten Zahlen bei den einzelnen Begriffen beziehen sich auf das Schema auf dieser Seite):

Die *wash* (1) fließt durch ein schlangenförmiges Rohr (2) von oben nach unten durch den *rectifier* und von dort in den *analyzer*. Auf ihrem Weg durch den *rectifier* wird die *wash* durch den aufsteigenden Dampf (6) erhitzt und heiß in den *analyzer* (3) geführt, wo sie über perforierte Platten nach unten fließt.

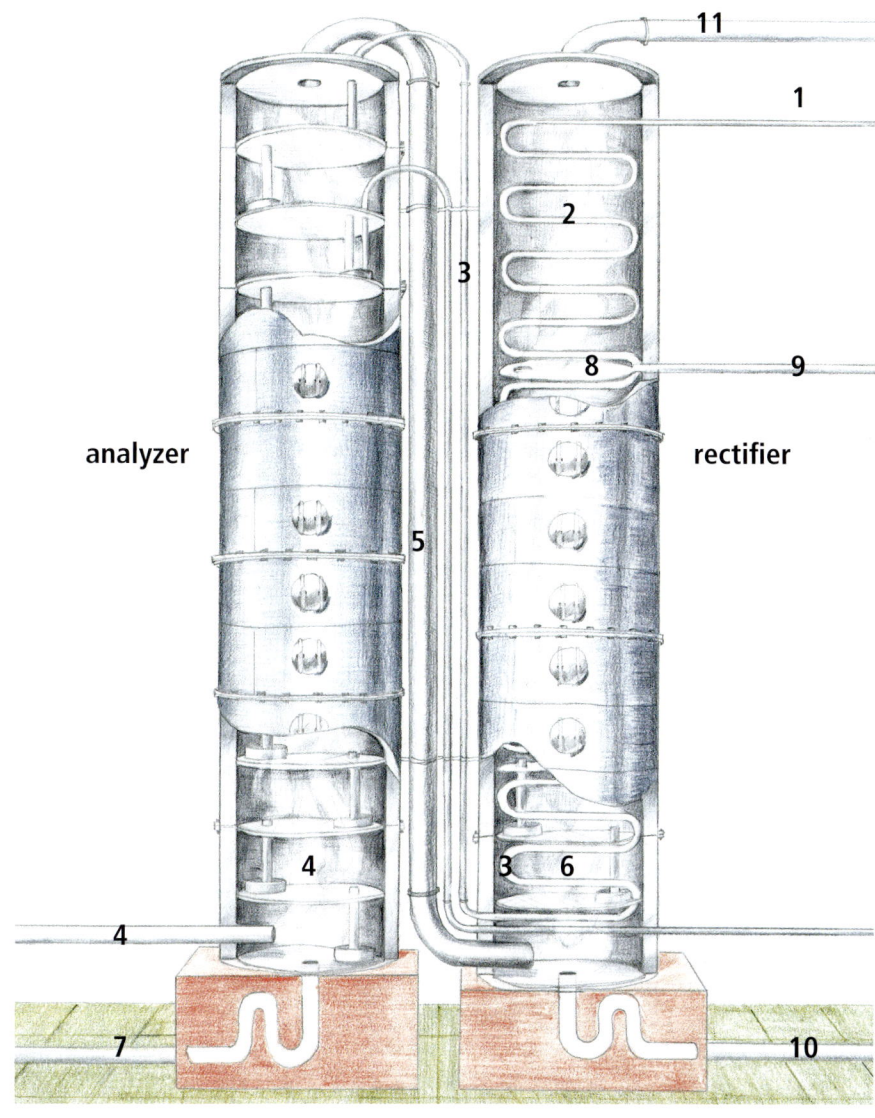

Schematische Darstellung einer typischen *Coffey* oder *continuous still*

analyzer

rectifier

1 · *wash*-Zuführung

2 · Die *wash* fließt in einem schlangenförmigen Rohr durch den *rectifier* nach unten.

3 · Die heiße *wash* wird in diesem Rohr in den *analyzer* geführt.

4 · Dampfzufuhr und aufsteigender heißer Dampf.

5 · Dampfrohr

6 · Aufsteigender heißer Dampf.

7 · Sammelrohr

8 · *spirit plate*

9 · *spirit*-Sammelrohr

10 · Absaugrohr für Rückstände.

11 · Rückführung der zu leichten Alkoholdämpfe.

Die Details zum kontinuierlichen Destillationsprozess befinden sich im Text auf dieser Seite.

Der auch im *analyzer* aufsteigende Dampf (4) genügt, um die *wash* beim Hinunterfließen so zu erhitzen, dass der darin befindliche Alkohol verdunsten kann. Er steigt als Teil des Dampfes mit hoch und wird durch das Dampfrohr (5) in den *rectifier* geführt, wo die leichten alkoholischen Teile im ungefähr 97 Grad heißen Dampf (6) wieder mit aufsteigen. Dabei kondensieren sie an den kühlen Rohren der *wash*-Zuführung (2). Der beste Alkohol erreicht die *spirit plate* (8), wird gesammelt (9) und durch den Kühler in einen Sammeltank geleitet. Aus diesem wird das Destillat in den *spirit receiver* im Fassabfüllraum gepumpt und nach der Reduktion des Alkoholanteils durch Mischen mit Wasser für die Lagerung in Fässer abgefüllt.

Die noch zu schweren Alkoholdämpfe fallen nach unten, werden durch ein Sammelrohr (7) abgezogen und durchlaufen den Prozess noch einmal. Die nicht verwertbaren Bestandteile der *wash* werden abgesaugt (10). Die dabei entstehende, siruppartige Flüssigkeit wird später zu Viehfutter verarbeitet.

Die zu leichten Alkoholdämpfe steigen über die *spirit plate* im *rectifier* ganz nach oben und werden von dort in den Dampfkreislauf zurückgeführt (11).

In einer *Coffey still* kann Destillat mit einem viel höheren Alkoholgehalt als in einer *pot still* erzeugt werden. Dieser kann bis zu ungefähr 95 Prozent betragen. Bei der Whiskydestillation wird in der Regel aber nicht mit so hohen Werten gebrannt. Es würden zu viele der für einen Whisky so typischen Geschmacksstoffe verloren gehen. Meistens wird der Grain-Whisky mit einem Alkoholgehalt von 70 bis 80 Volumenprozent destilliert.

Die einzelnen Destillerien sind diesbezüglich allerdings (nicht nur in diesem Zusammenhang) nicht sehr auskunftsfreudig.

Für die Fassabfüllung wird das Grain-Destillat durch Verdünnen mit Wasser auf 68,5 Volumenprozent Alkohol reduziert (einige Destillerien verdünnen auch auf 63,5 Prozent).

Links oben · Die *columns* der *continuous stills* der im Jahr 2010 in Betrieb genommenen Grain-Destillerie Glen Turner in Bathgate bei Edinburgh stehen im Freien.

Links unten · Zwei von mehreren hochmodernen *continuous stills* im *stillhouse* der Grain-Destillerie North British in Edinburgh. Man erkennt leicht den *rectifier* (jeweils rechts mit den Rohren) und den *analyzer* (mit den Deckeln auf den Service-Öffnungen).

Oben: Sektionen einer neuen kontinuierlichen Brennsäule für die Grain-Destillerie Invergordon im Norden Schottlands vor der Auslieferung bei Forsyths in Rothes. Das untere Bild zeigt das Innenleben einer der Sektionen durch eine Öffnung.

Lagern und Reifen

In Schottland sind heute noch sieben Grain-Destillerien in Betrieb. Ein großer Teil des von ihnen produzierten Alkohols wird nie in Fässer abgefüllt. Er wird direkt für die Herstellung von Gin oder Wodka verwendet. Für diese Spirituosen muss das Destillat nicht gelagert, sondern es kann sofort mit den notwendigen Zugaben beziehungsweise Aromastoffen versehen und in Flaschen abgefüllt werden.

Dagegen muss der in Eichenfässer abgefüllte Grain-Whisky wie ein Malt-Whisky mindestens drei Jahre und einen Tag Fassreifung hinter sich haben, bevor er den Namen Whisky tragen und als solcher verkauft werden darf.

Die eingesetzten Rohprodukte und das spezielle Destillationsverfahren machen einen Grain-Whisky leichter als einen Malt. Deshalb reift er schneller.

Der Hauptanteil der produzierten Grain-Whiskys wird bereits nach Ablauf der vorgeschriebenen Mindestlagerzeit von drei Jahren für die Produktion von Blended Whiskys eingesetzt.

Neben der schnelleren Reifung gibt es einen weiteren Grund für die kurze Lagerzeit: das Ziel, die Kosten zu optimieren. Die Lagerung in den teuren Fässern ist sehr kostspielig. Grain-Whiskys werden nur länger gelagert, wenn sie für die Produktion von erlesenen Blends eingesetzt werden sollen.

Oben · Auch für die Lagerung von Grain-Whiskys werden die Fässer innen ausgebrannt. Hier wird ein sich um die eigene Achse drehendes Fass in einer automatischen Anlage »getoastet«.

Mitte · Grain-Whisky-Fässer werden auf Paletten stehend von oben befüllt.

Unten · Die befüllten Fässer werden – um Kosten zu sparen – während den normalerweise bei dieser Whiskyart kurzen Lagerzeiten stehend gelagert. Sechs Fässer werden auf eine Palette gestellt und im Lagerhaus einfach aufeinander gestapelt.

Das Abfüllen in Flaschen

Grain-Whiskys werden, wie bereits ausgeführt, von den Destillerien oder ihren Besitzern eher selten in reiner Form, das heißt als Single oder Blended Grains in Flaschen abgefüllt.

Sie werden vielmehr für die Herstellung von Blended Whiskys verwendet, zu denen sie einen bedeutend größeren Anteil beisteuern als die Malt-Whiskys (siehe auch das nächste Kapitel »Die Herstellung von Blended Whisky«).

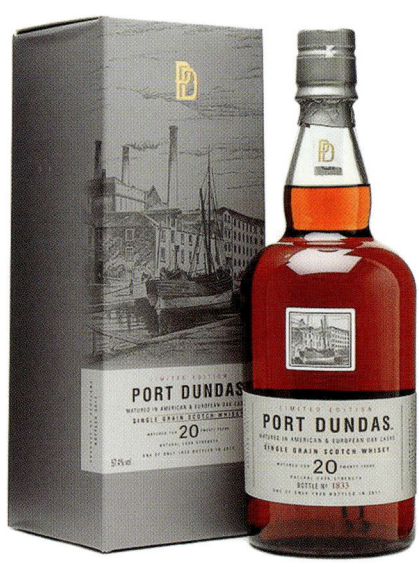

Bilder oben von links nach rechts · Der »Cameron Brig Pure Single Grain« ist einer der wenigen auf dem Markt erhältlichen schottischen Grain-Whiskys; der »Port Dundas Single Grain« kam in einer »Limited Edition« von der Besitzerin Diageo plc in den Verkauf; der »The Snow Grouse« ist ein Blended Grain-Whisky der Marke »Famous Grouse« der Edrington Group; beim Single Cask Single Grain der Reihe »Clan Denny« von Douglas Laing aus der Grain-Destillerie North of Scotland (geschlossen 1980, abgerissen 1993) handelt es sich um einen sehr raren Grain-Whisky, wie er vor allem von den unabhängigen Abfüllern auf den Markt gebracht wird.

Single Cask- oder Single Barrel-Whisky

Single Cask- oder Single Barrel-Whiskys werden — wie es der Name sagt — jeweils aus einem einzigen Fass abgefüllt. Das bedeutet, dass von diesem Whisky nur wenige Flaschen existieren. Meistens kommen diese nummeriert und mit genauen Angaben über die Fassart, die Fassnummer, das Destillationsdatum oder -jahr, das Flaschenabfülldatum usw. auf den Markt.

Für die in Schottland produzierten Whiskys gilt: Single Cask-Abfüllungen kann es von allen Arten von reinen Whiskys geben. Zu diesen gehören Single Malts und Single Grains, nicht aber Blended Whiskys. In anderen Ländern gelten andere Vorschriften, weil Whiskys teilweise bereits geblendet (gemischt) in Fässer abgefüllt und in diesem Zustand gelagert und gereift werden.

Wenn es sich um eine Abfüllung einer Destillerie selbst oder eines wirklich guten Abfüllers handelt, ist ein Single Cask-Whisky etwas Spezielles, sogar etwas Außerordentliches. Jedes Fass hat seinen eigenen Charakter. Dieser kann sich ohne Weiteres stark von einem »normal« abgefüllten Whisky aus der betreffenden Destillerie unterscheiden. Der Destillerie-Manager oder der *Master Blender* in einer Destillerie legt immer wieder einmal ein Fass, das von ihm aus gesehen außerordentlich gut gelungen ist, beiseite und beobachtet seine weitere Reifung genau. Er wird es nicht mit den anderen Fässern zusammen in den großen Mischbottich leeren lassen, sondern es zu gegebener Zeit als Single Cask abfüllen.

Aber Vorsicht ist angebracht bei Abfüllungen unbekannter Abfüller. Sogenannte »Mode«-Abfüller schießen zurzeit wie Pilze aus dem Boden. Sie kaufen meist aus reinen Spekulations- oder Prestigeüberlegungen einzelne Fässer und füllen sie ab. Nicht selten handelt es sich dabei um Whiskys aus Fässern, die die betreffende Destillerie selbst nie als Single Cask-Abfüllungen auf den Markt bringen würde. Single Cask-Abfüllungen aus den Brennereien selbst oder von deren Besitzern sowie auch von den etablierten Abfüllern (wie beispielsweise — in alphabetischer, nicht wertender Reihenfolge — Cadenhead, Duncan Taylor, Gordon & MacPhail, James MacArthur oder Signatory) kann man hingegen in der Regel trauen. Sie werden sich davor hüten, ein schlechtes Fass abzufüllen. Der Goodwill und das Vertrauen ihrer Abnehmer steht für sie auf dem Spiel.

Small Batch-Whisky; Limited Edition

Ein Small Batch-Whisky – dieser Begriff stammt aus den USA und wird auch heute noch vor allem dort und in Kanada verwendet – ist ein Whisky, der aus einer kleinen Anzahl ausgesuchter Fässer zusammengemischt wurde. In den USA besteht eine Abfüllung mit dieser Bezeichnung aus 12 bis 20 Fässern, das heißt 7000 bis 12 000 Flaschen.

In Schottland und Irland werden die in solch kleinen Mengen produzierten Whiskysorten mehrheitlich als »Limited Edition« bezeichnet. Doch auch hier ist Vorsicht geboten: Der Begriff wird mehr und mehr auch marketingmäßig ausgeschlachtet und zum Teil auch für schon recht große Mengen einer bestimmten Abfüllung verwendet.

Die Herstellung von Blended Whisky

Ein Blended Whisky besteht aus einer Mischung von Malt- und Grain-Whiskys, die aus verschiedenen Destillerien stammen. Früher wurden in der Regel nur einzelne Fässer in den Verkauf gebracht, deren Inhalt im Geschmack von Fass zu Fass sehr stark schwankte.

Das Gleiche galt auch für die ersten Versuche mit den Blended Malt-Whiskys. Diese wurden damals jeweils nur in sehr kleinen Batches gemischt. Andrew Usher jr. war um das Jahr 1860 der Schöpfer der ersten Whiskys, die wirklich als Blends bezeichnet werden konnten. Er schuf einen

Blended Whisky, der – im Gegensatz zu den Single Malts und den bis zu diesem Zeitpunkt gemischten Blended Malt-Whiskys – einen gleichbleibenden, das heißt immer wieder gleich reproduzierbaren Geschmack und Stil hatte.

Der *sample room* von Dewar in Perth im Jahr 1897. Das Bild aus dem Archiv von Dewar gibt einen kleinen Überblick darüber, mit wie vielen verschiedenen Whiskymustern die Mischversuche gemacht wurden.

Der Herstellungsprozess

Die Zusammensetzung – Der Aufbau

Die Mischung beziehungsweise Zusammensetzung oder der »Aufbau«, wie es in der Whiskyfachsprache heißt, eines Blended Whiskys ist relativ kompliziert. Ein Blend kann aus 15 bis 40 (oder noch mehr) verschiedenen Malt- und Grain-Whiskys aus mehreren Destillerien gemischt sein.

Die dabei eingesetzten Malt-Whiskys werden in drei Kategorien eingeteilt: in die *base*, die *flavouring malts* und die *packers*.

Die Basis, *base* oder *heart* genannt, wird mit Malt-Whiskys durchschnittlicher Qualität aus verschiedenen Destillerien gebildet. Weitere Elemente, sie gehören zu den wichtigsten in einem Blend, sind die *flavouring malts*. Sie werden auch *top dressings* genannt. Darunter versteht man qualitativ hochstehende Malt-Whiskys, die besondere aromatische Eigenschaften haben und dem Blended Whisky seine wichtigsten Geschmacksnoten geben. Sie stammen ebenfalls aus verschiedenen Malt-Destillerien.

Die *packers* bilden die dritte Kategorie. Bei ihnen handelt es sich um Malt-Whiskys, die meistens kein sehr intensives Aroma haben. Sie werden als Füller eingesetzt. In bestimmten Malt-Destillerien der großen Konzerne werden jedoch genau definierte Whiskys produziert, die als *packers* ein mehr oder weniger gleichbleibendes Aroma in die Blended Whiskys einbringen. Ein Teil dieser Whiskys stammt aber auch aus Destillerien, die sonst nur Single Malts produzieren, da nicht jeder in einem Fass gereifte Malt-Whisky für eine Abfüllung als Single Malt geeignet ist. Herstellung und Lagerung aber waren für ihn genauso teuer wie für einen guten Whisky. So werden die nicht für die Abfüllung als Single Malts geeigneten Whiskys für die Blended Whiskys verwendet. Ein preislich billiger Blend enthält ungefähr einen Anteil von 15 bis 20 Prozent an Malt-Whiskys. Bei einem »De Luxe Blend« kann der Anteil bis über 80 Prozent betragen. De Luxe Blends werden in der Regel wie die Single Malts mit einer Altersangabe auf dem Label abgefüllt. Auch hier gilt, dass die Altersangabe dem Fassalter des jüngsten der in der Abfüllung enthaltenen Whiskys (ob Malt oder Grain) entsprechen muss.

Der Rest der Mischung besteht bei allen Blend-Typen aus (billigen) Grain-Whiskys, die ebenfalls aus verschiedenen Grain-Destillerien stammen, obwohl Grain-Whiskys im Geschmack von Destillerie zu Destillerie nicht sehr stark variieren.

Oben · Aus ausgewählten Fässern werden Whiskyproben für einen Blend von Johnnie Walker entnommen.

Unten · Einer der ganz großen Meister Schottlands: Richard Paterson »The nose« (die Nase), *Master Blender* von Whyte & Mackay (Whyte & Mackay Blends, Destillerien Dalmore, Fettercairn, Isle of Jura, Tamnavulin und Invergordon Grain). Der schottische Konzern ist im Besitz der indischen United Brewery Group (UB Group).

Die Kunst des Blendens

Ein *Master Blender* ist ein echter Künstler. Der Mann oder die Frau, der oder die für das Aroma und den Charakter eines Blended Whiskys verantwortlich zeichnet, besitzt ein extremes Geschmacksempfinden in der Nase und im Gaumen. Ein *Master Blender* steht einem Menschen, der zum Beispiel das absolute Gehör besitzt, in seiner Spezialität in keiner Weise nach.

Ein Ballantines, Chivas Regal, Johnnie Walker oder wie immer ein Blended Whisky heißen mag: Er ist ein Markenartikel und soll und muss immer gleich riechen und schmecken. Nur so ist eine Markenbindung eines Käufers möglich.

Und genau diese Aufgabe stellt enorme Anforderungen an Geschmacksnerven und -empfinden. Zwar gibt es ein Grundrezept, nach dem jeder Marken-Blend aufgebaut wird. Das heißt, dass von diesem oder jenem Whisky im betreffenden Blend grundsätzlich ein bestimmter Prozentanteil enthalten ist. Aber alle Malt-Whiskys – unabhängig davon, ob sie als *heart*, *flavouring malts* oder als *packers* eingesetzt werden – sind Naturprodukte und damit nicht immer gleich. Daher können sich die *Master Blender* nicht immer genau nach diesen Rezepten richten. Sie müssen Anpassungen vornehmen.

Wenn sich der *Master Blender* sicher ist, dass die einzelnen Bestandteile für die Zusammensetzung und damit der Geschmack des zu produzierenden Blended Whiskys stimmen, hat er zwei Möglichkeiten, den Mischprozess für das Produktionslos (immer ein paar tausend Liter) einzuleiten. Die erste Möglichkeit besteht darin, die verschiedenen Bestandteile – das heißt die ausgewählten Grundwhiskys – in einen großen Bottich zusammenzuschütten. Von dort kommen sie dann in den Blending-Behälter.

Die zweite Möglichkeit ist folgendes Vorgehen: in einen ersten Bottich die *base* mit den *flavouring malts* und in einen zweiten die *packers* und Grain-Whiskys zu geben, bevor sie in den großen Blending-Behälter geleitet werden.

Im großen, für die endgültige Mischung vorgesehenen Blending-Behälter werden die verschiedenen Bestandteile des zu schaffenden Blends mit Hilfe von Druckluft, die in die Flüssigkeit eingeblasen wird, so lange vermischt, bis sich alle Elemente richtig miteinander verbunden haben. In älteren und kleineren Anlagen wird noch mechanisch mit einer Art Mixer umgerührt.

Danach muss die Mischung noch für eine bestimmte Zeit ruhen (in den meisten Fällen 12 Stunden), bevor sie für die Standard-Blend-Sorten in Flaschen abgefüllt werden kann.

Für die besseren Blended Whiskys (zum Beispiel für die De Luxe Blends) wird die fertige Mischung noch einmal in Eichenfässer abgefüllt, in denen sie zusätzlich für einen bis sechs Monate weiter ruht. Dann werden auch die De Luxe Blends, nachdem auch sie noch einmal im Blending-Behälter vermischt worden sind, in Flaschen abgefüllt.

Rechts • In den großen Flaschenabfüllbetrieben werden die Whiskys vor der Flaschenabfüllung in großen Tanks gemischt.

Unten • Ein *Master Blender* beim Ziehen einer Probe aus einem Mischtank.

Schottland

Überblick

Schottland ist – nicht nur dank der unglaublichen Vielfalt und ausgezeichneten Qualität seiner Whiskys, sondern auch wegen seiner großen Anstrengungen auf dem Gebiet der Produktion und Vermarktung seiner Destillate – im Laufe der Jahrhunderte zur unbestrittenen Nummer eins auf der Welt geworden. Auf dem Weg dorthin gab es jedoch einige – und darunter waren etliche extrem hohe – Hürden zu überwinden. Trotzdem – oder gerade deshalb – entwickelte sich dieser Wirtschaftszweig Schottlands stark, und seine Produkte konnten einen fast unglaublichen Siegeszug antreten und diesen bis in die heutige Zeit fortsetzen.

Im Folgenden gibt ein kurzer, aber doch die wichtigsten Fakten enthaltender Teil eine Übersicht über die Geschichte um und über die Whiskyproduktion in Schottland.

Anschließend wird die schottische Whisky-Gesetzgebung vorgestellt. Die Herstellung von Whisky ist praktisch in jedem Land der Welt gesetzlichen Vorschriften unterworfen, aber die schottische Whisky-Gesetzgebung gehört zu den strengsten der Welt. Sie enthält viele, zum Teil bis in die kleinsten Details gehende Vorschriften. Sie schreibt beispielsweise vor, welche Getreidesorten eingesetzt und welche Produktionsverfahren angewendet werden dürfen. Auch die Namensgebung und die Zuweisung zu den einzelnen Regionen sind klar geregelt. Die Whisky-Haupt- und -Unterarten werden ebenfalls genau definiert. Ausgehend von der schottischen Gesetzgebung ist es einfacher, die Whisky-Gesetzgebung der anderen Länder zu verstehen.

Nach diesem Blick auf die rechtlichen Aspekte folgt eine Übersicht über die wichtigsten Whisky-Destillerien in Schottland.

Dabei teile ich generell auf in Malt-Whisky- und Grain-Whisky-Destillerien. Die Malt-Whisky-Destillerien werden zusammen mit der Region, zu der sie laut geltendem Gesetz gehören (Cambeltown, Highland, Islay, Lowland und Speyside), vorgestellt.

Sie werden als Erstes auf einer Reise durch die Regionen grob beschrieben. Im Anschluss wird dann jede Destillerie einzeln im Detail vorgestellt. Auf die gleiche Art wird daran anschließend auch für die Grain-Destillerien eine Reiseroute vorgeschlagen und dann auch diese Destillerien im Einzelnen beschrieben.

Vorherige Doppelseite • Tobermory auf der Isle of Mull – eines der schönsten Hafenstädtchen Schottlands – spiegelt sich im Hafenbecken; in der linken Bildhälfte die Destillerie Tobermory/ Ledaig.

Kurzer geschichtlicher Abriss

16. bis 18. Jahrhundert

Im Jahr 1505 – also ungefähr elf Jahre nach der ersten urkundlichen Erwähnung von *uisge beatha* als Destillat aus Getreidebier – wurde in Edinburgh die Gilde der Barbiere und Chirurgen *(barber surgeons)* gegründet. Diese beiden im Gesundheitswesen tätigen Berufsgruppen waren in Großbritannien – und damit auch in Schottland – in einer gemeinsamen Gilde zusammengefasst. Diese existierte in dieser Form bis ins Jahr 1745. Eines der in den Satzungen dieser Gilde beschriebenen Privilegien war die Herstellung und der Verkauf von *aqua vitae* oder *uisge beatha*. Das

ist ein weiterer Hinweis darauf, dass Destillate (und damit Whiskys) im Mittelalter vor allem für medizinische Zwecke bestimmt waren.

Im Jahr 1560 ereignete sich dann eine auch für die weitere Entwicklung des Whiskys wichtige und einschneidende Begebenheit: Im Zuge der Reformation, respektive der Anglikanisierung, wurden die Klöster in Schottland aufgehoben und zum großen Teil zerstört.

Diesen Aktionen fielen auch die Klosterdestillerien zum Opfer. Es waren ja die Mönche, die zu jener Zeit in den Klöstern Whisky herstellten und die über die dazu notwendigen Kenntnisse verfügten.

Sie wurden aus den Klöstern vertrieben und ließen sich in den Dörfern und Städten in der Umgebung ihrer zerstörten Klöster nieder. In vielen Orten Schottlands, speziell aber in denjenigen Gebieten, in denen Getreide angebaut wurde, entstanden dank des Wissens dieser Mönche neue Brennereien. In diesen wurden vor allem in den Winterhalbjahren, in denen auf den Höfen nicht viel Arbeit anfiel, die Getreideüberschüsse verwertet.

Die Zahl der Whiskydestillerien nahm in den folgenden Jahren – vor allem auch wegen des mittlerweile steigenden Verbrauchs im nichtmedizinischen Bereich – zu. Als Reaktion auf diese Entwicklung schränkte das schottische Parlament im Jahr 1579 die Herstellung von *uisge beatha* ein. Nur noch »Earls, Lords, Barons and Gentlemans« durften in ihren Hausbrennereien weiterhin brennen, aber nur noch die für den Eigenbedarf benötigte Menge produzieren.

Zum Kreis der privilegierten Persönlichkeiten gehörten auch die Clan-Oberhäupter. Jeder Clan besaß bald mindestens eine eigene Destillerie, größere Clans oft sogar mehrere. Die Destillerien befanden sich über ganz Schottland verstreut in den verschiedenen Clan-Gebieten. Destilliert wurden damals noch alle möglichen Getreidesorten wie Hafer, Weizen, Gerste, Roggen und andere – in der betreffenden Region am ehesten verfügbare – Arten. Entsprechend vielfältig waren deshalb die Aromen der gebrannten Whiskys. Es war damals auch üblich, dem Destillat Kräuter, Zucker und Gewürze beizumischen. Dies aber vor allem bei den für medizinische Anwendungen hergestellten Whiskys.

Die schottischen Destillerien jener Zeit produzierten in der Regel in kleinen Brennblasen, die ein Fassungsvermögen von 90 bis 200 Liter hatten. Sie verfügten über einen abnehmbaren, meist kugelförmigen oder konischen Deckel. Die nicht destillierbaren Reste mussten am Ende des Prozesses wieder aus dem Brenntopf herausgeschöpft werden. Diese Reste und auch die proteinreichen Getreiderückstände, die beim Maischen anfielen, bildeten im Winter einen wichtigen Bestandteil des Viehfutters.

Oben links · Die Mitglieder der Gilde der Barbiere und Chirurgen *(barber surgeons)* besaßen neben ihrem normalen Tätigkeitsgebiet (oft für den Patienten nicht gerade angenehm) auch das Recht, *uisge beatha* zu verkaufen.

Links · Die in Edinburgh im Jahr 1505 gegründete Gilde der Barbiere und Chirurgen folgte den Satzungen, welche die ältere Gilde in London von König Henry VIII. erhielt. (Übergabe der Satzungen an die *barber surgeons*; Gemälde [1543] von Hans Holbein dem Jüngeren im Royal College of Surgeons of England, London.)

Oben rechts · Die Melrose Abbey in der Region Borders (circa 60 km südöstlich von Edinburgh) wurde 1136 errichtet. Bereits 1544 von den Engländern weitgehend zerstört, wurde sie 1560 während der Reformation ganz aufgegeben.

Die Clans

Das schottische Clansystem ist sehr alt und geht auf die (Pikten und Scoten – oft auch Kelten genannten) Ur-Vorfahren der Bewohner des Nordens von Großbritannien zurück. Diese Völker lebten zur Zeit der Besetzung von England und Teilen Schottlands durch die Römer (bis ungefähr 500 n. Chr.) vor allem in den nördlich der Linie Glasgow/Edinburgh liegenden Gebieten. Nach dem Abzug der Römer vermischten sich über die Jahrhunderte die verschiedenen Volksstämme, blieben aber als Großfamilien sehr oft beisammen. Ab dem Beginn des 9. Jahrhunderts bildeten die Skoten und Pikten zusammen eine keltische Monarchie.

Im frühen Mittelalter entstanden dann vor allem in den Tälern und Talschaften der Highlands, später auch in den Lowlands und auf den Inseln durch starke Familien geprägte Gebiete. Die größer werdenden Familien bildeten mit der Zeit richtige Sippen, die noch größer wurden und sich zu regelrechten Familienclans entwickelten. Durch die Heirat von Nachkommen der Oberhäupter unterschiedlicher Clans oder Familien entstanden zusätzliche Verbindungen, was dazu führte, dass die Clans mehr Platz brauchten. Dies führte zu Übergriffen auf Gebiete anderer Clans.

Um sich einerseits gegen diese Übergriffe auf das eigene Gebiet besser schützen und um andererseits auch selbst um zusätzliche Ländereien kämpfen zu können, schlossen sich kleinere Familien zu einem größeren Clan zusammen.

Sie wählten aus ihrer Mitte einen gemeinsamen *Clan-Chief*. Dieser war als *Chief* auch gleichzeitig oberster Kriegsherr und Richter. Er musste allen Familien seines Clans Schutz garantieren, diese mussten sich aber ihrerseits verpflichten, im Falle einer der sehr häufigen Streitigkeiten mit Nachbarclans mit ihm in die Schlacht zu ziehen.

Sie hatten ihm ebenfalls zu folgen, wenn ein König im Kriegsfall die Clans um Hilfe bat.

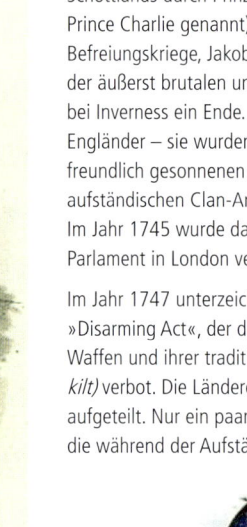

Die Clans wiederum erhielten dafür von den Königen Land zugesprochen (geliehen) und durften es bewirtschaften. Später erhielten einige der königstreuesten Clans das bewirtschaftete Land geschenkt.

Die *Clan-Chiefs* – vor allem die der größeren und wichtigen Clans – lebten in Burgen, die auch Verteidigungseinrichtungen besaßen. Viele dieser Burgen stehen heute noch und werden von der x-ten Generation der Familie des *Clan-Chiefs* bewohnt. Der Titel des *Chiefs* vererbt sich immer auf den erstgeborenen Nachkommen des ursprünglich einmal gewählten Oberhauptes.

Die schottischen Clans waren bis Mitte des 18. Jahrhunderts weitgehend autonom. Einige *Clan-Chiefs* setzten ihre Macht

gegen die Engländer ein, indem sie die Rückeroberung Schottlands durch Prinz Charles Edward (auch Bonnie Prince Charlie genannt) unterstützten. Diese eigentlichen Befreiungskriege, Jakobiten-Aufstände genannt, fanden in der äußerst brutalen und blutigen Schlacht von Culloden bei Inverness ein Ende. In dieser Schlacht fügten die Engländer – sie wurden durch Angehörige einiger ihnen freundlich gesonnenen schottischen Clans unterstützt – der aufständischen Clan-Armee eine vernichtende Niederlage zu. Im Jahr 1745 wurde das schottische Clansystem durch das Parlament in London verboten.

Im Jahr 1747 unterzeichnete das englische Parlament den »Disarming Act«, der den Hochländern das Tragen von Waffen und ihrer traditionellen Hochlandkleidung (also des *kilt*) verbot. Die Ländereien der Clans wurden größtenteils aufgeteilt. Nur ein paar einflussreiche Groß-Clans und Clans, die während der Aufstände auf der Seite der Engländer

standen, konnten ihre Sitze und Ländereien behalten. Der weitaus größte Teil der Clans – vor allem diejenigen im zentralen und südlichen Schottland und auf den Inseln – hat nicht nur ihre Burgen, sondern auch ihre Ländereien verloren.

Und noch ein Wort zum äußeren Erscheinungsbild der Schotten: Seit der Aufhebung des *kilt*-Verbotes im Jahr 1782 bis in die heutige Zeit geben Clanmitglieder bei speziellen Anlässen (Feiern, Highland Games, Hochzeiten usw.) ihrer Zugehörigkeit zu einem bestimmten Clan Ausdruck. Männer durch das Tragen eines Schottenrocks *(kilt)* und Frauen durch ein quer über den Oberkörper und auf Hüfthöhe gebundenes Tuch im Tartan des Clans.[1]

———

[1] Tartan werden die typischen, karierten schottischen Stoffe genannt, die von Clan zu Clan und von Familie zu Familie unterschiedliche Muster und Farben aufweisen.

Linke Spalte · Reisender aus dem Clan Cameron.

Mittlere Spalte oben · Frau aus dem Clan Lamont.

Mittlere Spalte unten · Krieger des Clans MacInnes.

Rechte Spalte · Jäger aus dem Clan MacNeil.

Schottland im Vereinigten Königreich

Das Königreich England stellte seit dem frühen Mittelalter immer und immer wieder Ansprüche auf die schottischen Gebiete, war aber durch interne Probleme und politische Auseinandersetzungen auf dem eigenen Territorium stark mit sich selbst beschäftigt.

Im Jahr 1296 wurde Schottland jedoch durch den englischen König Eduard I. annektiert. Schottland hatte aber weiterhin einen eigenen König. Dieser war aber von den Engländern nur geduldet und musste vom englischen König bestätigt werden. In den folgenden Jahrhunderten kam es deshalb und auch aufgrund von Spannungen zwischen den verschiedenen Religionen (Schottland war immer noch mehrheitlich katholisch) zu mehreren Befreiungskriegen mit blutigen Schlachten.

Überdies gab es bei den Anwärtern auf den Thron des Vereinigten Königreiches immer wieder Intrigen unter den verschiedenen Linien. Durch Verheiratung und/oder Verschwägerung gab es inzwischen in beiden Königshäusern sowohl in England als auch in Schottland mögliche Thronfolger. Bei der Regelung der Nachfolge für die englische Königin Maria I. eskalierte dieser Streit zu einem echten Trauerspiel. Dieses Drama diente Friedrich Schiller als Vorlage für sein Drama »Maria Stuart«. Die damalige schottische Königin Maria Stuart erhob Anspruch auf den Thron in England. Die in der Thronfolge eigentlich hinter ihr folgende Elizabeth Tudor war jedoch durch verschiedene Schachzüge bereits als Elizabeth I. zur englischen Königin gekrönt worden. Auf dem Höhepunkt der Intrigen und Auseinandersetzungen zwischen den beiden Frauen unterschrieb Queen Elizabeth I. im Jahr 1587 das Todesurteil für ihre Konkurrentin Maria Stuart, das dann auch vollstreckt wurde.

1603 wurde ein Sohn von Maria Stuart, König Jakob VI. von Schottland, als Jakob I. zugleich König von England. Obwohl dadurch die beiden Kronen vereinigt wurden, blieben Schottland und England aber noch über 200 Jahre lang separate Königreiche mit eigenen Königen, respektive Königinnen.

In England kannte man zu jener Zeit neben Zollabgaben bereits andere Arten von Steuern, unter anderem auch eine auf destillierte alkoholische Getränke: die Branntweinsteuer. In Schottland gab es diese Art von Steuern jedoch noch nicht. Die Aufmerksamkeit des Staates wurde geweckt, als trotz des Umstandes, dass ihn nur noch Privilegierte brennen durften, in Schottland der Konsum und vor allem der Export von Whisky, stark zunahm. Diese Tatsache weckte die Begehrlichkeit des Staates. Er wollte auch an dem Segen teilhaben:

Ab dem Jahr 1661 wurden in Schottland ebenfalls Steuern für die Ausfuhr von Alkohol (sogar nach England) eingeführt. Der Ausfuhrzoll für Whisky von Schottland nach England betrug zwei Pence pro Gallone Whisky (eine Gallone hat 4,55 Liter) und entsprach circa 5 Prozent des damaligen Whiskypreises.

Im Jahr 1707 wurden die Parlamente von England und Schottland zu einem einzigen zusammengelegt. Von da an bis zum 12. Mai 1999 hatte Schottland keine eigene Regierung mehr. Sitz des vereinigten Parlamentes war London.

In den letzten Jahrzehnten vor dieser Vereinigung der Parlamente war die Regierung in London mit den anhaltend großen Problemen, die England mit sich selbst und vermehrt auch mit seinen Kolonien hatte, ausgelastet. Sie war deshalb nicht groß daran interessiert, was in Schottland vor sich ging. Das änderte sich ab dem Zeitpunkt der Vereinigung der beiden Parlamente. Die gemeinsame Regierung befasste sich nun vermehrt auch mit Schottland. Und weil das Vereinigte Königreich Geld brauchte, wurde auch in Schottland schon bald zusätzlich zu den ein paar Jahrzehnte früher eingeführten Ausfuhrzöllen eine generelle Branntweinsteuer erhoben. Kurze Zeit später passte man den Steuersatz an den bereits ziemlich hohen englischen Satz an. Diese Maßnahmen führten in Schottland zu Aufständen, die jedoch sofort von den Engländern und einigen der mit ihnen verbündeten schottischen Clans blutig niedergeschlagen wurden.

Produktion und Verkauf von Whisky stiegen jedoch trotz der neuen hohen Steuern weiter stark an. Damals produzierte in Schottland vor allem eine große Anzahl kleinerer und mittelgroßer Destillerien. Der Großteil von ihnen befand sich auf der Halbinsel Kintyre, den westlichen Inseln und in den Highlands. Sie waren von der Steuer befreit, wenn sie eigenes Getreide besaßen und dieses nur für den Eigenbedarf zum Brennen verwendeten. Bei den meisten von ihnen handelte es sich um Hausbrennereien von kleineren Clans oder einflussreichen Familien. Sie erhöhten, angespornt durch die Steuerbefreiung, ihre Produktion und schafften sich durch den zusätzlichen (illegalen) Verkauf der einen oder anderen Gallone Whisky einen kleinen Nebenverdienst.

Daneben entstanden die ersten größeren Destillerien – vor allem in den Lowlands. Der mengenmäßige Ausstoß dieser Großbetriebe war bereits damals bedeutend. Diese Destillerien waren entweder im Besitz ganz großer Clans oder Familien mit guten Verbindungen zum englischen Hochadel. Weil diese Großbetriebe sehr oft nicht in der Lage waren, den Getreidebedarf selbst zu decken, waren

Sie haben sich persönlich nie getroffen: die beiden Widersacherinnen um den Thron, Elizabeth I. von England (1533–1603) links und Mary Queen of Scots (Maria Stuart) (1542–1587) rechts.

sie steuerpflichtig. Mitte des 18. Jahrhunderts hatte dann ein natürliches Ereignis einschneidende Folgen: Ein Ernteausfall beim Getreide führte im Jahr 1757 in ganz Großbritannien zu einem Brennverbot. Dieses galt bis 1760 und bedeutete das Aus für die meisten industriell produzierenden größeren Destillerien. Die Haus- und sonstigen Kleinbrennereien waren von diesem Verbot jedoch nicht betroffen. Sie sahen in diesem Gesetz ihre große Chance und bauten ihre Kapazitäten weiter aus. Bereits nach kurzer Zeit waren sie in der Lage, den gesamten damaligen Whiskybedarf allein abzudecken.

Mountain Dew (Bergtau)

Der Absatz und der Genuss von Whisky stiegen in der zweiten Hälfte des 18. Jahrhunderts sowohl in den schottischen Gebieten als auch in England und seinen Kolonien weiterhin unvermindert an. Auf der Halbinsel Kintyre, den westlichen Inseln und vor allem in den unwegsamen Gebieten der Highlands entstanden immer mehr neue kleine Destillerien, deren Betreiber ebenfalls vom Boom profitieren wollten. Viele von ihnen waren Schwarzbrenner, ihr Whisky wurde an den Zoll- und Steuerämtern vorbeigeschmuggelt. Dass damals mit der Whiskyherstellung mehr Geld zu verdienen war als mit Ackerbau und Viehzucht, war sicher mit ein wichtiger Grund für die Zunahme von Schwarzbrennerei und Schmuggel.

Um die immer größer werdende Welle der neu entstehenden Brennereien und das immer mehr ausufernde illegale Brennen und den Schmuggel einzudämmen, erließ das Parlament in London ein neues, rigoroses Gesetz: Alle Whiskybrennereien mit einer Jahresproduktion von weniger als 500 Gallonen (etwa 2300 Liter) wurden verboten. Davon betroffen war der Großteil der Hausbrennereien.

Durch dieses Gesetz löste die Regierung jedoch eine weitere Zunahme der Schwarzbrennerei und des damit in Zusammenhang stehenden Schmuggels von Whisky aus. Die Londoner Behörden beschlossen daraufhin, vermehrt Zoll- und Steuerbeamte zur Bekämpfung von Schwarzbrennerei und Schmuggel nach Schottland und an dessen Grenzen auszusenden. Diese hatten die Aufgabe, die Schwarzbrennereien ausfindig zu machen, zu vernichten und die mit dem *illicit distilling* beschäftigten Personen zu bestrafen.

Um die zahlreichen Steuer- und Zollbeamten abzuwehren, schlossen sich die Schwarzbrenner und Schmuggler schnell zu Banden zusammen.

Und die schottische Bevölkerung stellte sich zusätzlich fast wie ein Mann hinter die Schwarzbrenner, die ihren »Mountain Dew« (Bergtau) – so nannten sie ihren schwarz gebrannten Whisky – in den unzugänglichen Gegenden weiter produzierten. Sie wurden mit ausgeklügelten Warnsystemen von den Bewohnern der umliegenden Dörfer und Weiler umgehend benachrichtigt, wenn sich die von den Engländern geschickten Zoll- oder Steuerbeamten ihrem Gebiet näherten.

Während dieser Zeit entstanden viele Loblieder auf den Whisky einerseits und wahre Hasslieder gegen die von den Schotten nach wie vor ungeliebten Engländer andererseits. Diese wurden schon bald in ganz Schottland gesungen. Einer der berühmtesten Schreiber solcher Lieder und

»Poems« war Robert »Rabbie« Burns. (Mehr zu diesem Poeten siehe Seite 73.)

Da weder die Beamten vor Ort noch die Regierung in London mit dem immer größer werdenden Whiskyproblem fertig wurden, suchte man nach neuen, effizienteren Lösungen. Als weitere Maßnahme wurde eine Prämie – fünf Pfund Sterling – auf den Verrat und die daraus resultierende erfolgreiche Schließung einer Schwarzbrennerei ausgesetzt. Den cleveren Schwarzbrennern und Schmugglern kam dies gerade recht: Einige Teile der Brenneinrichtungen, wie zum Beispiel die obersten Teile der Brennblasen und der Kühlschlangen, nutzten sich ziemlich schnell ab und mussten oft ersetzt werden. War solch ein Austausch fällig, gaben sie den Standort der Schwarzbrennerei auf, ließen dort die abgenutzten Teile der Destillerie zurück und nahmen nur mit, was noch verwendbar war. Einer von ihnen suchte dann einen Beamten auf, führte ihn an den Platz mit den unbrauchbaren Teilen der alten Brennblasen und strich die Belohnung ein. Mit dem so kassierten Geld konnte der Ersatz für die zurückgelassenen Teile mitfinanziert und in einem anderen Versteck wieder neu mit dem Brennen begonnen werden.

Oben • Steuereintreiber *(exciseman)* beim Befragen eines Dorfbewohners (Zeichnung aus dem 18. Jahrhundert).

Links • Schwarzbrenner im schottischen Hochland (Gemälde von Sir Edwin Landseer, »The Highland Whisky Still«).

Legalisierung und Lizenzierung

Dem Schmuggel und der Schwarzbrennerei war – trotz aller Bemühungen der Regierung – nicht beizukommen. Am Ende musste das britische Parlament kapitulieren. Alexander Gordon, 4th Duke of Gordon (ein Parlamentsmitglied aus Schottland), lancierte im Jahr 1823 im Oberhaus (House of Lords) in London eine Initiative, die Brennereien mit kleineren Brennkesseln doch wieder zuzulassen. Die Initiative wurde angenommen und im »Excise Act« von 1823 zum Gesetz erhoben.

Die Destillierapparate mussten nach dem neuen Gesetz jedoch mindestens 160 Liter fassen, damit sie nicht so leicht versteckt oder von Ort zu Ort gebracht werden konnten. Sämtliche produzierenden Destillerien Schottlands mussten sich nach diesem neuen Gesetz verpflichten, eine Lizenz zu lösen.

Als Gegenleistung senkte der Staat die Steuern auf Whisky erheblich. Die für die Lizenz zu entrichtende Gebühr war nicht hoch und die neue Steuer auf den hergestellten Whisky war bedeutend niedriger als vorher.

Damit wurde das legale Destillieren günstiger als jemals zuvor. Und siehe da: Endlich griff eine amtlich angeordnete Maßnahme. Immer mehr Destillerien ließen sich lizenzieren und konnten so ihrem Namen auf dem Firmenschild das »Licensed distillers« hinzufügen. Vorreiter waren dabei vor allem die größeren Destillerien in den Lowlands, die sofort nach dem Lösen der Lizenz die Produktion von billigem Whisky wieder aufnahmen.

Da das *illicit distilling* (Schwarzbrennen) nicht mehr rentabel war, lösten schon bald auch viele Schwarzbrenner und Schmuggler eine Lizenz für ihre Destillerien. Das führte zu einem Konkurrenzkampf zwischen den legalen Whiskyherstellern und den Schwarzbrennern und Schmugglern, der auch in Gewaltakten eskalierte. Ein gewisser George Smith aus Glenlivet, einem Bezirk in der Speyside, war einer der ersten ehemaligen Schwarzbrenner und Schmuggler, der eine Lizenz zum Destillieren von Whisky erwarb. Er löste sie für seine bereits längere Zeit produzierende Glenlivet

Robert (Rabbie) Burns

Robert »Rabbie« Burns ist einer der berühmtesten schottischen Poeten und unter diesen sicher der beliebteste. Er schrieb eine Vielzahl von *Poems* (Gedichten), Novellen und Liedern. Sehr oft trug er diese persönlich vor und wurde so zum eigentlichen Nationalbarden Schottlands. Viele seiner Lieder werden auch heute noch gesungen und gespielt. Das wohl berühmteste Beispiel ist »Auld Lang Syne«.

Robert Burns wurde am 25. Januar 1759 in Alloway, Ayrshire, als Sohn eines Farmers geboren. Schon im Alter von 15 Jahren musste er wegen der Krankheit seines Vaters die Farm mehr oder weniger allein leiten und für seine Eltern und die sechs Geschwister sorgen, obwohl ihm diese harte Arbeit überhaupt nicht lag. Bereits zu dieser Zeit begann er, Gedichte und Lieder zu schreiben.

Nach dem Tod seines Vaters – Robert war zu diesem Zeitpunkt 25 Jahre alt – übernahm er zusammen mit seinem Bruder eine Farm in Mossgiel bei Mauchline. Doch sein Interesse galt immer mehr der Dichtkunst, dem Schreiben von Liedern, dem Gesang und – den Frauen. Er liebte aber auch den Whisky.

1786 gab Robert Burns seine Farmertätigkeit auf und übersiedelte nach Edinburgh, wo er große Erfolge als Dichter feiern konnte. Dort erhielt er auch den Auftrag, eine Sammlung von schottischen Liedern und Melodien zu erstellen. Das berühmte und sehr umfangreiche Werk, das »Scots Musical Museum«, an dem Burns etliche Jahre als »Nebenbeschäftigung« arbeitete, umfasst einige hundert schottische Lieder und Melodien.

Im Jahr 1789 heiratete Robert Burns seine alte Liebe Jean Armour. Sie schenkte ihm in diesem Jahr zum zweiten Mal Zwillinge, die aber kurz nach der Geburt starben. Die ersten beiden Söhne, Robert und Jean, waren bereits 1787 zur Welt gekommen. Die Heirat hinderte Robert Burns jedoch nicht daran, seinen ausschweifenden Lebenswandel fortzusetzen.

Ebenfalls im Jahr 1789 zog Burns mit seiner Familie in die Nähe von Dumfries um und mietete dort eine Farm. Aufgrund von Missernten, seines zu aufwendigen Lebenswandels und dem daraus resultierenden Geldmangel musste er einen Job als Steuerbeamter annehmen.

In dieser Funktion setzte er sich aber nicht immer in staats- oder jobkonformer Art und Weise für den Kampf gegen den

Whisky ein. Eine deswegen gegen ihn eingeleitete zollinterne Untersuchung wurde aber aus Mangel an Beweisen beigelegt. Nichtsdestotrotz verfasste Burns weiterhin Loblieder auf den Whisky und die Frauen und führte auch sein ausschweifendes und whiskyfreundliches Leben weiter.

Er war einer der bekanntesten Schotten seiner Zeit. Dank seiner Art und den von ihm teilweise neu geschriebenen, teilweise wiederentdeckten und im mehrbändigen Werk »Scots Musical Museum« für die Nachwelt gesicherten Liedern und Balladen – einige davon waren damals schon echte Top-Hits – wurde er zu einem beliebten Volkshelden.

Seine Vortragsreisen (heute würde man sagen Tourneen) führten ihn durch den größten Teil Schottlands.

Robert Burns hinterließ ein riesiges Werk, bestehend aus über 600 Gedichten und Liedern sowie mehr als 700 veröffentlichten Briefen. Das herausragendste und am meisten gelesene und zitierte Werk ist die Erzählung »Tam O'Shanter«, ein wahres »Moral- und Hexenepos«.

Robert Burns starb am 21. Juli 1796 an den Folgen einer (je nach Quelle anders beschriebenen) schweren Krankheit, die er aufgrund seines ausschweifenden Lebenswandels nicht mehr überstehen konnte. Er wurde gerade einmal 37½ Jahre alt.

Jedes Jahr am 25. Januar, seinem Geburtstag, treffen sich die Schotten und die Schottland- und Whiskyfreunde auf der ganzen Welt zu seiner Erinnerung zum »Burns Supper«. An diesem Fest wird Haggis[1] gegessen, gefeiert, musiziert, gesungen und … getrunken.

---

[1] Haggis ist ein mit Schafsleber, Schafsherz, Nierenfett, Hafermehl, Bouillon und Gewürzen gefüllter Schafsmagen – ein typisch schottisches Gericht.

Die industrielle Produktion und neue Steuern

Vor allem die Besitzer der in den Lowlands ansässigen großen Brennereien suchten schon bald nach dem Lösen einer Lizenz nach Möglichkeiten, industrieller zu produzieren. Um billiger und effizienter destillieren zu können, als dies mit den damals überall eingesetzten *pot stills* möglich war, arbeiteten sie intensiv an der Entwicklung neuer Technologien.

Einer der aktivsten Forscher war Robert Stein. Er entstammte einer Familie, die in den schottischen Lowlands einige Destillerien besaß. In einer von ihnen, mit dem Namen Kilbagie, entwickelte er ein kontinuierliches Destillierverfahren.

Dieses war, obwohl nicht ganz ausgereift, doch genial und effizient. Dadurch entfielen die aufwendigen und deshalb teuren Produktionsschritte der Destillation in *pot stills* vollständig.

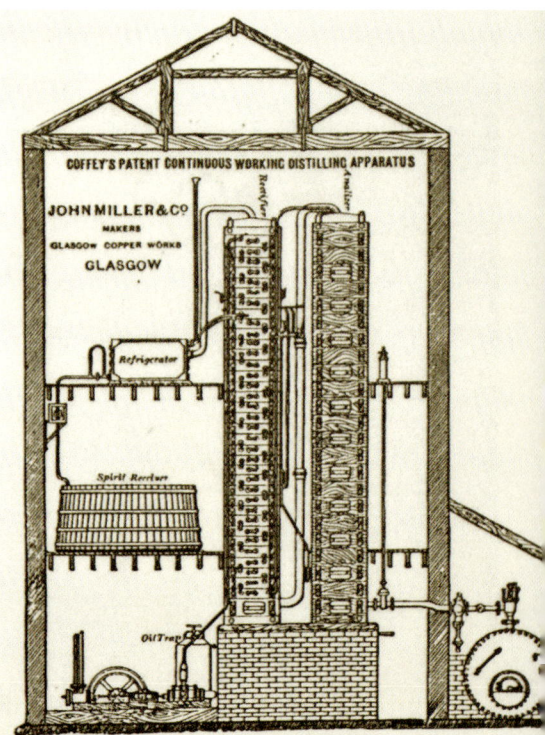

Distillery. Nach seiner Lizenzierung hatte er jedoch einige Zeit lang große Probleme mit seinen ehemaligen Kollegen Schwarzbrennern, die ihm nicht nur ans Leben wollten, sondern auch drohten, seine Destillerie abzubrennen.

Er war nicht der Einzige, der bedroht wurde. Auch in anderen Regionen Schottlands mussten die neu lizenzierten Brenner eine Zeit lang um ihr Hab, Gut und Leben fürchten. Denn die legalen Destillerien konnten ihre Erträge mit geringerem Risiko erreichen, was sie schnell zu extrem harten Konkurrenten für die Schmuggler und Schwarzbrenner werden ließ. Mit der Zeit sahen jedoch immer mehr der Illegalen die Aussichtslosigkeit ihres Tuns ein, sodass das Schwarzbrennen bald bedeutungslos wurde. Ein richtiger Boom im Lizenzieren von Destillerien brach aus.

Von 1823 bis 1825 stieg die Zahl der erteilten Lizenzen von 125 auf 329. Viele der Brennereien waren aber dem starken Konkurrenzkampf nicht gewachsen. Über 100 von ihnen existierten nicht einmal 10 Jahre.

Links oben • Ardbeg war eine der vielen Destillerien, welche existierten, bevor das neue Lizenzierungsgesetz von 1823 in Kraft trat. Nach der Lizenzierung durfte auch sie das *licensed distillers* auf dem Firmenschild anbringen

Oben • »Coffey's Patent Continuous Working Distilling Apparatus« nannte die Firma John Miller & Co. in Glasgow – sie existierte bis 1850 – in diesem Plan für eine Grain-Destillerie die *Coffey still*.

Aeneas Coffey, ein Ire, hatte ungefähr zur gleichen Zeit, aber an einem ganz anderen Ort, eine ähnliche Idee. Er experimentierte zuerst in Dublin (Irland), später auch in Port Ellen auf der schottischen Insel Islay. Das von ihm entwickelte kontinuierliche Destillierverfahren war bedeutend effizienter und vor allem energiesparender als das von Stein. Die von den beiden erfundenen Destillierapparate nennt man *continuous, patent* oder nach dem Erfinder des effizienteren Systems *Coffey stills*.

Das kontinuierliche Verfahren unterscheidet sich von demjenigen mit *pot stills* unter anderem dadurch, dass mit ihm ein besonders alkoholreiches, neutrales Destillat mit bis zu beinahe 95 Volumenprozent hergestellt werden kann. Der wichtigste Vorteil des kontinuierlichen Destillierprozesses ist aber, dass er viel schneller ist. Eine *continuous still* muss nicht nach jedem Brennvorgang gereinigt und neu befüllt werden, wie dies bei einer *pot still* der Fall ist. Die dadurch erzielbare Kosteneinsparung ist ein ebenfalls wichtiger Pluspunkt für das neue Verfahren.

Dank dieser Erfindung übertraf der Aufschwung der Lowland-Destillerien den in den Highlands bei Weitem. Die durch die neue Produktionsmethode stark steigenden Kapazitäten führten innerhalb kurzer Zeit zu einer Überproduktion. Als Folge davon kam es zu einem ausgeprägten Preiskampf und -sturz, was die Sorge der britischen Regierung verstärkte, dass der Whiskykonsum erneut ansteigen könnte.

Zur gleichen Zeit kämpften die Bierbrauer, denen der Erfolg des schottischen Destillats schon lange ein Dorn im Auge war, um die Abschaffung der Besteuerung von Bier. Die im Londoner Parlament stark vertretene Lobby der englischen Bierbrauer war sich darüber im Klaren, dass dem Staat dadurch unbedingt notwendige Erträge entgehen würden. Um diese Ausfälle zu kompensieren, schlugen die Bierlobbyisten Steuererhöhungen auf alle Destillate, also auch auf Whisky, vor.

Im Jahr 1830 trat dann das ein, was sich schon länger abzeichnete: Die Regierung erfüllte die Forderung der Bierlobby auf der ganzen Linie. Die sofort eingeführte höhere Besteuerung von Spirituosen traf vor allem die Brennereien außerhalb der Lowlands, die mit *pot stills*, also mit Brennblasen und damit einem teureren Verfahren arbeiteten, besonders hart. Bereits die Überkapazitäten hatten zu einem starken Konkurrenzkampf geführt. Durch die Steuererhöhung wurde der Konkurrenzkampf noch härter. Der damit verbundene ruinöse Preissturz hatte zur Folge, dass viele Destillerien, vor allem die in den Highlands und auf der Halbinsel Kintyre, Pleite machten.

Die Brennereien außerhalb der Lowlands hatten noch einen weiteren Nachteil gegenüber ihren Konkurrenten: Die Lowland-Destillerien lagen näher bei den Kohlevorkommen und verfügten über Eisenbahn- und Schiffsverbindungen nach England, woher sie das Getreide und die anderen Rohmaterialien günstig beziehen und vor allem schnell und billig befördern konnten. In umgekehrter Richtung waren die Märkte in England schneller und billiger erreichbar.

Und dann war da noch ein weiterer wichtiger Grund dafür, dass die *pot still*-Destillerien mehr und mehr Schwierigkeiten hatten, ihre Whiskys überhaupt noch verkaufen zu können: der Geschmack der Kunden. Die *pot still*-Whiskys waren natürlicher, aromatischer und – weil zu ihrer Herstellung in der Regel Torffeuer verwendet wurde – torfiger (oder rauchiger) und stärker im Geschmack als die Lowland-Produkte. In den Großdestillerien wurde dagegen mit Kohle gearbeitet. Kohle verbrennt viel geschmackloser als Torf und hinterlässt in der getrockneten Gerste keinen (oder doch nur sehr wenig) Rauchgeschmack. Der in den *Coffey stills* produzierte Grain-Whisky schmeckte deswegen viel milder, um nicht zu sagen »flacher«. Dies kam dem Geschmack der damaligen Kunden in England und in den Exportmärkten mehr entgegen. Zu Letzteren zählten die großen britischen Kolonien Kanada, Indien, Australien und Südafrika. Auch die Kunden in den USA liebten die milderen Whiskys.

Grain-Whiskys hatten nach der Produktion viel höhere Alkoholwerte und konnten so bei der Reduktion auf Trinkstärke mit mehr Wasser verdünnt werden. Der dadurch erzielbare, noch günstigere Preis spielte für den Aufschwung dieser Whiskyart ebenfalls eine wichtige Rolle. Der billigere Grain-Whisky konnte so in großen Mengen in die genannten Länder und Gebiete exportiert werden.

Im englischen Parlament in London wurden ab dem Jahr 1707 auch für Schottland die Gesetze erlassen; Blick auf den Sitz des Parlaments, den Westminster Palace und den Big Ben.

Die Whiskyrevolution

Die im kontinuierlichen Verfahren hergestellten Produkte fanden bei den Kunden nach einem relativ kurzen Höhenflug jedoch schon bald nicht mehr den gewünschten Anklang. Sie waren geschmacklich doch zu flach. So begannen die Besitzer der legalen Destillerien in den Lowlands noch in den 1830er-Jahren, ihre Whiskys verbotenerweise mit *pot still* Malt-Whiskys aus den Highlands zu mischen (das heißt zu verschneiden oder zu blenden), um sie auf diese Art zu verbessern.

Auch hatten beispielsweise die Besitzer von Wirtshäusern und Lebensmittelgeschäften begonnen, die teureren Malt- mit billigen Grain-Whiskys zu verschneiden und so deren Aromen auf die vom Markt gewünschten Stärken zu reduzieren.

Andrew Usher und sein gleichnamiger Sohn – sie waren in Edinburgh Vertreter der Destillerie Glenlivet aus den Highlands und sehr ideenreiche Männer – begannen 1853 offiziell, Malt-Whiskys ihrer Destillerie in verschiedenen Fass-Alterungsstufen zu mischen und so deren Geschmack zu verändern.

Ein legales Mischen von Whiskys aus verschiedenen Destillerien – egal ob es sich dabei um Malt- oder Grain-Whiskys handelte – war zu jener Zeit ziemlich umständlich und teuer. Weil in jedem anderen Fall sofort Steuern fällig wurden, was man sich unbedingt ersparen wollte, mischte man Whiskys damals nur in den Destillerien selbst und unter Zollverschluss. Im Jahr 1860 wurde unter dem Namen »Spirits Act« ein neues Gesetz in Kraft gesetzt, das die schottische Whiskyindustrie revolutionieren sollte. Es erlaubte das Verschneiden oder Blenden von Whiskys aus verschiedenen Destillerien, bevor darauf Steuern fällig wurden.

Dieses neue Gesetz ermöglichte es Andrew Usher jr. – er hatte die Firma im Jahr 1855 von seinem Vater nach dessen Tod übernommen – ein neues Verfahren einzusetzen, das die auf festen Traditionen aufgebaute schottische Whiskyindustrie bis auf die Grundmauern erschütterte. Die Grundidee für das neue Verfahren war, einen wirklich guten, aber billigeren Whisky herzustellen. Dabei war es Usher jr. wichtig, auch den Malt-Whisky der Destillerie Glenlivet aus dem schottischen Hochland mit in sein neues Produkt einzubringen.

Die Erfahrungen, die Usher jr. bei den Kreationen von aus verschiedenen Fässern stammenden Malt-Whiskys zusammen mit seinem Vater hatte sammeln können, nutzte er jetzt, um Malt- und Grain-Whiskys nach einem spezifischen Verfahren zu »blenden«. Er verwendete dazu Malt- und Grain-Whiskys aus verschiedenen Destillerien und entwickelte mit und aus diesen ein spezifisches Geschmacksprofil.

Es gelang ihm, über Rezepturen mit genauen Mengenanteilen aus verschiedenen Whiskysorten einen Whiskytyp zu schaffen, der reproduzierbar war, das heißt, abgefüllt immer – zumindest annähernd – den gleichen Geschmack hatte.

Mit seiner Idee hatte er schnell großen Erfolg und gründete schon bald seine eigene Blending-Firma. Diese beteiligte sich in der zweiten Hälfte des 19. Jahrhunderts finanziell auch direkt an den sie beliefernden Destillerien (zum Beispiel North British in Edinburgh).

Andere große Firmen in den Lowlands (Johnnie Walker, Bell's, Haig, Dewar's usw.) machten es ihm bald nach und begannen ebenfalls ihre Grain-Whiskys mit höherwertigen Malts aufzuwerten.

Im Sog dieser Großfirmen entstanden schon bald viele neue, kleine Blending-Spezialfirmen. Die Blended Whiskys aus Schottland traten in einer ersten Phase schnell einen Siegeszug rund um die Welt an.

Zu Hilfe kam ihnen (oder ihren Produzenten) dabei ein Insekt – genauer gesagt eine Reblaus mit dem Namen Phylloxera. Sie verwüstete in den Jahren von 1860 bis 1890 den Großteil der französischen Weinberge. Dadurch wurden die Brandys oder Cognacs rar und verschwanden beinahe ganz vom Markt. Als Ersatz kamen die weichen Blended Whiskys gerade zur rechten Zeit.

Leider brachten einige der neu entstandenen Blending-Spezialfirmen zum Teil Produkte von bedenklicher Qualität auf die internationalen Märkte. Das führte dazu, dass die irischen Firmen, die großen Wert auf eine gleichbleibende Qualität legten, gegen Ende des 19. Jahrhunderts mehr und mehr Marktanteile gewinnen konnten.

Die beiden großen Pioniere im Mischen von Whiskys: Links Andrew Usher sen. (1782–1855) und rechts sein nicht minder begabter Sohn Andrew Usher jr. (1826–1898).

Die ersten Whiskymarken

Etwa bis ins Jahr 1865 wurde Whisky mit wenigen Ausnahmen von den Produzenten nur fassweise oder in großen Tonkrügen verkauft. Dann aber begannen die Destillerien und Blending-Firmen, ihre Whiskys in Flaschen abzufüllen, die auch für die Endkonsumenten bezahl- und transportierbar waren. Die Flaschen wurden mit dem Namen der Destillerie (bei Malt-Whiskys) beziehungsweise dem Markennamen (bei Blended Whiskys) versehen. Dies war die Geburtsstunde der Whiskymarken.

Die ersten richtigen Werbekampagnen für Whiskys wurden ungefähr ab 1880 gestartet. Zu den Pionieren auf dem Gebiet der Werbung wie auch der Kreation von Whiskymarken gehörten – neben der bereits genannten Firma Usher & Co. – vor allem James Buchanan, Alexander Walker, William Teacher und Tommy Dewar. Sie und einige andere nutzten die Gunst der Stunde und entwickelten vermehrt leichtere, weichere und gleichzeitig doch aromatische Blended Whiskys.

Diese neuen Typen des *water of life* waren nicht nur bei den Konsumenten in England und den zum Commonwealth gehörenden Ländern, sondern sehr bald auf der ganzen Welt erfolgreich. Herstellung und Absatz von Blended Whiskys boomten.

Dies wirkte sich auch positiv auf die Malt-Whisky-Destillerien aus, da immer mehr Malt-Whiskys gebraucht wurden, um den Blends Charakter und Geschmack zu geben. Reine Malt-Whiskys kamen so gut wie gar nicht mehr auf den Markt. Die gesamten Kapazitäten der *pot still*-Destillerien wurden für die Herstellung von Blended Whiskys gebraucht.

Die Whiskyindustrie Schottlands erlebte in den letzten drei Jahrzehnten des 19. Jahrhunderts einen unglaublichen Aufschwung. Dieser führte schon bald zu den ersten Firmenzusammenschlüssen. So taten sich beispielsweise im Jahr 1877 zur Konzentration der Kräfte im internationalen Geschäft gegen die irische, kanadische und US-amerikanische Konkurrenz die sechs führenden Grain-Destillerien Cambus, Cameronbridge, Carsebridge, Glenochil, Kirkliston und Port Dundas zur Distillers Company Limited (DCL) zusammen. Sitz dieser neuen Großfirma war Edinburgh. Durch diese Fusion sollten auch die Produktionskosten gesenkt und damit verbunden die Ertragssituation verbessert werden. Ein weiterer Grund war der Wunsch, eine marktbeherrschende Position zu erlangen. Die DCL erreichte diese Ziele in kurzer Zeit und spielte schon bald die wichtigste Rolle in der schottischen Whiskyindustrie. Unter dem späteren Namen United Distillers & Vintners (UDV) und dem aktuellen Namen Diageo plc hält sie ihre Machtposition bis heute.

Aufschwung – Krise – Aufschwung

Von 1890 bis 1898 – den größten Whiskyboom-Jahren – bauten die DCL und andere Großfirmen zwei neue Grain- und außerdem 33 Malt-Destillerien, 21 davon im Gebiet der Speyside.

Die unabhängigen Besitzer von Malt-Destillerien dagegen kämpften verzweifelt ums Überleben. Sie stemmten sich schon beinahe ohnmächtig dagegen, den Firmen der großen Whiskybarone oder der DCL einverleibt zu werden oder Konkurs anmelden zu müssen.

Um einen Ausweg bemüht, setzten aber viele der noch unabhängig gebliebenen Destillerien – wie auch einige größere Banken – aufs falsche Pferd: Die aufstrebende Whiskyfirma Pattison, Elder & Co. besaß damals große Lagerhäuser in Leith und Verkaufsbüros in verschiedenen anderen Städten auch außerhalb von Schottland. Dieser Firma konnten die Destillerien ihre Whiskys in großen Mengen liefern. Aber die geschäftsführenden Brüder Walter und Robert Pattison waren nicht die besten Partner. Die beiden führten ein Leben in großem Stil, bis sie hoch verschuldet waren und in Konkurs gingen. Zum Zeitpunkt ihres Konkurses hatten sie riesige Mengen an unbezahlten Malt-Whiskys in ihren Lagern.

Der Konkurs dieser Firma und die damit erlittenen finanziellen Verluste waren für viele der kleinen Destillerien eine Katastrophe. Erschwerend kam noch hinzu, dass

Unten links • Werbung der Firma James Buchanan & Co. – sie war Besitzerin der Marke »Black & White« aus der Zeit um 1900. Damals entstammten die beiden typischen »Black & White«-Hunde noch einer größeren Rasse.

Unten • In ihren Inseraten warben die Brüder Walter und Robert Pattison auch mit den Destillerien, welche sie beim Konkurs beinahe mit ins Verderben rissen (z. B. Glenfarclas).

die riesigen Lagerbestände aus der Konkursmasse auf den Markt kamen und in der Folge die Produktion in den Destillerien reduziert werden musste.

Eine der damals am meisten betroffenen Destillerien war Glenfarclas, die auch heute noch sehr bekannte und beliebte Whiskys herstellt. An dieser Destillerie war die Firma Pattison, Elder & Co. sogar zu 50 Prozent beteiligt gewesen. Glenfarclas gelang es nur dank guter Beziehungen in der Branche und zu ein paar Banken, sich über Wasser zu halten und wieder Boden unter die Füße zu bekommen. Für viele andere betroffene Brennereien jedoch folgte der Konkurs, oder sie wurden schließlich wegen Liquiditätsproblemen doch noch von den Großen geschluckt.

Das Resultat war, dass es bald nur noch zwei Lager im schottischen Whiskygeschäft gab: Auf der einen Seite befanden sich die um ihre Existenz kämpfenden, unabhängig gebliebenen eigenständigen Malt-Destillerien-Besitzer, deren Ohnmacht gegenüber den Konzernen immer ausgeprägter wurde. Auf der anderen Seite kamen die DCL und die Whiskybarone mit ihren weltweiten Geschäften zu einem riesigen Vermögen. Spitzenreiter unter Letzteren war Tommy Dewar. Knapp hinter ihm folgten – in alphabetischer Reihenfolge – James Buchanan (Black & White), John Haig (Dimple), Peter Mackie (White Horse), und Alexander Walker (Johnnie Walker).

Und wie so oft: Schon bald traf ein weiterer Schlag die Kleinen weit stärker als die Großen: Die Burenkriege (1880–1881 und 1899–1902) brachen aus. Als Folge davon erlebte Großbritannien eine starke Rezession, was dazu führte, dass im heimischen Markt der Whiskykonsum dramatisch zurückging. Zwar gab es noch das Exportgeschäft, aber die am Lager liegenden großen Mengen an reifen Whiskys konnten nicht mehr mit Gewinn verkauft werden.

Die Malt-Destillerien unternahmen weiterhin alle erdenklichen Anstrengungen, um ihr Überleben zu sichern. Ein Versuch bestand darin, durch eine Gesetzesänderung zu erreichen, dass nur noch reine Malt-Whiskys den Namen Whisky tragen dürfen, die Grain- und Blended Whiskys aber nicht mehr. Das Verfahren dauerte von 1905 bis 1908. Doch auch hier mussten die Besitzer der kleinen Destillerien ei-

nen Rückschlag einstecken: Sie verloren den Prozess um den Namen und den Begriff Whisky. 1908 fällte eine königliche Kommission das Urteil, dass alle Typen – also Malt, Grain und Blend – als Whisky bezeichnet werden dürfen.

1909 war noch ein weiteres unangenehmes Ereignis zu verkraften: Der damalige englische Schatzkanzler David Lloyd George erhöhte die Steuern auf Whisky um ein Drittel. Lloyd George gehörte der Vereinigung der Antialkoholiker an und bekämpfte Produktion und Konsum von alkoholischen Getränken aufs Äußerste. Die Auswirkungen der von ihm veranlassten Steuererhöhung waren für die Whiskyindustrie jedoch nicht so dramatisch wie im ersten Moment befürchtet. Die Wirtschaft begann sich ziemlich schnell wieder zu erholen.

Viel schlimmer traf die Whiskyproduzenten und Blending-Firmen der Beginn des Ersten Weltkriegs mit seinen Auswirkungen. Die kriegsbedingte Getreideknappheit führte zur Stilllegung vieler Destillerien. Hinzu kam, dass Lloyd George in seinem schon beinahe fanatischen Kampf gegen den Alkohol auch während des Krieges neue Steuern erhob und die verschiedensten Gesetze gegen alkoholische Getränke erließ.

Nach Kriegsende erhöhte das Parlament in London den Steuersatz auf alkoholische Getränke noch einmal stark. Weil die Whiskyproduzenten diese Steuer-Mehrbelastungen nicht mehr an die Endverbraucher weitergeben konnten, mussten weitere Destillerien und vor allem kleinere Blen-

ding-Firmen schließen oder von ihren Besitzern zwangsverkauft werden.

Die meisten von ihnen verkauften an die Distillers Company Limited (DCL), dazu gehörten unter anderem Usher's, Haig, Johnnie Walker, White Horse und Buchanan-Dewar.

Die beiden Letztgenannten hatten bereits vorher versucht, ihre Lage durch Fusion zu verbessern, was ihnen aber nicht mehr half. 1927 besaß die DCL fast alle größeren Whiskymarken und mehr als ein Drittel aller Destillerien.

Nach all diesen Turbulenzen begann sich der Markt für die schottischen Destillerien wieder ein wenig zu erholen. Dazu trug auch bei, dass als Folge der irischen Unabhän-

Mittlere Spalte · Der englische Schatzkanzler und spätere Premierminister David Lloyd George war Mitglied der Vereinigung der Antialkoholiker und bekämpfte ab dem Jahr 1908 jede Art von Alkohol mit laufend neuen Gesetzen und höheren Steuern.

Links unten · Dieses Gemälde zeigt schottische Guards und indische Soldaten in den Burenkriegen zwischen den Briten und den Holländern in Südafrika (1880–1881 und 1899–1902).

Unten · Die Destillerie Glenlochy in Fort Williams wurde 1983 geschlossen und wird nicht wieder in Betrieb genommen werden. Die viel Ausstrahlung besitzenden Gebäude stehen unter Denkmalschutz und beherbergen heute ein Hotel, Appartements und Freizeitanlagen (Foto aus dem Jahr 2002).

gigkeitskriege gegen die Engländer keine irischen Whiskeys mehr in den Commonwealth geliefert werden durften. Doch schon folgten die nächsten Schwierigkeiten: die amerikanische Prohibition, weitere Steuererhöhungen und die große Wirtschaftsdepression der 1930er-Jahre. Die Whiskyproduktion und der Absatz sanken um über 60 Prozent.

Und dann folgte der Zweite Weltkrieg. In dieser Zeit fielen einige Destillerien – und mit ihnen oft auch deren Lagerbestände – deutschen Bombenangriffen zum Opfer. Ab dem Jahr 1942 untersagte ein wegen der Nahrungsmittelknappheit notwendig gewordenes Kriegsgesetz den Verkauf von Getreide an die Whiskyindustrie. Fast alle Destillerien wurden stillgelegt. Im Jahr 1944 erlaubte Winston Churchill, der damalige britische Premierminister – in Anbetracht des zu erwartenden Sieges – den Destillerien wieder Getreide zur Verfügung zu stellen.

Destilliert wurde in den ersten Nachkriegsjahren jedoch nur wenig. Erst ab dem Jahr 1949 begann sich die Lage etwas zu normalisieren. Die Whiskyindustrie erholte sich, und sowohl Produktionsmenge als auch Absatz nahmen von Jahr zu Jahr wieder zu. Stillgelegte Destillerien – vor allem solche für die Herstellung von Malt-Whiskys – wurden wieder in Betrieb genommen. Zusätzlich wurden neue Brennereien gebaut.

Der neue Boom hielt bis Ende der 1970er-Jahre an. Als die Weltwirtschaft wieder in eine neue tiefe Rezession fiel, sanken der Absatz und die Produktion von Whisky erneut dramatisch. Als Folge davon mussten in den Jahren 1981 bis 1986 wieder 29 Destillerien geschlossen werden. Viele von ihnen sind seither stillgelegt oder wurden sogar abgerissen. Beispiele sind Banff, Glenlochy, Glenugie, Glenury Royal oder Port Ellen.

Ungefähr seit Ende der 1990er-Jahre boomt der Markt wieder – und dies auch bei den nicht zu den Großkonzernen gehörenden Betrieben. Eine Destillerie um die andere wird wieder zum Leben erweckt (zum Beispiel BenRiach, Bruichladdich, Glencadam, Glendronach, Glenglassaugh). Außerdem wurden und werden immer wieder neue Destillerien gebaut (The Speyside, Arran, Glengyle, Kilchoman, Roseisle usw.). Sogar auf den Äußeren Hebriden entstand nach über 170 Jahren wieder eine Destillerie. Im Jahr 2007 nahm im kleinen Örtchen Carnish an der Westküste der Insel Lewis die Abhainn Dearg Distillery ihren Betrieb auf.

Die Whisky-Gesetzgebung Schottlands

Schottischer Whisky als Ursprungs- und Herstellungsbezeichnung ist im Vereinigten Königreich Großbritannien bereits seit dem Jahr 1909 gesetzlich definiert.

Gegen Ende des zwanzigsten Jahrhunderts wurden einige Neuerungen eingeführt (»Scotch Whisky Act 1988« und »Scotch Whisky Order 1990«).

Seit dem 23. November 2009 sind die »Scotch Whisky Regulations 2009« in Kraft. Dieses Gesetz stellt neue Regeln auf und ersetzt alle älteren Gesetzestexte.

Das aktuelle Gesetz enthält ein paar Paragraphen, die – zurückhaltend ausgedrückt – gewöhnungsbedürftig sind. Da es sich aber um ein gültiges Gesetz handelt, verzichte ich auf einen weitergehenden Kommentar.

Im Folgenden stelle ich die meiner Meinung nach allgemein interessierenden Inhalte vor. Bei der Übersetzung der Gesetzestexte habe ich die nicht leicht verständliche Rechtssprache so weit wie möglich – ohne die Aussagen zu verfälschen – vereinfacht. Bei den einzelnen Punkten gebe ich jeweils an, aus welchem Teil des Gesetzes sie stammen. Wer sich für die Details interessiert, findet den vollständigen Gesetzestext im Internet unter http://www.legislation.gov.uk/uksi/2009/2890/contents/made.

In einem als Liste 1 bezeichneten Anhang (die *Regulations* haben bis jetzt insgesamt vier Anhänge) sind sämtliche Destillerien aufgeführt, die eine Lizenz besitzen und für die dieses Gesetz gültig ist.

Die Kapitel »Die Whiskyregionen Schottlands« und »Porträts der Malt-Destillerien Schottlands« in diesem Buch sind nach der neuen gesetzlichen Einteilung der Whiskyregionen und der entsprechenden Zuweisung der Destillerien aufgebaut.

Die »Scotch Whisky Regulations 2009« (Zusammenfassung)

Der erste Teil des Paragraphen 3 dieses Gesetzes beschreibt die seit dem 23. November 2009 gültige Definition von »Scotch Whisky« und seinen verschiedenen Kategorien/Varianten.

Danach darf der Begriff »Scotch Whisky« nur für einen Whisky verwendet werden, der in Schottland produziert wurde. In diversen Unterparagraphen wird näher ausgeführt, welche Anforderungen zu erfüllen sind:

Er muss in einer Destillerie in Schottland aus Wasser und gemälzter Gerste, der von anderen Getreidesorten nur ganze Körner beigegeben werden dürfen, produziert werden. Diese ganze Mischung muss

— in dieser Destillerie zu einer Maische verarbeitet werden.

— in dieser Destillerie in ein vergärbares Substrat umgewandelt werden. Diese Umwandlung darf nur durch endogene (das heißt in der Maische enthaltene) Enzymsysteme erfolgen.

— darf in dieser Destillerie nur durch die Zugabe von Hefe vergärt werden.

Bei der Destillation darf ein Alkoholgehalt von 94,8 Volumenprozent nicht überschritten werden, sodass das Aroma und der Geschmack des Destillats einen Rückschluss auf die Herkunft des verwendeten Rohmaterials und die Herstellungsmethode zulassen.

Das so gewonnene Destillat muss in Eichenfässern mindestens drei Jahre lang in Schottland gelagert werden.

Die Eichenfässer dürfen maximal ein Fassungsvermögen von 700 Litern haben.

Das Destillat darf nur in Lagerhäusern, die der Steuerhoheit unterstehen, oder an anderen bewilligten Plätzen gelagert werden.

»Scotch Whisky« darf seine Farbe, sein Aroma und seinen Geschmack nur aus dem Rohmaterial, das zu seiner Herstellung verwendet wurde, sowie aus dem Produktionsverfahren und der Art der Lagerung erhalten.

Es dürfen ihm keine Substanzen zugegeben werden mit Ausnahme von

— Wasser oder

— Zuckercouleur (*spirit caramel* oder *plain caramel colouring*) oder

— Wasser und Zuckercouleur.

»Scotch Whisky« muss einen minimalen Alkoholgehalt von 40 Volumenprozent haben.

Im zweiten Teil des Paragraphen 3 werden die verschiedenen Whiskyarten, die im Oberbegriff »Scotch Whisky« zusammengefasst werden, definiert:

»Single Malt Scotch Whisky« ist die Bezeichnung für einen schottischen Whisky, der in einem oder mehreren Batches (Produktionsläufen) destilliert wurde, und zwar

a in einer einzigen Destillerie

b aus Wasser und gemälzter Gerste ohne Zugabe jeder anderen Art von Getreide

c in *pot stills*

»Single Grain Scotch Whisky« ist die Bezeichnung für einen schottischen Whisky, der in einer einzigen Destillerie destilliert wurde.

Nicht unter diesen Begriff fallen

a Single Malt Scotch Whisky

b Blended Scotch Whisky

»Blended Malt Scotch Whisky« ist die Bezeichnung für einen schottischen Whisky, der aus zwei oder mehr Single Malt Scotch Whiskys gemischt wurde, die in mehr als einer Destillerie destilliert wurden.

»Blended Grain Scotch Whisky« ist die Bezeichnung für einen schottischen Whisky, der aus zwei oder mehr Single Grain Scotch Whiskys gemischt wurde, die in mehr als einer Destillerie destilliert wurden.

»Blended Scotch Whisky« ist die Bezeichnung für einen schottischen Whisky, der aus einem oder mehreren Single Malt Scotch Whiskys und einem oder mehreren Single Grain Scotch Whiskys gemischt wurde.

Im Paragraph 5 der *Regulations* werden die Vorschriften, die bei der Whiskyherstellung eingehalten werden müssen, behandelt.

In Schottland darf ein Whisky-Destillat nur so hergestellt werden, wie es in den betreffenden Abschnitten des Paragraphen 3 beschrieben ist. In Schottland darf keine andere Whiskyart als »Scotch Whisky« hergestellt werden.

Paragraph 7 der *Regulations* regelt den Transport (die Ausfuhr) in andere Länder. So dürfen keine der folgenden Kategorien von »Scotch Whisky« in einem Holzfass oder einem anderen Holzbehälter aus Schottland in ein anderes Land gebracht werden:

a Single Grain Scotch Whisky

b Blended Malt Scotch Whisky

c Blended Grain Scotch Whisky

d Blended Scotch Whisky

Single Malt Scotch Whisky darf bis und mit dem 23. November 2013 nicht in einem Holzfass oder in einem anderen Holzbehälter aus Schottland in ein anderes Land gebracht werden. Ab dem 23. November 2013 darf kein Single Malt Scotch Whisky mehr aus Schottland in ein anderes Land gebracht werden, wenn er nicht in Flaschen abgefüllt und diese nicht für den Wiederverkauf etikettiert sind.

Dieser Artikel bedeutet nichts anderes, als dass ab dem 23. November 2013 schottische Single Malts auch nicht mehr in großen Tanks in ein anderes Land gebracht und für die Veredelung von dort hergestellten Whiskys verwendet werden dürfen. Bis zu diesem Datum ist dies noch erlaubt.

Auch ein Abfüllen von Single Malts in Flaschen in einem anderen Land – wie es zum Beispiel in Frankreich und Spanien praktiziert wird – ist ab dann nicht mehr möglich. Ebenfalls nicht mehr erlaubt ist der Export von in Flaschen abgefüllten Single Malts, wenn sie keine Etiketten tragen und erst in den Empfängerländern durch die Importeure etikettiert werden.

Alle anderen Whiskyarten (Single Grain Scotch Whisky, Blended Malt Scotch Whisky, Blended Grain Scotch Whisky und Blended Scotch Whisky) dürfen aber weiterhin in Tanks exportiert werden.

In Paragraph 10 werden bestimmte Gebiete (Campbeltown und Islay) und geografische Bezeichnungen (Highland, Lowland, Speyside) genau definiert. Es wird ebenfalls festgehalten, wie und in welchem Zusammenhang man diese Bezeichnungen verwenden darf/kann.

Die Whiskyarten aus Schottland

Die Whiskys aus Schottland lassen sich zuerst einmal in die beiden Hauptgruppen Unblended und Blended Whiskys einteilen. Jeder der beiden Gruppen werden auch durch das Gesetz genau definierte Unterarten zugewiesen.

Unblended Whiskys

Single Malt-Whisky

Der Single Malt-Whisky ist ein wichtiger und gleichzeitig der edelste unter den Unblended Whiskys aus Schottland.

Die Bezeichnung Single Malt darf nur für einen Whisky verwendet werden, der ausschließlich aus Gerstenmalz hergestellt ist und aus einer einzigen Destillerie stammt. Für die Abfüllung werden in der Regel mehrere Fässer aus dem Lagerhaus/den Lagerhäusern der betreffenden Brennerei ausgesucht und vor der Flaschenabfüllung in einen großen Bottich zusammengeschüttet und vermischt. Dabei spielt es keine Rolle, ob die in den verwendeten Fässern gereiften Whiskys getorft oder nicht getorft sind. Solange sie aus der Produktion der einen Destillerie stammen, dürfen beide Typen zu einem Single Malt zusammengeschüttet werden.

Für die zur Lagerung der Whiskys verwendeten Fässer gibt es in Schottland nur eine Vorschrift, nämlich die, dass es Holzfässer mit einem maximalen Fassungsvermögen von 700 Litern sein müssen. Es dürfen also die verschiedensten Fässer (neue Fässer, Ex-Bourbon-Fässer, Ex-Sherry-Fässer usw.) eingesetzt werden.

Eine Untergruppe der Single Malt-Whiskys bildet der Single Cask Single Malt-Whisky, der nur aus einem einzigen Fass abgefüllt wird. Auf seinem Etikett stehen meistens noch zusätzliche Informationen wie Fassnummer, Destillations- und Abfülldatum usw. (Näheres siehe Seite 62).

Single Grain-Whisky

Dies ist er zweite wichtige artenreine Whisky aus Schottland.

Die Destillerien, die Grain-Whiskys produzieren, sind in der Regel nur auf diese Art von Whiskys spezialisiert. Für die Herstellung von Grain-Whiskys kommen die verschiedensten Getreidesorten in Frage. Schottische Grain-Destillerien verwenden jeweils das Getreide, das auf dem Markt gerade am billigsten zu haben ist. Dabei handelt es sich hauptsächlich um Weizen. Mais kommt ebenfalls in verschiedenen Grain-Destillerien zum Einsatz. Auch in einem Grain-Whisky muss gemäß dem schottischen Gesetz gemälzte Gerste enthalten sein. Sie wird jedoch meistens nur in unbedeutender Menge, aber als wichtige und notwendige Beigabe für den Gärprozess gebraucht.

Grain-Whiskys dürften nach dem Gesetz ebenfalls in *pot stills* gebrannt werden, doch lohnt sich dies nicht. Um die Herstellungskosten so niedrig wie möglich zu halten, wird – experimentelle Destillationen ausgenommen – neben den günstigen Rohmaterialien das kontinuierliche Produktionsverfahren eingesetzt. Grain-Whiskys bilden in den Abfüllungen der preisgünstigen Blended Whiskys prozentual den Hauptanteil.

Als Single Grain-Whisky werden sie selten abgefüllt, und wenn, dann – um einen guten Preis zu erzielen – erst nach vielen Jahren Fasslagerung.

Andere Unblended Whiskys

Neben der Produktion von Malt- und Grain-Whiskys werden in Schottland auch Experimente mit der Destillation anderer Getreidearten gemacht. So werden beispielsweise – dies jedoch eher selten – Whiskys mit Anteilen an Roggen *(rye)*, Weizen *(wheat)* oder Mais *(corn)* gebrannt.

Sie werden aber in Schottland und Irland – im Gegensatz zu den in den USA und Kanada hergestellten Sorten – nie als »Single Rye«, »Single Wheat« oder »Single Corn« abgefüllt.

Einzelne Destillerien haben bereits auch die ersten Bio-Whiskys auf den Markt gebracht. Eine der ersten Abfüllungen dieser sicher etwas speziellen Whiskyart ist der Springbank »Da Mhile Organic Single Malt«. Es folgten ihm Abfüllungen von ebenfalls aus biologisch angebautem Getreide hergestellten Single Malts von Benromach, Bruichladdich und weiteren Malt-Destillerien.

Die Loch Lomond Distillery brachte dann als erste einen »Da Mhile Organic Single Grain« mit der gleichen Etikette wie Springbank heraus. Dieser wie auch die anderen derartigen Erzeugnisse sind vorerst sicher eher für die Sammler als für den Massenkonsum bestimmt.

Blended Whiskys

Die Terminologie, die bei den folgenden kurzen Beschreibungen der wichtigsten Blended Whiskyarten verwendet wird, richtet sich nach den neuesten Richtlinien der Scotch Whisky Association (SWA).

Die Bezeichnungen »Blended Malt« oder »Blended Grain« stehen für sortenreine Typen, also solche, die nur aus reinen Malt- oder nur aus reinen Grain-Whiskys aufgebaut beziehungsweise zusammengemischt wurden.

Blended Malt-Whisky

Als Blended Malt bezeichnet man einen Whisky, für den nur reine Malt-Whiskys aus mindestens zwei, meistens aber mehr Malt-Destillerien gemischt (geblended) werden. Mit der Mischung dieser Malts können, weil sie aus verschiedenen Destillerien stammen, spezielle Geschmacksvarianten erzielt werden.

Blended Malts wurden vor der Inkraftsetzung des heute gültigen Gesetzes auch unter den Bezeichnungen »Vatted Malt«, »Pure Malt« oder einfach »Malt-Whisky« abgefüllt. Bei älteren Abfüllungen kommt auch die Bezeichnung »All Malt« vor.

Die großen Whiskykonzerne und Blending-Firmen haben den Markttrend in Richtung der Malt-Whiskys erkannt und begonnen, ihre Auswahl an normalen Blended Whiskys um mindestens einen Blended Malt zu ergänzen. Sie nehmen dabei gerne ein spezielles Ereignis, wie zum Beispiel ein Jubiläum, als Anlass für ihre Abfüllungen.

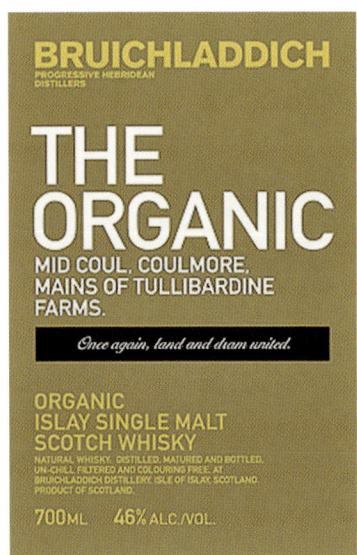

Blended Grain-Whisky

Neben den Blended Malts gibt es die Blended Grains. Diese bestehen aus Grain-Whiskys aus mindestens zwei, meistens aber mehr Destillerien. Blended Grain-Whiskys sind in der Regel für Sammler bestimmte Produkte.

Während bei den Blended Malts mit den weit differierenden Geschmacksvarianten der Malt-Whiskys gespielt werden kann, ist das bei den Grain Whiskys praktisch nicht der Fall. Die bei den für diese Mischungen zum Einsatz kommenden reinen Grain-Whiskys weisen – wegen des bei der kontinuierlichen Destillation erzielbaren höheren Alkoholanteils – keine wirklich großen Geschmacksunterschiede mehr auf. Grain-Whiskys sind zwar von Destillerie zu Destillerie tatsächlich verschieden, doch sie sind und bleiben Grain-Whiskys, und eine Mischung von Whiskys nur dieser Sorte ist geschmacklich nicht besonders sinnvoll.

Die früher auch als »Vatted Grain« bezeichneten Whiskys werden äußerst selten als solche abgefüllt. Wenn, dann handelt es sich meist um Spezialproduktionen für Sammler. Eine Ausnahme bildet dabei jedoch der »The Snow Grouse«, welcher vor allem bei den jungen Leuten eisgekühlt oder in einem Mischgetränk beliebt ist.

Blended Whisky

Für einen normalen Blend oder Blended Whisky werden Malt-Whiskys aus mehreren Malt-Destillerien mit Grain-Whiskys aus verschiedenen Grain-Destillerien gemischt. In einem normalen Blend sind Whiskys (Grain und Malt) aus 20 und mehr verschiedenen Destillerien enthalten.

Das Ziel eines *Master Blender* ist es, einen Blended Whisky zu kreieren, der einen eigenen Stil hat, sich aber sonst nicht eindeutig beschreiben oder definieren lässt.

Der Anteil der hochwertigeren Malt-Whiskys bei einem normalen Blend liegt bei 15 bis 20 Prozent. Bei einem »De Luxe Blend« kann dieser Anteil jedoch bis zu 80 Prozent betragen.

Single Blended Whisky

Bei dem unter dieser Bezeichnung von der Destillerie Loch Lomond vermarkteten Whisky handelt es sich um ein – zumindest für Schottland – echtes Unikat. Der Begriff hat wohl deshalb auch in die Liste der Ausdrücke der Scotch Whisky Association (SWA) keine Aufnahme gefunden. Loch Lomond hatte bis vor einigen Jahren als einzige Destillerie in Schottland die Möglichkeit, sowohl Malt- als auch Grain-Whiskys herzustellen. Diese Malt- und Grain-Whiskys wurden zu einem Blend verarbeitet, der aus einer einzigen Destillerie stammt und demzufolge auch die Bezeichnung »Single« zu Recht trägt. Seit dem Jahr 2007 steht auch im Komplex der Grain-Destillerie Girvan eine Malt-Destillerie (Ailsa Bay). Die ersten Malts aus dieser Destillerie haben das gesetzliche Minimalalter bereits überschritten und könnten zusammen mit den im gleichen Komplex hergestellten Grain-Whiskys ebenfalls zu einem Single Blended Whisky gemischt werden.

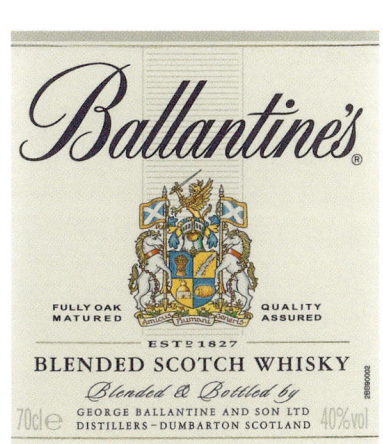

Welcome to the
Malt Whisky Trail

follow

Überblick

Schottland – das Land auf dem nördlichen Drittel der Insel Großbritannien – wird geografisch in die Hauptgebiete (von Süden nach Norden) Southern Uplands, Central Lowlands und Highlands eingeteilt. Zu Schottland gehören auch etliche Inseln. Der westlichen Küste vorgelagert sind die Inneren und die Äußeren Hebriden, im Norden befinden sich die Orkney- und noch weiter nördlich die Shetland-Inseln.

Auf die Festlegung der Whiskyregionen Schottlands durch den Staat und die Scotch Whisky Association (SWA) haben diese geografischen Bezeichnungen und Gebiete jedoch keinen großen Einfluss gehabt – weder bei der alten Ordnung noch bei der seit 2009 geltenden Einteilung. Whiskyspezialisten, Kenner und Konzerne präsentierten über Jahrzehnte hinweg laufend neue – mehr oder weniger sinnvolle – Einteilungen der Destillerien Schottlands in Regionen. Diese langjährigen Diskussionen fanden ein Ende, als die »Scotch Whisky Regulations 2009« in Kraft gesetzt wurden. In diesem Gesetz sind unter dem Punkt 10 alle Regionen neu festgelegt und genau definiert. Es gibt danach fünf Whiskyregionen in Schottland: Campbeltown, Islay, Highland, Lowland und Speyside.

Machen wir uns nun auf, die Whiskyregionen Schottlands zu erkunden!

Vorherige Doppelseite · Durch einen Teil der Speyside führt der für Touristen angelegte »Malt Whisky Trail« zu acht dieser Organisation angeschlossenen Destillerien und zur Speyside Cooperage. Wir befinden uns hier oberhalb des Ortes Rothes. In der linken Bildhälfte im Tal ist die Destillerie Speyburn zu erkennen.

Die Whiskyregionen Schottlands

Auf unserer Reise durch die verschiedenen Regionen werden die einzelnen Destillerien und deren Umgebung kurz vorgestellt. Im Kapitel »Porträts der Whisky-Destillerien Schottlands« sind die einzelnen Destillerien und ihre Besonderheiten, Fakten und Geschichten dann detailliert beschrieben. (Ab Seite 151).

Die Malt-Whiskyregionen Schottlands werden in alphabetischer Reihenfolge (Campbeltown, Islay, Highland, Lowland, Speyside) präsentiert.

Die großen Regionen sind zugunsten einer besseren Übersichtlichkeit nach geografisch logischen Gesichtspunkten in kleinere Gebiete aufgeteilt.

Die schottischen Grain-Destillerien, die im Anschluss aufgeführt sind, werden nicht nach Whiskyregionen eingeteilt, sondern (einmal in einer anderen Richtung) von Norden nach Süden besucht.

Sollte dieser Destillerie-»Reiseführer« einige Leserinnen und Leser dazu animieren, sich persönlich auf eine Schott-landreise zu begeben, wäre dies natürlich ganz im Sinne dieses Buches.

Viele der Malt-Destillerien Schottlands haben eine herrliche Lage wie zum Beispiel die Destillerie Talisker am Loch Harport auf der Insel Skye.

Die Malt-Whiskyregionen

Die Malt-Whiskyregionen Schottlands

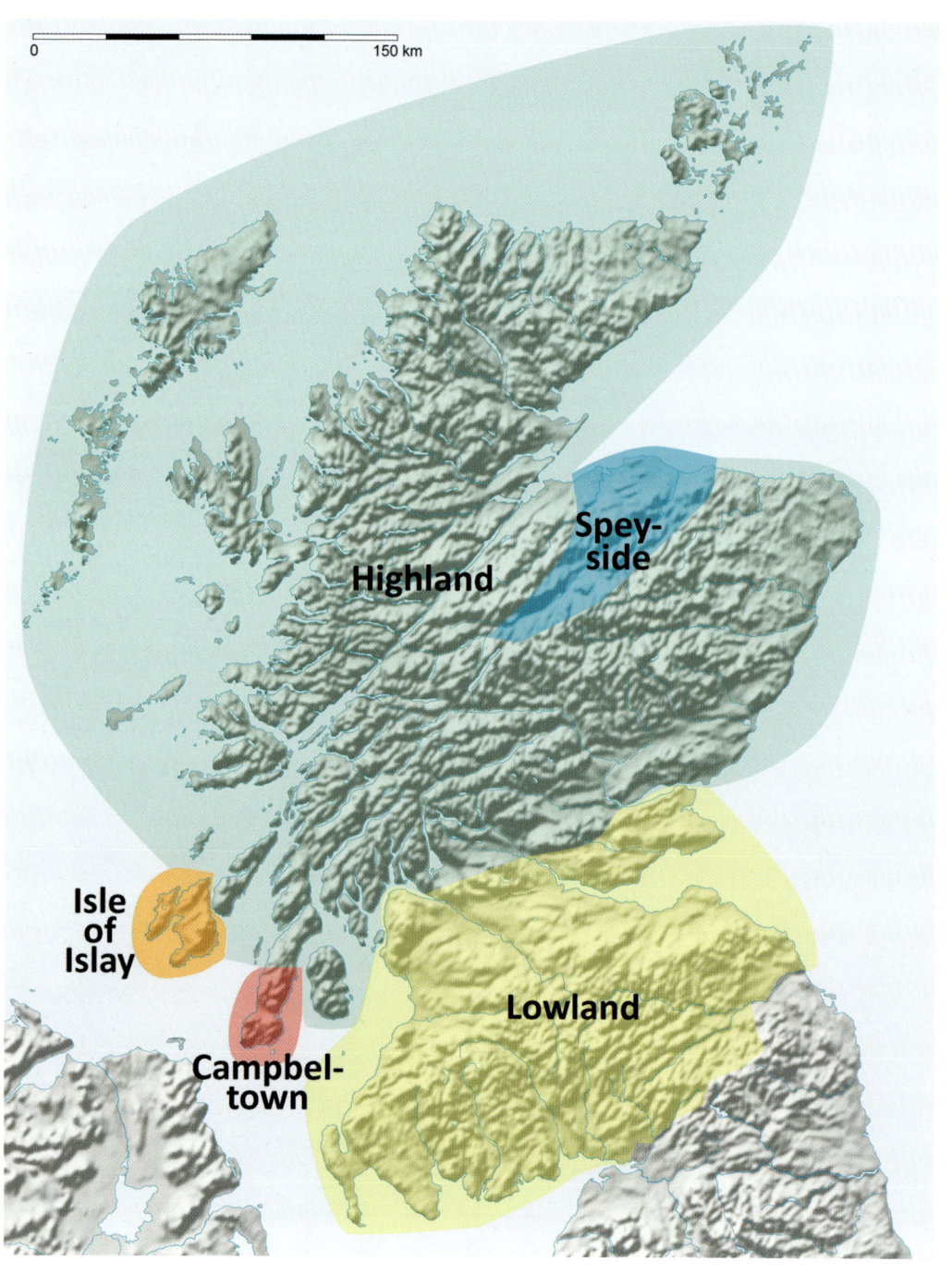

In den »Scotch Whisky Regulations 2009« wurden unter dem Punkt 10 die Regionen neu festgelegt und genau definiert.

Campbeltown

umfasst den Bezirk Süd Kintyre (South Kintyre) im District (Amtskreis) Argyll and Bute.

Islay

umfasst die Insel Islay (Isle of Islay) im District (Amtskreis) Argyll.

Highland

umfasst dasjenige Gebiet von Schottland, das nördlich der Linie liegt, die die Region der Highlands von der Region der Lowlands trennt. Ausgenommen sind dabei die Bezirke, die der Region Speyside zugeordnet wurden (siehe dort). Die Grenzlinie wird im Gesetz wie folgt gezogen:

Die Trennlinie zwischen »Highland« und »Lowland« beginnt am North Channel und folgt dem südlichen Ufer des Firth of Clyde bis nach Greenock, geht von dort zur Cardross Station, dann ostwärts in einer geraden Linie zum höchsten Punkt des Earl's Seat im Hügelgebiet der Campsie Fells, von dort aus weiter Richtung Osten, wieder in einer geraden Linie, zum Wallace Monument bei Stirling.

Von dort geht sie weiter nach Osten, den Straßen B998 und A91 folgend, bis die A91 in Milnathort auf die M90 trifft. Dieser Straße folgt sie Richtung Norden bis zur Bridge of Earn und geht weiter dem River Earn entlang bis dieser mit dem River Tay zusammenfließt. Von dort aus folgt sie dem südlichen Ufer dieses Flusses und dem Firth of Tay weiter, bis sie die Nordsee erreicht.

Lowland

umfasst das Gebiet von Schottland, das südlich der Linie liegt, die die Region der Highlands von der Region der Lowlands trennt. (Beschreibung des Linienverlaufs siehe unter »Highland«.)

Speyside

umfasst die Bezirke Buckie, Elgin City North, Elgin City South, Fochabers Lhanbryde, Forres, Heldon and Laich, Keith and Cullen und Speyside Glenlivet im District (Amtskreis) Moray, sowie den Bezirk Badenoch and Strathspey im District (Amtskreis) Highland.

Nicht nur im Mittelalter wurden Malt-Whiskys in beinahe allen geografischen Regionen Schottlands destilliert, sondern das ist auch heute noch – oder wieder – der Fall. Die Whiskyherstellung in den einzelnen Regionen hat sich jedoch unterschiedlich entwickelt.

Infolge von Krisen, Missernten, Kriegen oder wirtschaftlich bedingten Betriebszusammenlegungen reduzierte sich die Anzahl der Destillerien in Schottland im Laufe der Zeit dramatisch. Während es um das Jahr 1800 herum weit über 1000 aktive Malt-Destillerien gab, waren es im Jahr 1899 gerade noch 148 lizenzierte Destillerien. Heute sind nur noch knapp 100 in Betrieb.

Das Destilleriensterben in Schottland lässt sich am Beispiel der Stadt Campbeltown veranschaulichen. Die auf der Halbinsel Kintyre liegende Stadt, heute Hauptstadt einer eigenen Whiskyregion, ist durch ihre Lage für die Whiskyherstellung geradezu geschaffen. Sie verfügt über ein großes Gerstenanbaugebiet im Hinterland, dazu kommen der eigene geschützte Hafen und die kurzen Schiffswege (nach Irland oder zum schottischen Festland – in den Hafen von Glasgow sind es knapp 50 Kilometer). Diese Lage war früher auch für den Whiskyschmuggel geradezu ideal. So verwundert es nicht, dass in der Stadt Campbeltown im 19. Jahrhundert mehr als 30 Malt-Destillerien tätig waren. Heute wird dort nur noch in drei Destillerien produziert. Eine von ihnen, Glengyle, hat sogar erst im März 2004 die Produktion (wieder) aufgenommen.

Eine ganz andere Entwicklung hat das Gebiet um den Fluss Spey genommen. Die Speyside – so der heutige Name dieses Gebietes im schottischen Hochland – ist im Laufe der letzten Jahrzehnte zur bedeutendsten Whiskyregion geworden und hat sich zum eigentlichen Zentrum der schottischen Malt-Whisky-Produktion entwickelt. Obwohl auch in der Speyside sehr viele Whisky herstellende Betriebe geschlossen oder stillgelegt wurden, sind heute immer noch etwa 50 in Betrieb. Eine der berühmtesten Destillerien dieser Region war und ist Glenlivet. Auf diese Destillerie ist der frühere Name des Gebietes zurückzuführen. Das ist auch die Erklärung dafür, dass auf den Etiketten von älteren Abfüllungen einiger Brennereien mit Produktionsort in der Speyside hinter dem Destillerienamen noch der Zusatz Glenlivet zu finden ist (z. B. Macallan-Glenlivet oder Aberlour-Glenlivet).

Oben · Soll nach über 90 Jahren Tiefschlaf wieder aktiv werden: die Destillerie Annandale in der Region Lowland. Sie wurde 1919 stillgelegt und soll – wenn alles rund läuft – Ende 2012/Anfang 2013 wieder in Betrieb gehen. Das Bild aus dem Monat April 2011 zeigt den Zustand der Destillerie, wie sie vor Aufnahme der Bautätigkeit ausgesehen hat.

Unten · Kann man nur noch bei alten Abfüllungen finden: den Zusatz »Glenlivet« bei Abfüllungen verschiedener Destillerien wie zum Beispiel Aberlour, Macallan oder Glenfarclas in der Speyside. Heute dürfen nur noch die Destillerien im Tal des River Glen diesen Zusatz führen.

Nach einem Gerichtsentscheid von 1880 darf aber der Name Glenlivet nur noch verwendet werden, wenn der Whisky wirklich aus der Destillerie Glenlivet stammt oder die produzierende Destillerie im Tal des River Livet liegt.

Nicht nur die Halbinsel Kintyre, sondern auch die Lowlands haben einen dramatischen Rückgang der Malt-Whisky-Herstellung erlebt. Dieses geografisch riesige Gebiet reicht von der Grenze Schottlands zu England im Süden bis zu einer Linie, die in etwa vom North Channel westlich von Glasgow bis zum Firth of Tay südlich von Dundee verläuft.

Bis vor Kurzem gab es in den Lowlands nur noch drei aktive Malt-Destillerien. Eine davon – Bladnoch – war sogar für einige Zeit stillgelegt und erlebte erst 1999 ihre Wiedergeburt.

In den letzten Jahren nahmen zwei komplett neu gebaute Destillerien die Produktion auf. Sie könnten unterschiedlicher nicht sein: Da ist zum einen die kleine Farm-Destillerie Daftmill in der Nähe von Cupar in Fife. Sie begann

im Dezember 2006 mit ihrer Produktion in einer alten umgebauten Mühle auf dem Gelände eines Bauernhofs. Daftmill ist nur für die Herstellung kleiner Mengen Malt-Whisky eingerichtet.

Genau das Gegenteil ist bei der Destillerie Ailsa Bay der Fall. Sie verfügt über acht nicht gerade kleine *stills*. Die Ende des Jahres 2007 in Betrieb genommene, aber erst im Februar 2009 offiziell eröffnete Destillerie Ailsa Bay befindet sich auf dem Gelände der riesigen Grain-Destillerie Girvan (bei der gleichnamigen Stadt an der Westküste der Lowlands). Sie soll mit ihren Malts schon bald einen großen Geschmacksanteil bei den Grant's Blends ausmachen.

Eine sechste Lowland-Destillerie ist in Planung, und zwar im Ort Annan, östlich von Dumfries ganz im Süden der Lowlands gelegen. In den noch existierenden, eine geheimnisvolle Ausstrahlung besitzenden Gebäuden der Destillerie Annandale soll die Malt-Whisky-Herstellung erneut aufgenommen werden. Die im Jahr 1830 errichtete und seit 1919 stillgelegte Destillerie soll Ende 2012, Anfang 2013 wieder betriebsbereit sein. Hoffen wir, dass dieses Vorhaben gelingt.

Das Gebiet der Lowlands war früher und ist auch heute noch die eigentliche Hochburg der Grain-Whisky-Herstellung. Bis auf zwei stehen alle aktiven Grain-Destillerien Schottlands in den Lowlands. Dieses Gebiet ist auch bevorzugter Sitz oder Produktionsstandort der Firmen und Destillerien, die Blended Whiskys herstellen. Die meisten – und vor allem die größten – Flaschenabfüll- und Blending-Betriebe befinden sich ebenfalls hier. In ihnen werden beinahe alle in den verschiedenen Regionen oder Gebieten Schottlands produzierten Whiskys abgefüllt. Nur sehr wenige Destillerien wie zum Beispiel Glenfiddich in der Speyside, Springbank/Glengyle in Campbeltown und Bruichladdich auf Islay füllen ihre Whiskys in eigenen Anlagen ab. Ein paar weitere installieren zurzeit eigene Flaschenabfüllanlagen.

In den Highlands ist die Entwicklung in den einzelnen Gebieten unterschiedlich verlaufen.

In den an der Ostküste zwischen Dundee und Peters-head und dem angrenzenden Hinterland liegenden Gebieten wurden – wie in den Lowlands – viele Destillerien

stillgelegt und zum großen Teil auch abgerissen. In den anderen Gebieten der Highlands gab es nur einige wenige Schließungen, die Anzahl der Destillerien blieb mehr oder weniger stabil.

Im Folgenden stelle ich die einzelnen Malt-Whisky-Destillerien regionenweise vor, dabei beschreibe ich die Standorte nur grob. Eine detaillierte Beschreibung, wie man zu den Destillerien gelangt, befindet sich jeweils bei den einzelnen Destillerien im Kapitel »Die Destillerien von A bis Z«.

Im Gebiet der Whiskyregion Lowland produzieren nur noch wenige Malt-Destillerien. Hier haben aber die wichtigsten und größten Grain-Destillerien sowie Flaschenabfüll- und Blending-Betriebe Schottlands ihren Sitz. Auf mehreren Hochleistungs-Abfüllanlagen werden im zurzeit größten Abfüllbetrieb Schottlands, dem Komplex Shiedhall in Glasgow (Diageo plc), pro Jahr über 150 Millionen Flaschen abgefüllt.

Die Whiskyregion Campbeltown

Die Stadt Campbeltown – sie gab dieser Whiskyregion den Namen – liegt im Südosten der Halbinsel Kintyre. (Diese hat zum Beispiel wegen ihrer Naturschönheiten und -spektakel Paul McCartney zu seinem Song »Mull of Kintyre« inspiriert). Die langgezogene Halbinsel ist im Norden bei der Stadt Tarbert durch eine nur 1,5 Kilometer breite Verbindung mit dem Festland verbunden.

Das ganze Gebiet mit dem Namen Kintyre war bereits im 18. Jahrhundert eine Hochburg der Whiskyproduktion, der illegalen notabene. Kaum einer der englischen Zollbeamten oder Steuereintreiber verirrte sich bis dorthin. Zu Beginn des 19. Jahrhunderts schossen vor allem im gleichnamigen Hauptort dieser Region, Campbeltown, die Destillerien fast wie Pilze aus dem Boden (siehe Übersicht auf Seite 92).

Nach der Einführung des Lizenzierungsgesetzes von 1823 waren im Stadtgebiet von Campbeltown bis zu 34 lizenzierte Destillerien aktiv. Allein in der Zeit von 1824 bis 1840 wurden 26 neue Lizenzen erteilt. All diese Destillerien mussten aber noch mit weiteren, über ganz Kintyre verteilten Destillerien konkurrieren. Anfang des 20. Jahrhunderts führte dies neben weiteren Gründen zu einem Destilleriensterben.

Oben und Mitte · Main Street Campbeltown um 1880 und heute – eine große Entwicklung ist (neben den Verkehrsmitteln) nicht auszumachen.

Unten · Die Gegend um Campbeltown ist landschaftlich sehr attraktiv und wird von den Farmern sowohl für die Schafzucht als auch den Anbau von Gerste genutzt.

Die 34 Destillerien von Campbeltown im 19. Jahrhundert

Im 19. Jahrhundert waren in der Stadt Campbeltown insgesamt 34 lizenzierte Destillerien aktiv.

In der folgenden Liste sind die Destillerien nach ihren Standorten auf der Karte (von 1–34) geordnet.

Viele von ihnen existierten nur für eine sehr kurze Zeit. Das Jahr der Gründung und der Schließung – falls die betreffende Destillerie nicht mehr existiert – steht jeweils in Klammern hinter dem Destillerienamen.

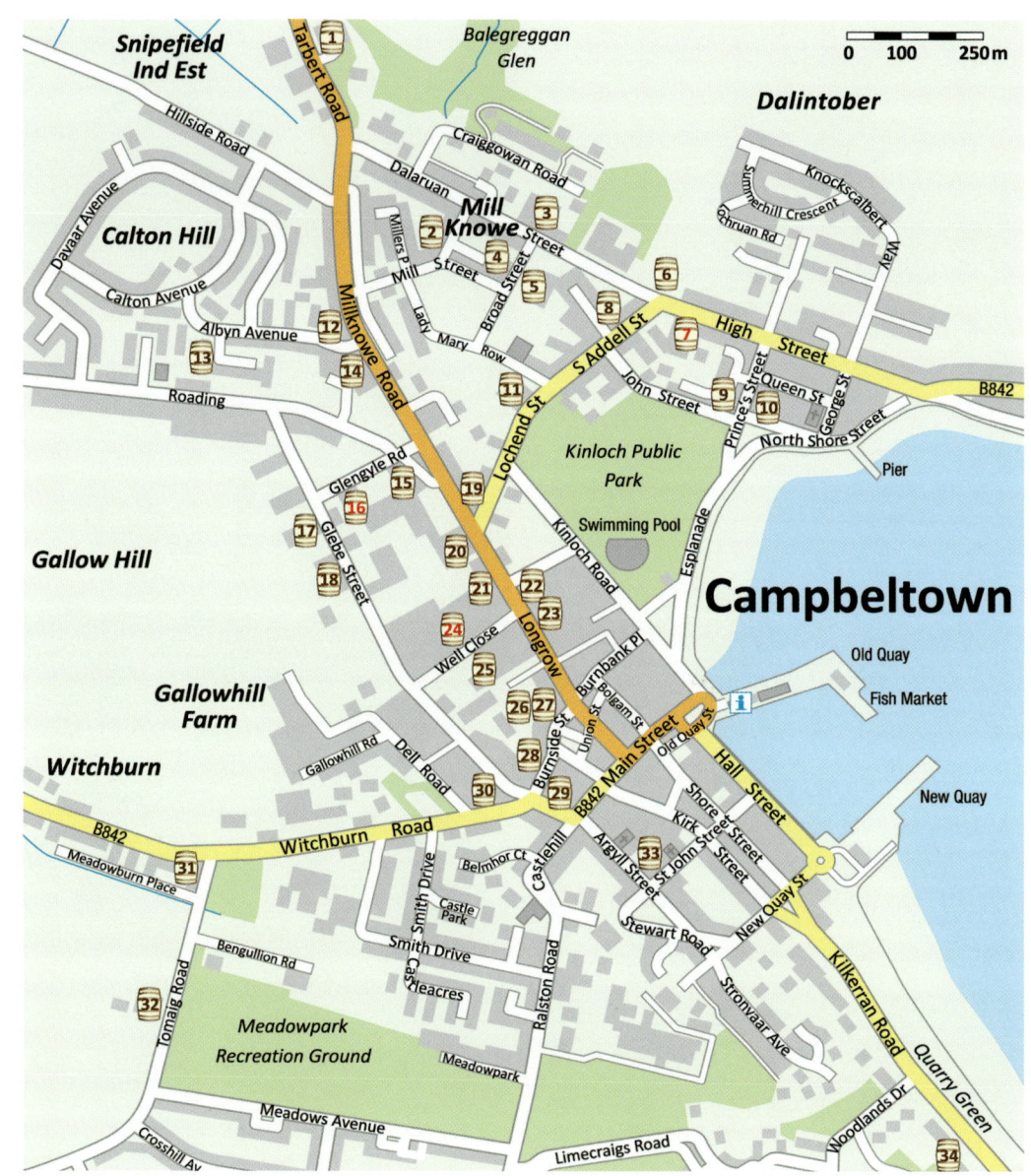

1   Drumore (1834–1847)

2   Glenside (1830–1926)

3   Highland (1827–1852)

4   Dalaruan (1824–1922)

5   Kintyre (1831–1920)

6   Broombrae (1833–1834)

7   Glen Scotia (1832 bis heute)

8   Benmore (1828–1927)

9   Lochruan (1833–1925)

10   Dalintober (1832–1925))

11   Lochhead (1824–1928)

12   Hazelburn (1825–1925)

13   Albyn (1830–1927)

14   Argyll (1844–1923)

15   Rieclachan (1825–1934)

16   Glengyle (1872–1925 /
    * 2004 wieder eröffnet, existiert bis heute)

17   Glen Nevis (1877–1923)

18   Ardlussa (1879–1923)

19   Kinloch (1823–1926)

20   Campbeltown (1815–1924)

21   Union (1826–1850)

22   Lochside (1830–1852)

23   Toberanrigh (1834–1860)

24   Springbank (1828 bis heute)

25   Longrow (1824–1896)

26   Mossfield (1834–1837)

27   Mountain Dew (1834–1837)

28   Springside (1830–1926)

29   McKinnon's Argyll (1827–1844)

30   Caledonian (1823–1851)

31   Meadowburn (1824–1886)

32   Burnside (1825–1924)

33   West Highland (1830–1852)

34   Glenramskill (1827–1852)

Die drei heute noch – oder wieder – in Campbeltown betriebenen Destillerien (7, 16 und 24) sind bequem auf einem Spaziergang durch die Stadt erreichbar.

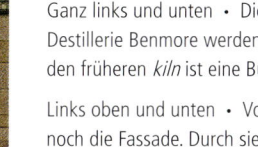

Ganz links und unten · Die Gebäude der ehemaligen Destillerie Benmore werden heute als Busdepot genutzt. An den früheren *kiln* ist eine Bus-Waschanlage angebaut.

Links oben und unten · Von der Destillerie Lochhead steht nur noch die Fassade. Durch sie führt immerhin noch ein Tor …

93

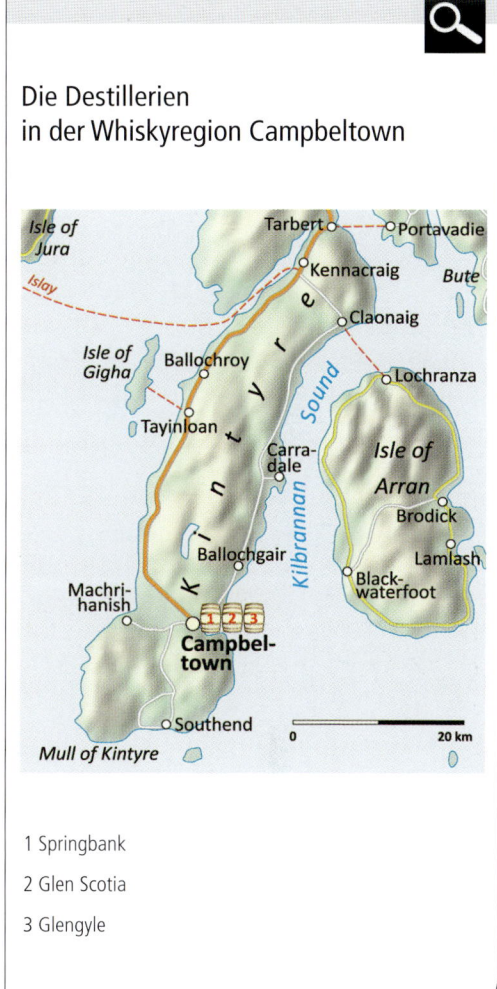

Die Destillerien in der Whiskyregion Campbeltown

1 Springbank

2 Glen Scotia

3 Glengyle

Die Torfvorkommen im Gebiet der Halbinsel wurden knapp, und auch das dort geerntete Getreide reichte nicht mehr für alle Destillerien. Das hatte zur Folge, dass sich die Herstellung von Whisky in dieser Region immer weniger lohnte. Weil ein Großteil der Whiskys aus Campbeltown in die USA exportiert wurde, brach die Prohibition in den USA (1920–1933) vielen Destillerie-Besitzern endgültig das Genick. Geht man heute durch Campbeltown, trifft man überall auf Überreste ehemaliger Destillerien – leider meist nur noch Ruinen.

Von 1926 bis ins Jahr 2002 produzierten in Campbeltown nur noch zwei Destillerien, Glen Scotia und Springbank. Weil bei Glen Scotia seit 1994 nur noch ein- bis zweimal pro Jahr destilliert wurde, nahm jedermann an, dass ihre Tage gezählt seien. Ab September 2002 wurde jedoch wieder vermehrt produziert, am Anfang zwar nur sporadisch, heute arbeitet sie aber wieder im Vollbetrieb.

Die andere Destillerie, Springbank, ist eine der berühmtesten in Schottland. Ihre Whiskys – sie werden in drei unterschiedlichen Verfahren hergestellt und auch unter drei verschiedenen Namen verkauft – haben einen ausgezeichneten Ruf und gehören zu den wirklich besten der Welt.

Die Destillerie Springbank ist zudem eine der wenigen Destillerien in Schottland, die vom Mälzen bis zur Flaschenabfüllung alle Prozesse der Whiskyherstellung noch selbst machen.

Ihre Abfüllanlage wird auch für die Abfüllungen der Destillerie Glengyle (Kilkerran Single Malt) und des Abfüllers Cadenhead genutzt. Beide Unternehmungen gehören – wie Springbank – zu J. & A. Mitchell & Co. Ltd.

J. & A. Mitchell & Co. Ltd. kaufte zu Beginn des Jahres 2001 das Gelände und die Gebäude der 1925 geschlossenen Destillerie Glengyle und begann unmittelbar nach dem Kauf mit der Renovierung der Liegenschaften und der Wie-

derinstallation der Apparaturen. Am 25. März 2004 war es so weit: Mit einem kleinen Fest wurde die Destillerie Glengyle wieder in Betrieb genommen.

Das Malz stammt aus der Mälzerei der Destillerie Springbank. Alle weiteren Produktionsschritte bis zur Fassabfüllung werden jedoch in der neuen Destillerie selbst gemacht.

Ist dies der Beginn eines neuen Aufschwungs des Whiskygeschäfts in dieser Region?

Es würde ihr sicher guttun.

Die Whiskyregion Highland

Die Region Highland ist die geografisch größte Whiskyregion Schottlands. Zur Region Highland gehören nicht nur alle Destillerien auf dem nördlichen schottischen Festland, sondern auch jene auf den im Westen und im Norden vorgelagerten Inseln (Innere und Äußere Hebriden sowie Orkney Islands).

Nicht dazu gehört die Isle of Islay, die eine eigenständige Whiskyregion ist. Den Highlands ebenfalls nicht zugeteilt ist die Speyside, die innerhalb dieses geografischen Gebietes eine eigene Region bildet.

Um diese Whiskyregion trotz ihrer Größe überschaubar vorstellen zu können, werden in diesem Buch drei Teilgebiete unterschieden: Osten, Westen und Norden.

Unsere Reise durch die Whiskyregion Highland beginnt bei den Destillerien im Osten, dann folgen die Destillerien im Westen und zum Schluss diejenigen im Norden der Region.

Schon lange keine Männerdomäne mehr: eine Pipes-and-Drums-Band-Leaderin an den Highland Games von Oldmeldrum im schottischen Hochland. Von Juni bis September finden in den High- wie auch in den Lowlands an beinahe jedem Wochenende an verschiedensten Orten Highland Games statt.

Die Destillerien
in der Whiskyregion Highland – Gebiete
im Osten

In diesem ersten Abschnitt werden alle Destillerien im östlichen Teil der Highlands vorgestellt.

Die von mir für die Aufteilung der Highlands gewählte Grenzlinie zwischen dem Osten und Westen verläuft von der Grenze zwischen dem Low- und den Highlands bei Stirling in einer geraden Linie nach Norden an den südlichsten Zipfel der Speyside in der Nähe von Kingussie und folgt den östlichen Grenzen dieser Whiskyregion bis an die Nordsee.

Nahe bei der Stadt Stirling, dem Ausgangspunkt unserer Erkundungsreisen ins schottische Hochland steht das Wallace Monument, ein 67 Meter hoher Turm, welcher zum Gedenken an diesen berühmten schottischen Freiheitskämpfer errichtet wurde. William Bruce lebte ungefähr von 1270 bis 1305. Er fügte in der Schlacht von Stirling Bridge den Engländern eine vernichtende Niederlage zu und vertrieb sie aus Schottland. Er wurde später von einem Landsmann verraten und von den Engländern nach London verschleppt, wo er auf brutalste Art und Weise hingerichtet wurde. Sein Leben diente als Basis der Geschichte für den bekannten Film »Brave Heart«.

Die Destillerien in den östlichen Gebieten der Whiskyregion Highland

1	Tullibardine	9	Glencadam	17	Banff †
2	Glenturret	10	Glenesk / Hillside †	18	Macduff
3	Aberfeldy	11	Lochside †	19	Glenugie †
4	Blair Athol	12	Glenury Royal †		
5	Edradour	13	Glen Garioch	† = stillgelegte, abgerissene oder für eine andere Nutzung umgebaute Destillerie
6	Royal Lochnagar	14	Ardmore	
7	Fettercairn	15	GlenDronach	
8	North Port (North Port Brechin) †	16	Glenglassaugh	

Von den früher zahlreichen Brennereien in diesem Teil Schottlands sind viele stillgelegt. Ihre Gebäude sind verfallen oder werden für andere Zwecke genutzt. Nur in den wenigsten dieser in der Regel kleinen Destillerien wurden Top-Whiskys hergestellt. Ein großes Gewicht haben oder hatten die hier gelegenen Destillerien in der schottischen Whiskyindustrie nie. Von den wie überall anzutreffenden Ausnahmen, welche die Regel bestätigen, einmal abgesehen.

Die Whiskys der dreizehn heute noch aktiven Destillerien in diesem Gebiet liegen qualitativ alle mehr oder weniger im schottischen Durchschnitt. Aberfeldy, Blair Athol, Glen-Dronach, Glen Garioch und Royal Lochnagar (in alphabetischer, nicht wertender Reihenfolge) zählen sogar zu den besseren. Whiskys aus den Destillerien Ardmore, Edradour, Glencadam, Glenglassaugh, Glenturret, Fettercairn, Macduff und Tullibardine können jedoch nicht unter die ganz Großen Schottlands eingereiht werden. Auch hier gibt es wieder die berühmten Ausnahmen. Einige von ihnen haben in den letzten Jahren ganz beachtliche Malts auf den Markt gebracht.

Sehenswert sind in diesem Gebiet auch die eindrucksvolle Gebirgslandschaft, alte Hafenstädtchen, Meeresklippen, Strandlandschaften sowie die über 150 Schlösser und Burgruinen. Unsere Route durch diesen Teil der Highlands führt von Süden nach Norden. Ausgangspunkt der Reise ist die Stadt Stirling.

Für den Besuch der ersten Destillerie in diesem Gebiet fährt man von Stirling aus auf der A9 in Richtung Norden. Direkt an der A9 steht bei der Ausfahrt Blackford die Destillerie Tullibardine. Diese Destillerie war längere Zeit geschlossen, und ihre Gebäude verfielen mehr und mehr. Dass sie Ende des Jahres 2004 wieder in Betrieb genommen wurde, war für viele eine Überraschung. Die Wiederaufnahme der Whiskyproduktion stand aber nicht im Vordergrund, sondern Hauptziel war der Bau eines direkt an der Autobahn gelegenen, modernen Shopping- und Touristenzentrums. Zu diesem Zweck wurden die alten Destilleriegebäude umgebaut und mit ein paar zusätzlichen Gebäuden ergänzt. Die Destillerie Tullibardine – als zusätzliche Touristenattraktion – belegt heute nur noch einen kleinen Teil ihrer ehemaligen Gebäude. Das nett gestaltete Besucherzentrum der Destillerie ist zusammen mit den anderen Geschäften und Restaurants ein beliebter Ort für einen Zwischenhalt auf der Reise von Süden nach Norden oder umgekehrt geworden.

Knapp 20 Kilometer in nordwestlicher Richtung von Tullibardine entfernt liegt das alte – bereits im Mittelalter eine wichtige Rolle spielende – Städtchen Crieff. (Man folgt zuerst der A9 weiter Richtung Norden und fährt dann zunächst auf der A823, später der A822 Richtung Westen.) Bis kurz vor Crieff kommt man durch landwirtschaftlich genutzte Gebiete, hinter Crieff beginnen dann bereits die ersten Ausläufer der Gebirgszüge des mittleren Hochlands, und die Landschaft wird wilder und karger.

In diesen Ausläufern steht in der Nähe des Städtchens Crieff die Destillerie Glenturret. Sie bezeichnet sich selbst als älteste aktive Destillerie Schottlands, was sie seit dem Jahr 2004, in dem die Destillerie Littlemill einem Feuer zum Opfer fiel, auch tatsächlich ist. Ein wirklicher Whiskyliebhaber könnte jedoch dadurch abgeschreckt werden, dass jedes Jahr weit über 100 000 Menschen in diese Destillerie pilgern. Glenturret ist in Sachen Whiskytourismus – zumin-

Oben · Die 1733 von General Wade in Auftrag gegebene und vom Architekten William Adam geplante berühmte Bogenbrücke von Aberfeldy ist heute noch als Straßenbrücke für den Verkehr geöffnet und die einzige Brücke über den River Tay in diesem Ort.

Links · Einer der Wasserfälle im Wanderrundweg »Birks of Aberfeldy«. Seine Naturschönheiten haben den berühmten Poeten Robert Burns zu einem Gedicht inspiriert.

dest in dieser Region – tatsächlich die absolute Nummer eins. Der alte Name Glenturret ist aber in den Hintergrund getreten, denn um die Gunst der Besucher wird nun mit dem Namen der Hauptmarke ihres Besitzers geworben. Der Weg zur Destillerie ist von Crieff aus mit »Famous Grouse Experience« ausgeschildert. Der Marketingaufruf lautet: »Explore the Famous Grouse Experience!«

Von Glenturret aus machen wir uns auf den Weg nach Aberfeldy. Um diesen Ort zu erreichen, fährt man zunächst nach Crieff zurück und dann ein kurzes Stück auf der A85 nach Osten.

Ungefähr 5 Kilometer nach dem Ort geht nach links die Straße 822/826 Richtung Aberfeldy weg. Die schmale,

geschichtsträchtige Straße führt durch die gebirgige Landschaft. Sie wurde im 18. Jahrhundert als Militärstraße errichtet, um es der britischen Armee und den Steuerbeamten zu ermöglichen, besser gegen die aufsässigen Clans in den Highlands und gegen die in diesen Gebieten sehr aktiven Schwarzbrenner und Whiskyschmuggler vorzugehen.

Kurz bevor man den Touristenort Aberfeldy erreicht, hat man Gelegenheit, sich auf einem jahrhundertealten, wunderschönen Wanderrundweg ein wenig die Füße zu vertreten. Sein Name »Birks of Aberfeldy« erinnert daran, dass dieser Weg Robert Burns, den berühmten schottischen Poeten, in der zweiten Hälfte des 18. Jahrhunderts zu einem Gedicht und Lied mit diesem Titel inspiriert hat.

In Aberfeldy – einem sehr alten Ort – ist nicht nur die Bogenbrücke aus dem Jahr 1733 interessant. Sie ist Teil der ehemaligen Armeestraße und ist in diesem Ort noch heute die einzige Straßenbrücke über den River Tay.

Ebenfalls sehenswert ist die Destillerie Aberfeldy. Ihre schönen alten Gebäude stehen – mit Ausnahme der Lagerhäuser – in einer Linie. Beim ersten Gebäude wird die Gerste angeliefert, die dann die verschiedenen Produktionsschritte in einem Gebäude nach dem anderen durchläuft und am anderen Ende als *new make*, das heißt als junger Whisky, herauskommt. Die Destillerie produziert rund um die Uhr und ist nicht nur wegen ihres informativen Besucherzentrums und den guten Führungen eine Reise wert.

Die nächsten beiden Destillerien, die ich in dieser Region im zentralen Hochland besuche, könnten unterschiedlicher nicht sein. Sie stehen beide im Einzugsgebiet des mondänen Kur- und Touristenortes Pitlochry, nördlich von Aberfeldy. (Von der Destillerie Aberfeldy aus folgt man einfach weiter der A827 nach Osten.)

Direkt am Ortseingang von Pitlochry befindet sich die Destillerie Blair Athol. (Sie hat mit dem nahe gelegenen

Ort Blair Atholl – mit zwei l geschrieben – nichts zu tun.) Die mit Efeu, Wildreben und anderen Kletterpflanzen überwachsenen Gebäude bieten vor allem im Herbst mit deren Farbenpracht einen fantastischen Anblick.

Dank ihrer verkehrsgünstigen Lage ist Blair Athol ebenfalls zu einer Touristenattraktion geworden. Sie empfängt in ihrem *Visitor Centre* noch mehr Besucher als die zweite Destillerie am Ort, Edradour. Die in Blair Athol hergestellten Whiskys bilden – zusammen mit anderen Malts und Grains – die Grundlagen der Blends von Bell's. Diese Blends sind vor allem durch ihre teuren Spezialabfüllungen in Keramikdekantern in Glockenform *(bells)* bekannt, die zu den verschiedensten Anlässen herausgebracht werden.

Edradour, die – so wird zumindest erzählt – ehemalige Schwarzbrennerei, liegt auf einer Anhöhe nördlich von Pitlochry in einem kleinen Gebirgstal (Wegweiser ab Pitlochry). Sie ist nicht mehr – wie sie es für sich beansprucht – die kleinste, aber immer noch eine der kleinsten Destillerien Schottlands. Edradour, die aussieht wie eine kleine Farm und gerade einmal drei Angestellte beschäftigt, hat seit 2002 einen neuen Besitzer. Andrew Symington von Signatory hat sich mit dem Erwerb von Edradour einen Lebenstraum erfüllt. Bei einem Besuch drängt sich allerdings irgendwie der Eindruck auf, dass diese Destillerie weniger

für die Herstellung von Whisky als vielmehr für Touristen betrieben wird.

Hinter Pitlochry beginnen die Grampian Mountains, die auch als Dach von Schottland bezeichnet werden. Sie bestehen aus überwachsenen Hügeln und felsigen, zum Teil steil ansteigenden Bergen. Einige davon sind über 1000 Meter hoch. Im Winter sind sie vom Schnee weiß bedeckt, jedoch im Spätsommer und Herbst überzieht Heidekraut (Erika) den großen Teil der Hügel und Berge und verändert sie zu einer beinahe unendlichen, braunviolett blühenden Landschaft.

Von Edradour aus lohnt es sich, auf der engen Straße (A924/B950) durch die Vorboten der Grampians, hier noch eine schöne Hügellandschaft, bis ins Tal mit dem Namen Glen Shee zu fahren.

In diesem Gebirgstal folgt man der interessanten, von vielen Touristen benutzten Straße A93 aufwärts bis zum höchsten Punkt, dem Cairnwell Pass. Hier befindet sich eines der schönsten Skigebiete Schottlands (es trägt den Namen »Glen Shee Ski Centre«).

Von ihm aus geht es das Tal des River Dee hinunter, am Braemar Castle vorbei nach Crathie. Dort erblickt man in der Nähe der Straße das Balmoral Castle, die Sommerresidenz der englischen Königsfamilie. Wenn sich die Royals

Links ganz oben · Blair Castle im kleinen Ort Blair Atholl in der Nähe des mondänen Ortes Pitlochry ist Sitz des Herzogs von Atholl und von verschiedenen internationalen Organisationen, so zum Beispiel auch des Clubs der »Whiskygrößen«, der *Keepers of the Quaich*. Das Schloss oder sein Besitzer hat nichts (mehr) zu tun mit der Destillerie mit dem Namen »Blair Athol« in Pitlochry. Im öffentlichen Teil des Schlosses können eine große Waffensammlung und andere wertvolle Gegenstände besichtigt werden.

Links oben · Die Atholl Highlanders, Privatarmee des Duke of Atholl, bei der Eröffnung der Highland Games auf dem Gelände von Blair Castle. Es handelt sich bei dieser Armee um die einzige legale Privatarmee im britischen Commonwealth.

Von oben nach unten

Teil der Waffensammlung mit einem Piper der Privatarmee.

Festlich geschmückter Ritter- oder Ballsaal.

Burns Supper im Ritter- oder Ballsaal (der Chefkoch bringt gerade das [den] Haggis).

nicht dort aufhalten, ist im Sommerhalbjahr ein kleiner Teil des Schlosses für Besucher geöffnet.

Unmittelbar hinter Balmoral Castle steht die nächste Destillerie, die man besuchen kann. Die kleine und alte Destillerie Royal Lochnagar produziert einen guten Whisky. Mit ihrem schönen Besucherzentrum profitiert sie von der Nähe zum großen Nachbarn. Königliche Besuche (und Degustationen) gab es bei Royal Lochnagar nicht nur zu Zeiten von Queen Victoria – ihr hat die Destillerie den Beinamen »Royal« zu verdanken. Auch Prinz Charles macht bei seinen Aufenthalten auf dem Schloss gerne einmal – manchmal hoch zu Ross – einen Abstecher zur Destillerie.

Von Balmoral aus folgt man jetzt dem Lauf des River Dee abwärts in nordöstlicher Richtung. Unterwegs lohnt es sich, dem einen oder anderen Schloss einen Besuch abzustatten, vor allem Crathes Castle mit seinem schönen Park ist wirklich einen Umweg wert. Es befindet sich kurz nach Banchory, einem kleinen Ort an der A93. Weiter geht es vom Schloss zurück nach Banchory. Hier nimmt man die B974 in südlicher Richtung. Auf dieser teilweise sehr engen Straße mit wenig Verkehr überquert man ein interessantes und abwechslungsreiches Hügelmassiv. Am östlichen Rand dieser Gebirge der Highlands und etwas außerhalb des gleichnamigen kleinen Städtchens befindet sich unser nächstes Ziel: die Destillerie Fettercairn. Die schöne und wirklich sehenswerte alte Destillerie mit ihrem markanten *kiln* steht mit ihrem Besucherzentrum direkt an der Straße.

Im Anschluss an den Besuch bei dieser Destillerie fährt man auf der B974 weiter in südlicher Richtung, bis man auf die A90 trifft. Man folgt dieser Schnellstraße ein paar Kilometer in südwestlicher Richtung. Bei der Ausfahrt nach Brechin verlässt man sie und folgt den Wegweisern zu diesem Ort. Im aus dem Mittelalter stammenden Städtchen gab es zwei Destillerien:

Die Destillerie North Port (man nannte sie auch North Port Brechin) sucht man jedoch heute vergebens. Sie wurde vor längerer Zeit stillgelegt. Ein Teil ihrer Gebäude wurde zu Wohnungen umgebaut. Ein anderer Teil wurde abgerissen und an ihrer Stelle ein Supermarkt erbaut.

Glencadam, eine eher unattraktive, aus alten und neuen Gebäuden bestehende Destillerie, liegt in einem Außenquartier direkt an der Einfahrt nach Brechin. Sie war lange Zeit geschlossen, ist aber seit Mitte 2003 unter dem neuen Besitzer Angus Dundee wieder in Betrieb.

Östlich von Brechin in der Nähe des kleinen Hafenstädtchens Montrose kann man nach Spuren von zwei weiteren Destillerien suchen. Nach einer kurzen Fahrt auf der A935 – eventuell auf einem Teil begleitet von einer schnaubenden Dampflok der von Dampflokenthusiasten betriebenen Nostalgiebahn Caledonian Railway – erreicht man Montrose, eine kleine Hafenstadt an der Nordsee.

Die erste Destillerie in Montrose, Lochside, war seit etlichen Jahren geschlossen, bevor sie im Frühjahr 2005 wegen Einsturzgefahr abgerissen werden musste. Ihre großen, hohen und imposanten Gebäude standen direkt an der

Oben • Lokomotive und Wagen der von Eisenbahnfreaks privat betriebenen Caledonian Railway, welche nach einem speziellen Fahrplan von Brechin nach Bridge of Dun in der Nähe des Montrose Basin fährt. Das Montrose Basin ist ein bedeutendes Naturreservat an der schottischen Ostküste.

Links • Der Brachvogel ist einer der vielen Vögel, welche im Naturreservat Montrose Basin ein Zuhause gefunden haben.

Kreuzung Brechin Road, auf der man aus Brechin nach Montrose kommt, und der nach Norden abgehenden North Esk Road. Die Gebäude dienten, bevor die Destillerie ihren Betrieb aufnahm, einer Bierbrauerei als Produktionsstätte. Bei Lochside wurden unter einem Dach sowohl Malt- als auch Grain-Whiskys hergestellt. Die Malt-Whiskys aus dieser Destillerie können zu den Spitzenprodukten dieser Whiskyregion gezählt werden. Heute befindet sich an ihrer Stelle eine Wohnüberbauung.

Zur nächsten Destillerie, Glenesk, folgt man von Lochside aus zuerst ein Stück der North Esk Road Richtung Norden, zweigt nach ein paar hundert Metern nach links auf die A937 ab (Wegweiser Laurencekirk) und bleibt für ein paar Kilometer auf dieser Straße. Zu den noch stehenden Lagerhäusern der sehr alten Destillerie Glenesk führt der Wegweiser »Pauls Malt – Greencore Malt«. Den Namen Hillside, nach dem Stadtteil, in dem sie lag, trug sie nur eine kurze Zeit. Die Whiskys von Glenesk oder Hillside gehören wie diejenigen von North Port zu den heute gesuchten Raritäten. Aber jetzt stehen von ihr nur noch ein paar Lagerhäuser. Die Destillerie hat nicht nur einen Teil ihrer Gebäude, sondern auch ihren Namen an eine große Mälzerei, die Glen Esk Maltings (Pauls Malt – Greencore Malt), abtreten müssen.

Auf dem Weg zur nächsten Destillerie im Osten der Highlands empfiehlt sich ein Abstecher zu den Ruinen von Dunnottar Castle. Es ist nicht weit von der A92, auf der man Richtung Norden fährt, entfernt. Der Weg zu diesem für die Geschichte Schottlands wichtigen Schloss, das relativ nahe bei Stonehaven, einem schönen kleinen Fischerstädtchen an der Nordsee liegt, ist gut beschildert.

In Schottland erhielten bis heute drei Destillerien die Ehre, das »Royal« im Namen zu führen: Royal Lochnagar, Glenury Royal und Royal Brackla. Die Destillerie Glenury Royal befand sich am Ortsausgang von Stonehaven Richtung Aberdeen. Viel ist von ihr allerdings nicht mehr zu sehen. Es sind nur noch ein paar wenige Gebäude und der Sockel des einstigen Kamins erhalten. Einige der Gebäude der 1985 geschlossenen Destillerie sind auf eine geschmackvolle Art in Appartementhäuser umgebaut worden, sodass noch der Charakter der schönen ehemaligen Destillerie erkennbar ist.

Unser nächstes Ziel ist die etwa 50 Kilometer nordwestlich von Aberdeen gelegene Destillerie Glen Garioch, deren Namen man Glen Girie ausspricht. Ab Aberdeen fährt man zuerst auf der A96 Richtung Norden und zweigt bei Inverurie auf die B9170 nach Oldmeldrum ab. In diesem Kleinstädtchen liegt die schöne alte Destillerie, die über ein nettes *Visitor Centre* verfügt. Nachdem die Besitzer von Glen Garioch lange vergeblich nach einem Käufer gesucht haben, beschlossen sie, den Betrieb selbst wieder aufzunehmen und ihre Whiskys weiterhin zu produzieren.

Nicht weit von Oldmeldrum entfernt befinden sich ein paar besuchenswerte Schlösser: Tolquhon Castle, Haddo House oder Castle Fraser.

Der direkte Weg zur nächsten Destillerie führt zuerst wieder nach Inverurie zurück. Auf der A96 fährt man einige Kilometer weiter nach Nordwesten und zweigt dann auf die B9002 nach Insch/Kennethmont ab. In Kennethmont steht die Destillerie Ardmore. (Ardmore gehörte vor der Neustrukturierung zur Whiskyregion Speyside.) Die meisten Gebäude der 1898 gebauten Destillerie stammen noch aus der

Gründungszeit. Bei einem größeren Ausbau im Jahr 1974 hat sie ein neues *stillhouse* bekommen. Ardmore war bisher nicht auf Besucher eingestellt, plant aber die Eröffnung eines Besucherzentrums. Seit der Gründung der Destillerie waren ihre Whiskys immer leicht getorft. Diesen speziellen, rauchigen Charakter haben sie bis in die heutige Zeit bewahren können.

In Richtung Süden, nicht weit von Kennethmont entfernt, steht hinter dem kleinen Ort Alford in den Bergen eines meiner absoluten Lieblingsschlösser in Schottland, das Craigievar Castle. Es ist einen Umweg wert!

Von Kennethmont aus fährt man auf dem Weg zur nächsten Destillerie, die auf unserer Reise durch die Highlands besucht werden kann, auf der A97 bis nach Huntly (eine geschichtsträchtige Stadt) und dann – wieder in nördlicher Richtung – weiter bis nach Bogniebrae. Dort zweigt die B9001 in östlicher Richtung nach Forgue ab und führt kurz nach diesem Ort zur Destillerie GlenDronach. Die alte Destillerie besitzt zwar ein neues modernes *stillhouse*, der willkommene Besucher (Besucherzentrum) findet dort aber wirklich schöne alte Gebäude, Geräte und Anlagen. GlenDronach war mehrmals über längere Zeit geschlossen. Seit der Wiederaufnahme der Produktion im Mai 2002 unter Allied Domecq wechselte sie zweimal die Besitzerin (2005 Pernod Ricard; 2008 BenRiach Distillery

Dunnottar Castle, die Ruine eines großen Schlosses aus dem 15. Jahrhundert, liegt imposant auf einem Felsen an der Nordsee, ungefähr drei Kilometer südlich von Stonehaven. Das Schloss spielte eine wichtige aber auch traurige Rolle in der schottischen Geschichte.

Lagerhäuser und ein noch als Ruine stehendes kleines Bürogebäude finden. Diese wurden inzwischen jedoch komplett abgerissen. Stillgelegt wurde die Destillerie bereits 1983. Ihre Gebäude stammten – obwohl die Destillerie Banff bereits 1824 gegründet wurde – aus den Jahren nach dem Zweiten Weltkrieg. Nach dessen Ende musste man sie neu aufbauen, weil sie am 16. August 1941 dem Bombenangriff eines deutschen Kampfflugzeugs zum Opfer gefallen war. Dabei wurden nicht nur die Betriebsgebäude und Lagerhäuser zerstört. Auch der in den Lagerhäusern reifende Whisky ging entweder in Flammen auf oder ergoss sich auf die umliegenden Wiesen.

Die zweite Destillerie in der Umgebung dieser Stadt befindet sich am östlichen Ortsende von Banff, in der Nähe des River Deveron. Die Destillerie Macduff wurde erst in den 1960er-Jahren erbaut. Ihre Lagerhäuser sehen jedoch schon viel älter aus, weil sie wie alle typischen Lagerhäuser von Destillerien von einem Pilz befallen sind, durch den die Mauern schwarz gefärbt wirken. Macduff empfängt keine Besucher. Bemerkenswert ist, dass der Besitzer dieser Destillerie die Whiskys nicht unter dem Namen Macduff, sondern als »Glen Deveron« abfüllt und verkauft. Im Ort Macduff lohnt sich auch ein Besuch im dortigen Aquarium.

In der Nähe der Stadt Peterhead stehen am Ortsende Richtung Aberdeen in einem Industriegebiet in der Nähe eines Gefängnisses Überbleibsel der Destillerie Glenugie, die 1982 geschlossen und größtenteils abgerissen wurde. Die wenigen Gebäude, die von ihr noch übriggeblieben sind, werden zum Teil von den jetzt in diesem Gebiet angesiedelten Industrieunternehmen genutzt. Nur wegen dieser Gebäude in diese nordöstliche Region Schottlands zu fahren, lohnt sich nicht. Doch für die Liebhaber von Fauna und Flora oder von alten Schlössern und Burgen gibt es in diesem – von den Touristen nicht so stark frequentierten und überlaufenen – Teil Schottlands viel zu sehen und zu genießen. Empfehlenswerte Ziele sind unter anderem der malerische Ort Crovie und für die Liebhaber von Natur und Vogelkolonien der in der Nähe dieses Ortes gelegene Troup Head. Dieses imposante Klippengebiet ist eine der größten Vogel-Brutkolonien Schottlands. Mehr als 150 000 Vögel (Gannets, Fulmare, Puffins usw.) kommen jedes Jahr dorthin, um zu brüten. Ein fesselndes Naturschauspiel – trotz des starken Fischgeruchs. Gutes Schuhwerk, eine leicht zu reinigende Windjacke und eine vor »Flugbomben« schützende Kopfbedeckung sind empfehlenswert. Unterhalb der hohen Klippen kann man oft auch Seehunde und Delfine beobachten.

Mit Glenugie haben wir die letzte Destillerie im Osten der Highlands besucht. Wenden wir uns jetzt also denjenigen im Westen zu!

Links • Eines meiner absoluten Lieblingsschlösser in Schottland: Craigievar Castle in der Nähe von Alford im östlichen Hochland.

Unten • Das malerische Dörfchen Crowie liegt an einer steilen Küste östlich von Banff.

Company). Die BenRiach Distillery Company verpasste GlenDronach das große D im zusammengeschriebenen Destillerienamen. Seit der Übernahme produziert sie wieder zu 100 Prozent.

Jetzt kommt die westlichste, an der Nordseeküste und schon beinahe an der Grenze zur Speyside liegende Destillerie Glenglassaugh an die Reihe. Zuerst fährt man auf die A97 zurück und folgt dieser bis nach Banff. Dort wechselt man auf die A98 in Richtung Westen (Inverness). Kurz nach dem Hafenstädtchen Portsoy hat man sein Ziel erreicht.

Nördlich der Straße befindet sich an einem idyllischen Platz die Destillerie Glenglassaugh, in unmittelbarer Nähe eines schönen Sandstrandes. Nachdem diese Destillerie 1986 geschlossen wurde, war sie sehr lange unbenutzt. Nur in ihren Lagerhäusern – sie stammen größtenteils noch aus den Gründungsjahren (1874/75) – wurden weiterhin Whiskys gelagert. Die anderen Gebäude, ein Teil davon ist im Rahmen eines Ausbaus im Jahr 1960 erstellt worden, waren jedoch mehr oder weniger dem Zerfall preisgegeben. Überraschenderweise fand sich im Jahr 2008 ein holländischer Investor, der die Destillerie mit all ihren Lagerbeständen aufkaufte. Nach einer ersten größeren Renovierung nahm Glenglassaugh im gleichen Jahr den Betrieb wieder auf. Die Destillerie soll demnächst – so ist es geplant – sogar ein Besucherzentrum erhalten. Besuche sind aber bereits jetzt möglich.

Wenn man von Portsoy wieder auf der A98 Richtung Banff zurückfährt, sucht man kurz vor Banff vergeblich nach Überresten der Destillerie Banff. Bis zu Beginn des Jahres 2008 konnte man in den Dünen noch zerfallende

Die Destillerien in der Whiskyregion Highland – Gebiete im Westen

Wie bereits unter »Die Gebiete im Osten« beschrieben, verläuft die von mir in diesem Buch willkürlich festgelegte Grenzlinie zwischen dem Osten und Westen von Stirling aus in einer geraden Linie nach Norden an den südlichsten Zipfel der Speyside in der Nähe von Kingussie. Gegen Norden habe ich den Westen ebenfalls durch eine gerade Linie abgegrenzt, die von der westlichen Grenze der Speyside beim Ort Kingussie bis an die Westküste Schottlands bei Mallaig reicht. Zu diesem so abgegrenzten westlichen Gebiet gehören auch die Destillerien auf den Inseln Arran, Jura und Mull. Die nördlich der oben erwähnten Grenzlinie stehenden Destillerien werden im Abschnitt »Die Gebiete im Norden« vorgestellt.

Im Großteil des Westens regnet es relativ viel, und die Böden sind für den Anbau von Getreide nicht so gut geeignet. Gerstenernten können deshalb nur ungenügende Erträge erbringen. Natürliche Brennmaterialien wie Kohle und Torf sind ebenfalls Mangelware. Whisky konnte hier in großen Mengen einfach nicht rentabel produziert werden. Dies sind sicher Gründe dafür, dass es in dieser Gegend zu keiner Zeit viele Destillerien gab. Seit Beginn der Lizenzierung im Jahr 1823 waren in diesem geografisch doch sehr großen Gebiet nur etwa 30 Destillerien eingetragen. Die meisten davon befanden sich im Bezirk Argyll. Von vielen kennt man nur noch den Namen, nicht aber ihren genauen ehemaligen Standort.

Die heute noch im westlichen Teil der Highlands existierenden beziehungsweise produzierenden Destillerien liegen nahe bei oder in Städten oder zumindest in Gebieten mit guten Verkehrsverbindungen.

Festland – Teil 1

Der Ausgangspunkt unserer Reise ist die Stadt Stirling. Ab Stirling fährt man auf der A84 Richtung Nordwesten. In der Nähe des mittelalterlichen Städtchens Doune findet man direkt an einer von der A84 abgehenden Straße die etwas speziellen Gebäude der Destillerie Deanston (Wegweiser). Sie nutzt die Gebäude einer ehemaligen Baumwollfabrik. Hätte die Destillerie nicht ein Firmenschild, würde man sie in der riesigen, wie eine Fabrik aussehenden Liegenschaft nie vermuten. Deanston ist die einzige Destillerie Schottlands, die mit einem eigenen kleinen (schon fast museumsreifen) Kraftwerk die benötigte Energie selbst herstellt. Die Besitzerin Burn Stewart Distillers Ltd. (Tochter der CL World Brands aus Trinidad & Tobago) lagert in den großen Gebäuden nicht nur die wirklich schönen Malt-Whiskys von Deanston. Dort reifen auch die Whiskys ihrer zwei anderen schottischen Destillerien Bunnahabhain und Tobermory. Seit Ende 2011 besitzt Deanston ein kleines Besucherzentrum.

Eine landschaftlich sehr schöne Fahrt bringt einen von Doune aus zur zweiten Destillerie auf dem Trip durch den Westen: Glengoyne. Auf der A84 fährt man ein Stück zurück Richtung Süden. Nach wenigen Kilometern zweigt man auf die A873 ab und folgt dieser Straße Richtung Westen den Randgebieten der Trossachs entlang bis kurz vor Aberfoyle, wo man dann die nach Süden weggehende A81 nimmt. Die Destillerie steht – ein ganzes Stück von Deanston entfernt – in Dumgoyne. Dieser Ort liegt in der Nähe von Killearn, bereits im Einzugsgebiet von Glasgow direkt an der von Glasgow kommenden, über Milngavie und Blanefield nach Norden führenden Straße A81 (Hinweisschilder zur Destillerie an dieser Straße).

Die Destillerie Glengoyne ist eine der schönsten Brennereien Schottlands. Ihre alten, sehr behutsam renovierten Gebäude stehen an einem Hang am Eingang zu einem kleinen Tal, das auch im Leben des schottischen Helden Rob Roy eine Rolle gespielt hat. Die kleine Destillerie, die wirklich guten Whisky produziert, verarbeitet nur ungetorfte Gerste. Im gastfreundlichen Besucherzentrum kann man sich zu einer Führung durch die Destillerie anmelden. Reizvoll ist auch der kleine Wasserfall hinter den Gebäuden.

Am südlichen Ende des Loch Lomond, einem sehr schönen Binnensee nordwestlich von Glasgow (er wird auch als der schönste See Schottlands bezeichnet), liegt die relativ große Stadt Alexandria und in dieser das nächste Ziel unserer Reise: die Destillerie Loch Lomond.

Von Glengoyne aus fährt man zuerst auf der A81 ein kleines Stück Richtung Norden. Nach wenigen Kilometern wechselt man auf die nach Westen weggehende B834. Sie mündet in die A809, der man wieder Richtung Norden folgt. Vor dem Ort Drymen geht die A811 ab. Wenn man auf ihr in westlicher Richtung fährt, erreicht man Alexandria und die Destillerie Loch Lomond. (Sie trägt den Namen des Sees, Loch Lomond, liegt jedoch nicht an diesem, sondern in einem modernen Industriegebiet im dem See gegenüberliegenden Teil der Stadt in der Nähe eines großen Outlet Centers.) Vom Gesichtspunkt der angewendeten Destillationstechniken aus gesehen ist Loch Lomond eine der interessantesten Brennereien Schottlands. Die große Destillerie besitzt neben den für die Produktion von Grain-

Im Gebiet zwischen der Destillerie Deanston und dem Loch Lomond befand sich das »Wirkungsgebiet« des schottischen Volkshelden und Freibeuters Robert Roy MacGregor, genannt »Rob Roy« (1671–1734). Die um ihn rankenden Legenden waren Basis zum berühmten Roman »Rob Roy« des Dichters Sir Walter Scott. Die Geschichte wurde mehrfach verfilmt, das letzte Mal 1995 mit den beiden Hauptdarstellern Liam Neeson und Jessica Lange. (Foto von Liam Neeson aus dem Film von United Artists Pictures)

Whiskys eingesetzten *continuous-* oder *Coffey stills* und *pot stills* auch noch eine spezielle *still*-Art. Das Besondere an diesen *stills* ist, dass sie statt des üblichen Schwanenhalses einen rohrförmigen Aufsatz haben, in dem, ähnlich wie bei einer *continuous still,* Platten eingebaut sind, die einzeln ein- oder ausgebaut werden können. Dank dieser Möglichkeit können geschmacklich verschiedenartige Malt-Whiskys – die allerdings nicht zu den Top-Whiskys gehören – hergestellt werden. Es handelt sich bei diesen *stills* – obwohl sie in der Destillerie Loch Lomond stehen – nicht um *Lomond stills*. Diese wurden in einer Destillerie in Dumbarton erfunden und eingesetzt. Loch Lomond ist ein industriell arbeitender Betrieb und empfängt nur sehr ungern Besucher.

Um zur nächsten Destillerie in diesem Gebiet zu kommen, muss man eine Strecke von 120 Kilometern zurücklegen. In Richtung Oban an der Westküste Schottlands fährt man zuerst auf der A82, dann weiter auf der A85. Die Fahrt führt zuerst am schönen Loch Lomond entlang und dann durch sehr schöne – zum einen oder anderen Stopp einladende – Gebirgslandschaften.

Mitten in der Stadt Oban liegt die gleichnamige Destillerie. Interessanterweise wurde die Destillerie errichtet, bevor es die Stadt überhaupt gab. Diese wurde erst später um die Destillerie herum gebaut. Vom Meer aus gesehen erscheint es, als wäre die Destillerie Oban durch ein – an das Kolosseum in Rom erinnernde – Bauwerk gekrönt. Dieses unvollendete Werk ist das Resultat des Spleens eines reichen Bewohners dieser Stadt. Der nach seinem Erbauer MacCaig's Tower genannte Bau wurde gegen Ende des 19. Jahrhunderts tatsächlich mit der Absicht begonnen, ein Amphitheater nachzubilden, ist aber nie fertiggestellt worden.

In der Destillerie wird ein guter Whisky gebrannt, einer der beliebtesten in der Serie der Classic Malts von Diageo. Ein Besuch dieser Destillerie ist möglich. Sie besitzt ein kleines Besucherzentrum. Aber wer es zeitlich nicht schafft, dort einen Zwischenhalt zu machen, hat nicht viel versäumt.

Die Stadt Oban dagegen ist einen Rundgang wert. Ihr Hafen mit dem großen Fährterminal ist ein idealer Ausgangspunkt für Besuche auf den westlichen Inseln Schottlands mit ihren Sehenswürdigkeiten und Destillerien.

Wir verlassen jetzt das Festland, um die Destillerien auf den Inseln Arran, Jura und Mull zu besuchen, die nach dem neuen Gesetz ebenfalls zur Whiskyregion der Highlands gehören.

Weil mir alle drei Inseln eine etwas ausführlichere Beschreibung wert sind, widme ich ihnen in diesem Buch eigene kurze Kapitel. Ich besuche diese drei Inseln von Süden nach Norden. Unsere Reise beginnt deshalb mit der Insel Arran, die im Firth of Clyde liegt, während Jura und Mull zu den Inneren Hebriden gehören.

Linke Seite • Die Stadt Oban wird durch eine Art Kolosseum gekrönt. Mit seinem Bau wurde Ende des 19. Jahrhunderts begonnen. Es wurde nach seinem Erbauer MacCaig's Tower benannt. Unter diesem nie fertiggestellten Bauwerk stehen die Gebäude der Destillerie Oban mit dem markanten Kamin.

Die Destillerien in den westlichen Gebieten der Whiskyregion Highland

1	Deanston
2	Glengoyne
3	Loch Lomond
4	Oban
5	Isle of Arran
6	Isle of Jura
7	Tobermory
8	Ben Nevis
9	Glenlochy †
10	Dalwhinnie

† = stillgelegte, abgerissene oder für eine andere Nutzung umgebaute Destillerie

Isle of Arran

Auf die Insel Arran kommt man von Glasgow her am einfachsten, wenn man die Stadt in südwestlicher Richtung verlässt und nach Ardrossan im Bezirk Ayrshire fährt. Von dort gibt es je nach Wochentag vier- bis sechsmal täglich eine Fähre nach Brodick auf der Insel Arran.

Arran – übersetzt »Platz der spitzen Hügel oder Berge« – ist die größte Insel zwischen dem schottischen Festland und der Halbinsel Kintyre. Die meisten ihrer Ortschaften liegen in Küstennähe. Das Landesinnere besteht aus Bergen vulkanischen Ursprungs. Der höchste von ihnen, der Goat Fell, ist 874 Meter hoch. In den bizarren Felsformationen gedeiht eine interessante Fauna und Flora, die jedes Jahr Tausende von Naturliebhabern auf die Insel lockt. Auf Arran können vor allem an der Westküste auch *standing stones* und Felszeichnungen bewundert werden, die auf die Zeit der Wikinger und Frühchristen zurückgehen. Aber Vorsicht: Die meisten der wirklich sehenswerten Objekte befinden sich in sehr sumpfigen Gebieten, sodass in oder nach Regenzeiten eine Besichtigung ohne hohe Stiefel praktisch nicht möglich ist.

Und es gibt auf Arran eine Destillerie, die den Namen der Insel trägt. Aufgrund ihrer Gründung im Jahr 1990 wurde Arran zur jüngsten Whiskyinsel Schottlands und konnte diese Bezeichnung bis ins Jahr 2008 führen. In jenem Jahr ging diese an die Insel Lewis auf den Äußeren Hebriden weiter, auf der eine neue Destillerie, Abhainn Dearg, in Betrieb genommen wurde. Es gab auf Arran zwar bereits Anfang des 18. Jahrhunderts einige Destillerien. Aber nur eine einzige davon war lizenziert. Sie produzierte wenige Jahre (ungefähr von 1820–30) im kleinen Ort Lagg im Süden der Insel.

Wenn man mit der Fähre aus Ardrossan auf Arran ankommt, kann man einen kurzen Halt beim interessanten Brodick Castle machen. Es liegt, umgeben von einem schönen Garten, oberhalb des Ortes Brodick. Ein Besucherzentrum und ein Kaffeehaus laden zum Verweilen ein. Von Brodick aus führt dann eine für Schottland typische, einspurige Straße (mit *passing places*, d. h. Ausweichstellen) in den Norden der Insel zum kleinen Fischer- und Touristendorf Lochranza.

In dessen Nähe liegt die hochmoderne Destillerie Arran. Fünf Jahre nach ihrer Gründung hat sie im Jahr 1995 den Betrieb aufgenommen. Seit 1997 steht dem Besucher ein sehr schönes Besucherzentrum mit einem guten Restaurant zur Verfügung. Es ist wahrscheinlich das einzige Restaurant einer Destillerie, das von Queen Elizabeth II. persönlich eingeweiht wurde. Die Destillerie Arran kann bereits heute auf eine sehr breite Palette an Abfüllungen zurückblicken. Glücklicherweise wurde aber ab 2009 das zeitweise überbordende Angebot der früheren Jahre auf wenige Abfüllungen pro Jahr reduziert. Es gibt die guten Arran Malts in ungetorfter und getorfter Ausführung.

Wenn man auch Campbeltown, die Insel Islay oder die Insel Jura besuchen möchte, lassen sich dank einer Fähr-verbindung viele Kilometer Autofahrt einsparen. Von April bis September verkehrt mehrmals täglich eine Fähre von Lochranza nach Claonaig auf der Halbinsel Kintyre und zurück.

Unten · Hirsche vor der Ruine des Schlosses Lochranza im Norden der Insel. Das schön in der Bucht gelegene Schloss geht in seinen Ursprüngen bis ins 12. Jahrhundert zurück.

Ganz unten · Der Goatfell – hier von Brodick aus gesehen – war einmal ein Vulkan und ist der höchste Berg Arrans (874 m).

Isle of Jura

Der Name der Insel Jura ist nicht etwa auf einen Schweizer oder Franzosen zurückzuführen, der beim Anblick dieser Insel an den schweizerisch-französischen Gebirgszug erinnert wurde und der Insel aus diesem Grund den Namen gab. Nein, der Name Isle of Jura (sprich Eil of Tschura) stammt aus der Sprache der Wikinger und bedeutet »Insel des Rotwilds«. Die Insel trägt diesen Namen auch heute noch zu Recht. Auf ihr leben nur ungefähr 200 Menschen, der Bestand an Rotwild macht aber ein Mehrfaches davon aus (um 5000). Leider gibt es auch viele Mücken und einige Giftschlangen (Ottern). Die Insel selbst besteht aus bewaldeten oder felsigen Hügeln, von denen die Paps of Jura, die der Silhouette einer liegenden Frau ähneln, die markantesten sind.

Die Isle of Jura erreicht man mit einer kleinen Fähre. Sie bringt in wenigen Minuten die kurze Strecke zwischen Port Askaig auf Islay und Feolin auf Jura, einer kleinen Landeplattform, hinter sich – aber nur, wenn das Wetter mitspielt. Der Sound of Islay hat es nämlich in sich. Die Strömungen sind zeitweise enorm stark und manchmal sind die Wellen so hoch, dass nicht einmal das Beladen der Fähre möglich ist. An diesen Tagen ist sie auf einer Seite dieses Meeresarmes blockiert. Die Schulkinder, die nach Islay zur Schule gehen müssen, können sich über den ausfallenden Unterricht freuen. Wenn sie sich allerdings bereits auf Islay befinden, kommen sie nicht mehr nach Hause.

Die Fähre zwischen Islay und Jura ist die einzige Verbindung mit der Insel Jura, die Fahrten von ein paar privaten Bootsfahrten-Anbietern, die direkte Touren vom Festland her anbieten, einmal ausgenommen.

Von der Fährenplattform Feolin führt eine Straße einspurig an der Ostküste der Isle of Jura entlang in die einzige größere Siedlung der Insel, Craighouse. Dort gibt es neben ein paar Wohnhäusern und einem Ladengeschäft mit Poststelle auch ein Hotel. Wenn man auf dieser – ab hier noch schmaler werdenden – Straße weiterfährt, kommt man am kleinen Ort Keils und den Weilern Lagg und Tarbert vorbei nach Ardlussa, der nördlichsten Siedlung der Insel. Sie besteht nur aus wenigen Häusern. Die hinter Ardlussa liegende Gegend kann man schon beinahe als gottverlassen

bezeichnen. Hierhin hat sich George Orwell in den Jahren 1945/46 zurückgezogen, hier ist der Erfolgsroman »1984« des berühmten Schriftstellers entstanden. Viele seiner beängstigenden Zukunftsvisionen für das Jahr 1984 sind heute leider Realität. Seinen Roman zu lesen oder den nach dem Buch gedrehten Film zu sehen, lohnt sich auch heute noch.

Nicht nur das Buch von George Orwell, er hieß eigentlich Eric Arthur Blair, ist hier entstanden. Es gab auf der Insel Jura noch einen anderen »kulturellen« Höhepunkt: Am 23. August 1994 drehten die beiden Musiker und Chefs der ehemaligen – experimentelle Computermusik und Rave produzierenden – Band »The KLF«, Bill Drumond und Jimmy Cauty den Dokumentarfilm »Watch The K Foundation Burn a Million Quid«. Er spielt auf einer kleinen Insel, die zum Herrschaftssitz Jura House gehört (das sich im Süden der Insel im Bezirk Ardfin zwischen Feolin und Craighouse befindet). In diesem Film verbrennen die mindestens ebenso spleenigen und ausgeflippten wie genialen Filmemacher 50-Pfund-Noten im Wert von einer Million britischen Pfund. Dieses Ereignis ging in die Geschichte der Insel ein. Das alte Wirte-Ehepaar des Isle-of-Jura-Hotels berichtet in der Bar gerne über diese Geschichte und die speziellen Gäste. In ihrem Hotel im Ort Craighouse (es hat seit Kurzem ein neues Management) verbringen vor allem Natur liebende Touristen ihre Ferien. Es bietet auch den wenigen Besuchern Unterkunft, die die einzige Destillerie der Insel, die Isle of Jura Distillery, besucht haben und wegen des Wetters oder anderen Umständen den Rückweg nach Islay nicht mehr antreten können. Das Hotel liegt direkt gegenüber der Destillerie.

Auf Jura wurde schon im 17. Jahrhundert Whisky illegal hergestellt. Die Destillerie Isle of Jura wurde erst 1810 registriert und einige Jahrzehnte später lizenziert. Sie destilliert heute in ihren modern wirkenden Gebäuden mit vier großen *stills*. Die heutigen Destilleriegebäude stammen aus dem Jahr 1960. In diesem Jahr wurde die Destillerie, die zu jenem Zeitpunkt nur noch aus Ruinen bestand, neu aufgebaut.

Die Destillerie ist wirklich einen Besuch wert. Weil sich aber nicht viele Leute hierher verirren, empfiehlt es sich, vorher anzurufen. Die Führung durch die Destillerie

– manchmal durch den Manager selbst – ist absolut professionell. Und nach der Führung verrinnt die Zeit beim Fachsimpeln und Degustieren der verschiedenen, zum Teil ausgezeichneten Abfüllungen im schönen kleinen Besucherzentrum wie im Flug.

Oben • Craighouse, der Hauptort der Isle of Jura, besteht nur aus ein paar wenigen Häusern, der Destillerie und einem Hotel. Hinter ihm erheben sich die teilweise bewaldeten Hügel, in welchen sehr viele Rehe und Hirsche leben. In der linken Bildhälfte die markanten, über 700 m hohen, Paps of Jura.

Unten • In den Jahren 1946–1949 auf der Insel Jura entstanden: die Novelle »1984« von George Orwell.

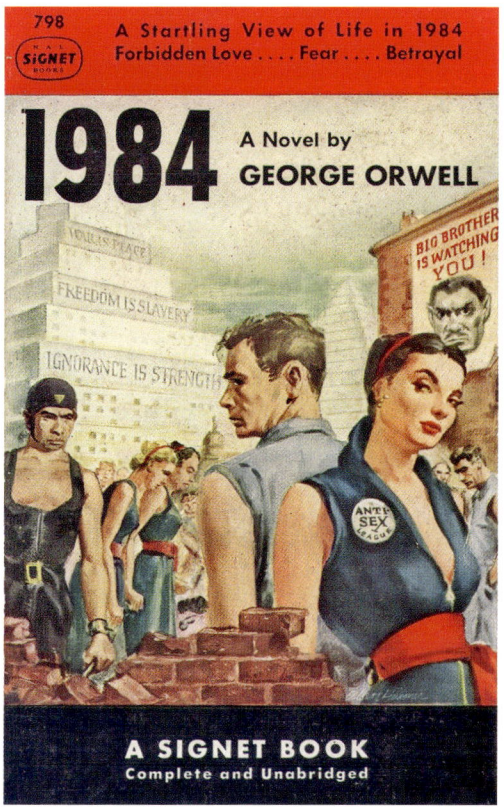

Isle of Mull

Wie Arran und Jura besitzt auch die Insel Mull nur eine einzige aktive Destillerie. Obwohl Mull eine der größten Inseln Schottlands ist, besitzt sie keinen eigenen Flughafen. (Es gibt nur ein Flugfeld für kleine Privatflugzeuge.) Mull ist nur mit Fähren zu erreichen. Je nach Wochentag stechen von Oban, der Hafenstadt an der Westküste Schottlands, nach Craignure auf Mull und zurück zwischen fünf und sieben Fähren in See. Die Überfahrt dauert weniger als eine Stunde. Während der Ausfahrt aus dem geschützten Hafen von Oban hat man einen beeindruckenden Blick auf die schöne Stadt mit dem über ihr thronenden McCaig's Tower.

Bei der Anfahrt zur Insel Mull sieht man auf der linken Bordseite (ein Seemann würde von Backbord sprechen) eines der ältesten Schlösser Schottlands. Das mystisch wirkende Duart Castle ist der Sitz des Clans MacLean. Es ist heute allerdings unbewohnt. Das Schloss wurde um das Jahr 1350 gebaut, 1991 hat man damit begonnen, es komplett zu renovieren, und bis 1995 war ein Großteil der Arbeiten abgeschlossen. Die restlichen Renovationsarbeiten dauern aber wegen des großen Geldbedarfs und -mangels bis in die heutige Zeit an. Das sehenswerte Schloss kann besichtigt werden (mit Cafeteria und Souvenirshop).

Nach der Ankunft der Fähre in Craignure fahren die meisten Besucher in Richtung Westen bis nach Fionnphort. Von dort aus können sie mit der Fähre auf die der Westküste Mulls vorgelagerte Insel Iona gelangen. Ihr Ziel ist das in seinen Ursprüngen aus dem 6. Jahrhundert stammende Kloster. Es gehört zu den ältesten existierenden Zeugen des Christentums in Großbritannien. In diesem Kloster soll auch das »Book of Kells«, eines der kostbarsten Bücher der Welt, geschrieben worden sein. Die beeindruckende Iona Abbey beherbergt nach einer umfangreichen Renovierung wieder einen Orden und empfängt pro Jahr rund 10 000 Besucher. Das Kloster wird heute von Historic Scotland unterhalten.

Eine weitere Besucherattraktion auf Mull, das Torosay Castle mit seinen attraktiven Räumen und schönen Gärten, ist momentan zum Verkauf ausgeschrieben. Ein Besuch ist daher nicht mehr ohne Weiteres möglich. Auch die Mull & West Highland Narrow Gauge Railway, eine kleine Schmalspur-Dampfeisenbahn, die zwischen dem Fährhafenort Craignure und dem Schloss verkehrt, hat ihren Betrieb eingestellt.

Über Ostern 2011 war das Schloss jedoch wieder für ein paar Tage für Besucher geöffnet (für aktuelle Infos siehe Homepages). In dieser Zeit war auch die Eisenbahn wieder in Betrieb, um die Besucher von der Fähre zum Schloss und zurück zu bringen. Seither ist sie jedoch wieder stillgelegt.

Der Whiskys liebende Tourist wird von Craignure allerdings in nordwestlicher Richtung nach Tobermory, der Hauptstadt der Insel, fahren. Auf dieser Strecke – einer zuerst breiten, dann typisch schottischen, einspurigen Straße – gibt es einen weiteren Fährhafen: Fishnish. Von dort aus kann man mit einer kleinen Fähre den Ort Lochaline auf dem Festland erreichen. (Von Lochaline aus braucht man auf den meist einspurigen Straßen ungefähr eineinhalb Stunden bis nach Fort William.) In Tobermory gibt es eine weitere Fährverbindung auf das Festland, und zwar nach Kilchoan auf dem westlichsten Teil des schottischen Festlands.

Wenn man in Tobermory ankommt, bietet sich einem ein wirklich fantastischer Anblick. Tobermory ist eines der schönsten und malerischsten Hafenstädtchen Schottlands. Seine buntbemalten Häuser spiegeln sich im Wasser des geschützten Hafens. Das schöne Städtchen selbst wäre mit seinen einladenden Restaurants und seiner kleinen Schokoladenfabrik mit gutem Kaffee schon Grund genug für einen Besuch.

Es gibt aber noch einen weiteren gewichtigen Grund: In Tobermory liegt die einzige Destillerie der Insel. In ihrem kleinen Besucherzentrum werden die Besucher von den Angestellten herzlich empfangen. Die Destillerie Tobermory trug hin und wieder auch den Namen »Ledaig«. Die guten Whiskys aus dieser kleinen Brennerei werden heute noch unter beiden Namen abgefüllt. An der Namensgebung ist die Art der Destillation erkennbar: ungetorft = Tobermory, leicht getorft oder rauchig = Ledaig. Es gibt auch eine Mischung aus diesen beiden, die unter dem Namen »Iona Atoll« auf dem Markt ist.

Die Destillerie wurde bereits 1798 gegründet, aber erst 1823 lizenziert. Im Laufe der Jahre wurde sie mehrmals für längere Zeit geschlossen. Die letzte Neueröffnung erfolgte im Jahr 1993. In der Zwischenzeit sind verschiedene Gebäude verkauft und umgebaut worden. In einem von ihnen wurde die Elektrizitätszentrale der Stadt Tobermory eingerichtet. Weil das einzige größere Lagerhaus der Destillerie zu Wohnungen umgebaut worden war, muss der jetzige Besitzer, die Burn Stewart Distillers plc, den frisch gebrannten *Baby Whisky* in Tanklastwagen abfüllen lassen. In diesen wird er nach Doune zur Destillerie Deanston transportiert und erst dort in Fässer abgefüllt und gelagert.

Oben · Die Fähre von Oban nach Mull fährt direkt am Duart Castle, einem der ältesten Schlösser Schottlands und Sitz des MacLean-Clans vorbei.

Unten · Das Kloster Iona auf der gleichnamigen kleinen Insel im Südwesten von Mull wurde bereits im 6. Jahrhundert gegründet und beherbergt heute nach einer umfangreichen Renovation wieder einen Orden.

Die Insel Mull hat aber auch sonst einiges zu bieten. Viele Naturliebhaber besuchen die Insel wegen der speziellen Fauna und Flora. An den Küsten kann man – die richtige Jahreszeit und ein wenig Glück vorausgesetzt – die verschiedensten Vogelarten (auch Puffins), Seehunde, Delfine und sogar Wale beobachten. Ein sogenannter Sea- and Wildlife-Trip per Boot ist ein Erlebnis! Solche Trips werden auf Mull in verschiedenen Orten angeboten, beispielsweise in Tobermory und Fionnphort (von hier verkehrt auch die Fähre nach Iona). Oder man sticht von dem kleinen Ort Ulva Ferry an der Westküste von Mull aus zu einem fantastischen Trip zur Insel Staffa und den Treshnish Isles in See.

Nachdem wir die drei Destillerien auf den Inseln im westlichen Teil der Whiskyregion Highland kennengelernt haben, kehren wir wieder an die Westküste des Festlands zurück.

Fingals Cave – eine nach dem keltischen Sagenkönig Fingal benannte beeindruckende Höhle in der imposanten Basaltinsel Staffa westlich der Isle of Mull – hat Felix Mendelssohn Bartholdy zu seiner Hebriden-Ouvertüre inspiriert.

Festland – Teil 2

Von der Stadt Oban aus fahren wir auf der Küstenstraße Richtung Norden (bis Connel die A85, dann die A828 und A82). Diese durch eine wunderschöne Landschaft führende Straße bietet sehr schöne Ausblicke auf das Loch Creran und später auf das Loch Linnhe mit seinen Inseln und Schlossruinen. Am nördlichen Ende des Loch Linnhe erreicht man Fort William. Dieser alte, aus einer Festung entstandene Ort ist heute eine ausgesprochene Touristenstadt mit vielen Hotels und Restaurants. Fort William liegt am Fuß des Ben Nevis. Er ist mit 1344 Metern der höchste Berg Schottlands. Nicht weit von Fort William entfernt ebenfalls am Fuß dieses Bergmassivs findet man die nach dem Berg benannte Destillerie Ben Nevis. Wer sie im Jahr 2009 oder früher besuchte, hat ein attraktives Besucherzentrum mit einem netten Restaurant, interessanten Führungen und einem guten und humorvollen Video in Erinnerung. Die letzten Besuche in den Jahren 2010 und im April 2011 hinterließen leider einen anderen Eindruck. Alles wirkte eher dürftig und unfreundlich. Es bleibt zu hoffen, dass es wieder besser wird.

In Fort Williams gab es noch eine zweite Destillerie, die aber seit 1983 geschlossen ist: die Destillerie Glenlochy, die einen ganz guten Whisky produzierte. Sie ist aber trotzdem einen kurzen Abstecher wert. Die Gebäude dieser wirklich schönen alten Destillerie stehen inzwischen unter Denkmalschutz. Heute bieten diese Gebäude Platz für ein Hotel und einige Appartements.

Es lohnt sich, noch ein wenig in der Region um Fort William zu verweilen, um die sehens- und/oder erlebenswerten Attraktionen kennenzulernen. Ein Aufstieg auf den Ben Nevis ist möglich, aber nur für wirklich trainierte und geübte Bergwanderer. Da der Berg an zwei von drei Tagen

in den Wolken oder im Nebel liegt, können Auf- und Abstieg gefährlich werden. Wer den richtigen Zeitpunkt erwischt, kann sich glücklich schätzen. Ein Ausflug in den westlich von Fort William gelegenen Ort Corpach bietet Gelegenheit, eine der größten Treppenschleusen Großbritanniens zu besichtigen. Dieses beeindruckende Bauwerk ist Teil des Caledonian Canal. Das Neptune's Staircase (Treppenhaus Neptun's) besteht aus acht Treppen, mit denen ein Höhenunterschied von gut 20 Metern überwunden wird. Ein Schiff benötigt für den Auf- oder Abstieg mindestens 1½ Stunden.

Unten • Eine wirklich eindrückliche Schleusenanlage ist der »Neptun's Staircase« (Neptun's Treppenhaus) in der Nähe von Fort William. Auf knapp 450 Metern Länge werden die Schiffe in acht Treppen um ungefähr 20 Meter hinauf- oder hinuntergeschleust.

Ganz unten • Blick vom Westufer des Loch Linnhe über Fort William auf den höchsten Berg Schottlands, den Ben Nevis (1344 m). Er ist an zwei von drei Tagen in Nebel oder Wolken gehüllt.

Ebenfalls empfehlenswert ist eine Fahrt von Fort William nach Mallaig und zurück mit dem Jacobite Steam Train. Viele Harry-Potter-Fans kennen ihn unter dem Namen Hogwarts Express. Dieser Zug überquert auch den berühmten Viadukt bei Glenfinnan. Den Glenfinnan Viadukt kann man auch bewundern, wenn man mit dem Auto zum Hafenort Mallaig fährt. Besonders eindrucksvoll ist es, wenn gerade der Jacobite Steam Train über ihn hinwegdonnert. Die Straße nach Mallaig – dieser Ort liegt an der Westküste gegenüber der Isle of Skye – heißt »Road to the Isles«. Sie ist eine der schönsten Panoramastraßen Schottlands, sie folgt mehr oder weniger den Schienen der Bahn. Unterwegs kommt man an Neptune's Staircase vorbei.

An dieser Strecke befindet sich auch das Glenfinnan Monument, das zu Ehren von Prinz Charles Edward Stuart, auch »Bonnie Prince Charlie« genannt, errichtet wurde.

Von Fort William aus machen wir uns auf den Weg zur letzten Destillerie im Westen der Highlands. Zuerst fährt man auf der A82 in nördlicher Richtung. Bei Spean Bridge wechselt man auf die A86 und durchquert auf ihr das westliche Hochland. Nach Spean Bridge beginnt das landschaftlich wunderschöne Tal des River Spean (Glen Spean). An seinen beiden großen Seen (Loch Moy und Loch Laggan) fährt man sicher nicht entlang, ohne den einen oder anderen Stopp einzulegen und die Naturschönheiten zu bewundern. Beim kleinen Ort Drumgask am westlichen Rand des Cairngorms National Parks wechselt man auf die A889 und fährt in südöstlicher Richtung durch dieses ebenfalls sehr schöne Gebiet. Am Ende fällt die Straße stark ab, und schon von den letzten Kurven aus sehen wir unser Ziel: die Destillerie Dalwhinnie (früher hieß sie einmal Strathspey). Ihre schönen, weiß gestrichenen Gebäude mit den beiden *kilns* und ihren kupfernen Pagodentürmchen sind nicht zu übersehen. Dalwhinnie befindet sich im gleichnamigen Ort

auf 327 Meter über dem Meer. Damit ist sie die am zweithöchsten gelegene Destillerie Schottlands. Die höchstgelegene Destillerie ist Braeval (Braes of Glenlivet). Die Destillerie Dalwhinnie, die zur Serie der Classic Malts von Diageo einen sehr guten Whisky beisteuert, hat ein nettes kleines Besucherzentrum mit Shop.

Unsere nächsten Ziele sind die Destillerien im Norden der Whiskyregion Highland und die dortigen Sehenswürdigkeiten.

Unten • Das Glenfinnan Monument steht am Ufer des Loch Shiel, einem Süßwassersee. Es wurde im Jahr 1815 erbaut, um den Platz zu markieren, an dem 1745 die Standarte von Prinz Charles Edward Stuart (auch Bonnie Prince Charlie genannt) gehisst wurde.

Ganz unten • Der Jacobite Steam Train (auch bekannt aus den Harry-Potter-Filmen) überquert auf seiner Fahrt von Fort William nach Mallaig an der Westküste das berühmte Glenfinnan-Viadukt.

Die Destillerien in der Whiskyregion Highland – Gebiete im Norden

Das nördliche Gebiet der Highlands erstreckt sich (gemäß der von mir gezogenen Grenzlinie) von der südlichen Grenze der Speyside beim Ort Kingussie bis an die Westküste Schottlands bei Mallaig. Ebenfalls zu diesem Gebiet zähle ich die Destillerien auf den Inseln Lewis, Orkney und Skye. Auch diesen Teil der Highlands bereise ich von Süden nach Norden.

Festland – Teil 1

Wir beginnen unsere Reise durch den hohen Norden Schottlands in Inverness, der Hauptstadt der Highlands.

Die Stadt Inverness hat neben einer schönen Einkaufsmeile/Fußgängerzone, vielen Pubs und Restaurants auch ein aus dem 19. Jahrhundert stammendes Schloss zu bieten. Früher gab es in der Stadt sogar drei Destillerien. Obwohl sie gute bis sehr gute Whiskys produzierten, existieren sie alle nicht mehr. Glen Albyn und Glen Mhor wurden abgerissen und Millburn zu einem Restaurant umgebaut. Die Whiskys dieser drei Destillerien sind heute zwar noch erhältlich, sie sind aber recht teuer und werden immer rarer. Glen Albyn und Glen Mhor standen sich kurz vor der Brücke über den Caldonian Canal an einer Straße (heute der A862 Inverness–Beauly) direkt gegenüber. Heute gibt es dort zwei Einkaufszentren.

Von Glen Albyn kann man nur noch ein paar Mauerreste in der Außenmauer eines Teils des heute dort stehenden Einkaufszentrums sehen.

Von Glen Mhor steht dagegen direkt am Kanal noch ein kleines Gebäude, in dem sich ein Pub (The Caley Inn) befindet. Dieses ist jedoch geschlossen und seit einiger Zeit zum Verkauf ausgeschrieben.

Von der ehemaligen Millburn Distillery ist noch etwas mehr erhalten. Ein großer Teil ihrer ehemaligen Produktionsgebäude beherbergt heute ein Hotel und Restaurant der Premier Inn-Kette (Premier Inn Millburn Road). Die wirklich besuchenswerten Sehenswürdigkeiten befinden sich jedoch in der Umgebung der Stadt.

Von Inverness aus fährt man auf der A9 nach Süden aufwärts in die Ausläufer der Gebirge der Highlands. Nach etwa 30 Kilometern erreicht man den Ort Tomatin und sieht schon von der Straße aus die (gleichnamige) südlichste Destillerie in diesem Gebiet. Da sich die Destillerie Tomatin auf knapp 300 Metern Höhe befindet, kann sie für sich in Anspruch nehmen, die im Norden der Highlands am höchsten gelegene Destillerie zu sein. Sie galt lange Zeit als größte Malt-Destillerie Schottlands. Mit ihren insgesamt 23 *stills* hatte die Destillerie Tomatin eine Kapazität von 12 Millionen Litern Alkohol pro Jahr. Ihre japanischen Besitzer (seit 1986) haben sich damit aber etwas übernommen und die Produktion und die Anlagen in den folgenden Jahren reduziert. Tomatin destilliert ihre zu den wirklich guten gehörenden Whiskys heute mit zwölf *stills*. Die Destillerie hat ein kleines Besucherzentrum und einen Shop.

In ihrer Nähe steht eine der Sehenswürdigkeiten dieser Region. Ein beeindruckender Viadukt überspannt den noch jungen River Findhorn. Dieser ist auf seinem Weg durch viele Canyons und Schluchten bis zum Zusammenfluss mit dem River Spey zu einem echten Eldorado zum Wildwasser-Kanufahren und *River-Rafting* geworden.

Von Tomatin aus fährt man wieder nach Inverness zurück und von dort auf der A96 ein Stück weit gegen Osten, um der Destillerie Royal Brackla einen Besuch abzustatten. Bei Brackley zweigt man Richtung Süden auf die B9090 ab. In der Nähe des sehenswerten Cawdor Castle (das in Shakespeares Macbeth eine Rolle spielt) liegt sie auf historischem Grund zu Füßen der nördlichen Ausläufer der Gebirgszüge der schottischen Highlands.

Oben · Verschiedene Abschnitte des River Findhorn sind wahre Paradiese für Wildwasserkanuten und laden ebenfalls zum River-Rafting ein. Rafter im mittleren Abschnitt dieses beliebten Gebietes.

Unten · Das Cawdor Castle spielt in Shakespeares »Macbeth« eine Rolle, welche es gar nicht spielen kann: Macbeth lebte bereits im 11. Jahrhundert, am Cawdor Castle wurde jedoch erst Ende des 14. Jahrhunderts mit dem Bau begonnen. Nichtsdestotrotz ist das Schloss wegen dem ausgezeichneten Zustand seiner Innenräume und seiner Schätze einen Besuch wert.

Den Beinamen »Royal« erhielt sie von König William IV. Er wurde später durch Queen Victoria bestätigt. Royal Brackla wurde zu Beginn der 1970er-Jahre in dem für ihre damalige Besitzerin, der UDV (die heutige Diageo), typischen Architekturstil umgebaut. Sie erhielt bei dieser Gelegenheit auch ein neues *stillhouse*. Der Malt von Royal Brackla ist bei den Blending-Firmen sehr beliebt. Er wird zu über 98 Prozent für Blends – nicht nur der Besitzerfirma John Dewar & Sons Ltd. – gebraucht. Es gibt ihn auch – aber eher selten – als Single Malt.

Westlich von Inverness, etwas außerhalb des Kleinstädtchens Muir of Ord, steht die Destillerie Glen Ord. Zu ihr fährt man von Inverness aus auf der A862 – an den Standorten der ehemaligen Destillerien Glen Albyn und Glen Mhor vorbei – nach Westen und folgt dann den Hinweisschildern, die einen zur Destillerie führen. Glen Ord gehört zu den ältesten Destillerien in Schottland, beantragte aber erst 1838 eine Lizenz. Mit ihren alten Gebäuden, den beiden *kilns* und dem *stillhouse,* das direkt an der Straße liegt, ist sie eine schöne, besuchenswerte Destillerie. Im stimmungsvollen und mit interessanten Objekten ausgestatteten Besucherzentrum empfängt man gerne Gäste.

Direkt neben der Destillerie steht die Glen Ord Maltings, eine alles überragende Großmälzerei. In dieser industriellen Anlage wird das Malz nicht nur für Glen Ord, sondern auch für einige andere Destillerien in den Highlands wie auch in der Speyside hergestellt.

Jetzt verlassen wir das Festland für einen Besuch auf zwei Inseln. Skye gehört zu den Inneren, Lewis zu den Äußeren Hebriden. Die beiden Inseln sind – wie die unter dem Titel »Die Whiskyregion Highland – Gebiete im Westen« besuchten Inseln Arran, Jura und Mull – ebenfalls eine ausführlichere Beschreibung wert. Deshalb erhalten auch sie in diesem Buch eigene kurze Kapitel. (Vor Inkrafttreten des neuen Gesetzes gehörten auch diese Inseln zur eigenen Whiskyregion »Isles«. Heute zählen sie alle zur Whiskyregion Highland.) Auf unserer von Osten nach Westen führenden Reiseroute fahren wir zuerst auf die Isle of Skye, wo sich die Destillerie Talisker befindet.

Wir haben eine längere, jedoch sehr abwechslungsreiche Reise vor uns, die einige Attraktionen zu bieten hat. Von Muir of Ord aus fährt man auf der A862, dann auf der A833 nach Drumnadrochit am Loch Ness. Dort kann man einen ersten Zwischenhalt einlegen, um eines der beiden *Loch-Ness-Monster-Centres* zu besuchen. Eigentlich lohnt sich das nicht unbedingt, obwohl eines von ihnen sogar fünf Sterne vom Scottish Tourist Board erhalten hat. Aber: Schmunzeln, sich ein wenig vom Mythos Nessie einlullen lassen und ihm nach der Show in einem der beiden riesigen Shops in X-hundertfacher, manchmal skurriler Ausführung zu begegnen, macht doch irgendwie Spaß.

Weiter geht es auf der A82 Richtung Skye. Wenige Kilometer südlich von Drumnadrochit steht die Ruine eines Schlosses aus dem 13. Jahrhundert. Vom Urquhart Castle aus hat man den schönsten Ausblick über das Loch Ness. Das Schloss kann besichtigt werden. Es hat auch ein Besucherzentrum. Man sagt, dass man Nessie von der höchsten Zinne der Ruine aus am besten sichten kann.

Bis Invermoriston bleibt man auf der A82. Dann wechselt man auf die A887 und fährt weiter westwärts Richtung Skye. Anschließend führt einen die A87 durch eine wilde, beeindruckende Berglandschaft, bis man bei Dornie den nächsten Halt erreicht hat: Eilean Donan Castle. Der Sitz des Clan Macrae ist der Inbegriff dessen, was man sich unter einem schottischen Schloss vorstellt. Seine Ursprünge gehen auf das 13. Jahrhundert zurück. Das Eilean Donan Castle gilt als das am meisten fotografierte Schloss Schottlands und diente schon in vielen Filmen (unter anderem dem »Highlander«) als Kulisse. Die trutzige Anlage, sie steht auf einer kleinen Insel im Loch Duich, erreicht man über eine Brücke. Ein Besuch lohnt sich auf jeden Fall. Im Schloss gibt es Überraschendes zu sehen und zu entdecken. Es hat auch – wie könnte es bei einem solchen Publikumsmagneten anders sein – ein großes Besucherzentrum mit Restaurant und Shops.

Vom Schloss sind es nur wenige Kilometer zum Ort Kyle of Lochalsh, wo das Festland durch eine imposante Brücke – eine der Möglichkeiten, um auf die Insel zu gelangen – mit Skye verbunden ist.

Urquhart Castle – die Ruine eines Schlosses aus dem 13. Jahrhundert am Loch Ness – ist der absolut beste Platz für Nessie-Beobachtungen.

Isle of Skye

Es gibt noch eine andere Möglichkeit, auf die größte Insel der Inneren Hebriden zu gelangen. Vom kleinen Hafenstädtchen Mallaig aus fährt mehrmals täglich eine Fähre nach Skye. Nach Mallaig fährt man von Fort William aus entweder mit dem Auto auf der »Road to the Isles« oder mit dem nostalgischen Jacobite Steam Train über den berühmten (und auch durch die Harry-Potter-Filmen bekannte) Glenfinnan-Viadukt.

Die Isle of Skye ist ein faszinierendes Naturparadies. Die sich bis zu einer Höhe von fast 1000 Meter erhebenden Berge sind meist vulkanischen Ursprungs. Im Laufe der Jahrtausende bildeten Wind und Wasser bizarre Felsformationen. Die flacheren und hügeligen Gebiete der Insel bestehen aus Torfgebieten, die für Ackerbau und Vieh- oder Schafzucht genutzt werden. Auch auf Skye befinden sich die größeren Siedlungen – wie auf fast allen schottischen Inseln – an der Küste. Fischfang und Tourismus sind die hauptsächlichen Einnahmequellen der Einwohner. An den Küsten tummeln sich neben Wasservögeln Robben, Delfine und andere Tierarten. Auf »Sea and Wildlife Trips«, die in Portree, Stein (Waternish), Elgol und anderen Orten auf Skye angeboten werden, können die verschiedensten Vogelarten, Seehunde, Delfine und mit Glück auch Wale beobachtet werden.

Skye ist auch ein wahres Wanderparadies. Empfehlenswert ist (nur bei gutem Wetter) die nicht allzu lange Wanderung zum Old Man of Storr, einer bizarren Felsformation. Bis hin zu ausgedehnten Wanderungen oder Klettertouren in den Red und Black Cuillins ist alles möglich.

Wenn man die Insel über die Skye Bridge bei Kyle of Lochalsh erreicht hat und die einzige Destillerie der Insel besuchen möchte, fährt man auf der A87 (das ist die einzige breite Straße dieser Insel) entlang Richtung Nordosten (bzw. Richtung Portree). Bei Sligachan zweigt eine enge Straße ab, die an die Westküste führt. Dieser folgt man durch das Tal des Drynoch in Richtung Loch Harport. An seinem westlichen Ufer im Dorf Carbost befindet sich die Destillerie Talisker. Von ihr aus hat man eine großartige Aussicht über das Loch Harport – einen fjordähnlichen Meeresarm – und auf die Berge im Norden von Skye.

Die alten Gebäude der 1831 gegründeten Destillerie fielen im Jahr 1960 einem Großbrand zum Opfer. Die danach wieder neu aufgebauten, modernen, weiß gestrichenen Gebäude sind natürlich nicht so stimmungsvoll wie die alten Gebäude, aber in ihren Mauern wird einer der besten schottischen Whiskys destilliert. Mitten durch das Destilleriegelände fließt ein Bach.

Sein Wasser, das vom Torf braun gefärbt ist, wird nur zum Kühlen der Kondensatoren verwendet. Das Wasser für die Produktion des Whiskys selbst wird weiter oben in den Bergen gefasst und in Leitungen zur Destillerie geführt. Dass auch dieses Wasser stark torfhaltig ist, trägt sicher mit zum speziellen Geschmack des Talisker bei. Die Destillerie hat ein Besucherzentrum und einen Shop, in dem speziell für die Besucher hergestellte Abfüllungen angeboten werden.

Nach dem Besuch bei Talisker fahren wir wieder nach Sligachan zurück und von dort aus nach Portree, dem Hauptort der Insel. Nach unserem Aufenthalt in diesem kleinen, schönen Hafenstädtchen mit seinen farbigen Häusern rund um das Hafenbecken geht es auf der A87 weiter Richtung Westen.

Unser nächstes Ziel ist Uig, das kleine Fischer- und Hafenörtchen im Norden von Skye, wo die Fähren und Schiffe Richtung Äußere Hebriden in See stechen. Ich habe mir einen Platz auf der Fähre nach Tarbert gebucht, um die einzige auf den Äußeren Hebriden stehende Destillerie zu besuchen.

Linke Seite • Das Eilean Donan Castle an der Straße vom Loch Ness auf die Insel Skye steht kurz vor der beeindruckenden Brücke auf die Insel Skye bei Kyle of Lochalsh am Loch Uich. Die Burg aus dem frühen 13. Jahrhundert gilt als der Inbegriff eines Highlanderschlosses schlechthin.

Rechts oben • Der »Old Man of Storr«, eine ungefähr 50 Meter hohe Felsnadel vulkanischen Ursprungs im Nordosten von Skye, ist eine der berühmtesten Felsformationen der Insel.

Rechts unten • Eine Kegelrobbe mit ihrem Baby. Der englische Name dieser Gattung ist »atlantic grey seal«.

Die Destillerien in den nördlichen Gebieten der
Whiskyregion Highland

114

ATLANTISCHER OZEAN

1 Glen Albyn †	5 Royal Brackla	9 Loch Ewe	13 Ben Wyvis II †	17 Clynelish
2 Glen Mhor †	6 Glen Ord	10 Ben Wyvis I / Ferintosh †	14 Glenmorangie	18 Pulteney
3 Millburn †	7 Talisker	11 Teaninich	15 Balblair	19 Highland Park
4 Tomatin	8 Abhainn Dearg / Red River	12 Dalmore	16 Brora †	20 Scapa

† = stillgelegte, abgerissene oder für eine andere Nutzung umgebaute Destillerie

Isle of Lewis and Harris

Unser nächstes Ziel ist Uig, das kleine Fischer- und Hafen-örtchen im Norden von Skye, wo die Fähren und Schiffe Richtung Äußere Hebriden in See stechen. Ich habe mir einen Platz auf der Fähre nach Tarbert gebucht, um die einzige auf den Äußeren Hebriden stehende Destillerie zu besuchen.

Neben Tarbert (Isle of Harris) ist Stornoway (Lewis) der zweite Ort auf dieser Insel, der eine Fährverbindung zum schottischen Festland hat. Die Fähren verkehren ab Storno-way nach Ullapool im Nordwesten der Highlands. Der ein-zige (nationale) Flughafen der Insel befindet sich ebenfalls bei Stornoway. Die Isle of Lewis and Harris ist die nördlichs-te Insel der Äußeren Hebriden und – nach Großbritannien und Irland – die drittgrößte britische Insel. Hauptstadt der Insel, wie auch der gesamten Inselgruppe der Äußeren He-briden, ist Stornoway auf Lewis.

In Uig erwartet uns schon die Fähre nach Tarbert auf der Insel Harris, die sich wiederum auf der Insel Lewis befindet. Oder befindet sich die Insel Lewis auf der Insel Harris? Weil beide Inseln nur durch eine quer über die Insel verlaufende Grenzlinie getrennt sind, bezeichnet man auch die ganze Insel als Lewis und Harris. Bis 1975 gehörten die beiden Inselgebiete sogar zu zwei verschiedenen Verwaltungsbe-zirken: Lewis zum County Ross und Cromarty, Harris zum County Inverness-shire. Heute unterstehen beide Inseln – wie alle anderen Inseln der Äußeren Hebriden – dem Wes-tern Isles Council.

Die beiden Gebiete auf der Insel Lewis und Harris lassen sich relativ einfach charakterisieren: Lewis ist – ein paar wenige Hügel im Südosten ausgenommen – eher flach. Harris besteht dagegen zum großen Teil aus Gebirge. Mehr als 30 der Berge sind über 300 Meter hoch. Für den Touris-ten beeindruckend sind die Klippen und die auf einer Fahrt um die Insel immer wieder spektakulären Ausblicke auf Fels und Wasser.

Es gibt auch sehr schöne Strände mit unglaublichen Farbtönungen im Wasser. Besonders eindrucksvoll sind Sandstrand und Dünen bei Scilebost, aber noch schöner ist der Strand auf der gegenüberliegenden Seite der Bucht hinter Luskentyre (Losgaintir) in der Nähe der A859 an der Westküste nicht weit von Tarbert.

Am Ende der A859, in Rodel, dem südlichsten Ort von Harris, ist die alte St. Clement's Church mit ihren mittel-alterlichen Skulpturen und Grabstätten wie auch anderen mystischen Darstellungen für Kulturinteressierte ein Muss.

Die Ortschaften selbst, weder auf Harris noch auf Lewis – Tarbert und Stornoway inbegriffen – sind nicht beson-

Rechts · Mittelalterliches Kreuz in der St. Clement's Church in Rodel auf Harris. Die Kirche wurde 1520 gebaut und ist das größte mittelalterliche Gebäude der Äußeren Hebriden.

Unten · Fast nicht zu glauben: die unglaubliche Farbenvielfalt des Meerwassers in der Bucht von Luskentyre (Harris).

ders reizvoll. In Stornoway gibt es aber von Zeit zu Zeit be-suchenswerte Musikfestivals und Sonderausstellungen im Museum des Isles Councils.

Machen wir uns auf den Weg zur einzigen Destillerie der Insel: Abhainn Dearg. Wenn man von Tarbert aus zu der Entdeckungsreise startet, fährt man zuerst auf der A859 Richtung Norden. In der Nähe von Leurbost zweigt man Richtung Westen ab und erreicht schon bald die von Stor-noway kommende A858 in Richtung Callanish (Calanais). (Von Stornoway aus würde man direkt der A858 in Richtung Callanish folgen.) Um zur Destillerie zu gelangen, müsste man eigentlich wenige Kilometer vor Callanish auf die B8011 Richtung Süden abzweigen. Aber man kann auch einen kleinen Umweg machen und weiter bis nach Calla-nish fahren, um die größte Sehenswürdigkeit der gesamten Äußeren Hebriden zu besuchen: die »Callanish Stones«. Diese über ein großes Gebiet verteilten Steinformationen wurden ungefähr um das Jahr 2000 vor Christus errichtet. Sie sind die größten ihrer Art in Großbritannien. Der Zweck dieser Formationen ist nicht bekannt, es gibt lediglich etli-che Spekulationen darüber. Die »Callanish Stones« beste-hen aus über zehn Formationen aus einzelnen stehenden Steinen, bogenförmig angeordneten Gruppen, Steinkreisen und Ruinen von Siedlungen. Eine dieser Formationen ist besonders hervorragend: die als »Callanish I« bezeichnete, fast kreuzförmig angeordnete Ansammlung von bis zu fünf Meter hohen stehenden Steinen. Der Mittelpunkt des Kreu-zes wird aus einem Steinkreis gebildet. In dessen Mitte sind ein einzelner hoher Stein und eine Steinplattenansamm-lung, deren Bedeutung ebenfalls nicht geklärt ist (Grab, Altar ...). Die Kreise II und III sind aber ebenfalls beeindru-ckend und absolut sehenswert. Sie und die weiteren Stein-kreise um Callanish verblassen jedoch – völlig zu Unrecht – neben Callanish I. Mein Tipp zum Besuch von Callanish: Zuerst »Callanish II« besuchen, mit III weitermachen und erst dann zu »Callanish I« gehen. Dort befindet sich auch ein nettes Besucherzentrum mit Restaurant und vielen In-formationen zu diesem bedeutenden Kulturgut.

Verlassen wir nun diese Zeugen einer längst vergange-nen Kultur und fahren wieder ein kleines Stück zur B8011 zurück, die uns durch eine sehr schöne Gegend führt. In Timsgearraidh ist die B8011 zwar zu Ende, unsere Reise

geht aber noch weiter: rund um die Bucht mit dem Namen Uig Bay bis nach Carnish. Dieser Ort ist auf vielen Karten nicht einmal verzeichnet. Wer hier bereits das Gefühl hat, falsch gefahren zu sein, hält Ausschau nach einer kleinen Straße, die rechts zu einem wunderschönen Sandstrand mit Dünen, Parkplatz und Campingplatz abzweigt. Jetzt sind es nur noch zwei Kilometer bis zur Destillerie. Der Weg zu ihr führt geradeaus weiter.

Es lohnt sich aber, einen kleinen Umweg zu machen, um ein weiteres Stück Geschichte zu erfahren. Am linken Rand der zum Strand führenden Straße steht nicht weit von der »Hauptstraße« entfernt ein mehr als zwei Meter hoher König. Er kennzeichnet stellvertretend für die übrigen Schachfiguren den Ort, nämlich die Uig Bay, wo ein Mann 1831 eine Truhe mit Schachfiguren aus dem 12. Jahrhundert fand. Die Figuren von König bis Bauer waren mehrfach vorhanden. Man nimmt an, dass sie zu fünf Sätzen gehören, die aber nicht vollständig sind. Die »Lewis-« oder »Uig Chessmen« , die aus Walross- oder Walzähnen geschnitzt sind, stammen wahrscheinlich aus Norwegen. Sie gehören zu den fünf wichtigsten archäologischen Funden Großbritanniens. 67 Figuren sind im British Museum in London ausgestellt. Elf weitere kann man im Museum of Scotland in Edinburgh bewundern.

Auf dem Besucherparkplatz der Destillerie Abhainn Dearg erwarten uns zwei weitere große Nachbildungen der Schachfiguren, deren Fundort ganz in der Nähe liegt. Die im Jahr 2008 in Betrieb genommene Destillerie war früher eine kleine Farm (mit Fischzucht). Mit viel Enthusiasmus führt mich der Chef Mark (Marko) Tayburn persönlich durch seine absolut einmalige Destillerie – so etwas sieht man sonst nirgends in Schottland. Das Gebäude, in dem produziert wird, ist ein großer Schuppen. Besonders stolz ist Marko auf die beiden *stills,* die – wie er betont – alten Mustern von Schwarzbrennereien auf den Äußeren Hebriden nachgebaut worden sind. In einem anderen Schuppen reift der Whisky heran. Die ersten Fässer hatten im Herbst 2011 eine Lagerzeit von 3 Jahren hinter sich. Dies erlaubte Marko, im Oktober 2011 das erste Mal einen Single Malt auf den Markt zu bringen. Das Wasser bezieht Abhainn Dearg (Red River; auf deutsch: Roter Fluss) aus dem gleichnamigen Fluss, der direkt an der Destillerie vorbeifließt.

Das nächste Ziel ist Stornoway. Dort kann man von Lewis und Harris Abschied nehmen und sich von der Fähre nach Ullapool auf das schottische Festland übersetzen lassen. Unterwegs nach Stornoway könnte man noch einmal anhalten, um die Callanish Stones bei einem anderen Tageslicht (idealerweise bei einem Sonnenuntergang) zu bewundern. Etwas weiter nordöstlich steht an der A858 bei Carloway (Carlabhagh) ein Broch, eine befestigte Residenz aus der Eisenzeit. Sie vermittelt einen ausgezeichneten Eindruck davon, wie wichtige Personen mit ihren Familien zu jener Zeit lebten, um sich gegen die Angreifer (Wikinger) zu schützen.

116

Links • Dieser König – er ist eine sehr große Kopie desjenigen aus dem wohl berühmtesten Schachspiel Großbritanniens, den »Lewis-« oder »Uig Chessman« – steht nahe beim Fundort der Truhe mit den berühmten Figuren.

Rechts • Einer der vielen Puffins, welche an den Steilküsten von Lewis und den vorgelagerten Inseln die Brutzeit verbringen.

Unten • »Callanish I« ist Teil der größten und wohl der schönsten heute bekannten Steinformationen aus der Zeit von ungefähr 2000 vor Christus auf den britischen Inseln.

Festland – Teil 2

Nachdem wir in Ullapool die Fähre verlassen haben, machen wir uns auf den Weg zur Loch Ewe Distillery, der wohl »verrücktesten« lizenzierten Destillerie Schottlands. Nachdem man zuerst ein Stück weit auf der A835 Richtung Südosten gefahren ist, zweigt man auf die zur Westküste führende A832 ab, die am Meer entlang durch eine sehr schöne Landschaft führt.

Im kleinen Ort Aultbea/Drumchork folgt man den Wegweisern und fährt den Hügel hinauf zur Loch Ewe Distillery. Sie gehört zum Drumchork Lodge Hotel, das über eine gut bestückte Whiskybar mit einer großen Anzahl an verschiedenen offenen Flaschen verfügt. Die Bar wurde schon als »Top Whisky Bar in Scotland« und das Hotel als »Top Whisky Hotel in the World« ausgezeichnet. Was man beinahe am Ende der Welt nicht alles finden kann!

Doch noch erstaunlicher ist, was man in der umgebauten Garage direkt beim Hotel vorfindet: die Loch Ewe Distillery – die kleinste lizenzierte Destillerie Schottlands. Ihre Besitzer, John und Frances Clotworthy, leben mit großem Enthusiasmus und viel Herzblut für die Passion Whisky. Am 20.06.2006 haben John und seine Frau Frances eine Lizenz für ihre Whiskydestillerie bekommen. Damit sind sie seit über 190 Jahren die einzigen, die es geschafft haben, für ihre wirklich wie eine Schwarzbrennerei produzierende Destillerie eine private Lizenz zu erhalten.

Eine Destillerie-Führung (sei es durch John oder Frances) ist ein eindrucksvolles Erlebnis: Die sehr kleinen Schwarzbrenner-*stills* (die neben dem Brennen noch eine andere Funktion haben), der sehr spezielle Gärbottich, das eine weitere Überraschung bietende Lagerhaus *(duty free warehouse)* und weitere »Sehenswürdigkeiten« erwarten einen. Nach einem Besuch in dieser Mini-Destillerie hat

auch der Whisky-Neuling ein fundiertes Wissen über den gesamten Prozess der Whiskyproduktion gewonnen.

Die Loch Ewe Distillery ist zwar nicht Mitglied der Scotch Whisky Association. Sie wird von ihr auch nicht akzeptiert. Aber ihr Name steht neben denen von allen anderen etablierten Destillerien Schottlands im Anhang 1 der »Scotch Whisky Regulations 2009«. In diesem Anhang sind alle Destillerien Schottlands aufgelistet, für die dieses Gesetz gültig ist.

Nach diesem speziellen Erlebnis geht es wieder zurück auf die A835, der man ostwärts bis zur Abzweigung der A834 nach Dingwall folgt. In diesem alten Städtchen befinden sich am Ortseingang (Station Street) Reste der Destillerie Ben Wyvis, die diesen Namen erst seit dem Jahr 1887 trug. Gegründet wurde sie 1879 unter dem Namen Ferintosh. Nach ihrer Schließung im Jahr 1926 ist ein großer Teil der Gebäude abgerissen worden. Nicht zu verwechseln mit

Oben · Nicht etwa in einem südlichen Land, sondern nahe bei der Destillerie Loch Ewe wachsen diese Pflanzen und Blumen im Inverewe Garden, einem der nördlichst gelegenen botanischen Gärten überhaupt. Er liegt direkt am Ufer der Nordsee am Loch Ewe.

Oben rechts · Zweimal Öl: Im Vordergrund ein Rapsfeld, im Cromarty Firth eine der zahlreichen Ölförderplattformen.

Rechts · Trotz der intensiven Ölförderung im Cromarty Firth ist dieser Meeresarm ein beliebter Tummelplatz für Delfine.

dieser Destillerie ist die viel später wegen ihren sehr teuren und raren Whiskys bekannt gewordene Ben Wyvis Distillery. Sie wurde erst 1965 auf dem Areal der Grain-Destillerie Invergordon in Betrieb genommen, 1977 aber bereits wieder abgerissen.

Wir befinden uns hier zwischen der Stadt Inverness und Invergordon. Dieses Gebiet ist stark industrialisiert. Draußen im Cromarty Firth, einem Arm der Nordsee, stehen Ölplattformen. Trotzdem ist der Firth ein beliebtes Tummelgebiet für Delfine, die in großer Zahl darin leben.

Von Dingwall aus – zuerst auf der A834, dann auf der A9 nordwärts – erreicht man schon bald den kleinen Ort Alness. In diesem Ort stehen zwei sehr unterschiedliche Destillerien.

Teaninich ist die ältere der beiden, sie wurde jedoch in den 1970er-Jahren im damaligen Architekturstil der UDV (heute Diageo) um- und ausgebaut. Ihre modernen Gebäude passen perfekt in den Industriepark, der inzwischen um sie herum entstanden ist. Teaninich produziert ihre Whiskys, die hauptsächlich für die Blends bestimmt sind, auf eine neue Art. Als einzige Malt-Destillerie Schottlands hat sie keinen Maischbottich, sondern arbeitet mit einem sogenannten Maischfilter. Diese Destillerie empfängt keine Besucher.

Die zweite Destillerie in Alness, Dalmore, hat ihren Charme nicht verloren. Ihre alten, zum Teil noch aus dem vorletzten Jahrhundert stammenden Gebäude liegen direkt am Cromarty Firth. Die Destillerie Dalmore empfängt ihre

Besucher in einem neuen und interessanten, kleinen Besucherzentrum. Sie brennt ihre Whiskys nicht nur in sehr speziell geformten *stills,* sondern kann auch sonst noch mit der einen oder anderen Besonderheit aufwarten. Ihre alten Whiskys haben in den letzten Jahren unglaubliche Verkaufspreise erzielt. Zwei Flaschen des Trinitas – es gab nur drei Flaschen dieses 62-jährigen Single Malt – wurden 2010 für die astronomische Summe von je 100 000 britischen Pfund verkauft. Die Dritte erzielte kurz vor Weihnachten 2011 sogar den Preis von 120 000 Pfund. Die neueren Abfüllungen sind aber nicht so teuer. Das ist jedoch nicht der einzige Grund dafür, dass sie gerne genossen werden.

Wenige Kilometer weiter in Richtung Norden liegt in Invergordon eine der größten Destillerien Schottlands. Die Grain-Destillerie Invergordon und die Destillerie Loch Lomond in Alexandria sind zurzeit die einzigen produzierenden Grain-Destillerien außerhalb der Lowlands. Die Anlagen und Gebäude von Invergordon erinnern mehr an eine Raffinerie als an eine Destillerie. Auf ihrem Gelände stand von 1965 bis 1977 die Malt-Destillerie mit dem Namen Ben Wyvis. Dass sie nicht lange betrieben und nach nur zwölf Jahren stillgelegt und abgerissen wurde, ist auf Qualitätsprobleme zurückzuführen. Die Single Malts aus dieser Destillerie gehören trotzdem – vielleicht wegen der sehr kurzen Zeit, in der sie hergestellt wurden – zu den teuersten und am meisten gesuchten Abfüllungen schottischer Whiskys.

Fährt man auf der Schnellstraße A9 weiter nördlich, kommt man am mittelalterlichen Städtchen Tain vorbei.

Das Dunrobin Castle, das Prachtschloss der Sutherlands. steht in der Nähe von Dornoch direkt an der Nordsee.

Nicht weit davon entfernt wird der Glenmorangie gebrannt. Dieser Whisky ist in Schottland selbst einer der beliebtesten. In dem großen, neu gebauten *stillhouse* der Destillerie Glenmorangie stehen die höchsten *pot stills* von ganz Schottland. Sie weisen eine Höhe von 5,13 Metern auf. Neben dem modernen *stillhouse* hat die Destillerie noch etliche sehr alte Produktionsgebäude. Auch das nette Besucherzentrum sowie ein kleines Destilleriemuseum befinden sich in alten Gebäuden. Während die Destillerie an einem Hang ein wenig erhöht über dem Dornoch Firth – einem Arm der Nordsee – steht, liegen die Lagerhäuser in der Ebene direkt an dessen Ufer.

Nur wenige Kilometer nördlich von Glenmorangie gibt es dann noch eine zweite Destillerie am Dornoch Firth: Balblair. Wenn man von der A9 auf die A836 Richtung Westen abzweigt, erreicht man schon nach kurzer Zeit die kleine Gemeinde Edderton. Dort befindet sich Balblair, eine altehrwürdige Destillerie mit schönen alten Brennereigebäuden und ebensolchen Lagerhäusern. Sie arbeitet noch mit uralten Anlagen. Balblair hat noch kein Besucherzentrum. Ganz in der Nähe der Destillerie kann man in einem Feld einen 4000 Jahre alten, drei Meter hohen *standing stone* entdecken. Der »Clach Biorach« (deutsch: scharfer Stein) stammt aus der Bronzezeit (2000 bis 1200 v. Chr.). Die zwei piktischen Symbole, die sich auf ihm befinden, wurden erst viel später (ungefähr in der Zeit von 600 bis 800 n. Chr.) in ihn eingeritzt.

Bei der Weiterreise auf der A9 Richtung Norden kommt man ins Clan-Gebiet der Sutherlands. Die freundliche und fruchtbare Landschaft ist sicher mit ein Grund dafür, dass sich die Sutherlands hier ihr Prachtschloss Dunrobin Castle bauen ließen. Das Schloss wird von einem Nachfahren der Sutherlands, dem Lord Strathnaver, und seiner Familie bewohnt. Ein Teil davon ist aber öffentlich zugänglich. Im prachtvollen Garten (ein Mini-Versailles) finden Vorführungen der sehr interessanten schlosseigenen Falknerei und Raubvogelzucht statt. Der Besuch dieses Schlosses ist auf dem Weg nach Norden fast ein Muss (Besucherzentrum, Shop und Restaurant).

Nach dem Stopp beim Dunrobin Castle fährt man weiter in nördlicher Richtung bis nach Brora, einem Touristenort und Golfzentrum Nord-Schottlands. Am Ortsausgang liegen zwei Destillerien direkt nebeneinander. Die ältere von ihnen trägt den gleichen Namen wie der Ort. Ursprünglich hieß sie Clynelish, den Namen Brora erhielt sie erst 1969. Diese alte Destillerie mit viel Atmosphäre wurde in den 1980er-Jahren stillgelegt. Ihren früheren Namen und auch gleich die ganze Produktion hat ihre Nachbarin, die hochmoderne Destillerie Clynelish übernommen. Die damalige Besitzerin Scottish Malt Distillers Ltd. (SMD), später hieß sie United Distillers & Vintners (UDV), hat sie 1968 im typischen UDV-Architekturstil gebaut.

Clynelish unterhält einen kleinen Shop und bietet auch Führungen durch die moderne Destillerie an. Grundsätzlich kann Brora heute nicht mehr besichtigt werden, aber da Clynelish heute einige der alten Gebäude benutzt, macht man während der Clynelish-Führungen auch einen kurzen Abstecher zur Destillerie Brora. Die Gebäude dienen für die Fassabfüllung und für die Lagerung ihrer guten Whiskys. In den Lagerhäusern kann man auch noch das eine oder andere Fass eines alten Brora entdecken.

Von Brora aus machen wir uns auf den Weg zur nördlichsten Destillerie auf dem schottischen Festland. Im Verlauf dieser Reise – man fährt beinahe 80 Kilometer in nördlicher Richtung – wird die Landschaft immer karger. Im Westen erheben sich Berge. Im Gebiet knapp hinter Brora wird der Boden landwirtschaftlich genutzt und auch Getreide angepflanzt. Dies ist weiter nördlich wegen der steinigen und felsigen Böden nicht mehr möglich.

Nach einer abwechslungsreichen Fahrt (zuerst weiter auf der A9, dann auf der A99) mit laufend wechselnden Gebirgs- und Meereskulissen erreicht man die Stadt Wick. Auf ihrem Gebiet steht im Stadtteil Pulteney auf einer Anhöhe direkt über dem Hafen inmitten einer alten Fischersiedlung die Destillerie Pulteney.

Der Name des Stadtteils und der Destillerie ist auf die einflussreiche Familie Pulteney zurückzuführen, die diese Siedlung errichtet hat.

Früher gab es in dieser nördlichsten Gegend Schottlands über 30 Destillerien, die Malt-Whiskys produzierten. Heute ist Pulteney als einzige übrig geblieben. Ihr guter Whisky wird als Old Pulteney abgefüllt. Die Destillerie ist einen Besuch wert. Sie hat ein kleines, stilvoll eingerichtetes Besucherzentrum. Im *stillhouse* erwartet den Besucher mit den wirklich speziellen *stills* ein besonderer Anblick.

Unser nächstes Ziel sind die Orkney Islands. Diese Inselgruppe, die nach dem neuen Gesetz ebenfalls zur Whiskyregion Highland gehört, ist die nördlichste Inselgruppe

Schottlands, auf der Whisky produziert wird. Doch wie kommt man auf die Orkney's? Es gibt verschiedene Möglichkeiten. Die bequemste – aber auch teuerste – Variante ist das Flugzeug. Es gibt Flüge ab Glasgow, Edinburgh, Aberdeen oder Inverness nach Kirkwall. Eine Überfahrt mit der Fähre ist von verschiedenen Orten des Festlandes aus möglich: Ab Aberdeen gibt es eine Fährverbindung nach Kirkwall. Von John O'Groats im äußersten Nordosten Schottlands fährt im Sommer eine Personenfähre über den Pentland Firth nach Burwick: Diese Fahrt an die Südspitze der Insel South Ronaldsay, die der Hauptinsel südlich vorgelagert ist, beträgt ungefähr 45 Minuten. Von Burwick aus fahren Busse bis nach Kirkwall, der Hauptstadt der Orkney's. Ungefähr fünf Kilometer westlich von John O'Groats verkehren ab Gill's Bay (an der Straße nach Thurso) Autofähren nach St. Margaret's Hope. Der im Jahr 2009 in Betrieb genommene Katamaran fährt im Sommer viermal täglich, im Winter dreimal. Die Fahrt mit der Fähre, die – ebenfalls ganzjährig – mehrmals täglich von Scrabster bei Thurso nach Stromness auf Orkney Mainland übersetzt, ist besonders eindrucksvoll. Mit etwas Glück kann man die hohen Klippen der Insel Hoy mit dem Old Man of Hoy (einem einzeln aufragenden schmalen Felsen) und dem wie aus den Felsen gemeißelten John's Head bewundern und sich an den Delfinen erfreuen, die die Fähre begleiten. Weil aber Atlantik und Nordsee zwischen Nord-Schottland und den Orkney's öfter heftig miteinander kämpfen, kann es bei allen Fähren schon einmal heißen: »No sailing today!«

All diese Fähren kann man erreichen, wenn man von Wick aus noch ein Stück in den hohen Norden fährt. Dieses Gebiet besteht aus einem relativ flachen Hochplateau, das an seinen Rändern in eindrucksvollen Klippenlandschaften gegen die Nordsee oder den Atlantik abbricht. Durch den jahrtausendelangen Kampf der beiden Meere gegen das Land bildeten sich an den steilen Küsten zerklüftete Fel-

Das Hochplateau im Norden von Schottland fällt in steilen Küsten mit teilweise bizarren Felsformationen gegen das Meer ab (Stacks beim Duncansby Head in der Nähe von John o'Groats).

sen und bizarre Gesteinsformationen. Beide Meere bringen Winde mit sich, die im Gebiet der Grafschaft Caithness beinahe täglich miteinander kämpfen. Stürmische Böen und starke Winde sind an der Tagesordnung. Außer Heide und karger Graslandschaft, auf der Schafe und Kühe weiden, gibt es dort oben nichts. Die Ortschaften und Städte liegen fast ausnahmslos an der Küste. Ein Teil der Ur-Bewohner des schottischen Nordens stammt von den Wikingern ab, die dort ungefähr 800 n. Chr. mit Booten gelandet sind. Bis vor wenigen Jahrzehnten lebten viele Bewohner fast ausschließlich vom Fischfang. Heute können nur noch wenige ihren Lebensunterhalt damit verdienen, weil wegen der Überfischung unter anderem die Heringbestände stark zurückgegangen sind.

Mit zu den imposantesten Felsformationen gehört der »Duncansby Head« mit seinen berühmten »Stacks« (besonders geformten Felsen im Meer vor den Klippen) in der Nähe von John o'Groats. Der »Duncansby Head« ist nicht nur wegen dieser Naturschönheiten, sondern auch wegen den Tausenden dort lebenden und brütenden Vögeln einen Besuch wert. In einigen Buchten leben auch Seehunde. Von John o'Groats aus kann man kleine Bootstrips zu den Klippen und Seehundkolonien machen, wenn nicht gerade Atlantik und Nordsee heftig gegeneinander ankämpfen. Nun muss man sich entscheiden, ob man die Autofähre ab Gill's Bay (fünf Kilometer westlich von John O'Groats an der Straße nach Thurso) nach St. Margaret's Hope nimmt oder mit der Fähre von Scrabster (bei Thurso) nach Stromness auf Orkney Mainland übersetzen will.

Orkney Islands

Die Inselgruppe der Orkneys besteht aus etwa hundert Inseln. Sie war ungefähr 10 000 Jahre v. Chr. bereits bevölkert. Ihre damaligen Bewohner, von denen man gebrauchte Pfeilspitzen aus Feuerstein fand, kamen wahrscheinlich vom nördlichen schottischen Festland. Eine der ältesten Siedlungen, die man auf den Orkneys entdeckt hat, ist Skara Brae. Sie ist sehr gut erhalten, obwohl sie aus den Jahren um 3000 v. Chr. stammt und damit älter ist als beispielsweise die Pyramiden in Ägypten. Gefunden wurde sie erst in der Mitte des 19. Jahrhunderts, als ein Sturm den Sand fortwehte, der sie bedeckte.

Orkney ist ebenfalls weltberühmt durch die *standing stones* (stehenden Steine), die man unbedingt besuchen sollte. Die Steine stehen einzeln oder in Gruppen (z. B. *Stennes stones*) oder in Ringform (z. B. *Ring of Brodgar*) an verschiedenen Plätzen auf den Inseln. Sie haben eine Höhe von 2,1 bis 4,7 Metern und stammen aus der Zeit von ungefähr 2900 bis 2500 v. Chr. Es handelt sich dabei um Kultstätten und -objekte. Obwohl es viele Erklärungen und Spekulationen gibt, konnte die genaue Bedeutung dieser Steinmonumente bis heute nicht geklärt werden.

Die ersten Einwanderer aus Skandinavien kamen um das 8. Jahrhundert unserer Zeitrechnung auf die Inselgruppe, was auch eine Erklärung dafür ist, dass auf Orkney viele

121

Oben • Teil eines der Häuser der jungsteinzeitlichen Siedlung von Skara Brae (ungefähr 3000 v. Chr.). Man kann den Hauptwohnraum mit der Feuer- resp. Kochstelle und dem Mobiliar aus Steinen sowie die rund um den Wohnteil angeordneten Schlafstellen gut erkennen.

Mitte • Dieses Gemälde in einem der Informationsgebäude zeigt, wie die Bewohner dieser Siedlung aus dem vierten Jahrtausend v. Chr. mehr oder weniger unterirdisch gelebt haben.

Unten • Ein Teil des Ring of Brodgar, des berühmten und eindrücklichen Steinkreises. Er hat einen Durchmesser von über 100 Metern. Von den ursprünglich 70 stehen heute noch 27 Steine.

Linke Seite • Mehr als mystisch: Die »Stennes Stones« zur Sommer-Sonnenwende. Im Hintergrund rechts der »Ring of Brodgar«.

Bauten und Sehenswürdigkeiten mit Wikinger-Einfluss anzutreffen sind. Die Orkney's gehörten bis ins 15. Jahrhundert zu Norwegen.

Seit 1468 stehen sie unter schottischer Hoheit. Als die norwegische Prinzessin Margaret den schottischen König James III. heiratete, überließ der damalige norwegische König Christian I. die Inseln Schottland als Sicherheit für die Mitgift seiner Tochter. Weil die Mitgift nie bezahlt wurde, annektierte Schottland die Orkney Islands 1472 endgültig.

Die Hauptinseln von Orkney bestehen aus sehr fruchtbaren Torfböden, auf denen Getreide angepflanzt und Vieh- und Schafzucht betrieben wird. Viele der Einwohner leben aber auch von der Fischerei und der Zucht von Lachs. Ein Naturfreund wird die Orkney Islands wegen der dort lebenden Tiere und Vögel schätzen. Vor den nördlichen Orkneys kann man Delfine, Wale, Seehunde und andere Meeressäugetiere beobachten.

Die Orkney's gehören zu den bedeutendsten Whiskyinseln Schottlands. Das liegt vor allem an den Whiskys der Destillerie Highland Park, die zu den besten Schottlands und damit der Welt gehören. Highland Park liegt etwas südlich von Kirkwall, der Hauptstadt der Inselgruppe.

Die große Destillerie steht direkt an der Straße, die nach St Mary's auf Orkney Mainland und von dort weiter nach St Margeret's Hope und Burwick auf der Insel South Ronaldsay führt.

Highland Park ist eine der wenigen Destillerien in Schottland, die wenigstens einen Teil des benötigten Gerstenmalzes noch auf eigenen *floor maltings* mälzen. Die gekeimte Gerste wird in den *kilns* über Torffeuern (der Torf stammt von den Orkney Inseln) getrocknet. Sie besitzt mit ihren zwei *kilns,* den schönen alten Gebäuden und den vielen schwarzen Lagerhäusern viel Ausstrahlung und ist unbedingt einen Besuch wert. Ihr schönes *Visitor Centre* wurde 2008/2009 erneut renoviert, um- und ausgebaut.

Highland Park liegt hoch über der Scapa Bay und dem Scapa Flow. Dieses von vielen darum liegenden Inseln geschützte Gebiet ist vor allem wegen der Ereignisse am Ende des Ersten Weltkriegs berühmt geworden. Dorthin wurde damals eine ganze deutsche Flotteneinheit interniert. Sie versenkte sich wegen einer Fehlinterpretation einer Zeitungsmeldung zu den Friedensverträgen von Versailles selbst. Heute liegen noch 7 von 74 Wracks im Flow und haben ihn zu einem beliebten Gebiet für Taucher gemacht.

Im Zweiten Weltkrieg spielte das Gebiet erneut eine Rolle. Man versenkte Schiffe und baute Betonwälle, um die Seewege in den Scapa Flow zu blockieren. Einige der für die »Churchill Barriers« versenkten Schiffe ragen heute noch, also nach etwa 70 Jahren, wie Mahnmale aus dem Wasser.

Oben • Das deutsche Schlachtschiff »Derfflinger« knapp vor dem Versinken im Scapa Flow. Es war eines der 74 Schiffe einer internierten deutschen Flotteneinheit, welche sich am 21. Juni 1919 selbst versenkte.

Mitte • Eine der nach ihrem Auftraggeber benannten »Churchill Barriers« aus dem Zweiten Weltkrieg. Über den damals als Hindernis gegen U-Boote usw. gebauten Wall führt heute eine Straße. Das Schiff neben dem Bauwerk wurde damals als Teil der Barriere durch die Engländer versenkt.

Unten • Die »Italian Chapel« wurde von in Nordafrika gefangengenommenen italienischen Kriegsgefangenen errichtet. Diese wurden nach Orkney gebracht, um die Churchill Barriers zu bauen.

Die zweite Destillerie auf den Orkney's liegt an der Scapa Bay in Sichtweite von Highland Park. Die Destillerie mit dem Namen Scapa wurde während des Ersten Weltkriegs Opfer der kriegerischen Handlungen in dieser Gegend. Sie wurde infolge eines durch Gefechte verursachten Großfeuers zerstört und erst nach Kriegsende in modernem Stil wieder aufgebaut.

Ab Anfang der 1990er-Jahre war die Scapa Distillery über lange Zeit stillgelegt, aber ihre Anlagen wurden zweimal pro Jahr mit sogenannten *maintenance distillations* in Schwung gehalten. Im November 2004 wurde die Destillerie wieder in Betrieb genommen — zur Freude aller Liebhaber dieses wirklich guten Whiskys. Im Jahr 2005 wurde die Produktion noch einmal für einige Monate unterbrochen, um die Gebäude komplett zu renovieren. Es wurde auch ein neues *stillhouse* gebaut. Viele Anlagen, darunter auch

die *spirit stills* wurden bei dieser Gelegenheit ausgetauscht. Im November des gleichen Jahres nahm sie die Produktion wieder auf. Die Destillerie besitzt keine Besuchereinrichtungen.

Damit sind wir am Ende unserer Reise durch die Whiskyregion Highland angekommen.

Unterwegs habe ich 36 aktive Destillerien besucht und darüber hinaus die Erinnerung an Destillerien wachgerufen, die geschlossen, umgebaut oder mehr oder weniger vollständig abgerissen worden sind, aber durch ihre zum Teil ausgezeichneten Whiskys dem Namen nach bekannt geblieben sind.

Als Nächstes möchte ich auf unserer Reise durch die fünf Whiskyregionen Schottlands die Insel Islay vorstellen.

Die Whiskyregion Islay

Islay (sprich Ei-lah) ist die berühmteste der schottischen Whiskyinseln. Schon seit vielen Jahrzehnten trägt sie inoffiziell die Bezeichnung »Königin der Whiskyinseln«. 2009 ist dies auch offiziell geworden, denn seit der Inkraftsetzung des neuen schottischen Whiskygesetzes ist sie eine eigene Whiskyregion.

Auf Islay zu gelangen ist auf mehrere Arten möglich. Die einfachste ist, in Glasgow ein Flugzeug zu besteigen und zum einzigen Flugplatz auf der Insel zu fliegen. Es gibt jedoch nur zwei Verbindungen pro Tag und die Winde auf der Insel sind oft unberechenbar. Auch die kurze und enge Landebahn des Islay-Port Ellen Airport kann Probleme bereiten. Die Tücken einer Landung auf diesem Flugplatz musste – wie viele andere vor und nach ihm – auch Prinz Charles am eigenen Leib erfahren. Bei einem Besuch auf der Insel am 29. Juni 1994 mit dem selbst gesteuerten Jet (einer BAe 146 der britischen Luftwaffe, Royal Air Force) schoss er bei der Landung über das Pistenende hinaus. Zum Glück ist niemand ernsthaft verletzt worden, das Flugzeug wurde jedoch ziemlich stark beschädigt.

Empfehlenswerter, wenn die See nicht zu verrückt spielt, ist die Überfahrt mit der Fähre von Kennacraig auf der Halbinsel Kintyre nach Port Ellen oder Port Askaig (mehrmals täglich, Dauer etwa 2 Stunden). Von Glasgow aus muss man bis zum Fährhafen Kennacraig mit einer Autofahrt von 2½ bis 3 Stunden rechnen, weil die Straße wegen der fjordähnlichen Meeresarme (Loch, Firth oder Sound genannt) einen großen Umweg macht.

Im Sommer fährt außerdem einmal pro Woche eine Fähre von Oban nach Port Askaig auf Islay.

Eine weitere Möglichkeit, vom Festland auf die Insel Islay zu gelangen, ist der Weg über die Inseln Arran und Kintyre (mit dem Auto nach Ardrossan, mit der Fähre nach Brodick, Auto nach Lochranza, Fähre nach Claonaig). Von Claonaig auf Kintyre bis zum Fährhafen Kennacraig, wo die Fähre nach Islay ablegt, sind es knappe 20 Kilometer.

Falls er die Wahl hat – und ihm die Gezeiten, das Wetter oder der Fahrplan keinen Strich durch die Rechnung ma-

chen – ist für den Whiskyliebhaber die Fähre, die in Port Ellen anlegt, die reizvollste Alternative.

Wenn sich die Fähre der Insel bei schönem Wetter nähert, leuchten einem die weiß gestrichenen Gebäude der Destillerien schon von Weitem entgegen. Die Namen der Destillerien befinden sich in der Regel auf einem der dem Meer am nächsten stehenden Gebäude, meistens einem Lagerhaus. Die mit riesigen schwarzen Buchstaben aufgemalten Namen stimmen den Besucher schon ein wenig auf das Kommende ein.

Norden und Osten der Insel werden geprägt von beinahe 500 Meter hohen felsigen oder mit Heidekraut (Erika) überwachsenen Hügeln. Die fruchtbaren Gebiete Islays befinden sich – zum überwiegenden Teil auf Torfmooren – im Süden und Westen der Insel. Der dort in den drei der größten Torfabbaugebieten Islays gestochene, sehr aromatische Torf wird auch beim Mälzen gebraucht. Er wird im Feuer zum Trocknen der gekeimten Gerste mit verbrannt.

Die Luft auf Islay ist geradezu geschwängert von Salz, Jod, Seetang und Torf. Das Wasser, das sich über die Torffelder den Weg sucht, bekommt auf seinem Weg einen speziellen Geschmack mit. Dadurch können Whiskys mit wirklich speziellen und kräftigen Aromen entstehen. Die typischen Whiskys von Islay sind die aromatischsten und rauchigsten Schottlands. Die Einschränkung »typisch« ist notwendig, weil es auf Islay auch Destillerien gibt, die – für diese Insel untypisch – weiche Whiskys produzieren.

Oben · Ob man mit der Fähre von Kenncraig nach Port Askaig oder nach Port Ellen reist: Begrüßt wird man auf jeden Fall vom Leuchtturm auf McArthurs Head an der Ostküste von Islay.

Unten · So präsentiert sich der Hafenort Port Ellen bei der Anreise mit der Fähre an einem schönen Abend dem ankommenden Gast.

Die Destillerien auf Islay

Fast alle Destillerien auf Islay befinden sich am Meer. Vier von ihnen hat man vor der Ankunft in Port Ellen – wenigstens auf Distanz – schon gesehen. Vier der fünf anderen Destillerien liegen ebenfalls am Meer.

Um die Destillerien auf dieser Whiskyinsel zu besuchen, fährt man am besten vom Ankunftsort Port Ellen zuerst einmal in Richtung Osten und lässt dabei die ersten an dieser schmalen Straße liegenden Destillerien Laphroaig und Lagavulin im wahrsten Sinne des Wortes – natürlich nur für's Erste – rechts liegen.

Nach wenigen Kilometern Fahrt erreicht man die am östlichsten liegende Destillerie: Ardbeg.

Die Ardbeg Distillery ist eine der mystischsten Destillerien Schottlands. Ihre drei *kilns,* die alten Mälz- und Lagerhäuser, aber auch die anderen Destilleriegebäude sowie ihre Lage zwischen den Felsen, alles ist einmalig. Auch ihre Whiskys sind es und gehören zu den besten überhaupt – sofern sie vor 1977 destilliert wurden. Seitdem ist ihr Geschmack leider ein wenig anders geworden. Ist das Malz seit 1978 vielleicht anders, weil nicht mehr selbst gemälzt wird? Auch die Stilllegungen von 1981 bis 1989 und dann wieder von 1996 bis Anfang 1998 könnten zur Geschmacksänderung beigetragen haben.

Glenmorangie plc ist seit 1997 Besitzerin (sie selbst ist im Besitz von LVMH, Louis Vuitton/Moët Hennessy). Unter ihr wurde sofort versucht, wieder die alte Qualität zu erreichen. Und es sieht so aus, als sei dies gelungen. Der erste nach der Wiedereröffnung der Destillerie abgefüllte 10-Jährige – er trägt den Namen »Renaissance« – ist ausgezeichnet und wie seine verschiedenen Nachfolger ein Versprechen für die Zukunft. Die Destillerie Ardbeg besitzt seit 1998 in den beiden nebeneinander stehenden *kilns* auch ein Besucherzentrum mit einem wirklich guten Restaurant. Es ist seither mehrmals aus- und umgebaut worden. Vom *Visitor Centre* aus starten auch die Touren durch die altehrwürdigen Gemäuer.

Das Sträßchen führt von Ardbeg aus nur noch einspurig weiter nach Ardtalla, einem kleinen Anwesen (fast) am Ende der Welt. Zumindest ein Stück weit sollte man dieser Straße noch folgen, um ein paar Sehenswürdigkeiten nicht zu verpassen: zum einen die fantastische Landschaft mit ihren malerischen Buchten, Felsen und Hügeln, und zum anderen die Kirchenruine Kildalton. In ihren ungefähr aus dem 8. Jahrhundert stammenden Mauern und dem sie umgebenden Friedhof gibt es ein paar interessante Grabsteine und in Stein gehauene Figuren zu sehen. Speziell zu erwähnen ist das berühmte Kildalton Cross, ein keltisches Kreuz aus dem 8. Jahrhundert. Es ist das am besten erhaltene und älteste seiner Art in ganz Schottland.

Die dritte Sehenswürdigkeit sind die Seehunde, die sich in der Bucht mit den Felsen knapp nach den Häusern des Weilers Ardbeg sonnen. Weitere, von dieser Spezies geliebte Plätze sind die hinter Kildalton liegenden Buchten Aros und Claggain Bay in Richtung des Leuchtturms McArthurs Point. Leider sind die Seehunde nicht immer dort (oder sie zeigen sich nicht).

Wenn man die Straße zurück Richtung Port Ellen fährt, sieht man nur etwa 3 Kilometer von Ardbeg entfernt in der Lagavulin Bay die Ruine des Dunyvaig Castle, einer ehemaligen, den MacDonald Lords of the Isles gehörenden, kleinen Burg mit Schiffsbasis. Ganz in der Nähe der Burgruine steht die Destillerie Lagavulin mit weiß gestrichenen Gebäuden, zwei *kilns* und einem markanten, roten Kamin. Auf ihrem Areal und den benachbarten Grundstücken wurde schon um das Jahr 1750 Whisky gebrannt. Es gab dort mehr als zehn illegale Destillerien. Zwei von ihnen wurden 1816 und 1817 gegründet. Diese beiden später lizenzierten, und damit legalen Brennereien wurden 1837 zu einer einzigen, Lagavulin, zusammengelegt.

Lagavulin ist eine relativ kleine Destillerie. Sie besitzt zwar ein Besucherzentrum (das eigentlich mehr ein kleiner Shop ist), Destillerie-Besichtigungen sind aber nur nach Voranmeldung möglich. Der bei Lagavulin hergestellte ausgezeichnete Whisky ist bekannt und mehr oder weniger überall erhältlich, gehört er doch zu den sechs Classic Malts von Diageo.

Man muss nur etwa zwei Kilometer weiter in Richtung Port Ellen fahren, um bereits die Destillerie Laphroaig zu erreichen. Sie ist eine der größten auf Islay. Über die Whiskys aus dieser Brennerei gehen die Meinungen auseinander: Entweder man liebt oder man hasst sie.

Das aus dem 8. Jahrhundert stammende Kildalton Cross ist das besterhaltene keltische Hochkreuz Schottlands. Es steht vor der Ruine der Kirche gleichen Namens.

Die Destillerien in der Whiskyregion Islay

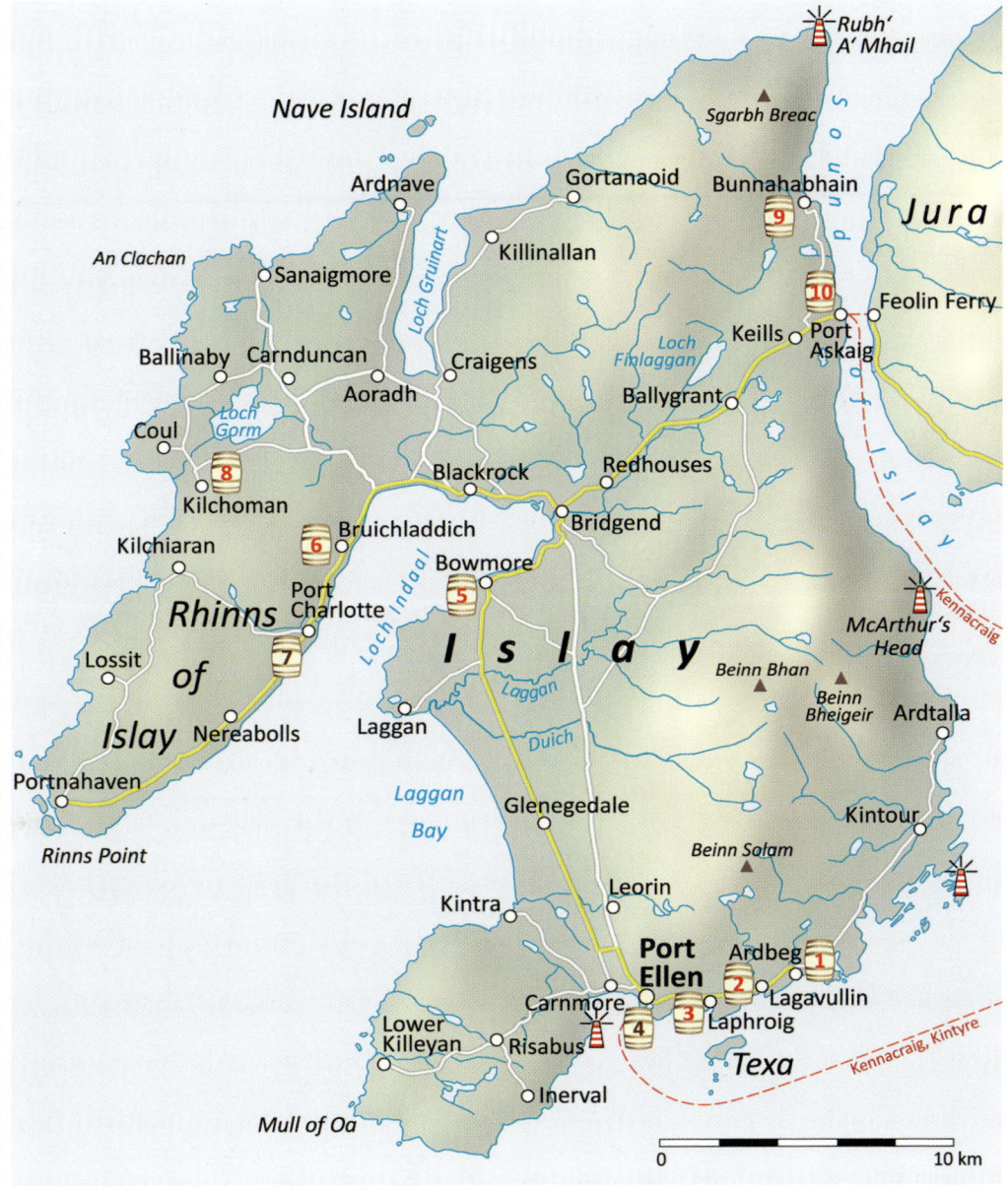

1   Ardbeg

2   Lagavulin

3   Laphroaig

4   Port Ellen †

5   Bowmore

6   Bruichladdich

7   Port Charlotte/Loch Indaal †

8   Kilchoman

9   Bunnahabhain

10   Caol Ila

† = stillgelegte, abgerissene oder für eine andere Nutzung umgebaute Destillerie

Einer, der sie liebt, ist Prinz Charles. Er hat der Destillerie das Recht verliehen, sein Siegel zu verwenden. Laphroaig ist bisher die einzige Destillerie Schottlands, die dieses Recht besitzt. Seither prangt das Siegel auf fast allen Flaschen ihrer Abfüllungen. (Auf Islay wird erzählt, dass Prinz Charles auf dem Weg zu Laphroaig war, als er mit seinem Flugzeug bei der Landung den Crash baute.)

Laphroaig hat ein neues, modernes *stillhouse,* die anderen Gebäude sind jedoch alt. Erwähnenswert ist auch, dass sie eine der zwei Destillerien auf Islay ist, die noch eigene *floor maltings,* das heißt Mälzböden, besitzen. Bei Laphroaig wird heute noch ungefähr 30 Prozent des benötigten Malzes selbst produziert. Seit ein paar Jahren hat die Destillerie auch ein sehr schönes Besucherzentrum mit einem speziellen, sehr feudalen Teil für die Mitglieder des Fanclubs »Friends of Laphroaig«.

Die Destillerie Port Ellen stand etwas außerhalb des Hafenstädtchens gleichen Namens. Sie besaß neben den

Auf der Hochebene der Insel gibt es verschiedene Torfabbaugebiete.

normalen Destilleriegebäuden drei *kilns* und eine ganze Anzahl großer, gepflegter Lagerhäuser. Die Lagerhäuser und zwei *kilns* stehen noch, die Destillerie selbst wurde Mitte 2003 abgerissen. Port Ellen zählte zu den berühmtesten Destillerien der Insel. Ihren Ruf hat die seit 1983 geschlossene Destillerie aber nicht nur wegen der Qualität ihrer Whiskys. Vielmehr haben kreatives Marketing und eine zumindest profitable Politik der Verknappung dazu beigetragen, dass ihre Whiskys sehr gesucht sind und mit

zu den teuersten gehören. Niemand außer ihren Besitzern selbst weiß, wie viele Fässer dieses flüssigen Goldes noch existieren. Bis ins Jahr 2010 kamen Jahr für Jahr die verschiedensten – immer teurer werdenden – Abfüllungen auf den Markt – mit Auflagen von einigen Tausend Flaschen. Die jährlichen Abfüllungen haben aber mit dem 10th Release ein Ende gefunden. Die Lagervorräte dieser vor fast 30 Jahren stillgelegten Destillerie scheinen doch nicht ganz unerschöpflich zu sein. Weitere Abfüllungen werden aber sicher noch folgen.

Die Destillerie Port Ellen stand schon länger im Schatten – und dies im wahrsten Sinne des Wortes – der auf ihrem Grundstück stehenden Port Ellen Maltings. Diese Großmälzerei arbeitet mit Mälztrommeln und stellt mehr oder weniger stark getorftes Malz her, je nach Angaben beziehungsweise Rezepten der einzelnen Destillerien. Alle Destillerien auf Islay beziehen mindestens einen Teil des benötigten Malzes von den Port Ellen Maltings.

Von Port Ellen führt die Straße nach einem kurzen Aufstieg kilometerweit in nordwestlicher Richtung über die flache, sumpfige und deshalb nicht sehr fruchtbare Moorlandschaft des Hochplateaus nach Bowmore, dem Hauptort der Insel. Etwa auf halber Strecke kommt man am Flugplatz und dem einzigen Golfplatz der Insel vorbei.

Am Ortseingang von Bowmore, noch auf der Höhe des Plateaus, steht die berühmte »Runde Kirche«. Der Rundbau sollte verhindern, dass der Teufel eine Ecke findet, in der er sich verstecken kann. Von der Kirche aus fährt man auf der in Richtung Meer abfallenden Straße weiter. Gegen Ende dieser Straße stehen links direkt am Ufer Gebäude, an denen (nicht nur) der Teufel mehr Spaß haben könnte: diejenigen der Destillerie Bowmore. Sie wurde im Jahr 1779 an ihrem heutigen Platz am Loch Indaal als erste Destillerie auf der Insel Islay gegründet.

Bowmore ist eine der beiden Destillerien auf Islay, die heute noch selber mälzt und wenigstens einen Teil des benötigten Malzes selbst herstellt. Die ausgezeichneten Whiskys aus dieser Brennerei gehören unter den getorften Islay-Whiskys zu den leichteren. Die attraktive Destillerie besitzt ein Besucherzentrum, das 2006 mit großem Aufwand ausgebaut wurde und jedes Jahr mehr als 10 000 Besucher willkommen heißen kann.

Bruichladdich ist die nächste Destillerie, die auf der Liste steht. Bei klarer Sicht kann man sie schon von Bowmore

aus am direkt gegenüberliegenden Ufer des Loch Indaal sehen.

Um sie zu erreichen, muss man aber etwa 25 Kilometer um das Loch Indaal herum fahren. Bruichladdich ist eine Destillerie mit einer wechselvollen Geschichte. Sie war sehr oft wegen finanzieller Probleme geschlossen. Erst im Mai 2001 wurde sie durch ihren neuesten Besitzer wieder in Betrieb genommen. Die Gebäude sind größtenteils alt, trotzdem erscheint die Destillerie irgendwie modern. Dies gilt aber nicht für die teilweise sehr alten Anlagen und die hier – wenigstens zum Teil – nach alter Tradition hergestellten Whiskys, die zu den beliebtesten von Islay gehören. Die ursprünglichen Whiskys von Bruichladdich sind nicht getorft, haben aber wegen des Wassers doch einen leichten

Ganz oben · Es war einmal … So sahen die Kult-Destillerie Port Ellen und die neben ihr stehende Port Ellen Großmälzerei früher aus. Leider wurde – neben anderen Destilleriegebäuden – nicht nur der markante rote *kiln* abgebrochen, sondern auch die gesamte Whiskyproduktion aufgegeben. Die Großmälzerei ist heute immer noch in Betrieb und die Lagerhäuser der Malt-Destillerie werden von anderen Islay-Destillerien von Diageo plc genutzt. Ob und wieviele Fässer des Port-Ellen-Malt dort noch lagern ist ein gut gehütetes Geheimnis.

Oben · Auf dem Hochplateau über dem Ort Bowmore steht die berühmte runde Kirche, welche so gebaut wurde, dass der Teufel keine Ecke findet, hinter welcher er sich verstecken kann. Unten am Meer erkennt man die der Destillerie Bowmore, an welcher nicht nur der Teufel seine Freude hat!

Auf der Insel leben neben den verschiedensten Säugetieren zum Beispiel auch über 250 zum Teil seltene Vogelarten. Naturliebhaber fahren von Bruichladdich aus weiter nach Portnahaven und statten den in der Umgebung des Dorfes lebenden Seerobben einen Besuch ab. Auf dem Weg dorthin kommt man durch Port Charlotte, wo noch die Überreste der 1929 geschlossenen Destillerie Port Charlotte/Loch Indaal zu sehen sind. Eines der Lagerhäuser der Destillerie Loch Indaal steht noch komplett. In ihm lagern – neben neueren Produktionen – die noch vorhandenen Whiskys aus der Vergangenheit von Bruichladdich. Früher war Port Charlotte die westlichste Destillerie Schottlands, dann ging dieser Titel für viele Jahre an die ein paar Kilometer weiter östlich liegende Bruichladdich über. An der Stelle, wo die alte Destillerie stand, wurde im Jahr 2007 durch die Besitzer von Bruichladdich der Grundstein für eine neue Destillerie gelegt. Sie sollte den Namen Port Charlotte erhalten. Warum »sollte«? Wahrscheinlich wird diese Destillerie nie gebaut werden. Es ist – nicht nur in Schottland – nicht ganz unüblich, dass eine angekündigte neue Destillerie nicht errichtet wird, weil einfach die notwendigen Mittel dafür fehlen.

Fährt man von Port Charlotte in Richtung Bridgend oder Bowmore zurück, muss man kurz nach Bruichladdich auf eine wirklich enge, vom Loch Indaal wegführende Straße abzweigen, um zur Kilchoman Distillery zu kommen. Ab dem Zeitpunkt ihrer Eröffnung 2005 bis ins Jahr 2008 konnte sie den Titel »Westlichste Destillerie Schottlands« führen. Bereits nach wenigen Jahren musste sie den Titel an eine noch weiter westlich neu eröffnete Brennerei auf der Isle of Lewis (Abhainn Dearg) abtreten.

Der Name Kilchoman ist auf eine in der Nähe stehende, sehr alte Kirche mit einem schönen keltischen Kreuz zurückzuführen. Die Destillerie wurde im Stil der früher existierenden Islay-Farm-Destillerien erbaut. Noch im 19. Jahrhundert waren etliche von ihnen auf dieser Insel tätig. Die sehr kleine Brennerei liegt als einzige auf der Insel Islay nicht am Meer. Der Plan, alle für die Whiskyherstellung notwendigen Prozesse selbst zu machen, ist weitgehend realisiert. Jetzt fehlt nur noch die eigene Flaschenabfüllung. Am 28. Mai 2009 wurde die erste Flasche eines Kilchoman verkauft. Seither kommen laufend neue – sehr junge – Abfüllungen auf den Markt. Die Whiskys von Kilchoman, es gibt sie sowohl ungetorft als auch getorft, sind für ihr Alter sehr gut. Lassen wir uns überraschen, wie sie schmecken, wenn sie älter sind. Die Destillerie, die ein großes Besucherzentrum mit Shop und Café hat, bietet auch Führungen an.

Um zur nächsten Destillerie, Bunnahabhain, zu gelangen, muss man von Kilchoman aus fast die ganze Insel in nordöstlicher Richtung durchqueren. Auf dem Weg dorthin steht die kleine Islay Woollen Mill, der man unbedingt einen Besuch abstatten sollte. Sie liegt ein wenig abseits der Straße, die von Bridgend nach Port Askaig führt. In der alten Weberei werden immer noch mit uralten Anlagen die berühmten schottischen Stoffe hergestellt. Hier entstanden auch die Stoffe für die Darsteller vieler Filme wie Braveheart, Rob Roy usw. Selbstverständlich kann man im Shop der Weberei – nur er ist schon einen Besuch wert – die Stoffe in den verschiedensten Ausführungen auch kaufen.

Die Destillerie Bunnahabhain befindet sich beinahe in der äußersten Ecke der gebirgigen Nordostküste. Zu ihr führt eine kurvenreiche einspurige Straße, zuerst an ein

Ganz oben · Die 1829 gegründete Destillerie Port Charlotte – sie hieß zuerst Loch Indaal – wurde 100 Jahre nach ihrer Gründung im Jahr 1929 geschlossen. Ein paar Gebäude stehen noch und werden zum Teil von der Destillerie Bruichladdich genutzt. Deren Besitzer traten 2007 mit dem Plan an die Öffentlichkeit, Port Charlotte wieder aufzubauen. Dieser wurde jedoch aus finanziellen Erwägungen zumindest auf Eis gelegt.

Oben · Auf solchen Maschinen – sie stammen aus dem Ende des 19. Jahrhunderts – wurden und werden in der Islay Woollen Mill nicht nur »normale« Stoffe hergestellt. Ein paar von ihnen trugen die Hauptdarsteller in verschiedenen berühmten Filmen, so zum Beispiel Mel Gibson in »Braveheart«, Tom Hanks in »Forest Gump« oder Liam Neeson in »Rob Roy«.

Torfgeschmack. Seit Beginn des Jahres 2002 werden jedoch auch Designer- und Experimental-Whiskys produziert. Es wurden und werden laufend neue, zum Teil extrem stark getorfte, in den verschiedensten Fässern endgereifte und mit speziellen Destillationstechniken (bis zur Vierfachdestillation) hergestellte Whiskys angeboten. Die ersten von ihnen kamen 2005 auf den Markt. Diese neuen Whiskys sind aber auch bei Bruichladdich-Fans immer mehr umstritten. Die Destillerie hat ein Besucherzentrum und einen großen Shop. Eine Besichtigung lohnt sich wegen den sehr alten Produktionsanlagen, die man in anderen Destillerien nur noch selten antreffen kann.

Islay ist nicht nur eine berühmte Whiskyinsel, sondern sie bietet auch in Bezug auf Natur außerordentlich viel.

paar Farmen vorbei, dann lange oben am Rand des Hochplateaus entlang. Sie bietet einen schönen Blick auf die Insel Jura und den tief unten liegenden, knapp zwei Kilometer breiten Meeresarm Sound of Islay, der Islay von der Insel Jura trennt. Erst kurz vor dem Ziel der Reise fällt die Straße, die zur Destillerie, oder besser gesagt zum Destilleriedorf Bunnahabhain, sehr steil ab. Man kommt zuerst an ein paar größeren Häusern in bevorzugter Lage für die leitenden Angestellten vorbei. Daran schließen sich zwei Reihen kleinerer Häuser für die Arbeiter an. Immer noch in erhöhter Lage stehen ein paar Lagerhäuser. Erst ganz unten am Meer gelangt man zur alten Destillerie mit ihrem Pier. Sonst gibt es hier nichts. Beeindruckend sind die mehrstöckigen, am Meer liegenden alten Lagerhäuser. Der Whisky von Bunnahabhain ist normalerweise weich, fruchtig und fast ohne Torf. Ein spezieller Islay! Die Torf-Whisky-Welle hat aber ebenfalls vor dieser Destillerie nicht haltgemacht. Auch Bunnahabhain bringt seit Kurzem getorfte Malts auf den Markt. Das Malz wurde bis vor wenigen Jahren mit Booten direkt an den Pier der Destillerie geliefert. Es stammt zu einem Teil aus den Maltings von Port Ellen, zum anderen aus denen von Großmälzereien auf dem Festland. Seit ihrer Renovierung und gleichzeitigem Ausbau im Jahr 1963 besitzt Bunnahabhain moderne Produktionsräume und ein kleines Besucherzentrum, in dem man gern Besucher empfängt. Da die Destillerie aber nicht gerade am Weg liegt, hat sie nicht so viele Besucher wie andere – obwohl sie wirklich sehenswert ist.

Nun muss man die schmale Straße wieder zurückfahren und sich – wie schon auf der Hinfahrt – wahrscheinlich wieder bemühen, den todesmutigen Schafen auszuwei-

chen. Nach kurzer Fahrt auf der breiteren Straße Richtung Port Askaig biegt man wieder auf eine schmale Straße ab. Diese ist jedoch nicht so lang und abenteuerlich wie jene zur Destillerie Bunnahabhain. An ihrem Ende zeigt sich aber ein ähnliches Bild: Häuser der leitenden Angestellten ganz oben, etwas weiter unten, dem Meer zu, die kleineren Häuser der Arbeiter, dann die (wenigen) Lagerhäuser und direkt am Meer die Destillerie: Caol Ila. Diese hat aber keinen besonderen Charme. Sie sieht aus wie zum Beispiel Clynelish oder Teaninich im nördlichen Hochland, weil sie in den 1970er-Jahren nach der typischen Architekturschablone der UDV modernisiert worden ist. Beim Ausbau hat man nur ein altes Lagerhaus stehen gelassen. Die Lage der Destillerie an den Klippen ist aber einzigartig und bietet eine großartige Aussicht auf die Insel Jura. Der bei Caol Ila hergestellte Whisky ist ein typischer Islay, das heißt: Er ist stark getorft. Ein Besuch der Destillerie lohnt sich nicht unbedingt. Auch Caol Ila hat – wie die andere zum Diageo-Konzern gehörende Destillerie auf Islay, Lagavulin – nur einen bescheidenen Shop, und Führungen werden nur nach Voranmeldung angeboten.

Nahe bei Caol Ila liegt der kleine Ort Port Askaig. Er besteht aus nicht viel mehr als einem Hotel, einem Laden mit Poststelle, Gebäuden der Fährenbetreiber, des Rettungsdienstes und des Zolls. Hier legen die aus Kennacraig auf Kintyre, Oban oder von der Insel Jura kommenden Fähren an.

Von hier aus verlassen wir die – nur aus der Insel Islay bestehende – Whiskyregion Islay und setzen unsere alphabetische Reise durch die Regionen von Schottland in der Whiskyregion Lowland fort.

Im kleinen Hafenort Port Askaig legen nicht nur die großen Fähren aus Oban oder Kennacraig an. Von ihm aus startet auch die kleine blaue Fähre zur Überquerung des nicht breiten, aber sehr starke Strömungen aufweisenden Sound of Islay zur Isle of Jura. Das Rettungsboot links bringt Hilfe für alle Seefahrer, welche die Tücken des Kanals unterschätzt haben.

Die Whiskyregion Lowland

Die Whiskyregion Lowland ist die geografisch zweitgrößte Schottlands. Sie umfasst die Gebiete südlich der Region Highland (siehe Seite 88). Hier verläuft auch mehr oder weniger die Grenze zwischen den Gebieten, in denen intensiv Getreide angepflanzt wird, zu jenen der Highlands und ihren Gebirgen. In den Lowlands befinden sich neben dem Getreidegürtel zwischen Inverness und Aberdeen die größten Getreideanbaugebiete des Landes.

Nicht nur die beiden Großstädte Edinburgh und Glasgow haben einiges zu bieten, nein, es gibt in vielen Teilen im riesigen Gebiet der Lowlands in landschaftlicher, kultureller oder geschichtlicher Hinsicht eine ganze Menge zu bewundern und zu genießen. Die Lowlands sind die am meisten industrialisierten Gebiete Schottlands. Einige industrielle Denkmäler wie zum Beispiel die Fabriksiedlung New Lanark (Weltkulturerbe) rufen frühere Zeiten in Erinnerung. Zwischen den beiden Großstädten Glasgow und Edinburgh und in der Umgebung der Städte haben sich sehr viele Betriebe angesiedelt. Südlich von Glasgow befindet sich zum Beispiel in der Nähe des Vorortes East Kilbryde das schottische Silikon Valley mit zahlreichen Betrieben der elektronischen Industrie (Hard- und Software).

In den Lowlands standen vor allem in der Nähe der Zentren noch im 19. Jahrhundert viele Destillerien. Gegen Ende des 20. Jahrhunderts waren im riesigen Gebiet jedoch gerade noch drei in Betrieb. Nach 2000 kamen in der zweiten Hälfte des ersten Jahrzehnts zwei komplett neu gebaute hinzu: Ailsa Bay, eine große Malt-Destillerie in Girvan an der Westküste, und Daftmill, eine kleine Farmdestillerie in der Nähe von Cupar in Fife, nördlich von Edinburgh. Eine weitere Destillerie, Annandale, ist seit 2011 am Entstehen.

Der in den wenigen *pot stills* der Lowland-Destillerien gebrannte Whisky war weniger aromatisch als jener aus den Highlands. Wasser, Mälzung (mit Kohle statt Torf) und Herstellungstechnologie waren zu verschieden. Deshalb konzentrierte man sich in den Lowlands vor allem auf die Herstellung von Grain-Whiskys. Auch heute noch stehen – mit zwei Ausnahmen – alle Grain-Destillerien in den Lowlands.

Auch bei der Region Lowland habe ich das geografische Gebiet aufgeteilt, um einen besseren Eindruck über die Lage der einzelnen Destillerien und ihre Umgebung geben zu können. Die von mir gewählte Abgrenzung zwischen dem Osten und dem Westen dieser Region beginnt an der Grenze zwischen Low- und Highland bei Stirling und geht von dort aus in einer geraden Linie nach Süden bis zum Punkt, an dem die A74 bei Gretna die Grenze zwischen Schottland und England überquert.

Das Edinburgh Tattoo: ein unvergessliches Erlebnis!
(Foto: VisitScotland – ich hatte nie einen so guten Platz ...)

Die Destillerien
in der Whiskyregion Lowland –
Gebiete im Osten

Im nordöstlichen Teil der Lowlands laden den Besucher viele interessante Schlösser, Sakralbauten, Klosterruinen usw. ein. Die Stadt Edinburgh, die auch in diesem geografischen Gebiet der Lowlands liegt, ist allein schon eine Reise wert.

Obwohl die Lowlands heute zu den am meisten industrialisierten Gebieten Schottlands gehören, wird hier auch immer noch intensiv Landwirtschaft (Viehzucht, Getreideanbau) betrieben.

Als Erstes besuchen wir die Überreste einer Destillerie, die seit Jahrhunderten nicht mehr produziert: die Lindores Abbey, die offizielle Geburtsstätte des Whiskys. Sie ist südöstlich von Perth, in der Nähe von Newburgh im Ort Lindores am Loch Lindores zu finden. Man kommt dorthin, indem man von Stirling aus zuerst auf der A91 Richtung Osten fährt, bis man auf die A9 trifft. Auf ihr fährt man ein ganzes Stück in nördlicher Richtung. In der Nähe von Bridge of Earn zweigt man auf die A912 ab. Später fährt man auf der A913 weiter nach Newburgh, wo die Abbey Road in Richtung Norden abgeht. Die Abbey ist schon bald auf der linken Straßenseite zu sehen. Ihre Ruinen befinden sich auf privatem Grund. Die Besitzerfamilie hat das

Areal abgesperrt. Wenn man über die hohen Umgebungsmauern sperbert, sieht man eine idyllische Parklandschaft mit Gebäuderuinen. Ob sich dabei auch Überreste der alten Destillerie befinden, lässt sich heute nicht mehr mit Bestimmtheit sagen.

In der Lindores Abbey wirkte der Klosterbruder John Cor. Er erhielt im Jahr 1494 von König James IV. den Auftrag, *aqua vitae* aus Gerste herzustellen. Dies ist im heute ältesten Dokument über die Herstellung von Whisky schriftlich festgehalten. Es handelt sich dabei um eine Schatzkammerrolle, eine Art Buchhaltung über die Ausgaben des Königs (siehe auch Seite 19).

Von der ersten urkundlich erwähnten Destillerie Schottlands aus geht unsere Reise direkt zu Daftmill, einer der letzten in der Region Lowland in Betrieb genommenen und jüngsten Destillerie in diesem Gebiet. Die von der initiativen Familie Cuthbert gebaute Destillerie hat im Dezember 2005 zu produzieren begonnen. Daftmill steht etwas außerhalb von Cupar. Diese ehemalige – aus dem 14. Jahrhundert stammende – Hauptstadt des Königreichs liegt im Zentrum von Fife nur wenige Kilometer von Glenrothes oder St. Andrews entfernt. Um zu Daftmill zu kommen, fährt man von Newburgh aus zuerst auf der A913 weiter nach Westen. Wenn man auf die A92 trifft, folgt man dieser Straße in südlicher Richtung bis zur Kreuzung mit der A91. Ganz in der Nähe dieser Kreuzung befindet sich die Des-

tillerie. Mit Daftmill ist eine alte Tradition in dieses Gebiet zurückgekehrt und vor allem wieder eine aktive Destillerie entstanden. Sie ist eine echte kleine Farmdestillerie nach dem Vorbild der Betriebe, die in dieser Region in den letzten Jahrhunderten in großer Zahl existierten. Ein Teil der Farmhäuser wurde für die Destillerie um- und ausgebaut. Im Jahr 2011 wurde ein zweites Lagerhaus zur Lagerung der produzierten Whiskys eingerichtet. Erstaunlicherweise ist bis ins Jahr 2011 aus dieser Destillerie – obwohl laufend gebrannt wurde und wird – noch keine einzige Abfüllung auf den Markt gekommen. Besucher werden – es handelt sich hier um einen kleinen Familien-Farmbetrieb – verständlicherweise nur nach Voranmeldung empfangen.

Die Golfer – und wahrscheinlich nicht nur sie – werden nun einen Abstecher nach St. Andrews machen. Dieses nette Städtchen, es liegt etwas weiter westlich an der Nordsee, ist der Geburtsort des Golfsports.

Hier wurde der erste urkundlich erwähnte Whisky der Welt destilliert: in der Lindores Abbey in der Nähe von Newburg in Fife. Der Klosterbruder John Cor erhielt am 1. Juni 1494 von König James IV. den Auftrag, aus 8 Bolls Malt (ungefähr 1700 Liter = circa 1100 kg) *aqua vitae* herzustellen. Der Auftrag wurde in einer *exchequer roll* – einer Schatzkammerrolle des Königs – festgehalten. Diese Aufzeichnung ist die älteste bekannte Erwähnung der Herstellung von Whisky.

Die Destillerien in den östlichen Gebieten der Whiskyregion Lowland

Noch in der Mitte des 19. Jahrhunderts gab es im östlichen Teil der Whiskyregion Lowland eine große Zahl von – meist illegalen – Destillerien. Um das Jahr 1850 herum sind aber viele von ihnen von der Bildfläche verschwunden. Die Gegend war wirklich prädestiniert für die Produktion von Whisky. Dass Getreide und Kohle aus dem verkehrstechnisch gut erreichbaren England in genügender Menge vorhanden waren, ist auch der Grund dafür, dass gerade in diesem Gebiet große Destillerien entstanden. Die meisten von ihnen produzierten industriell Grain-Whiskys in *continuous stills*. Drei Grain-Destillerien – unter ihnen auch die größte Schottlands, Cameronbridge – sind hier heute noch tätig.

Wenn man wieder in Stirling angekommen ist, kann man das alte Schloss und die sehenswerte Altstadt besichtigen. Von Stirling aus geht die Entdeckungsreise weiter auf der A9 in südlicher Richtung. Falkirk ist schon nur wegen dem Falkirk Wheel einen Besuch wert. Diese neuartige Schleusenkonstruktion in Form einer riesigen Radgondel ist für Technikfreaks ein Muss.

Falkirk hat aber noch eine weitere interessante Sehenswürdigkeit. Mitten in Falkirk stand nämlich die Destillerie Rosebank, die einen der besten Lowland Malts überhaupt herstellte. Diese wirklich hervorragende Destillerie wurde nach über 150 Produktionsjahren im Jahr 1993 stillgelegt. Ein Teil ihrer Gebäude – sie stehen direkt am Forth-Clyde-

Die für Golfbegeisterte berühmteste Brücke der Welt: die Swilcan Bridge auf dem Old Golf Course des wohl ältesten Golfclubs der Welt, Saint Andrews, mit seinen total sieben Golfplätzen. Im Hintergrund das Clubhaus und die Tribüne für eines der vielen dort abgehaltenen Turniere.

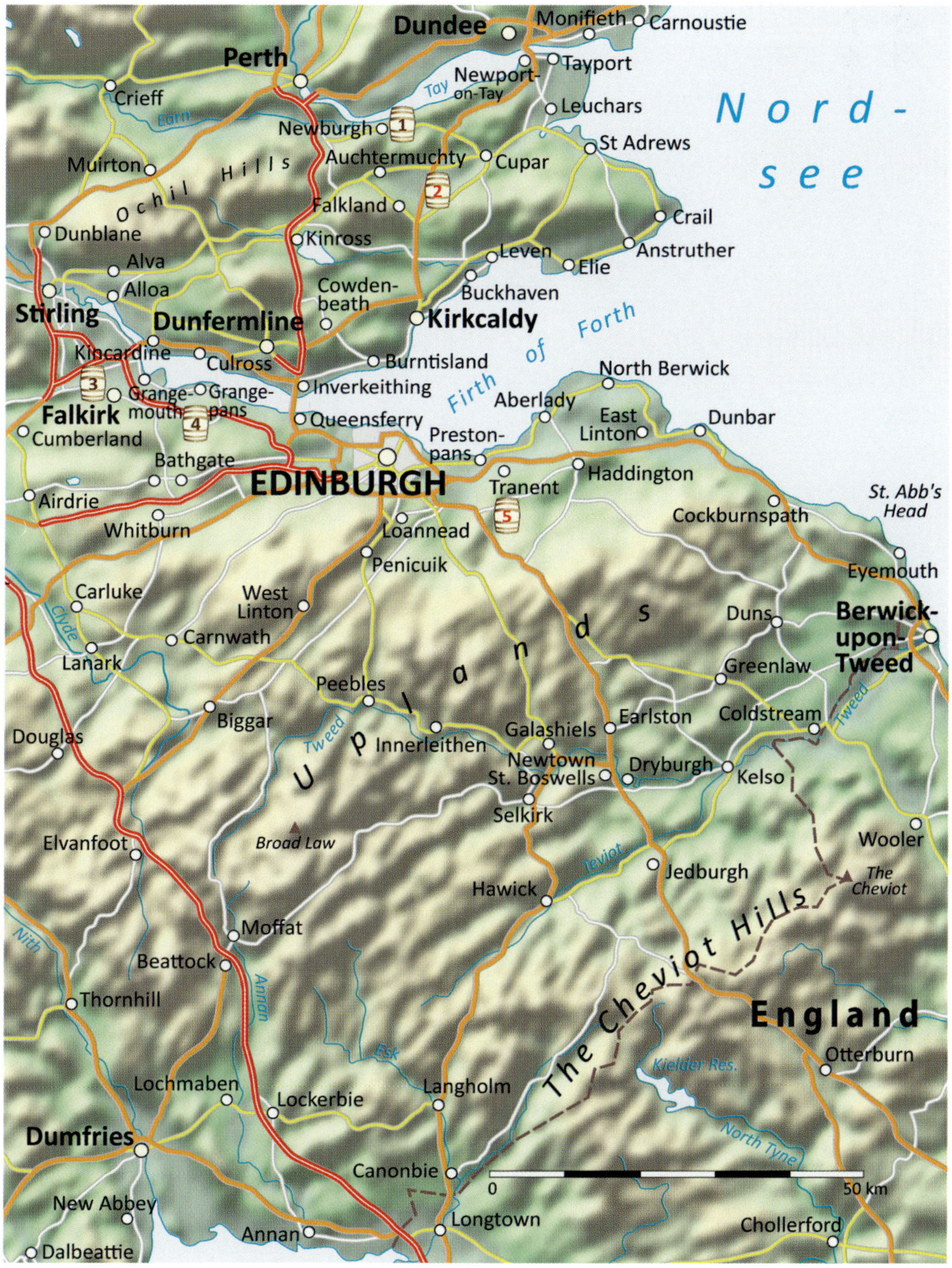

1 Lindores Abbey (Geburtsort des schottischen Whiskys) †

2 Daftmill

3 Rosebank †

4 Saint Magdalene / Linlithgow †

5 Glenkinchie

† = stillgelegte, abgerissene oder für eine andere Nutzung umgebaute Destillerie

Ein technisches Wunderwerk, das Falkirk Wheel. Es ersetzt eine Schleuse. Die Schiffe fahren in eine Art Gondel und werden so vom unteren in den oberen Kanal und umgekehrt gebracht.

Kanal – beherbergt heute ein Restaurant und ein Hotel. Ein anderer Teil wurde abgerissen und an seiner Stelle Wohnhäuser gebaut. Der letzte, als halbe Ruine noch stehende Teil soll einem Einkaufszentrum Platz machen.

Von Falkirk aus fährt man in Richtung Edinburgh auf der M9 zur bereits 1797 gegründeten und damit ältesten Destillerie der Region: Saint Magdalene in Linlithgow. Die Destillerie wurde und wird oft auch als Linlithgow Distillery bezeichnet. Auch die wenigen aus der – bereits im Jahr 1983 geschlossenen – guten Destillerie noch erhältlichen Abfüllungen tragen einmal diese, einmal die andere Bezeichnung. Ihre ehemaligen Mälzhäuser, eines mit einem *kiln,* das größere mit zwei *kilns,* stehen direkt an der Hauptstraße. Man hat sie im letzten Jahrzehnt zu Appartements umgebaut. Alle anderen Gebäude wurden bereits früher abgerissen.

Auf dem Weg zur zweiten (und letzten) im Osten der Whiskyregion Lowland noch produzierenden Malt-Destillerie, Glenkinchie, kommt man an Edinburgh, der schönen, alten Großstadt vorbei.

In Edinburgh produzierte noch im späteren Mittelalter eine große Anzahl Destillerien. Sie arbeiteten alle mit *pot stills.* Das von ihnen hergestellte Produkt hatte, zumindest in der Anfangszeit, wenig mit einem heutigen Whisky zu tun. Ärzte und Apotheker verschrieben es damals für medizinische Zwecke. Bei den Destillerien in Edinburgh selbst handelte es sich durchwegs um kleine oder sehr kleine Betriebe. Diese konnten mit den ab Beginn des 19. Jahrhunderts nicht nur in der Stadt entstandenen Großbetrieben kostenmäßig schon bald nicht mehr mithalten. Auch die Qualität reichte nicht aus, um sich am Markt behaupten zu können.

Die meisten nach 1850 in Edinburgh noch produzierenden Betriebe waren denn auch Grain-Destillerien. In diesen wurde Whisky im kontinuierlichen Verfahren, in *Coffey* oder *continuous stills* günstiger hergestellt. In den 1920er-Jahren mussten die letzten *pot still*-Destillerien in Edinburgh ihren Betrieb einstellen.

Gründe dafür waren nicht nur die Qualitätsmängel und Rentabilitätsprobleme, sondern auch Wirtschaftskrisen. Doch auch die Grain-Whiskys produzierenden Brennereien auf dem Stadtgebiet hatten Probleme. Heute steht in Edinburgh nur noch eine einzige, aber große Grain-Destillerie: North British.

Man könnte Edinburgh umfahren, doch es lohnt sich unbedingt, dieser Stadt einen Besuch abzustatten. Das Schloss, die Royal Mile mit dem Scotch Whisky Experience und der Royal Yacht Britannia im Hafen von Leith sind einige Beispiele dafür, was es zu sehen gibt. Nicht zu vergessen die vielen Pubs und das alljährlich stattfindende Military Tattoo.

In den Gebieten südlich und östlich von Edinburgh, wo es früher dank der großen Getreideanbaugebiete ebenfalls etliche Destillerien gab, hat sich nur eine Whiskybrennerei – Glenkinchie – in die heutige Zeit hinüber retten können. Die Zukunft dieser Lowland-Destillerie dürfte gesichert sein, gehört ihr Whisky doch als Vertreterin der Lowlands in die Reihe der Classic Malts von Diageo.

Die Destillerie Glenkinchie (ungefähr 15 Kilometer südöstlich von Edinburgh nahe beim kleinen Ort Pencaitland) erinnert vom Aussehen her eher an eine Fabrik. Die für eine Destillerie sehr hohen Gebäude sind nicht sehr attraktiv. Sie produziert in nur zwei, allerdings sehr großen *pot stills.* Da die Destillerie neben einem schönen Besucherzentrum auch über ein interessantes Museum verfügt, ist ein Besuch bei ihr sicher lohnend.

Damit haben wir bereits alle Destillerien im Osten der Region Lowland kennengelernt.

Die Destillerien
in der Whiskyregion Lowland – Gebiete im Westen

In dieser Region gibt es viele Zeugen dafür, dass hier schon lange Menschen gelebt haben. *Standing stones* und Steinkreise *(stone circles)* aus vorchristlicher Zeit, Kreuzsteine, die bis ins 5. Jahrhundert datiert werden und Ruinen von Klöstern und Kirchen aus dem 10. Jahrhundert werden hier von Touristen und Forschern aufgesucht. Viele der christlichen Monumente sind irischen Ursprungs. Es wird auch behauptet, dass im Süden dieser Region von irischen Mönchen der erste Whisky auf schottischem Boden gebrannt wurde.

Die für dieses Buch gewählte Abgrenzung vom Osten der Lowlands geht von der Grenze zwischen den Low- und den Highlands bei Stirling beinahe senkrecht nach Süden bis zu dem Punkt, an dem die A74 bei Gretna die Grenze zwischen Schottland und England überquert. Diese Region umfasst also die ganze Westküste.

Die Malt-Destillerien in diesem Gebiet haben das gleiche Schicksal erlitten wie diejenigen im östlichen Teil der Lowlands. Obwohl auch dieser Landstrich eher flach und Getreide in Hülle und Fülle vorhanden ist, konnten sich die Malt-Destillerien nicht über Wasser halten. Von den über 80 Destillerien, die es hier einmal gab, produzieren heute nur noch drei. Eine von ihnen wurde gar erst im Jahr 2007 gebaut und in Betrieb genommen. Einige dieser heute geschlossenen Destillerien gehören zur Whiskygeschichte und sind deshalb unbedingt eine Erwähnung wert.

Die Reise durch die Lowlands West beginnen wir am besten gleich in der Moffat Destillerie. Die mehr oder weniger unbekannte Malt-Destillerie stand in Airdrie, einem Industrieort etwa 20 Kilometer östlich von Glasgow. Bekannter sind die beiden bei Moffat destillierten Malt-Whiskys »Glen Flagler« und »Killyloch«. Die nur in sehr kleinen Mengen auf den Markt gelangten Single Malt-Abfüllungen des »Glen Flagler« und des »Killyloch« gehören zu den seltensten, am schwierigsten erhältlichen und teuersten schottischen Whiskys. Beide wurden nur während kurzer Zeit produziert.

Der »Glen Flagler« wurde nur von 1965 bis 1985 hergestellt. Noch kürzer war der Produktionszeitraum des zweiten Malts mit dem Namen Killyloch. Seine Produktion wurde gleichzeitig mit der des »Glen Flagler« im Jahr 1965 aufgenommen, jedoch bereits 1974 wieder aufgegeben. Von der Moffat Distillery steht heute nichts mehr.

Auf dem großen Gelände produzierte auch eine Grain-Destillerie mit dem Namen Garnheath. Heute sieht man vom einst stolzen Komplex in Airdrie noch die Lagerhäuser, in denen früher neben den Grain- auch die Malt-Whiskys gelagert wurden.

Das große Gelände wird immer noch von den Inver House Distillers genutzt. Es werden dort nach wie vor Fässer mit Whiskys gelagert, Blends gemischt und die Flaschenabfüllung gemacht. Auch die Single Malts der zu dieser Gruppe gehörenden Malt-Destillerien werden zum Teil hier gelagert und in Flaschen abgefüllt.

Von Airdrie fährt man nach Glasgow, der größten Stadt Schottlands. Sie hat sich in den letzten Jahren vom hässlichen Entlein zum schönen Schwan entwickelt. Ihre Museen, Freizeitanlagen, die Altstadt und die Pubs laden geradezu ein, diese Stadt zu erkunden. Und auch die beiden Fußballklubs Celtic Glasgow und Glasgow Rangers (in alphabetischer Reihenfolge) mit ihren Fanclubs sind unüberseh- und hörbar.

Mitten in der Großstadt, am River Clyde, liegt der riesige Grain-Whisky-Komplex Strathclyde mit seinen in einem Glashochhaus gut sichtbaren *continuous stills*. Auf dem Gelände dieser beeindruckenden Destillerie befand sich eine Malt-Destillerie mit dem Namen Kinclaith. Nach ihrer Errichtung im Jahr 1957 produzierte sie 18 Jahre lang. 1975 wurden Strathclyde und Kinclaith verkauft. Kinclaith wurde abgerissen, die neuen Besitzer brauchten mehr Platz. Die nicht in den Blends gelandeten und übrig gebliebenen Bestände an Whiskys der Malt-Destillerie sind heute gesucht und sehr teuer.

Am westlichen Stadtrand von Glasgow in der Nähe der Erskine Bridge steht direkt an der A82 die einzige noch aktive Malt-Destillerie der Region Glasgow: Auchentoshan. Diese im Jahr 1800 gegründete Destillerie wurde im Zweiten Weltkrieg von deutschen Bomben total zerstört. Ihr Wiederaufbau erfolgte auf eine gepflegte Art und Weise. Auchentoshan empfängt im attraktiven *Visitor Centre* gerne Besucher und zeigt ihnen den Prozess der Dreifach-Destillation, der hier immer noch angewendet wird.

Wenige Kilometer westlich der Destillerie Auchentoshan zweigt links eine Straße nach Bowling, einem Vorort von

Glasgow Science Centre, Glasgow Tower und Imax Kino – nur drei Beispiele für den neuen, modernen Stil der größten Stadt Schottlands.

Die Destillerien in den westlichen Gebieten der Whiskyregion Lowland

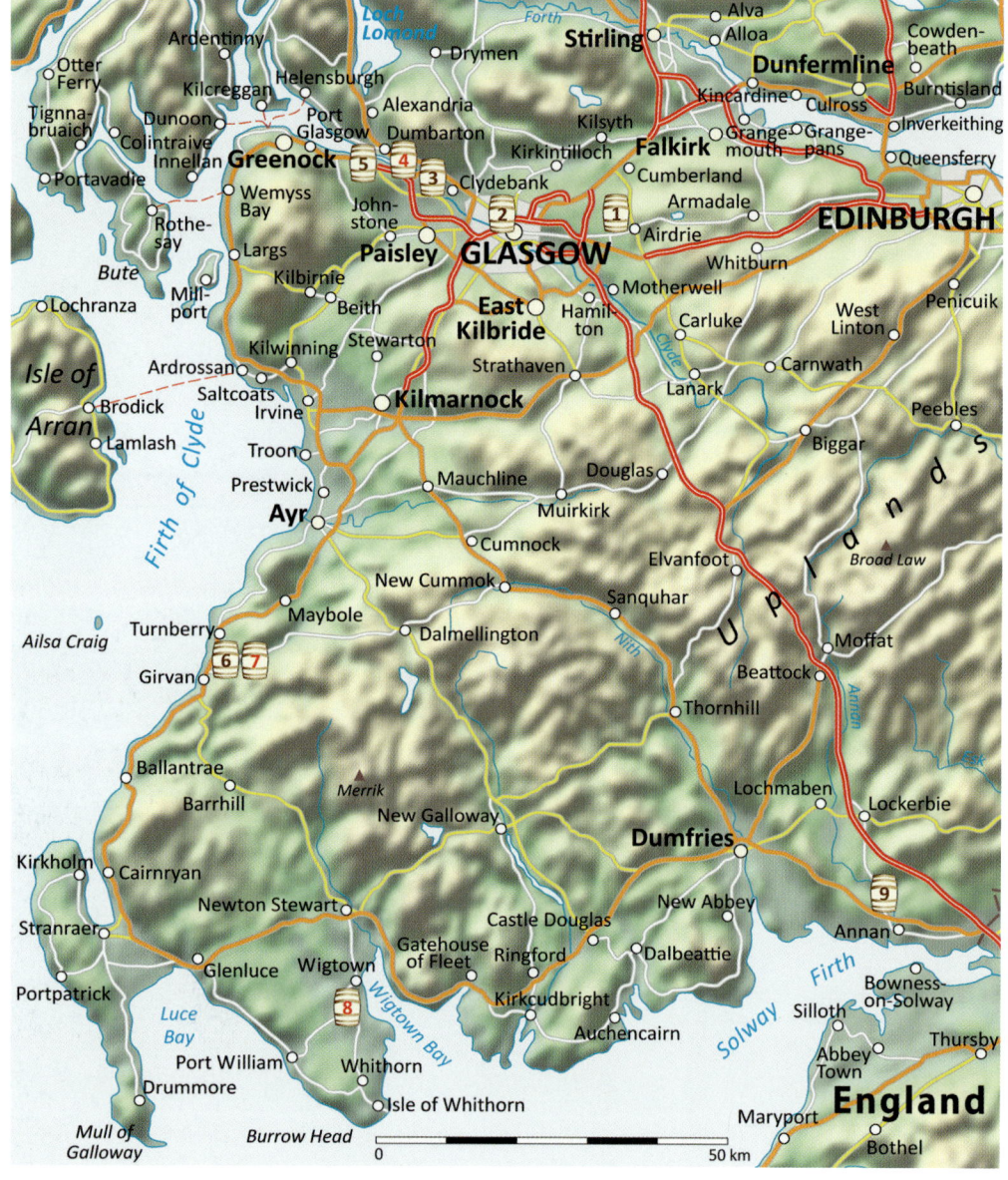

1. Moffat † (Glen Flagler, Killyloch)

2. Kinclaith †

3. Auchentoshan

4. Littlemill †

5. Inverleven †

6. Ladyburn †

7. Ailsa Bay

8. Bladnoch

9. Annandale † / *

† = stillgelegte, abgerissene oder für eine andere Nutzung umgebaute Destillerie

* = wird wieder aufgebaut

Glasgow, ab. In Bowling, direkt an dieser Straße, stand die älteste Destillerie Schottlands: die Destillerie Littlemill. Sie stammte aus dem Jahr 1772, wurde 1992 geschlossen und wäre sicher schon lange abgerissen worden, wären nicht einige Gebäude unter Denkmalschutz gestanden. Im Herbst des Jahres 2004 fiel sie einem von Unbekannten gelegten Feuer zum Opfer. Die Ruinen wurden abgerissen. Auf ihrem Gelände stehen heute Appartementhäuser.

Direkt am Firth of Clyde im nahe bei Glasgow gelegenen Industrieort Dumbarton stand die Malt-Destillerie Inverleven. Sie hat eine ähnliche Geschichte wie Kinclaith. Auch sie wurde in einem riesigen Grain-Destillerie-Komplex gebaut, um die für die Blends benötigten Malts direkt vor Ort herzustellen. Aber auch sie reüssierte nicht. Sie war allerdings länger in Betrieb: von 1938 bis 1991. Inverleven arbeitete mit drei *stills* – eine davon war die erst 1959 installierte *Lomond still,* die die Herstellung von Malts mit verschiedenen Charakteren erlaubte. 1991 wurde die Destillerie abgerissen.

Unser nächstes Ziel ist die – von Glasgow aus gesehen – ziemlich weit südlich gelegene, kleine Küstenstadt Girvan. Man fährt entweder auf der A78 die Westküste entlang mit wunderschönen Ausblicken auf den Firth of Clyde und die in ihm liegenden Inseln (unter anderen Bute und Arran) oder auf einer direkteren Fahrt auf der A77 durch eine nicht so attraktive Landschaft. In der Nähe des Flughafens Prestwick vereinigen sich die beiden Autobahnen. Von dort aus fährt man auf der A77 weiter in Richtung Süden. Auch diese Strecke führt durch eine schöne Landschaft. Sie erlaubt Ausblicke über den Firth of Clyde auf die Insel Arran und später auf die Halbinsel Kintyre.

Das Geburtshaus von Robert Burns im kleinen Ort Alloway steht direkt an einer Durchgangsstraße.

In Alloway (in der Nähe der Stadt Ayr) lohnt sich ein Besuch beim Robert Burns National Heritage Park für Whisky-, Kultur- und Musikliebhaber gleichermaßen. Robert Burns, der schottische Nationaldichter, Barde, Whisky- und Frauenliebhaber war auch während seiner Zeit als Zollfahnder und Steuerbeamter dem Whisky nicht abgeneigt (siehe auch Seite 73).

Schon bald nach Alloway erreicht man Girvan. Direkt vor der nicht sehr attraktiven Stadt liegt die 340 Meter hoch aus dem Meer ragende Insel Ailsa Craig, die man mit Booten besuchen kann. Von ihren säulenartigen Felsen stammen die gesuchten Rohlinge für die teuersten und besten Curlingsteine.

Etwas außerhalb von Girvan dominiert der riesige Komplex einer der größten Grain-Destillerien von Schottland einen ganzen Hügelteil. Er ist weithin sichtbar. Die Destillerie, die den Namen der Stadt trägt, ähnelt eher einer Raffinerie. Nur die Lagerhäuser von Girvan lassen erkennen, dass es sich um eine Destillerie handelt. Die im Jahr 1966 auf ihrem Gelände errichtete Malt-Destillerie wurde bereits 1975 wieder abgerissen: Ladyburn. Der Whisky dieser Destillerie gehörte zu den gesuchtesten überhaupt. Er hatte schon beinahe einen Kultstatus erreicht. Dieser Status verblasste etwas, als Anfang der 2000er-Jahre die Besitzerin (William Grant & Sons) plötzlich selbst eine größere Menge davon als Single Malt abfüllte.

Was dann aber im Jahr 2007 passierte, hatte niemand erwartet: William Grant & Sons nahmen gegen Jahresende in diesem Komplex eine neue große Malt-Destillerie mit acht *stills* in Betrieb. Die mehr oder weniger in aller Heimlichkeit geplante und gebaute Destillerie trägt – nach der Bucht zwischen Girvan und der Curlingstein-Insel – den Namen Ailsa Bay. Bis ihre Whiskys auf den Markt kommen, muss man sicher noch ein paar Jahre warten, falls sie nicht komplett in den Grants Blends verschwinden. Weder Girvan noch Ailsa Bay sind für Besucher eingerichtet.

Um zu Bladnoch, der nächsten Destillerie in diesem Teil der Lowlands zu kommen, hat man wieder zwei Möglichkeiten. Die Destillerie im kleinen, gleichnamigen Ort steht nahe der größeren Stadt Wigton in der Nähe der Wigton Bay. Man kann entweder auf der A77 der Küste bis nach Stranraer folgen und von dort aus auf der A75 Richtung Westen fahren. Bei Newton Stewart nimmt man dann die nach Süden weggehende A714, die einen direkt zur am Bladnoch River stehenden Destillerie bringt. Die alternative Strecke führt von Girvan aus direkt auf der A714 durch den Galloway Forest Park über Newton Stewart nach Bladnoch.

Im 18. und 19. Jahrhundert gab es in diesen fruchtbaren Gebieten ganz im Süden noch mehrere Destillerien. Zurzeit ist Bladnoch die einzige im Süden Schottlands produzierende Destillerie. Sie wurde 1817 gegründet. Wie andere – heute nicht mehr existierende – Destillerien in den südlichen Lowlands wurde sie als sogenannte Winterdestillerie betrieben. Im Frühjahr, Sommer und Herbst arbeiteten die Leute auf den Farmen dieses flachen Landes, dessen Hügel maximal 300 Meter hoch sind. Im Winter wurden dann die übrig gebliebenen Gerstenvorräte sinnvoll genutzt und zu Whisky verarbeitet. Die Destillerie war im Laufe der Zeit mehrfach und für jeweils lange Zeit geschlossen.

Bladnoch kann als Bilderbuch-Destillerie bezeichnet werden. Ihre Lage am Fluss und die schönen alten Gebäude laden zu einem Besuch geradezu ein. Sie besitzt ein großes Besucherzentrum. Im Gebäude der ehemaligen Maltings wurde ein Festsaal eingerichtet, der heute nicht nur für das Burn's Supper am 25. Januar, sondern auch für Konzerte und Hochzeiten genutzt wird.

Bladnoch war eigentlich die letzte Destillerie, die ich auf unserer Reise durch die Whiskyregion Lowland vorstellen wollte. Doch halt, da gibt es ja noch Annandale, eine alte Destillerie, die von 1830 bis 1919 in Annan produziert hat. Vom Hafen dieser Stadt aus brachen zur Zeit der Gründung der Destillerie etliche Schotten in ihre neue Heimat in Nordamerika auf. Die Überreste von Annandale stehen immer noch im Norden der kleinen Stadt. Ein Teil ihrer Gebäude wurde seit 1919, dem Jahr ihrer Schließung, von einer Farm als Lagerräume genutzt. Ein anderer Teil wurde dem Verfall preisgegeben, und die Destillerie geriet in Vergessenheit. Im Jahr 2007 wurde sie von David Thomson (Ph.D. und Professor an der University of Glasgow) wieder entdeckt. Er und seine Partnerin Teresa Church kauften das Gelände samt Gebäuden. Im Jahr 2009 wurde mit dem

Aufräumen begonnen. Annandale sollte wieder zu neuem Leben erwachen. Nach einigen Problemen mit den zuständigen Ämtern – die alte Destillerie steht unter Denkmalschutz – wurden 2011 die notwendigen Bewilligungen für die Restaurierung und den Wiederaufbau erteilt. Es besteht berechtigte Hoffnung, dass das Vorhaben gelingt und eine weitere Destillerie in den Lowlands entsteht. Auf jeden Fall wurde 2011 mit der umfangreichen und wahrscheinlich sehr teuren Renovation begonnen. Die Destillerie soll Ende 2012 ihre Produktion wieder aufnehmen können. Annandale ist ein unglaublich charismatischer Platz, und die alten Destilleriegebäude strahlen einen ganz speziellen Charme aus. Wer in der Gegend ist, sollte Annandale unbedingt einen Besuch abstatten und sich von der Atmosphäre bezaubern lassen. (Siehe auch unter »Neu entstehende oder geplante Destillerien«, Seite 408 und das Bild auf Seite 89).

Aus den Felsen der Insel Ailsa Craig – sie liegt circa 16 Kilometer westlich der Stadt Girvan im Firth of Clyde – wurden während vieler Jahre die besten Curlingsteine gemacht.

Die Whiskyregion Speyside

Last, but not least: Die in alphabetischer Reihenfolge an letzter Stelle stehende Whiskyregion Schottlands, die Speyside, ist die wichtigste aller Whiskyregionen. Sie hat ihr Entstehen und ihren Aufstieg vor allem dem reichlich vorhandenen, fließenden Wasser zu verdanken. Da ist zum einen der River Spey mit seinen Neben- und Zuflüssen, der diesem Gebiet den Namen gab. Von Bedeutung für den Bau von Destillerien sind aber auch die vielen anderen Bäche und Flüsse der Region.

Die Bäche und Flüsse in der Speyside entspringen im zentralen Hochland – den Highlands Midlands, also dem Dach Schottlands – und fließen in nördlicher Richtung in

Linke Seite: Die Highland Cattles sind typisch für die schottischen Highlands. Diese hier – eine unter vielen im Gebiet der Speyside – scheint sich angesichts der großen Vielfalt an ausgezeichneten Single Malts das Maul zu schlecken …

Unten: Im schottischen Gerstengürtel in der nördlichen Speyside wächst ein großer Anteil der Gerste für die Malt-Whiskys.

die Nordsee. Das Bach- und Flusswasser ist normalerweise das ganze Jahr über kalt. Es wurde und wird jedoch nur für die Kühlung der Kondensatoren beim Destillieren verwendet. Für den Whisky selbst, das heißt für das Einweichen der Gerste oder das Verdünnen des Destillates zur Reduktion des Alkoholgehalts, wird immer nur reines Quellwasser verwendet. Die meisten Destillerien besitzen mindestens eine eigene Quelle.

Ein weiterer und nicht weniger wichtiger Vorteil für die Whiskyregion Speyside ist, dass sich das leicht gegen das Meer abfallende Land ideal für den Anbau von Gerste eignet und zu diesem Zweck auch intensiv genutzt wird. Das Gebiet wird wegen der vielen Felder auch als »schottischer Gerstengürtel« bezeichnet. Er zieht sich von Inverness in Richtung Osten über Forres und Elgin bis in die Region um Banff und südöstlich bis weit in Richtung der Region und Stadt Aberdeen hin. Er umfasst einen großen Teil der Whiskyregion Speyside. Neben den ebenfalls sehr ausgedehnten Gerstenanbaugebieten in den Lowlands gehört er zu den größten Anbaugebieten in Schottland. Die Destillerien der Speyside finden also die hauptsächlich benötigten Rohprodukte direkt vor der Haustüre.

In der Speyside stehen (oder standen) zur Jahrtausendwende 54 Destillerien. Davon sind heute die meisten in Betrieb. Es ist 2010 sogar noch eine – Roseisle – neu dazu gekommen. Die Speyside ist in quantitativer Hinsicht die größte Malt-Whiskys produzierende Region Schottlands. Seit vielen Jahren gibt es unter dem Namen »Speyside Malt Whisky Trail« einen gut beschilderten Weg, der zu einigen Destillerien und Sehenswürdigkeiten dieser Whiskyregion

führt. Einige Destillerien und Betriebe arbeiten zusammen, um diesen Whisky-Touristenweg zu betreiben: Benromach, Cardhu, Dallas Dhu, Glenfiddich, Glen Grant, The Glenlivet, Glen Moray, Speyside Cooperage und Strathisla. Man darf sich fragen/wundern, warum nicht alle Destillerien mit Besuchereinrichtungen der Region Teil dieses Trails sind, der doch einen großen Teil der Touristen und damit auch deren Geld anzieht. Auf dem Malt Whisky Trail fehlen einige sehr attraktive Destillerien wie Aberlour, Cragganmore, Glenfarclas und The Macallan. In allen kann man einen in etwa gleich guten Überblick über die Malt-Whisky-Herstellung gewinnen. Die Speyside Cooperage als einzige Nicht-Destillerie bietet eine ausgezeichnete Möglichkeit, die Küferei (Fassherstellung) in einem spezialisierten Betrieb kennenzulernen.

Um einen besseren Überblick über die Lage der einzelnen Destillerien zu ermöglichen, habe ich auch dieses Gebiet in zwei Teilregionen aufgeteilt. Als »Grenze« dient mir der River Spey. Die Destillerien liegen entweder im Gebiet östlich oder westlich dieses wichtigsten Flusses.

Die Destillerien in der Whiskyregion Speyside – Gebiet östlich des River Spey

Der River Spey fließt beim kleinen Ort Kingussie (circa 80 Kilometer südlich von Inverness) in diese Whiskyregion hinein.

Von diesem Ort aus beginnen wir unsere Reise durch die Speyside. Die Quelle des Spey befindet sich ungefähr 40 Kilometer südwestlich von Kingussie in den westlichen Bergen des zentralen Hochlands, ungefähr in der Mitte zwischen den beiden Orten Dalwhinnie im Hochland und Fort Augustus am Loch Ness. Der Weg von seiner Quelle bis zum Meer beträgt gut 180 Kilometer. Nach ungefähr einem Drittel davon und nur wenige Kilometer östlich von Kingussie bei einem kleinen Weiler mit dem Namen Drumguish mündet der River Tromie von Süden her kommend in den Spey. In der Nähe der Flussmündung steht – fernab von allen anderen Speyside-Destillerien – die südlichste Destillerie dieses Gebietes und eine der jüngeren Destillerien Schottlands. Sie wurde erst 1990 in Betrieb genommen. Ihre Besitzer gaben ihr den Namen »The Speyside«. In ihrer Kompaktheit ist diese Destillerie schwer zu übertreffen. Ihr Hauptgebäude sieht wie eine Scheune aus. The Speyside hat keine Besuchereinrichtungen.

Die Landschaft wirkt in dieser Region wild, und die Berge steigen steil und felsig gegen den Himmel. An dieser Stelle ist auch der Fluss Spey noch sehr ungezähmt.

Wenn man ihm folgt, bis er ungefähr die Hälfte seines Weges zum Meer zurückgelegt hat, kann man zur nächsten Destillerie gelangen. Dabei kommt man an Aviemore vorbei, einem schönen Ferien- und Touristenort im westlichen Teil des Cairngorms National Parks. Der Ort besitzt viele Hotels und ein Skizentrum und bietet viele Wandermöglichkeiten. In den Cairngorms und den Cromdale Hills westlich von Aviemore lebt die einzige wilde Rentierherde Großbritanniens. Vom im Glenmore Forest Centre in der Nähe des Loch Morlich gelegenen »Reindeer House« kann man sogar Trekkings mit Rentieren machen. Und ein Eisenbahnfreak wird in Aviemore einen Halt einlegen, um mit der Strathspey Steam Railway zu fahren. Die Nostalgiezüge dieser Bahn fahren mit verschiedenen Kompositionen – entweder mit Dampf- oder Dieselantrieb – von Aviemore aus über Boat of Garden bis nach Broomhill (kurz vor Grantown-on-Spey). Es ist geplant, die Strecke bis nach Grantown-on-Spey zu verlängern.

Die Landschaft ist hier schon viel freundlicher und das Tal wird breiter. Auf dem Grasland weiden Schafe, die dunk-

Rechts • Rentiere in Schottland? Ja! In den Cairncorms und den Cromdale Hills westlich von Aviemore lebt eine Rentierherde. Die ersten Tiere wurden 1952 von einem schwedischen Rentierhirten in diesem Gebiet angesiedelt. Heute besteht die Herde aus ungefähr 150 Tieren.

Unten • Nach dem River Spey – hier in der Nähe von Knockando/Tamdhu – wurde die Whiskyregion Speyside benannt.

le Erde ist wegen der vielen Regenfälle meist sumpfig. Die Bäche verfärben sich auf ihrem Weg durch die torfigen Felder mehr und mehr bräunlich und bilden viele kleine Seen. An den Tagen, an denen silberne Nebelschwaden durch das Haupttal und seine Nebentäler ziehen (und das ist häufig der Fall), ergeben sich unbeschreiblich eindrucksvolle Stimmungen.

Nicht weit vom neu geplanten Endpunkt der Nostalgiebahn entfernt steht etwas oberhalb des kleinen Ortes Cromdale in einem Weiler südöstlich der A95 die Balmenach Distillery. Ihren ehemaligen Charme hat sie leider bei einer umfassenden Renovierung Anfang der 1970er-Jahre eingebüßt. Sie arbeitet aber immer noch nach uralten Methoden, deshalb lohnt es sich, sie anzuschauen, auch wenn sie nicht für Besucher eingerichtet ist.

Folgt man der A95 weiter in nordöstlicher Richtung am Lauf des River Spey entlang, kommt man in der Nähe der Ortschaft Bridge of Avon zu einem wahren Bijou: der Destillerie Tormore. Diese 1960 im Stil einer viktorianischen Industrieanlage aus dem 19. Jahrhundert gebaute Destillerie ist wirklich beeindruckend. Leider hat sie kein Besucherzentrum.

Nur etwa drei Kilometer nordöstlich von ihr entfernt steht am Ortseingang von Bridge of Avon die kleine, aber feine Brennerei Cragganmore. Sie besitzt ein Besucherzentrum. Diese sehr alte Destillerie ist toll herausgeputzt und hat einiges zu bieten, so zum Beispiel die speziellen *stills* mit außen am Gebäude angebrachten Schneckenrohr-Kondensatoren. Die Destillerie wurde im 19. Jahrhundert auf den Ländereien des Ballindalloch Castle errichtet.

Auch das Schloss ist unbedingt einen Besuch wert. Es gehört seit 1546 der Familie Macpherson-Grant. Obwohl die Besitzerfamilie selbst noch darin wohnt, kann man ei-

nen großen Teil der Räume besichtigen. Lady Laird Clare Macpherson-Grant Russell, die jetzige Schlossherrin, ist eine ausgezeichnete Köchin. Sie hat auch ein wunderbares Kochbuch geschaffen (I love Food).

Weiter gehts auf der A95 zum Ort Bridge of Avon. Der Name dieses Ortes ist auf eine Brücke zurückzuführen, die den Fluss Avon überquerte. Die alte Brücke wurde 1991 durch eine neue ersetzt. Eine kurze Strecke hinter der Brücke biegt man auf die B9008 ab und folgt dem kleinen Fluss Avon in südlicher Richtung. Dort ist seine Quelle. Im Hochland der Speyside liegen vier Destillerien. Die berühmteste unter ihnen ist Glenlivet. Sie ist die größte Destillerie in diesem Nebental des Spey. Dank ihrer Lage an einem Hang in der Nähe des Zusammenflusses der beiden Flüsschen Avon und Livet (ungefähr zehn Kilometer südlich von Bridge of Avon) ist sie schon von Weitem zu sehen. Die sehr große Destillerie hat ihre Kapazität 2010 um zusätzliche 75 Prozent ausgebaut. Das Nebeneinander des altehrwürdigen Teils der Destillerie und des hochmodernen Neubaus mit den – dem neusten Stand der Technik entsprechenden – neuen Anlagen ist sehenswert. Sie hat auch ein sehr schönes Besucherzentrum mit einigen Attraktionen. Unter anderem ist auch der Revolver des Gründers der Destillerie, George Grant, ausgestellt. Er brauchte ihn, um sich nach der Lizenzierung gegen seine ehemaligen Kollegen Schwarzbrenner zur Wehr zu setzen. Die Destillerie ist Mitglied des »Speyside Malt Whisky Trail«.

Nach einer kurzen Fahrt auf der B9136 – dem River Avon weiter in Richtung seiner Quelle folgend – kommt man nach Tomintoul. Dieser Ort ist die am höchsten gelegene Ortschaft Schottlands: Tomintoul – das im Winter öfter von der Umwelt abgeschnitten ist. Das gilt auch für die gleichnamige Destillerie, die einige Kilometer von der Ort-

Ein Vorfahre des heutigen Besitzers des sehenswerten Ballindalloch Castle beim Ort Bridge of Avon ermöglichte 1869 den Bau der Destillerie Cragganmore.

schaft entfernt direkt am Avon liegt. Die Gebäude der hochmodernen Destillerie sind nicht sehr attraktiv. Tomintoul empfängt gern Besucher, aber nur nach Voranmeldung.

Im Ort Tomintoul lohnt sich ein Stopp beim berühmten Whiskyshop »Whisky Castle«. Er ist zwar teuer, aber sein Angebot ist wirklich sehenswert.

Etwa 20 Kilometer westlich von Tomintoul steht an der A939 in einer Landschaft, die schon fast als atemberaubend bezeichnet werden kann, das Corgarff Castle. Diese Befestigungsanlage aus dem 16. Jahrhundert diente unter anderem als Unterkunft für die Soldaten und Steuerbeamten, deren Aufgabe es war, die Schwarzbrennerei und den Whiskyschmuggel zu bekämpfen. Im Raum mit dem Modell einer illegalen Whisky-*still* roch es unter dem heute pensionierten Schlosswart schon einmal intensiv nach diesem edlen Destillat. Er erklärte den Geruch damit, dass er jeweils ein wenig Whisky auf die Holzbänke schütte.

Die Fahrt nach Tomintoul hat durch das Tal des River Avon geführt. Nun verlässt man den Ort an seinem östlichen Ende und fährt auf der B9008 durch das Tal des River Livet (Glen Livet) wieder Richtung Bridge of Avon, dem Ausgangspunkt der Rundreise, zurück.

Etwas nordöstlich von Tomintoul – gegen Ende einer schmalen Straße, die bei Knockandhu gegen Westen abzweigt – steht in dem kleinen Weiler Chapeltown of Glenlivet die Destillerie Braeval. Sie befindet sich nahe bei einem der Nebenflüsse des River Livet. Braeval ist die höchstgelegene Destillerie Schottlands. Bei ihrer Inbetriebnahme im Jahr 1974 hieß sie noch Braes of Glenlivet, musste aber

Die Destillerien im Gebiet östlich des River Spey in der Whiskyregion Speyside

Das Corgarff Castle steht im Hochland ungefähr 15 Kilometer südöstlich von Tomintoul zwischen den heutigen Whiskyregionen Highland und Speyside. Es beherbergte über längere Zeit auch Steuerbeamte und eine Garnison zur Bekämpfung des Schwarzbrennens und Whiskyschmuggels in dieser Region, speziell in den Tälern der beiden Flüsse Avon und Livet.

140

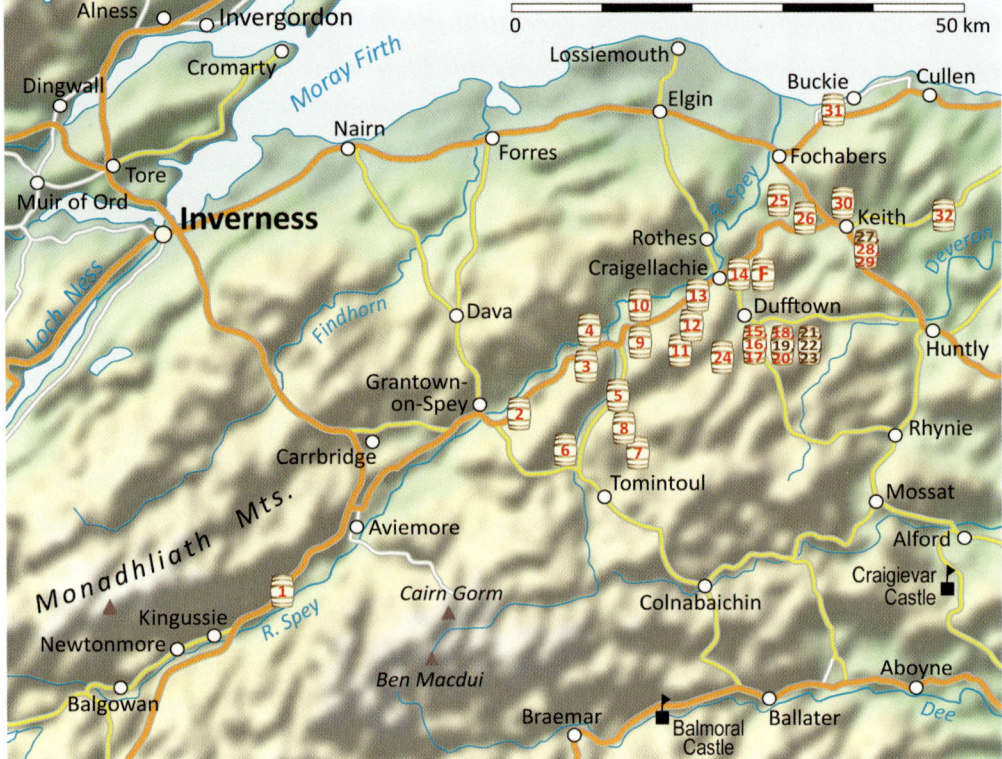

1	The Speyside	20	Glendullan
2	Balmenach	21	Dufftown
3	Tormore	22	Pittyvaich †
4	Cragganmore	23	Mortlach
5	The Glenlivet	24	Allt-a-Bhainne
6	Tomintoul	25	Auchroisk
7	Braeval / Braes of Glenlivet	26	Glentauchers
8	Tamnavulin	27	Glen Keith *
9	Glenfarclas	28	Strathisla
10	Dailuaine	29	Strathmill
11	Benrinnes	30	Aultmore
12	Glenallachie	31	Inchgower
13	Aberlour	32	Knockdhu
14	Craigellachie		
15	Convalmore †		
16	Balvenie	F	Speyside Cooperage
17	Kininvie		
18	Glenfiddich	† = stillgelegte, abgerissene oder für eine andere Nutzung umgebaute Destillerie		
19	Parkmore †	* = Produktionswiederaufnahme 2013		

ihren Namen wegen der Verwechslungsgefahr mit der viel älteren Destillerie Glenlivet ändern. Braeval war ab 2002 einige Jahre stillgelegt, nahm aber im Jahr 2008 die Produktion wieder voll auf. Braeval ist eine hochmoderne Destillerie, und es genügt ein einziger Mann pro Schicht, um ihre komplett durch Computer gesteuerten Anlagen zu bedienen.

Im Jahr 2007, ein Jahr früher als Braeval, nahm die 1995 stillgelegte Destillerie Tamnavulin ihren Betrieb wieder auf. Man kommt direkt an ihr vorbei, wenn man auf der B9008 in nördlicher Richtung weiterfährt. Tamnavulin steht am River Livet in einem Ort, der fast so heißt wie die Destillerie, aber zusätzlich noch ein »o« im Namen hat: Tamnavoulin. Der Name des Ortes ist auf eine uralte Mühle zurückzuführen, die direkt am Livet liegt. In der Nähe dieser Mühle stehen die nicht sehr attraktiven und modernen Gebäude von Tamnavulin. Die früher zur Wolleverarbeitung genutzte Mühle diente der Destillerie während vieler Jahre als wirklich schönes Besucherzentrum mit viel Ambiente.

Im oberen Teil des Glen Livet befindet sich ein Torfgebiet. Es ist eines von den wenigen Gebieten in Schottland, in denen Torf noch industriell abgebaut werden darf. Der hier gewonnene Torf dient zum Teil noch zum Heizen, wird jedoch auch in den Großmälzereien der Region für das Aromatisieren der für die Whiskyherstellung benutzten Gerste verwendet.

Fährt man weiter, sieht man schon bald von der Straße aus am gegenüberliegenden Hang die eindrucksvolle Destillerie Glenlivet, der man jedoch bereits einen Besuch abgestattet hat. Kurz vor dem Zusammenfluss des River Livet mit dem River Avon kann man links der Straße eine schöne alte Brücke bewundern, die aus dem Ende des 16. Jahrhunderts stammt. Über die »Glenlivet Packhorse Bridge« wurden früher auch illegal produzierte Whiskys aus den vielen Schwarzbrennereien in diesem Tal transportiert.

Auf dem Weg zur Destillerie Glenfarclas fährt man weiter ins Tal des Spey und folgt seinem Lauf Richtung Meer. Nach Verlassen des Örtchens Marypark steht rechts der A95 ein großes Schild, das auf die Destillerie hinweist. Glenfarclas wurde im Jahr 2011 175 Jahre alt. Sie ist eine der wenigen Destillerien in Schottland, die noch im Besitz einer einheimischen Familie sind und auch von deren Mitgliedern geleitet wird. Die in den letzten Jahrzehnten stark modernisierte Brennerei besitzt ein paar sehr alte Gebäude aus dem vorletzten Jahrhundert. Mit ihrem wirklich schönen Besucherzentrum mit Shop ist sie für den Empfang von Touristen sehr gut gerüstet.

Man fährt auf der A95 weiter in nordöstlicher Richtung und zweigt beim kleinen Weiler Bridge of Derrybeg nach links (das heißt nordwestlich) ab. Der engen Straße folgt man etwa einen Kilometer. Man passiert schöne, alte Lagerhäuser und erreicht die Destillerie Dailuaine. Ihre Gebäude wurden Anfang der 1960er-Jahre – leider ebenfalls nach dem UDV-Schema – renoviert, um- und ausgebaut. Bei dieser Gelegenheit erhielt Dailuaine neben Silogebäuden auch ein neues *stillhouse*. Hinter der Destillerie ist eine große *dark grains*-Fabrik, in der die Abfälle der umliegenden Destillerien zu Viehfutter verarbeitet werden. Dailuaine ist nicht für Besucher eingerichtet.

Auf der engen Straße geht es wieder den Hang hinauf Richtung A95. Bevor diese Straße in die A95 einmündet, ist schon der auffällige rote Kamin der Destillerie Benrinnes zu sehen. Sie steht an den Hängen des Ben Rinnes, des markantesten Berges dieser Region (man befindet sich hier etwas südwestlich von Aberlour). Nur wenige hundert Meter nach der Einfahrt auf die A95 führt eine Zufahrtsstraße nach rechts zur Destillerie und dem kleinen Weiler mit dem Namen Milltown of Edinvillie. Die enge Zufahrt wird flankiert von großen Lagerhäusern. Anfang der 1960er-Jahre, als die Destillerie zu einer modernen Brennerei ausgebaut und modernisiert wurde, sind fast alle ihre alten Gebäude abgerissen worden. Die außerhalb des *stillhouse* stehenden sogenannten *worm tub condensers* (Schneckenrohre in einem Bottich zum Kondensieren des Alkoholdampfs) sind jedoch erhalten geblieben. Benrinnes war lange Zeit die einzige Brennerei in der Speyside, die ihren Whisky dreifach destillierte. Sie tat das aber auf eine wirklich spezielle

Art und Weise (siehe bei der Beschreibung der Destillerie). Benrinnes hat keine Besuchereinrichtungen.

Um wieder zur A95 zu gelangen, fährt man auf der engen Straße weiter. Sie führt in einem Bogen zurück zur Hauptstraße. Dabei kommt man knapp zwei Kilometer von Benrinnes entfernt an der Destillerie Glenallachie vorbei. Sie steht im gleichnamigen Weiler in einer schönen Anlage mit einem als Ententeich ausgebauten Kühlwasserbecken. Die sehr moderne Destillerie ist die Hausdestillerie des Clan Campbell und Hauptlieferantin für die Blended Whiskys der Marke Campbell. Auch sie ist nicht für Besucher eingerichtet.

Nach gut einem Kilometer erreicht man das kleine Städtchen Aberlour, an dessen Eingang die alte Destillerie gleichen Namens steht. Die Zufahrt ist leicht zu übersehen, da sie sich in einer Kurve der A95 nach einem Abhang befindet. Zuerst sieht man das kleine Bürogebäude mit dem Shop, die Destillerie selbst steht etwas von der Straße zurückversetzt in einer Mulde. Die kleine, aber feine Destillerie mit alten und neuen Gebäuden hat seit ein paar Jahren ein schönes Besucherzentrum. Die angebotenen Destilleriebesichtigungen können zu den besten Schottlands gezählt werden. Empfehlenswert ist anschließend auch ein

schöner, ungefähr einstündiger Spaziergang. Von der Destillerie aus führt ein abwechslungsreicher Rundweg zum Linn of Ruthrie, einem kleinen Wasserfall und mystischen Platz, an dem früher Druiden wirkten, und von dort wieder zurück nach Aberlour.

Wenn man den Ort durchquert, kommt man am anderen Ende von Aberlour zur wohl berühmtesten schottischen Bisquitfabrik: Walker's. Unglaublich, was diese große Fabrik alles herstellt! Die LiebhaberInnen von Shortbread, Biscuits, Cakes und Oatcakes werden den Shop dieser speziellen Produktionsstätte wohl besuchen wollen, um sich im Fabrikladen mit Leckereien einzudecken.

Anschließend geht es auf der A95 weiter. Schon nach wenigen Kilometern ist der nächste Stopp angesagt. In der Nähe der größeren Straßenkreuzung bei Craigellachie ist ein bedeutendes Denkmal schottischer Brückenbaukunst zu bewundern: die »Craigellachie Bridge« des Konstrukteurs Thomas Telford über den River Spey. Die Eisenkonstruktion mit den an ein Schloss erinnernden Türmchen auf beiden Seiten des Flusses stammt aus dem Jahr 1814.

Zwei Brücken, die Geschichte schrieben:

Oben · Die »Glenlivet Packhorse Bridge« aus dem Ende des 16. Jahrhunderts diente nicht nur den Bewohnern des vom Earl of Huntly im Jahr 1586 als Jagdschloss gebauten Blairfindy Castle als Übergang über den oft reißenden River Livet. Über die Brücke mit ihren ursprünglich drei Bögen wurde auch der in den vielen Schwarzbrennereien in diesem Tal produzierte Whisky von den Schmugglern auf Packeseln *(packhorses)* ins Tal transportiert.

Unten · Die als »Craigellachie Bridge« bekannte Brücke über den River Spey wurde von Thomas Telford geplant und in den Jahren 1812–1814 als Gusseisenkonstruktion erbaut. Über sie rollte der gesamte Verkehr der Region, bis sie 1972 durch eine neue Brücke aus Beton ersetzt wurde.

Linke Seite • Zwei Mal im Jahr – Anfang Mai und Ende September – ist in der Speyside ein jeweils von Whiskyliebhabern aus der ganzen Welt besuchtes Whiskyfestival. Aber nur beim Herbstfestival und an Weihnachten erhält der Glockenturm in Dufftown eine spezielle Beleuchtung.

Rechts oben • Das *Visitor Centre* der Speyside Cooperage, der wirklich sehenswerten größten Fassfabrik der Region.

Rechts unten • Hinter der Küferei warten Tausende von Fässern aus den verschiedensten Destillerien auf die Überprüfung und Instandstellung.

Über diese alte Brücke lief der gesamte Verkehr, bis 1973 nicht weit von ihr eine neue Brücke gebaut wurde. In ihrer Nähe steht das von vielen »Whiskypäpsten« in ihren Werken hochgelobte Craigellachie Hotel. Sicher, die Whiskybar ist eine der umfangreichsten und wirklich beeindruckend (und dies nicht nur wegen der Preise). Aber das Hotel sollte dringend einer Verjüngungskur unterzogen werden. Gegenwärtig ist es weder in Bezug auf die Zimmer noch auf die Speisen die verlangten Preise wert. Es gibt in dieser Region weitere gastfreundliche Hotels und Restaurants, die ebenfalls über eine ausgezeichnete Whiskyauswahl verfügen.

Bei der Straßenkreuzung Craigellachie muss man sich entscheiden: Will man seine Reise durch die Speyside auf der A95 in Richtung Mulben/Keith fortsetzen oder die Abzweigung nach Dufftown (A941) nehmen? Meine Entscheidung fällt zugunsten der zweiten Variante. Da kommt man schon bald zum kleinen Örtchen Craigellachie. Dort befindet sich die heute zum Bacardi-Konzern gehörende Destillerie gleichen Namens. Craigellachie erhielt bei einer Renovierung in den 1960er-Jahren ein modernes Aussehen, besitzt aber auch noch alte Gebäude. Von der Straße aus kann man direkt ins *stillhouse* hineinsehen. Die Whiskys dieser Destillerie werden, wie auch diejenigen von Glen Elgin, vor allem für die Blends von White Horse verwendet. Die Craigellachie Distillery empfängt normalerweise keine Besucher.

Auf dem kurzen Weg zur nächsten Destillerie sieht man zwischen Craigellachie und Dufftown rechts direkt an der Hauptstraße eine weitere Attraktion: die Speyside-Cooperage. Sie ist Mitglied des »Speyside Malt Whisky Trail« und muss deshalb auch etwas mit Whisky zu tun haben. Die Speyside-Cooperage ist eine riesige Fassfabrik, die beinahe alle Destillerien – nicht nur dieser Region – mit Fässern versorgt. Das Fasslager mit den rund 120 000 Fässern ist wirklich imposant. Die Cooperage bietet eine interessante und lehrreiche Führung an. Es ist wirklich atemberaubend, in welchem Tempo die Spezialisten Fässer zusammenbauen, mit neuen Reifen und Teilen versehen oder reparieren. Da werden in Einzelteilen angelieferte Fässer, in denen zuvor in den USA Bourbons gelagert wurden, wieder zusammengebaut. Sherryfässer aus Spanien erhalten den letzten Schliff, und im Auftrag von Destillerien werden Zehntausende bereits benutzte und leichte Defekte aufweisende Fässer wieder instandgesetzt. Anschließend an die Besichtigung – schon allein das Zuschauen ist anstrengend – hat man die Möglichkeit, sich im Shop und Restaurant des Besucherzentrums wieder zu erholen.

Verlässt man die Speyside Cooperage, erreicht man schon nach wenigen Minuten die Stadt Dufftown. Sie liegt am Zusammenfluss des Dullan Water mit dem River Fid-dich, der später bei Craigellachie in den River Spey mündet. Das kleine Städtchen hat sich selbst den Titel »Welthauptstadt des Malt-Whiskys« verliehen.

Ein Ausspruch aus dem Ende des 19. Jahrhunderts lautet: »Rome was built on seven hills, Dufftown stands on seven stills.« Es sind in der Zwischenzeit aber zwei Destillerien hinzu gekommen: Pittyvaich wurde 1975 gegründet, Kininvie 1990. Es gab nie einen passenden Reim für die achte und neunte Destillerie. Ob dies ein schlechtes Omen war? Seit ein paar Jahren ist Dufftown nämlich wieder bei sieben produzierenden Destillerien angelangt, und der Ausspruch passt wieder.

Nähert man sich der Stadt von Osten, das heißt von Craigellachie, sieht man links von der Straße noch vor den ersten Häusern des Städtchens die erste von ihnen. Die Destillerie Convalmore wurde Ende des 19. Jahrhunderts direkt an der heute stillgelegten Bahnlinie gebaut. Die zum Imperium von William Grant & Sons gehörende Destillerie wurde 1985 endgültig stillgelegt. Seither ist sie mehr oder weniger dem Zerfall preisgegeben worden, nur ein Teil der Destillerie wird von der Eigentümerin noch als Lager ge-nutzt. Auch die drei folgenden Destillerien gehören alle zur Familienfirma William Grant & Sons.

Weiter in Richtung Dufftown, nur ein paar hundert Meter von Convalmore entfernt, steht Balvenie. Diese Destillerie produziert in schönen, alten Gebäuden, und auch ihre Lagerhäuser sind altehrwürdig. Sie verfügt über eine eigene Mälzerei, in der zumindest ein Teil des von ihr benötigten Malzes selbst hergestellt wird. Seit wenigen Jahren kann Balvenie – jedoch nur in kleinen Gruppen – besichtigt werden (Anmeldungen bei Glenfiddich).

Kininvie, die neueste Destillerie von Dufftown, steht etwas versteckt hinter Balvenie. Sie besteht nur aus einem *stillhouse*, das einer modernen Fabrikhalle ähnelt. Die für die Destillation benötigte *wash* wird von Balvenie produziert und gelangt durch Rohre von dort über knapp hundert Meter Distanz direkt in die *stills* von Kininvie. Der *new make* wird ebenfalls in Rohren in die Fassabfüllerei von Balvenie geführt und dort in Fässer abgefüllt.

Wenn man von Balvenie aus wieder ein paar hundert Meter weiter Richtung Dufftown fährt, kommt man zur international wohl bekanntesten aller Malt-Destillerien:

Die Destillerien in der Whiskyregion Speyside – Gebiet westlich des River Spey

Auf der Erkundungsreise zu den Destillerien östlich des River Spey bin ich dem Lauf des Flusses abwärts gefolgt. Das mache ich auch bei den Destillerien, die westlich des River Spey im Gebiet der Whiskyregion Speyside liegen.

Die erste Destillerie in diesem Gebiet steht weit von der Quelle des River Spey entfernt. Bei Tamdhu hat der Fluss bereits etwa zwei Drittel seines Weges zur Nordsee absolviert.

Wir beginnen unsere Fahrt beim kleinen Ort Bridge of Avon (in dessen Nähe befindet sich das sehenswerte Ballindalloch Castle). Bridge of Avon liegt an der A95 von Aviemore Richtung Aberlour. Man folgt als Erstes der A95 ein kurzes Stück Richtung Aberlour bis zum kleinen Weiler Marypark und zweigt dort nach links, also Richtung Nordwesten, auf die B9138 ab. Wenig später überquert man auf einer engen Brücke den River Spey und fährt dann die steile Straße hoch, bis man in einem sehr spitzen Winkel auf die B9102 einbiegt. Man folgt dieser Straße ungefähr vier Kilometer Richtung Norden bis knapp hinter den Weiler Upper Knockando. Hier nimmt man das steil gegen den Spey abfallende Sträßchen.

Es gabelt sich nach ungefähr einem Kilometer. Jede der beiden von hier weiterführenden Straßen bringt einen zu einer Destillerie. Tamdhu und Knockando – so heißen die beiden Nachbardestillerien – stehen jeweils am Ende einer Straße und sind nur knapp einen Kilometer voneinander entfernt. Wenn man rechts abbiegt, kommt man nach ein paar hundert Metern zur Destillerie Tamdhu. Die Destillerie produzierte in modernen Gebäuden und besaß eine eigene, sie hoch überragende Großmälzerei. Der Ausdruck »produzierte« ist leider richtig, denn aufgrund eines Beschlusses der Besitzerfirma (Edrington Group) waren ab April 2010 sowohl die Destillerie als auch die Großmälzerei außer Betrieb.

Im Juni 2011 kaufte die Inhaberin der Destillerie Glengoyne, Ian Macleod, die Destillerie. Die Firma plant, Tamdhu im Frühjahr 2013 wieder in Betrieb zu nehmen. Die Großmälzerei war jedoch nicht Teil des Verkaufs und wird wohl für immer geschlossen bleiben. Das Besucherzentrum von Tamdhu stand an einem speziellen Ort: in der ehemaligen Station der stillgelegten Eisenbahn, direkt am berühmten Wanderweg, dem Speyside Way. Ob es unter der neuen Besitzerin wieder in Betrieb genommen wird, war im Sommer 2012 noch nicht bekannt.

Nun fährt man von Tamdhu aus bis zur Straßengabelung zurück und zweigt links ab. Schon bald erreicht man die aus dem Ende des 19. Jahrhunderts stammende, schöne alte Destillerie Knockando. Knockando hat mit ihren alten, mit schwarzer Patina versehenen Gebäuden mit den dicken Mauern, den trutzig wirkenden Lagerhäusern und ihrem bulligen *kiln* wirklich noch den Charme einer alten Destillerie. In der Destillerie – sie gehört zu Diageo – wird jedoch mit neuer Technologie gearbeitet. Die Whiskys sind, mit Ausnahme sehr weniger Abfüllungen als Malts für die Blends des Konzerns bestimmt. Knockando ist nicht für Besucher eingerichtet.

Die dritte Destillerie in dieser Gegend ist Cardhu. Auf dem Weg zu ihr fährt man wieder auf die B9102 zurück und setzt die Reise nach rechts fort. Bereits knapp 500 Meter nach der Einmündung auf die Straße sieht man links auf einer Anhöhe die Destillerie Cardhu. Sie ist wunderschön in

Rechts · Der Spey River ist bei den Fischern sehr beliebt.

Unten · Die ehemalige Eisenbahnstation diente der Destillerie Tamdhu viele Jahre als *Visitor Centre*. Ob sie es unter dem neuen Besitzer ab 2013 auch wieder sein wird? Ein großer Teil der Wanderer auf dem direkt an ihr vorbeiführenden Speyside Way würde es sicher begrüßen.

Linke Seite • Zwei Mal im Jahr – Anfang Mai und Ende September – ist in der Speyside ein jeweils von Whiskyliebhabern aus der ganzen Welt besuchtes Whiskyfestival. Aber nur beim Herbstfestival und an Weihnachten erhält der Glockenturm in Dufftown eine spezielle Beleuchtung.

Rechts oben • Das *Visitor Centre* der Speyside Cooperage, der wirklich sehenswerten größten Fassfabrik der Region.

Rechts unten • Hinter der Küferei warten Tausende von Fässern aus den verschiedensten Destillerien auf die Überprüfung und Instandstellung.

Über diese alte Brücke lief der gesamte Verkehr, bis 1973 nicht weit von ihr eine neue Brücke gebaut wurde. In ihrer Nähe steht das von vielen »Whiskypäpsten« in ihren Werken hochgelobte Craigellachie Hotel. Sicher, die Whiskybar ist eine der umfangreichsten und wirklich beeindruckend (und dies nicht nur wegen der Preise). Aber das Hotel sollte dringend einer Verjüngungskur unterzogen werden. Gegenwärtig ist es weder in Bezug auf die Zimmer noch auf die Speisen die verlangten Preise wert. Es gibt in dieser Region weitere gastfreundliche Hotels und Restaurants, die ebenfalls über eine ausgezeichnete Whiskyauswahl verfügen.

Bei der Straßenkreuzung Craigellachie muss man sich entscheiden: Will man seine Reise durch die Speyside auf der A95 in Richtung Mulben/Keith fortsetzen oder die Abzweigung nach Dufftown (A941) nehmen? Meine Entscheidung fällt zugunsten der zweiten Variante. Da kommt man schon bald zum kleinen Örtchen Craigellachie. Dort befindet sich die heute zum Bacardi-Konzern gehörende Destillerie gleichen Namens. Craigellachie erhielt bei einer Renovierung in den 1960er-Jahren ein modernes Aussehen, besitzt aber auch noch alte Gebäude. Von der Straße aus kann man direkt ins *stillhouse* hineinsehen. Die Whiskys dieser Destillerie werden, wie auch diejenigen von Glen Elgin, vor allem für die Blends von White Horse verwendet. Die Craigellachie Distillery empfängt normalerweise keine Besucher.

Auf dem kurzen Weg zur nächsten Destillerie sieht man zwischen Craigellachie und Dufftown rechts direkt an der Hauptstraße eine weitere Attraktion: die Speyside-Cooperage. Sie ist Mitglied des »Speyside Malt Whisky Trail« und muss deshalb auch etwas mit Whisky zu tun haben. Die Speyside-Cooperage ist eine riesige Fassfabrik, die beinahe alle Destillerien – nicht nur dieser Region – mit Fässern versorgt. Das Fasslager mit den rund 120 000 Fässern ist wirklich imposant. Die Cooperage bietet eine interessante und lehrreiche Führung an. Es ist wirklich atemberaubend, in welchem Tempo die Spezialisten Fässer zusammenbauen, mit neuen Reifen und Teilen versehen oder reparieren. Da werden in Einzelteilen angelieferte Fässer, in denen zuvor in den USA Bourbons gelagert wurden, wieder zusammengebaut. Sherryfässer aus Spanien erhalten den letzten Schliff, und im Auftrag von Destillerien werden Zehntausende bereits benutzte und leichte Defekte aufweisende Fässer wieder instandgesetzt. Anschließend an die Besichtigung – schon allein das Zuschauen ist anstrengend – hat man die Möglichkeit, sich im Shop und Restaurant des Besucherzentrums wieder zu erholen.

Verlässt man die Speyside Cooperage, erreicht man schon nach wenigen Minuten die Stadt Dufftown. Sie liegt am Zusammenfluss des Dullan Water mit dem River Fid-

dich, der später bei Craigellachie in den River Spey mündet. Das kleine Städtchen hat sich selbst den Titel »Welthauptstadt des Malt-Whiskys« verliehen.

Ein Ausspruch aus dem Ende des 19. Jahrhunderts lautet: »Rome was built on seven hills, Dufftown stands on seven stills.« Es sind in der Zwischenzeit aber zwei Destillerien hinzu gekommen: Pittyvaich wurde 1975 gegründet, Kininvie 1990. Es gab nie einen passenden Reim für die achte und neunte Destillerie. Ob dies ein schlechtes Omen war? Seit ein paar Jahren ist Dufftown nämlich wieder bei sieben produzierenden Destillerien angelangt, und der Ausspruch passt wieder.

Nähert man sich der Stadt von Osten, das heißt von Craigellachie, sieht man links von der Straße noch vor den ersten Häusern des Städtchens die erste von ihnen. Die Destillerie Convalmore wurde Ende des 19. Jahrhunderts direkt an der heute stillgelegten Bahnlinie gebaut. Die zum Imperium von William Grant & Sons gehörende Destillerie wurde 1985 endgültig stillgelegt. Seither ist sie mehr oder weniger dem Zerfall preisgegeben worden, nur ein Teil der Destillerie wird von der Eigentümerin noch als Lager ge-

nutzt. Auch die drei folgenden Destillerien gehören alle zur Familienfirma William Grant & Sons.

Weiter in Richtung Dufftown, nur ein paar hundert Meter von Convalmore entfernt, steht Balvenie. Diese Destillerie produziert in schönen, alten Gebäuden, und auch ihre Lagerhäuser sind altehrwürdig. Sie verfügt über eine eigene Mälzerei, in der zumindest ein Teil des von ihr benötigten Malzes selbst hergestellt wird. Seit wenigen Jahren kann Balvenie – jedoch nur in kleinen Gruppen – besichtigt werden (Anmeldungen bei Glenfiddich).

Kininvie, die neueste Destillerie von Dufftown, steht etwas versteckt hinter Balvenie. Sie besteht nur aus einem *stillhouse,* das einer modernen Fabrikhalle ähnelt. Die für die Destillation benötigte *wash* wird von Balvenie produziert und gelangt durch Rohre von dort über knapp hundert Meter Distanz direkt in die *stills* von Kininvie. Der *new make* wird ebenfalls in Rohren in die Fassabfüllerei von Balvenie geführt und dort in Fässer abgefüllt.

Wenn man von Balvenie aus wieder ein paar hundert Meter weiter Richtung Dufftown fährt, kommt man zur international wohl bekanntesten aller Malt-Destillerien:

144

Oben · Außerhalb von Dufftown: Die ausgezeichnet bestückte Whiskybar und die tolle Whiskysammlung des in Lower Cabrach in den Hügeln hinter diesem Ort stehenden »The Grouse Inn«. Das von Wilma McBain und ihrer Tochter Mhairi geführte Restaurant ist schon lange kein Geheimtip mehr!

Rechts · Die Mortlach Church (auch Mortlach Kirk) ist in ihren Grundmauern eine der ältesten Kirchen Schottlands. Die heute bestehende Kirche stammt aus dem 13. Jahrhundert.

Glenfiddich. Die Destillerie ist Mitglied des »Speyside Malt Whisky Trail«. Mit ihren 28 *stills* und den schönen, gepflegten Gebäuden ist sie sicher einen Besuch wert. Das *Visitor Centre* von Glenfiddich – es empfängt jedes Jahr weit über 100 000 Besucher – ähnelt in seinen Dimensionen und seinem Angebot beinahe einem Supermarkt. Besonders lohnenswert ist der Besuch, wenn in die Führung auch die Destillerie Balvenie eingeschlossen ist und eventuell sogar die wohlbehütete und fast geheim gehaltene Kininvie besichtigt werden kann. Dies ist aber leider nur extrem selten und nur nach intensiver Nachfrage der Fall.

Dufftown hat, wenn man es nach den Destilleriebesitzern einteilt, zwei Stadtteile: Der Westen gehört den Grants, der Osten Diageo. Und zwischen den je vier Destillerien der beiden Großen bildet die zu den Highland Distillers (Edrington Group) gehörende, alte Destillerie Parkmore die Ausnahme. Sie steht im Tal unterhalb der Bahnlinie am River Fiddich. Es ist kaum zu glauben, dass seit 1931 in den schönen, alten Gemäuern kein Whisky mehr produziert wird. Die immer noch sehr gepflegt wirkende Destillerie wird heute von ihrem Besitzer als Lager für Whiskys und Ersatzteile genutzt. Parkmore vermittelt dem Besucher aber den Eindruck, als würde sie nur darauf warten, morgen schon wieder die Produktion aufnehmen zu dürfen.

Nur wenige hundert Meter südlich von Parkmore steht am Dullan Water – kurz vor dessen Einmündung in den River Fiddich – die erste zu Diageo gehörende Destillerie: Glendullan. Genau genommen handelt es sich um zwei Destillerien. Eine ist sehr modern, im Jahr 1972 gebaut, die andere stammt aus dem Ende des 19. Jahrhunderts. Die alte Destillerie wurde 1985 stillgelegt. Ihre Gebäude werden heute von Diageo als Werkstätten, Ersatzteillager und Schulungs-, Ausbildungs- und Forschungszentrum

genutzt. Die moderne neue Destillerie (auch sie lässt die Architekturschablone der UDV erkennen) ist sieben Tage in der Woche rund um die Uhr in Produktion. Glendullan hat kein *Visitor Centre*. Das gilt auch für alle anderen zu Diageo gehörenden Destillerien in Dufftown.

Folgt man dem Dullan Water flussaufwärts ungefähr einen Kilometer, gelangt man zu der Destillerie, die den Namen der Stadt Dufftown trägt. Die in alten und neuen Gebäuden (sie wurde ebenfalls mehrfach um- und ausgebaut) produzierten Whiskys sind vor allem für die Blends bestimmt. Die Dufftown Distillery arbeitet wie Glendullan rund um die Uhr.

Hinter der Destillerie Dufftown standen auf einer leichten Anhöhe die Produktionsgebäude der Destillerie Pittyvaich. Sie wurden erst 1975 gebaut, aber Ende 2002 wieder abgerissen, weil ihre Whiskys im Großen und Ganzen ebenso charakter- und geschmacklos waren wie die Produktionsgebäude. Jetzt erinnern nur noch die Lagerhäuser an diese Destillerie.

Die letzte Destillerie auf diesem Whiskytrip durch Dufftown ist gleichzeitig die älteste in diesem kleinen Städtchen. Sie liegt ganz in der Nähe der Mortlach Church im Stadtteil »Kirktown of Mortlach«. Diese Kirche wurde bereits 566 n. Chr. das erste Mal urkundlich erwähnt. Damit ist sie eine der ältesten Kirchen Schottlands.

Die 1824 gebaute Destillerie Mortlach besitzt neben einigen renovierten Gebäuden – unter anderem auch einem neuen *stillhouse* mit einem beeindruckenden Sammelsurium an *stills* – schöne alte Lagerhäuser. Die ebenfalls alten Mälzhäuser und die beiden *kilns* werden jedoch nicht mehr

für ihre ursprüngliche Bestimmung genutzt. Leider empfängt auch Mortlach normalerweise keine Besucher.

Wir verlassen Dufftown und fahren wenige Kilometer auf der B9009 in südwestlicher Richtung. Am Fuß des 840 Meter hohen Berges Ben Rinnes – auf der östlichen, der Destillerie Benrinnes gegenüberliegenden Seite – steht die erst 1975 erbaute Destillerie Allt-a-Bhainne. Die hochmoderne, architektonisch sehr schöne Destillerie produziert fast vollautomatisch. Sie wird von nur zwei Mann pro Schicht bedient. Mit nur vier *stills* kann sie die unglaubliche Menge von 4 Millionen Litern Whisky pro Jahr herstellen.

Von Allt-a-Bhainne geht es weiter über Dufftown – nicht ohne bei der Speyside Cooperage noch einmal einen Blick auf die Fasspyramiden zu werfen – wieder nach Craigellachie zurück. Bei der großen Straßenkreuzung sollte man diesmal die A95 nehmen und durch eine schöne Hügellandschaft bis zum nächsten größeren Ort, Mulben, fahren. Bei der Ortseinfahrt zweigt man links auf die B9103 ab. Nach etwa zwei Kilometern steht direkt an der Straße eine der speziellsten Destillerien Schottlands: Auchroisk. Die 1974 erbaute Destillerie ist eine architektonische Meisterleistung. Sie wurde mit mehreren Architekturpreisen ausgezeichnet. Sie besticht jedoch nicht nur durch ihr hochmodernes, etwas extravagantes Aussehen, sondern ebenfalls durch ihre Produktivität. Auchroisk besitzt acht *stills* und wird im Rund-um-die-Uhr-Betrieb von gerade einmal (insgesamt) sieben Mitarbeitern bedient. Besucher sind normalerweise nicht willkommen.

Auchroisk steht nordwestlich von Mulben. Die zweite Destillerie dieser Gemeinde befindet sich südöstlich von ihr – also am gegenüberliegenden Ortsende – an der weiter nach Keith führenden A95.

Glentauchers wurde 1897 mit zwei *kilns* gebaut. Bei einer Komplettrenovierung und einem Ausbau Anfang der 1960er-Jahre erhielt sie einige neue Gebäude, unter anderem auch ein neues *stillhouse*. Erfreulicherweise ist dabei ihr typischer Charakter aus der Gründungszeit nicht verloren gegangen. Die Glentauchers Distillery hat keine Besuchereinrichtungen.

Jetzt geht es weiter nach Keith, einem kleinen alten Städtchen. Vor dem Ort stehen direkt an der Straße viele große Lagerhäuser. Dabei handelt es sich um ein zentrales Lager, das die Firma Chivas Bros. (Pernod Ricard) für die Reifung der in ihren Destillerien in der Speyside produzierten Whiskys eingerichtet hat. Fährt man weiter und macht sich auf die Suche nach den drei Destillerien des Ortes, wird man an der Station Road in der Nähe des alten Bahnhofs am River Isla fündig: Dort steht die Destillerie Glen Keith. Für sie wurden 1957 die schönen, hohen Gebäude einer alten Getreidemühle umfunktioniert und zu einer Destillerie umgebaut. Sie gehört mit zu den modernsten Destillerien Schottlands. Solange sie in Betrieb war – sie wurde 1999 stillgelegt und dient heute als Forschungszentrum – produzierte sie fast vollautomatisch. Ein Hinweisschild am Eingang zu Glen Keith zeigt an, dass man keine Besucher (mehr) empfängt, und empfiehlt, sich an die Destillerie Strathisla zu wenden. Diese gehört dem gleichen Besitzer wie Glen Keith (Pernod Ricard/Chivas Bros.) und steht ebenso in der Nähe des Stadtzentrums am Fluss Isla (es gibt auch Wegweiser zu ihr an der A95).

Von Glen Keith aus geht es noch ein Stück weiter auf der Station Road. Schon bald biegt man scharf rechts auf

die zum Stadtzentrum zurückführende B9116 ab. Nach nur wenigen hundert Metern hat man die Destillerie Strathisla erreicht.

Mit ihren beiden *kilns,* dem Mühlrad und den schönen, alten Gebäuden lädt diese Bilderbuch-Destillerie geradezu zu einem Besuch ein. Dieser Einladung zu folgen, ist sehr zu empfehlen. Strathisla ist wirklich eine der allerschönsten Destillerien von Schottland. Auch das Besucherzentrum mit seiner fast viktorianisch-aristokratisch wirkenden Ausstattung hat eine ganz spezielle Ausstrahlung. Strathisla ist Mitglied des »Speyside Malt Whisky Trail«.

Ebenfalls am River Isla, etwas flussaufwärts, steht die dritte Destillerie dieser Stadt, Strathmill. Um zu ihr zu gelangen, nimmt man ungefähr in der Mitte zwischen dem Hauptplatz der Stadt und der Abzweigung zu Strathisla die Straße, die direkt bei der Brücke über den Isla Richtung Süden zum Fluss hinunterführt.

Strathmill wurde 1891 in einer alten Getreidemühle eingerichtet. Sie produziert heute noch in den alten Gebäuden

mit den zwei schlanken *kilns,* die immer noch einen angenehmen Charme ausstrahlen. Die fast unbekannte Destillerie empfängt keine Besucher.

Ganz in der Nähe bietet sich eine weitere Möglichkeit für echte Eisenbahnfreaks. Man fährt von Strathmill aus zur Brücke zurück und beinahe geradeaus weiter bis zur Keith Town Station. Sie bildet den Endpunkt einer Nostalgiebahn, die jeweils an den Wochenenden zwischen Dufftown und Keith verkehrt. Zum Einsatz gelangen verschiedene Diesellokzüge aus den 1950er- und 1960er-Jahren.

Die nächste östlich des River Spey gelegene Destillerie ist Aultmore. Zuerst geht es ein Stück auf der A95 Richtung Mulben zurück, dann zweigt man kurz nach dem Lagerhauskomplex von Chivas auf die A96 ab. Nach knapp drei Kilometern muss man auf die B9016 wechseln, um zu der in der hügeligen Gegend direkt an der Straße stehenden Destillerie Aultmore zu gelangen. Dass sie Ende des 19. Jahrhunderts gebaut wurde, sieht man ihr nicht mehr an, da sie im Jahr 1971 im typischen UDV-Stil zu einer modernen

Industriedestillerie um- und ausgebaut wurde. Doch seit 1998 gehört sie nicht mehr zu Diageo, sondern zum Bacardi-Konzern. Aultmore hat keine Besuchereinrichtungen.

Von Aultmore aus hat man jetzt eine längere Fahrt bis zur nächsten Destillerie vor sich. Man bleibt auf der B9016, bis diese auf die A98 trifft, der man dann in Richtung Osten folgt. In der Nähe der Hafenstadt Buckie sieht man schon von der Straße aus die Destillerie Inchgower mit ihren aus ihrer Gründungszeit Ende des 19. Jahrhunderts stammenden Gebäuden, den beiden *kilns* und den großen, alten Lagerhäusern. Diese schöne, alte Destillerie liegt mitten in Getreidefeldern. Inchgower ist eine der wenigen Destillerien in Schottland, die ihre Produktionsrückstände selbst zu Viehfutter verarbeiten. Inchgower empfängt keine Besucher.

In Buckie ist vor allem der relativ große Fischerhafen interessant. Den Fischmarkt sollte man am besten am Morgen besuchen. Am meisten Betrieb ist jeweils am Donnerstag und Freitag.

Eine meiner Lieblingsdestillerien habe ich für den Schluss dieses Teils der Speyside aufgespart: Knockdhu. Man hat bis zu ihr zwar noch ein schönes Stück Weg zurückzulegen, doch es lohnt sich. Aber Achtung: In der alten Destillerie empfängt man offiziell keine Besucher. Weil sich aber selten jemand bis dorthin verirrt, zeigt man meistens doch gerne, was man zu zeigen hat. Und das ist wirklich sehenswert. Um sicherzugehen, dass man nicht umsonst dorthin fährt, ruft man vorher einfach einmal an.

Zur Destillerie Knockdhu fährt man von Buckie aus zuerst auf der A98 weiter Richtung Osten an Cullen und Portsoy vorbei (dort befindet sich – bereits in der Region Highland – die Destillerie Glenglassaugh), bis man auf die A95 stößt. Dieser folgt man ungefähr 15 Kilometer und zweigt dann auf die B9022 ab, um die südwestlich von Banff in Knock liegende Destillerie zu erreichen. Von jetzt an sollte man nach Norden (nach rechts) sehen, bis man von der Straße aus die am Fuße des markanten Knock Hill gelegene Destillerie Knockdhu sieht. Sie arbeitet noch mit den fast gleichen Methoden wie vor hundert Jahren. Viele der Anlagen sind ebenso alt. Unter ihren Whiskys – sie werden als Standard unter dem Namen »anCnoc« abgefüllt – gibt es etliche Trouvaillen. So sitze ich im kleinen Besprechungsraum der Knockdhu Distillery gerade so schön beim Fachsimpeln, Degustieren und Genießen und weiß nicht, wann ich mich hier losreißen kann. Das ist der richtige Moment, um die Reise zu den Destillerien im Gebiet östlich des River Spey abzuschließen.

Bis jetzt wurden in der Speyside total 32 Destillerien (28 aktive und 4 inaktive) besucht.

Fischerboote haben im Hafen des kleinen Küstenstädtchens Buckie angelegt. Ihren Fang verkaufen ihre Besitzer zum großen Teil am lokalen Fischmarkt.

Die Destillerien in der Whiskyregion Speyside – Gebiet westlich des River Spey

Auf der Erkundungsreise zu den Destillerien östlich des River Spey bin ich dem Lauf des Flusses abwärts gefolgt. Das mache ich auch bei den Destillerien, die westlich des River Spey im Gebiet der Whiskyregion Speyside liegen.

Die erste Destillerie in diesem Gebiet steht weit von der Quelle des River Spey entfernt. Bei Tamdhu hat der Fluss bereits etwa zwei Drittel seines Weges zur Nordsee absolviert.

Wir beginnen unsere Fahrt beim kleinen Ort Bridge of Avon (in dessen Nähe befindet sich das sehenswerte Ballindalloch Castle). Bridge of Avon liegt an der A95 von Aviemore Richtung Aberlour. Man folgt als Erstes der A95 ein kurzes Stück Richtung Aberlour bis zum kleinen Weiler Marypark und zweigt dort nach links, also Richtung Nordwesten, auf die B9138 ab. Wenig später überquert man auf einer engen Brücke den River Spey und fährt dann die steile Straße hoch, bis man in einem sehr spitzen Winkel auf die B9102 einbiegt. Man folgt dieser Straße ungefähr vier Kilometer Richtung Norden bis knapp hinter den Weiler Upper Knockando. Hier nimmt man das steil gegen den Spey abfallende Sträßchen.

Es gabelt sich nach ungefähr einem Kilometer. Jede der beiden von hier weiterführenden Straßen bringt einen zu einer Destillerie. Tamdhu und Knockando – so heißen die beiden Nachbardestillerien – stehen jeweils am Ende einer Straße und sind nur knapp einen Kilometer voneinander entfernt. Wenn man rechts abbiegt, kommt man nach ein paar hundert Metern zur Destillerie Tamdhu. Die Destillerie produzierte in modernen Gebäuden und besaß eine eigene, sie hoch überragende Großmälzerei. Der Ausdruck »produzierte« ist leider richtig, denn aufgrund eines Beschlusses der Besitzerfirma (Edrington Group) waren ab April 2010 sowohl die Destillerie als auch die Großmälzerei außer Betrieb.

Im Juni 2011 kaufte die Inhaberin der Destillerie Glengoyne, Ian Macleod, die Destillerie. Die Firma plant, Tamdhu im Frühjahr 2013 wieder in Betrieb zu nehmen. Die Großmälzerei war jedoch nicht Teil des Verkaufs und wird wohl für immer geschlossen bleiben. Das Besucherzentrum von Tamdhu stand an einem speziellen Ort: in der ehemaligen Station der stillgelegten Eisenbahn, direkt am berühmten Wanderweg, dem Speyside Way. Ob es unter der neuen Besitzerin wieder in Betrieb genommen wird, war im Sommer 2012 noch nicht bekannt.

Nun fährt man von Tamdhu aus bis zur Straßengabelung zurück und zweigt links ab. Schon bald erreicht man die aus dem Ende des 19. Jahrhunderts stammende, schöne alte Destillerie Knockando. Knockando hat mit ihren alten, mit schwarzer Patina versehenen Gebäuden mit den dicken Mauern, den trutzig wirkenden Lagerhäusern und ihrem bulligen *kiln* wirklich noch den Charme einer alten Destillerie. In der Destillerie – sie gehört zu Diageo – wird jedoch mit neuer Technologie gearbeitet. Die Whiskys sind, mit Ausnahme sehr weniger Abfüllungen als Malts für die Blends des Konzerns bestimmt. Knockando ist nicht für Besucher eingerichtet.

Die dritte Destillerie in dieser Gegend ist Cardhu. Auf dem Weg zu ihr fährt man wieder auf die B9102 zurück und setzt die Reise nach rechts fort. Bereits knapp 500 Meter nach der Einmündung auf die Straße sieht man links auf einer Anhöhe die Destillerie Cardhu. Sie ist wunderschön in

Rechts · Der Spey River ist bei den Fischern sehr beliebt.

Unten · Die ehemalige Eisenbahnstation diente der Destillerie Tamdhu viele Jahre als *Visitor Centre*. Ob sie es unter dem neuen Besitzer ab 2013 auch wieder sein wird? Ein großer Teil der Wanderer auf dem direkt an ihr vorbeiführenden Speyside Way würde es sicher begrüßen.

die hügelige Landschaft integriert. Die alten Bauten werden von einem *kiln* überragt. Heute befinden sich im alten *kiln* die Büroräume. Das kleine *Visitor Centre* – man empfängt hier gerne Besucher – ist in einem Teil der ehemaligen Mälzböden untergebracht. Cardhu ist eine der Destillerien des »Speyside Malt Whisky Trail«. Die Whiskys von Cardhu werden vor allem für die Johnnie Walker Blends verwendet und tragen viel zu deren Geschmack bei.

Nach dem Besuch bei Cardhu fährt man auf der B9102 ungefähr einen Kilometer in westlicher Richtung weiter. Dann folgt man dem Wegweiser Carron, der nach rechts (oder Süden) auf einer schmalen Straße den Hang hinunter führt. Direkt am River Spey – auf der gleichen Seite wie Cardhu – steht eine große, ebenfalls alte Destillerie: Imperial. Einzig die Lagerhäuser und ehemaligen Bürogebäude wirken gepflegt und werden noch genutzt. Die übrigen Gebäude der seit vielen Jahren geschlossenen Destillerie zerfallen langsam und sind deshalb abgesperrt. Es ist seit Jahren geplant, diese sehr schön gelegene Destillerie zu einer Feriensiedlung umzubauen.

Von Carron aus geht es wieder den Hügel hinauf. Im kleinen Ort Archiestown stößt man wieder auf die B9102, der man weiter in Richtung Osten folgt. Nach ungefähr sechs Kilometern weist ein Schild den Weg zu einer der berühmtesten Destillerien: Macallan. Möchte man ein paar Whiskys mit Preisen von einigen tausend britischen Pfund (je Flasche) neben solchen mit normaleren Preisen bestaunen, lohnt sich ein Abstecher ins Besucherzentrum dieser Destillerie. Alte Macallan-Abfüllungen gehören mit zu den teuersten Whiskys der Welt. Zur Tour durch die Destillerie gehört auch der Besuch im Lagerhaus N° 7, in dem es eine interessante und aufwendige Präsentation über Fässer mit dem Titel »The Story of Oak« zu sehen gibt.

Die B9102 führt nach kurzer Fahrt ins Tal des River Spey zurück und dort auf die A941.

Ab hier folgt man dem Fluss weiter auf seinem Weg Richtung Meer. Nach knapp drei Kilometern erreicht man das Dorf Rothes. Hier stehen/standen die nächsten fünf (!) Destillerien, aber nur eine von ihnen ist für Besucher geöffnet.

Nahe beim Ortseingang befindet sich in der Nähe der Straße – ein wenig zurückversetzt (sehr leicht zu übersehen) – die Destillerie Glen Spey. Ihre Gebäude stehen direkt an einem kleinen Bach mit dem Namen Burn of Rothes. Die Eigentümerin (UDV/Diageo) hat der Destillerie Anfang der 1970er-Jahre ein modernes und nicht sehr attraktives Äußeres verpasst. Ihr Whisky wird vor allem für Blends (J&B) verwendet. Sie empfängt keine Besucher.

In Sichtweite von Glen Spey, ebenfalls am Burn of Rothes gelegen, steht in einem kleinen Tal die Destillerie Glenrothes. Die alte Destillerie mit ihrem neuen *stillhouse* liegt direkt gegenüber von einem Friedhof. Auch eine Möglichkeit für einen Destilleriestandort. Man empfängt hier keine (oder doch nur ungern) Besucher. Glenrothes produziert einen ausgezeichneten Malt, der meistens als Vintage-(Jahrgangs-)Abfüllung auf den Markt kommt, der Malt ist aber auch bei den Blendingfirmen sehr beliebt.

Schon beinahe am Dorfende sucht man rechts der Straße in der hinteren Häuserzeile vergeblich nach Caperdonich. Die moderne, fabrikähnliche Destillerie wurde 2001/2002 geschlossen und Ende 2010 von ihrer ehemaligen Nachbarin und neuen Besitzerin, der Firma Forsyths, abgerissen. Das Gelände wird jetzt von Forsyths genutzt. Die berühmte Kupferschmiede und auch andere Metalle verarbeitende

Die Destillerien im Gebiet westlich des River Spey in der Whiskyregion Speyside

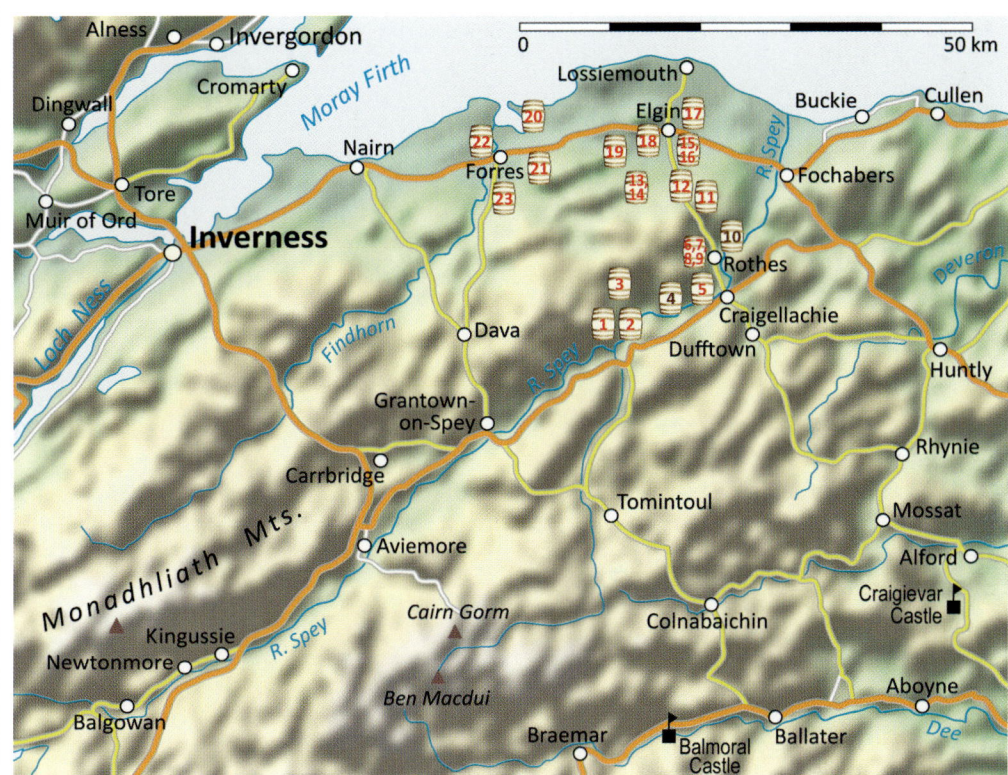

1	Tamdhu *		20	Roseisle
2	Knockando		21	Glenburgie / Glencraig
3	Cardhu		22	Benromach
4	Imperial †		23	Dallas Dhu †
5	The Macallan			
6	Glen Spey			
7	The Glenrothes		† = stillgelegte, abgerissene oder für eine andere Nutzung umgebaute Destillerie	
8	Caperdonich †			
9	Glen Grant		* = Produktionswiederaufnahme 2013	
10	Speyburn			
11	Coleburn †			
12	Glen Elgin			
13	Glenlossie			
14	Mannochmore			
15	BenRiach			
16	Longmorn			
17	Linkwood			
18	Glen Moray			
19	Miltonduff / Mosstowie			

sind nach der Architekturschablone der UDV gebaut und sich so ähnlich, dass man sie ohne Weiteres verwechseln könnte. Die Whiskys der beiden Destillerien sind aber trotz der sehr engen Nachbarschaft von unterschiedlichem Geschmack. Zum Komplex gehört auch eine große *dark grains*-Fabrik, in der die Abfälle nicht nur dieser beiden Destillerien zu Viehfutter verarbeitet werden.

Es geht nun auf die A941 zurück und weiter in Richtung Norden (Elgin). Bereits nach knapp einem Kilometer sieht man rechts von der Straße die nächste Destillerie: BenRiach. Gleich hinter ihr – von dieser Stelle der Straße aus nicht zu sehen – steht Longmorn. Die beiden Destillerien werden als Zwillings-Destillerien bezeichnet, weil ihre Schicksale seit der Gründung eng miteinander verknüpft sind. Beide wurden Ende des 19. Jahrhunderts gebaut und gehörten der gleichen Firma. BenRiach stand im Schatten der zwei Jahre früher in Betrieb genommenen Destillerie Longmorn und wurde oft – und jedes Mal für lange Zeit – stillgelegt. Pernod Ricard, die vorletzte Besitzerin, legte BenRiach im

Links · Bestandteile von *pot stills* vor der berühmten Kupferschmiede Forsyths in Rothes. Die Firma stellt sowohl *pot* als auch *continuous stills* für Destillerien auf der ganzen Welt her.

Unten · Die Ruine der während der Reformation zerstörten alten Kathedrale von Elgin hat ihren ganz eigenen Reiz.

Firma ist eine der besten und größten Spezialfirmen für die Herstellung von *stills* in Schottland, wenn nicht sogar der Welt.

Am Dorfende, direkt am großen Kreisverkehr, steht die einzige Destillerie in Rothes, die auf Besucher eingestellt ist und auch viel für sie tut: Glen Grant. Die alte, aufwendig renovierte und umgebaute Destillerie besitzt einen sehr schönen, öffentlichen Park und ist wirklich sehenswert. Sowohl das *Visitor Centre* als auch die Cafeteria überraschen mit viel »Italianità«.

Die italienische Besitzerin Gruppo Campari hat italienisches Styling mit schottischer Tradition zu einer schönen Symbiose vereinigt. Im Park befindet sich ein kleiner Felsen, in den ein Tresor eingebaut ist. Besondere Besucher erhalten daraus einen Dram eines alten Single Malt: Slàinte Mhath!

Die großen Gebäude, aus denen es schräg gegenüber dem Besucherparkplatz von Glen Grant so schön dampft, gehören nicht zur fünften Destillerie in Rothes. Nein, es handelt sich bei ihnen um eine sogenannte *dark grain plant*, eine Fabrik, in der Maischrückstände *(draff)* und Rückstände aus den *stills (pot ale)* der umliegenden Destillerien zu Tierfutter verarbeitet werden. Zu dieser Fabrik gehört auch ein kleines Bio-Kraftwerk, in dem aus den gleichen Rückständen Elektrizität gewonnen wird.

Wenn man an dieser Fabrik vorbeifährt und nach ungefähr 200 Metern links abbiegt, kommt man wirklich zur fünften Destillerie dieses Ortes. Speyburn – so ihr Name – wurde in den letzten Jahren ebenfalls renoviert und stark modernisiert. Trotzdem gibt es dort noch einiges zu sehen, so zum Beispiel eine der letzten noch (fast) betriebsbereiten und unter Denkmalschutz stehenden Trommel-Mälzereien Schottlands. Leider empfängt Speyburn in der Regel keine Besucher.

Man fährt nun zum Kreisverkehr zurück und setzt seinen Weg auf der A941 Richtung Elgin fort. Die Straße steigt von Rothes her an und erlaubt einen Blick zurück auf die wunderschön in ihrem Tal gelegene Speyburn Distillery. Gleichzeitig nimmt man nun vom River Spey Abschied. Er fließt ab hier in nordöstlicher Richtung der Nordsee entgegen.

Etwa sechs Kilometer von Rothes entfernt steht im Weiler Coleburn ein wenig versteckt in einem Tal östlich der Hauptstraße die Destillerie Coleburn. Sie ist seit 1985 geschlossen und war lange Zeit dem Zerfall preisgegeben. Von ihren alten Gebäuden geht ein eigentümlicher und fast unheimlicher Charme aus, dem man sich nur schwer entziehen kann. Sie soll jetzt in einen Freizeitkomplex mit Music Hall, Hotel, Restaurants und Pubs umgebaut werden. Der erste Anlass im ehemaligen Mälzhaus von Coleburn und auf dem übrigen Gelände der Destillerie fand während des »Spirit of Speyside Whisky Festival 2011« statt. 2012 wurde der geplante Anlass jedoch in letzter Minute abgesagt. Blüht wirklich neues Leben in den Ruinen?

Nur ein kleines Stück weiter befindet sich im Örtchen Longmorn die Destillerie Glen Elgin. Sie steht etwas zurückgesetzt rechts (östlich) der Straße, ist aber von dieser aus sichtbar. Glen Elgin wirkt mit ihren weißen Gebäuden nach einem Um- und Ausbau sehr modern. Die außerhalb des *stillhouse* stehenden *worm tubes* aus Holz für die Kondensation (Verflüssigung) des Alkoholdampfes wollen nicht so recht zum modernen Erscheinungsbild passen, sie wirken jedoch sehr attraktiv. Bei Glen Elgin wird rund um die Uhr produziert. Der Whisky wird fast nur für den White Horse Blend verwendet. Man empfängt keine Besucher.

Auch in den nächsten beiden Destillerien sind Besucher nicht willkommen, aber man sollte zumindest einen Blick von außen auf den großen, modernen Komplex der Firma Diageo werfen. Dazu fährt man auf der A941 ein kleines Stück weiter, bis man auf eine Straße (ohne Nummer) trifft, die links nach Birnie führt.

Sie führt direkt zu den beiden Destillerien Glenlossie (mit einem schönen alten *kiln*) und Mannochmore. Beide haben ein eigenes *stillhouse* mit je sechs *stills*, und beide

zerstört wurde, die größte in Schottland). Viele spezialisierte Läden laden zum Shoppen ein. Unweit der High Street befindet sich der Hauptsitz des berühmten unabhängigen Abfüllers Gordon & MacPhail. Sein Shop mit dem interessanten (aber teuren) Angebot ist besonders für die Whiskyfans ein Anziehungspunkt.

Nun verlässt man Elgin auf der A96 in Richtung Westen. Direkt an der westlichen Ausfahrt sollte man dem Wegweiser zur renovierten Destillerie Glen Moray folgen. Sie steht direkt am River Lossie. Von Zeit zu Zeit muss sie für ihre Lage büßen. Bei Hochwasser standen ihre Lagerhäuser schon mehrmals unter Wasser. Glen Moray hat neue Silogebäude, aber dank ihren zum Teil wirklich sehenswerten alten Gebäuden konnte sie ihren alten Charakter beibehalten. Sie ist Mitglied des »Malt Whisky Trail« und hat ein kleines, schönes Besucherzentrum mit Cafe-Restaurant und Shop. Die Whiskys von Glen Moray sind überwiegend für die Blends bestimmt. Ein Teil kommt aber auch als Single Malt auf den Markt.

Nachdem man Elgin auf der A96 verlassen und nach etwa fünf Kilometern auf die links (Richtung Süden) wegführende Straße nach Miltonduff abgezweigt ist, erreicht man die Destillerie mit diesem Namen. Sie steht südwestlich der Stadt Elgin inmitten von Feldern und an einem Nebenfluss des River Lossie. Miltonduff ist eine größere Destillerie mit einer Mischung aus sehr alten und neueren Gebäuden. Sie war eine der Destillerien, in denen die speziellen *Lomond stills* zum Einsatz kamen. In den wenigen Jahren, in denen man in dieser Art von Brennkessel brannte, wurde außer dem Miltonduff ein Mosstowie-Malt hergestellt. Die Malts von Miltonduff bilden einen wichtigen Bestandteil der Ballantines Blends. Allied Domecq, die frühere Besitzerin von Miltonduff, hatte dort lange Zeit nicht nur Whisky hergestellt, sondern auch ein Forschungszentrum *(Malt Distilleries Technical Centre)* betrieben. Heute dienen die vielen Büroräume bei Miltonduff als Sitz eines Teils des Managements von Chivas Bros./Pernod Ricard. Miltonduff ist nicht für Besucher eingerichtet.

In der Nähe von Miltonduff steht die Pluscarden Abbey (Wegweiser), ein uraltes Kloster aus dem Jahr 1230. Nachdem es, wie alle Klöster Schottlands, über die Jahrhunderte hinweg verschiedenen Zerstörungsaktionen zum Opfer fiel, bestand es nur noch aus Ruinen. Im 20. Jahrhundert wurde Pluscarden zum großen Teil wieder aufgebaut. Das heute von Benediktinern betriebene Kloster ist eines der wenigen noch aktiven Klöster Schottlands.

Nachdem man der alten Abbey einen Besuch abgestattet hat, geht es wieder auf die A96 zurück und auf dieser weiter Richtung Osten. Im kleinen Ort Alves darf man den Wegweiser Burghead nicht verpassen. Die kleine, nach Norden führende Straße bringt einen auf direktem Weg zu einer der größten Malt-Destillerien Schottlands. Roseisle ist die neueste Destillerie der Speyside. Sie wurde am 11. Oktober 2010 das erste Mal der Öffentlichkeit vorgestellt, hat aber bereits im Herbst 2009 die Produktion aufgenommen. Die sowohl von Außen als auch im Inneren futuristisch anmutende Destillerie steht im großen Mälzereikomplex der Firma Diageo. Besucher sind weder bei den Maltings noch in der Destillerie wirklich willkommen.

Ein Abstecher in die Hafenstadt Burghead lohnt sich. Sie liegt nördlich von Roseisle direkt am Moray Firth. Die kleine Stadt ist auf einer uralten piktischen Siedlung gebaut. Ein altes Fort mit einem *Visitor Centre* lädt zum Verweilen

Eine Seitenapsis der Pluscarden Abbey bei Elgin. Das aus dem 13. Jahrhundert stammende Kloster ist eines der wenigen in Schottland, welches nach dem Wiederaufbau in den letzten Jahrzehnten wieder von Mönchen bewohnt und betrieben wird.

Oktober 2002 erneut still. Seit die kleine Destillerie 2004 einen neuen, privaten und unabhängigen Besitzer fand, wird wieder produziert. Die neue Firma brachte sofort eine große (zu große?) Anzahl von guten Single Malts auf den Markt. BenRiach kann auf Anfrage hin besucht werden.

Longmorn dagegen gehört weiter zu Pernod Ricard und wird unter der Leitung ihrer schottischen Tochter Chivas Bros. betrieben. Sie liegt wunderschön inmitten von Gerstenfeldern und hat ihren alten Charme bewahrt. Der Whisky von Longmorn ist sehr gut, verschwindet aber zu fast 100 Prozent in den Blends von Chivas. Die Destillerie hat keine Besuchereinrichtungen.

Bei der Ankunft in der Stadt Elgin muss man beim ersten Kreisverkehr nach rechts Richtung Linkwood fahren, um zur gleichnamigen Destillerie zu kommen. Linkwood wurde ebenfalls nach dem Architekturschema der UDV umgebaut und ein modernes *stillhouse* errichtet. Aber Gott sei Dank blieben der alte *kiln* und die Lagerhäuser neben ein paar anderen attraktiven Gebäuden erhalten. Die neueste Renovierung erfolgte im Jahr 2011. Bei dieser Gelegenheit erhielt Linkwood auch einige neue und moderne Produktionsmittel.

In Elgin, einer alten Stadt mit einigen Sehenswürdigkeiten, kann man auch einiges unternehmen. Sie ist die größte Stadt und Sitz der Verwaltung von Moray. Die besonders erwähnenswerten Attraktionen sind alle gut zu Fuß erreichbar: die High Street mit ihren schönen Häusern und der alles dominierenden St. Giles Kirche und die Ruinen der Kathedrale (sie war, bevor sie während der Reformation

ein. In der Umgebung befindet sich eine schöne Dünenlandschaft, und im Meer sind von Zeit zu Zeit Delfine, Seehunde und sogar Wale zu sehen.

Zurück auf der A96 geht es in westlicher Richtung weiter.
Etwa vier Kilometer nach Alves befindet sich in der Nähe
der Straße die Destillerie Glenburgie. Sie gehört seit ihrem
Totalumbau in den Jahren 2003/2004 zu den absolut modernsten Destillerien Schottlands. Der Malt von Glenburgie
geht zum weitaus größten Teil in die Blends von Ballantines. Früher stellte man außer dem Glenburgie ein paar
Jahre lang in speziellen *stills* (den sogenannten *Lomond
stills*) noch einen zweiten Whisky her, den Glencraig. Die
speziellen *stills* wurden aber schon nach wenigen Betriebsjahren wieder abgegeben. Der Glencraig ist deshalb – wenn
man ihn überhaupt noch findet – meistens auch teuer.

Im Ort Forres (Wegweiser ab der A96) steht die westlichste zum »Malt Whisky Trail« gehörende Destillerie. Die heute modern wirkende Destillerie Benromach war lange Zeit
stillgelegt. Die Destillationsanlagen waren bereits abgebaut
und einige Gebäude sogar abgerissen, als Gordon & Mac-

Phail die Destillerie 1992 kauften. Der berühmte unabhängige Whiskyhändler und Abfüller aus Elgin baute sie um
und nahm sie 1998 wieder in Betrieb.

Das »Malt Whisky Center«, das Besucherzentrum der
Destillerie, steht in einem kleinen Park mit einem Teich für
das Kühlwasser. Hier lässt es sich bei einem Dram ganz gut
aushalten. Von hier aus starten auch die Führungen durch
die Destillerie.

Unsere Reise durch die Speyside beenden wir bei einer
1983 stillgelegten Destillerie. Dallas Dhu steht ein Stück
nordöstlich von Forres an einem kleinen Flüsschen. Die
sehr schöne und alte Destillerie produziert seit ihrer Stilllegung nicht mehr, aber sie ist immer noch eine der schönsten Destillerien Schottlands. Ihre uralten Gebäude und
Anlagen sind in einem ausgezeichneten Zustand. Dallas
Dhu wurde vor ein paar Jahren von Historic Scotland – einer Agentur der schottischen Regierung, die für historische
Stätten verantwortlich ist –übernommen und wird heute
als wirklich sehenswertes Museum mit einem schönen Besucherzentrum geführt.

Damit sind wir am Ende unserer Reise durch die Whiskyregionen Schottlands angelangt. Im zuletzt besuchten
Gebiet, dem westlich des River Spey liegenden Teils der
Speyside, konnte man bei 23 Destillerien (18 aktive und
5 nicht mehr produzierende) Halt machen. Auf unserem
Streifzug durch die Whiskyregionen Schottlands haben wir
damit insgesamt 131 Malt-Destillerien (aktive und inaktive
zusammengerechnet) »aufgespürt«.

Jetzt fehlen nur noch die Grain-Destillerien. Ihnen ist
nach den Porträts der Malt-Destillerien ein spezielles, jedoch nicht nach Regionen aufgebautes Kapitel gewidmet.

Den Schlusspunkt an den Highland Games bilden in der Regel
die »Massed Pipes and Drums«, hier an den Highland Games
von Forres. Sie sind so sicher auch das richtige Motiv für den
Abschluss der Reise durch die Whiskyregionen Schottlands.

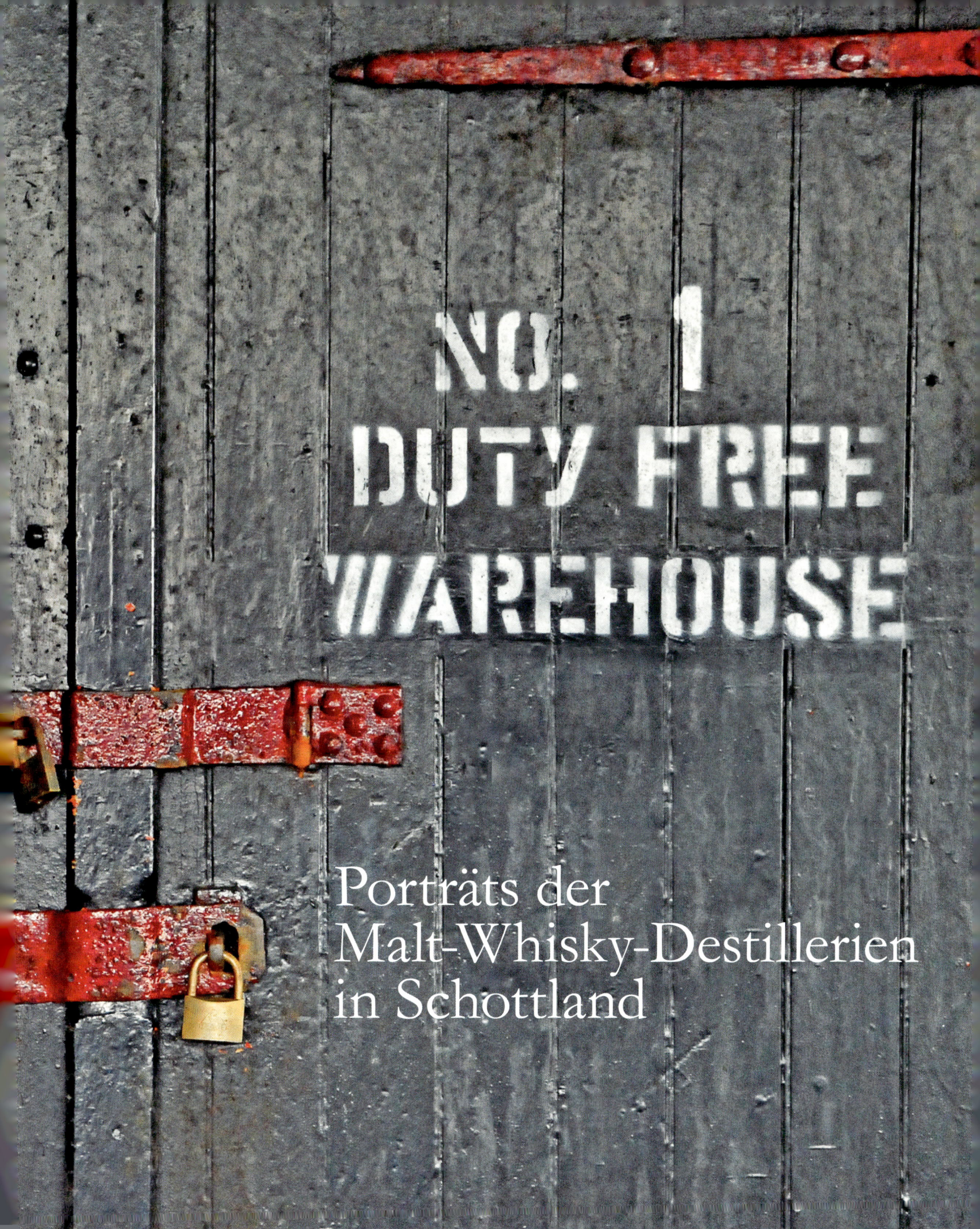

NO. 1
DUTY FREE
WAREHOUSE

Porträts der
Malt-Whisky-Destillerien
in Schottland

Überblick

Im umfangreichen Kapitel »Porträts der Malt-Whisky-Destillerien Schottlands« stelle ich nahezu alle Malt-Whisky-Destillerien Schottlands vor. Die Destillerien werden jeweils auf zwei gegenüberliegenden Seiten präsentiert. Die Vorstellungen umfassen nicht nur die aktiven Destillerien, sondern auch jene, die zwar inzwischen geschlossen, aber doch sehr wichtig sind beziehungsweise waren. Nach den Porträts widme ich auch den im Entstehen begriffenen Destillerien einige Zeilen.

Basis für die Informationen und Fotos in diesem Buch und speziell für die »Porträts der Destillerien« waren persönliche Besuche in den einzelnen Destillerien und Diskussionen mit vielen interessanten Menschen. Ohne den mir fast überall entgegengebrachten guten Willen und die wertvolle Mithilfe vieler Menschen hätte ich dieses Buch nicht schreiben können.

Viele Destilleriemanager/-managerinnen und ihre Stellvertreter/Stellvertreterinnen rund um die Welt haben mir ihre Zeit – oft sehr viel Zeit – geopfert. Sie haben mir ihre »heiligen Hallen« entweder persönlich gezeigt oder Mitarbeiter dafür extra zur Verfügung gestellt. Die Besuche führten dabei oft auch in die »speziellen« Abteilungen der Destillerien und in die Lager. Ein besonderes Dankeschön auch für einige seltene Drams, die ich genießen durfte.

Nicht immer war es einfach, Besuchstermine zu vereinbaren. Und noch schwieriger war es in etlichen Destillerien, eine Erlaubnis zum Fotografieren zu erhalten. Das Fotografieren in den Produktionsräumen, wie zum Beispiel in den Brennhäusern (stillhouses) oder in den Lagerhäusern, wird sehr oft nicht erlaubt, weil nicht jedes dieser Gebäude über eine moderne und ausreichende Be- und Entlüftung verfügt. Die hochprozentigen Alkoholdämpfe in den Brennhäusern sind bekanntlich extrem entzündlich. Auch die Lagerhäuser – falls es sich dabei nicht um hochmoderne und klimatisierte Hochregallager handelt – weisen eine mit Whiskydämpfen geradezu geschwängerte Luft auf. Deshalb musste ich mich manchmal auf die erlaubten Schnappschüsse von der Außenansicht der Destilleriegebäude beschränken. Doch auch das Äußere der Gebäude ist bei den meisten Destillerien ebenfalls sehenswert und attraktiv.

Ein Besuch bei einer Destillerie oder in einem Abfüllbetrieb ist immer wieder ein besonderes Erlebnis. Dies auch dann, wenn man schon alles zu kennen glaubt. Es gibt um und in den Destillerien immer wieder Neues und Interessantes zu sehen und zu hören. Weil jede Destillerie das Geheimnis, das genau ihren Whisky zum besten der Welt macht, nicht oder doch nur zum Teil preisgibt, ist es Mal für Mal spannend, ob nicht gerade bei diesem Besuch etwas Neues zu erfahren ist.

Grundsätzliches zu den Destillerien-Porträts

Im Text der Porträts zu den einzelnen Destillerien wird jeweils über den geschichtlichen Werdegang, die Art und das Aussehen der Produktionsanlagen und die dort produzierten Whiskys berichtet. Dabei wird auch auf die Besonderheiten der Destillerien eingegangen.

Bilder der Destillerien runden die Beschreibungen ab. Auf einer kleinen Übersichtskarte ist die geografische Lage der Destillerie markiert.

Unter dem Symbol ✈ findet sich eine Beschreibung, wie man am einfachsten zu der betreffenden Destillerie findet. Dazu gleich hier ein wichtiger Hinweis: Viele Destillerien in Schottland haben keine Besuchereinrichtungen und wollen auch keine Besucher empfangen. Sie stellen deshalb keine oder nur sehr kleine, leicht zu übersehende Wegweiser auf.

Weil Schottland nicht nur Destillerien zu bieten hat, gebe ich bei jeder Destillerie unter dem Symbol 👁 den einen oder anderen (persönlichen) Hinweis auf Sehens- oder Besuchenswertes in der Umgebung der Destillerie. Selbstverständlich gibt es noch viele weitere Sehenswürdigkeiten, die man aber in jedem guten Reiseführer oder im Internet recherchieren kann. Dort sind auch nähere Informationen zu den (meisten) von mir bevorzugten Plätzen zu erhalten.

Im Kästchen mit dem Symbol ⓘ werden die wichtigsten Angaben zur Destillerie zusammengefasst.

So zum Beispiel

· die Bedeutung des Destillerienamens und seine Aussprache (ohne absolute Gewähr: Man kann ohne Weiteres im Ort, wo sich die Destillerie befindet, die verschiedensten Varianten kennenlernen)
· die Whiskyregion, zu der die Destillerie gehört
· die Adresse, Telefonnummer und der Link zur Internetpräsenz
· die Angabe, ob die Destillerie einen Club besitzt
· ein paar grundsätzliche Angaben zur Destillerie (Gründungsjahr, Status, Besitzer, stills, Kapazität pro Jahr [1])
· die Angabe über die Möglichkeit, die Destillerie zu besuchen; die Attraktivität der Destillerie für einen Besuch (Bewertung mit 1–5 ★); hat die Destillerie ein Besucherzentrum, bekommt sie je nach dessen Qualität 1–3 ❤ [2]
· mein persönliches Rating der Destillerie in Bezug auf die durchschnittliche Qualität der in ihr bisher hergestellten Whiskys und die Wirkung der Destillerie bei einem Besuch auf mich mit 1–7 ★ [3]
· der Hausstil [4]

Die Destillerien werden in alphabetischer Reihenfolge vorgestellt.

Vorherige Seite · Teil der durch Schlösser abgesicherten Tür zum unter Zoll- respektive Steuerverschluss stehenden Lagerhaus N° 1 (N° 1 Duty Free Warehouse) der Destillerie Bladnoch ganz im Süden der Region Lowland.

Fußnoten zu den Destillerien-Porträts

¹) Die Produktionsmengen werden nicht nur von den schottischen, sondern von allen Destillerien der Welt in Litern reinen Alkohols, also nicht in Litern Whisky, angegeben. Dies wird auch in diesem Buch so gehandhabt. Der Grund für diese Art von Mengenangabe liegt in der Steuergesetzgebung der verschiedenen Produktionsländer, die mit Liter (oder Gallonen) reinem Alkohol abrechnen. Zur Orientierung: In einem normalen schottischen Whiskyfass (Barrel mit 200 Litern Whisky bei einem Abfüll-Alkoholgehalt von 63,5 Prozent) sind 127 Liter reiner Alkohol. Dies zumindest am Anfang der Lagerzeit. Für die Steuern wird am Ende der Lagerzeit der tatsächliche Alkoholgehalt und die noch im Fass befindliche Menge an Whisky berechnet. Der von den Steuerbehörden akzeptierte *angels' share* (verdunsteter Teil) liegt zwischen 1,5 und 2 Prozent pro Lagerjahr.

²) Mit 1–5 Sternen ★ wird, wiederum nach meiner persönlichen Bewertung, die Attraktivität der Destillerie für eine Besichtigung gekennzeichnet. Fünf Sterne bedeuten, dass der Besuch der Destillerie eine lange Reise wert ist; vier besagen, dass sich auch ein Umweg lohnt; drei lohnen einen Besuch, wenn man sowieso in der Region ist; zwei oder nur einen bekommen Destillerien, die man nur besuchen sollte, wenn alle anderen geschlossen haben oder dass Besuche in dieser Destillerie nicht möglich (das heißt von den Besitzern überhaupt nicht erwünscht) sind. Bewertet werden mit den Sternen die Destillerien selbst und nicht die Besucherzentren. Diese erhalten je nach Angebot bis zu drei ❤. So erhält ein *Visitor Centre*, das nur aus einem Shop besteht, nur ein Herz. Drei Herzen erhält eines, welches dem Besucher zusätzliche interessante und attraktive Zusatzleistungen wie zum Beispiel ein Cafe-Restaurant, Filmvorführungen, Ausstellungen und andere Besonderheiten bietet.

³) Die Bewertung (das Rating) mit ein bis sieben Sternen ★ gibt einen Hinweis auf die durchschnittliche Qualität der in der betreffenden Destillerie in den vergangenen Jahren produzierten Whiskys sowie das subjektive Erscheinungsbild der Destillerie (Gebäude, Anlagen, Auftreten usw.) selbst. Diese Bewertungen wurden nach meinen persönlichen und unabhängigen Erfahrungen vorgenommen. Eine Top-Destillerie mit Top-Whiskys erhält zum Beispiel sieben Sterne. Sechs und fünf Sterne erhalten die zur Spitzenklasse gehörenden Brennereien. Vier bzw. drei Sterne erhalten Destillerien, wenn sie wirklich gute Whiskys produzieren und auch physisch einen guten Eindruck machen. Erhält eine Destillerie zwei oder sogar nur einen Stern, kommen aus ihr nur selten gute Abfüllungen und sie lässt auch in ihrem Erscheinungsbild zu wünschen übrig. Mit der Seltenheit eines bestimmten Whiskys hat das Rating nichts zu tun. Ein Stern in Klammer (★) bedeutet, dass einige Malts der Destillerie ein höheres Rating verdienen.

⁴) Die Stichworte zum eigentlichen Hausstil der in der betreffenden Destillerie produzierten Whiskys sind nur als grobe Hinweise zu verstehen, zu vielfältig sind in letzten Jahren die Abfüllungen und die angestrebten Geschmacksnuancen in den einzelnen Destillerien geworden. Trotzdem können die Angaben eine Idee darüber geben, wie die Destillate der betreffenden Destillerie im Allgemeinen sind.

Wiederkehrende Begriffe und Bezeichnungen

Abkürzungen der Namen oder Bezeichnungen der wichtigsten Firmen- oder Firmengruppen

Viele schottische Destillerien wurden im Laufe ihrer Geschichte – mehr oder weniger freiwillig – Teil großer Organisationen, Firmengruppen und Konzerne. In der Regel spielten dabei ein paar wenige Firmen immer wieder bedeutende Rollen. Um nicht bei vielen Destillerien laufend die gleichen Erklärungen abgeben zu müssen, fasse ich diese Firmen hier in kurzen Beschreibungen zusammen.

DCL – Distillers Company Limited

Die DCL war eine riesige schottische Whiskyfirma. Sie wurde 1877 als Interessensgemeinschaft von sechs Grain-Destillerien gegründet: Cambus, Cameron Bridge, Carsebridge, Glenochil, Kirkliston und Port Dundas. Die Distillers Company Limited spielte über hundert Jahre lang eine dominierende Rolle in der schottischen Whiskyindustrie und man könnte sie in Bezug auf ihre Übernahmetätigkeiten als beinahe unersättlich bezeichnen. 1929 übernahm sie ihre größte Konkurrentin, die Scotch Malt Distillers Limited (SMD), und baute mit dieser zusammen ein schon fast als gigantisch zu bezeichnendes Getränke- und Spirituosenreich auf. Im Jahr 1986 wurde die DCL (zusammen mit der SMD) in einem Übernahmekampf, der mit jedem mehr oder weniger erlaubten Mittel geführt wurde, vom irischen Getränkemulti Guinness übernommen. Die neu entstandene Gruppe firmierte ab 1987 als United Distillers & Vintners (UDV) und ist heute Teil des Großkonzerns Diageo plc.

SMD – Scottish Malt Distillers Limited

Die SMD entstand 1914 aus einem Zusammenschluss von fünf Malt-Destillerien in den schottischen Lowlands: Clydesdale, Glenkinchie, Grange, Rosebank und Saint Magdalene. Sie versprachen sich durch den Zusammenschluss mehr Stärke und Möglichkeiten im Kampf gegen die großen Konzerne (speziell gegen die DCL). Die SMD expandierte in den folgenden Jahren ebenfalls in die Highlands und kaufte dort Destillerien und Whiskymarken. Das brachte die DCL auf den Plan. Sie erwarb trotz starker Gegenwehr der SMD zuerst eine Minderheitsbeteiligung und schluckte 1929 die Gruppe komplett. Die DCL übertrug ab 1929/1930 der SMD die Kontrolle über sämtliche Malt-Destillerien beider Gruppen.

Die DCL als Dachorganisation wurde im Laufe der folgenden Jahrzehnte durch Übernahmen oder Akquisitionen immer größer und umfasste Mitte der 1980er-Jahre mehr als 40 Firmen mit zusammen über 60 Destillerien. 1987 wurde die DCL – und mit ihr auch die SMD – vom Getränkekonzern Guinness übernommen.

Die neu entstandene Firma erhielt den Namen United Distillers & Vintners (UDV). Ihre Aktivitäten gingen Anfang der 2000er-Jahre nach und nach im Großkonzern Diageo plc auf.

IDV – International Distillers & Vintners

Bei der IDV handelt es sich um einen 1962 entstandenen Wein- und Spirituosenfirmen-Konzern (Zusammenschluss von United Wine Traders und W. & A. Gilbey). Die Whiskyaktivitäten von United Wine Traders und W. & A. Gilbey in Schottland (Glen Spey, Knockando, Strathmill und einige Blend-Marken) wurden in der IDV unter der Leitung der Firma Justerini & Brooks (J&B) zusammengefasst.

1972 wurde die IDV – sie gehörte damals seit ein paar Jahren der Bierfirma Watney, Mann & Co. – zusammen mit dieser Firma vom Großkonzern Grand Metropolitan (Hotels, Konservenfabriken, Optikerketten usw.) übernommen. Unter dieser neuen Besitzerin expandierte die IDV weiter, baute unter anderem die Destillerie Auchroisk und beteiligte sich an der Grain-Destillerie North British. Daneben war sie auch in Kanada und in anderen Ländern tätig.

1997 kam es dann zur fast unglaublichen Fusion von Grand Metropolitan (Grand Met) mit Guinness. Aus dieser entstand der weltgrößte Getränkekonzern Diageo plc, unter dessen Dach auch die beiden schottischen Kontrahenten UDV und IDV gemeinsam ihren Platz fanden. Die IDV wurde aufgegeben und alle Aktivitäten im Whiskygeschäft in der UDV zusammengefasst. Die Monopolkommissionen der EU und der USA schritten nach dieser Elefantenhochzeit ein und setzten durch, dass sich Diageo plc von einigen Destillerien und Marken trennen musste. Darunter waren zum Beispiel Aberfeldy, Craigellachie und die Marke Dewar's Blends, die an Bacardi Ltd. verkauft wurden.

UDV – United Distillers & Vintners

Die UDV entstand 1987 aus dem Kauf der DCL/SMD-Gruppe durch den irischen Getränkekonzern Guinness. 1997 war sie dann Teil der Elefantenfusion von DCL/SMD (Guinness) und IDV (Grand Metropolitan). Die bei dieser Gelegenheit neu gegründete Firma heißt Diageo plc und ist einer der bedeutendsten Spirituosenkonzerne der Welt. Der Konzern besitzt neben Firmen und Marken auf der ganzen Welt gut die Hälfte aller schottischen Destillerien und Marken. Diageo plc übertrug der UDV für eine geraume Zeit das Management sämtlicher Destillerien. Diese Aufgabe wurde aber in den letzten Jahren komplett von Diageo plc übernommen. Die UDV als eigene Firma existiert nicht mehr.

Aberfeldy

Die Destillerie Aberfeldy

In Aberfeldy stand Anfang des 19. Jahrhunderts – neben einem guten Dutzend Schwarzbrennereien in der Umgebung – eine bedeutende lizenzierte Destillerie mit dem Namen »Pitilie«. Ihr Name stammt von der Quelle des Wassers, Pitilie Burn. Pitilie produzierte von 1825 bis 1867.

Nach ihrer Schließung (Konkurs) dauerte es über drei Jahrzehnte, bis wieder eine lizenzierte Destillerie in Aberfeldy ihre Produktion aufnahm. Die Brüder Tommy und John Alexander Dewar hatten 1880 von ihrem Vater John einen gut funktionierenden Handel mit Blended Whiskys (Dewar's White Label) in Perth übernommen. Dieses Geschäft wollten sie um den Prozess der Herstellung erweitern. Dazu gehörte der Besitz einer eigenen Destillerie. Sie suchten dafür nach einem geeigneten Standort und fanden ihn nicht nur per Zufall im Ort Aberfeldy: John Dewar senior wurde dort im Jahr 1805 geboren und verbrachte seine Jugend- und Schuljahre in Aberfeldy. Es gab dort sauberes

Unten · Im hochmodernen *stillhouse* stehen je zwei *wash* und *spirit stills* mit ihren Rohrkondensatoren.

Unten rechts · Die Statue des Highlanders steht vor der Destillerie. In den Sockel ist eine Zeitkapsel mit Dokumenten und verschiedenen Gegenständen eingemauert.

Wasser, unberührte Natur und – besonders wichtig – eine Eisenbahnlinie mit einer direkten Verbindung nach Perth. Im Jahr 1896 begannen die Dewars mit dem Bau ihrer Destillerie an der Stelle, wo der Bach mit dem Namen Pheallaich Burn in den River Tay mündet. Die Produktion konnte im November 1898 aufgenommen werden.

Tommy Dewar war der aktivere der beiden Brüder und ein dynamischer, aber auch exzentrischer Geschäftsmann. Um seine Whiskys zu verkaufen, ging er bereits 1892 auf eine Weltreise und schuf für seine Firma schon bald ein beinahe weltumspannendes Vertriebsnetz. Nach dem Prince of Wales und Thomas Lipton (Tee) war Tommy Dewar die dritte Person in ganz Großbritannien, die ein Auto besaß.

Mit Ausnahme der Kriegsjahre war die Destillerie Aberfeldy ab ihrem Gründungstag immer in Betrieb. Die ursprünglichen Gebäude wurden im Laufe ihres Bestehens laufend renoviert, umgebaut und mit weiteren ergänzt. Sie wurde so zur »längsten Destillerie Schottlands«. Mir ist außer dieser Destillerie keine bekannt, bei der von den Mälzböden über den *kiln*, das Maisch- und Gärhaus und das *stillhouse* alle Gebäude in einer Reihe in einem einzigen langen Komplex zusammengefasst sind.

1972/73 bekam die Destillerie Aberfeldy in einer umfangreichen Renovierung und einem teilweisen Umbau – sie erhielt bei dieser Gelegenheit auch ein neues *stillhouse*

– ihr heutiges Aussehen. Beim Bau des neuen *stillhouse* wurden die beiden alten *stills* gegen neue ausgetauscht und zwei zusätzliche installiert. Das Brennhaus wurde leider in der typischen Art der DCL (sie besaß die Destillerie ab 1925) in modernem Stil in die alte Destillerie integriert und wirkt in der Reihe der alten Gebäude wie ein Fremdkörper. Im Zuge des Umbaus wurde die eigene Mälzerei aufgegeben.

Die Destillerie maischt in einem Maischbottich *(mash tun)* komplett aus Edelstahl. Die Maische wird anschließend in acht Gärbottichen *(wash backs)* aus Holz (Sibirische Lärche) und zwei aus Edelstahl vergärt und die so gewonnene *wash* in je zwei zwiebelförmigen *wash* und *spirit stills* ohne Ein- oder Ausbuchtungen gebrannt. Die zu ihnen gehörenden Rohrkondensatoren stehen im *stillhouse*. Die Lagerung des Whiskys erfolgt hauptsächlich in Ex-Bourbon-, zum Teil aber auch in Ex-Sherry-Fässern.

Im alten, nicht mehr verwendeten Mälzhaus wird heute aus den Abfällen der Destillerieprozesse eine Art Sirup *(dark grains)* hergestellt. Dieser wird als Viehfutter an die Bauern der Umgebung verkauft.

Seit 1998 gehört Aberfeldy zur Bacardi-Gruppe. Unter dieser wurde im Jahr 2000 ein Gebäudeteil zu einem ausgezeichneten *Visitor Centre* ausgebaut, das seit seinem Bestehen laufend erweitert und interessanter gestaltet wurde. Dieses *Visitor Centre* ist meines Erachtens um einiges interessanter als das eine knappe Fahrstunde entfernt liegende der Glenturret-Destillerie (»The Famous Grouse Experience«). Obwohl das Aberfeldy-Besucherzentrum (»Dewar's World of Whisky«) stark auf die Dewars ausgerichtet ist, ist es wirklich einen Besuch wert. Das Personal ist geschult und sehr freundlich.

Der normale Besuch (Eintrittsgebühr) umfasst das »Brand Centre« und eine Führung durch die Destillerie mit ihren stark modernisierten Anlagen. Die professionell geführten Besichtigungen enden mit einem abschließenden Dram. Spezielle Arrangements sind möglich.

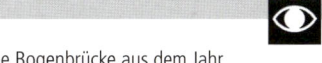

Die kleine Stadt Aberfeldy (sie hieß früher Abair Pheallaigh), in dem die gleichnamige Destillerie produziert, liegt im Tal des längsten Flusses Schottlands, des River Tay. Das Tay-Tal mit seinen Seitentälern, Seen, alten Siedlungen und Schlössern ist eines der schönsten und besuchenswertesten des schottischen Hochlandes.

In der Nähe des Touristenstädtchens Pitlochry (liegt an der A9 Perth–Inverness) zweigt die A827 nach Aberfeldy ab. Diese Straße führt durch Aberfeldy und in nordwestlicher Richtung weiter am Loch Tay entlang durch eine wunderschöne Gebirgslandschaft zur A85, die von Perth nach Oban führt.

Eine interessante Anfahrtsvariante ist auch die Fahrt von Crieff aus auf der A822/A826 über die hügelige Landschaft (eventuell mit einem kurzen Abstecher zur Destillerie Glenturret »Famous Grouse Experience«, die ganz in der Nähe dieses mittelalterlichen Städtchens liegt).

Die Destillerie mit dem markanten *kiln* und dem *stillhouse* neueren Datums ist mit Ausnahme der Lagerhäuser in einem einzigen langen Komplex gebaut.

Höhepunkte im *Visitor Centre* sind vor allem die im Jahr 2006 angegliederten neuen Attraktionen:

In der »Tommy Dewar's Library«, dem Büro des einst so emsigen Marketing- und Verkaufsmannes, gibt es viel aus der damaligen Zeit zu sehen. Die Library stammt aus dem Jahr 1908 und wurde aus dem alten Dewar House in London hierhergebracht.

In der »1950s Advertising Agency« kann man sich einen Eindruck darüber verschaffen, wie Dewar's bereits zu jener Zeit (und noch viel früher) Werbung und Marketing betrieb.

Beeindruckend ist für den Whiskyliebhaber jedoch vor allem »A. J. Cameron's Blending Room«. Hier wird gezeigt, wie der erste große *Master Blender* von Dewar's zur Zeit des Übergangs vom 19. zum 20. Jahrhundert arbeitete. Der Blending Room stammt aus dem Hauptsitz von Dewar in Perth und zeigt die Technik, die damals – und auch heute noch – zum Blenden von Single Malts wie auch Blended Whiskys angewendet wird. Eine der wenigen Möglichkeiten in Schottland, einen Blick in diesen extrem wichtigen Teil der Whiskyproduktion zu werfen.

Eine weitere Attraktion im *Visitor Centre* ist das große *nosing wheel* in Form eines runden Tisches. Man kann an diesem durch Drücken von Tasten die verschiedensten Düfte (mehr oder weniger angenehme) riechen, erkennen und dem einen oder anderen Whisky zuweisen. Eine echte Attraktion, die man sonst in dieser Art nirgends zu sehen beziehungsweise zu riechen bekommt.

Aberfeldy ist seit dem Jahr 2006 eine der wenigen Destillerien in Schottland – und Dewar eine der wenigen Blending-Firmen – die von einer Frau als *Master Blender* geleitet wird. Stephanie MacLeod trat in diesem Jahr in die Fußstapfen so berühmter Männer wie A.J. Cameron oder Tom Aitken (ihres direkten Vorgängers, er wurde 2006 pensioniert).

Der größte Teil der Malts von Aberfeldy geht in die Dewar's Blends. Er wurde im Jahr 1991 zum ersten Mal als Single Malt abgefüllt. Auf dem Etikett dieser Flaschenabfüllung (Reihe Fauna & Flora der UDV) ist ein Eichhörnchen abgebildet. Diese in Schottland eher selten anzutreffenden Nagetiere leben in großer Zahl in den um das Dorf und die Destillerie liegenden Wäldern. Heute ist der Aberfeldy in Standard-Abfüllungen mit 12 und 21 Fassjahren auf dem Markt. Daneben gibt es von Zeit zu Zeit Single Cask-Abfüllungen, so zum Beispiel auch zur Verabschiedung des langjährigen Destillerie-Managers Chris Anderson. Er ging 2009 in Pension.

Der Malt von Aberfeldy ist ebenfalls von unabhängigen Abfüllern (auch als Single Cask) auf den Markt gekommen.

Der Name bedeutet	Mündung des Pheallaich (Pheallaigh)	Kapazität pro Jahr	3 500 000 Liter (wird in der Regel nicht voll genutzt)
Aussprache	Aber-feldi	Besucher	Ja ★★★★☆ Besucherzentrum ❤ ❤ ❤
Whiskyregion	Highland	Rating	★★★★☆☆☆
Adresse	Aberfeldy Distillery Aberfeldy, Perthshire PH15 2EB Scotland	Hausstil	Eher leicht; süß (Honig), malzig, fruchtig und nussig; rund
Kontakt	www.dewarsworldofwhisky.com Telefon +44 (0)1887 82 20 10		
Club	Kein Club		
Gründung	1896		
Status	In Betrieb		
Besitzer	John Dewar & Sons Ltd. (Bacardi Ltd.)		
Stills	4 (2 wash, 2 spirit)		

Arch Bridge · eine Bogenbrücke aus dem Jahr 1733; sie wird heute noch als Straßenbrücke benutzt.

Birks of Aberfeldy · ein mehrere hundert Jahre alter, etwa vier Kilometer langer Rundwanderweg. Er hat im Jahr 1787 Robert Burns zu seinem berühmten Hohelied auf dieses »Naturreservat« inspiriert. Ein anderes Werk von Burns kann man heute noch in der Poet's Bar im Kenmore Hotel (in Kenmore, einige Kilometer westlich von Aberfeldy) bewundern. Robert Burns hat dort ein Gedicht mit seinem Stift direkt auf den Stein des Kamins geschrieben.

Castle Menzies · ist seit über 400 Jahren Sitz des Chiefs des Clan Menzies.

Scottish Crannog Centre · eine Siedlung aus der Eisenzeit (2500 Jahre alt) auf einer künstlichen Insel im Loch Tay

Aberlour

Die Destillerie Aberlour

Im kleinen Ort Aberlour produzierte bereits ab dem Jahr 1826 eine von James Gordon und Peter Weir gegründete lizenzierte Destillerie. Sie stand direkt am River Spey, fiel aber 1878 einem Großfeuer zum Opfer und wurde nicht wieder in Betrieb genommen.

James Fleming, Bankier und Mitinhaber der nahegelegenen Destillerie Dailuaine, baute ein Jahr später (1879) die Destillerie Aberlour an dem Platz, wo sie heute zu finden ist. Fleming wählte den neuen Standort wegen der Mystik des Platzes und wegen des Quellwassers im Drosdans Well. Die heilende und magische Wirkung des Wassers dieser Quelle sollte in seinem Whisky weiterwirken. Die Quelle liegt unterhalb eines Wasserfalls (Linn of Ruthie oder Linn Falls) am River Lour. Dieses Flüsschen fließt von den Hängen des Ben Rinnes bis zur Mündung in den Spey River durch ein Gebiet, das einen mystischen, um nicht zu sagen magischen Charakter hat. Auf dem Hochplateau stehen *standing stones* (Fairy Hill), um den Wasserfall feierten die alten Kelten, Pikten und Druiden ihre Rituale und bei der Quelle unterhalb des Wasserfalls hatte der heilige Drosdan seine klösterliche Zelle. St. Drosdan kam im 7. Jahrhundert mit seinem Onkel St. Columban aus Irland über Iona (Mull) ins schottische Hochland und erhielt von St. Columban den Auftrag, die Gegend um Aberlour zu christianisieren. Die Mulde mit der Quelle erhielt den Namen St. Drosdan's Well. Der Quelle wurden auch Heil- und Zauberkraft zugesprochen. Die Destillerie Aberlour bezieht bis heute ihr Wasser aus ihr. Das Wasser des River Lour wird nur für die Kühlung der Kondensatoren usw. verwendet.

Auch die von James Fleming neu gebaute Destillerie fiel – wenige Jahre nachdem sie von der Familiengesellschaft Robert Thorne & Sons Ltd. 1892 übernommen wurde – 1898 weitgehend einem Großfeuer zum Opfer. Nicht nur die Gebäude, sondern auch beinahe die gesamten Lagervorräte verbrannten. Aberlour musste fast komplett neu aufgebaut werden. Aus der Zeit dieses Neuaufbaus stammt der Hauptteil der heute noch stehenden Gebäude. Dies trotz dem Umstand, dass die Destillerie Aberlour auch in den folgenden Jahrzehnten noch mehrere Male von Feuersbrünsten heimgesucht wurde. Die halbe Dorfbevölkerung wurde jeweils aus den Federn geholt, um die Destillerie und mit ihr die vollen Lagerhäuser vor den Flammen zu retten.

Nach Besitzerwechseln in den Jahren 1921, 1942, 1945 und 1974 und mehreren Ausbauschritten zur Steigerung der Kapazität (zum Beispiel von zwei auf vier *stills*) ging Aberlour 1975 an den Pernod Ricard-Konzern über. Dessen schottische Tochterfirma Chivas Brothers Ltd. ist seither für das Management von Aberlour zuständig.

2002 erhielt die Destillerie ein neues, wirklich feines und modernes Besucherzentrum und das alte Bürogebäude wurde zu einem Shop ausgebaut. Will man nicht nur in den Shop, ist eine Anmeldung wirklich zu empfehlen. Denn Aberlour pflegt das Image »Klein aber fein« trotz

Die Dampfrohre der vier *stills* im neuen *stillhouse* führen in die in einem eigenen Raum stehenden Rohrkondensatoren.

Der Name bedeutet	Mündung des Lour
Aussprache	Aber-lauer
Whiskyregion	Speyside
Adresse	Aberlour Distillery Aberlour, Banffshire AB3 9PJ Scotland
Kontakt	www.aberlour.com Telefon +44(0)1340 88 12 49
Club	Kein Club
Gründung	1826
Status	In Betrieb
Besitzer	Chivas Brothers Ltd. (Pernod Ricard SA)
Stills	4 (2 *wash*; 2 *spirit*)
Kapazität pro Jahr	3 600 000 Liter
Besucher	Ja ★★★☆☆ Besucherzentrum ❤❤
Rating	★★★★☆
Hausstil	Weich, malzig, fruchtig, Honigsüße; einige Typen sherry tönig, nussig, aromatisch

Ort und die Destillerie Aberlour liegen an der A95, die von Aviemore über Bridge of Avon nach Craigellachie führt. 1812 gründete Charles Grant, Laird of Easter Elchies, den Ort Charlestown of Aberlour. Sein damaliger Sitz ist heute das Wahrzeichen der Destillerie Macallan und liegt auf der Anhöhe des gegenüberliegenden, nördlichen Ufers des Spey. Kommt man auf der A95 durch das Spey-Tal abwärts nach Aberlour, muss man bereits am Ortseingang gut aufpassen, dass man die Einfahrt zur Destillerie nicht verpasst. Gleich beim – hoffentlich geöffneten – Eingangstor ist im Bürogebäude der kleine Shop und die Anmeldung für die Tour. Die Destillerie und das Besucherzentrum stehen zurückversetzt in einer Art Mulde.

Ganz oben · Der Maischbottich mit der Maischmaschine (links) und dem *underback* zur Kontrolle des Flusses der Würze im Vordergrund rechts.

Oben · Die ebenfalls gelb bemalten Gärbottiche *(wash backs)* sind wie der Maischbottich aus Edelstahl.

Unten · Ein Teil der Destilleriegebäude: rechts und ganz hinten Lagerhäuser, in der Bildmitte vorne der alte und neue Teil der Besuchereinrichtungen und im Hintergrund die Produktionsgebäude.

Besucherzentrum konsequent weiter. Für die Führungen sollte man sich anmelden. Die Tour (man rechne etwa 1,5 bis 2 Stunden ein) ist nicht billig, ihren Preis aber wirklich wert: Nach einer sehr informativen Runde durch die Destillerie wird im Warehouse N° 1 zu einem schönen Tasting geladen (nichts für die Autofahrer).

Die Gebäude der sonst alten Destillerie werden heute ein wenig durch das moderne, weiß gestrichene *Visitor Centre* – es ist der Form eines *kilns* nachempfunden – dominiert. Von der Straße her gesehen auf der rechten Seite stehen die alten Lagerhäuser. Hinter dem Besucherzentrum sieht man rechts das Malzlager. Aberlour mälzt nicht mehr selbst, sondern kauft sich die gemälzte Gerste zu. An das Malzlager schließen sich die ebenfalls alten Maisch- und Gärhäuser an. Der Maischbottich *(semi lauter)* wie auch die sechs Gärbottiche sind aus Edelstahl. Im ganz nahe am Flüsschen Lour liegenden, etwas neueren *stillhouse* stehen je zwei *wash* und *spirit stills*. Sie sind zwiebelförmig und haben weder Ein- noch Ausbuchtungen. Die Rohrkondensatoren stehen außerhalb des *stillhouse*. Die Anlagen entsprechen dem heutigen Stand der Technik und werden größtenteils über EDV gesteuert beziehungsweise überwacht.

Die Lagerung in den großen Lagerhäusern erfolgt vor allem in Ex-Bourbon-, gelegentlich aber auch in Ex-Sherry-Fässern. Speziell bei Aberlour war in der Vergangenheit, dass die Fässer nicht mit den normalerweise verwendeten Zapfen aus Holz, sondern mit solchen aus Kork verschlossen wurden. Dies soll Einfluss auf die Luftzirkulation und das Verdunsten haben und den Whisky weicher machen. Heute werden nur noch Holzzapfen verwendet.

Der Whisky aus der Destillerie Aberlour gehört seit den 1980er-Jahren zu den am meisten getrunkenen in Frankreich und ist ein wichtiger Bestandteil der Blends und Blended Malts, die unter dem Namen Clan Campbell abgefüllt werden. Als Single Malt ist der Aberlour schon sehr lange erhältlich. Zuerst gab es ihn in heute von Sammlern gesuchten viereckigen sowie in »Cognac«-Flaschen. Als Standardabfüllung gilt der schon mehrfach preisgekrönte 10-jährige. Es gibt ihn aber auch als 12- und 16-jährigen Double Wood (wird in zwei verschiedenen Fasstypen gereift: Standard-Eiche und Sherry), als 15-jährigen »Cuvée Marie d'Ecosse« und als 18-jährigen. Neben diesen gibt es ihn auch in Spezialabfüllungen für die Duty Free-Shops und in verschiedenen, länderspezifischen oder in anderen, zu speziellen Anlässen herausgegebenen Abfüllungen. Als »a'bunadh« wird er in Fassstärke abgefüllt. Auch von unabhängigen Abfüllern gibt es den Aberlour (auch als Single Cask-Realisationen).

Linn of Ruthie oder Linn Falls · ein hübscher Platz an einem schönen, bei der Destillerie beginnenden Rundweg, der durch Eichen-, Erlen- und Vogelbeerbaum-Wäldchen dahin führt, wo der River Lour in einem kleinen Wasserfall in ein Becken stürzt, bevor er wenig später in der Nähe der Destillerie Aberlour in den River Spey mündet. Der Platz spielte bereits in der Urzeit und im Mittelalter (Druiden usw.) eine Rolle.

Mash Tun · ein wirklich besuchenswertes Pub/Restaurant beim ehemaligen Bahnhof (nicht an der Hauptstraße).

Walkers Shortbread Ltd. · die Adresse in Schottland für Shortbreads, Oatcakes, Biscuits und Cakes.

Craigellachie Bridge · beeindruckende Eisenkonstruktion aus dem Jahr 1814 mit Schlosstürmchen auf beiden Ufern; führt zwischen Aberlour und Craigellachie über den Spey River. Über sie rollte bis 1972 noch der Verkehr, heute ist sie eine Fußgängerbrücke.

Speyside Cooperage · die größte Fassfabrik der Speyside zwischen Craigellachie und Dufftown. Führungen, Shop, Restaurant.

Abhainn Dearg

Uig Bay · Ganz in der Nähe der Destillerie wurde hier 1831 eine Truhe mit zahlreichen Schachfiguren aus dem 12. Jahrhundert gefunden. Die »Lewis-« oder »Uig Chessman« sind aus Walross- oder Walzähnen geschnitzt und stammen wahrscheinlich aus Norwegen. Sie gehören zu den fünf wichtigsten archäologischen Funden Großbritanniens und sind zum großen Teil im British Museum in London (67 Stück) ausgestellt. Im Museum of Scotland in Edinburgh kann man elf dieser Figuren bewundern.

Callanish · über ein großes Gebiet verteilte Steinformationen, die ungefähr um das Jahr 2000 v. Chr. errichtet wurden. Aus den über zehn Formationen – sie bestehen aus einzelnen stehenden Steinen, bogenförmig angeordneten Gruppen, Steinkreisen und Ruinen von Siedlungen – ragt eine ganz besonders hervor: die als »Calanish I« bezeichnete, fast kreuzförmig angeordnete Ansammlung von bis zu 5 Meter hohen stehenden Steinen. Der Mittelpunkt des Kreuzes wird aus einem Steinkreis gebildet. In seiner Mitte befindet sich ein einzelner hoher Stein und eine Steinplattenansammlung, deren Bedeutung nicht geklärt ist. Mein Tipp zum Besuch von Calanish: Zuerst »Calanish II« besuchen, mit III weitermachen und erst zum Schluss zu »Calanish I« gehen. Die Kreise II und III sind nämlich ebenfalls beeindruckend und absolut sehenswert. Sie und die weiteren Steinkreise um Calanish verblassen – jedoch völlig zu Unrecht – geradezu neben Calanish I. (Es gibt auch ein Besucherzentrum mit Restaurant und vielen Informationen zu diesem bedeutenden Kulturgut.)

Carloway (Carlabhagh) · In der Nähe von Calanish steht etwas weiter nordöstlich an der A858 ein Broch (befestigte Residenz) aus der Eisenzeit, der einen ausgezeichneten Eindruck davon geben kann, wie zu jener Zeit wichtige Personen mit ihren Familien lebten, um sich gegen Angreifer (Wikinger) zu schützen.

Die Destillerie Abhainn Dearg

Bevor wir uns der Destillerie Abhainn Dearg und ihrem Chef und Besitzer »Marko« (Mark Tayburn) widmen, ein paar Bemerkungen zur Insel der Äußeren Hebriden, auf der diese Brennerei steht: Die Isle of Lewis ist nämlich nur Teil einer Insel, die, je nachdem wo man gerade ist, einen anderen Namen haben kann. Ist man im Norden, befindet man sich auf der Isle of Lewis, ist man im Süden, dann steht man auf der Isle of Harris. Die beiden als eigene Inseln bezeichneten Gebiete sind nämlich auf der gleichen Insel und werden nur durch eine Grenzlinie, die quer über die Insel verläuft, getrennt. Man bezeichnet deshalb auch die ganze Insel als Isle of Lewis and Harris. Diese ist nach Großbritannien und Irland die größte britische Insel.

Besucht man die Ahainn Dearg Destillerie auf der Isle of Lewis, wird man unwillkürlich an die *illicit distilleries* (Schwarzbrennereien), wie man sie von alten Illustrationen her kennt, erinnert. Auf Lewis and Harris wurde, wie auf einigen anderen Inseln der Äußeren Hebriden, während Jahrhunderten auch wirklich schwarz gebrannt. Auf Lewis waren einige Schwarzbrennereien bereits um das Jahr 1600 bekannt und wegen ihrer guten Whiskys berühmt.

Neben den illegalen Brennereien gab es auf der Insel zumindest eine legale, das heißt lizenzierte Destillerie, die in

der Nähe der Hauptstadt von Lewis stehende Shoeburn Distillery. Sie nahm ungefähr 1829 die Produktion auf, wurde jedoch bereits 1840, offenbar wegen finanzieller Probleme, wieder geschlossen. 1844 kaufte Sir James Matheson die Insel. Er war Antialkoholiker und die Destilleriegebäude auf seiner Insel waren ihm ein Dorn im Auge. Er ließ sie abreißen und baute an ihrer Stelle ein Schloss, das Lews Castle.

Mark Tayburn – er hat über 160 Jahre nach der Schließung der letzten legalen Destillerie wieder eine solche auf Lewis errichtet – weiß neben dieser auch noch eine ganze Reihe anderer Geschichten zu erzählen. So zum Beispiel welche über die Schlacht am Abhainn Dearg (dem Fluss,

Oben · Die Mühle, mit welcher Marko und seine Helfer die gemälzte Gerste zu *grist* mahlen.

Links · Beim Parkplatz steht die Nachbildung eines Pferdes aus dem in der Nähe gefundenen uralten Schachspiel.

Unten · Die Destillerie liegt in einem breiten Tal unmittelbar neben dem Abhainn Dearg, dem Roten Fluss, von dem sie ihren Namen hat.

von dem seine Destillerie ihren Namen hat), über die verschiedenen Mythen und Sagen, die über die Flussregion berichtet werden und natürlich über die »Uig Chessman« (Schachfiguren von Uig), die unweit der Destillerie gefunden wurden. In der Nähe der Abzweigung zum Sandstrand steht eine stark vergrößerte Ausgabe einer dieser Schachfiguren: ein König. Marko fand, dass es dem König so allein doch langweilig sei und offerierte der Inselregierung, dem König eine ebenfalls große Replik einer Königin aus dem Schachspiel zur Seite zu stellen. Das Geschenk wurde abgelehnt. So ließ Marko zwei Figuren – ein Pferd und einen Turm – aus Holz schnitzen und stellte diese auf den Parkplatz in der Nähe der Destillerie.

Abhainn Dearg, die westlichste Destillerie Schottlands, nutzt zum Teil die Gebäude einer ehemaligen Fischzucht am direkt neben der Destillerie vorbeifließenden Fluss. Die eigentliche Destillerie – sie sieht etwa aus wie eine Garage – wurde hingegen neu errichtet. In ihr stehen die beiden Maischbottiche aus Edelstahl, zwei Gärbottiche aus Douglas-Fichte und die beiden Kupfer-*pot stills*. Diese sind gemäß Marko alten Mustern von Schwarzbrennereien auf den Äußeren Hebriden nachgebaut und wirklich sehr speziell. Die Brennkessel der *wash* und der *spirit still* sind unterschiedlich groß. Sonst ist die Konstruktion identisch: Die Hälse sind schräg auf dem Brennkessel montiert und die *lyne arms* führen mit mehreren Knicks in je einen Holzbottich, wo sie in Schneckenrohren *(worm tubes)* enden. Der *spirit and sample safe* steht zwischen den beiden *stills* auf einem Fass. Das Ganze ist einmalig in Schottland. Der *new spirit* wird für die Lagerung fast zu hundert Prozent in Ex-Bourbon-Fässer abgefüllt. Die Whiskys werden in einem der alten Farmgebäude gelagert.

Marko plant, wegen der gesteigerten Produktion ein neues Lagerhaus zu bauen (2012/13). Die Gerste stammt – nachdem sie bei der Produktionsaufnahme der Destillerie noch vom Festland importiert wurde – jetzt auch von der Insel. Das Wasser bezieht Abhainn Dearg aus dem direkt an ihr vorbeifließenden Fluss.

Der erste Single Malt aus der westlichsten Destillerie Schottlands kam als Dreijähriger unter dem Namen »Abhainn Dearg Single Malt Special Edition« im Oktober/November 2011 auf den Markt.

Unten • Im Lagerhaus reifen die Malt-Whiskys in bereits einer stattlichen Anzahl heran.

Ganz unten • Die beiden *stills* mit ihren speziell geformten Hälsen. Die Dampfrohre führen als *worm tubes* in mit Wasser gefüllte Bottiche. In der Mitte zwischen ihnen steht der *spirit safe*. Am rechten Bildrand sind die aus Holz gefertigten *low wines* und *spirit receiver*.

Der Name bedeutet	Red River – Roter Fluss
Aussprache	Aben Dscherag
Whiskyregion	Highland
Adresse	Abhainn Dearg Distillery Carnish, Isle of Lewis, Outer Hebrides HS2 9EX Scotland
Kontakt	www.abhainndearg.co.uk Telefon +44 (0)1851 67 24 29
Club	Kein Club
Gründung	2008
Status	In Betrieb
Besitzer	Mark (Marko) Tayburn
Stills	2 (1 *wash*; 1 *spirit*)
Kapazität pro Jahr	25 000– 30 000 Liter (2011 = 10 000 Liter)
Besucher	Ja ★★★☆☆ Kein Besucherzentrum; Besuche sind jedoch willkommen. Es lohnt sich aber, vor einem Besuch anzurufen.
Rating	★★★☆☆☆☆
Hausstil	Nach dem 3-Jährigen: Etwas rau, malzig, Zitronengras, Äpfel, eine Spur Rauch

Von Stornoway, dem Hauptort der Isle of Lewis, fährt man zuerst auf der A858 in Richtung Callanish. Wenige Kilometer vor diesem Weiler (dem Standort der »Callanish Stones«, der größten Sehenswürdigkeit der gesamten Äußeren Hebriden) zweigt man auf die B8011 Richtung Süden ab und fährt auf ihr ein ganzes Stück durch eine sehr schöne Gegend.

In Timsgearraidh ist die B8011 zwar zu Ende, die Reise geht aber noch rund um die Bucht mit dem Namen Uig Bay herum weiter bis nach Carnish (auf vielen Karten nicht verzeichnet). Etwa zwei Kilometer vor der Destillerie – man hat hier bereits das Gefühl, falsch zu sein – geht nach rechts eine kleine Straße zu einem wunderschönen Sandstrand mit Dünen, Parkplatz und Campingplatz ab. Dies nur als Anhaltspunkt – zur Destillerie geht es geradeaus noch ungefähr zwei Kilometer weiter. Man kann sie nicht verfehlen.

Ailsa Bay

Die Destillerie Ailsa Bay

Dass William Grant & Sons auf dem Gelände der riesigen Girvan Grain Distillery nach den mit der ebenfalls dort gebauten Destillerie Ladyburn (siehe Seite 324) gemachten Erfahrungen wieder eine Malt-Destillerie bauen würde, hätte niemand geahnt. Ladyburn war ein Reinfall und wurde bekanntlich nach bereits neun Produktionsjahren (1966 bis 1975) außer Betrieb genommen und abgerissen.

Doch William Grant & Son baute in Girvan nicht nur eine neue Malt-Destillerie, sondern stellte diese – von der ganzen Industrie fast unbemerkt – in nur gerade mal neun Monaten hin. Und was für eine Destillerie! Da ist wirklich alles vom Feinsten und entspricht dem neusten Stand der Technik. Auch in schottischen Destillerien noch nie angewandte Prozesse hielten hier Einzug. Mit dem Bau der Destillerie wurde im Jahr 2007 begonnen. Bereits neun Monate später konnten die ersten Destillierversuche

gestartet werden, und im Laufe des Jahres 2008 wurde die Produktion aufgenommen. Am 19. Januar 2009 fand dann die offizielle Eröffnungszeremonie statt. Unter der illustren Gästeschar war auch Prinz Charles.

Ein Besuch bei der Destillerie Ailsa Bay – wie auch der ihr Wohnrecht gebenden Girvan Grain-Destillerie – ist nicht leicht zu realisieren. Man liebt dort Besucher nicht besonders, obwohl man doch einiges zu zeigen hat.

Innerhalb des Destilleriekomplexes befindet sich das moderne Bürogebäude, in dessen schönen Räumen der Besuch der beiden Destillerien seinen Anfang nimmt. Zur Malt-Destillerie geht es zuerst zu Fuß den Hügel hinauf an den beeindruckenden Getreide-Anlieferungsanlagen und -silos vorbei. Die Malt-Destillerie wurde in einem bereits bestehenden Gebäude eingerichtet. Der Eingangsbereich wird von einer einem *kiln* ähnlichen Überdachung geziert.

Einmal die Treppen im Innern hochgestiegen, kommt man ins Zentrum der Destillerie: einem Computerraum. Aus diesem werden sämtliche Prozesse vom Maischen über das Gären bis zur Destillation gesteuert.

Der Raum besitzt zu allen Produktionsanlagen Fensterfronten, damit der *stillman* (ich nenne ihn einfach so, weil ich es nicht fertigbringe, ihn als Computer-Operator oder so ähnlich zu bezeichnen) auch mit seinen Augen sehen kann, was sich um ihn herum so abspielt. Alle Anlagen vom Maischbottich bis zu den *stills* stehen in einem Raum beieinander.

Der gemahlene *grist* kommt in einen riesigen Maischbottich *(full lauter)* aus Edelstahl. Die zwölf Gärbottiche, in denen die *wort* vergoren wird, sind aus dem gleichen Material. Die in den *wash backs* dank der Zugabe von Hefe

Links · Der Maischbottich wirkt futuristisch und thront auf einer speziellen Plattform.

Unten · Das *stillhouse* mit seinen acht *stills* und dem speziellen, achteckigen *spirit and sample safe*. Jede *still* hat ihr eigenes Abteil. Der Schichtführer ist gerade bei der persönlichen Überprüfung des Destillationsablaufes.

Ayr · schöne alte Stadt mit einigen Sehenswürdigkeiten.

Alloway · kleines Städtchen; Geburtshaus von Robert Burns mit Museum und National Heritage Park.

Girvan ist eine Hafenstadt an der Westküste der schottischen Lowlands. Vor ihr liegt im Meeresarm mit dem Namen Firth of Clyde die berühmte, besonders geformte Insel Ailsa Craig. Ihr Fels vulkanischen Ursprungs wurde lange Zeit als einziges Material für die wirklich guten Curlingsteine gebraucht.

Nach Girvan kommt man von Glasgow aus auf der A77. Vor der Stadt geht nach links die B741 weg. Sie führt nach wenigen hundert Metern direkt am Komplex der Girvan Grain-Destillerie vorbei. Die riesige Destillerie kann man auch schon von der Hauptstraße her sehen und riechen. Auf ihrem Gelände steht die Destillerie Ailsa Bay.

gewonnene wash hat einen Alkoholgehalt von 8 bis 10 Prozent, je nach Art des angestrebten Whiskytyps. Denn bei Ailsa Bay werden drei verschiedene Malt-Whisky-Arten produziert. Diese werden alle für die Blended Whisky-Produktion des Grant's Blend in diesen spezifizierten Geschmacksrichtungen benötigt.

Die *wash* kommt jetzt aber nicht einfach so in die *wash stills*. Nein, sie wird hier – und das habe ich sonst in Schottland noch nirgends gesehen – auf ungefähr 60 Grad Celsius erwärmt. Dann kommt sie in eine der vier *wash stills*. Diese stehen in einer Reihe den ebenfalls vier *spirit stills* gegenüber. Alle *stills* sind genaue Nachbauten von denjenigen, die in der dem gleichen Besitzer gehören-

Unten • Die ganze Destillerie wird aus einem zentralen Computerraum gesteuert und überwacht. Aus ihm kann sich der Schichtführer durch die Fenster auch direkt einen Überblick verschaffen.

Ganz unten • Eingangsbereich zur Destillerie im Girvan-Komplex.

den Destillerie Balvenie in der Speyside stehen. Man möchte hier einen genauso fruchtigen, aromatischen und weichen Whisky wie dort herstellen können. Die Rohrkondensatoren stehen im gleichen Raum und sind – bis auf einen – wie normalerweise in Destillerien üblich, aus Kupfer. Bei Ailsa Bay macht man mit einem der Rohrkondensatoren aus einer speziellen Metalllegierung ein Experiment. Man will feststellen, welchen Einfluss eine solche *condenser*-Art auf den Geschmack des späteren Whiskys hat.

In der Mitte zwischen den beiden *still*-Reihen steht – auch dies ist speziell – ein achteckiger, wirklich schöner *spirit and sample safe*.

Ob es aus dieser Destillerie je eine für den Markt bestimmte Single Malt-Abfüllung geben wird, steht in den Sternen. Man kann aber damit rechnen, dass die Mitarbeiter der Firma – wie bis jetzt bei William Grant & Sons immer üblich – auch aus dieser Destillerie einen Whisky bekommen werden. Die ganze Produktion geht sonst in die Grant's Blends. Mit dem Bau von Ailsa Bay wurde angestrebt, mehr Single Malts der Destillerie Balvenie als Single

Malt abfüllen zu können, um der großen Nachfrage nach diesem ausgezeichneten Whisky folgen zu können und von diesem nicht mehr so große Mengen an die Blended Whiskys abgeben zu müssen. Doch bei Ailsa Bay wird nicht nur der »Balvenie-Ersatz« destilliert. Es werden verschiedene Malt-Whisky-Arten produziert. Da sind einmal zwei ungetorfte Sorten, eine leichte, süßliche und eine schwerere, aromatischere und ölige. Der getorfte Whisky wird in verschiedenen Stufen hergestellt (von 20 bis über 50 ppm Phenolgehalt im Malz).

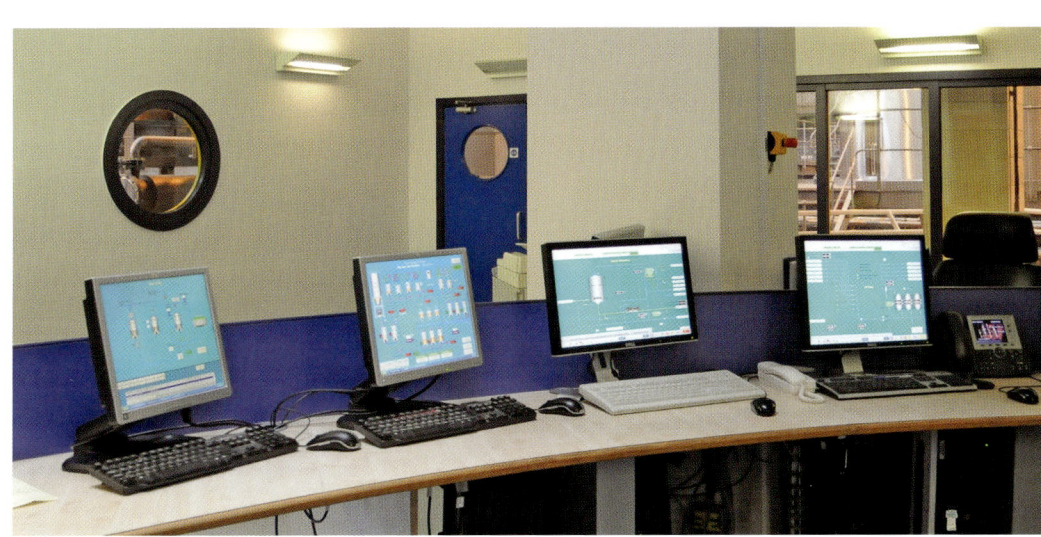

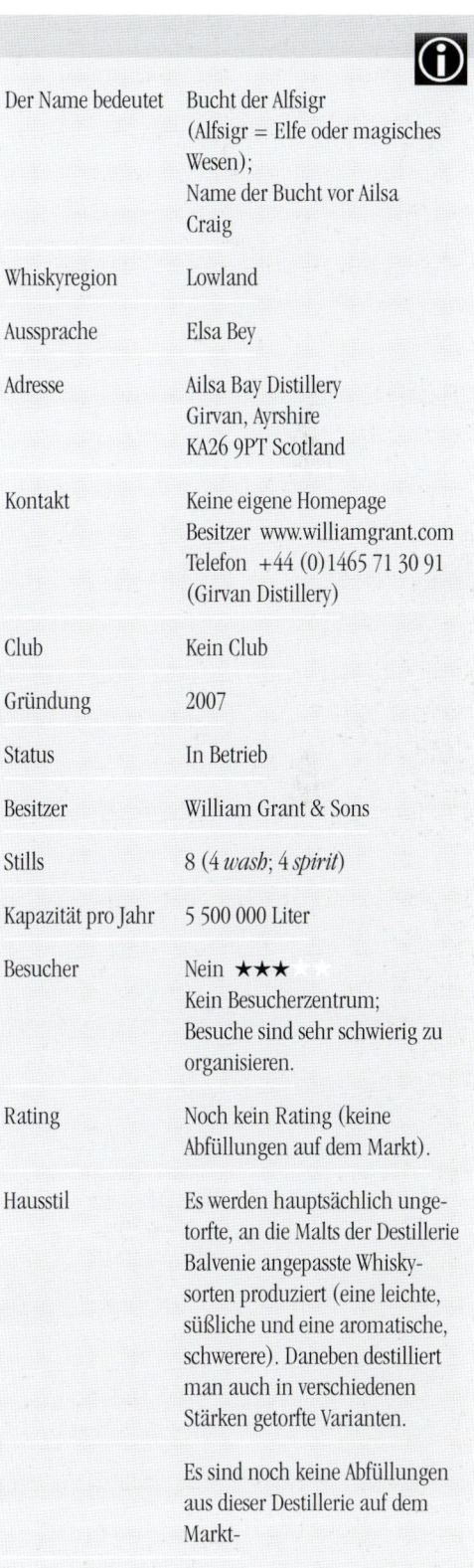

Der Name bedeutet	Bucht der Alfsigr (Alfsigr = Elfe oder magisches Wesen); Name der Bucht vor Ailsa Craig
Whiskyregion	Lowland
Aussprache	Elsa Bey
Adresse	Ailsa Bay Distillery Girvan, Ayrshire KA26 9PT Scotland
Kontakt	Keine eigene Homepage Besitzer www.williamgrant.com Telefon +44 (0)1465 71 30 91 (Girvan Distillery)
Club	Kein Club
Gründung	2007
Status	In Betrieb
Besitzer	William Grant & Sons
Stills	8 (4 *wash*; 4 *spirit*)
Kapazität pro Jahr	5 500 000 Liter
Besucher	Nein ★★★ ★★ Kein Besucherzentrum; Besuche sind sehr schwierig zu organisieren.
Rating	Noch kein Rating (keine Abfüllungen auf dem Markt).
Hausstil	Es werden hauptsächlich ungetorfte, an die Malts der Destillerie Balvenie angepasste Whiskysorten produziert (eine leichte, süßliche und eine aromatische, schwerere). Daneben destilliert man auch in verschiedenen Stärken getorfte Varianten.
	Es sind noch keine Abfüllungen aus dieser Destillerie auf dem Markt-

Allt-a-Bhainne

Ben Rinnes · mit seiner Höhe von 840 Meter einer der markanten Punkte in dieser Region mit fantastischer Aussicht.

Dufftown, »Malt Whisky Capital of the World« · ist nicht nur wegen ihrer neun Destillerien (sechs davon sind noch in Betrieb) unbedingt einen Besuch wert; im Mai und September findet hier jeweils ein Whiskyfestival statt.

Die Destillerie Allt-a-Bhainne

Versucht man über den Hauptsitz von Chivas Brothers Ltd. in Keith (der Betreiberin und Managerin von Allt-a-Bhainne) einen Besuch in dieser Brennerei zu arrangieren, muss man mit einer negativen Reaktion rechnen. Eines der Argumente, das man fast sicher zu hören bekommt, ist, dass man extra eine Person aus Keith zur Destillerie schicken müsste. Des Weiteren wird erklärt, dass Allt-a-Bhainne in drei Schichten produziert, jede Schicht maximal von zwei Männern betrieben wird und diese nicht noch Zeit für Besucher haben.

Die zu den modernsten Destillerien Schottlands zählende Allt-a-Bhainne wurde im Jahr 1975 durch Chivas Brothers Ltd. erbaut. Chivas war damals eine Tochterfirma von Seagram (dem kanadischen Riesenkonzern) und verantwortlich für die Umsetzung des sehr ambitionierten Projekts dieses Multis, die den Bau von fünf Destillerien in fünf Jahren vorsah.

Allt-a-Bhainne gehört zu den jüngeren Destillerien in Schottland. Ihre modernen Gebäude wurden mit viel architektonischem Geschmack und Gefühl in die Landschaft eingefügt. Um den Bauten zusätzlichen Charme und ihnen ein einer Destillerie ähnliches Aussehen zu verleihen, wurde das Dach des *stillhouse* mit vier kleinen Pagoden versehen. Diese erfüllen zwar nicht den ursprünglichen Zweck von Pagodendächern in schottischen Destillerien – sie dienen hier der Be- und Entlüftung –, wirken aber trotzdem attraktiv.

Nicht erst seit dem Ausbau im Jahr 1989, bei dem die Kapazität von Allt-a-Bhainne mit der Erweiterung von

Oben · Der riesige *mash tun* (Maischbottich) fasst ungefähr 8,5 Tonnen an Maische. Das große Werbebanner an der Reeling zeigt, dass der Malt-Whisky zur Hauptsache in den »100 Pipers«-Blend geht.

Rechts · Im *stillhouse* stehen vier *stills*. Die zwiebelförmigen *stills* sind die *wash stills*. Die *spirit stills* besitzen auf einer ungewöhnlichen Höhe angesetzte ballförmige Ausbuchtungen.

Verlässt man die »Malt Whisky Capital of the World«, als die sich das kleine Städtchen Dufftown bezeichnet, auf der B9009 in südwestlicher Richtung ins Tal des Rinnes (Glen Rinnes), kommt man schon nach wenigen Kilometern zur rechts der Straße stehenden hochmodernen Destillerie Allt-a-Bhainne.

Sie steht mehr oder weniger im Niemandsland an dieser nach Tomintoul, dem höchstgelegenen Dorf im schottischen Hochland, führenden Straße.

zwei auf vier *stills* verdoppelt wurde, entspricht die Destillerie dem höchsten Stand der Technik. Die unglaubliche Produktionsleistung von über vier Millionen Jahres-Litern wird mit nur einem traditionellen *mash tun* (Maischbottich) aus Edelstahl (Bottich und Deckel), acht *wash backs* (Gärbottichen), ebenfalls aus Edelstahl und den zwei *still*-Paaren, das heißt je zwei *wash* und zwei *spirit stills* und – wie oben erwähnt – zwei Personen Besatzung je Schicht erreicht. Die beiden *wash stills* sind zwiebelförmig, die beiden *spirit stills* haben einen langen, schlanken Hals, an dem sich die ballförmigen Ausbuchtungen erst ein Stück oberhalb von dessen Ansatz befinden. Das Ganze sieht ein wenig speziell aus. Die *lyne arms* führen von ihnen aufwärts in die im *stillhouse* selbst stehenden Rohrkondensatoren. Die gesamte Anlage wird vom Maisch- über den Gär- bis zum Destillierprozess über EDV gesteuert. Die Produktion erfolgt in großen, zusammenhängenden und leicht überblickbaren Räumen.

Im Jahr 2001 trennte sich der Seagram-Konzern beim sogenannten Seagram-Ausverkauf von all seinen Destillerien. Bei dieser Gelegenheit ging Allt-a-Bhainne zusammen mit Chivas Brothers Ltd. und den von ihr kontrollierten anderen Destillerien an Pernod Ricard über. Dieser französische Konzern legte Allt-a-Bhainne im Oktober 2002 vorübergehend still. Zuvor hatte die Brennerei gut ein Jahr lang nur noch alternierend mit drei anderen neu gekauften Destillerien produziert. Allt-a-Bhainne, BenRiach, Braeval und Caperdonich produzierten jeweils für drei Monate pro Jahr und standen die restliche Zeit still. Chivas nahm Allt-a-Bhainne erst im Juni 2005 wieder komplett in Betrieb.

Seit 2010 wird in der modernen Destillerie neben der ungetorften auch eine leicht getorfte Version produziert. Letztere – das für sie verwendete Malz hat einen Phenolgehalt von 10 ppm – macht ungefähr die Hälfte der gesamten Jahresproduktion aus.

Der Whisky von Allt-a-Bhainne wird nicht auf dem zur Destillerie gehörenden Gelände gelagert. Er wird mit Tankwagen in den riesigen Komplex von Chivas Brothers Ltd. in der Nähe von Keith gebracht. Erst dort wird er in Fässer abgefüllt und erhält in den dortigen großen Lagerhäusern vor allem in Ex-Bourbon-Fässern seine Reife.

Als Destillerie- oder Originalabfüllung existiert bis heute nur eine einzige für die USA (White & White). Diese wird aber nicht von allen Whiskypäpsten als solche anerkannt, ist aber trotzdem extrem gesucht. Der Malt von Allt-a-Bhainne ist bis heute nur von unabhängigen Abfüllern (auch als Single Cask) auf den Markt gekommen.

Rechts · Die Gebäude der modernen Destillerie stehen in einem schwach besiedelten Tal.

Unten · Blick ins Gärhaus mit den *wash backs* aus Edelstahl.

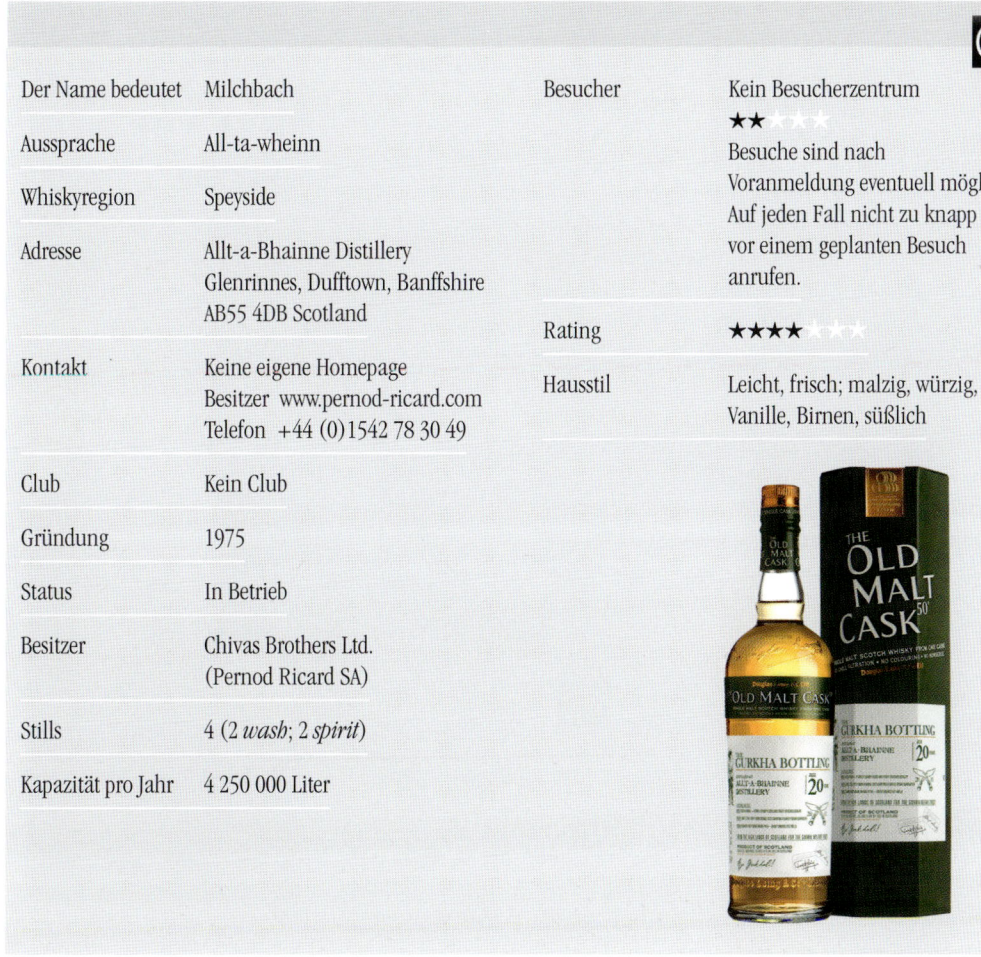

Der Name bedeutet	Milchbach
Aussprache	All-ta-wheinn
Whiskyregion	Speyside
Adresse	Allt-a-Bhainne Distillery Glenrinnes, Dufftown, Banffshire AB55 4DB Scotland
Kontakt	Keine eigene Homepage Besitzer www.pernod-ricard.com Telefon +44 (0)1542 78 30 49
Club	Kein Club
Gründung	1975
Status	In Betrieb
Besitzer	Chivas Brothers Ltd. (Pernod Ricard SA)
Stills	4 (2 *wash*; 2 *spirit*)
Kapazität pro Jahr	4 250 000 Liter
Besucher	Kein Besucherzentrum ★★☆☆☆ Besuche sind nach Voranmeldung eventuell möglich. Auf jeden Fall nicht zu knapp vor einem geplanten Besuch anrufen.
Rating	★★★★☆☆
Hausstil	Leicht, frisch; malzig, würzig, Vanille, Birnen, süßlich

Ardbeg

Die Destillerie Ardbeg

Egal, ob man die Destillerie Ardbeg über den Land- oder Seeweg erreicht, man wird beeindruckt sein. Beeindruckt von der Lage dieser Destillerie in der felsigen Bucht, beeindruckt von ihrer Umgebung und – nicht zuletzt – von den Destilleriegebäuden selbst.

Die zwei langen, mehrstöckigen Mälzhäuser, eines mit einem, das andere, ein Zwillings-Mälzhaus, mit zwei aneinander gebauten *kilns*, welche gegen das Meer hin eine Art trutzigen Abschluss bilden, sind die markantesten Gebäudeteile. Vom Meer her gesehen liegt links dieser beiden *kilns* direkt am Wasser das berühmte Lagerhaus mit dem runden Dach und der weit sichtbaren Beschriftung ARDBEG. Dahinter stehen die verschiedenen Destilleriegebäude (Getreidesilos, Maisch- und Gärhaus, Brennhaus usw.) und noch einmal dahinter der dritte *kiln* und an diesen anschließend das zweite lange, dreistöckige Mälzhaus. Doch nicht nur das Äußere dieser Destillerie beeindruckt, ihr Inneres ist ebenfalls wirklich speziell.

Die großen Mälzhäuser, in denen seit über hundert Jahren Gerste gemälzt wurde, werden leider seit 1974 nicht mehr ihrem eigentlichen Zweck entsprechend verwendet. Dies bedeutet, dass auch aus den *kilns* an ihren Kopfenden weder Dampf, noch mehr oder weniger stark nach Torf riechender Rauch aufsteigt. Ardbeg bezieht heute das benötigte Malz von Großmälzereien, dabei den großen Teil aus derjenigen in Port Ellen. Es wird dort mit dem von Ardbeg gewünschten starken Torf- beziehungsweise Rauchanteil hergestellt.

Die beiden Zwillings-*kilns* beherbergen seit 1998 das Besucherzentrum mit dem Namen »Old Kiln«, das im Laufe der letzten Jahre zu einem netten Shop mit einem ausgezeichneten Restaurant ausgebaut wurde. Das Besucherzentrum hat sich in dieser Zeit auch einen Teil des

anschließenden langen Mälzhauses zu eigen gemacht. Im Erdgeschoss nistete sich die Küche und das Restaurant ein, im 1. Stock liegen die Toiletten, einige Repräsentationsräume und die Büros.

Die Räume der Destillerie sind klein und eng. Deshalb müssen auch die Gruppen, die geführt werden, klein sein, und man muss sich wegen der vielen Besucher für eine Besichtigung schon einmal in Geduld üben, wird dann aber durch das zu Sehende und Hörende dafür belohnt.

Bereits das Gerstenlager ist imposant. In keiner anderen Destillerie Schottlands kann es in dieser originalen Art, die über ein Jahrhundert alt ist, gesehen werden. Auf einer Holzbrücke geht man über die großen hölzernen Gerstensilos, die oben offen sind und sich nach unten in Trichter verjüngen. Die Silos beanspruchen mehrere Gebäudeteile. Aus den Trichtern wurde früher das Malz in fahrbare Behälter gefüllt und so zur Mühle gebracht. Später verwendete man eingebaute Transportvorrichtungen.

Die uralte Porteus-Mühle, in der das Malz auch heute noch zum sogenannten *grist* gemahlen wird, ist bei Ardbeg grün gestrichen. Damit ist der Beweis erbracht, dass Porteus-Mühlen auch funktionieren, wenn sie nicht, wie in

Ardbeg hat eine sehr schöne Lage an einer mystischen Bucht.

Kildalton · Kirche, Kreuz und Friedhof – das archäologische Top-Trio auf Islay

Seals Bay · (wird von den Ileach, den Einheimischen, so bezeichnet) liegt ein kleines Stück hinter Ardbeg Richtung Ardtalla. Die Bucht wird wie die weiter östlichen Buchten Aros und Claggain Bay oft von Seehunden besucht.

Der Name bedeutet	Kleine Anhöhe
Aussprache	Ard-beg
Whiskyregion	Islay
Adresse	Ardbeg Distillery Ardbeg, Port Ellen, Isle of Islay, Argyllshire PA42 7EA Scotland
Kontakt	www.ardbeg.com Telefon +44 (0)1496 30 22 44
Club	Ardbeg Comittee Mitgliedschaft gratis; Anmeldung über die Website der Destillerie
	Neben diesem Club der Destillerie selbst existieren noch zahlreiche Ardbeg-Fan-Clubs rund um die Welt
Gründung	1794/1815
Status	In Betrieb
Besitzer	The Glenmorangie Co. (Louis Vuitton Moët Hennessy, LVMH)
Stills	2 (1 *wash*; 1 *spirit*)
Kapazität pro Jahr	1 000 000 Liter
Besucher	Ja ★★★★★ Besucherzentrum mit gutem Restaurant ❤❤❤
Rating	★★★★★★★
Hausstil	Getorft: Sehr rauchig, torfig, salzig, fruchtig, Seeluft, aromatisch Schwach getorft: Cremig, Zuckermandeln, Vanille, wenig Rauch,

fast allen Destillerien Schottlands, in einem Rotton angemalt sind.

In einem Maischbottich aus Edelstahl *(semi lauter)* – sein Vorgänger war bis ins Jahr 1999, als er ersetzt werden musste, aus Gusseisen – wird die *mash* hergestellt. Diese wird anschließend in sechs hölzernen *wash backs* aus Douglas-Fichte vergärt.

Die Destillation erfolgt in je einer *wash* und *spirit still*. Beide haben relativ breite Hälse, die für den öligen Charakter des Destillates verantwortlich sind. Die *spirit still* besitzt einen *purifier* (Reiniger). Er sitzt zwischen dem Kopf der *still* und dem außerhalb des Gebäudes stehenden Kondensator, wirkt dort wie ein kleiner Vor-Kondensator und hat die Aufgabe, einen Anteil an Alkoholdämpfen abzufangen und wieder zurück in die *still* zu bringen, das heißt, den Anteil des Rücklaufs von kondensiertem Alkohol *(reflux)* zu erhöhen. Dadurch wird der spätere Whisky etwas weniger hart oder rauh.

Der *new make* wird direkt in der Destillerie in Fässer abgefüllt (hauptsächlich in Ex-Bourbon-Fässer) und in den Lagerhäusern vor Ort gelagert. Für den Geschmack von Salz, Seeluft und Seetang im Ardbeg – neben dem typischen Rauch – ist die oft raue und stürmische See verantwortlich. Die starken Winde aus Südwesten haben so viel Kraft, dass sie die Wellen öfter einmal über die Schutzdeiche treiben. Nicht selten wird sogar das direkt am Meer liegende runde Lagerhaus von den Wellen überspült und auf dem Platz vor

dem dahinter liegenden *stillhouse* bleiben zentimeterdicke Algenablagerungen liegen.

An der Stelle, wo die Destillerie Ardbeg heute steht, wurde schon lange vor ihrem offiziellen Gründungsdatum Whisky gebrannt. Sie war auch ein beliebter Treffpunkt für Schwarzbrenner und Schmuggler. Die englischen Steuereintreiber kamen selten in diese wilden und abgelegenen Regionen, und das Geschäft florierte.

1794 war Alexander Stewart der erste bekannte Besitzer einer Destillerie an diesem Ort. Ungefähr ab 1798 übernahm Duncan MacDougall dessen Brennerei. Das offizielle Gründungsdatum der heutigen Destillerie liegt jedoch erst im Jahr 1815, als sie von John McDougall (einem Sohn von Duncan) an diesem schönen Platz gebaut wurde.

Ardbeg blieb ab der Produktionsaufnahme im Jahr 1817 sehr lang im Besitz der MacDougall's. 1853 starb Alexander, der Sohn von John McDougall. Er war seit einigen Jahren Leiter der Destillerie. Weil er keine Nachkommen hatte, führten seine Schwestern Margaret und Flora die Destillerie weiter. Ihnen stand Colin Hay zur Seite. Er übernahm nach dem Tod der beiden Schwestern die Lizenz. Die Destillerie blieb aber, bis sie 1959 in eine Gesellschaft mit dem Namen Ardbeg Distillery Ltd. umgewandelt wurde, im Besitz der Familie MacDougall.

1973 wurde Ardbeg von einer Gruppe, bestehend aus Hiram Walker Ltd. (Kanada) und der DCL, übernommen. Kurz danach wurde die eigene Mälzerei aufgegeben und – wie von den meisten anderen Destillerien auf Islay schon länger – das Malz fertig zugekauft. Die letzten mit eigenem Malz gebrannten Ardbeg's stammen aus dem Jahr 1974.

1977 übernahm Hiram Walker Ltd. alle Anteile und legte im März 1981 die Destillerie still. 1987 ging die ganze Hiram Walker-Gruppe und mit ihr auch Ardbeg an die Allied Distillers Co. Ltd. Erst im Jahr 1989 wurde die Destillerie wieder in Betrieb genommen. Allied besaß nach weiteren Fusionen jedoch ebenfalls die nahe bei Ardbeg liegende Laphroaig und setzte dann ganz auf diese, bedeutend größere Destillerie. Ardbeg wurde im Juli 1996 erneut geschlossen. Bereits ein Jahr später wurde Ardbeg von Glenmorangie plc gekauft und wiedereröffnet. Die neue Besitzerin investierte viel in die Destillerie und renovierte sie vollständig, belief

Links · Aus diesen beiden *stills* kommt das Destillat für einen der besten Whiskys der Welt.

Unten · Wenn es richtig stürmisch zu und her geht, wird das berühmte Lagerhaus mit dem runden Dach von den Wellen überspült.

aber die Kapazität bei den zwei *stills*. Die *spirit still* musste im Jahr 2001 – nach 57 Betriebsjahren – ersetzt werden. 1998 wurde in den Zwillings-*kilns* ein schönes Besucherzentrum mit Restaurant eingerichtet.

2004 verkauften die Besitzer von Glenmorangie die gesamte Gruppe und mit ihr auch Ardbeg an Moët Hennessy.

Von Ardbeg gibt es eine ganze Reihe an Single Malt Original- oder Eigentümer-Abfüllungen. Dies auch von den früheren Besitzern. Ältere Ardbegs sind heute sehr gesucht. Sie haben einen noch trocken-torfigeren und rauchigeren Geschmack als die neueren Destillate. Der Ardbeg ist bereits sonst schon einer der extremsten Whiskys in Sachen Torf- und Rauchigkeit.

Standardabfüllungen waren lange Zeit die 10- und 17-Jährigen, wobei der letztere heute so gut wie nicht mehr zu bekommen ist. Es gibt auch Vintage-Abfüllungen und solche zu speziellen Anlässen. Seit 2003 wird jedes Jahr eine Abfüllung für das »Ardbeg Comitee« (einen Club der Freunde der Destillerie) realisiert.

2003/2004 kamen die ersten Abfüllungen mit Anteilen an Whiskys aus der Produktion unter dem Besitz durch Glenmorangie plc (seit 1997) in den Verkauf: Der »Uigeadail«; der 6-jährige »Very Young«; der in einer Auflage von nur 1300 Flaschen abgefüllte, sehr wenig getorfte und fassstarke »Kildalton«. Der »Serendipity«, ein Pure Malt, das heißt, ein Blend aus Malt-Whiskys von Ardbeg und Glen Moray erschien 2005. Beide Destillerien gehören der gleichen Besitzerin. 2006 folgten ein extrem teurer 1965er (über £ 2000; nur 261 Flaschen); die Abfüllung eines 8-Jährigen mit dem Namen »Still Young« und eines 16-Jährigen aus dem Destillationsjahr 1990 mit der gälischen Bezeichnung »Airigh Nam Beist«. 2007 kam der »Almost There«, ein 9-Jähriger, dessen Name darauf hinwies, dass im Jahr 2008 endlich der neue 10-Jährige realisiert werden konnte. Er erhielt den Namen »Renaissance«. In den folgenden Jahren kamen Jahr für Jahr neue Abfüllungen mit schönen Namen auf den Markt, so zum Beispiel Single Malts mit den Bezeichnungen »Corryvreckan«, »Rollercoaster«, »Supernova« (ein extrem getorfter) oder »Alligator«. Unter dem Namen »Blasda« kam zusätzlich im Jahr 2008 ein absolut untypischer, nur schwach getorfter (8 ppm) Ardbeg auf den Markt. Daneben gibt es jeweils Spezialabfüllungen für das »Ardbeg Comitee« (einen Club der Destillerie) und für das Islay Whisky Festival »Feis Isle«.

Von den Unabhängigen gibt es zusätzlich eine große Anzahl an Abfüllungen, die diejenigen der Destilleriebesitzer zumindest zahlenmäßig weit in den Schatten stellen.

Ardbeg, eine der ältesten und gleichzeitig mystischsten Destillerien Schottlands, liegt an der Südostküste der zu den inneren Hebriden gehörenden Insel Islay an einer felsigen Bucht. Ihr Standort gehört zur Gemeinde Port Ellen.

Vom Hafenort Port Ellen führt die A846 in östlicher Richtung zuerst an den beiden Destillerien Laphroaig und Lagavulin vorbei, bevor man nach circa fünf Kilometern Ardbeg erreicht. Das Sträßchen führt von Ardbeg aus noch einspurig weiter nach Ardtalla, einem kleinen Anwesen in Richtung des Leuchtturms auf McArthurs Head und dabei am berühmten Kildalton Cross vorbei.

Ardmore

In das Steuerpult des alten Maischbottichs wurde im Laufe der Jahre auch modernere Technik eingebaut.

Würden die Eisenbahnzüge der Linie Aberdeen–Inverurie–Huntly–Elgin–Inverness immer noch in Kennethmont anhalten, wäre die Destillerie Ardmore eine der wenigen Brennereien, die man direkt mit dem Zug erreichen könnte, denn sie liegt in unmittelbarer Nähe des (geschlossenen) Bahnhofs. Heute halten in diesem Ort nur noch die wenigen Güterzüge an, die der Destillerie Kohle und Getreide über das eigene Anschlussgleis anliefern oder volle Whiskyfässer abholen. Personen kommen in dieses verschlafene Nest nur noch mit Bussen.

Will man auf der Straße nach Kennethmont und zur Destillerie Ardmore gelangen, verlässt man das kleine alte Hochland-Städtchen Huntly auf der A97 Richtung Süden, um kurz nach dem Weiler Gartly auf die B9002 nach Osten abzuzweigen. Bereits nach wenigen Kilometern erreicht man Kennethmont.

Man fährt an der Einfahrt zur Leith Hall vorbei und durch das kleine Dorf zur Destillerie, die am anderen Ortsende direkt links an der Straße liegt. Ihr Areal grenzt an den südlichen Teil des Grundstücks der Leith Hall.

Die Destillerie Ardmore

William Teacher & Sons errichteten in den Jahren 1898/99 die Destillerie Ardmore, um den erhöhten Bedarf an Malt-Whiskys für ihre damals schon viel verkauften Blended-Whisky-Marken decken zu können. Die Destillerie wurde am Rand des kleinen Ortes Kennethmont im östlichen Teil der Whiskyregion Highland am höchsten Punkt der Eisenbahnlinie Inverness-Aberdeen gebaut. Diese Eisenbahnlinie spielte schon bei der Gründung und spielt auch heute noch eine wichtige Rolle für Ardmore. Nicht nur die Kohle, sondern auch die Gerste werden mit der Bahn über das direkt zur Destillerie führende Anschlussgleis angeliefert. In umgekehrter Richtung wurden/werden die gereiften Whiskys zu den Blending-Betrieben nach Glasgow gebracht.

Als Verantwortlichen für den Bau der Destillerie setzte William Teacher seinen Sohn Adam ein. Er musste jedoch von dieser Aufgabe abgelöst werden, bevor die Destillerie

fertig war. Seine Fähigkeiten waren falsch eingeschätzt worden. Sie lagen eher im Verkauf und Vertrieb als bei den technischen Feinheiten. So musste ein Destilleriemanager eingestellt werden.

Den bei Ardmore damals mit zwei *stills* produzierten, torfigen Malt-Whisky benötigte Teacher's vor allem für ihren Blend »Teacher's Cream«. In diesem verschwindet auch heute noch der weitaus größte Teil der Produktion von Ardmore.

1958 musste die Kapazität der Destillerie wegen der unvermindert angestiegenen Nachfrage nach dem »Teacher's Cream« das erste Mal ausgebaut werden. Zwei weitere Gärbottiche und zwei zusätzliche *stills* wurden in Betrieb genommen.

Bei dieser Gelegenheit wurden auch die klassischen Mälzböden aufgegeben und durch Saladin-Boxen (mechanische Mälzanlagen) ersetzt.

Ein weiterer Ausbau wurde im Jahr 1974 notwendig. Die Produktion wurde auf die heute noch bestehenden 14 *wash backs* (Gärbottiche) und 8 *stills* (4 *wash* und 4 *spirit stills*) verdoppelt.

Knappe zwei Jahre später – 1976 – übernahm Allied Distillers Ltd. die Firma Teacher und damit auch Ardmore. Die eigene Mälzerei wurde im gleichen Jahr aufgegeben und das Malz ab diesem Zeitpunkt von Großmälzereien zugekauft. 2005 ging Ardmore beim Verkauf von Allied Domecq an Pernod Ricard wegen Kartellproblemen mit der Marke Teachers an die heutige Beam Inc. (USA) weiter.

Ein Besuch in der Destillerie Ardmore beginnt entweder im Freien oder – falls es regnen sollte – im kleinen Büro des Managers. Weil Ardmore (noch?) nicht für Besucher eingerichtet ist, ist es unbedingt empfehlenswert, einen Besuch im Voraus zu vereinbaren. Sehenswert ist diese Destillerie, die im Grenzgebiet der Whiskyregionen zwischen der Speyside und dem Osten der Highlands liegt, aber auf jeden Fall.

Heute ist zwar Ardmore eine der modernsten Destillerien Schottlands. In ihr vereinigen sich jedoch alte Destillierkunst und -techniken mit den modernsten der Industrie in (fast) perfekter Weise. Beim Besuch von Ardmore begegnet man immer wieder Anlagen (oder zumindest Teilen davon), die seit den ersten Produktionsjahren dieser Brennerei in Betrieb waren.

So zum Beispiel der alten Dampfmaschine (sie lief seit der Gründung bis in die 1960er-Jahre), der Front des alten Boilers aus dem Jahr 1898, dem alten Maischekühler sowie weiteren Relikten.

Das relativ stark getorfte Malz bezieht Ardmore von zwei verschiedenen Großmälzereien und lagert es in den bis 1976 für die eigene Malzherstellung gebrauchten Räumen. Zum Mahlen kommt es in die wirklich spezielle und aus den 1930er-Jahren stammende *Vickers Boby Patent Two High Mill*. Diese hat zwei übereinander liegende Mahlwerke. Die uralte Mühle verarbeitet heute noch den gesamten Malzbedarf der Destillerie zu *grist*. Dieser wird anschließend in einem alten traditionellen Maischbottich aus Gusseisen, abgedeckt mit einem Kupferdeckel, mit heißem Wasser vermischt und die Stärke aus ihm herausgewaschen. Der eindrucksvolle Maischbottich mit seinem Steuerpult mit den verschiedenen Steuerrädern ist nach der Mühle ein weiterer Höhepunkt in dieser Destillerie.

Ardmore bezog und bezieht sein sauberes Wasser aus 15 in den umliegenden Hügeln liegenden Quellen.

Der Name bedeutet	Große Anhöhe
Aussprache	Ard-moor
Whiskyregion	Highland
Adresse	Ardmore Distillery Kennethmont, Huntly, Aberdeenshire AB54 4NH
Kontakt	www.ardmorewhisky.com Telefon +44 (0)1464 83 12 13
Club	The Eyrie; Mitgliedschaft gratis; Anmeldung über die Website der Destillerie
Gründung	1898
Status	In Betrieb
Besitzer	Beam Inc. (USA)
Stills	8 (4 *wash*; 4 *spirit*)
Kapazität pro Jahr	5 000 000 Liter
Besucher	Kein Besucherzentrum, jedoch ★★★★★ Besuche sind nach Voranmeldung möglich
Rating	★★★★☆☆☆
Hausstil	Aromatisch, cremig, malzig, Vanille, leicht torfig, lang

Leith Hall · westlich von Kennethmont ist ein sehenswertes Beispiel eines Landhauses aus der Mitte des 17. Jahrhunderts.

Huntly · schönes kleines Städtchen mit Schlossruine, deren Ursprünge auf das Jahr 1120 zurückgehen.

Die 14 *wash backs* für die Vergärung der im Maischbottich gewonnenen *wort* sind aus Douglas-Fichte.

Auch das *stillhouse* von Ardmore ist beeindruckend. Die acht zwiebelförmigen *stills* (je vier *wash* und *spirit stills*) ohne Ein- oder Ausbuchtungen wurden bis vor kurzer Zeit zum Teil noch direkt mit Kohle beheizt. In die *stills*, die immer noch auf den alten Kohleöfen stehen, wurden deshalb Rührwerke eingebaut, damit die zu destillierende Flüssigkeit nicht anbrennen und der Whisky so ungenießbar werden konnte.

In der Fassabfüllung werden zum weitaus größten Teil Ex-Bourbon-Fässer verwendet. Gelagert wird der reifende Whisky in niedrigen, konventionellen Lagerhäusern. Die Fässer liegen in vier Lagen aufeinander. Dabei kann man normal große Fässer direkt neben Quarter Casks (etwas über 90 Liter Inhalt) liegen sehen.

Der Whisky aus der Destillerie Ardmore ist als Single Malt nicht sehr bekannt. Von hier gab es – außer zwei sehr seltenen zum 100-jährigen Bestehen der Destillerie – lange Zeit keine Original- oder Eigentümerabfüllungen.

Der große unabhängige Abfüller Gordon & MacPhail war von der Destillerie zur Abfüllung und zum Vertrieb der Malt-Whiskys autorisiert worden. Seit dem Jahr 2007 hat nun aber die neue Besitzerin entschieden, diesen wirklich ausgezeichneten Whisky selbst abzufüllen. Als erste Abfüllung kam in diesem Jahr der »Traditional Cask«, eine Abfüllung ohne Altersangabe, gealtert in zwei verschiedenen

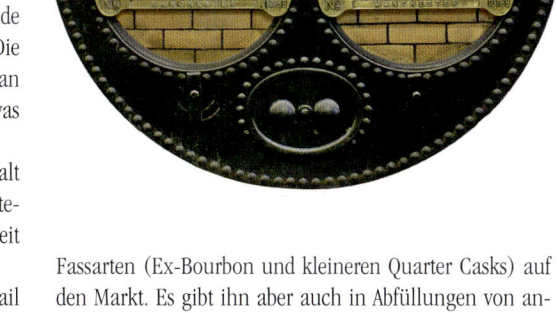

Fassarten (Ex-Bourbon und kleineren Quarter Casks) auf den Markt. Es gibt ihn aber auch in Abfüllungen von anderen Unabhängigen. Seit 2008 ist der Ardmore auch als 25- und 30-Jähriger auf dem Markt (Duty Free und ausgewählte Länder).

Neben dem Ardmore wird in der Destillerie für Blending-Firmen auch ein ungetorfter Whisky mit dem Namen »Ardlair« produziert.

Oben · Die Frontplatte des alten Boilers, ein schönes Stück aus dem 19. Jahrhundert.

Links · Gärbottiche *(wash backs)* im *tunhouse*.

Unten · Im beeindruckenden *stillhouse* stehen die acht *stills* auf den bis vor wenigen Jahren noch benutzten Kohleöfen.

Arran

Die Destillerie Arran

Zu Beginn des 19. Jahrhunderts produzierten auf der Insel Arran mit ihren kurzen Überfahrten zum schottischen Festland und dem direkten Wasserweg nach Glasgow noch über 50 Whiskybrennereien. Nur eine von ihnen war lizenziert. Sie stand im kleinen Örtchen Lagg im Süden der Insel und wurde 1838 geschlossen. Seitdem wurde offiziell auf Arran nicht mehr destilliert.

Dies änderte sich erst, als ein gewisser Harold Currie davon träumte, eine eigene Destillerie zu besitzen und in dieser einen Whisky nach seinen eigenen Vorstellungen produzieren zu können. Er war in seiner Karriere bis zu diesem Zeitpunkt unter anderem Direktor von Chivas Brothers und dem House of Campbell. Daneben war er einer der gesuchtesten *Master Blender* Schottlands überhaupt. Seinen Lebenstraum erfüllte er sich mit der Gründung der Firma Isle of Arran Distillers Ltd. mit Sitz in Stirling und dem Bau der Destillerie auf der Insel Arran. Die nicht zu unterschätzende Finanzierung löste er zu einem Teil durch die Ausgabe von Schuldscheinen, die den Inhabern nicht in Geld, sondern

Lochranza, der kleine Ort, in dem die Destillerie Arran steht, liegt am nördlichen Ende der Isle of Arran. Den Namen dieser Insel hat man auch der Brennerei gegeben. Die Insel Arran wird sehr oft als Schottland im Kleinformat bezeichnet. Dies nicht zu Unrecht, findet man doch hier (fast) alles, was Schottland so speziell macht, auf kleinem Raum.

Von Glasgow aus fährt man in südwestlicher Richtung zur Westküste Schottlands nach Ardrossan und von dort mit der Fähre über den Meeresarm, der den Namen Firth of Clyde trägt, auf die Insel. Diese begrüßt einen mit ihren markanten Bergzügen, aus denen der Goat Fell – ein ehemaliger Vulkan – mit seiner Höhe von fast 900 Meter herausragt. Die Fähre legt in Brodick, dem größten Ort auf der Insel, an. Ein wenig oberhalb von ihm steht ein interessantes Schloss, das auch besichtigt werden kann. Die Straße folgt von hier aus noch ein paar Kilometer der Ostküste der Insel, bevor sie über die Hügel in nordwestlicher Richtung nach Lochranza führt. Die Destillerie steht, kommt man auf dieser Straße, direkt am Ortseingang.

Von Lochranza aus besteht die Möglichkeit, von Arran mit einer kleinen Fähre die Halbinsel Kintyre zu besuchen (oder den umgekehrten Weg zu nehmen). Von Claonaig, einem Landesteg im Niemandsland, erreicht man in 15 Minuten Kennacraig, wo die Fähre auf die Insel Islay fährt. Selbstverständlich kann man von Claonaig aus seine Reise auch in Richtung Campbeltown im Süden von Kintyre oder in die Highlands fortsetzen.

in Form von Single Malts aus »ihrer« Destillerie zurückbezahlt wurden (und noch immer werden).

Mit dem Bau der neuen Destillerie wurde 1990 in der Nähe des Ortes Lochranza im Norden der Insel begonnen. Die Einweihung und Produktionsaufnahme war erst im August 1995. Sie war zwar bereits für das Jahr 1994 vorgesehen, musste aber aus verschiedenen Gründen um knapp ein Jahr verschoben werden. Unter anderem spielte am Schluss auch noch ein brütendes Adlerpaar (seltene, geschützte Golden Eagles) eine Rolle. Es hatte sich die Hügel in der Nähe der noch im Bau befindlichen Gebäude als Nist- und Brutplatz ausgesucht. Um es nicht zu stören, wurden die Bauarbeiten einige Wochen bis nach der Geburt der jungen Adler eingestellt. Wie zum Dank überflog das Adlerpaar dann am 17. August während der Eröffnungsfeier die Destillerie. Ein stilisiertes Adlerpaar schmückt deshalb heute die Flaschen und Verpackungen der Abfüllungen des »Arran«.

Die hochmoderne Destillerie liegt am Fuß von Bergen inmitten von Weiden in einem kleinen Park, dessen Rasen von den freilaufenden Schafen gepflegt wird. Dies wegen der dabei liegen bleibenden »Tretminen« nicht nur zur Freude des Managers und seiner MitarbeiterInnen.

Ihre Besitzer sind nicht nur stolz auf die architektonisch gelungene Anlage, sondern auch auf das 1997 von Queen Elizabeth II. persönlich eröffnete, schöne Besucherzentrum mit seinem guten Restaurant. In diesem beginnt und endet

Unten • Die beiden *stills* mit ihren Rohrkondensatoren und dem *spirit and sample safe*.

auch eine Besichtigung der Destillerie. Im Erdgeschoss des schön gestalteten Centers wird man an einem künstlichen Wasserfall vorbei zuerst in den Vorführraum zu einem kurzen Einführungsfilm gebeten.

Durch einen dunklen Gang mit Repliken aus der Zeit der Schwarzbrennerei auf Arran gelangt man ins Freie. Nur ein paar wenige Schritte entfernt steht das Destilleriegebäude. Hier wird die gesamte Whiskyproduktion in einem einzigen Raum gemacht.

Arran besitzt keine Malzmühle sondern bezieht das benötigte Gerstenmalz bereits gemahlen. Der erste Schritt ist also das Maischen. Der kleine *semi lauter mash tun* (Maischbottich) ist aus Edelstahl. Er wird von einem Kupferdeckel bedeckt. Um ihn herum angeordnet stehen die vier Gärbottiche *(wash backs)* aus Douglas-Fichte. Die durch den Gärprozess gewonnene *wash* wird im gleichen Raum in einem Behälter zwischengelagert, bevor sie in der *wash still* ein erstes Mal gebrannt wird. Die so gewonnenen *low wines* erhalten dann durch den zweiten Brennprozess in der *spirit still* den benötigten Alkoholgrad. Beide *stills* sind zwiebelförmig ohne jegliche Ein- oder Ausbuchtungen. Die Rohrkondensatoren stehen im gleichen Raum.

Aus dem *spirit receiver* kommt das Herzstück des Brandes zur Fassabfüllung (zur Reifung werden hauptsächlich Ex-Bourbon-Fässer verwendet) und in den Fässern in die Lagerhäuser.

Genau drei Jahre und ein Tag alt (das Gesetz wurde exakt eingehalten) war der Malt aus der Destillerie Isle of Arran, als er 1998 zum ersten Mal als Single Malt in Eigentümer- oder Originalabfüllung auf den Markt gebracht wurde. Dies in einer kleinen Auflage von nur 1000 speziell geformten Flaschen als *First Production*. Weitere Abfüllungen folgten in kurzen Abständen, darunter eine mit 40 Prozent ohne Altersangabe und eine in *non chill filtered*-Version.

Neben den Standardabfüllungen wurde eine im Laufe der Zeit kaum mehr überblickbare Anzahl an sogenannten *Special Wood Finishings* realisiert. Darunter waren in Calvados, Cognac-, Rum-, Champagne-, Bordeaux- und anderen vorher zur Lagerung von alkoholischen Getränken gebrauchten Fässern zu Ende gereifte Malts. Spezialabfüllungen gab es auch als »Painters Collection« oder »Burns

Edition«. Diese fragwürdige Praxis wurde bis ins Jahr 2006 fortgeführt, im Jahr 2007 wurde dann zumindest die Anzahl der verschiedenen Realisationen reduziert. Neben den

Oben · Die architektonisch reizvolle Destillerie steht etwas außerhalb von Lochranza am Fuß der Berge.

Gibt es nicht in vielen Destillerien zu sehen: Cask N° 1.

Brodick Castle · ein imposantes Schloss aus dem 13. Jahrhundert; steht etwas oberhalb von Brodick und ist schon von weit her zu sehen; mit Schlossgeistern (Restaurant und Shop).

Goat Fell · ehemaliger Vulkan, höchster Berg der Insel, fantastische Aussicht.

Steinkreise (stone circles) und stehende Steine (standing stones) · sind in der Nähe der beiden an der Westküste liegenden Weiler Tormore und Machrie zu finden. Achtung: Moorland, Sümpfe usw. – nicht zu empfehlen bei Nässe! Stiefel sind vonnöten.

Weitere Zeugen aus der Urzeit · Stehende Steine, Gräber, Türme usw. kann man rund um die Insel finden.

Lochranza Castle · malerisch gelegene Ruine eines Schlosses, dessen Ursprünge im 13. Jahrhundert liegen; steht zwischen der Destillerie und dem Fährhafen auf einer kleinen Halbinsel.

Standardabfüllungen mit 10, 12 und 14 Jahren gibt es nun wieder Abfüllungen mit verschiedenen Fass-*finishings*. 2009 kam das erste Mal in einer kleinen Auflage ein getorfter Arran (»The Peated Arran«) in den Verkauf. 2010 folgte ihm der »Machrie Moor«. Daneben gibt es die Serie der »Icons of Arran« (»Peacock«, »Rowan Tree«, »Westie« und »Eagle«). Eine spezielle Abfüllung mit dem Namen »Sleeping Warrier« wurde 2011 einem Gebirgszug auf der Insel gewidmet. Von Arran kommt auch ein Cream Liqueur mit dem Namen »Arran Gold«.

Neben dem Gründer Harold Currie wahrscheinlich die wichtigste Person für den Erfolg dieser Destillerie war *Master Distiller* Gordon Mitchell. Er war ab der Zeit der Installation der *stills* bis Anfang September 2007 für die Produktion des Whiskys verantwortlich. Ihm verdankte dieser Whisky seinen unverwechselbaren Geschmack. Vor seiner Zeit bei Arran war er bereits für den ausgezeichneten

Whisky der leider geschlossenen Destillerie Lochside und für den Aufbau der Malt-Whisky-Produktion der Destillerie Cooley in Irland verantwortlich. Doch er war auch in anderer Beziehung ein Top-Mann: Seine Entenzucht brachte ihm einige Auszeichnungen ein. Vielleicht war ein Grund, warum seine Enten so schön wurden, der Umstand, dass sie im Kühlwasserbecken der Destillerie schwimmen durften und so immer schön warmes Wasser hatten. Ein Höhepunkt seiner Karriere war dann sicher, dass er von Queen Elizabeth II. persönlich in London empfangen und für seine Verdienste geehrt wurde.

Zum Abschied durfte er ein paar Fässer aus seiner Produktion auswählen. Sie wurden als »Gordon's Dram« abgefüllt. Seit der Pensionierung von Gordon 2007 ist James MacTaggart für die Produktion und den Geschmack der Abfüllungen zuständig. Er stieß nach 30 Jahren Tätigkeit bei Bowmore zur Crew der Arran Distillery.

Der Name bedeutet	Platz der spitzen Hügel/Berge; Name der Insel	Rating	★★★★
Aussprache	Ärren	Hausstil	Nicht getorft: Weich, cremig, süßlich, fruchtig (Äpfel), Gewürze, Honig
Whiskyregion	Highland		
Adresse	Arran Distillery Lochranza, Isle of Arran, Argyll, KA27 8HJ Scotland		Getorft: Dunkle Schokolade, leicht rauchig, malzig, jung
Kontakt	www.arranwhisky.com Telefon +44 (0)1770 83 02 64		
Club	Kein Club		
Gründung	1990/1995		
Status	In Betrieb		
Besitzer	Isle of Arran Distillers Ltd.		
Stills	2 (1 *wash*; 1 *spirit*)		
Kapazität pro Jahr	750 000 Liter (wird nicht voll genutzt)		
Besucher	Ja ★★★★ Besucherzentrum mit gutem Restaurant ❤❤❤		

Auchentoshan

Die Destillerie Auchentoshan

Bereits um das Jahr 1800 wurde am Standort der heutigen Destillerie Auchentoshan im Norden Glasgows eine Destillerie erwähnt. Sie hieß Duntocher und trug den Namen des Teils der Clydebank, auf dem sie stand. Sie war eine Vorgängerin von Auchentoshan, deren Destilleriename das erste Mal im Jahr 1823 auftauchte. Dieses Jahr gilt auch als offizielles Gründungsjahr. Im Jahr 1825 wurde die Destillerie dann jedoch zuerst als Duntocher lizenziert. Den Namen Auchentoshan erhielt sie offiziell erst im Jahr 1834.

Duntocher/Auchentoshan hatte eine – auch für schottische Verhältnisse – ungewöhnlich hohe Zahl an Besitzern. Bis in die ersten Jahre des 20. Jahrhunderts wechselte sie diese im Schnitt alle zehn Jahre.

Während des Zweiten Weltkriegs (13. März 1941) wurde Auchentoshan von deutschen Bomben zerstört. Diese sollten eigentlich den in der Nähe am River Clyde liegenden Hafen von Glasgow und die dortigen Schiffswerften treffen. Gebäude und Lagerhäuser mit über einer Million Liter Whisky gingen in Flammen auf und der brennende Whisky ergoss sich den Hang hinunter in den River Clyde.

In den ersten Nachkriegsjahren wurde die Destillerie neu aufgebaut. Sie konnte 1948 die Produktion wieder aufnehmen.

Vor der Destillerie mit ihrer kleinen Pagode im Vorort von Glasgow steht eine alte *still*.

1960 wurde Auchentoshan von J. & R. Tennent, dem großen Brauereiunternehmen, gekauft. Tennent war jedoch nicht lange ihr Besitzer. Nach kurzer Zeit übernahm sie Bass Charrington & Co. (ein anderer Bierkonzern), verkaufte die Destillerie aber ebenfalls schon bald – 1969 – an die Eadie Cairns Ltd. weiter. Von ihr wurde sie 1974 das erste Mal in größerem Umfang modernisiert.

1984 ging Auchentoshan schließlich an den heutigen Besitzer, die Morrison Bowmore Distillers Ltd. über. Diese Firma investierte in den folgenden Jahren viel Geld in Gebäude und Anlagen. Alle drei *stills* wurden während diesen Um- und Ausbauten ersetzt. Morrison Bowmore Ltd. mit ihren Destillerien Auchentoshan, Bowmore und Glen Garioch wurde 1994 vom japanischen Suntory-Konzern übernommen.

Auchentoshan ist eine von fünf aktiven Brennereien in den Lowlands. Sie ist ihrem Stil treu geblieben und arbeitet mit ihren drei *stills* nach dem Prinzip der Dreifach-Destillation. Sie ist noch die einzige, die im originalen oder traditionellen Lowland-Stil dreifach brennt. Die zweite Destillerie in Schottland, welche ebenfalls noch mit dreifacher Destillation arbeitet (Springbank), setzt andere Brennabläufe ein. Ob die bei Auchentoshan angewandte Methode wirklich traditionell für die Lowlands ist, lässt sich jedoch nicht mit Bestimmtheit sagen. Neben Rosebank (bis zur Schließung 1993) brannte nur noch Littlemill (bis in die 1930er-Jahre) mit drei *stills*. Alle anderen Destillerien in den Lowlands arbeiten oder arbeiteten mit je einer *wash* und *spirit still* oder mehreren solchen *still*-Paaren (Glen-

Der Name bedeutet	Ecke des Feldes
Aussprache	Och-n-tosch-n
Whiskyregion	Lowland
Adresse	Auchentoshan Distillery By Dalmuir, Clydebank G81 4SJ Scotland
Kontakt	www.auchentoshan.co.uk Telefon +44 (0)1389 87 85 61
Club	Kein Club
Gründung	1817
Status	In Betrieb
Besitzer	Morrison Bowmore Distillers Ltd. (Suntory Ltd., Japan)
Stills	3 (1 *wash*; 1 *intermediate*; 1 *spirit*)
Kapazität pro Jahr	1 700 000 Liter (wird nicht voll genutzt)
Besucher	Ja ★★★☆☆ Besucherzentrum mit Shop ❤❤❤
Rating	★★★★★☆
Hausstil	Leicht, Zitronengras, delikat, süßlich

Aus der Stadt Glasgow kommend erreicht man Auchentoshan in westlicher Richtung über die zweispurige A82 (sie trägt auch den Namen »Great Western Road«) in Richtung Loch Lomond. Die Brennerei steht in dieser Fahrtrichtung auf der linken Seite direkt an der Hauptstraße.

Einige der Lagerhäuser liegen direkt an der Straße. Die Destillerie mit ihrem *Visitor Centre* selbst steht ein kleines Stück hangabwärts hinter ihnen.

kinchie, St. Magdalene, Bladnoch usw.). Bei Auchentoshan waren ebenfalls bis zum Besuch von Alfred Barnard (dem berühmten Whiskyreisenden und -autor des 19. Jahrhunderts) im Jahr 1886 nur zwei *stills* vorhanden. Wann die dritte installiert wurde, konnte ich nicht in Erfahrung bringen. Nichtsdestotrotz: Der Malt-Whisky von Auchentoshan ist ein typischer Lowland und ausgezeichnet dazu.

Erst seit wenigen Jahren ist Auchentoshan auch für Besucher geöffnet. Am 1. Dezember 2004 wurde ein neues, sehr schönes und hochmodernes *Visitor Centre* eingeweiht und in Betrieb genommen. Ihm angegliedert waren ein schöner Shop und ein Restaurant. Bereits nach wenigen Jahren wurde das *centre* aber auf einen kleinen Shop und den *Tasting Room* reduziert. Ein Teil der Räumlichkeiten kann auch für Meetings und kleinere Konferenzen gemietet werden.

Ein Besuch bei Auchentoshan beginnt in diesem Shop. Er befindet sich in der ehemaligen Mälzerei. Die Tour endet im wirklich schönen *Tasting Room*.

Unbedingt sehenswert ist in dieser Destillerie die alte Malzmühle, mit der vor Ort aus dem Malz der benötigte *grist* gemahlen wird. Sie thront im *mash house* eindrücklich über dem *semi lauter mash tun* (Maischbottich). In letzterem, es handelt sich bei ihm um einen großen Bottich aus Edelstahl (zur Verschönerung mit Holz abgedeckt) mit einem Kupferdeckel. In ihm wird mit heißem Wasser aus dem *grist* die Stärke beziehungsweise der Zucker ausgewaschen. Die so entstandene Maische wird im anschließenden Gärhaus in sieben Gärbottichen *(wash backs)* vergoren. Vier von ihnen sind aus Douglas-Fichte, drei aus Edelstahl.

Im *stillhouse* stehen die drei zwiebelförmigen *stills*, mit denen Auchentoshan dreifach destilliert. Sie haben verschiedene Formen, besitzen aber alle am Halsansatz eine Einbuchtung. Die Rohrkondensatoren stehen außerhalb des *stillhouse*. Die Dreifach-Destillation bei Auchentos-

Links • Der Maischbottich, ein besonders schönes Exemplar.

Unten links • Die Gärbottiche sind teils aus Douglas-Fichte.

Unten • Fässer in einem der Lagerhäuser auf dem Areal der Destillerie.

Ganz unten • Die drei *stills* für die bei Auchentoshan immer noch praktizierte dreifache Destillation, von rechts nach links: *wash, intermediate* und *spirit still*.

han läuft folgendermassen ab: In der *wash still* wird die *wash* ein erstes Mal gebrannt. Durch diesen Prozess werden sogenannte *low wines* mit einem Alkoholgehalt von ungefähr 18 Prozent gewonnen. Diese *low wines* werden in der *intermediate still* ein weiteres Mal gebrannt. Das so entstandene Produkt, man nennt es bei Auchentoshan *feints* (dieser Begriff bedeutet in anderen Destillerien etwas anderes, nämlich den Nachlauf) hat einen Alkoholgehalt von 58 Prozent. Die *feints* werden dann in der *spirit still* ein drittes Mal destilliert. Erst in diesem dritten Brennvorgang werden Vorlauf, Herz und Nachlauf getrennt. Der *new make,* also das Herzstück aus dieser dritten Destillation, hat einen gegenüber den anderen Destillerien sehr hohen Alkoholanteil von 80 bis 82 Prozent. Zur Reifung wird der *new make* mit Wasser auf 63,5 Prozent reduziert und in Eichenfässer abgefüllt. Es werden hauptsächlich Ex-Bourbon-Fässer verwendet. Daneben kommen aber auch andere Fassarten (auch für sogenannte *finishings*) zum Einsatz.

Der Malt-Whisky von Auchentoshan wird bis in die heutige Zeit zum Großteil für den Blend »Rob Roy« der Morrison-Gruppe verwendet. Als Single Malt in Original- oder Eigentümerabfüllung gibt es ihn schon länger, doch sind alte Abfüllungen – speziell jene aus der Zeit vor der Übernahme durch Morrison Bowmore – selten und auch sehr teuer. Als Standardabfüllungen sind zurzeit auf dem Markt: eine Abfüllung mit der Bezeichnung »Classic«, ein 12-, 18- und 21-Jähriger. Es gibt ihn auch zu speziellen Anlässen und in sogenannten *finishing*-Versionen (Beispiele dafür sind der »Three Wood« oder die von Zeit zu Zeit auf den Markt kommende »Limited Edition« eines 16-Jährigen). Den Auchentoshan gibt es ebenfalls in Vintage- oder Jahrgangsabfüllungen. Auch ein paar Unabhängige füllen ihn ab – manchmal allerdings unter anderem Namen.

Glasgow • hat sich in den letzten Jahren vom hässlichen Entchen zu einer sehens- und besuchenswerten Stadt entwickelt. Ein Muss bei einem Glasgow-Besuch sind (je nach Vorlieben): der George Square; das Glasgow Science Center mit dem Glasgow Tower; die Glasgow Cathedral; die verschiedenen Kunstmuseen (z. B. Gallery of Modern Art, Burrell Collection, Kelvingrove Art Gallery and Museum usw.; The Light House und andere Meisterwerke des berühmten schottischen Architekten Charles Rennie Mackintosh; ein Fußballspiel von Celtic oder den Rangers mit unvergleichlichem Ambiente (und viel Lärm); The Pot Still, die Whiskybar schlechthin in Glasgow, sie liegt an der 154 Hope Street.
Mit den Bussen von City Sightseeing Glasgow erreicht man fast alle Sehenswürdigkeiten der Stadt auf einfachste Art und Weise (bei jedem Halt kann man aussteigen und mit einem der nächsten Busse weiterfahren).

Loch Lomond • der größte und wohl schönste See Schottlands mit zwei komplett unterschiedlichen Ufern: das westliche mit Rastplätzen, Hotels, Restaurants, Souvenirläden und sonstigen auf Touristen ausgerichteten Angeboten; das Ostufer des Sees ist dagegen eine ruhige Gegend mit nur wenigen Hotels und keinem Durchgangsverkehr.

Ben Lomond • ein einzigartiger, 974 Meter hoher Berg, der am nordöstlichen Ufer des Loch Lomond steht. Die Aussicht von dort ist überwältigend.

Auchroisk

Der Name bedeutet	Untiefe am roten Bach
Aussprache	Ok-roisk oder Oth-roisk
Whiskyregion	Speyside
Adresse	Auchroisk Distillery Mulben, Banffshire AB55 3XS Scotland
Kontakt	Keine eigene Homepage Besitzer www.diageo.de Telefon +44 (0)1542 86 03 33
Club	Kein Club
Gründung	1974
Status	In Betrieb
Besitzer	Diageo plc
Stills	8 (4 wash; 4 spirit)
Kapazität pro Jahr	4 000 000 Liter
Besucher	Kein Besucherzentrum ★★☆☆☆ Besuche sind aber nach Voranmeldung möglich. (Nicht zu knapp vor dem geplanten Besuch anrufen.)
Rating	★★★☆☆☆☆
Hausstil	Leicht, würzig, süßlich, malzig, nussig, eine Spur Rauch, weich, lang

Die Destillerie Auchroisk

In den späten 1960er-Jahren – so wird erzählt – musste ein Mitarbeiter von Justerini & Brooks mit seinem Hund auf der Fahrt nach Rothes kurz Gassi gehen. Er stieß bei dieser Gelegenheit auf dem dafür ausgewählten Feld in der Nähe von Mulben auf eine kleine Schlucht mit einer stark sprudelnden Quelle. Das Wasser war extrem klar und kam in einer so großen Menge heraus, dass er diese Entdeckung seinem Chef meldete. Er wusste um die Wichtigkeit des Wassers für einen guten Whisky.

Justerini & Brooks (J&B), eine zur IDV (International Distillers and Vintners) gehörende Firma, nahm aus der mit fast 10 000 Litern pro Stunde sprudelnden Quelle Proben und analysierte diese. Die Analyse ergab hervorragend weiche Werte. Mit größeren Mengen des Wassers wurden in der Folge Test-Destillationen in der zur Gruppe gehörenden Destillerie Glen Spey in Rothes gemacht. Auch diese brachten ausgezeichnete Resultate.

In der Folge kaufte J&B das Land mit der Quelle und errichtete als erstes zur Absicherung ein kleines Steinhäuschen über ihr. Dann wurde mit der Planung der Destillerie begonnen.

Der Spatenstich erfolgte 1972. Auchroisk sollte nicht nur architektonisch ein Designerobjekt sein, auch der in ihr produzierte Whisky sollte ein Designerwhisky werden. Die Produktionsaufnahme war 1974.

Die moderne Destillerie mit ihren acht *stills* wurde errichtet, um für die Blends der Firmengruppe die in immer größeren Mengen benötigten Malt-Whiskys selbst produzieren zu können. Die bereits zuvor erhöhten Kapazitäten der zur gleichen Gruppe gehörenden Destillerien Knockando, Glen Spey und Strathmill reichten für die Deckung des Bedarfs an diesen Whiskys für deren Flaggschiff, die J&B Rare Blends nicht mehr aus.

Der Malt-Whisky von Auchroisk wurde zum »Designprodukt«. Er wird in einer besonderen, sehr weichen Art – eben speziell für Blends – gebrannt. Das für die Produktion benötigte Malz kommt aus Großmälzereien. Auchroisk selbst besaß nie eine eigene Mälzerei.

Die hellen Gebäude von Auchroisk mit ihren dunklen Dächern beherbergen Whisky-Herstellungs-Technologie vom Feinsten. Deshalb kommt die in der Eingangshalle stehende alte Dampfmaschine besonders zur Geltung. Sie ist ein Beispiel für diese Art Anlagen, wie sie in den Destillerien der Highlands lange Zeit im Einsatz standen. Sie tat ihren Dienst in der Destillerie Strathmill, bevor sie dort durch eine moderne Boileranlage ersetzt wurde.

Ein Besuch der Destillerie (Achtung: Kein Besucherzentrum; Besuche sind extrem schwierig zu vereinbaren.)

Am Ortsrand von Mulben, direkt an der A9103, die von Keith nach Rothes führt, liegt die Destillerie Auchroisk, eine Anlage aus den 1970er-Jahren, bei der von außen nichts an eine Destillerie erinnert. Die modern designte Destillerie wurde mit etlichen Architekturpreisen ausgezeichnet.

Um zu ihr zu gelangen, muss man die Hauptverbindungsstraßen verlassen und ein Stück ins Niemandsland fahren. Kommt man von Craigellachie oder Keith her auf der A95 in den kleinen Ort Mulben, geht es bei der großen Kreuzung auf der B9103 weiter. Die Destillerie liegt nach wenigen Kilometern rechts an dieser Straße.

führt durch – gegenüber fast allen anderen Brennereien Schottlands – unglaublich viel Platz bietende Räume. Ist es normalerweise in einer Destillerie eng, ist hier genau das Gegenteil der Fall.

Die Räume sehen immer wie frisch gereinigt aus und der Maischbottich aus Edelstahl *(semi lauter)* und die acht Gärbottiche (ebenfalls aus diesem Metall) glänzen im *tunhouse* um die Wette. Die Gärbottiche sind in dieser Destillerie mit einer speziellen Einrichtung gegen das Überschäumen bestückt.

Normalerweise werden dafür rotierende Propeller eingesetzt, die den Schaum nach unten pressen. In die Gärbottiche bei Auchroisk sind Gitter aus elektronisch überwachten Edelstahlstäben installiert. Steigt der Schaum bis zu diesen hoch, werden sie automatisch in die gärende *wash* abgesenkt und verhindern so das Überschäumen.

Die acht *stills* (4 *wash* und 4 *spirit*) sind zwiebelförmig und haben am Halsansatz Einbuchtungen. Ihre Hälse sind relativ hoch, um einen speziell weichen Whisky hervorbringen zu können. Sie stehen sich wie auf zwei Emporen im geräumigen *stillhouse* gegenüber. Die zwei *still*-Reihen stehen so weit auseinander, dass man zwischen ihnen beinahe Fußball spielen könnte. Die Rohrkondensatoren stehen außerhalb des Raumes.

Gelagert wird der Malt von Auchroisk vor allem in Ex-Bourbon-Fässern. Man sieht aber in den Lagerhäusern auch eine große Anzahl an *Sherry butts*. Diese werden nicht nur zur Dauerlagerung, sondern auch für ein *finishing* verwendet.

Nach einigen Jahren Lagerung in Bourbon-Fässern erhält der Auchroisk darin noch während einer bestimmten Zeit – meistens einem Jahr – rundere Aromen. Ein nur in Bourbon-Fässern gereifter Auchroisk ist sehr weich.

Bei Auchroisk wird nicht nur Whisky gebrannt. Hier werden in einer speziellen Abteilung auch noch die Malt-Whiskys der anderen Speyside-Destillerien, die für die Herstellung der J&B Blends benötigt werden, gesammelt, nach einem (geheimen) Rezept zusammengemischt und dann in Tankwagen zu den Blending- und Abfüllbetrieben von Diageo in die Nähe von Glasgow gebracht.

Der weiche und nur sehr leicht getorfte Malt-Whisky von Auchroisk wurde bis ins Jahr 2001 als Single Malt in Original- oder Eigentümerabfüllung nicht unter dem Namen der Destillerie, sondern als »Singleton (of Auchroisk)« abgefüllt. Böse Zungen behaupten, dass dies notwendig wurde, weil die Destillerie mit Auchroisk einen falschen Namen erhielt und kein Kunde den Namen (Ok-roisk oder Oth-roisk) aussprechen kann. Der »Singleton« wurde zuerst – wie der »Knockando« aus dem gleichen Konzern – nur als Jahrgangswhisky abgefüllt.

Es ist mir nicht bekannt, wann genau der erste Single Malt von Auchroisk auf den Markt kam. Ist es der 1978er für Japan mit der Bezeichnung »Singleton Particular«? Bei diesem soll es sich um einen extrem jungen (knapp drei Jahre alten) Auchroisk handeln. Für den europäischen Markt gab es auf jeden Fall das erste Mal einen Singleton of Auchroisk im Jahr 1986. Für diese Abfüllung wurde der im Jahr 1974 destillierte Malt verwendet. Auf ihn folgten weitere Jahrgangsabfüllungen. Es gab ihn später aber auch mit der allgemein üblichen Altersangabe mit 10 und 12

Jahren. In ihren Reihen Fauna & Flora und Rare Malts brachte die Besitzerin UDV/Diageo dann aber doch noch selbst die ersten Abfüllungen unter dem Namen Auchroisk auf den Markt. Im Jahr 2010 kamen ein 1999er in der Reihe »Managers Choice« als Single Cask und ein 20-Jähriger als Special Release in den Verkauf.

Er ist ebenfalls in Abfüllungen von verschiedenen Unabhängigen als Auchroisk erhältlich.

Oben • Die architektonisch interessanten Destilleriegebäude.

Auf beiden Seiten unten • Sieht aus wie eine Spiegelung: die *wash stills* (linke Seite) und die *spirit stills* (diese Seite) auf ihren sich gegenüberstehenden Emporen.

Es gibt in der direkten Umgebung von Auchroisk keine wirklichen Sehenswürdigkeiten. Für Interessantes in der weiteren Umgebung siehe die Tipps bei den Destillerien in Keith, Rothes, Dufftown oder Aberlour.

Aultmore

Links unten · In den vier *stills* mit ihren breiten Hälsen wird ein öliger *new make* destilliert.

Unten · Ein Maischbottich einmal aus einer anderen Perspektive – von unten! Das Rohrgewirr, durch welches die *wort* (zuckerhaltige Flüssigkeit) abgesogen wird, ist beeindruckend. Die Hebevorrichtung gehört zu einem *full lauter tun*.

Ganz unten · Im Gärhaus sieht es nicht mehr so futuristisch aus: Die *wash backs* sind aus Holz.

Es gibt in der direkten Umgebung von Aultmore nichts besonders Sehenswertes. Für Interessantes in der Umgebung siehe die Tipps bei den Destillerien in Keith.

Wie schon erwähnt, gibt es in der Destillerie Aultmore nichts Außergewöhnliches zu sehen. Möchte man ihr gleichwohl einen Besuch abstatten, lohnt es sich, ziemlich lange vorher einen Termin zu vereinbaren. Die Destillerie besitzt kein *Visitor Centre*.

In der Eingangshalle ist eine alte Dampfmaschine ausgestellt, die über 70 Jahre lang Tag für Tag ihren Dienst in der Destillerie für die Herstellung der notwendigen Energie tat.

Die Malzmühle steht neben dem Getreidesilo in einem separaten Raum. Der *grist* wird zwischengelagert, bevor die in ihm vorhandene Stärke im hochmodernen, erst 2003 installierten Maischbottich aus Edelstahl mit heißem Wasser

Die Destillerie Aultmore

Das Gebiet um den Weiler Aultmore ist nicht nur in der heutigen Zeit, sondern war auch in den vergangenen Jahrhunderten nur wenig bevölkert und ziemlich abgeschieden. Da ist es kein Wunder, dass gerade hier Whisky-Schwarzbrennereien in großer Zahl tätig waren. Die vielen Bäche, das durch Versickern in die torfigen Böden ebenfalls torfreiche Quellwasser und Gerstenfelder waren das ideale Umfeld für ihre Tätigkeit. Und die Bewohner der umliegenden Städte und Dörfer waren gute Kunden.

Damit ist ebenfalls bereits gesagt, dass die Umgebung der Destillerie aus Agrarland und Hügeln besteht und nicht besonders sehenswert ist. Nicht besonders sehenswert ist auch die Destillerie selbst. Bei einem rigorosen Um- und Ausbau Anfang der 1970er-Jahre erhielt sie ein modernes und nicht gerade attraktives Aussehen. Doch beginnen wir mit dem Anfang:

Alexander Edwards begann im Jahr 1896 etwas nördlich des Städtchens Keith mit dem Bau der Destillerie Aultmore. Die Produktion konnte im Juli 1897 aufgenommen werden. Edwards besaß zu jener Zeit bereits die Destillerie Benrinnes. Diese hatte er von seinem Vater geerbt.

Zusätzlich zu diesen beiden Brennereien baute er später noch Craigellachie und erwarb 1898 die bereits bestehende Destillerie Oban. All diese Destillerien führte er in seiner neuen Gesellschaft Oban & Aultmore-Glenlivet Ltd. zusammen.

1923 musste Edwards seine Firma wegen finanzieller Probleme an John Dewar & Sons Ltd. verkaufen. Verantwortlich für seinen Engpass waren einerseits der Konkurs von Pattison, Elder & Co. (einem in kriminelle Aktionen

verstrickten Hauptkunden) und andererseits Absatzprobleme wegen der Prohibition in den USA.

John Dewar & Sons Ltd. wurde 1925 Teil der DCL. Diese wiederum ging 1930 in der SMD und damit 1987 in der UDV auf. Die UDV musste jedoch Aultmore zusammen mit dem ganzen Dewar-Paket wegen Kartellproblemen weiterverkaufen. 1998 ging die Destillerie mit anderen zusammen an die Bacardi Ltd.

Zu Beginn der 1950er-Jahre gehörte Aultmore zu den ersten Destillerien, die Versuche machten, die Destillerieabfälle *draff* und *pot ale* als Viehfutter zu verwenden. Diese waren auf der ganzen Linie erfolgreich. Heute werden die beiden Abfallarten von vielen Brennereien als ausgezeichnetes Viehfutter weiterverwertet (einige haben in den letzten Jahren damit begonnen, aus den Abfällen Energie zu gewinnen). Als *draff* werden die Getreiderückstände bezeichnet, die nach dem Maischen im Bottich übrig bleiben.

Unter *pot ale* fasst man die flüssigen Rückstände zusammen, die in der *wash still* nach Beendigung des Brennprozesses zurück bleiben. Sie haben noch einen Restalkohol-Anteil von knapp 1 Prozent. In diesen flüssigen Rückständen sind vor allem wertvolle Proteine und Mineralien aus dem Getreidekorn. Die Flüssigkeit wird eingedickt und als eine Art Sirup anderem Viehfutter beigemischt.

Im Jahr 1971, also noch unter der Federführung der SMD, wurde Aultmore renoviert und ausgebaut. Das wurde derart radikal gemacht, dass seit diesem Zeitpunkt nichts mehr an die alte Destillerie erinnert. Bei dieser Gelegenheit wurde auch die Kapazität von zwei auf vier *stills* verdoppelt. Der mit diesen vier *stills* destillierte Malt wird hauptsächlich für die Blends von John Dewar und Robert Harvey gebraucht.

Die Destillerie Aultmore steht knapp fünf Kilometer nordwestlich des kleinen alten Städtchens Keith direkt an der B9016, einer schmalen Straße, die wenige Kilometer außerhalb von Keith von der A96 Keith-Elgin nach Norden abzweigt.

ausgewaschen wird. Es handelt sich bei ihm um einen *full lauter tun*, bei dem nicht nur der sich drehende Rechen, sondern auch der Boden in der Höhe dem Inhalt des Bottichs angepasst werden kann. Die Maische kommt zum Gären in sechs *wash backs* (Gärbottiche) aus sibirischem Lärchenholz.

Die vier *stills* (je zwei *wash* und *spirit stills*) sind zwiebelförmig ohne Ein- oder Ausbuchtungen und stehen zusammen mit den Rohrkondensatoren im modernen *stillhouse*. Sie werden über Computer überwacht und gesteuert.

Die Brennerei selbst hat keine Lagerhäuser. Der bei Aultmore hergestellte Whisky wird in der Nähe von Glasgow hauptsächlich in Ex-Bourbon-Fässern gelagert.

Als Destillerie- oder Originalabfüllung war der Aultmore zuerst in heute selten zu findenden Abfüllungen von John & Robert Harvey & Co. Ltd. erhältlich. Diese berühmte Blending- und Abfüllfirma war für einige Jahre Lizenzinhaberin von Aultmore und füllte den Whisky dieser Destillerie nicht nur als Bestandteil ihrer Blends, sondern auch als Single Malt ab. Es gibt den Aultmore seit 1991 in der Reihe Fauna & Flora und seit 1996 in derjenigen der Rare Malts der damaligen Besitzerin, UDV/Diageo. Da Aultmore nicht mehr in deren Besitz ist, sondern heute zu Bacardi gehört, werden auch diese Abfüllungen wohl bald ausverkauft sein und vom Markt verschwinden. Die erste Originalabfüllung von Dewars/Bacardi – ein 12-Jähriger – kam 2004 in den Verkauf.

Es gibt den Whisky auch von unabhängigen Abfüllern und unter anderen Namen. Ein Beispiel dafür ist der »Ancestral« von Inverarity mit 14 Jahren Fasslagerung, eine in Sherryfässern gereifte Rarität.

Links · Seit Anfang der 1970er-Jahre hat Aultmore ein modernes Aussehen. Das Firmenschild weist auf die Zugehörigkeit zu John Dewar & Sons Ltd. (Bacardi) hin.

Unten · Die alte Porteus-Mühle tut noch immer ihren Dienst.

Der Name bedeutet	Großer Bach
Aussprache	Olt-moor
Whiskyregion	Speyside
Adresse	Aultmore Distillery Keith, Banffshire AB55 3QY Scotland
Kontakt	Keine eigene Homepage Besitzer www.dewars.com Telefon +44 (0)1542 88 18 00
Club	Kein Club
Gründung	1895/96
Status	In Betrieb
Besitzer	John Dewar & Sons Ltd. (Bacardi Ltd.)
Stills	4 (2 *wash*; 2 *spirit*)
Kapazität pro Jahr	3 000 000 Liter
Besucher	Kein Besucherzentrum ★★☆☆☆ Besuche sind aber nach Voranmeldung möglich. (Nicht zu knapp vor dem geplanten Besuch anrufen.)
Rating	★★★☆☆☆
Hausstil	Mild, malzig-süß, fruchtig, Vanille

Balblair

Mit dem Auto erreicht man die Destillerie auf der A9 Richtung Norden. Von dieser muss man kurz nach dem alten Städtchen Tain – und der Destillerie Glenmorangie – auf die A836 westwärts abzweigen. Nach wenigen Kilometern erreicht man das Dorf Edderton. Zur Destillerie geht es ungefähr in der Dorfmitte rechts ab (Station Road).

Die Destillerie Balblair

Edderton, das Dorf, in dem diese Destillerie steht – sie zählt zu den ältesten Schottlands – liegt in unmittelbarer Nähe des Dornoch Firth, einem von flachem Moor- und Kulturland umgebenen Meeresarm der Nordsee. Diese Region war bereits 1500 Jahre vor unserer Zeitrechnung besiedelt. Davon zeugt zum Beispiel ein 3 Meter hoher Monolith (*standing stone*) aus der Bronzezeit: der *Clach Biorach* (scharfer Stein). In ihn wurden während der Zeit der Pikten (der Bemalten/Tätowierten), um ungefähr 800 n. Chr., ein Fischsymbol und zwei runde Scheiben mit Symbolen eingraviert. Ganz in der Nähe dieses Monuments befindet sich ein Steinkreis, der – so wird zumindest interpretiert – zusammen mit dem Clach Biorach zur Bestimmung des Kalenderjahres diente.

In Sichtweite dieses Steins steht die Destillerie Balblair direkt an der Eisenbahnlinie Inverness–Wick. Seit dem frühen 18. Jahrhundert, bevor die erste Eisenbahn hier durchfuhr, wurde in dieser Region fleißig schwarz gebrannt und Whisky geschmuggelt.

Vor der alten Destillerie mit dem markanten Kamin warten Fässer auf die Befüllung.

Das heute von der Destillerie Balblair angegebene Gründungsjahr 1790 gilt für eine Vorgängerin, die selbst jedoch auch nicht die älteste Destillerie in diesem Gebiet war. Urkundlich belegt gab es nämlich dort schon im Jahr 1749 eine – schwarzbrennende – Destillerie.

Der Gründer der zu den ältesten in Schottland zählenden Destillerie im Jahr 1790 war John Ross. Balblair besitzt eines der ältesten Archive, das man in schottischen Destillerien finden kann. In diesem findet man neben anderem eine über 200 Jahre alte Buchhaltung. Der erste Eintrag darin stammt vom 25. Januar 1800. John Ross selbst trug damals in dieses Buch ein, dass er an David Kirkcaldy aus Ardmore eine Gallone Whisky für £ 1.8.0 d. verkaufte. Das waren noch Zeiten …

1824 trat sein Sohn Andrew in die Destillerie ein. Er führte sie nach dem Tod des Vaters (1836) allein erfolgreich weiter. Der Absatz am immer mehr bekannten und beliebten Whisky von Balblair stieg Jahr um Jahr und führte dazu, dass 1872 die alte Destillerie um- und ausgebaut werden musste.

1873 starb Andrew Ross. Sein ältester Sohn James übernahm die Destillerie, musste sie aber wegen eines ablaufenden Pachtvertrages 1894 aufgeben. Der Vertrag wurde von Alexander Cowan, einem Wein- und Spirituosenhändler

Der Name bedeutet	Farm (oder Siedlung) in der Ebene (im Moorland)
Aussprache	Bal-bläär
Whiskyregion	Highland
Adresse	Balblair Distillery Edderton, Tain, Ross-shire IV19 1LB Scotland
Kontakt	www.balblair.com Telefon +44 (0)1862 82 12 73
Club	Kein Club
Gründung	1790
Status	In Betrieb
Besitzer	Inver House Distillers Ltd. (International Beverage Holdings Ltd.)
Stills	3 (1 *wash*; 2 *spirit*), davon aber nur je eine in Betrieb
Kapazität pro Jahr	1 300 000 Liter
Besucher	Ja ★★★ ☆ Besucherzentrum mit Shop ❤❤ (Vor dem geplanten Besuch lohnt es sich anzurufen.)
Rating	★★★★ ☆☆
Hausstil	Leicht, fruchtig, nussig, Honig, Vanille

aus Inverness, übernommen. James Ross zog nach Alness und arbeitete bis zu seiner Pensionierung in der dortigen Destillerie Teaninich. Auch heute heißen immer noch ein paar der Destilleriearbeiter bei Balblair »Ross«, tragen also den Namen des Firmengründers.

Die heute stehenden Destilleriegebäude – sie befinden sich ein paar Kilometer von der ehemaligen Destillerie entfernt an der Bahnlinie – stammen aus dem Jahr 1896. Balblair wurde hier vom neuen Besitzer Alexander Cowan komplett neu aufgebaut. Die Destillerie hat heute das Aussehen, das sie hatte, als Cowen sie 1896 baute. Sie ist damit ein bedeutender Zeuge der Destilleriearchitektur jener Zeit.

1910 konnte Alexander Cowan seinen finanziellen Verpflichtungen nicht mehr nachkommen und musste die Destillerie aufgeben. Sie wurde stillgelegt und blieb für viele Jahre geschlossen. Während des Zweiten Weltkriegs wurde sie von der britischen und norwegischen Armee als Unterkunft verwendet.

Erst im Jahr 1947 fand sie mit R. Cumming & Son (Anwälte aus Banff) eine neue Besitzerin. Über den Verkauf der damals noch geschlossenen und von der britischen Armee nach dem Ende des Krieges nicht gerade im besten Zustand zurückgelassenen Destillerie kursiert im Ort und in der Destillerie folgende Anekdote: Robert Cumming senior war ein sehr aktiver Geschäftsmann und als solcher oft auf Reisen. (Ihm gehörte später auch die Destillerie Pulteney in Wick.) An einem Abend tauchte er in einem Pub in Edderton auf und nahm dort einige Drams (in Schottland der Ausdruck für einen Schluck, wie groß er auch sein mag) des in der lokalen Destillerie früher gebrannten Whiskys zu sich. Im Pub waren auch Besitzer von Schuldscheinen der stillgelegten Destillerie. Nach noch einigen Drams und dem Anhören der Geschichte der Destillerie fragte er nach dem Wert von Balblair und füllte kurz entschlossen einen Scheck über den genannten Betrag aus. Der Scheck wurde angenommen und Cumming verließ das Lokal. Am anderen Tag wurde ihm bewusst, was er getan hatte und er kehrte an den Ort des Geschehens zurück. Die Besitzer wollten ihm den Scheck zurückgeben, doch er blieb bei seinem Entschluss, die Destillerie kaufen zu wollen. Mit seinem Sohn zusammen erwarb er dann die Destillerie auf normale Art und Weise und startete ein umfangreiches Renovierungsprogramm. 1949 waren die Renovierung und der Modernisierungsprozess abgeschlossen, und Balblair nahm den Betrieb wieder auf.

1970 verkaufte R. Cumming & Son Balblair an Hiram Walker & Sons (Kanada). Diese baute die Kapazität sofort auf drei *stills* aus. 1988 ging Hiram Walker & Sons und mit ihr auch Balblair in den Besitz von Allied Distillers Ltd. über. Von dieser wurde Balblair 1996 wieder stillgelegt und

Clach Biorach · ist ein *standing stone* aus der Bronzezeit (2000 bis 1500 v. Chr.) mit piktischen Zeichnungen aus dem 8. Jahrhundert n. Chr.

Dornoch Firth · landschaftlich wunderschöner Meeresarm.

Dornoch · schönes mittelalterliches Städtchen.

Dunrobin Castle · Neuschwanstein des Nordens; unbedingt einen Besuch wert. Schloss, Gartenanlagen, Falknerei, Restaurant.

im selben Jahr an Inver House Distillers Ltd. weiter verkauft. Die neue Besitzerin nahm die Produktion in der Destillerie 1997 wieder auf. Im Jahr 2001 kaufte die thailändische Firma Pacific Spirits die Inver House-Gruppe auf, ging dann aber 2006 ihrerseits in der International Beverage Holdings Ltd. (ebenfalls aus Thailand) auf.

Balblair ist eine der ältesten produzierenden Destillerien Schottlands. Obwohl Balblair seit Anfang November 2011 in einem ehemaligen Mälzhaus ein eigenes kleines *Visitor Centre* hat, lohnt es sich, einen Besuch zu vereinbaren. Dann kann man sicher sein, dass man die zu den schönsten und originalsten Schottlands zählende Destillerie auch wirklich und mit einer guten Führung besichtigen kann. Das Hauptaugenmerk im Shop des kleinen, aber schönen *Visitor Centre* liegt klar auf den Vintage-Abfüllungen.

Balblair hat ihren Charakter als alte Destillerie bewahren können. Im Zentrum der Anlage steht der imposante runde Kamin aus roten Backsteinen. Er wird umgeben von den aus Sandstein gebauten Destillerie- und Lagergebäuden. Das Mälzhaus ist leer, sieht aber so aus, als könnte es jeden Moment wieder in Betrieb genommen werden. Das Gleiche gilt für den *kiln* mit seiner Feuerstelle. Bei Balblair wird jedoch wie bei fast allen Brennereien Schottlands das benötigte Malz aus einer Großmälzerei zugekauft. Dieses wird in einer uralten Mühle zu *grist* gemahlen, dieser in einem stählernen Maischbottich *(semi lauter mash tun)* eingeweicht und die in ihm vorhandene Stärke ausgewaschen. Die *mash* kommt dann in die sechs *wash backs* (Gärbottiche) aus Douglas-Fichte.

Gab es bis jetzt in allen besuchten Räumen ziemlich viel Platz um die Anlagen beziehungsweise Bottiche, ist es im *stillhouse* wirklich eng. Die *wash still* und eine der beiden *spirit stills* haben dicke Bäuche und Hälse und wirken ziemlich plump, die zweite *spirit still* jedoch wirkt schlanker und proportional schöner. Weshalb diese unterschiedlichen Formen? Balblair war schon bald nach dem Kauf durch Robert Cumming erfolgreich. Die Kapazität musste in den kommenden Jahren laufend erweitert werden, um den Bedürfnissen des Marktes folgen zu können. So ließ Cumming beim Umbau von der Direktheizung der *stills*

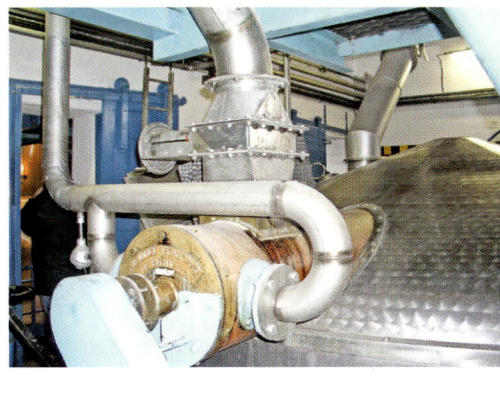

Links · Im *stillhouse* von Balblair stehen drei *stills*. Genutzt werden jedoch nur die beiden etwas plump wirkenden im Vordergrund. Die dritte *still* ist seit 1949 nicht mehr in Betrieb.

Oben · In der Maischmaschine wird der *grist* mit heißem Wasser vermischt und in den Maischbottich aus Edelstahl gepumpt.

mit Kohle auf indirekte mit Dampf im Jahr 1964 zwei der *stills* vergrößern, beließ aber die dritte in ihrer ursprünglichen Form. Diese dritte *still* wurde seit der Wiederinbetriebnahme der Destillerie 1949 nie wieder in Betrieb genommen. Sie steht also seit weit über 50 Jahren ohne jegliche Aufgabe im *stillhouse* und belegt in der dortigen Enge nur unnötigen Platz, weil Robert Cumming entschieden hatte, sie nicht zu entfernen und sich auch die heutigen Besitzer nicht dazu durchringen können (Aberglaube?). Balblair besitzt also drei *stills,* arbeitet aber nur mit zwei, je einer *wash* und *spirit still*. Sie alle haben weder Ein- noch Ausbuchtungen und ihre Rohrkondensatoren stehen im Freien.

Die bei Balblair produzierten Malts reifen zum Großteil in Ex-Bourbon-Fässern, doch kann man in den niedrigen Lagerhäusern auch eine stattliche Zahl an Ex-Sherry-Fässern finden. Eines der Lagerhäuser war lange Zeit das längste in einer schottischen Destillerie, bis feuerpolizeiliche Vorschriften eine Unterteilung mit Brandmauern forderten. Bis auf eines haben alle diese *warehouses* Naturböden. Das Lagerhaus N° 3 dagegen besitzt einen Betonboden. Dieser wurde im Laufe des Zweiten Weltkrieges, in dem Balblair als Unterkunft für britische und norwegische Truppen diente, eingegossen. Dieses Lagerhaus diente damals als Kantine.

Der Malt von Balblair war immer ein wichtiger Bestandteil des Ballantine's und ist dies auch nach dem Verkauf an Inver House geblieben. Er kam in Eigentümerabfüllung in der Zeit des Besitzes von Hiram Walker & Sons in den 1980er-Jahren in einer sehr gesuchten Abfüllung mit 5 Jahren auf den italienischen Markt. Von Inver House gab es ihn zuerst ohne Altersangabe als »Elements« und mit 10, 16 und 21 Jahren. Der Balblair wird seit 2007 in neuem Kleid nur noch als Jahrgangswhisky abgefüllt. Es gibt ihn in Abfüllungen ab dem Destillationsjahr 1965. Seit 2011 wird bei Balblair auch ein ziemlich stark rauchiger Malt produziert. Er erreicht einen Phenolgehalt von ungefähr 35 ppm, was ungefähr demjenigen von Caol Ila entspricht.

Abfüllungen existieren – speziell aus der Zeit des Besitzes der Destillerie von Hiram Walker – auch von den Unabhängigen.

Balmenach

Die Destillerie Balmenach

In den Hügeln von Cromdale (Hills of Cromdale), die sich hinter dem gleichnamigen kleinen Dorf in der Nähe des River Spey erheben, wurde im 18. Jahrhundert – und wahrscheinlich auch schon früher – im großen Stil schwarz gebrannt. Obwohl hier seit Jahrhunderten eine Verbindungsstraße durchführte, war ein Glas Whisky etwas, was man in dieser damals noch extrem abgeschiedenen Gegend zum Überleben brauchte. Fast auf jedem Hof und in vielen nicht gerade einfach einzusehenden Tälern standen *illicit stills*.

Seit vielen Jahrzehnten ist Balmenach in diesem südlichsten Gebiet der Speyside die letzte übriggebliebene Destillerie. Sie wurde 1824 gegründet und liegt in einem Gebiet mit vielen Gebirgstälern.

James McGregor bewirtschaftete seinen kleinen Bauernhof Balminoch. Er war nebenbei auch Schwarzbrenner und Whiskyschmuggler, gehörte dann aber zu den ersten, die eine Lizenz beantragten. Er erhielt diese 1824 und ließ seine

Destillerie unter dem Namen seines Hofes, Balmenach, eintragen. Er betrieb Hof und Destillerie mit seiner Frau und seinen Kindern bis zu seinem Tod im Jahr 1869. Sein Sohn John übernahm dann den etwas heruntergekommenen Betrieb und brachte ihn wieder auf Vordermann.

Im überraschend großen *stillhouse* stehen die sechs *stills*.

1880 ließ er die Destillerie mit einem Gleisanschluss an die Eisenbahnlinie Inverness–Edinburgh anbinden. Dank diesem stiegen die Marktchancen bedeutend.

Bis ins Jahr 1897 blieb die Destillerie Balmenach im Besitz der Familie McGregor. Für notwendige Renovierungs- und Ausbauarbeiten wurde dann aber mehr Kapital benötigt. So wurden auch fremde Teilhaber zugelassen und eine Gesellschaft mit dem Namen Balmenach-Glenlivet Distillery Ltd. gegründet.

1922 trennte sich die McGregor-Familie von ihren Anteilen und verkaufte sie an ein Konsortium, bestehend aus den damals in Whisky-Kreisen bestens bekannten Personen MacDonald Green, Peter Dawson und James Watson. Diese brachten Balmenach drei Jahre später in die DCL ein. Letztere wiederum ging 1930 in der SMD auf.

Von 1941 bis 1947 war Balmenach wegen des Zweiten Weltkrieges und seinen Folgen (Gerstenknappheit) geschlossen.

1962 wurde die Destillerie einem größeren Um- und Ausbau unterzogen und ihre Kapazität von vier auf sechs *stills* ausgebaut.

Das benötigte Malz wurde ab 1964 nicht mehr auf Mälzböden, sondern in einer eigenen Saladin-Box (einem mechanischen Mälzkasten) erzeugt. Seit Mitte der 1980er-Jahre bezieht jedoch auch Balmenach das Malz von einer Großmälzerei.

Im Jahr 1971 wurde die Destillerie Balmenach einer weiteren Totalrenovierung unterzogen.

1987, nachdem die Leitung an die UDV übergegangen war, wurde die Destillerie von dieser Gruppe im Jahr 1993 stillgelegt. 1997 trennte sich dann die UDV von Balmenach und verkaufte die seit vier Jahren nicht mehr produzierende Destillerie an Inver House Distillers Ltd. weiter. Diese neue Besitzerin nahm die Produktion im Frühjahr 1998 wieder auf. Im Jahr 2001 kaufte die thailändische Firma Pacific Spirits die Inver House Gruppe auf, ging dann aber ihrerseits 2006 in der International Beverage Holdings Ltd. (ebenfalls aus Thailand) auf.

Dennis Malcolm, ein bekannter schottischer Whisky-Guru, *Master Distiller* und Leiter von verschiedenen Malt-Destillerien von Chivas Brothers Ltd. (Pernod Ricard), darunter auch Glen Grant, Glenlivet und Strathisla, um nur einige zu nennen, wurde gefragt, ob er die etwas marode Destillerie wieder auf Vordermann bringen würde. Er sagte zu und drückte Balmenach seinen Stempel auf, welcher bis heute spürbar ist. Balmenach ist nicht für Besucher eingerichtet. Deshalb ist es wichtig, dass man sich rechtzeitig um einen Besuchstermin bemüht, muss man doch extra einen Mitarbeiter abstellen, um den Besuchern die Destillerie zu zeigen. Dabei kann es ohne Weiteres vorkommen, dass sich der Manager selbst als Guide betätigt. Bis ins Jahr 2006 war es schon einmal Dennis selbst. In diesem Jahr verließ er Balmenach, um an eine frühere Stätte seines Wirkens zurückzukehren. Der italienische Getränkekonzern Davide Campari bat ihn, seine damals gerade erst von Pernod Ricard gekaufte Destillerie Glen Grant wieder in Schuss zu bringen. Dies, obwohl er über seine Frau Christine familiäre Wurzeln in Balmenach hatte. Ihr Urgroßvater war nämlich James McGregor, der Gründer der Destillerie Balmenach.

Von ihr stammt auch die kleine Anekdote, die er uns erzählte: Im Jahr 1823 verabschiedete das britische Parlament ein Gesetz, das das Brennen von Whisky gegen eine

Der Name bedeutet	Farm oder Siedlung in der Mitte
Aussprache	Bal-me-nach
Whiskyregion	Speyside
Adresse	Balmenach Distillery Cromdale, Grantown-on-Spey, Morayshire, PH26 3PF Scotlan
Kontakt	www.balmenachdistillery.com Telefon +44 (0)1479 87 25 69
Club	Kein Club
Gründung	1824
Status	In Betrieb
Besitzer	Inver House Distillers Ltd. (International Beverage Holdings Ltd.)
Stills	6 (3 *wash*; 3 *spirit*)
Kapazität pro Jahr	2 200 000 Liter

Besucher	Kein Besucherzentrum ★★★☆☆ Besuche sind aber nach Voranmeldung möglich. (Nicht zu knapp vor dem geplanten Besuch anrufen.)
Rating	★★★☆☆☆☆
Hausstil	Leicht torfig, süß, nussig, würzig, aromatisch, lang

kleinere Lizenzgebühr erlaubte. Damit wollte man die immer größere Ausmaße annehmende Schwarzbrennerei und den Whiskyschmuggel in den Griff bekommen. Die Schwarzbrenner versuchten aber, auch diese kleine Gebühr zu umgehen und ließen die britischen Steuerbeamten immer wieder ins Leere laufen. Kurz nach der Einführung des Gesetzes erhielt der Urgroßvater von Christine Besuch von einem solchen Steuerbeamten. Sie gingen durch und um die verschiedenen Gebäude des Hofes und besichtigten auch verschiedene kleine Hütten. Der Beamte zeigte gegen Ende der Inspektion auf ein kleines Häuschen in der Nähe des Stalles, in dem McGregor seine Schwarzbrennerei hatte und fragte: Und was haben wir denn hier? McGregor gab zur Antwort: Das ist unser Torf-Lagerhaus. Der Beamte sagte nichts und sie setzten ihre Runde fort. Zum Abschluss setzten sie sich noch zusammen und aßen und tranken etwas. McGregor kredenzte dem Beamten dabei auch den einen oder anderen Dram Whisky. Beim Verabschieden sagte dieser ganz beiläufig: »Wenn ich Sie wäre, würde ich für das Torf-Lagerhaus eine Lizenz beantragen.« Dann verließ er den Hof. James McGregor verstand den Wink und war dann auch unter den allerersten Brennern in Schottland, die für ihr Tun eine Lizenz lösten.

Balmenach kann als größere Destillerie bezeichnet werden. Ihre modernen, weiß gestrichenen Gebäude geben überhaupt keinen Eindruck über ihr wirkliches Alter. Dieses begegnet einem jedoch bei einem Rundgang fast auf Schritt und Tritt. Das von Großmälzereien angelieferte Gerstenmalz wird in einer uralten Malzmühle zu *grist* gemahlen. Der *mash tun* (Maischbottich) sieht aus wie ein Relikt aus der Vergangenheit. Er ist uralt und besteht aus zusammengeschraubten Gusseisenplatten. Er birgt aber unter seinem Kupferdeckel ein Geheimnis: In seinem Inneren befindet sich eine moderne *semi lauter*-Ausrüstung, mit der eine bessere Produktivität erreicht werden kann. Die sechs *wash backs* (Gärbottiche) aus Douglas-Fichte stehen in einem eigenen Gärhaus.

Von diesem geht es direkt ins imposante *stillhouse*. Die sechs *stills* stehen in einer Reihe. Zuerst die drei *wash stills* mit ihren runden Bäuchen und den Ausbuchtungen am unteren Ende des Schwanenhalses. Die drei *spirit stills* haben nicht alle die genau gleiche Form. Gemeinsam sind aber auch ihnen die Ausbuchtungen wie bei den *wash stills*.

Die Dampfrohre ihrer Schwanenhälse gehen ins Freie, wo ihre Enden als Spiralrohre in die großen, mit Wasser gefüllten Bottiche führen. Jedes dieser für die Kondensation der Alkoholdämpfe dienenden Schneckenrohre ist über 90 Meter lang.

In den niedrigen Lagerhäusern fällt auf, dass es – außer einem kleinen Restbestand – keine alten Fässer gibt. Die Lagerhäuser waren bei der Übernahme der Destillerie durch Inver House so gut wie leer. Das ist die Erklärung dafür, dass – mit der erwähnten Ausnahme – die ältesten Fässer das Jahr 1998 tragen. Gelagert wird der Whisky in Ex-Bourbon- und Ex-Sherry-Fässern. Der Malt-Whisky von Balmenach wird zurzeit nur für Blended Whiskys verwendet. Ob es ihn nächstens wieder einmal in einer Originalabfüllung geben wird?

Als Single Malt war der Balmenach lange Zeit in Original-Abfüllung nur in der Reihe Fauna & Flora der UDV oder in Abfüllungen von Unabhängigen erhältlich.

Auf eine Original- oder Eigentümerabfüllung von Inver House Distillers musste man bis zum Jahr 2001 warten. In diesem Jahr erschien die erste von zwei Abfüllungen in deren Reihe »Highland Selection«: Zuerst ein 27-Jähriger in einer limitierten Ausgabe. Ihm folgte ein 1972er mit 28 Fassjahren. Zu Ehren des goldenen Thronjubiläums von Queen Elizabeth II. gab es 2002 einen Decanter mit einem 25-Jährigen. Für all diese Abfüllungen wurden die Restbestände aus der Zeit vor der Übernahme durch Inver House angezapft.

Als »Deerstalker« wurde er vom Unabhängigen Aberfoyle & Knight auch unter einem anderen Namen abgefüllt.

Seit dem Jahr 2009 wird bei Balmenach neben Whisky auch Gin produziert. In einem sonst nicht mehr genutzten Gebäude steht eine uralte Gin-*still* aus den 1920er-Jahren. In dieser brennt der »Gin Master« Simon Buley – nur zu bestimmten Zeiten im Jahr – Gin (»Coarunn Small Batch Gin«) nach alter Tradition.

Strathspey Railway · restaurierte und wieder in Betrieb genommene Eisenbahnstrecke, auf der alte Dampfzüge verkehren. Strecke: Aviemore–Boat of Garten-Broomhill (nahe Grantown-on-Spey). Unbedingt im Voraus reservieren (www.strathspeyrailway.co.uk/).

Grantown-on-Spey · malerisches (und teures) Touristenstädtchen.

Unten · Der mit einem Kupferdeckel abgedeckte Maischbottich, rechts im Bild die Maischmaschine.

Ganz unten · Die modern wirkende Destillerie in der hügeligen, im Winter mit Schnee bedeckten Landschaft.

Balmenach liegt am südlichen Eingang zur Speyside. Nur noch die Destillerie »The Speyside« in Kingussie liegt in der Region Speyside noch weiter südöstlich. Fährt man auf der A9 aus dem Süden (Glasgow, Edinburgh, Perth) Richtung Inverness, nimmt man auf der Höhe von Aviemore die A95, die ins Zentrum der Whiskyregion Speyside führt.

Diese Straße folgt dem Lauf des River Spey und führt nach etwa 25 Kilometern durch das kleine Dörfchen Cromdale, auf dessen Gebiet die Destillerie Balmenach liegt. Knapp vor dem Dorf zweigt im Wäldchen eine Straße mit einem kleinen Wegweiser nach Balmenach ab. Diese führt zum Weiler und zur Destillerie Balmenach. Hat man dieses Sträßchen verpasst, gibt es noch eine zweite Chance: Mitten im Dörfchen zweigt von der A95 die Straße zur Destillerie Richtung Süden ab. Sie trägt den Namen der Brennerei: Balmenach Road.

Balvenie, The

Die Destillerie Balvenie

Balvenie Castle, ein Schloss aus dem 13. Jahrhundert im Nordosten des kleinen alten Städtchens Dufftown (es hieß zu seinen Gründungszeiten Mortlach Castle) sollte gegen Ende des 19. Jahrhunderts eine Rolle beim Bau einer Destillerie spielen. Es wurde im Laufe der Jahrhunderte mehrmals zerstört und wieder neu aufgebaut. Zu Beginn des 18. Jahrhunderts entschloss sich jedoch sein damaliger Besitzer, das Schloss – es war in einem erbärmlichen Zustand – nicht wieder instand zu setzen und baute in dessen Nähe auf dem flachen Land ein neues Herrenhaus, das New Balvenie House. Für den Bau des Hauses wurden die Steine

des alten Schlosses verwendet. Das New Balvenie House, ein herrschaftliches Landgut mit Stall und Scheunen wurde ab dem Jahr 1724 von ihm und seinen Nachfahren bewohnt. Die Familie verarmte jedoch in den folgenden Jahrzehnten und überließ das Haus und die umliegenden Gebäude dem Verfall.

William Grant – er besaß damals schon die in unmittelbarer Nachbarschaft stehende Destillerie Glenfiddich – kaufte das Land samt dem heruntergekommenen Gut und baute es im Jahr 1892 mit seinen Kindern zusammen eigenhändig in eine Destillerie um. Die Steine eines Teils der Gebäude der heutigen Destillerie Balvenie stammen also vom Schloss aus dem 13. Jahrhundert. Die Grants selbst

holten beim Um- und Ausbau der Gebäude in eine Destillerie jedoch keine Steine von der Ruine.

Die ersten Apparate und Anlagen kauften die Grants nicht neu. So stammten zum Beispiel die ersten *stills* aus den Destillerien Lagavulin und Glen Albyn. Die Entscheidung, gebrauchte Anlagen zu kaufen, fiel nicht nur aus finanziellen Überlegungen. Die Grants wollten sicher sein, dass die Anlagen von Anfang an richtig funktionierten. 1893 floss der erste *new make* aus den *stills*.

Es dauerte dann bis ins Jahr 1955, als Balvenie nach vielen Jahren der Produktion das erste Mal einer größeren Renovierung unterzogen wurde. 1957 wurden die beiden alten *stills* ausgetauscht und zwei zusätzliche installiert. Bis ins Jahr 1971 wurden auf mehrere Jahre verteilt weitere Brennblasen eingebaut.

Balvenie ist bis heute im Besitz der Firma William Grant & Sons und damit Teil des Imperiums einer der wenigen auch heute noch unabhängigen Firmen in der schottischen Whiskyindustrie.

Ein Besuch bei Balvenie gibt einen ausgezeichneten Einblick in die Whiskyherstellung. Er ist wegen der sehr restriktiven Politik der Grants nicht einfach zu vereinbaren, denn es werden maximal zwei Gruppen mit 8 Personen pro Tag zugelassen.

Balvenie ist die einzige Destillerie im schottischen Hochland, bei der bis in die heutige Zeit zumindest ein Teil des Malzes auf eigenen Mälzböden *(malting floors)* produziert wird. Der Rest wird von Großmälzereien zugekauft. Im mehrstöckigen Mälzhaus wird die Gerste (sie stammt zum Teil von den eigenen Feldern) zu Malz verarbeitet.

Balvenie, eine von neun Destillerien in der »Malt Whisky Capital of the World«, Dufftown, steht im Norden dieses kleinen Städtchens. Verlässt man es auf der A941 Richtung Craigellachie–Elgin, führt eine enge Straße kurz hinter der Destillerie Glenfiddich nach rechts weg zu ihr (Fahrverbot).

Balvenie ist Teil eines heute zusammenhängenden Whiskykomplexes, bestehend aus den Destillerien Glenfiddich, Balvenie, Kininvie und Convalmore. Sie alle gehören zum Imperium von William Grant & Sons Ltd.

Links • Einer der Mälzböden *(malting floors)*.

Unten • Balvenie besitzt noch viele alte Gebäude: links im Bild die Mälzerei mit dem *kiln*, in der Mitte das etwas neuere *stillhouse*, rechts ein paar Lagerhäuser.

Der Name bedeutet	Nicht wirklich eindeutig bekannt; folgende Bedeutungen sind möglich: St. Beyne's Stading – Farm oder Siedlung des St. Beathan oder St. Beyne (war Bischof von Mortlach im 11. Jahrhundert) Village of Milk – Milchdorf oder Milchplatz Village of the Danes – Dänendorf (in Erinnerung an die Wikinger)
Aussprache	Bal-winie oder Bal-wenie
Whiskyregion	Speyside
Adresse	Balvenie Distillery Dufftown, Keith, Banffshire AB55 4BB Scotland
Kontakt	www.thebalvenie.com Telefon +44 (0) 1340 82 03 73 (Glenfiddich)
Club	The Balvenie Warehouse 24; Mitgliedschaft gratis; Anmeldung über die Website der Destillerie
Gründung	1892
Status	In Betrieb
Besitzer	William Grant & Sons Ltd.

Stills	11 (5 *wash*; 6 *spirit*)
Kapazität pro Jahr	5 700 000 Liter
Besucher	Ja ★★★★★ in kleinen Gruppen Kleiner Empfangs- und Tastingraum ♥♡♡ Besuche (2 mal täglich eine Gruppe mit max. acht Personen) nur nach Voranmeldung möglich.
Rating	★★★★★★
Hausstil	Aromatisch, malzig, würzig, Sherry, wenig Rauch, rund

1973 wurde der Balvenie das erste Mal in Original- oder Destillerieabfüllung als Single Malt abgefüllt. Der *Master Blender* von Balvenie wandte 1996 als erster in Schottland den Prozess des *finishing* an. Er ließ dabei den Whisky zuerst – wie bei Balvenie sonst allgemein üblich – in Ex-Bourbon-Eichenfässern reifen. Dann füllte er ihn aber gegen Ende und zum Abschluss des Reifeprozesses in Sherryfässer um. Das Resultat dieses speziellen Verfahrens war der »Balvenie Double Wood«. Der Prozess des *finishing* wurde später auch auf Portweinfässer und andere Fassarten ausgedehnt. Meistens werden diese *finishing*-Typen mit 17 Fassjahren in Flaschen abgefüllt.

Es gibt den Balvenie in Standardabfüllungen als 12-, 15-, 21 und 30-Jährigen. Einige dieser Abfüllungen haben ein *finishing* hinter sich. Daneben gibt es ihn auch als seltene Vintage- oder Jahrgangsabfüllungen und als Abfüllungen zu speziellen Ereignissen.

Die Flaschenabfüllung wird auf den vollautomatischen Anlagen der Destillerie Glenfiddich gemacht.

Unten · Die *stills* mit den typischen ballförmigen Ausbuchtungen sind auf zwei *stillhouses* verteilt.

Ganz unten · Im *kiln* wird die gekeimte, noch feuchte Gerste mithilfe eines Torf-/Kohlefeuers getrocknet.

181

Man kann so den Prozess des Mälzens vom Einweichen der Gerste über das Ausbringen auf die Mälzböden, das Keimen und Wenden bis zum Trocknen im *kiln* mitverfolgen. Dem *kiln*-Feuer wird nur eine kleine Menge an Torf und dies auch nur während der ersten zwölf Stunden des ungefähr 40 Stunden dauernden Prozesses zugegeben. Der Balvenie soll nicht zu rauchig werden.

Die alte Malzmühle mahlt nicht nur das selbst produzierte, sondern auch das angelieferte Malz zu *grist*. Im Maischbottich aus Edelstahl *(full lauter)* wird der Zucker aus ihm herausgewaschen und die so entstandene zuckerhaltige Flüssigkeit *(wort)* in die neun Gärbottiche

aus Douglas-Fichte und die fünf aus Edelstahl geführt. In diesen wird in einem mit Hefe ausgelösten Gärprozess die zu destillierende *wash* gewonnen.

Das *stillhouse* besteht aus zwei Räumen. Im großen Raum, in den man bei der Besichtigung geführt wird, stehen die ersten sechs *stills* (je drei *wash* und *spirit*) in einer Reihe. Sie sehen alle gleich aus und haben die für Balvenie typischen ballförmigen Ausbuchtungen am Halsansatz über dem Brennkessel, die zu einem Rückfluss *(reflux)* eines Teils des Alkoholdampfes sorgen. Sie werden *Balvenie Balls* genannt. Die weiteren fünf *stills* (zwei *wash* und drei *spirit*) – sie sehen ebenso aus wie diejenigen im ersten Raum – stehen in einer Art Anbau zum ersten Brennhaus. Wegen des gleichen Aussehens ist es schwierig, sie als *wash* oder *spirit stills* zu identifizieren.

Der Malt von Balvenie wird in verschiedenen Lagerhäusern gereift. Einige von ihnen besitzen Lagergestelle, die erlauben, mehrere Fassreihen übereinander zu lagern. Im Lagerhaus 24, es war früher der Keller des Balvenie House und hat einen Naturboden, lagern einige der alten und raren Whiskys.

Der Anteil an Ex-Sherry-Fässern für die Lagerung des Whiskys ist ziemlich groß. Es werden aber vor allem Ex-Bourbon-Fässer und – für die *finishings* – auch solche Fässer verwendet, in denen zuvor Portwein, Rum oder andere alkoholische Getränke gelagert wurden.

Dufftown, »Malt Whisky Capital of the World« · nicht nur wegen ihrer neun Destillerien – sechs davon sind noch in Betrieb – unbedingt einen Besuch wert; im Mai und September jeweils großes Whiskyfestival.

Balvenie Castle · Ruine eines Schlosses aus dem 13. Jahrhundert (einen Teil der Steine findet man in den Gebäuden von Balvenie wieder).

Speyside Cooperage · größte Fassfabrik der Speyside; Führungen, Shop, Restaurant.

Banff †

Banff · altes Städtchen mit einem kleinen Hafen.

Macduff · neuere Siedlung mit einem malerischen und interessanten Fischerhafen, sehenswertes Aquarium.

Duff House · Herrenhaus aus dem 18. Jahrhundert; interessante Anlage mit schöner Parkumgebung; bedeutende Sammlungen und Ausstellungen.

Die Destillerie Banff

Im Hinterland des alten Seehafens Banff wurde bereits zu Beginn des 18. Jahrhunderts Whisky gebrannt – illegal natürlich. Es gibt bereits aus jener Zeit in den Kirchenbüchern (!) Aufzeichnungen, wonach der dort hergestellte Whisky von sehr guter Qualität gewesen sein soll.

Die Destillerie Banff – sie ist benannt nach der Stadt, in deren Nähe sie lag – hat eine äußerst bewegte Geschichte. Eine erste Destillerie in der Nähe dieser Kleinstadt im Nordosten der Speyside wurde von James McKilligan unter dem Namen Mill of Banff bereits im Jahr 1824 gegründet. McKilligan destillierte seine Whiskys dreifach. Nach diesem Prinzip arbeitete dann Banff beinahe ein Jahrhundert lang weiter. 1837, nach dem Tod von McKilligan, wurde die Destillerie von Alex Mackay übernommen und weitergeführt.

1852 kauften James Simpson und sein Sohn mit dem gleichen Namen Mill of Banff. James Simpson jr. baute sich jedoch 1863 eine neue, größere Destillerie in Inverboyndie, etwa drei Kilometer westlich der kleinen Stadt Banff. Diese erhielt zuerst den Namen »Inverboyndie Distillery«, wurde aber schon bald in »Banff« umbenannt.

Die Besitzerin firmierte als Simpson & Co. Man praktizierte auch bei Inverboyndie mit einer *wash,* einer *intermediate* und einer *spirit still* eine dreifache Destillation.

1877 zerstörte ein Großfeuer die Hauptgebäude der neuen Destillerie, sie mussten komplett neu aufgebaut wer-

Unten · Überreste der alten Destillerie (Bürogebäude und Lagerhäuser).

Rechts unten · Die beiden *stills.* Foto aus dem Jahr 1980 – © RCAHMS.

den. Die Mälzerei und die Lagerhäuser wurden vom Feuer glücklicherweise nicht erfasst.

In den folgenden Jahren konnte die Destillerie sehr gute Erfolge verzeichnen und produzierte mit ihren sechs *stills* (zwei *wash,* zwei *intermediate* und zwei *spirit*) mit dreifacher Destillation gegen Ende des 19. Jahrhunderts gegen 1 000 000 Liter Alkohol pro Jahr (nicht belegt).

Nachdem die Familie Simpson im Jahr 1921 einen Teil ihrer Gesellschaftsanteile an die Mile End Distillery Company verkauft hatte, wurde 1924 wegen anhaltenden finanziellen Problemen nach beinahe hundert Jahren von der drei- auf die zweifache Destillation umgestellt. Doch auch dieser Schritt konnte den Konkurs nicht mehr verhindern. Banff musste 1932 an die SMD (Scottish Malt Distillers Ltd.) für £ 50 000 zwangsverkauft werden.

Am 16. August 1941 wurde Banff von einer weiteren Katastrophe heimgesucht: Sie wurde von einem einzelnen deutschen Flugzeug vom Meer her angegriffen und von dessen Bomben getroffen. Hunderte der in den Lagerhäusern liegenden Fässer mit reifendem Whisky explodierten und gingen in Flammen auf.

Im Ort wird erzählt, dass die Destillerie zu jener Zeit als Trainingscamp der Armee für Piloten aus anderen Ländern genutzt wurde. Diese wurden dort für ihre Einsätze bei der Royal Air Force ausgebildet (vor allem norwegische Piloten).

Banff wurde nach dem Ende des Zweiten Weltkrieges ein drittes Mal aufgebaut und produzierte ab diesem Zeitpunkt aber Malt-Whiskys, die in Blends eingesetzt wurden.

1959 folgte die nächste Katastrophe: Eine Explosion in der Nähe (oder einer) der *stills* zerstörte erneut einen großen Teil der Destillerie. Dieser wurde wieder neu aufgebaut.

Der Name bedeutet	Fluss oder heilige Frau / Name der nahe liegenden Stadt
Aussprache	Banff oder Bänff
Whiskyregion	Highland
Adresse	Banff Distillery Inverboyndie, Banffshire AB45 2JJ Scotland
Kontakt	Kein Web und Telefon
Club	Kein Club
Gründung	1824
Status	Geschlossen 1983; letzte Reste abgerissen 2008
Besitzer	Letzter war UDV/Diageo plc
Stills	Bis 1924: 6 (2 *wash;* 2 *intermediate,* 2 *spirit*) 1924 bis Stilllegung: 2 (1 *wash;* 1 *spirit*)
Kapazität pro Jahr	Ungefähr 1 000 000 Liter (nicht belegt)
Besucher	Nein; existiert nicht mehr
Rating	★★★★(★) ★★ (nur Whisky)
Hausstil	Fruchtig, ölig, Eiche, Vanille, wenig Torfrauch, süßlich

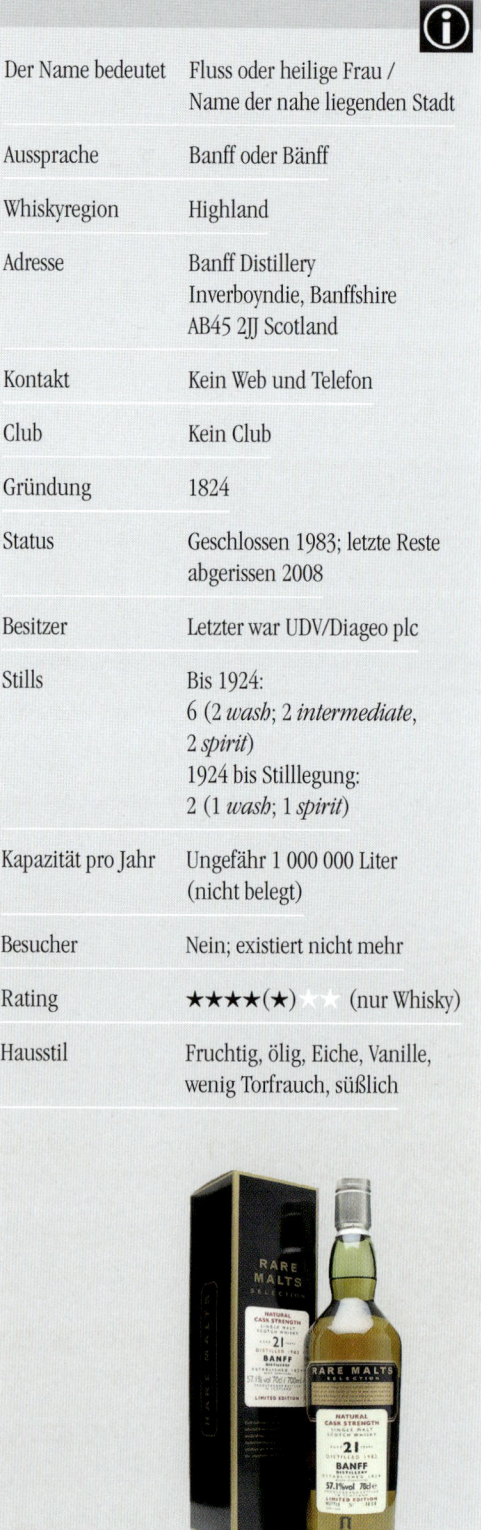

1983 wurde Banff von der damaligen Besitzerin UDV (der Nachfolgerin der SMD) zusammen mit zehn weiteren Destillerien geschlossen.

Die Gebäude wurden größtenteils abgerissen oder dem Verfall preisgegeben. Eines der letzten noch stehenden Gebäude wurde 1991 Opfer eines weiteren Feuers. Anfang 2008 wurden die letzten noch stehenden Lagerhäuser und Ruinen abgerissen.

Vor ihrer Stilllegung standen bei Banff die folgenden Anlagen: ein traditioneller Maischbottich aus Gusseisenplatten mit einem sich drehenden Rechen ohne Deckel, vier Gärbottiche *(wash backs)* aus Douglas-Fichte und zwei mit Dampf aus einem zentralen Boiler geheizte, zwiebelförmige *stills*.

Die *wash still* hatte eine kugelförmige Ausbuchtung am unteren Teil des Halses, die *spirit still* dagegen weder eine Ein- noch eine Ausbuchtung. Die Dampfrohre *(lyne arms)* führten in die außerhalb des *stillhouse* stehenden Rohrkondensatoren.

Der Malt-Whisky von Banff ist selten geworden. In Originalabfüllung ist er bis zum Jahr 2004 nie erschienen. In diesem Jahr brachte UDV/Diageo in ihrer Reihe der Rare

183

Malts einen 21-Jährigen auf den Markt. Die Unabhängigen haben aber von diesem Whisky etliche Abfüllungen auf den Markt bringen können. Er ist beliebt und demzufolge auch teuer.

Oben · Gesamtansicht der Destillerie im Jahr 1934.

Unten · Die Destillerie Banff mit ihrer Belegschaft im Jahr 1898.

In den Dünen zwischen dem Städtchen Banff und Whitehills, ungefähr auf der Höhe des Ortsteils Inverboyndie stand die Destillerie Banff. Ihre Gebäude – es standen nur noch ein paar Lagerhäuser und die Ruinen eines Bürogebäudes – wurden Anfang 2008 abgerissen. Es gibt von der Destillerie Banff nichts mehr zu sehen.

Ben Nevis

Die Destillerie Ben Nevis

Der später in Whiskykreisen international berühmt gewordene John MacDonald gründete die Destillerie 1825. Seine ungewöhnliche Körpergröße trug ihm den Spitznamen »Long John« ein, der später auch als Name für einen weltweit bekannten Blend diente. Dieser Markenname hat jedoch weder mit der Destillerie noch der Familie MacDonald etwas zu tun. Er gehörte der Firma Seagar Evans & Co. Ltd., zu jener Zeit eine bekannte Bier- und Spirituosenfirma.

Ben Nevis stellte einen beliebten Whisky her, der schon bald in weiten Teilen Großbritanniens verkauft wurde. Er war auch im englischen Königshaus bekannt. So nutzte zum Beispiel Queen Victoria 1848 einen ihrer Besuche im schottischen Hochland zu einem Abstecher in die damals schon sehr bekannte Destillerie.

1878 wurde von Donald P. MacDonald, dem Sohn des im Jahr 1856 verstorbenen »Long John«, wegen der immer stärker steigenden Nachfrage nach dem hier produzierten Whisky nahe bei dieser Destillerie eine weitere mit dem Namen Nevis Distillery gebaut. Donald hatte die Leitung von Ben Nevis nach dem Tod seines Vaters übernommen. Die beiden Destillerien wurden 1908 im Zuge einer weiteren Expansion zu einer einzigen zusammengefasst.

1955 wechselte Ben Nevis – nachdem bis zu jenem Jahr immer ein MacDonald ihr Besitzer war – den Eigentümer:

Der Käufer war der schottisch-kanadische Unternehmer Joseph Hobbs. Die Destillerie firmierte ab diesem Zeitpunkt unter dem Namen Ben Nevis Distillery Ltd. Im gleichen Jahr installierte die neue Besitzerin eine *continuous still*. Ben Nevis war zu diesem Zeitpunkt eine der ersten Destillerien Schottlands, die sowohl Malt- als auch als Grain-Whiskys herstellte.

Joseph Hobbs besaß auch noch andere Destillerien in Schottland. Bei Ben Nevis machte er jedoch das erste Mal einen etwas speziellen Versuch: Er mischte die dort hergestellten Malt- und Grain-Whiskys direkt nach der Destillation und füllte den so produzierten Blend zur Reifung in Fässer ab. Dies im kompletten Gegensatz zur normalen Blending-Praxis, bei der reife Malts und Grains gemischt werden. Seine neue Technik nannte er *blended at birth*.

1981 wurde Ben Nevis von einer Gruppe, bestehend aus Long John Distillers und Whitbread Ltd., übernommen und einer umfassenden Renovierung unterzogen. Bei dieser Gelegenheit wurde die *continuous still* wieder abgebaut. Ben Nevis wurde in den folgenden Jahren nur noch für Test-Destillationen und als Lagerplatz verwendet. 1984 nahm die Destillerie endlich die volle Produktion wieder auf, wurde aber im Jahr 1986 bereits wieder geschlossen. 1989

Ben Nevis vergärt die *wort* sowohl in Holz als auch in Edelstahlbottichen.

Der Name bedeutet	Himmels-, Wolken- oder Schneeberg
Aussprache	Ben Newes oder Niwisch
Whiskyregion	Highland
Adresse	Ben Nevis Distillery Lochy Bridge, Fort William PH33 6TJ Scotland
Kontakt	www.bennevisdistillery.com Telefon +44 (0)1397 70 02 00
Club	Kein Club
Gründung	1825
Status	In Betrieb
Besitzer	Ben Nevis Distillery Ltd. (The Nikka Whisky Distilling Co. Ltd./Asahi Breweries Ltd; Japan)
Stills	4 (2 *wash*; 2 *spirit*)
Kapazität pro Jahr	1 900 000 Liter
Besucher	Ja ★★☆☆☆ Besucherzentrum mit Café-Restaurant ❤❤🤍
Rating	★★★☆☆☆
Hausstil	Ölig, wenig Rauch, Honig, Heidekraut, Nüsse, Schokolade

Sucht man die Destillerie mit dem Namen Ben Nevis in der Nähe dieses höchsten Gebirgsmassivs Schottlands, liegt man genau richtig. Die für eine Destillerie untypischen Gebäude liegen an dessen Fuß in einem Industriegebiet der Stadt Fort William in der Nähe des Lochy River. Von Fort William aus fährt man auf der A82 ungefähr drei Kilometer Richtung Norden bis zur Abzweigung der A830 Richtung Westküste–Mallaig. Ganz in der Nähe dieser Abzweigung und der Brücke über den Lochy steht die Destillerie auf der rechten Straßenseite.

wurde sie an The Nikka Whisky Distilling Co. Ltd., Japan, verkauft. Sie firmiert seitdem wieder unter dem Namen Ben Nevis Distillery Ltd. Die Gesellschaft ist jedoch vollständig in japanischem Besitz.

Mit ihren vier *pot stills* wurde die Destillerie 1990 wieder in Betrieb genommen. Unter dem neuen Besitzer werden seither nur noch Malt-Whiskys produziert. Die Original-Grains aus der *continuous still* von Ben Nevis gehören heute zu den gesuchten Raritäten.

Ben Nevis besitzt seit 1991 ein Besucherzentrum mit Café. Dieses ist jedoch seit dem Jahr 2009 (zumindest bis zur Drucklegung dieses Buches) nur noch ein Abklatsch seiner selbst: War es früher ein wirklicher Tipp, dorthin zu gehen, ist es seit 2009 eher beschämend, was man dort zu sehen, hören und degustieren bekommt. Hoffentlich führt jemand eine Änderung herbei, schlechter kann es nicht mehr werden. Die Tour startet beim Eingang zum Besucherzentrum und ist ebenfalls nicht besonders zu empfehlen.

Ben Nevis bezieht sein Malz von Großmälzereien. Deshalb gibt es auf dem Areal der Destillerie kein Mälzhaus. Das Gerstenmalz wird in einem Silo gelagert. Von dort kommt es in die alte Malzmühle. Aus dem *grist* wird in einem Maischbottich *(semi lauter)* aus Edelstahl die zuckerhaltige Flüssigkeit, *wort* genannt, gewonnen. Diese wird anschließend in acht Gärbottichen, zwei aus Douglas-Fichte und sechs aus Edelstahl, vergoren.

Gebrannt wird in zwei *still*-Paaren, das heißt in je zwei *wash* und *spirit stills*. Sie stehen im in den 1980er-Jahren neu gebauten *stillhouse* zusammen mit ihren Rohrkondensatoren. Beide *still*-Arten sind zwiebelförmig und haben weder Ein- noch Ausbuchtungen.

Gelagert wird der Malt von Ben Nevis in großen Lagerhäusern mit Lagergestellen. Zur Reifung verwendet man vor allem Ex-Bourbon-Fässer. Man kann in den *warehouses* aber auch einige Ex-Sherry-Fässer finden. In den letzten

Jahren sind die Besitzer von Ben Nevis ebenfalls auf den *finishing*-Zug aufgesprungen. Als erste solche Abfüllung ist 2006 eine im Ex-Port-Fass zu Ende gereifte Variante auf den Markt gekommen.

Der bei Ben Nevis produzierte Whisky wird heute zu einem Teil in Containern nach Japan verschifft, um dort den Blends von Nikka beigemischt zu werden. Ein anderer Teil verschwindet im hauseigenen Blend mit dem Namen »Dew of Ben Nevis« oder im Blended Malt »Glen Coe«. Vom direkt nach der Destillation geblendeden Whisky gibt es eine Abfüllung mit 40 Fassjahren, den »40 Years Unique, Blended at Birth«.

Als Single Malt in Original- oder Eigentümerabfüllung gibt es ihn seit 1996 standardmäßig mit 10 Fassjahren. Es gibt (oder gab) ihn auch als 26-Jährigen, in verschiedenen Jahrgangsabfüllungen und seit 2006 auch in Fassfinishings (z. B. Port). 2010 kam ein 25-Jähriger auf den Markt.

Es gibt den Ben Nevis auch von den Unabhängigen.

Oben · Die Destillerie mit ihren modernen Gebäuden hat ihren Namen vom sich hinter ihr erhebenden höchsten Berg Schottlands.

Mitte · Die vier *stills* stehen in einem geräumigen Gebäudeteil.

Unten · Der *low wines & spirit safe* ist eines der ältesten Produktionsmittel.

Ben Nevis · mit 1344 Meter Höhe der höchste Berg Schottlands; fantastische Aussicht; Wander- und Skiregion; ist an über 230 Tagen im Jahr im Nebel oder in den Wolken.

Neptun's Staircase · beeindruckende Schiffsschleusenanlage mit acht Stufen; Teil des Caledonian Canals.

Jacobite Steam Train · Der berühmte Dampfzug fährt einmal pro Tag von Fort William nach Mallaig an die Westküste und wieder zurück (nur im Sommer auch am Samstag und Sonntag). Er überquert dabei auch das berühmte Glenfinnan-Viadukt (bekannt aus den Harry Potter-Filmen).

Fort William · Touristenort mit vielen Hotels, Pubs und Shops am Nordende des Loch Linnhe.

BenRiach

Die Destillerie BenRiach

BenRiach, die Destillerie mit dem etwas speziellen Namen – er bedeutet gesprenkelter, auch trister oder trauriger Berg – wurde von John Duff & Co. Ltd. 1898 in Betrieb genommen. Mit dem Bau der Destillerie – sie steht direkt neben einer anderen mit dem Namen Longmorn – wurde bereits 1897 begonnen.

Ob der triste Sinn in einer der Interpretationen ihres Namens auf sie abfärbte? Ihre Geschichte begann auf jeden Fall nicht gerade verheißungsvoll. So musste sie bereits im Jahr 1899 – also ein Jahr nach ihrer Inbetriebnahme – von John Duff & Co. Ltd., ebenfalls Besitzerin der Nachbar-Destillerie Longmorn, in einer neuen Firma, der Longmorn Distillery Co. Ltd., aufgefangen werden. Der Grund dafür lag im Konkurs der Whisky-Großabnehmerin Pattison,

Elder & Co. Dieser brachte John Duff – wie viele andere Destilleriebesitzer auch – in große finanzielle Schwierigkeiten, die ihn in der Folge zwangen, seine Destillerien an eine Bank zu verpfänden. Diese trat sie dann an John Grant von Glen Grant ab. 1900 gab der neue Besitzer BenRiach dann aber zugunsten von Longmorn auf. Nur ihre Mälzerei blieb weiter in Betrieb. Sie produzierte vor allem für die »Schwester«-Destillerie Longmorn das benötigte Malz weiter.

Erst nach sehr vielen Jahren und einem weiteren Besitzerwechsel – dieser 1965 – wurde BenRiach von der neuen Eigentümerin, der The Glenlivet Distillers Ltd., komplett renoviert, teilweise umgebaut und wieder eröffnet.

1977/78 wurde BenRiach, zusammen mit einigen anderen Destillerien, vom Seagram-Konzern aus Kanada übernommen und von dieser Firma in dessen schottische

BenRiach arbeitet mit einem Maischbottich aus Edelstahl. Hier die Maischmaschine mit einem Teil des *mash tuns*.

Tochter, die Chivas Brothers Ltd., integriert. 1985 ließ diese neue Besitzerin die Destillerie renovieren und ausbauen. Die Kapazität wurde bei dieser Gelegenheit von zwei auf vier *stills* verdoppelt. 1999 gab Chivas, nach 101 Jahren ununterbrochenem Betrieb, die Mälzerei bei BenRiach auf.

2001 wurde BenRiach zusammen mit der gesamten Chivas-Gruppe an Pernod Ricard verkauft. Dieser französische Konzern entschied sich dafür, vier der in diesem Deal neu gekauften Destillerien nur noch alternierend produzieren zu lassen. Es handelte sich dabei um Allt-a-Bhainne, Ben-Riach, Braeval und Caperdonich. Jede dieser Destillerien produzierte jeweils für drei Monate pro Jahr und lag für die restliche Zeit still. Im Oktober 2002 wurden dann alle vier Destillerien ganz stillgelegt.

Im April 2004 kaufte eine neu gegründete Firma mit dem Namen The BenRiach Distillery Company Ltd. die stillgelegte Destillerie mit ihren Lagerbeständen und nahm sie wieder in Betrieb. Hinter der neuen Firma stehen Geoff Bell, Wayne Keiswetter (beide von Intra Trading aus Südafrika) und Billy Walker (er war vorher Direktor bei Burn Stewart).

Der Name bedeutet	Gesprenkelter, auch trister oder trauriger Berg	Besucher	Kein Besucherzentrum ★★★☆☆ Besuche sind aber nach Voranmeldung möglich. (Nicht zu knapp vor dem geplanten Besuch anrufen.)
Aussprache	Ben-rie-ak		
Whiskyregion	Speyside		
Adresse	BenRiach Distillery Longmorn, Elgin, Morayshire IV30 8SJ Scotland	Rating	★★★★☆☆
		Hausstil	Nicht getorft: Süßlich, fruchtig, würzig, Zitrus, Getreide
Kontakt	www.benriachdistillery.co.uk Telefon +44 (0)1343 86 28 88		
Club	Kein Club		Getorft: Rauchig, malzig, Vanille, Gewürze
Gründung	1897		
Status	In Betrieb		
Besitzer	The BenRiach Distillery Company Ltd.		
Stills	4 (2 *wash*; 2 *spirit*)		
Kapazität pro Jahr	2 750 000 Liter		

Elgin · interessante und lebendige Stadt aus dem Mittelalter mit etlichen historischen Gebäuden und Monumenten, vielen Restaurants, Kaffeehäusern und Shops.

Elgin Cathedral · Ruine einer großen Kathedrale, deren Ursprünge auf das 12. Jahrhundert zurückgehen; ein wirklich beeindruckender Ort.

Gordon & MacPhail Shop · der Laden des bekannten unabhängigen Abfüllers; teuer, aber einen Augenschein wert.

Johnstons of Elgin · sehenswerte *Cashmere- and Woollen-Mill* mit Shop und Restaurant; Führungen.

BenRiach besitzt kein Besucherzentrum. Deshalb beginnt ein Besuch entweder bereits im Freien vor den Destilleriegebäuden oder im kleinen, gepflegten Salon des Managers.

Billy Walker ist eine charismatische Persönlichkeit und weiß einiges an Anekdoten zu erzählen. Er ist öfters einmal in dieser oder der anderen seiner Firma gehörenden Destillerie GlenDronach anzutreffen.

BenRiach gehört zu den wenigen Destillerien in Schottland, die noch über eigene *floor maltings* (Mälzböden) verfügen. Diese befinden sich, obwohl sie seit 1999 nicht mehr in Betrieb waren, in hervorragendem Zustand. Ab dem Jahr 2012 sollen sie für kleinere, spezielle Malz-Typen wieder in Betrieb genommen werden. Den Großteil des benötigten Malzes kauft BenRiach jedoch weiterhin von Großmälzereien zu.

In der Malzmühle neuerer Bauart wird das Gerstenmalz gemahlen. Der traditionelle Maischbottich ist komplett aus Edelstahl (das heißt Bottich und Deckel). Das gleiche gilt für die acht Gärbottiche. Die vier *stills,* je zwei nicht sehr große *wash* und *spirit stills* sind zwiebelförmig ohne Ein- oder Ausbuchtungen. Ihre Rohrkondensatoren stehen im Freien.

Der Malt von BenRiach lagert in den niedrigen Lagerhäusern mit Naturboden vorwiegend in Ex-Bourbon-Fässern. Für *finishings* werden aber auch andere Fassarten eingesetzt (Rum, Port, Sherry, Madeira usw.).

Der Whisky von BenRiach ging lange Zeit vollständig in einen Blended Whisky mit dem Namen »Queen Anne«. Als Single Malt war er nur in Abfüllungen der Unabhängigen erhältlich. Im Jahr 1994 überraschte Seagram dann aber mit der Markteinführung eines 10-jährigen Single Malt. Dieser blieb bis zum Einstieg der neuen Besitzer im Jahr 2004 die einzige Eigentümerabfüllung.

Die jetzigen Besitzer brachten sofort nach der Über- und Wiederinbetriebnahme im Jahr 2004 eine ganze Reihe von Abfüllungen auf den Markt.

Es gibt ihn als »Heart of Speyside«; als 12-, 16-, 20-, 25- und 30-Jährigen; als Vintages und Limited Bottlings und einer ziemlich stark getorften Version als »Curiositas« mit

10 Jahren und einen ebenfalls rauchigen »Authenticus« mit 21 Jahren. Jahr für Jahr kommen eine ganze Reihe neuer Abfüllungen in verschiedenen *finishings* und als *Single Cask Releases* auf den Markt.

Zum Standardsortiment gehören seit ein paar Jahren auch die Abfüllungen von Fass-*finishings* (Madeira, Port, Sherry und Rum) mit 15 Jahren und die gleichen Sorten als getorfte Versionen unter dem Begriff »Fumosus« mit 12, resp. 13 Jahren Fasslagerung.

Die getorften Versionen gibt es bereits seit der Zeit, als Chivas noch Besitzerin der Destillerie war. Sie begann halb im Geheimen bereits im Jahr 1972 mit dem Brennen eines torfigen, für die Speyside eher ungewohnten Whiskys. Dieser getorfte BenRiach wurde für die eigenen Blends benötigt, um den Lieferproblemen bei den Islay-Whiskys und dem damit verbundenen Preisanstieg entgegenwirken zu können.

Oben · Die Gebäude von BenRiach stammen zum großen Teil aus dem Ende des 19. Jahrhunderts. Es ist geplant, die Mälzböden und den *kiln* für spezielle Malzarten wieder in Betrieb zu nehmen.

Unten · Die vier *stills* mit ihren breiten Hälsen erlauben die Herstellung eines öligen, buttrigen Whiskys.

Südlich der mittelalterlichen Stadt Elgin mit der berühmten Ruine einer Kathedrale und dem Hauptsitz eines der ältesten unabhängigen Abfüllers Schottlands, Gordon & MacPhail, liegen die beiden lange Zeit als Zwillings-Destillerien bezeichneten Brennereien BenRiach und Longmorn.

Fährt man von Elgin aus auf der A941 Richtung Süden, das heißt in Richtung Rothes–Craigellachie, kommt man schon nach wenigen Kilometern zum Weiler Longmorn. Die Destillerie BenRiach liegt auf dessen Gebiet direkt an dieser Hauptstraße.

Benrinnes

Ben Rinnes · mit seiner Höhe von 840 Metern einer der markanten Punkte in dieser Region mit fantastischer Aussicht.

Die Destillerie Benrinnes

Peter McKenzie, ein Bauer, baute 1826 auf seinem Hof eine Vorgängerin der heutigen Destillerie Benrinnes. Drei Jahre später wurde diese durch ein Hochwasser völlig zerstört. Über dem Bergmassiv des Ben Rinnes ging damals ein schweres Unwetter nieder. Es ließ die Bäche, die sich oberhalb des Bauernhofs und der Destillerie vereinten, so stark anschwellen, dass sie die Destillerie mit ins Tal rissen.

1834 wurde von Peter McKenzie am heutigen Standort unter dem Namen Linn of Ruthie (dem Namen eines Wasserfalles in der Nähe, siehe auch bei Aberlour) eine neue Destillerie gebaut. Sie wurde bereits im gleichen Jahr lizenziert. Peter McKenzie verkaufte sie 1842 wegen finanzieller Probleme (andere Quellen sagen: aus Altersgründen) an John Innes. Dieser führte sie als Benrinnes Distillery weiter. Diesen Namen erhielt sie nach dem Berg, an dessen Fuß sie liegt.

Im Laufe der folgenden Jahrzehnte wechselte Benrinnes mehrmals den Besitzer. 1922 ging sie zum Beispiel in den Besitz von John Dewar & Sons über. Doch bereits 1925 wurde John Dewar & Sons Teil der DCL. So ging auch Benrinnes in dieser Gruppe und mit ihr 1930 in der SMD auf.

Benrinnes wurde 1955/56 umfassend renoviert und im Zuge dieser Arbeiten beinahe komplett neu gebaut. 1964 wurden die *floor maltings* (Mälzböden) durch eine Saladin-Box (ein mechanisches Mälzverfahren) ersetzt. 1966 musste die Destillerie bereits wieder erweitert werden. Ihre Kapazität wurde von drei auf sechs *stills* verdoppelt. Sie alle fanden ihren Platz in einem neu gebauten *stillhouse*. 1984 wurde die Saladin-Box außer Betrieb gesetzt und ab diesem Zeitpunkt das Malz von Großmälzereien bezogen. 1987 ging Benrinnes, zusammen mit allen anderen zur

Zur Destillerie Benrinnes im kleinen, zur Gemeinde Aberlour gehörenden Weiler Milltown of Edinvillie führt eine enge Straße ohne Straßennummer. Verlässt man den Ort Aberlour auf der A95 in südwestlicher Richtung (Bridge of Avon, Aviemore), zweigt sie schon bald nach links ab.

Die Destillerie, deren hellen Kamin und weiße Gebäude man schon bald sieht, ist jedoch nicht Benrinnes, sondern Glenallachie. Sie steht in einem Weiler mit dem gleichen Namen etwa zwei Kilometer vor Benrinnes am gleichen Sträßchen.

Benrinnes selbst liegt noch abgeschiedener am Fuß des gleichnamigen Bergmassivs. Kommt man von Ballindalloch, ist ihr Kamin aus roten Backsteinen schon von der A95 aus zu sehen und kann deshalb als gut sichtbarer Wegweiser verwendet werden.

Der Name bedeutet	Berg (oder Hügel) im Vorgebirge / Name des Berges hinter der Destillerie	Besucher	Kein Besucherzentrum ★★★☆☆ Besuche sind nach Voranmeldung möglich, aber schwer zu vereinbaren. (Nicht zu knapp vor dem geplanten Besuch anrufen.)
Aussprache	Ben-rinnis oder Ben-rinns		
Whiskyregion	Speyside		
Adresse	Benrinnes Distillery Milltown of Edinvillie, Aberlour, Banffshire AB38 9NN Scotland	Rating	★★★☆☆☆☆
		Hausstil	Aromatisch, wenig Rauch, Vanille, trockene Früchte, süßlich
Kontakt	Keine eigene Homepage Besitzer www.diageo.de Telefon +44 (0)1340 87 12 15		
Club	Kein Club		
Gründung	1826		
Status	In Betrieb		
Besitzer	Diageo plc.		
Stills	6 (2 *wash*; 2 *intermediate*; 2 *spirit*)		
Kapazität pro Jahr	2 000 000 Liter		

SMD-Gruppe gehörenden Destillerien in der UDV auf. Zu deren Mutterkonzern (Diageo plc) gehört sie heute noch.

Benrinnes besitzt kein Besucherzentrum und empfängt auch nicht gerne Besucher (wie viele andere, zu Diageo plc gehörende Destillerien ebenfalls). Will man diese Destillerie besuchen, lohnt es sich deshalb, lange vorher einen Termin zu vereinbaren.

Benrinnes besitzt zum Mahlen des Getreides eine alte Malzmühle. Der Maischbottich ist aus Edelstahl *(full lauter)*, die acht Gärbottiche aus Douglas-Fichte. Die *stills* (zwiebelförmig, ohne Aus- oder Einbuchtungen) stehen im modernen *stillhouse* in einer Reihe in zwei Gruppen mit je einer *wash*, *intermediate* und *spirit still*. Ihre Schwanenhälse führen ins Freie und dort als Schneckenrohre in einen großen Wasserbehälter *(worm tubes)*.

Benrinnes war bis vor kurzer Zeit eine der wenigen Destillerien Schottlands, die dreifach destillierten. Der Prozess der Dreifach-Destillation lief hier jedoch nicht in der originalen Art wie zum Beispiel bei Auchentoshan ab, sondern eher wie in der Destillerie Springbank. Bei Benrinnes wurde

Links · Benrinnes steht an den Hängen des gleichnamigen Berges. Den markanten roten Backsteinkamin sieht man schon von Weitem.

Rechts · Das Destillat floss bei Benrinnes bis vor kurzem dreimal durch den *spirit and sample safe*.

Unten · Im wohl speziellsten *stillhouse* Schottlands stehen sechs *stills* in zwei Gruppen zu je drei *stills* für eine dreifache Destillation: je Gruppe eine *wash*, eine *intermediate* und eine *spirit still*. Erst seit 2009 wird nur noch zweifach destilliert.

ebenfalls ein Teil des Destillates nach der zweiten Destillation ein drittes Mal gebrannt. Dabei wurden unter anderem die *low wines* und *feints* aus der zweiten Destillation – diese erfolgte in der *intermediate still* – in der *spirit still* noch ein drittes Mal gebrannt. Es folgten noch weitere, ziemlich kompliziert anmutende Schritte oder Prozesse. Der Vorteil dieser Art der Destillation lag darin, dass so der hergestellte Whisky in Geschmack und Feinheit direkt beeinflusst werden konnte. Die dreifache Destillation wurde 2009 aufgegeben. Seither wird nur noch zweimal gebrannt.

Der Single Malt von Benrinnes war lange Zeit nur in Abfüllungen von den Unabhängigen erhältlich. In Originaloder Eigentümerabfüllung wurde er zum ersten Mal 1991 als 15-Jähriger in der Serie Fauna & Flora der UDV abgefüllt. Später folgte dann noch eine Abfüllung in deren Reihe der Rare Malts. 2009 brachte Diageo als Special Release einen 1985er als 23-Jährigen heraus. Ihm folgte 2010 ein 13-Jähriger in der Reihe »Managers Choice«. Die 12- und 18-jährigen Single Malts mit dem Namen »Stronachie« stammen ebenfalls aus dieser Destillerie.

Benromach

Forres, die Stadt, in der die Destillerie Benromach steht, liegt etwa 40 Kilometer östlich von Inverness an der A96. Die Destillerie Benromach mit ihrem markanten, fast 30 Meter hohen Kamin aus rotem Backstein steht im Ort ungefähr einen halben Kilometer nördlich der A96. Um zu ihr zu gelangen, nimmt man die Abzweigung Waterford und folgt der Straße über die Bahnlinie (Wegweiser).

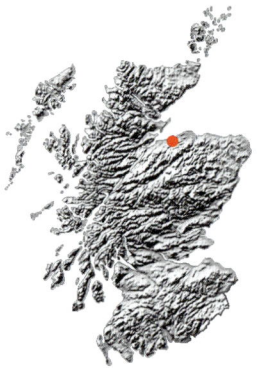

Die Destillerie Benromach

Benromach Distillery Company hieß die Firma, welche die beiden Partner F. W. Brickman (Wein- und Spirituosenhändler aus Leith) und Duncan McCallum (besaß die Glen Nevis Distillery in Campbeltown) 1898 gründeten, um die Destillerie Benromach bauen zu können. 1899 stand die Destillerie, zur Produktionsaufnahme fehlte jedoch das Kapital.

1900 wurden immerhin erste Destillierversuche gemacht. Die volle Produktion konnte aber in der zu den kleinsten Brennereien in Schottland zählenden Benromach wegen der andauernden finanziellen Probleme nicht aufgenommen werden.

Benromach war dann aber von 1907 bis 1910 unter dem neuen Besitzer D. & J. McCallum und nach einem weiteren Besitzerwechsel – Harvey McNair & Co. – von 1912 bis 1914 in Betrieb. Während dieser Jahre produzierte sie unter dem Namen Forres Distillery. Dann wurde sie wieder stillgelegt. Erst 1918 wurde die Destillerie von einer neuen Firma, der Benromach Distillery Ltd. (im Besitz von verschiedenen Brauereien), wieder in Betrieb genommen. Nach weiteren – immerhin 13 – Betriebsjahren wurde sie 1931 wieder stillgelegt.

Die DCL kaufte die ab 1947 wieder produzierende Destillerie im Jahr 1953 von ihrem damaligen Besitzer NDA (National Distillers of America).

Sie renovierte Benromach in der Folge zweimal. Bei diesen Gelegenheiten wurden gleichzeitig auch Um- und Ausbauarbeiten realisiert: Die beiden alten *stills* wurden 1966 gegen neue ausgetauscht und erhielten ihren Platz in einem neuen *stillhouse*. Das nicht mehr als solches benötigte Mälzhaus – das Malz wurde zugekauft – baute man 1968 in ein Fasslager um. 1974 wurden die Maisch- und Gärgebäude erneuert.

1983 musste Benromach wieder geschlossen werden. In der Folge wurde der Großteil der Anlagen abgebaut und sogar einige der Gebäude abgerissen. Jedermann nahm an, dass dies das endgültige Aus für Benromach sein würde. Zumindest wurde bezweifelt, dass die Destillerie jemals wieder eröffnet würde. 1993 wurde sie dann aber von Gordon & MacPhail Ltd., einem der berühmtesten unabhängigen

Die schön herausgeputzten Destilleriegebäude spiegeln sich im kleinen Kühlwasserteich im Park um das *Visitor Centre*.

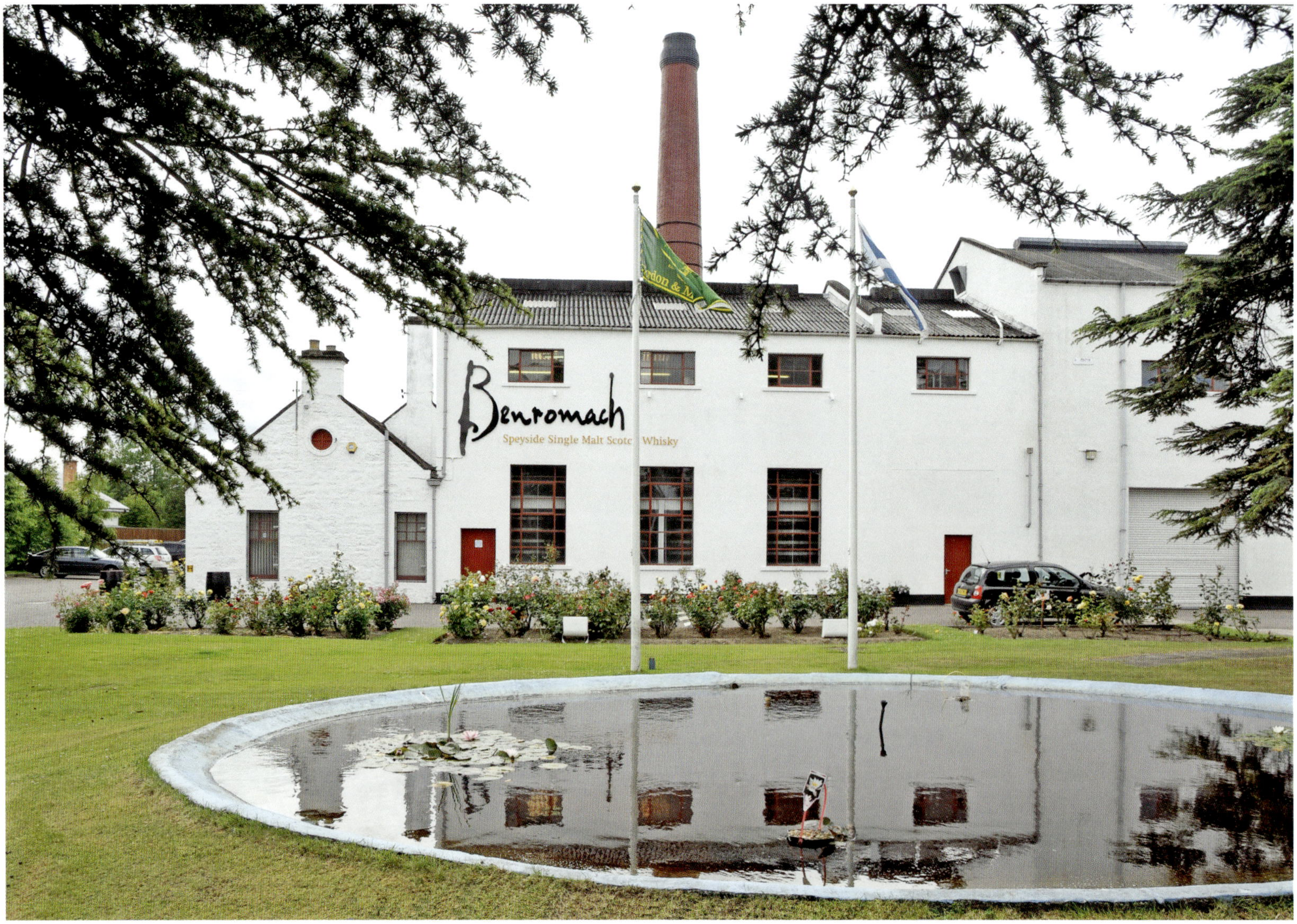

Rechts • Die Gärbottiche stehen in einer Reihe den beiden *stills* gegenüber. Auch der Maischbottich steht im gleichen Raum.

Ganz rechts • Die beiden *stills*. Im Vordergrund die *wash*, dahinter mit der ballförmigen Ausbuchtung am Hals die *spirit still*.

Der Name bedeutet	Zotteliger Berg
Aussprache	Ben-roumech
Whiskyregion	Speyside
Adresse	Benromach Distillery Invererne Road Forres, Moray IV36 3EB Scotland
Kontakt	www.benromach.com Telefon +44 (0)1309 67 59 68
Club	Kein Club
Gründung	1898
Status	In Betrieb
Besitzer	Gordon & MacPhail Ltd.
Stills	2 (1 *wash*; 1 *spirit*)
Kapazität pro Jahr	500 000 Liter (Produktion 2011: zirka 150 000 Liter)
Besucher	Ja ★★★☆☆ Besucherzentrum mit Shop ❤❤♡
Rating	★★★★☆☆
Hausstil	Nicht getorft: Süßlich, fruchtig, malzig, würzig Getorft: Rauchig, malzig, süßlich, warm

Abfüller Schottlands mit Sitz in Elgin, gekauft und vor dem endgültigen Untergang gerettet. Die neue Besitzerin renovierte Benromach in den folgenden Jahren mit großem Aufwand und baute die notwendigen Gebäude wieder auf. Die Destillerie erhielt neben neuen Maisch- und Gärbottichen auch zwei neue *stills*.

Am 15. Oktober 1998 machte sich Gordon & MacPhail zum 100. Jahrestag des Bestehens dieser Destillerie selbst ein Geschenk: Benromach wurde von keinem Geringeren als Prinz Charles persönlich wieder eröffnet. Ein Jahr später wurde der Destillerie ein Besucherzentrum mit dem Namen »Malt Whisky Centre« angegliedert. Von diesem aus

Forres • gehört zu den ältesten Städten in Schottland. Marktort mit Hotels und Pubs; im Sommer viele Blumen und Blumenskulpturen; interessante Highland Games.

Suenos Stone • höchster bekannter, von den Pikten geschaffener Stein mit Gravuren aus dem 9. Jahrhundert. Es handelt sich bei ihm um eine über sechs Meter hohe Säule.

Brodie Castle • interessantes Schloss aus dem 16. Jahrhundert mit einer schönen Sammlung von Möbeln, Gemälden und einer fantastischen Bibliothek mit über 6000 alten Büchern.

Cawdor Castle • wird als »Macbeth-Schloss« mit Shakespeare in Verbindung gebracht; stammt aus dem 14. Jahrhundert.

Fort George • riesige Artilleriefestung an der Küste des Moray Firth aus dem 18. Jahrhundert mit vielen militärischen Zeitzeugen aus den letzten drei Jahrhunderten; ein Teil der Gebäude wird immer noch von der britischen Armee genutzt.

werden heute die Führungen durch diese kleine Destillerie gestartet.

Die Destillerie ist sehr modern eingerichtet. Deshalb fällt einem auch die aus dem Jahr 1938 stammende Malzmühle auf: Es handelt sich bei ihr um eine der eher selten gewordenen *Boby Mills* mit vier Walzen. Alle folgenden Produktionsschritte werden in einem einzigen großen Raum gemacht. Das heißt, der Maischbottich (*semi lauter*; Edelstahl mit Kupferdeckel), die vier Gärbottiche (Lärchenholz) und die beiden *stills* (die zwiebelförmige *wash* und die mit einer Ausbuchtung am unteren Ende des Schwanenhalses versehene *spirit still*) stehen für die Bedienpersonen gut überblickbar beisammen.

Der *new make* kommt in einen wiederum sehr alten *spirit receiver* und wird dann im Fassabfüllraum in die Fässer gefüllt (größtenteils Ex-Bourbon-Fässer, aber auch spezielle Fässer aus Jerez).

Der Whisky von Benromach war als Single Malt in vielen verschiedenen Abfüllungen, z. B. als 12- oder 15-Jähriger, als Vintage und in der Reihe der Rare Malts der UDV (bis 1993 Besitzerin) erhältlich.

Daneben gibt es die verschiedensten Abfüllungen von Gordon & MacPhail. Die letzteren gelten seit dem Kauf der Destillerie im Jahr 1993 als Eigentümerabfüllungen. Andere Unabhängige haben den Benromach jedoch ebenfalls abgefüllt.

2004 kam der erste aus der Produktion unter Gordon & MacPhail stammende Benromach als »Traditional« ohne Altersangabe auf den Markt. Es folgten ein 21- und 25-Jähriger aus den alten Beständen sowie verschiedene Fass-*finishings* und als bisherige Krönung ein 55 Jahre alter »Benromach Classic«.

2006 erschien ein Organic Malt (biologisch). 2007 folgte ein stark getorfter, der »Peat Smoke«. Im Jahr 2010 kam dann der erste 10-Jährige aus der Produktion unter Gordon & MacPhail in den Verkauf.

Ben Wyvis †

Die Destillerie Ben Wyvis stand auf dem Gelände eines großen Grain-Destillerie-Komplexes in der Nähe des nicht sehr attraktiven Ortes Invergordon am Cromarty Firth.

Nach Invergordon kommt man von Inverness aus auf der A9 Richtung Norden. Diese muss man jedoch auf der Höhe von Alness verlassen und auf der B817 dem Ufer des Cromarty Firth folgen. Kurz vor dem langen, in den Firth hinausreichenden Schiffspier geht es links den Hügel hoch zur Destillerie.

Die riesige Grain-Destillerie liegt auf einer Anhöhe oberhalb des Ortes und ist schon von weit her zu riechen. Am besten folgt man ab der Mitte des Ortes den Wegweisern.

Cromarty Firth · Meeresarm der Nordsee; Öl-Förderplattformen; Delfine.

Die Destillerie Ben Wyvis

Die Destillerie Ben Wyvis – sie erhielt ihren Namen von einem Bergmassiv, das sich hinter ihr erhebt – entstand 1965 im großen Grain-Destillerie-Komplex in Invergordon. Der Ort Invergordon lebt mehr oder weniger von und um Erdöl. Im Cromarty Firth wird mit mehreren Plattformen Öl gefördert. Dass es dabei offensichtlich sauber zugeht, beweisen die vielen Delfine, die sich trotz der Ölförderung in diesem Meeresarm gerne aufhalten. Invergordon ist auch Anlegestelle von großen Kreuzfahrtschiffen, die hier ihre Passagiere von Bord gehen lassen, damit sie ein wenig die Highlands erkunden können.

Das von der Besitzerin Invergordon Distillers Ltd. mit dem Bau einer Malt-Whisky-Destillerie im Areal ihrer großen Grain-Whisky-Produktionsstätte angestrebte Ziel war, die Malt-Whisky-Produktion so nahe wie möglich bei derjenigen der Grain-Whiskys zu haben, um so ihre Blends komplett im gleichen Areal herstellen zu können.

Der Malt von Ben Wyvis war nur für die Verarbeitung in Blends bestimmt. Die Destillerie – sie produzierte mit einem offenen Maischbottich *(mash tun)* aus Gusseisenplatten, sechs Gärbottichen *(wash backs)* aus Edelstahl und zwei *pot stills* (je einer *wash* und *spirit*) – wurde wegen Qualitätsproblemen bereits im Jahr 1977 wieder geschlossen und abgerissen. Die beiden *stills* fanden viele Jahre später einen neuen Platz in der Destillerie Glengyle in Campbeltown.

Die Grain-Destillerie Invergordon wechselte in den folgenden Jahren mehrmals den Besitzer: Durch einen Management-Buy-out wurde sie 1988 vom damaligen Management weiter betrieben. 1993 wurde Invergordon von White & Mackay (zu jener Zeit Tochtergesellschaft der heutigen Beam Inc. aus den USA) übernommen. Im Jahr 2001 tat sich dann eine Gruppe schottischer Investoren unter dem Namen Kyndal Group zusammen und kaufte die Firma Whyte & Mackay und mit ihr Invergordon zurück. 2003

Der Name bedeutet	Berg des Schreckens
Aussprache	Ben-wiwis
Whiskyregion	Highland
Adresse	2. Ben Wyvis Ben Wyvis Distillery Invergordon, Ross-shire IV18 0HP Scotland 1. Ben Wyvis Ferintosh / Ben Wyvis Distillery Station Road Dingwall, Ross-shire IV15 9XE Scotland
Kontakt	Kein Web und Telefon
Club	Kein Club
Gründung	2. Ben Wyvis in Invergordon: 1965 1. Ben Wyvis in Dingwall: 1879
Status	2. Ben Wyvis: Geschlossen 1977, existiert nicht mehr, keine Überreste 1. Ben Wyvis: Geschlossen 1926, Lagerhäuser durch die SMD bis in die 1980er-Jahre genutzt. Einige Gebäude stehen noch. Sie wurden in Appartements umgebaut.
Besitzer	2. Ben Wyvis: Letzter war Invergordon Distillers Ltd. (heute White & Mackay Ltd./ United Spirits [UB Group]) 1. Ben Wyvis: Letzter war DCL/SMD (heute Diageo plc)
Stills	Beide Ben Wyvis arbeiteten mit 2 *stills* (je 1 *wash*; 1 *spirit*)
Kapazität pro Jahr	Unbekannt
Besucher	Nein; beide existieren nicht mehr.
Rating	★★★☆☆☆ (nur Whisky)
Hausstil	Süß, warm, fruchtig, Vanille, Eiche

Oben · Bereits zwei Destillerien liehen sich seinen Namen: der Ben Wyvis, gesehen über den Cromarty Firth und Invergordon. In der Bildmitte erkennt man die Grain-Destillerie Invergordon.

wurde der Firmenname Kyndal wieder in White & Mackay Ltd. zurück geändert. Im Jahr 2007 wurde die Firma mit all ihren Destillerien und Marken vom indischen Getränke-Multi United Spirits (UB Group) übernommen.

Eine Destillerie mit dem Namen Ben Wyvis gab es viel früher schon einmal. Sie wurde 1879 von James Ross unter dem Namen Ferintosh erbaut. Den Namen Ben Wyvis erhielt sie 1887. Sie stand nicht in Invergordon, sondern in Dingwall direkt am Fuß des Ben Wyvis. Ihre Gebäude standen auf verschiedenen Terrassen eines von der Bahnlinie aufsteigenden Hügels am Ortseingang von Dingwall. 1922 wurde die Destillerie von der DCL übernommen. Diese Gruppe schloss die erste Ben Wyvis 1926, die Lagerhäuser wurden jedoch bis in die 1980er-Jahre weiter genutzt. Die Mälzhäuser und Produktionsgebäude wurden abgerissen. Ein paar ihrer Gebäude stehen aber immer noch am Ortseingang direkt an der Eisenbahnlinie (Station Road) und werden in Appartements umgebaut.

In der Destillerie standen ein traditioneller Maischbottich aus Gusseisenplatten ohne Deckel, vier große *wash backs* aus Holz und zwei *stills* (je eine *wash* und *spirit*). Zu ihrer Blütezeit produzierte sie gegen 750 000 Liter Alkohol pro Jahr. Aus ihr ist eine einzige Abfüllung bekannt. Eine Flasche dieses extrem seltenen Whiskys wurde bereits im Jahr 2000 auf einer Auktion für £ 3000 verkauft.

Der Whisky aus der neuen Destillerie Ben Wyvis zählt ebenfalls zu den seltensten Malt-Whiskys. Er wurde bis heute nur wenige Male als Single Malt abgefüllt. Eine erste Abfüllung stammt aus der Zeit, in der Invergordon zu White & Mackay / Beam Inc. gehörte: Ein 1972er mit 27 Fassjahren. Er kam als »Final Resurrection« Ende 1999 auf den Markt.

Andrew Symington (Signatory) überraschte dann aber im Jahr 2000 mit einer eigenen Abfüllung. Er kam auf irgendwelchen unbekannten Wegen an fünf Fässer. Zwei davon waren nicht brauchbar, die Single Malts aus den anderen konnte er aber als 31-Jährige auf den Markt bringen.

Obwohl nach Angaben der Besitzer von Invergordon jeglicher Ben Wyvis komplett in die Blends eingebracht worden war, kam im Jahr 2002 eine weitere Abfüllung in den Verkauf: Kyndal Group füllte einen 37-Jährigen aus dem Jahr 1965 ab. Ob nicht doch noch das eine oder andere Fass existiert, ist ein gut gehütetes Geheimnis.

Bereits 1974 soll ein einzelnes Fass des Ben Wyvis als Single Malt in Flaschen abgefüllt und in die USA oder nach Kanada exportiert worden sein. Bis heute ist aber keine einzige Flasche davon auf den Sammlermärkten aufgetaucht, was zumindest verwunderlich ist.

Ein weiterer Ben Wyvis kam ungefähr 2003 als 10-Jähriger auf den Markt. Er konnte allein schon wegen des angegebenen Alters keinen Malt aus dieser Destillerie enthalten (sie wurde 1977 geschlossen). Er stammte aus einer Serie von Invergordon, mit der einigen geschlossenen Destillerien Schottlands gedacht werden sollte. Manch einer dürfte darauf hereingefallen sein.

Oben · Stop hieß es auch für die auf dem Gelände der riesigen Grain-Destillerie Invergordon stehende kleine Malt-Destillerie Ben Wyvis. Sie existierte nur für eine kurze Zeit.

Mitte und unten · Die immer noch bestehenden Gebäude (Bürohaus und Mälzerei) der ersten Ben Wyvis Distillery in Dingwall (1879–1922) – sie hieß zuerst Ferintosh – werden zu Appartements umgebaut.

Bladnoch

Die Destillerie Bladnoch

Bladnoch wurde in diesem südwestlichen Teil Schottlands 1817 von John und Thomas McClelland gegründet und bereits 1825 lizenziert. Die Region ist stark geschichtsträchtig. Es gibt hier einige *standing stones* und *stone circles* aus der Zeit von 2000 bis 800 v. Chr. und etliche Monumente, die von Pikten und Iren stammen. Irland ist von dieser Gegend mit der Fähre in knapp eineinhalb Stunden zu erreichen.

Während den ersten Jahrzehnten ihrer Existenz produzierte Bladnoch als typische Winterbrennerei, das heißt, es wurde nur während den Wintermonaten destilliert.

Charlie, ein Sohn von John McClelland, ließ im Jahr 1878 die Destillerie renovieren und baute sie gleichzeitig aus. Für diese Modernisierung und Vergrößerung wurde viel Geld benötigt. John McClelland war deshalb gezwungen, zum Betrieb der Destillerie seine Familiengesellschaft in eine Aktiengesellschaft umzuwandeln.

Bladnoch produzierte zu dieser Zeit nach typisch irischer oder Lowland-Art in drei *stills* dreifach.

1905 musste Bladnoch aus finanziellen Gründen stillgelegt werden. Die Destillerie wurde 1911 an die irische Firma Dunville & Co. verkauft und die Produktion unter dieser

Besitzerin mit Unterbrechungen wieder aufgenommen. 1937 gab man Bladnoch dann aber komplett auf. Die Anlagen wurden 1938 abgebaut und verkauft.

Nach vielen Jahren ohne Destillationstätigkeit nahm 1956 die Bladnoch Distillery Co. Ltd. die Brennerei mit zwei neuen *stills* wieder in Betrieb. 1964 kam Bladnoch durch Übernahme durch die Royal Irish Distillers Group erneut in irischen Besitz. Unter ihrer Führung wurde die Kapazität von zwei auf vier *stills* ausgebaut. Von der Royal Irish Distillers Group ging Bladnoch im Jahr 1973 in den Besitz von Inver House Distillers Ltd. über. Bereits 1983 wurde sie jedoch von dieser Gruppe an Arthur Bell & Sons weiterverkauft und wurde mit dieser zusammen schon bald (1987) Teil der UDV, nachdem sie für kurze Zeit der Guinness Group aus Irland gehörte. Von der UDV wurde sie als mitverwaltete Destillerie 1993 stillgelegt. Hinter dieser Stilllegung stand der Gedanke, aus Bladnoch ein Destilleriemuseum im Stil von Dallas Dhu zu machen. Er wurde jedoch schon bald wieder verworfen und nie realisiert. Wann genau zwei der vier *stills* wieder entfernt wurden, konnte ich nicht in Erfahrung bringen.

1995 verkaufte die UDV die Destillerie an die nordirische (der Familie Armstrong gehörende) Firma Co-Ordinated Development Services Ltd. mit der Auflage, dass in ihr nie

mehr Whisky gebrannt werden dürfte. Die inzwischen in der Diageo plc aufgegangene UDV hatte vor dem Verkauf das ganze Fasslager ausgeräumt und wollte mit dieser Maßnahme verhindern, dass neuer Bladnoch destilliert werden und auf den Markt gelangen könnte.

Einer der Mitinhaber dieser Firma – Raymond Armstrong – hat aus der heruntergekommenen Destillerie in den folgenden Jahren einiges gemacht – nicht immer nur zum Wohl der Brennerei. Zuerst wandelte er sie in ein Ferienzentrum um. Das Gelände um die Destillerie herum wurde zu einem Wohnwagen-Ferienplatz umgestaltet, aus dem ehemaligen Fassabfüllraum wurde ein Festsaal, in einem anderen Gebäude wurde ein Shop eingerichtet usw.

Als Raymond und seine Familienmitglieder sich dann aber mit dem Gedanken an die Wiederinbetriebnahme der Destillerie zu befassen begann und die UDV 1999 dazu grünes Licht gab, war Raymond nicht mehr zu halten. Er nahm Kontakt mit John Herries auf, einem der Mitarbeiter, der bei der Schließung der Destillerie durch die UDV ihren Job verloren hatte, und stellte ihn wieder ein. In vielen Stunden wurden unter seiner Leitung (John hatte als *mash* und *stillman* gearbeitet) die Anlagen restauriert und eine nach der anderen wieder in Betrieb genommen. Im Jahr 2000 floss dann das erste Mal wieder brauchbarer Whisky aus den beiden *stills* und konnte in Fässer abgefüllt werden. Dies aber nur mit einem kleinen Teil der möglichen Kapazität, die vorher bei ungefähr 1 Million Liter pro Jahr gelegen hatte.

Eine Besichtigung der schönen alten Destillerie beginnt und endet meistens im großen Shop (einen Destillerieshop gab es bei Bladnoch bereits seit 1988). Sie führt von dort zu der uralten Malzmühle (einer *Boby Mill* mit vier Wal-

Die alte Destillerie am Bladnoch River, nach dem sie benannt wurde.

Der Name bedeutet	Name des Flusses, an dem die Destillerie liegt; auch Ortsname
Aussprache	Bladnoch
Whiskyregion	Lowland
Adresse	Bladnoch Distillery Bladnoch, Wigtown, Newton Stewart, DG8 9AB Scotland
Kontakt	www.bladnoch.co.uk Telefon +44 (0)1988 40 26 05
Club	Kein Club, aber Blog
Gründung	1817
Status	In Betrieb
Besitzer	Co-Ordinated Development Services Ltd. (Familie Armstrong)
Stills	2 (1 *wash*; 1 *spirit*)
Kapazität pro Jahr	Möglich wären über 1 000 000, produziert werden jedoch nur etwa 250 000 Liter.
Besucher	Ja ★★★☆☆ Besucherzentrum mit Shop ❤❤♡
Rating	★★★★☆☆
Hausstil	Nicht getorft: Weich, Gras, Zitronen, Toffee, Vanille Getorft: Leicht rauchig, malzig, Zitronen, Vanille

zen), wo das von Großmälzereien angelieferte Gerstenmalz gemahlen wird. Gemaischt wird in einem Bottich, bei dem nicht nur der Bottich selbst, sondern auch der Deckel aus Edelstahl ist *(semi lauter mash tun)*. Bladnoch besitzt sechs hölzerne *wash backs* aus Douglas-Fichte. Von diesen werden jedoch nur drei für den Gärungsprozess eingesetzt.

Die beiden *stills* haben jeweils Ausbuchtungen am unteren Ende der Schwanenhälse, welche direkt in die, im *stillhouse* stehenden, Rohrkondensatoren führen. Die *spirit still* besitzt die sonst für *wash stills* typischen Sichtfensterchen im Hals. Speziell und etwas gewöhnungsbedürftig ist der *spirit and sample safe,* der in dieser Destillerie nicht in gelbem Messing erstrahlt, sondern aus Stahl gefertigt ist.

Der *new make* wird in verschiedene Fasstypen abgefüllt (vorwiegend aber in Ex-Bourbon-Fässer). Eines der leeren Lagerhäuser hat sich seither langsam wieder gefüllt. Die UDV hatte bei der Stilllegung die gesamten Bestände ausgeräumt. Den einzigen übriggebliebenen »Whisky« fand man bei der Restaurierung der Anlagen im Rohrsystem der

stills. Sie waren noch mit ungefähr 200 Litern *new make* gefüllt. Raymond ließ es sich nicht nehmen und probierte tatsächlich ein paar Tropfen davon. Sie entsprachen aber nicht gerade seinem Geschmack.

Der oben erwähnte Wohnwagenplatz wurde in den letzten Jahren wieder aufgegeben. Der Großteil der elf Lagerhäuser wird an andere Destillerien vermietet, die ihre Whiskys unter den hier herrschenden guten Konditionen reifen lassen.

Den Bladnoch als Single Malt gab es schon, als Arthur Bell die Destillerie besaß, als Original- beziehungsweise Eigentümerabfüllung. Auf den Markt kamen Abfüllungen unter dem eigenen Namen und unter dem Namen der Tochtergesellschaft P. Mackenzie & Co. Diese sind heute sehr schwer zu finden. Die UDV brachte den Bladnoch in ihrer Reihe Fauna & Flora als 10-Jährigen auf den Markt. In der Reihe der Rare Malts gab es ebenfalls eine Abfüllung.

Die ersten Abfüllungen von Single Malts aus der Destillerie Bladnoch durch die heutige Besitzerin – aus von der UDV zurückgekauften Fässern – kamen 2003/2004 in den Verkauf. 2008 füllte man bei Bladnoch den ersten seit der Wiedereröffnung destillierten Whisky in drei verschiedenen Fassreifungen als 6-Jährige ab. 2009 folgte diesen ein 8-Jähriger. 2011 kam das erste Mal eine Abfüllung mit dem Namen »Distiller's Choice« heraus.

Die Unabhängigen haben sich der Single Malts von Bladnoch ebenfalls angenommen und ihn vor allem während der Zeit der Schließung der Destillerie, aber auch weiter bis in die heutige Zeit abgefüllt.

Links • Die *spirit-still* steht in einer Ecke des *stillhouse*.

Unten • Über dem speziellen, aus Edelstahl konstruierten *spirit and sample safe* hängt eine ebenfalls spezielle Werbung.

Die südlichste Destillerie Schottlands steht weit entfernt von allen anderen noch aktiven Brennereien dieses Landes. Um zu ihr zu gelangen, braucht man von Glasgow aus zwei bis zweieinhalb Stunden. Dazu fährt man auf der A77 nach Süden über Ayr nach Girvan und nimmt nach dieser Stadt am Atlantik die A714 nach Newton Stewart und weiter nach Wigtown. Bladnoch liegt einige wenige Kilometer südwestlich dieses Ortes in einem Dörfchen mit dem gleichen Namen.

Torhouse • Steinkreis, keine zehn Kilometer von der Destillerie entfernt.

Drumtrodden • stehende Steine und Steinkreis mit interessanten Gravierungen.

Whithorn • älteste und erste christliche Gemeinde in Schottland; Klosterruine und piktische Monumente; mehrere archäologisch und geschichtlich interessante Plätze in der Umgebung.

Stranraer • nette Hafenstadt am Loch Ryan im Westen; Fähren nach Irland (Belfast und Larne).

Blair Athol

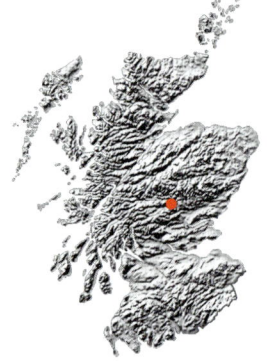

Pitlochry • beinahe als mondän zu bezeichnender Touristen- und Kurort mit Theater, vielen Hotels, Pubs und Shops; Festspiele; Lachstreppe am River Tummel usw.

Blair Castle • besuchenswertes Schloss im Dorf Blair Atholl (15 Kilometer nordwestlich); viel Sehenswertes; eigene Armee; wirklich gute Highland Games usw.

Die Destillerie Blair Athol

Der genaue Standort einer Vorgängerin der heutigen Destillerie Blair Athol – sie wurde im Jahr 1798 von den beiden Partnern John Stewart und Robert Robertson gegründet – ist unbekannt. Sie trug nach dem nahe an ihr vorbeifließenden Bach Allt Dour (Otterbach) den Namen Aldour.

Die heutige Destillerie wurde in Pitlochry von John Robertson im Jahr 1825 gebaut. Sie trug von Anfang an den Namen Blair Athol Distillery. Mit dem Schloss Blair Atholl (mit zwei »l«) hat und hatte sie im Grunde genommen nie etwas zu tun. Einzig das Gelände, auf dem sie steht, gehörte in ihrer Gründungszeit noch dessen Besitzer, dem Duke of Atholl. Es wurde von ihm an die damaligen Destilleriebesitzer verpachtet.

Bereits 1827 wurde Blair Athol von der Firma John Conacher & Co. übernommen. Weitere Besitzer waren in der Folge Peter Fraser & Co. und ab dem Jahr 1860 Elizabeth Conacher, bevor sie 1882 an Peter Mackenzie & Co. weiterverkauft wurde. Nach einem Ausbau im Jahr 1897 wurde

Im sehr engen *stillhouse* stehen vier *stills*.

sie von dieser Firma mit der Dufftown Distillery in einer Gruppe vereinigt.

1932 legte Peter Mackenzie & Co. Blair Athol vorübergehend still. Ein Jahr später, 1933, wurde diese Firma und mit ihr auch Blair Athol von Arthur Bell & Sons erworben. Sie wurde von dieser einer Totalrenovierung und einem umfangreichen Ausbau unterzogen. Aus dieser Zeit stammen die meisten der heute noch stehenden Gebäude. Die Destillerie war aber noch viele Jahre stillgelegt, bis 1949 die Produktion endlich wieder aufgenommen wurde.

1973 wurde in einer neuerlichen Erweiterung auch die Kapazität mit der Erhöhung der *still*-Anzahl von zwei auf vier ausgebaut. Eine eigene Viehfutterfabrik, *dark grains plant* genannt, nahm man 1975 auf dem Gelände der Destillerie in Betrieb. Sie erlaubte ab diesem Zeitpunkt die Verarbeitung der anfallenden Destillerieabfälle vor Ort.

1985 ging Blair Athol in den Besitz der UDV über. Diese Firma gliederte ihr 1987 ein schönes *Visitor Centre* an, welches in den folgenden Jahren zu einem echten Bijou ausgebaut wurde. In den ersten Jahren des *Visitor Centres* stieg die Popularität der Destillerie stark an und erreichte schon bald eine extrem hohe Besucherzahl pro Jahr. Der Grund

Der Name bedeutet	Ebene von Athol(l)
Aussprache	Bläär Asol oder Äsol
Whiskyregion	Highland
Adresse	Blair Athol Distillery Pitlochry, Perthshire PH16 5LY Scotland
Kontakt	Keine eigene Homepage Besitzer www.diageo.de Info-Seite www.discovering-distilleries.com/blairathol Telefon +44 (0)1796 48 20 03
Club	Kein Club
Gründung	1798
Status	In Betrieb
Besitzer	Diageo plc
Stills	4 (2 *wash*; 2 *spirit*)
Kapazität pro Jahr	2 600 000 Liter
Besucher	Ja ★★★☆☆ Besucherzentrum mit Shop ❤❤❤
Rating	★★★★☆☆
Hausstil	Shortbread, Ingwer, fruchtig, Nüsse, leicht rauchig, weich, süßlich

Oben · Die mit Pflanzen überwachsenen Destilleriegebäude bieten vor allem im Herbst einen wunderschönen Anblick.

Unten · Blick in die Fassabfüllerei.

dafür lag aber nicht nur im Interesse an den Whiskys von Blair Athol oder ihrer Herstellung. Viele Reiseunternehmer benutzten das Besucherzentrum für einen Zwischenstopp ihrer Reisecars und als Austreteplatz – mindestens so lange, bis UDV/Diageo plc entschied, eine Eintrittsgebühr zu verlangen. Seither hat sich die Besucherzahl bei 30 000–40 000 pro Jahr eingependelt.

Ein Besuch der Destillerie mit ihren dunkelgrauen Gebäuden, ihren belaubten Fassaden und dem schönen Innenhof ist wirklich zu empfehlen. Die Destillerie hat nicht nur in Bezug auf die Gebäude einen eigenen Charakter, sie hat auch – was bei den zu Diageo plc gehörenden Destillerien keine Selbstverständlichkeit ist – ein schönes *Visitor*

Centre mit ausgezeichneten, freundlichen und gut geschulten Mitarbeitern und Mitarbeiterinnen.

Die – wegen den vielen Besuchern – relativ kurze Tour durch die Destillerie beginnt bei der Malzmühle. Sie stammt aus dem Jahr 1934 und meistert es auch heute noch, die riesige Gerstenmalzmenge, die hier Jahr für Jahr gebraucht wird, zu *grist* zu verarbeiten. Der *mash tun (semi lauter)* aus Edelstahl mit einem Kupferdeckel steht in einem Raum, den man ohne Weiteres für eine Party benutzen könnte, so schön ist er. Im *tunhouse* stehen sechs *wash backs* aus Edelstahl.

Sie ersetzten die acht alten Gärbottiche, von denen vier aus Douglas-Fichte und vier aus Edelstahl waren. Dabei waren diejenigen aus Edelstahl wirklich besonders: Sie waren viereckig.

Im *stillhouse* – es erscheint mir das temperaturmäßig heißeste in Schottland zu sein – stehen die vier zwiebel-

förmigen *stills* mit ihren schlanken Hälsen ohne Ein- oder Ausbuchtungen zusammen mit den Rohrkondensatoren.

Die Lagerhäuser für die hauptsächlich in Ex-Bourbon-Fässern reifenden Whiskys haben Naturböden. Die Fässer werden aber nicht auf die traditionelle Art, sondern auf Lagergestellen gelagert.

Der in der Destillerie Blair Athol hergestellte Malt ist hauptsächlicher Aromaspender für die Bell's Blends (mit den glockenförmigen Keramikflaschen für die Sonderabfüllungen). Daneben verleiht er auch dem Johnnie Walker Blue Label Geschmack. Er wurde aber auch schon in einer Destillerieabfüllung als Single Malt mit 8 und als 18-Jähriger zum 200-jährigen Destilleriejubiläum im Jahr 1998 herausgebracht. Als 12-Jähriger erschien er in der Reihe Fauna & Flora und als Vintage in derjenigen der Rare Malts. Es gibt den Blair Athol auch in Abfüllungen von den Unabhängigen.

Sucht man die Destillerie Blair Athol im Ort mit dem fast gleichen Namen (Blair Atholl, mit zwei »l«), liegt man falsch. Die Destillerie liegt nicht dort, sondern etwa 15 Kilometer südöstlich davon in Pitlochry am östlichen Ortseingang dieses bekannten Touristenortes im zentralen Hochland.

Will man zur Destillerie, fährt man von Perth aus auf der A9 Richtung Inverness. Kurz vor dem Ort Pitlochry verlässt man die Schnellstraße (Wegweiser Pitlochry) und nimmt die zum Ort führende Straße. Die Destillerie steht schon bald auf der rechten Straßenseite. Mit ihren dunkelgrauen Gebäuden und ihren belaubten Fassaden kann sie nicht übersehen werden und bietet nicht nur im Herbst einen wirklich schönen Anblick.

Bowmore

Die Destillerie Bowmore

Bowmore ist die erste lizenzierte und damit älteste legale Destillerie auf der Whiskyinsel Islay (sprich Eila). Sie wurde 1779 von David Simson am Ufer des Loch Indaal gebaut und 1824 lizenziert.

Die Destillerie liegt so nahe am Meer, dass das Wasser bei Flut ein gutes Stück an den Mauern eines Lagerhauses emporsteigt. Der Bodenlevel eines Lagerhauses liegt dann sogar unter dem Meeresspiegel.

1837 wurde Bowmore von der Familie Simson an William Mutter verkauft. Dieser gab sie 1852 an seine Söhne William und James weiter. Sie firmierten als W. & J. Mutter & Co. Nach der Übernahme bauten die Brüder die Destillerie das erste Mal weiter aus. Nach einem weiteren, größeren Ausbau im Jahr 1892 wurde Bowmore in eine Publikumsgesellschaft mit mehreren Teilhabern unter dem Namen Bowmore Distillery Company Ltd. umgewandelt. Sherriff's Bowmore Distillery Ltd. kaufte 1925 diese Gesellschaft.

Mit dieser neuen Besitzerin zusammen ging sie 1929 an die DCL (Distillers Company Ltd.). Nach vielen Jahren in deren Besitz wurde Bowmore 1950 an William Grigor & Sons Ltd. verkauft.

1963 übernahm dann Morrison's Bowmore Distillers Ltd. die Brennerei. Die Firma, sie hieß vorher Morrison Distillers Ltd. und gehörte Stanley P. Morrison und James

Grist-Behälter und Maischbottich.

Howat, wurde extra für die Übernahme dieser Destillerie umbenannt und mit mehr Kapital versehen. Die Firma übernahm später auch Auchentoshan und Glen Garioch. 1989 kaufte der japanische Konzern Suntory Ltd. die ersten 35 Prozent des Aktienkapitals der nun Morrison Bowmore Distillers Ltd. heißenden Firma. 1994 übernahm Suntory dann die Firma zu hundert Prozent.

Die Abwärme der Destillerie wird zum Heizen eines Schwimmbades verwendet, das die Destillerie in einem umgebauten Lagerhaus für die Stadt Bowmore errichtet hat.

Das bereits seit längerer Zeit existierende *Visitor Centre* wurde im Jahr 2006 mit großem finanziellen Aufwand komplett neu konzipiert. Es ist ein wahres Bijou geworden. Das Gleiche gilt für die Destillerie selbst: Bowmore ist eine der gepflegtesten Destillerien Schottlands. Zusammen mit dem Bau des neuen Besucherzentrums wurden einige Gebäude oder Gebäudeteile der Destillerie in »Cottage« genannte Appartements umgebaut. Man kann diese mieten und so innerhalb der Mauern dieser Destillerie wohnen und genießen.

Eine Tour durch die Destillerie beginnt im neuen Besucherzentrum und führt von dort zuerst ins Mälzhaus. Bei Bowmore wird Tradition groß geschrieben. Auf eigenen *floor maltings* wird zumindest ein Teil des benötigten Malzes selbst hergestellt. Man kann hier alle Schritte von der Anlieferung der Gerste über das Mälzen und die folgenden Schritte bis hin zur Fassabfüllung live mitverfolgen.

Nach der Anlieferung wird die Gerste zuerst zwischengelagert und anschließend in großen *steeps* (Wassertrögen) eingeweicht. Haben die Körner genügend Wasser aufgenommen, werden sie auf einem der Mälzböden ausgebracht. Die Keimung setzt ein und wird durch den Trockenprozess in den *kilns* abgebrochen. Man kann den dafür verwendeten Torfrauch schon weit von der Destillerie entfernt riechen. Nach dem Mälzen kommt das Gerstenmalz aus der eigenen Produktion genau so wie das angelieferte in die Malzmühle und von dort als *grist* in den Maischbottich. Bei diesem *mash tun (semi lauter)* ist der untere Teil – er besteht aus Edelstahl – mit Holz nobel eingekleidet. Der Deckel ist aus Kupfer.

Auch die anderen Bottiche und Anlagen in dieser Destillerie sind vom Feinsten: Sogar die Heißwassertanks sind

Bowmore · heimlicher Hauptort und mit knapp 1000 Einwohnern auch größte Gemeinde auf Islay mit ein paar netten Hotels und Pubs und sehr gut bestückten (aber teuren) Whiskybars; runde Kirche mit interessanten Grabsteinen auf dem Friedhof.

Der Name bedeutet	Großes Riff	Kapazität pro Jahr	2 000 000 Liter (Die Kapazität wird aber nicht ausgenutzt.)
Aussprache	Bow-moor		
Whiskyregion	Islay	Besucher	Ja ★★★★★ Besucherzentrum mit Attraktionen und Shop ❤❤❤
Adresse	Bowmore Distillery School Street, Bowmore, Isle of Islay, Argyllshire PA43 7JS Scotland		
		Rating	★★★★★★★
Kontakt	www.bowmore.com Telefon +44 (0)1496 81 04 41	Hausstil	Rauchig, torfig, süßlich, Sherry, Schokolade, Seeluft, lang
Club	Inner Core Der Erhalt einer Mitgliedschaft ist in der Destillerie oder bei bestimmten Bowmore-Anlässen oder Bowmore-Wettbewerben möglich.		
Gründung	1779		
Status	In Betrieb		
Besitzer	Morrison Bowmore Distillers Ltd. (Suntory Ltd., Japan)		
Stills	4 (2 *wash*; 2 *spirit*)		

aus Kupfer. Die sechs hölzernen Gärbottiche wurden in den 1980er-Jahren durch Edelstahlbottiche ersetzt. Nach relativ kurzer Zeit tauschte man diese aber wieder durch solche aus Douglas-Fichte aus. Der in den Edelstahltanks vergärte Whisky war nicht mehr derselbe.

Die vier *stills* haben eine sehr schlanke Zwiebelform ohne jegliche Aus- oder Einbuchtungen. Sie sind knapp sechs Meter hoch. Ein Schmuckstück ist auch der *spirit and sample safe*.

Der Malt von Bowmore wird in Ex-Bourbon- und Ex-Sherry-Fässern gereift. Daneben sieht man aber auch andere Fassarten, die für die auch hier praktizierten *finishings* verwendet werden.

Den Bowmore als Single Malt gab es schon lange in Original- oder Eigentümerabfüllung. Nach der Übernahme durch Suntory gab es ihn jedoch in einer unglaublichen und schon beinahe unüberschaubaren Anzahl an Varianten. Marketing at it's best?

Die bekanntesten unter diesen waren: »Bowmore Legend«, die *finishing*-Arten wie »Dusk«, »Dawn« usw. sowie die Abfüllungen mit 10, 12, 15, 17, 25 und 30 Jahren.

Daneben existiert er auch in den verschiedensten Vintage-Bottlings. Seit 2006 ist diese Politik jedoch revidiert und das Angebot gestrafft worden. Als Standardlinie gibt es ihn als Legend (ohne Altersangabe) sowie als 12-, 15-, 18- und 25-Jährigen.

Aus den vielen Abfüllungen zu den verschiedensten Anlässen und unter den *finishing*-Arten ragt der »Black Bowmore« sicher am meisten heraus. Er heißt seiner dunklen, fast schwarzen, Farbe wegen so. Es gab ihn zuerst in drei verschiedenen Abfüllungen (1993, 1994 und 1995) mit unterschiedlichen Geschmacksnoten in einer Auflage von je 1800 Flaschen.

Diese Abfüllungen haben einen echten Kultstatus erreicht und gehören zu den teuersten Whiskys überhaupt. Seit dem Herbst 2007 gibt es eine vierte Version des »Black Bowmore« (1964–2007) mit 42 Fassjahren. Ihm folgten 2008 ein »White« sowie 2009 ein »Gold Bowmore«. Damit war diese Trilogie abgeschlossen.

Seit ein paar Jahren gibt es von Bowmore auch spezielle Abfüllungen für die *Duty Free Shops* (zum Beispiel »Surf«, »Enigma« oder »Mariner«).

Daneben kommen neben den neuen »Tempest«- und »Laimrig«-Linien auch spezielle, zum Teil alte Vintage-Abfüllungen auf den Markt.

Den Bowmore als Single Malt gibt es ebenfalls in Abfüllungen von den Unabhängigen.

Oben • Die Destillerie Bowmore mit ihren weiß gestrichenen Gebäuden liegt direkt am Meer.

Unten • Von den Rohrkondensatoren der vier *stills* mit ihren schlanken Hälsen stehen nur drei ebenfalls im *stillhouse*. Der vierte steht im Freien. Der *spirit and sample safe* ist eine echte Augenweide.

Bowmore ist nicht nur die älteste Destillerie auf Islay, sondern auch eine der ältesten in ganz Schottland. Sie liegt im Ort Bowmore am Loch Indaal, einer Bucht im Westen der zu den Inneren Hebriden gehörenden Insel Islay.

Ob man nun auf Islay mit der Fähre vom Festland in Port Ellen oder in Port Askaig ankommt, spielt eigentlich keine Rolle. Die Destillerie Bowmore steht ungefähr in der Mitte zwischen diesen beiden Häfen.

Von Port Ellen aus führt die A846 in nördlicher Richtung über das Hochplateau von Islay am Flughafen vorbei nach Bowmore. Am Ortseingang, noch auf der Höhe, steht die berühmte runde Kirche. An ihr vorbei führt die Straße hinunter zum Hafen und zur links davon liegenden Destillerie.

Von Port Askaig nimmt man die A846 in südwestlicher Richtung über Bridgend nach Bowmore. Hier kommt man auf Meereshöhe in den Ort und muss nur geradeaus fahren, um in der Einfahrt zur Destillerie zu landen.

Braeval
(Braes of Glenlivet)

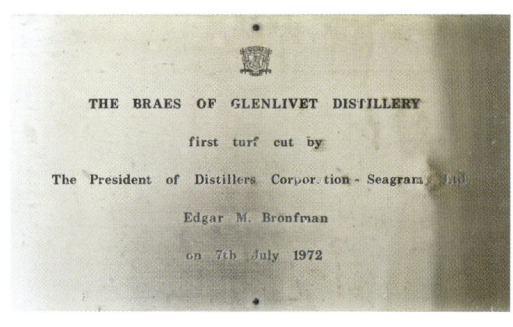

THE BRAES OF GLENLIVET DISTILLERY

first turf cut by

The President of Distillers Corporation - Seagram Ltd

Edgar M. Bronfman

on 7th July 1972

Die Destillerie Braeval

Die ursprünglich nach dem in ihrer Nähe liegenden Hügel Braes of Glenlivet genannte Destillerie wurde 1973/74 von Chivas Brothers Ltd. gebaut. Sie ist – obwohl Dalwhinnie dieses Prädikat für sich verwendet – die höchstgelegene Destillerie Schottlands. Sie liegt auf 355 Meter über Meer (Dalwhinnie auf 326 Meter).

Ihre Architektur besticht durch einen sehr modernen Stil, der sich aber trotzdem harmonisch in die Landschaft einfügt. Sie besitzt sogar einen – wenn auch nicht für den eigentlichen Zweck genutzten – *kiln*.

1975 wurde die Kapazität von Braeval von drei auf fünf, 1978 auf sechs *stills* ausgebaut. Diese fanden problemlos Platz in den großzügig gebauten Produktionshallen.

1995 wurde Braes of Glenlivet in Braeval umbenannt. Ihre Besitzerin – Chivas Brothers Ltd. – führte damals ein Gerichtsverfahren um den Namen Glenlivet, der berühmtesten Destillerie in ihrem Portefeuille. Sie befürchtete, dass die anderen Destillerien, die Glenlivet ebenfalls in ihrem Namen führten, von der Berühmtheit dieser Bren-

nerei profitieren könnten oder dass es bei den Abfüllungen im Markt zu Verwechslungen mit dem Original aus ihrer Top-Destillerie kommen könnte. Sie ging darum mit dem guten Beispiel voran und benannte ihre eigene Destillerie als Erste um.

Eine neue EDV-Anlage – sie ermöglichte die Steuerung und Überwachung fast aller Produktionsprozesse mit ein paar Mausklicks – wurde 1997 eingebaut. Braeval wurde damit eine der modernsten Brennereien Schottlands. Die Destillerie arbeitet seitdem beinahe vollautomatisch und könnte pro Schicht von einer einzigen Person bedient werden.

Im Jahr 2001 ging Braeval zusammen mit Chivas Brothers Ltd. beim sogenannten Seagram-Ausverkauf (der kanadische Konzern trennte sich vom Spirituosengeschäft) an den französischen Konzern Pernod Ricard. Von ihm – aber immer noch unter der Leitung von Chivas Brothers Ltd. – wurde die Destillerie im Oktober 2002 stillgelegt. Zuvor hatte die Brennerei gut ein Jahr lang nur noch alternierend mit drei anderen neu gekauften Destillerien produziert. Braeval, Allt-a-Bhainne, BenRiach und Caperdonich

Ganz oben · Tafel zur Erinnerung an den ersten Spatenstich durch Edgar M. Bronfmann am 7. Juli 1972 beim Bau der Destillerie Braes of Glenlivet.

Oben · Die höchstgelegene Destillerie Schottlands liegt im Winter oft im Schnee.

Die Destillerie Braeval liegt im Tal des Livet in einer wilden Gebirgsgegend in einem sehr kleinen Ort mit dem Namen Chapeltown of Glenlivet.

Man kommt zu dieser wirklich sehr abgelegen Destillerie, indem man auf der A939 entweder aus dem Tal des River Dee (Ballater) oder dem Spey-Tal (Speybridge) bis zum Ort Tomintoul fährt. Mitten in diesem höchstgelegenen Dorf des Hochlandes geht die schmale B9008 Richtung Norden ab. Nach zirka 6 km muss man auf eine noch engere Straße ohne Nummer Richtung Osten abzweigen. Diese führt nach Chapeltown of Glenlivet und dort direkt zur Destillerie.

produzierten jeweils nur für drei Monate pro Jahr und lagen die restliche Zeit still.

Während Braeval erst im Laufe des Jahres 2008 so nach und nach wieder in Betrieb genommen wurde, konnte bei Allt-a-Bhainne bereits im Jahr 2005 die Produktion wieder aufgenommen werden. Weshalb in jener Destillerie und nicht bei Braeval ist mir nicht klar, stellt doch Braeval einen viel besseren Whisky her. Ob es daran liegt, dass die ganze Produktion von Allt-a-Bhainne in die Chivas-Produkte geht, diejenige von Braeval aber von verschiedenen Blendern gekauft wurde?

Bei Braeval werden alle Produktionsschritte auf einem Boden, jedoch in verschiedenen Gebäudeteilen durchgeführt. Das Malz wird mit großen LKW's angeliefert und in Silos zwischengelagert. Nach dem Mahlen in einer modernen Mühle kommt der *grist* in den *mash room* und dort in den Maischbottich. Der *traditional mash tun* aus Edelstahl mit einem Kupferdeckel wird 2012 durch einen hochmodernen *full lauter tun* ersetzt. Im Gärhaus steht auf zwei Räume verteilt die stattliche Zahl von 15 *wash backs* aus Edelstahl. Davon werden jedoch nur noch 13 als solche verwendet. Zwei wurden zu Heißwassertanks umgebaut.

Das *stillhouse* ist ebenfalls beeindruckend. Die großen *stills* stehen sich in zwei Reihen gegenüber. Auf der einen Seite die beiden etwas unproportional wirkenden *wash stills*. Sie sind zwiebelförmig und haben weder Aus- noch Einbuchtungen. Die Arme ihrer Schwanenhälse führen in die im *stillhouse* stehenden Rohrkondensatoren. Die vier *spirit stills* stehen ihnen gegenüber auf der anderen Seite des Brennhauses. Sie besitzen Ausbuchtungen am unteren Ende des Schwanenhalses. Auch ihre Kondensatoren stehen im gleichen Raum. Der *spirit and sample safe* glänzt in seiner Messingfarbe.

Der bei Braeval gebrannte Whisky wird nicht auf dem zur Destillerie gehörenden Gelände gelagert. Die Destillerie besitzt keine Lagerhäuser. Man bringt den *new make* mit Tankwagen in den riesigen Komplex von Chivas Brothers Ltd. in der Nähe von Keith. Dort wird er in Fässer abgefüllt und erhält in den großen Lagerhäusern vor allem in Ex-Bourbon-Fässern seine Reife.

Weder vom Braes of Glenlivet noch vom Braeval gibt es bis heute Original- oder Eigentümerabfüllungen. Die Unabhängigen konnten aber – wenn auch nicht sehr häufig – hin und wieder einmal ein Fass des Malt, den man sonst nur für Blends verwendet, kaufen. Sie brachten diesen Malt ungeachtet der Befürchtungen und Empfehlungen von Chivas Brothers Ltd. unter dem Namen »Braes of Glenlivet« auf den Markt. Die Abfüllungen sind jedoch rar geworden und nicht mehr einfach zu finden.

Der Braeval ist auch schon unter dem Namen »Braemoray« abgefüllt worden und wird auch mit dem 10- und 15-jährigen »Deerstalker« – einem Single Malt von Aberfoyle & Knight, einem unabhängigen Abfüller aus Glasgow – in Verbindung gebracht.

A939 von Ballater nach Tomintoul • fantastische Hochlandstraße; führt am Corgarff Castle (sehenswert) und an einem Skigebiet (Lecht) vorbei.

Oben • Der Maischbottich aus Edelstahl mit Kupferdeckel wird 2012 durch einen *full lauter tun* ersetzt.

Unten • Im *stillhouse* stehen sich die zwei *wash* und die vier *spirit stills* gegenüber.

Der Name bedeutet	Oben am Hang / Berghang
Aussprache	Bray-waarl
Whiskyregion	Speyside
Adresse	Braeval Distillery Chapeltown of Glenlivet, Ballindalloch, Banffshire AB37 9JS Scotland
Kontakt	Keine eigene Homepage Besitzer www.pernod-ricard.com Telefon +44 (0)1542 78 30 42
Club	Kein Club
Gründung	1973/74
Status	In Betrieb
Besitzer	Chivas Brothers Ltd. (Pernod Ricard)
Stills	6 (2 *wash*; 4 *spirit*)
Kapazität pro Jahr	4 000 000 Liter
Besucher	Kein Besucherzentrum ★★☆☆☆ Besuche sind aber nach Voranmeldung möglich. (Nicht zu knapp vor dem geplanten Besuch anrufen.)
Rating	★★★☆☆☆☆
Hausstil	Leicht, süß, Vanille- und Honigtöne, Zitrusfrüchte, aromatisch

Brora †

Die Destillerie Brora

Die Kult-Destillerie Brora produzierte unter dieser Bezeichnung erst seit dem Jahr 1969. Bis zu diesem Zeitpunkt hieß sie Clynelish.

Unter diesem Namen wurde sie 1819 (also vier Jahre vor Inkrafttreten des Lizenzierungsgesetzes) vom Marquis of Stafford – einem unter dem Namen George Granville Levison-Gower geborenen Londoner, der dann die Tochter des Earl of Sutherland geheiratet hatte – gegründet. Dank dieser Heirat erhielt er später auch noch den Titel eines First Duke of Sutherland.

Im Gebiet um Brora befanden sich neben sehr guten Gerstenanbaugebieten auch große Torfvorkommen. Dies lud die dort tätigen Bauern geradezu zum Schwarzbrennen ein.

Rechts • Wegen ihr verlor Brora zuerst den ursprünglichen Namen und später auch die gesamte Produktion: die neue Destillerie Clynelish von Brora aus gesehen.

Unten • Die Gebäude von Brora – hier von der neuen Destillerie Clynelish aus gesehen – haben einen eigenartigen Charme. Durch die Leitung am rechten Bildrand fließt der *new make* aus dieser Nachfolge-Destillerie zur Fassabfüllung in die Gebäude der alten Destillerie.

Der Marquis of Stafford baute die Destillerie Clynelish vor allem, um den Verkauf von illegal hergestelltem Whisky zu den von den Farmern benötigten Preisen zu verhindern und das illegale Brennen unrentabel zu machen. Er scheute keine Mittel, um dieses Ziel zu erreichen. Er ging gegen die dort zu jener Zeit noch zahlreichen illegalen Farmdestillerien mit äußerster Härte vor. Die Betreiber der Brennereien wurden von seinen Leuten vertrieben und die

Farmen, auf denen illegal destilliert wurde, abgebrannt. Viele Farmer verloren so Hab und Gut.

Die Destillerie wurde ab dem Zeitpunkt ihrer Gründung von James Harper geleitet. Ab 1821 konnte er die Destillerie pachten und die Lizenz auf sich eintragen lassen. Im Jahr 1834 übernahm dann Andrew Ross die Pacht, gab diese aber zwölf Jahre später (1846) an George Lawson & Sons ab.

1896 kaufte James Ainslie & Co. Clynelish und baute sie aus und um. Diese Firma sollte für längere Zeit als Lizenzinhaberin eingetragen sein. Doch 1912 machte James Ainslie & Co. beinahe Konkurs und musste die Destillerie an die DCL und andere Geldgeber verkaufen. Die DCL kaufte in den folgenden Jahren auch die Anteile der anderen Investoren auf und wurde 1925 alleinige Besitzerin. Als solche brachte sie Clynelish 1930 zusammen mit anderen Destillerien in die SMD ein.

1961 wurde die direkte Befeuerung der *stills* mit Kohle durch eine zentrale Dampfbeheizung ersetzt und vier Jahre

Der Name bedeutet	Brückenfluss
Aussprache	Bro-ra
Whiskyregion	Highland
Adresse	Brora Distillery Brora, Sutherland KW9 6LR Scotland
Kontakt	Kein Web und Telefon
Club	Kein Club
Gründung	1819
Status	Stillgelegt im Mai 1983; die Gebäude stehen noch und werden zum Teil von der Destillerie Clynelish genutzt.
Besitzer	Letzter war UDV/Diageo plc.
Stills	2 (1 *wash*; 1 *spirit*)
Kapazität pro Jahr	Unbelegte Annahme: Ungefähr 250 000 Liter
Besucher	Nein, stillgelegt
Rating	★★★★★☆ (nur Whisky)
Hausstil	Seetang, leicht torfig, erdig, fruchtig, aromatisch, würzig, salzig

Dunrobin Castle • Neuschwanstein des Nordens, unbedingt einen Besuch wert. Schloss, Gartenanlagen, Falknerei.

Carn Liath • ehemalige Festung mit einem *Broch* (Turm) aus der Zeit der Geburt Christi; direkt an der A9 etwa zwei Kilometer nördlich von Dunrobin Castle.

später gab man die eigene Mälzerei *(floor maltings)* auf und kaufte das benötigte Malz ab diesem Zeitpunkt von Großmälzereien zu.

1967 wurde direkt neben Clynelish eine neue Destillerie gebaut. Diese erhielt ebenfalls den Namen Clynelish, weil sie eigentlich die alte Brennerei ersetzen sollte. Ihre *stills* sind größer als diejenigen in der alten Brennerei.

1968 wurde die alte Clynelish stillgelegt. Nur wenige Monate später ging sie aber als Clynelish A oder B (nicht einmal die Besitzerin weiß mehr genau, welche Destillerie damals A oder B genannt wurde) doch wieder in Produktion. Dies verursachte einiges an Verwirrung, umso mehr, weil die Whiskys beider Destillerien unter dem Namen »Clynelish« produziert wurden. Sie unterscheiden sich jedoch im Geschmack.

1969 wurde dann die alte Clynelish aufgrund von Interventionen der Scotch Whisky Association (SWA) in »Brora« umbenannt.

Ab diesem Zeitpunkt wurde bei Brora ein stark torfiger Malt produziert. Grund dafür war der Umstand, dass für die Blended Whiskys, speziell für den »Johnnie Walker«, nicht genug wirklich torfige Malts vorhanden waren. Das heißt, der Malt von Brora aus der Produktionszeit von 1969 bis in die Mitte der 1970er-Jahre ist viel rauchiger als der von vorher und nachher und erinnert stark an einen Islay-Whisky. Ab Mitte der Siebziger – ein nicht genau einzugrenzender Zeitpunkt – wurde bei Brora nur noch vereinzelt stark torfiger Whisky destilliert. Der Hauptteil der Produktion war ab dann wie derjenige aus der neuen Clynelish Distillery weniger getorft und damit weniger rauchig.

1983 wurde Brora endgültig stillgelegt. Whiskys, die den Namen Brora tragen, können nur von 1969 bis 1983, also während 14 Jahren, destilliert worden sein.

Einige der Gebäude der alten Destillerie dienen heute der (neuen) Destillerie Clynelish als Hilfsräume. So werden beispielsweise die Fassabfüllung und einige andere Tätigkeiten dort gemacht.

Im *stillhouse* von Brora stehen immer noch die beiden alten *stills,* wenn auch unter einer Staubschicht und von Spinnweben verdeckt. Die Lagerhäuser werden von der neuen Clynelish genutzt.

1987 ging die DCL und mit ihr auch die beiden Destillerien Brora und Clynelish in der UDV auf.

Brora arbeitete mit einem traditionellen Maischbottich aus Gusseisenplatten, vier Gärbottichen aus Holz und je einer *wash* und *spirit still* mit ballförmigen Ausbuchtungen am Halsansatz.

Beide *stills* hatten Sichtfenster am Hals, und ihre *lyne arms* führten ins Freie in die dort stehende *worm tube*. Die *stills,* der *spirit safe* und ein paar andere Anlagen stehen heute noch in der Destillerie.

Der Malt wurde zum Großteil in Ex-Bourbon-Fässern gereift, es wurden aber zum Teil auch Ex-Sherry-Fässer eingesetzt. Die wenigen Single Malt-Abfüllungen unter dem Namen »Brora« (auch diejenigen der Unabhängigen) sind selten und bereits immer schwieriger und nur zu hohen Preisen zu bekommen. Als Originalabfüllungen gibt es sie in der Serie der Rare Malts und speziellen Abfüllungen der UDV (als 25- und 30-Jährigen. Den 30-Jährigen gab es 2010 als *Special Release* von Diageo bereits in achter Ausgabe. 2011 folgte als bisherige Krönung eine ausgezeichnete, auf 1500 Flaschen limitierte Abfüllung eines 32-Jährigen. Wie geht es weiter?

Die alte Destillerie Brora steht direkt neben der modernen Clynelish auf dem Gemeindegebiet der kleinen Ortschaft Brora an der Nordseeküste des nördlichen Hochlandes. Man kommt dorthin auf der A9 Inverness–Wick.

Brora liegt ungefähr in der Mitte dieser Strecke. Kurz bevor man den Ort erreicht, fährt man zuerst am Dunrobin Castle (Schloss der Sutherlands) und dann am Carn Liath, einem alten Festungsturm vorbei.

Die beiden Destillerien liegen am Ortsausgang von Brora in der Nähe der A9 in Richtung Hügel (Wegweiser).

Unten und Mitte • Aus ihnen floss bis Ende Mai 1983 der heute so gesuchte Malt: Die *wash* (sie wurde hier *low wines still* genannt) und die *spirit still* korrodieren immer noch im *stillhouse.*

Ganz unten • Der *spirit and sample safe* wurde ausgeräumt.

Bruichladdich

Unten · Die von außen modern wirkende Destillerie mit den »geköpften« *kilns* steht direkt am Loch Indaal.

Unten links · Bruichladdich ist eine der wenigen Destillerien Schottlands, die über eine eigene Flaschenabfüllanlage verfügen.

Kilchoman · Kirche und Kreuz; die Kirche (nur noch eine Ruine) stammt aus dem Anfang des 19. Jahrhunderts; sie wurde auf dem Grund einer bedeutend älteren Kirche aus dem 16. Jahrhundert gebaut. Interessant ist der Friedhof mit einem großen keltischen Kreuz aus dem 16. Jahrhundert und anderen interessanten Grabsteinen.

Portnahaven · ein kleiner Ort am südwestlichen Ende von Islay mit einer kleinen Seehundkolonie.

Loch Gruinart und Gruinart Bay · Naturschutzgebiete; viele Vogelarten, Seehunde usw.

Die Destillerie Bruichladdich

Die Destillerie Bruichladdich wurde im Jahr 1881 von Barnett Harvey für seine Söhne Robert, William und John Gourlay gegründet. Seine Familie besaß zu jener Zeit bereits zwei sogenannte Farmdestillerien auf Islay. Schon wenige Jahre nach der Gründung, 1886, fiel Bruichladdich einem Feuer zum Opfer. Für den Neuaufbau mussten neue Kapitalgeber beziehungsweise Teilhaber gesucht werden. Die Betreiber firmierten ab diesem Zeitpunkt unter Bruichladdich Distillery Co. (Islay) Ltd. Die Familie Harvey kontrollierte diese Firma aber weiter. 1898 wurde William Harvey Manager. Er hatte diesen Posten bis zu seinem Tod im Jahr 1937 inne, denn er schaute auch dann noch weiter nach der Destillerie, als diese von 1929 an stillgelegt werden musste.

Nach seinem Tod wechselte die Destillerie sehr oft ihren Besitzer: 1938 wurde Bruichladdich von Hatim Attari, Joseph Hobbs und Alexander Tolmie gekauft. Sie verkauften sie jedoch sofort nach Wiederaufnahme der Produktion an die Associated Scottish Distillers Ltd. (Tochter von National Distillers of America) weiter. 1952 kaufte Ross & Coulter Ltd.

(Whiskyhändler aus Glasgow) die Destillerie, verkaufte sie aber 1960 an A.B. Grant weiter. 1969 ging Bruichladdich in den Besitz der Invergordon Distillers plc über, die ihrerseits 1993 von Whyte & Mackay (Beam Inc.) aufgekauft wurde.

Die Kapazität von Bruichladdich wurde nur ein einziges Mal erweitert: 1975 wurde ein zweites *still*-Paar installiert. Ab diesem Jahr konnte mit vier *stills* doppelt so viel produziert werden.

1995 wurde Bruichladdich von White & Mackay stillgelegt. Jedermann nahm an, dass damit eine weitere Destillerie für immer verschwinden würde. Doch es kam anders: Im Dezember 2000 wurde Bruichladdich von einer Gruppe unter der Leitung von Murray McDavid Ltd. gekauft und ein knappes halbes Jahr später, im Mai 2001, nahm die Destillerie ihre Produktion auf den alten Anlagen wieder auf. Einige davon stammen noch aus der Zeit des Wiederaufbaus im Jahr 1881.

Seit 2003 werden die Malts von Bruichladdich – als einzige dieser Insel – in der betriebseigenen Flaschenabfüllanlage abgefüllt.

Im Juli 2012 überraschte Bruichladdich mit der Mitteilung, dass die Destillerie an den französischen Konzern

Rémy Cointreau verkauft wurde. Hoffen wir, dass auch unter diesem neuen Besitzer der Geist von Bruichladdich erhalten bleibt!

Ein Besuch bei Bruichladdich beginnt im gut ausgebauten *Visitor Centre* mit einem großen Shop und startet bei der wirklich sehenswerten, uralten Malzmühle. Sie ist ein echtes Unikat. Das Gleiche gilt für den traditionellen Maischbottich aus Gusseisenplatten. Er soll ungefähr um das Jahr 1900 herum von der Destillerie Bunnahabhain gekauft und hierher gebracht worden sein. Er ist einer der wenigen *mash tuns* in Schottland, die keinen Deckel besitzen. Nicht unbedingt sehr energiebewusst, aber beeindruckend.

Die sechs *wash backs* sind aus Douglas-Fichte und nicht ganz so alt.

Die vier *stills* (mit runden Kesseln und schlanken Schwanenhälsen ohne Ein- oder Ausbuchtungen) stehen sich im *stillhouse* paarweise (je eine *wash* und *spirit still*) gegenüber. Die dazu gehörenden Rohrkondensatoren stehen im gleichen Raum.

Der Malt wird vorzugsweise in Ex-Bourbon-Fässern gelagert, doch habe ich bis heute keine Lagerhäuser in anderen Destillerien Schottlands gesehen, in denen ein solches Sammelsurium an verschiedenen Fässern herumsteht beziehungsweise liegt. Vom Chateau d'Yquem-Fass aus Frankreich über Weinfässer aus Italien zu Portfässern und vielen anderen mehr kann man hier alles finden. Weshalb muss man einen Whisky mit so vielen anderen Aromen »veredeln«?

Im *stillhouse* steht seit dem Jahr 2010 eine weitere *still.* Es handelt sich bei ihr um eine der *Lomond stills* aus der Inverleven Distillery in Dumbarton. Sie wurde zusammen mit anderen *stills,* die eigentlich für eine neue Port Charlotte Distillery gedacht waren, 2004 von Bruichladdich gekauft und nach Port Charlotte ins dortige Lagerhaus gebracht. 2010 wurde sie im *stillhouse* von Bruichladdich installiert und produziert dort neben den vier bestehenden Whisky-*stills* unter der Bezeichnung »Ugly Betty« Gin.

Der Whisky von Bruichladdich war – bis auf die unter dem Produktionsdirektor und Super-Marketingmenschen Jim McEwan neu destillierten Varianten (»Octomore« und »Port Charlotte«) – Islay-untypisch nicht getorft.

Als Single Malt gibt es den Bruichladdich schon lange. Es gab ihn als Standard in verschiedenen Alterungsstufen (10, 15 und 21 Jahre). Die neuen Besitzer füllen ihn jetzt als Standard mit 10, 12, 15 und 20 Jahren ab. Daneben wurde in den wenigen Jahren seit der Übernahme eine Unmenge an verschiedensten Abfüllungen und eine große Zahl an unterschiedlichen Fass-*finishings* auf den Markt gebracht. Jim nennt einige seiner Kreationen Designerwhiskys. Seit 2004 gibt es zum Beispiel den »3D«, einen torfigen Bruichladdich in bis jetzt drei Varianten. Er besteht aus ungetorften und getorften Whiskys aus der Destillerie. 2006 wurde ein sogar vierfach destillierter *new make* in Fässer abgefüllt. 2006 kamen der rauchige »Port Charlotte PC5« und ein 1986er mit dem Namen »Blacker Still«. In den folgenden Jahren kamen neben weiteren Varianten des »PC« (von 6 bis 9) wiederum eine ganze Reihe unterschiedlichster Abfüllungen auf den Markt. Vom »Octomore« gab es 2011 mit dem »Octomore 4 167 ppm« ebenfalls bereits die vierte Abfüllung dieser Reihe von in der Regel 5-jährigen, sehr rauchigen Whiskys. Ihm folgte bereits Anfang 2012 der »Octomore 4.2 Comus«. Daneben gibt es weiterhin eine große Zahl an speziellen Abfüllungen mit kleinen Auflagen (unter anderen Vintages, alte Abfüllungen, spezielle Destillations- und Reifearten, Abfüllungen für das Islay Festival und den Destillerie-Shop).

Die älteren Abfüllungen des Bruichladdich sind heute rar und gesucht.

Der Bruichladdich wurde auch unter verschiedensten anderen Namen abgefüllt. Dies vor allem von den unabhängigen Abfüllern, die ihn besonders während der Zeit der Schließung der Destillerie von 1995 bis 2001 in vielen Varianten auf den Markt brachten.

Der bereits erwähnte Jim McEwan oder der urige Distillerymanager Duncan McGillivray, kennen eine ganze Reihe von Anekdoten, hier zwei davon:

Die US-Verteidigungsministeriums-Story:

Bruichladdich erhielt eine E-Mail aus den USA, dass eine der Web-Kameras ausgefallen sei und man doch schauen solle, dass sie wieder in Betrieb genommen werde. Auf die Antwort an den Absender mit dem Dank für die Aufmerksamkeit und die Frage, weshalb die Kamera so wichtig sei, erhielt man eine überraschende Antwort: Der Absender der Mail war die Defense Threat Reduction Agency, also ein Amt des US-Verteidigungsministeriums, das die Destillerie über deren Web-Kameras überwachte und schaute, ob dort nicht Massenvernichtungswaffen für Al Quaida hergestellt werden.

Die Royal Navy-Story:

John Baker, ein Fischer von Islay, entdeckte am Eingang zum Loch Indaal ein knapp unter der Oberfläche schwimmendes, knallgelbes Objekt. Er meinte zuerst, es sei ein Fass, doch stellte sich heraus, dass es sich um ein mit High-Tech-Elektronik bestücktes unbemanntes Mini-U-Boot der britischen Marine handelte. Er schleppte es kurz entschlossen in den Hafen, nahm es mit nach Hause und brachte es so erst einmal in Sicherheit. Dann meldete er seinen Fund der Marine, die zuerst antwortete, dass sie kein solches U-Boot vermisse und später, dass es nicht eines von ihren sei. Plötzlich kam dann aber die Meldung, dass es unmöglich sei, dass so ein U-Boot an der Oberfläche geschwommen sein könne und der Fischer es irgendwo gestohlen haben müsse. Schließlich kam die Meldung, dass die Marine das Verschwinden des Mini-U-Bootes bereits zehn Tage zuvor der Küstenwache gemeldet hatte – die Küstenwache wusste aber nichts von einer solchen Meldung. Zuletzt holte die Marine dann ihr Eigentum in einer geheimen Mission im Hafen von Port Ellen ab. Die Ileach's (Bewohner von Islay) ließen es sich jedoch nicht nehmen, die geheime Übergabe mit einem kleinen Umzug und der Pipe-and-Drum-Band zu verschönern. Und Bruichladdich brachte sofort einen Single Malt mit dem Namen »Yellow Submarine« auf den Markt.

Weitere schöne Geschichten gibt es in der Destillerie von den Storytellers persönlich.

Im Brennhaus stehen vier stills *mit kantigen Formen.*

Bruichladdich liegt auf Islay am westlichen Ufer des Loch Indaal gegenüber von Bowmore. Zu ihr kommt man, indem man entweder von Port Ellen oder Port Askaig (beides Fährhäfen) auf der A846 nach Bridgend fährt. Dort nimmt man die A847 Richtung Westen. Sie führt immer am Loch Indaal entlang. Schon nach wenigen Kilometern ist man bei der direkt an dieser Straße stehenden Destillerie.

Der Name bedeutet	Uferböschung
Aussprache	Bruk-läddie
Whiskyregion	Islay
Adresse	Bruichladdich Distillery Bruichladdich, Isle of Islay, Argyllshire PA49 7UN Scotland
Kontakt	www.bruichladdich.com Telefon +44 (0)1496 85 02 21
Club	Kein Club
Gründung	1881
Status	In Betrieb
Besitzer	Rémy Cointreau
Stills	4 (2 *wash*; 2 *spirit*)
Kapazität pro Jahr	1 500 000 Liter
Besucher	Ja ★★★★ Besucherzentrum mit Shop ❤❤
Rating	★★★★
Hausstil	Nicht getorft: Süßlich, aromatisch, Honig, malzig, fruchtig Getorft: Aromatisch, fruchtig, Vanille, ein wenig Pfeffer, rauchig

Bunnahabhain

Die Destillerie Bunnahabhain

Die Brüder William und James Greenlees besaßen in dieser abgeschiedenen, nordöstlichen Ecke von Islay einen Bauernhof. Und sie hatten die Idee, dort eine Destillerie zu bauen, denn sie wollten auch in schlechten Zeiten ihre dort geerntete Gerste eher zu Whisky verarbeiten können statt verderben zu lassen.

Finanzielle Hilfe bekamen sie von William Robertson von Robertson & Baxter, einer berühmten Whiskyfirma in Glasgow und von James Ford von William Ford & Sons, einem Tee-, Wein- und Spirituosenhändler aus Leith (Edinburgh). 1881 gründeten sie zusammen mit den Greenlees eine Firma mit dem Namen Islay Distillers Co. und begannen mit dem Bau der Destillerie Bunnahabhain. 1883 konnte die Produktion aufgenommen werden.

Der Standort in dieser Ecke von Islay an der Mündung des kleinen Flüsschens Margadale war so abgeschieden, dass zuerst eine Straße dorthin gebaut werden musste, um die Destillerie bauen und um danach den Whisky abtransportieren zu können. Der Seeweg war wegen der Strömungen im Sound of Islay, an dem sie liegt, oft gefährlich.

Die Islay Distillery Co. Ltd. fusionierte 1887 mit der Glenrothes-Glenlivet Ltd. und bildete mit ihr die Highland Distillers Co. Ltd. In deren Besitz sollte Bunnahabhain bis April 2003 bleiben.

Oben rechts · Die Malzmühle ist wie in vielen Destillerien ein langlebiges Modell von Porteus.

Unten · Die *stills* von Bunnahabhain sind groß, zwiebelförmig und besitzen breite Hälse.

Von 1930 bis 1937 und dann wieder von 1982 bis 1984 war die Destillerie wegen zu großen Lagerbeständen geschlossen. 1963 wurde ihre Kapazität von zwei auf vier *stills* verdoppelt. Gleichzeitig gab man die eigene Mälzerei auf. Das Malz kommt heute zum Teil aus Port Ellen, aber auch aus anderen großen Mälzereien.

1999 übernahm Edrington Group die Highland Distillers Co. Ltd. und mit ihr auch alle zu dieser Firma gehörenden Destillerien. Sie legte in der Folge das Hauptgewicht ihrer Investitionen und ihres Marketings auf die Destillerien Macallan und Highland Park und die »Touristendestillerie« Glenturret, die zum »The Famous Grouse Experience« (nach dem zur Gruppe gehörenden Blend) umfunktioniert wurde.

Bunnahabhain gehörte nicht zu den bevorzugten Betrieben und wurde in der Folge mehr oder weniger stillgelegt. Nur noch einige Wochen pro Jahr wurde destilliert, um wenigstens aus jedem Jahr Whiskys zu besitzen.

2003 wurden Bunnahabhain und die Marke »Black Bottle« von der Edrington Group an Burn Stewart Distillers plc verkauft. Diese Firma besaß damals bereits Tobermory und Deanston. Sie nahm bei Bunnahabhain die Produktion sofort wieder auf.

Ein Besuch bei Bunnahabhain beginnt im kleinen Besucherzentrum, wobei der Begriff Zentrum schon etwas hoch gegriffen ist. Es sind nicht viele, die sich den Weg zu dieser Destillerie antun. Bunnahabhain ist aber immer einen Besuch wert. Dies nicht nur wegen ihrer Lage und den für eine Destillerie etwas speziell anmutenden Gebäuden. Die dort arbeitenden Menschen gehören ebenfalls zu einem speziellen Schlag und verfügen über einen sonst auf Islay

Fährt man auf der Insel Islay von Port Askaig die direkt vom Hafen aus steil ansteigende A846 hoch und erreicht das Hochplateau, führt schon bald die mit einem Wegweiser gekennzeichnete Straße Richtung Bunnahabhain nach rechts weg. Die zirka vier Kilometer lange einspurige Straße bis zur Destillerie hat es in mehreren Beziehungen in sich. Sie führt hoch oben über dem Sound of Islay – der knapp einen Kilometer breiten Meeresenge zwischen den beiden Inseln Islay und Jura – am Hang entlang und bietet eine beeindruckende Aussicht auf die beiden Ufer und vor allem auf die Isle of Jura mit ihren markanten Gebirgszügen, den Paps.

Die Straße ist daneben aber auch wirklich extrem eng und man fragt sich spätestens dann, wenn einem ein riesiger LKW entgegenkommt (entweder einer, der Getreide zur Destillerie bringt oder gebracht hat, oder dort Fässer mit Whisky abholt, wie der Fahrer es fertigbringt, sein Gefährt um die engen Kurven herum zu bringen. Doch zuerst fragt man sich in einem solchen Fall, wie man selbst an dem LKW vorbei kommt. Und dann sind da auch noch die todesmutigen Schafe, die nicht von der Straße weichen wollen oder plötzlich auf diese springen.

Die Straße endet, nachdem es die letzten paar hundert Meter steil zum Meer hinuntergegangen ist, direkt auf dem Grundstück der Destillerie. Es handelt sich bei ihm um ein eigentliches kleines Dorf. Dieses umfasst einige Einfamilienhäuser und Reihenhäuser für die Angestellten (ein paar von ihnen wurden zu Ferienappartements umgebaut) sowie die Destillerie selbst.

nicht so stark aufscheinenden, aber überall vorhandenen, sehr trockenen Humor. Dieser schlägt auch auf der Website der Destillerie durch.

An der Spitze bei Bunnahabhain stand – und dies nicht nur in Bezug auf den Humor – John MacLellan. Er war hier bis 2010 der Chef (Distillery Manager), dann wechselte er zur jüngsten Destillerie auf Islay, Kilchoman. John ist ein echter Ileach, das heißt Einheimischer. Bei einem Besuch fragte er mich bei der Begrüßung so nebenbei, wie viele Schafe ich auf dem Weg hierher überfahren habe? Auf meine Antwort, dass ich keines erwischt habe, meinte er: »Du weißt ja, wenn du eines dort erwischst, wo es eine Hecke hat, wäre es die Schuld des Bauern; erwischst du eines, wo es keine hat, wäre es deine Schuld. Aber genau genommen ist immer das Schaf selbst schuld.« Sein Nachfolger, Andrew »Andy« Brown steht ihm auch in Sachen Humor nicht viel nach.

Das angelieferte Gerstenmalz kommt nach einer Zwischenlagerung in den Malzsilos in die alte Mühle. Gemaischt wird in einem großen *semi lauter*-Maischbottich aus Edelstahl mit einem Kupferdeckel, und die Gärung erfolgt in sechs *wash backs* aus Douglas-Fichte. Im *still-house* stehen vier *stills*: zwei große zwiebelförmige *wash* und zwei kleinere, ebenfalls zwiebel- oder birnenförmige *spirit stills*. Alle *stills* haben weder Ein- noch Ausbuchtungen und die Rohrkondensatoren stehen direkt bei ihnen im sehr hohen *stillhouse*.

Gelagert wird der Bunnahabhain in sehr hohen Lagerhäusern. Diese sind – ebenfalls eine Besonderheit – mehrstöckig. Die Fässer (vorwiegend Ex-Bourbon aber auch etliche Ex-Sherry) werden mit einem uralten Aufzug in die verschiedenen Etagen gebracht.

Den Bunnahabhain als Single Malt gibt es schon relativ lange. Er war aber nicht immer so Islay-untypisch wie heute. So lange für ihn das Wasser direkt aus dem Flüsschen Margadale verwendet wurde, das über Torfböden fließt, war auch er leicht torfig. Der Stilwechsel erfolgte erst, als begonnen wurde, das Wasser in Leitungen von Quellen aus den nahe gelegenen Bergen zu beziehen.

Ab den 1990er-Jahren wurde auch bei Bunnahabhain wieder mit der Herstellung rauchiger Whiskys für den Bedarf im Blended Whisky »Black Bottle« begonnen. Ein erster rauchiger Single Malt kam 2004 als limitierte Musterabfüllung eines 6-Jährigen unter dem Namen »Moine« auf den Markt. Ihm folgten als weitere rauchige 2008 der »Toiteach« (mit 10 Fassjahren) und 2010 der »Cruach-Mhòna«.

Als Original- oder Eigentümerabfüllung ist er als 12-, 18- und 25-Jähriger sowie in verschiedenen Vintage- und *finishing*-Abfüllungen zu haben. All diesen Abfüllungen gemeinsam ist der salutierende Seemann auf dem Flaschenetikett mit dem Schriftband »Westering Home«. Dieses bezieht sich auf ein altes Lied von der Insel Islay, das von der Liebe und Sehnsucht der in der ganzen Welt lebenden Ileachs nach ihrer Insel handelt.

Eine der bis heute wichtigsten Abfüllungen ist die auf 5000 Flaschen limitierte von Highland Distillers plc. Es handelt sich dabei um einen 1968er, der unter dem Namen »Family Silver« realisiert wurde. Er ist heute sehr gesucht. Ein ebenfalls rarer 1971er wurde mit 35 Fassjahren zum 125-jährigen Bestehen der Destillerie im Jahr 2006 abgefüllt. Ältere Abfüllungen des untypischen Islay-Whiskys – er ist weich, fruchtig und nicht torfig – sind ebenfalls rar.

Bei der direkt am Sound of Islay liegenden Destillerie fallen vor allem die hohen Gebäude auf.

Fast die gesamte Malt-Produktion von Bunnahabhain verschwindet in Blends (vor allem im »Black Bottle« und – trotz des Verkaufs der Destillerie an Burn Stewart – immer noch im »Famous Grouse«).

Auch die unabhängigen Abfüller bieten den Bunnahabhain in verschiedenen Alterungsstufen an.

Besonders bei Bunnahabhain ist auch, dass man einen Teil der Häuschen der früheren Destilleriemitarbeiter als Ferienhäuschen mieten kann. Der eine oder andere Dram der Destillerie ist im Mietpreis sicher auch enthalten.

Der Name bedeutet	Flussmündung	Besucher	Ja ★★★☆☆
			Kleines Besucherzentrum; Achtung: Vor einem Besuch anrufen! ❤♡♡
Aussprache	Bunn-a-hawen		
Whiskyregion	Islay	Rating	★★★★☆☆
Adresse	Bunnahabhain Distillery Bunnahabhain, Port Askaig, Isle of Islay, Argyllshire PA46 7RP Scotland	Hausstil	Nicht getorft: Leicht, frisch, malzig, süßlich, nussig, dann leicht salzig
Kontakt	www.bunnahabhain.com Telefon +44 (0)1496 84 06 46		Getorft: Süßlich und doch salzig, torfig, Heu, Seetang
Club	Bunnahabhain Explorer; Mitgliedschaft gratis; Anmeldung über die Website der Destillerie		
Gründung	1881		
Status	In Betrieb		
Besitzer	Burn Stewart Distillers Ltd. (CL World Brands Ltd.)		
Stills	4 (2 *wash*; 2 *spirit*)		
Kapazität pro Jahr	2 400 000 Liter		

Wyre Majestic · Schiffswrack eines von einer betrunkenen Crew im Oktober 1974 in die Klippen (in der Nähe der Destillerie) gesetzten und nicht mehr frei bekommenen Schiffes (etwas nördlich von Bunnahabhain). Das Partnerschiff, die Defence, konnte sich selbst und die gesamte Besatzung der Wyre Majestic retten, nicht aber das Schiff aus seiner Situation befreien. Der Kapitän selbst versuchte acht Tage lang allein, sein Schiff wieder frei zu bekommen.

Woollen Mill · uralte Weberei mit ebensolchen Anlagen für die Herstellung der berühmten schottischen Stoffe; Führungen, Shop.

Caol Ila

Die Destillerie Caol Ila

Hector Henderson – er war bereits Mitbesitzer der Destillerie Littlemill bei Glasgow – erbaute Caol Ila im Jahr 1846. Weil er noch in weitere Destillerien investierte, geriet er in einen finanziellen Engpass. Dieser zwang ihn im Jahr 1852, Caol Ila zu verkaufen. Käufer war Norman Buchanan, Besitzer der Destillerie Isle of Jura. Aber auch Buchanan geriet in finanzielle Bedrängnis und musste 1863 die Destillerie an Bulloch, Lade & Co. verkaufen. Unter deren Leitung wurde Caol Ila im Jahr 1879 komplett um- und ausgebaut.

1920 machte jedoch Bulloch Lade & Co. Konkurs. Caol Ila kam in den Besitz einer neuen Investorengruppe mit dem Namen Caol Ila Distillery Co. 1927 ging dann Caol Ila in den Besitz der DCL über, die sie 1930 an die SMD übergab. Diese legte die Destillerie im gleichen Jahr still. Die Produktion wurde nach längerer Unterbrechung erst 1937 wieder aufgenommen.

Rechts · Die je drei *wash* und *spirit stills* ähneln sich im Aussehen. Die drei *wash stills* stehen hinten im Bild.

Unten · Hinter jedem Whisky stehen Menschen: hier zwei der Mitarbeiter von Caol Ila.

Der Name bedeutet	Sound von Islay
Aussprache	Kool-Ila
Whiskyregion	Islay
Adresse	Caol Ila Distillery Caol Ila, Port Askaig, Isle of Islay, Argyllshire PA46 7RL Scotland
Kontakt	Keine eigene Homepage Besitzer www.diageo.de Info-Seite www.discovering-distilleries.com Telefon +44 (0)1496 30 27 69
Club	Kein Club
Gründung	1846
Status	In Betrieb
Besitzer	Diageo plc
Stills	6 (3 *wash*; 3 *spirit*)
Kapazität pro Jahr	Nach dem Ausbau 2011 6 400 000 Liter
Besucher	Ja ★★☆☆☆ Kleines Besucherzentrum mit Shop ❤♡♡ Vorsicht: Für eine Besichtigung ist eine Voranmeldung unbedingt erforderlich. Auch dann, wenn der Shop geöffnet ist.
Rating	★★★★(★)☆☆
Hausstil	Getorft: Ölig, torfig, Tabak, Pfeffer, rund, lang Schwach getorft: Ölig, süßlich und ein wenig bitter, Pfeffer, Seetang, nicht sehr lang

Das große *warehouse* ist als einziges Gebäude beim totalen Um- und Ausbau (1972–74) stehen geblieben. Seither produziert die Destillerie am Islay-Sund in modernen Hallen.

Finlaggan · im Mittelalter der Regierungssitz der MacDonalds, Lords of the Isles; kleiner Informationsstand auf dem Festland und einige Ruinen auf drei Inseln (Eilean Mor, Na Comhairle und Cnoc Seannda) im Loch Finlaggan.

Woollen Mill · uralte Weberei mit ebensolchen Anlagen für die Herstellung der berühmten schottischen Stoffe; Führungen, Shop.

In den Jahren 1972 bis 1974 wurde Caol Ila noch einmal renoviert und gleichzeitig ausgebaut. Während dieser Phase wurden viele der alten Gebäude abgerissen und durch neue ersetzt. Unter anderem erhielt die Destillerie auch ein neues *stillhouse*. Die Größe dieses – nach der typischen SMD-Architekturschablone gebauten – Gebäudes erlaubte, die Anzahl der *stills* von zwei auf sechs auszubauen. 1987 kam die Destillerie Caol Ila unter das Management der UDV. Die UDV selbst ist heute Teil des großen Diageo-Konzerns.

Caol Ila kauft sein Malz von Großmälzereien, hauptsächlich von den zur gleichen Gruppe gehörenden Port Ellen Maltings. Ab dem Mahlen zu *grist* werden bis und mit der Fasslagerung alle Schritte in der modernen Destillerie selbst ausgeführt. Der in der zweiten Hälfte des Jahres 2011 neu installierte *full lauter mash tun* aus Edelstahl ersetzte den schönen alten mit dem Deckel aus Kupfer. In zehn *wash backs* (zwei kamen ebenfalls 2011 dazu) aus kanadischer Kiefer wird die *wash* für die Destillation hergestellt.

Im großen *stillhouse* stehen die sechs imposanten, zwiebelförmigen *stills* (je drei *wash*- und *spirit stills*) ohne Ein- oder Ausbuchtungen zusammen mit ihren Rohrkondensatoren. Caol Ila gehört zwar sicher nicht zu den schönsten Destillerien auf Islay, aber mit dem spektakulären Blick aus

den großen Fenstern des *stillhouse* auf den Sound of Islay und die Insel Jura schlägt sie wenigstens in dieser Beziehung alle anderen.

Gereift wird der Malt von Caol Ila fast ausschließlich in Ex-Bourbon-Fässern. Es gibt aber auch ein paar wenige Ex-Sherry-Butts. Daneben werden für die *finishings* auch andere Fassarten eingesetzt. Gelagert wird der Whisky von Caol Ila nicht auf der Insel, sondern in den Lagerhäusern von Diageo plc auf dem schottischen Festland. Dorthin wird der *new spirit* in Tanklastwagen gebracht und erst dort in Fässer abgefüllt.

Bei Caol Ila selbst steht nur noch ein einziges Lagerhaus. Es ist der einzige noch stehende Zeuge aus der Vergangenheit dieser Destillerie. Alle anderen Gebäude wurden beim großen Um- und Ausbau (1972–74) abgerissen. Das riesige Lagerhaus steht, nur durch die Zufahrtsstraße getrennt, am Ufer des Sound of Islay. Es handelt sich dabei um ein großes Gebäude, in dem heute nur noch ausgewählte Fässer auf mehreren Etagen lagern.

In den neuen Gebäuden befindet sich auch der kleine Shop, in dem die wenigen Führungen durch die Destillerie starten. Es lohnt sich auf jeden Fall, rechtzeitig vorher anzurufen, wenn man Caol Ila besichtigen möchte. Mit Ausnahme des spektakulären Blicks aus dem *stillhouse* bieten die anderen Destillerien auf Islay aber mehr.

In der zweiten Hälfte des Jahres 2011 wurde Caol Ila einem umfangreichen Ausbau- und Modernisierungsprogramm unterzogen. Es wurden unter anderem ein neuer Maischbottich *(full lauter)* und zwei zusätzliche Gärbottiche installiert. Die Produktionskapazität konnte mit diesem Ausbau um beinahe 15 Prozent erhöht werden.

Der Malt-Whisky von Coal Ila wurde von der UDV schon bald als Single Malt in Original- oder Eigentümerabfüllung in ihren Reihen Fauna & Flora und Rare Malts auf den Markt gebracht. Es gab ihn jedoch auch bereits früher in Abfüllungen für die Besucher der Destillerie und als Tests für verschiedene Märkte. Diese gehören heute zu den großen Raritäten der schottischen Whiskys.

Weitere Abfüllungen in verschiedenen Fassalterungsstufen und Vintages sowie mit Fass-*finishings* folgten. Herauszuheben sind hier die 25-Jährigen aus den Jahren 2005 und 2010 sowie der 1997er aus der Reihe »Managers Choice«, ebenfalls 2010 realisiert.

Von ungefähr 1984 an wurde bei Caol Ila neben dem normalen rauchigen Malt in speziellen Produktionslosen auch ein Typ mit sehr wenig Rauchanteil produziert. Dieser Typ wurde für die Blend-Herstellung benötigt. Als jedoch der Absatz an getorften Whiskys zu Beginn der 2000er-Jahre stark anstieg und die getorften Malts knapp wurden, zog man auch bei Caol Ila die Notbremse und produzierte ab dem Jahr 2006 wieder nur noch getorfte Whiskys. Vom »Unpeated Style« kamen bis ins Jahr 2011 fünf verschiedene Single Malt-Abfüllungen auf den Markt.

2011 gab es mit dem »Caol Ila Moch« dann das erste Mal einen Caol Ila ohne Altersangabe. Auch von Caol Ila gibt es jeweils zum Islay Festival eine spezielle Abfüllung.

Auch die Unabhängigen haben den Coal Ila in ihrem Angebot. Er existiert auch in Abfüllungen unter anderen Namen, zum Beispiel als »Port Askaig«.

Kommt man in Port Askaig auf Islay an, sind die modernen Gebäude der ganz in der Nähe dieses kleinen Hafens am Sound of Islay liegenden Destillerie bereits von der Fähre aus zu sehen. Um zu ihr zu gelangen, muss man jedoch auf der vom Hafen steil ansteigenden A846 hochfahren und beim Erreichen des Hochplateaus von Islay sofort rechts abzweigen. Die schmale Straße führt bereits nach kurzer Zeit wieder steil zum Meer hinunter. An den Häusern der Angestellten vorbei kommt man zur Destillerie. Dabei hat man eine schöne Aussicht auf den Sound und die Insel Jura, die durch ihn getrennt, knapp einen Kilometer weit entfernt liegt.

Caperdonich †

Die Destillerie Caperdonich

Glen Grant N° 2 hieß diese Destillerie, als sie 1898 von den Besitzern (J. & G. Grant) der ihr gegenüberliegenden und heute noch existierenden Brennerei Glen Grant erbaut wurde. Den Namen Caperdonich erhielt sie erst viel später.

Die beiden Destillerien – Glen Grant I und II – waren mit einer über die Straße führenden Rohrleitung mitei-

Unten • Flugaufnahme der Destillerie Caperdonich Anfang der 1980er-Jahre. Am linken oberen Bildrand erkennt man die Lagerhäuser der Destillerie Glen Grant.

Ganz unten • Die stillgelegte Destillerie (2004).

nander verbunden. Durch sie wurde der *new make* (das frische Destillat) von Glen Grant II nach Glen Grant I zur Fassabfüllung gepumpt. Die Einwohner von Rothes erzählen heute noch gerne die Geschichte, wie ihre Eltern und Großeltern jeweils dieses Rohr anbohrten, um an das Destillat zu kommen.

1902 wurde Glen Grant II aufgrund des Konkurses von Pattison, Elder & Co. (einem großen Whiskyhändler und Blender) geschlossen. Der Konkurs traf J. & G. Grant sehr hart. Die Firma musste um ihre Weiterexistenz kämpfen.

Es dauerte bis ins Jahr 1965, als die Destillerie von The Glenlivet & Glen Grant Distillers Ltd. als neuer Besitzerin wieder in Betrieb genommen wurde. Der Name der

Der Name bedeutet	Geheime Quelle
Aussprache	Kaper-donigh
Whiskyregion	Speyside
Adresse	Ehemaliger Standort: Caperdonich Distillery Rothes, Morayshire AB38 7BS Scotland
Kontakt	Kein Web und Telefon
Club	Kein Club
Gründung	1898
Status	Stillgelegt 2002; abgerissen 2010
Besitzer	Letzter war Chivas Brothers Ltd. (Pernod Ricard)
Stills	4 (2 *wash*; 2 *spirit*)
Kapazität pro Jahr	Früher 2 000 000 Liter
Besucher	Nein, abgerissen
Rating	★★★☆☆☆☆ (nur Whisky)
Hausstil	Süßlich, getrocknete Früchte, leicht rauchig, Vanille, Eiche

Die Gebäude der geschlossenen Destillerie Caperdonich standen an einer Nebenstraße des kleinen Speyside-Dorfs Rothes. Kommt man von Elgin auf der A941 nach Rothes, liegt direkt beim Kreisverkehr die Vorzeige-Destillerie Glen Grant. Fährt man Richtung Aberlour weiter, steht bald nach einem Kreisverkehr links das Gasthaus Ben Aigen. Biegt man direkt nach ihm in die kleine Nebenstraße ab, kommt man zur Kupferschmiede Forsyths. Auf einem Teil ihres Geländes stand die Destillerie.

Destillerie wurde in Caperdonich geändert. Diese Namensänderung war nicht nur des neuen Besitzers wegen notwendig. Das schottische Recht schreibt vor, dass nicht zwei Destillerien den gleichen Namen tragen dürfen. Der Wiederinbetriebnahme ging eine größere Renovierung voraus. Während dieser wurden die beiden Original-*stills* aus dem Gründungsjahr restauriert und wieder in Betrieb genommen. Diese Restaurierung wurde von der direkt neben der Destillerie Caperdonich liegenden Kupferschmiede Forsyths (einem der größten und besten *still*-Produzenten der Welt) durchgeführt.

1967 fügte man diesen beiden *stills* zwei weitere zu und verdoppelte so die Kapazität. Die mögliche Produktionsmenge stieg damit auf über zwei Millionen Liter pro Jahr. Knappe zehn Jahre nach diesem Ausbau wurde sie von Seagram (Kanada) für seine schottische Tochter Chivas Brothers gekauft. Diese Übernahme war Teil größerer Aufkäufe von Destillerien durch die kanadische Gruppe im Jahr 1977.

2001 verkaufte Seagram alle Destillerien und Blendingfirmen in Schottland. Caperdonich gehörte zusammen mit Glen Grant und weiteren Unternehmen zum Teil des an Pernod Ricard gegangenen Pakets. Dieser französische Konzern legte Caperdonich im Oktober 2002 still. Zuvor hatte die Brennerei gut ein Jahr lang nur noch alternierend mit drei anderen neu gekauften Destillerien produziert. Caperdonich, Allt-a-Bhainne, Benriach und Braeval produzierten jeweils drei Monate pro Jahr und lagen die restliche Zeit still.

Das Ende für die Destillerie kam im Jahr 2010. Die direkt neben der Destillerie produzierende, auf die Metallverarbeitung spezialisierte Firma Forsyths (auch eine der besten *still*-Produzentinnen) brauchte mehr Platz und kaufte Caperdonich von Pernod Ricard SA. Im November 2010 wurde die gesamte Destillerie abgerissen. Damit existiert eine weitere Destillerie nicht mehr.

Der Malt für Caperdonich stammte aus Großmälzereien. Die Destillerie besaß einen Maischbottich aus Edelstahl mit einem Kupferdeckel (er stand in einem separaten Raum). Im *tunhouse* befanden sich acht Gärbottiche aus Edelstahl und im *stillhouse* wurde mit vier *stills* (je zwei *wash* und *spirit*) gebrannt. Die beiden *wash stills* hatten wie diejenigen bei Glen Grant eigenartige, senkrecht aus dem Brennkessel aufsteigende Ausbuchtungen am unteren Teil des Halses, die *spirit stills* hatten die aus anderen Destillerien bekannten Ball-Ausbuchtungen.

Gelagert wurde der Malt von Caperdonich in Ex-Bourbon- und Ex-Sherry-Fässern.

Als Single Malt gab es den Whisky von Caperdonich lange Zeit nur in einer extrem seltenen Original- oder Destillerieabfüllung für Italien. Erst 2005 brachte Chivas Brothers einen 16-Jährigen aus dem Produktionsjahr 1988 in Fassstärke auf den Markt.

Sonst ist beziehungsweise war der hauptsächlich im Chivas Regal verwendete Whisky als Single Malt nur von unabhängigen Abfüllern erhältlich.

Rothes • Hier befinden sich neben der abgerissenen Caperdonich und der bei den Touristen berühmten Glen Grant noch drei weitere Destillerien: Glen Spey, Glenrothes und Speyburn.

Teil des *stillhouse* von Caperdonich Anfang der 1980er-Jahre.

Cardhu

Die Destillerie Cardhu

In der Geschichte dieser Destillerie, die zuerst »Cardow« wie der Ort, in dem sie liegt, hieß, spielten zwei Frauen eine bedeutende Rolle. Die erste der beiden war Helen Cumming. Sie brannte zusammen mit ihrem Mann John bereits 1811 illegal Whisky und wurde dadurch berühmt, dass es ihr immer und immer wieder gelang, den verhassten englischen Steuerbeamten ein Schnippchen zu schlagen. Als die Cummings aber doch erwischt und dreimal wegen Schwarzbrennens verurteilt wurden, ließen sie Cardow 1824 schließlich doch noch lizenzieren.

Nachdem John und Helen aus Altersgründen das Brennen aufgegeben hatten, übernahm ihr Sohn Lewis 1846 die Destillerie. Nach dessen Tod (1872) führte die Schwiegertochter Elizabeth die Destillerie weiter.

Die dynamische Elizabeth baute den Handel mit dem Whisky von Cardow entscheidend aus. Um dem Auftragseingang gerecht werden zu können, musste die Destillerie 1884 an einem anderen Platz neu auf- und bereits 1887 weiter ausgebaut werden. Bei dieser Gelegenheit wurden die alten *stills* durch neue ersetzt. Eine der ausgemusterten *stills* kaufte sich ein gewisser William Grant für seine neue Destillerie Glenfiddich.

Elizabeth war eine der bedeutendsten Frauen in der schottischen Whiskygeschichte und wurde auch »The Queen of Whisky Trade« genannt. 1893 verkaufte sie Cardow an John Walker & Sons. Die Familie Cumming betrieb jedoch in deren Auftrag die Destillerie weiter. Der Name der Destillerie wurde beim Verkauf von Cardow in »Cardhu« geändert. 1908 erhielt sie jedoch wieder die alte Bezeichnung Cardow.

Oben · Cardhu vergärt die Würze *(wort)* in hölzernen Gärbottichen.

Rechts · Die *stills* stehen in einem geräumigen *stillhouse*.

Cardhu liegt etwas abgelegen am Fuß der Gebirgszüge im Norden des Spey River. Von Elgin aus fährt man bis kurz nach den Ort Rothes auf der A941 und zweigt dort auf die B9102 ab. Die etwa 15 Kilometer lange Strecke führt an der Destillerie Macallan vorbei.

Kommt man aus dem Süden (Aviemore, Grantown-on-Spey) auf der A95, führt von dieser in der Nähe von Marypark – kurz nach Bridge of Avon – die B9102 von ihrem anderen Ende her zur Destillerie. Sie ist mit ihren schönen Gebäuden und in ihrer prächtigen Lage nicht zu übersehen.

1925 schloss sich John Walker & Sons der DCL an. Cardow kam mit dieser Firma zur DCL und 1930 unter die administrative Leitung der SMD.

1960/61 wurde die Destillerie ein weiteres Mal renoviert und gleichzeitig ausgebaut. Cardow erhielt zwei zusätzliche *stills* und produzierte ab diesem Zeitpunkt mit insgesamt sechs Brennblasen.

1981 wurde sie von der SMD wieder in Cardhu umbenannt. 1988 wurde ihr ein kleines Besucherzentrum angegliedert.

Von diesem aus starten seitdem auch die Besichtigungstouren durch die nicht nur von außen attraktive Destillerie. Die Räume sind sehr gepflegt und viele der Apparaturen mit Holz eingefasst.

Die Malzmühle wirkt — wie in fast allen schottischen Destillerien — als wäre sie ein Museumsstück, doch leistet sie immer noch Tag für Tag ihren ausgezeichneten Job. Im *tunhouse* wird aus dem in ihr gemahlenen *grist* in einem Maischbottich aus Edelstahl mit Kupferdeckel *(full lauter)* die Stärke herausgewaschen. Diese wird im Gärhaus in acht *wash backs* aus schottischer Lärche und zwei aus Edelstahl mithilfe von Hefe vergärt. Die so gewonnene *wash* wird ins sehr schön gestaltete *stillhouse* gepumpt, wo sie in drei *wash stills* ein erstes und in drei *spirit stills* ein zweites Mal gebrannt wird. Alle *stills* sind zwiebelförmig und haben weder Ein- noch Ausbuchtungen. Ihre Rohrkondensatoren stehen mit ihnen zusammen im *stillhouse*. Der *spirit and sample safe* ist eine kleine Augenweide.

Cardhu ist eine attraktive Destillerie und liegt an einem Hang über dem Tal des River Spey.

Gelagert wird der Malt vorwiegend in Ex-Bourbon-Fässern in Lagerhäusern, die zum Teil noch aus der Zeit von Elizabeth Cummings stammen.

Aus jener Zeit sind auch noch das Malzlager, der *kiln* und das kleine, in den Destilleriekomplex integrierte Büro- und Repräsentationshaus. Im Büro des Destilleriechefs hängen – schön gerahmt – die Beweise für die Anekdoten, die man über die Gründer dieser Brennerei, John und Helen, auf der Runde durch die Destillerie oder bei einem Dram dieses leichten Whiskys zu hören bekommt: die Gerichtsurteile gegen die beiden wegen Schwarzbrennerei. Diese scheint in der damaligen Zeit so etwas wie ein Kavaliersdelikt gewesen zu sein.

Cardhu ist heute im Besitz von Diageo plc und ihr Malt immer noch einer der Hauptkomponenten im Johnny Walker Blend. Der Whisky von Cardhu war aber auch bereits ab Mitte der 1980er-Jahre als Single Malt in Originalabfüllung erhältlich. Im Jahr 2002 tauchte er plötzlich als Pure Malt (oder nach neuer Terminologie der Scotch Whisky Association [SWA] als Blended Malt), das heißt als aus Malts verschiedener Destillerien zusammengemischter Whisky auf. Diese Änderung wurde von Diageo plc still und heimlich in einer identischen Flasche und Verpackung vorgenommen. Für den Konsumenten war sie nur durch einen kleinen Unterschied erkennbar: Auf dem Etikett und der Verpackung stand nicht mehr »Single«, sondern »Pure« vor dem Wörtchen »Malt«. Grund für den Wechsel zu einem Pure Malt war, dass Cardhu nicht mehr in der Lage war, die Nachfrage nach dem Whisky zu befriedigen. Die Empörung über diese Tatsache war international groß. Diageo plc reagierte darauf mit unverständlichen Aktionen und Ankündigungen, die so weit gingen, dass sie bekannt gab, dass es keinen Cardhu mehr geben würde. Die Proteste – auch der SWA – trugen im Jahr 2004 dann doch Früchte. Die Abfüllung des Pure Malt wurde aufgegeben. Seit 2005 gibt es den Cardhu wieder als 12-jährigen Single Malt. Es gibt ihn auch – neben anderen alten und teuren Abfüllungen – als 22-jährigen Vintage aus dem Jahr 1982 in einer fassstarken, limitierten Abfüllung. Die UDV füllte ältere Jahrgänge auch in ihrer Reihe der Rare Malts ab. 2009 kam dann in der neuen Reihe »Manager's Choice« ein 1997er Cardhu in den Verkauf.

Es gab den Cardhu auch öfter in Abfüllungen von den Unabhängigen (manchmal auch unter dem alten Namen Cardow).

Der Name bedeutet	Schwarzer Fels / Schwarz bemoostes Land	Stills	6 (3 *wash*; 3 *spirit*)
Aussprache	Kar-du	Kapazität pro Jahr	3 000 000 Liter
Whiskyregion	Speyside	Besucher	Ja ★★★ Kleines Besucherzentrum mit Shop ❤❤
Adresse	Cardhu Distillery Knockando, Aberlour, Banffshire AB38 7RY Scotland	Rating	★★★★
Kontakt	Keine eigene Homepage Besitzer www.diageo.de Info-Seite www.discovering-distilleries.com Telefon +44 (0) 1479 87 46 35	Hausstil	Weich, malzig, fruchtig, leicht süss, Spur Rauch, delikat
Club	Kein Club		
Gründung	1811		
Status	In Betrieb		
Besitzer	Diageo plc		

Clynelish

Dunrobin Castle · Neuschwanstein des Nordens, unbedingt einen Besuch wert. Schloss, Gartenanlagen, Falknerei.

Carn Liath · ehemalige Festung mit einem *Broch* (Turm) aus der Zeit der Geburt Christi; direkt an der A9 etwa zwei Kilometer nördlich von Dunrobin Castle.

Die Destillerie Clynelish

Gleich mit sechs *stills* wurde 1967 die Destillerie Clynelish direkt neben einer Destillerie, die aus dem Jahr 1819 stammt und den gleichen Namen hatte, gebaut. Diese erste Clynelish wurde 1819 vom Marquis of Stafford, einem unter dem Namen George Granville Levison-Gower geborenen Londoner, der die Tochter des Earls of Sutherland geheiratet hatte, gegründet. Dank dieser Heirat erhielt er später auch den Titel eines First Duke of Sutherland.

Im Gebiet um den Ort Brora gab es neben guten Gerstenanbaugebieten auch große Torfvorkommen. Dies lud die dort tätigen Bauern geradezu zum Schwarzbrennen ein.

Der Marquis of Stafford baute die Destillerie Clynelish vor allem, um den Verkauf von illegal hergestelltem Whisky zu den von den Farmern benötigten Preisen zu verhindern und das illegale Brennen unrentabel zu machen. Er scheute keine Mittel, um dieses Ziel zu erreichen. Er ging gegen die dort zu jener Zeit noch zahlreichen illegalen Farmdestillerien mit äußerster Härte vor. Die Betreiber der Brennereien wurden von seinen Leuten vertrieben und die Farmen, auf denen illegal destilliert wurde, abgebrannt. Viele Farmer verloren so Hab und Gut.

Die Destillerie wurde ab dem Zeitpunkt ihrer Gründung von James Harper geleitet. Ab 1821 konnte er die Destillerie pachten und die Lizenz auf sich eintragen lassen.

Im Jahr 1834 übernahm dann Andrew Ross die Pacht, gab diese aber 12 Jahre später (1846) an George Lawson & Sons ab.

1896 kaufte James Ainslie & Co. Clynelish und baute die Destillerie aus und um. Die Firma sollte für längere Zeit als Lizenzinhaberin eingetragen sein. Doch 1912 machte

James Ainslie & Co. beinahe Konkurs und musste die Destillerie an die DCL und andere Geldgeber verkaufen. Die DCL kaufte in den folgenden Jahren auch die Anteile der anderen Investoren auf und wurde 1925 alleinige Besitzerin. Als solche brachte sie Clynelish 1930 zusammen mit anderen Destillerien in die SMD ein.

1961 wurde die direkte Befeuerung der *stills* mit Kohle durch eine zentrale Dampfbeheizung ersetzt, und vier Jahre später gab man die eigene Mälzerei *(floor maltings)* auf und kaufte das benötigte Malz von Großmälzereien zu.

1967 wurde direkt neben Clynelish eine neue Destillerie gebaut. Diese erhielt ebenfalls den Namen Clynelish, weil sie eigentlich die alte Brennerei ersetzen sollte. Ihre *stills* sind jedoch größer als diejenigen in der alten Brennerei.

Oben · Der riesige Maischbottich mit seinem Kupferdeckel. Links vorne der *underback* zur Kontrolle des *wort*-Flusses.

Unten · Clynelish ist eine moderne Destillerie.

1968 wurde die alte Clynelish stillgelegt. Nur wenige Monate später ging sie aber als Clynelish A oder B (nicht einmal die Besitzerin weiß mehr genau, welche Destillerie damals A oder B genannt wurde) doch wieder in Produktion. Dies verursachte einiges an Verwirrung, umso mehr, weil die Whiskys beider Destillerien unter dem Namen »Clynelish« produziert wurden. Sie unterscheiden sich jedoch im Geschmack.

1969 wurde dann die alte Clynelish nach Interventionen der Scotch Whisky Association in »Brora« umbenannt.

Die moderne Destillerie Clynelish steht in unmittelbarer Nähe der aus dem 19. Jahrhundert stammenden ehemaligen Destillerie Clynelish, die heute Brora heißt.

Sie befindet sich auf dem Gemeindegebiet des Ortes Brora an der Nordseeküste des nördlichen Hochlandes. Man kommt dorthin auf der A9 Inverness–Wick. Brora liegt ungefähr in der Mitte dieser Strecke.

Bevor man den Ort erreicht, fährt man zuerst am Dunrobin Castle (Schloss der Sutherlands) und dann am Carn Liath, einem alten Festungsturm, vorbei.

Die beiden Destillerien liegen am Ortsausgang von Brora in unmittelbarer Nähe der A9 in Richtung Hügel (Wegweiser).

Der Name bedeutet	Abfallender Garten	Besucher	Ja ★★★ ☆ ☆ Kleines Besucherzentrum mit Shop ❤ ❤ ♡
Aussprache	Klein-lisch		
Whiskyregion	Highland	Rating	★★★★ ☆ ☆
Adresse	Clynelish Distillery Brora, Sutherland KW9 6LR Scotland	Hausstil	Seeluft, würzig, malzig, fruchtig, Spur Rauch, reiches, volles Aroma
Kontakt	Keine eigene Homepage Besitzer www.diageo.de Info-Seite www.discovering-distilleries.com Telefon +44 (0)1408 62 30 00		
Club	Kein Club		
Gründung	1819		
Status	In Betrieb		
Besitzer	Diageo plc		
Stills	6 (3 *wash*; 3 *spirit*)		
Kapazität pro Jahr	4 150 000 Liter		

Die heutige Clynelish ist eine hochmoderne Destillerie mit ebensolchen Einrichtungen. Ihre Architektur entspricht der in der Zeit ihres Baus angewendeten Schablone, die von der SMD für alle ihre Destillerien eingesetzt wurde.

Der riesige *mash tun* ist aus Edelstahl und hat einen Deckel aus Kupfer. Von den Gärbottichen – zehn an der Zahl – sind acht aus Douglas-Fichte und zwei aus Edelstahl. Im *stillhouse* mit der riesigen Fensterfront stehen die großen *stills* (je drei *wash* und *spirit stills*). Speziell ist, dass die *spirit stills* größer sind als die *wash stills*. Sie alle haben die ballförmigen Ausbuchtungen am unteren Ende der Schwanenhälse und gehören mit zu den größten in Schottland. Die Rohrkondensatoren stehen ebenfalls im *stillhouse*.

Gelagert und gereift werden die Malts von Clynelish beinahe exklusiv in Ex-Bourbon-Fässern in den Lagerhäusern und Gebäuden der alten Destillerie. Die Fassabfüllung wird ebenfalls dort gemacht. Zu diesem Zweck wird der *new make* aus der neuen Destillerie in einer Rohrleitung in die alte Destillerie geleitet und dort im *spirit receiver* für die Fassabfüllung gesammelt.

Oben • Die alte Porteus-Mühle versieht seit über 60 Jahren ihren Dienst.

Rechts • Das moderne *stillhouse* beherbergt sechs große *stills* und ihre Rohrkondensatoren.

Frühe Originalabfüllungen von Clynelish's aus der Zeit vor dem Neubau sind selten. Es existieren jedoch tatsächlich solche aus der Lizenzzeit von Ainslie & Heilbron.

Abfüllungen aus der neuen Destillerie gibt es in den Serien Fauna & Flora und Rare Malts der UDV. Seit dem Jahr 2002 gibt es auch einen 14-jährigen als Hidden Malt. 2006 folgte dann die erste Distillers Edition: ein 1991er mit Oloroso-Fass-*finishing*. Für die »Friends of Classic Malts« gab es 2009 einen 12-Jährigen und in der Reihe der »Manager's Choice«-Abfüllungen kam 2010 ein 1997er als Single Cask-Abfüllung auf den Markt.

Es gibt auch einige ausgezeichnete Clynelish-Abfüllungen von den Unabhängigen.

Coleburn †

Elgin · interessante und lebendige Stadt aus dem Mittelalter mit etlichen historischen Gebäuden und Monumenten; viele Restaurants, Kaffeehäuser und Shops.

Elgin Cathedral · Ruine einer großen Kathedrale mit Ursprüngen im 12. Jahrhundert; wirklich beeindruckender Ort.

Die Destillerie Coleburn

Mit dem Bau der Destillerie Coleburn etwas außerhalb von Longmorn wurde im Jahr 1897 begonnen. Die Lage in einem Tal mit einem Bach, nahe einer Eisenbahnlinie (diese wurde 1966 jedoch stillgelegt) und guten und reichlich sprudelnden Wasserquellen war ideal für eine Destillerie.

Nach etlichen Problemen während der Bauzeit nahm die Destillerie 1899 die Produktion auf. Ihr Besitzer war eine Firma aus Dundee, John Robertson & Son. Sie stellte Blended Whiskys her. 1913 geriet diese Firma aber in große finanzielle Nöte und musste Coleburn stilllegen. Ungefähr zu dieser Zeit wurde eine Firma Mitchell Bros. Ltd. als Besitzerin geführt (keine näheren Angaben erhältlich).

1916 wurde Coleburn von der Clynelish Distillery Co. Ltd. (einer Gesellschaft mit den Teilhabern DCL, John Risk und John Walker & Sons) aufgekauft. Mit ihr zusammen ging

An der Wand des Mälzhauses hängt noch das alte Firmenschild.

sie 1925 an die DCL und mit dieser 1930 in der SMD auf. Bereits in den ersten Jahren ihres Bestehens unternahm Coleburn große Anstrengungen, um ihre Abwässer zu reinigen. Die von ihr gemachten Entwicklungen wurden später von vielen anderen Destillerien ebenfalls angewandt.

1968 gab man die eigene Mälzerei auf und erhielt ab diesem Zeitpunkt das Malz aus den Großmälzereien der SMD. Ungefähr zur gleichen Zeit wurden die bis dahin zur Kondensation des Alkoholdampfes verwendeten *worm tubes* durch Rohrkondensatoren ersetzt.

1985 wurde Coleburn geschlossen. 1987 kam die immer noch stillgelegte Destillerie unter die Obhut der UDV. Diese gab 1992 ihre Lizenz zur Whiskyherstellung zurück. Dies bedeutete, dass die UDV eine Wiederaufnahme der Produktion bei Coleburn nicht mehr plante.

Tatsächlich wurden die Anlagen der Destillerie Ende der 1980er-Jahre ausgebaut und verkauft oder verschrottet. Coleburn arbeitete mit einem *mash tun* aus Gusseisenplatten mit einem Deckel aus Kupfer. Die vier Gärbottiche waren aus Holz (Art nicht bekannt). Destilliert wurde in je

Der Name bedeutet	Enger oder schmaler Bach; auch Kohlebach
Aussprache	Kol-börn
Whiskyregion	Speyside
Adresse	Coleburn Distillery Longmorn, Elgin, Morayshire IV38 8GN Scotland
Kontakt	Kein Web und Telefon
Club	Kein Club
Gründung	1897
Status	Geschlossen, 1985
Besitzer	Letzter war UDV/Diageo plc Jetziger Besitzer der Gebäude und des Geländes: D&M Winchester Ltd. www.coleburn-events.com
Stills	Früher 2 (1 *wash*; 1 *spirit*)
Kapazität pro Jahr	Früher ungefähr 500 000 Liter
Besucher	Nein, geschlossen
Rating	★★★★☆☆ (nur Whisky)
Hausstil	Würzig, süß, fruchtig, Ingwer, trocken

einer *wash* und *spirit still.* Sie waren zwiebelförmig und ihre Rohrkondensatoren standen nicht im *stillhouse,* sondern im Freien.

Gelagert wurde der Whisky vor allem in Ex-Bourbon-Fässern, doch wurde auch eine größere Anzahl an Ex-Sherry-Fässern verwendet.

1996/97 gab es Pläne der UDV, die Gebäude der Destillerie in Appartementhäuser umzunutzen. Obwohl die Behörden grünes Licht gaben, wurde das Projekt nie realisiert.

Im Jahr 2004 kauften die Brüder Dale und Mark Winchester (bekannte schottische Musiker und Immobilienhändler) die stillgelegte Destillerie Coleburn von Diageo plc.

Sie hatten die Absicht, aus den altehrwürdigen Gebäuden ein Unterhaltungszentrum mit Hotel, Shops, Restaurants und Konzertsälen zu machen. Es dauerte jedoch bis

ins Jahr 2011, bis die beiden die notwendigen Bewilligungen erhielten.

Wie mir Mark Winchester erzählte, dauerte es bereits bei der Inbetriebnahme der Destillerie (von 1897 bis 1899, siehe oben) ebenfalls sehr lange, bis die Genehmigung eintraf. Damals war der Grund für das lange Warten auf die Betriebsbewilligung – so seine Geschichte –, dass im Office des zu jener Zeit in jeder Destillerie platzierten Steuerbeamten keine eigenen sanitären Einrichtungen vorhanden waren. Erst als diese nach langem Hin und Her nachträglich eingebaut wurden, durften die damaligen Besitzer die Produktion aufnehmen. Bei den Winchesters waren es nicht die Toiletten, sondern andere bürokratische Schranken.

Ein erster Anlass ihrer Firma »The Coleburn Events Company« fand am 1. Mai 2011 im alten, umgebauten Mälzhaus und der Umgebung der Destillerie statt. Im Umfeld des »Spirit of Speyside Festivals« organisierten sie einen Family Fun Day und eine Grand Ceilidh Night. Hoffen wir, dass die Träume der beiden Brüder und ihrer Fangemeinde nicht nur Träume bleiben.

Der Malt von Coleburn floss vor allem in die Usher's Blends. Die Lizenz der Destillerie war seit dem Jahr 1917 auf J. & G. Stewart Ltd., den Besitzer dieser Marke, eingetragen. Bis die UDV im Jahr 2000 in ihrer Reihe der Rare Malts eine Original- oder Eigentümerabfüllung auf den Markt brachte

(einen 21-Jährigen aus dem Jahr 1979), war der Coleburn als Single Malt nur in Abfüllungen von den Unabhängigen erhältlich. Ihnen gelang es von Zeit zu Zeit, eines der extrem raren Fässer zu bekommen und abfüllen zu können.

Coleburn war als Single Malt schon immer eine Rarität und wird auch eine solche bleiben.

Rechts · Fassbeschriftungsschablone *(stencil)* der Destillerie im Museum in Dufftown.

Unten · Die Destillerie in ihrem verschwiegenen Tal mit den beiden *kilns* und den alten Gebäuden, welche zu neuem Leben erwachen sollen.

Die Gebäude der leider seit vielen Jahren stillgelegten Destillerie Coleburn liegen südlich von Elgin, der Hauptstadt des Bezirks Moray. Um zur ehemaligen Brennerei zu kommen, verlässt man Elgin auf der A941 Richtung Süden, das heißt in Richtung Rothes–Craigellachie, und fährt am Weiler Longmorn mit seinen Destillerien Benriach und Longmorn, später auch an Glen Elgin vorbei. Schon bald danach zweigt ein kleines Sträßchen nach links Richtung Coleburn ab (es kann leicht übersehen werden, Privatstraße). Nach wenigen hundert Metern kommt man im Tal zur ehemaligen Destillerie.

Convalmore †

Der Name bedeutet	Groß-Conval (nach den Hügeln nördlich von Dufftown)
Aussprache	Kon-wal-moor
Whiskyregion	Speyside
Adresse	Convalmore Distillery Dufftown, Banffshire AB55 4BD Scotland
Kontakt	Kein Web und Telefon
Club	Kein Club
Gründung	1893
Status	Geschlossen, 1985
Besitzer	Letzter war UDV/Diageo; nach der Schließung Verkauf an William Grant and Sons Ltd.
Stills	Früher 4 (2 *wash*; 2 *spirit*)
Kapazität pro Jahr	Früher ungefähr 750 000 Liter
Besucher	Nein, geschlossen
Rating	★★★☆☆☆☆ (nur Whisky)
Hausstil	Malzig, sirupartig, süßlich, nussig, warm, lang

Die Destillerie Convalmore

Eine Gruppe von Glasgower Geschäftsleuten gründete die Convalmore-Glenlivet Distillery Co. Ltd. im Jahr 1893. Kurz danach begann diese mit dem Bau der Destillerie in der Nähe des kleinen Städtchens Dufftown. Convalmore konnte 1894 die Produktion aufnehmen.

Knappe 10 Jahre später (1904) wurde Convalmore für nur gerade 6000 Pfund an die Glasgower Blendingfirma W. P. Lowrie & Co. Ltd. verkauft. 1906 schlidderte diese neue Besitzerin in finanzielle Probleme. Einer ihrer besten Kunden, James Buchanan & Co. Ltd. – eine der größten Blending-Firmen Schottlands (Black & White) – sprang ein und übernahm Lowrie & Co. und mit ihr auch Convalmore.

Nach einem Großfeuer im Jahr 1909 mussten große Teile der Destillerie neu aufgebaut werden. Bei dieser Gelegenheit wurde 1910 eine *continuous still* eingebaut. Mit dieser

Dufftown, »Malt Whisky Capital of the World« · nicht nur wegen ihrer neun Destillerien unbedingt einen Besuch wert – sechs davon sind noch in Betrieb; im Mai und September jeweils großes Whiskyfestival.

Balvenie Castle · Ruine eines Schlosses aus dem 13. Jahrhundert.

Speyside Cooperage · größte Fassfabrik der Speyside; Führungen, Shop.

wurden Experimente für eine kontinuierliche Produktion von Malt-Whiskys gemacht. Sie brachten aber keine positiven Resultate. Deshalb wurde sie Ende 1915 wieder demontiert.

James Buchanan & Co. Ltd. verkaufte Convalmore 1925 an die DCL. Diese Organisation ging 1930 in der SMD und jene wiederum 1987 in der UDV auf.

Nachdem 1962 in einer ersten Phase die direkte Beheizung der *stills* mit Kohle durch eine indirekte mit Dampf ersetzt wurde, begann die SMD 1964 mit einer umfangreichen Renovierung der Destillerie. Bei dieser Gelegenheit baute sie die Kapazität von zwei auf vier *stills* aus. In den 1970er-Jahren wurde die Destillerie erneut erweitert. Sie erhielt ein neues *mash house* und größere Lagerhäuser. Zusätzlich wurde ihr eine *dark grains plant,* eine Fabrik, die aus den Destillierabfällen Viehfutter herstellte, angegliedert.

1985 wurde Convalmore von der SMD geschlossen. Alle Produktionsmittel wurden entfernt und weiterverkauft.

Unten · Die Destillerie ist bis auf dieses Steuerpult ausgeräumt.

Ganz unten · Ausschnitte für die Gärbottiche im Boden des *tunhouse*. Fotos auf dieser Seite © zenithfivenine 2010

Wie und mit welchen Produktionsmitteln Convalmore gearbeitet hat, konnte mir niemand mit Bestimmtheit sagen. Ein ehemaliger Mitarbeiter der Destillerie konnte sich noch an einen großen Maischbottich aus Gusseisenplatten mit einem Kupferdeckel und an sechs Gärbottiche aus Holz erinnern. Die vier *stills* (je zwei *wash* und *spirit stills*) waren nicht sehr groß und hatten im *stillhouse* stehende Rohrkondensatoren.

1990 kaufte William Grant & Sons Ltd. die leeren Gebäude von der aus der SMD hervorgegangenen UDV. Heute werden diese als Lagerhäuser für die gefüllten Fässer, Flaschen und für andere Materialien der in unmittelbarer Nähe liegenden anderen Destillerien der Firma William Grant & Sons Ltd. (Glenfiddich, Balvenie und Kininvie) genutzt.

Die Malts von Convalmore wurden früher vor allem für die Buchanan-Blends verwendet. Sie erschienen bis heute als Single Malts in »Originalabfüllung« erst zweimal: Im Jahr 2003 ein 1978er mit 24 Fassjahren in der Reihe der Rare Malts der UDV und im Jahr 2005 als Special Release mit 28 Fassjahren. Das Wort Originalabfüllung steht in Anführungszeichen, weil UDV/Diageo zum Zeitpunkt der Abfüllungen schon lange nicht mehr Besitzerin von Convalmore war. UDV hatte sich aber beim Verkauf der Destillerie das Recht vorbehalten, von den sich in ihrem Besitz befindlichen Restbeständen Abfüllungen machen zu dürfen. Vom Malt aus der Destillerie Convalmore gibt es nicht mehr viel, er gehört wirklich zu den Raritäten.

Von den Unabhängigen ist der Convalmore ebenfalls — wenn auch sehr selten — zu haben.

Der *kiln* und links davon das *tunhouse* der geschlossenen Destillerie.

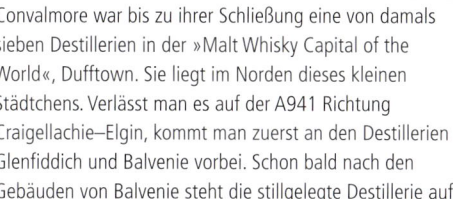

Convalmore war bis zu ihrer Schließung eine von damals sieben Destillerien in der »Malt Whisky Capital of the World«, Dufftown. Sie liegt im Norden dieses kleinen Städtchens. Verlässt man es auf der A941 Richtung Craigellachie–Elgin, kommt man zuerst an den Destillerien Glenfiddich und Balvenie vorbei. Schon bald nach den Gebäuden von Balvenie steht die stillgelegte Destillerie auf der rechten Seite direkt an der Hauptstraße, von dieser nur getrennt durch eine (stillgelegte) Bahnlinie.

Convalmore ist Teil eines heute zusammenhängenden Whiskykomplexes, bestehend aus den Destillerien Convalmore, Balvenie, Kininvie und Glenfiddich. Sie alle gehören zum Imperium von William Grant & Sons Ltd.

Cragganmore

schottischen Destillerien ehrfürchtig bestaunten Malzmühle.

Der Maischbottich *(full lauter)* besteht aus Edelstahl und besitzt einen Kupferdeckel. Der Stahl des Bottichs ist jedoch nicht sichtbar, sondern mit Edelholz schön eingefasst. Die sechs Gärbottiche aus Douglas-Fichte stehen in einem separaten Gärhaus.

Doch nun zu den *stills* im schönen, aber fast ein wenig kühl wirkenden *stillhouse*: Sie sind etwas anders als in den anderen Destillerien, haben doch nur die beiden *wash stills* mit Einbuchtungen für den ersten Brennlauf die sogenannten Schwanenhals-Köpfe. Die beiden *spirit stills* mit ballförmigen Ausbuchtungen am Halsansatz haben rechtwinklig an laternenförmige Köpfe angesetzte Dampfrohre. Weil diese nicht ganz oben angebracht sind, lassen sie den kondensierten Alkohol zum Teil noch einmal zurück in die Brennhäfen tropfen. Er wird so noch einmal destilliert, was dem späteren Whisky einen weicheren Charakter verleiht.

Die Dampfrohre führen ins Freie, wo ihre Enden als Spiralrohre in einen großen, mit Wasser gefüllten Bottich führen. Diese sogenannte *worm tube*-Kondensation ist effizient, wird aber nur noch in wenigen Destillerien Schottlands so gemacht.

Zur Lagerung und Reifung werden in der Regel Ex-Bourbon-Fässer verwendet. Die anderen Fassarten dienen vor allem dem *finishing*.

Links • Der schön präsentierte Maischbottich mit seinem Kupferdeckel – eine wahre Augenweide.

Unten • Die *lyne arms* der beiden *wash stills* mit ihren typischen Sichtfenstern – hier die *wash still 1* – führt als *worm tube* in die großen Wasserbehälter außerhalb des *stillhouse*.

Die Destillerie Cragganmore

In der Nähe des Ballindalloch Castle im Tal des River Spey, von dessen Besitzer er ein Stück Land pachten konnte, erbaute John Smith in den Jahren 1869/70 die Destillerie Cragganmore. Er war bis zu diesem Zeitpunkt Mieter der Destillerie Glenfarclas, wollte aber eine eigene Destillerie.

Cragganmore liegt in unmittelbarer Nähe der Einmündung des Flusses Avon in den Spey River und nahe der Eisenbahnlinie Edinburgh–Inverness. John Smith ließ mit dem Bau seiner Destillerie auch gleich ein Anschlussgleis von der Destillerie an diese Bahnlinie legen. Über dieses wurden Kohle und Getreide angeliefert. Es sollte jedoch bis 1887 dauern, bis der erste »Whiskyzug« Ballindalloch mit ungefähr 70 000 Litern in Richtung Edinburgh verließ.

Ballindalloch Castle • Familiensitz der MacPherson-Grants seit 1546; im Winterhalbjahr für Besucher geschlossen, schönes und sehenswertes Äußeres und Inneres; auf dem Gelände um das Schloss weiden die berühmten Angusrinder.

Speyside Way • Wanderweg dem alten Eisenbahngleis am Spey River entlang, von Aviemore bis nach Buckie an die Nordsee (ungefähr 100 Kilometer lang); führt ganz nahe an der Destillerie vorbei.

1886 starb John Smith. Sein Bruder George übernahm interimistisch die Leitung der kleinen Destillerie, bis der Sohn von John, Gordon, im Alter von 21 Jahren im Jahr 1893 die Leitung selbst übernehmen durfte.

1901 bis 1902 wurde Cragganmore das erste Mal renoviert und ausgebaut.

Nach dem Tod von Gordon Smith (1912) übernahm dessen Witwe Mary Jane die Leitung der Destillerie. Von 1917 bis 1918 war Cragganmore infolge der Wirren des Ersten Weltkriegs stillgelegt. Vor der Wiedereröffnung im Jahr 1918 installierte man in der Destillerie bereits elektrisches Licht.

1923 verkaufte Mary Jane Smith die Destillerie an die neu gegründete Cragganmore Distillery Co. Diese war je zur Hälfte im Besitz von Mackie & Co. (White Horse Distillers Ltd.) und Sir George MacPherson-Grant (Ballindalloch Estate). 1927, drei Jahre nach dem Tod von Peter Mackie, übernahm die DCL mit dem Kauf der White Horse Distillers Ltd. deren 50-Prozent-Anteil an Cragganmore.

1931 bis 1934 musste die Destillerie wegen zu hoher Lagerbestände stillgelegt werden, nahm aber die Produktion danach wieder auf und florierte. 1964 wurde die Kapazität bei Cragganmore von zwei auf vier *stills* verdoppelt. 1965 übernahm dann die DCL/SMD den noch fehlenden 50-Prozent-Anteil vom Ballindalloch Estate und brachte so Cragganmore 1987 zu 100 Prozent in die UDV ein.

2002 wurde der Destillerie ein kleines, nobles Besucherzentrum angegliedert. Von hier starten heute die Destillerriebesichtigungen. Sie beginnen bei der wie in fast allen

Die Destillerie Cragganmore steht in der Nähe des Ortes Bridge of Avon nahe der A95 Aviemore–Craigellachie. Kommt man aus der Richtung Aviemore nach Bridge of Avon, geht die kleine Straße mit der Nummer B9137 am Ortseingang Richtung Norden weg. Sie führt nur zur Destillerie und zu den umliegenden Häusern der Destillerieangestellten. Eine kleine Welt für sich.

Leider wurde der Malt aus dieser Destillerie über lange Zeit fast ausschließlich für die Blended Whiskys der UDV (»Old Parr« und »White Horse«) verwendet.

Bevor er Ende der 1980er-Jahre in die Serie der Classic Malts der UDV aufgenommen wurde, war er einer der weniger bekannten Malts. Er galt unter den Whiskykennern aber schon immer als Geheimtipp.

Die bekannteste Abfüllung ist der 12-Jährige. Dieser ist Bestandteil der Classic Malts. Es gibt den Cragganmore in Originalabfüllung auch als »Distillers Edition« mit einem Port-*finishing* sowie in anderen Abfüllungen (Vintage, Cask Strength usw.) und zu speziellen Anlässen, zum Beispiel einen 14-Jährigen für die »Friends of Classic Malts«. 2010 erschien in der Reihe »Manager's Choice« ein 1997er.

Der Cragganmore wird – zwar eher selten – ebenfalls von einigen Unabhängigen abgefüllt.

Rechts • Das dekorative Eingangstor lädt zum Eintreten ein.

Unten • Die *spirit stills* haben einen etwas speziellen Hals, von welchem das Dampfrohr *(lyne arm)* unter dem Scheitelpunkt rechtwinklig weggeht.

Der Name bedeutet	Großer Felsen	Besucher	Ja ★★★☆☆
			Kleines Besucherzentrum
Aussprache	Kräggen-moor		mit Shop ❤❤☆☆☆
Whiskyregion	Speyside	Rating	★★★★☆☆
Adresse	Cragganmore Distillery	Hausstil	Torf und Nüsse, würzig,
	Ballindalloch, Banffshire		aromatisch, Spur Rauch, trocken
	AB37 9AB Scotland		
Kontakt	Keine eigene Homepage		
	Besitzer www.diageo.de		
	Info-Seite		
	www.discovering-distilleries.com		
	Telefon +44 (0)1479 87 47 00		
Club	Kein Club		
Gründung	1869		
Status	In Betrieb		
Besitzer	Diageo plc		
Stills	4 (2 *wash*; 2 *spirit*)		
Kapazität pro Jahr	1 750 000 Liter		

Craigellachie

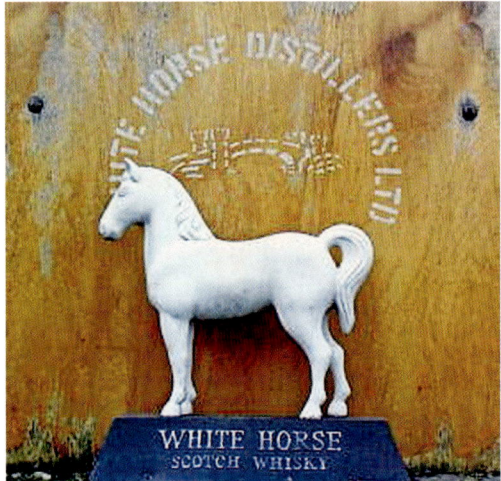

WHITE HORSE
SCOTCH WHISKY

Craigellachie Bridge • beeindruckende Eisenkonstruktion aus dem Jahr 1814 mit Schlosstürmchen auf beiden Ufern; führt zwischen Aberlour und Craigellachie über den Spey River. Über sie rollte bis 1972 noch der Verkehr, heute ist sie eine Fußgängerbrücke.

Speyside Cooperage • größte Fassfabrik der Speyside; Führungen, Shop, Restaurant.

Oben • Die in modernem Stil umgebaute Destillerie mit ihrem alten *kiln* und dem von der Straße her einsehbaren *stillhouse*. Auf dem Areal der Destillerie gibt es keine Lagerhäuser.

Links • Der Craigellachie ist der Basis-Malt für den White Horse Blend. Als Single Malt wird er nur selten abgefüllt.

Die Destillerie Craigellachie

Peter Mackie – er besaß bereits die Destillerie Lagavulin auf der Insel Islay – tat sich 1891 mit Alexander Edward von der Aultmore & Benrinnes Distillery und einigen anderen Partnern aus Whisky-Blending- und Handelsfirmen zur Gründung der Craigellachie-Glenlivet Distillery Company zusammen. Mit gemeinsamen Mitteln bauten sie die neue Destillerie Craigellachie. Es dauerte aber aus den verschiedensten Gründen sehr lange, bis diese im Jahr 1898 ihren Betrieb endlich aufnehmen konnte.

1916 wurde die Gesellschaft und mit ihr auch Craigellachie von der durch Peter Mackie kontrollierten Firma Mackie & Co. (Distillers) Ltd. übernommen. Bereits vorher und nicht erst ab diesem Zeitpunkt war Craigellachie der Hauptlieferant der Malt-Whiskys für die Blends der Marke White Horse dieser Firma. Nach dem Tod von Peter Mackie (1924) wurde seine Firma in White Horse Distillers Ltd. umbenannt.

In den folgenden Jahren traten wegen dem von ihm hinterlassenen Führungsvakuum finanzielle Probleme auf. So

ließ sich die Übernahme durch die DCL im Jahr 1927 nicht mehr verhindern. 1930 ging die DCL dann in der SMD auf.

1964/65 wurde Craigellachie renoviert und fast komplett neu aufgebaut. Ihre Brennkapazität wurde von zwei auf vier *stills* erweitert. Diese fanden in einem neuen *stillhouse* Platz. Fast alle heute stehenden Gebäude stammen aus dieser Zeit. Übriggeblieben von der alten Destillerie sind nur das ehemalige Mälzhaus und der *kiln* mit der typischen Pagode.

1987 wurde die SMD Teil der UDV. Diese beschloss 1995, die eigene Fassabfüllung und Lagerung bei Craigellachie aufzugeben. Seit dieser Zeit wird der *new spirit* in Tank-

Craigellachie liegt im Herzen der Speyside direkt an der Kreuzung der wichtigsten durch dieses Gebiet führenden Straßen.

Fährt man von Elgin auf der A941 nach Süden oder auf der A95 von Aviemore über Bridge of Avon nach Nordosten, kommt man in der Nähe des berühmtesten Straßenbauwerkes dieses Gebietes, der Craigellachie Bridge, zur Straßengabelung von Craigellachie. Von hier aus kommt man, wenn man der A941 in Richtung Dufftown folgt, an der direkt an der Straße liegenden Destillerie vorbei. Nicht weit von ihr entfernt liegt die Speyside Cooperage, eine der Top-Sehenswürdigkeiten in dieser Gegend.

wagen in die zentralen Lager von Dewar in Inveralmond bei Perth gebracht. Erst dort wird er in Fässer abgefüllt und gelagert.

1998 kam Craigellachie als Teil eines Paketes zusammen mit anderen Destillerien und der Marke Dewar in den Besitz von Bacardi Ltd., dem großen Getränkekonzern mit Sitz auf den Bermudas.

Craigellachie ist eine der am wenigsten besuchten Destillerien Schottlands. Dies liegt wahrscheinlich nicht nur daran, dass sie eine nicht sehr attraktive Destillerie ist. Viel mehr dürfte ins Gewicht fallen, dass um sie herum eine große Anzahl Brennereien mit *Visitor Centres* aufwarten, darunter auch etliche mit wohlklingenden Namen: Macallan, Glenfiddich, Aberlour, Glen Grant, Glenfarclas, Glenlivet usw.

Craigellachie selbst besitzt kein Besucherzentrum. Gleichwohl lohnt sich vor allem am Abend ein Blick durch die großen Fenster des hell erleuchteten, modernen *stillhouse,* in das man von der Straße her sehen kann.

Craigellachie bezieht das benötigte Gerstenmalz von Großmälzereien und beginnt den Prozess mit dem Mahlen des Malzes zu *grist.* Der Maischbottich ist aus Edelstahl *(full lauter).* Die in ihm gewonnene *wort* (zuckerhaltige Flüssigkeit) wird für den Gärprozess in acht *wash backs* aus Douglas-Fichte geleitet. Die vier zwiebelförmigen *stills* ohne Ein- oder Ausbuchtungen (je zwei *wash* und *spirit stills*) sind sehr groß und erlauben die Herstellung von um die 3,75 Millionen Liter Alkohol im Jahr.

Craigellachie kondensiert den Alkoholdampf als eine der wenigen Destillerien in Schottland in *worm tubes.* In dieser Destillerie führen die schneckenförmig angelegten Rohre für die Kondensation des Dampfes durch mit Wasser gefüllte Stahlbottiche.

Verschwand der Malt von Craigellachie früher fast vollständig in den Blended Whiskys der Marke White Horse,

Eine beeindruckende Ansicht: die Destillerie mit ihrem hellerleuchteten *stillhouse* nach Einbruch der Dunkelheit.

Der Name bedeutet	Fels am steinigen Ort (Platz); Felsiger Hügel
Aussprache	Gri-ge-lächi
Whiskyregion	Speyside
Adresse	Craigellachie Distillery Craigellachie, Aberlour, Banffshire AB38 9ST Scotland
Kontakt	Keine eigene Homepage Besitzer www.dewarswow.com Telefon +44 (0)1340 87 29 71
Club	Kein Club
Gründung	1891
Status	In Betrieb
Besitzer	John Dewar & Sons Ltd. (Bacardi Ltd.)
Stills	4 (2 *wash*; 2 *spirit*)
Kapazität pro Jahr	3 750 000 Liter

Besucher	Kein Besucherzentrum ★★☆☆☆ Besuche sind aber nach Voranmeldung möglich. (Nicht zu knapp vor dem geplanten Besuch anrufen.)
Rating	★★★☆☆☆☆
Hausstil	Frisch, nussig, süß, fruchtig, leicht würzig, Spur Rauch, lang

geht er heute unter dem neuen Besitzer Bacardi hauptsächlich in die Blends von Dewar.

Als Single Malt wurde der Craigellachie bereits vor dem Ersten Weltkrieg zum ersten Mal abgefüllt. Originalabfüllungen gab es später vor allem in der Zeit, als die UDV Besitzerin von Craigellachie war. Sie brachte ihn in ihren Reihen Fauna & Flora sowie Rare Malts heraus.

Seit der Übernahme durch Bacardi gibt es den Craigellachie als Single Malt-Abfüllung in relativ kleinen Mengen als 14-Jährigen und in Abfüllungen für das gleichnamige, nahe gelegene Hotel.

Auch die Unabhängigen haben ihn von Zeit zu Zeit – jedoch eher selten – im Angebot.

Daftmill

Dunfermline · alte Stadt mit vielen Sehenswürdigkeiten und vielen Hotels, Restaurants und Pubs.

Saint Andrews · das Mekka der Golfer.

Lindores Abbey · Geburtsstätte des Whiskys in Schottland; die Ruinen stehen näher beim Ort Newburgh als bei Lindores in Fife.

Die Destillerie Daftmill

Francis und Ian Cuthbert – sie repräsentieren bereits die sechste Generation dieser Farmerfamilie – dachten zusammen mit ihren Familienangehörigen längere Zeit über die Möglichkeit nach, einige der Gebäude ihres uralten Hofs in eine Destillerie umzubauen. Sie betrieben ihren Hof mit Gersten- und Kartoffelanbau sowie Viehzucht. Die Daftmill-Farm und -Mühle ist Bestandteil eines seit über 1000 Jahren existierenden Gebietes (des Daftmill and Pitlair Estate), das aus verschiedenen Farmen und Herrschaftshäusern bestand. Die Cuthberts konnten die Farm von der Besitzerfamilie Walker im Jahr 1984 kaufen. Sie waren vorher Pächter bei dieser, durch Sir William Walker vertretenen Familie.

In die aus dem Ende des 18. Jahrhunderts stammende Farm war eine schon längere Zeit stillgelegte Mühle und Mälzerei integriert. Der etwas spezielle Name der Farm, Daftmill, was in etwa »verrückte Mühle« heißt, kommt einerseits von der Mühle, andererseits vom Bach, der sie über lange Jahre angetrieben hat. Der Bach fließt – so sieht es zumindest wegen der topografischen Eigenschaften seiner Umgebung aus – aufwärts und betrieb in dieser Richtung auch noch die Mühle. Von den Bewohnern der Region wurde er deshalb als »verrückter Bach« und die an ihm liegende Mühle als »verrückte Mühle« bezeichnet.

Die Cuthberts ersuchten im Jahr 2003 um die Bewilligung, ein paar Gebäude des Hofes in eine Destillerie umbauen zu dürfen. Sie erhielten die Baubewilligung und

begannen mit dem Umbau der alten Mühle in eine Destillerie. Am 30. November 2005, dem St. Andrews Day, erhielten sie dann auch noch die Brennbewilligung von Her Majesty's Revenue & Customs, der Steuer- und Zollbehörde.

Am 16. Dezember 2005 floss aus den *stills* das erste Mal guter *new make* und konnte von der Mutter von Francis und Ian ins Fass mit der Nummer 1 abgefüllt werden. Sowohl die *wash* als auch die *spirit still* sind zwiebelförmig ohne Ein- oder Ausbuchtungen, und die zu ihnen gehörenden Rohrkondensatoren stehen im gleichen Raum.

Daftmill zweigt – im Vergleich mit den anderen Destillerien Schottlands – ein Herz *(middle cut)* mit einem sehr hohen Alkoholgehalt ab: Es beginnt bei ungefähr 78 und hört bereits bei spätestens 72 Prozent auf.

Die dem Brennen vorausgehenden Tätigkeiten werden mit Ausnahme des Mälzens ebenfalls in der Destillerie gemacht. In einer modernen Mühle wird die auf dem eigenen Hof geerntete Gerste zu *grist* gemahlen. Der Maischbottich *(semi lauter)* ist aus Edelstahl und hat einen Deckel aus Kupfer. Die zwei *wash backs* (Gärbottiche) sind ebenfalls aus Edelstahl. Das für den Whisky selbst benötigte Wasser stammt aus einer eigenen Quelle und das Kühlwasser liefert der Bach. Das warme Wasser aus dem Prozess wird in den farmeigenen Ententeich geleitet und verhindert dessen Einfrieren während der Winterzeit.

Der *new make* wird hauptsächlich in Ex-Bourbon-, aber auch in Ex-Sherry-Fässer abgefüllt und in bereits zwei Lagerhäusern mit Naturboden gelagert. Bis zum Frühjahr des

Unten · Viele Single Malt-Liebhaber auf der ganzen Welt warten auf die in den Lagerhäusern in bereits ein paar hundert Fässern reifenden Malt-Whiskys. Wann ist es so weit?

Ganz unten · Die schmucken Gebäude der kleinen aber feinen Destillerie Daftmill.

<table>
<tr><td colspan="2">ⓘ</td></tr>
</table>

Der Name bedeutet	Verrückte Mühle
Aussprache	Daft-mill
Whiskyregion	Lowland
Adresse	Daftmill Distillery By Cupar, Fife KY15 5RF Scotland
Kontakt	www.daftmill.com Telefon +44 (0)1337 83 03 03
Club	Friends of Daftmill Mitgliedschaft gratis; Anmeldung über die Website der Destillerie
Gründung	2003; Produktionsaufnahme am 16. Dezember 2005
Status	In Betrieb
Besitzer	Francis und Ian Cuthbert mit Familien
Stills	2 (1 *wash*; 1 *spirit*)
Kapazität pro Jahr	100 000 Liter (Produktion 2011: 20 000 Liter)
Besucher	Kein Besucherzentrum ★★★☆☆ Besuche sind aber nach Voranmeldung möglich. (Nicht zu knapp vor dem geplanten Besuch anrufen.)
Rating	Noch kein Rating, obwohl die Proben Gutes verheißen. ★★★(★) ★★★
Hausstil	Weich, süßlich, fruchtig, Spur Rauch, Vanille, aromatisch Es sind noch keine Abfüllungen aus dieser Destillerie auf dem Markt.

Die Destillerie – oder besser gesagt die Farm mit ihrer Destillerie – mit dem Namen Daftmill liegt in der Nähe des Städtchens Cupar im ehemaligen Königreich Fife in einem Gebiet, das die Bezeichnung »Howe of Fife« trägt.

Kommt man von Edinburgh aus über die Firth of Forth Brücke auf der A90 (wird bald nach der Brücke zur M90) bleibt man etwa weitere 30 Kilometer auf dieser Straße. Dann nimmt man die A91 in Richtung Cupar–St. Andrews. Zirka ein Kilometer nach der Kreuzung mit der A92 geht das schmale Sträßchen zur Daftmill Farm von der A91 rechts weg (leicht zu übersehen). Cupar liegt ungefähr acht Kilometer weiter östlich.

Jahres 2012 wurde offiziell noch nie ein »Daftmill Single Malt« abgefüllt. Die aus Fässern von verschiedenen Jahrgängen gezogenen Muster versprechen einiges. Francis Cuthbert antwortete 2011 bei meinem letzten Besuch bei Daftmill auf meine Frage, wann er seinen Whisky abzufüllen gedenke, mit einem Lachen und der einfachen Aussage: »Wenn er für mich wirklich gut genug ist.«

Bei einer Produktion von 100 Fässern pro Jahr (Ex-Bourbon und Ex-Sherry) platzt das bis jetzt einzige Lagerhaus bereits aus den Nähten. Die Cuthberts ziehen es aber vor, ein Weiteres zu bauen, als mit dem Abfüllen zu beginnen.

Unten · Die beiden *stills* mit ihren Rohrkondensatoren haben in einem Teil der alten Mühle Platz gefunden.

Ganz unten · Der kleine Maischbottich *(mash tun)* steht zusammen mit den Würze-Auffangbehältern in einem Raum.

Dies ist ein ganz anderes Vorgehen, als man es von den anderen neu gebauten Destillerien kennt, die ihre Whiskys nach den berühmten drei Jahren und einem Tag abzufüllen beginnen.

Interessant ist auch ein Hinweis von Francis auf die Bücher der Lindores Abbey, in der gemäß der berühmten Steuerrolle von Falkirk das erste Mal urkundlich belegt ein Lebenswasser aus Gerstenmalz hergestellt wurde. Der Eintrag in dieser Rolle (1494) ist der älteste existierende Beweis für eine Whiskyherstellung und machte Schottland zur ältesten Whiskynation der Welt. In den Büchern der Abbey selbst findet man bereits ab dem Jahr 1380 Aufzeichnungen, dass diese Abtei Gerste aus dem Daftmill & Pitlair Estate bezog.

Es kann also sein, dass der im Jahr 1494 von König James IV. in Auftrag gegebene Whisky mit Gerste von Daftmill produziert wurde.

Dailuaine

Speyside Way · Wanderweg der alten Eisenbahnlinie und dem Spey River entlang (ungefähr 100 Kilometer lang); führt an der Destillerie vorbei.

Craigellachie Bridge · beeindruckende Eisenkonstruktion aus dem Jahr 1814 mit Schlosstürmchen auf beiden Ufern; führt zwischen Aberlour und Craigellachie über den Spey River. Über sie rollte bis 1972 noch der Verkehr.

Dailuaine war die erste Destillerie Schottlands, welche das für die *kilns* charakteristische Pagodendach erhielt. Nach verschiedenen Feuersbrünsten besitzt die Destillerie aber heute keinen *kiln* mehr. Die heutigen Destilleriegebäude stammen aus dem Ende der 1950er-Jahre.

Die Destillerie Dailuaine

Die mitten in grünen Wiesen und in einem grünen Tal liegende Destillerie wurde 1851 vom Farmer William Mackenzie gegründet und 1854 in Betrieb genommen.

Bereits 1863 wurde die Destillerie durch einen eigenen Gleisanschluss mit der Strathspey Railway verbunden.

1865 starb der Firmengründer William MacKenzie. Seine Frau Jane übernahm zusammen mit ihren Söhnen die Leitung der Destillerie. Finanzielle Hilfe erhielten sie dabei von James Fleming, einem Bankier aus dem nahe gelegenen Aberlour. Ab 1879 firmierte die Gesellschaft unter dem neuen Namen Mackenzie & Co. Teilhaber waren Thomas MacKenzie und James Fleming. In den Jahren 1885 bis 1887 wurde Dailuaine unter der Leitung dieser Firma komplett um- und ausgebaut. Sie wurde dabei zu einer der größten Destillerien in den Highlands.

1889 verpasste der berühmte Destilleriearchitekt Charles Doig dem *kiln* von Dailuaine das erste Pagodendach auf einem *kiln* einer Destillerie in Schottland. Eine solche Pagode – eine orientalisch anmutende Konstruktion mit einer regenabweisenden Funktion – sollte in der Folge die *kilns* der meisten Destillerien krönen.

Der Name bedeutet	Grüne Wiese, grünes Tal	Besucher	Kein Besucherzentrum ★★★ ☆☆ Besuche sind nach Voranmeldung möglich, aber schwierig zu vereinbaren. (Nicht zu knapp vor dem geplanten Besuch anrufen.)
Aussprache	Dal-iu-win		
Whiskyregion	Speyside		
Adresse	Dailuaine Distillery Aberlour, Banffshire AB38 7RE Scotland		
		Rating	★★★★ ☆☆☆
Kontakt	Keine eigene Homepage Besitzer www.diageo.de Telefon +44 (0)1340 87 25 00	Hausstil	Malzig, fruchtig, würzig, aromatisch, lang; Fauna & Flora zusätzlich mit Sherrynoten
Club	Kein Club		
Gründung	1851		
Status	In Betrieb		
Besitzer	Diageo plc		
Stills	6 (3 *wash*; 3 *spirit*)		
Kapazität pro Jahr	3 500 000 Liter		

Die Familiengesellschaft Mackenzie & Co. öffnete sich 1891, und die Destillerie gehörte ab diesem Jahr einer Publikumsgesellschaft mit dem Namen Dailuaine-Glenlivet Distillery Ltd.

Diese wiederum fusionierte 1898 mit der Besitzerin der Destillerie Talisker auf der Insel Skye. Nach diesem Zusammenschluss firmierte die neue Gruppe unter dem Namen Dailuaine-Talisker Distilleries Ltd. Zur Gruppe gehörte – neben anderen Firmen – auch die nahe bei Dailuaine liegende Destillerie Imperial.

Nach dem Tod von Thomas Mackenzie (1915) zwang 1916 die immer schlechter werdende finanzielle Situation die Gesellschaft dazu, die beiden Destillerien an eine Gruppe ihrer damals besten Kunden, bestehend aus John Dewar & Sons, John Walker & Sons und James Buchanan & Co. zu verkaufen.

Im Jahr 1917 wurde Dailuaine durch ein Großfeuer fast vollständig zerstört. Diesem fiel auch das erste Pagodendach einer schottischen Destillerie zum Opfer. Die Produktion in der danach neu aufgebauten Destillerie konnte erst 1920 wieder aufgenommen werden.

1925 kam Dailuaine zur DCL und mit dieser 1930 unter das Management der SMD.

Dailuaine arbeitete ursprünglich mit sechs *stills*. Dies in zwei Dreiergruppen mit je einer großen *wash-* und zwei ziemlich kleinen *spirit stills*. Je zwei der kleinen *spirit stills* wurden in den 1950er-Jahren durch eine größere ersetzt, sodass ab dann nur noch mit insgesamt vier *stills* produziert wurde.

Nach einer weiteren Feuersbrunst (1957) musste die Destillerie zum Teil wieder neu aufgebaut werden. Gleichzeitig mit diesem Neubau wurde 1959/60 ihre Kapazität von vier auf sechs *stills* erweitert und die Mälzböden durch eine Saladin-Box ersetzt. In einen Teil der ehemaligen Mackenzie-Farm wurden Anlagen für die Produktion von *dark grains,* das heißt für Viehfutter aus den Destillerieabfällen eingebaut.

1983 wurde das eigene Mälzen aufgegeben und das Malz von Großmälzereien zugekauft. Seit 1987 wurde Dailuaine zuerst von der UDV, später von Diageo plc geführt.

Dailuaine besitzt wie viele andere Destillerien in der Speyside kein Besucherzentrum. Will man die Destillerie besichtigen, sollte man sich nicht zu knapp vor dem Termin anmelden. Dailuaine ist jedoch für Besucher nicht eingerichtet.

Grundsätzlich ist zu sagen, dass es in der Destillerie mit Ausnahme der *wash stills* nichts zu sehen gibt, was man nicht in allen anderen Destillerien ebenfalls zu sehen bekommt: eine alte Malzmühle, einen Maischbottich aus Edelstahl mit einem Kupferdeckel *(full lauter)* und acht Gärbottiche aus Douglas-Fichte.

Doch da ist noch das *stillhouse* mit seinen sechs *stills* (3 *wash* und 3 *spirit*). Die *wash stills* besitzen hier ungefähr nach einem Fünftel der Höhe ihres Halses eine Art Kragen (eine Verbreiterung) von dem aus sich der Hals wieder kontinuierlich nach oben verjüngt. Diese Art *stills* habe ich sonst in keiner schottischen Destillerie gesehen.

Rechts • Die Gärbottiche sind aus Douglas-Fichte. Sie stehen in einem ebenfalls viel Platz bietenden Gärhaus.

Unten • Im geräumigen *stillhouse* stehen die sechs *stills*. Dabei fallen vor allem die *wash stills* mit ihren auf einer ungewöhnlichen Höhe angebrachten »Kragen« auf.

In einem Tal ganz in der Nähe von Aberlour liegt die Destillerie mit dem Namen Dailuaine. Um zu ihr zu gelangen, verlässt man das Städtchen Aberlour auf der A95 Richtung Bridge of Avon–Aviemore, das heißt in westlicher Richtung. Beim Weiler Bridge of Derrybeg zweigt das schmale Sträßchen in Richtung Carron–Archiestown ab. Die Destillerie liegt direkt an dieser Straße.

227

Die *spirit stills* sind zwiebelförmig und haben weder Ein- noch Ausbuchtungen. Die Rohrkondensatoren stehen ebenfalls im Brennhaus.

Und dann sind da auch noch die beeindruckenden Lagerhäuser direkt an der Straße nach Aberlour. Dailuaine braucht seine Lagerhäuser nicht mehr zur Lagerung der Malts. Diese werden sofort nach der Destillation von großen Tanklastwagen abgeholt und in die Lager- und Verarbeitungszentren von Diageo in Cambus und Blackgrange (Fife) und Umgebung gebracht. Dort werden sie in Ex-Bourbon- und Ex-Sherry-Fässern gereift.

Der Malt-Whisky aus der Destillerie Dailuaine wird seit vielen Jahren hauptsächlich für Blended Whiskys verwendet. Er spielt dort – neben dem Cardhu und dem Talisker – eine wichtige Rolle in den Johnnie Walker Blends. Das ist sicher einer der Hauptgründe dafür, dass diese Destillerie relativ unbekannt geblieben ist.

Als Single Malt in Original- oder Eigentümerabfüllung gibt es den Dailuaine bis heute in den Reihen Fauna & Flora (als 16-Jährigen seit 1991) sowie Rare Malts der UDV. Daneben gab es noch weitere Abfüllungen (auch in Fassstärke) und einen »Managers Dram«. Im Jahr 2010 wurde dieser durch eine limitierte Abfüllung eines 1997er aus einem Ex-Sherry-Fass (Single Cask) aus der neuen Reihe »Manager's Choice« ergänzt.

Der Dailuaine ist ebenfalls in Abfüllungen von den Unabhängigen erhältlich.

Dallas Dhu †

Der Name bedeutet	Wiese am schwarzen Wasser, Schwarzwassertal
Aussprache	Dallas Diu
Whiskyregion	Speyside
Adresse	Dallas Dhu Distillery Forres, Morayshire IV36 2RR Scotland
Kontakt	Keine eigene Homepage Besitzer www.historic-scotland.gov.uk (nach Dallas Dhu suchen) Telefon +44 (0)1309 67 65 48 (Visitor Centre)
Club	Kein Club (Mitgliedschaft bei Historic Scotland möglich und empfehlenswert)
Gründung	1898
Status	Stillgelegt 1983; heute ein »lebendes« Museum
Besitzer	Letzter war Diageo plc; jetzt in der Obhut von Historic Scotland
Stills	2 (1 *wash*; 1 *spirit*)
Kapazität pro Jahr	Unbekannt
Besucher	Ja ★★★★ Museum mit Shop ❤❤
Rating	★★★★
Hausstil	Komplex, fruchtig, Honig, aromatisch, Vanille

Die Destillerie Dallas Dhu

Innenhof mit *kiln* und dem Eingang zum *Visitor Centre*.

Dallas Dhu wurde 1898 – dem Höhepunkt des Whiskybooms – von Alexander Edward unter dem Namen »Dallasmoore« gebaut. Bereits ein Jahr später wurde die Produktion aufgenommen. Fast gleichzeitig wechselte die Destillerie das erste Mal ihren Besitzer. Die Firma Wright & Greig – Blendingfirma aus Glasgow und Abfüller des Blends »Roderick Dhu« – kaufte die Mehrheit der Gesellschaft. Alexander Edwards blieb jedoch in der neuen Firma Teilhaber. Bei dieser Gelegenheit erhielt die Destillerie ihren heutigen Namen.

Dallas Dhu ging 1921 nach einigen weiteren Besitzerwechseln an die Benmore Distillers Ltd., die sie ihrerseits 1929 in die DCL einbrachte. Nach der Übertragung der Leitung an die SMD im Jahr 1930 wurde Dallas Dhu von dieser Gruppe geschlossen und erst 1936 wieder in Betrieb genommen.

Nur drei Jahre später (1939) wurde das *stillhouse* durch einen Brand komplett zerstört. Es wurde zwar schnell wieder aufgebaut, die gesamte Destillerie ging aber erst 1947 wieder in Betrieb. Sie produzierte bis ins Jahr 1983 ununterbrochen, wurde in diesem Jahr dann aber für immer stillgelegt.

Mit dem Übergang aller Destillerien von der SMD wurde die UDV im Jahr 1987 neue Besitzerin der geschlossenen Destillerie. 1992 wurde die Lizenz von Dallas Dhu zur Whiskyherstellung gelöscht.

Bereits vorher, nämlich 1988, übergab die UDV die Destillerie Dallas Dhu an Historic Scotland, eine staatliche Vereinigung. Diese hat zum Ziel, alte Gebäude, Monumente und industrielle Zeitzeugen für die Nachwelt zu erhalten

Forres, eine schöne mittelalterliche Stadt mit einigen Sehenswürdigkeiten liegt an der von Inverness aus nach Osten (Richtung Elgin) führenden A96. Bereits an dieser Straße – auf ihr umfährt man den Kern der Stadt – stehen die ersten Wegweiser, die zur Destillerie Dallas Dhu führen. Die Straße zu ihr (sie hat keine Nummer) führt immer enger werdend in den Süden der Stadt durch Einfamilienhaus-Siedlungen und einen kleinen Wald bis zu einer großen Lichtung, in der die Destillerie steht.

und wird zu einem ansehnlichen Teil von Beiträgen ihrer privaten Mitglieder finanziert. Historic Scotland machte die Destillerie seit der Übernahme nach einer umfassenden Renovierung zu einem wirklich sehenswerten Museum.

Dallas Dhu wird hervorragend unterhalten und ist in einem so guten Zustand, dass man das Gefühl hat, sie könnte die Produktion sofort wieder aufnehmen. Für die Besichtigung erhält man ein Audiogerät und kann so selbst durch die wirklich sehenswerten Räume gehen und die uralten Anlagen in aller Ruhe betrachten. Selbstverständlich erhält man am Ende seiner Runde auch einen Dram des Dallas Dhu.

Besichtigt werden kann alles bis zur Fassabfüllung und Einlagerung, das heißt unter anderem der Mälzboden, der *kiln* mit seiner Feuerstelle, die Malzmühle, der Maischbottich aus Gusseisenplatten mit seinem Kupferdeckel, die sechs *wash backs* (Gärbottiche) aus Holz, die beiden *stills* – sie sind zwiebelförmig ohne Ein- oder Ausbuchtungen –

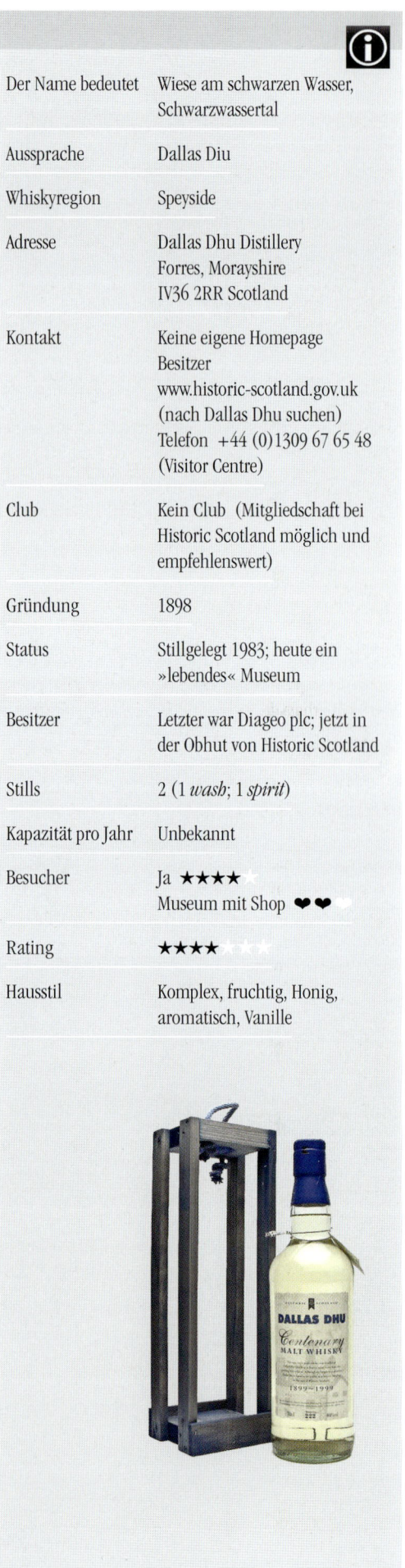

mit den dazugehörenden Tanks (sie besitzen als Kondensatoren außerhalb des Gebäudes liegende *worm tubes*).

Als Original- oder Eigentümerabfüllung gibt es den Whisky von Dallas Dhu eher selten.

Bis heute existieren nur zwei Abfüllungen in der Reihe der Rare Malts der UDV und seltene Abfüllungen von Historic Scotland (zum Beipiel als Centenary- und Millenium-Bottlings).

Es gibt aber immer noch Lagerbestände. Obwohl diese langsam zur Neige gehen dürften, stammen aus ihnen die Drams, die die Besucher der Destillerie am Ende des Rundgangs genießen dürfen.

Auch als Abfüllung von den Unabhängigen ist der Dallas Dhu erhältlich.

Forres • Marktort mit Hotels und Pubs; im Sommer viele Blumen, Blumenskulpturen; besuchenswerte Highland Games; einige Sehenswürdigkeiten

Suenos Stone • höchster bekannter von den Pikten geschaffener Stein mit Gravuren aus dem 9. Jahrhundert.

Oben • Die Gebäude der heute als Museum betriebenen Destillerie sind in beeindruckend gutem Zustand.

Bilder unten, links • Die beiden *stills* stehen in einem relativ engen und zusätzlich mit einigen Tanks gefüllten *stillhouse*.

Mitte oben • Der Rechen im Maischbottich.

Mitte unten • Die aus den *stills* kommenden Dampfrohre *(lyne arms)* enden als *worm tubes* in im Freien stehenden Wasserbehältern.

Rechts oben • Fassabfüllabteilung

Rechts unten • Im Lagerhaus dieses schönen Destilleriemuseums lagern leider keine Malts mehr.

Dalmore, The

Die Destillerie Dalmore

Dalmore wurde 1839 von Alexander Matheson erbaut. Er war Partner in der Handelsfirma Jardine Matheson & Co. (Sitz in Hongkong), die seiner Familie gehörte. Diese machte ihr Geld mit fast jeder Art von Geschäften, hauptsächlich aber mit der Vermarktung von Tee. Noch im Jahr der Gründung verpachtete Matheson die Destillerie an die Familie Sutherland (Clan Sutherland, Dunrobin Castle). In den 1860er-Jahren ging Dalmore dann durch Kauf in den Besitz von Robert Pattison über.

Ab 1867 wurde Dalmore von den Brüdern Alexander, Andrew und Charles Mackenzie als Pächter betrieben. Ab diesem Zeitpunkt war bis ins Jahr 1960 immer ein Mackenzie an der Spitze dieser Destillerie.

Die als typische Farmhouse-Destillerie gebaute Brennerei wurde bereits 1874 das erste Mal ausgebaut und die Zahl ihrer *stills* von zwei auf vier verdoppelt. Die zwei zusätzlichen *stills* fanden ihren Platz in einem zweiten *stillhouse*.

1891, nach dem Tod von Robert Pattison, konnten die Mackenzies die Destillerie von seinen Erben kaufen.

Während des Ersten Weltkriegs wurde Dalmore von der Admiralität für die Fabrikation von Seeminen genutzt. Zu

Die alten Destilleriegebäude. Rechts an der Zufahrtsstraße das Bürohaus und Besucherzentrum.

diesem Zweck mussten die Lagerhäuser geleert werden. Die Fässer wurden an andere Orte gebracht, kamen aber 1920, als Dalmore von der Royal Navy wieder an ihre Besitzer zurückgegeben wurde, vollständig in die Lagerhäuser zurück. Leider waren in dieser Zeit einige Gebäude der Destillerie durch eine Explosion zerstört worden und mussten wieder aufgebaut oder restauriert werden. Deshalb konnte Damore erst ab dem Jahr 1922 wieder produzieren.

1956 wurden die *floor maltings* (Mälzböden) durch eine Saladin-Box ersetzt. Diese mechanische Mälzeinrichtung war bis 1982 in Gebrauch. Ab dann wurde das benötigte Malz von Großmälzereien bezogen.

1960 wurde Dalmore durch Fusion Teil der Whyte & Mackay Distillers Ltd. Diese Firma erweiterte 1966 die Kapazität der Destillerie und verdoppelte auch die *still*-Anzahl von vier auf acht. Die Whyte & Mackay Distillers Ltd. selbst wurde 1996 von der späteren Beam Inc. (USA) übernommen. Es dauerte aber nur gerade einmal 5 Jahre, bis sich 2001 eine Gruppe schottischer Investoren unter dem Namen Kyndal Group zusammentat und die Firma Whyte & Mackay und mit ihr Dalmore kaufte. 2003 benannte sie die Firma Kyndal wieder in White & Mackay Ltd. um.

2004 eröffnete die Destillerie ein kleines, aber feines Besucherzentrum. Im Mai 2007 wurde White & Mackay Ltd. mit allen Destillerien und Marken zu 100 Prozent vom indischen Getränkemulti United Spirits Ltd. (diese wiederum

eine Tochtergesellschaft der Dr. Vijay Mallya gehörenden UB Group) übernommen. White & Mackay Ltd. leitet für diese Gruppe aber weiterhin von Glasgow aus die verschiedenen schottischen Destillerien.

Dalmore ist eine absolut sehenswerte Destillerie. In ihrem im Jahr 2011 sehr aufwendig neu gestalteten Besucherzentrum wird man sehr freundlich empfangen und betreut. Die Tour beginnt mit einem kurzen Film, dann wird man durch die Destillerie geführt.

Aus den Malzsilos kommt die gemälzte Gerste in die alte Mühle. Der durch das Mahlen in ihr entstandene *grist* wird in einem schon beinahe futuristisch anmutenden, hochglänzenden, komplett aus Edelstahl bestehenden Bottich *(semi lauter tun)* gemaischt. Geradezu altertümlich wirken dagegen die im Gärhaus stehenden acht *wash backs*: Sie sind aus Douglas-Fichte und doch schon ziemlich alt.

Der sehenswerte Höhepunkt in Dalmore ist das zweigeteilte *stillhouse*. Im rechten Teil sind die alten *stills* mit ihren sehr speziellen Köpfen. So haben zum Beispiel die *wash stills* keinen eigentlichen Schwanenhals. Knapp unter den oberen Enden des konisch zulaufenden Kopfes sind bei ihnen rechtwinklig angeordnete Dampfrohre angebracht.

Alness, ein Industrieort am Cromarty Firth, ist Standort von zwei Destillerien: Dalmore und Teaninich. Erreicht man diesen Ort von Inverness aus auf der A9 Richtung Norden, nimmt man die Ausfahrt Alness/Invergordon, fährt aber nicht in Richtung des Ortszentrums von Alness, sondern auf der B817 Richtung Invergordon. Schon nach wenigen hundert Metern geht die Zufahrt zur Destillerie ab, dort, wo die B817 eine Kurve macht, um dem Ufer des Cromarty Firth Richtung Norden weiter zu folgen. Man kann die Destillerie nicht übersehen, höchstens die Einfahrt zu ihr verpassen.

Auch die *spirit stills* haben keinen Schwanenhals, sondern besitzen einen wie eine gerade Laterne aussehenden Aufsatz. Der Kopf einer dieser ältesten *stills* bei Dalmore stammt aus dem Jahr 1874 und funktioniert heute immer noch. Die Dampfrohre aller *stills* führen ins Freie in die dort stehenden Rohrkondensatoren.

Die neueren vier *stills* (je zwei *wash* und zwei *spirit*) sind – wie die meisten in Schottland – zwiebel- oder birnenförmig, haben aber ebenfalls eine Besonderheit: Um den oberen Teil ihres Kopfes, etwa auf vier Fünftel ihrer Höhe, haben sie einen rund um den Hals führenden Wasserkanal. In diesen wird Kühlwasser geleitet. Dieses fließt dann aus Löchern über die Stillhälse hinunter und kühlt diese so ab.

Drew Sinclair, der ehemalige Destillerie-Manager – er wurde Ende April 2006 pensioniert und starb leider kurz darauf – erklärte mir, dass man auf diese Weise einen vermehrten *reflux* (Rückfluss von bereits an den *still*-Wänden kondensiertem Alkohol in den Brennkessel) erreicht und so einen weicheren Whisky produzieren kann. In den *stills* von Dalmore wird seit ein paar Jahren – wenn auch nur für wenige Wochen – ebenfalls ein torfiger Whisky (das Malz hat 50 ppm Phenolanteil) destilliert.

Bereits Ende des 19. Jahrhunderts, also zu der Zeit, als die Familie Mackenzie die Destillerie betrieb, lagerte man bei Dalmore Whiskys in Ex-Sherry-Fässern. Heute wird etwa ein Drittel des produzierten Whiskys für das *finishing* in

Cromarty Firth • Meeresarm der Nordsee; Öl-Förderplattformen; Delfine.

Die alte *still*-Generation mit ihren speziellen Formen: die *wash stills* mit ihren »abgeschnittenen« Köpfen und den waagrecht weggehenden Dampfrohren und die *spirit stills* mit ihren laternenförmigen Aufsätzen.

solche Fässer (vor allem Oloroso) umgefüllt. Er erhält dadurch seine sanfte Süße.

Am Ende der Führung, zurück im Besucherzentrum, gibt es einen Dram des hier produzierten Whiskys. Leider nicht vom berühmten 62-Jährigen, der an einer McTears-Auktion den sagenhaften Preis von fast £ 26 000 erzielte und damit einer der teuersten Whiskys war, die je verkauft wurden.

Ich weiß nicht, ob Drew Sinclair mich auf den Arm genommen hat, als er mir erzählte, dass eine andere der im ganzen zwölf produzierten Flaschen in der Bar eines Hotels in England für £ 32 000 an einen Gast verkauft wurde, der sie am gleichen Abend zusammen mit fünf Freunden bis zum letzten Tropfen genoss. Diese Abfüllung wurde im Jahr 2011 noch getoppt, als bei Harrods in London für eine Flasche des »Trinitas« die Summe von £ 120 000 bezahlt wurde.

Der Hauptteil des bei Dalmore produzierten Whiskys wird für die Blends von White & Mackay Ltd. verwendet. Es gibt ihn als Single Malt in Original- oder Eigentümerabfüllung in verschiedenen Alterungsstufen und Geschmacksnuancen und auch unter anderen Namen.

Seit 1994 haben die Flaschen ein neues Design. Dieses wurde auch vom neuen Besitzer beibehalten. Ebenfalls beibehalten wurde das Familienwappen der Mackenzies im Firmenlogo. Ein Zwölfender-Hirschkopf ziert seit vielen Jahrzehnten die Flaschen.

Seit Ende 2007 wird in verschiedenen Ländern nach und nach die neue Linie des Dalmore Malt eingeführt. Sie besteht aus einem neuen 12-Jährigen (anderer, noch eindrucksvollerer Geschmack), einem Gran Reserva (Ersatz für den beliebten Cigar Malt) und einem 15- und 18-Jährigen (ganz neue Abfüllung). Zusätzlich kam 2007 auch ein 40-Jähriger auf den Markt.

Seither gibt es ebenfalls eine ganze Reihe an speziellen Abfüllungen unter den verschiedensten Namen und Altersstufen. So zum Beispiel »The Rivers Collection«, eine Reihe

von Abfüllungen, bei denen ein Teil des Ertrages für den Schutz der schottischen Flüsse (Spey usw.) gespendet wird. Den Dalmore gibt es auch in Fass-*finishings*.

Ältere Jahrgänge oder Vintage-Abfüllungen gibt es ebenfalls von den Unabhängigen.

Der Name bedeutet	Großes Feld (oder große Wiese)
Aussprache	Dall-moor
Whiskyregion	Highland
Adresse	Dalmore Distillery Alness, Ross-shire IV17 0UT Scotland
Kontakt	www.thedalmore.com Telefon +44 (0)1349 88 23 62
Club	The Dalmore Custodians Mitgliedschaft gratis; Anmeldung über die Website der Destillerie
Gründung	1839
Status	In Betrieb
Besitzer	Whyte & Mackay Ltd. (United Spirits Ltd. / UB Group, Indien)
Stills	8 (4 *wash*; 4 *spirit*)
Kapazität pro Jahr	3 750 000 Liter
Besucher	Ja ★★★★☆ Besucherzentrum mit Shop ❤❤♡
Rating	★★★★★☆☆
Hausstil	Sehr aromatisch, malzig-süß, würzig, Sherry, Orangen, lang

Dalwhinnie

Unten • Dalwhinnie steht in einer schönen Gebirgslandschaft in einem breiten Tal.

Ganz unten • Die Gebäude der von vielen Touristen besuchten Destillerie sind schön herausgeputzt.

Die Destillerie Dalwhinnie

Dalwhinnie wurde 1897 unter dem Namen »Strathspey« von John Grant, Alexander Mackenzie und George Sellar – alle drei wohnten im in der Nähe liegenden kleinen Ort Kingussie – gegründet.

1898, kurz nach der Produktionsaufnahme, mussten sich die drei jedoch wegen finanzieller Probleme von der Destillerie trennen. Sie verkauften Strathspey zu gleichen Teilen an A. P. Blyth & Sons und John Sommerville & Co. Die neuen Besitzer benannten sie in »Dalwhinnie« um. Von 1905 bis 1920 gehörte Dalwhinnie zum amerikanischen Konzern Cook & Bernheimer. 1920 kaufte die durch Sir James Calder beherrschte Gesellschaft Greenlees & Williams Ltd. Dalwhinnie zurück, verkaufte sie aber bereits 1926 wieder an die DCL (ab 1930 SMD) weiter. Die Lizenz lief ab diesem Zeitpunkt auf James Buchanan & Co.

Nach einem Großfeuer im Jahr 1934 konnte Dalwhinnie erst 1938 nach einer längeren Phase des Wiederaufbaus und der Renovierung wieder in Betrieb genommen werden. 1968 wurde die eigene Mälzerei aufgegeben und das Malz zugekauft.

Ungefähr 20 Jahre später, 1986, renovierte die SMD einen Teil der Gebäude. 1991 erhielt die Destillerie ihr auch heute noch viel besuchtes *Visitor Centre*. Von 1992 bis 1995 unterzog die UDV (sie hatte das Management Ende der 1980er-Jahre übernommen) Dalwhinnie noch einmal einem größeren Ausbau und einer umfassenden Renovierung.

Dalwhinnie war dank seiner Lage im späteren Mittelalter ein beliebter Treffpunkt für Viehtreiber und Schmuggler.

Die Destillerie liegt auf 326 Meter Höhe und bezeichnet sich selbst als die höchstgelegene Destillerie in Schottland.

Obwohl sie diese Bezeichnung immer noch führt und dieses Prädikat auch in vielen Publikationen und Büchern

Außer den Naturschönheiten gibt es in der Nähe dieser Destillerie nichts Interessantes oder Sehenswertes.

zugesprochen erhält, stimmt dies nicht mehr. Seit im Jahr 1974 die Destillerie Braeval (oder wie sie ursprünglich hieß, Braes of Glenlivet) in Betrieb genommen wurde, ist diese mit ihrer Lage auf 355 Meter über dem Meer die höchstgelegene Destillerie Schottlands.

Ein Besuch bei Dalwhinnie beginnt im schönen Besucherzentrum, das ganz und gar auf die vielen Touristen ausgerichtet ist und seinem Namen alle Ehre macht. Mit seinen alten Ausstellungsobjekten hat es fast ein wenig Museumscharakter.

Für das Mahlen des angelieferten Gerstenmalzes zu *grist* nutzt Dalwhinnie die Dienste einer sehr alten Porteus-Mühle. Aus diesem wird in einem *full lauter mash tun* aus Edelstahl (Bottich und Deckel) die Stärke (der Zucker) herausgewaschen.

Die so gewonnene, *wort* genannte Flüssigkeit wird in sechs *wash backs* vergärt (fünf aus sibirischer Lärche, einer aus Douglas-Fichte).

Die beiden ziemlich großen *stills* sind zwiebelförmig und haben keine Aus- oder Einbuchtungen. Die Dampfrohre

ihrer Schwanenhälse gehen ins Freie, wo ihre Enden als Spiralrohre in die großen, mit Wasser gefüllten Bottiche führen.

Der Dalwhinnie wird in den Lagerhäusern der Destillerie hauptsächlich in Ex-Bourbon-Fässern gelagert. Für das *finishing* einiger Sorten kommt er auch in Ex-Sherry-Fässer.

Dalwhinnie gehört seit 1987 zur UDV, und ihr Whisky ist Teil von deren Reihe der Classic Malts. Der Dalwhinnie – in dieser Reihe einer der beliebtesten Malts – wird in Originalabfüllung in der Regel mit 15 Fassjahren verkauft.

Oben links · Nach und nach werden die viele Jahre alten Gärbottiche durch neue – wieder aus Holz – ersetzt.

Oben · Die beiden zwiebelförmigen *stills*.

Der Name bedeutet	Feld (oder Wiese) des Kriegers (oder Siegers); auch übersetzt als Versammlungsplatz
Aussprache	Dall-winnie
Whiskyregion	Highland
Adresse	Dalwhinnie Distillery Dalwhinnie, Inverness-shire PH19 1AA Scotland
Kontakt	Keine eigene Homepage Besitzer www.diageo.de Info-Seite www.discovering-distilleries.com Telefon +44 (0)1540 67 22 19 (Visitor Centre)
Club	Kein Club
Gründung	1897
Status	In Betrieb
Besitzer	Diageo plc

Stills	2 (1 *wash*; 1 *spirit*)
Kapazität pro Jahr	2 000 000 Liter
Besucher	Ja ★★★☆☆ Besucherzentrum mit Shop ❤❤♡
Rating	★★★★★☆☆
Hausstil	Weich, aromatisch, fruchtig, Honig, leicht torfig

Es gibt ihn aber auch als Vintage-Abfüllungen und solchen zu verschiedenen Anlässen sowie in verschiedenen *finishing*- beziehungsweise Reifungsarten, wie zum Beispiel einer Oloroso-Sherry-Fass-Endreifung (Distillers Edition). Diese Abfüllungen tragen jeweils das Destillationsjahr auf dem Label.

Den Dalwhinnie gibt es als 1992er Single Cask auch in der neuen Reihe der »Manager's Choice«-Abfüllungen.

Ungefähr auf der Hälfte der Strecke von Perth im Süden nach Inverness im Norden kann man die Destillerie Dalwhinnie mit ihren beiden markanten *kilns* und deren glänzenden Kupferpagodendächern bereits von der A9 aus sehen. Sie liegt kurz nach der Abzweigung der A889 nach Dalwhinnie auf der linken Seite direkt an dieser Straße und in unmittelbarer Nähe der Eisenbahnlinie Edinburgh/Glasgow–Inverness. Die A889 mündet später in die A86 ein und führt dann durch eine fantastische Gebirgslandschaft in Richtung Fort William.

Deanston

Die Destillerie Deanston

Die Destillerie Deanston wurde – als eine der jüngeren Destillerien Schottlands – 1965/66 von der Deanston Distillery Co. Ltd. gegründet. Deren Besitzer waren je zur Hälfte Brodie Hepburn Ltd. (Tullibardine Distillery) und James Finlay & Co. Für die Destillerie, die im Herbst 1966 die Produktion aufnehmen konnte, wurde eine im Jahr 1785 errichtete Baumwollmühle und -weberei umgebaut.

Deshalb sieht Deanston auch ganz und gar nicht wie eine »normale« Destillerie aus. Für den Umbau mussten in dem Teil der Gebäude, in dem das *stillhouse* eingerichtet wurde, sogar die Böden einiger Stockwerke herausgebrochen werden, um für die hohen *stills* genügend Platz zu haben.

Deanston liegt am River Teith nicht weit vom Städtchen Doune entfernt und nur wenig nördlich der ominösen Linie, die die Whiskyregion Lowland von derjenigen des Highland trennt. Das gibt ihr das Recht, ihren Whisky zu den Highland-Destillaten zählen zu dürfen.

Die Lage am River Teith wurde bereits durch ihre Vorgängerin, die Baumwollmühle und -weberei ausgenutzt: Sie baute ein paar Kilometer flussaufwärts einen Damm und betrieb an diesem in den Mühlengebäuden ein kleines Kraftwerk. Aus diesem bezog sie die benötigte Elektrizität. Heute nutzt Deanston diese Einrichtungen und ist so die einzige Destillerie Schottlands, den von ihr benötigten elektrischen Strom selbst produziert.

1972 wurde die Destillerie Deanston von Invergordon Distillers Ltd. gekauft. Der erste Single Malt mit dem Namen Deanston kam von dieser Firma 1974 auf den Markt. Invergordon Distillers Ltd. entschloss sich dann aber im Jahr 1982, also zehn Jahre nach dem Kauf, die Destillerie Deanston stillzulegen.

1990 kaufte die Firma Burn Stewart Distillers plc mit Sitz in Glasgow die stillgelegte Destillerie. Die Produktion wurde 1991 wieder aufgenommen.

Seit dem Jahr 2011 hat Deanston ein eigenes kleines Besucherzentrum. Bis zu diesem Zeitpunkt waren Besucher in dieser doch interessanten Destillerie nicht sehr willkommen.

Bei Deanston steht ein Sammelsurium von zum Teil aus anderen Destillerien zugekauften Anlagen. Der Maischbottich *(mash tun)* hat keinen Deckel und besteht nach ganz altem Stil aus Gusseisenplatten. Die acht Gärbottiche aus Edelstahl sind neuerer Bauart. Etwas eigenartig wirken die vier *stills* (je zwei *wash* und *spirit*) mit Ausbuchtungen an relativ kurzen Hälsen. Ihre Rohrkondensatoren stehen im *stillhouse*.

In den Lagerhäusern (eines davon ist wirklich eindrucksvoll mit seiner gewölbten Decke, es ist ein ehemaliges Lagerhaus der Weberei und bietet optimale klimatische Bedingungen) werden nicht nur die Malts von Deanston (sie lagern in Ex-Bourbon- und Ex-Sherry-Fässern), sondern auch diejenigen der Destillerie Tobermory auf der Insel Mull gelagert. Tobermory hat keine eigenen Lagerhäuser mehr.

Burn Stewart Distillers Ltd. wurde nach und nach von der CL World Brands Ltd. übernommen. Nach dem Kauf eines ersten Paketes im Jahr 1999 (18 Prozent) übernahm diese Gesellschaft aus Trinidad & Tobago im Jahr 2002 auch noch die restlichen Anteile.

Als Single Malt in Original- oder Eigentümerabfüllung gab es den Deanston schon unter dem früheren Besitzer, den Invergordon Distillers. Diese Abfüllungen sind extrem selten und gesucht.

Vom jetzigen Besitzer waren vor allem die 12-, 17- und 25-Jährigen bekannt. Sie stammten noch aus den Beständen von Invergordon wie auch der 2006 in den Verkauf gebrachte 30-Jährige.

Der Name bedeutet	Dean's Farm
Aussprache	Diensten
Whiskyregion	Highland
Adresse	Deanston Distillery Deanston, Near Doune, Perthshire FK16 6AG Scotland
Kontakt	www.deanstonmalt.com Telefon +44 (0)1786 84 30 10
Club	Kein Club
Gründung	1965
Status	In Betrieb
Besitzer	Burn Stewart Distillers Ltd. (CL World Brands Ltd.)
Stills	4 (2 *wash*; 2 *spirit*)
Kapazität pro Jahr	3 000 000 Liter (nicht voll genutzt)
Besucher	Ja.. ★★★☆☆ Kleines Besucherzentrum mit Cafe und Shop ❤❤♡
Rating	★★★★☆☆
Hausstil	Weich, leicht nussig, Honig, Ingwer, würzig, fruchtig

Meines Wissens das einzige Lagerhaus mit einer gewölbten, von Stahlträgern gestützten Decke – sie wirkt wie die Decke einer Kathedrale – in einer Whiskydistillerie in Schottland. Das ehemalige Lagerhaus der Baumwollweberei bietet auch für die Lagerung von Whisky das optimale Klima.

Deanston, so heißt auch der Ort, in dem die Destillerie steht, liegt in der Nähe des schönen mittelalterlichen Städtchens Doune, und dieses wiederum findet man nahe der Stadt Stirling (nordöstlich von Glasgow).

Die A48 führt von Stirling aus in Richtung Nordwesten. Ungefähr nach zehn Kilometern kommt man nach Doune mit seinem Schloss aus dem 14. Jahrhundert.

Am Ortseingang, knapp vor der Brücke über den River Teith, zweigt die Straße nach Deanston links ab. Schon nach wenigen hundert Metern ist die Destillerie auf der linken Straßenseite zu sehen.

Neu gibt es ihn seit dem Jahr 2009 als Destillat aus der Nach-Invergordon-Zeit als 12-Jährigen.

Einige interessante neue Abfüllungen, darunter auch sogenannte »Organic Malts« (biologische), kamen ab 2011 auf den Markt.

Der Deanston wurde als Single Malt auch zu speziellen Anlässen und als Vintage (zum Beispiel ein 1967er) abgefüllt. Es existieren ebenfalls Abfüllungen unter anderen Namen.

Doune • schönes mittelalterliches Städtchen aus dem 14. Jahrhundert; viele Sehenswürdigkeiten; Teith-Brücke aus dem Jahr 1535 (auch Tailor's Bridge genannt); Schloss.

Doune Castle • relativ gut erhaltenes Schloss aus dem 14. Jahrhundert, das man vom Erdgeschoss bis zum Dach komplett besichtigen kann.

Oben • Auch so kann eine Destillerie aussehen! Deanston wurde in einer alten Baumwollfabrik eingerichtet.

Mitte • Die Maischmaschine und der offene Maischbottich, er ist eines der letzten Exemplare dieser Art in Schottland.

Unten • Die vier Brennkessel stehen in einem hohen *stillhouse*.

Dufftown

Die Destillerie Dufftown

Die Destillerie, die den Namen des Städtchens trägt, in dem sie steht, war bereits die sechste, die auf dessen Gebiet gebaut wurde.

Charles MacPherson, Peter Mackenzie, Richard Stackpole und John Symon gründeten 1895 unter dem Namen Dufftown-Glenlivet Distillery Co. eine Gesellschaft zur Finanzierung der Destillerie. 1896 nahm die Destillerie Dufftown in einer umgebauten Getreidemühle ihren Betrieb auf. Bereits 1897 wurde Dufftown von einem ihrer Gründer, Peter Mackenzie, allein übernommen und weitergeführt. Er besaß mit seiner Firma Peter Mackenzie & Co. auch die Destillerie Blair Athol in Pitlochry im Hochland.

1933 übernahm Arthur Bell & Sons Ltd. die Firma Peter Mackenzie & Co. und mit ihr auch die Destillerien Blair Athol und Dufftown. Letztere wurde in den folgenden Jahr-

zehnten zweimal um- und ausgebaut. Während dieser Umbauten wurde ihre Kapazität 1974 von zwei auf vier und 1979 um zwei weitere auf sechs *stills* erweitert. Sie alle stehen auf engstem Raum im alten *stillhouse*.

Bereits 1968 gab man die eigene Mälzerei *(floor maltings)* auf und bezog das Malz von Großmälzereien.

1985 wurde Arthur Bell & Sons Ltd. und mit dieser Firma auch die Destillerie Dufftown in einer nicht gerade vornehmen Art und Weise von Guinness (Irland) übernommen und in die DCL integriert.

Die Produktion in der Destillerie Dufftown beginnt beim Mahlen des angelieferten Gerstenmalzes. Dazu benutzt

Rechts · Die Destillerie Dufftown, eine von sechs noch aktiven im Ort, liegt in einem grünen Tal.

Unten · So präsentiert sich die Destillerie an einem frühen regnerischen Morgen.

Diese Destillerie liegt im Städtchen mit dem gleichen Namen, in dem man beinahe nicht feststellen kann, bei welcher Destillerie man sich gerade befindet, so viele gibt es hier.

Nach Dufftown gelangt man von Elgin aus auf der A941 Richtung Süden. Zur Destillerie Dufftown kommt man, indem man im Ortszentrum die enge Church Street Richtung Süden wählt (keine Straßennummer). Sie führt an der berühmten Mortlach Church vorbei. Achtung: Bei der Spitzkehre dieser Straße muss man geradeaus weiter fahren. Diese schmalere Straße führt geradewegs zur Destillerie.

Dufftown, »Malt Whisky Capital of the World« · nicht nur wegen ihrer neun Destillerien unbedingt einen Besuch wert – sechs davon sind noch in Betrieb; im Mai und September jeweils großes Whiskyfestival

Balvenie Castle · Ruine eines Schlosses aus dem 13. Jahrhundert.

Speyside Cooperage · größte Fassfabrik der Speyside in Craigellachie; Führungen, Shop, Restaurant.

		Besucher	Kein Besucherzentrum
Der Name bedeutet	Duff's Stadt (Duff ist der Nachname des Stadtgründers)		★★☆☆☆
			Besuche sind aber nach Voranmeldung (schwierig) möglich.(Nicht zu knapp vor dem geplanten Besuch anrufen.)
Aussprache	Daff-ten oder Daff-taun		
Whiskyregion	Speyside		
Adresse	Dufftown Distillery Dufftown, Keith, Banffshire AB55 4BR Scotland	Rating	★★★☆☆☆☆
		Hausstil	Leicht, aromatisch, malzig, nussig, trocken
Kontakt	Keine eigene Homepage Besitzer www.diageo.de Telefon +44 (0)1340 82 02 24		
Club	Kein Club		
Gründung	1895		
Status	In Betrieb		
Besitzer	Diageo plc		
Stills	6 (3 *wash*; 3 *spirit*)		
Kapazität pro Jahr	5 750 000 Liter		

man eine aus den 1930er-Jahren stammende Malzmühle. Der in dieser gemahlene *grist* kommt dann in den riesigen Maischbottich *(full lauter)*, der zu den größten Schottlands gezählt werden kann. Er ist komplett aus Edelstahl.

Aus dem gleichen Material sind die zwölf Gärbottiche, die in zwei Reihen im großen Gärhaus stehen.

Die sechs großen, birnenförmigen *stills* ohne jegliche Ein- oder Ausbuchtungen stehen zusammen mit ihren Rohrkondensatoren im etwas eng wirkenden *stillhouse*.

Gelagert wird der Malt von Dufftown zum weitaus größten Teil in Ex-Bourbon-Fässern, es kommen aber auch Ex-Sherry-Fässer zum Einsatz. Der Malt geht zum großen Teil in die Blends von Arthur Bell & Sons Ltd.

Als Single Malt ist er in einer heute extrem schwierig zu findenden Originalabfüllung von Arthur Bell & Sons Ltd. mit acht Jahren sowie in den UDV-Reihen Fauna & Flora und Rare Malts erhältlich. Es gibt den Dufftown ebenfalls in Sonderabfüllungen, so zum Beispiel als sogenanntes »Centenary Bottling« zum 100-jährigen Bestehen der Destillerie im Jahr 1996 oder seit 2006 als »Singleton of Dufftown« mit 12, ab 2010 auch mit 15 Fassjahren. Daneben kam auch vom Dufftown – wie von allen Diageo-Destillerien – in der Reihe »Manager's Choice« eine Single Cask-Abfüllung auf den Markt (2010 ein 1997er).

Er wird auch von den Unabhängigen – speziell in Jahrgangsabfüllungen – angeboten.

Rechts oben · Im *tunhouse* stehen zwölf große Gärbottiche aus Edelstahl.

Rechts · Die sechs *stills* stehen im Brennhaus sehr eng beisammen. Dementsprechend sind auch die Temperaturen und der Alkoholgehalt in der Luft.

Edradour

Pitlochry • schon fast als mondän zu bezeichnender Touristen- und Kurort mit Theater, vielen Hotels, Pubs und Shops; Festspiele; Lachstreppe usw.

Blair Castle • sehens- und besuchenswertes Schloss im Dorf Blair Atholl (15 Kilometer nordwestlich); viel Sehenswertes; eigene Armee; Highland Games usw.

Die Destillerie Edradour

Edradour ist eine der kleinsten Destillerien in Schottland. Lange Zeit durfte sie den Titel »Kleinste Destillerie Schottlands« tragen, seit dem Jahr 2005 muss sie ihn aber an die eine oder andere der neu eröffneten, kleineren Destillerien abtreten.

Die Destillerie wurde 1825 im Weiler Milton of Edradour in den Hügeln nordöstlich von Pitlochry als Genossenschaft von ein paar Farmern aus der Gegend unter dem Namen »Glenforres« gegründet. Die Destillerie – es ist nicht bekannt, ob es sich wirklich um Glenforres handelt – ersuchte im Jahr 1837 unter dem Namen »Edradour« um eine Lizenz. Ihre Existenz wurde damit legalisiert.

1841 wurde die Edradour-Betreiber-Genossenschaft in eine Firma mit dem Namen John McClashan & Co. umgewandelt. Im Jahr 1886 wurde Edradour dann von der amerikanischen Gesellschaft J.G. Turney & Sons für ihre schottische Tochtergesellschaft William Whiteley & Co.

Der farbige Maischbottich steht vorne links. Im Hintergrund rechts der *spirit and sample safe*. Die beiden *stills* befinden sich in der rechten Hälfte des gleichen Raums.

Ltd. gekauft. 1933 wurde letztere eine selbstständige Gesellschaft. Sie benannte die Destillerie in der Folge wieder um. Sie hieß für die folgenden Jahre »Glenforres-Glenlivet«.

Nachdem Pernod Ricard im Jahr 1975 Campbell Distilleries gekauft und diese wiederum 1982 William Whiteley & Co. Ltd. übernahm, kam die Destillerie Edradour – so hieß sie nun wieder – in den Besitz dieses französischen Konzerns. Pernod Ricard erkannte sehr schnell die touristische Attraktivität der (damals noch) kleinsten Destillerie Schottlands und stattete sie mit einem Besucherzentrum aus. Die gegen 100 000 Besucher, die pro Jahr Edradour besuchen, bestätigen die Richtigkeit dieses Entschlusses.

Im Jahr 2002 erfüllte sich dann Andrew Symington (Signatory) den Traum, eine eigene Destillerie zu besitzen und kaufte Edradour von Pernod Ricard.

Edradour sieht immer noch aus wie eine Farmbrennerei aus dem 19. Jahrhundert. Seit ihrer Gründung hat sich an ihr – mit Ausnahme der Elektrifizierung im Jahr 1947 – nicht viel geändert. Sie wird auch heute noch von nur drei Männern betrieben und in den beiden *stills* der Destillerie werden maximal zwölf Fässer pro Woche gebrannt.

Ein Besuch bei Edradour beginnt im gut ausgestatteten Shop und führt von dort zuerst in den schön gestalteten

Der Name bedeutet	Zwischen zwei Bächen oder Wassern
Aussprache	Edra-dauer
Whiskyregion	Highland
Adresse	Edradour Distillery Pitlochry, Perthshire PH16 5JP Scotland
Kontakt	www.edradour.co.uk Telefon +44 (0)1796 47 20 95
Club	Kein Club
Gründung	1825
Status	In Betrieb
Besitzer	Andrew Symington
Stills	2 (1 *wash*; 1 *spirit*)
Kapazität pro Jahr	100 000 Liter
Besucher	Ja ★★★☆☆ Besucherzentrum mit Shop ❤❤♡
Rating	★★★★☆☆☆
Hausstil	Nicht getorft: Leicht, cremig, malzig, Minze, Nüsse, weich, süßlich Getorft: Bis jetzt = jung, Teer, karamellisierte Früchte, Rauch

Oben • Edradour ist eine echte Farm-Destillerie.

Rechts • Die beiden *stills*. Die *spirit still* (hinten) hat eine sehr spezielle Form.

Empfangs- und Tastingraum, in dem eine kurze Einführung mit einem Video gegeben wird.

Die alte Malzmühle kommt in dieser wirklich sehr kleinen Destillerie nicht sehr oft zum Einsatz, zu groß ist ihre Kapazität. Der Maischbottich hat im Gegensatz zu fast allen schottischen Destillerien keinen Deckel und besteht aus zusammengeschraubten Gusseisenplatten. Die beiden *wash backs* sind ebenfalls klein und bestehen aus Douglas-Fichte. Die *wash still* hat die Form einer kurzen Zwiebel, die *spirit still* besitzt trotz ihrer Gedrungenheit am kurzen Hals noch eine leicht ballförmige Ausbuchtung. Die ebenfalls kurzen Dampfrohre gehen ins Freie, wo ihre Enden als Spiralrohre in die rechteckigen, mit Wasser gefüllten Bottiche führen *(worm tubes)*.

Das erste Mal wurde der Edradour als Single Malt 1987 als 10-Jähriger auf den Markt gebracht. Bis zur Übernahme durch Symington wurden pro Jahr von diesem 10-jährigen Standard Single Malt der Destillerie ungefähr 24 000 Flaschen abgefüllt. Der Rest ging in die Blends und in den eigenen Blended Malt mit dem Namen »Glenforres«.

Unter Symington wurde das Sortiment der Destillerie in einer kaum mehr überschaubaren Art und Weise ausgebaut. In Halbliterflaschen kamen und kommen die verschiedensten *wood finishings* in den Verkauf.

Unter dem von Symington angestellten Destillerie-Manager Ian Henderson (er kam von Laphroaig und leitete Edradour drei Jahre lang) wurde im Jahr 2003 das erste Mal ein stark getorfter Whisky gebrannt. Er kam unter dem Namen »Ballechin« in verschiedenen Versionen (Fass-*finishings*) auf den Markt.

Es gibt den Edradour auch als Abfüllung von den Unabhängigen. Dabei handelt es sich meistens um Abfüllungen von älteren Jahrgängen.

Edradour, ein aus wenigen Häusern und Destilleriegebäuden bestehender Weiler, liegt hoch oben am Hang nordwestlich über Pitlochry, dem bekannten Touristenort im zentralen Hochland.

Man kommt zu dieser wirklich kleinen und voll auf die Touristen ausgerichteten Destillerie, indem man zuerst einmal nach Pitlochry fährt (von Perth aus auf der A9 Richtung Inverness). Kurz vor dem Ort Pitlochry muss man die Schnellstraße verlassen (Wegweiser Pitlochry) und die in den Ort führende Straße nehmen. Mitten im Ort geht rechts die A924 Richtung Moulin, Bridge of Cally weg. Sie steigt durch den Weiler Moulin steil Richtung Hochplateau an. (Ab Pitlochry führen Wegweiser zur in einem kleinen Tal stehenden Destillerie).

Fettercairn

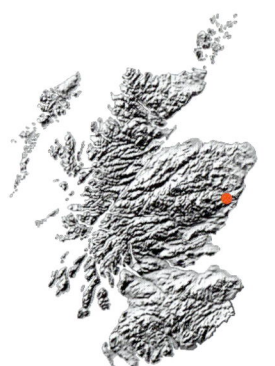

Fasque • sehr großes Herrschaftshaus (schon eher ein Schloss); gehörte seinerzeit einem der Gründer der Destillerie Fettercairn; heute ist es im Besitz der Familie Gladstone; keine Besichtigungen.

Dunnottar Castle • bei Stonehaven auf einer Halbinsel in der Nordsee; beeindruckendes Monument, spielte eine wichtige Rolle in der schottischen Geschichte.

240

Die Destillerie Fettercairn

Bereits im Gründungsjahr 1824 beantragten die Gründer und Betreiber der Destillerie Fettercairn eine Lizenz nach dem neuen Gesetz und erhielten diese im gleichen Jahr. Fettercairn ist damit eine der ersten lizenzierten Destillerien Schottlands. Noch im gleichen Jahr konnte die Produktion aufgenommen werden. Als Destilleriegebäude diente eine alte, umgebaute Getreidemühle. Bei den Gründern der Destillerie handelte es sich um einige Farmer (und sicher auch ehemalige Schwarzbrenner) aus der Region unter der Führung von Sir Alexander Ramsey, dem Chief und Besitzer dieses Gebietes. Dieser geriet jedoch schon bald in finanzielle Nöte und musste seinen Sitz (Fasque) und das ganze Gebiet an John Gladstone, Vorfahre der heutigen Besitzer des Herrschaftsgutes Fasque, verkaufen.

1849 brach in der Destillerie ein Feuer aus und beschädigte einen Teil der Gebäude und Anlagen. Nach einer relativ kurzen Wiederaufbauphase konnte die Produktion wieder aufgenommen werden. Ein weiteres Feuer im Jahr 1887 hatte weit verheerendere Folgen. Der Wiederaufbau der Destillerie – er war sogar infrage gestellt – war erst 1890 abgeschlossen. Wegen der Wiederaufbaukosten wurden neue Investoren gesucht und auch gefunden. Die neue Betreiberfirma hieß Fettercairn Distillery Co. An ihr waren einige Farmer der Region und Londoner Händler beteiligt.

Die Destillerie, mit einem Narzissenfeld im Vordergrund.

Der Name bedeutet	Waldiger, terrassenförmiger Hang	Kapazität pro Jahr	2 150 000 Liter
Aussprache	Fetter-kern	Besucher	Ja ★★★ Besucherzentrum mit Shop ❤❤
Whiskyregion	Highland		
Adresse	Fettercairn Distillery Fettercairn, Laurencekirk, Kincardineshire AB30 1YE Scotland	Rating	★★★(★)
		Hausstil	Mild, nussig, malzig, erdig, Vanille, Honig, voller Geschmack
Kontakt	Keine eigene Homepage Besitzer www.whyteandmackay.co.uk Telefon +44 (0)1561 34 02 05		
Club	Kein Club		
Gründung	1824		
Status	In Betrieb		
Besitzer	Whyte & Mackay Ltd. (United Spirits Ltd., UB Group, Indien)		
Stills	4 (2 *wash*; 2 *spirit*)		

1912 wurde Fettercairn nach erneuten finanziellen Problemen von einer Gesellschaft mit dem Namen New Fettercairn Distillery Co. übernommen. Diese geriet aber in den folgenden Jahren – zuerst wegen der Folgen des Ersten Weltkriegs und dann der Prohibition in den USA – ebenfalls in finanzielle Nöte und musste die Destillerie 1926 stilllegen.

Es dauerte bis ins Jahr 1938, bis wieder ein Käufer für Fettercairn gefunden werden konnte. Train & McIntyre, eine Tochterfirma der National Distillers of America, stieg ein, überließ das Management jedoch der Associated Scottish Distillers Ltd. Diese übernahm Fettercairn 1939 selbst.

1953 ging Train & McIntyre und mit ihr die Fettercairn in der DCL auf. Unter deren Management wurde die eigene Mälzerei im Jahr 1960 aufgegeben und die Kapazität 1966 von zwei auf vier *stills* verdoppelt.

1971 ging Fettercairn an die Tomintoul-Glenlivet Distillery Co. Ltd. Diese verkaufte sie 1973 an den Scottish & Universal Investment Trust (Whyte & Mackay) weiter.

1989 eröffnete Fettercairn ein kleines, nettes Besucherzentrum.

White & Mackay Ltd. und Jim Beam Brands (USA) schlossen sich 1996 zur Firma JBB Worldwide zusammen. Im Jahr 2001 übernahm eine Gruppe schottischer Investoren unter dem Namen Kyndal Group im Zuge eines Management-Buy-outs die Aktivitäten von Whyte & Mackay Ltd. Zu diesen gehörte neben anderen Destillerien und Abfüllern auch Fettercairn.

2003 wurde die Firma Kyndal in Whyte & Mackay Ltd. – dem Namen der alteingesessenen schottischen Whiskymarke und der Blendingfirma – umbenannt.

Im Mai 2007 wurde dann die Firma White & Mackay Ltd. mit allen Destillerien und Marken zu 100 Prozent an den indischen Getränke-Multi United Spirits Ltd. (UB Group) weitergereicht. White & Mackay Ltd. leitet aber weiterhin von Glasgow aus die verschiedenen Destillerien.

Fettercairn ist eine absolut sehenswerte Destillerie. Dies liegt nicht nur an ihrem attraktiven Äußeren und ihrer wunderschönen Lage.

Die Leute im Besucherzentrum und in der Destillerie tragen mit ihrer ausgesprochenen Freundlichkeit ebenfalls dazu bei. Dies liegt sicher auch daran, dass sich nicht zu viele Touristen hierher verirren und man sich in der Regel Zeit nehmen kann.

Eine Besichtigung beginnt mit einem kurzen Film über die Destillerie und die Destillerieprozesse. Weil Fettercairn nicht selbst mälzt, zeigt man die beeindruckenden Malzlager und die uralte Malzmühle. Diese verarbeitet nach vielen Jahrzehnten ununterbrochenen Einsatzes immer noch die ganze Malzmenge zu dem für den Maischprozess benötigten *grist*. Das *mashing* geschieht in einem Bottich aus Gusseisenplatten mit einem Kupferdeckel. Die so gewonnene zuckerhaltige Flüssigkeit *(wort)* kommt in die acht *wash backs* aus Douglas-Fichte, wo sie mit Hefe zum Gären gebracht wird.

241

Die *stills* sind nicht sehr groß und eher birnenförmig. Die beiden *wash stills* haben, wie die beiden *spirit stills,* weder Ein- noch Ausbuchtungen. Die letzteren besitzen aber als Besonderheit um den oberen Teil ihres Kopfes, etwa auf vier Fünftel ihrer Höhe, einen rund um ihn herum führenden Wasserkanal. In diesen wird Kühlwasser geleitet, das dann aus Löchern über die *still*-Hälse hinunter fließt und diese abkühlt. So wird ein zusätzlicher *reflux* – ein Rückfluss von bereits an den Stillwänden kondensiertem Alkohol in den Brennkessel – erreicht. Dies hilft mit, den späteren Whisky weicher zu machen.

Seit ein paar Jahren wird während ungefähr einem Monat pro Jahr auch ein relativ stark torfiger Fettercairn destilliert.

Gelagert wird der Malt von Fettercairn vor allem in Ex-Bourbon- und Ex-Sherry-Fässern in niedrigen Lagerhäusern mit Naturböden.

Den »Old Fettercairn« – so nannte die Destillerie selbst ihren Single Malt bis ins Jahr 2002 – gibt es in verschiedenen Destillerie- oder Originalabfüllungen. Unter Kyndal wurde der Name dieser Abfüllungen ab dem Jahr 2002 in »Fettercairn 1824« abgeändert. Bei dieser Gelegenheit erhielt auch die Flaschenform der Abfüllungen ein Facelifting. Das Standardprodukt war lange Zeit der 10-Jährige. Er wurde aber durch einen 12-Jährigen abgelöst. Es gibt den Single Malt von Fettercairn jedoch auch in verschiedenen anderen Abfüllungen, so zum Beispiel mit 26 oder 30 Jahren.

Ab 2009 gab es dann verschiedene Neuigkeiten: limitierte Abfüllungen mit 24, 30 und 40 Jahren und einen 18-Jährigen für den Verkauf im Shop der Destillerie. 2010 ersetzte man den 12-Jährigen durch den »Fettercairn Fior«. Er hat einen kleinen Anteil an getorftem Fettercairn. Den Fettercairn gibt es neuerdings auch in verschiedenen Single Cask-Abfüllungen.

Er wird ebenfalls in Abfüllungen der Unabhängigen angeboten.

Am Fuß der berühmten Grampian Mountains liegen in einem fruchtbaren Gebiet Ort und Destillerie Fettercairn. Die Region war im späten Mittelalter von Schwarzbrennern und Schmugglern sehr beliebt und bot damals schon das, was man für die Produktion von Whisky braucht: sauberes Wasser und Gerste. Zudem boten die vielen kleinen Gebirgstäler Schutz vor den Steuerbeamten.

Ist man zwischen Dundee und Aberdeen auf der A90 unterwegs, muss man ungefähr auf halber Strecke diese Hauptstraße Richtung Berge verlassen (Wegweiser nach Fettercairn, es führen mehrere Straßen dorthin).

In Fettercairn fährt man dann am besten bis zum großen Dorfplatz und nimmt danach die Straße, die als einzige nicht nummeriert ist. Sie führt direkt zur etwas außerhalb des Ortes inmitten von Feldern liegenden Destillerie.

Links oben · Blick in die Fassabfüllabteilung.

Links · Die vier *stills* sind um eine Ecke angeordnet. An den *spirit stills* erkennt man die Einrichtung zur Kühlung des Halses.

Glen Albyn †

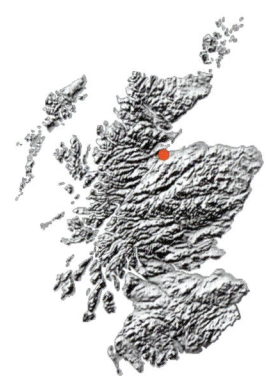

Die Destillerie Glen Albyn

Die in Inverness direkt am Caledonian Kanal gelegene Destillerie Glen Albyn wurde 1844 vom damaligen Bürgermeister der Stadt, James Sutherland, gegründet. Das für die Destillerie umfunktionierte Gebäude beherbergte bis zu jenem Zeitpunkt eine Brauerei. Die Produktion wurde 1846 aufgenommen, 1847 wurde die Destillerie lizenziert.

Schon drei Jahre nach der Gründung (1849) zerstörte ein Großfeuer Glen Albyn. Nach dem Wiederaufbau konnte die Destillerie 1850 wieder in Betrieb genommen werden. 1855 machte James Sutherland jedoch Konkurs. Seine Gläubiger versuchten die Destillerie zu verkaufen, konnten jedoch keinen Käufer finden. Die Gebäude wurden deshalb vermietet und ab 1866 für eine Mühle genutzt. Beinahe 20 Jahre lang wurde ab diesem Zeitpunkt bei Glen Albyn kein Whisky mehr produziert.

Erst 1884 richtete ein neuer Besitzer, Gregory & Co., in den Gebäuden wieder eine Destillerie ein. Diese Betreiberfirma wurde 1891 in eine Publikumsgesellschaft mit dem Namen Glenalbyn Distillery Co. gewandelt.

Links • Diese Luftaufnahme aus dem Jahr 1928 (!) zeigt auf der linken Seite der Straße, die zur Brücke über den Caledonian Canal führt, die Destillerie Glen Albyn. Auf der rechten Straßenseite steht die Destillerie Glen Mhor. Foto © RCAHMS

Unten • Glen Albyn lag direkt am Caledonian Kanal. Die Gebäude wurden 1988 abgerissen. Foto aus der Zeit um 1950

1892 wurde auf der gegenüberliegenden Straßenseite – aber ebenfalls am Caledonian Canal – eine weitere Destillerie mit dem Namen »Glen Mhor« gebaut. Deren Gründer waren der ehemalige Destillerie-Manager von Glen Albyn, John Birnie (er hatte Glen Albyn im gleichen Jahr wegen Differenzen mit deren Besitzern verlassen), und der in Whiskykreisen damals sehr bekannte James Mackinley.

Während des Ersten Weltkriegs dienten die Gebäude von Glen Albyn als Stützpunkt der US-Marine.

Inverness • pulsierende Stadt mit vielen Sehenswürdigkeiten, Shops und Restaurants/Pubs

Culloden Moor • östlich von Inverness; Ort der letzten Schlacht in Großbritannien; Viadukt; Steinkreise usw.

Der Name bedeutet	Tal von Schottland oder Großes Tal
Aussprache	Glen Alben
Whiskyregion	Highland
Adresse	Glen Albyn Distillery Telford Street, Inverness IV3 5LD Scotland
Kontakt	Kein Web und Telefon
Club	Kein Club
Gründung	1844
Status	Geschlossen 1983; abgerissen 1986
Besitzer	Letzter war UDV/Diageo plc
Stills	Früher 2 (1 *wash*; 1 *spirit*)
Kapazität pro Jahr	Früher etwas über 1 000 000 Liter
Besucher	Nein, existiert nicht mehr
Rating	★★★★☆☆☆ (nur Whisky)
Hausstil	Trocken, leicht rauchig, malzig-süß, Vanille, frisch, lang

1920 wurde die Destillerie an Mackinlay & Birnie Ltd., so hieß die damalige Besitzerin der auf der gegenüberliegenden Straßenseite stehenden Glen Mhor, verkauft. Die beiden ab jetzt als »Schwester-Destillerien« bezeichneten Brennereien arbeiteten ab diesem Zeitpunkt über Jahrzehnte eng zusammen. Während des Zweiten Weltkrieges wurden die Gebäude von Glen Albyn von der Armee beschlagnahmt. In ihnen wurden Netze und Seeminen gegen Unterseeboote produziert.

1972 ging Glen Albyn in den Besitz der DCL über. Deren Managementfirma, die SMD, schloss sie dann 1983 für immer. Bereits zuvor (1980) wurde die eigene Mälzerei – Glen Albyn arbeitete mit einer *Saladin-Box* – aufgegeben. 1986 wurden die Gebäude abgerissen. An ihrer Stelle stehen heute die leeren Gebäude eines mittlerweile geschlossenen Einkaufszentrums (B&Q).

Glen Albyn arbeitete in den guten Jahren mit einem kleinen Maischbottich und drei *wash backs*. Die Destillerie besaß zwei *stills* (je eine *wash* und *spirit*). Ihre Kondensatoren lagen außerhalb des Gebäudes. Es handelte sich dabei um sogenannte *worm tubes,* das heißt Spiralrohre, die durch große, mit Wasser gefüllte Bottiche führten. Diese hatten die Besonderheit, dass sie nicht wie üblich rund waren, sondern die Form eines großen »D« hatten.

Die gleiche Mauer am Caledonian Canal wie im Bild auf der letzten Seite. Die Schiffe sind moderner geworden und statt der leider abgerissenen Destillerie sieht man das Flachdach eines – bereits wieder geschlossenen – Supermarktes.

Der Whisky von Glen Albyn ist sehr selten geworden. Als Original- oder Eigentümerabfüllung gab es ihn zuerst in zwei Abfüllungen für Italien (einmal mit 43 Prozent und einmal in Fassstärke). Diese beiden Abfüllungen gehören zu den großen Raritäten der schottischen Whiskys. Im Jahr 2001 brachte die UDV in ihrer Reihe »Rare Malts« einen 1975er mit 26 Fassjahren auf den Markt.

Es existieren ebenfalls einige Abfüllungen von den Unabhängigen, die aber ebenfalls schwierig – und nicht mehr günstig – zu finden sind.

Inverness gilt als eigentliche Hauptstadt der schottischen Highlands. Noch in der ersten Hälfte des 19. Jahrhunderts gab es auf ihrem Gebiet etliche Destillerien. Anfang der 1980er-Jahre waren in Inverness jedoch nur noch drei von ihnen produktiv, nämlich Glen Albyn, Glen Mhor und Millburn. Sie alle existieren heute nicht mehr.

Glen Albyn lag im Westen von Inverness. An ihren ehemaligen Standort gelangt man, wenn man vom Zentrum aus die A862 zum südlichen Ufer des Beauly Firth fährt. Kurz bevor sie den Caledonian Canal überquert, liegen auf beiden Seiten der Telford Street, so heißt dieser Teil der A862, Einkaufszentren. Auf dem Areal der einstigen Destillerie stand das B&Q Einkaufszentrum (mittlerweile geschlossen).

Glenallachie

Die moderne Destillerie zeigt bereits in der Firmenbeschriftung, dass der hier hergestellte Whisky vor allem in die Blends von Clan Campbell geht.

Die Destillerie Glenallachie

Glenallachie, eine der moderneren Destillerien Schottlands, wurde erst im Jahr 1967 von Mackinlay, McPherson & Co. (Tochterfirma von Scottish & Newcastle Breweries Ltd.) gebaut und ist damit auch eine der jüngeren in diesem Land. Die Firma wurde bereits kurz nach der Gründung in Charles Mackinley Ltd. umbenannt.

1985 verkaufte die Scottish & Newcastle Breweries Ltd. ihre Tochterfirma und damit auch die Destillerie Glenallachie an Invergordon Distillers. Die neue Besitzerin legte 1987 Glenallachie still.

1989 wurde dann Glenallachie von Campbell Distillers Ltd. (Pernod Ricard) übernommen. Die neue Besitzerin nahm die seit zwei Jahren stillgelegte Brennerei sofort wieder in Betrieb und unterzog sie kurz nach der Übernahme einer Renovierung sowie einem Um- und Ausbau. Ihre Kapazität wurde verdoppelt, und Glenallachie produziert ihren Malt-Whisky seitdem mit vier *stills*.

Glenallachie hat kein Besucherzentrum und auch keine Tour-Guides. Deshalb ist eine rechtzeitige Anmeldung für einen Besuch dieser Destillerie – er ist nicht unbedingt ein Muss – erforderlich.

Glenallachie besitzt für das Mahlen des zugekauften Gerstenmalzes eine Malzmühle aus ihren Gründungsjahren. Der Maischbottich *(semi lauter)* ist aus Edelstahl, aus diesem Material sind auch die sechs Gärbottiche. Im *stillhouse* stehen vier zwiebelförmige *stills* (je zwei *wash* und *spirit*). Die *wash stills* haben am Halsanfang eine kragenförmige Einbuchtung. Die *spirit stills* haben dagegen weder Ein- noch Ausbuchtungen. Die Rohrkondensatoren sind liegend, was in schottischen Destillerien eher selten anzutreffen ist, an den Wänden befestigt.

Eine der Attraktionen von Glenallachie ist der Kühlweiher mit seinen Enten. Diese gehörten beim Verkauf an Campbell Distillers zum Inventar der Destillerie und genießen das warme Wasser, das eine angenehme Temperatur

Zur Destillerie Glenallachie im kleinen, zur Gemeinde Aberlour gehörenden Weiler mit dem gleichen Namen führt eine enge Straße ohne Straßennummer.

Verlässt man den Ort Aberlour auf der A95 in südwestlicher Richtung (Bridge of Avon–Aviemore), zweigt sie schon bald nach links ab (Wegweiser Glenallachie–Milltown of Edinvillie).

Die Straße führt direkt an der Destillerie Glenallachie vorbei.

Der Name bedeutet	Tal der Felsen	Besucher	Kein Besucherzentrum ★★☆☆☆ Besuche sind aber nach Voranmeldung möglich. (Nicht zu knapp vor dem geplanten Besuch anrufen.)
Aussprache	Glen-allachie		
Whiskyregion	Speyside		
Adresse	Glenallachie Distillery Glenallachie, Aberlour, Banffshire AB38 9LR Scotland	Rating	★★★☆☆
Kontakt	Keine eigene Homepage Besitzer www.pernod-ricard.com Telefon +44 (0)1340 87 13 15	Hausstil	Leicht malzig, süßlich, Honig, weich
Club	Kein Club		
Gründung	1967		
Status	In Betrieb		
Besitzer	Campbell Distillers Ltd.; Chivas Brothers Ltd. (Pernod Ricard SA)		
Stills	4 (2 *wash*; 2 *spirit*)		
Kapazität pro Jahr	3 250 000 Liter		

von der Abwärme der Destillerieanlagen erhält. An kühlen Tagen sieht man diese Enten im Dampf des Weihers kaum.

Dennis Hendry – er war lange Zeit charismatischer Chef-Guide in der Schwester-Destillerie Aberlour, ein echtes Unikum und mein Führer durch die Destillerie – konnte es sich nicht verkneifen, das Bonmot loszuwerden, dass Campbell Distillers (Pernod Ricard) im Jahr 1989 die teuersten Enten Schottlands gekauft, als Zugabe aber immerhin eine Destillerie erhalten habe.

Seit die Destillerie Glenallachie unter der Leitung von Campbell Distillers / Chivas Brothers Ltd. steht (leitet für Pernod Ricard alle Destillerien in Schottland), wird der Malt leider fast ausschließlich nur noch für deren wichtigste Blends »Clan Campbell«, »House of Lords« und »White Heather« verwendet.

In Eigentümer- oder Originalabfüllung gab es ihn zuerst in einer 12-jährigen Version. Diese war für den französischen und italienischen Markt bestimmt und erschien noch unter dem vorherigen Besitzer Invergordon. Er ist sehr selten und heute außerordentlich schwierig zu bekommen. Eine weitere – ebenfalls in kleinen Mengen realisierte – Originalabfüllung gab es im Jahr 2005.

In einer neuen Serie – der »Cask Strength Edition« – gab es 2005 eine Abfüllung. In dieser Reihe werden fassstarke Abfüllungen der verschiedenen Destillerien von Pernod Ricard unter dem Label von Chivas Brothers Ltd. in Schottland auf den Markt gebracht – eine Antwort auf die Rare Malts der UDV?

Der Glenallachie wird vereinzelt auch von den Unabhängigen abgefüllt, aber in ebenfalls nur kleinen Mengen auf den Markt gebracht.

Aberlour · Marktort mit Hotels und Pubs (»Mash Tun«) und der Produktionsstätte von Walkers Shortbread.

Ben Rinnes · mit seiner Höhe von 840 Meter einer der markanten Berge in dieser Region; fantastische Aussicht.

Rechts · Der *spirit and sample safe* ist aus steuertechnischen Gründen verschlossen.

Unten · Im modernen *stillhouse* stehen je zwei *wash* und *spirit stills*.

SPIRIT   FEINTS   LOW WINES   SAMPLES

Glenburgie
(Glencraig)

Die Destillerie Glenburgie

Das erste Mal wird über eine Vorgängerin der heutigen Destillerie Glenburgie im Jahr 1810 berichtet. Sie wurde in jenem Jahr unter dem Namen »Kilnflat« von William Paul gegründet. 1829 erhielt sie unter diesem Namen ihre Brennereilizenz. Kilnflat war bis zum Jahr 1870 ununterbrochen in Betrieb. In jenem Jahr wurde sie jedoch stillgelegt. Acht Jahre lang – von 1870 bis 1878 – wurde in der Destillerie nicht produziert.

1878 wurde Kilnflat an Charles Hay verkauft. Bei dieser Gelegenheit erhielt sie den heutigen Namen »Glenburgie«. Die Lizenz lief ab diesem Zeitpunkt auf den neuen Besitzer. Bereits 1884 erhielt Glenburgie mit der Firma Alexander Fraser & Co. wieder eine neue Besitzerin. Diese machte jedoch – nicht zuletzt wegen der Aus- und Nachwirkungen des Ersten Weltkriegs – im Jahr 1925 Konkurs. Der Kon-

kursverwalter, Donald Mustad, versuchte persönlich, die Destillerie über die Runden zu bringen und übernahm für kurze Zeit selbst die Leitung, musste sie schließlich aber doch stilllegen.

1927 kaufte James & George Stodart Ltd. die immer noch nicht produzierende Glenburgie. Im Jahr 1930 übernahm Hiram Walker (Kanada) ein erstes Aktienpaket an der Firma Stodart und 1936 auch noch die restlichen Anteile.

Damit ging Glenburgie in den Besitz von Hiram Walker über. Die Produktion wurde zum Jahreswechsel 1936/37

Rechts · So sah es im *stillhouse* von Glenburgie 1958 aus: Neben den beiden *pot stills* stehen die beiden *Lomond stills* für die Destillation des Glencraig.

Unten · Vier *stills* und der neue große Maischbottich standen seit dem Neubau 2004/2005 in einer neuen großen Halle. Zwei weitere *stills* kamen 2006 dazu. Der Schriftzug »Ballantines« zeigt, dass der Großteil des hier produzierten Malts in diesen Blend geht.

Der Name bedeutet	Tal mit der Festung
Aussprache	Glen-börgie
Whiskyregion	Speyside
Adresse	Glenburgie Distillery By Alves, Forres, Morayshire IV36 2QY Scotland
Kontakt	Keine eigene Homepage Besitzer www.pernod-ricard.com Telefon +44 (0)1343 85 02 58
Club	Kein Club
Gründung	1810
Status	In Betrieb
Besitzer	Chivas Brothers Ltd. (Pernod Ricard SA)
Stills	6 (3 *wash*; 3 *spirit*)
Kapazität pro Jahr	4 100 000 Liter
Besucher	Kein Besucherzentrum ★★★☆☆ Besuche sind aber nach Voranmeldung möglich. (Nicht zu knapp vor dem geplanten Besuch anrufen.).
Rating	★★★☆☆☆☆
Hausstil	Glenburgie: Aromatisch, ölig, Toffee, leicht torfig, fruchtig Glencraig: Süß, trocken, etwas Sherry, leicht holzig, sehr lang

Glenburgie liegt im Norden der Speyside zwischen den beiden Städten Forres und Elgin im sogenannten Getreidegürtel von Schottland. Die diese beiden Städte verbindende Hauptstraße A96 führt nahe an der Destillerie vorbei, man kann von ihr aus die Gebäude knappe zwei Kilometer hinter Forres erkennen. Die Straße zu ihr zweigt von der A96 ab und ist beschildert.

Forres • Marktort mit Hotels und Pubs; besuchenswerte Highland Games; im Sommer viele Blumen und Blumenskulpturen.

Suenos Stone • in Forres; höchster bekannter von den Pikten geschaffener Stein mit Gravuren aus dem 9. Jahrhundert.

Elgin • interessante und lebendige Stadt aus dem Mittelalter mit etlichen historischen Gebäuden und Monumenten, vielen Restaurants, Kaffeehäusern und Shops.

unter der Leitung von George Ballantine & Co., der schottischen Niederlassung von Hiram Walker, wieder aufgenommen.

Glenburgie war eine der wenigen Destillerien in Schottland, die zu jener Zeit von einer Frau geleitet wurden. Margaret Nicol, so der Name der Managerin, war keine Erbin dieses Jobs – wie die meisten anderen Frauen in der frühen schottischen Whiskygeschichte –, sondern hat sich diese Position selbst erarbeitet. Sie war von 1936 bis zu ihrer Pensionierung im Jahr 1959 Leiterin von Glenburgie.

1958 wurde die Destillerie einer kompletten Renovierung und einem gleichzeitigen Aus- und Umbau unterzo-

gen. Beim Umbau wurden zu den zwei bis dahin arbeitenden traditionellen *stills* zusätzlich zwei des Typs »Lomond« eingebaut. Dies nach positiven ersten Experimenten in den vorangegangenen Jahren mit einer kleinen *still* dieses Typs. Dank den verstellbaren Kopfteilen der *Lomond stills* wurde die Destillerie in die Lage versetzt, Malt-Whiskys in verschiedenen Geschmacksrichtungen produzieren zu können. Dem in diesen neuen *still*-Typen gebrannten, etwas fruchtigeren, schwereren und körperreicheren Whisky wurde der Name »Glencraig« – nach dem damaligen Produktionschef von Hiram Walker, William »Willie« Craig – gegeben.

Die eigene Mälzerei wurde bei Glenburgie 1958 aufgegeben und das Malz ab dann von Großmälzereien bezogen.

Weil in den *Lomond stills* der gewünschte Qualitäts- und Geschmacksstandard nicht erreicht werden konnte, wurden sie 1981 wieder entfernt und durch traditionelle *pot stills* ersetzt.

1987 kaufte Allied Distillers Ltd. das Spirituosengeschäft von Hiram Walker und damit auch alle dazu gehörenden Destillerien. In den Jahren 2004/2005 unterzog Allied die Destillerie einer Radikalkur. Statt einer Renovierung wurde Glenburgie mehr oder weniger komplett abgerissen und wieder neu aufgebaut.

Das große Destilleriegebäude ist neu, ebenso fast alle in ihm stehenden Anlagen. Eine Ausnahme bildeten die vier aus den alten Gebäuden übernommenen *pot stills*.

2005 wurden große Teile von Allied Domecq (Muttergesellschaft der Allied Distillers Ltd.), darunter auch die Destillerie Glenburgie, von Pernod Ricard übernommen. Unter der Leitung von deren Tochterfirma Chivas Brothers Ltd. wurden 2006 zwei zusätzliche *stills* installiert.

Glenburgie besitzt kein Besucherzentrum. Deshalb sollte man, will man diese Destillerie besichtigen, lange vorher einen Termin vereinbaren.

Ein Besuch in dieser fast komplett umgebauten Destillerie beginnt bei den neuen, wirklich beeindruckenden Malz-

silos. Die Malzmühle ist eine der nach dem Totalumbau 2004/2005 übriggebliebenen Anlagen aus der alten Zeit. Entsteiner und Wiegeeinrichtung sind modernster Bauart.

Der riesige Maischbottich *(full lauter)* ist aus Edelstahl und hat einen Deckel aus Kupfer. Die zwölf Gärbottiche aus Edelstahl stehen im direkt mit dem *stillhouse* zusammenhängenden Gärhaus.

Im neu gebauten Gebäude stehen im Brennhaus je drei *wash* und *spirit stills*. Sie sind zwiebelförmig ohne Ein- oder Ausbuchtungen. Die Rohrkondensatoren stehen im gleichen Raum. Mit ihnen gekoppelt sind Wärme-Rückgewinnungsanlagen.

Der Malt von Glenburgie wird in den niedrigen Lagerhäusern mit Naturböden vor allem in Ex-Bourbon-Fässern gelagert.

Vom Glenburgie gab es lange Zeit außer einer sehr seltenen Abfüllung aus den 1970er-Jahren und einer Spezialabfüllung unter Allied (2002) keine Original- oder Eigentümerabfüllungen. In einer neuen Serie – der »Cask Strength Edition« – realisierte man 2008 wieder eine Abfüllung. In dieser Reihe werden fassstarke Abfüllungen der verschiedenen Destillerien von Pernod Ricard unter dem Label von Chivas Brothers Ltd. in Schottland auf den Markt gebracht.

Der Malt verschwindet hauptsächlich im »Ballantine's«. Es gibt ihn jedoch auch in Abfüllungen von Unabhängigen.

Der seltene »Glencraig« ist bis heute nur im Angebot von verschiedenen unabhängigen Abfüllern zu finden.

247

Glenburgie wurde 2004/2005, mit Ausnahme der bestehenden Lagerhäuser, nach modernsten Erkenntnissen geplant und komplett neu aufgebaut.

Glencadam

Die Destillerie Glencadam

Die Destillerie Glencadam wurde im Jahr 1825 von George Cooper gegründet. Bereits zwei Jahre später musste er sie aber wegen finanzieller Probleme an David Scott weiterverkaufen. Nach weiteren Besitzerwechseln, die heute zeitlich schwierig zuzuordnen sind, gehörte die Destillerie ab 1857 einer Gesellschaft mit dem Namen Glencadam Distillery Company. 1891 ging dann Glencadam in den Besitz von Gilmour Thomson & Co., einer Blendingfirma aus Edinburgh, über.

Der Whisky von Glencadam war zu Beginn der 1900er-Jahre einer der Hauptbestandteile des »Gilmour Thomson's Royal«, einem der Lieblingswhiskys von König Eduard VII.

Ab 1954 gehörte Glencadam zu Hiram Walker, einem kanadischen Konzern. Sie wurde unter der Leitung der schottischen Tochtergesellschaft George Ballantine & Co. betrieben. 1959 wurde die Destillerie modernisiert und renoviert. Gleichzeitig wurde sie durch einige neue Gebäude erweitert.

1987 kaufte die spätere Allied Domecq das gesamte Spirituosengeschäft von Hiram Walker und damit neben berühmten Marken ebenfalls einige Destillerien, darunter die im östlichen Hochland gelegene Glencadam.

Sie übertrug die Leitung der Destillerie der zur gleichen Zeit übernommenen Firma Stewart & Sons in Dundee. Sie verhalf dieser bereits 1831 gegründeten Blendingfirma damit zum ersten Mal in ihrer Geschichte zu einer Destillerie.

Glencadam lieferte dann mit ihren zwei *stills* vor allem den Grundstoff für Blended Whiskys wie zum Beispiel dem »Stewart's Cream of Barley« aus dem umfangreichen Blended Whiskyangebot von Stewart & Sons.

Rechts oben · Die beiden *stills* stehen in einem extrem engen *stillhouse*.

Rechts · Das erste nach der Wiederaufnahme der Produktion 2003 abgefüllte Fass.

Brechin · altes Städtchen mit einigen Sehenswürdigkeiten.

Caledonian Railway · von Eisenbahn-Enthusiasten betriebene Dampf- und Dieselbahnstrecke mit regelmäßigen Fahrten zwischen Brechin und Bridge of Dun in der Nähe des Montrose Basin (circa 8 Kilometer).

Edzell · typisches Hochlandstädtchen mit der Ruine eines kleinen Schlosses in einem schönen Park.

Montrose · schöne Hafenstadt; liegt zwischen dem Montrose Basin, einem Naturschutzgebiet, und der Nordsee.

Der Name bedeutet	Tal der wilden Gans
Aussprache	Glen Kadaam oder Glen Kädem
Whiskyregion	Highland
Adresse	Glencadam Distillery Brechin, Angus DD9 7PA Scotland
Kontakt	www.glencadamdistillery.co.uk Telefon +44 (0)1356 62 22 17
Club	Kein Club
Gründung	1825
Status	In Betrieb
Besitzer	Angus Dundee Distillers plc
Stills	2 (1 *wash*; 1 *spirit*)
Kapazität pro Jahr	1 500 000 Liter
Besucher	Ja ★★★✩✩ kleines Besucherzentrum mit Shop ❤✩❤✩ Besuche sind aber nur nach Voranmeldung möglich
Rating	★★★★✩✩
Hausstil	Cremig, honigtönig, nussig, Spur Rauch, süßlich

Heute ist der Glencadam hauptsächlich Geschmacksgeber für die Blends von »Ballantine's« und des »Teacher's Highland Cream«, aber auch von weiteren Blended-Whisky-Marken.

Im Jahr 2000 wurde Glencadam wegen zu vollen Lagerhäusern stillgelegt. Die Stilllegung dauerte bis ins Frühjahr 2003, als Angus Dundee Distillers plc die Destillerie kaufte, die bis heute beinahe so unbekannt geblieben ist wie ihr Whisky.

Neben der Destillerie konnte Angus Dundee auch einen großen Teil der Lagerbestände mit übernehmen. Die neue Besitzerin strebte die sofortige Wieder-Inbetriebnahme an und nahm die Produktion auch Ende des Jahres 2003 wieder auf.

Glencadam ist eine kleine Destillerie und hat auch nur ein kleines Besucherzentrum. Will man dieser Brennerei einen Besuch abstatten, lohnt es sich, einen Termin im Voraus zu vereinbaren.

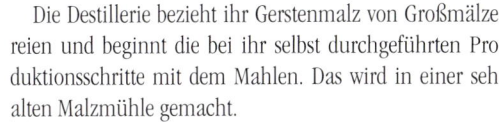

Die Destillerie bezieht ihr Gerstenmalz von Großmälzereien und beginnt die bei ihr selbst durchgeführten Produktionsschritte mit dem Mahlen. Das wird in einer sehr alten Malzmühle gemacht.

Etwa genau so alt ist der *mash tun*, ein Bottich aus Gusseisenplatten mit einem Deckel aus Edelstahl. Die sechs Gärbottiche sind neueren Datums und aus Edelstahl, zwei davon haben Deckel aus Holz, die anderen aus Stahl.

Die *wash* und *spirit still* – Glencadam arbeitet mit nur zwei *stills* – sind zwiebelförmig und relativ klein. Ihre *lyne arms* gehen atypisch nach oben in die außerhalb des *stillhouse* stehenden Rohrkondensatoren ab. Auch der *spirit and sample safe* ist sehr alt und stellt dem *stillman* nur sehr wenige Hilfsmittel zur Verfügung.

Der Malt von Glencadam wird in Ex-Bourbon- und Ex-Sherry-Fässer abgefüllt und in Lagerhäusern mit Lagergestellen gereift.

Auf eine erste Abfüllung des Glencadam als Single Malt unter dem neuen Besitzer musste man bis zum Jahr 2005 warten. Dann brachte er einen 15-Jährigen auf den Markt. Eine fassstarke Vintage-Abfüllung folgte 2006. 2008 kam dann ein 10-Jähriger, Anfang 2009 gefolgt von zwei Limited Releases: einem 25-Jährigen aus dem Jahr 1983 und einem 30-Jährigen von 1978, beide in schönen Glas-Decantern.

2010 kamen als neue Standards ein 12-, 14- und 21-Jähriger sowie als spezielle Abfüllung ein 32-Jähriger Single Cask auf den Markt. Von den früheren Besitzern gab es ihn als Original- oder Destillerieabfüllung nur in einem Glasdecanter von Stewart & Sons in einer Auflage von 1000 Stück mit 25 Fassjahren und als 15-Jährigen in der limitierten Serie der Special Distillery Bottlings (2002 von Allied Domecq).

Von den Unabhängigen ist er jedoch in den unterschiedlichsten Jahrgangsabfüllungen (Vintages) erhältlich.

Direkt bei der Glencadam Distillery befindet sich der Blending- und Flaschenabfüllbetrieb des Besitzers der Destillerie, Anguis Dundee, eine hochmoderne Anlage mit großer Kapazität.

Oben · Das Eingangstor und ein paar der nicht gerade attraktiven Destilleriegebäude.

Links · Die wohl einzige pinkfarbene Porteus-Malzmühle Schottlands.

Unten · Die *wash backs* (Gärbottiche) haben zum Teil Deckel aus Edelstahl, zum Teil aber auch aus Holz.

Das kleine, aus dem Mittelalter stammende Städtchen Brechin liegt in unmittelbarer Nähe der A90 Dundee–Stonehaven–Aberdeen und zwar ungefähr auf halber Strecke von Dundee nach Stonehaven.

Es beherbergte im 19. Jahrhundert neben Glencadam noch eine weitere Destillerie mit dem Namen North Port.

Will man zur Destillerie Glencadam, verlässt man die A90 bei Brechin und fährt zuerst ins Stadtzentrum bis zur großen Kirche. Dort nimmt man die B966 in Richtung Edzell. Das beschilderte Sträßchen zur Destillerie und zum Friedhof geht nach rechts weg.

GlenDronach

Die anschließende produktive Zeit war ebenfalls nur kurz: Zwei Jahre nach der Wiederaufnahme der Produktion, 1999, kam das neue und, wie viele dachten, endgültige Aus: Die Destillerie wurde wieder stillgelegt. Eine kleine Gruppe von weiterhin dort beschäftigten Mitarbeitern hielt sie aber in einem sehr guten Zustand. Das Besucherzentrum war ebenfalls weiter geöffnet und die Destillerie konnte auch während dieser Zeit der Stilllegung besichtigt werden.

Im Mai 2002 wurde unter Allied Distillers Ltd. die Produktion wieder aufgenommen. Der französische Konzern

Der Name bedeutet	Tal des Dronach oder Tal der Brombeerstauden
Aussprache	Glen-dronech
Whiskyregion	Highland
Adresse	GlenDronach Distillery Forgue near Huntly, Aberdeenshire AB54 6DB Scotland
Kontakt	www.glendronachdistillery.com Telefon +44 (0)1466 73 02 02
Club	Kein Club
Gründung	1826
Status	In Betrieb
Besitzer	The BenRiach Distillery Company Ltd.
Stills	4 (2 *wash*; 2 *spirit*)
Kapazität pro Jahr	1 250 000 Liter
Besucher	Ja ★★★★☆ Besucherzentrum mit Shop ❤❤♡
Rating	★★★★★☆☆
Hausstil	Sherry, Vanille, nussig, fruchtig, leicht rauchig

Die Destillerie GlenDronach

James Allardes ist der Name des Mannes, der die Destillerie GlenDronach im Jahr 1826 für ein kleines Besitzerkonsortium lizenzieren ließ. Vor dieser Zeit gab es in dieser Gegend etliche Schwarzbrennereien, die nach der Gründung von GlenDronach aber nach und nach verschwanden. James Allardes war ein guter Freund des Duke of Gordon. Dieser wiederum war als schottischer Abgeordneter im britischen Parlament für die Whiskygesetze von 1823, welche das Lizenzieren von Destillerien einfacher und dank tieferen Steuern auch finanziell interessant machten, mit verantwortlich.

1837 wurde GlenDronach durch ein Großfeuer zerstört und musste in den folgenden Jahren neu aufgebaut werden.

Die Nachkommen, die mit diesem Geschäft nichts mehr zu tun haben wollten, verkauften 1852 nach einigen produktiven Jahren die Destillerie an Walter Scott (bereits Besitzer von Teaninich). Nach dem Tod von Walter Scott im Jahr 1887 wurde GlenDronach von einem Konsortium unter der Leitung von John Somerville & Co. aus der Stadt Leith übernommen. Diesem Konsortium gehörte die Destillerie bis ins Jahr 1920, danach wurde sie von Charles Grant, einem Sohn von William Grant (Besitzer von Glenfiddich), übernommen. 1960 verkaufte dieser GlenDronach an William Teacher & Sons weiter. Diese Firma verdoppelte die Kapazität nach einer Renovierung und einem Aus- und Umbau in den Jahren 1966/67 von zwei auf vier *stills*.

1976 ging William Teacher & Sons und mit ihr auch GlenDronach an Allied Distillers Ltd. über. Im gleichen Jahr wurde in der Destillerie ein Besucherzentrum eröffnet. Von 1995 bis 1997 war GlenDronach wegen zu großer Lagerbestände geschlossen.

Oben · Die vier *stills* stehen immer noch auf den Kohleöfen.

Rechts · Schon fast ein Museumsstück: die *Boby Mill*.

Huntly · kleines mittelalterliches Städtchen, erhielt sein heutiges Gesicht jedoch erst im 19. Jahrhundert.

Huntly Castle · Schlossruine, deren Ursprünge auf das Jahr 1120 zurückgehen.

Castle Trail · Touristenroute, die zu 13 berühmten Schlössern oder Gutshäusern in dieser Region Schottlands führt, eines davon ist Fyvie Castle.

Fyvie Castle · aus dem Jahr 1211; steht in der Nähe des gleichnamigen Ortes und ist sicher nicht nur wegen der Tapisserien und Kunstsammlungen, sondern auch wegen seinen Gespenstern einen Besuch wert.

Pernod Ricard SA übernahm dann Mitte des Jahres 2005 die gesamte Allied Domecq-Gruppe. GlenDronach war ebenfalls Teil dieses Deals und wurde in deren Tochterfirma Chivas Brothers Ltd. integriert.

Pernod Ricard fand aber, dass die Destillerie nicht in ihr Portefeuille passte, und suchte nach einem Käufer. Sie fand diesen 2008 in der The BenRiach Distillery Company Ltd. unter der Leitung von Billy Walker.

GlenDronach ist eine absolut sehenswerte Destillerie, auch wenn sie außerhalb der Speyside und dem für die Touristen angelegten Malt Whisky Trail liegt. Schon ihre Lage in einem Tal, umgeben von Feldern, ist speziell. Ebenfalls besonders ist die sehr gepflegte Anfahrt zur Destillerie. Sie führt zuerst an den mit Blumen geschmückten Häusern der Angestellten, dann an den niedrigen Lagerhäusern vorbei zu einem großen Platz, um den die Destillerie- und ihre Hilfsgebäude stehen.

Eine Besichtigung beginnt im 2010 um- und ausgebauten schönen *Visitor Centre* und führt von dort zuerst in die *floor maltings*. Hier wurde bis 1996 noch 20 Prozent des benötigten Malzes selbst produziert. Der *kiln* wurde bis zu diesem Zeitpunkt mit Kohle und Torf befeuert. Heute kauft aber auch GlenDronach sein Malz von Großmälzereien zu. Dieses wird in einer uralten Mühle zu *grist* gemahlen. Aus diesem wird in einem ebenfalls uralten gusseisernen *mash tun* mit heißem Wasser die Stärke herausgewaschen. In neun *wash backs* (drei alte aus Douglas-Fichte und seit Ende 2011 sechs aus schottischer Lärche) wird durch Zugabe von Hefe die für die Destillation verwendete vergärte *wash* zubereitet.

Im *stillhouse* stehen je zwei *wash* und *spirit stills* in einer Reihe. Man kann sie auch von draußen durch die großen Fenster des Brennhauses bewundern. Sie sind zwiebelför-

mig und haben am unteren Ende ihres Halses ballförmige Ausbuchtungen. Die zu ihnen gehörenden Rohrkondensatoren stehen ebenfalls im *stillhouse*. Die *stills* wurden bis 2005 direkt mit Kohle beheizt. Die Umweltschutz-Gesetzgebung verlangte dann aber, dass diese direkte Beheizung durch eine indirekte ersetzt werden musste. Der Umbau erfolgte im Jahr 2005, die *stills* stehen aber nach wie vor auf den ehemaligen Kohleöfen.

GlenDronach ist eine der wenigen Destillerien Schottlands, in der alle gelagerten Malt-Whiskys grundsätzlich mindestens einmal das Innere eines Ex-Sherry-Fasses gesehen haben. Auch wenn es sich dabei bei einigen Malt-Typen nur um eine erste Zeit handelt und sie danach in Ex-Bourbon-Fässer umgefüllt werden.

Die Lagerhäuser sind alt und haben Naturböden. Es riecht in ihnen – neben dem typischen Geschmack der Whiskys – auch ein wenig modrig und nach Feuchtigkeit.

GlenDronach ist zudem wegen der vielen alten, immer noch in Betrieb stehenden Maschinen absolut einen Besuch wert. Eine Attraktion ist dabei ein alter, dampfbetriebener *Lorry* (Kleinlastwagen) mit der Aufschrift »GlenDronach – most suitable for medicinal purposes«. Er läuft noch und kann von Zeit zu Zeit auch fahrend bewundert werden.

Der Malt-Whisky von GlenDronach ist in Original- oder Eigentümerabfüllung in den Alterungsstufen von 8, 12, 15, 18, 21 und 31 Jahren erhältlich. Dabei sind auch ausschließlich in Ex-Sherry-Fässern gereifte Whiskys. Es gibt ihn ebenfalls als Vintage-(Jahrgangs-) und Sonderabfüllungen. Die neue Besitzerin praktiziert nun auch bei GlenDronach dieselbe, beinahe nicht mehr überschaubare Abfüllungsflut, die man schon von BenRiach her kennt. Allein im Jahr 2010 kamen über 15 verschiedene Abfüllungen (hauptsächlich Fass-*finishings*) auf den Markt. Ungefähr

251

In einem schönen, fruchtbaren und hügeligen Gebiet, in welchem es im größeren Umkreis keine weiteren Destillerien mehr gibt, liegt GlenDronach.

Von der A97, der Hauptstraße, die Huntly mit Banff an der Nordsee verbindet, geht nach ungefähr zehn Kilometern die B9001 Richtung Osten weg. Folgt man dieser Straße, kommt man etwa zwei Kilometer nach dem kleinen Ort Forgue zur Destillerie. Sie liegt in der Nähe der Straße und kann nicht verfehlt werden.

im gleichen Stil ging es mit 11 Abfüllungen im Jahr 2011 weiter.

In Abfüllungen von den Unabhängigen ist er auch erhältlich.

Oben · Der dampfbetriebene *Lorry* auf einer Ausfahrt.

Unten · Die Zufahrt zur alten Destillerie mit dem modernen *stillhouse*, aus welchem die vier *pot stills* hell leuchten.

Glendullan

252

Unten · Die Gärbottiche aus Holz werden nach und nach durch neue, ebenfalls aus Holz, ersetzt.

Ganz unten · Blick über den Dullan River ins nächtlich beleuchtete *stillhouse*.

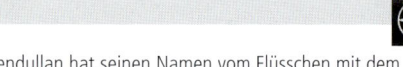

Glendullan hat seinen Namen vom Flüsschen mit dem Namen Dullan Water, einer Sammlung von kleinen Bächen, die in den Bergen südöstlich von Dufftown ihre Quellen haben. Es fließt durch das Tal Glen Rinnes und mündet in Dufftown in den River Fiddich. Kurz vor diesem Punkt liegt die Destillerie in Dufftown. Sie ist eine von ehemals neun Destillerien in diesem Ort.

Dufftown liegt an der A941, wenn man von Elgin Richtung Süden fährt. Glendullan findet man, wenn man im Ortszentrum von Dufftown dieser Straße Richtung Huntly weiter folgt. Kurz nach der Abzweigung, welche links weg zum Balvenie Castle führt – man kann über den Fluss rechts bereits die Destillerie sehen – nimmt man am Dullan Water die nach rechts führende Straße. Diese führt direkt zur Destillerie Glendullan.

Die Destillerie Glendullan

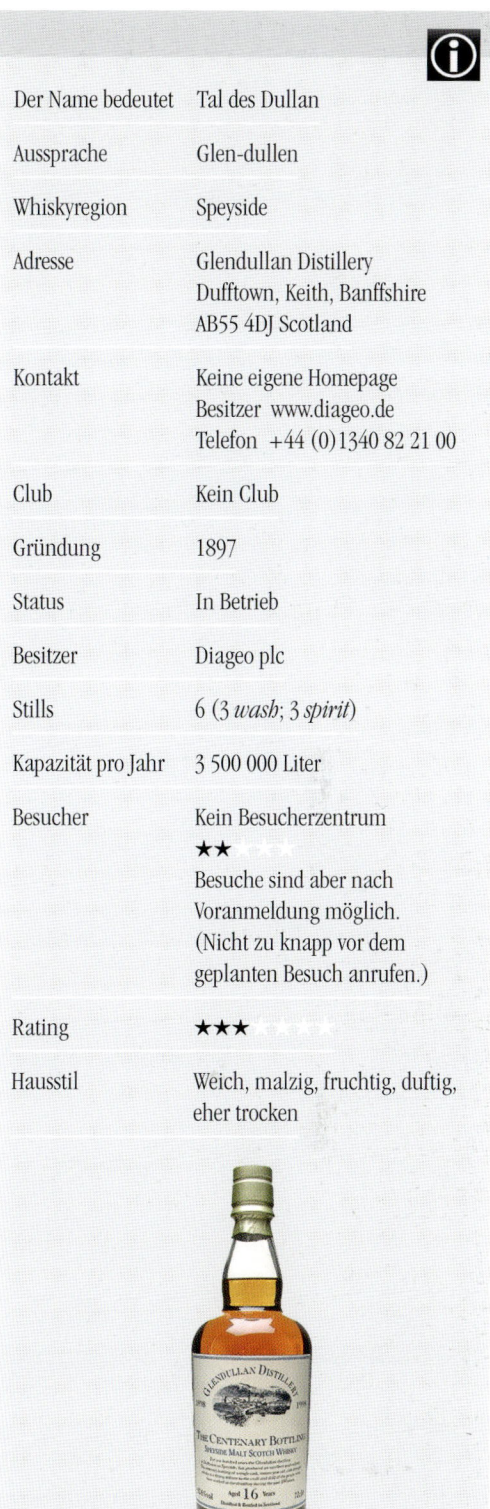

Der Name bedeutet	Tal des Dullan
Aussprache	Glen-dullen
Whiskyregion	Speyside
Adresse	Glendullan Distillery Dufftown, Keith, Banffshire AB55 4DJ Scotland
Kontakt	Keine eigene Homepage Besitzer www.diageo.de Telefon +44 (0)1340 82 21 00
Club	Kein Club
Gründung	1897
Status	In Betrieb
Besitzer	Diageo plc
Stills	6 (3 *wash*; 3 *spirit*)
Kapazität pro Jahr	3 500 000 Liter
Besucher	Kein Besucherzentrum ★★ Besuche sind aber nach Voranmeldung möglich. (Nicht zu knapp vor dem geplanten Besuch anrufen.)
Rating	★★★
Hausstil	Weich, malzig, fruchtig, duftig, eher trocken

253

Die siebte und letzte der im 19. Jahrhundert in der Stadt Dufftown gebauten Destillerien wurde 1897 unter dem Namen Glendullan (nach dem direkt neben ihr im Tal vorbeifließenden Fluss) von Williams & Sons errichtet. Sie stellte schon sehr bald ausgezeichnete Whiskys her. So wurde bereits ab 1902 der Malt von Glendullan auch an das englische Königshaus geliefert und war dort einer der bevorzugten Drams von Edward VII.

Williams & Sons fusionierte Anfang des 20. Jahrhunderts mit Macdonald Greenlees und wurde mit dieser Firma zusammen 1926 von der DCL übernommen. Diese ihrerseits ging 1930 in der SMD auf.

Glendullan war, wie viele andere Destillerien auch, während des Zweiten Weltkriegs ab dem Jahr 1940 geschlossen. Die Produktion wurde nach Ende des Krieges nicht sofort, sondern erst 1947 wieder aufgenommen.

1962 wurde Glendullan renoviert, ihre Kapazität aber bei zwei *stills* und den außenliegenden *worm-tubes*-Kondensatoren belassen.

1972 baute die SMD in der Nähe der bestehenden Glendullan eine neue Destillerie mit sechs *stills*. Diese erhielt ebenfalls den Namen Glendullan. Bis 1985 produzierten beide Destillerien (Glendullan alt und neu) nebeneinander. Dann wurde die alte Destillerie stillgelegt.

Seitdem 1987 die UDV die Geschicke von Glendullan in die Hände genommen hat, wird die alte Anlage als Werkstatt und Ausbildungs- beziehungsweise Forschungszentrum für die verschiedenen anderen Destillerien von Diageo genutzt. Dieses Zentrum trägt den Namen Glendullan Engineering Centre.

Die heute voll produzierende Destillerie Glendullan besaß nie eine eigene Mälzerei. Die alte Malzmühle (sie stammt noch aus der alten Brennerei) verarbeitet das von Mälzereien angelieferte Gerstenmalz zu *grist*. Der große Edelstahl-Maischbottich — er wurde 2010 neu installiert — ist ein *full lauter tun* neuster Technologie. Die acht *wash backs* aus Douglas-Kiefer liefern die zur Destillation notwendige, leicht alkoholhaltige *wash*. Im aus den 1970er-Jahren stammenden *stillhouse* stehen die sechs *stills* (zwie-

Oben • Die großen *stills* stehen im modernen *stillhouse* in einer Reihe.

Unten • Die alte Glendullan – heute Werkstatt und Ausbildungs-/Forschungszentrum – besaß noch einen *kiln*.

belförmig, ohne Ein- oder Ausbuchtungen) in einer Reihe. Auffällig ist dabei, dass die *spirit stills* größer sind als die *wash stills,* also genau umgekehrt als allgemein üblich.

Der Malt-Whisky von Glendullan, er wird in Ex-Bourbon-Fässern gelagert, bildet vor allem den Kern der »Old Parr« Blends. Als Single Malt gibt es ihn seit längerer Zeit in Original- oder Eigentümerabfüllung. Zuerst wurde er mit 8 und 12 Fassjahren abgefüllt. Ein 12-Jähriger gelangte später auch in der Reihe Fauna & Flora der UDV auf den Markt. In der Serie der Rare Malts der Besitzerin UDV erschien er zweimal (als 22- und 26-Jähriger) auf dem Markt. 2007 gab es dann einen »Singleton of Glendullan« mit 12 Fassjahren und 2010 einen 1995er in der neuen Reihe »Manager's Choice«. Zur Rarität geworden ist die Abfüllung zum 100-jährigen Bestehen der Destillerie.

Auch unabhängige Abfüller bieten den Glendullan an.

Dufftown, »Malt Whisky Capital of the World« • nicht nur wegen ihrer neun Destillerien unbedingt einen Besuch wert – sechs davon sind noch in Betrieb; im Mai und September jeweils großes Whiskyfestival.

Balvenie Castle • Ruine eines Schlosses aus dem 13. Jahrhundert.

Speyside Cooperage • größte Fassfabrik der Speyside in Craigellachie; Führungen, Shop, Restaurant.

Glen Elgin

Der Name bedeutet	Tal von Elgin
Aussprache	Glen Elgin
Whiskyregion	Speyside
Adresse	Glen Elgin Distillery Longmorn, Elgin, Morayshire IV30 3SL Scotland
Kontakt	Keine eigene Homepage Besitzer www.diageo.de Telefon +44 (0)1343 86 02 12
Club	Kein Club
Gründung	1898
Status	In Betrieb
Besitzer	Diageo plc
Stills	6 (3 *wash*; 3 *spirit*)
Kapazität pro Jahr	1 750 000 Liter
Besucher	Kein Besucherzentrum ★★☆☆☆ Besuche sind aber nach Voranmeldung möglich. (Nicht zu knapp vor dem geplanten Besuch anrufen.)
Rating	★★★☆☆☆☆
Hausstil	Süß, malzig, Honig, würzig, Mandarinen

Die Destillerie Glen Elgin

Die Brennerei wurde 1898 von William Simpson, einem ehemaligen Manager von Glenfarclas, und seinem Partner James Carle, einem Bankier, gegründet.

Sie nahm ihren Betrieb jedoch erst zwei Jahre später, das heißt im Jahr 1900 auf. Dieser musste jedoch bereits fünf Monate später wegen finanzieller Probleme wieder eingestellt werden.

1901 ersteigerte die Glen Elgin-Glenlivet Distillery Co. Ltd. die Destillerie. Die Produktion wurde erneut erst später, diesmal dauerte es drei Jahre, also 1904, wieder aufgenommen. Knapp ein Jahr später wurde Glen Elgin erneut stillgelegt.

1907 ging Glen Elgin in den Besitz von John J. Blanche (einem Weinhändler und Whisky-Blender aus Glasgow) über. In der Destillerie wurde ab diesem Zeitpunkt mit Ausnahme der Jahre des Ersten Weltkriegs immer produziert.

1930, ein Jahr nach dem Tod von John J. Blanche, wurde die Destillerie von DCL/SMD erworben. Die Lizenz wurde auf die White Horse Distillers Ltd. eingetragen.

Glen Elgin war, wie viele andere Destillerien ebenfalls, während des Zweiten Weltkriegs geschlossen. Nach Aussage des *stillman* hatte die Destillerie bis in die 1950er-Jahre keine Elektrizität. Man beleuchtete mit Paraffin- oder Petrollampen und die Anlagen wurden mit einem Wasserrad und einem Dieselaggregat betrieben.

1964 wurde die Destillerie umfassend renoviert und um- und ausgebaut. Die eigene Mälzerei wurde aufgegeben.

Die strahlend weiß gestrichenen Gebäude der Destillerie Glen Elgin liegen nicht – wie man es eigentlich vermuten würde – in der Stadt mit dem gleichen Namen, sondern einige Kilometer südlich von ihr im kleinen Weiler Longmorn.

Um zur Destillerie zu kommen, verlässt man Elgin auf der A941 Richtung Süden, das heißt in Richtung Rothes–Craigellachie und fährt beim Weiler Longmorn an den beiden Destillerien Benriach und Longmorn vorbei. Ungefähr ein Kilometer nach diesen Zwillings-Destillerien steht Glen Elgin etwas zurückversetzt auf der linken Straßenseite.

Die Zufahrt ist nicht gekennzeichnet und leicht zu verfehlen. Man kann sich aber nach dem von der Straße aus sichtbaren weißen Kamin orientieren.

Glen Elgin kühlt die Alkoholdämpfe nicht in Rohrkondensatoren, sondern verwendet dazu diese außerhalb des *stillhouse* stehenden *worm tubes*.

Elgin · interessante und lebendige Stadt aus dem Mittelalter mit etlichen historischen Gebäuden und Monumenten, vielen Restaurants, Kaffeehäusern und Shops.

Elgin Cathedral · Ruine einer großen Kathedrale, deren Ursprünge auf das 12. Jahrhundert zurückgehen; ein wirklich beeindruckender Ort.

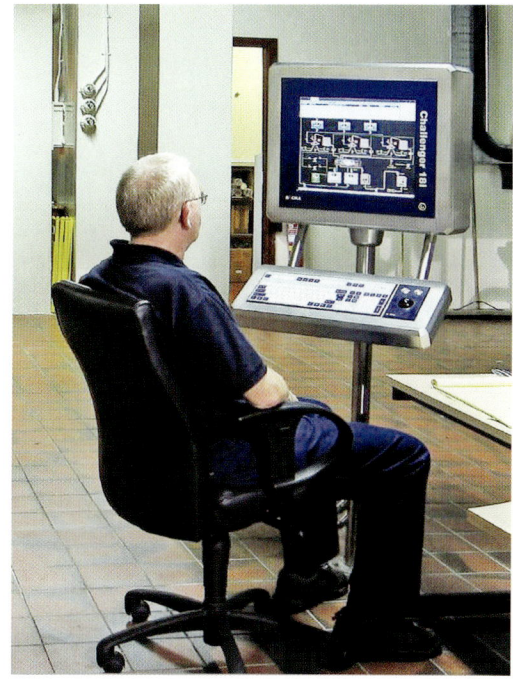

Ganz oben • Glen Elgin im Winter.

Oben • Der Fotograf der Bilder auf dieser Seite, Ed Stuart, bei der Überwachung der Produktion als Schichtführer.

Rechts • Die sechs *stills* stehen wie auf einer Empore.

Glen Elgin erhielt während dieses Ausbaus neue Maisch- und Gärhäuser. Die zusätzlichen vier *stills* fanden zusammen mit den beiden bestehenden einen neuen Standort in einem ebenfalls neu gebauten *stillhouse*.

Im Jahr 1987 ging die SMD in der UDV auf. Unter deren Leitung war Glen Elgin in den Jahren 1992 und 1995 wegen Renovationsarbeiten jeweils für kurze Zeit stillgelegt.

Eine Besichtigung dieser Destillerie lohnt sich nicht wirklich, sollte aber unbedingt rechtzeitig vorher verein- bart werden.

Auffallend sind die riesigen Malzlager. Ich habe in nicht vielen anderen Destillerien solche Lager gesehen. Die Malz- mühle ist, wie in fast allen Brennereien, älteren Datums.

Hingegen stammt der Maischbottich *(full lauter mash tun)* aus der Zeit des Um- und Ausbaus und ist komplett aus Edelstahl. Er steht in einem eigenen kleinen Gebäude. Das Gleiche gilt für die sechs *wash backs* aus Lärchenholz. Die je drei *wash* und *spirit stills* sind in dieser Destillerie gleich groß, was absolut unüblich ist. Sie sind zwiebel- förmig und haben weder Ein- noch Ausbuchtungen. Der einzige von außen sichtbare Unterschied ist, dass die *spirit stills* einen flacheren Brenntopf und keine Fenster im Hals haben. Die Dampfrohre der *stills* führen ins Freie und dort als Schneckenrohre durch große, mit Wasser gefüllte Holz- bottiche *(worm tubes)*.

Die Whiskys von Glen Elgin werden zu über 90 Prozent in Ex-Bourbon-Fässern gelagert. Daneben kommen auch einige Ex-Sherry-Fässer zum Einsatz. Die Lagerhäuser sind niedrig und haben Naturböden.

Die Lizenz zum Betrieb der Destillerie ist bis heute auf die White Horse Distillers Ltd. eingetragen. Der bei Glen El- gin hergestellte Malt ist nach wie vor ein Hauptbestandteil der White Horse Blended Whiskys. Als Single Malt-Original- abfüllung gab es den Glen Elgin bereits vor der Übernahme durch die UDV in einer – heute sehr gesuchten – Abfüllung der White Horse Distillers Ltd. ab 1977 mit 12 Fassjahren. Die später herausgebrachte und über lange Zeit erhältliche Standardabfüllung ohne Altersangabe wurde dann wieder durch eine mit 12 Jahren abgelöst. Beide trugen das weiße Pferd auf ihrem Etikett.

Die UDV brachte ihn später – ebenfalls als 12-Jährigen – in ihrer Reihe Fauna & Flora heraus. Seit 2002 gibt es den Glen Elgin als 12-jährige Standardabfüllung (Hidden Malt). Bereits im Jahr 2000 kam ein 19-Jähriger in limi- tierter Edition auf den Markt. Ihm folgte 2003 ein 32 Jah- re alter. Weitere limitierte Abfüllungen folgten 2008 (ein 16-Jähriger als Special Release), und 2009 gab es auch von Glen Elgin einen »Manager's Choice«. Hier wurde ein 1998er als Single Cask abgefüllt.

Von den Unabhängigen gibt es von ihm ebenfalls verein- zelt Abfüllungen (meistens als Vintage).

Glenesk †
(Hillside)

Montrose • schöne Hafenstadt; liegt zwischen dem Montrose Basin, einem Naturschutzgebiet, und der Nordsee.

Caledonian Railway • von Eisenbahn-Enthusiasten betriebene Dampf- und Dieselbahnstrecke mit regelmäßigen Fahrten zwischen Brechin und Bridge of Dun in der Nähe des Montrose Basin (circa 8 Kilometer).

Die Destillerie Glenesk

Die erst am Schluss ihrer Existenz den Namen »Glenesk« führende Destillerie trug im Lauf ihrer Geschichte viele Namen. Gegründet wurde sie 1897 unter dem Namen »Highland Esk« von James Isles, einem Weinhändler aus Dundee. Die für ihren Betrieb umgebauten Gebäude wurden zuvor von einer Flachsmühle genutzt.

Bereits zwei Jahre nach der Gründung wurde ihr Name das erste Mal geändert. Dies, nachdem sie bereits das zweite Mal ihren Besitzer gewechselt hatte. Die Londoner Firma Septimus Parsonage & Co. Ltd. kaufte die Destillerie 1898 und verkaufte sie schon ein Jahr später an J. F. Caille. Dieser gab ihr den neuen Namen »North Esk«. 1910 fiel North Esk einem Feuer zum Opfer und musste zum Teil wieder neu aufgebaut werden.

Nachdem sie während des Ersten Weltkriegs geschlossen war, wurde die Destillerie im Jahr 1919 von Thomas Bernard & Co. gekauft.

Diese Firma nahm im gleichen Jahr jedoch nur die *floor maltings* (die Mälzerei) wieder in Betrieb. Diese produzierten unter dem Namen »North Esk Maltings«. Bis zum Jahr 1938 war die Destillerie selbst nicht in Betrieb.

In diesem Jahr wurde sie von Associated Scottish Distillers, einer Tochterfirma der National Distillers of America, gekauft und in eine Grain-Destillerie umgebaut. Die beiden *pot stills* mussten einer *Coffee* oder *continuous still* weichen. Ihr Name wurde von der neuen Besitzerin in »Montrose Distillery« (nach dem Ort, in welchem sie liegt) geändert.

Während des Zweiten Weltkriegs wurden die Gebäude der stillgelegten Destillerie als Truppenunterkunft genutzt.

1954 kaufte die DCL die Destillerie. Sie gab dann aber die Whiskyproduktion im Jahr 1959 weitgehend auf. Destilliert wurde nur noch, wenn andere Destillerien Produktionsengpässe hatten. Die Mälzerei wurde jedoch weiter betrieben und die anderen Gebäude dienten weiterhin als Lagerhäuser.

1964 übernahm die SMD die Leitung von Montrose und nahm die Produktion von Malt-Whiskys sofort wieder auf. Die *Coffee* oder *continuous still* wurde abgebaut.

Dafür erhielt die Destillerie vier *pot stills* (je zwei *wash* und *spirit*). Der Name der Destillerie wurde auf Hillside geändert.

1968 baute die DCL direkt neben Hillside eine große Mälzerei mit Trommelmälzen, die für die zu ihr gehören-den und in der Region liegenden Destillerien das benötigte Malz produzierte. 1980 benannte die DCL den Komplex in »Glenesk Distillery & Maltings« um.

Die Destillerie Glenesk wurde 1985 stillgelegt. Ab diesem Jahr wurde nur noch die Großmälzerei betrieben. 1987 übernahm dann die UDV das Management von Glenesk. In den folgenden Jahren wurde die Destillerie abgebaut und alle Anlagen aus ihr entfernt. Seit 1996 stehen nur noch die Lagerhäuser. Die Brennlizenz wurde bereits 1992 gelöscht.

Die Großmälzerei wurde 1997 von der Firma Pauls Malts gekauft. Diese wiederum gehört zu einem der größten Maltproduzenten in Großbritannien, der Firma Greencore Malt.

Rechts oben • Glenesk – hier auf einer Aufnahme aus dem Jahr 1974 – hieß zu dieser Zeit Hillside. Foto © RCAHMS

Rechts • 1995 wurde mit dem Abbruch der Destillerie begonnen. Foto © RCAHMS

Der Name bedeutet	Tal des Esk oder Tal des Wassers
Aussprache	Glen-esk
Whiskyregion	Highland
Adresse	Glen Esk Distillery Hillside, Montrose, Angus DD10 9EP Scotland
Kontakt	Kein Web und Telefon
Club	Kein Club
Gründung	1897
Status	Geschlossen 1985; bis auf die Lagerhäuser abgerissen 1996
Besitzer	Letzter war UDV/Diageo plc
Stills	Früher 4 (2 *wash*; 2 *spirit*)
Kapazität pro Jahr	Früher ungefähr 1 000 000 Liter
Besucher	Nein; existiert nicht mehr
Rating	★★★ ☆☆☆☆ (nur Whisky)
Hausstil	Leicht, frisch, fruchtig, süßlich, wenig Rauch, lang

Die Destillerie mit den vielen Namen – erst zum Schluss ihrer Existenz hieß sie Glenesk – lag in Montrose, einer pulsierenden Hafenstadt, an der Ostküste des schottischen Hochlands in der Region Angus. Man erreicht sie von Dundee aus auf der A92 Richtung Norden über Arbroath.

Vom Zentrum aus bleibt man bis knapp vor dem Stadtende auf der A92 Richtung Norden und zweigt dort auf die A937 Richtung Hillside–Laurencekirk ab. Am Eingang des Vorortes Hillside nimmt man kurz nach der Bahnunterführung die nach rechts führende Straße, um zu den Maltings und den Lagerhäusern der ehemaligen Destillerie zu gelangen. Sie liegen direkt an dieser Straße.

Der Malt-Whisky der Destillerie Glenesk lieferte lange Jahre den Grundstoff für den bekannten Blend »VAT69«. Als Single Malt wurde ihr Whisky in den 1980er-Jahren mit 12 Jahren abgefüllt (heute sehr gesucht).

Später brachte die UDV unter dem Namen »Hillside« in ihrer Reihe der Rare Malts vier gesuchte Abfüllungen (alles 25-Jährige aus den Destillationsjahren 1969 bis 1971) heraus.

Auch von den unabhängigen Abfüllern kam er unter dem Namen »Glenesk« auf den Markt.

Die Whiskys aus dieser nicht mehr existierenden Destillerie sind heute schwer zu finden.

Unten • Von der Destillerie sind nur noch einige Lagerhäuser übrig geblieben, davor das Firmenschild der Glenesk Maltings.

Ganz unten • Heute stehen an Stelle der Destillerie die Gebäude der Großmälzerei.

Glenfarclas

Die Destillerie Glenfarclas

Glenfarclas ist eine der wenigen Destillerien in Schottland, die seit ihrer Gründung in privater Hand geblieben sind. Sie wurde 1836 von Robert Hay, einem Farmer, gegründet und erhielt 1844 die Brennlizenz. An ihrem Standort existierte jedoch urkundlich belegt bereits 1797 eine Destillerie.

John Grant kaufte Glenfarclas nach dem Tod von Robert Hay im Jahr 1865. Seit dieser Zeit blieb die Destillerie immer im Besitz der Grants. Die Destillerie wurde bis zum Jahr 1870 von John Smith, einem Nachkommen eines Großonkels von John Grant, gemietet. Dann verließ Smith die Destillerie, um ganz in der Nähe seine eigene Destillerie, Cragganmore, zu bauen.

1870 wurde Glenfarclas von der Familiengesellschaft J. & G. Grant Ltd. übernommen. John Grants Sohn George (er lieferte das »G.« im Firmennamen) übernahm die Leitung der Destillerie. John Grant, später sein Sohn George und noch später weitere Nachkommen waren nicht nur Besitzer, sondern auch Manager von Glenfarclas. Die erstgeborenen männlichen Nachfahren der Grants hießen und heißen bis heute immer abwechslungsweise John oder George.

1897 wurde Glenfarclas das erste Mal umgebaut und modernisiert. Zur Finanzierung dieses Aus- und Umbaus war viel Geld nötig, und die Grants mussten zulassen, dass Pattison, Elder & Co. (einer ihrer Großkunden) Teilhaber ihrer Firma wurde. Diese firmierte in der Folge als Glenfarclas-Glenlivet Distillery Co. Ltd.

Nach dem (kriminellen) Bankrott von Pattison, Elder & Co. hatten die Grants enorme Probleme. Diese konnten glücklicherweise durch die Familie und ihre Freunde selbst gelöst werden. Die Grants wurden 1914 wieder alleinige Besitzer der wieder als J. & G. Grant Ltd. bezeichneten Firma und damit der Destillerie.

Der Name bedeutet	Tal des grünen Grases oder der grünen Wiesen	Kapazität pro Jahr	3 250 000 Liter
Aussprache	Glen-farggles	Besucher	Ja ★★★ ☆☆ Besucherzentrum mit Shop ❤❤🤍
Whiskyregion	Speyside		
Adresse	Glenfarclas Distillery Ballindalloch, Banffshire AB37 9BD Scotland	Rating	★★★★★ ☆
		Hausstil	Aromatisch, malzig, fruchtig, Honig, sherrytönig, weich, lang und warm
Kontakt	www.glenfarclas.co.uk Telefon +44 (0)1807 50 03 45		
Club	Glenfarclas Global Family Mitgliedschaft gratis; Anmeldung über die Website der Destillerie		
Gründung	1836		
Status	In Betrieb		
Besitzer	J. and G. Grant Ltd.		
Stills	6 (3 *wash*; 3 *spirit*)		

Oben • Das attraktive *Visitor Centre* steht etwas abseits der Destilleriegebäude.

Rechts • In den Lagerhäusern schlummern noch etliche Schätze, so zum Beispiel diese Fässer aus den 1950er- bis 1980er-Jahren.

In der Nähe des Ortes Bridge of Avon und dort ganz in der Nähe der A95 Aviemore–Craigellachie liegt die Destillerie Glenfarclas. Kommt man aus Richtung Aviemore nach Bridge of Avon fährt man durch den Ort in Richtung Aberlour–Craigellachie weiter. Nach vier Kilometern geht rechts eine beschilderte Straße direkt zur Destillerie ab.

Ballindalloch Castle · Familiensitz der MacPherson-Grants seit 1546, im Winterhalbjahr für Besucher geschlossen; schönes und sehenswertes Äußeres und Inneres; auf dem Gelände um das Schloss weiden die berühmten Angusrinder.

Unten · Die sechs großen *stills* stehen in einem modernen, geräumigen *stillhouse*. In der Bildmitte erkennt man einen der schönen *spirit and sample safes*.

Ganz unten · Der Maischbottich *(mash tun)* ist riesig. Auch er steht in einer großen Halle.

1960 wurde die Kapazität von Glenfarclas von zwei auf vier *stills* erhöht. Die eigene Mälzerei wurde 1965 aufgegeben und das Malz von Großmälzereien bezogen.

1973 bauten die Grants ein sehr schönes und informatives Besucherzentrum und öffneten ihre Destillerie als eine der ersten in Schottland dem interessierten Publikum.

Die Produktion musste 1976 dank der großen Nachfrage ein weiteres Mal erweitert werden. Es kamen noch einmal zwei *stills* dazu. Heute wird mit sechs *stills* produziert.

Die Besichtigung bei Glenfarclas beginnt im schönen Besucherzentrum und führt dann zu den großen Malzsilos, in denen das aus Großmälzereien angelieferte Gerstenmalz bis zur Verarbeitung gelagert wird. Es kommt von dort zuerst durch die Malz-Siebmaschine, in der Steine und andere darin noch vorhandene Fremdkörper ausgesiebt werden und von dort direkt in die moderne Malzmühle. Aus dem in dieser durch Mahlen entstandenen *grist* wird in einem riesigen Maischbottich *(semi lauter mash tun)* aus Edelstahl die Stärke (der Zucker) mit heißem Wasser herausgewaschen. Der Maischbottich steht zusammen mit den zwölf Gärbottichen *(wash backs)* aus Edelstahl in einer Halle. Die Prozesse des Maischens und Gärens werden mit Computern gesteuert und überwacht.

Das Gleiche gilt für die sechs direkt mit Gas befeuerten *stills* (drei *wash* und drei *spirit*). Diese gehören mit zu den Größten in Schottland und sind auf jeden Fall die Größten in der Speyside. Jede von ihnen hat eine ballförmige Ausbuchtung am Halsanfang. Die Dampfrohre führen zu den außerhalb des Brennhauses stehenden Rohrkondensatoren.

Speziell an den *wash stills* sind die in ihren Töpfen eingebauten *rummager* (Rührwerke). Sie sollen das wegen der direkten Befeuerung der *stills* mögliche Anbrennen der *wash* an den Wänden und am Boden des Brenntopfes und damit unangenehme Düfte im Whisky verhindern.

Die Lagerung der Malts erfolgt fast zu hundert Prozent in Ex-Sherry-Fässern. Die Lagerhäuser sind niedrig und haben Naturböden.

Zum Abschluss der Besichtigung wird man zu einem Dram in den *Ships Room* im *Visitor Centre* gebeten. Dieser Raum heißt so, weil zu seiner Ausstattung die Original-Wandbekleidung und Bar der First Class Smoking Lounge eines berühmten Passagierschiffes, welches 1913 das erste Mal in See stach, verwendet wurden. Die »Empress of Australia«, so hieß das Schiff, wurde 1952 aus dem Verkehr gezogen und verschrottet. Über Umwege kamen die Holzpanelen der Wände und die Bar in den Besitz der Grants, die sie beim Bau des *Visitor Centre* in einem eigenen Raum wieder installierten.

Als Familienunternehmen hatte J. & G. Grant Ltd. nie einen leichten Stand gegen die großen Konzerne, die sich eine schottische Destillerie nach der anderen zukauften. Als Gegenmaßnahme entwickelten die Grants eine aggressive Marketing- und Abfüllpolitik. Der Glenfarclas wurde als einer der ersten Whiskys Schottlands als Single Malt abgefüllt: Der »105« war der erste im normalen Handel erhältliche fassstarke Single Malt.

Im Laufe der Jahre kam eine ganze Reihe an unterschiedlichsten Abfüllungen, manchmal auch unter anderem Namen auf den Markt. Die Standardreihe umfasst Abfüllungen mit 10, 12, 15, 21, 25, 30 und 40 Fassjahren. Im Jahr 2008 wurde die Serie »Family Casks« lanciert. In ihr kamen nicht weniger als 43 ununterbrochene Jahrgänge von 1952 bis 1994 heraus.

Zum 175-Jahr-Jubiläum der Destillerie gab es eine limitierte Abfüllung »175th Anniversary« in schöner Aufmachung.

Die Produktion geht heute ungefähr je zur Hälfte in Single Malt-Abfüllungen und in Blends.

Von den Unabhängigen ist der Glenfarclas sehr selten abgefüllt worden.

Glenfiddich

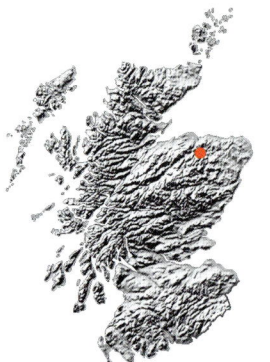

Dufftown, »Malt Whisky Capital of the World« · nicht nur wegen ihrer neun Destillerien unbedingt einen Besuch wert – sechs davon sind noch in Betrieb; im Mai und September jeweils großes Whiskyfestival

Speyside Cooperage · größte Fassfabrik der Speyside; Führungen, Shop, Restaurant.

Die Destillerie Glenfiddich

Glenfiddich wurde 1886 von William Grant gegründet. Er war zuvor mehr als 20 Jahre als Destilleriemitarbeiter bei Mortlach in Dufftown tätig. In jenem Jahr entschloss er sich, seine eigene Destillerie zu bauen. Er kaufte ein Stück Land am River Fiddich in Dufftown und begann, seine Destillerie zu realisieren. Er besaß nicht viel Geld, deshalb gingen er und seine Familie das Projekt selbst an. Mithilfe seiner Frau und seiner neun Kinder baute er die Destillerie eigenhändig auf. Die in ihr eingesetzten Anlagen kaufte er gebraucht, sie stammten zum Teil aus der Destillerie Cardow (Cardhu).

Aus den damals noch zwei *stills* floss bei Glenfiddich der erste Whisky an Weihnachten 1887. Die Destillerie florierte schnell und es gelang William Grant, zusätzliches, an seine Destillerie angrenzendes Land zu kaufen und sich die Wasserrechte an Quellen in den Hügeln westlich der Destillerie, den Robbie Dhu Springs, zu sichern.

William Grant und seine Destillerie wurden im Jahr 1898 durch den Konkurs von Pattison, Elder & Co. (auch bei Glenfiddich wie bei vielen anderen Destillerien ein Großkunde) schwer getroffen. Er schaffte es aber aus eigener Kraft zu überleben. Eine der für das Weiterbestehen getroffenen Maßnahmen war, dass er begann, selbst Blended Whiskys herzustellen und seine Söhne und seinen Schwiegersohn Charles Gordon im Marketing und Verkauf für diese Whiskysorten einzusetzen.

1903 nahm William Grant seine Söhne und den Schwiegersohn in seine Firma auf und gründete die Familiengesellschaft William Grant & Sons. Diese besitzt heute neben Glenfiddich auch die Destillerien Ailsa Bay, Balvenie, Convalmore, Girvan und Kininvie, eine große Flaschenabfüllanlage in der Nähe von Glasgow sowie einige Whiskymarken.

Glenfiddich war eine der wenigen Destillerien in Schottland, die während beiden Weltkriegen weiter produzieren konnten. Sie wurde im Laufe der Zeit laufend weiter ausgebaut und produziert heute in 28 *stills*. Diese sind außergewöhnlich klein und werden immer noch mit Kohle oder Gas direkt beheizt.

William Grant & Sons begannen schon sehr früh, ihre Whiskys auch außerhalb des lokalen Marktes zu vertreiben. Bereits 1963 wurde der Glenfiddich als einer der ersten Single Malts überhaupt nach England und kurz darauf auch in die ganze Welt exportiert. Die berühmte und typische dreieckige Flasche gibt es bereits seit dem Jahr 1957.

Ein großer Erfolg ist auch das 1969 gebaute Besucherzentrum (das erste, welches in einer Destillerie eröffnet wurde), das jährlich um die 100 000 Besucher empfängt. Es wurde im Jahr 2005 für ungefähr £ 1,7 Mio. zu einem wahren Bijou um- und ausgebaut.

Eine Führung durch die Destillerie – sie ist unbedingt zu empfehlen, auch wenn man sich vielleicht an den riesigen Besuchermaßen stört – beginnt mit einem gut gemachten Einführungsfilm. Dann geht es ab in die heiligen Hallen. Beeindruckend sind die Dimensionen: Glenfiddich ist heute eine der größten Malt-Whisky-Destillerien Schottlands und produziert ungefähr 10 Millionen Liter Alkohol im Jahr.

Die zwei *full lauter mash tuns* stehen in einer großen Halle. Sie sind aus Edelstahl mit Kupferdeckeln und riesig. Die 24 *wash backs* aus Douglas-Fichte mussten auf 2 Gärhäuser verteilt werden.

Auch die 28 *stills* (10 *wash*, 18 *spirit*) stehen in zwei getrennten *stillhouses*. Sie sind kleiner als in den meisten anderen Destillerien und entsprechen – zumindest was die

Der Name bedeutet	Tal des (River) Fiddich oder Tal mit dem Holzplatz; die Destillerie interpretiert ihn als Tal des Hirsches.	Kapazität pro Jahr	12 000 000 Liter (wird nicht jedes Jahr voll genutzt)
		Besucher	Ja ★★★★ Besucherzentrum mit Restaurant und Shop ❤❤❤
Aussprache	Glenn-fiddich		
Whiskyregion	Speyside	Rating	★★★★
Adresse	Glenfiddich Distillery Dufftown, Keith, Banffshire AB55 4DH Scotland	Hausstil	Leicht, mild, Zitrusnoten, Vanille, süßlich, trocken
Kontakt	www.glenfiddich.com Telefon +44 (0) 1340 82 03 73		
Club	Glenfiddich Explorers Mitgliedschaft gratis; Anmeldung über die Website der Destillerie		
Gründung	1886		
Status	In Betrieb		
Besitzer	William Grant & Sons Ltd.		
Stills	28 (10 *wash*; 18 *spirit*)		

Glenfiddich hat gleich zwei riesige Maischbottiche *(mash tuns)*.

Glenfiddich ist eine von insgesamt neun Destillerien (heute produzieren davon noch sechs) in der »Malt Whisky Capital of the World«, Dufftown. Sie liegt im Norden dieses kleinen Städtchens. Verlässt man Dufftown auf der A941 Richtung Craigellachie–Elgin, kommt man unweigerlich zur Destillerie. Sie liegt rechts von der Straße und ist nicht zu übersehen.

Glenfiddich ist Teil eines heute mehr oder weniger zusammenhängenden Whiskykomplexes, bestehend aus den Destillerien Glenfiddich, Balvenie, Kininvie und Convalmore. Sie alle gehören zum Imperium von William Grant & Sons Ltd.

wash stills (zwiebelförmig ohne Ein- oder Ausbuchtungen) und die Hälfte der *spirit stills* (mit ballförmigen Ausbuchtungen am unteren Teil des Halses) betrifft – in ihren Formen und Abmessungen immer noch den beiden ersten *stills,* die William Grant bei der Gründung seiner Destillerie von Cardhu gekauft hatte. Die andere Hälfte der *spirit stills* hat keine ballförmige Ausbuchtung am unteren Teil des Halses, sondern eine kragenförmige Einbuchtung.

Die Lagerung der Whiskys erfolgt in einer Vielzahl von Lagerhäusern vor allem in Ex-Bourbon-Fässern, jedoch kommen auch Ex-Sherry-Fässer und neue Eichenfässer zum Einsatz.

Bucht man die Tour, für die man bezahlen muss (eine solche wird neben der Gratisführung ebenfalls angeboten, allerdings nur nach Voranmeldung), kann man nicht nur zum Abschluss mehrere Sorten an Glenfiddich's degustieren, sondern erhält ein paar zusätzliche Einblicke, zum Beispiel auch in die Produktionsmethoden, die für die speziellen Glenfiddich-Sorten (Solera-, Rum-Finish usw.) angewendet werden. Handelt es sich beim Rum-*finish* um ein normales Fass-*finishing,* bei dem der Standard-Malt am Ende seiner Lagerzeit (immerhin 21 Jahre) noch für 4 Monate in Rumfässern weitergelagert wird und dadurch seinen speziellen Charakter erhält, ist der Solera-Prozess doch etwas spezieller: In einem der Herstellung von Sherry oder Brandy ähnlichen Prozess werden in großen Holzbottichen Malt-Whiskys zusammengeführt, die aus verschiedenen Fässern (Ex-Bourbon, Ex-Sherry und neue Eiche) stammen, in denen sie zuvor bereits 15 und mehr Jahre gelagert wurden. Die Bottiche werden nie leer, sondern immer wieder im gleichen Verhältnis aufgefüllt. Nach einer definierten »Vermählungszeit« werden die Whiskys dann in Flaschen abgefüllt.

Glenfiddich hat eine eigene *cooperage* (Küferei). In dieser werden die neu eingekauften Fässer komplett zusammengebaut, bereits verwendete kontrolliert und defekte Fässer repariert.

In der hauseigenen Flaschenabfüllabteilung wird der Glenfiddich als einer der wenigen Whiskys in Schottland in der Destillerie selbst in Flaschen abgefüllt. Auch die Malts

der zur gleichen Gruppe gehörenden Balvenie Distillery – sie steht nur ein paar hundert Meter von Glenfiddich entfernt – kommen zum Teil hier in die Flaschen.

Die Destillerie Glenfiddich ist eine der wenigen in Schottland, die noch in schottischem Besitz sind und seit der Gründung immer der gleichen Familie gehören. Sie ist im Single Malt-Geschäft als Marke führend. In Großbritannien liegt der Marktanteil bei 20, weltweit sogar bei 26 Prozent.

Der Name Glenfiddich wird von der Destillerie (vielleicht aus Marketinggründen) im Gegensatz zu den Übersetzungsspezialisten als »Tal der Hirsche« oder »Hirschtal« übersetzt. Es ist ja auch ein Hirsch, der das Familienwappen der Grants und ebenfalls jede Flasche des Glenfiddich schmückt, also warum dann nicht auch gleich den Standort mit diesem edlen Tier in Verbindung bringen? Auf jeden Fall steht die Destillerie direkt am Fluss mit dem Namen River Fiddich im Glen Fiddich.

Den Glenfiddich erhält man als Originalabfüllung in den verschiedensten Varianten: von der Abfüllung mit 12, 15, 18, 21 und 30 Jahren als Standard über den 40- bis zum 50-Jährigen. Daneben gibt es ihn auch in den verschiedensten Jahrgangsabfüllungen und in verschiedenen Endreifungsarten. Der 12-Jährige »Coaran«, eine torfige Variante des Glenfiddich – er kam 2002 auf den Markt –, wird nicht mehr produziert. Der »Snow Phoenix« ist eine limitierte Abfüllung zur Erinnerung an den großen Schneefall im Januar 2010, wegen dem etliche Lagerhäuser unter dem Gewicht des Schnees einbrachen. Für die Duty Free Shops kam 2011 unter dem Namen »Age of Discovery« eine neue Linie auf den Markt.

Auch unabhängige Abfüller ergattern von Zeit zu Zeit ein Fass und bringen Abfüllungen auf den Markt, oder Glenfiddich selbst realisiert für einen als würdig erachteten Partner eine spezielle Abfüllung. Das ist aber eher selten.

Oben · Von der Zufahrt her sieht man nur einen kleinen Teil der Gebäude der großen Destillerie.

Unten · Beeindruckend: Der Blick ins *stillhouse N° 1.*

Glen Garioch

Castle Trail · Touristenroute, die zu 13 berühmten Schlössern oder Gutshäusern in dieser Region Schottlands führt; geht an Oldmeldrum vorbei. Das nächstgelegene wirklich sehenswerte Schloss in südwestlicher Richtung ist das Castle Fraser.

Oldmeldrum Highland Games · am dritten Samstag im Juni wirklich sehenswerte Highland-Games.

Der Name bedeutet	Tal des unebenen Bodens
Aussprache	Glen Girie
Whiskyregion	Highland
Adresse	Glen Garioch Distillery Distillery Road, Oldmeldrum, Aberdeenshire AB51 0ES Scotland
Kontakt	www.glengarioch.co.uk Telefon +44 (0)1651 87 34 50
Club	Kein Club
Gründung	1794
Status	In Betrieb
Besitzer	Morrison Bowmore Distillers Ltd. (Suntory Ltd., Japan)
Stills	3 (1 *wash*; 2 *spirit*)
Kapazität pro Jahr	1 100 000 Liter (wird nicht voll genutzt)
Besucher	Ja ★★★★☆ Besucherzentrum mit Shop ❤❤♡
Rating	★★★★☆☆☆
Hausstil	Honig, Heidekraut, würzig-süß, leicht torfig, lang

Die Destillerie Glen Garioch

Die drei *stills* stehen im *stillhouse* hintereinander.

John Manson und sein jüngerer Bruder Alexander gründeten und bauten 1794 (andere Quellen sprechen von 1785) eine Brauerei und Destillerie auf dem Gelände einer ehemaligen Gerberei. Die Destillerie erhielt bereits bei ihrer Gründung den Namen Glen Garioch, sie wird in der Gegend aber immer noch »Oldmeldrum Distillery« genannt.

1798 kaufte Thomas Simpson die Brauerei und die Destillerie und betrieb sie fast dreißig Jahre lang. 1827 wurde Glen Garioch von der Firma Ingram, Lamb & Co. übernommen, von dieser aber bereits 1837 an John Manson & Co. weiterverkauft. John Manson war der Sohn des Gründers und auch Besitzer der Destillerie Strathmeldrum. Diese im gleichen Ort ansässige Destillerie wurde bald darauf aufgegeben.

1884 erhielt Glen Garioch mit der Firma J. G. Thomson & Co. eine neue Besitzerin, die für ihre Zukunft enorm viel tat. Der Manager war William Sanderson, der »Vater« des »VAT69«. In diesen Blend ging dann auch der Großteil des bei Glen Garioch hergestellten Malt-Whiskys. 1908 übernahm William Sanderson an der Spitze der Glengarioch Distillery Company selbst die Leitung der Destillerie. Nach seinem Tod wurde Glen Garioch von seinen Nachkommen an die Booth's Distilleries Ltd. verkauft.

Booth's Distilleries Ltd. und mit ihr Glen Garioch ging 1937 an die DCL. Diese übertrug sie im Jahr 1943 an die SMD. Von dieser wurde sie 25 Jahre später (1968) stillgelegt. Stanley P. Morrison Ltd., Whiskybroker aus Glasgow, kaufte die immer noch stillgelegte Destillerie 1970 von der SMD.

Im Jahr 1973 ließ Stanley P. Morrison im Zuge von umfangreichen Renovierungs- und Wiederinstandsetzungsarbeiten in Oldmeldrum einen Tiefbrunnen bauen, weil die Quelle aus den Percock Hills, von der die Brennerei viele Jahre ihr Wasser bezog, plötzlich versiegte. Aus diesem Brunnen stammt auch heute noch das Wasser für den Whisky. Im gleichen Jahr wurde Glen Garioch, mit einer zusätzlichen *still* bestückt, wieder in Betrieb genommen. Der seit diesem Zeitpunkt hergestellte Whisky ist torfiger als der früher produzierte.

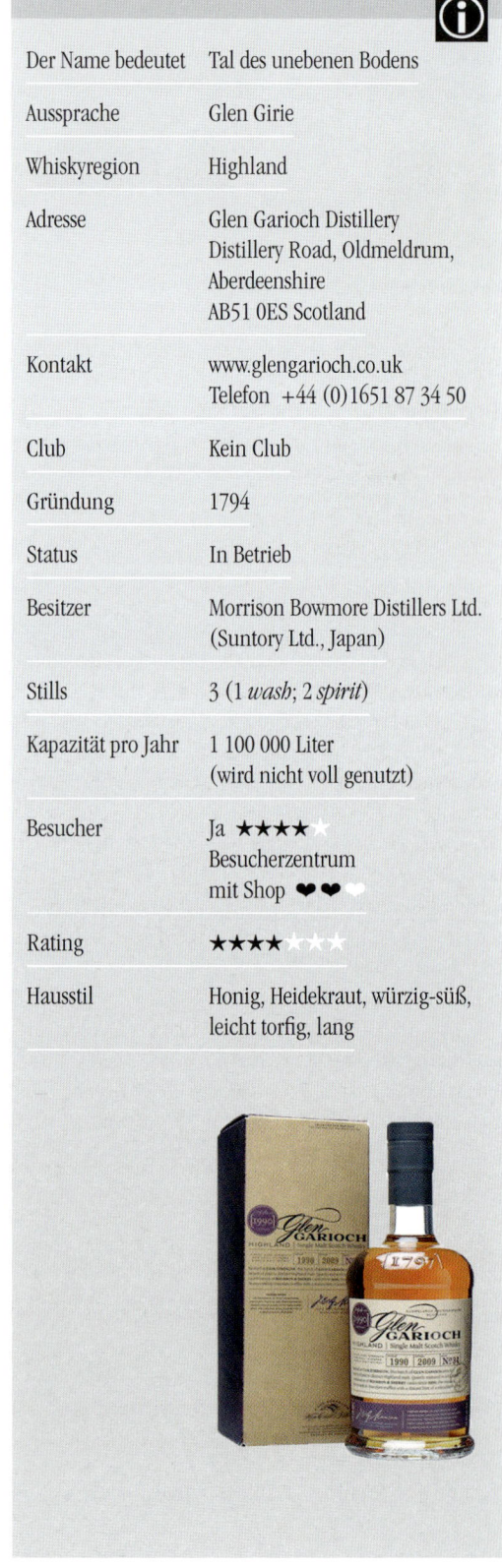

262

1989 begann der japanische Suntory-Konzern, Anteile an der zu einer Aktiengesellschaft umgewandelten Morrison Bowmore Ltd. zu kaufen und übernahm sie im Jahr 1994 vollständig. Glen Garioch wurde von der jetzt zu Suntory gehörenden Morrison Bowmore bald darauf (1995) geschlossen und zum Verkauf ausgeschrieben. Trotz großer Anstrengungen konnte aber kein Käufer gefunden werden. So entschied sich Morrison Bowmore Ltd., die Brennerei zu behalten und noch einmal selbst zu investieren. Die Destillerie Glen Garioch nahm 1997 nach einer Renovierung mit ihren drei *stills* zur Freude der Liebhaber dieses Whiskys den Betrieb wieder auf.

Eine Sensation in jener Zeit war, dass im Zuge der Destilleriemodernisierung ein System installiert wurde, mit dessen Hilfe die Abwärme der Whiskyproduktion genutzt wird. Mit ihr heizte man die in der Nähe stehenden Gewächshäuser für Gemüse und Beeren.

Im Herbst 2005 eröffnete die Destillerie ihr schönes Besucherzentrum.

Oldmeldrum, ein altes Städtchen, liegt auf der hügeligen Hochebene der östlichen Highlands in der Nähe von Aberdeen. Am einfachsten kommt man in diesen Ort, wenn man von Aberdeen aus bis nach Inverurie auf der A96 und von dort aus auf der B9170 über die Hügel zu ihm fährt. In Oldmeldrum selbst folgt man ein kleines Stück der A947 Richtung Turriff. Schon bald geht links die Distillery Road ab (Wegweiser).

Glen Garioch ist eine Destillerie, bei der sich ein Besuch wirklich lohnt. Das im Besucherzentrum gezeigte Video stimmt gut auf die Tour durch die alten Gebäude ein.

Diese beginnt im beeindruckenden Mälzhaus. Auf drei Etagen liegen die – zurzeit immer noch brachliegenden – *floor maltings* (Mälzböden). In einer Etage wird zwar nur mit als Muster ausgebrachter Gerste das Aussehen eines solchen Mälzbodens gezeigt, doch könnte bei Glen Garioch wirklich sofort wieder gemälzt werden. Nicht nur das Mälzhaus, sondern auch die Zwillings-*kilns* sind in gutem Zustand. Wie lange wird es wohl noch dauern, bis wieder Torfrauch aus den beiden Pagoden aufsteigt?

Die altehrwürdigen Gebäude werden zurzeit erst ab den Malzsilos für die Produktion genutzt. Diese nehmen das von Großmälzereien angelieferte Gerstenmalz auf. Es wird in der alten Mühle zu *grist* gemahlen und kommt dann, mit heißem Wasser vermischt, in den komplett aus rostfreiem Stahl bestehenden Maischbottich *(full lauter)*. Die darin gewonnene zuckerhaltige Flüssigkeit wird, mit Hefe versetzt, in den acht Edelstahl-Gärbottichen vergoren.

Im *stillhouse* stehen drei birnenförmige *stills* (eine *wash* und zwei *spirit*). Sie haben weder Ein- noch Ausbuchtungen. Von den *spirit stills* ist seit langer Zeit nur noch eine in Betrieb.

Gelagert wird der »Glen Girie«, so wird der Glen Garioch genannt, in Ex-Bourbon-Fässern und – zu einem kleineren Anteil – in solchen, in denen sich vorher Sherry befand. Die für die Lagerung der Malts gebrauchten Lagerhäuser sind niedrig und haben Naturböden.

Der Malt-Whisky von Glen Garioch findet heute zu einem großen Teil Verwendung in den Blends von Morrison Bow-

Oben • Die Destillerie, im Vordergrund das *stillhouse* mit der Firmenbeschriftung.

Unten • Die Gärbottiche sind aus Edelstahl.

more (z. B. im »Rob Roy«). Als Single Malt in Originalabfüllung gab es ihn lange in verschiedenen Alterungsstufen. So zum Beispiel mit 8, 10, 12, 15, 16 und 21 Jahren. Er wurde von den Besitzern selbst auch unter anderen Namen und seit 2006 auch in Fass-*finishings* abgefüllt. Seit 2009 ist der Glen Garioch in einer komplett neuen Standard-Linie zu finden. Sie kommt in neuen Flaschen und neuer Verpackung daher und besteht bis jetzt aus einem »1797 Founder's Reserve« ohne Altersangabe und einem 12-Jährigen, beide in der ungewohnten Stärke von 48 Prozent abgefüllt. Dazu gibt es Vintage-Abfüllungen, zum Beispiel aus den Jahren 1978, 1986, 1990, 1991 und 1994.

Den Whisky gibt es von Zeit zu Zeit auch in Abfüllungen von Unabhängigen.

Glenglassaugh

Fährt man auf der A98 von Elgin Richtung Banff, kommt man ungefähr 15 Kilometer vor diesem Städtchen am kleinen Hafenort Portsoy vorbei.

In dessen Nachbarschaft steht die Destillerie Glenglassaugh in der Nähe der Meeresklippen. Zu ihr führt ein kleines Privatsträßchen wenige hundert Meter nach der Straße zur Sandend Bay (Campingplatz) links weg.

Die Destillerie Glenglassaugh

Die an der Nordküste der Speyside direkt am Meer stehende Destillerie wurde im Jahr 1875 von der Glenglassaugh Distillery Co. Ltd. gegründet. Die führenden Köpfe dieser Firma waren James Moir, Alexander und William Morrison sowie Thomas Wilson.

Die Destillerie bezog die Gerste von den umliegenden Feldern und den zum Feuern benötigten Torf aus einem ebenfalls ganz in der Nähe liegenden Torffeld.

Schon nach wenigen Jahren blieb von den Gründern nur noch Alexander Morrison in der Gesellschaft übrig. 1887 investierte er noch einmal in neue Anlagen und vor allem in neue *stills*. 1892 wurde er jedoch gezwungen, die Firma wegen finanzieller Probleme an einen seiner größten Kunden, Robertson & Baxter Ltd. – eine heute noch wichtige Firma im Whiskygeschäft – zu verkaufen. Diese verkaufte jedoch ihrerseits Glenglassaugh bereits im gleichen Jahr an die ihr nahestehende Highland Distillers Co. Ltd. weiter.

Glenglassaugh war sehr oft und für lange Zeitabschnitte geschlossen, so auch von 1907 bis 1960. Es gibt jedoch eine Quelle (Charles Craig), in der berichtet wird, dass Glenglassaugh von 1931 bis 1936 produziert hat. Das scheint aber eher unwahrscheinlich, da sonst nirgends Dokumente darüber gefunden wurden und ausgerechnet diese Jahre die Schwärzesten der schottischen Whiskygeschichte sind. Schottland befand sich damals in einer tiefen Depression und während des Zweiten Weltkriegs diente die Destillerie als Basis für eine militärische Einheit.

1960 wollte Highland Distillers Co. Ltd. Glenglassaugh wieder in Betrieb nehmen. Eine genaue Analyse ergab aber, dass sie in einem Zustand war, in dem es günstiger kam, die ganze Destillerie inklusive Lagerhäuser abzureißen und neu aufzubauen. Dies wurde dann auch gemacht: Das ganze Areal wurde bis auf den Grund eingeebnet. Vom Zeitpunkt des Beginns der Arbeiten bis der erste *new make* aus den beiden neuen *stills* floss, vergingen beinahe vier Jahre. Ab dem Zeitpunkt des Wiederaufbaus wurde bei Glenglassaugh nicht mehr selbst gemälzt. Das benötigte Malz wurde von Großmälzereien, hauptsächlich von Tamdhu, bezogen.

Im Jahr 1986 wurde Glenglassaugh wieder geschlossen und ihre Gebäude mit Ausnahme der Lagerhäuser wieder mehr oder weniger dem Verfall preisgegeben. Nachdem ihre Lizenz 1992 gelöscht wurde, nahm jedermann an, dass die Destillerie nie mehr in Produktion gehen würde. Im März 2008 gab dann jedoch die Scaent Group, eine Holding mit Sitz in Amsterdam (NL), den Kauf der Destillerie bekannt.

Der Mann hinter dem Deal war Stuart Nickerson. Er war nach Anstellungen in den verschiedensten Destillerien und Konzernen als privater Consultant im allgemeinen Destilleriegeschäft tätig. Und Stuart ist ein alter Fuchs mit großem Fachwissen und vielen Kontakten in der Industrie. Diese

Oben • Der Malz-Entsteiner, ein aktives Museumsstück zur Entfernung von Fremdkörpern.

Unten • Die beiden *stills* mit ihren Rohrkondensatoren und dem *spirit and sample safe*.

nutzte er, um der in ganz anderen Bereichen (Energie, IT, Bau, Telekommunikation usw.) tätigen Scaent Group eine Destillerie zu »besorgen«. Denn so lautete sein Auftrag, und diesen führte er auch aus. Im Februar 2008 erhielt er – der Deal war abgeschlossen und das Geld beim Verkäufer Highland Distillers Co. Ltd. – die Schlüssel zu allen Bereichen der Destillerie. Er war ab diesem Moment Direktor von Glenglassaugh und ihr einziger Angestellter. In den folgenden Wochen suchte und fand er einen echten Whiskyma-

Portsoy • verschlafenes Hafendorf; erwacht einmal im Jahr zum Leben, nämlich am Scottish Traditional Boat Festival (an einem Wochenende im Monat Juni).

Baxters in Fochabers • Die weltbekannte schottische Nahrungs- und Genussmittelfirma hat ein schönes und interessantes *Visitor Centre* mit einigen Fabrikläden, Restaurant und Café in Fochabers direkt an der A96 Inverness–Aberdeen, nicht weit von der Destillerie entfernt.

Banff • altes Städtchen mit einem kleinen Hafen.

Macduff • neuere Siedlung bei Banff mit einem malerischen und interessanten Fischerhafen, sehenswertes Aquarium.

cher: Graham Eunson. Graham war – unter anderem – bei GlenDronach und Scapa tätig. In beiden Destillerien musste er eine Schließung miterleben. Dass er einmal das Gegenteil, nämlich eine geschlossene Destillerie wieder zum Leben zu erwecken, erleben wollte, gab den Ausschlag, dass er den Vertrag unterschrieb. Für Stuart und Graham sollten harte Monate folgen, bis im Dezember 2008 das erste Mal wieder ein *new make* aus den *stills* floss. Doch damit war noch lange nicht alles so, wie Stuart und Graham sich das vorstellten. Die Renovierungsarbeiten dauerten – neben der Produktion von Whisky – auch bei meinem (vorläufig) letzten Besuch in der Destillerie Mitte 2011 immer noch an. In einigen Gebäuden gibt es noch viel zu tun und die eigentlich für Anfang 2011 geplante Eröffnung des *Visitor*

Oben · Glenglassaugh liegt direkt an der Küste hinter den Ruinen einer alten Windmühle.

Links · Im uralten, traditionellen und offenen Maischbottich drehen sich die Rechen zum Auflockern der Maische.

Centre hat sich mindestens auf das Jahr 2012 verschoben. Zu viel ist noch zu tun. Die Renovierungsarbeiten werden nämlich von der Crew der Destillerie selbst gemacht — neben ihrem Job.

Im August 2011 folgte Graham Eunson dann (leider für Glenglassaugh) dem Angebot, in der Destillerie Tomatin die Nachfolge des dortigen Destillerie-Managers Douglas Campbell anzutreten. Dieser ging nach 50-jähriger Tätigkeit bei Tomatin in Pension.

Doch was gibt es bei einem Besuch in der Destillerie zu sehen? Einiges — und noch dazu Interessantes:

Das Sehenswerte beginnt bei Glenglassaugh bereits vor der Malzmühle. Der *destoner* (Entsteiner) ist ein uraltes Modell von Porteus. Man kann fast nicht glauben, dass dieses Museumsstück (es ist in Top-Zustand), noch immer

läuft. Die nachgeschaltete Malzmühle ist ebenfalls eine Porteus, die wahrscheinlich noch aus der Zeit vor dem Zweiten Weltkrieg stammt. Der Maischbottich (auch von Porteus) ist aus Gusseisen und besitzt einen Kupferdeckel. In ihm drehen sich Rechen. Von den sechs Gärbottichen sind vier aus Douglas-Fichte und zwei aus Edelstahl (diese zwei werden zurzeit nicht benutzt). Mit nur je einer *wash* und *spirit still* – sie sind ebenfalls von Porteus und haben die typischen ballförmigen Ausbuchtungen am unteren Teil des Halses – ist Glenglassaugh eine der kleineren Destillerien in Schottland. Die Rohrkondensatoren stehen im *stillhouse*.

Der *new make* wird in die verschiedensten Fassarten zur Reifung abgefüllt. Vorherrschend sind dabei Ex-Bourbon- und Ex-Sherry-Fässer. Seit 2009 wird bei Glenglassaugh auch ein getorfter Whisky destilliert. Sein Anteil an der Produktion machte im Jahr 2011 ungefähr 10 Prozent aus.

Die Lagerhäuser von Glenglassaugh wurden bis zum Verkauf an die Scaent Group zur Lagerung der hier produzierten Malts sowie von solchen anderer Destillerien der Highland Distillers Co. Ltd. beziehungsweise deren Muttergesellschaft, der Edrington Group, genutzt. In ihnen lagern heute neben den »Fremdfässern« immer mehr Fässer aus der neuen Produktion. Die Scaent Group konnte mit der Destillerie zusammen auch die gesamten Lagerbestände an Glenglassaugh-Malt kaufen. Aus diesen Beständen werden schöne, alte Abfüllungen, zum Beispiel ein 21-, 30- und 40-Jähriger, realisiert. Die Flaschenabfüllung wird in der Destillerie selbst in einer kleinen Hand-Abfüllanlage gemacht. Hier wurden auch die limitierten Abfüllungen von verschieden altem *new make* unter den Namen »Clearic«, »Blushes«, »Fledgling XB« und »Peated« abgefüllt. Damit ist auch schon gesagt, dass es von Glenglassaugh in Zukunft auch eine rauchige Variante geben wird. Die Proben lassen auf einen neuen, wirklich guten Single Malt hoffen. 2011 wurde mit einem 3-Jährigen das erste Mal ein Single Malt aus der neuen Produktion abgefüllt.

Die Qualität des hier früher hergestellten Malt-Whiskys war schwankend. Dies ist – neben der Größe der Destillerie – sicher einer der Gründe, dass der Malt ziemlich unbekannt blieb und deshalb heute selten zu sehen ist. Es gibt aber hervorragende Single Malts aus dieser Destillerie. Zu bekommen war er von den alten Besitzern in einer heute extrem seltenen Originalabfüllung mit 12 Jahren und einer ebenfalls seit Langem vergriffenen Abfüllung unter dem Namen »Family Silver« mit einem Single Malt aus dem Jahr 1973.

Bei den Unabhängigen sind – oder waren – vor allem Abfüllungen in Fassstärke erhältlich. Eine Ausnahme machte Gordon & MacPhail, der den Glenglassaugh ebenfalls in seinem – damals noch mehr oder weniger immer angewandten – Standardwert von 40 Prozent abfüllte.

Der Name bedeutet	Tal des grau-grünen Platzes	Kapazität pro Jahr	1 000 000 Liter (wird nur teilweise genutzt. 2011: ungefähr 200 000 Liter)
Aussprache	Glen-glass-och	Besucher	Ja ★★★☆☆ Ein Besucherzentrum ist in Planung. Besuche sind nach Voranmeldung möglich. (Nicht zu knapp vor dem geplanten Besuch anrufen.)
Whiskyregion	Highland		
Adresse	Glenglassaugh Distillery Portsoy, Banffshire AB45 2SQ Scotland		
Kontakt	www.glenglassaugh.com Telefon +44 (0)1261 84 23 67		
Club	Glenglassaugh Blog Glenglassaugh 250 Club Anmeldungen und weitergehende Informationen über die Website der Destillerie	Rating	★★★★☆☆
		Hausstil	Alte Abfüllungen: Leicht, wenig Sherry, frisch, Gras, salzig und doch süßlich, eher trocken
Gründung	1875		
Status	In Betrieb		
Besitzer	Glenglassaugh Distillery Co. Ltd. (Scaent Group, Niederlande)		
Stills	2 (1 *wash*; 1 *spirit*)		

Glengoyne

Glasgow • ist in den letzten Jahren vom häßlichen Entchen zu einer sehens- und besuchenswerten Stadt geworden.

Loch Lomond • der größte und wohl schönste See Schottlands mit zwei komplett unterschiedlichen Gesichtern; von Glengoyne aus kommt man an das von den Touristen nicht so überlaufene östliche Ufer.

Die Destillerie Glengoyne

Das Gebiet um die heutige Destillerie Glengoyne war Ende des 18. und Anfang des 19. Jahrhunderts ein bevorzugter Platz für Schwarzbrenner und Whiskyschmuggler. Nicht weniger als 18 illegale Destillerien soll es dort in den versteckten Tälern gegeben haben. Unter dem Namen »Burnfoot« wurde eine Vorgängerin von Glengoyne im Jahr 1833 von der Familie Edmonstone, die ihren Sitz auf Duntreath Castle bei Glasgow hatte, gegründet. Sie wurde von George Connell geleitet. Auf ihn lautete auch die Lizenz.

1851 trugen die Besitzer die Lizenz neu auf John McLelland ein. Er war ab diesem Zeitpunkt Manager der Destillerie. 1867 konnte er Burnfoot von der Besitzerfamilie Edmonstone kaufen. Die Leitung der kleinen Destillerie musste er aber schon bald darauf wegen gesundheitlicher Probleme seinem Sohn Archibald übertragen.

1876 wurde Burnfoot an Lang Brothers verkauft. Sie benannten sie bei der Übernahme in »Glen Guin«, später (1905) in »Glengoyne« um. Glengoyne wird sowohl als »Tal des Pfeils« als auch als »Tal der Wunde« übersetzt. Die Destillerie selbst interpretiert ihn als »Tal der Wildgänse«.

Die drei stills *(eine* wash *und zwei* spirit*) bieten auf ihrer Empore einen attraktiven Anblick.*

Bereits 1910 wurden die *floor maltings* (Mälzböden) aufgegeben und das Malz von Großmälzereien zugekauft.

1965 wurde Lang Brothers durch Fusion Teil von Robertson & Baxter, die ihrerseits wiederum zur Highland Distillers Co. Ltd. gehörte und später in der Edrington Group aufging. In den Jahren 1966/67 wurde Glengoyne sehr sachte renoviert und weiter ausgebaut. Bis zu diesem Zeitpunkt arbeitete die Destillerie mit zwei *stills*. Von diesen wurde die *wash still* beibehalten, die relativ große *spirit still* aber durch zwei kleinere ersetzt. Diese sind optimaler auf die Kapazität der *wash still* abgestimmt. Es wird aber nicht dreifach destilliert.

Im April 2003 wurde Glengoyne von der Edrington Group an Ian MacLeod Distillers Ltd. verkauft. Diese unterzog sie 2005 einer Totalrenovierung.

Die Destillerie hat aber das Aussehen einer Farmdestillerie behalten können und zählt mit dem direkt hinter ihr liegenden Wasserfall und einem Teich mit zu den schönsten Destillerien Schottlands.

Das attraktive Besucherzentrum von Glengoyne liegt am hinteren Ende der Anlage ganz in der Nähe dieses Wasserfalls und empfängt heute pro Jahr um die 40 000 Besucher. Diesen wird nicht nur die Geschichte von Rob Roy (nicht nur im Destillerie-Video zur Einstimmung) und seinem Versteck in den Bäumen in der Nähe der Destillerie erzählt,

Der Name bedeutet	Tal des Pfeils oder Tal der Wunde; lt. Destillerie: Tal der Wildgänse
Aussprache	Glen-goin
Whiskyregion	Highland
Adresse	Glengoyne Distillery Dumgoyne, Near Killearn, Glasgow G63 9LB Scotland
Kontakt	www.glengoyne.com Telefon +44 (0)1360 55 02 54
Club	Kein Club
Gründung	1833
Status	In Betrieb
Besitzer	Ian MacLeod Distillers Ltd.
Stills	3 (1 *wash*; 2 *spirit*)
Kapazität pro Jahr	1 000 000 Liter
Besucher	Ja ★★★★☆ Besucherzentrum mit Shop ❤❤♡
Rating	★★★★★☆☆
Hausstil	Aromatisch, süßlich, malzig, Vanille (einige Sorten sherrytönig), kein Torf, trocken, leicht

sondern auch auf der Führung durch die heiligen Hallen einiges geboten.

Die uralten Malz-Reinigungs-Maschinen beeindrucken ebenso wie die sicher genauso alte Malzmühle. Aus dem *grist* wird in einem im *stillhouse* auf einem hohen Gestell stehenden, traditionellen Maischbottich der Zucker herausgewaschen. In einem kleinen, direkt anschließenden Raum stehen die sechs Gärbottiche aus Douglas-Fichte. Alles ist auf kleinstem Raum untergebracht.

Die drei *stills* (eine *wash* und zwei *spirit*) thronen mit ihren ballförmigen Ausbuchtungen wie auf einer Empore. Ein eindrucksvoller Anblick.

Glengoyne leidet seit vielen Jahren an Platzmangel. Es wurde immer und immer wieder versucht, die links und rechts an die Destillerie angrenzenden Grundstücke zu kaufen – ohne Erfolg. Die einzige Möglichkeit zur Vergrößerung ergab sich schließlich, als auf der anderen Seite der Durchgangsstraße Land zu kaufen war. Die Gelegen-

Glengoyne liegt im Norden der Stadt Glasgow. Man verlässt die durch Glasgow führende M8 beim Autobahnkreuz 17/18 und nimmt ab dort ein paar Kilometer die A82 bis zu dem Punkt, wo nach einer Bahnüberführung die A739 nach rechts weggeht. Man folgt dieser, bis sie zur A81 wird und fährt dann auf dieser weiter Richtung Milngavie/Strathblane. Nachdem man diese beiden Ortschaften passiert hat, kommt man schon bald zur auf beiden Seiten dieser Hauptstraße inmitten von grünen Wiesen liegenden Destillerie.

Rechts · In der Nähe dieses Wasserfalls hinter der Destillerie hat sich Rob Roy – der schottische Robin Hood – versteckt.

Unten · Die Destillerie am Eingang eines kleinen Tals.

heit wurde wahrgenommen und die Destillerie wird seither durch diese Straße geteilt. Auf der einen Seite liegt die Destillerie, auf der anderen liegen die Lagerhäuser. Um den Mitarbeitern das Rollen der Fässer über die immer stärker befahrene Straße zu ersparen, wurde eine Kupferrohrleitung unter der Straße durchgeführt und die Fassabfüllung auf diejenige Straßenseite verlegt, auf der sich die Lagerhäuser befinden. Sowohl die Fassabfüllung *(filling store)* als auch ein Teil der Lagerhäuser wurden im Jahr 2010 abgerissen, neu wieder aufgebaut und in Betrieb genommen.

Die Lagerhäuser auf der anderen Straßenseite sind Bestandteil einer weiteren kuriosen Situation: Die Straße ist nämlich nach der Regioneneinteilung der Scotch Whisky Association die Grenze zwischen High- und Lowland. Das heißt, die Malts werden in der Region Highland gebrannt, aber in derjenigen von Lowland gelagert.

Der Whisky von Glengoyne geht vor allem in die Blends »Lang's«, »Famous Grouse« und »Cutty Sark«. Als Single Malt in Eigentümerabfüllung ist er jedoch auch schon lange erhältlich. Neben den Standardabfüllungen mit 10, 12 (40 % und fassstark), 16, 17 und 21 Jahren existieren auch viele Abfüllungen zu besonderen Anlässen und in den verschiedensten Vintage-Abfüllungen. Der »Farewell Dram« zum Abschied des alten Destillerie-Managers Jan Taylor und eine Abfüllung von in schottischer Eiche gereiftem Whisky (das erste Mal, dass solche Fässer eingesetzt wurden) sind nur zwei Beispiele.

Es gibt auch Abfüllungen von den Unabhängigen.

Und hier noch eine persönliche Bemerkung zur Destillerie Glengoyne und ihren Mitarbeitern, insbesondere zu Jan Taylor (ehemaliger Manager) und Jimmy Carrick (ehemaliger *stillman*). Die beiden nahmen sich meiner an, als ich im Jahr 1989 mit Glengoyne das erste Mal überhaupt eine Destillerie besuchte. Diese besonderen und herzlichen Menschen, die Ausstrahlung dieser Destillerie und die Art, wie dort die Whiskyherstellung zelebriert wurde (und noch

wird) pflanzten in mir einen Virus, den ich nicht mehr los wurde (und auch nicht loswerden wollte): die Liebe zu Schottland und seinem Kultgetränk, dem Whisky. Ohne dieses unvergessliche und so persönliche Erlebnis hätte ich sehr viele Erfahrungen, Begegnungen mit interessanten Leuten und einer unglaublich stimmungsvollen Natur nicht erfahren dürfen. Und – auch die vielen schönen Drams möchte ich nicht missen. Danke schön!

Glen Grant

Die Destillerie Glen Grant

Auf den Namen »Drumbain« wurde die erste Destillerie eingetragen, die im kleinen Ort Rothes gebaut wurde. Gründer waren im Jahr 1840 John und James Grant. Die beiden waren in jungen Jahren Schwarzbrenner und später Partner bei der Destillerie Dandaleith bei Craigellachie (sie war von 1825 bis 1837 in Produktion) gewesen. Der Name Drumbain schien den Brüdern Grant aber nicht richtig gefallen zu haben, benannten sie ihre Destillerie doch schon bald in »Glen Grant« um. Und sie schenkten ihr eine Innovation: Glen Grant war 1861 die erste Destillerie Schottlands, in der elektrisches Licht installiert wurde.

1897/98 baute der ältere Sohn von James Grant — er hieß ebenfalls James und hatte die Ausbildung bei seinem Vater absolviert — nicht weit von Glen Grant entfernt auf der gegenüberliegenden Straßenseite eine weitere Destillerie. Diese — sie erhielt den Namen Glen Grant 2 — war mit einer Pipeline für den Transfer des *new spirit* zu Glen Grant 1 verbunden. Sowohl die Fassabfüllung als auch die Lagerung der Whiskys wurden für die neue Destillerie bei der älteren gemacht.

1898 wurden bei Glen Grant die *floor maltings* (Mälzböden) durch Trommelmälzen ersetzt.

James Grant jr., er wurde Major Grant genannt, war eine illustre und sehr bestimmende Person. Über ihn gibt es einiges zu berichten und im Besucherzentrum auch einiges zu sehen und zu lesen. Er baute sich ein wunderschönes Anwesen mit einer ebensolchen Gartenanlage, die man heute bei der Destillerie immer noch besichtigen kann.

Major Grant war einer der ersten in den schottischen Highlands, der ein Auto besaß. Von einer seiner Reisen — einer Safari in Afrika — brachte er einen eingeborenen Waisen (er nannte ihn Biawa Makalaga) mit nach Rothes zurück. Dieser war eine zeitlang sein Diener und wurde von den Leuten in Rothes nach der Figur im Roman Robinson Crusoe »Freitag« genannt.

Biawa war im ganzen Dorf sehr beliebt und durfte bis zu seinem Tod in einer kleinen Wohnung im Anwesen des Major Grant mietfrei leben. Man erzählt im Ort über ihn die verschiedensten Geschichten.

1931 starb James Grant. Er hinterließ drei Töchter, aber keine Söhne. So stieg der Sohn einer der drei Töchter, Douglas MacKessack, in seine Fußstapfen.

Die Firma J. & J. Grant fusionierte 1953 mit George & J. G. Smith von Glenlivet. Sie war ab diesem Zeitpunkt Teil von The Glenlivet & Glen Grant Distilleries Ltd.

1965 wurde Glen Grant 2 nach einer weiteren Stilllegung nicht mehr unter diesem Namen, sondern als »Caperdonich Distillery« wieder in Betrieb genommen.

1972 fusionierten The Glenlivet & Glen Grant Distilleries Ltd., Hill Thompson & Co. und Longmorn-Glenlivet

Die Vorzeige-Destillerie Glen Grant liegt, wenn man von Elgin auf der A941 Richtung Süden fährt, direkt beim Kreisverkehr an der Ortseinfahrt von Rothes. Sie kann nicht übersehen werden.

Ganz oben • Das altehrwürdige Bürogebäude.

Oben • Biawa Makalaga fand in Rothes eine neue Heimat.

Ltd. Die so entstandene neue Firma erhielt den Namen The Glenlivet Distillers Ltd. Unter deren Leitung wurde Glen Grant 1973 das erste Mal in größerem Stil um- und ausgebaut. Die Zahl der *stills* wurde von vier auf sechs erhöht.

Die Firma The Glenlivet Distillers Ltd. — und damit auch Glen Grant — wurde 1977 vom kanadischen Getränkekonzern Seagram Co. Ltd. aufgekauft. Dieser integrierte die ganze Gruppe, zu der noch andere Destillerien gehörten, in ihre schottische Tochter Chivas Brothers Ltd. Unter ihr wurde die Kapazität von Glen Grant noch einmal weiter auf acht *stills* ausgebaut.

Mit dem Seagram-Deal im Jahr 2001 ging auch Glen Grant (mit allen anderen Destillerien der Gruppe) in den Besitz von Pernod Ricard über. Nachdem dieser französische Konzern im Jahr 2005 die ganze Allied Domecq-Gruppe übernommen hatte, musste sie durch Verdikt der Wettbewerbskommission Glen Grant verkaufen. Käufer war überraschenderweise der italienische Konzern Davide Campari Milano S.p.A.

Etwas unbedingt Sehenswertes bei Glen Grant befindet sich bereits außerhalb der Destillerie: die wirklich schöne Gartenanlage des Major Grant. Und dies nicht etwa (nur) wegen des darin verborgenen Tresors, in dem auf besondere Besucher ein schöner Vintage wartet. Einen Teil der Gartenanlagen kann man schon bewundern, wenn man auf dem Spazierweg vom Parkplatz zum Empfangsbereich des Besucherzentrums geht. Die während des Jahres 2008

Der Name bedeutet	Tal der Grants
Aussprache	Glen Grant
Whiskyregion	Speyside
Adresse	Glen Grant Distillery Rothes, Morayshire AB38 7BS Scotland
Kontakt	www.glengrant.com Telefon +44 (0)1340 83 21 18
Club	Kein Club
Gründung	1840
Status	In Betrieb
Besitzer	Davide Campari S.p.A.
Stills	8 (4 *wash*; 4 *spirit*)
Kapazität pro Jahr	4 750 000 Liter
Besucher	Ja ★★★ Besucherzentrum mit Restaurant und Shop; sehr schöne Gartenanlage ❤❤❤
Rating	★★★(★)
Hausstil	Cremig, fruchtig (Äpfel?), Nüsse, malzig, süßlich, weich

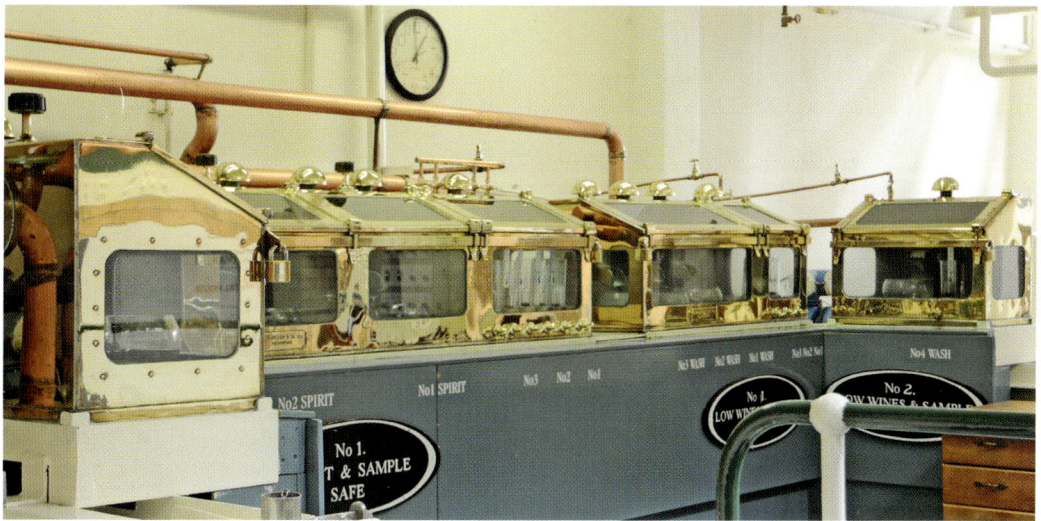

Ganz oben links • Ein toller Anblick: die acht großen *stills*.

Ganz oben rechts • Italienisches *styling* im *Visitor Centre*.

Oben links • Mehr *stills* benötigen auch mehr *spirit and sample safes*.

Oben rechts • Der Maischbottich ist aus Edelstahl.

vollständig neu konzipierten und toll gestylten Besucher-einrichtungen (der italienische Besitzer hat hier offensichtlich seinen Einfluss geltend gemacht) bestehen aus drei Gebäuden: dem modernen Empfangsbereich, in dem man freundlich empfangen wird und von dem aus die Führungen starten; einem kleinen, im Stil eines Museums aufgebauten Bereich, in dem die Geschichte von Glen Grant und auch seines Majors (und seines Butlers Biawa) in Bildern, Gegenständen und in einem Video gezeigt wird. Das dritte, Gebäude ist ein modernes Café-Restaurant.

Die Führung durch die Destillerie selbst beginnt mit der alten Malzmühle (sie steht direkt neben den beeindrucken-den Malzsilos) und führt dann ins Maischhaus, wo der riesige *semi lauter mash tun* steht. Bottich und Deckel

sind aus Edelstahl. Die zehn *wash backs* (Gärbottiche) aus Douglas-Fichte stehen in einer modernen Halle.

Was auf der Tour speziell beeindruckt: Das große *still-house*, in dem die acht *stills* in einer Reihe auf einer Art Empore stehen. Die vier *wash stills* haben eigenartige, senkrecht aus dem Brennkessel aufsteigende Ausbuchtungen am unteren Teil des Halses, die vier *spirit stills* haben die auch aus anderen Destillerien bekannten Ball-Ausbuchtungen. An den zu den Rohrkondensatoren führenden Dampfrohren sind zusätzliche *purifier* montiert, aus denen ein Teil des bereits darin kondensierten Alkohols in die *stills* zurückgeführt wird. So entsteht ein weicherer Malt. Die *stills* wurden noch bis vor wenigen Jahren direkt mit Kohle beheizt. Im unteren Teil der Halle befindet sich heute das Steuerzentrum, aus dem die Prozesse der Destillerie über EDV gesteuert und überwacht werden.

In den zum Teil mehrstöckigen Lagerhäusern werden die Malt-Whiskys von Glen Grant vor allem in Ex-Bourbon- und Ex-Sherry-Fässern gereift.

Der Malt von Glen Grant ist ein wichtiger Bestandteil der Blends von Chivas Regal. Als Single Malt in Original- oder

Eigentümerabfüllung wird der Glen Grant hauptsächlich als 5-Jähriger für den wichtigen italienischen Markt, als (schätzungsweise) 7-Jährige »Major's Reserve« und als 10-Jähriger für den Rest der Welt angeboten. Daneben gibt es ihn neuerdings auch als 16-Jährigen und in einer fast unglaublichen Vielfalt an Vintages. Seit 2004 ist auch ein fassstarker 14-Jähriger auf dem Markt. Zum Jubiläum des 170-jährigen Bestehens der Destillerie gab es 2010 eine limitierte »170th Anniversary Edition« in schöner Aufmachung.

Der Single Malt von Glen Grant wird ebenfalls von den Unabhängigen abgefüllt. Relativ oft auch in älteren Jahrgängen.

Rothes • hier sind (oder waren) neben der bei den Touristen berühmtesten Destillerie, Glen Grant, noch vier weitere, nämlich Glen Spey, Glenrothes, Speyburn und die 2010 abgerissene Caperdonich beheimatet.

Glengyle

Die Destillerie Glengyle

Im Städtchen Campbeltown gab es bereits im 19. Jahrhundert eine Destillerie mit dem Namen Glengyle. Diese nahm ihre Produktion im Jahr 1872 auf. Sie gehörte zum Imperium der Familie Mitchell (William Mitchell & Co).

1919 verkaufte William Mitchell & Co. diese erste Destillerie Glengyle an die West Highland Malt Distilleries Ltd. Von dieser wurde sie im Jahr 1925 geschlossen, die Produktionsanlagen wurden demontiert.

In den folgenden Jahren nutzte man die Gebäude von Glengyle auf verschiedenste Weise: In den Jahren vor und während des Zweiten Weltkriegs zum Beispiel als Schießhalle und Clublokal für den Kleinkaliber-Club von Campbeltown.

Später dienten die Gebäude den verschiedensten Besitzern (unter anderem auch der Destillerie Glen Scotia) als Lagerhäuser oder Bürogebäude.

Im Dezember 2000 kaufte Hedley Wright, Groß-Groß-Neffe von William Mitchell und Hauptaktionär von J. & A. Mitchell & Co. Ltd. (Springbank, Cadenhead usw.) die

Rechts · Die zur Destillation benötigten Anlagen und Bottiche stehen alle in einem Raum. Auf dem Bild die Gärbottiche aus Holz und die beiden stills.

Unten · Für die Destillerie wurden die Gebäude der 1925 geschlossenen Brennerei renoviert und neu eingerichtet.

mehr oder weniger gut erhaltenen Gebäude und begann sofort mit der Renovierung und dem Ausbau der Destillerie.

Gleichzeitig wurde mit der Anschaffung der notwendigen Anlagen und Installationen begonnen. Dabei wurden, um Geld sparen zu können, auch gebrauchte Anlagen gekauft.

Am 25. März 2004 war es dann so weit: In einer in kleinem Rahmen gehaltenen Eröffnungsfeier wurde Glengyle eingeweiht. Anfang April 2004 wurde die Produktion aufgenommen. In den beiden *stills* wird ein leicht getorfter Whisky gebrannt.

Bei Glengyle wird nur wenige Monate im Jahr destilliert. Das gesamte benötigte Personal wird während dieser Zeit von der Destillerie Springbank übernommen.

An diese Destillerie muss man sich auch wenden, wenn man die jüngste Destillerie Campbeltowns besichtigen will. Dabei muss man Glück haben, sie tatsächlich in Betrieb zu sehen. Geplant war einmal, dass Glengyle während drei

Mull of Kintyre · Leuchtturm und gefährliche Klippen ganz im Süden von Kintyre; nicht nur durch den Song von Paul McCartney bekannt und berühmt; der Weg dorthin lohnt sich aber wirklich nur bei schönem Wetter.

Machrihanish Golf Club · hat das weltberühmte erste Loch, bei dem auf das Meer hinaus aufgeschlagen werden muss.

Monaten im Jahr produziert, doch wurde diese Zeit schon bald auf zwei Monate verkürzt. 2010 und 2011 wurde meines Wissens sogar nur während gut einem Monat produziert.

Das wenige Malz für die Produktion bei Glengyle stammt aus der Mälzerei von Springbank. Gemahlen wird es bei Glengyle in einer alten Malzmühle *(Boby Mill)*, die aus der Destillerie Craigellachie stammt. Sie war dort für die größer werdende Produktion zu klein.

Alle dem Mahlen zu *grist* folgenden Produktionsschritte werden in einem einzigen Raum gemacht. An einem Ende des Raumes wird gemaischt und vergärt, am anderen destilliert.

Der *(semi lauter)* Maischbottich ist vollständig aus Edelstahl. Die vier *wash backs* aus Lärchenholz sind ebenfalls neu. Aus der in Whisky-Sammlerkreisen berühmten

Der Name bedeutet	Tal des Gyle, Tal des Fremden
Aussprache	Glen Geil
Whiskyregion	Campbeltown
Adresse	Glen Gyle Distillery Glengyle Street, Campbeltown, Argyll PA28 6EX Scotland
Kontakt	www.kilkerran.com Telefon +44 (0)1586 55 20 09 (Springbank)
Club	Kein Club
Gründung	1872/2004
Status	In Betrieb
Besitzer	J. and A. Mitchell & Co. Ltd.
Stills	2 (1 *wash*; 1 *spirit*)
Kapazität pro Jahr	750 000 Liter (Wird nicht genutzt; es wird nur während wenigen Monaten im Jahr produziert.)
Besucher	Keine Besuchereinrichtungen ★★☆☆☆ Aber man kann bei Springbank nach der Möglichkeit einer Besichtigung fragen.
Rating	Noch jung ★★★☆☆☆☆
Hausstil	(Der Single Malt wird unter dem Namen Kilkerran abgefüllt.) Leicht ölig, Getreide, würzig, süßlich, trocken

Destillerie Ben Wyvis in Invergordon kommen die beiden *stills* (je eine *wash* und *spirit*). Diese ließ man zuvor jedoch in der *still*-Schmiede Forsyths in Rothes nach den Ideen von Hedley Wright und Frank McHardy (Ex-Direktor von Springbank) abändern. Beide *stills* sind eher klein und zwiebelförmig ohne Ein- oder Ausbuchtungen. Der *spirit and sample safe* ist – für schottische Destillerien eher untypisch – aus Stahl, erinnert aber in seiner rustikalen Art stark an vergangene Zeiten.

Gelagert und gereift wird der Malt von Glengyle in den eigenen Lagerhäusern in Ex-Bourbon-Fässern. Es kommen vereinzelt aber auch andere Fassarten zum Einsatz.

Der Malt kam nicht unter dem Namen »Glengyle« auf den Markt, sondern als »Kilkerran«. Glengyle klingt den Mitchell's einerseits zu »highländisch« und wird andererseits von einem Konkurrenten bereits für einen Vatted Malt verwendet. Beim Namen Kilkerran handelt es sich um die Abwandlung des gälischen Begriffs *Ceann Loch Cille Chiarain*. So hieß der Platz, an dem der heilige St. Kerran seine religiöse Kartause hatte – der Ursprungsort des heutigen Campbeltown.

Nach einer limitierten Abfüllung eines 3-Jährigen im Jahr 2007 aus Ex-Port-Fässern folgten ab 2009 jährlich um ein Jahr ältere Abfüllungen des Kilkerran Single Malt. Begonnen wurde 2009 mit einem 5-Jährigen. Bis der 10-Jährige abgefüllt wird, erhalten die Malts die Zusatzbezeichnung »work in progress« und Jahr für Jahr eine neue, aufsteigende Nummer; zum Beispiel 2012 »work in progress 4« und ein andersfarbiges Etikett. Die Abfüllungen stammen hauptsächlich aus Ex-Bourbon- und Ex-Sherry-Fässern.

Rechts · Der *spirit and sample safe* ist aus Edelstahl. Er stammt ursprünglich aus der gleichen Destillerie wie die beiden *stills*: Ben Wyvis in Invergordon.

Unten · Die beiden *stills* sind fast identisch; beide haben auch das Sichtfenster, welches normalerweise nur an den *wash stills* zu sehen ist.

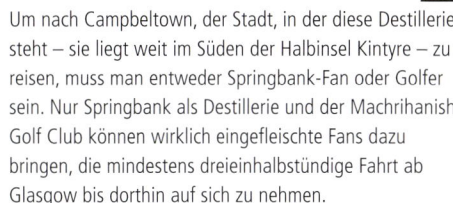

Um nach Campbeltown, der Stadt, in der diese Destillerie steht – sie liegt weit im Süden der Halbinsel Kintyre – zu reisen, muss man entweder Springbank-Fan oder Golfer sein. Nur Springbank als Destillerie und der Machrihanish Golf Club können wirklich eingefleischte Fans dazu bringen, die mindestens dreieinhalbstündige Fahrt ab Glasgow bis dorthin auf sich zu nehmen.

Von Glasgow aus geht es zuerst auf der A82 nach Norden, bis man bei Tarbet auf die A83 wechseln kann. Diese führt zuerst nach Westen und dann in Richtung Süden dem Loch Fyne entlang auf die Halbinsel Kintyre und weiter nach Campbeltown. Schon bald nach dem Ortseingang liegt Glengyle bereits von der A83 aus sichtbar ein wenig zurückversetzt auf der rechten Seite.

Glen Keith *

Der Name bedeutet	Tal des oder der Keith
Aussprache	Glen Kies
Whiskyregion	Speyside
Adresse	Glen Keith Distillery Keith, Banffshire AB55 5BU Scotland
Kontakt	Keine eigene Homepage Besitzer www.pernod-ricard.com Telefon +44 (0)1542 78 30 42 (Strathisla)
Club	Kein Club
Gründung	1957
Status	Stillgelegt 1999; geht 2013 wieder in Produktion
Besitzer	Chivas Brothers Ltd. (Pernod Ricard SA)
Stills	6 (3 wash; 3 spirit)
Kapazität pro Jahr	Früher 4 000 000 Liter
Besucher	Kein Besucherzentrum ★★☆☆☆ Besuche sind aber nach Voranmeldung möglich. (Nicht zu knapp vor dem geplanten Besuch anrufen.)
Rating	★★★☆☆☆
Hausstil	Herb-süß, aromatisch, Ingwer, leicht

Die Destillerie Glen Keith

1957 wurde auf dem Gelände und in den Gebäuden einer ehemaligen Getreidemühle von Chivas Brothers Ltd. eine neue, moderne Destillerie errichtet. Sie liegt am River Isla, nicht weit entfernt von der ebenfalls dieser Firma gehörenden Destillerie Strathisla.

Zur Zeit der Inbetriebnahme im Jahr 1958 wurde mit drei *stills* dreifach destilliert. Diese Technik wurde aber mit einem weiteren Ausbau im Jahr 1970 aufgegeben. Gleichzeitig wurde auch die Kapazität auf die ungewöhnliche Zahl von fünf *stills* erweitert. Die direkte Befeuerung der *stills* wurde zum gleichen Zeitpunkt von Kohle auf Gas geändert. Diese Technologie wurde vorher in Schottland noch nie eingesetzt und bewährte sich bei Glen Keith überhaupt nicht. Deshalb wurde dieses Heizsystem bereits drei Jahre später durch eine indirekte Dampfbeheizung ersetzt.

1976 gaben die Besitzer von Glen Keith die eigene Mälzerei auf. Das noch vollkommen intakte Saladin-Mälzsystem (Kastenmälze) wurde nicht mehr verwendet und das Malz von Großmälzereien bezogen.

1980 wurde in der Destillerie ein weiterer Meilenstein der Whisky-Herstellungs-Technologie gesetzt: Zum ersten Mal in Schottland wurde in einer Destillerie ein EDV-System zur Steuerung und Überwachung der verschiedenen Prozesse eingeführt. Mit dessen Hilfe gelang es, die Produktion mit weniger Arbeitskräften markant zu erhöhen.

1983 erhielt Glen Keith eine zusätzliche *wash still*. Damit wurde das Gleichgewicht mit drei *wash* und drei *spirit stills* wieder hergestellt.

Die etwas speziell wirkenden Gebäude der Destillerie mit ihrem aufgesetzten *kiln* dienten früher einer Getreidemühle.

Ende 1999 wurde Glen Keith wegen der Überkapazitäten der Destillerien des Seagram-Konzerns stillgelegt. Mit dem Seagram-Ausverkauf im Jahr 2001 ging Glen Keith als Teil der Chivas Gruppe zusammen mit allen anderen Destillerien (ebenfalls der berühmten Strathisla) an den französischen Pernod Ricard-Konzern. Doch auch unter diesem neuen Besitzer wurde die Destillerie nicht wieder in

⊕

Die Destillerie Glen Keith steht im kleinen alten Städtchen Keith im Herzen der Speyside (an der A96 zwischen Aberdeen und Elgin). In der Nachbarschaft befindet sich die sehr berühmte und oft als schönste Destillerie Schottlands bezeichnete Strathisla. Zu Glen Keith kommt man, indem man an der Kreuzung mitten im Städtchen Keith die Richtung Norden (Station) abgehende Straße nimmt. Die Destillerie liegt auf der linken Seite direkt an dieser Station Road.

Zu Glen Keith kommt man andererseits von der Destillerie Strathisla aus, wenn man einfach der Straße weiter nach Norden folgt (nicht zurück zur Hauptstraße fahren). Nach wenigen hundert Metern muss man nach links abbiegen. Die Destillerie ist gleich nach der Brücke über den River Isla.

Keith · alter Marktflecken mit einigen schönen Pubs.

Strathisla · mit ihrem Wasserrad vor den beiden *kilns* und den schönen Gebäuden sicher eine der schönsten Destillerien Schottlands.

Betrieb genommen. Sie dient heute als Technologie-, Test- und Ausbildungszentrum für die Spezialisten der gesamten Chivas-Gruppe. Alle Anlagen stehen bis heute in den Gebäuden und werden von den Mitarbeitern des Zentrums gewartet und für Tests genutzt.

Glen Keith besitzt – wie schon erwähnt – ein Kastenmälzsystem (mechanische Malzherstellung). Der früher beim Mälzen entstandene Rauch und Dampf gelangte durch ein auf diesem hohen Gebäude etwas komisch anmutendes Pagoden-Dächlein ins Freie.

Die Malzmühle ist ein moderneres Modell. Der Maischbottich ist inklusive Deckel komplett aus Edelstahl. Die neun Gärbottiche aus Douglas-Fichte liefern die *wash* für die sechs *stills* im modernen *stillhouse*.

Die *wash stills* sind eher birnenförmig ohne Ein- oder Ausbuchtungen. Die *spirit stills* dagegen haben die in Schottland beliebte Zwiebelform mit einer ballförmigen Ausbuchtung am unteren Teil des Halses. Eine der *spirit stills* wurde für Tests abgeändert. Es sieht aus, als ob ihr der Teil mit der ballförmigen Ausbuchtung herausgeschnitten worden wäre. Die Dampfrohre führen zu den im Freien stehenden Rohrkondensatoren.

Der Malt von Glen Keith wurde bevorzugt in Ex-Bourbon-, aber auch in Ex-Sherry-Fässern gelagert. Auf dem Gelände der Destillerie selbst gab es nie Lagerhäuser. Diese liegen außerhalb des Ortes Keith in einem eigentlichen Lagerhauskomplex von Chivas. Ein Teil der Anlagen wird heute von der (Fast-)Nachbarin Strathisla genutzt. Wie lange und in welcher Form das auch in Zukunft der Fall sein wird, ist noch nicht klar. Denn Glen Keith wird 2013 gemäß Chivas als ganz große Überraschung wieder in Produktion gehen.

Der Whisky von Glen Keith ging zu den Zeiten vor der Stilllegung der Destillerie zu beinahe 100 Prozent in den Blend »Passport Scotch«. Glen Keith wurde als Single Malt in Originalabfüllung bis jetzt nicht oft abgefüllt. Das erste Mal erschien er 1994 mit dem etwas eigenartigen Hinweis »destilliert vor 1983« ohne Altersangabe auf dem Markt. Später gab es von ihm verschiedene Abfüllungen, von denen der 10-Jährige zum Standard wurde.

Er ist aber auch in Abfüllungen von den Unabhängigen zu haben.

Unten • Das Bürogebäude neben dem *stillhouse* mit der großen Glastüre wird zurzeit noch durch Forscher genutzt.

Ganz unten • Die sechs *stills* werden für Experimente genutzt. Ob sie nach der Wiedereröffnung noch so aussehen?

Glenkinchie

Die Destillerie mit den ungewöhnlich hohen Gebäuden steht in Pencaitland, südlich von Edinburgh. Das interessante Museum ist Teil des Besucherzentrums.

Die Destillerie Glenkinchie

Die als Rinderzüchter und Farmer arbeitenden Brüder John und George Rate gründeten die Destillerie Glenkinchie in Pencaitland im Jahr 1837. Sie betrieben vorher schon am gleichen Ort eine Destillerie mit dem Namen »Milton« (ungefähr von 1825 bis 1833), um die Gerste, die auf ihren eigenen Feldern wuchs, verarbeiten und auch in schlechteren Zeiten vermarkten zu können. Bei der Wiedereröffnung dieser Destillerie lösten die Brüder 1837 eine Lizenz auf den Namen »Glenkinchie«.

Nachdem ab 1840 zwischenzeitlich James Gray als Destilleriemanager und Lizenzinhaber eingetragen war, übernahm John Rate 1852 wieder Leitung und Lizenz von Glenkinchie. Die Destillerie musste jedoch bereits 1853 wegen finanzieller Probleme stillgelegt werden. Die Gebäude wurden an einen Bauern verkauft, der sie dann für ein Sägewerk benutzte.

Erst 1881 wurde die Destillerie durch eine neue Besitzerin wiedereröffnet. 1890 ließ sich die betreibende Gesellschaft als Glenkinchie Distillery Co. Ltd. eintragen. Unter ihrem Besitz wurde Glenkinchie in den folgenden Jahren renoviert sowie um- und ausgebaut. Die heute noch stehenden hohen Gebäude stammen aus dieser Zeit.

1914 gehörten die Besitzer der Destillerie – zusammen mit jenen von vier anderen Destillerien (Clydesdale, Grange, Rosebank und Saint Magdalene) – zu den Mitgründern der SMD. Mit dieser Organisation wurde Glenkinchie 1925 Teil der DCL-Gruppe. Ab 1987 wurde auch Glenkinchie von der UDV verwaltet.

Glenkinchie ist neben Ailsa Bay, Auchentoshan, Bladnoch und Daftmill die einzige Malt-Destillerie in den Lowlands, die heute noch in Betrieb ist. Sie ist zudem eine der wenigen, die während des Zweiten Weltkriegs nicht geschlossen war.

1968 wurden die eigenen *floor maltings* aufgegeben und die vorher für diese benutzten Gebäudeteile in ein sehenswertes Museum umfunktioniert. Gleichzeitig mit dem Museum wurde auch ein Besucherzentrum eröffnet. Dieses wurde 1998 renoviert und weiter ausgebaut. Falls man auf die nächste Tour wegen der Enge in der Destillerie ein wenig warten muss (die Gruppen können deshalb nicht groß sein), fällt das einem in dieser Destillerie extrem leicht: Im Obergeschoss des *Visitor Centre* gibt es im Museum einiges zu sehen. So zum Beispiel ein hervorragendes Modell einer komplett nachgebildeten Destillerie im Maßstab 1:6. Das Modell wurde für die British Empire Exhibition 1924 ge-

Glenkinchie steht im Ort Pencaitland knapp 30 Kilometer südöstlich von Edinburgh und wird deshalb auch gerne von den Besuchern dieser Stadt in ihr Reiseprogramm integriert. Man kann sowohl mit Touristenbussen als auch mit dem öffentlichen Verkehr (allerdings sehr umständlich) zu ihr kommen.

Fährt man mit dem eigenen Auto, verlässt man Edinburgh auf der A1 und bleibt auf dieser bis zur Ausfahrt Tranent. Diese Ausfahrt nimmt man und fährt zuerst durch den Ort Tranent und nimmt dann knapp nach dem Ortsende die B6355 nach Pencaitland. Vom Ortszentrum Pencaitlands aus führen Wegweiser zur etwas außerhalb gelegenen Destillerie.

baut. Im wirklich beeindruckenden, 18 Meter langen Modell wird der gesamte Prozess der Whiskyherstellung vom Mälzen bis zur Fassreifung gezeigt.

Auf der Tour durch die Destillerie – sie wird sehr informativ und gut gemacht – sieht man als eine der ersten Maschinen die alte Malzmühle. Im Gegensatz zu dieser ist der Maischbottich *(full lauter)* auffallend modern. Bottich und Deckel sind aus glänzendem Edelstahl. Die sechs *mash tuns* (Gärbottiche) sind dagegen aus Holz: zwei aus Douglas-Fichte und vier aus kanadischer Lärche.

Glenkinchie produziert mit nur zwei *stills* den – obwohl er wirklich nur sehr leicht rauchig ist – rauchigsten aller Lowland-Malts. Die *stills* sind groß und haben am unteren Ende ihrer Hälse schon fast extrem wirkende Einbuchtungen. Die beiden Dampfrohre enden als Spiralrohre in einem einzigen großen, außerhalb des Gebäudes stehenden, mit kaltem Wasser gefüllten Bottich aus Gusseisen, wo die Alkoholdämpfe in ihnen kondensieren.

Der Glenkinchie kommt für die Lagerung in Ex-Bourbon-Fässer. Die Sherry-Fässer, die man in den Lagerhäusern ebenfalls sehen kann, werden für Fass-*finishings* verwendet.

Als Single Malt-Abfüllung gibt es den Glenkinchie seit 1989. Er ist Vertreter der Lowlands in der Reihe der Classic Malts der UDV. Von dieser wird er als 10-Jähriger und in der Distillers Edition als Amontillado-Wood-*finishing* ohne Altersangabe, aber mit dem Jahr der Destillation auf den Markt gebracht. Daneben gibt es auch noch Versionen in Fassstärke (12- und 20-Jährig und Jahrgangsabfüllungen). Seit 2010 gibt es auch spezielle fassstarke Abfüllungen, welche man nur im *Visitor Centre* kaufen kann.

Rechts · Die Gärbottiche aus Holz erhalten von Zeit zu Zeit neue Deckel.

Unten · Im engen *stillhouse* stehen die beiden *stills*. Der *spirit and sample safe* steht eine Etage tiefer (links unten im Bild).

Es gibt ihn auch unter anderen Namen in Originalabfüllung, so zum Beispiel den »Jackson's Row«. Dieser helle Single Malt war als Maßnahme gegen den steigenden Wodkakonsum der jungen Generation gedacht, hatte aber keine Chance. Er wurde schon nach wenigen Monaten wieder aufgegeben.

Verschiedene unabhängige Abfüller füllen den Glenkinchie ebenfalls ab. Auch von ihnen existieren Abfüllungen unter anderen Namen.

Edinburgh · Touristenstadt Schottlands schlechthin; viele Sehenswürdigkeiten (Schloss, Royal Mile usw.).

Roslin Chapel · berühmte Kapelle aus dem 15. Jahrhundert mit vielen Geheimnissen und Rätseln; auch bekannt aus Buch und Film »Da Vinci Code«; liegt im Süden von Edinburgh im gleichnamigen Ort.

275

Der Name bedeutet	Tal der Quincey's
Aussprache	Glen-kintschie
Whiskyregion	Lowland
Adresse	Glenkinchie Distillery Pencaitland, Tranent, East Lothian EH34 5ET Scotland
Kontakt	Web Keine eigene Homepage Besitzer www.diageo.de Info-Seite: www.discovering-distilleries.com Telefon +44 (0)1875 34 20 12 (Visitor Centre)
Club	Kein Club
Gründung	1825
Status	In Betrieb
Besitzer	Diageo plc
Stills	2 (1 *wash*; 1 *spirit*)
Kapazität pro Jahr	2 250 000 Liter
Besucher	Ja ★★★☆☆ Besucherzentrum mit Museum und Shop ❤❤❤
Rating	★★★★☆☆☆
Hausstil	Süßlich, aromatisch, fruchtig, malzig, wenig Rauch, leicht

Glenlivet, The

Glenlivet wurde im Jahr 1890 von einem Großfeuer heimgesucht. Einige Gebäude mussten neu aufgebaut werden.

Die Destillerie wurde im Laufe der folgenden Jahre einige Male renoviert und vergrößert (das erste Mal 1896, als gleichzeitig auch zwei weitere *stills* installiert wurden). Im Laufe der folgenden Jahrzehnte wurden noch weitere *stills* angeschafft. G

lenlivet arbeitete die letzten Jahrzehnte des 20. und zu Beginn des 21. Jahrhunderts mit insgesamt acht *stills*.

Die Destillerie Glenlivet

Die Destillerie Glenlivet hat ihren Namen vom Tal, in dem sie liegt. Das Tal des River Livet ist ein Seitental des River Spey.

Glenlivet wurde von George Smith gegründet. Dieser war bei Tageslicht Farmer und nach Einbruch der Dunkelheit Schwarzbrenner. Bereits sein Vater war erwiesenermaßen auf seinem im gleichen Tal liegenden Bauernhof Upper Drummit seit 1774 in diesem Geschäft tätig. Sein Whisky war weit berühmt. Sogar König George IV. kannte das schwarzgebrannte Wasser des Lebens aus dem Tal des Livet und wollte sich bei einem Besuch in Edinburgh nur diesen Whisky servieren lassen.

George Smith war nach Einführung des neuen Gesetzes im Jahr 1824 der erste Schwarzbrenner dieses Gebietes, der eine Lizenz für das legale Brennen erwarb. Das brachte ihm große Probleme mit seinen weiterhin schwarzbrennenden Nachbarn ein. Sie drohten ihm, ihn zu ermorden und seine neue Destillerie abzubrennen.

Im wilden Niemandsland oberhalb der heutigen Destillerie kann man am Wanderweg mit dem Namen *Smuggler Trail* heute noch das Fundament des Kamins seiner ersten Destillerie sehen.

Sein Sohn John Gordon Smith baute Ende der 1830er-Jahre in der Nähe von Tomintoul eine eigene Destillerie unter dem Namen »Delnabo«. Mit dieser hatte er aber nicht gerade viel Erfolg. George Smith übernahm sie ebenfalls und kaufte bald weitere Farmen (mit Destillerien), um der

großen Nachfrage nach seinem Whisky gerecht werden zu können.

1858 taten sich Vater und Sohn wieder zusammen und bauten als Firma George & J. G. Smith am heutigen Standort eine große Destillerie mit dem Namen »Minmore«. Sie benannten sie nach der dort stehenden Farm. Ein Jahr später wurde Minmore in »Glenlivet« umbenannt. Die verschiedenen kleinen Destillerien der Smith's wurden stillgelegt und teilweise abgerissen.

Schon sehr früh (1864) arbeiteten die Smith's mit dem Blendingkönig Andrew P. Usher zusammen. Über ihn konnten sie ihre Whiskys bereits damals mit großem Erfolg auch exportieren.

1871 trat John Gordon Smith nach dem Tod seines Vaters George die Nachfolge in der Leitung der Destillerie an. Er ärgerte sich maßlos über die »Schmarotzer«, wie er sie nannte, die ihren Whisky ebenfalls Glenlivet nannten oder diesem hinter dem Namen den Zusatz Glenlivet gaben. Er strebte gegen sie einen Prozess an und gewann diesen 1880. Seine Destillerie ist seitdem die einzige, die sich »The Glenlivet« nennen darf.

Ein paar wenigen Destillerien wurde aber weiterhin erlaubt, den Beinamen Glenlivet hinter ihrem Destillerienamen zu führen. Einige unter ihnen (zum Beispiel Aberlour, Glenfarclas und Macallan) taten dies dann auch eine Zeit lang. Später ließen sie aber den Zunamen aus Marketinggründen wieder weg. Sie merkten, dass sie damit selbst die Aufmerksamkeit der Kunden auf einen starken Konkurrenten lenkten.

Livet Packhorse Bridge · Über diese schöne alte Brücke aus dem Ende des 16. Jahrhunderts wurden früher auch illegal produzierte Whiskys aus den vielen Schwarzbrennereien in diesem Tal transportiert.

Sie steht in der Nähe der Destillerie am River Livet etwas oberhalb des Zusammenflusses mit dem River Avon.

Ballindalloch Castle · Familiensitz der MacPherson-Grants seit 1546, im Winterhalbjahr für Besucher geschlossen; schönes Äußeres und Inneres; auf dem Gelände um das Schloss weiden die berühmten Angusrinder.

Oben · Sieht ein wenig aus wie ein UFO: der neue, hochmoderne *mash tun* (Maischbottich) im neuen Teil von Glenlivet.

Unten · Von der Straße nach Tamnavoulin auf der gegenüberliegenden Talseite hat man eine schöne Aussicht auf die große Destillerie.

Die eigene Mälzerei *(floor maltings)* wurde 1966 aufgegeben.

Glenlivet blieb bis 1953 in Familienbesitz. In jenem Jahr fusionierte George & J. G. Smith mit Glen Grant in Rothes (The Glenlivet and Glen Grant Distilleries Ltd.) 1977 wurde diese Firma von Chivas Brothers Ltd. (letztere war damals noch im Besitz der Seagram's Group) gekauft. Im Jahr 2001 ging dann Glenlivet im Zuge des Verkaufs des Spirituosengeschäfts von Seagram zusammen mit anderen Destillerien und Marken an Pernod Ricard über.

Im März 2006 eröffnete Glenlivet ein neues, wirklich eindrucksvolles Besucherzentrum. In ihm wird man empfangen, wenn man der sehr schön in den Hügeln des Tal des Livet liegenden Destillerie einen Besuch abstatten will.

Pernod Ricard gab Anfang 2008 bekannt, dass Glenlivet in großem Umfang ausgebaut und seine Produktionskapazität fast verdoppelt werden soll. Und das wurde auch gemacht. In einem beeindruckenden, modernen Neubau mit viel Glas wurde mehr oder weniger noch einmal eine Destillerie aufgebaut. Der neue *(full lauter)* Maischbottich glänzt aus Edelstahl und steht wie ein Ufo vor einem, wenn man diese große neue Produktionshalle betritt. Hinter ihm stehen – ein paar Treppenstufen tiefer – die sechs neuen *pot stills* (je drei *wash* und *spirit*) die in den Jahren 2009/10 installiert wurden. Sie wurden in der genau gleichen Form wie die bereits bestehenden acht bei Glenlivet bereits produzierenden *stills* von Forsyths in Rothes gebaut. Sie sind zwiebelförmig und haben eine Art Krageneinbuchtung am unteren Ende des Halses. In einem Nebenraum der großen Halle wurden acht neue Gärbottiche aus Douglas-Fichte installiert. Mit diesem Ausbau wurde die Kapazität der Destillerie um 75 Prozent auf 10,5 Millionen Liter erhöht. Die Einweihung der neuen Produktionsstätte (mit Prinz Charles als Ehrengast) fand am 4. Juni 2010 statt.

Doch da gibt es neben dem neuen Glanz ja auch noch die alte – ebenfalls sehenswerte Destillerie – und weitere erfahrenswerte Informationen.

Glenlivet bezieht sein Malz ungetorft aus Großmälzereien der Region Speyside. Das Malz wird in einer alten Porteus-Malzmühle zu *grist* gemahlen und kam für das Auswaschen der Stärke in einen alten Maischbottich *(mash tun)*. Dieser alte Maischbottich wird wegen der großen Leistungsfähigkeit des neu installierten *full lauter mash tuns* nicht mehr gebraucht. In acht älteren Gärbottichen, die wie die zusätzlich installierten aus Douglas-Fichte sind und in zwei Räumen des alten Gebäudeteils stehen, wird die *wash* für die nachfolgende Destillation vergärt.

Mit den sechs *stills* im neuen *stillhouse* wurde die Kapazität der Destillerie verdoppelt.

Im Ort Bridge of Avon an der A95 Aviemore– Craigellachie geht die enge Straße mit der Nummer B9008 Richtung Südwesten (Tomintoul) weg. Um zur Destillerie Glenlivet zu gelangen, folgt man ihr dem River Avon entlang ungefähr zehn Kilometer, bis ungefähr dahin, wo der River Livet in den River Avon mündet und sich die Straße in die Täler des Livet und des Avon gabelt. Der Weg zur Destillerie ist bereits ab Bridge of Avon beschildert.

Im größeren der beiden alten *stillhouses* stehen sechs *stills* (je drei *wash* und *spirit*) in einer Reihe als Paare zusammen mit ihren Rohrkondensatoren und den Wärmeaustauschern. Im kleineren *stillhouse*, das direkt an das große Brennhaus anschließt, steht ein weiteres *still*-Paar.

Die Glenlivet Malts werden in Ex-Bourbon- und einigen wenigen Ex-Sherry-Fässern in den Lagerhäusern der Destillerie gelagert.

Abgefüllt wird The Glenlivet schon sehr lange als Single Malt. Als Originalabfüllungen gibt es ihn standardmäßig mit 12, 15, 18, 21 und »XXV« mit 25 Fassjahren sowie seit 2005 auch als 16-jährigen Nadurra. Daneben erschien eine Reihe unter dem Namen »Cellar Collection«.

Er ist aber auch in anderen Alterungsstufen erhältlich, wobei ältere Jahrgänge schon sehr teuer werden können. 1998 erschien zum Beispiel eine heute schwer zu findende Kollektion von fünf Jahrgangsabfüllungen (1967, 1968, 1969, 1970 und 1972). Diese gab es jedoch nur in 2 dl-Fläschchen.

Den Glenlivet gibt es auch von den Unabhängigen.

277

Der Name bedeutet	Tal des Livet
Aussprache	Glen-liwit
Whiskyregion	Speyside
Adresse	Glenlivet Distillery Ballindalloch, Banffshire AB37 9BD Scotland
Kontakt	www.theglenlivet.com Telefon +44 (0)1340 82 17 20
Club	Guardians of the Glenlivet; Mitgliedschaft gratis; Anmeldung über die Website der Destillerie
Gründung	1824
Status	In Betrieb
Besitzer	Chivas Brothers Ltd. (Pernod Ricard SA)
Stills	14 (7 *wash*; 7 *spirit*)
Kapazität pro Jahr	10 500 000 Liter

Besucher	Ja ★★★★ Besucherzentrum mit Restaurant und Shop ♥♥♥
Rating	★★★★★(★)
Hausstil	Fruchtig, aromatisch (manche Abfüllungen sherrytönig), frisch, weich, leicht süß, Spur Rauch

Glenlochy †

Die Destillerie Glenlochy

In der alten Stadt Fort William – sie liegt am nordöstlichen Ende des Loch Lynnhe – waren während vieler Jahrzehnte zwei Destillerien aktiv: Die heute noch arbeitende Ben Nevis und die seit 1983 geschlossene Glenlochy.

Die jüngere der beiden, Glenlochy, wurde 1898 von einer von David McAndie geführten Gesellschaft mit dem Namen Glenlochy Fort William Distillery Co. gegründet. Die Produktion konnte 1901 aufgenommen werden. Gleich nach der Produktionsaufnahme bekam die Besitzerin die Whiskykrise jener Zeit sehr hart zu spüren. McAndie war deshalb schon bald gezwungen, seine Destillerie an den Kanadier John Hobbs (er war auch bei der Nachbar-Destillerie Ben Nevis beteiligt) zu verkaufen.

In den Jahren 1917 bis 1924 und 1926 bis 1937 war Glenlochy geschlossen. 1938 nahm Hobbs mit den beiden *stills* in der Destillerie die Produktion wieder auf, verkaufte Glenlochy aber im Jahr 1940 an die Associated Scottish

Distilleries. Von dieser wurde sie später (1953) an die DCL/SMD verkauft. Die eigenen *floor maltings* wurden 1968 aufgegeben. 1983 – noch unter dem Management der SMD – wurde Glenlochy stillgelegt.

Seit der Gründung hat man die Gebäude der Destillerie kaum verändert. Glenlochy besaß eine Malzmühle alter Bauart von Porteus. Der Maischbottich war aus Gusseisenplatten und hatte einen Kupferdeckel. Die vier Gärbottiche waren aus Holz (den Typ konnte ich nicht mehr eruieren). Die beiden *stills* (eine *wash* und eine *spirit*) waren zwiebelförmig und hatten weder Ein- noch Ausbuchtungen.

Im Jahr 1986 stellte die SMD ein Gesuch an die Behörden, die Destillerie abreißen zu dürfen, um einen besseren Verkaufspreis für das Gelände erzielen zu können. Das Gesuch wurde jedoch abgelehnt. 1992 verkaufte die damalige Besitzerin – seit 1987 die UDV – die Destillerie Glenlochy an die Hotelgruppe West Coast Inns Ltd. Diese stellte erneut ein Gesuch, die Destillerie abreißen zu dürfen, sie wollte dort einen Hotelkomplex bauen. Sie erhielt die Bewilligung, alle

Mälzhaus, *kiln*, Getreideaufzugstürme *(malt elevators)* und ein Destilleriegebäude von Glenlochy vor dem Umbau.

Ben Nevis · mit 1344 Meter Höhe der höchste Berg von Schottland; fantastische Aussicht; Wander- und Skiregion; an über 230 Tagen im Jahr im Nebel oder in den Wolken.

Neptun's Staircase · beeindruckende Schiffsschleusenanlage mit acht Stufen; Teil des Caledonian Canals.

Jacobite Steam Train · Der berühmte Dampfzug fährt einmal pro Tag von Fort William nach Mallaig an die Westküste und wieder zurück (nur im Sommer auch am Samstag und Sonntag). Er überquert dabei das berühmte Glenfinnan-Viadukt (bekannt aus den Harry-Potter-Filmen).

Fort William · Touristenort mit vielen Hotels, Pubs und Shops am Nordende des Loch Linne.

Der Name bedeutet	Tal des Lochy oder Tal der schwarzen Göttin
Aussprache	Glen-lochie
Whiskyregion	Highland
Adresse	Glen Lochy Distillery Nevis Bridge, Fort William PH33 6LR Scotland
Kontakt	Kein Web und Telefon
Club	Kein Club
Gründung	1898
Status	Geschlossen 1983; größtenteils abgerissen, zum Teil als Hotel und Appartements genutzt
Besitzer	Letzter war UDV/Diageo plc
Stills	Früher 2 (1 *wash*; 1 *spirit*)
Kapazität pro Jahr	Früher ungefähr 1 000 000 Liter
Besucher	Nein; existiert nicht mehr
Rating	★★★☆☆☆☆ (nur Whisky)
Hausstil	Weich, Vanille, Spur torfig, malzig, fruchtig, lang

Die noch übrig gebliebenen Gebäude dieser seit knapp drei Jahrzehnten stillgelegten Destillerie stehen im Quartier Inverlochy der Stadt Fort William (zwischen Inverness und Oban). Vom Zentrum der Stadt aus fährt man auf der A82 ein kurzes Stück Richtung Norden. Die Destillerie befindet sich schon nach wenigen hundert Metern auf der linken Straßenseite. Der *kiln*, eines der noch stehenden Gebäude, kann nicht übersehen werden.

Destilleriegebäude außer der Mälzerei, dem *kiln*, dem Distillery House und ein paar Arbeiterhäuschen abzureißen. Die nicht zum Abreißen freigegebenen Gebäude wurden jedoch als Auflage zur Bewilligung unter Denkmalschutz gestellt.

Die nicht geschützten Gebäude wurden abgerissen und die Stehengebliebenen werden vom neuen Besitzer zum Teil als Hotel und als Freizeitanlage genutzt.

Der Malt von Glenlochy wurde bevorzugt in Ex-Bourbon-, aber auch in Ex-Sherry-Fässern *(second fill)* gelagert. Als Single Malt in Originalabfüllung gibt es den

Ganz oben · Hauptgebäude, *kiln* und Getreideaufzugstürme von Glenlochy vor dem Umbau in Appartements.

Oben · So sieht Glenlochy heute aus.

Glenlochy erst seit 1995 in bis heute zwei Abfüllungen der Reihe der Rare Malts der UDV (1995 als 25- und 1996 als 26-Jährigen). Beide Whiskys wurden 1969 gebrannt.

Man findet den Malt – wenn auch selten – ebenfalls von den unabhängigen Abfüllern. Aber auch deren Vorräte gehen langsam zur Neige.

Glenlossie

Ganz oben · Der neue Maischbottich, im Vordergrund der *underback*.

Oben rechts · Im *purifier* kondensiert ein Teil der Alkoholdämpfe. Das Kondensat wird in die *still* zurückgeführt.

Oben · Fünf der sechs großen *stills*. Links (weiß) der *spirit and sample safe*, hinter den *stills* die Rohrkondensatoren.

Pluscarden Abbey · auf das 13. Jahrhundert zurückgehende Klosteranlage; im 16. Jahrhundert (Reformation) aufgegeben; seit 1948 wieder als Kloster genutzt, wird ständig renoviert.

Die Destillerie Glenlossie

Die Destillerie mit dem Namen Glenlossie wurde 1876 von John Duff zusammen mit ein paar Freunden, darunter Alexander Grigor Allen und Henry MacKay, in der Nähe der Stadt Elgin gegründet. John Duff war vorher Direktor der Destillerie GlenDronach und besaß daneben auch noch ein Hotel in Lhanbryde.

Bis 1895 leiteten die drei Freunde die Destillerie zusammen. Dann starb Alexander Grigor Allen. John Duff, der 1893 bereits die Destillerie Longmorn gegründet hatte und sich zu jener Zeit noch mit dem Bau von Benriach befasste, verließ Glenlossie.

Henry MacKay leitete dann die neue, Glenlossie-Glenlivet Distillery Co. Ltd. genannte Gesellschaft allein und baute die Destillerie ein Jahr später komplett um. Er ließ in den folgenden Jahren auch ein Eisenbahn-Anschlussgleis zur Destillerie legen.

1919 ging Glenlossie in den Besitz der DCL über, die in der SMD und später in der UDV aufging. 1929 wurde Glenlossie von einem Großfeuer heimgesucht und musste fast komplett wieder aufgebaut werden.

1962 wurde die Kapazität der Destillerie im Zuge eines Ausbaus und einer Renovierung von vier auf sechs *stills* erweitert. 1971 errichtete die SMD auf dem großen Gelände von Glenlossie eine zweite Destillerie: Mannochmore.

1989 musste die Produktion bei Glenlossie für eine erneute, größere Renovierung für kurze Zeit unterbrochen werden. Glenlossie wurde mit dem neuesten Stand der Technik ausgerüstet. Alle wichtigen Prozesse werden seitdem über EDV gesteuert und überwacht.

Die beiden Destillerien Glenlossie und Mannochmore wurden ab dann für längere Zeit alternierend von den gleichen Arbeitern bedient. Das heißt, die beiden Destillerien waren abwechselnd geschlossen. Seit ein paar Jahren wird aber in beiden Destillerien voll gearbeitet.

Ein Besuch bei Glenlossie – er ist nicht leicht zu realisieren – sollte lange vor dem Termin vereinbart werden.

Die Firmentafel steht vor dem alten *kiln*. Dieser ist nicht mehr in Gebrauch und hat nur noch nostalgischen Wert.

Das von Großmälzereien hergestellte und angelieferte Gerstenmalz wird in einer der seltenen Boby-Mühlen – man findet sie nur noch in wenigen Destillerien Schottlands – zu *grist* gemahlen. Im *tunhouse* stehen der *full lauter mash tun* (Maischbottich) aus Edelstahl und im Gärhaus die acht *wash backs* aus Lärchenholz.

Das moderne *stillhouse* mit seiner großen Glasfensterfront beherbergt die sechs *stills* (je drei *wash* und *spirit*). Sie sind relativ hoch und zwiebelförmig ohne Ein- oder Ausbuchtungen. Die drei *spirit stills* besitzen am Dampf-rohr vor dessen Eintritt in den Rohrkondensator einen *purifier*, aus dem ein Teil des Kondensats wieder in die *still* zur nochmaligen Destillation zurückgeführt wird. Damit soll ein weicherer Whisky erreicht werden. In diesen *stills* können 2 Millionen Liter Alkohol pro Jahr produziert werden.

Der Glenlossie wird fast ausschließlich in Ex-Bourbon-Fässern gereift. Die Lagerung erfolgt in den vielen Lagerhäusern des Komplexes.

Auf dessen Gelände steht auch eine 1990 gebaute große *dark grains*-Fabrik mit dem Namen Glenlossie DGP. Unter dem Begriff *dark grains* fasst man die Rückstände zusammen, die beim Destillieren von Whisky in der ersten *still*, der *wash still*, entstehen. Die *burnt* oder auch *pot ale* genannten, in den *stills* zurückgebliebenen, festen Bestandteile werden zu einem Sirup verdickt und mit den beim Maischen anfallenden festen Getreiderückständen (*draff*) vermischt. Es werden daraus sehr proteinreiche und nahrhafte Pellets geformt, die dann als Viehfutter verwendet werden.

Im Jahr 2011 beschloss Diageo, neben die *dark grains*-Fabrik ein Bio-Energie-Kraftwerk zu bauen, in dem aus den Destillerieabfällen Energie gewonnen wird.

Doch zurück zum für uns wichtigen Produkt: Der Whisky von Glenlossie ist bei Blendern sehr begehrt und gehört zur »Top Class«, das heißt zu den beliebtesten zwölf schottischen Malt-Whiskys. Er bildet einen Hauptanteil der John Haig Blends.

Bis vor einigen Jahren war der Glenlossie als Single Malt in Original- oder Eigentümerabfüllung nicht erhältlich. Dann nahm ihn die UDV als Abfüllung mit 10 Jahren Fasslagerung in ihre Reihe Fauna & Flora auf. 2010 erschien in der Diageo-Reihe »Manager's Dram« ein 1999er aus einem Bourbon-Fass in sehr limitierter Auflage.

Der Whisky ist auch von unabhängigen Abfüllern auf den Markt gebracht worden.

Der Name bedeutet	Tal des Lossie oder Tal der Pflanzen	Besucher	Kein Besucherzentrum ★★☆☆☆ Besuche sind aber nach Voranmeldung möglich. (Wenn auch schwierig zu vereinbaren. Nicht zu knapp vor dem geplanten Besuch anrufen.)
Aussprache	Glen-lossie		
Whiskyregion	Speyside		
Adresse	Glenlossie Distillery Glenlossie Road, Thornshill, Elgin, Morayshire IV30 8SS Scotland		
		Rating	★★★☆☆
		Hausstil	Frisch, grasig, malzig, würzig, trocken, lang
Kontakt	Web Keine eigene Homepage Besitzer www.diageo.de Telefon +44 (0)1343 86 20 00		
Club	Kein Club		
Gründung	1876		
Status	In Betrieb		
Besitzer	Diageo plc		
Stills	6 (3 *wash*; 3 *spirit*)		
Kapazität pro Jahr	2 000 000 Liter (Produktion 2011 = 1 900 000 Liter)		

Die Adresse der Destillerie Glenlossie lautet zwar »Elgin«, doch sie liegt einige Kilometer südlich dieser alten Stadt in der Nähe des River Lossie in einem großen Destilleriekomplex, der ihren Namen, Glenlossie Complex, trägt.

Um zur Destillerie zu kommen, verlässt man Elgin auf der A941 Richtung Süden, das heißt in Richtung Rothes–Craigellachie und fährt im Weiler Longmorn an den beiden Destillerien Benriach und Longmorn vorbei. Ungefähr ein Kilometer nach diesen Zwillings-Destillerien geht eine Straße ohne Nummer nach rechts (Wegweiser Birnie). Man folgt dieser engen Straße und nimmt nach ein paar Kilometern (erst da, wo es geradeaus nicht mehr weiter geht) die Straße nach rechts. Die Einfahrt zum Destilleriekomplex Glenlossie liegt nur noch einen Kilometer entfernt direkt an diesem Sträßchen.

Glen Mhor †

Die Destillerie Glen Mhor

Die Destillerie Glen Mhor wurde 1892 von John Birnie und James Mackinley gegründet. Letzterer stammt aus der Edinburger Blendingfirma Charles Mackinley & Co., von der auch die Initiative zum Bau der Destillerie ausging. Gegen Ende des Jahres 1894 konnte die Produktion aufgenommen werden.

Ihr direkt gegenüber, zwar auf der anderen Straßenseite, aber ebenfalls am Ufer des Caledonian Canal, lag die bereits 1844 gegründete Destillerie Glen Albyn. Die beiden Destillerien hatten noch andere Gemeinsamkeiten: Beide bezogen das Wasser aus dem Loch Ness, und beide überlebten die Krisenjahre zu Anfang der 1980er-Jahre nicht. Die Malts der beiden Destillerien waren trotz der geografischen Nähe und der gleichen Wasserquelle geschmacklich ziemlich verschieden.

Glen Mhor ging 1920 an die durch Fusion ihrer alten Besitzerin mit einer anderen Firma entstandene Gesellschaft Mackinlay & Birnie Ltd. Diese Firma übernahm wenige Zeit

später auch die Nachbar-Destillerie Glen Albyn. Die beiden Brennereien arbeiteten ab diesem Zeitpunkt als »Schwester-Destillerien« eng zusammen.

Die Destillerie Glen Mhor war, was Technik und Anlagen betrifft, immer *state of the art*. So produzierte sie zum Beispiel die benötigte Energie dank einer eigenen Wasserturbine selbst. 1954 baute man bei Glen Mhor – als einer der ersten Destillerien Schottlands – mechanische Mälzkästen, sogenannte Saladin-Maltings, ein. Diese wurden 1980 jedoch wieder entfernt.

Glen Mhor besaß wie ihre Nachbarin zwei *stills* (je eine *wash* und *spirit*). Ihre Kondensatoren standen außerhalb des Gebäudes. Es handelte sich dabei um sogenannte *worm tubes*, das heißt Spiralrohre, die durch große, mit Wasser gefüllte Bottiche führen.

Glen Mhor mit ihren zwei *stills* produzierte nicht ganz 100 Jahre lang. Die DCL – sie hatte die Destillerie 1972 übernommen – legte sie 1983 still. Drei Jahre nach der Schließung (1986) wurden die Gebäude abgerissen. Heute stehen an deren Stelle verschiedene Geschäfte.

Direkt bei den Schleusen des Caledonian Canals stand die Destillerie Glen Mhor. Das »The Caley Inn« auf der linken Uferseite (vom Betrachter aus gesehen) ist das letzte erhaltene Gebäude der ehemaligen Vorzeige-Destillerie.

Inverness ist die Hauptstadt der schottischen Highlands. Auf dem Stadtgebiet waren Anfang der 1980er-Jahre noch drei Destillerien produktiv, nämlich Glen Albyn, Glen Mhor und Millburn.

Die Destillerie Glen Mhor lag im Westen der Stadt. Vom Zentrum aus führt die A862 zum südlichen Ufer des Beauly Firth. Kurz bevor sie den Caledonian Canal überquert, liegen auf beiden Seiten der Telford Street, so heißt dieser Teil der A862, Einkaufszentren. Auf dem Areal der einstigen Destillerie stehen heute in der Nähe des Kanals und seiner Schleuse Computer- und Teppichläden sowie ein kleines Restaurant mit dem Namen The Caley Inn.

Der Name bedeutet	Großes Tal
Aussprache	Glen Moor oder Woor
Whiskyregion	Highland
Adresse	Glen Mhor Distillery Telford Street, Inverness IV3 5LU Scotland
Kontakt	Kein Web und Telefon
Club	Kein Club
Gründung	1892
Status	Geschlossen 1983; abgerissen 1987
Besitzer	Letzter war UDV/Diageo plc
Stills	Früher 2 (1 *wash*; 1 *spirit*)
Kapazität pro Jahr	Unbekannt
Besucher	Nein, existiert nicht mehr
Rating	★★★★☆☆☆ (nur Whisky)
Hausstil	Süß, aromatisch, Vanille, malzig, herb

Einige der Malt-Whiskys von Glen Mhor gehören zu den besten in Schottland und haben auch heute noch viele Liebhaber.

Einer, der ihren Whisky besonders schätzte, war der Steuerbeamte, Dichter und Whiskyautor Neil Gunn. Er schrieb über ihn: »Bis ein Mann einmal das Glück gehabt hat, einen perfekt gereiften Glen Mhor getrunken zu haben, kann er nicht wissen, was Whisky wirklich ist.«

Die Malt-Whiskys von Glen Mhor sind sehr rar geworden. Sie dürften bald vom Markt verschwinden und/oder fast nicht mehr zu bezahlen sein. Als Original- oder Eigentümerabfüllung gab es ihn von Charles Mackilnlay & Co. Ltd. in zwei Versionen in hohen Flaschen mit nur sechs und mit zehn Fassjahren (sehr teuer, wenn überhaupt noch erhältlich).

Für Italien gab es einen 10-Jährigen in einer Flasche, wie man sie von den Isle of Jura-Abfüllungen kennt. Im Jahr 2001 brachte die UDV in ihrer Reihe »Rare Malts« einen 22-Jährigen und 2005 einen 1976er mit 28 Fassjahren auf den Markt.

Es gibt den Glen Mhor auch von den Unabhängigen.

Ganz oben • Diese Luftaufnahme aus dem Jahr 1928 (!) zeigt auf der rechten Seite der Straße, welche über die Brücke über den Caledonian Canal führt, die Destillerie Glen Mhor. Auf der linken Straßenseite steht die Destillerie Glen Albin. Foto © RCAHMS

Oben • Die Destilleriegebäude im Jahr 1980. Links sind die Lagerhäuser, rechts die Destilleriegebäude. Hinter diesen ist der Caledonian Canal mit seinen Schleusen. Sechs Jahre später (1986) wurde Glen Mhor abgerissen. Foto © RCAHMS

Inverness • pulsierende Stadt mit vielen Sehenswürdigkeiten, Shops und Restaurants/Pubs.

Culloden Moor • liegt im Osten der Stadt; Platz der letzten großen Schlacht in Großbritannien; Viadukt; Steinkreise usw.

Glenmorangie

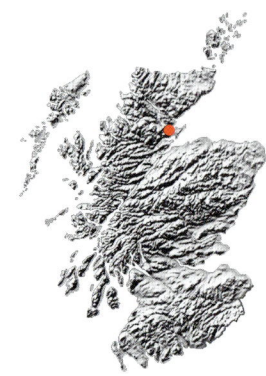

Die Destillerie Glenmorangie

Die Gebäude von Glenmorangie beherbergten ursprünglich eine Brauerei, bevor die Brüder John und William Matheson im Jahr 1843 mit zwei sehr hohen ehemaligen Gin-*stills* zu destillieren begannen.

Sie ließen die Brennerei lizenzieren und bauten in den folgenden Jahren die restlichen Gebäude ebenfalls noch in eine für den Betrieb einer Destillerie besser geeignete Form um.

Glenmorangie wurde schnell zu einem beliebten und weit herum bekannten Whisky. Die Besitzer der Destillerie begannen bereits um 1880, ihren Whisky ins Ausland und sogar bis nach Übersee zu exportieren.

1887 wurde Glenmorangie das erste Mal in größerem Stil um- und ausgebaut. Zur Finanzierung dieses Vorhabens wandelte man die reine Familienfirma in eine öffentliche Gesellschaft mit dem Namen Glenmorangie Distillery Co. Ltd. um. Macdonald & Muir Ltd. – der größte Kunde von Glenmorangie – übernahm im Jahr 1918 etwas mehr als ein Drittel der Anteile an dieser Gesellschaft. Der Rest wurde an Durham Ltd. (ein Whiskyhändler) verkauft.

Unten • Nicht nur für die Touristen, sondern auch für die Mitarbeiter: das Fenster im hochmodernen Maischbottich.

Ganz unten • Die mit 5,13 Meter höchsten *stills* stehen gleich in zehnfacher Ausführung im geräumigen *stillhouse*.

1931 musste Glenmorangie wegen der Prohibition in den USA (einem bereits damals sehr wichtigen Abnehmerland) stillgelegt werden. Die Schließung dauerte bis Ende 1936. Kurz nach Wiederaufnahme der Produktion übernahm Macdonald & Muir Ltd. auch die Anteile von Durham Ltd. und wurde alleiniger Besitzer von Glenmorangie. Die Firma entschied 1966, den Namen der Aktiengesellschaft in Glenmorangie plc zu ändern. Zum Besitz dieser Gruppe gehörten später auch noch die Destillerien Ardbeg (Islay) und Glen Moray (Speyside), eine große Flaschenabfüllfirma in Broxburn bei Edinburgh und einige Blend-Marken.

In den 1960er-Jahren war Glenmorangie eine der ersten Destillerien Schottlands, die Fässer für das Reifen der eigenen Malts verwendete, die zuvor in den USA für das Lagern von Bourbons eingesetzt wurden. Normalerweise wurde bis zu diesem Zeitpunkt in neu hergestellten Fässern oder solchen aus Jerez (Ex-Sherry-Fässer) gelagert.

Ab dem Jahr 1977 musste die Destillerie wegen der großen Nachfrage nach ihren Whiskys weiter ausgebaut werden. Die Anzahl der *stills* wurde nach und nach (1980, 1990 und 2009) von zwei auf zehn erhöht. Die eigene Mälzerei wurde 1980 aufgegeben und das Malz wie in fast allen Destillerien Schottlands von Großmälzereien bezogen.

1994 wurde ein Besucherzentrum und 1997 ein Museum eröffnet.

1996 fand die Leitung von Glenmorangie, dass die Experimente ihres *Master Blender* Bill Lumsden mit Fass-*finishings* positive Resultate zeigten und brachte die erste einer ganzen Reihe von solchen Abfüllungen auf den Markt: den »Port Wood Finish«. Er wurde nach einigen Jahren Lagerung in Ex-Bourbon-Fässern für ein paar Monate in Portwein-Fässern endgereift.

2002 musste wegen der gestiegenen Nachfrage auch noch das Gärhaus ausgebaut werden. Es wurden neue *wash backs* installiert.

2004 kaufte Glenmorangie die bekannte Scotch Malt Whisky Society, eine Organisation mit weltweit über 25 000 Mitgliedern.

Glenmorangie war bis zum 24. Oktober 2004 eine der wenigen Destillerien in Schottland, die in schottischem Besitz waren. Doch an diesem Tag übernahm der französische Multi Louis Vuitton/Moët Hennessy (mit Unterstützung von Diageo) die Aktienmehrheit der Glenmorangie-Gruppe.

Um der gestiegenen Nachfrage folgen zu können, wurde die Destillerie in den Jahren 2008/2009 ein weiteres Mal ausgebaut. Die neuen Anlagen sind in den folgenden Angaben enthalten.

Das Besucherzentrum bei Glenmorangie gehört zu den schöneren in schottischen Destillerien. Die Destillerie selbst aber ist nicht unbedingt einen Besuch wert (eine Ausnahme macht vielleicht das *stillhouse*).

Die Malzmühle, in der das angelieferte Gerstenmalz zu *grist* verarbeitet wird, ist ein uraltes Modell. Das pure Gegenteil davon sind der *full lauter mash tun* aus Edelstahl und die zwölf *wash backs* (ebenfalls aus diesem Material). Wirklich attraktiv ist das neue, 1990 gebaute *stillhouse*: Die zehn darin stehenden, mit 5,13 Meter höchsten *stills* in Schottland sind bestens dazu geeignet, einen leichten Malt zu brennen. Sie haben einen extrem langen und schlanken Schwanenhals und an dessen unterem Ende ballförmige Ausbuchtungen. Die neben den *stills* auf Gestellen stehenden Rohrkondensatoren wirken daneben direkt klein. Alle *stills* (*wash* und *spirit*) wie auch ihre Kondensatoren sind

Dornoch Firth · landschaftlich wunderschöner Meeresarm.

Dornoch · schönes mittelalterliches Städtchen.

Dunrobin Castle · Neuschwanstein des Nordens; unbedingt einen Besuch wert; Schloss, Gartenanlagen, Falknerei, Restaurant.

Der Name bedeutet	Tal der großen Wiesen oder Tal der Ruhe
Aussprache	Glen-moränschie
Whiskyregion	Highland
Adresse	Glenmorangie Distillery Tain, Ross-shire IV19 1PZ Scotland
Kontakt	www.glenmorangie.com Telefon +44 (0)1862 89 24 77
Club	Kein Club
Gründung	1843
Status	In Betrieb
Besitzer	The Glenmorangie Co. (Louis Vuitton Moët Hennessy, LVMH)
Stills	10 (5 *wash*; 5 *spirit*)
Kapazität pro Jahr	5 750 000 Liter
Besucher	Ja ★★★★☆ Besucherzentrum mit Museum und Shop ❤❤❤
Rating	★★★★★☆
Hausstil	Weich, würzig, duftig, (teilweise mit Vanille), malzig, fruchtig, nussig, leicht

gleich groß und sehen auch auf den ersten Blick gleich aus. Die ihnen zugewiesene Aufgabe (erster oder zweiter Destillierlauf) ist nur dank dem kleinen zusätzlichen Fenster, das beim ersten Brand für das Überwachen des Schaumes benötigt wird, im Hals der *wash stills* zu erkennen.

Der ausgezeichnete Ruf der Destillerie liegt in ihrer konsequenten Art, Whisky zu machen. Schon 1920 wurde beispielsweise entschieden, dass der Whisky als Single Malt abgefüllt wird. Glenmorangie war auch die erste Destillerie, die mit »The Native Ross-shire Glenmorangie« einen fassstarken Malt auf dem Markt brachte.

Auch was die Experimentierfreudigkeit angeht, ist Glenmorangie eine der aktivsten Brennereien. So füllt man Whiskys nach einigen Jahren Reifung im Ex-Bourbon-Fass in andere Fässer zu einem sogenannten *finishing* um. So reift der Whisky während der letzten Wochen oder Monate zum Beispiel in Port-, Sherry-, Fino Sherry-, Madeira-, Cognac, Wein-, White Rum-, oder anderen Fässern. Über Sinn und Zweck dieser *finishings* kann man getrost verschiedener Meinung sein. Neben den genannten Fässern werden seit ein paar Jahren auch sogenannte »Designer-Fässer« aus speziellen Holzarten eingesetzt.

Vom Glenmorangie als Single Malt gibt es von solchen ohne Altersangabe bis zum 30-Jährigen sehr viele verschiedene Abfüllungen. Diejenigen mit 10, 15 und 18 Fassjahren

wurden ausschließlich in Ex-Bourbon-Fässern gelagert. Seit 2006 gibt es eine komplett neue Glenmorangie-Linie in einer zumindest gewöhnungsbedürftigen Flaschenform. Die neuen Abfüllungen haben zum großen Teil auch keine Altersangaben mehr, sondern tragen Fantasienamen. Es gibt den Standard (10 Jahre alt), den »Lasanta« mit Sherry-*finishing* (mindestens 10 Jahre alt), den »Quinta Ruban« mit Port-*finishing*, den »Nectar d'Or« mit Sauternes-*finishing* (mindestens 10 Jahre alt) und den 18-Jährigen (Mischung von in Ex-Bourbon-Fässern gereiften mit solchen, die nach 15 Jahren Lagerung in Ex-Bourbon- noch drei Jahre in Ex-Sherry-Fässern gelagert wurden). Am oberen Ende der Liste steht dann noch ein 25-Jähriger. Zusätzlich gibt es seit 2008 auch den »Astar« (aus den »Designer-Fässern« und den »Signet«, eine Kreation aus verschiedenen Malzarten. Weitere Abfüllungen mit Fantasienamen wie »Sonnalta PX«, »Finealto«, »Artein« oder »Pride 1981« folgten.

Glenmorangie wird nur durch die Brennerei selbst als Single Malt abgefüllt. Die gesamte Produktion wird allein für firmeneigene Produkte (auch Blends) verwendet.

Unten · Zwei der glücklichen Mitarbeiter bei der Fassabfüllung.

Ganz unten · Ein LKW liefert Malz an.

Mit dem Auto erreicht man die Destillerie Glenmorangie, indem man auf der A9 von Inverness aus in Richtung Norden fährt. Gleich nach Inverness überquert die Straße die beeindruckende Moray Firth-Brücke und bald darauf die langgezogene Cromarty Firth-Brücke. Von hier aus fährt man zuerst ein Stück weit diesem Meeresarm entlang und dann über Alness nach Tain.

Um zur Destillerie zu gelangen, muss man nicht in das alte Städtchen Tain hineinfahren, sondern auf der A9 bleiben. Kurz nach dem Passieren der Ausfahrt Tain sieht man die Destillerie auf der rechten Straßenseite.

Glen Moray

Der Name bedeutet	Tal mit der See-Siedlung
Aussprache	Glen Moräi
Whiskyregion	Speyside
Adresse	Glen Moray Distillery Elgin, Morayshire IV30 1YE Scotland
Kontakt	www.glenmoray.com Telefon +44 (0)1343 55 09 00
Club	Kein Club
Gründung	1897
Status	In Betrieb
Besitzer	La Martiniquaise (Société des Vins et Spiritueux La Martiniquaise S.A.S.)
Stills	4 (2 *wash*; 2 *spirit*)
Kapazität pro Jahr	2 500 000 Liter
Besucher	Ja ★★★☆☆ Besucherzentrum mit Café-Restaurant ❤❤♡
Rating	★★★★☆☆☆
Hausstil	Weich, fruchtig, Vanille, Gerste, würzig, warm

Die alte Destillerie Glen Moray liegt, kommt man mit dem Auto auf der A96 aus dem Westen (Inverness) in die alte Stadt Elgin, nahe beim Ortseingang am Lossie River. Der Weg zu ihr – er geht nach rechts weg – ist ab dieser Hauptstraße beschildert.

Ganz oben • Die vier zwiebelförmigen *stills* stehen auf einer Art Empore. Ihre *lyne arms* führen ins Freie.
(Foto Martyn Jenkins)

Oben • Die Rohrkondensatoren der *stills* sind an der Rückseite des Brennereigebäudes im Freien montiert. Auch dieses wird vom Silogebäude überragt.

Die Destillerie Glen Moray

Die Destillerie Glen Moray wurde, wie etliche andere schottische Destillerien auch, in Gebäuden, die ursprünglich eine Brauerei beherbergten, eingerichtet (hier war es die West Brewery). Diese alte Brauerei, sie stammte aus dem Jahr 1831, wurde 1897 von Glen Moray Glenlivet Distillery Co. Ltd. für ihre neue Bestimmung umgebaut.

Von 1910 bis Anfang der 1920er-Jahre war sie aus wirtschaftlichen Gründen die meiste Zeit geschlossen. Nur während des Jahres 1912 wurde einige Monate lang produziert. 1923 kaufte Macdonald & Muir Ltd. (sie besaß bereits Glenmorangie) die Destillerie Glen Moray und nahm sie wieder in Betrieb. Während des Zweiten Weltkriegs war Glen Moray, wie die meisten anderen Destillerien, geschlossen.

1958 wurde die Destillerie renoviert und um- und ausgebaut. Die Zahl ihrer *stills* wurde von zwei auf vier verdoppelt. Die eigenen *floor maltings* ersetzte man durch eine mechanische Mälzerei mit einer Saladin-Box. Diese wurde jedoch 1977 außer Betrieb genommen und abgebaut. 1979 baute MacDonald & Muir Ltd. die Kapazität von Glen Moray von zwei auf vier *stills* aus, 1992 wurden dann die älteren beiden *stills* durch neue ersetzt.

1996 beschloss Macdonald & Muir, all ihre Beteiligungen in einer Gesellschaft mit dem Namen ihres Paradepferdes als »Glenmorangie plc« zusammenzufassen.

Am 24. Oktober 2004 wurde Glen Moray zusammen mit ihrer Besitzerfirma an Louis Vuitton/Moët Hennessy (LVMH) verkauft. Ab dem Sommer 2008 suchte diese französische Luxusartikel-Firma nach einem Käufer für die Destillerie Glen Moray. Diese und ihre Produkte passten nicht ins Portefeuille von LVMH.

Im Spätherbst 2008 kaufte der ebenfalls französische Konzern La Martiniquaise die Destillerie samt Marken. Dieser Verkauf hat Glen Moray sehr gut getan. Die Destillerie ist innerhalb kurzer Zeit ihrem stiefmütterlichen Dasein unter den letzten beiden Besitzern entronnen und hat eine steil aufsteigende Erfolgskurve zu verzeichnen. Es wird sogar von einem weiteren Ausbau der Kapazitäten gesprochen.

Seit 2009 wird bei Glen Moray auch ein torfiger Whisky produziert. Er hat einen Phenolgehalt von circa 25 ppm. Die Produktion dieses Whiskys macht ungefähr 10 Prozent der Gesamtkapazität aus. Er wird vor allem für die Blends des neuen Besitzers verwendet werden.

Das kleine Besucher-Empfangshäuschen oben am Hang, an der Einfahrt zur Destillerie, wurde 2004 von einem schönen Besucherzentrum mit Shop und Café-Restaurant abgelöst. Dieses wurde unten am Hang am großen Platz, um den die größtenteils noch aus dem Jahr 1831 stammenden Gebäude stehen, in der ehemaligen *cooperage* (Küferei) eingerichtet. Von hier aus starten die Besichtigungstouren, die auch schon einmal von einem *still-* oder *mash-man* oder sogar vom Destillerie-Manager selbst geleitet werden.

Wie in fast allen Brennereien Schottlands steht auch hier die beeindruckende alte Malzmühle. Doch dann wird es, was die Anlagen betrifft, sehr modern. Der Edelstahl-Maischbottich glänzt und strahlt, das Gleiche gilt auch für die fünf Gärbottiche aus Edelstahl.

Im *stillhouse* thronen hoch oben die vier *stills* (je zwei *wash* und *spirit*). Sie sind zwiebelförmig ohne Ein- oder Ausbuchtungen. Die Dampfrohre führen in die im Freien stehenden Rohrkondensatoren.

Die Lagerung der Malts erfolgt in Ex-Bourbon-Fässern in niedrigen Lagerhäusern mit Naturböden. Ed Dobson, Destilleriemanager bis 2005, erzählte gerne die Geschichte, dass kein Mitarbeiter gerne ins Lagerhaus N° 1 geht, weil es dort Gespenster gibt. Diese sollen auch schon während der Nachtschicht im *stillhouse* aufgetaucht sein. Es handelt sich bei ihnen um die Geister der Kriminellen, die auf dem früher direkt neben dem Lagerhaus N° 1 liegenden Richtplatz exekutiert wurden und keine Ruhe gefunden haben.

Wie die Hauptdestillerie ihrer ehemaligen Besitzerin, Glenmorangie, befasste sich auch Glen Moray mit dem *wood finishing* und reifte ihre Malts in Fässern zu Ende, in denen zuvor andere alkoholische Getränke wie z. B. Chardonnay lagerten. Sie tat dies sogar, bevor Glenmorangie mit dieser Technologie begann und leistete in der Gruppe Macdonald & Muir in dieser Beziehung Pionierarbeit.

Oben links • Glen Moray wird vom hohen Malzsilogebäude dominiert.

Oben • Der Lagerhauschef überwacht seine Schätze.

1976 ist der Whisky von Glen Moray das erste Mal als Single Malt in Original- oder Eigentümerabfüllung erschienen. Der große Teil der Produktion verschwindet aber in Blended Whiskys, so vor allem im »Label 5« Blended Whisky seines neuen Besitzers.

Als Single Malt in Original- oder Eigentümerabfüllung gibt es ihn vor allem in einer Realisation ohne Altersangabe (»Classic«) und als 12- und 16-Jährigen. Daneben erscheinen auch immer wieder spezielle Jahrgangsabfüllungen oder solche zu besonderen Anlässen. So beispielsweise diejenige unter dem Titel »Centenary Bottling« zum 100-jährigen Bestehen der Destillerie (1997, Port Wood Finish, 23 Jahre) oder die rare Abfüllung mit 40 Jahren Fassreifung aus dem Jahr 1999, von der weltweit nur 400 Flaschen existieren. Eine erwähnenswerte Abfüllung ist sicher ebenfalls diejenige zum Abschied des Managers Ed Dodson im Jahr 2005. Zu seinen Ehren (er leitete die Destillerie ab dem Jahr 1987 bis zu seiner Pensionierung) erschien 2005 ein 1962er als »Managers Choice«. Daneben gibt es auch immer wieder spezielle Jahrgangsabfüllungen, verschiedene Fass-*finishings* oder *bottlings* zu besonderen Anlässen.

Der Malt von Glen Moray ist auch von unabhängigen Abfüllern zu bekommen.

Elgin • interessante und lebendige Stadt aus dem Mittelalter mit etlichen historischen Gebäuden und Monumenten, vielen Restaurants, Kaffeehäusern und Shops.

Elgin Cathedral • Ruine einer großen Kathedrale, deren Ursprünge auf das 12. Jahrhundert zurückgehen; ein wirklich beeindruckender Ort.

Glen Ord

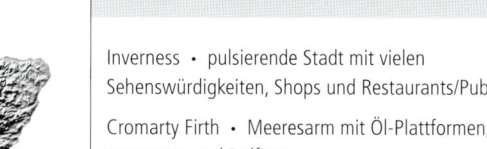

Inverness • pulsierende Stadt mit vielen Sehenswürdigkeiten, Shops und Restaurants/Pubs.

Cromarty Firth • Meeresarm mit Öl-Plattformen, Vogelreservaten und Delfinen.

Loch Ness • was man auch immer davon halten mag: Auch Kitsch und Fantasie können schön sein.

Muir of Ord, das Dorf, in dem die Destillerie steht, gehört gerade noch zu einem Gebiet, das man Black Isle nennt. Es handelt sich dabei um eine Halbinsel, die in östlicher Richtung vom Moray- und Beauly-Firth und westlich vom Cromarty Firth umgeben wird.

Von Inverness aus kommt man nach Muir of Ord, indem man zuerst über die imposante Brücke der A9 über den Moray Firth fährt. In der Nähe von Tore nimmt man dann die nach Südwesten weggehende A832 nach Muir of Ord. Im Dorf selbst bleibt man auf der Straße mit dieser Nummer, sie führt direkt an der Destillerie vorbei und von dort weiter nach Marybank.

Glen Ord liegt direkt an einer Durchgangsstraße.

Die Destillerie Glen Ord

Glen Ord war bereits lange Zeit eine Schwarzbrennerei, bevor durch Robert Johnstone und Donald McLennan im Jahr 1838 eine Lizenz beantragt wurde. Ihr eigentlicher Gründer war jedoch schon in den 1820er-Jahren der Schwarzbrenner Thomas Mackenzie.

In den folgenden Jahren produzierte Glen Ord unter dem Firmenmantel Ord Distillers Co. Diese Firma hatte mehrere Besitzer und vertrieb ihre Produkte unter verschiedensten Namen wie zum Beispiel Ord, Ordie, Muir of Ord, Glenordie oder Glen Ord.

1847 machte Glen Ord — sie war damals im alleinigen Besitz von Robert Johnstone — Konkurs und wurde zum Verkauf ausgeschrieben. Alexander McLennan und Thomas McGregor kauften die seit acht Jahren stillgelegte Destillerie im Jahr 1855 und führten sie während den nächsten zwei Jahrzehnten gemeinsam. Während dieser Zeit bauten sie ein weltweites Vertriebsnetz auf. Die Whiskys von Glen Ord konnte man in allen englischen Kolonien von Südafrika bis nach Singapore bekommen. Dann starb McLennan. Seine Frau heiratete ein zweites Mal. Ihr zweiter Mann, Alexander MacKenzie, übernahm ab 1877 die Leitung von Glen Ord.

1878 war ein unglückliches Jahr für Glen Ord: Kaum hatte man das neugebaute *stillhouse* in Betrieb genommen, fiel es einem Feuer zum Opfer und musste neu aufgebaut werden. Um das Jahr 1880 herum wurde der Whisky aus dieser Destillerie unter dem Namen »Glenoran« verkauft.

1896 wurde Ord Distillers Co. nach dem Tod von Alexander Mackenzie von James Watson & Co. übernommen und die Destillerie Glen Ord renoviert und weiter ausgebaut.

Während des Ersten Weltkriegs war Glen Ord geschlossen. Von den Folgen dieser Schließung konnte sich ihre Be-

Der Name bedeutet	Tal mit dem runden Hügel	Kapazität pro Jahr	4 750 000 Liter
Aussprache	Glen Ord	Besucher	Ja ★★★ ☆☆ Besucherzentrum mit Shop ❤❤❤
Whiskyregion	Highland		
Adresse	Glen Ord Distillery Muir of Ord, Ross-shire IV6 7UJ Scotland	Rating	★★★★ ☆☆
		Hausstil	Aromatisch, weich, fruchtig, Vanille und Toffee, leicht torfig, lang
Kontakt	Keine eigene Homepage Besitzer www.diageo.de Info-Seite: www.discovering-distilleries.com Telefon +44 (0)1463 87 20 04		
Club	Kein Club		
Gründung	1838 lizenziert; vorher Schwarzbrennerei		
Status	In Betrieb		
Besitzer	Diageo plc		
Stills	6 (3 *wash*; 3 *spirit*)		

sitzerin nicht erholen und machte 1923 ebenfalls Konkurs. John Dewar & Sons kaufte die Destillerie im gleichen Jahr und nahm die Produktion wieder auf. Nach der Fusion von Dewar mit der DCL war Glen Ord ab 1925 Teil dieser Gruppe und damit ab 1930 Teil der SMD. 1987 wurde Glen Ord von der SMD an das Management der UDV übergeben.

1949 wurde die Destillerie als eine der ersten in Schottland komplett elektrifiziert und modernisiert. In der Zeit von 1960 bis 1966 unterzog man dann die Destillerie einer kompletten Renovierung. Bei dieser Gelegenheit wurden (1961) die *floor maltings* durch einen mechanischen Prozess ersetzt (Saladin-Box).

1966 baute man die Brennkapazität von Glen Ord von zwei gleich auf sechs *stills* aus. Sie stehen in einem neu gebauten *stillhouse* und werden seither mit Dampf beheizt.

1968 baute die DCL/SMD direkt neben der Destillerie eine große Mälzerei mit dem Namen »Glen Ord Maltings«. Diese versorgt heute neben der Destillerie Glen Ord auch viele andere Destillerien in der näheren und weiteren Umgebung mit Malz für deren Whiskys. Glen Ord stellte jedoch noch bis 1983 das für sich selbst benötigte Malz in der eigenen Saladin-Box her.

1988 eröffnete man in der Destillerie ein schönes Besucherzentrum. In diesem beginnen die Führungen durch die Destillerie. Diese verfügt immer noch über die beiden *kilns*. Obwohl sie nicht mehr für Produktion des Glen Ord eingesetzt werden, geben sie doch den Tour-Guides die Möglichkeit, etwas in Sachen Nostalgie zu bieten. In dieses Kapitel passt auch die alte Malzmühle. Der aus Gusseisenplatten bestehende Maischbottich wurde 2010 durch einen hochmodernen *full lauter mash tun* ersetzt. Zu den acht *wash backs* aus Douglas-Fichte installierte Diageo im Jahr 2010 noch zwei zusätzliche aus dem gleichen Material.

Im nach der SMD-Schablone im Jahr 1966 gebauten modernen *stillhouse* stehen die sechs zwiebelförmigen *stills*. Sie haben weder Ein- noch Ausbuchtungen, und ihre Dampfrohre führen in die im gleichen Raum stehenden Rohrkondensatoren.

Der Malt von Glen Ord wird in den alten, niedrigen Lagerhäusern mit Naturböden vor allem in Ex-Bourbon-Fässern gelagert. Die ersten Original- oder Eigentümerabfüllungen sind als Single Malt unter den Namen »Ord« und »Glenordie« gemacht worden. Beide sind selten und teuer geworden. Das Gleiche gilt für die Abfüllung in der Rare Malts-Reihe der UDV. Während langer Zeit war dann der Malt standardmäßig unter dem Namen »Glen Ord« mit 12 Fassjahren erhältlich. Er wurde 2006 durch einen 12-Jährigen »Singleton of Glen Ord« abgelöst. In den Jahren 2003 bis 2005 kamen ein 28-Jähriger in Fassstärke sowie ein 25- und ein 30-Jähriger als limitierte oder Special Releases auf den Markt. 2010 folgten ein 15-Jähriger »Singleton of Glen Ord« und in der Serie »Manager's Choice« von Diageo ein fassstarker 1997er.

Die Whiskys dieser Destillerie gibt es aber auch von den Unabhängigen.

Oben • In unmittelbarer Nachbarschaft der Destillerie steht die Großmälzerei Glen Ord Maltings.

Mitte • Weil er doch so schön war, hier noch einmal der alte, 2010 durch einen *full lauter tun* ersetzte Maischbottich.

Unten • Blick von oben ins *stillhouse*.

Glenrothes, The

Der Name bedeutet	Tal des oder der Rothes
Aussprache	Glen-roffis
Whiskyregion	Speyside
Adresse	Glenrothes Distillery Burnside Street, Rothes, Morayshire AB38 7AA Scotland
Kontakt	www.theglenrothes.com Telefon +44 (0)1340 87 23 00
Club	Kein Club
Gründung	1878
Status	In Betrieb
Besitzer	Highland Distillers Ltd. (Edrington Group) Marke Glenrothes: Berry Bros & Rudd Ltd.
Stills	10 (5 *wash*; 5 *spirit*)
Kapazität pro Jahr	5 500 000 Liter
Besucher	Kein Besucherzentrum ★★★ ☆☆ Besuche sind aber nach Voranmeldung möglich. (Nicht zu knapp vor dem geplanten Besuch anrufen.)
Rating	★★★★★★ ☆
Hausstil	Würzig-fruchtig, Citrus, malzig, süßlich, leicht (dank der Vintage-Politik gibt es viele unterschiedliche Geschmacksrichtungen)

Glenrothes steht direkt neben dem alten Friedhof von Rothes.

Die Destillerie Glenrothes

Die Entstehung dieser Destillerie – sie wurde von James Stuart & Co. 1878 gegründet – verlief alles andere als normal: Bereits während der Bauarbeiten gab es finanzielle Probleme und persönliche Querelen zwischen den Teilhabern James Stuart, Robert Dick, William Grant und John Cruickshank. Als Folge davon gab James Stuart auf und die übrig gebliebenen Partner gründeten eine Gesellschaft mit dem Namen William Grant & Co. Diese hat trotz des gleichen Namens mit dem Gründer von Glenfiddich und Balvenie nichts zu tun. Die neue Gesellschaft baute Glenrothes fertig und nahm die Destillerie 1879 in Betrieb. 1884 benannte man die Destillerie in »Glenrothes-Glenlivet« um.

1887 ging William Grant & Co. eine Zusammenarbeit mit gegenseitiger Beteiligung mit der Islay Distillery Co. (Besitzerin der Destillerie Bunnahabhain auf Islay) ein. Die durch die spätere komplette Fusion der beiden Gesellschaften entstandene neue Firma erhielt den Namen Highland Distillers Co. Ltd. Im Besitz dieser Firma ist die Destillerie Glenrothes auch heute noch.

1897 wurde die Destillerie von einem Feuer heimgesucht und musste zum Teil wieder neu aufgebaut werden. Im Zuge dieses Wiederaufbaus wurde Glenrothes auch gleich ein erstes Mal ausgebaut und die Zahl ihrer *stills* von zwei auf vier erhöht.

Glenrothes wurde auch in den folgenden Jahren nicht von Unglücksfällen verschont: Im Jahr 1903 verursachte eine Explosion größere Schäden, und 1922 zerstörte ein Feuer einige Lagerhäuser.

Glenrothes wurde in den nächsten Jahren laufend weiter ausgebaut. Dabei wurde auch die Anzahl ihrer *stills* erhöht:

1963 von vier auf sechs, 1980 auf acht und 1989 weiter auf zehn.

1999 ging die Highland Distillers Co. Ltd. in den Besitz der Edrington Group.

Die Marke »Glenrothes« gehört nach einem Tausch gegen die Blended Whisky-Marke »Cutty Sark« (2010) der berühmten und angesehenen Londoner Firma Berry Bros & Rudd Ltd. Die Destillerie selbst gehört aber immer noch der Edrington Group.

Glenrothes hat keine Einrichtungen für Besucher, deshalb ist es unumgänglich, dass man einen Termin für eine Besichtigung ausreichend lange vor dem gewünschten Termin vereinbart. Die Destillerie ist relativ groß (vor allem das *stillhouse*) und produziert über 5,5 Millionen Liter Whisky pro Jahr. Deshalb taucht auch hier die Frage auf, wie eine einzige, uralt erscheinende Malzmühle die vielen hundert Tonnen Malz zu *grist* mahlen kann?

Der *semi lauter*-Maischbottich ist riesig und komplett aus Edelstahl (das heißt inklusive Deckel). Von den total 18 *wash backs* (Gärbottichen) sind sechs aus Edelstahl und zwölf aus Douglas-Fichte.

Im neueren *stillhouse* stehen beidseitig wie auf Emporen je fünf *stills*. Die *wash* wie auch *spirit stills* sind zwiebelförmig und besitzen ballförmige Ausbuchtungen am unteren Ende des Schwanenhalses. Die Dampfrohre führen gegen die Mitte des *stillhouse* in die Rohrkondensatoren.

Glenrothes lagert seine Malts in einem bestimmten, aufeinander abgestimmten Verhältnis in Ex-Bourbon- und Ex-Sherry-Fässern. Einige der Lagerhäuser sind nach altem Stil niedrig und haben Naturböden, andere sind hoch und die Fässer werden in Hochregalen gelagert.

Der von Glenrothes produzierte Whisky wird von den führenden *Master Blender* in Schottland zu den besten sechs gezählt. Er ist sehr begehrt und war aus diesem

Rothes • neben der bei den Touristen bekanntesten Destillerie, Glen Grant und neben Glenrothes existier(t)en noch drei weitere Destillerien: Glen Spey, Speyburn und die abgerissene Caperdonich.

Die Destillerie Glenrothes liegt in Rothes, einem kleinen Dorf, das nicht weniger als fünf Destillerien besaß: Glenrothes, Caperdonich (abgerissen), Glen Grant, Glen Spey und Speyburn. Sie liegen im ganzen Dorf verstreut und sind nicht alle leicht zu finden. Dies trifft besonders auf Glen Rothes zu, obwohl gerade diese Destillerie einen speziellen Standort hat: Sie liegt direkt beim Friedhof.

Kommt man von Elgin auf der A941 in dieses Dorf, liegt direkt beim Kreisverkehr an der Ortseinfahrt von Rothes die Destillerie Glen Grant. Das dampfende Industriegebäude auf der linken Seite des Kreisverkehrs ist keine Destillerie, sondern eine *black grains factory,* also eine Fabrik, die Destillerieabfälle zu Viehfutter verarbeitet.

Zur Destillerie Glenrothes muss man auf der A941 durch das halbe Dorf weiterfahren, dann aber kurz vor der Brücke über den Burn of Rothes rechts abbiegen. Die Destillerie liegt nach wenigen hundert Metern direkt hinter einer Kurve. Nicht die Straße mit der Beschilderung »Cemetery« (Friedhof) nehmen, sie führt nämlich wirklich nur dorthin. Von Inverness aus kommt man nach Muir of Ord, indem man zuerst über die imposante Brücke der A9 über den Moray Firth fährt. In der Nähe von Tore nimmt man dann die nach Südwesten weggehende A832 nach Muir of Ord. Im Dorf selbst bleibt man auf der Straße mit dieser Nummer, sie führt direkt an der Destillerie vorbei und von dort weiter nach Marybank.

Rechts • In der Fassabfüllerei warten die Fässer auf den Inhalt.

Unten • Das wie eine Kathedrale wirkende *stillhouse* beeindruckt mit den zehn *stills.*.

Grund sehr lange als Single Malt nicht erhältlich. Er geht vor allem in den Blend »Famous Grouse«. Daneben gibt er auch dem »Cutty Sark« einen großen Teil seines Aromas.

Als Original- oder Eigentümerabfüllung gibt es ihn im eigentlichen Sinn nicht. Weil aber die Firma Berry Bros & Rudd Ltd. Besitzerin der Marke Glenrothes ist, gelten die von ihr realisierten Abfüllungen als solche. Zuerst gab es ihn als 12-Jährigen. Seit ein paar Jahren erscheinen neben der Standardabfüllung »Select Reserve« zur Freude der Liebhaber dieser Whiskys — wenn auch oft nur in geringen Mengen — laufend neue Jahrgangsabfüllungen. Dies zum Teil auch in Fassstärke. 2008 kam eine Abfüllung unter dem Fantasienamen »Robur Reserve« heraus, ihr folgte 2009 der »Three Decades«. 2009 kam eine heute schon sehr gesuchte Abfüllung zur Pensionierung des *Master Blender* John Ramsay mit der Bezeichnung »John Ramsay – Limited Edition« auf den Markt.

Der Malt aus Glenrothes wird auch gerne von den Unabhängigen angeboten.

Glen Scotia

Der Name bedeutet	Tal Schottlands oder Tal der Schotten	Besucher	Kein Besucherzentrum ★★ ☆☆☆ Besuche sind aber nach Voranmeldung möglich. (Nicht zu knapp vor dem geplanten Besuch anrufen.)
Aussprache	Glen Sgoscha		
Whiskyregion	Campbeltown		
Adresse	Glen Scotia Distillery 2, High Street, Campbeltown, Argyll PA28 6DS Scotland		
		Rating	★★★ ☆☆☆☆
Kontakt	www.glenscotia-distillery.co.uk Telefon +44 (0)1586 55 22 88	Hausstil	Standard: Frisch, aromatisch, Schokolade, ein wenig salzig, Spur Rauch
Club	Kein Club		
Gründung	1832		Stark getorft: Fruchtig (Äpfel?), aromatisch, leicht bitter, rauchig, lang
Status	In Betrieb		
Besitzer	Loch Lomond Distillery Co. Ltd.		
Stills	2 (1 *wash*; 1 *spirit*)		
Kapazität pro Jahr	750 000 Liter (wird nur zu einem Teil genutzt)		

Um nach Campbeltown, der Stadt, in der diese Destillerie steht (sie liegt weit im Süden der Halbinsel Kintyre), zu reisen, muss man entweder Springbank-Fan oder Golfer sein. Nur Springbank als Destillerie und der Machrihanish Golf Club können wirklich eingefleischte Fans dazu bringen, die mindestens dreieinhalbstündige Fahrt ab Glasgow bis dorthin auf sich zu nehmen. Und wenn man schon mal dort ist, kann man ja versuchen, Glen Scotia zu sehen.

Von Glasgow aus geht es zuerst auf der A82 nach Norden, bis man bei Tarbet auf die A83 wechseln kann. Diese führt zuerst nach Westen und dann in Richtung Süden dem Loch Fyne entlang auf die Halbinsel Kintyre und weiter nach Campbeltown. Dort geht schon wenige hundert Meter nach dem Ortsanfang die B842 (von der A83 Richtung Carradale nach links) weg. Kurz nach der Einmündung in eine von links her kommende, ebenfalls breite Straße steht die Destillerie. Achtung: Sie sieht eher wie ein Appartementhaus aus und kann leicht übersehen werden.

Wäre nicht der *kiln* hinter dem Gebäude an der Straße, würde man Glen Scotia für ein Appartementhaus halten.

Die Destillerie Glen Scotia

Früher gab es 34 Destillerien in der Stadt Campbeltown. Von diesen existierten für lange Jahre nur noch zwei: Glen Scotia und Springbank. Zu diesen zwei kam 2004 als dritte noch die nach über 80 Jahren nach der Schließung neu aufgebaute und mit neuen Anlagen wieder in Betrieb genommene Destillerie Glengyle.

1832 wurde Glen Scotia von der Familie Galbraith gegründet, im gleichen Jahr begann man mit dem Bau der Destillerie. 1835 konnte sie die Produktion aufnehmen. Bis ins Jahr 1895 blieb die Destillerie im Besitz der Familie. Dann wurde sie von der Gesellschaft Stewart, Galbraith & Co. übernommen.

Glen Scotia wurde im Jahr 1919 wieder verkauft. Käufer war die West Highland Malt Distillers (WHMD). Nach dem Konkurs dieser Firma (1924) übernahm sie einer ihrer Manager, Duncan MacCallum. Er konnte Glen Scotia in der schwierigen Zeit aber nicht über die Runden bringen und musste 1928 aufgeben. 1930 beging MacCallum aufgrund dieses Misserfolges Selbstmord. Es wird behauptet, dass sein Geist immer noch in den Gemäuern der Destillerie spukt.

1933 ging Glen Scotia in den Besitz von Bloch Brothers über. Diese besaßen bereits die Destillerie Scapa auf den Orkney Inseln. Sie verkauften die Gesellschaft 1954 an den kanadischen Konzern Hiram Walker & Sons. Ein Jahr später wurde Glen Scotia aber bereits wieder verkauft und von A. Gillies & Co. übernommen. 1970 ging diese Firma – und mit ihr die Destillerie Glen Scotia – in der Amalgameted Distillers Products Ltd. auf. Von dieser wurde die Destillerie, obwohl (oder weil) von 1979 bis 1982 teure und umfangreiche Renovierungs- und Ausbauarbeiten durchgeführt wurden, im Jahr 1984 geschlossen.

Erst 1989 konnte wieder neue Hoffnung aufkeimen: Gibson International Ltd. kaufte die Destillerie. Doch Glen Scotia blieb – abgesehen von einigen wenigen Produktionsmonaten – weiterhin geschlossen.

1994 wechselte die Destillerie nach dem etwas undurchsichtigen Konkurs der Firma Gibson bis heute das letzte Mal den Besitzer. Glen Catrine Bonded Warehouse Ltd. kaufte die Konkursmasse, bestehend aus den Whisky-Restbeständen und der Brennerei mit ihren zwei *stills*. Sie übertrug aber schon bald ihren Besitz an die Muttergesellschaft Loch Lomond Distillery Co. Ltd.

Die Produktion wurde aber auch unter diesem Besitzer lange Zeit nicht in wirklich großem Stil wieder aufgenommen. So arbeiteten zum Beispiel ab 1999 sogar von Zeit zu Zeit Mitarbeiter der Destillerie Springbank bei Glen Scotia und hielten die Produktion wenigstens zum Teil aufrecht. Einige von ihnen sollen sich jedoch wegen dem Geist von MacCallum geweigert haben, dort zu arbeiten. Erst seit Herbst 2002 wird wieder regelmäßig und mit eigenem Personal gebrannt.

Die Destillerie Glen Scotia wurde lange Zeit zum Kauf angeboten. Es wurde aber kein Käufer gefunden. 2006 wurde sie einer Innenrenovierung unterzogen.

Ein Besuch dieser Destillerie ist erstens nicht einfach zu organisieren und zweitens ist sie auch nicht unbedingt sehenswert.

In einer alten Porteus-Malzmühle wird das von Großmälzereien angelieferte Gerstenmalz gemahlen. Der *mash tun* zum Herauswaschen der Stärke besteht aus einem Bottich aus Gusseisenplatten und einem Deckel aus normalem Stahl. Die sechs *wash backs* (Gärbottiche) waren bis ins Jahr 2012 ebenfalls aus Stahl. Es handelte sich bei diesem um einen speziellen Stahl, genannt Corten Stahl, einen Stahltyp, der normalerweise nur bei Bauten (Stahlhochbau, Brücken, Fassaden usw.) verwendet wird. Diese alten, speziellen Gärbottiche wurden in diesem Jahr durch solche aus »normalem« Edelstahl ersetzt.

Im *stillhouse* stehen je eine *wash* und *spirit still*. Sie wirken ein wenig plump und sind birnenförmig ohne Ein- oder Ausbuchtungen. Die Dampfrohre führen ins Freie zu den dort stehenden Rohrkondensatoren.

Die Malts werden in Ex-Bourbon-Fässer abgefüllt und in einem Lagerhaus mit Hochregalen gereift. Als Single Malt wurde und wird der Glen Scotia mit 8, 12 und 14 Jahren in Originalabfüllung verkauft. Heute gibt es ihn nur noch als 12-Jährigen und von Zeit zu Zeit in jungen Abfüllungen einer getorften Version.

Es gibt ihn auch in Abfüllungen von den Unabhängigen.

Ganz oben · Die kleinen zwiebelförmigen *stills* mit ihren breiten Hälsen stehen in einem engen *stillhouse*.

Mitte links · Der kleine Maischbottich ist knallrot bemalt.

Mitte rechts · Bei den Gärbottichen aus Corten-Stahl hat man neben Rot auch Blau eingesetzt.

Rechts · Der *spirit and sample safe* ist ein uraltes Modell.

Mull of Kintyre · Leuchtturm und gefährliche Klippen ganz im Süden von Kintyre; nicht nur durch den Song von Paul McCartney bekannt und berühmt; der Weg dorthin lohnt sich wirklich nur bei schönem Wetter.

Machrihanish Golf Club · hat das weltberühmte erste Loch, bei dem auf das Meer hinaus aufgeschlagen werden muss.

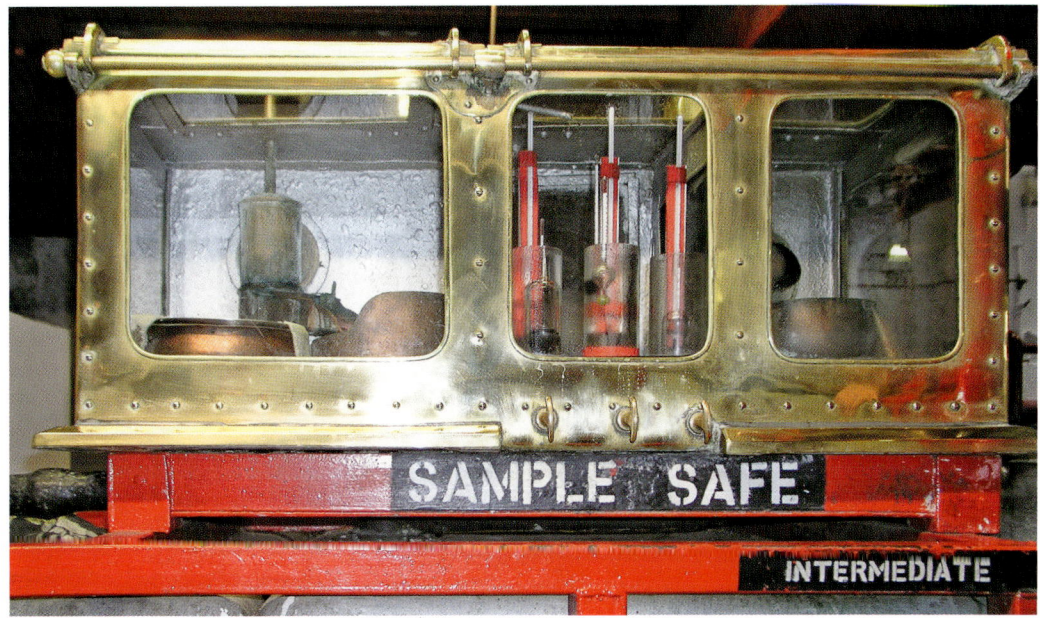

Glen Spey

Oben • Durch die Einfahrt der Destillerie sieht man das Boilerhaus, das Gärhaus und einen Teil der alten Mälzerei.

Links • Der hergestellte Whisky lagert nur zu einem Teil auf dem Gelände der Destillerie.

Nächste Seite • Die Dampfarme der *stills* führen in außerhalb des *stillhouse* liegend angeordnete Rohrkondensatoren.

Rothes, ein kleines Dorf, in dem nicht weniger als fünf Destillerien stehen, resepktive standen, ist auch Standort von Glen Spey. Kommt man von Elgin Richtung Süden auf der A941 in dieses Dorf, liegt direkt beim Kreisverkehr an der Ortseinfahrt die Destillerie Glen Grant. Das dampfende Industriegebäude links des Kreisverkehrs ist keine Destillerie, sondern eine *black grains factory,* also eine Fabrik, die Destillerieabfälle zu Viehfutter verarbeitet.

Zur Destillerie Glen Spey muss man auf der A941 bleiben und durch das Dorf weiterfahren. Nach der Brücke über den Burn of Rothes und der anschließenden S-Kurve muss man nach rechts Ausschau halten. Die Destillerie steht ein wenig zurückversetzt mitten in Wohnhäusern in der Nähe des Castle und ist leicht zu verpassen.

Der Name bedeutet	Tal des Spey
Aussprache	Glen-Spey
Whiskyregion	Speyside
Adresse	Glen Spey Distillery Rothes, Morayshire AB38 7AY Scotland
Kontakt	Keine eigene Homepage Besitzer www.diageo.de Telefon +44 (0)1340 83 20 00
Club	Kein Club
Gründung	1878
Status	In Betrieb
Besitzer	Diageo plc
Stills	4 (2 *wash*; 2 *spirit*)
Kapazität pro Jahr	1 500 000 Liter
Besucher	Kein Besucherzentrum ★★☆☆☆ Besuche sind aber nach Voranmeldung möglich. (Nicht zu knapp vor dem geplanten Besuch anrufen.)
Rating	★★★☆☆☆
Hausstil	Leicht, Vanille, malzig-süß, nussig, wenig Torf

Rothes • In diesem kleinen Dorf sind neben der bei den Touristen berühmtesten Destillerie, Glen Grant, auch Glen Spey und noch weitere drei Destillerien, nämlich Glenrothes, Speyburn und die abgerissene Caperdonich beheimatet.

Die Destillerie Glen Spey

Die Destillerie Glen Spey wurde 1878 von James Stuart & Co. unter dem Namen »Mill of Rothes« errichtet. James Stuart war Müller und baute seine Mühle in eine Destillerie um. Es existieren auch Aufzeichnungen, dass sie den Namen »Millhaugh« getragen haben soll, doch ist nicht sicher, ob es sich bei dieser Brennerei tatsächlich um Glen Spey gehandelt hat. Wie dem auch sei: 1885 erhielt sie ihren heutigen Namen »Glen Spey«.

Die Gründerfirma James Stuart & Co. – und dies ist doch erwähnenswert – kaufte im Jahr 1886 auch die Destillerie Macallan. Bereits 1887 wurde Glen Spey dann an W. & A. Gilbey Ltd., einen großen Wein- und Spirituosenhändler aus London, weiterverkauft. Gilbey war die erste englische Firma, die in Schottland eine Destillerie besaß.

1920 fiel die Destillerie Glen Spey einem Großfeuer zum Opfer und musste fast vollständig neu aufgebaut werden. Während des Zweiten Weltkriegs waren englische Soldaten in den Gebäuden der Destillerie einquartiert. Nach den Berichten des *stillman* von Glen Spey, der mich durch die Destillerie führte, soll einer der Soldaten in einem der Lagerhäuser bei einem Unfall ums Leben gekommen sein. Er soll seine Ruhe nie gefunden haben und als Gespenst heute noch in manchen Nächten in der Destillerie herumgeistern und die Mitarbeiter erschrecken.

Die Firma Gilbey tat sich 1962 mit der Organisation United Wine Traders zusammen und gründete die International Distillers & Vintners (IDV).

1969/1970 wurde die Destillerie Glen Spey komplett renoviert und gleichzeitig ihre Brennkapazität von zwei auf vier *stills* verdoppelt.

Der Konzern Grand Metropolitan übernahm im Jahr 1972 die Besitzerin der IDV-Gruppe und damit auch die Destillerie Glen Spey. Glen Spey kam später durch die Fusion von Grand Metropolitan mit Guinness zur UDV, die ihrerseits Teil von Diageo ist. Unter dieser neuen Besitzerin war der Fortbestand der Destillerie eine Zeit lang gefähr-

det. Denn in den Jahren 2005 bis 2007 war die Produktion mehrmals für einige Zeit eingestellt.

Glen Spey hat keine Besuchereinrichtungen. Wenn man diese Destillerie besichtigen will, sollte man rechtzeitig einen Termin vereinbaren.

Glen Spey besitzt zum Mahlen des von Großmälzereien angelieferten Gerstenmalzes eine topmoderne Mühle. Der *grist* kommt von ihr in einen *semi lauter mash tun*, der aus Edelstahl besteht (sowohl Bottich als auch Deckel). Ebenfalls aus Edelstahl sind die acht Gärbottiche. Die vier *stills* stehen in einem geräumigen *stillhouse*. Sowohl die beiden *wash* wie auch die beiden *spirit stills* sind zwiebelförmig und haben am unteren Teil des Halses Einbuchtungen. Die Dampfrohre führen ins Freie zu den dort – und das ist speziell – liegend angeordneten Rohrkondensatoren. Vor diesen sind jedoch noch *purifier* angebracht, aus denen ein Teil des bis dort bereits kondensierten Alkoholdampfes in die *stills* zurückgeführt und noch einmal destilliert wird. Das trägt dazu bei, dass der Whisky weicher wird.

Vom Standort der Kondensatoren aus – sie liegen direkt am Burn of Rothes, einem Bach, der dieses Tal herunterfließt – kann man das *stillhouse* der Destillerie Glenrothes sehen. Diese liegt nur wenige hundert Meter entfernt bachaufwärts.

Der Whisky von Glen Spey wird hauptsächlich für die J&B-Blends verwendet und ist sicher auch Bestandteil des Blend, den es unter dem Namen »Glen Spey« ebenfalls gibt.

Als Single Malt ist er von den alten Besitzern nur ein Mal abgefüllt worden. Diese Abfüllung (8 Jahre) ist eine der größten und gesuchtesten Raritäten der schottischen Whiskys überhaupt. Im Jahr 2001 hat die UDV eine neue Original- oder Eigentümerabfüllung in ihrer Reihe Fauna & Flora mit 12 Fassjahren herausgebracht. Dann blieb es lange ruhig um die Destillerie, bis im Jahr 2010 gleich zwei Abfüllungen – eine Limited Edition mit 21 Fassjahren und ein 1996er in der Reihe »Manager's Choice« – auf den Markt kamen. Der Glen Spey ist als Single Malt auch von den Unabhängigen abgefüllt worden.

Glentauchers

Die ziemlich unbekannte Destillerie Glentauchers steht zwischen Mulben und dem alten Städtchen Keith. In dieses fährt man von Aberdeen aus auf der A96 über Huntly. In Keith nimmt man die in Richtung Mulben/Craigellachie abzweigende A95. An dieser steht nach ein paar wenigen Kilometern noch vor dem kleinen Ort Mulben direkt an der Hauptstraße die Destillerie.

Die Destillerie Glentauchers

Die zwei Geschäftspartner, W. P. Lowrie, Haupteigentümer der Firma W. P. Lowrie & Co. Ltd. (Whiskyhändler aus Glasgow) und James Buchanan von James Buchanan & Co. Ltd. taten sich 1897 zusammen und gründeten die Firma Glentauchers Distillery Co. Diese Firma war dann auch als erste Lizenznehmerin der Destillerie Glentauchers eingetragen. Nach ungefähr einjähriger Bauzeit wurde 1898 bei Glentauchers die Produktion aufgenommen.

1903 geriet W. P. Lowrie in finanzielle Schwierigkeiten. James Buchanan kaufte einen Teil der von Lowrie gehaltenen Aktien und änderte den Firmennamen der Muttergesellschaft in Glentauchers-Glenlivet Distillery Co. Ltd. James Buchanan & Co. übernahm dann im Jahr 1906 auch noch den Rest der Aktien und zu gleicher Zeit auch den größten Teil des Gesellschaftskapitals der Firma W. P. Lowrie & Co. Ltd.

Von 1923 bis 1925 wurde Glentauchers ein erstes Mal renoviert und ausgebaut. Bei dieser Gelegenheit baute man neue Mälzböden und ein neues Gärhaus.

1925 schloss sich James Buchanan & Co. Ltd. der DCL an und ging mit dieser in der SMD auf. Ab 1930 stand so auch Glentauchers unter der Oberleitung der SMD.

1965/1966 wurde Glentauchers erneut komplett renoviert und noch weiter ausgebaut. Maisch-, Gär- und Brennhaus wurden bei dieser Gelegenheit sogar total neu aufgebaut. Mit zur Kapazitätserweiterung gehörte auch die Erhöhung der Anzahl der *stills* von zwei auf sechs.

Die eigenen *floor maltings* wurden im Jahr 1969 aufgegeben. Das dafür eingesetzte Gebäude wird seitdem als Lagerhaus genutzt. 1985, einem der großen Krisenjahre für die schottische Whiskyindustrie, wurde die Destillerie – wie viele andere zu dieser Zeit auch – stillgelegt.

1987 ging Glentauchers in die Obhut der UDV über, wurde von dieser aber bereits zwei Jahre später, 1989, an Allied Distillers Ltd. weiterverkauft. Diese feierte im gleichen Jahr die Wiedereröffnung der Destillerie.

Im Jahr 2005 übernahm Pernod Ricard die Firma Allied Domecq und übergab die Leitung der Destillerie Glentauchers ihrer Tochter Chivas Brothers Ltd. Unter deren Leitung wurden in den Jahren 2006/2007 einige Anlagen ausgetauscht.

Ein Besuch bei Glentauchers sollte rechtzeitig vorher mit den Leuten in der Destillerie abgesprochen werden, denn sie besitzt keine Besuchereinrichtungen.

Es gibt jedoch bei Glentauchers nichts Außerordentliches zu sehen. Die Malzmühle ist alt und vom gleichen Fabrikat (Porteus) wie in fast allen schottischen Destillerien. Der alte, schöne Maischbottich aus (abgedeckten) Gusseisenplatten und einem Kupferdeckel machte 2007 einem *full lauter mash tun* aus Edelstahl Platz. Der schöne alte Kupferdeckel wurde aber für den neuen Maischbottich übernommen. Er thront jetzt auf dem hochmodernen

Unter dem altehrwürdigen Kupferdeckel verbirgt sich ein hochmoderner *full lauter*-Maischbottich. Der Deckel wurde auf Wunsch der Mitarbeiter auf den Edelstahlbottich montiert.

Der Name bedeutet	Tal des Windes
Aussprache	Glen-tochers
Whiskyregion	Speyside
Adresse	Glentauchers Distillery Mulben, Keith, Banffshire AB55 6YL Scotland
Kontakt	Keine eigene Homepage Besitzer www.pernod-ricard.com Telefon +44 (0)1542 86 02 72
Club	Kein Club
Gründung	1897
Status	In Betrieb
Besitzer	Chivas Brothers Ltd. (Pernod Ricard SA)
Stills	6 (3 *wash*; 3 *spirit*)
Kapazität pro Jahr	4 250 000 Liter
Besucher	Kein Besucherzentrum ★★☆☆☆ Besuche sind aber nach Voranmeldung möglich. (Nicht zu knapp vor dem geplanten Besuch anrufen.)
Rating	★★★☆☆
Hausstil	Frisch, fruchtig, malzig, aromatisch

Oben • Die alten Gebäude der Destillerie stehen direkt an einer Straße.

Rechts • Sowohl *kiln* als auch Mälzböden sind nicht mehr in Betrieb.

Ganz rechts • Die *low wines* fließen durch den *spirit safe*.

Unten • Die schlanken *stills* mit ihren breiten Hälsen ermöglichen die Destillation eines öligen, aromatischen Whiskys.

Unterbau. Die riesigen sechs *wash backs* (Gärbottiche) sind aus Lärchenholz.

Im modernen, der SMD-Schablone entsprungenen *stillhouse* stehen sechs *stills* (je drei *wash* und *spirit*) in einer Reihe. Sie sind eher birnen- als zwiebelförmig ohne Ein- oder Ausbuchtungen. Die zu ihnen gehörenden Rohrkondensatoren stehen im gleichen Raum.

Die Lagerung der Malts von Glentauchers (sie werden fast ausschließlich in Ex-Bourbon-Fässer abgefüllt) erfolgt in alten, niedrigen Lagerhäusern mit Naturböden auf dem Gelände der Destillerie, seit ein paar Jahren aber zusätzlich auch in den zentralen Lagerhäusern der Chivas-Gruppe in der Nähe von Keith.

Der Whisky von Glentauchers wurde früher vor allem in den Blends von Black & White und wird heute speziell im »Ballantine's« als Geschmacksgeber eingesetzt. Den Glentauchers gab es als Single Malt in Original- oder Eigentümerabfüllung bis heute nur ein einziges Mal. Die Abfüllung (als 15-Jähriger) wurde für die Reihe der »Special Distillery Bottlings« von Allied Domecq gemacht.

Der Malt von Glentauchers ist jedoch auch in einigen Abfüllungen von den Unabhängigen erhältlich.

Keith • alter Marktflecken mit einigen schönen Pubs.

Strathisla • mit ihrem Wasserrad vor den beiden *kilns* und den schönen Gebäuden sicher eine der schönsten Destillerien Schottlands.

Glenturret

Crieff · schönes mittelalterliches Städtchen mit schönen Gebäuden und vielen Restaurants/Pubs.

Drummond Castle · Schloss mit sehr schönen Gartenanlagen; nur diese können besichtigt werden, das Schloss ist privat (Wegweiser ab der A822 einige Kilometer vor Crieff).

Die Destillerie Glenturret

Die Destillerie Glenturret gehört zu den ältesten in Schottland. Sie gibt ihr Gründungsjahr mit 1775 an. Zu dieser Zeit gab es in dieser Gegend urkundlich belegt verschiedene Destillerien, wurde doch in Hosh, so heißt jenes Gebiet, in dem sie liegt, nachweisbar bereits ab dem Jahr 1717 illegal destilliert. Doch erst 1818 gab es dort eine erste größere Destillerie mit dem Namen »Hosh«, sie wird 1826 erwähnt. Die heutige Glenturret erhielt ihren Namen erst 1875. Zu jener Zeit besaß Thomas Stewart die Destillerie.

1903 kaufte die Mitchell Bros Ltd. die Destillerie Glenturret. Wegen der Folgen des Ersten Weltkriegs geriet die kleine Firma in einen finanziellen Engpass und musste die Destillerie im Jahr 1921 stilllegen. Sie sollte die Produktion erst wieder Ende der 1950er-Jahre aufnehmen können. Während dieser langen Zeit gebrauchte man ihre Gebäude die

ersten paar Jahre (bis etwa 1929) noch zur Lagerung von Whisky. Dann wurden sie für landwirtschaftliche Zwecke genutzt. Die Anlagen wurden sogar teilweise demontiert.

1957 kaufte James Fairlie die Destillerie Glenturret und rüstete sie wieder mit den notwendigen Anlagen aus. 1959 konnte die Produktion wieder aufgenommen werden. Fairlie ging von 1981 bis 1990 mit Cointreau eine finanzielle Partnerschaft ein. Während dieser Zeit wurde ein Besucherzentrum in Betrieb genommen. Glenturret gehörte zu den ersten Destillerien, die ein solches einrichteten. In diesem

Oben · Glenturret steht voll und ganz im Zeichen des Moorhuhns: Auch der alte Destilleriename wurde mit einbezogen.

Rechts · Towser, eine weibliche Katze, hat in ihrem Leben die stattliche Zahl von 28 899 Mäusen gefressen. Sie erhielt dafür nicht nur ein Denkmal, sondern auch einen Eintrag im Guinness Buch der Rekorde.

Glenturret, eine der meistbesuchten Destillerien, empfängt ihre Besucher seit dem Jahr 2002 als »The Famous Grouse Experience«. Die sehr alte Destillerie steht etwas mehr als eine Autostunde von Glasgow oder Edinburgh entfernt in den Highlands.

Ab Stirling folgt man der A9 Richtung Norden bis zur Abzweigung der A822 in Richtung Crieff. Man kann auch von Perth aus auf der A85 nach Crieff fahren. Ab dieser schönen mittelalterlichen Stadt führen die Wegweiser »The Famous Grouse Experience« zu Glenturret. Die Destillerie steht im Hinterland von Crieff beim Weiler Hosh.

Der Name bedeutet	Tal des trockenen Flusses
Aussprache	Glen-torrit
Whiskyregion	Highland
Adresse	Glenturret Distillery/ Famous Grouse Experience The Hosh, Crieff, Perthshire PH7 4HA Scotland
Kontakt	www.thefamousgrouse.com Telefon +44 (0)1764 65 65 65
Club	Kein Club
Gründung	1775
Status	In Betrieb
Besitzer	Highland Distillers Ltd. (Edrington Group)
Stills	2 (1 *wash*; 1 *spirit*)
Kapazität pro Jahr	350 000 Liter
Besucher	Ja ★★★☆☆ Besucherzentrum mit vielen Attraktionen, Restaurant und Shop ❤❤❤
Rating	★★★★☆☆☆
Hausstil	Vanille, süsslich, ölig, fruchtig, Eiche

empfängt Glenturret jährlich um die 100 000 Besucher aus aller Welt.

Für schottische Destillerien – und nicht nur für diese – wirklich speziell ist ein vor dem *Visitor Centre* stehendes Denkmal. Es ist nicht einem Menschen gewidmet: Nein, die Mitarbeiter der Destillerie Glenturret waren in den 1970er- und 1980er-Jahren sehr stolz auf ihre Katze Towser, die in ihrem Leben so viele Mäuse (ganz genau 28 899) gefressen hatte, dass sie ins Guinness Buch der Rekorde kam. Für sie wurde dieses Denkmal errichtet.

1990 wurde Glenturret an ihre heutige Besitzerin, die Highland Distillers Ltd. (Edrington Group), verkauft.

Auf einem Rundgang durch die Destillerie wird einem die alte Malzmühle gezeigt. Bedeutend neuer als diese ist der deckellose Maischbottich aus Edelstahl. Die sechs Gärbottiche aus Douglas-Fichte liefern die *wash* für die Destillation in den beiden *stills*. Letztere haben unterschiedliche Formen: Die *wash still* ist zwiebelförmig und hat am unteren Halsende eine ballförmige Ausbuchtung. Bei der *spirit still* dagegen sitzt der Hals auf einem konisch zulaufenden Oberteil des Brennkessels. Die Rohrkondensatoren stehen für beide *stills* außerhalb des *stillhouse* im Freien. Bei der *spirit still* ist, bevor das Dampfrohr ins Freie geht, noch ein *purifier* installiert, aus dem ein Teil des Alkoholkondensats wieder zurück in die *still* geführt wird. Durch die nochmalige Destillation wird der Whisky so weicher gemacht.

Der Malt von Glenturret wird hauptsächlich in Ex-Bourbonfässern in den alten, niedrigen Lagerhäusern mit Naturböden gelagert.

Der Single Malt von Glenturret wurde in vielen Alterungsstufen in Eigentümer- oder Originalabfüllung angeboten. Es gab ihn mit 8, 12, 15, 18, 21 und 25 Jahren. Mitte 2003 wurde er plötzlich knapp und kam neu nur noch als 10-Jähriger auf den Markt. 2006 folgten dann die ersten Single Cask-Abfüllungen mit 14, 15 und 29 Fassjahren. Der 15-Jährige wurde im Jahr 2009 durch einen 16-Jährigen ersetzt.

Daneben gibt es auch einen »Famous Grouse Malt«. Es handelt sich bei ihm um einen Pure (oder Blended) Malt, der neben anderen Malt-Whiskys auch solche aus den dem gleichen Besitzer gehörenden Destillerien Macallan und Highland Park enthält. Er wird mit 12 Fassjahren abgefüllt.

Im Jahr 2002 baute man das Besucherzentrum mit großem finanziellem Aufwand noch einmal weiter aus. Die Destillerie erhielt bei dieser Gelegenheit den neuen Namenszusatz »The Famous Grouse Experience« (»Das famose Mohrhuhn-Erlebnis«) und ist seither zu einem kleineren Disney-World-Abklatsch und einer fast reinen Touristenattraktion geworden. Neben dem persönlichen Erlebnis im *nosing* und *tasting Room* kann man auch in einer Show wie auf den Flügeln eines Moorhuhns *(grouse)* über die größten Sehenswürdigkeiten Schottlands fliegen. Diese Show wurde im Jahr 2009 – ich finde nicht unbedingt zu ihrem Vorteil – überarbeitet und neu gestaltet.

Es gibt den Malt von Glenturret ebenfalls in Abfüllungen von den Unabhängigen, dies aber eher selten.

Oben · Die *wash still* mit ihrer ballförmigen Ausbuchtung steht in einem eigenen Raum.

Mitte · Der konisch in den Hals zulaufende Brennkessel besitzt eine spezielle Art *purifier*.

Rechts · Der Maischbottich hat keinen Deckel.

Glenugie †

Die Destillerie Glenugie

Glenugie wurde 1831 außerhalb der kleinen Hafenstadt Peterhead unter dem Namen »Invernettie Distillery« von Donald, McLeod & Co. gegründet. Die Destillerie nahm 1833 in der Nähe einer alten Windmühle die Produktion auf.

1837 wurde Invernettie in »Glenugie« umbenannt. Kurz nach der Namensänderung musste die Destillerie jedoch wegen finanzieller Probleme stillgelegt werden. Sie wurde in eine Brauerei umfunktioniert, die für die Destillation benötigten Anlagen (*stills* usw.) blieben aber in den Gebäuden. Damit schlug sie den umgekehrten Weg als viele andere Destillerien ein: Etliche entstanden nämlich aus Brauereien. Bis ins Jahr 1875 dienten die Gebäude als Sitz und Produktionsstätte der Brauerei. In jenem Jahr kaufte die Scottish Highland Distillers Co. Ltd. die Brauerei und führte sie wieder ihrer Bestimmung als Destillerie zu. Dazu legte

sie Glenugie jedoch zuerst einmal still und baute den Teil der zuvor stillgelegten Destillerie zur Erreichung einer größeren Kapazität um und aus. 1879 musste Glenugie aber aus finanziellen Gründen bereits wieder stillgelegt werden.

1882 kaufte die Firma George White & Co. die Destillerie, nahm sie sofort wieder in Betrieb, machte aber im selben Jahr Konkurs. Glenugie musste wieder geschlossen werden.

Simon Forbes kaufte die Destillerie im Jahr 1884 und nahm im gleichen Jahr die Produktion wieder auf. Unter seiner Leitung florierte das Geschäft, und Glenugie war bis ins Jahr 1915 ununterbrochen in Betrieb. Dann musste auch sie wegen des Ersten Weltkriegs stillgelegt werden.

Nach dem Krieg blieb sie noch einige Jahre geschlossen, bis sie unter einer neuen Firma, der Glenugie Distillery Ltd. in den Jahren 1923/24 – wiederum nur für kurze Zeit wieder in Produktion ging. Dann war Glenugie wieder stillgelegt.

Glenugie war die östlichste Destillerie Schottlands. Das Destilleriegelände lag direkt am Meer im Süden der alten Schiffsbauerstadt Peterhead bei der Mündung des River Ugie in die Nordsee.

Die heute noch erhaltenen Gebäude erreicht man, wenn man die von Aberdeen aus in Richtung Norden führende A90 beim großen Kreisverkehr am Stadteingang von Peterhead auf der ersten, nach rechts abzweigenden Straße (South Road) verlässt. Schon bald geht nach links eine Straße mit dem Namen Glenugie View und von diesem der Glenugie Drive weg. Ein paar der Lagerhäuser und das alte Bürogebäude stehen noch links dieser Straße. Sie werden von Firmen, die im Ölgeschäft tätig sind, genutzt.

Kommt man beim Suchen der Überreste der Destillerie plötzlich zu Gebäuden, die sich hinter einer hohen Mauer mit Stacheldraht, Kameras usw. befinden, steht man nicht vor den Überresten der Destillerie, sondern vor »Her Majesty's Prison«, dem Gefängnis, und ist (wahrscheinlich) zu weit gefahren.

Unten links und rechts • Ehemaliges Lagerhaus mit noch lesbarer Beschriftung auf der Tür: Duty Free Warehous N° 6.

Ganz unten links • Der offene Maischbottich mit Maischmaschine. Foto aus dem Jahr 1980. © RCAHMS

Ganz unten rechts • Die beiden *stills* 1980. Foto © RCAHMS

Fotos auf dieser Seite • Die Destillerie in den 1950er-Jahren;
© Chivas Brothers.

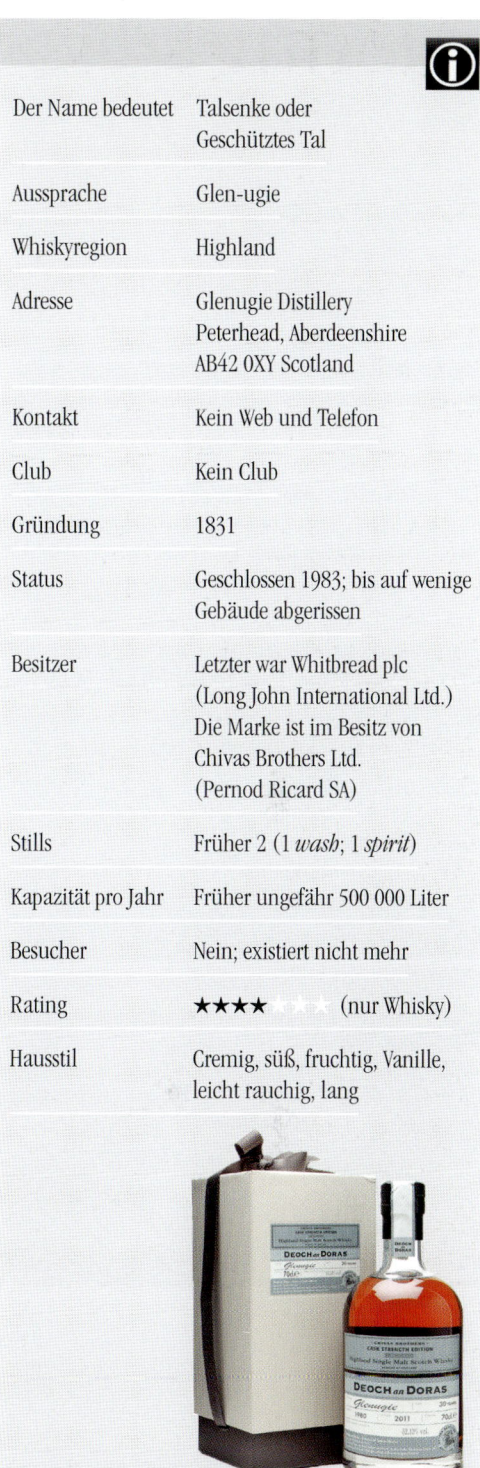

Der Name bedeutet	Talsenke oder Geschütztes Tal
Aussprache	Glen-ugie
Whiskyregion	Highland
Adresse	Glenugie Distillery Peterhead, Aberdeenshire AB42 0XY Scotland
Kontakt	Kein Web und Telefon
Club	Kein Club
Gründung	1831
Status	Geschlossen 1983; bis auf wenige Gebäude abgerissen
Besitzer	Letzter war Whitbread plc (Long John International Ltd.) Die Marke ist im Besitz von Chivas Brothers Ltd. (Pernod Ricard SA)
Stills	Früher 2 (1 *wash*; 1 *spirit*)
Kapazität pro Jahr	Früher ungefähr 500 000 Liter
Besucher	Nein; existiert nicht mehr
Rating	★★★★☆☆☆ (nur Whisky)
Hausstil	Cremig, süß, fruchtig, Vanille, leicht rauchig, lang

1937 übernahm Seager Evans & Co. die Destillerie Glenugie und begann wieder zu produzieren. Unter der Leitung dieser Firma blühte Glenugie erneut auf. Nachdem dann Schenley Industries Inc. die Firma Seager Evans & Co. im Jahr 1956 gekauft hatte, unterzog sie die Destillerie Glenugie einer Renovierung und einem gleichzeitigen Ausbau. Die Destillerie arbeitete weiter mit einem traditionellen Maischbottich aus Gusseisenplatten ohne Deckel. Jedoch wurden drei der sechs *wash backs* aus Douglas-Fichte durch solche aus Edelstahl ersetzt. Auch die beiden alten, mit Kohle direkt befeuerten *stills* mussten zwei neuen (einer *wash still* mit einer kugelförmigen Ausbuchtung am Hals und einer *spirit still* ohne Ein- oder Ausbuchtung) Platz machen. Sie wurden mit Dampf aus einer neuen Anlage beheizt. Die *worm tubes* ersetzte man gleichzeitig durch Rohrkondensatoren und montierte vor diese *purifier*.

1963 gab man bei Glenugie die eigene Mälzerei auf. Die Gebäude der nicht mehr benötigten *maltings* brauchte man als Lagerhäuser weiter. In der Zeit, als Schenley Glenugie besaß, wurde der Firmenname in Long John International Ltd. geändert. Glenugie arbeitete dann ab Beginn der 1970er-Jahre unter einer auf Long John International Ltd. eingetragenen Lizenz. Im Jahr 1975 wurde Long John – und mit dieser Firma auch die Destillerie Glenugie – an den Konzern Whitbread plc (Brauereien, Hotels, Restaurants usw.) verkauft.

Unter dieser letzten Besitzerin wurde Glenugie 1983 geschlossen. Die Gebäude wurden verkauft und teilweise abgerissen. Die Maschinen und Anlagen wurden entweder verschrottet oder an andere Destillerien verkauft. Die wenigen noch stehenden Gebäude werden heute von Klein-

firmen genutzt. Sie stammen zum Großteil noch aus der Zeit um 1875.

1989 verkaufte die Whitbread Gruppe den gesamten Spirituosenbereich an Allied Lyons (Allied Domecq-Gruppe). Ein – wenn auch kleiner Teil – dieses Deals waren die Rechte an der Marke Glenugie. Als im Jahr 2005 Pernod Ricard SA die Destillerien von Allied Domecq übernahm, wurden diese Markenrechte mit übertragen. Bei Chivas lagerten noch kleine Bestände des Glenugie, und so geschah etwas, was niemand mehr erwartete: Es gab noch einmal eine Original- oder Eigentümer-Abfüllung eines Glenugie. Im Jahr 2010 brachte Chivas Brothers Ltd. in der Reihe »Deoch an Doras« einen 1977er Glenugie mit 32 Fassjahren in limitierter Abfüllung auf den Markt. Meines Wissens wurde der Glenugie vorher nur ein einziges Mal vom Besitzer selbst abgefüllt. Es handelt sich dabei um eine Abfüllung eines – heute so gut wie nicht mehr zu findenden – 5-Jährigen aus den 1980er-Jahren. Sonst verschwanden die Malts vollständig in den Blends. Alle anderen bekannten Abfüllungen stammen von den Unabhängigen. Diese sind jedoch ebenfalls selten und teuer.

Peterhead • schöne Hafenstadt; lebt heute hauptsächlich vom Öl; einige Sehenswürdigkeiten.

Cruden Bay und Slains Castle • schöner Strand mit der Ruine eines Schlosses aus dem 16. Jahrhundert (südlich von Peterhead an der A975).

Forvie Natur-Reservat • riesige Dünenlandschaft, in der Zehntausende von Seevögeln leben und brüten; *Visitor Centre* mit ausgezeichneten Informationen (ungefähr auf halber Strecke zwischen Aberdeen und Peterhead an der A975).

Glenury Royal †

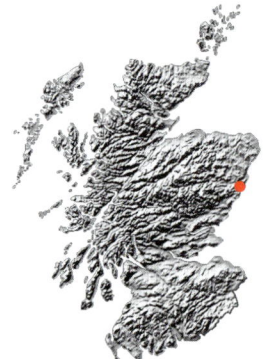

Stonehaven · kleine, alte Hafenstadt.

Dunnottar Castle · steht südlich von Stonehaven auf einer Halbinsel in der Nordsee; beeindruckendes Monument; spielte eine tragische Rolle in der schottischen Geschichte.

Unten und ganz unten · Ein Teil der alten Destilleriegebäude – hier in verschiedenen Ansichten – ist zu Appartements aus- und umgebaut worden.

Der Name bedeutet	Tal der Eiben (auch Name des Bezirks)
Aussprache	Glen-urie Royel
Whiskyregion	Highland
Adresse	Glenury Royal Distillery Glenury Road, Stonehaven, Kincardineshire AB3 2PY Scotland
Kontakt	Kein Web und Telefon
Club	Kein Club
Gründung	1824
Status	Geschlossen 1985; größtenteils abgerissen oder zu Appartements umgebaut
Besitzer	Letzter war UDV/Diageo plc
Stills	Früher 4 (2 *wash*; 2 *spirit*)
Kapazität pro Jahr	Früher ungefähr 750 000 Liter
Besucher	Nein; existiert nicht mehr
Rating	★★★★☆☆☆ (nur Whisky)
Hausstil	Leicht, ölig, malzig-süß, Honig, wenig Rauch

In der Nähe des Bahndammes und des Viadukts mit dem Namen Glenury stehen in einem Außenquartier des Hafenstädtchens Stonehaven die zu Wohnhäusern umgebauten Teile der ehemaligen Destillerie.

Kommt man von Aberdeen und fährt auf der A90 Richtung Süden, verlässt man die A90 bei der ersten Ausfahrt nach Stonehaven. Kurz nach dem Passieren der Unterführung unter Straße und Bahn steht Glenury Royal – oder was von ihr noch übrig geblieben ist – auf der rechten Seite. Die ehemaligen Gebäude der Destillerie mit ihrem *kiln* sind leicht zu erkennen.

Die Destillerie Glenury

Die Destillerie mit dem Namen Glenury wurde 1824/1825 von Captain Robert Barclay gegründet. Barclay war Farmer und ein großer Sportler (Marathon- und Langstreckenläufer – als solcher auch in der Scottish Sports Hall of Fame). Daneben war er Laird of Ury (daher auch der Name der Destillerie) und Mitglied des Parlaments.

Wenige Wochen nach der Produktionsaufnahme gegen Ende des Gründungsjahres brach bei Glenury ein Feuer aus, das die Mälzböden, den *kiln* und einen Teil des Malzlagers zerstörte. Die Destillerie musste beinahe vollständig neu aufgebaut werden.

Captain Barclay hatte als Parlamentsmitglied sehr gute Beziehungen zum königlichen Hof. Dies half sicher mit, dass 1835 König William IV der Destillerie den Namenszusatz »Royal« verlieh.

Von 1858 an war Glenury Royal im Besitz von William Ritchie & Co., einem Whiskyhändler aus Glasgow. Im Besitz dieser Familiengesellschaft blieb die Destillerie bis in die Zeit um 1928. In diesem Jahr musste die Produktion wegen finanzieller Probleme aufgegeben werden und Glenury Royal wurde einem der Gläubiger mit dem Namen Lord Stonehaven übertragen.

Joseph William Hobbs erwarb Glenury Royal 1938 für die Associated Scottish Malt Distillers, eine Tochtergesellschaft der National Distillers of America. Hobbs war einer der Teilhaber dieser Firma. Unter seiner Leitung wurde bei Glenury Royal die Produktion wieder aufgenommen.

1953 wurde Glenury Royal an die DCL verkauft und von ihr unter das Management der SMD gestellt. Mitte der 1960er-Jahre wurde sie von der SMD renoviert und gleichzeitig die Kapazität von zwei auf vier *stills* ausgebaut. Im Jahr 1968 gab man dann die eigene Mälzerei auf. Das Malz wurde nun von den Mälzereien der SMD bezogen.

1985 wurde Glenury Royal von der SMD stillgelegt. Sie – beziehungsweise ihre Whiskys – passten nicht mehr ins Konzept dieses großen Konglomerats.

1987 kam Glenury Royal – wie alle Destillerien der DCL/SMD – unter die Fittiche der UDV. Diese gab 1992 die Brennlizenz endgültig zurück. Die Destilleriegebäude wurden an eine Maklerfirma verkauft. Diese ließ sie zum Teil abreißen. Einige der Gebäude wurden zu Wohnhäusern umgebaut.

Glenury Royal arbeitete mit einem traditionellen Maischbottich *(mash tun)* aus Gusseisenplatten mit sich drehenden Rechen. Die in ihm gewonnene Würze *(wort)* kam zur Vergärung in sechs *wash backs*. Destilliert wurde in vier *pot stills* (zwei *wash* und zwei *spirit*).

Die einzige Originalabfüllung vor der Übernahme der Destillerie durch die UDV, die John Gillon-Abfüllung, gehört heute zu den absoluten Raritäten unter den schottischen Single Malts. Das Gleiche gilt für die in der Rare Malts-Serie der letzten Besitzer, der United Distillers and Vintners (UDV), 1999 erschienene Abfüllung in Cask Strength (Fassstärke). Weitere ebenfalls rare Abfüllungen kamen in den Jahren 2003 (ein 50-Jähriger) und 2005 und 2007 (je ein 36-Jähriger) auf den Markt.

Es gibt auch Abfüllungen von den Unabhängigen. Dies aber sicher auch nicht mehr für lange Zeit und sicher auch nicht günstig.

Oben und unten · Glenury Royal in den 1950er-Jahren.

Ganz unten · Erinnerungstafel am Sockel des ehemaligen Kamins.

This plaque is mounted on the chimney base of the former Glenury Royal Distillery, founded by Captain Robert Barclay - Allardice in 1824.
Whisky production at the Distillery ceased on 31st May 1985.

Highland Park

Die Destillerie Highland Park

Die Destillerie Highland Park wurde 1798 als Schwarzbrennerei von Magnus Eunson auf einer Anhöhe oberhalb von Kirkwall – diese wurde High Park genannt – in einem Schuppen gegründet. Highland Park ist die nördlichste Destillerie Schottlands.

Magnus Eunson war eine legendäre Figur: Er war nämlich der Pfarrer der Gemeinde. In dieser Eigenschaft gelang es ihm immer wieder, seine Schwarzbrennerei und Schmuggeltätigkeit gegenüber den Zöllnern und Steuerbeamten zu verbergen. Er scheute auch nicht davor zurück, seine Whiskykrüge unter der Kanzel oder in den Särgen von Verstorbenen zu verstecken.

1825 wurde Magnus Eunson dann doch wegen illegalen Destillierens verhaftet und ins Gefängnis gesteckt. Im gleichen Jahr übernahm Robert Borwick die Destillerie, baute sie aus und löste für sie 1826 eine Lizenz. Die Leitung teilte er sich mit John Robertson. Dieser war vorher Steuerbeamter. Ausgerechnet er hatte Eunson zu seiner Gefängnisstrafe verholfen.

Highland Park ging 1895 in den Besitz von James Grant über. Er stammte aus einer berühmten Familie: Sein Vater war Manager von The Glenlivet. 1898 wurde unter seiner Leitung die Destillerie renoviert und die Brennkapazität von zwei auf vier *stills* verdoppelt. James Grant verkaufte Highland Park 1935 an eine Gesellschaft mit dem Namen Highland Distillers Co. Ltd. Seit 1999 ist die Highland Distillers Co. Ltd. Teil der Edrington Group.

1986 eröffnete man in der Destillerie ein Besucherzentrum. 2005 wurden der Innenhof und das Besucherzentrum neu gestaltet und mit einem Shop und einem schönen Tastingraum ergänzt. 2008 wurde das *Visitor Centre* noch einmal aus- und umgebaut.

Im Besucherzentrum beginnen die Führungen durch diese Destillerie, die zu den besten in Schottland gehört. Mit einem kleinen Dram während der Vorführung des kurzen Films über die Destillerie und Orkney (inklusive einer Episode mit dem schwarzbrennenden Pfarrer Magnus Eunson) beginnt die Tour.

Highland Park ist eine der wenigen Destillerien, die heute noch einen Teil (ungefähr 20 Prozent) des benötigten Malzes auf eigenen *floor maltings* produziert. Die beiden *kilns* erfüllen hier wirklich noch ihren eigentlichen Zweck. Das selbst hergestellte Malz hat einen Torfgehalt von 40 ppm. Das entspricht in etwa dem Rauchgeschmack eines Caol Ila. Weil jedoch die zusätzlich benötigte Menge an Malz ungetorft vom schottischen Festland bezogen und mit dem selbst hergestellten vermischt wird, schlägt der Rauch im Whisky selbst dann nicht mehr so stark durch.

Das Gerstenmalz wird in einer alten Malzmühle zu *grist* gemahlen. Aus diesem wird in einem modernen *semi lauter mash tun* (Maischbottich) aus glänzendem Edelstahl die Stärke (der Zucker) herausgewaschen. Die für die Destillation benötigte *wash* wird in den zwölf Gärbottichen aus Douglas-Fichte mithilfe von Hefe vergoren.

Oben · Bei Highland Park kommt tatsächlich noch Torfrauch aus den *kilns*.

Links · Mit Torffeuer wird die keimende Gerste getrocknet. Aus dem aromatischen Rauch nimmt sie den speziellen Geschmack auf, welcher die rauchigen oder torfigen Whiskys so speziell macht.

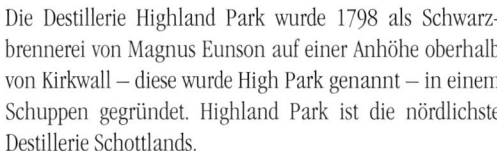

ⓘ

Der Name bedeutet	Hochland Park		Kapazität pro Jahr	2 500 000 Liter
Aussprache	Heiländ Park		Besucher	Ja ★★★★★ Besucherzentrum mit Shop ❤❤♡
Whiskyregion	Highland			
Adresse	Highland Park Distillery Kirkwall, Orkney Islands KW15 1SU Scotland		Rating	★★★★★★★
			Hausstil	Sehr aromatisch, süßlich, Toffee, leicht rauchig, rund
Kontakt	www.highlandpark.co.uk Telefon +44 (0)1856 87 46 19			
Club	Inner Circle Mitgliedschaft gratis; Anmeldung über die Website der Destillerie			
Gründung	1798			
Status	In Betrieb			
Besitzer	Highland Distillers Ltd. (The Edrington Group Ltd.)			
Stills	4 (2 *wash*; 2 *spirit*)			

Kirkwall · interessante und lebendige Hafenstadt mit einigen Sehenswürdigkeiten.

Orkney-Inseln · fantastische Zeugen aus 4000 bis 5000 Jahren Geschichte. Die wichtigsten in alphabetischer Reihenfolge: Maes Howe, Ring of Brodgar, Skara Brae, Stennes Stones.

Orkney Wildlife · Vögel, Seehunde, Delfine, Wale usw.

Im *stillhouse* stehen die vier *stills* (je zwei *wash* und *spirit*). Die Rohrkondensatoren sowohl für die eher birnenförmigen *wash* wie auch die beiden zwiebelförmigen *spirit stills* stehen im Freien. Denjenigen für die *spirit stills* ist jeweils ein *purifier* vorgeschaltet. In diesem wird ein Teil des Kondensats aufgefangen und zur nochmaligen Destillation wieder in die *still* zurückgeführt. Dieser zusätzliche Schritt verleiht dem *new make* etwas mehr Weichheit.

Der Highland Park wird sowohl in Ex-Bourbon- als auch in Ex-Sherry-Fässern gereift. Dabei ist zu erwähnen, dass die in Ex-Bourbon-Fässern gereiften Malts fast vollständig in die Blends der Edrington Group (»Cutty Sark« und »Famous Grouse«) gehen, die in Sherry-Fässern gelagerten dagegen fast nur als Single Malts abgefüllt werden.

Oben · Highland Park mit seinen beiden *kilns* und den beeindruckenden Lagerhäusern steht auf einem Hügel oberhalb von Kirkwall.

Unten · In den vier *stills* wird einer der besten Whiskys der Welt destilliert.

Unten rechts · Bei Highland Park wird ein Teil der benötigten Gerste auf eigenen Mälzböden selbst gemälzt.

Die 19 alten Lagerhäuser der Destillerie sind nach altem Stil niedrig und haben Naturböden. Daneben besitzt Highland Park aber auch vier moderne Hochregal-Lagerhäuser.

Als Single Malt gibt es den Highland Park in Eigentümer- oder Originalabfüllung schon lange. Dabei sind vor allem die älteren Abfüllungen sehr gesucht, da sie den typischen Charakter dieses Whiskys, der zu den besten der Welt gehört, noch mehr verkörpern. Als Standardabfüllungen gibt es ihn als 12-, 15-, 18-, 25-, seit 2005 als 30- und seit 2008 als 40-Jährigen.

Zu speziellen Anlässen werden und wurden ebenfalls Abfüllungen gemacht. So erschien zum Beispiel 1998 zum 200-Jahr-Jubiläum eine Abfüllung in einer Kristallkaraffe mit einer Auflage von nur 665 Stück.

In den letzten Jahren gab es zusätzliche Reihen: die »Ambassador Casks« in verschiedenen Varianten; die Trilogie, bestehend aus Earl Magnus, Saint Magnus und Earl Hakoon; eine »Orcadian Vintage«-Reihe und einige Vintage-Abfüllungen (vor allem für die Duty Free Shops). Mit dem 50-Jährigen ist 2010 die bis jetzt älteste (aber auch teuerste – £ 10 000) Abfüllung eines Highland Park realisiert worden.

2012 kam der erste Whisky einer neuen, vier Abfüllungen umfassenden Reihe in den Verkauf. In der limitierten

Die nördlichste Destillerie Schottlands liegt auf der Hauptinsel der Orkney Islands außerhalb der Hauptstadt Kirkwall auf einem Hügel über der Scapa Bay.

Um zu ihr zu gelangen, nimmt man aus dem Stadtzentrum von Kirkwall die A961 Richtung St Mary–St Margarets Hope. Highland Park liegt nur wenige Kilometer außerhalb der Stadt. Das Destilleriegelände wird durch die Straße in zwei Hälften geteilt.

»Valhalla Collection« wurde der erste Single Malt, er trägt den Namen »Thor«, in einer speziellen Aufmachung abgefüllt. Die weiteren Abfüllungen werden in den kommenden Jahren – pro Jahr eine – realisiert.

Der Malt-Whisky von Highland Park wird von den Besitzern selbst auch unter anderen Namen abgefüllt. Er wird ebenfalls von den Unabhängigen angeboten. Dies zum Teil auch unter anderen Namen.

Imperial †

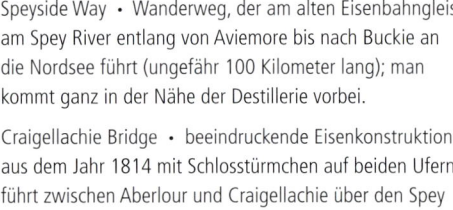

Speyside Way • Wanderweg, der am alten Eisenbahngleis am Spey River entlang von Aviemore bis nach Buckie an die Nordsee führt (ungefähr 100 Kilometer lang); man kommt ganz in der Nähe der Destillerie vorbei.

Craigellachie Bridge • beeindruckende Eisenkonstruktion aus dem Jahr 1814 mit Schlosstürmchen auf beiden Ufern; führt zwischen Aberlour und Craigellachie über den Spey River.

Die Destillerie Imperial

Die Destillerie mit dem beeindruckenden Namen Imperial wurde 1897 – dem Jahr des diamantenen Thronjubiläums von Queen Victoria – von Thomas Mackenzie gebaut. Der kiln der Destillerie trug zu Ehren dieses Anlasses nicht einfach nur ein Pagodendach, sondern eine große Krone.

Ihr Gründer und Besitzer Thomas Mackenzie besaß ebenfalls Aktien der beiden Destillerien Dailuaine (der direkten Nachbarin) und Talisker auf der Insel Skye. Kurz nach der Inbetriebnahme integrierte er 1898 Imperial in die von ihm kontrollierte Dailuaine-Talisker Distilleries Ltd. Bereits 1899 – nach dem Pattison-Zusammenbruch – wurde Imperial zwangsweise geschlossen. Pattison – eine der größten Whiskyfirmen Schottlands – riss bei ihrem Konkurs viele Destillerien mit ins Verderben. Die Dailuaine-Talisker Distilleries Ltd. musste deshalb Prioritäten setzen und verzichtete auf den weiteren Betrieb von Imperial.

1919 nahm man bei Imperial die Produktion wieder auf. Wegen neuerlichen finanziellen Problemen musste sie aber schon sechs Jahre später an die DCL zwangsverkauft werden. Ab diesem Zeitpunkt (1925) war sie bis 1955 stillgelegt. Dann wurde sie von ihrem neuen Besitzer (seit

1930 war dies die SMD) renoviert und wieder in Betrieb genommen. Bei dieser Gelegenheit wurde auch die im Lauf der Jahrzehnte total verrostete Krone auf dem *kiln* entfernt.

1965 wurde Imperial ausgebaut und die Zahl ihrer *stills* von zwei auf vier verdoppelt. Die Mälzböden *(malting floors)* wurden gleichzeitig durch eine Saladin-Box, also ein mechanisches Mälzverfahren ersetzt.

Die produktive Zeit dauerte aber leider auch diesmal nicht sehr lange an: Bereits 1985 wurde Imperial wieder stillgelegt. 1989 übernahm Allied Distillers Ltd. die Destillerie. Diese neue Besitzerin nahm die Produktion sofort wieder auf, legte Imperial jedoch nach nur neun Produktionsjahren im Jahr 1998 wieder still. Seither wurde in der Destillerie Imperial nie mehr produziert.

In der Destillerie standen (und stehen immer noch, wenngleich in nicht mehr brauchbarem Zustand) eine alte Porteus-Malzmühle, ein traditioneller Maischbottich aus Edelstahl mit einem Kupferdeckel und sechs Gärbottiche aus Stahl und sechs aus Douglas-Fichte. Die vier zwiebelförmigen *stills* sind sehr groß, die beiden *wash stills* haben am unteren Ende des Halses Einbuchtungen, die *spirit stills* keine. Die Rohrkondensatoren stehen im gleichen Raum.

2005 wurde Imperial zusammen mit der ganzen Allied Domecq-Gruppe von Pernod Ricard übernommen. Der französische Konzern beschloss, sich von der stillgelegten

Unten • Die vier *stills* stehen im sonst verlassenen *stillhouse.*

Der Name bedeutet	Der machtvolle, kaiserliche
Aussprache	Em-piri-el
Whiskyregion	Speyside
Adresse	Imperial Distillery Carron by Aberlour, Banffshire AB43 9QP Scotland
Kontakt	Kein Web und Telefon
Club	Kein Club
Gründung	1897
Status	Stillgelegt 1998
Besitzer	Letzter war Diageo plc; jetzt im Besitz von Chivas Brothers Ltd. (Pernod Ricard SA)
Stills	Früher 4 (2 *wash*; 2 *spirit*)
Kapazität pro Jahr	Früher 1 750 000 Liter
Besucher	Nein, stillgelegt
Rating	★★★★☆☆☆ (nur Whisky)
Hausstil	Süßlich, Honig, Vanille, würzig, wenig Torf, aromatisch

Destillerie zu trennen und erteilte einer Maklerfirma den Auftrag, Imperial zu verkaufen. Dies ist aber in einem ersten Anlauf noch nicht gelungen.

Imperial bezog am Ende seiner produktiven Phase das Malz von externen Mälzereien.

In der Destillerie standen (oder stehen immer noch): eine alte Porteus-Malzmühle, ein Maischbottich aus Edelstahl und sechs Gärbottiche aus Lärchenholz. Die vier zwiebelförmigen *stills* sind groß. Die beiden *wash stills* haben am unteren Ende des Halses Einbuchtungen, die *spirit stills* keine. Die Rohrkondensatoren stehen im gleichen Raum. Für die Kühlung dieser Kondensatoren haben sich die Leute etwas einfallen lassen. Das Wasser für die Kühlung stammt aus einem Bach, der in den hinter der Destillerie liegenden Hügeln entspringt.

Es wird oberhalb von ihr gefasst und hat so genügend Druck, um die Dampfrohre, die von den einzelnen *stills* her kommen, genügend zu umspülen. Weil das Bachwasser durch den Prozess aber zu stark aufgeheizt wird und nicht

mit dieser Temperatur in den River Spey geleitet werden darf, wird der Bach in einen Damm geleitet. In diesen sind abwechselnd von links und rechts Mauern eingebaut, sodass sich das Wasser seinen Weg zickzack durch den Damm suchen muss. So wird sein Weg um etliches verlängert, was ausreicht, dieses so weit abzukühlen, dass es problemlos in den Spey geleitet werden kann.

Der Malt wurde in niedrigen Lagerhäusern mit Naturböden fast ausschließlich in Ex-Bourbon-Fässern gelagert.

Der Imperial spielte eine wichtige Rolle für einen Blend mit dem Namen »Black Bottle«. Er verhalf aber auch dem »Teachers«, dem »Long John« und dem »Old Smuggler« zu gutem Geschmack. Nach der Übernahme durch die Allied Distillers Ltd. übernahm er diese Rolle vor allem im »Ballantine's«.

Als Single Malt in Original- oder Eigentümerabfüllung gibt es den Imperial nur in einer Abfüllung mit 15 Fassjahren in der Reihe der Special Distillery Bottlings der Allied Domecq.

Der Imperial ist aber in Abfüllungen von den Unabhängigen erhältlich.

Im kleinen Weiler Carron direkt am River Spey und ganz in der Nähe des Ortes Aberlour (südlich von Elgin) liegt die Destillerie mit dem etwas geschwollenen Namen Imperial. Man kommt zu ihr, indem man Aberlour auf der A95 Richtung Bridge of Avon–Aviemore, das heißt in westlicher Richtung, verlässt. Beim Weiler Bridge of Derrybeg zweigt das schmale Sträßchen in Richtung Carron–Archiestown ab. Schon bald kommt man an der Destillerie Dailuaine vorbei und folgt der Straße von hier aus noch etwa zwei Kilometer weiter. In der scharfen Rechtskurve im Ort nimmt man das kleine Sträßchen nach links. Es führt direkt zur Destillerie Imperial.

Ganz oben · Auf diesem Bild aus dem Jahr 1905 trägt der *kiln* noch die Krone, die zum diamantenen Thronjubiläum von Queen Victoria angebracht wurde.

Oben links und rechts · Imperial hatte je sechs Gärbottiche aus Edelstahl und aus Holz.

Ganz links · Der Maischbottich mit seinem Kupferdeckel und dem *underback* (links im Bild).

Links · Denkwürdige Dokumente der Zeitgeschichte: Die Anweisungen zum Herunterfahren, respektive zur Stilllegung der Destillerie. Alle Fotos aus dem Inneren von Imperial © Richard Black.

Unten: Die geschlossene Destillerie mit ihrer immer noch gepflegten Umgebung.

Inchgower

(Vereinigung zur Bekämpfung des Alkohols) war und sie ihren Mann zwang, die Destillerie zu schließen oder auf irgendeine Weise ihre Schließung herbeizuführen.

Gemäß Erzählungen von Leuten, mit denen ich mich in einem Pub in Buckie unterhalten habe und auch laut dem Manager von Inchgower, hängen die beiden Erklärungen unmittelbar zusammen: Die Ausübung des Zwanges vonseiten der Frau führte zur Verdoppelung der Pacht und so zur Schließung der Destillerie.

Alexander Wilson & Co., eine Firma, die dem Neffen des Gründers von Tochineal gehörte, baute in der Nähe von Buckie an einem einige Kilometer von der aggressiven Frau entfernten Ort eine neue Destillerie mit dem Namen »Inchgower«.

Die Anlagen von Tochineal wurden in die neue Destillerie eingebracht, und sie nahm die Produktion 1871 auf. Ab diesem Zeitpunkt weiß man lange Jahre von dieser attraktiven Destillerie sehr wenig. 1903 machte sie jedoch negative Schlagzeilen: Sie wurde geschlossen. Ihre Besitzerin, Alexander Wilson & Co., musste Konkurs anmelden.

30 Jahre später, 1933, schritt die Stadtverwaltung von Buckie ein und wollte die Destillerie unbedingt wieder in Betrieb nehmen und so in der Region dringend benötigte Arbeitsplätze schaffen. Die Stadt kaufte die Destillerie samt Angestelltenhäusern für die unglaublich niedrige Summe von £ 1500. Die Produktion wurde sofort wieder aufgenommen.

Nachdem sich Inchgower schnell und gut entwickelte, suchte die Stadtverwaltung nach einem Käufer und fand diesen 1936 in der Firma Arthur Bell & Sons Ltd. Ab diesem Zeitpunkt betrieb diese Firma während der folgenden Jahrzehnte die Destillerie – nur durch die Jahre des Zweiten Weltkriegs unterbrochen. 1966 baute sie die Destillerie Inchgower weiter aus und unterzog sie gleichzeitig einer Totalrenovierung. Die Zahl der *stills* wurde von zwei auf vier verdoppelt. Die Lizenz der Destillerie läuft auch heute immer noch auf Arthur Bell & Sons Ltd., obwohl diese Firma und mit ihr Inchgower 1985 an Guinness verkauft und nur wenige Jahre später durch Fusion in den Besitz der DCL/UDV ging.

Die Destillerie konnte dank dem Umstand, dass sie erst spät zur DCL/UDV kam, ihr schönes und altes Aussehen be-

Die Destillerie Inchgower

In der Nähe von Cullen, einem kleinen Fischerdörfchen an der Küste der Speyside nicht weit von Banff, stand in der Mitte des 19. Jahrhunderts eine Destillerie mit dem Namen »Tochineal«. Ihr Gründer war 1824 John Wilson. Er musste diese Destillerie jedoch 1868 wegen Wassermangel aufge-

ben. So heißt es zumindest in fast allen Quellen. Daneben gibt es aber noch andere Erklärungen.

Eine davon ist, dass der Landlord, dem der Grund gehörte, die Pacht derart stark erhöhte (es wird von Verdoppelung berichtet), dass John Wilson nicht mehr in der Lage war, sie zu bezahlen. Eine andere, dass die Frau des Landlords ein sehr aktives Mitglied der Scotland Temperance Society

Oben • Die beiden *kilns* von Inchgower werden seit Mitte der 1960er-Jahre nicht mehr genutzt.

Unten • Die Destillerie mit ihren zwei *kilns* liegt in der Nähe der Nordseeküste.

Der Name bedeutet	Ziegeninsel
Aussprache	Insch-gauer
Whiskyregion	Speyside
Adresse	Inchgower Distillery Buckie, Banffshire AB56 5AB Scotland
Kontakt	Keine eigene Homepage Besitzer www.diageo.de Telefon +44 (0)1542 83 11 61
Club	Kein Club
Gründung	1824/1871
Status	In Betrieb
Besitzer	Diageo plc
Stills	4 (2 *wash*; 2 *spirit*)
Kapazität pro Jahr	2 800 000 Liter
Besucher	Kein Besucherzentrum ★★★★★ Besuche sind aber nach Voranmeldung möglich. (Nicht zu knapp vor dem geplanten Besuch anrufen.)
Rating	★★★(★)★★★
Hausstil	Süßlich, malzig, etwas Holz (Eiche), würzig, im Abgang etwas salzig

Fährt man auf der A98 von Elgin in Richtung Banff, kommt man ungefähr auf halber Strecke an der unmittelbar auf der linken Straßenseite liegenden Destillerie Inchgower vorbei. Die Zufahrt zu ihr geht direkt von der A98 ab.

halten. Sie ist eine der wenigen im Besitz von UDV/Diageo befindlichen Destillerien, die nicht von der Einheitsarchitektur dieses Konzerns heimgesucht wurde.

Will man dieser architektonisch schönen Destillerie einen Besuch abstatten, lohnt es sich, ausreichend lange vorher einen Termin zu vereinbaren, denn die Destillerie hat keine Besuchereinrichtungen.

Folgendes ist zu sehen: Die beiden markanten *kilns* haben heute keine Bedeutung mehr. Wann sie und die eigene Mälzerei außer Betrieb genommen wurden, ist nicht ganz sicher, spätestens war dies jedoch im Jahr 1966.

Inchgower besitzt eine alte Porteus-Malzmühle, wie sie in fast allen Destillerien Schottlands anzutreffen ist. Der Maischbottich *(semi lauter mash tun)* ist aus Edelstahl. Im gepflegten und sehr schönen Gärhaus stehen sechs *wash backs* (Gärbottiche) aus Douglas-Fichte. Die vier *stills* (je zwei *wash* und *spirit*) sind zwiebelförmig. Sie haben keine Ein- oder Ausbuchtungen. Im *stillhouse* steht neben den zu den *stills* gehörenden Rohrkondensatoren und dem *spirit and sample safe* auch der *spirit receiver*, ein schöner Bottich. Er ist ebenfalls aus Douglas-Fichte.

In der Fassabfüllerei wird der *new make* in Ex-Bourbon-Fässer abgefüllt und in den niedrigen Lagerhäusern mit Naturböden gelagert und gereift.

Die Nähe zum Meer gibt dem in der Inchgower-Destillerie hergestellten Malt einen angenehmen, für einen Speyside-Whisky jedoch etwas salzigen Geschmack. Deshalb ist er bei

Spey Bay • Einmündung des River Spey in die Nordsee; Moray Firth Wildlife Centre; Delta-Landschaft.

Baxters in Fochabers • Die weltbekannte schottische Nahrungs- und Genussmittelfirma unterhält ein schönes und interessantes *Visitor Centre* mit einigen Fabrikläden, Restaurant und Café in Fochabers, direkt an der A96 Inverness–Aberdeen, nicht weit von der Destillerie entfernt.

den Blendern sehr beliebt und neben dem Malt von Blair Athol immer noch ein Hauptbestandteil der Bell's Blends. Auch im Johnnie Walker und den White Horse-Blends spielt er eine wichtige Rolle.

Er wurde bis jetzt erst dreimal als Original- oder Eigentümerabfüllung angeboten: Das erste Mal in einer heute sehr schwer zu findenden Abfüllung des ehemaligen Besitzers Arthur Bell & Sons Ltd. aus den 1980er-Jahren (mit 12 Fassjahren abgefüllt). Dieser folgten je eine Abfüllung in den UDV-Reihen Fauna & Flora (mit 14 Jahren) und Rare Malts (1997 ein 1974er mit 22 und 2004 ein 1976er mit 27 Fassjahren). Im Jahr 2009 kam auch aus dieser Destillerie von Diageo in der Reihe der »Manager's Choice« ein 1993er auf den Markt.

Von den verschiedensten Unabhängigen wird er oft und gerne abgefüllt.

Unten • Eine Rarität: ein Fass Inchgower aus dem Jahre 1967, also aus der Zeit von Arthur Bell & Sons.

Ganz unten • Die vier *stills* stehen in einem sehr engen Brennhaus dicht beisammen.

Inverleven †

Direkt am River Leven in der Stadt Dumbarton (nordwestlich von und nahe an Glasgow) lag der riesige Destilleriekomplex mit dem Namen der Stadt, in dem sich die kleine Malt-Destillerie Inverleven befand. Von ihm sieht man heute nichts mehr, denn alle Gebäude wurden abgerissen. Sie standen früher am Ende der Glasgow Road direkt am Fluss.

Die Destillerie Inverleven

Die Malt-Destillerie Inverleven wurde 1938 in einem riesigen Grain-Whisky-Komplex in Dumbarton errichtet. Dieser war Ende der 1940er-Jahre der größte in Europa. Auf dem Areal befand sich auch ein großer Flaschenabfüllbetrieb.

Gründerin der Malt-Destillerie Inverleven war die schottische Tochtergesellschaft der kanadischen Firma Hiram Walker & Sons. Die Idee hinter dem Bau dieser Destillerie war, auf dem Gelände auch die notwendigen Malt-Whiskys für ihren Ballantine's Blend herzustellen.

Alistair Cunningham, ein junger Chemiker, erhielt den Auftrag, eine Möglichkeit zu finden, in der Destillerie mehrere verschiedene Malt-Whisky-Arten produzieren zu können.

Er erfand 1955/1956 zusammen mit Arthur Warren, einem Konstrukteur von Hiram Walker, eine neue Art *still*, deren Form zylindrisch und nicht wie üblich bauchig oder zwiebelförmig ist. In den obersten Teil des Zylinders dieser *still* bauten sie bewegliche Kupferplatten ein. Mit ihnen konnte der Destillierprozess beeinflusst und dank ihnen Whiskys mit verschiedenen Charakteren und verschiedenem Geschmack produziert werden.

Inverleven arbeitete ab dem Zeitpunkt dieser Erfindung (1959) mit drei *stills*. Zwei davon waren konventionelle *pot stills*. Sowohl die *wash* als auch die *spirit still* waren zwiebelförmig ohne jegliche Ein- oder Ausbuchtungen. Die dritte war eine auf Basis der Erfindung von Cunningham und Warren gebaute sogenannte *Lomond still*.

Oben • Das Eingangstor zum Dumbarton-Komplex, in dem auch die Malt-Destillerie Inverleven stand, existiert wie die Destillerien nicht mehr. Sämtliche Gebäude wurden abgerissen. Foto © RCAHMS

Unten links • Bei Inverleven standen neben der *Lomond* auch noch zwei normale *pot stills*, je eine *wash* und *spirit*. Foto © RCAHMS

Unten • Durch den *spirit and sample safe* flossen die *low wines* und der *new make* dieser beiden *stills*. Foto © RCAHMS

Glasgow • hat sich in den letzten Jahren vom hässlichen Entchen zu einer sehens- und besuchenswerten Stadt entwickelt.

Loch Lomond • der größte und wohl schönste See Schottlands.

Sie verhalf der Destillerie Inverleven zu ihrer Bekanntheit: die *Lomond still*. Hier der *still*-Kopf der über zwei Etagen eingebauten speziellen Brennblase.

Der Name bedeutet	Mündung des River Leven
Aussprache	Inwer-lewen
Whiskyregion	Lowland
Adresse	Inverleven Distillery Dumbarton, Dumbartonshire G82 1ND Scotland
Kontakt	Kein Web und Telefon
Club	Kein Club
Gründung	1938
Status	Stillgelegt, 1991; abgerissen, 1992
Besitzer	Letzter war Allied Distillers Ltd. Die Marken sind im Besitz von Chivas Brothers Ltd. (Pernod Ricard SA).
Stills	Früher 3 (1 *wash*; 1 *spirit*; 1 *Lomond*)
Kapazität pro Jahr	Unbekannt
Besucher	Nein, existiert nicht mehr
Rating	★★★☆☆☆☆ (nur Whisky)
Hausstil	Leicht, cremig, nussig, Zitronengras, würzig, süßlich

Diese *still*-Art wurde in dieser Destillerie das erste Mal eingesetzt. Mit diesen drei *stills* stellte die Destillerie jedoch nur zwei Hauptarten von Malt-Whiskys her, denn die *Lomond still* erfüllte die in sie gesetzten Erwartungen nicht. Die *wash still* lieferte dabei für beide Arten die *low wines*. Ein Teil von diesen ging anschließend in die normale *spirit still*. Der so hergestellte Malt hieß »Inverleven«. Der andere Teil wurde in der neuen *Lomond still* ein zweites Mal gebrannt. Dieser Whisky erhielt den Namen »Lomond«.

Die Destillerie war wegen dieser beiden Whiskyarten nicht nur unter dem Namen Inverleven, sondern auch als Lomond Distillery bekannt (nicht zu verwechseln mit Loch Lomond).

Die *wort* (Würze) wurde in einem traditionellen Maischbottich aus Edelstahl ohne Deckel gemaischt. Aus dem gleichen Material waren auch die vier Gärbottiche (inklusive Deckel).

1987 wurde Hiram Walker & Sons von Allied Distillers Ltd. übernommen. Diese neue Besitzerin schloss 1991 die Destillerie Inverleven. Die Gebäude der Malt-Destillerie wurden abgerissen, die riesige Grain-Destillerie Dumbarton aber weiter betrieben.

Einige Anlagen von Inverleven — unter anderem auch die drei *stills* — wurden von der Firma Murray McDavid (Bruichladdich) aufgekauft und auf die Insel Islay gebracht.

Dort sollten sie in der neu geplanten Destillerie Port Charlotte im gleichnamigen Ort am Loch Indaal wieder eingesetzt werden. Weil dieses Projekt jedoch auf Eis gelegt wurde, kam bis jetzt nur die *Lomond still* — zwar nicht am geplanten Ort, sondern im *stillhouse* von Bruichladdich — wieder zum Einsatz. In ihr wird dort seit 2010 Gin produziert.

Die Grain-Whisky-Produktion wurde in der Dumbarton Distillery im Jahr 2002 ebenfalls aufgegeben und in die Destillerie Strathclyde nach Glasgow verlegt.

Allied räumte die imposanten Gebäude der Grain-Destillerie in Dumbarton aus, benutzte aber einen Teil der Lager-

häuser noch bis ins Jahr 2004 weiter. Die riesigen Destilleriegebäude in Dumbarton wurden im Jahr 2005 komplett abgerissen.

Als im Jahr 2005 Pernod Ricard SA — in Schottland vertreten durch ihre Tochterfirma Chivas Brothers Ltd. — die Destillerien von Allied Domecq übernahm, wurden die Markenrechte an diesen beiden Whiskys (»Inverleven« und »Lomond«) mit übertragen.

Chivas fand in irgendeinem Lagerhaus noch kleine Bestände des »Inverleven«, und so geschah etwas, was niemand mehr erwartete: Es gab das erste Mal eine Original- oder Eigentümer-Abfüllung eines »Inverleven«. Im Jahr 2010 brachte Chivas Brothers Ltd. in der Reihe »Deoch an Doras« einen 1973er Inverleven mit 36 Fassjahren in limitierter Abfüllung auf den Markt. Es handelt sich bei dieser Abfüllung um die bis jetzt einzige Originalabfüllung eines »Inverleven« überhaupt.

Es gab ihn bis zu diesem Moment nur in Abfüllungen von ein paar Unabhängigen. Doch sowohl der »Inverleven« als auch der »Lomond« sind als Single Malts nicht oft abgefüllt worden. Vom »Lomond« existieren sogar nur zwei bekannte Abfüllungen. Beides waren Originalabfüllungen der Destillerie für die Scotch Malt Whisky Society.

Die beiden Malt-Whisky-Arten von Inverleven waren wichtige Bestandteile der Ballantines Blends.

311

Jura, Isle of

Zur Isle of Jura kommt man entweder mit einer Fähre von Oban (an der Westküste des Festlands) oder von Kennacraig auf der Halbinsel Kintyre. Bei beiden Varianten führt die Reise über die Insel Islay. Es gibt aber auch die Möglichkeit, mit einem privaten Schiff von der Halbinsel Kintyre aus direkt nach Craighouse zu fahren.

Kommt man im Hafen von Port Askaig auf Islay mit einer der beiden Fähren an, hat man etwa die Hälfte des Sound of Islay – er trennt diese Insel von der Isle of Jura – passiert. Port Askaig liegt ziemlich genau an der schmalsten Stelle dieses Sounds.

Direkt neben dem Anlegeplatz der großen Fähren in Port Askaig liegt derjenige der wirklich kleinen Autofähre, die Islay mit Jura verbindet. Sie braucht für die knapp einen Kilometer lange Überfahrt ungefähr 5 Minuten.

Auf Jura gibt es dann nur eine einzige Straße (A846), die vom Fährenanleger Feolin aus an der Ostküste der Insel entlang führt. Sie führt über Craighouse (dem Ort, in dem die Destillerie steht) weiter bis ins Niemandsland bei Lussagiven/Ardlussa. In Craighouse führt sie direkt zwischen dem Hotel und der Destillerie durch.

Links • Willie Cochrane, Distillery Manager, gespiegelt im *spirit and sample safe*.

Der Name bedeutet	Rotwild-Insel
Aussprache	Tschura, Eil of
Whiskyregion	Highland
Adresse	Isle of Jura Distillery Craighouse, Isle of Jura, Argyll PA60 7XT Scotland
Kontakt	www.isleofjura.com Telefon +44 (0)1496 82 03 85
Club	The Diurachs Mitgliedschaft gratis; Anmeldung über die Website der Destillerie
Gründung	1810
Status	In Betrieb
Besitzer	Whyte & Mackay Ltd. (United Spirits Ltd., UB Group, Indien)
Stills	4 (2 *wash*; 2 *spirit*)
Kapazität pro Jahr	2 250 000 Liter (wird nicht voll genutzt)

Besucher	Ja ★★★☆☆ Besucherzentrum mit Shop ❤❤♡ Aber: Für eine Besichtigung ist eine Voranmeldung empfehlenswert.
Rating	★★★★☆☆
Hausstil	Ungetorft: Weich, leicht ölig und nussig, Spur Rauch, im Abgang leicht salzig, delikat
	Getorft: Gewürze, Zimt, rauchig, salzig, lang

Die Destillerie Isle of Jura

Der Name Jura bedeutet »Rotwild« und wird damit dem Großteil der auf dieser Insel lebenden Wesen gerecht: Auf Jura (sprich Tschura) leben knapp 200 Menschen, aber 3000–4000 Stück Rotwild.

Die Isle of Jura war bereits seit der Zeit um 1600 ein Zentrum der Schwarzbrennerei und blieb dies noch bis ins 19. und 20. Jahrhundert. Die einzige auf dieser Insel bekannt gewordene Destillerie war diejenige mit dem Namen »Small Isles Distillery«, die 1810 von Archibald Campbell gegründet wurde.

Für sie wurde 1831 von William Abercombie eine Lizenz auf den Namen »Isle of Jura Distillery« gelöst. Ihr Whisky war zu jener Zeit torfig und rauchig, also ganz anders als heute. Von wann bis wann sie ab diesem Jahr unter welchen Besitzern produzierte, ist etwas unklar.

Bekannt ist erst wieder, dass ihre Lizenz im Jahr 1875 von James Ferguson und seinen Söhnen übernommen und die Destillerie gepachtet wurde. Isle of Jura wurde von dieser Familie damals renoviert und für einige Jahre betrieben. Ungefähr um das Jahr 1900 haben die Fergusons dann aber die Anlagen nach einem Krach mit dem Besitzer des Grundstücks abgebaut.

1920 entfernte der Besitzer des Grundstücks, Colin Campbell, die Dächer von den Gebäuden der stillgelegten Destillerie, um Steuern zu sparen. (In Schottland muss man nur für Häuser mit Dächern Steuern bezahlen.) Ab diesem Zeitpunkt bis zum Wiederaufbau ab dem Jahr 1960 weiß man nur, dass auf der Insel Whisky hergestellt wurde, die Destillerie aber stillgelegt war.

Als Retter der Destillerie stieg im Jahr 1960 Charles Mackinlay von Mackinlay McPearson Ltd. ein. Diese Firma war

Teil der Scottish & Newcastle Breweries. Sie half der Isle of Jura Distillery Co. Ltd. finanziell und ermöglichte den Wiederaufbau der Destillerie während der Jahre 1960 bis 1963. 1963 konnte die Produktion wieder aufgenommen werden. Die Isle of Jura Distillery erlebte bald einen Aufschwung. Die Kapazität der Destillerie wurde 1978 im Zuge einer Renovierung mit gleichzeitigem Ausbau von zwei auf vier *stills* verdoppelt.

1985 kaufte Invergordon Distilleries Ltd. die Destillerie Isle of Jura. Invergordon wiederum wurde 1994 von White & Mackay Ltd. gekauft, die ihrerseits Teil von Jim Beam Brands (JBB) war.

White & Mackay Ltd. wurde 2001 durch einen Management-Buy-out von der Kyndal Group übernommen. 2003 nahm die Firma Kyndal wieder den Namen ihrer bekannten Vorgängerin White & Mackay Ltd. an.

Im Mai 2007 wurde White & Mackay Ltd. mit allen Destillerien und Marken zu 100 Prozent vom indischen Getränke-Multi United Spirits Ltd. übernommen. White & Mackay Ltd. leitet aber weiterhin von Schottland aus die in diesem Land stehenden Destillerien.

Einen Besuch bei der Destillerie Isle of Jura sollte man — trotz dem seit 2011 neuen, vergrößerten und mit viel Liebe eingerichteten *Visitor Centre* — vorher vereinbaren. Es gibt auf der Isle of Jura für Nicht-Natur-Fans oder Nicht-Jäger nicht besonders viel zu sehen und es wäre schade, die Reise nach Craighouse inklusive Fähre zu absolvieren und dann vor verschlossener Türe zu stehen. Wenn nicht viel läuft, kann es nämlich schon einmal vorkommen, dass die Mitarbeiterinnen nach Hause gehen.

Isle of Jura • Wander- und Jagdparadies.

Islay • Destillerien und andere Sehenswürdigkeiten.

Oben • Das Foto mit den Palmen darf nicht fehlen. Die Isle of Jura Distillery steht aber nicht etwa in der Karibik!

Oben rechts • Die vier *stills* sind wirklich groß.

Rechts • Eine Malzlieferung wird kontrolliert.

Die Destillerie selbst hat gegenüber den Destillerien auf Islay nichts Besonderes zu bieten. Die Führung durch die Produktion des wirklich guten Malt (sei es der rauchige oder der nichtrauchige) beginnt bei der alten Malzmühle. Im Maischhaus steht der *semi lauter mash tun*. Er ist komplett aus Edelstahl, und sein Deckel glänzt wie frisch poliert. Die Jura-Destillerie schwört auf Gärbottiche aus Edelstahl. Die sechs *wash backs* sind ebenfalls aus diesem Material.

Im *stillhouse* stehen vier überraschend große *stills* (je zwei *wash* und *spirit*). Sie haben am Halsansatz ziemlich starke Einbuchtungen. Willie Cochrane (Distillery Manager) gibt dazu die Erklärung, dass so der Alkoholdampf den Weg nicht sofort nach oben in den Hals findet und sich mehr anreichert. Die Dampfrohre der *stills* führen ins Freie zu den Rohrkondensatoren.

Gelagert wird der Malt von Jura zu über 90 Prozent in Ex-Bourbon-Fässern. Es kommen aber auch Ex-Sherry-Fässer zur Anwendung. Dies sowohl für die ungetorfte als auch die getorfte Version. In der Destillerie wird seit dem Jahr 2002 ungefähr ein Monat lang pro Jahr auch getorfter Whisky destilliert.

Zum Abschluss der Führung gibt es noch den einen oder anderen Dram. Falls es der eine oder andere zuviel werden sollte: Das Hotel liegt direkt auf der anderen Straßenseite.

Der Whisky von Isle of Jura — er ähnelt eher einem Highland-Malt als einem von der Nachbarinsel Islay — wird als Single Malt in verschiedenen Alterungsstufen (bis 40 Jahre) in Original- oder Eigentümerabfüllung angeboten. Die Standardreihe umfasst den 10-Jährigen »Origin«, einen 16-Jährigen mit dem Namen »Diurach's Own«, den

»Superstition« (er enthält einen Anteil torfige Malts von Jura) und den torfigen »Prophecy«. In den letzten Jahren gab es in der Reihe »Boutique Barrels« einige Abfüllungen, darunter auch solche mit Fass-*finishings*.

2010 — dem Jahr des 200-jährigen Bestehens der Destillerie — kam eine spezielle Abfüllung, ein 21-Jähriger aus einem speziellen Sherryfass, in dem sehr lange Sherry gelagert wurde, auf den Markt. Daneben gibt es auch jedes Jahr zu Ehren des Islay-Festivals eine Sonderabfüllung.

Vom Isle of Jura gibt es auch viele Abfüllungen von den Unabhängigen.

Kilchoman

Die Destillerie Kilchoman

Der Gründer der Destillerie, Anthony Wills – er arbeitete damals noch als Wein- und Whiskyhändler – träumte viele Jahre lang davon, eine eigene kleine Destillerie nach Muster der Islay-Farmdestillerien des 19. Jahrhunderts zu besitzen.

Mit der Realisation seines Traumes begann er im Laufe des Jahres 2001. Zusammen mit seinem Freund und Farmbesitzer Mark French setzte er seine Idee in die Wirklichkeit um.

Die beiden bauten einen Teil der Rockside Farm von Mark French, die sie um ein paar zusätzliche Gebäude ergänzten, zu einer Destillerie um. Das Ganze dauerte aber

Kilchoman · Kirche und Kreuz; die Kirche (nur noch eine Ruine und einsturzgefährdet) stammt aus dem Anfang des 19. Jahrhunderts, als sie auf dem Grund einer bedeutend älteren Kirche – diese stammte aus dem 16. Jahrhundert – gebaut wurde. Interessant ist der Friedhof mit einem großen keltischen Kreuz aus dem 16. Jahrhundert und interessanten Grabsteinen.

Loch Gruinart und Gruinart Bay · Naturschutzgebiete; viele Vogelarten, Seehunde usw.

Während vier Jahren wurde ein Teil der Gebäude der Rockside-Farm umgebaut und eine Destillerie eingerichtet.

seine Zeit: Anthony Wills musste, weil die Destillerie viel teurer wurde als geplant, Geldgeber suchen und sich mit den Behörden für die Bewilligung herumschlagen.

Doch im Mai 2005 konnte Anthony Wills während dem Islay Whisky Festival mit großem Stolz und viel Genugtuung einer großen Zahl von Interessierten seine kleine Destillerie, die zwar noch im Bau war, aber immerhin schon zwei *stills* besaß, vorstellen. Das nette Besucherzentrum war damals bereits in Betrieb und konnte die vielen Besucher aufnehmen.

Am 9. November des gleichen Jahres – einem für Islay und seine Whiskys denkwürdigen Tag – floss der erste mehr oder weniger brauchbare *new spirit* aus den *stills*. Das erste Fass mit dem *Baby Whisky* von Kilchoman konnte dann am 14. Dezember 2005 befüllt werden.

Bis zu diesem Tag mussten er und seine Partner viele Probleme lösen und viel Ärger mit den Bewilligungsbehörden und mit nicht richtig funktionierenden Anlagen schlucken.

Viele Jahre lang hat Anthony Wills Etliches an Spott und Häme – auch von den Besitzern der großen Destillerien auf Islay – ertragen müssen. Dann konnte er aber, aller Unbill zum Trotz, mit der ersten Destillation in seiner im äußersten Westen der Insel liegenden Brennerei beginnen. Malcolm Rennie, sein erster Destillerie-Manager, stand ihm dabei nicht nur mit Rat und Tat, sondern auch mit viel Motivation zur Seite.

Kaum in Betrieb, wurde die Destillerie Kilchoman im Frühjahr 2006 von einem Feuer heimgesucht: Der *kiln* und ein Teil der Mälzböden brannte aus. Sie wurden in den folgenden Monaten wieder aufgebaut.

Kilchoman ist eine echte Farmdestillerie von der Art, wie sie vor über 100 Jahren auf Islay noch existierten. Sie steht nicht wie alle anderen Destillerien dieser Insel am Meer, sondern in einem hügeligen Gebiet inmitten von Feldern. Die Gerste stammt seit ein paar Jahren auch von der eigenen Farm und wird auf den eigenen Mälz- und Trockenböden gemälzt.

In der neuen Malzmühle wird das Malz zu *grist* gemahlen. Der *(semi lauter)* Maischbottich (Edelstahl mit Kupferdeckel) steht im gleichen Gebäude wie die *stills*. Im direkt daran anschließenden Gärhaus stehen die vier *wash backs* aus Edelstahl.

Die beiden *stills* – sie kommen von Forsyths in Rothes – werden entgegen den ursprünglichen Plänen nicht direkt beheizt (Personalkosten). Sie sind zwiebelförmig und haben weder Ein- noch Ausbuchtungen. Die Rohrkondensatoren stehen ebenfalls im *stillhouse*.

Anthony hat geplant, dass seine Destillerie im ersten Jahr ihres Bestehens 35 000 Liter Alkohol brennen sollte. Diese Produktionsmenge konnte jedoch – wegen des späten ersten Destillationstags – bei Weitem nicht erreicht werden. Es wurden nur ein paar wenige Fässer befüllt.

Die Leistung der Destillerie wurde jedoch seither jedes Jahr erhöht, und seit 2009 arbeitet man mit voller Kapazitätsnutzung.

Dies gab Probleme bei der Lagerkapazität. Die nahegelegene Destillerie Bruichladdich sprang ein und half mit Lagerplatz aus. 2010/2011 wurde von Kilchoman im verkehrsgünstiger gelegenen Port Charlotte ein weiteres Lagerhaus gebaut.

Der Whisky von Kilchoman wird seit dem 9.9.2009 – dem ersten Verkaufstag eines dreijährigen Single Malt mit dem Namen »Inaugural Release« – mit einem alle paar Monate neu erscheinenden »Release« und einer seither schon beinahe nicht mehr überblickbaren Menge an Single Cask-Abfüllungen zu den verschiedensten Gelegenheiten (meistens Whiskymessen) auf den Markt gebracht. Am 16. Juni 2011 kam ein zweiter »Inaugural Release« mit dem Zusatz »100 % Islay« heraus. Bei ihm handelt es sich um die erste aus 100 % Islay-Rohprodukten hergestellte Version. Gleichzeitig wurde auch das erste Mal ein 4- und 5-Jähriger abgefüllt. Der Einsatz und das Durchhalten hat

Kilchoman war für ein paar Jahrhunderte nur als Name einer Kirche bekannt und – zumindest auf Islay und bei Archäologen – auch berühmt. Im Jahr 2005 wurde dann in Sichtweite der Kirche eine Destillerie mit dem gleichen Namen auf einer Farm in Betrieb genommen.

Um zu ihr zu gelangen, muss man auf der Insel Islay entweder aus Richtung Port Ellen oder Port Askaig (beides Fährhäfen) auf der A846 nach Bridgend fahren. Dort nimmt man die A847 Richtung Westen. Sie führt immer am Loch Indaal, einem Arm des Atlantik, entlang. Schon nach wenigen Kilometern geht nach rechts die nach Kilchoman führende B8010 weg (die vierstellige Straßennummer steht für eine einspurige Straße). Der Weg zur Destillerie auf der Rockside-Farm ist beschildert.

Unten • Die beiden *pot stills* von Kilchoman gehören zu den kleinsten in Schottland.

Ganz unten links • Der Maischbottich und die *stills* stehen im gleichen Raum.

Ganz unten rechts • Bis jetzt nur bei Kilchoman gesehen: Der Packraum wird zum Mälzboden und umgekehrt.

sich also gelohnt. Hoffen wir für Anthony und seine Crew, dass es so weitergeht.

Im Jahr 2010 ersetzte der charismatische Manager John McLelland (er wechselte nach 21 Jahren Tätigkeit bei Bunnahabhain zu Kilchoman) den seit dem Start der Destillerie für die Produktion und den Whisky verantwortlichen Destilleriechef Malcolm Rennie. Dieser wechselte zur neu gegründeten Annandale Distillery ganz im Süden der Lowlands und hat dort mit dem Wiederaufbau einer sehr speziellen und alten Destillerie eine neue, sicher wieder nicht einfache Aufgabe angetreten.

Im Besucherzentrum (es nimmt einen beträchtlichen Teil des Destilleriegeländes in Anspruch) vermittelt eine kleine Ausstellung eine Übersicht über die – meistens damals noch illegal brennenden – Farm-Destillerien zu Beginn des 19. Jahrhunderts auf dieser Insel.

Neben einem großen Shop gibt es auch ein Café-Restaurant.

Der leicht rauchige Whisky soll in Zukunft in der Destillerie selbst in Flaschen abgefüllt werden. Kilchoman will alle Schritte der Produktion – und dies als einzige Destillerie auf Islay – selbst machen. In ganz Schottland gibt es sonst nur noch eine Destillerie, die von A bis Z alles selbst macht: Springbank in Campbeltown.

Und hier noch eine kleine Geschichte zum Schluss: Anlässlich des Islay Whisky Festivals 2009 versteigerte Anthony Wills eine einzige aus dem ersten produzierten Fass Whisky (Cask N° 1) abgefüllte Flasche Kilchoman. Ein Sammler und gleichzeitig auch Aktionär von Kilchoman ersteigerte sich die Flasche für £ 5400. Der Erlös floss immerhin einem guten Zweck zu.

Der Name bedeutet	Coman's Kirche / Name der nahe gelegenen Kirche
Aussprache	Kil-houmen
Whiskyregion	Islay
Adresse	Kilchoman Distillery Rockside Farm, Bruichladdich, Isle of Islay, Argyllshire PA49 7UT Scotland
Kontakt	www.kilchomandistillery.com Telefon +44 (0)1496 85 00 11
Club	Kein Club
Gründung	2001; in Produktion seit 2005
Status	In Betrieb
Besitzer	Kilchoman Distillery Co. Ltd.
Stills	2 (1 *wash*; 1 *spirit*)
Kapazität pro Jahr	100 000 Liter
Besucher	Ja ★★★☆☆ Besucherzentrum mit Café-Restaurant ❤❤♡
Rating	★★★(★) ☆☆☆
Hausstil	Süsslich, fruchtig, Vanille, Torfrauch

Kinclaith †

Kinclaith belegte nur wenig Platz in diesem großen Komplex. In der Bildmitte neben der Long John-Reklame erkennt man den *kiln*. Foto aus dem Jahr 1967. © RCAHMS

Die Destillerie Kinclaith

Kinclaith wurde 1957 als Malt-Destillerie innerhalb eines großen – seit 1927 bestehenden – Grain-Destillerie-Komplexes mit dem Namen Strathclyde mitten in Glasgow errichtet. Sie nahm die Produktion 1958 auf. Gründerin war die zum amerikanischen Schenley-Konzern gehörende Firma Seager Evans & Co. Ltd. Die Lizenz der mit zwei *pot stills* (je einer *wash* und *spirit*) arbeitenden Destillerie lautete auf den Namen von Long John Distillers Ltd.

Im zur Malt-Destillerie gehörenden *tunhouse* standen ein traditioneller Maischbottich und vier Gärbottiche aus Edelstahl.

Long John Distillers Ltd. war auch der Name, den sich Seager Evans & Co. Ltd. im Jahr 1971 dann selbst gab. Diese Firma wurde 1975 von Whitbread & Co. gekauft. Dieser Besitzerwechsel sollte für Kinclaith nach 18 Jahren Produktionszeit das Aus bedeuten.

Whitbread wollte die Grain-Destillerie vergrößern und brauchte dafür Platz. Kinclaith musste weichen. Die Destillerie wurde abgerissen und ihre Anlagen weiterverkauft. Von Kinclaith ist heute überhaupt nichts mehr zu sehen. Das Gleiche gilt (fast) auch für ihren Malt-Whisky. Er wurde zur Zeit des Bestehens der Destillerie für die Blends von Long John gebraucht und bis heute nie als Single Malt in Original- oder Eigentümerabfüllung auf den Markt gebracht.

Von der Malt-Destillerie Kinclaith – sie lag mitten in Glasgow in einem Grain-Whisky-Produktionskomplex – gibt es heute nichts mehr zu sehen. Dafür von der Grain-Destillerie umso mehr. Diese steht in einem Industriegebiet am linken Ufer des River Clyde ungefähr gegenüber dem Glasgow Green Park.

Von der M8, der Autobahn, die durch die Stadt Glasgow führt, nimmt man an der Ausfahrt 19 die A814 in Richtung Osten, das heißt Central Station, fährt aber nicht zu dieser, sondern bleibt auf der A814. Die A814 heißt schon bald Clyde Street. Wenn diese Straße nicht mehr geradeaus weitergeht, muss man nach rechts in die Crown Street einbiegen und über die Clyde-Brücke fahren. Dann sollte man, kaum auf der anderen Seite des Clyde, in die A74 (Ballater Street) links einbiegen und dieser Straße folgen. Die riesige Destillerie steht unübersehbar schon bald auf der linken Straßenseite.

Es gab den Kinclaith nur von den Unabhängigen in Jahrgangs-(Vintage-)Abfüllungen. Sie gehören heute mit zu den größten Raritäten der schottischen Whiskys.

Der große Konzern Allied Domecq Ltd. übernahm 1989 neben anderen Destillerien und Marken den Grain-Destillerie-Komplex Strathclyde. Allied Domecq wurde dann im Jahr 2005 im Zuge einer weiteren Großakquisition von Pernod Ricard aufgekauft.

Oben • Das alte Firmenschild der Destillerie Kinclaith befindet sich im Treppenhaus der Strathclyde Distillery.

Unten • Die Destillerie Kinclaith befand sich auf dem Gelände der großen Grain-Destillerie Strathclyde in Glasgow.

Der Name bedeutet	Kopf des (River) Clyde
Aussprache	Kingglies
Whiskyregion	Lowland
Adresse	Kinclaith Distillery Glasgow G5 0ND Scotland
Kontakt	Kein Web und Telefon
Club	Kein Club
Gründung	1957
Status	Geschlossen, 1975; abgerissen
Besitzer	Letzter war Allied Domecq Ltd.
Stills	Früher 2 (1 *wash*; 1 *spirit*)
Kapazität pro Jahr	Früher ungefähr 1 000 000 Liter
Besucher	Nein, existiert nicht mehr
Rating	★★★☆☆☆☆ (nur Whisky)
Hausstil	Malz, Melonen, fruchtig, Ingwer, leicht rauchig

Glasgow • hat sich in den letzten Jahren vom hässlichen Entchen zu einer sehens- und besuchenswerten Stadt entwickelt.

Ein Muss bei einem Glasgow-Besuch sind (je nach Vorlieben): George Square und Umgebung; Glasgow Science Center mit Glasgow Tower; Glasgow Cathedral; Kunstmuseen (z. B. Gallery of Modern Art, Burrell Collection, Kelvingrove Art Gallery and Museum usw.); »The Pot Still«, meine Lieblings-Whisky-Bar in Glasgow.

Kininvie

Die Destillerie Kininvie

In unmittelbarer Nähe von drei anderen zu ihrem »Whiskyreich« gehörenden Destillerien errichtete William Grant & Sons Ltd. im Jahr 1990 die Destillerie Kininvie. Dr. Janet Sheed Roberts, die einzige noch lebende Enkelin des Firmengründers William Grant, eröffnete die neue Destillerie persönlich am 18. Juli 1990 im Alter von beinahe 90 Jahren.

Man findet Kininvie inmitten der Lagerhäuser und Nebengebäude der Grant'schen Destillerien beinahe nicht. Der Bereich, in dem sie inmitten der großen, zusammenhängenden Anlagen der drei Destillerien steht, ist auch nur für die Angestellten zugänglich und für Besucher gesperrt.

Die Destillerie Kininvie besteht nur aus einem einzigen Gebäude, dem *stillhouse*. Dieses sieht wie eine moderne Industriehalle aus.

Die *wash* (Flüssigkeit, die durch die Gärung der Maische entsteht und zum Brennen eines Whiskys verwendet wird) kommt aus den Gebäuden der Destillerie Balvenie. Sie wird dort in eigenen Räumen für Kininvie in einem separaten

Maischbottich aus Edelstahl *(full lauter)* und zehn Gärbottichen aus Douglas-Fichte hergestellt. Aus diesen gelangt sie durch Rohrleitungen in die 200 Meter entfernt stehende Destillerie Kininvie. In ihr stehen nur die neun *stills* (drei *wash* und 6 *spirit*). Die *wash stills* sind birnenförmig ohne Ein- oder Ausbuchtungen, die gedrungen wirkenden *spirit stills* haben oberhalb des Brennkessels am Hals eine Ausbuchtung.

Kininvie ist eine hochmoderne Destillerie. Ihre *stills* beziehungsweise die darin ablaufenden Prozesse werden vollständig mit Computern überwacht und gesteuert. Kininvie produziert an sieben Tagen in der Woche rund um die Uhr.

Böse Zungen behaupten, dass diese Brennerei in der Nähe der anderen Malt-Destillerien von William Grant & Sons Ltd. errichtet wurde, um nicht noch einmal einen Reinfall wie seinerzeit mit der Malt-Destillerie Ladyburn zu erleben (Infos siehe unter »Ladyburn«). Die Destillerie Kininvie wurde jedoch in erster Linie gebaut, um für die Blends der Grants so viele Malt-Whiskys wie möglich aus eigener Produktion zur Verfügung zu haben und nicht die

Blick ins *stillhouse* von Kininvie. Auf der (vom Eingang her gesehen) linken Seite stehen sechs *stills* (zwei größere *wash* und vier kleinere *spirit stills*), auf der rechten Seite die drei restlichen, eine *wash* und zwei *spirit stills*.

Kininvie ist die jüngste von neun Destillerien in der »Malt Whisky Capital of the World«, Dufftown. Sie liegt im Norden dieses kleinen Städtchens. Verlässt man es auf der A941 Richtung Craigellachie–Elgin, führt eine enge Straße kurz nach der Destillerie Glenfiddich nach rechts zu Kininvie und Balvenie (Fahrverbot).

Kininvie liegt etwa 800 Meter von den Gebäuden der Destillerie Glenfiddich zwischen Balvenie und der ebenfalls in der Nähe liegenden Destillerie Convalmore.

Das *stillhouse*, das einzige Gebäude der Destillerie Kininvie, steht bei den Lagerhäusern ihrer Nachbar-Destillerien Balvenie und Glenfiddich. Durch die im unteren Bild links des Gebäudes sichtbaren Rohre wird die *wash* zu den *stills* von Kininvie und das Destillat wieder zurück zur Destillerie Balvenie geführt.

im Markt sehr starken Glenfiddich's oder Balvenie's dafür verwenden zu müssen. Der Malt von Kininvie verschwindet deshalb – zumindest bis heute – zu 100 Prozent in den Blends von Grant.

Als Vatted (Blended) Malt (es wird ihm ein Anteil Balvenie zugemischt) wird er unter dem Namen »Aldunie« auch an andere Blendingfirmen verkauft. Durch das Vatten oder Blenden wird vermieden, dass der Kininvie plötzlich in einer von den Grant's nicht kontrollierten Abfüllung der Unabhängigen auf den Markt kommt. Ein solches Fass ist aber trotzdem von einem deutschen Abfüller – sehr zum Unwillen der Grant-Leute – abgefüllt worden, es ist aber kein echter (reiner) Kininvie.

Den Kininvie als standard- oder regelmäßige Single Malt-Abfüllung gibt es trotz mehrmaliger Ankündigung bis heute nicht. Bei William Grant & Sons Ltd. existieren jedoch Gerüchte, dass der Kininvie (ein wirklich guter Malt) doch auch noch als Single Malt auf den Markt kommen wird. Dies aber erst dann, wenn er in einer kompletten Palette, das heißt in verschiedenen Alterungsstufen, angeboten werden kann.

Er erschien bis jetzt nur in zwei extrem limitierten Abfüllungen. Das erste Mal unter dem Namen »Hazelwood 105« im Jahr 2006 als 15-Jähriger zur Feier des 105. Geburtstages von Dr. Janet Sheed Roberts. Sie hatte 1990 die Destillerie eröffnet. Die zweite Abfüllung wurde im Jahr 2008 als »Hazelwood Reserve« mit 17 Fassjahren exklusiv im Shop des World of Whisky Store bei der Eröffnung des neuen Terminals 5 des Londoner Heathrow Airport verkauft. Der Name Hazelwood wurde vom Anwesen, in dem die alte Lady lebt, übernommen. Es steht ein paar hundert Meter nördlich der Destillerien von William Grant & Sons Ltd. Zum 110. Geburtstag von Dr. Janet Sheed Roberts am 23. August 2011 erschien keine neue Abfüllung des Kininvie. Dieser Geburtstag der ältesten noch lebenden Schottin und Enkelin des Glenfiddich-Gründers William Grant wurde mit einer Abfüllung eines 55-jährigen Glenfiddich gefeiert. Im Fass war gerade noch genug Whisky, um 15 (sehr teure) Flaschen abfüllen zu können.

Mit Whiskys aus der Destillerie gibt es seit 2005 einen Blended Malt (früher Pure oder Vatted Malt genannt) mit dem Namen »Monkey Shoulder«. Dieser enthält neben einem Anteil an Kininvie auch Malts von Balvenie und Glenfiddich.

Der Name bedeutet	Rand des Markt- oder Festplatzes
Aussprache	Kinin-wiu
Whiskyregion	Speyside
Adresse	Kininvie Distillery Dufftown, Keith, Banffshire AB55 4BB Scotland
Kontakt	Keine eigene Homepage Besitzer www.williamgrant.com Telefon +44 (0)1340 82 03 73 (Glenfiddich)
Club	Kein Club
Gründung	1990
Status	In Betrieb
Besitzer	William Grant & Sons Ltd.
Stills	9 (3 *wash*; 6 *spirit*)
Kapazität pro Jahr	4 750 000 Liter

Besucher	Nein ★☆☆☆☆ Oder extrem schwierig zu vereinbaren; auf jeden Fall lange vor dem gewünschten Termin anrufen.
Rating	★★★★☆☆
Hausstil	Sherry, Nüsse, malzig, süßlich, fruchtig, leicht rauchig
	Der Kininvie wurde bis jetzt nur als »Hazelwood« abgefüllt.

Dufftown, »Malt Whisky Capital of the World« · nicht nur wegen ihrer neun Destillerien unbedingt einen Besuch wert (sechs davon sind noch in Betrieb); im Mai und September jeweils großes Whiskyfestival.

Knockando

An den Fenstern des kleinen Bürogebäudes kann man die Beschriftungen aus alten Zeiten lesen: »Excise Office« für das Büro des Steuerbeamten und daneben das Büro der Destillerie.

Der Name bedeutet	Kleiner schwarzer Hügel
Aussprache	Nock-an-duu
Whiskyregion	Speyside
Adresse	Knockando Distillery Knockando, Aberlour, Banffshire AB38 7RT Scotland
Kontakt	Keine eigene Homepage Besitzer www.diageo.de Telefon +44 (0)1340 81 02 05
Club	Kein Club
Gründung	1898
Status	In Betrieb
Besitzer	Diageo plc
Stills	4 (2 *wash*; 2 *spirit*)
Kapazität pro Jahr	1 250 000 Liter
Besucher	Kein Besucherzentrum ★★☆☆☆ Besuche sind aber nach Voranmeldung möglich. (Nicht zu knapp vor dem geplanten Besuch anrufen.)
Rating	★★★★☆☆☆
Hausstil	Weich, süßlich (Beeren?), malzig, würzig, Spur Rauch, lang

Die Destillerie Knockando

Die auf einem kleinen Hügel über dem River Spey stehende Destillerie Knockando wurde mitten im Whiskyboom der Jahrhundertwende im Jahr 1898 von John Thomson gegründet. Sie hatte aber schon bald nach der Produktionsaufnahme finanzielle Probleme und wurde nach knapp neun Monaten Produktion bereits wieder stillgelegt. Thomson gründete deshalb eine Auffanggesellschaft unter dem Namen J. Thomson & Co. Diese betrieb Knockando von 1900 bis 1903. Bereits 1903 musste die Destillerie aber wegen den weiterhin bestehenden finanziellen Problemen wieder für ungefähr ein Jahr stillgelegt werden. 1904 übernahm die Firma W. & A. Gilbey Ltd. Knockando und nahm die Produktion sofort wieder auf. Ab diesem Zeitpunkt war Knockando ohne weiteren Besitzerwechsel immer in Betrieb. Ausnahmen waren nur je einige Jahre während der beiden Weltkriege.

Ein Anschlussgleis der Great North of Scotland Railway verband ab 1905 die Destillerie direkt mit dieser Bahnlinie.

1962 ging Knockando durch eine Fusion in neue Besitzverhältnisse über. W. & A. Gilbey und United Wine Traders (Unwins), die Eigentümer von Justerini & Brooks (J&B), taten sich in der IDV Ltd. zusammen. Unter dieser neuen

Besitzerin wurde 1968 die eigene Mälzerei aufgegeben. Das Malz wurde dann hauptsächlich von der in direkter Nachbarschaft stehenden Mälzerei Tamdhu bezogen.

Knockando wurde 1969 ausgebaut, renoviert und ihre Brennkapazität von zwei auf vier *stills* verdoppelt.

1972 ging die IDV und mit dieser auch Knockando an die Watney Mann-Gruppe. Diese wurde ihrerseits 1974 von der Hotelkette Grand Metropolitan übernommen, welche 1987 durch eine weitere Fusion in der UDV aufging.

Knockando liegt im gleichnamigen Weiler am Fuß der Berge in der Nähe des Spey River. Von Elgin aus fährt man die A941 bis hinter Rothes und zweigt dort auf die B9102 ab. Die etwa 17 Kilometer lange Strecke führt an den Destillerien Macallan und Cardhu vorbei. Kurz nach der Zufahrt zu Cardhu zweigt die enge Straße links Richtung Tamdhu/Knockandu ab.

Nach ein paar hundert Metern verzweigt sich dieses Sträßchen: Nach rechts geht es zur Destillerie Tamdhu, nach links zu Knockandu. Man kann die beiden Destillerien eigentlich nicht verfehlen, gehen die beiden Sträßchen doch nur zu ihnen.

Kommt man aus dem Südwesten (Aviemore, Grantown-on-Spey) auf der A95 in diese Region, führt von der A95 in der Nähe des kleinen Örtchens Marypark – kurz nach Bridge of Avon – die B9102 von ihrem anderen Ende her zur Abzweigung zu den beiden Destillerien.

Ballindalloch Castle · Familiensitz der MacPherson-Grants seit 1546, im Winterhalbjahr für Besucher geschlossen; schönes Äußeres und Inneres; auf dem Gelände um das Schloss weiden die berühmten Angusrinder.

Knockando ist nicht für Besucher eingerichtet. Es lohnt sich also, einen geplanten Besuch rechtzeitig zu vereinbaren.

Das angelieferte Gerstenmalz wird in großen *malt bins* (Malzsilos) zwischengelagert, bevor es in der alten Malzmühle zu *grist* verarbeitet wird. Der klein wirkende *semi lauter*-Maischbottich ist komplett aus Edelstahl (auch der Deckel). Die in einem separaten Gärhaus stehenden acht *wash backs* sind aus Douglas-Fichte.

Die vier *stills* (je zwei *wash* und *spirit*) mit ihren außerhalb des *stillhouse* stehenden Rohrkondensatoren haben unterschiedliche Zwiebelformen. Die *wash stills* haben markante Einbuchtungen und die *spirit stills* große ballförmige Ausbuchtungen am unteren Teil des Halses.

Für die Lagerung der Malts in den niedrigen Lagerhäusern mit Naturböden werden meistens Ex-Bourbon-Fässer, zum Teil aber auch Ex-Sherry-Fässer eingesetzt. Seit einiger Zeit wird die gesamte Produktion nicht mehr bei Knockando, sondern bei Auchroisk und Glenlossie in Fässer abgefüllt und zum großen Teil auch gelagert. Nur ein Teil der Fässer kommt in die Lagerhäuser der Destillerie zurück.

Der Whisky von Knockando spielt eine dominierende Rolle im Blend J&B, der Nummer 2 im weltweiten Absatz. Als Single Malt ist er — mit sehr wenigen Ausnahmen — eigentlich nur in Eigentümerabfüllung erhältlich. Eine Eigenheit dieser Destillerie ist, dass der Whisky als Single Malt auf dem Etikett in der Regel neben dem Alter — es

gibt ihn mit 12, 18 und 21 Fassjahren — auch das Jahr der Destillation trägt. Speziell waren die Abfüllungen für die Serie der Extra Old Master Reserve. Für diese wurden Malt-Whiskys aus speziell guten Fässern nach noch längerer Lagerzeit genommen. Im Jahr 2010 füllte Diageo in der Reihe »Manager's Choice« einen 1996er in limitierter Auflage ab. Ihm folgte 2011 ein 25-jähriger »Special Release«. Abfüllungen aus früheren Jahren sind rar und gesucht. Von den Unabhängigen wird der Knockando sehr selten angeboten.

Oben · Befindet sich in einem der Lagerhäuser von Knockando: »The Ultima Vault«. In ihm findet man die raren Fässer aus 128 verschiedenen Malt- und Grain-Destillerien, aus welchen der »J&B Ultima Blend« aufgebaut wurde.

Unten · Die Rohrkondensatoren der vier *stills* befinden sich außerhalb des *stillhouse*.

Knockdhu
(anCnoc)

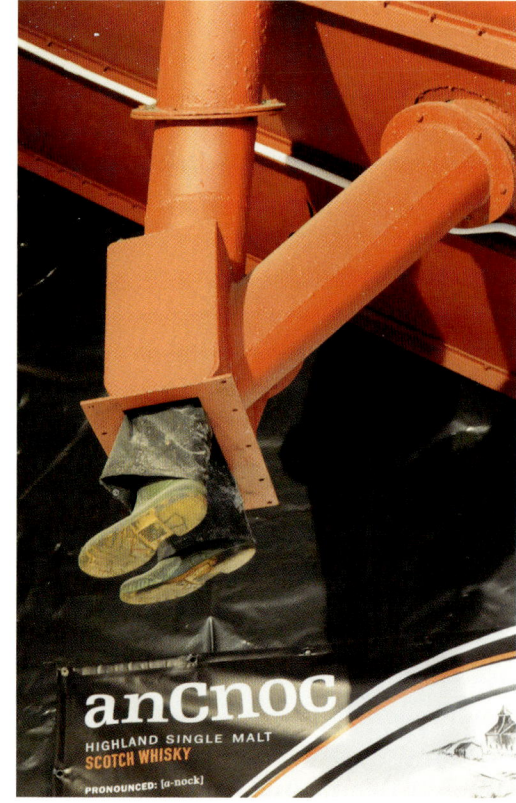

Die Destillerie Knockdhu

Knockdhu war die erste Destillerie, die die DCL (Distillers Company Limited) im Jahr 1893 vollständig selbst baute und 1894 unter der Lizenz von John Haig am Fuß der Knock Hills in Betrieb nahm. Dies in Abweichung von der normalen Praxis dieser Firma, die sonst nur bereits bestehende Destillerien übernommen hatte. Der Standort in dieser abgelegenen Gegend wurde gewählt, weil der Besitzer des Landes, John Morrison, auf seinem an Torf und Gerste reichen Land auch noch ein paar reine Quellen mit kristallklarem Wasser gefunden hatte und dies die DCL wissen ließ. Diese packte sofort zu.

Die Destillerie Knockdhu war bereits zu ihrer Gründungszeit ein eigentliches Bijou und Vorzeigeobjekt. Die beiden *stills* zum Beispiel waren schon damals in der Lage, über 15 000 Liter Whisky pro Woche herzustellen. Die Energie bezog Knockdhu aus einer eigenen Dampfmaschine. Rund um die Destillerie wurden Wohnhäuser für die Arbeiter gebaut. Diese bildeten beinahe ein eigenes Dorf außerhalb der eigentlichen Ortschaft Knock. Die Destillerie war für die Region so wichtig, dass die an ihr vorbeiführende Great North of Scotland Railway auf ihrem Areal eine eigene Station baute.

Oben rechts • Da nahm es wohl einer mit seiner Kontrolltätigkeit zu genau und ist hängengeblieben: Im *kiln* – er ist nicht mehr in Betrieb – haben Gordon Bruce und seine Leute ihrem Humor freien Lauf gelassen.

Unten • Die Destillerie steht in einer schönen Hügellandschaft.

Die Nachfrage nach dem ausgezeichneten Whisky aus Knockdhu stieg schnell. Bereits 1898 mussten weitere Lagerhäuser gebaut werden. 1924 wechselte Knockdhu das erste Mal den Besitzer. Sie wurde von der Distillers Agency Ltd. gekauft. 1930 ging sie durch Fusion in den Besitz der SMD weiter. Diese legte die Destillerie 1931 wegen zu hoher Lagerbestände für ein paar Jahre still.

Knockdhu wurde nach dem Zweiten Weltkrieg, während welchem die Destillerie einer Einheit der indischen Armee als Unterkunft diente, ausgebaut und modernisiert. Sie erhielt ein neues Maischhaus und eine neue Küferei. Die Produktion wurde 1947 wieder aufgenommen.

1960 wurde die Bahnlinie, über die Knockdhu jahrzehntelang die Gerste und die benötigte Kohle angeliefert bekam, stillgelegt und die Gleise entfernt. Dies bedeutete auch das Ende der eigenen Mälzerei.

Die SMD legte die Destillerie im Jahr 1983 aufgrund des Nachfragerückgangs nach Whiskys still. Auch nach dem Übergang der SMD in die UDV (1987) blieb Knockdhu weiter geschlossen. Dies bis ins Jahr 1988, als Inver House Distillers Ltd. die Destillerie kaufte und die Produktion 1989 wieder aufnahm. Inver House Distillers Ltd. wurde 2001 von der Pacific Spirits Group gekauft und ist heute eine der Firmen der International Beverage Holdings Ltd., einem internationalen Getränkekonzern aus Thailand.

Knockdhu besitzt keine Besuchereinrichtungen, obwohl diese Destillerie meines Erachtens zu den absolut sehenswertesten in Schottland gehört.

Schon ihre Lage in den Hügeln der nordöstlichen Speyside ist besonders. Knockdhu erweckt sowohl von außen

Die Destillerie Knockdhu liegt ziemlich weit von allen anderen Destillerien der Speyside entfernt ungefähr auf einem Drittel der Strecke zwischen den beiden kleinen Städten Keith und Banff.

Von Keith aus (südöstlich von Elgin, an der A95/A96) fährt man am besten zuerst auf der A95 Richtung Banff (oder von Banff aus zuerst auf der A98 und dann auf der A95 Richtung Keith). Die Straße zum Weiler Knock zweigt von der A95 zwischen den Weilern Farmtown und Glenbarry in Richtung Süden ab. Sie führt direkt an der Destillerie vorbei.

Banff · altes Städtchen mit einem kleinen Hafen.

Macduff · neuere Siedlung mit einem malerischen und interessanten Fischerhafen, interessantes Aquarium.

Huntly und Huntly Castle · nettes altes Städtchen mit einer Schlossruine; deren Ursprünge auf das Jahr 1120 zurückgehen.

Der Name bedeutet	Schwarzer Hügel
Aussprache	Nock-duu
Whiskyregion	Speyside
Adresse	Knockdhu Distillery Knock, by Huntly, Aberdeenshire AB5 7LI Scotland
Kontakt	www.ancnoc.com Telefon +44 (0) 1466 77 12 23
Club	Kein Club
Gründung	1893
Status	In Betrieb
Besitzer	Inver House Distillers Ltd. (International Beverage Holdings Ltd.)
Stills	2 (1 *wash*; 1 *spirit*)
Kapazität pro Jahr	1 500 000 Liter
Besucher	Kein Besucherzentrum ★★★★☆ Besuche sind aber nach Voranmeldung möglich. (Nicht zu knapp vor dem geplanten Besuch anrufen.)
Rating	★★★★☆☆☆
Hausstil	Weich, süßlich, Honig, Melonen, malzig, Spur Rauch, lang

wie von innen – trotz ein paar neuen Maschinen – den Eindruck einer Destillerie vor hundert Jahren. Eine rechtzeitige Anfrage vor einem gewünschten Besuchstermin ist unbedingt zu empfehlen.

Aus den neuen Malzsilos kommt das Gerstenmalz zum Mahlen in eine alte Porteus-Malzmühle. Der uralte Maischbottich aus zusammengeschraubten Gusseisenplatten und einem Kupferdeckel wurde im Jahr 2009 teilweise erneuert. Er erhielt bei dieser Gelegenheit einen neuen *semi lauter*-Bottich, auf den aber der alte Kupferdeckel montiert wurde. Damit das möglich ist, wurde der neue Bottich mit dem gleichen Durchmesser gebaut. Um trotzdem die Kapazität erhöhen zu können, ist er tiefer als der alte. Die sechs Gärbottiche aus Douglas-Fichte stehen in einem separaten Gebäude.

Im *stillhouse* stehen die beiden *stills* mit ihren voluminösen Kesseln. Auf diese aufgesetzt sind die Hälse mit ballförmigen Ausbuchtungen. Die *stills* haben genau das gleiche Aussehen wie bei der Gründung dieser Destillerie, und ihre Dampfrohre führen immer noch ins Freie, wo sie als schneckenförmig geführte Rohre in einem großen, mit Wasser gefüllten Bottich enden. Dieser *worm tube* ist einer von wenigen in schottischen Destillerien. Bei der *spirit still* musste 2011 ein Teil des Brennkessels und des Halses ersetzt werden.

Die Lagerhäuser sind niedrig und besitzen Naturböden. Zu ihnen führen Holzgleise, auf denen die Fässer (Ex-Bourbon und Ex-Sherry) gerollt werden können. Eines dieser Lagerhäuser stürzte im Winter 2010 unter der Schneelast teilweise ein. Es wurde komplett abgerissen und 2011 neu wieder aufgebaut.

In den Lagerhäusern der Destillerie Knockdhu werden nur noch die für Single Malts bestimmten Whiskys gelagert. Sie machen ungefähr 15 bis 20 Prozent der Produktion aus. Der Rest wird in Tanklastwagen in die zentralen Lager in Airdrie gebracht.

Rechts · Die Dampfrohre der beiden *stills* führen in die im Freien liegenden *worm tubes* (Schneckenrohrkondensatoren).

Unten · Maischmaschine und Schiebefenster des alten Maischbottichs.

Der Knockdhu-Malt ist hauptsächlich für die Blends von John Haig bestimmt. Inver House brachte den Whisky erstmals 1990 als Single Malt in Eigentümerabfüllung unter dem Originalnamen »Knockdhu« auf den Markt.

Auf Wunsch der UDV – so heißt es zumindest – wurde die Standardabfüllung dieser Destillerie (ein 12-Jähriger) aber schon bald – um Verwechslungen mit dem »Knockando« zu vermeiden – unter dem Namen »anCnoc« (der gälischen Übersetzung von Knockdhu) abgefüllt. Vielleicht war es aber auch die Inver House-Gruppe selbst, die einen ihrer besten Whiskys vor Verwechslungen schützen wollte? Den »anCnoc« gibt es seit 2004 auch in älteren Abfüllungen. Als Vintage gibt es ihn seit dem Jahr 2006 (1975, 1990, 1991, 1993 usw.). Als Standardabfüllungen gelten der 12- und der 16-Jährige.

Die unabhängigen Abfüller brachten ihn bis jetzt immer unter seinem Originalnamen »Knockdhu« auf den Markt.

Ladyburn †

Ayr • schöne alte Stadt mit einigen Attraktionen und Sehenswürdigkeiten.

Alloway • kleines Städtchen; Geburtshaus von Robert Burns mit Museum und National Heritage Park.

Die Destillerie Ladyburn

Der »Ladyburn« – er gehörte lange Zeit zu den von Sammlern gesuchtesten Malt-Whiskys überhaupt – stammt aus einer Destillerie, die 1966 unter diesem Namen ihre Produktion aufnahm.

William Grant & Sons Ltd. – die Besitzer von Glenfiddich, Balvenie, Kininvie usw. – errichtete 1963 in Girvan an

Blick ins *stillhouse* der Destillerie Ladyburn. Die beiden *wash stills* sind auf der linken, die beiden *spirit stills* mit ihren ballförmigen Ausbuchtungen auf der rechten Seite. Foto William Grant & Sons aus dem Jahr 1966

der Westküste der Lowlands eine riesige Grain-Destillerie. Diesem Komplex gliederten sie drei Jahre später die Malt-Destillerie Ladyburn ein.

Ladyburn war zu jener Zeit die mit Abstand modernste Malt-Destillerie in Schottland. Sie war komplett automatisiert und hätte theoretisch von einem einzigen Mann bedient werden können. In Betrieb war sie aber nicht einmal zehn Jahre lang. Ihr Whisky wurde während dieser wenigen Produktionsjahre fast ausnahmslos für die Blends der Grant-Gruppe verwendet.

Die in der Destillerie Ladyburn hergestellten Malt-Whiskys konnten jedoch die Qualitätsansprüche von William Grant & Sons Ltd. nie erfüllen.

Die *wort* wurde in einem für die damalige Zeit hochmodernen *semi lauter*-Maischbottich aus Edelstahl aus dem *grist* herausgewaschen. Die Vergärung erfolgte in großen *wash backs* aus Edelstahl mit Deckeln aus dem gleichen Material. Die zwei *wash stills* waren zwiebelförmig ohne jegliche Ein- oder Ausbuchtungen. Die beiden *spirit stills* dagegen hatten am Halsanfang relativ große, ballförmige Ausbuchtungen.

Die Rohrkondensatoren standen ebenfalls im *stillhouse*. Ihnen waren bei den beiden *spirit stills* sogenannte *purifier* vorgeschaltet, mit denen ein zusätzlicher *reflux* zum Erreichen eines weicheren *new makes* angestrebt wurde. Speziell war, dass bei Ladyburn nicht mit einem *spirit safe*, durch den wie in den meisten schottischen Destillerien sowohl der erste als auch der zweite Destillationslauf

324

geleitet wird, gearbeitet wurde. In dieser Destillerie gab es einen speziellen *low wines safe* für den ersten und einen separaten *spirit safe* für den zweiten Lauf.

Am 15. November 1975 wurde in den vier *stills* der Ladyburn-Destillerie das letzte Mal gebrannt. Ladyburn wurde definitiv geschlossen und die Anlagen 1976 abgebaut. Dies wurde so vollständig und endgültig gemacht, dass außer einigen gut gehüteten Fässern, die immer und immer wieder zu Diskussionen und Spekulationen Anlass gaben (eventuell noch einmal geben werden?), nichts mehr übrig blieb.

Die ersten Single Malt-Abfüllungen des Ladyburn erschienen bereits Ende der 1970er-Jahre auf dem Markt. Sie gingen hauptsächlich nach Italien, aber auch in die USA. Sie sind heute kaum mehr zu finden. Dann folgte die extrem seltene und gesuchte Abfüllung des unabhängigen Abfüllers Cadenhead mit 20 Fassjahren und 46 Prozent Alkoholgehalt. Sie erreichte absolute Spitzenpreise.

Nachher war es lange Zeit ruhig um den Ladyburn, bis im Jahr 2000 Gordon & MacPhail eine jetzt schon ebenfalls stark gesuchte Abfüllung unter dem Namen »Ayrshire« machte. (Gordon & MacPhail durfte den Namen Ladyburn nicht verwenden.) Der Whisky stammte aus dem Destillationsjahr 1970 und wurde als 30-Jähriger abgefüllt. Ein paar Monate später passierte das beinahe Unglaubliche: Der Ladyburn wurde als Original- oder Eigentümerabfüllung in einer limitierten Auflage von 3000 Flaschen von William Grant & Sons Ltd. selbst auf den Markt gebracht. Diesmal stammten die Fässer aus dem Jahr 1973. Diese Abfüllung kam also nach 27 Jahren Fasslagerung auf den Markt.

Die bis jetzt jüngste Abfüllung stammt vom unabhängigen Bottler Duncan Taylor. Von ihm wurde 2004 ein 31-Jähriger aus dem Destillationsjahr 1973 ebenfalls unter dem Namen »Ayrshire« abgefüllt.

In Girvan gibt es gemäß der Aussage von Ludo Ducrocq, dem Brand Manager von Grant's, noch ein paar Fässer dieses raren Stoffs. Es wird vermutet, dass auch noch in verschiedenen anderen Lagerhäusern noch Ladyburn schlummert. Auf weitere Realisationen — unter welchem Namen auch immer — kann man jedenfalls gespannt sein.

Girvan ist eine Hafenstadt an der Westküste der schottischen Lowlands. Vor dieser Stadt liegt im Meeresarm mit dem Namen Firth of Clyde die berühmte, besonders geformte Insel Ailsa Craig. Ihr spezieller Granit vulkanischen Ursprungs wurde lange Zeit als einziges Material für die wirklich guten Curlingsteine gebraucht.

Nach Girvan kommt man von Glasgow aus auf der A77. Vor der Stadt geht nach links die B741 weg. Sie führt nach wenigen hundert Metern direkt am Komplex der Grain-Destillerie vorbei. Die riesige Destillerie kann man auch schon von der Hauptstraße her sehen und riechen. Auf ihrem Gelände stand die Destillerie Ladyburn.

Oben • Wären nicht die vielen Lagerhäuser, man würde eher vermuten, eine Raffinerie vor sich zu haben: Die Grain-Destillerie Girvan. Auf ihrem Gelände stand die Malt-Destillerie Ladyburn.

Unten • Speziell: Ladyburn hatte für die beiden *wash stills* separate *low wines safes*. Foto © RCAHMS

Der Name bedeutet	Bach im Sumpf
Aussprache	Läidi-börn
Whiskyregion	Lowland
Adresse	Ladyburn Distillery Girvan, Ayrshire KA26 9PT Scotland
Kontakt	Kein Web und Telefon
Club	Kein Club
Gründung	1966
Status	Geschlossen 1975; abgebaut
Besitzer	Letzter war William Grant & Sons Ltd.
Stills	Früher 4 (2 *wash*; 2 *spirit*)
Kapazität pro Jahr	Unbekannt
Besucher	Nein; existiert nicht mehr
Rating	★★★☆☆☆ (Nur Whisky — je nach Abfüllung sehr unterschiedlich!)
Hausstil	Weich, ölig, fruchtig, leicht süß, Vanille

Lagavulin

Von Port Ellen auf der Insel Islay führt die schmale A846 in östlicher Richtung zuerst an der Destillerie Laphroaig vorbei, bevor sie nach circa drei Kilometern an Lagavulin vorbei geht. Nur noch zwei Kilometer weiter liegt an dieser Straße auch Ardbeg.

Die Destillerie Lagavulin

Am südöstlichen Küstenabschnitt von Islay, wo heute die drei Destillerien Laphroaig, Lagavulin und Ardbeg liegen, wurde bereits lange vor deren offiziellen Gründungsdaten (schon ab den 1740er-Jahren) Whisky gebrannt. Er war damals ein beliebter Treffpunkt für Schwarzbrenner und Schmuggler. Es soll dort zeitweise bis zu zehn *illicit distilleries* gegeben haben. Die englischen Steuereintreiber kamen selten in diese wilden und abgelegenen Regionen, und das Geschäft mit dem *mountain dew* florierte.

Vor der Destillerie Lagavulin stehen auf den Klippenfelsen die Ruinen des Dunyvaig Castle. Es war einst eine Festung mit Schiffsanlegeplatz der Lords of the Isles.

1816 errichtete John Johnston eine erste, ein Jahr später Archibald Campbell eine zweite größere Destillerie (sie hieß Ardmore) auf dem Gelände der heutigen Lagavulin. Beide Destillerien wurden 1825 von John Johnston übernommen und 1837 unter Donald Johnston, einem Sohn von John, zu einer einzigen zusammengelegt. Diese bekam den Namen Lagavulin. Der Name stammt von einer Mühle, die früher an dieser Stelle stand.

John Graham kaufte Lagavulin im Jahr 1852 von Donald Johnston und betrieb die Brennerei 15 Jahre lang mehr schlecht als recht. 1867 verkaufte er die ziemlich heruntergekommene Destillerie an die Firma James Logan Mackie & Co. Unter deren Leitung wurde sie renoviert und wieder instand gesetzt.

Die stills *mit ihren extrem breiten Hälsen (gut für einen öligen Whisky) machen irgendwie einen plumpen Eindruck.*

Peter Mackie – ein Neffe von James Logan Mackie – erbte 1889 Lagavulin. Er war zuvor mehrere Jahre lang in dieser Destillerie tätig gewesen. Der Name der Besitzergesellschaft wurde in Mackie & Co. geändert. Diese fusionierte nach dem Tod von Peter Mackie 1923 mit der White Horse Distillers Ltd. Lagavulin wurde ab dann von dieser Firma betrieben. 1927 schloss sich White Horse Distillers Ltd. der DCL an. Diese wiederum ging 1930 in der SMD auf.

Parallel zu Lagavulin wurde ab 1908 eine zweite Destillerie auf dem gleichen Gelände betrieben. Peter Mackie hatte dort eine weitere kleine Destillerie mit dem Namen Malt Mill gebaut. Diese Destillerie stellte einen sehr stark getorften Whisky her. Sie benutzte einen Teil der Anlagen von Lagavulin mit, besaß aber zwei eigene *stills*. Die Produktion dieses Whiskys wurde 1959/60 eingestellt. Malt Mill destillierte aber noch drei Jahre als zweite Produktionslinie für Lagavulin weiter.

1962 wurde Lagavulin renoviert. Bei dieser Gelegenheit wurde Malt Mill aufgegeben und ihre *stills* ins *stillhouse* von Lagavulin integriert.

Ein Besuch bei Lagavulin beginnt im kleinen Besucherzentrum. Es empfiehlt sich, eine Besichtigung im Voraus zu vereinbaren.

In den Produktionsräumen steht direkt neben den großen Malzlagern, aus denen es herrlich rauchig duftet, die alte Malzmühle.

Direkt modern wirkt im Raum daneben der *full lauter mash tun,* in dem aus dem *grist* die Maische, eine zuckerhaltige Flüssigkeit, herausgewaschen wird. Er ist inklusive Deckel aus Edelstahl. Im Gärhaus stehen zehn *wash backs* aus Lärchenholz.

Der Name bedeutet	Senke bei der Mühle
Aussprache	Laga-wullen
Whiskyregion	Islay
Adresse	Lagavulin Distillery Lagavulin, Port Ellen, Isle of Islay, Argyllshire PA42 7DZ Scotland
Kontakt	Keine eigene Homepage Besitzer www.diageo.de Info-Seite www.discovering-distilleries.com Telefon +44 (0)1496 30 27 49
Club	Kein Club
Gründung	1816/1837
Status	In Betrieb
Besitzer	Diageo plc
Stills	4 (2 *wash*; 2 *spirit*)
Kapazität pro Jahr	2 250 000 Liter
Besucher	Ja ★★★☆☆ Besucherzentrum mit Shop ❤❤♡ Für eine Besichtigung ist eine Voranmeldung unbedingt zu empfehlen. Auch dann, wenn der Shop geöffnet ist.
Rating	★★★★★☆
Hausstil	Rauchig, torfig, salzig und doch süßlich (Sherry), Seetang, lang

Von den vier *stills* (je zwei *wash* und *spirit*) sind die *spirit stills* extrem birnenförmig und lassen so dem Alkoholdampf mehr oder weniger freie Bahn nach oben in die stark gegen unten abgewinkelten Dampfrohre. Diese führen in die ebenfalls im *stillhouse* stehenden Rohrkondensatoren.

Die spezielle Form der *stills* bei Lagavulin stammt aus der Destillerie Malt Mill. Der *stillman*, welcher mir das erzählte, erklärte mir auch, dass dank dieser breiten Hälse viel mehr der in den *low wines* enthaltenen Geschmacksstoffe mit dem Alkoholdampf zusammen nach oben mitgerissen werden. Wegen dieser *still*-Form wird sehr langsam oder schonend destilliert, damit nicht zu viel der nicht so sehr geliebten Elemente (Fuselöle usw.) nach oben mitgehen.

Die Lagerung der Malts von Lagavulin erfolgt in einer ausbalancierten Menge an Ex-Bourbon- und Ex-Sherry-Fässern.

Beinahe die gesamte neue Produktion wird wegen der vollen Lagerhäuser auf Islay mit Tanklastwagen aufs Festland gebracht und dort in den großen Lagerkomplexen von Diageo gelagert. Auf Islay lagert der Lagavulin nicht nur in den Lagerhäusern bei der Destillerie, sondern auch in denjenigen von Port Ellen.

Im Juni 2011 traf bei der Destillerie eine kostbare Fracht ein. Diageo ersteigerte auf einer Auktion eine 100-jährige Flasche eines Lagavulin. Der Whisky war zum Zeitpunkt der Abfüllung im Jahr 1911 bereits 30 Jahre alt. Die Flasche kann jetzt im Shop der Destillerie bewundert werden.

Lagavulin produziert heute einen der rauchigsten Malt-Whiskys überhaupt. Er bildete seit den 1890er-Jahren und bis in die nähere Vergangenheit einen wichtigen Bestandteil der Blends von White Horse. Heute werden ungefähr 90 Prozent des Lagavulin als Single Malt abgefüllt.

Als Single Malt in Eigentümer- oder Originalabfüllung gab es den Lagavulin schon in den 1980er-Jahren als 12- und 15-Jährigen (heute extrem schwierig zu finden). Zu speziellen Anlässen wurde er in kleinen Auflagen

auch in Keramikdekanter abgefüllt. Seit der Übernahme durch die UDV wird der Lagavulin von ihr nach einer ungewöhnlich langen Lagerzeit von 16 Jahren für die Reihe der Classic Malts abgefüllt. Neben Abfüllungen als Distillers Edition gibt es ihn seit 2002/2003 auch als fassstarken 12- und 25-Jährigen. 2006 folgte ein 30- und 2007 ein 21-Jähriger. Den Lagavulin gibt es ebenfalls in sogenannten Vintage-(Jahrgangs-)abfüllungen vom Besitzer, und auch aus dieser Diageo-Destillerie gab es eine Realisation

in der Reihe »Manager's Choice«: einen 1993er mit einem Sherry-*finishing*, erschienen 2010. Auch bei Lagavulin gibt es – wie bei fast allen Destillerien auf Islay – eine nur in der Destillerie erhältliche Sonderabfüllung und jedes Jahr eine Spezialabfüllung für das Islay-Festival.

Von den Unabhängigen findet man ihn als Lagavulin wie auch unter anderen Namen, so zum Beispiel als »Finlaggan«.

Oben • Die direkt an der Straße von Laphroaig nach Ardbeg liegende Destillerie wird durch die beiden *kilns* – sie sind nicht mehr in Betrieb – und den markanten Kamin dominiert.

Unten • Die *wash backs* mit ihren grünen Stahlreifen sind aus Lärchenholz.

Kildalton • Kirche, Kreuz und Friedhof – das archäologische Top-Trio von Islay.

Laphroaig

Vom Hafenort Port Ellen auf der Insel Islay führt die A846 in östlicher Richtung nach wenigen Kilometern direkt an einigen Lagerhäusern der Destillerie Laphroaig vorbei. Die Destillerie selbst liegt ein paar hundert Meter abseits dieser Straße direkt am Ufer.

Die Destillerie Laphroaig

Die südöstliche Küste Islays war im 18. und zu Beginn des 19. Jahrhunderts ein beliebter Treffpunkt für Schwarzbrenner und Schmuggler. Die englischen Steuereintreiber drangen selten bis hierher vor, insofern florierte das Geschäft. Kein Wunder, dass hier etliche Schwarzbrennereien existierten. Aus diesen entstanden die heute noch produzierenden Destillerien: Laphroaig, Lagavulin und Ardbeg.

Alexander und Donald Johnston gründeten auf dem der Ortschaft Port Ellen am nächsten liegenden Teil dieses Abschnittes im Jahr 1815 die Destillerie Laphroaig. Wegen persönlicher Differenzen übernahm Donald die Destillerie 1836 allein.

Knapp zehn Jahre später (1847) schied er jedoch auf eine wirklich spezielle Art aus dem Leben: Er ertrank in einem mit neu produziertem Destillat gefüllten Bottich. Weil sein Sohn Dugald bei seinem Tod noch zu jung war, um die Destillerie leiten zu können, wurde sie zehn Jahre lang an Walter Graham, den Manager der Nachbar-Destillerie Lagavulin, verpachtet. Dugald Johnston übernahm dann im Jahr 1857 die Leitung von Laphroaig. Von diesem Zeitpunkt an blieb die Destillerie beinahe 100 Jahre lang in

Die beeindruckenden sieben *stills* stehen in einem modernen *stillhouse*.

Familienbesitz. Sie wurde zeitweise auch von Schwiegersöhnen geführt. Laphroaig führte aber immer den Namen Johnston als denjenigen des Firmeninhabers.

Dugald Johnston starb im Jahr 1877 und hinterließ die Destillerie seinen Schwestern und Schwägern. Diese verkauften Laphroaig 1921 an Jan Hunter. Unter seiner Führung wurde 1923 die Kapazität ausgebaut. Laphroaig erhielt zwei zusätzliche *stills*.

1954 vererbte der damalige Besitzer Ian Hunter — er starb kinderlos — die Destillerie an seine Sekretärin Bessie Williamson, die sie als Managerin weiterführte. Sie verkaufte Laphroaig 1967 an Long John Distillers Ltd., die bereits früher einen Teil der Aktien gekauft hatte.

Long John Distillers Ltd. ging 1975 durch Verkauf in der Whitbread-Gruppe auf.

Laphroaig wurde im Laufe der folgenden Jahre mehrfach ausgebaut und renoviert. Ihre Kapazität wurde ebenfalls erweitert: 1968/69 auf sechs und 1974 auf sieben *stills*.

Die Whitbread-Gruppe wurde 1990 von Allied Distillers Ltd. übernommen. Mit der Übernahme dieses Konzerns

Kildalton • Kirche, Kreuz und Friedhof – das archäologische Top-Trio von Islay.

Der Name bedeutet	(Schöne) Senke an der breiten Bucht
Aussprache	Laffroig
Whiskyregion	Islay
Adresse	Laphroaig Distillery Laphroaig, Port Ellen, Isle of Islay, Argyllshire PA42 7DU Scotland
Kontakt	www.laphroaig.com Telefon +44 (0)1496 30 24 18
Club	Friends of Laphroaig Mitgliedschaft gratis; Anmeldung über die Website der Destillerie
Gründung	1815
Status	In Betrieb
Besitzer	Beam Inc. (USA)
Stills	7 (3 *wash*; 4 *spirit*)
Kapazität pro Jahr	2 750 000 Liter
Besucher	Ja ★★★★★ Besucherzentrum mit Clubraum für die Friends of Laphroaig ❤❤
Rating	★★★★★★★
Hausstil	Rauchig, torfig, salzig und doch süßlich (Sherry), Seetang, medizinisch, lang

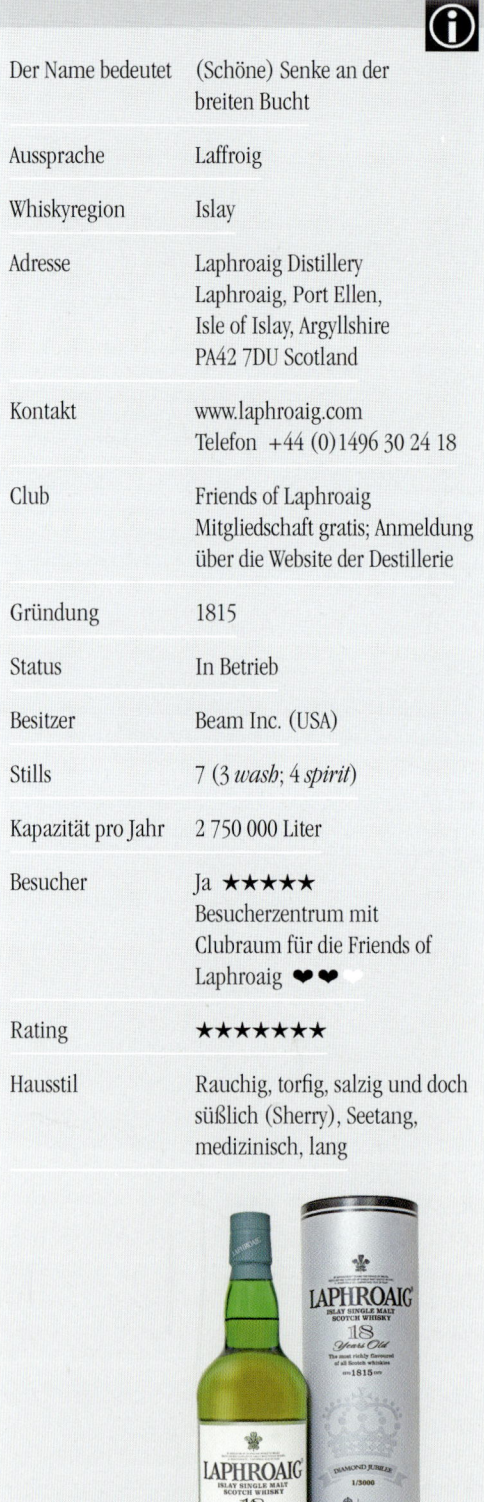

durch Pernod Ricard/Fortune Brands im Jahr 2005 kam Laphroaig wegen Kartellprobleme von Pernod Ricard zum US-Konzern Fortune Brands (heute Beam Inc.).

1994 erhielt Laphroaig als erste und bis jetzt einzige Destillerie das Recht, ihren Produkten den Zusatz »By appointment . . .«, den sie von Prinz Charles erhielt, zu führen. Die Etiketten der Flaschen tragen seither dessen Wappen.

Laphroaig hat ein sehr schönes und stilvoll eingerichtetes Besucherzentrum. Darin gibt es einen separaten Raum für die eingetragenen Mitglieder der »Friends of Laphroaig«. Die Mitglieder – sie erhalten einen Fuß Land auf dem Gelände der Destillerie geschenkt – haben zu diesem speziellen Raum Zutritt und können sich dort bei ihrem Besuch in der Destillerie den Pachtzins für das ihnen gehörende Land abholen.

Die Destillerietour beginnt mit der Mälzerei. Laphroaig ist eine von drei Destillerien auf Islay, die über eigene *floor maltings* verfügen und diese wenigstens teilweise noch nutzen. Die Mälzböden liegen auf drei Stockwerken. Der Keimvorgang wird in den beiden *kilns* mithilfe von heißer Luft unterbrochen. Diese wird mit Kohle- und Torffeuer produziert und steigt zusammen mit dem mehr oder weniger starken Torfrauch durch die keimende Gerste hoch, trocknet die Körner aus und unterbricht so die Keimung. Bei diesem Prozess nimmt das Malz, so wird die Gerste jetzt genannt, den Torfrauchgeschmack an. Er wird dem späteren Whisky seinen speziellen Geschmack geben.

Das in der alten Mühle gemahlene Gerstenmalz kommt in den Maischbottich *(full lauter)* aus Edelstahl (auch der Deckel ist aus diesem Material). Er steht im Maischhaus.

Direkt daran anschließend ist das Gärhaus mit seinen sechs riesigen *wash backs*. Sie sind ebenfalls aus Edelstahl. Bei Laphroaig stehen das Gär- und das Brennhaus nicht wie in fast allen Destillerien direkt nebeneinander, sondern sind durch einen Platz zwischen den Gebäuden und einer Straße voneinander getrennt.

Deshalb muss die *wash* in Rohren über diesen Platz in Tanks in einem Nebengebäude des *stillhouse* gepumpt werden. Von dort kommt sie in die drei *wash stills*. Diese stehen zusammen mit den vier *spirit stills* in einem beeindruckenden *stillhouse*. Die *stills* sind zwiebelförmig. Nur die *spirit stills* haben zusätzlich Einbuchtungen am unteren Ende ihres Halses. Die Rohrkondensatoren stehen ebenfalls im Brennhaus.

Laphroaig schwört auf Ex-Bourbon-Fässer und zwar auf solche, die das erste Mal in Schottland befüllt werden *(first fill)*. John Campbell, der Manager von Laphroaig, findet, dass der süße Geschmack, den Ex-Sherry-Fässer an den Whisky abgeben, den Laphroaig kaputt macht. Trotzdem habe ich in einem Lagerhaus eine Serie Ex-Sherry-Fässer gesehen.

Der Löwenanteil des Whiskys von Laphroaig wird für den Blend »Long John« und den »Islay Mist« verwendet. Als Single Malt-Abfüllung in Original- oder Eigentümer-

abfüllung gibt es ihn als Standard mit 10, 18 und 25 Jahren (den 10-Jährigen jedes Jahr in einer neuen Abfüllung auch in Fassstärke) und als Quarter Cask ohne Altersangabe.

Es gibt ihn aber auch in Abfüllungen mit 30 oder 40 Jahren, als Cairdeas (für das Islay Whisky Festival), als Triple Wood oder als Vintage-(Jahrgangs-)abfüllung sowie zu besonderen Anlässen.

Von den Unabhängigen ist er (zum Teil unter anderem Namen) ebenfalls zu haben.

Rechts · Das Torffeuer im Ofen des *kiln* von Laphroaig. Von ihm hat dieser Whisky seine typische Rauchigkeit.

Unten · Laphroaig vom Besucherparkplatz her gesehen (die Palmen sind echt).

Linkwood

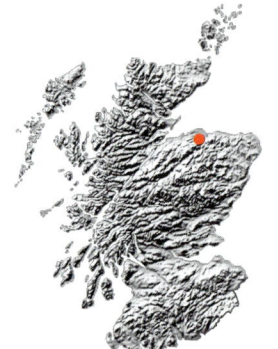

Elgin · interessante und lebendige Stadt aus dem Mittelalter mit etlichen historischen Gebäuden und Monumenten, vielen Restaurants, Kaffeehäusern und Shops.

Elgin Cathedral · Ruine einer großen Kathedrale, deren Ursprünge auf das 12. Jahrhundert zurückgehen; ein wirklich beeindruckender Ort.

Die Destillerie Linkwood

330

Die Destillerie Linkwood wurde 1821 von Peter Brown gegründet. Sie liegt in einem Vorort von Elgin, der heimlichen Hauptstadt der Speyside. Linkwood war eine große und beliebte Destillerie, die bereits in den 30er-Jahren des 19. Jahrhunderts doppelt so viel Whisky wie zum Beispiel The Glenlivet produzierte.

1868, nach dem Tod von Peter Brown, übernahm sein Sohn William die Destillerie. Sie sollte wegen der großen Nachfrage nach ihrem Whisky schon bald weiter ausgebaut werden. Weil dies aber in den bestehenden Gebäuden nicht sinnvoll möglich war, ließ er Linkwood 1872/74 abreißen und wieder total neu aufbauen. Die neue Linkwood wurde 1874 eingeweiht.

1897 wurde die bis dahin als Familien-Destillerie geführte Brennerei in eine Aktiengesellschaft mit dem Namen Linkwood-Glenlivet Distillery Co. Ltd. eingebracht. Diese Gesellschaft wurde 1933 von der SMD übernommen. Mit dieser kam Linkwood später unter das Management der UDV.

Aus der Zeit nach dem Zweiten Weltkrieg stammt eine der kurioseren Episoden der Whiskygeschichte Schottlands: Der damalige Manager Roderick Mackenzie war von dem Glauben besessen, dass eine *still* und ihre Umgebung immer genau die gleichen Bedingungen erfüllen musste, damit der Whisky einen einheitlichen Charakter und eine gleichbleibende Qualität erhält. Da geschah es aber, dass seine Mitarbeiter einmal eine größere Reinigungsaktion durchführten und dabei auch die Spinnennetze an und zwischen den *stills* entfernten. Mackenzie weigerte sich danach, Whisky zu produzieren, bevor die Spinnen nicht wieder ihre Netze zwischen und an die *stills* gewoben hatten. Die Spinnennetze durften, solange er Manager war, nie mehr entfernt werden.

1962 wurde Linkwood nach beinahe 90 Jahren Produktion seit dem großen Umbau von 1872 bis 1874 ein erstes Mal renoviert und gleichzeitig umgebaut. Eine weitere

größere Renovierung (von 1971 bis 1973), verbunden mit einem erneuten Ausbau, brachte der Destillerie vier weitere *stills* – sie wurden exakt den bereits bestehenden *stills* nachgebildet – und für diese ein zusätzliches *stillhouse*.

Im Jahr 1985 wurde der alte Teil der Destillerie stillgelegt, aber wenige Jahre später, 1990, zum Teil wieder aktiviert. In den beiden *stillhouses* zusammen – genannt Linkwood A und B – wurde ab dann mit sechs *stills* ein guter Whisky produziert, der aber hauptsächlich in die Blended Whiskys von Bells, White Horse und Dimple geht. Heute wird nur noch im neuen *stillhouse* destilliert.

Linkwood ist eine Destillerie, die mehr oder weniger in aller Stille einen ausgezeichneten Whisky produziert. Sie besitzt weder ein Besucherzentrum noch einen Shop. Dies bedeutet, dass man sich rechtzeitig um einen Termin bemühen muss, will man diese Destillerie besuchen.

Oben · Die Destillerie an einem kalten Novemberabend.

Unten · Blick ins *tunhouse*. Der Maischbottich am rechten Bildrand wurde 2011 durch einen *full lauter mash tun* ersetzt.

(Alle Fotos von Linkwood wurden mir von Ed Stuart, einem langjährigen Mitarbeiter der Destillerie, zur Verfügung gestellt.)

Die Destillerie – sie wird von einer schönen Gartenanlage umgeben, in der der Kühlwasserteich wie ein Biotop integriert ist – besitzt immer noch ihren alten *kiln*. Dieser ist aber nicht mehr in Betrieb. Linkwood bezieht das Gerstenmalz von den Großmälzereien des Konzerns, zu dem sie gehört. Es wird in einem hohen Silo zwischengelagert und wird von dort in den Reinigungs- und Mahlraum gepumpt. Auch bei Linkwood steht eine alte Mühle für das Mahlen des Malzes zu *grist*.

Die Destillerie Linkwood liegt im Südosten der Stadt Elgin (östlich von Inverness) an einem Bach, der in ihrer Nähe in den River Lossie mündet.

Verlässt man Elgin auf der A941 Richtung Süden, das heißt in Richtung Rothes–Craigellachie, geht am zweiten Kreisverkehr die Straße zur Destillerie Linkwood nach links weg. Sie trägt den Namen der Destillerie: Linkwood Road. Nach etwa zwei Kilometern – man kommt unterwegs an einem Friedhof vorbei – steht die Destillerie direkt an der Straße.

In einem großen, modern wirkenden *tunhouse* stehen der Maisch- und fünf der elf Gärbottiche beisammen. Die restlichen sechs – sie sind etwa halb so groß wie die ersten fünf – stehen in einem angrenzenden Raum. Im Jahr 2011 wurde der wunderschöne alte Maischbottich aus zusammengeschraubten Gusseisenplatten mit einem Kupferdeckel durch einen hochmodernen *full lauter mash tun* aus Edelstahl ersetzt.

Die beiden *stills* (je eine *wash* und *spirit*), die im kleinen, alten *stillhouse* stehen, sind zwar nicht mehr diejenigen aus der Gründungszeit, entsprechen aber in ihrem Aussehen – sie sind zwiebelförmig und haben weder Aus- noch Einbuchtungen – exakt den ursprünglichen Modellen. Sie besitzen außerhalb des Gebäudes liegende *worm tubes*. Das heißt, die Dampfrohre ihrer Schwanenhälse gehen ins Freie, wo ihre Enden als Spiralrohre in einen großen, mit Wasser gefüllten Bottich führen. Die beiden alten *stills* werden seit Mitte der 1990er-Jahre nicht mehr verwendet.

Die zwei *still*-Paare im neuen *stillhouse* sehen so aus wie die im alten. Die Dampfrohre der *stills* im neuen *stillhouse* enden jedoch in Rohrkondensatoren, die im gleichen Raum stehen.

Diese *stills* erhielten ebenfalls im Jahr 2011 einige neue Teile (Brennkessel usw.) und werden wie die Prozesse Maischen und Vergären über ein neu installiertes EDV-System gesteuert und überwacht.

Der Linkwood Malt wird zu fast hundert Prozent in Ex-Bourbon-Fässern gereift, doch kommen ebenso – wenn auch nur in kleinen Mengen – Ex-Sherry-Fässer zum Einsatz. Er ist bei den Blendern extrem beliebt und verschwindet zum weitaus größten Teil in den beiden Blends »Johnnie Walker« und »White Horse«.

Als Single Malt in Original- oder Eigentümerabfüllung gibt es ihn in einer heute extrem schwierig zu bekommenden Ausgabe aus der Zeit der DCL mit der etwas speziellen Altersbezeichnung »over 12 years old«. Die UDV brachte eine Abfüllung mit 12 Fassjahren in der Reihe Fauna & Flora heraus. Auch in ihrer Reihe der Rare Malts erschienen bis heute zwei Abfüllungen (2002 ein 26- und 2005 ein 30-Jähriger). 2008 brachte Diageo eine Dreier-Serie von in verschiedenen Fässern gelagerten, respektive mit einem *finishing* (Rum, Rotwein und Port) versehenen 26-Jährigen auf den Markt. Diesen folgte 2009 ein 1996er in der Reihe »Manager's Choice«.

Von den Unabhängigen füllte vor allem Gordon & MacPhail die Whiskys der fast vor seiner Haustüre liegenden Destillerie ab.

Links · Im neuen Brennhaus stehen vier *stills*.

Unten · Der *spirit and sample safe N° 2* im neuen *stillhouse*.

Ganz unten · Zwei der mit ihren breiten Kesseln für Linkwood typischen *stills*.

Der Name bedeutet	Strebholz (Name eines Anwesens)
Aussprache	Link-wuud
Whiskyregion	Speyside
Adresse	Linkwood Distillery Elgin, Morayshire IV30 8RD Scotland
Kontakt	Keine eigene Homepage Besitzer www.diageo.de Telefon +44 (0)1343 55 38 00
Club	Kein Club
Gründung	1821
Status	In Betrieb
Besitzer	Diageo plc
Stills	6 (3 *wash*; 3 *spirit*)
Kapazität pro Jahr	3 250 000 Liter

Besucher	Kein Besucherzentrum ★★★☆☆ Besuche sind aber nach Voranmeldung möglich. (Nicht zu knapp vor dem geplanten Besuch anrufen.)
Rating	★★★★★☆☆
Hausstil	Malzig, Getreide, fruchtig, Vanille, aromatisch, leicht rauchig, leicht süß

Littlemill †

Glasgow · hat sich in den letzten Jahren vom hässlichen Entchen zu einer sehens- und besuchenswerten Stadt entwickelt.

Loch Lomond · der größte und wohl schönste See Schottlands. An seinem nordöstlichen Ufer steht der Ben Lomond, ein einzigartiger, 974 Meter hoher Berg mit einer überwältigenden Aussicht.

Der Name bedeutet	Kleine Mühle
Aussprache	Littl-mill
Whiskyregion	Lowland
Adresse	Littlemill Distillery Bowling, Dumbartonshire G60 5BG Scotland
Kontakt	Kein Web und Telefon
Club	Kein Club
Gründung	1772
Status	Stillgelegt 1992; teilweise abgerissen, 1996; durch Feuer zerstört, 2004; komplett abgerissen, 2005
Besitzer	Letzter war Loch Lomond Distillery Co. Ltd.
Stills	Früher 2 (1 *wash*; 1 *spirit*)
Kapazität pro Jahr	Früher 750 000 Liter
Besucher	Nein, existiert nicht mehr
Rating	★★★☆☆☆☆ (nur Whisky)
Hausstil	Weich, malzig, Melonen(?), Honig, frisch, lang

Die Destillerie Littlemill

Die Destillerie Littlemill wurde 1772 auf dem Gelände einer Brauerei aus dem 14. Jahrhundert errichtet. Sie war eine der drei ältesten Destillerien Schottlands, wenn nicht die älteste überhaupt.

Ihre Anfänge gehen wahrscheinlich auf das Jahr 1750 zurück, als der Mälzermeister George Buchan aus Glasgow das Gelände der ehemaligen Brauerei kaufte. Dass 1772 als Gründungsjahr angegeben wird, könnte eine Folge davon sein, dass in diesem Jahr die Steuerbeamten urkundlich belegt in der Destillerie ein Büro bezogen.

1813 wurde die Destillerie stillgelegt – die Gründe sind nicht bekannt. 1818 wurde sie unter dem neuen Besitzer Matthew Clark & Co. wiedereröffnet. Diese Firma verkaufte Littlemill im Jahr 1821 an Peter McGregor. Dieser starb jedoch bereits 1822.

Seine Frau Jane löste im Jahr 1823 als Leiterin die Lizenz zum Betreiben der Brennerei. Sie war eine der ersten Frauen, die in Schottland eine Destillerie leiteten. Sie war bei Littlemill Chefin bis ins Jahr 1839.

Danach wechselte die Destillerie sehr oft ihren Besitzer. Ich gehe hier nur auf die wichtigsten unter ihnen ein:

Ab 1875 gehörte Littlemill William Hay, der sie total renovierte und ausbaute, um der steigenden Nachfrage nach seinem Whisky gerecht werden zu können.

1931 kaufte der Amerikaner Duncan G. Thomas die Destillerie. Er beendete die Ära der Dreifach-Destillation, die bei Littlemill seit ihrer Gründung (jedoch nur mit zwei *stills*) praktiziert wurde und destillierte nach Highland-Manier nur noch zweifach. Er machte auch Destillierversuche mit verschiedenen *still*-Typen. So baute er zum Beispiel die typischen Schwanenhälse der *stills* ab und montierte auf die Brennkessel Elemente, wie sie in den USA normalerwei-

se in den *continuous stills* Anwendung finden. Diese konnten, ähnlich wie die *Lomond stills,* über veränder- und austauschbare Platten im *still*-Kopf variiert werden. So war es möglich, verschiedenartige Whiskys zu produzieren. Ein ähnliches Prinzip wird in den sogenannten Kolonnenbrennereien, wie sie in Deutschland, der Schweiz, Österreich und vielen anderen Ländern eingesetzt werden, angewandt. Nach vielen Jahren unter der Leitung von Duncan G. Thomas wurde die Destillerie 1959 an Barton Brands (USA) weiterverkauft.

In den 1960er-Jahren wurden unter dieser neuen Besitzerin in den speziellen *stills* sogenannte »Experimental Malts« hergestellt. Zwei von ihnen bekamen die internen Marken-Namen »Dumbuck« und »Dunglass«. Der Dumbuck war torfig und rauchig, der Dunglass hatte nur wenig Rauch, war weicher und aromatischer. Vom Dumbuck gibt es bis heute keine Abfüllungen, wohl aber vom Dunglass. Die von unabhängigen Bottlern angebotenen Realisationen dieses Whiskys gehören zu den seltensten schottischen Single Malts.

Barton Brands legte die Destillerie 1984 still. 1988 wurde Littlemill von Gibson International Ltd. gekauft. Nach einer umfangreichen Renovierung nahm diese Firma 1989 die Destillerie wieder in Betrieb, legte sie aber bereits 1992 wieder still. 1994 musste Gibson International Ltd. Konkurs anmelden.

Glen Catrine Bonded Warehouses kaufte die gesamte Konkursmasse dieses Whiskybrokers inklusive Littlemill und übergab letztere der Führung ihrer Muttergesellschaft Loch Lomond Distillery Co. Ltd. Diese ließ im Jahr 1996 einen Teil der Anlagen demontieren und begann damit, die

Das ehemalige Mälzhaus und der *kiln* der heute nicht mehr existierenden Destillerie.

Oben · Gegen die Durchgangsstraße war am Gär- und *still-house* die Firmenbeschriftung angebracht.

Unten · Über der verschlossenen Tür kann man noch die Jahreszahl 1772 erkennen, das Gründungsjahr von Littlemill.

Unten rechts · An Stelle der Destillerie steht heute ein Appartementhaus.

Gebäude abzureißen. Sie musste den Abbruch aber stoppen lassen, weil ein Teil der Gebäude unter Denkmalschutz stand.

Am 4. September 2004 wurden die noch stehenden Gebäude der Destillerie Littlemill durch ein Feuer (Brandstiftung) fast vollständig zerstört.

Jetzt nutzte auch der Denkmalschutz nichts mehr und Littlemill wurde dem Erdboden gleichgemacht. Auf dem Gelände wurden Appartementhäuser gebaut, in die zwei Pseudo-*kilns* integriert wurden.

Als Single Malt wurde er in Original- oder Eigentümerabfüllung lange nur mit 8 Jahren in zwei verschiedenen Flaschenarten standardmäßig angeboten. Seit 2005 gab es ihn bis ins Jahr 2012 aus den großen Lagerbeständen als 12-Jährigen (der eigentlich schon viel älter war, die Destillerie hörte ja 1992 auf zu produzieren). Daneben ist er auch in älteren, zum Teil nur noch sehr selten zu findenden Abfüllungen zu bekommen.

Von den Unabhängigen wird er – auch unter anderen Namen – ebenfalls angeboten.

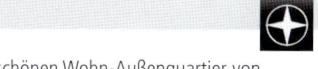

In Bowling, einem schönen Wohn-Außenquartier von Glasgow stand bis ins Jahr 2006 die Destillerie Littlemill, eine der ältesten Destillerien Schottlands. Stand, denn von ihr ist heute nichts mehr zu sehen. An ihrer Stelle wurden Appartementhäuser gebaut.

Fährt man aus dem Stadtzentrum von Glasgow auf der A82 nach Westen, kommt schon bald nach der Erskine Bridge die Ausfahrt Richtung Bowling.

Fährt man auf dieser Straße (der 814) parallel zur A82 weiter, kommt man durch den Ort Bowling und zum Platz, an dem Littlemill stand.

Die Destillerie stand ganz in der Nähe des Pubs mit dem Namen »Horse Shoe Inn«.

Loch Ewe

Unten und rechts • Hinweisschild an der Straße. Es weist den Weg zur Loch Ewe Distillery. Diese befindet sich in einer Garage direkt neben dem Drumchork Lodge Hotel.

Ganz unten • Nicht etwa eine Schwarzbrennerei, sondern eine echt lizenzierte Destillerie: Rechts die beiden *stills* – sie sind gerade als Maischbottiche im Einsatz, darum tragen sie den *still*-Kopf nicht –, daneben der *worm tube*-Kondensator und das Auffanggefäß für das Destillat. Über den kleinen Wasserfall fließt das Kühlwasser wieder in den Tank zurück.

Nächste Seite • So sieht eine *still* komplett aus.

Die Destillerie Loch Ewe

Bei Loch Ewe von einer Destillerie zu sprechen, fällt mir – ehrlich gesagt – in diesem Buch voller »echter« Destillerien schwer. Sie ist aber dank einer clever ausgenützten Gesetzeslücke als Destillerie lizenziert worden und wird deshalb auch neben all den großen Destillerien im Anhang zum schottischen Whiskygesetz aufgeführt.

Loch Ewe erhielt als erste Destillerie Schottlands eine sogenannte *Private Licence*, die erste seit der Einführung des schottischen Whiskygesetzes im Jahr 1823. Sie wird wahrscheinlich auch die einzige derartige Destillerie bleiben, denn die Gesetzeslücke wurde sofort nach der Erteilung dieser Lizenz geschlossen. Und wie der Zufall so spielt: Die »Schnapsidee« der Lizenzierung gipfelte darin, dass die Lizenz an einem Datum, das man als »Schnapszahl« bezeichnen kann, erteilt wurde: am 20.06.2006.

Die einzige legale »illegale« Destillerie Schottlands wurde von Frances und John Clotworthy in den nordwestlichen Highlands errichtet. Im Gebiet um Drumchork in Wester Ross wurde seit Jahrhunderten illegal gebrannt. In den vielen Höhlen konnten sich sowohl Schwarzbrenner mit ihren Geräten als auch Schmuggler sehr gut verstecken, und die Zoll- und Steuerbeamten hatten so gut wie keine Chance, sie zu finden. Nicht weit entfernt vom Drumchork Lodge Hotel, das Frances und John führen, findet man ein Höhlensystem, in dem in den vergangenen Jahrhunderten sogenannte »illicit distilleries« tätig waren. Vielleicht haben diese und die vielen Geschichten, die in dieser Gegend über Schwarzbrenner sowie Schmuggler und ihre Heldentaten erzählt werden, Frances und John zum Brennen animiert?

Das Drumchork Lodge Hotel von Frances und John hat eine unglaublich schöne, etwas erhöhte Lage. Man blickt von ihm aus auf das Loch Ewe mit seinen Inseln und eine wunderschöne Küstenlandschaft. Bei schönem Wetter kann man hier unvergessliche Sonnenuntergänge erleben. Das Hotel – ich möchte eigentlich eher bei der Bezeichnung Lodge bleiben – besitzt neben einigen nicht sehr wohnlichen, auch ein paar wirklich nette Zimmer. Ich erwähne das, weil man dem Fahrer zuliebe hier übernachten sollte. Grund dafür ist zum einen die Loch Ewe Destillerie, vor allem aber die Whiskybar, die eine der bestdotierten auf der Welt – zumindest gewesen – sein dürfte. Eine große Zahl offene Flaschen Malt-Whiskys stehen hier zum Genuss bereit. Darunter sind etliche Raritäten, die zu absolut akzeptablen Preisen angeboten werden.

Doch kommen wir zur Destillerie: Sie befindet sich hinter der Lodge in einer ehemaligen Garage. Darin Platz finden ein kleines Museum, die Destillerie selbst, das Malzlager und das Lagerhaus. Die Führung – sie wird entweder von John oder Frances durchgeführt – beginnt im etwa zwölf Quadratmeter großen Museum. Bereits hier wird man gefangen von der Erzählkunst, der Begeisterung, dem Humor und der Schlitzohrigkeit (positiv gemeint). Alleine das lohnt die Reise hierher. Dabei spielt es keine Rolle, ob John oder Frances den Guide spielt. Beide beherrschen ihre Rolle perfekt. Nach einer Einführung mit Schwarzbrenner-Geschichten aus der Region bis zum Coup, wie die beiden ihre Lizenz bekommen haben, darf man in den nächsten Raum eintreten, in dem die kleinste legale Destillerie Schottlands eingerichtet ist.

Sie ist ungefähr 25 Quadratmeter groß und so dekoriert, dass man sich wirklich wie in der Höhle einer illegalen Destillerie fühlt. Zuerst fallen einem die beiden extrem kleinen *stills* auf. Sie stehen neben einem künstlich gebauten Mini-Wasserfall, über den das Kühlwasser fließt. Es wird mit einer Pumpe aus dem unter der Destillerie liegenden Wasserreservoir geholt. Das Wasserreservoir wird durch eine eigene Quelle gespeist.

Neben dem Wasserfall ist in einer Art Putzschrank das Malzlager. Darin liegen die 25-Kilo-Säcke, in denen das Gerstenmalz angeliefert wird. Ein solcher Sack Malz ist auch die Menge, mit der bei Loch Ewe ein Badge Whisky produziert wird. Die bereits gemahlene Gerste wird hier in einer *still* gemaischt. Von dieser wird zu diesem Zweck Hals und Kopf entfernt. Was bleibt, ist der Brennkessel, der zum Bottich wird, unter dem ein Feuer entfacht wird. So wird aus dem *grist* der Zucker herausgekocht. Dabei wird stundenlang von Hand gerührt, geschöpft, gepresst und gesiebt, bis die *wort,* die zum Vergären geeignete Flüssigkeit, genügend Süße aufweist.

Diese kommt in den Gärbottich. Er ist so ziemlich das Einzige, was nicht aus dem Mittelalter zu stammen scheint:

Ullapool • nettes Hafenstädtchen mit etlichen Restaurants, Shops und kleinen Marktständen für die Reisenden, die von hier aus mit der Fähre auf die Insel Lewis (Stornoway) übersetzen wollen oder von dort ankommen. Sightseeing-Boote zu Seehund-Kolonien, Vogel-Brutstätten (Puffins) usw.

Es handelt sich bei ihm um eine grüne Tonne, wie sie zum Sammeln von Bio-Abfällen gebraucht wird.

Nach dem Vergären kommt die *wash* in einen der etwa 125 Liter fassenden Brennkessel. Der Destillationskopf wird wieder montiert, unter dem Bottich wird mit einem Holzfeuer geheizt und so destilliert.

Der *new make* wird in kleine Holzfässer (4 bis 25 Liter Inhalt) abgefüllt. Diese werden im unter Zollhoheit stehenden Lagerhaus, dem *bonded warehouse* für die Reifung gelagert.

Die Destillerie Loch Ewe steht beinahe am Ende der Welt, dort aber in einer beeindruckenden Küstenlandschaft.

Um zu ihr zu kommen, fährt man von Inverness aus zuerst ein Stück auf der A9 Richtung Norden, zweigt aber schon wenige Kilometer nach dem Überqueren des Beauly Firth (über eine wirklich eindrucksvolle Brücke) Richtung Westen auf die A835 ab. Auf dieser Straße bleibt man bis kurz vor der Westküstenstadt Ullapool.

Ein paar Kilometer vor dieser Stadt nimmt man die nach links abgehende A832, eine Küstenstraße, die es in sich hat: Sie lädt laufend zum Anhalten, Staunen und Fotografieren ein.

Nach etwa 50 Kilometern kommt man in das kleine Örtchen Aultbea. In diesem geht links eine Straße zur Drumchork Lodge und der Destillerie einen Hang hoch (Wegweiser an der A832).

Es befindet sich im nächsten, etwa zwölf Quadratmeter großen, abgeschlossenen Teil der Garage. Die kleinen Fässer werden vor der Abfüllung mit verschiedenen alkoholischen Getränken (Weinen, Port usw.) aromatisiert, um dem »Spirit of Loch Ewe« – so nennen Frances und John ihr Destillat – einen bestimmten Geschmack mitzugeben.

Wegen den kleinen produzierten Mengen kann man ihn nur in kleinen Fläschchen an der Hotelbar kaufen. Dort endet auch die Führung mit dem einen oder anderen Dram (nicht nur des offerierten »Spirit of Loch Ewe«).

Der Name bedeutet	Name des Meeresarms, in den der River Ewe fließt	Kapazität pro Jahr	Unbekannt (wahrscheinlich um die 100 Liter)
Aussprache	Lock Ju	Besucher	Ja ★★★☆☆ (wirklich speziell!) Besucherzentrum, Drumchork Lodge, schöne Whiskybar ❤♡♡
Whiskyregion	Highland		
Adresse	Loch Ewe Distillery Drumchork Estate Aultbea, Wester Ross IV22 2HU Scotland		
		Rating	Kein Rating
		Hausstil	Sehr unterschiedlich; kein eigentlicher Stil auszumachen
Kontakt	www. lochewedistillery.co.uk Telefon +44 (0)1445 73 12 42 (Drumchork Lodge)		
Club	Kein Club		
Gründung	2004; Lizenzierung als »Private Distillery« 2006		
Status	In Betrieb		
Besitzer	John und Frances Clotworthy		
Stills	2 (sehr kleine *stills,* welche man nicht als *wash* oder *spirit* bezeichnen kann)		

Loch Lomond

Die Destillerie Loch Lomond

Die Destillerie Loch Lomond – sie hat zwar den Namen von einem der schönsten Seen Schottlands, liegt aber nicht an diesem – wurde 1965/66 von Littlemill Distillery Co. Ltd. gegründet. Die für ihren Betrieb benötigten Anlagen und Apparaturen wurden in eine bereits bestehende, aber nicht mehr genutzte Fabrik eingebaut. Die ehemalige Färberei, steht im dem Loch Lomond abgewandten Teil von Alexandria.

1971 wurde die Littlemill-Gruppe und mit ihr Loch Lomond von Barton Brands (USA) übernommen. 1982 ging sie von Barton Brands an ADP (Amalgated Distilled Products plc) weiter. Diese neue Besitzerin schloss die Destillerie Loch Lomond im Jahr 1984. Ein Jahr später (1985) kaufte die schottische Gesellschaft Loch Lomond Distillery Co. Ltd. die moderne Brennerei, um für ihre große Abfüllfirma

Oben · Neben den für diese Destillerie speziellen *stills* stehen im großen *stillhouse* auch zwei ganz »normale« *pot stills*. Auch in ihnen wird Malt-Whisky destilliert.

Unten · Die moderne Destillerie mit den etwas eigenwillig aussehenden Produktionsgebäuden. Im linken stehen ebenerdig die *stills* für die Malt-Whisky-Herstellung. Die im Jahr 2008 in Betrieb genommene neue große *still* geht über die ganze Gebäudehöhe. In der oberen Etage befinden sich der *mash tun* und die Gärbottiche. In der rechten Halle ist die Grain-Whisky-Produktion.

Glen Catrine Bonded Warehouse Ltd. genügend Whisky zu bekommen, und nahm 1986/87 bei Loch Lomond die Produktion wieder auf.

Für die Malt-Whisky-Produktion besitzt Loch Lomond eigene Apparaturen und Anlagen. Das angelieferte Gerstenmalz wird in großen Malzsilos gelagert, bevor es in der modernen Mühle zu *grist* verarbeitet wird. Der Maischbottich *(full lauter)* ist komplett aus Edelstahl. Auch die 18 *wash backs* sind aus Edelstahl. Zehn von ihnen stehen im Gebäude der Malt-Destillerie, acht im Freien.

Loch Lomond ist zurzeit die einzige Destillerie, in der unter einem Dach in einer *continuous still* (sie wurde 1994 eingebaut) Grain-Whiskys und in zwei konventionellen *pot stills* sowie in sechs speziellen *stills* – vier von ihnen werden sehr oft fälschlicherweise als *Lomond stills* bezeichnet – Malt-Whiskys hergestellt werden.

Bei den »echten« *Lomond stills* sind in den rohrförmigen Aufbau, der den Schwanenhals ersetzt, Kupferplatten eingebaut, mit deren Hilfe der Destillierprozess beeinflusst und Whiskys mit verschiedenen Geschmacksnuancen gebrannt werden können. Bei den vier ähnlich aussehenden *stills* in der Destillerie Loch Lomond handelt es sich jedoch um Kombinationen von *pot* und *column stills*. Auf die Brennkessel der vier *pot stills* sind jeweils statt dem sonst üblichen sich nach oben verjüngenden Schwanenhals zylindrische Rohre mit Elementen ähnlich denen in einer kontinuierlichen *still* mit mehreren *spirit plates* (perforierten Platten) aufgebaut. Diese Platten – sie haben jede mehr

oder weniger die Wirkung einer kleinen *still* – können entfernt und/oder in der Höhe verstellt werden. So lassen sich in der gleichen *still* durch Variation der Anordnung der Platten verschiedenste Arten von Whiskys mit unterschiedlichen Geschmäckern herstellen. Dies wird hier auch tatsächlich gemacht: Whiskys kommen unter verschiedenen Namen in verschiedensten Geschmacksrichtungen als Original- oder Eigentümerabfüllungen auf den Markt.

Ende 2007/Anfang 2008 wurden im Malt-Whisky-Gebäude zwei riesige Spezial-*stills* mit metallisch glänzenden Rohren eingebaut. Es handelt sich dabei um eine Weiterentwicklung der vier vorher beschriebenen Spezial-*stills* mit bedeutend höheren Kapazitäten. Es handelt sich dabei eher um *column* als um *pot stills*. Sie stehen jedoch im Gebäude der Malt-Destillerie und werden auch vor allem für die Herstellung von Malt-Whiskys verwendet.

Das provozierte: Die Scotch Whisky Association (SWA) formulierte ihre neuen Richtlinien im Jahr 2009 so, dass der bei Loch Lomond in dieser speziellen *still*-Art produzierte Malt-Whisky nicht den Spezifikationen für einen Scotch

Loch Lomond · ist der größte und wohl schönste See Schottlands mit zwei komplett unterschiedlichen Gesichtern: Am Westufer lösen sich auf den gesamten 40 Kilometern Rastplätze, Hotels, Restaurants, Souvenirläden und sonstige auf Touristen ausgerichtete Angebote in lockerer Folge ab. Einige Rastplätze bieten zusätzlich aber beinahe unglaublich schöne Aussichten und Stimmungen. Das Ostufer des Sees ist dagegen eine ruhige Gegend mit nur wenigen Hotels und ohne Durchgangsverkehr. Das nordöstliche Ende des Loch Lomond ist Teil eines Nationalparks. An dieser Uferseite entlang führt der berühmteste schottische Wanderweg, der West Highland Way. Er beginnt in Milngawie am Stadtende von Glasgow und endet nach über 150 Kilometern in Fort William.

Ben Lomond · 974 Meter hoher Berg; steht am nordöstlichen Ufer des Loch Lomond; überwältigende Aussicht.

Malt Whisky entspricht und deshalb auch nicht so genannt werden dürfte. Dabei ist zu bemerken, dass die Destillerie Loch Lomond nicht Mitglied der SWA ist und dieser deshalb sicher ein Dorn im Auge sein dürfte. Wie wird dieses Problem – die neuen Gesetze sind in Kraft – wohl gelöst?

In der Destillerie werden sowohl ungetorfte als auch getorfte Whiskys produziert.

Für Letztere ist ungefähr ein Monat Produktionszeit eingeplant.

Als Single Malts (ich nenne sie hier weiter so) aus dieser Destillerie gibt es dank den speziellen *stills* beispielsweise den »Loch Lomond« (ungetorft und getorft), »Inchmurrin«, »Old Rhosdhu«, »Croftengea«, »Inchmoan«, »Craiglodge«, »Glen Douglas«, »Inchfad«. In den neuen *stills* wird seit 2008 – unter anderem – auch der Nachfol-

ger des längere Zeit nicht mehr abgefüllten »Old Rhosdhu« gebrannt. Der junge Whisky lässt auf einen interessanten, aromatischen und eher süßlichen Malt schließen.

Die Whiskys – ob Grain oder Malt – werden in den um die 30 großen Lagerhäusern auf dem Gelände der Destillerie gelagert. Dabei werden die normalerweise nach drei Jahren und einem Tag Lagerung (Mindestlagerzeit für Whiskys in Schottland) weiterverarbeiteten Grain-Whiskys nicht in liegenden, sondern in stehenden Fässern gelagert. Sie werden zu sechst auf einem großen Palett zusammengebunden und so in den Hochregalen der Lagerhäuser gereift.

Loch Lomond betreibt für die Fassbewirtschaftung eine eigene Küferei.

Einer der von Loch Lomond hergestellten Blends trägt die Bezeichnung Single Blend. Single Malt oder Single

Grains dürfen ja bekanntlich nur Whiskys genannt werden, die aus einer einzigen Destillerie stammen. Weil aber in der Destillerie Loch Lomond sowohl Malt- als auch Grain-Whiskys hergestellt werden, kann aus diesen ein Single Blend, bei dem alle für ihn verwendeten Malt- und Grain-Whiskys aus dieser Destillerie stammen, gemischt, abgefüllt und so genannt werden.

Whiskys von Loch Lomond lassen sich auch bei den Unabhängigen finden.

Alexandria, die Stadt mit dem ägyptisch klingenden Namen, liegt am südlichen Ende eines wunderschönen Sees mit dem Namen Loch Lomond. Die Destillerie mit dem Namen Loch Lomond liegt aber nicht am See, sondern in einem Industriegebiet im Osten der Stadt.

Kommt man auf der A82 aus Glasgow über Dumbarton nach Alexandria, zweigt man beim großen Kreisverkehr auf die A811 nach rechts ab und fährt auf ihr ungefähr einen Kilometer bis zum nächsten großen Kreisverkehr weiter. Dort nimmt man ebenfalls die Straße nach rechts (B857). Sie trägt hier den Namen Luss Road. Ungefähr nach einem weiteren guten Kilometer geht links die Heather Avenue weg. Dieser folgt man; ein kleines Stück hinter der Bahnunterführung liegt die Destillerie auf der rechten Seite.

Diese in Schottland nur in dieser Destillerie eingesetzte spezielle *still*-Art hat – obwohl die Destillerie ihren Namen trägt – nichts mit einer *Lomond still* gemein. Jene wurde in der Inverleven Distillery in Dumbarton erfunden. In der Destillerie stehen vier *stills* dieser Kombination von *pot* und *column still*.

Der Name bedeutet	Name des nahegelegenen Sees
Aussprache	Loch Lomend
Whiskyregion	Lowland
Adresse	Loch Lomond Distillery Lomond Industrial Estate, Alexandria G83 0TL Scotland
Kontakt	www.lochlomonddistillery.com Telefon +44 (0)1389 75 27 81
Club	Kein Club
Gründung	1965
Status	In Betrieb
Besitzer	Loch Lomond Distillery Co. Ltd.
Stills	8 (4 spezielle und 2 *pot stills* plus eine neue, aus zwei *columns* bestehende *still*) Grain-Destillerie mit einer *continuous still*
Kapazität pro Jahr	5 000 000 Liter (wird nicht voll genutzt)
Besucher	Kein Besucherzentrum ★★★☆☆ Besuche sind aber nach Voranmeldung möglich (wenn auch nicht einfach zu vereinbaren). (Nicht zu knapp vor dem geplanten Besuch anrufen.)
Rating	★★★☆☆☆☆
Hausstil	Loch Lomond: Eiche, Vanille, fruchtig, malzig, süßlich

Croftengea:
Rauchig, fruchtig, Vanille, malzig, süßlich

Inchmurrin:
Eukalyptus, Toffee, Minze, Spur Rauch, süßlich

Old Rhosdhu:
Heidekraut, malzig, würzig, süßlich

… und weitere Sorten.

Lochside †

Montrose • schöne Hafenstadt; liegt zwischen dem Montrose Basin (Naturschutzgebiet) und der Nordsee.

Caledonian Railway • von Eisenbahn-Enthusiasten betriebene Dampf- und Dieselbahnstrecke mit regelmäßigen Fahrten zwischen Brechin und Bridge of Dun in der Nähe des Montrose Basin (circa 8 Kilometer).

Die Destillerie Lochside

Die großen und hohen Gebäude der Destillerie Lochside waren – und dies war deutlich zu erkennen – nicht als Destillerie gebaut worden. Sie dienten tatsächlich über 200 Jahre lang einer dort existierenden Brauerei (James Deuchars & Sons), bevor sie 1957 in eine Destillerie umgebaut wurden. Gründer der Destillerie war Joseph W. Hobbs. Dieser war kein Unbekannter in der Whiskyindustrie, so gehörte ihm zum Beispiel neben anderen auch die Destillerie Ben Nevis in Fort William. Er gründete die Destillerie Lochside vor allem für die Produktion von Grain-Whisky. Bis 1961 war dies auch das einzige Produkt, das hier gebrannt wurde.

Anfang der 1960er Jahre verschärfte sich aber der Konkurrenzkampf – und damit auch der Preisdruck – unter den großen Grain-Destillerien. Hobbs reagierte sofort: Er baute einige Anlagen um und installierte vier *pot stills* neben der bestehenden *continuous still*. Diese hatte eine Höhe von über 20 Metern. Er begann Malt-Whiskys herzustellen, denn diese versprachen eine größere Rendite. Die beiden bei Lochside produzierten Whiskyarten wurden in der Destillerie selbst zu Blends verarbeitet. Joseph W. Hobbs war ein Verfechter des *blending at birth,* das heißt des Mischens von Whiskys vor der Lagerung in Eichenfässern.

Die Destillerie in Montrose betrieb er unter dem Firmennamen Macnab Distillers Ltd. Den dort als Hauptprodukt

Rechts • Direkt hinter den *pot stills* – hier zwei von ihnen – standen die runden *wash backs*. Foto © RCAHMS

Unten • In einem separaten *tun room* standen die speziellen, eckigen, Gärbottiche aus Edelstahl. Foto © RCAHMS

hergestellten Blend nannte er »Sandy Macnab's«. Im Jahr 1964 übernahm der Sohn von Joseph W. Hobbs, Joseph jr., die Leitung der Destillerie.

Dieser nahm im Laufe des Jahres 1970 die *continuous still* außer Betrieb und destillierte nur noch Malt-Whisky. Von 1971 bis Ende 1972 war Lochside dann sogar komplett stillgelegt. 1972 kaufte die spanische Spirituosenfirma Distillerias y Crianza (DYC) die Destillerie. Der Blend mit dem Namen »Sandy Macnab's« wurde bis zur vollständigen

Der Name bedeutet	See-Seite oder Seen-Platte
Aussprache	Loch-seid
Whiskyregion	Highland
Adresse	Lochside Distillery Montrose, Angus DD10 9AD Scotland
Kontakt	Kein Web und Telefon
Club	Kein Club
Gründung	1957
Status	Geschlossen 1992; letzte Gebäude abgerissen, 2005
Besitzer	Letzter war Distillerias y Crianza, DYC (Spanien); Tochter von Allied Domecq Ltd.
Stills	Früher 4 (2 *wash*; 2 *spirit*) Grain-Destillerie mit einer *continuous still*
Kapazität pro Jahr	Unbekannt
Besucher	Nein; existiert nicht mehr
Rating	★★★★☆☆☆ (nur Whisky)
Hausstil	Leicht, mild, wenig Rauch, fruchtig, süßlich, malzig

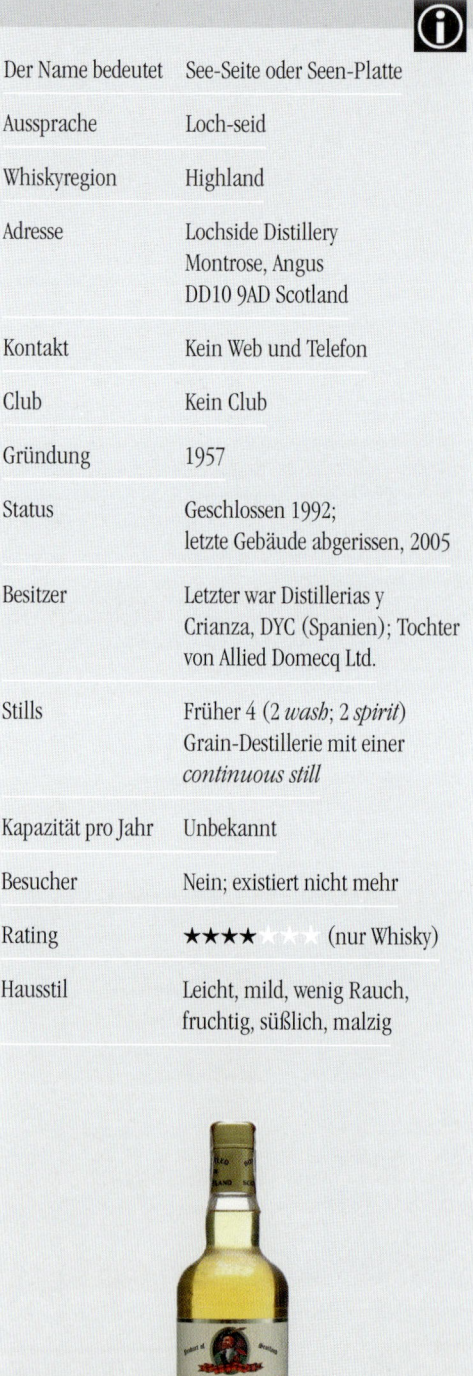

Stilllegung der Destillerie weiter in Montrose mit von Lochside stammendem Malt und schottischen Grain-Whiskys aus verschiedenen Destillerien geblendet. Der Malt-Whisky wurde jedoch zum größten Teil in Tanklastwagen abgefüllt und nach Spanien gebracht. Dort wurde er in Fässern ausgereift und für die spanischen Blends verwendet.

1992 wurde die Destillerie endgültig stillgelegt. Sie gehörte später über die Verbindung DYC/Hiram Walker zu Allied Distillers Ltd.

Lochside produzierte zu ihrer Blütezeit mit einem Maischbottich aus Gusseisenplatten ohne Deckel. Die neun Gärbottiche waren aus Edelstahl. Gordon Mitchell – er war einer der *stillmans* bei Lochside, bevor er nach weiteren Stationen als Distillery-Manager für Arran verantwortlich zeichnete – erzählte mir, dass sowohl Maisch- als auch Gärbottiche keine Deckel hatten und in der Destillerie immer ein unbeschreiblicher Duft in der Luft hing.

Die vier *stills* (je zwei *wash* und *spirit*) hatten einen langen, dünnen Hals. Die Rohrkondensatoren standen im gleichen Raum. Das *stillhouse* war gegen das Gärhaus offen. Der Whisky wurde in den um das hohe Gebäude stehenden Lagerhäusern zu fast hundert Prozent in Ex-Bourbon-Fässern gelagert. Lochside verfügte über eine eigene Flaschenabfüll-Abteilung.

Im Laufe des Jahres 1995 entfernte man alle Anlagen und Whiskyvorräte aus den Gebäuden. Eine Baufirma kaufte die leeren Gebäude und wollte sie in Appartements umbauen. Weil sich diese Pläne verzögerten und sich niemand mehr um sie kümmerte, musste Lochside wegen Einsturzgefahr, die sich nach einem Anfang 2005 ausgebrochenen Feuer noch erhöhte, abgerissen werden. Lochside wird – leider – nie mehr Whisky produzieren.

Die unter dem Label »Macnab« realisierten Originalabfüllungen des Malt-Whisky aus der Destillerie Lochside (sie wurden nach 8, 10 und 12 Jahren Fasslagerung abgefüllt) sind heute sehr schwer zu bekommen. Es gibt jedoch auch einige Abfüllungen von den Unabhängigen. Unter diesen findet man auch rare Single Grains aus der Zeit, in der bei Lochside ebenfalls diese Whiskyart produziert wurde.

Rechts · Das Einfahrtstor mit den alten Beschriftungen gibt es nicht mehr.

Unten · Auch so kann eine Destillerie aussehen: Die stillgelegte Destillerie Lochside im ehemaligen Brauereigebäude. Im Jahr 2005 wurde sie abgerissen.

Die Destillerie Lochside stand in Montrose, einer kleinen, aber interessanten Hafenstadt an der Ostküste des schottischen Hochlands (zwischen Dundee und Aberdeen) in der Region Angus. Man erreichte sie von Dundee aus auf der A92 in Richtung Norden über Arbroath.

Lochside stand direkt an der A92 etwa zwei Kilometer nördlich des Bahnhofs (auch an diesem führt die A92 unmittelbar vorbei) an der Kreuzung der North Esk Road mit der Brechin Road. Ihre Gebäude wurden im Jahr 2005 abgerissen.

Longmorn

Elgin · eine interessante und lebendige Stadt aus dem Mittelalter mit etlichen historischen Gebäuden und Monumenten, vielen Restaurants, Kaffeehäusern und Shops.

Elgin Cathedral · Ruine einer großen Kathedrale, deren Ursprünge auf das 12. Jahrhundert zurückgehen; ein wirklich beeindruckender Ort.

Die Destillerie Longmorn

An der Stelle, an der 1894 die Destillerie Longmorn gebaut wurde, stand früher die Kapelle des zu seiner Zeit sehr bekannten und verehrten Einsiedlers Morgan. Die Kapelle wurde nach seinem Tod in eine Mühle umfunktioniert, und diese wurde wiederum später in die neuen Destilleriegebäude integriert.

Die Destillerie liegt an einem Bach und direkt an der heute nicht mehr existierenden Bahnlinie der Great North of Scotland Railway Company. Sie besaß einen eigenen Gleisanschluss.

Der Gründer der Destillerie Longmorn, John Duff, erhielt bei der Gründung 1894 finanzielle Unterstützung von seinen Freunden George Thomson und Charles Shirres. Bereits 1897 war Duff jedoch in der Lage, die Anteile an seine Freunde zurückzuzahlen.

Er vereinigte Longmorn 1899 mit der ebenfalls ihm gehörenden und von ihm 1898 in unmittelbarer Nachbarschaft von Longmorn gebauten Destillerie Benriach unter dem Dach einer neuen Firma mit dem Namen Longmorn Distillery Co. Ltd.

Wegen des Konkurses der Firma Pattison-Elder bekam Duff um die Jahrhundertwende enorme finanzielle Probleme und musste seine Anteile an eine Bank verpfänden. Diese verkaufte einen großen Teil der Aktien an James R. Grant (Glen Grant).

Damit wurde die Familie Grant mehr oder weniger Besitzerin von Longmorn. 1970 fusionierte Grant die Longmorn Distillery Co. Ltd. mit Glen Grant und The Glenlivet in der The Glenlivet Distillers Ltd.

Im gleichen Jahr wurde bei Longmorn die eigene Mälzerei aufgegeben. Sie erhielt das Malz ab diesem Zeitpunkt von Benriach.

Die Kapazität von Longmorn wurde 1972 von vier auf sechs, 1974 weiter auf acht *stills* ausgebaut.

1977 wurde The Glenlivet Distillers Ltd. zusammen mit Longmorn und deren Nachbarin Benriach von Seagram (Kanada) übernommen und in ihre schottische Tochter Chivas Brothers Ltd. integriert.

Longmorn wurde im Jahr 2001 im Zuge des Ausverkaufs der kanadischen Seagram-Gruppe – ebenfalls wieder als Teil eines Paketes – an den französischen Konzern Pernod Ricard veräußert.

Einen Besuchstermin in dieser Destillerie sollte man rechtzeitig mit den Verantwortlichen in der Destillerie vereinbaren, denn sie ist nicht für Besucher eingerichtet.

Dort erfährt und sieht man folgendes:

Das Gerstenmalz wird heute von Großmälzereien angeliefert und in den großen Malzsilos zwischengelagert. In der Gerstensiebmaschine werden eventuell in ihm noch vorhandene Fremdkörper entfernt. Dann wird es in der alten Malzmühle zu *grist* gemahlen.

Im traditionellen Maischbottich – er besteht ganz, das heißt inklusive Deckel, aus Edelstahl – wird mit heißem Wasser die Stärke aus dem Malz herausgewaschen. Im Gärhaus stehen die acht *wash backs* aus Edelstahl.

Die acht *stills*, sie stehen in zwei durch ein Tor getrennten *stillhouses* (je vier *wash* und *spirit*), sind zwiebelförmig ohne Ein- oder Ausbuchtungen und eher klein. Ihre Rohrkondensatoren stehen außerhalb des Brennhauses. Die *stills* wurden früher mit Kohle direkt beheizt. Eine echte Augenweide sind die *spirit and sample safes* bei Long-

Eine wahre Augenweide: die *spirit and sample safes*.

morn. Ihre abschließbaren Messingkästen glänzen auf mit schönen Holzpaneelen abgedeckten Gestellen um die Wette – wirklich beeindruckend.

Der Longmorn wird in Ex-Bourbon- aber auch in Ex-Sherry-Fässern gereift. Die Lagerhäuser von Longmorn sind niedrig und haben Naturböden.

Longmorn ist eine der wenigen Destillerien in Schottland, die seit ihrer Gründung bis heute mehr oder weniger ununterbrochen in Betrieb waren. Der in ihren *stills* destillierte Malt gehört ganz klar mit zu den besten Whiskys der Speyside. Er verschwindet jedoch fast vollständig in den verschiedensten Blends, vor allem im »Chivas Regal«, »Ballantines« und im »Royal Salute«.

Als Single Malt in Original- beziehungsweise Eigentümerabfüllung gab es den Longmorn als 15-Jährigen bereits länger. Im Jahr 2004 kam ein 17-Jähriger in Fassstärke auf den Markt. Diesem folgte 2007 die neue Standard-Abfüllung, ein 16-Jähriger in einer neuen Flaschenform. Der Longmorn wurde und wird aber auch zu speziellen Anlässen und Jubiläen abgefüllt.

In Abfüllungen der Unabhängigen trifft man ihn ebenfalls immer wieder einmal an.

Oben • Die Destillerie Longmorn steht inmitten von Gerstenfeldern.

Unten • Die eher kleinen *stills* haben ihre Rohrkondensatoren außerhalb des *stillhouse*.

Südlich der mittelalterlichen Stadt Elgin mit der berühmten Ruine einer Kathedrale liegen in Longmorn die beiden, lange Zeit als Zwillings-Destillerien bezeichneten Brennereien Benriach und Longmorn.

Fährt man von Elgin aus auf der A941 Richtung Süden, das heißt in Richtung Rothes–Craigellachie, kommt man schon nach wenigen Kilometern zum Weiler Longmorn. Die Destillerie Benriach liegt auf dessen Gebiet direkt an dieser Straße.

Kurz nach Benriach zweigt links die schmale Straße zur Destillerie Longmorn ab. Sie liegt mehr oder weniger direkt hinter Benriach.

Der Name bedeutet	Morgan's Kirche (wird auch als »Platz des heiligen Mannes« bezeichnet)
Aussprache	Long-morn
Whiskyregion	Speyside
Adresse	Longmorn Distillery Lithe Lochan, Longmorn, Elgin, Morayshire IV30 3SJ Scotland
Kontakt	Keine eigene Homepage Besitzer www.pernod-ricard.com Telefon +44 (0)1542 78 34 17
Club	Kein Club
Gründung	1894
Status	In Betrieb
Besitzer	Chivas Brothers Ltd. (Pernod Ricard SA)
Stills	8 (4 *wash*; 4 *spirit*)
Kapazität pro Jahr	3 500 000 Liter
Besucher	Kein Besucherzentrum ★★★☆☆ Besuche sind aber nach Voranmeldung möglich. (Nicht zu knapp vor dem geplanten Besuch anrufen.
Rating	★★★★★☆☆
Hausstil	Ölig, malzig, fruchtig, aromatisch, süßlich, weich, lang

Macallan, The

Die Destillerie Macallan

Für viele Whiskyliebhaber gilt die 1824 von Alexander Reid gegründete Destillerie Macallan als der Rolls-Royce unter den Speyside-Destillerien. Ihre Produkte gehören zu den schottischen Kult-Whiskys. 1825 übernahm die Firma Alexander Reid & Co. als Betreiber-Gesellschaft die Destillerie, Alexander Reid blieb aber bis zu seinem Tod im Jahr 1847 Leiter von Macallan.

Sein Sohn Alexander jr. übernahm danach die Leitung, tat sich aber ein Jahr später, 1848, mit zwei Partnern (James Priest und James Davidson) in einer Gesellschaft zum Betrieb der Destillerie zusammen. James Davidson wurde bald alleiniger Besitzer von Macallan. Er verkaufte sie später an James Stuart, der 1868 die Lizenz von Macallan übernahm. James Stuart besaß bereits die Destillerie Glen Spey in Rothes. Er verkaufte Macallan 1892 an Roderick Kemp. Dieser baute die Destillerie weiter aus und benannte sie in Macallan-Glenlivet um. Seine Familie hielt nach seinem Tod im Jahr 1909 über den Roderick Kemp Trust bis 1996 Anteile an der Firma. Ab 1946 hieß die Besitzerin R. Kemp Macallan-Glenlivet Ltd.

Von 1951 bis 1975 wurde Macallan laufend um- und ausgebaut und ihre Kapazität erweitert. Auch ihre *still*-Anzahl musste den Forderungen des Marktes angepasst werden: 1966 wurde sie erhöht von sechs auf zwölf, 1974 auf 18 und 1975 auf 21 *stills*. Ein Teil der *stills* in einem

Etwas speziell sind die wirklich kleinen *stills* mit ihren langen *lyne arms*, welche in die Rohrkondensatoren führen.

der beiden *stillhouses* wurde im Laufe der folgenden Jahre aber »eingemottet«.

1968 wurde Macallan unter dem Firmennamen Macallan-Glenlivet Ltd. an die Börse gebracht. Dies ermöglichte 1996 die feindliche Übernahme durch Suntory (diese japanische Firma hatte bereits 1986 25 Prozent der Macallan-Aktien gekauft) und Highland Distillers & Co. Ltd. (auch sie war bereits vorher Aktionärin bei Macallan). Im Jahr 1999 übernahm die schottische Edrington Group die Aktienmehrheit der Highland Distillers & Co. Ltd. und damit auch die Mehrheit von Macallan und anderen zu dieser Firma gehörenden Destillerien. Sie kaufte zudem die Anteile von Suntory zurück.

Das schöne alte Besucherzentrum im Easter Elchies House, dem Wahrzeichen von Macallan, wurde im Jahr 2005 geschlossen und das Gebäude einer Totalrenovierung unterzogen. Dieses Haus war zu Beginn des 19. Jahrhunderts Sitz von Charles Grant, Laird of Easter Elchies und Gründer des Ortes Charlestown of Aberlour.

Als Ersatz für das Easter Elchies House wurde an der Zufahrtsstraße zur Destillerie oberhalb der Destilleriegebäude ein neues Besucherzentrum in Betrieb genommen. 2006 war die Renovierung des Easter Elchies House abgeschlossen. Es bietet jetzt auch Übernachtungsmöglichkeiten und schöne Repräsentationsräume. Im Lagerhaus N° 7 wurde eine neue Besucherattraktion über die wichtige Rolle der Fässer für den Geschmack eines Whiskys unter dem Motto »Story of Wood« geschaffen.

Ein Besuch bei Macallan beginnt im Besucherzentrum und führt durch die nicht sehr attraktive Destillerie, die

Der Name bedeutet	Fillan's Ebene (auch Sohn des Allan)
Aussprache	Mäk-ällen
Whiskyregion	Speyside
Adresse	Macallan Distillery Easter Elchies, Craigellachie AB38 9RX Scotland
Kontakt	www.themacallan.com Telefon +44 (0)1340 87 22 80
Club	The Macallan Club Mitgliedschaft gratis; Anmeldung über die Website der Destillerie
Gründung	1824
Status	In Betrieb
Besitzer	Highland Distillers Ltd. (The Edrington Group Ltd.)
Stills	21 (7 *wash*; 14 *spirit*)
Kapazität pro Jahr	9 000 000 Liter
Besucher	Ja ★★★☆☆ Besucherzentrum mit Shop und anderen Attraktionen ❤❤❤
Rating	Gäbe es nur Macallan Sherry ★★★★★★★ aber mit Macallan Fine Oak ★★★(★) ☆☆☆
Hausstil	Sherry-Linie: Sherry, malzig, fruchtig (Orangen?), Honig, süß, lang

Fine-Oak-Linie: Vanille, malzig, Eiche, wenig Sherry, würzig |

Die Destillerie Macallan liegt auf einer Anhöhe auf dem Aberlour gegenüberliegenden Ufer des Spey River.

Von Elgin aus fährt man bis zum Ort Rothes auf der A941 und zweigt dort auf die B9102 ab. Kurz nach der Steigung durch einen kleinen Wald geht die zur Destillerie führende Straße links weg (Wegweiser).

343

Craigellachie Bridge · beeindruckende Eisenkonstruktion aus dem Jahr 1814 mit Schlosstürmchen auf beiden Ufern; führt zwischen Aberlour und Craigellachie über den Spey River. Über sie rollte bis 1972 noch der Verkehr, heute ist sie eine Fußgängerbrücke.

Speyside Cooperage · die größte Fassfabrik der Speyside zwischen Craigellachie und Dufftown. Führungen, Shop, Restaurant.

noch stark von dem um sie in den letzten Jahrzehnten aufgebauten Kult lebt.

Macallan pflanzt auf dem zu ihrem Besitz gehörenden Gelände mindestens einen Teil der benötigten Gerste (Golden Promise) selbst an, lässt diese aber in einer Großmälzerei mälzen.

Man könnte sagen, dass Macallan heute eigentlich mit zwei Destillerien arbeitet, für die nur die ersten Produktionsschritte identisch sind: Nach dem Kontrollieren des Malzes wird dieses in einer Malzmühle gemahlen. Von dort kommt der *grist* in eine der beiden Destillerien. Ich nenne sie nun einfach Macallan 1 und 2.

Bei Macallan 1, der größeren der beiden, geschieht das Maischen in einem *full lauter mash tun* aus Edelstahl; auch der Deckel ist aus diesem Material. Vergärt wird in 16 Edelstahl-*wash backs,* man hat diese vor Jahren als Ersatz für die Gärbottiche aus Douglas-Fichte eingebaut. Destilliert wird in 15 *stills* (fünf *wash* und zehn *spirit*). Die *stills* gehören zu den kleinsten in der Speyside und entsprechen alle den Originalen aus den Gründungsjahren. Sie sind zwiebelförmig ohne Ein- oder Ausbuchtungen. Die Dampfrohre gehen vom *still*-Kopf relativ stark nach unten geneigt ab und führen in die ebenfalls im *stillhouse* stehenden Rohrkondensatoren.

Macallan 2 arbeitet eher nach konventionelleren Methoden: Der Maischbottich ist ein *semi lauter mash tun*, und für die sechs neuen *wash backs* wurde wieder Douglas-Fichte gewählt. In dieser zweiten Destillerie stehen sechs *stills* (2 *wash* und 4 *spirit*). Es sind die genau gleichen Typen wie die in Macallan 1 stehenden. Macallan 2 war längere Zeit stillgelegt, wurde aber in den Jahren 2008 und 2009 restauriert, mit einigen neuen Anlagen versehen und wieder in Betrieb genommen.

Macallan verwendete lange Zeit nur gebrauchte Oloroso-Sherry-Fässer aus Spanien für ihre Whiskys. Engpässe in der Versorgung mit guten Fässern führten seit ein paar Jahren dazu, dass Macallan Fässer in Spanien herstellen lässt, sie an Weinfirmen ausleiht und nach dem ersten Gebrauch in Jerez nach Schottland bringt. Parallel dazu hat Macallan vor etlichen Jahren damit begonnen, seine Malts in großem

Stil auch in Ex-Bourbon- und Standard-Eichen-Fässern zu lagern und auszureifen. Dies und die gestiegene Nachfrage nach den Whiskys von Macallan haben zu einem Engpass bei den in Sherryfässern gelagerten Whiskys geführt und die Destillerie im Jahr 2004 gezwungen, eine neue, beinahe sherryfreie Linie mit dem Namen »Fine Oak« auf den Markt zu bringen. Diese neue Whiskylinie hat aber nichts mehr mit einem richtigen Macallan zu tun und ist für alte Macallan-Fans zumindest gewöhnungsbedürftig. Sie hat aber international, vor allem in den neuen Märkten, einen sehr guten Anklang gefunden.

Oben · Die Firmenbeschriftung führt vom alten *stillhouse* rechts zum neuen links. Sie kann aber nur ungenügend von den nicht sehr attraktiven Gebäuden dieser Destillerie ablenken.

Unten · Die Gärbottiche *(wash backs)* sind aus Douglas-Fichte. Im Nebenraum sieht man einen Teil des Maischbottichs.

Als Single Malt gibt es den Whisky schon sehr lange in den verschiedensten Alterungs- und *finishing*-Stufen sowohl in Originalabfüllungen als auch in solchen von den Unabhängigen. Ihre Vielfalt war schon beinahe nicht mehr überblickbar. Als Standard in Originalabfüllung gibt es ihn in der »Sherry-Linie« als 10-, 12-, 18-, 25- und 30-Jährigen. In der »Fine Oak-Linie« ist er als 10-, 12-, 15-, 17-, 18-, 21-, 25- und 30-Jähriger erhältlich. Für die Duty Free Shops gibt es spezielle Abfüllungen wie »Elegancia«, »Oscuro«, »Whisky Maker's Edition« usw.

Zusätzlich gibt es den Macallan in einer sehr großen Anzahl an Jahrgangsabfüllungen ab dem Jahr 1926 zu entsprechenden Preisen.

Zum Teil wird der Malt-Whisky dieser Destillerie auch unter anderen Namen angeboten.

Alte und rare Macallan's sind extrem teuer und gesucht. Auch die Unabhängigen bieten den Macallan vor allem in Jahrgangsabfüllungen an.

Macduff
(Glen Deveron)

Banff · altes Städtchen mit einem kleinen Hafen.

Macduff · neuere Siedlung mit einem malerischen und interessanten Fischerhafen; sehenswertes Aquarium.

Duff House · Herrenhaus aus dem 18. Jahrhundert; interessante Anlage mit schönem Park; bedeutende Sammlungen und Ausstellungen.

Die Destillerie Macduff

Die Destillerie Macduff wurde 1962 vom Konsortium Glen Deveron Distillers Ltd. gebaut. Hinter diesem standen die drei Geschäftsleute Brodie Hepburn, Marty Dykes und George Crawford.

Der Name der Destillerie stammt vom kleinen Fischerstädtchen und -hafen Macduff, auf dessen Gebiet sie liegt. Das Städtchen selbst wurde zu Ehren einer Familie in dieser Gegend so benannt. Sie bewohnte das auf der der Destillerie gegenüberliegenden Seite des River Deveron liegende, sehenswerte Duff House. Der Hafen von Macduff ist wichtiger als derjenige der Stadt Banff.

Die Produktion in der Destillerie konnte nach einjähriger Bauzeit 1963 aufgenommen werden. Stanley P. Morrison von Morrison Bowmore stieg 1966 als Aktionär bei Glen Deveron Distillers Ltd. ein, verkaufte seine Anteile aber 1969 weiter.

1972 wurde Macduff an William Lawson Distillers Ltd. verkauft. Diese Firma ist bereits seit dem 19. Jahrhundert als Händlerin und Blendingfirma im Whiskygeschäft tätig und besitzt einen Flaschenabfüllbetrieb in Coatbridge, in dem pro Jahr über 20 Millionen Flaschen abgefüllt werden. Lawson Distillers wollte mit dem Kauf von Macduff die Belieferung mit dessen Whisky, der einen der Hauptbestandteile ihrer Blends wie beispielsweise dem »William Lawson's Finest« bildet, sicherstellen. William Lawson Distillers Ltd.

wurde 1980 an die luxemburgische Gesellschaft General Beverage Corporation verkauft. Diese gehörte zum italienischen Getränkekonzern Martini & Rossi. Der Getränkeriese Bacardi kaufte im Jahr 1992 Martini & Rossi und übergab Macduff seiner schottischen Tochterfirma John Dewar & Sons Ltd.

Die Kapazität von Macduff wurde 1966 von zwei auf drei, im Jahr 1968 auf vier und das letzte Mal im Jahr 1990 auf fünf *stills* erhöht. 1990 wurde ein neues Gär- und Brennhaus gebaut, in welchem die neuen Anlagen Platz fanden.

An der Straße, die zur Destillerie führt, fallen einem als erstes die vielen Lagerhäuser mit ihren schwarzen Mauern auf. Sie erwecken den Eindruck, als würde es sich bei Macduff um eine uralte Destillerie handeln oder dass es vor Kurzem gebrannt haben muss. Schuld an dem Eindruck ist aber ein Pilzbefall. Es handelt sich um schwarze Schimmelpilze, die sich vom Alkohol in der Luft, dem

Rechts · Für einmal keine »Boby«- oder »Porteus«-Mühle: Bei Macduff steht eine moderne Mühle der Firma Bühler aus der Schweiz.

Unten · Aus den drei *spirit stills* führen die Dampfrohre in einem extremen Bogen in die waagrecht liegenden Rohrkondensatoren.

Unten rechts · Auch die *lyne arms* der *wash stills* sind speziell geformt. Ihre Rohrkondensatoren stehen jedoch aufrecht.

Der Name bedeutet	Ebene der Duff's, Sohn des Duff, auch Name des nahe gelegenen Fischerhafens und -städtchens
Aussprache	Mäk-daff
Whiskyregion	Highland
Adresse	Macduff Distillery Banff, Banffshire AB4 3JT Scotland
Kontakt	Keine eigene Homepage Besitzer www.dewars.com Telefon +44 (0)1261 81 26 12
Club	Kein Club
Gründung	1962
Status	In Betrieb
Besitzer	John Dewar & Sons Ltd. (Bacardi Ltd.)
Stills	5 (2 *wash*; 3 *spirit*)
Kapazität pro Jahr	3 250 000 Liter
Besucher	Kein Besucherzentrum ★★★☆☆ Besuche sind aber nach Voranmeldung möglich. (Nicht zu knapp vor dem geplanten Besuch anrufen.)
Rating	★★★☆☆☆☆
Hausstil	Rund, malzig, Vanille, leicht süß, Spur Rauch, lang

angels' share, ernähren. Die Destillerie selbst stammt aus den 1960er-Jahren. Ihre Gebäude, sie stehen auf der linken Straßenseite, sind moderne Zweckbauten. Macduff besitzt keinen *kiln*.

Weil Macduff keine Besuchereinrichtungen hat, ist es unbedingt ratsam, sich rechtzeitig für einen Besuch anzumelden.

Macduff ist nicht nur von außen eine moderne Destillerie, sie ist es auch im Inneren. So war sie eine der ersten Destillerien in Schottland, die mit Gärbottichen aus Edelstahl arbeitete. Hygieneüberlegungen lagen diesen damals noch als Experiment zu bezeichnenden Installationen zugrunde. Macduff war auch unter den ersten, die die *stills* nicht mehr direkt, sondern mit Dampf aus einem zentralen Boiler heizten.

Das Malz bezieht auch Macduff von Großmälzereien. Der in der hochmodernen Mühle gemahlene *grist* kommt in einen Maischbottich *(semi lauter)* aus Edelstahl (auch der Deckel ist aus diesem Material). In neun Gärbottichen – ebenfalls aus Edelstahl – wird die für die Destillation benötigte *wash* produziert.

Im modernen *stillhouse* steht sich die ungewöhnliche Zahl von fünf *stills* gegenüber: Die beiden *wash* auf der einen, die drei *spirit stills* auf der anderen Seite. Sie alle sind zwiebelförmig und haben weder Aus- noch Einbuchtungen. Sehr speziell ist, wie die Dampfrohre geführt werden: Bei den beiden *wash stills* führen sie nicht wie bei den meisten Destillerien Schottlands vom oberen Ende des Halses direkt und gerade in den Rohrkondensator, sondern haben eine Art U-förmigen Bogen dorthin. Diejenigen der *spirit stills* machen nach einem kurzen geraden Stück ebenfalls einen Bogen und führen in einem rechten Winkel in die liegenden Rohrkondensatoren. Alle Kondensatoren stehen oder liegen im *stillhouse*.

Der »Glen Deveron«, so heißt der Malt-Whisky von Macduff, wird zum großen Teil in Ex-Bourbon-Fässern, zu einem kleinen aber auch in Sherryfässern gereift. Die Lagerhäuser sind niedrig und haben Naturböden.

Der Whisky aus dieser Destillerie ist als Single Malt in Original- oder Eigentümerabfüllung unter dem Namen »Macduff« sehr selten und nur als Auftragsabfüllung auf

Die modernen, nicht sehr attraktiven Destilleriegebäude.

den Markt gekommen. Sonst sind Originalabfüllungen nur unter dem von den Besitzern der Destillerie selbst gewählten Markennamen »Glen Deveron« (nach dem an der Destillerie vorbei fließenden River Deveron benannt) erhältlich. Als »Glen Deveron« findet man den Single Malt mit fünf Fassjahren in Italien und mit 10 Jahren für die anderen Märkte. Es gibt ihn vereinzelt aber ebenfalls als 15-Jährigen zu kaufen. Ältere und heute gesuchte Abfüllungen kamen mit 8 und 12 Jahren auf den Markt.

Von den Unabhängigen wird der Malt aus dieser Destillerie konsequent unter dem Namen »Macduff« abgefüllt.

Zwischen den beiden Hafenstädtchen Banff und Macduff (A98 Elgin–Fraserburgh) fließt der River Deveron in die Nordsee. Über ihn führt eine aus mehreren Bogen bestehende Brücke, die für den River Deveron eigentlich viel zu lange erscheint. Unwetter in den vergangenen Jahrhunderten haben aber gezeigt, dass er unglaublich anschwellen kann und über die Ufer tritt. Aber auch dann kann man den Fluss auf dieser Brücke noch überqueren. Direkt an der Ostseite der Brücke geht die A947 Richtung Turriff–Aberdeen weg. Folgt man dieser ein paar hundert Meter dem River Deveron entlang, geht die Straße zur Destillerie dort geradeaus weiter, wo die A947 vom Flussufer wegführt.

Mannochmore

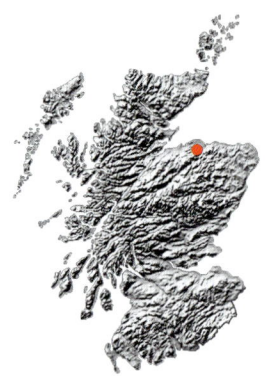

Die Destillerie Mannochmore

Im Auftrag der SMD wurde 1971 die Destillerie Mannochmore von John Haig im typischen SMD-Stil direkt neben einer bereits seit 1876 bestehenden Destillerie mit dem Namen »Glenlossie« gebaut. Sie ist heute Teil eines großen Destilleriekomplexes. Die vielen Lagerhäuser werden von Mannochmore und Glenlossie gemeinsam genutzt. Daneben werden hier auch noch Malts aus anderen Diageo-Destillerien gelagert.

Schon 14 Jahre nach der Gründung wurde Mannochmore 1985 – wie viele andere Destillerien auch – aufgrund der Whiskykrise zu Beginn der 1980er-Jahre stillgelegt. 1987 übernahm dann die UDV das Management von Mannochmore. Aber erst während der Renovierung der Nachbarin Glenlossie (1989) nahm sie die Produktion wieder auf.

1989 wurde die Produktion bei Glenlossie für eine erneute, größere Renovierung für kurze Zeit unterbrochen. Anschließend wurden die beiden Destillerien Mannochmore und Glenlossie einige Jahre lang alternierend von den gleichen Arbeitern bedient. Das heißt, die beiden Destillerien waren abwechselnd stillgelegt. 1995 bis 1997 wurde die

Produktion bei Mannochmore komplett eingestellt. Seit ein paar Jahren wird aber in beiden Destillerien wieder rund um die Uhr produziert.

Ein Besuch bei Mannochmore – er ist schwierig zu realisieren – sollte lange vor dem gewünschten Termin vereinbart werden. Es gibt keine Besuchereinrichtungen.

Und das kann man in der Destillerie sehen: Das von Großmälzereien hergestellte und angelieferte Gerstenmalz wird in einer Porteus-Mühle, wie sie in fast allen Destillerien Schottlands steht, zu *grist* gemahlen.

Im *tunhouse* stehen der traditionelle *mash tun* (Maischbottich) aus Gusseisenplatten mit einem Kupferdeckel sowie die acht *wash backs* aus Lärche. Der Maischbottich wird im Jahr 2012 durch einen hochmodernen *full lauter tun* ersetzt. Die Prozesse werden über EDV gesteuert und überwacht.

Das moderne *stillhouse* mit seiner großen Glasfensterfront beherbergt die sechs *stills* (je drei *wash* und *spirit*). Sie sind hoch und zwiebelförmig ohne Ein- oder Ausbuchtungen. Ihre Rohrkondensatoren stehen im *stillhouse*.

Der Mannochmore wird fast ausschließlich in Ex-Bourbon-Fässern gereift. Die Lagerung erfolgt in den vielen Lagerhäusern des Komplexes.

Rechts · Die sechs *stills* von Mannochmore sind denjenigen der benachbarten Destillerie Glenlossie sehr ähnlich.

Unten · Mannochmore liegt mitten im riesigen Destilleriekomplex Glenlossie; rechts das *stillhouse* von Mannochmore, links die Lagerhäuser, ganz hinten die *dark grains*-Fabrik.

Die Destillerie Mannochmore hat mit ihren sechs *stills* ein Produktionsvolumen von weit mehr als zweieinhalb Millionen Litern Whisky pro Jahr. Dieser wird hauptsächlich zum Blenden der John Haig Whiskys verwendet.

Mannochmore liegt im großen Destilleriekomplex Glenlossie zwischen der Destillerie Glenlossie und der großen *dark grains*-Fabrik, die 1990 unter dem Namen Glenlossie DGP errichtet wurde. In dieser Fabrik werden die Destillerierückstände von 21 Destillerien der UDV verarbeitet. Unter dem Begriff *dark grains* fasst man die Rückstände zusammen, die beim Destillieren von Whisky in der ersten *still,* der *wash still,* entstehen. Die *burnt* oder auch *pot ale* genannten, in den *stills* zurückgebliebenen, festen Bestandteile werden zu einem Sirup verdickt und mit den beim Maischen anfallenden festen Getreiderückständen *(draff)* vermischt. Daraus macht man sehr proteinreiche und nahrhafte Würfel, die als Viehfutter verwendet werden. Im

Jahr 2011 beschloss Diageo, neben die *dark grains*-Fabrik ein Bio-Energie-Kraftwerk zu bauen, in welchem aus den Destillerieabfällen Energie gewonnen wird. Es soll 2012 in betrieb genommen werden.

Der Mannochmore ist einer der blumigsten Whiskys überhaupt. Als Single Malt wurde er 1992 bekannt, als ihn die UDV mit 12 Fassjahren in ihre Reihe Fauna & Flora aufnahm. Sie brachte ihn damit zum ersten Mal als Original- oder Eigentümerabfüllung auf den Markt. Es folgten bisher eine weitere Abfüllung der UDV – diesmal in ihrer Rare Malts-Reihe – mit 22 Jahren Fasslagerung, destilliert 1974, und die seltene Abfüllung mit 18 Jahren in der Reihe »The Manager's Dram«. Als letzte Abfüllung kam 2010 ein 1998er aus einem Sherryfass in der Reihe »Manager's Choice« in den Verkauf.

1996 lancierte die UDV als Modeprodukt einen sehr dunklen – fast schwarzen – Whisky aus Mannochmore

unter dem Namen »Loch Dhu«, was übersetzt »Schwarzer See« bedeutet. Dieser konnte sich aber glücklicherweise – denn er schmeckt wirklich sehr speziell – nicht durchsetzen und wurde vom Markt zurückgezogen. Es kam aber, wie es kommen musste: Er wurde zur Rarität und ist heute sehr gesucht.

Den Mannochmore gibt es auch in verschiedenen Abfüllungen von den Unabhängigen.

Die Adresse der Destillerie Mannochmore lautet zwar: Stadt Elgin. In Wirklichkeit liegt sie jedoch einige Kilometer südlich dieser alten Stadt in der Nähe des River Lossie in einem heute ziemlich großen Destilleriekomplex, der den Namen einer schon länger dort produzierenden Destillerie, Glenlossie Complex, trägt.

Um zur Destillerie zu kommen, verlässt man Elgin auf der A941 Richtung Süden, das heißt in Richtung Rothes–Craigellachie und fährt im Weiler Longmorn an den beiden Destillerien Benriach und Longmorn vorbei.

Ungefähr ein Kilometer nach diesen Zwillings-Destillerien führt rechts eine Straße ohne Nummer Richtung Birnie. Man folgt dieser engen Straße und nimmt nach ein paar Kilometern (erst da, wo es geradeaus nicht mehr weiter geht) die Straße nach rechts.

Die Einfahrt zum Destilleriekomplex Glenlossie liegt nur noch einen Kilometer entfernt direkt an diesem Sträßchen. Mannochmore ist die ganz hinten vor der hohen *dark grains*-Fabrik stehende Destillerie.

Pluscarden Abbey • auf das 13. Jahrhundert zurückgehende Klosteranlage; im 16. Jahrhundert (Reformation) aufgegeben; seit 1948 wieder als Kloster genutzt, sie wird seit Jahren renoviert.

Elgin • interessante und lebendige Stadt aus dem Mittelalter mit etlichen historischen Gebäuden und Monumenten, vielen Restaurants, Kaffeehäusern und Shops.

Elgin Cathedral • Ruine einer großen Kathedrale, deren Ursprünge auf das 12. Jahrhundert zurückgehen; ein wirklich beeindruckender Ort.

Dieses Prachtsexemplar eines Maischbottichs aus Gusseisenplatten mit einem Kupferdeckel wird im Jahr 2012 durch einen hochmodernen *full lauter mash tun* ersetzt.

Der Name bedeutet	Großer Mönch
Aussprache	Männoch-more
Whiskyregion	Speyside
Adresse	Mannochmore Distillery Glenlossie Road, Thornshill, Elgin, Morayshire IV30 8SS Scotland
Kontakt	Keine eigene Homepage Besitzer www.diageo.de Telefon +44 (0)1343 86 20 00
Club	Kein Club
Status	In Betrieb
Besitzer	Diageo plc
Stills	6 (3 *wash*; 3 *spirit*)
Kapazität pro Jahr	2 800 000 Liter
Besucher	Kein Besucherzentrum ★★ ☆☆☆ Besuche sind aber nach Voranmeldung möglich (schwierig zu vereinbaren.) (Nicht zu knapp vor dem geplanten Besuch anrufen.)
Rating	★★★ ☆☆☆☆
Hausstil	Frisch, leicht, fruchtig, nussig, ein wenig süß, Spur Rauch, nicht lang

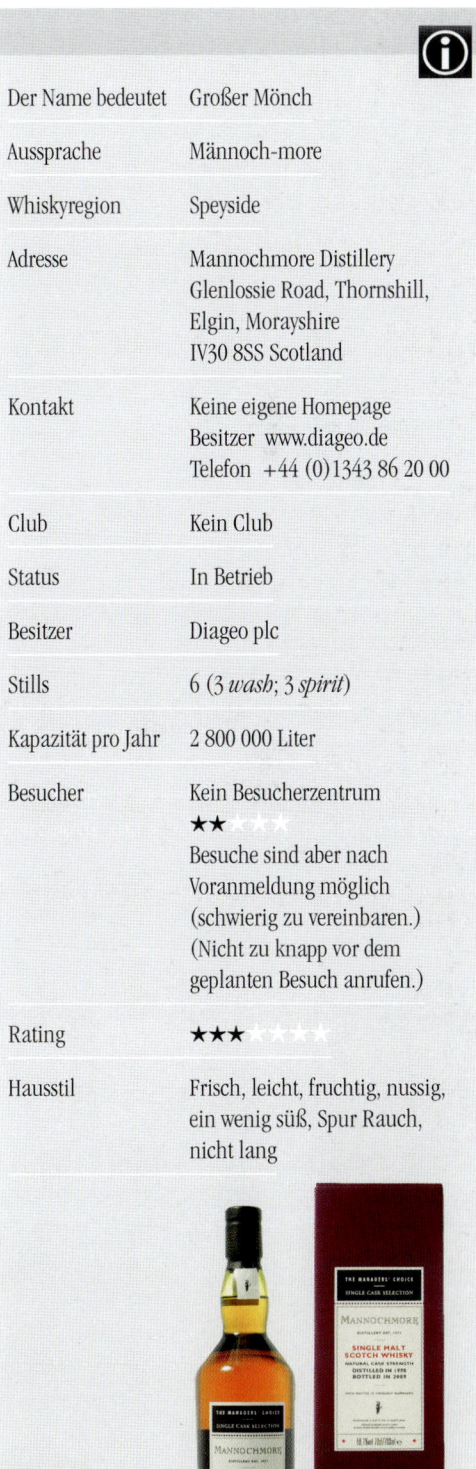

Millburn †

Die Destillerie Millburn

Millburn wurde 1807 unter dem Namen »Inverness Distillery« von einem sonst in Whiskykreisen unbekannten Charles D. Welsh als erste Destillerie dieser Stadt gegründet. Ab 1825 gehörte Millburn einer Gesellschaft mit dem Namen Macdonald & Rose Ltd. Diese löste im gleichen Jahr eine Lizenz. Millburn war so eine der ersten legalen Destillerien Schottlands.

Von 1825 bis 1829 wurde die Destillerie von den beiden Teilhabern der Firma, Alexander Macdonald und James Rose geleitet. Ihre Firma wurde 1829 gelöscht. Ab diesem Zeitpunkt existieren über die Inverness Distillery eine lange Zeit keine Aufzeichnungen mehr.

Bekannt ist dann erst wieder, dass die Destillerie Inverness 1853 an David Rose, den Sohn von James Rose (er war Müller), verkauft wurde und die Gebäude wahrscheinlich in den folgenden Jahren nicht als Destillerie, sondern als Mühle genutzt wurden.

1876 wurden die Gebäude durch David Rose's Sohn George erneut umgebaut und dienten wieder ihrem ursprünglichen Zweck, der Whiskyherstellung. Von 1881 bis 1892 wurde die immer noch Inverness Distillery heißende Brennerei von George Rose geleitet. 1892 wurde sie dann von A. Haig & Co. übernommen.

1904 benannte sie eine neue Besitzerin, die Millburn Distillery Co., in »Millburn Distillery« um. Diese Firma

Die Destillerie im Jahr 1974, elf Jahre vor ihrer Schließung 1985. Foto © RCAHMS

wiederum verkaufte Millburn 1921 an Booth's Distillers Ltd., eine Ginfirma aus London.

1922 wurde Millburn von einem Großfeuer zerstört, aber sofort wieder aufgebaut.

1937 ging die Destillerie zusammen mit ihrer Besitzerin an die DCL und kam später (1943) unter die Leitung der SMD.

Millburn hatte von Anfang an keine gute geografische Lage: Sie war zwischen einem Fluss, Straßen und einem Hügel eingeklemmt. Es bestand keine Möglichkeit der Expansion. Man versuchte 1966 durch die Aufgabe der *floor maltings* und den Einbau einer *Saladin box* Platz zu schaffen, erreichte mit dieser Maßnahme aber nicht viel. Die beiden *stills* (je eine *wash* und *spirit*) sollten knapp 20 Jahre später das letzte Mal in Betrieb genommen werden.

1985 wurde Millburn geschlossen. 1987 kam die immer noch stillgelegte Destillerie Millburn im Zuge der großen Fusionen in der schottischen Whiskyindustrie unter die Fittiche der UDV. Diese begann sofort damit, die Anlagen und Whiskylager von Millburn an andere Plätze zu verlegen. Die Gebäude wurden an eine Immobilienfirma verkauft. 1988 riss man einen Teil der Gebäude der ehemaligen Destillerie ab und baute einen anderen in ein Restaurant der Beefeater-Kette mit dem Namen »The Auld Distillery Slice Restaurant« um. In anderen Gebäuden ist seit ein paar Jahren ein Hotel der Premier Travel Inns untergebracht.

Der Whisky aus den zwei *stills* von Millburn wurde hauptsächlich für den Vatted Malt mit dem Namen »The Mill Burn« verwendet. (»Mill Burn« in zwei Wörtern.) Als Original- oder Eigentümerabfüllung gab es ihn als Single

Inverness gilt als eigentliche Hauptstadt der schottischen Highlands. Noch in der ersten Hälfte des 19. Jahrhunderts gab es auf ihrem Gebiet etliche Destillerien. Anfang der 1980er-Jahre waren jedoch nur noch drei von ihnen produktiv, nämlich Glen Albyn, Glen Mhor und Millburn. Sie alle existieren heute nicht mehr.

Millburn lag im Osten von Inverness. Vom Zentrum aus führt die A865 nach Osten und wird schon bald zur Millburn Road. Kurz vor dem großen Roundabout mit dem Namen Raigmore Interchange stehen auf der rechten Seite die noch übriggebliebenen Gebäude der Destillerie. Sie beherbergen heute ein Restaurant und ein Hotel.

Der Name bedeutet	Mühlebach
Aussprache	Mill-börn
Whiskyregion	Highland
Adresse	Millburn Distillery 7 Millburn Road, Inverness IV2 3QX Scotland
Kontakt	Kein Web und Telefon
Club	Kein Club
Gründung	1807
Status	Geschlossen, 1985; teilweise abgerissen, 1988
Besitzer	Letzter war UDV/Diageo plc
Stills	Früher 2 (1 *wash*; 1 *spirit*)
Kapazität pro Jahr	Früher ungefähr 300 000 Liter
Besucher	Nein, existiert nicht mehr
Rating	★★★(★) ☆☆☆ (nur Whisky)
Hausstil	Leicht rauchig, fruchtig, Sherry, bittersüß, trocken

Inverness • pulsierende Stadt mit vielen
Sehenswürdigkeiten, Shops und Restaurants/Pubs.

Culloden Moor • liegt im Osten der Stadt; Platz der
letzten großen Schlacht in Großbritannien; Viadukt;
Steinkreise usw.

Malt vor der UDV-Zeit nicht. Die UDV brachte ihn in drei
verschiedenen Abfüllungen in ihrer Reihe der Rare Malts
heraus. So als 1975er mit 18 Jahren (1995) und mit 25 Jahren (2006). Die älteste Realisation in dieser Reihe erschien
2005 als 35-Jähriger mit dem Destillationsjahr 1969.

Es gibt ebenfalls seltene Abfüllungen von den Unabhängigen. Der Millburn ist sehr rar geworden und immer
schwieriger zu finden.

Rechts • Die zu einem Hotel mit Restaurant umgenutzte
Destillerie heute.

Unten • Millburn in den 1950er-Jahren.

Miltonduff
(Mosstowie)

Die Destillerie Miltonduff

Miltonduff (auch Milton-Duff geschrieben) wurde von Andrew Peary und Robert Bain im Jahr 1824 gebaut und auch bereits lizenziert. Zum Teil wurden für die Destillerie noch stehende Teile eines ehemaligen Klosters (einer Vorgängerin der Pluscarden Abbey) verwendet. Dieses betrieb neben einer Mühle auch eine Bierbrauerei und eine kleine Destillerie mit dem Namen Milton. Dort wurde schon lange destilliert (illegal natürlich). Mit Erteilung der Brennlizenz bereits im Jahr 1824 war Miltonduff eine der ersten lizenzierten Destillerien Schottlands.

Ihren Namen hat sie von der dort früher existierenden Mühle und Destillerie Milton. Den Zusatz »Duff« gaben ihr die beiden ersten Lizenznehmer zu Ehren der Familie Duff (Dukes of Fife). Diesen gehörte das ganze Gebiet und so auch das Gelände, auf dem die Destillerie steht.

William Stuart – er besaß bereits die Destillerie Highland Park auf Orkney – kaufte 1866 Miltonduff. Im Jahr 1896 nahm er mit Thomas Yool & Co. einen Partner auf und wandelte die Betreiberfirma in eine Gesellschaft um. Unter ihr wurde Miltonduff anschließend renoviert und vergrößert.

Hiram Walker/Gooderham & Worts Ltd. (Kanada) kaufte 1936 die Destillerie und übergab die Leitung an ihre schottische Tochter George Ballantine & Sons.

Der *new make* fließt durch den *spirit and sample safe*.

1964 wurden bei Miltonduff wie in fast allen anderen zu Hiram Walker gehörenden schottischen Destillerien zwei *Lomond stills* installiert, in denen ein zweiter Whisky mit dem Namen »Mosstowie« produziert wurde. Die beiden speziellen *stills* wurden aber 1981 wieder abgebaut und durch traditionelle *pot stills* ersetzt. Die Destillation des »Mosstowie« wurde aufgegeben.

Nach einer umfassenden Renovierung und einem Ausbau in den Jahren 1974/75 produzierte Miltonduff mehr als fünf Millionen Liter Whisky pro Jahr. Die Destillerie erhielt bei dieser Gelegenheit zusätzliche Gärbottiche (Erweiterung von 8 auf 18).

Miltonduff gehörte ab 1986/87 zum Besitz von Allied Distillers Ltd., nachdem diese den Spirituosenteil der Hiram Walker-Gruppe übernommen hatte. Allied ihrerseits wurde 2005 von Pernod Ricard gekauft. Der französische Konzern übergab das Management der Destillerie an ihre Tochter Chivas Brothers Ltd.

Bei Miltonduff (einer schönen Brennerei mit sehr alten, aber auch modernen Anlagen) wird auch der Umgebung Aufmerksamkeit geschenkt. Die Destilleriegebäude sind von einem Park umgeben, in dem sich in der Nähe des Abflusses des Kühlwasserteiches ein (nicht wirklich benutztes) Wasserrad dreht.

In einem Teil der Gebäude der Destillerie Miltonduff war bis zur Übernahme durch Pernod Ricard das technische Zentrum von Allied mit dem Namen »Malt Distilleries Technical Centre« untergebracht. Dank dieses Zentrums konnte damals ein Besuch bei Miltonduff schon beinahe wissenschaftliche Züge annehmen, besonders dann, wenn man von einem der dort beschäftigten Ingenieure durch die Destillerie geführt wurde. Dieses technische Zentrum befindet sich heute in der stillgelegten Destillerie Glen Keith in Keith.

Die vielen Büroräume bei Miltonduff werden heute von einem Teil des Managements von Chivas Brothers Ltd. (Pernod Ricard) belegt.

Weil Miltonduff keine Besuchereinrichtungen hat, sollte ein Besuch rechtzeitig vereinbart werden.

Miltonduff besitzt beeindruckende Malzlager, in denen das von Großmälzereien angelieferte Gerstenmalz zwi-

Der Name bedeutet	Mühle des oder der Duff (Familie)		Rating	★★★☆☆☆☆
Aussprache	Milten-daff		Hausstil	Mild, leicht, malzig, Honig, wenig Rauch
Whiskyregion	Speyside			
Adresse	Miltonduff Distillery Elgin, Morayshire IV30 8TQ Scotland			
Kontakt	Keine eigene Homepage Besitzer www.pernod-ricard.com Telefon +44 (0)1343 54 74 33			
Club	Kein Club			
Gründung	1824			
Status	In Betrieb			
Besitzer	Chivas Brothers Ltd. (Pernod Ricard SA)			
Stills	6 (3 *wash*; 3 *spirit*)			
Kapazität pro Jahr	5 250 000 Liter			
Besucher	Kein Besucherzentrum ★★★☆☆ Besuche sind aber nach Voranmeldung möglich. (Nicht zu knapp vor dem geplanten Besuch anrufen.)			

Sehr selten sind die ersten Originalabfüllungen unter dem Namen Milton-Duff und unter dem Label von Ballantine aus den 1970er-Jahren. Chivas Brothers brachte 2009 in ihrer Serie »Cask Strength« einen 1991er als 18-Jährigen heraus. Neuere Abfüllungen wurden als 10-, 12- oder 15-Jährige auch durch Gordon & MacPhail im Namen der Destillerie auf den Markt gebracht. Es existieren auch einige Jahrgangsabfüllungen. Daneben ist er ebenfalls von anderen Unabhängigen zu haben.

Der in den nur wenige Jahre produzierenden *Lomond stills* hergestellte »Mosstowie« ist extrem rar geworden und nur in teuren Abfüllungen von den Unabhängigen erhältlich.

schengelagert wird, bevor es in den Malzreinigungsmaschinen von Fremdkörpern befreit und anschließend in der Porteus-Mühle zu *grist* gemahlen wird.

Im *tunhouse* steht der *full lauter*-Maischbottich, bei dem der Kessel aus Gusseisenplatten und der Deckel aus Kupfer ist.

Die Destillerie Miltonduff liegt südwestlich der Stadt Elgin in einem kleinen Weiler mit dem Namen Muir of Miltonduff.

Von Elgin aus fährt man auf der B9010 so lange, bis ein paar Kilometer außerhalb der Stadt die Straße zur Pluscarden Abbey abzweigt.

Man folgt dieser Straße ungefähr zwei Kilometer und kommt so zur schon von Weitem sichtbaren Destillerie.

Vergärt wird die *wort* in 16 *wash backs* aus Edelstahl. Sie stehen auf zwei Gärhäuser verteilt.

Das *stillhouse* ist in zwei Räume unterteilt. In einem, dem größeren, stehen vier, im anderen zwei *stills*. Insgesamt sind bei Miltonduff sechs (drei *wash* und drei *spirit stills*) in Betrieb. Das im kleineren Raum stehende *still*-Paar steht anstelle der beiden *Lomond stills*, die damals in einem von den anderen *stills* abgetrennten Teil des *stillhouse* ihren Platz fanden. Alle *still*-Paare sind heute identisch und eher birnen- als zwiebelförmig. Sie haben weder Ein- noch Ausbuchtungen. Die Dampfrohre gehen vom Kopf der *stills* in einem relativ steilen Winkel nach unten weg. Ihre Rohrkondensatoren stehen außerhalb des Raumes in Anbauten.

Der Malt von Miltonduff – er wird vorwiegend in Ex-Bourbon-Fässern gereift – geht zum größten Teil in die Blends Ballantine's, Teachers und Old Smuggler.

Die Whiskys von Miltonduff sind in Original- oder Eigentümerabfüllung seit längerer Zeit erhältlich.

Elgin · interessante und lebendige Stadt aus dem Mittelalter mit etlichen historischen Gebäuden und Monumenten, vielen Restaurants, Kaffeehäusern und Shops.

Elgin Cathedral · Ruine einer großen Kathedrale, deren Ursprünge auf das 12. Jahrhundert zurückgehen; ein wirklich beeindruckender Ort.

Pluscarden Abbey · auf das 13. Jahrhundert zurückgehende Klosteranlage; im 16. Jahrhundert (Reformation) aufgegeben; seit 1948 wieder als Kloster genutzt, wird ständig renoviert.

Oben · Vor den hohen Gebäuden der Destillerie erinnert das Wasserrad an die ehemalige Mühle.

Unten links · Zwei der sechs *pot stills* nehmen den Platz der für kurze Zeit bei Miltonduff in einem separaten *stillhouse* stehenden *Lomond stills* in Anspruch.

Unten rechts · Auch bei Miltonduff ist seit Jahrzehnten eine alte Porteus-Mühle im Einsatz.

Moffat †
(Glen Flagler, Killyloch)

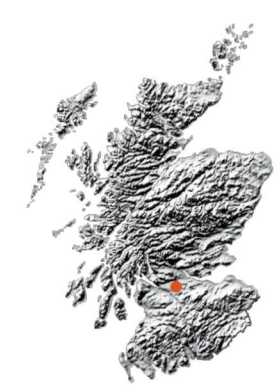

		Hausstil	Glen Flagler:
Die Namen bedeuten	Moffat: Geografischer Begriff		Leicht rauchig und fruchtig,
	Glen Flagler: Tal des Flagler		ein wenig scharf, dann süßlich,
	Killyloch: Kirche am See		Vanille, trocken, lang
Aussprachen	Moffet		
	Glenn Flegler		Killyloch:
	Killi-loch		Frisch, feurig, Vanille, süßlich,
			Spur Rauch
Whiskyregion	Lowland		
Adresse	Moffat Inver House Distillery		
	Moffat, Airdrie, Lanarkshire		
	ML6 8PL Scotland		
Kontakt	Kein Web und Telefon		
Club	Kein Club		
Gründung	1965		
Status	Moffat Malt Distillery		
	Glen Flagler		
	Produziert von 1965 bis 1985/86		
	Killyloch		
	Produziert von 1965 bis 1974		
Besitzer	Letzter war		
	Inver House Distillers Ltd.		
Stills	Früher 6 (3 *wash*; 3 *spirit*)		
Kapazität pro Jahr	Unbekannt		
Besucher	Nein; existiert nicht mehr		
Rating	★★★☆☆☆☆ (nur Whisky)		

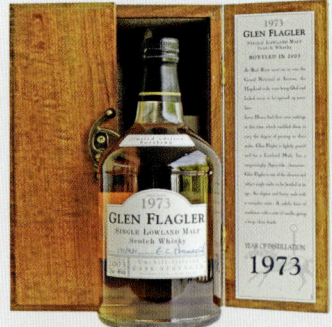

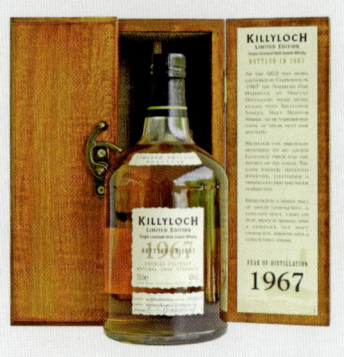

Die Destillerie Moffat Inver House

»Glen Flagler« und »Killyloch« sind zwei mittlerweile berühmte – weil seltene – Malt-Whisky-Marken, die in der 1965 in Betrieb genommenen Malt-Destillerie im großen Komplex der Moffat Distillery von Inver House Distillers Ltd. hergestellt wurden. Der Komplex wird oft auch Garnheath (nach der Grain-Destillerie) genannt.

Für den Malt-Whisky mit dem Namen »Glen Flagler« wurden von den in der Moffat Malt-Destillerie stehenden drei *pot still*-Paaren je zwei *wash* und *spirit stills* eingesetzt, für den »Killyloch« das andere *still*-Paar. Der Name »Glen Flagler« wird auch als »Glenflagler« zusammengeschrieben.

Inver House gehörte zu jener Zeit der amerikanischen Publicker Industries Ltd. aus Philadelphia. Sie kaufte 1964 die stillgelegten Moffat Paper Mills (eine Papierfabrik) und baute diese in den folgenden Jahren so um und aus, dass mehrere Destillerien auf deren Gelände zu stehen kamen: Garnheath, eine riesige Grain-Destillerie, sowie die kleine Malt-Destillerie Moffat. Die amerikanischen Besitzer glaubten, mit der Möglichkeit der Produktion von drei (eigentlich waren es vier) verschiedenen Whiskys in einer einzigen Anlage eine optimale Rentabilität erzielen zu können.

Das Firmengelände in Moffat umfasste neben den Destillerien noch 32 Lagerhäuser, eine eigene *cooperage* (Fassfabrik) und Blending- und Flaschenabfüll-Hallen sowie die riesige Moffat-Mälzerei. Letztere war früher eine der größten Mälzereien in Europa. 1978 wurde sie dann an die Associated British Maltsters verkauft, später aber geschlossen und abgerissen.

Im Moffat-Komplex wurde damals mit fünf *continuous stills* (bei Garnheath) und den sechs *pot stills* (bei Moffat) für den »Glen Flagler« und den »Killyloch« destilliert.

In den für den »Glen Flagler« eingesetzten *pot stills* wurde ein aromatischer, eher weicher und leichter, in denjenigen für den »Killyloch« ein würziger, feuriger und leicht rauchiger, aber trotzdem süßlicher Malt produziert. Ziel war, den Zukauf von fremden Single Malts für die Blend-Herstellung unnötig zu machen.

Die Idee war offensichtlich nicht die beste. Die *pot stills* sowie die anderen Produktionsanlagen für die Malt-Whiskys wurden nach gut 20 Jahren 1985/1986 stillgelegt. Die Destillerien (Grain und Malt) riss man 1986 ab. Der »Glen Flagler« wurde während der ganzen Zeit, in der die Malt-Destillerie Moffat existierte, hergestellt. Viel kürzer war der Produktionszeitraum für den »Killyloch«: Die Produktion dieses Malt wurde bereits Ende 1974 nach neun Jahren eingestellt. Der »Killyloch« ist damit zusammen mit dem »Ladyburn« einer der am wenigsten lang produzierten Malt-Whiskys aus Schottland.

Der »Glen Flagler« – er war eigentlich nur für die Blends von Inver House bestimmt – gehört als Single Malt-Abfül-

Oben · Heute befinden sich im Inver-House-Komplex vor allem Lagerhäuser.

Summerlee Heritage Park in Coatbridge · historisches Industrieobjekt (Eisenwerk, Kohlemine, Straßenbahnen usw.).

Der Destilleriekomplex Moffat in der Stadt Airdrie östlich von Glasgow bestand aus einer großen Grain-Destillerie (Garnheath), einer Malt-Destillerie (Moffat), einer Großmälzerei, über 30 Lagerhäusern und weiteren Produktionsgebäuden (Fass- und Flaschenabfüllung usw.).

Zum Komplex kommt man von Glasgow her, indem man auf der A8 Richtung Edinburgh fährt und bei Chapelhall auf die A73 nach Airdrie wechselt. In Airdrie selbst nimmt man beim großen Kreisverkehr mitten in der Stadt die rechts abgehende A89 Richtung Armadale. Nach ungefähr zwei bis drei Kilometern geht eine Straße weg Richtung Moffat Mills. Der große Komplex befindet sich nach ungefähr einem Kilometer auf der linken Seite.

lung zu den größeren Raritäten. Während der kurzen Zeit, in der er produziert wurde, machte man neben der »Standardproduktion« auch Versuche. Grund dafür war, dass man mit der erreichten Qualität einerseits nicht zufrieden war und andererseits für die Blends eine größere Vielfalt an Malt-Whiskys erreichen wollte. Das führte dazu, dass es von ihm zwei, das heißt eigentlich sogar drei Hauptversionen gab: Bis 1969 brannte man ihn nur in den vier *pot stills,* das heißt mit zwei *wash* und zwei *spirit stills.* In jenem Jahr wurde aber zusätzlich ein Test gefahren, in dem man den ersten Durchlauf in einer der fünf *continuous stills* der Grain-Destillerie machte. Den darin produzierten *spirit* brannte man zusätzlich in der *spirit pot still* ein zweites Mal. Die dritte hergestellte Version war eine getorfte Variante. Sie wurde bis etwa 1970 produziert und trug den Namen »Islebrae«. Der »Islebrae« kam nie in den Verkauf.

Den Single Malt »Glen Flagler« gab es in den 1960er- und 1970er-Jahren in Original- oder Eigentümerabfüllung speziell für den italienischen Markt in Abfüllungen mit wenigen Fassjahren (mit 5 und 8). Diese sind heute sehr schwer zu bekommen.

2003 realisierte Inver House eine Originalabfüllung eines aus dem Jahr 1973 stammenden »Glen Flagler« in einer Auflage von 931 Flaschen. Es soll sich dabei um eine Mischung (ein Vatting) aus den letzten fünf existierenden Fässern gehandelt haben. Die Flaschen waren sofort ausverkauft. Ebenfalls gesuchte Abfüllungen gibt es von Signatory. Andrew Symington war es gelungen, drei Fässer zu ergattern und 832 Flaschen abzufüllen. Gibt es noch mehr von diesem flüssigen Gold?

Vorsicht: Unter dem Namen »Glen Flagler Pure Malt Special Reserve« sind auch Blended (Vatted) Malts in Originalabfüllung von Inver House selbst auf dem Markt. Diese sind aber bedeutend billiger zu haben.

Der Malt-Whisky »Killyloch« sollte eigentlich anders – nämlich nach der Quelle des in der Destillerie gebrauchten Wassers »Lillyloch« – heißen. Bei der Herstellung der Fassschablone wurde aber das »L« mit dem »K« verwechselt. Da der Whisky aber sowieso nur für die Blend-Herstellung gedacht war, beließ man es dabei und änderte die Bezeichnung nicht mehr. Mit einer Kirche am See, der eigentlichen

Bedeutung des Namens »Killyloch«, hat der Malt also auch in dieser Hinsicht überhaupt nichts zu tun. Eine der kurioseren Episoden der schottischen Whiskygeschichte.

Der »Killyloch« gehört als Single Malt zu den absolut größten Raritäten der schottischen Whiskygeschichte. Es gibt ihn in Original- oder Eigentümerabfüllung erst seit dem Jahr 2004. In diesem Jahr realisierte Inver House Distillers Ltd. eine kleine Auflage (371 Flaschen), die sehr schnell vergriffen war und bereits jetzt so gut wie nicht mehr erhältlich ist.

Bereits vorher gab es ihn von Signatory. Diesem unabhängigen Abfüller gelang es, ein einziges Fass zu bekommen und genau 230 Flaschen mit 70 cl und 360 Miniaturen mit 5 cl abzufüllen. Dies war bis zur Abfüllung von Inver House das einzige Fass. Weitere rare Abfüllungen von Unabhängigen folgten.

Der Komplex in Moffat kann nicht besichtigt werden. Es stehen dort heute noch die circa 30 Lagerhäuser sowie die Gebäude für die Fassabfüllung, das Blending und die Flaschenabfüllung der Whiskys der Inver-House-Gruppe.

Oben · Drei der sechs *pot stills* der Moffat Distillery.

Rechts · Der etwas spezielle *spirit safe* der Malt-Destillerie.
Fotos auf dieser Seite © RCAHMS

Mortlach

Die Destillerie Mortlach

James Findlater gründete 1823 die Destillerie Mortlach und errichtete sie mithilfe seiner Partner Alexander Gordon und Donald Mackintosh als erste Destillerie in der Kleinstadt Dufftown. Sie blieb in dieser heutigen Whiskyhochburg bis ins Jahr 1887 auch die einzige Destillerie. Ihr Name stammt von der in ihrer Nähe stehenden Kirche, einer der ältesten katholischen Kirchen Schottlands (Ursprünge aus dem Jahr 566). In der Senke, über der sie steht, fand im Jahr 1010 die Schlacht statt, in der König Malcolm II. mit seinem Heer die Dänen besiegte.

Nach einigen Besitzerwechseln zu Beginn der 1830er-Jahre übernahmen die Gebrüder James und John Grant die Destillerie, legten sie jedoch nach kurzer Zeit still. Die Destillationsanlagen wurden abgebaut und sollen – so die Überlieferung – für die Inbetriebnahme der Destillerie Glen Grant in Rothes, die den Brüdern auch gehörte, gebraucht worden sein. Der Mälzboden ist dann eine Zeit lang von den Mitgliedern der Free Church of Scotland als Gebetssaal be-

nutzt worden. Die Destillerie selbst wurde in eine Brauerei umfunktioniert.

1852 wurde die Destillerie von John Gordon gekauft, mit neuen Anlagen ausgestattet und wieder eröffnet. Nachdem sich George Cowie im Jahr 1854 finanziell an der Destillerie Mortlach beteiligte, wurde sie von einer Gesellschaft mit dem Namen John Gordon & Co. betrieben.

1866 begann bei Mortlach der junge Bursche William Grant seine Laufbahn. Nach 20-jähriger Tätigkeit in verschiedenen Jobs bei Mortlach kündigte er 1886 seinen Vertrag und gründete seine eigene Destillerie: Glenfiddich.

Nach dem Tod von John Gordon (1867) übernahm George Cowie allein die Destillerie. Er war zu dieser Zeit auch Inspektor bei der Eisenbahn und Bürgermeister von Dufftown. 1895, als seine Söhne ebenfalls bei Mortlach zu arbeiten begannen, wandelte er seine Einzelfirma in eine Gesellschaft mit dem Namen George Cowie & Sons um.

Die Kapazität von Mortlach wurde 1897 durch einen Ausbau vergrößert. Die Zahl der *stills* wurde von drei auf sechs verdoppelt. Auch wurde die Destillerie durch ein Gleis mit der Bahnlinie Aberdeen–Inverness verbunden.

1898 bekam Mortlach elektrisches Licht und in den Lagerhäusern wurde ein hydraulisches System für den Transport der Fässer installiert. Dieses war bis vor ganz wenigen Jahren immer noch in Betrieb.

Unten • Die unterschiedlich großen *stills* von Mortlach. Ganz hinten steht die »Wee Witchy«.

Unten rechts • Schild an der Destillerie Mortlach.

Der Name bedeutet	Großer grüner Hügel / Name der alten, ganz in der Nähe liegenden Kirche
Aussprache	Mort-lach
Whiskyregion	Speyside
Adresse	Mortlach Distillery Dufftown, Keith, Banffshire AB55 4AQ Scotland
Kontakt	Keine eigene Homepage Besitzer www.diageo.de Telefon +44 (0)1313 82 21 01
Club	Kein Club
Gründung	1823
Status	In Betrieb
Besitzer	Diageo plc
Stills	6 (3 *wash*; 3 *spirit*)
Kapazität pro Jahr	3 750 000 Liter
Besucher	Kein Besucherzentrum ★★★☆☆ Besuche sind aber nach Voranmeldung möglich. (Nicht zu knapp vor dem geplanten Besuch anrufen.)
Rating	★★★★★★☆
Hausstil	Sherry, wenig Rauch, würzig, süß, leicht

Sorry - No Visitors
Spiacente Nessuno Visitatore
Alfligido No Visitante
Pardon pas de Visiteurs
Traurig Keine Besucher
Ledsen nej Besökaren

1923 wurde die Firma George Cowie & Sons und mit ihr Mortlach an John Walker & Sons verkauft. Mit dieser Firma wechselte die Destillerie dann ein paar Mal entweder den Besitzer oder den Betreiber: 1925 kam sie zur DCL, 1930 unter die Leitung der SMD und mit dieser 1987 zur UDV. Die UDV wurde dann Teil von Diageo.

Durch eine Gesamtrenovierung und einen Fast-Neubau in den Jahren 1963/64 erhielt sie ihr heutiges Aussehen. 1968 wurde die eigene Mälzerei aufgegeben. Eine weitere, umfangreiche Renovierung fand im Jahr 1996 statt.

Bei Mortlach liegen alt und modern dicht beieinander. Die beiden *kilns* aus dem 19. Jahrhundert dienen zwar nicht mehr ihrem ursprünglichen Zweck, sie stehen aber immer noch. Maisch-, Gär- und Brennhaus sind dagegen neueren Datums. Sie stammen aus der Zeit des Umbaus in den Jahren 1963/64.

Auch in dieser Destillerie wird das Gerstenmalz in einer alten Porteus-Mühle gemahlen. Der *grist* kommt dann in einen *full lauter*-Maischbottich aus Edelstahl. Im Gärhaus stehen sechs Gärbottiche aus Lärchenholz.

Das *stillhouse* ist so ziemlich das verrückteste, was ich in Schottland zu sehen bekommen habe: Jede der darin stehenden *stills* hat eine andere Größe und Form. Egal, ob es sich um die drei *wash* oder die ebenfalls drei *spirit stills* handelt. Gemein haben sie alle nur eine ballförmige Ausbuchtung am Halsansatz und die ins Freie führenden Dampfrohre. Dort enden diese als Spiralrohre in großen, mit Wasser gefüllten Holzbottichen *(worm tubes)*. In den derart unterschiedlichen *stills* wird bei der Destillation auch noch variiert. Auf die gleiche Art wie in anderen Destillerien arbeiten hier nur die *wash still* 3 und die *spirit still* 3 parallel zusammen. Sie haben einen gemeinsamen *spirit safe* und eigene *low wines, feints* und *spirit receiver*. Ganz anders sieht es bei den restlichen *stills* aus: Aus den *wash stills* 1 und 2 werden die leichtesten 20 Prozent des Destillates – sie fallen am Ende des Laufes an – abgezweigt und in einem speziellen *low wines*-Tank gemeinsam gesammelt. Die *stillmans* bei Mortlach nennen diese leichten *low wines* »tails«. Die ersten 80 Prozent des ersten Laufes kommen gemeinsam in einen anderen *low wines*-Tank und ergeben die Füllung der *spirit still* 2. In dieser werden sie zusammen das zweite Mal destilliert. Der *middle cut* oder das Herz wird im eigenen *spirit receiver* aufgefangen. Vor- und Nachlauf der *spirit still* 2 kommen in den *low wines*-Tank der *wash stills* 1 und 2 und werden mit dem nächsten Lauf wieder in der *spirit still* 2 destilliert. Die *spirit still* 1 hat nicht nur eine spezielle Aufgabe, sondern auch einen solchen Namen: Man nennt sie bei Mortlach »Wee Witchy« (kleine Hexe). Bei ihr ist eigentlich nur jeder dritte Destillationsvorgang eine »End-Destillation« *(spirit run)*,

aus dem ebenfalls ein Vor- und Nachlauf gewonnen wird. Dieser wird den *tails* aus den *wash stills* 1 und 2 beigemischt. Als erster und zweiter Destillationsvorgang werden in der »Wee Witchy« jeweils die aus zwei Destillationsläufen der *wash stills* 1 und 2 angefallenen *tails* und den aus einem *spirit run* der »Wee Witchy« abgezweigten *feints* gebrannt. Das so entstandene Destillat bildet dann die Basis für den eigentlichen *spirit run*. Am Schluss werden die drei in den verschiedenen Prozessen gewonnenen *new spirits* noch miteinander vermischt und so in Fässer abgefüllt. Auf diese Weise wird dem Grundsatz von Mortlach Rechnung getragen. Denn dieser lautet: In jeder Abfüllung eines Mortlach muss ein Teil aus der »Wee Witchy« enthalten sein. Alles verstanden? (Ich musste mir das Ganze sicher zweimal erklären lassen.)

In dieser Destillerie ist also auch die Destillationsart – eine eigentliche Mehrfach-Destillation – einzigartig.

Gelagert wird der Whisky fast ausschließlich in Ex-Sherry-Fässern in den niedrigen Lagerhäusern mit Naturböden.

Der Whisky aus der Destillerie Mortlach war bei den Blendern immer sehr beliebt. Sein Hauptteil geht in den Johnnie Walker. Seine Beliebtheit für die Blends ist auch der Grund dafür, dass er sehr selten als Single Malt abgefüllt wurde und wird.

Unter dem Label von George Cowie gab es ihn in extrem gesuchten Original- oder Eigentümerabfüllungen speziell für Italien. Später folgten Abfüllungen der UDV in deren Reihen Fauna & Flora (ein 16-Jähriger) und Rare Malts (drei Versionen: 1995 ein 1972er mit 22, und 1996 einer

Oben • Der moderne Teil der Destillerie Mortlach stammt aus den Jahren 1963/1964.

Unten • Den *stills* angepasst sind auch die *worm tubes*, die außenliegenden Schneckenrohrkondensatoren, in welche wir hier blicken. Auch sie sind unterschiedlich groß.

mit 23 Jahren; 1998 ein 1978er mit 20 Jahren). Bis heute gibt es eine Vintage-Version außerhalb dieser Reihen (2004 ein 32-Jähriger aus dem Jahr 1971).

In der Reihe »Manager's Choice« gab es ebenfalls einen Mortlach. Er kam 2009 als 1997er mit 12 Fassjahren auf den Markt.

Der Mortlach kann auch relativ oft bei Abfüllungen der Unabhängigen gefunden werden.

Die älteste Destillerie im kleinen Städtchen Dufftown (an der A941 südlich von Elgin) steht in der Nähe der Kirche, nach der sie benannt wurde. Zu ihr kommt man, indem man im Ortszentrum von Dufftown die enge Straße Richtung Süden wählt (keine Straßennummer). Sie führt einen Hang zum Dullan Water hinunter, dabei an der Mortlach Church vorbei und nach dieser um eine Spitzkehre. Kurz nach dieser Kehre führt rechts die Straße zur Mortlach Distillery.

Dufftown, »Malt Whisky Capital of the World« • nicht nur wegen ihrer neun Destillerien unbedingt einen Besuch wert (sechs davon sind noch in Betrieb); im Mai und September jeweils großes Whiskyfestival.

Balvenie Castle • Ruine eines Schlosses aus dem 13. Jahrhundert.

Speyside Cooperage • größte Fassfabrik der Speyside; Führungen, Shop und Restaurant.

North Port †
(North Port Brechin)

356

Die kleinste Stadt des schottischen Hochlandes, Brechin, liegt in unmittelbarer Nähe der A90 Dundee–Stonehaven–Aberdeen, ungefähr auf halber Strecke zwischen Dundee und Stonehaven.

Sie beherbergte bis in die zweite Hälfte des 20. Jahrhunderts noch zwei Destillerien. Von diesen ist nur noch Glencadam in Betrieb. Von der zweiten Destillerie North Port Brechin stehen heute nur noch ein paar wenige, kaum mehr erkennbare Überreste.

So kommt man zur ehemaligen Destillerie: Man verlässt die A90 bei Brechin und fährt dorthin zuerst ins Stadtzentrum, das heißt bis zur großen Kirche. Dort nimmt man die B966 in Richtung Edzell. Sie heißt hier Southesk Street.

Am Kreisverkehr stand die Destillerie North Port, wo heute ein Einkaufszentrum steht. Die links an diesem vorbei führende Straße trägt heute noch den Namen Distillery Road.

Unten • Auf dem Gelände der ehemaligen Destillerie befindet sich heute ein Supermarkt. Nur der Bogen hinter dem Firmenschild Safeway stammt noch von der Destillerie.

Ganz unten • Ein Teil der Destilleriegebäude mit dem *kiln*. Foto aus dem Jahr 1992 © RCAHMS

Die Destillerie North Port

Bei ihrem Aufbau im Jahr 1820 erhielt diese Destillerie in der kleinen, alten Stadt Brechin von ihrem Gründer David Guthrie den Namen »Townhead«. Ab 1823 halfen ihm seine Brüder John und Alexander beim Betreiben der Destillerie mit. David und John waren Farmer, Alexander war Bankier. Die drei gründeten dann zusammen die Townhead Distillery Company und benannten damals die Destillerie in »Brechin Distillery« um.

1839 musste sich die bis dahin als Familiengesellschaft geführte Destillerie wegen finanzieller Probleme öffnen. Die bei dieser Gelegenheit neu gebildete Firma hieß Guthrie, Martin & Co. Sie änderte den Namen der Destillerie in »North Port«. Der Name stammt vom früheren nördlichen Tor in der Stadtmauer.

1893 hatte auch die Firma Guthrie, Martin & Co. wegen der damaligen Whiskykrise finanzielle Probleme, benötigte Geld und wurde zur Aktiengesellschaft Guthrie, Martin & Co. Ltd.

1922 wurde North Port von der DCL gekauft, 1930 ging sie durch Fusion von DCL und SMD in Letzterer auf.

Mit ihren nur zwei *stills* war Brechin ziemlich klein. Sie hatte – eventuell auch deshalb – öfter finanzielle Probleme und musste deswegen auch mehrmals geschlossen werden, so zum Beispiel von 1928 bis 1937.

Von 1939 bis 1947 wurden die Gebäude der Destillerie als Truppenunterkunft für eine nach Großbritannien emigrierte Abteilung der polnischen Infanterie genutzt.

In den 1970er-Jahren wurde die Destillerie renoviert und modernisiert. 1983 musste North Port aber endgültig geschlossen werden. Die Anlagen wurden abgebaut und in andere Destillerien der SMD gebracht. 1987 gingen die leeren Gebäude mit der SMD an die UDV über.

Die UDV verkaufte die ausgehöhlten Gebäude von North Port 1990 an ein Baukonsortium in Brechin weiter. Dieses realisierte 1993 an der Stelle der alten Destillerie eine neue Überbauung. Die Destilleriegebäude wurden abgerissen, sie mussten einem Einkaufszentrum Platz machen. Von den verschiedenen Gebäuden wurden jedoch die Steine für den Bau der umliegenden Häuser genutzt.

Der Malt-Whisky aus dieser Destillerie wurde am meisten für den Blended Whisky »Heather Dew« und den Blended Malt »Glen Dew« verwendet. Erhältlich ist er als Single Malt – er wurde in der Regel unter den Namen »North Port« und »North Port Brechin« abgefüllt – mit Ausnahme einer außerordentlich raren Abfüllung für Italien und neueren Abfüllungen in der Serie der Rare Malts und als Special Release der UDV (im Jahr 2005 als »Brechin 1977«) nur von den unabhängigen Abfüllern. Aber auch von diesen wurde er nicht sehr oft auf den Markt gebracht.

In der Reihe der Rare Malts gab es ihn einmal als 1971er mit 23 Jahren (1995), einmal als 1979er mit 19 Jahren (1998) und einmal als 20-Jährigen (1999).

Das ehemalige *duty free warehouse N° 4*.
Foto aus dem Jahr 1992 © RCAHMS

Der Name bedeutet	Nord-Tor
Aussprache	Nors Port
Whiskyregion	Highland
Adresse	North Port Distillery Brechin, Angus DD9 6BE Scotland
Kontakt	Kein Web und Telefon
Club	Kein Club
Gründung	1820
Status	Geschlossen, 1983; abgerissen, 1993
Besitzer	Letzter war UDV/Diageo plc
Stills	Früher 2 (1 *wash*; 1 *spirit*)
Kapazität pro Jahr	Unbekannt
Besucher	Nein; existiert nicht mehr
Rating	★★★☆☆☆ (nur Whisky)
Hausstil	Trocken, salzig, etwas beißend, leicht rauchig, kurz

Brechin · altes Städtchen mit einigen Sehenswürdigkeiten.

Caledonian Railway · von Eisenbahn-Enthusiasten betriebene Nostalgiebahnstrecke mit Fahrten zwischen Brechin und Bridge of Dun am Montrose Basin.

Edzell · typisches Hochlandstädtchen mit der Ruine eines kleinen Schlosses in einem schönen Park.

Montrose · schöne Hafenstadt; liegt zwischen dem Montrose Basin, einem Naturschutzgebiet und der Nordsee.

Oban

Die Destillerie Oban

Die Destillerie Oban liegt in der gleichnamigen Hafenstadt in den Highlands West. Sie wurde von den Brüdern Hugh und John Stevenson im Jahr 1794 gegründet und in den Gebäuden einer von ihnen bereits etwa 20 Jahre früher gebauten Brauerei eingerichtet. Sie ist eine der wenigen Destillerien, die mitten in einer Stadt liegen. Dies nicht etwa, weil sie in die Stadt hinein gebaut wurde, nein, die Stadt wurde um sie herum errichtet. Die Stevenson's gehörten ebenfalls zu den Gründern der Stadt Oban.

Etwas gewöhnungsbedürftig: die Farbe des Maischbottichs. Er ist aus Edelstahl.

1822 kaufte Thomas Stevenson — ein Sohn von Hugh — alle Anteile auf und übernahm die Destillerie. Er war vorher Farmer in der Nähe von Buenos Aires in Argentinien. Sein Sohn John übernahm im Laufe der 1850er-Jahre die Destillerie. 1866 verkaufte er Oban an Peter Curnstie.

1883 wurde die Destillerie von James Walter Higgin gekauft. Er unterzog sie von 1890 bis 1894 einer Totalrenovierung und einem Komplettumbau. Teil um Teil der Destillerie wurde abgerissen und neu aufgebaut, damit die Produktion aufrecht erhalten werden konnte.

Die heute stehenden Gebäude der Destillerie stammen aus dieser Zeit. Während dieser Ausbauphase wollte er auch Lagerhäuser in die Felsen hinter der Destillerie bauen und begann diese auszuhöhlen. Dabei wurden archäologische Funde entdeckt, die bis in die Jahre um 4500 v. Chr. zurück-

gingen. Die Arbeiten mussten deswegen eingestellt und auf den Bau der Lagerhäuser an der geplanten Stelle verzichtet werden.

1898 ging die Destillerie in den Besitz der Oban & Aultmore-Glenlivet Distilleries Ltd. über. 1923 wurde die Gesellschaft an John Dewar & Sons verkauft. Diese ließen die Lizenz der Destillerie auf ihre Tochterfirma John Hopkins & Co. übertragen. Dewar & Sons fusionierte 1925 mit der DCL, diese ging 1930 in der SMD auf.

Oban war im Laufe ihrer Firmengeschichte mehrmals stillgelegt, so zum Beispiel von 1931 bis 1937, während des Zweiten Weltkriegs und dann wieder wegen einer weiteren umfangreichen Renovierung und dem Bau eines neuen *stillhouse* von 1969 bis 1972.

Im Laufe dieser Um- und Ausbauten wurde auch die eigene Mälzerei aufgegeben, die Anzahl der *stills* aber nicht erhöht. Die Destillerie produziert nach wie vor mit nur zwei *stills*.

1987 kam die Destillerie Oban in die Obhut der UDV. Schon nach kurzer Zeit wurde ihr Whisky Bestandteil der Reihe der Classic Malts.

1989 erhielt die Destillerie ein Besucherzentrum. Es wurde in die ehemalige Mälzerei integriert und im Laufe des Jahres 2008 ausgebaut und mit neuen Attraktionen ausgestattet.

Die Destillerie Oban liegt, wie schon erwähnt, mitten in der Stadt Oban. In diese kommen Jahr um Jahr große Touristenströme, die einerseits die Stadt besuchen, andererseits mit den Fähren auf die westlichen Inseln Mull und noch weiter auf die Inneren und Äußeren Hebriden reisen wollen. Da liegt es nahe, dass man — hat man schon die Gelegenheit — im Ort auch eine Destillerie besichtigen geht. Oban wird deshalb, wie einige andere »Touristen-Destillerien« auch, zum größten Teil von Nicht-Whisky-Freaks besucht. Man kann hier einen schönen Einblick in die Whiskyherstellung gewinnen und braucht dazu — die Destillerie ist sehr klein — auch nicht zu viel Zeit.

Aus dem Besucherzentrum mit seinem Shop geht es auf der Führung zuerst zur Malzmühle und weiter zum traditionellen Maischbottich (er ist komplett aus Edelstahl). Im Gärhaus stehen die vier *wash backs* aus europäischer Lärche.

Im kleinen *stillhouse* stehen je eine *wash* und *spirit still*. Beide sind zwiebelförmig und haben am unteren Ende des dicken, kurzen Halses eine Einbuchtung. Die Dampfrohre führen ins Freie und enden als spiralförmig geführte Kupferrohre in einem großen, mit Wasser gefüllten Bottich aus

Oban · schöne Stadt mit einigen Sehenswürdigkeiten (Caig's Tower); viele Hotels, Pubs und Shops; Fährenhafen (Tor zu den Inseln).

The Scottish Sealife Sanctuary · Attraktion für alle, die Interesse an Fischen und anderen Meeresbewohnern haben.

Sealife Trips · vom Hafen von Oban und weiteren in der Nähe dieser Stadt liegenden kleinen Fischerhafen aus gibt es interessante Trips zu den Vogelkolonien auf den umliegenden kleinen Inseln, zu Seehunden, Ottern, Delfinen und Walen.

Edelstahl. Dieser *worm condenser* ist ein Vorgänger der heute meistens eingesetzten Rohrkondensatoren.

Der Oban wird nur als als Single Malt abgefüllt. Er wird in Ex-Bourbon-Fässern gereift und in den wenigen Lagerhäusern direkt bei der Destillerie gelagert. Für sogenannte Fass-*finishings* wird er am Ende seiner Lagerzeit noch für eine bestimmte Zeit in Montilla-Sherry-Fässer umgefüllt.

Den Oban gab als heute gesuchte Original- oder Destillerieabfüllung mit 12 Fassjahren in einer John Hopkins-Abfüllung. Diese sah aus wie eine Art Parfümflasche. Für die Classic Malts wird er standardmäßig mit 14 Fassjahren abgefüllt. In der Distillers Edition (normalerweise Jahrgangsabfüllungen) erhält er ein *finishing* in Montillo-Fino-Sherry-Fässern. In den letzten Jahren wurde der Oban in limitierten Editionen mit 20 Jahren (in Fassstärke) und als 32-Jähriger realisiert. Im Jahr 2009 gab es auch einen Oban in der Reihe »Manager's Choice« aus dem Jahr 2000 mit 9 Fassjahren aus einem Sherryfass. Seit 2010 gibt es im Shop auch eine den Besuchern vorbehaltene Abfüllung.

Als Single Malt ist der Oban, wenn auch selten, auch von den Unabhängigen zu haben.

Oben • Die Gebäude der Destillerie stehen direkt unter dem Caig's Tower. Man erkennt links des markanten roten Gebäudes das *Visitor Centre* und die Produktionsgebäude und rechts des Kamins die Lagerhäuser.

Rechts • Die beiden *stills* stehen in einem sehr engen *stillhouse*.

Der Name bedeutet	Kleine Bucht
Aussprache	Ouben
Whiskyregion	Highland
Adresse	Oban Distillery Stafford Street, Oban, Argyll PA34 5NH Scotland
Kontakt	Keine eigene Homepage Besitzer www.diageo.de Info-Seite www.discovering-distilleries.com Telefon +44 (0)1631 57 20 04
Club	Kein Club
Gründung	1794
Status	In Betrieb
Besitzer	Diageo plc
Stills	2 (1 *wash*; 1 *spirit*)
Kapazität pro Jahr	700 000 Liter

Besucher	Ja ★★★☆☆ Besucherzentrum mit Shop ❤❤♡♡
Rating	★★★★☆☆☆
Hausstil	Süßlich, malzig, fruchtig, leicht torfig, Spur salzig, lang

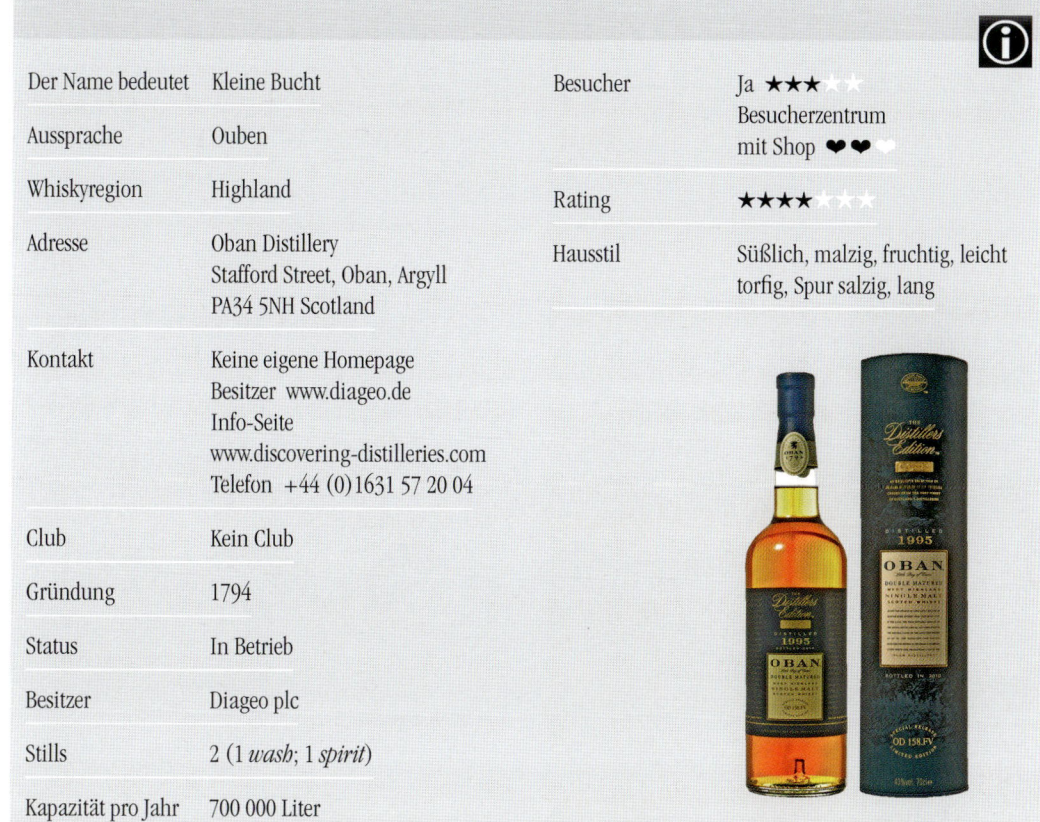

Die Destillerie Oban liegt in der gleichnamigen Hafenstadt an der Westküste Schottlands. Fährt man mit dem Auto durch die Stadt, kann man sie leicht verpassen oder übersehen, denn sie hat ihren Platz an der Hauptstraße an einen der unzähligen Shops abgegeben und ist in die zweite Reihe zurückgetreten.

Kommt man auf der A85 aus dem Norden in die Stadt, liegt die Destillerie am Ende der Einbahnstraße, dort wo diese in den Kreisverkehr am Hafenbecken einmündet, gleich links.

Schaut man vom Hafen oder Meer her auf die Stadt, hat man den Eindruck, als trüge die Destillerie eine Art Krone. Bei diesem Gebilde handelt es sich um ein Bauwerk, das der Laune eines Herrn MacCaig entstammte. Dieser hatte Ende des 19. Jahrhunderts die Idee, das römische Kolosseum nachbauen zu wollen. Die Ruinen, Caig's Tower genannt, thronen heute noch über der Stadt.

Parkmore †

Die Destillerie Parkmore

Die Destillerie Parkmore wurde bereits 1931 stillgelegt, ihre *stills* sind seit Jahrzehnten demontiert und auch sonst sind keine Anlagen für die Whiskyherstellung mehr vorhanden.

Eigentlich ein Grund, sie nicht in diesem Buch aufzuführen. Dennoch will ich sie erwähnen und zwar aus folgendem Grund: Sie sieht von außen immer noch so aus, als ob sie morgen wie aus einem Schlaf erwachen und wieder produzieren könnte – wovon nicht nur ich träume.

Zudem gehört sie zu den Destillerien in diesem Städtchen, deren Anzahl für folgenden, lange Jahre gültigen Spruch über Dufftown wichtig war: *Rome was built on seven hills, Dufftown stands on seven stills.*

Die Gebäude von Parkmore wurden in dem Zustand belassen, in dem sie sich bei der Stilllegung dieser Destillerie im Jahr 1931 befanden. Das heißt, der unverfälschte Charme der Destillerie aus dem Ende des 19. Jahrhunderts ist erhalten geblieben.

Über die Destillerie selbst ist nicht sehr viel bekannt. Dies liegt sicher auch daran, dass sie vom großen Destilleriejournalisten des 19. Jahrhunderts, Alfred Barnard, nicht besucht und beschrieben werden konnte. Sie existierte zur Zeit seiner Reisen durch Schottland noch nicht.

Die Destillerie Parkmore wurde im Jahr 1894 von einer Gesellschaft mit dem Namen Parkmore Distillery Co. gegründet. Schon bald geriet sie jedoch in finanzielle Probleme, und Parkmore wechselte deshalb im Jahr 1900 das erste Mal ihren Besitzer. Sie wurde von James Watson & Co. Ltd. aufgekauft und anschließend von der Parkmore-Glenlivet Distilling Co. betrieben.

John Dewar & Sons Ltd. übernahm die Destillerie im Jahr 1923. 1925 wurde John Dewar & Sons Ltd. und mit dieser Firma auch Parkmore in die DCL integriert.

1930 wurde Dewar dann Teil der von der SMD kontrollierten Destillerien und Whiskymarken. Parkmore wurde von ihr ein Jahr später (1931) stillgelegt. Seither wurde in ihren Gebäuden nie mehr Whisky produziert.

Die Mälzerei wurde aber bis in die 1960er-Jahre weiter genutzt. A. & A. Crawford – eine Blendingfirma aus Leith im Verbund der DCL/SMD – besaß bis in die 1940er-Jahre eine Brennlizenz für Parkmore, nutzte diese aber nie. Als Grund für die Schließung von Parkmore werden oft Probleme mit der Qualität des zur Verfügung stehenden Quellwassers genannt. Ob dies wirklich der Grund war, ist aber nicht sicher.

Wofür man damals und auch noch bis in die heutige Zeit noch Verwendung in Parkmore fand, sind die altehrwürdigen Gebäude und die Lagerhäuser.

Die Destillerie gehört seit ein paar Jahren der Highland Distillers Ltd. (Tochtergesellschaft der Edrington Group). Diese hält die Gebäude instand und lagert dort einen Teil ihrer Whiskys und Ersatzteile.

In den vergangenen Jahren gab es immer wieder Gerüchte über eine Wiederaufnahme der Whiskyproduktion bei Parkmore. Es ist aber bis jetzt bei den Gerüchten geblieben.

Der Whisky aus Parkmore wurde vor allem für Blends verwendet, doch sind ein paar wenige Abfüllungen davon als Single Malts bekannt. Diese kosten jedoch – wie alle Abfüllungen aus so lange geschlossenen Destillerien – ein Vermögen und werden, wenn überhaupt, nur noch an Auktionen gehandelt.

Oben · Die bereits 1931 geschlossene Destillerie sieht so aus, als ob sie morgen schon wieder produzieren könnte.

Rechts · Die Lagerhäuser sind ebenfalls in einem sehr guten Zustand und werden von der Edrington Group auch immer noch genutzt.

Dufftown, »Malt Whisky Capital of the World« · nicht nur wegen ihrer neun Destillerien unbedingt einen Besuch wert (sechs davon sind noch in Betrieb); im Mai und September jeweils großes Whiskyfestival.

Speyside Cooperage · größte Fassfabrik der Speyside; Führungen, Shop und Restaurant.

Parkmore ist eine der drei nicht mehr produzierenden von insgesamt neun Destillerien in der »Malt Whisky Capital of the World« Dufftown.

Die Brennerei liegt im Norden dieses kleinen Städtchens. Verlässt man es auf der A941 Richtung Craigellachie–Elgin kommt man schon bald zur Destillerie Glenfiddich. Sie liegt rechts von der Straße und ist nicht zu übersehen.

Man nimmt dann die Straße Richtung Parkplatz von Glenfiddich und fährt auf dieser am Parkplatz und der Destillerie vorbei weiter. Sie führt am Balvenie Castle vorbei, dann entlang der Bahnlinie und mündet in die B9014 Richtung Keith.

Kurz nach der Bahnunterführung liegt Parkmore auf der linken Straßenseite.

Die Eisenbahnlinie der Nostalgiebahn Dufftown–Keith führt direkt oberhalb der Destillerie Parkmore vorbei. Die Destillerie selbst liegt in einer Mulde nahe beim River Fiddich.

Der Name bedeutet	Großer Park	Kapazität pro Jahr	Unbekannt
Aussprache	Park-moor	Besucher	Nein; geschlossen
Whiskyregion	Speyside	Rating	★★★★☆☆ (nur Whisky)
Adresse	Parkmore Distillery Low Road, Dufftown, Keith, Banffshire AB55 4DL Scotland	Hausstil	Malzig, fruchtig, leicht torfig, süßlich, lang
Kontakt	Kein Web und Telefon		
Club	Kein Club		
Gründung	1894		
Status	Stillgelegt, 1931; stills und alle anderen Anlagen abgebaut		
Besitzer	Highland Distillers Ltd. (Edrington Group)		
Stills	Früher 2 (1 *wash*; 1 *spirit*)		

361

Pittyvaich †

Die Destillerie Pittyvaich

Als eine der jüngsten Destillerien Schottlands wurde Pittyvaich 1974 von Arthur Bell & Sons auf dem Grundstück einer Farm gebaut. Dieses liegt direkt oberhalb der damals ebenfalls zu dieser Firma gehörenden Destillerie Dufftown. Die Produktion bei Pittyvaich wurde 1975 aufgenommen.

Die ultramoderne Destillerie ging 1985 mit Bell & Sons zusammen in der SMD/UDV auf. Von dieser Gruppe wurde sie 1993 stillgelegt. Nur zwei Jahre vorher, 1991, kam das erste Mal ein Single Malt aus Pittyvaich auf den Markt: »Pittyvaich«, Fauna & Flora, 12 Jahre.

Pittyvaich arbeitete mit einem traditionellen Maischbottich aus Gusseisenplatten ohne Abdeckung. Vergärt wurde in *wash backs* aus Edelstahl.

Ihre vier *stills* wurden jedoch trotz der Stilllegung bis ins Jahr 2002 von Zeit zu Zeit noch für Forschungs- und Experimentierzwecke benutzt. Ein Experiment ab 1994 war zum Beispiel, in den *pot stills* Gin herzustellen. Zu diesem Zweck wurden sowohl die *wash* als auch die *spirit stills* modifiziert. Beide *still*-Paare besaßen ursprünglich breite, zwiebelförmige Hälse. Diese wurden dann durch mehr oder weniger gerade aufsteigende Rohre ersetzt. Sie hatten

Ganz oben · Fassbeschriftungsschablone *(stencil)* aus der Zeit von Arthur Bell & Sons.

Oben rechts · Aus der Maischmaschine fließt das Gemisch aus heißem Wasser und *grist* in den offenen, traditionellen Maischbottich. Foto © RCAHMS

Rechts · Die vier *stills* waren zwiebelförmig und hatten breite Hälse. Auf dem Bild sieht man hinten die *wash stills*, im Vordergrund eine der beiden *spirit stills* und rechts ein wenig tiefer den *spirit and sample safe*. Foto © RCAHMS

Pittyvaich, eine der drei geschlossenen Brennereien in der »Malt Capital of the World«, Dufftown, liegt im nördlichen Teil des Ortes ganz in der Nähe ihrer »Zwillings-Destillerie« Dufftown.

Zu ihr kommt man, indem man im Ortszentrum von Dufftown (A941 – südlich von Elgin Richtung Rothes–Craigellachie) die enge Straße Richtung Süden wählt (keine Straßennummer). Sie führt an der Mortlach Church vorbei. Achtung: Bei der Spitzkehre dieser Straße muss man geradeaus weiter fahren. Diese schmalere Straße führt geradewegs zur Destillerie Dufftown und an dieser vorbei einen kleinen Hang hinauf zur nur noch aus wenigen Gebäuden und Lagerhäusern bestehenden ehemaligen Destillerie Pittyvaich.

Dufftown, »Malt Whisky Capital of the World« · nicht nur wegen ihrer neun Destillerien unbedingt einen Besuch wert (sechs davon sind noch in Betrieb); im Mai und September jeweils großes Whiskyfestival.

Speyside Cooperage · größte Fassfabrik der Speyside; Führungen, Shop und Restaurant.

Der Name bedeutet	Farm mit Stall
Aussprache	Pitty-wich
Whiskyregion	Speyside
Adresse	Pittyvaich Distillery Dufftown, Keith, Banffshire AB55 4BR Scotland
Kontakt	Kein Web und Telefon
Club	Kein Club
Gründung	1974
Status	Stillgelegt, 1993; *stills* abgebaut, 2002; *stillhouse* abgerissen, 2003
Besitzer	Diageo plc
Stills	Früher 4 (2 *wash*; 2 *spirit*)
Kapazität pro Jahr	Unbekannt
Besucher	Nein, existiert nicht mehr
Rating	★★★☆☆☆☆ (nur Whisky)
Hausstil	Leicht ölig, malzig, würzig, Vanille, etwas scharf, grasig, fruchtig (Äpfel), eher kurz

weder Ein- noch Ausbuchtungen. Das Resultat war, dass der bei Pittyvaich produzierte Gin – es handelte sich um eine Nachahmung des »Gordon Gin« – so gut war, dass er selbst von den Gin-Experten der UDV nicht vom Original unterschieden werden konnte. Andere in der stillgelegten Destillerie durchgeführte Tests dienten der Weiterentwicklung von Destillationstechniken.

Trotz diesen weiteren Nutzungsmöglichkeiten für die Destillieranlagen wurde Pittyvaich im Jahr 2002 doch endgültig stillgelegt. Die *stills* und andere Anlagen wurden abgebaut und zum Teil in die Destillerie Clynelish gebracht. Die Brennereigebäude wurden im Frühjahr 2003 abgerissen.

Der bei Pittyvaich produzierte Whisky wurde in erster Linie für die Blends der Gruppe und auch zum Tauschen mit anderen Blendern gebraucht. Als Single Malt gibt es ihn in einer Original- oder Eigentümerabfüllung der UDV. Er wurde 1991, nur zwei Jahre vor der Aufgabe der Whiskyproduktion, in deren Reihe Fauna & Flora als 12-Jähriger abgefüllt. Diese Abfüllung ist auch heute immer noch

Ganz oben · Im Frühjahr 2002 sah Pittyvaich noch so aus. Der erste Teil des großen Gebäudes mit dem schrägen Seitenfenster ist das *stillhouse*. Dahinter steht das *tunhouse*.

Oben · Anfang 2003 standen *still* sowie *tunhouse* nicht mehr. Die dahinter stehende Halle wurde durch Diageo plc bereits anderweitig genutzt.

erhältlich. Im Jahr 2009 brachte Diageo in der Reihe »Special Releases« einen 20-Jährigen Pittyvaich aus dem Jahr 1989 in Fassstärke heraus.

Der Pittyvaich ist auch in verschiedenen Alterungsstufen von den Unabhängigen abgefüllt worden.

Port Ellen †

Kildalton · Kirche, Kreuz und Friedhof – das archäologische Top-Trio von Islay.

Bowmore · heimlicher Hauptort und mit knapp 900 Einwohnern auch die größte Gemeinde auf Islay mit ein paar netten Hotels und Pubs und gut bestückten (aber teuren) Whiskybars; runde Kirche mit interessanten Grabsteinen auf dem Friedhof.

Die Destillerie Port Ellen

Die wohl mit am meisten gesuchten Malts von der Königin der Whiskyinseln, der zu den Inneren Hebriden zählenden Isle of Islay, stammen aus der Destillerie Port Ellen. Sie wurde 1825 von Alexander Mackay gegründet. Doch in den ersten 11 Jahren hatte sie nicht weniger als sechs Besitzer. Jeder von ihnen musste wegen finanzieller Probleme nach kurzer Zeit aufgeben. Port Ellen, benannt nach dem gleichnamigen Hafenstädtchen, wurde schließlich im Jahr 1836 von John Ramsay gekauft. Er war ab diesem Zeitpunkt für viele Jahrzehnte Besitzer der Destillerie. Nach seinem Tod im Jahr 1892 übernahm seine Frau die Leitung. Nachfolger wurde nach ihrem Ableben im Jahr 1906 der Sohn der beiden, Iain Ramsay.

Iain Ramsay verkaufte die Destillerie Port Ellen im Jahr 1920 an eine Gesellschaft mit dem Namen Port Ellen Distillery Co. Ltd. 1927 wechselte Port Ellen bereits wieder den Besitzer und gehörte ab diesem Zeitpunkt zur DCL, die die Destillerie zwei Jahre nach dem Kauf (1929) stilllegte. In den folgenden Jahrzehnten wurden nur noch ihre Mälzerei und die Lagerhäuser genutzt.

Die Destillerie blieb bis 1967 geschlossen. Dann wurde sie nach einer ausgedehnten Renovierung, einem Ausbau der Kapazität und der Verdoppelung der *still*-Anzahl von zwei auf vier wieder in Betrieb genommen. Nach wenigen produktiven Jahren wurde sie 1983 wieder geschlossen und nahm, obwohl im Jahr 1987 ihr Management von der UDV übernommen wurde, die Produktion nicht mehr auf. Ihre Brennlizenz wurde 1992 endgültig gelöscht. Ein Teil der Gebäude der Destillerie Port Ellen wurde unter Denkmalschutz gestellt. 2004 wurden die nicht geschützten Gebäude abgerissen. Darunter war leider auch der mitten in der Anlage stehende dominante *kiln* mit dem roten Dach.

Im *tunhouse* von Port Ellen standen ein traditioneller Maischbottich aus Gusseisenplatten und acht Gärbottiche aus Douglas-Fichte. Die vier *stills* (je zwei *wash* und *spirit*) waren zwiebelförmig und hatten keine Ein- oder Ausbuchtungen. Ihre Rohrkondensatoren standen im *stillhouse*.

Bereits 1973 hatte die damalige Besitzerin, die SMD, direkt neben der Destillerie eine riesige Mälzerei gebaut, die heute die meisten Destillerien auf Islay und auch die einzige auf der Isle of Jura mindestens zu einem Teil mit Malz versorgt.

Die Destillerie Port Ellen hat im Laufe ihrer Existenz ein paar Mal Whiskygeschichte geschrieben: Sie diente den Zollbehörden als Versuchsdestillerie beim Einsatz des ersten

In ihnen wurde der Kult-Whisky gebrannt: in den vier *pot stills* von Port Ellen. Foto © RCAHMS

Der Name bedeutet	Hafen der Ellenor (genannt nach der Frau des Stadtgründers)
Aussprache	Port Ellen
Whiskyregion	Islay
Adresse	Port Ellen Distillery Port Ellen, Isle of Islay, Argyllshire PA42 7AH Scotland
Kontakt	Kein Web und Telefon
Club	Kein Club
Gründung	1825
Status	Stillgelegt, 1983; bis auf die unter Denkmalschutz stehenden Gebäude abgerissen, 2004
Besitzer	Letzter war Diageo plc
Stills	Früher 4 (2 *wash*; 2 *spirit*)
Kapazität pro Jahr	Früher etwas über 1 000 000 Liter
Besucher	Nein, existiert nicht mehr
Rating	★★★★(★) (nur Whisky)
Hausstil	Ölig, Seetang, Rauch, Torf, würzig, Pfeffer(?), trocken, lang

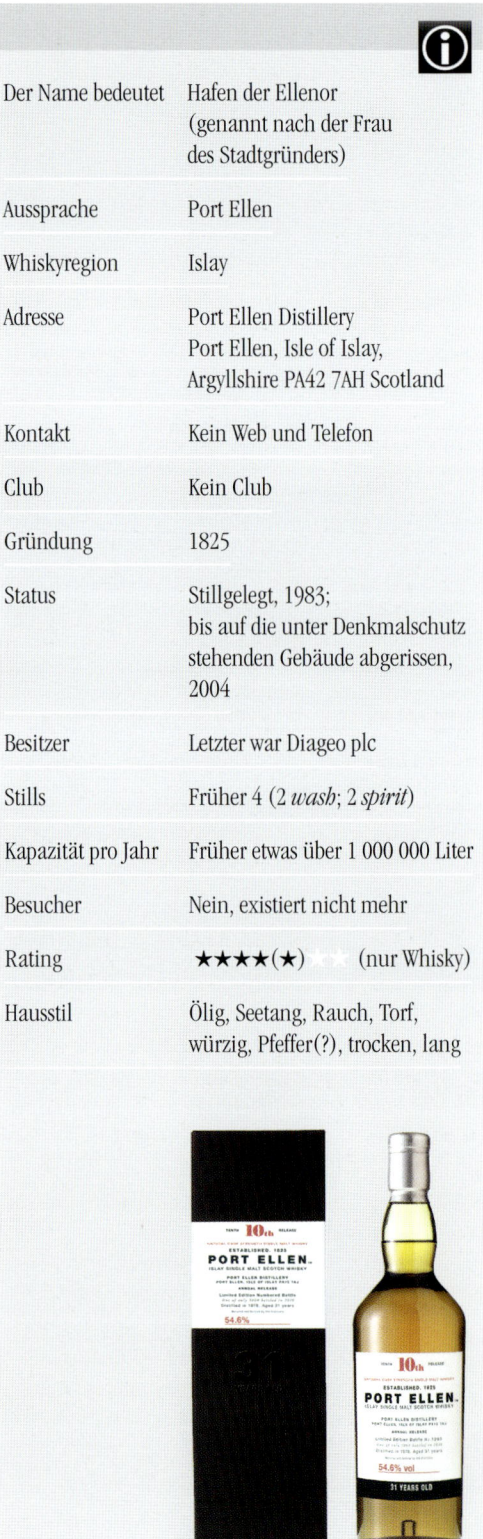

spirit safe und ermöglichte Aeneas Coffey die Durchführung von Experimenten mit einer *continuous still*.

Abfüllungen des »Port Ellen« als Single Malt gab es schon zur SMD-Zeit. Und seit vielen Jahren kommen Jahr für Jahr neue Abfüllungen der seit 1983 nicht mehr produzierenden Destillerie auf den Markt, obwohl es bereits seit langer Zeit heißt, die Vorräte seien erschöpft. Es ist nicht ganz unwahrscheinlich, dass der Whisky künstlich rar gemacht und so sein Preis hochgetrieben wird. Leider sind bei den neueren Abfüllungen (auch den Originalabfüllungen) einige dabei, die man nicht unbedingt als gut schmeckend bezeichnen kann.

Als Original- beziehungsweise Eigentümerabfüllung gibt es den »Port Ellen« neben den alten Destillerieabfüllungen seit einigen Jahren von der UDV in der Reihe der Rare Malts und als bereits in zehnter Auflage erschienene Limited Editions (in X-Tausenden von Flaschen). Eine extrem gesuchte und heute sehr teure Abfüllung gab es auch zum 25-Jahr-Jubiläum der Port Ellen Maltings.

Auch die unabhängigen Bottler haben ihn in einer großen Anzahl von verschiedensten Abfüllungen im Angebot.

Ganz oben · Ein Bild aus besseren Zeiten: Hier stand die Destillerie Port Ellen mit ihrem markanten roten *kiln* noch, ihn gibt es heute nicht mehr.

Oben rechts · Nach Torf riechende Rauchschwaden ziehen von den Port Ellen Maltings gegen den Ort. Ansicht der heute noch stehenden Teile der Destillerie und der großen Mälzerei von der Fähre aus.

Rechts · Die Gärbottiche von Port Ellen – einmal nicht von oben. Foto © RCAHMS

Von Port Ellen auf der Insel Islay führt die A846 in westlicher Richtung nach wenigen hundert Metern an den Gebäuden der Port Ellen Maltings vorbei.

Vor diesen Gebäuden zweigt links die Straße zu den noch stehenden Lagerhäusern und einigen sonst noch vom Abbruch verschonten Gebäuden der Destillerie ab. Es stehen auch noch die Zwillings-*kilns* der ehemaligen Mälzerei.

Pulteney
(Old Pulteney)

Die Destillerie Pulteney

Sir William Johnstone Pulteney, ein wichtiger und reicher Einwohner der kleinen Stadt Wick im Norden von Schottland, ließ Ende des 18. Jahrhunderts einen neuen Stadtteil speziell für die Fischer bauen, die mit Heringfang ihren Lebensunterhalt verdienten. Der ganze Stadtteil mit den vielen kleinen Fischerhäuschen, der südwestlich des Hafens auf einer kleinen Anhöhe liegt, trägt heute seinen Namen.

James Henderson, der Gründer von Pulteney, der nördlichsten Destillerie auf dem schottischen Festland (nur die beiden Destillerien auf der Insel Orkney liegen noch nördlicher), destillierte schon Jahrzehnte vor der Gründung der Destillerie in Wick ein Stück weit im Landesinneren – illegal natürlich. Nach der Einführung des neuen Gesetzes über die Lizenzierung der Brennereien zog er nach Wick um und gründete dort 1826 die Destillerie Pulteney.

Pulteney ist eine der wenigen Destillerien Schottlands, die den Namen einer Person tragen. In diesem Fall derjenigen, die den Stadtteil, in dem sie liegt, gegründet hat.

Im 19. und auch zu Beginn des 20. Jahrhunderts waren etliche der Mitarbeiter neben ihrem Job in der Destillerie als Fischer tätig. Andere Mitarbeiter produzierten nebenbei Fässer, in denen Heringe in Salzlösung eingelegt und so exportiert wurden. Wick als Hafen hatte damals den Ruf, in Fässern Silber (Heringe) und Gold (Whisky) zu verschiffen.

In der Fassabfüllabteilung warten neue Fässer (Ex-Bourbon) auf das Befülltwerden.

Die Destillerie Pulteney blieb bis 1920 in Familienbesitz. Ab diesem Jahr wechselte sie ihre Besitzer häufig: Über James Watson & Co. zu John Dewar & Sons (1923) und mit dieser Firma zusammen 1925 weiter zur DCL.

Von 1930 bis 1951 war die Destillerie geschlossen. Ein Grund dafür war, dass in diesem Teil Schottlands von 1922 bis 1947 eine völlige Prohibition (ein totales Alkoholverbot) herrschte.

1951 wurde die Destillerie Pulteney von der Rechtsanwaltsgesellschaft R. Cumming & Son aus Banff gekauft. Diese Firma besaß bereits Balblair. Schon vier Jahre nach dem Kauf trennte sie sich aber wieder von Pulteney. Käufer war 1955 James & George Stodart & Co., eine schottische Tochtergesellschaft von Hiram Walker & Sons (Kanada).

1958/59 wurde die Destillerie mit ihren zwei *stills* komplett renoviert. Zur gleichen Zeit wurde die eigene Mälzerei aufgegeben.

1961 ging Pulteney im Laufe weiterer Fusionsprozesse in den Besitz von Allied Distillers über. Diese verkaufte ihrerseits 1995 Pulteney an Inver House Distillers Ltd. weiter. Diese Gruppe machte ihr Versprechen wahr, den Malt von Pulteney in Original- oder Eigentümerabfüllung auf den Markt zu bringen. 1997 kam der Old Pulteney mit 12 Jahren Fasslagerung auf den Markt. Vorher war der Pulteney nur in Abfüllungen von den Unabhängigen erhältlich. Die Whiskys von Pultney werden normalerweise nur für Blends (und hier vor allem für den Ballantine's) verwendet. In der Zwischenzeit gibt es ihn als Single Malt in Originalabfüllung als »Old Pulteney« mit 12, 17, 21 und seit 2009 mit

Der Name bedeutet	Name des Stadtteils von Wick, in dem sie liegt, und dessen Gründerfamilie
Aussprache	Poult(e)nie
Whiskyregion	Highland
Adresse	Pulteney Distillery Huddart Street, Wick, Caithness KW1 5BA Scotland
Kontakt	www.oldpulteney.com Telefon +44 (0)1955 60 23 71
Club	Old Pulteney Members Lounge, Mitgliedschaft gratis; Anmeldung über die Website der Destillerie
Gründung	1826
Status	In Betrieb
Besitzer	Inver House Distillers Ltd. (International Beverage Holdings Ltd.)
Stills	2 (1 *wash*; 1 *spirit*)
Kapazität pro Jahr	1 500 000 Liter
Besucher	Ja ★★★(★) Besucherzentrum mit Shop ❤❤❤
Rating	★★★★☆☆☆
Hausstil	Frisch, Seeluft, fruchtig, Nüsse, Vanille, leicht salzig, wärmend

30 Jahren sowie in Abfüllungen zu besonderen Anlässen. Seit 2010 gibt es auch eine spezielle Abfüllung für die Duty Free Shops mit dem Namen eines sehr alten Heringfängers: »Isabella Fortuna WK 499«.

Die Destillerie Pulteney besitzt ein im Jahr 2000 eröffnetes, sehr schönes und edel gestaltetes *Visitor Centre*. Für Destilleriefreaks ist der Besuch dieser Destillerie fast ein Muss. Sie arbeitet noch wie vor hundert Jahren, Computer sind hier in der Produktion unbekannt.

Zwar gibt es die alte Porteus-Malzmühle in fast allen Destillerien Schottlands zu bewundern. Ähnliches gilt auch für den *semi lauter*-Maischbottich, in dem aus dem *grist* mit heißem Wasser die Stärke herausgewaschen wird: Er ist aus Gusseisenplatten und hat einen Edelstahldeckel. Er wird im Jahr 2012 durch einen *semi lauter mash tun* aus Edelstahl ersetzt. Fünf der sechs *wash backs* sind aus einem speziellen Stahl, genannt Corten Stahl. Es handelt sich dabei um eine Stahlart, die normalerweise nur bei Bauten (Stahlhochbau, Fassaden, Brücken usw.) verwendet wird. Die sechste *wash back* ist aus Edelstahl.

Doch was sehr speziell ist: Im *stillhouse* stehen je eine *wash* und *spirit still*, wie man sie sonst in Schottland nirgendwo sieht. Die *wash still* hat keinen Schwanenhals. Sie besitzt einen direkt auf den Kessel aufgesetzten großen ballförmigen Aufsatz, auf dem wiederum ein leicht konischer, kurzer Zylinder montiert ist. Unter dessen oberem Ende führt das Dampfrohr ins Freie und dort als Spiralrohr in

einen großen, mit Wasser gefüllten Bottich *(worm tube)*. In der Destillerie erzählt man die Geschichte, dass die *still* so speziell aussieht, weil man ihr – sie war zu hoch und passte nicht ins *stillhouse* – einfach den Hals so weit verkürzte, bis sie hineinpasste.

Die *spirit still* sieht dagegen auf den ersten Blick normal aus. Sie ist zwiebelförmig und besitzt am Halsansatz die ebenfalls von anderen Destillerien bekannte ballförmige Ausbuchtung. Doch was dann mit dem oben weggehenden Dampfrohr passiert, ist wirklich außergewöhnlich. Es geht

nach einem kurzen Stück senkrecht nach unten weg und führt dann wieder waagrecht in einen *purifyer*, aus dem ein Teil des Alkoholdampfes in kondensierter Form in den Brennkessel zurückgeführt und noch einmal destilliert wird. Das Dampfrohr selbst führt dann ebenfalls ins Freie, wo es als Spiralrohr im großen Wassertank endet. Jedes der Schneckenrohre der beiden *stills* für die Kondensation der Alkoholdämpfe ist über 90 Meter lang.

Der Malt von Pulteney wird in den eigenen Lagerhäusern in Ex-Bourbon- und Ex-Sherry-Fässern gereift.

Wick, eine alte Fischer- und Hafenstadt ist Standort der am nördlichsten stehenden Destillerie auf dem schottischen Festland.

Nach Wick kommt man, wenn man von Inverness aus nach Norden fährt: zuerst auf der A9, dann auf der A99. Will man zur Destillerie, bleibt man zuerst auf dieser Straße, fährt am Fußballstadion von Wick vorbei und nimmt nach ein paar hundert Metern die nach rechts weggehende Northcote Street. Ab hier führen Wegweiser zur Destillerie.

Wick • interessante Hafenstadt, jedoch ohne größere Sehenswürdigkeiten.

John O'Groats • das Ende von Schottland mit vielen Shops und der Möglichkeit, mit Booten Wildlife-Trips zu machen; Personenfähre nach Orkney (keine Autos). Die Autofähren verkehren ab Gills Bay, Scrabster und Aberdeen.

Duncansby Head • Natursehenswürdigkeit erster Klasse; Klippen; Stacks; Mai/Juni riesige Vogelkolonien (Papageientaucher usw.).

Unten links • Die *wash still* mit ihrer übergroßen Ballausbuchtung und dem abgeschnitten wirkenden *still*-Kopf.

Unten rechts • Bei der *spirit still* geht der *lyne arm* nach einem kurzen Stück senkrecht weg, um dann wieder anzusteigen.

Rosebank †

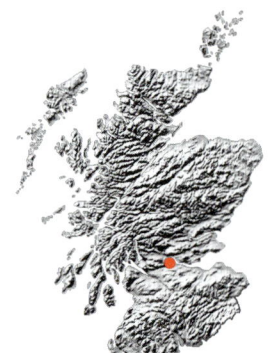

Falkirk Wheel · Meisterwerk der Technik; Schiffsschleuse in Form eines Riesenrades.

Brücken über den Firth of Forth · beeindruckende Brückenkonstruktionen für den Straßen- und Bahnverkehr; die Eisenbahnbrücke war, als sie 1890 in Betrieb genommen wurde, die größte Brücke der Welt.

Die Destillerie Rosebank

Rosebank wurde als eine der ersten Lowland-Malt-Destillerien 1840 von James Rankine gegründet. Sie lag in unmittelbarer Nähe von Schleusen am Forth-Clyde-Kanal.

Destillerien mit dem Namen Rosebank lassen sich jedoch bereits einige Jahre, bevor die heute bekannte gegründet wurde, in Aufzeichnungen finden. So betrieben die Gebrüder Stark bereits 1798 eine Destillerie mit diesem Namen. In der Zeit von 1817 bis 1825 besaß James Robertson eine Destillerie mit dem Namen Rosebank. Ob diese irgendetwas mit derjenigen der Gebrüder Stark zu tun hatte, ist nicht bewiesen, aber wahrscheinlich. Ebenfalls nicht bekannt ist, ob die später unter dem Namen »Camelon Distillery« betriebene Brennerei eine Fortführung der Rosebank-Destillerie unter einem anderen Namen war.

James Rankine, der Gründer der heute bekannten Destillerie Rosebank, baute seine Destillerie in der Mälzerei der früheren Destillerie Camelon. Diese lag auf dem einen Ufer des Forth-Clyde-Kanals, die Hauptgebäude jedoch auf dem gegenüberliegenden. Später (1845) kaufte Rankine auch

Rechts · Der Maischbottich mit seinem Kupferdeckel.

Unten rechts · Die drei über's Eck stehenden *pot stills*. Beide Innenaufnahmen aus dem Jahr 1993 © RCAHMS

Unten · Die noch stehenden Gebäude der Destillerie in den 2010er-Jahren.

noch die restlichen Gebäude von Camelon und nutzte diese als Mälzerei. So war also aus einer Mälzerei eine Destillerie und aus einer Destillerie eine Mälzerei geworden.

1864 ließ Robert Rankin, der Sohn des Gründers, die Gebäude komplett renovieren und umbauen. Im Jahr 1894 wandelte sich Rosebank nach dem Tod von Robert Rankin von einer privaten Destillerie in eine Aktiengesellschaft mit dem Namen Rosebank Distillery Ltd. Diese Gesellschaft war 1914 eine der Mitbegründerinnen der SMD, die später in der DCL aufging.

Die Destilleriegebäude gegen Ende der 1970er-Jahre.

Der Name bedeutet	Böschung mit Rosen
Aussprache	Rous-bänk
Whiskyregion	Lowland
Adresse	Rosebank Distillery Camelon Road, Falkirk, Stirlingshire FK1 5BW Scotland
Kontakt	Kein Web und Telefon
Club	Kein Club
Gründung	1798
Status	Geschlossen 1993; teilweise in ein Restaurant und Hotel umgebaut, 1998; teilweise abgerissen, ab 2002
Besitzer	Letzter war UDV/Diageo plc
Stills	Früher 3 (1 *wash*; 1 *intermediate*; 1 *spirit*)
Kapazität pro Jahr	Früher ungefähr 500 000 Liter
Besucher	Nein; existiert nicht mehr
Rating	★★★★★☆☆ (nur Whisky)
Hausstil	Leicht, grasig, wenig Sherry, malzig-süßlich, würzig, lang

Rosebank war eine der wenigen Destillerien, die während des Ersten Weltkriegs die Produktion nicht komplett aufgeben mussten. Sie wurde erst gegen Ende des Krieges – von 1917 bis 1919 – stillgelegt.

Bereits ab dem Jahr 1926 wurden die Gerstenaufzüge in den Silos, die Malz-Transport-Schnecken und die Malzmühle von einem Elektromotor angetrieben.

Während des Zweiten Weltkriegs durfte Rosebank wiederum als große Ausnahme durchgehend produzieren.

Rosebank brannte nach typischer Lowland-Art ihre Whiskys in einer *wash* und zwei *spirit stills* dreimal, arbeitete also nach dem Prinzip der sogenannten *triple distillation*. Die Dampfrohre der *stills* führten ins Freie in sogenannte *worm tubes* (Wasserbottiche, in die die Dampfrohre als schneckenförmige Kupferrohre zur Kondensierung des Alkoholdampfes führten).

1968 wurde die alte Mälzerei abgerissen und durch eine neue ersetzt.

Kurz nachdem die UDV die Kontrolle über die Destillerien der SMD/DCL übernommen hatte, legte sie Rosebank im Jahr 1993 still. Die wirklich beste der Lowland-Destillerien hörte auf zu arbeiten.

Bei Rosebank stand ein traditioneller Maischbottich aus Gusseisenplatten mit einem Kupferdeckel. Er besaß einen sich drehenden Rechen. Die *wort* wurde in acht Gärbottichen *(wash backs)* aus Douglas-Fichte vergoren. Rosebank brannte nach typischer Lowland-Art ihre Whiskys in einer *wash,* einer *intermediate* und einer *spirit still* dreimal, arbeitete also nach dem Prinzip der sogenannten *triple distillation*. Alle drei *stills* waren zwiebelförmig. Die *wash* und die *intermediate still* besaßen Einbuchtungen am unteren Teil des Halses, die *spirit still* hatte keine Ein- oder Ausbuchtungen. Die Dampfrohre aller *stills* führten ins Freie in sogenannte *worm tubes* (Wasserbottiche, in die die Dampfrohre als schneckenförmige Kupferrohre zur Kondensierung des Alkoholdampfes führten). Der *spirit safe* stand direkt auf dem Bottich *(receiver),* in den das Destillat des zweiten Brandes aus der *intermediate still* geleitet wurde.

Die Bestrebungen, eine neue Destillerie Rosebank in kleinerem Stil wieder in Betrieb zu nehmen, sind Ende des Jahres 2002 aufgegeben worden. Einige der Destilleriegebäude wurden abgerissen. An ihrer Stelle stehen heute Appartementhäuser. Eines der noch stehenden Gebäude beherbergt ein Beefeater-Restaurant und Pub mit dem Namen The Rosebank. Im gleichen Gebäude befindet sich auch ein Hotel.

Den Rosebank als Single Malt gab es zuerst als 8-Jährigen in einer Original- oder Eigentümerabfüllung. Diese ist heute im Handel sehr schwer zu finden. Weitere Abfüllungen in anderen Alterungsstufen folgten für Italien und England (ebenfalls rar). Die UDV brachte ihn dann in ihren Reihen der Rare Malts und Fauna & Flora (als 12-Jährigen) auf den Markt. Als Rare Malts gab es ihn aus dem Destillationsjahr 1979 als 19- (1998) und 20-Jährigen (1999). Diesen folgten zwei aus dem Jahr 1981 mit 20 (2002) und 22 Fassjahren (2004). Die letzte Eigentümer-Abfüllung eines Rosebank kam 2007 in den Verkauf. Es handelt sich um die Abfüllung eines 25-Jährigen aus dem Jahr 1981 in der Reihe »Special Releases« von Diageo.

Von einem so großen Malt gibt es natürlich auch etliche Abfüllungen von den Unabhängigen.

Die wenigen, noch bestehenden Gebäude der ehemaligen Destillerie Rosebank befinden sich im Norden der Stadt Falkirk. Diese wiederum liegt zwischen Glasgow und Edingburgh in der Nähe des westlichen Endes des Firth of Forth.

Ob man nun von Edinburgh auf der M9 Richtung Nordwesten oder auf der A80/M80 aus Glasgow Richtung Nordosten nach Falkirk kommt, die Straße zur Destillerie ist die Gleiche: die A803. Man muss nur die entsprechende Ausfahrt auf diese Straße nehmen und immer auf ihr bleiben. Dort, wo sie den Forth-Clyde-Kanal überquert, steht unübersehbar ein großes Gebäude mit der Aufschrift »Rosebank« – nur ist es heute ein Beefeater-Restaurant. In diesem kann man zumindest ein paar Reliquien der ehemaligen Destillerie finden. Auf der gegenüberliegenden Seite des Kanals stehen noch einige mehr oder weniger dem Verfall preisgegebene Gebäude (Gärhaus, Brennhaus und ein paar Hilfsgebäude).

Roseisle

Der Name bedeutet	Kap der Rosen, auch Insel am Kap
Aussprache	Rous-eil
Whiskyregion	Speyside
Adresse	Roseisle Distillery Roseisle, near Elgin, Morayshire IV30 5YP Scotland
Kontakt	Keine eigene Homepage Besitzer www.diageo.de Telefon +44 (0) 1343 83 21 00
Club	Kein Club
Gründung	2007; Produktionsaufnahme 2009
Status	In Betrieb
Besitzer	Diageo plc
Stills	14 (7 *wash*; 7 *spirit*)
Kapazität pro Jahr	12 500 000 Liter
Besucher	Kein Besucherzentrum. ★★★☆☆ Besuche sind nicht erwünscht; jedoch eventuell bei bestimmten Anlässen (z. B. Speyside Whisky Festival) möglich.
Rating	Noch kein Rating
Hausstil	Typ 1: leicht, süßlich, malzig, nussig, weich Typ 2: aromatisch, würzig, malzig, rund Es sind noch keine Abfüllungen aus dieser Destillerie auf dem Markt.

Die Destillerie Roseisle

Roseisle ist die neueste Destillerie der Speyside. Sie wurde am 11. Oktober 2010 das erste Mal der Öffentlichkeit vorgestellt, hat aber bereits im Herbst 2009 die Produktion aufgenommen. Die sowohl von außen als auch im Inneren futuristisch anmutende Destillerie steht im großen Mälzerei- und heute auch Destilleriekomplex der Firma Diageo. Und es sei gleich vorweggenommen: Besucher sind weder bei den Maltings noch in der Destillerie wirklich willkommen.

Für den Bau und die Inbetriebnahme der supermodernen Destillerie wurden insgesamt über £ 40 Millionen investiert. Davon gingen £ 26 Millionen in die Destillerie. Sie arbeitet nicht nur mit den zurzeit effektivsten, sondern auch umweltfreundlichsten Produktionsmitteln und Technologien. So ist zum Beispiel ihr Ausstoß an Kohlenmonoxid nur etwa 15 Prozent so hoch wie bei einer älteren

Ganz oben · Die 14 *stills* von den Maischbottichen her gesehen.

Oben · Wirklich beeindruckend: das moderne *stillhouse.*

Destillerie mit dem gleichen Herstellungsvolumen. Auch die Destillerieabfälle (*draft* und *pot ale*) werden optimal genutzt und ein großer Teil davon in Biogas umgewandelt und so als Energieträger wieder eingesetzt. In diese »Bio Plant« genannte Anlage flossen weitere £ 14 Millionen.

Die Destillerie Roseisle wirkt eher wie eine futuristische Fabrik aus einem Science-Fiction-Film, vor allem, wenn man in der Dämmerung oder in der Nacht auf sie zufährt. Im architektonisch überzeugenden Gebäude stehen die Anlagen den Produktionsschritten folgend optimal angeordnet. Zuerst die speziell für die Destillerie gebauten Malzsilos (sie stehen im Freien). Sie werden aus der Produktion der auf dem gleichen Gelände stehenden Großmälzerei gefüllt.

Die neueste Malt-Großdestillerie Schottlands wurde von Diageo auf dem Gelände der bereits bestehenden Großmälzerei Roseisle gebaut.

Von Elgin aus fährt man auf der A96 in Richtung Westen (Inverness). Nach etwa acht Kilometern kommt man durch den kleinen Ort Alves (auch Crook of Alves). Von hier geht nach rechts (Richtung Norden) die Burghead Road, eine enge Straße ohne Nummer, weg. Diese führt in der Nähe des riesigen Mälzerei- und Destilleriekomplexes vorbei, den man schon bald nach dem Verlassen von Alves sieht und als Wegweiser benutzen kann.

Oben · Riesengroß und doch nur ein kleiner Teil des Roseisle-Komplexes: Gegenüber den Gebäuden der Großmälzerei wirkt die Destillerie direkt bescheiden. Sie befindet sich links im Bild mit dem türkisfarbenen Gebäudeteil.

Rechts · Die Destillerie Roseisle. Rechts das *stillhouse*, im türkisfarbenen Gebäude stehen die beiden Maischbottiche, hinten außerhalb des Gebäudes (in ihm befinden sich die Gärbottiche) sind die Malzsilos angebracht.

Unten · Das futuristische *stillhouse*.

Elgin · interessante und lebendige Stadt aus dem Mittelalter mit etlichen historischen Gebäuden und Monumenten, vielen Restaurants, Kaffeehäusern und Shops.

Elgin Cathedral · Ruine einer großen Kathedrale, deren Ursprünge auf das 12. Jahrhundert zurückgehen; ein wirklich beeindruckender Ort.

Pluscarden Abbey · auf das 13. Jahrhundert zurückgehende Klosteranlage; im 16. Jahrhundert (Reformation) aufgegeben; seit 1948 wieder als Kloster genutzt; wird ständig renoviert.

Burghead · kleine, alte Hafenstadt, gebaut auf einer uralten piktischen Siedlung; altes Fort mit einem *Visitor Centre*. In der Umgebung befindet sich eine schöne Dünenlandschaft und im Meer sind von Zeit zu Zeit Delfine, Seehunde und sogar Wale zu sehen.

Roseisle zählt zu den wenigen Destillerien Schottlands – neben Glen Ord zum Beispiel –, die über eine eigene Mälzerei in großem Stil verfügen. Im Anschluss an die Silos steht der Mühlenraum mit einer modernen Malzkontroll- und Mahlanlage.

Aus dem in ihr zu *grist* gemahlenen Gerstenmalz wird in zwei *full lauter*-Maischbottichen aus Edelstahl der Zucker herausgelöst und die *wort* abgezogen. Diese wird in vierzehn *wash backs* aus Edelstahl vergärt. Hier wird durch unterschiedlich lange Gärzeiten der Geschmack des späteren Whiskys beeinflusst.

Destilliert wird in 14 *stills* (7 *wash*, 7 *spirit*) mit ebenfalls im *stillhouse* stehenden Rohrkondensatoren. Je drei *wash* und *spirit stills* besitzen zwei dieser Kondensatoren, von denen einer aus Kupfer und einer aus Edelstahl ist. Zwischen diesen kann hin und her geschaltet und dadurch die Art des *new make* mit beeinflusst werden. Rohrkondensatoren aus Kupfer machen das Destillat weicher, solche aus Edelstahl

eher schwer. Die *stills* und Kondensatoren wurden in der Diageo-eigenen Kupferschmiede in Abercrombies bei Alloa gefertigt.

Bei Roseisle wurde sehr großer Wert auf ökologische Produktion gelegt. Nicht nur, dass aus den Destillerieabfällen so viel Energie zurückgewonnen wird, dass über 70 Prozent des in der Brennerei benötigten Dampfes damit erzeugt werden kann. Auch das bei der Destillation anfallende heiße Wasser wird genutzt: Circa fünf Kilometer von Roseisle entfernt steht eine weitere, ebenfalls Diageo gehörende Großmälzerei mit dem Namen Burghead. Zu ihr wird das heiße Wasser durch eine Röhre gepumpt, zum Heizen der *kilns* gebraucht und als Kaltwasser in einer zweiten Röhre wieder zur Destillerie zurückgeführt.

Der *new make* wird täglich in Tanklastwagen in das riesige Lagerhausareal bei Alloa gebracht. Dort wird er in Fässer (hauptsächlich Ex-Bourbon) abgefüllt und auch gelagert.

Bei Roseisle werden zwei Haupt-Whisky-Geschmacksnoten produziert: ein leichter Speyside-Typ, wie er zum Beispiel aus der Destillerie Cardhu kommt, und ein schwererer, aromatischer, wie ihn beispielsweise Mortlach produziert.

Die ersten Whiskys sollen ab 2012 in die Blends von Diageo, wie zum Beispiel den »Johnnie Walker«, einfließen. Eine Abfüllung des Roseisle als Single Malt ist ebenfalls geplant, wird aber wahrscheinlich noch einige Zeit auf sich warten lassen.

Royal Brackla

Die Destillerie Royal Brackla

Captain William Fraser errichtete die Destillerie Brackla 1812 auf dem Cawdor Estate, einem für die schottische Geschichte sehr wichtigen Landstrich. Das berühmte Schloss Cawdor (Shakespeare/Macbeth) liegt in ihrer unmittelbaren Nähe. Captain Fraser besaß mit Brackla die erste Destillerie, die den Namenszusatz »Royal« im Jahr 1835 von König William IV. verliehen bekam.

Der König schätzte diesen Whisky offensichtlich sehr. Queen Victoria bestätigte den Zusatz »Royal« im Jahr 1838. Royal Brackla blieb bis heute eine von nur drei Destillerien, die den Zusatz »Royal« in ihrem Namen führen dürfen beziehungsweise durften.

1852 wurde die Destillerie an eine Gesellschaft mit dem Namen Robert Fraser & Co., eine Familienfirma, verkauft. Ungefähr ab 1860 waren dann Andrew Usher und seine Firma mit Royal Brackla finanziell verbunden. Er benutzte den Malt von Royal Brackla als einen der Geschmacksgeber für seine ersten Blends.

Im Jahr 1898 kam die Destillerie an eine Publikumsgesellschaft mit dem Namen Royal Brackla Distillery Co. Ltd. 1919 übernahmen John Mitchell und James Laith aus Aberdeen die Mehrheit dieser Gesellschaft und verkauften sie 1926 an John Bisset & Co. Ltd. weiter. 1943 kam diese Firma und damit auch Royal Brackla zur SMD.

1965/66 wurde Royal Brackla renoviert. Gleichzeitig wurden die eigenen Mälzböden (*floor maltings*) aufgegeben sowie die ältesten Gebäude abgerissen und durch neue ersetzt. Die Kapazität der Brennerei wurde im Jahr 1970 von zwei auf vier *stills* ausgebaut.

Wie viele andere Destillerien musste Royal Brackla wegen der Whiskykrise 1985 stillgelegt werden. Die UDV übernahm im Jahr 1987 das Management von der SMD, nahm die Destillerie aber erst 1991 wieder in Betrieb. 1998 passte Royal Brackla nicht mehr ins Konzept der UDV und wurde an Bacardi beziehungsweise an deren schottische Tochter John Dewar & Sons Ltd. verkauft. Zuvor renovierte man sie aber noch einmal mit großem finanziellem Aufwand. Gleichzeitig wurden die Produktionsprozesse verbessert.

Einen Besuch in dieser nicht für Besucher eingerichteten Destillerie sollte man rechtzeitig vereinbaren. Sie beginnt bei schönem Wetter vor dem kleinen Bürogebäude, das vom

Oben · Die großen *stills* sind zwiebelförmig.

Links · Royal Brackla lagert seine Malts auch in Hochregal-Lagerhäusern.

Zu dieser Destillerie in geschichtsträchtiger Lage kommt man, wenn man von Inverness aus auf der A96 nach Osten, das heißt Richtung Elgin fährt. Nach ungefähr 15 Kilometern zweigt nach rechts die B9006 Richtung Cawdor ab (Wegweiser Cardow Castle). Sie wird schon bald zur B9090 und führt zum Ort Cawdor, in dem die Straße zum berühmten Cawdor Castle rechts ab geht (dieses Schloss ist sehenswert, nicht nur für Shakespeare-Fans.). Zur Destillerie fährt man jedoch geradeaus weiter. Nach knapp einem Kilometer steht diese auf der linken Seite der Straße.

Cawdor Castle • wird als »Macbeth-Schloss« mit Shakespeare in Verbindung gebracht; stammt aus dem 14. Jahrhundert; interessant für Geschichtsfans; liegt knapp einen Kilometer von der Destillerie entfernt.

Fort George • riesige Artilleriefestung an der Küste des Moray Firth aus dem 18. Jahrhundert; militärische Zeitzeugen aus den letzten Jahrhunderten; ein Teil der Gebäude wird noch von der britischen Armee genutzt.

Brodie Castle • interessantes Schloss aus dem 16. Jahrhundert; schöne Sammlung an Möbeln und Gemälden; fantastische Bibliothek mit über 6000 Büchern.

Oben • Die moderne Destillerie mit geöffneten *stillhouse*-Fenstern über den Kühlwasserteich gesehen.

Rechts • Der moderne Maischbottich aus Edelstahl mit seiner Maischmaschine (rechts im Bild).

Destilleriemanager und seinem Stellvertreter genutzt wird, bei schlechtem Wetter in einem der wirklich engen Büros.

Das kleine Bürogebäude steht am Ende der langen Zufahrtsstraße, die zwischen den niedrigen Lagerhäusern mit Naturböden zur Linken und denen mit hohen, modernen Hochregallagern zur Rechten durchführt. Endlich beim kleinen alten Häuschen eingetroffen, hat man links den Weiher mit dem Kühlwasser und rechts die Destillerie mit ihren modernen Gebäuden vor sich.

Das Gerstenmalz wird von verschiedenen Großmälzereien bezogen und zuerst einmal in großen Silos zwischengelagert. Von dort kommt es in die alte Porteus-Mühle und der darin gemahlene *grist* zum Auswaschen der in ihm enthaltenen Stärke in einen *full lauter mash tun* aus Edelstahl (Kessel und Deckel). Die so gewonnene *wort* wird in sechs im Gärhaus stehenden *wash backs* aus Douglas-Fichte mit Edelstahldeckeln(!) und zwei zusätzlichen, im Freien stehenden Gärbottichen (komplett aus Edelstahl) mithilfe von Hefe in eine destillierbare Flüssigkeit *(wash)* vergärt. Diese kommt für den ersten Brennprozess in die beiden *wash stills* und die so gewonnenen *low wines* in die beiden *spirit stills*. Alle *stills* sind zwiebelförmig ohne Ein- oder Ausbuchtungen. Die zu ihnen gehörenden Rohrkondensatoren stehen im gleichen Raum. Aus dem *stillhouse* hat man einen schönen Ausblick auf den Kühlwasserteich und die ihn umgebende parkähnliche Landschaft.

Der Malt von Royal Brackla wird zu über 90 Prozent in Ex-Bourbon-Fässern gelagert. Es kommen aber auch Ex-Sherry-Fässer zum Einsatz.

Die Hauptabnehmer der Malt-Whiskys von Royal Brackla sind heute die verschiedensten Hersteller von Blends. Als Single Malt in Original- oder Eigentümerabfüllung gibt es ihn von der Destillerie selbst und in der Reihe der Rare Malts der früheren Besitzerin UDV (1998 wurde ein 20-Jähriger aus dem Jahr 1978 abgefüllt). Unter der Leitung von John Dewar & Sons Ltd. erschienen 2003 ein 25-Jähriger in einer limitierten Auflage und ab 2004 ein 10-Jähriger als Standardabfüllung. Ausgesprochen selten und gesucht sind die Abfüllungen unter dem Besitz von John Bisset aus den 1980er Jahren geworden.

Den Royal Brackla gibt es auch in Abfüllungen von den Unabhängigen.

Der Name bedeutet	Gesprenkelter Hang oder Dachsbau		Besucher	Kein Besucherzentrum ★★★☆☆
Aussprache	Royel Brackla			Besuche sind aber nach Voranmeldung möglich. (Nicht zu knapp vor dem geplanten Besuch anrufen.)
Whiskyregion	Highland			
Adresse	Royal Brackla Distillery Cawdor, Nairn, Nairnshire IV12 5QY Scotland		Rating	★★★☆☆☆
Kontakt	Keine eigene Homepage Besitzer www.dewars.com Telefon +44 (0)1667 40 20 02		Hausstil	Frisch, Vanille, schwach torfig, fruchtig, mild
Club	Kein Club			
Gründung	1812			
Status	In Betrieb			
Besitzer	John Dewar & Sons Ltd. (Bacardi Ltd.)			
Stills	4 (2 *wash*; 2 *spirit*)			
Kapazität pro Jahr	3 750 000 Liter			

Royal Lochnagar

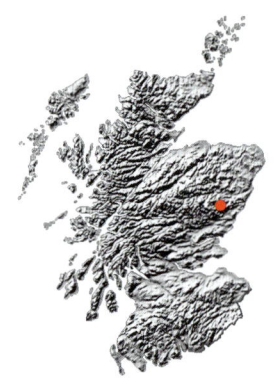

1963 und 1967 wurden noch einmal größere Renovierungen durchgeführt. Die Mälzerei wurde aufgegeben.

1987 kam die DCL/SMD und mit ihr Royal Lochnagar unter die Leitung der UDV. Die Destillerie ist heute das Zentrum für interne Schulungen von Diageo plc und die kleinste Destillerie dieses Konzerns.

1990 bekam die Destillerie Royal Lochnagar ein schönes Besucherzentrum, das dank der Nähe zu Balmoral Castle sicher auch den einen oder anderen Besucher von dort anlockt.

Die Destillerie Royal Lochnagar

Hier vorab eine Warnung: Sollte Sie ein schottisches Schulkind fragen, wie tief Lochnagar ist, fallen Sie nicht darauf herein. Lochnagar ist nämlich kein See (Loch = See) sondern ein immerhin 1155 m hoher Berg. Die an dessen Fuß liegende Destillerie mit dem gleichen Namen wurde von John Begg am Platz einer bereits früher existierenden Destillerie im Jahr 1845 gegründet.

Sie hieß zu jener Zeit »New Lochnagar«. Die ältere Lochnagar wurde 1823 von James Robertson — er war ein berühmter Schwarzbrenner — erbaut. Nachdem er seine Destillerie 1826 legalisierte, wurde sie durch Brandstiftung von anderen, in dieser Region immer noch zahlreich tätigen *illicit distillers* zerstört.

John Begg hatte sich zu Beginn seiner Tätigkeit genau wie früher James Robertson gegen Angriffe von illegalen Brennern zu wehren. Er fand aber sehr bald in Queen Victoria, die sich 1848 das nahe liegende Schloss Balmoral als Sommerresidenz auserkoren hatte, eine mächtige Helferin.

Wenige Tage nach dem Bezug des Schlosses kam die königliche Nachbarin mit Prinzgemahl Albert und drei Kindern zu Besuch in die Destillerie (mit Degustation). Ab diesem Tag durfte John Begg seinem Destillerienamen das »Royal« voransetzen. Der Whisky scheint den Royal's geschmeckt zu haben.

Nach dem Tod von John Begg im Jahr 1880 übernahmen sein Sohn und weitere Familienangehörige die Destillerie. Sie firmierte ab 1902 unter dem Dach einer Familiengesellschaft mit dem Namen John Begg Ltd. Unter ihr wurde Royal Lochnagar im Jahr 1906 renoviert und weiter ausgebaut.

Die Begg's verkauften ihre Destillerie 1916 nach dem Tod des damaligen Managers Albert Begg (er fiel im Ersten Weltkrieg) an John Dewar & Sons Ltd. Diese Firma — und mit ihr Royal Lochnagar — ging 1925 in der Distillers Company Ltd. (DCL) auf. 1930 ging die Leitung der Brennerei an die SMD.

Die drei *wash backs* (Gärbottiche) stehen in einem sehr engen Gärhaus.

Der Name bedeutet	See des Lärms oder Gelächters
Aussprache	Royel Loch-na-gaar
Whiskyregion	Highland
Adresse	Royal Lochnagar Distillery Crathie, Ballater, Aberdeenshire AB35 5TB Scotland
Kontakt	Keine eigene Homepage Besitzer www.diageo.de Info-Seite www.discovering-distilleries.com Telefon +44 (0)1339 74 27 00
Club	Kein Club
Gründung	1823
Status	In Betrieb
Besitzer	Diageo plc
Stills	2 (1 *wash*; 1 *spirit*)
Kapazität pro Jahr	400 000 Liter
Besucher	Ja ★★★☆☆ Besucherzentrum mit Shop ❤❤♡
Rating	★★★★☆☆
Hausstil	Malzig, leicht rauchig, Karamell, süßlich, mild

Auch Royal Lochnagar erhält das für die Herstellung seiner Whiskys benötigte Gerstenmalz von Großmälzereien. Es wird in der uralten Mühle zu *grist* gemahlen. Aus diesem wird in einem der wenigen deckellosen traditionellen Maischbottiche Schottlands (er ist aus Gusseisen) mit heißem Wasser die Stärke herausgewaschen. Die *wort* genannte zuckerhaltige Flüssigkeit kommt anschließend in die drei *wash backs* aus Douglas-Fichte und wird in diesen mithilfe von Hefe vergoren. Die beiden kleinen *stills* sind zwiebelförmig ohne jegliche Ein- oder Ausbuchtungen.

Ihre Dampfrohre führen ins Freie, wo ihre Enden als Spiralrohre in große, mit Wasser gefüllte Bottiche führen *(worm tubes)*.

Der Whisky von Royal Lochnagar wird heute nur noch zum Teil im Lagerhaus der Destillerie gelagert. Der Rest wird in Tanklastwagen in den Glenlossie-Komplex zur Abfüllung in Fässer und anschließenden Fasslagerung gebracht.

Den Whisky von Royal Lochnagar – sie ist die kleinste Destillerie des Diageo-Konzerns – gibt es schon lange und relativ preiswert als Single Malt in Originalabfüllung mit 12 Jahren Fasslagerung. Die andere standardmäßige Abfüllung, die Selected Reserve, ist dafür umso teurer (ein etwa 20-Jähriger aus ausgewählten Fässern). 2008 folgte vom Royal Lochnagar eine Distillers Edition mit einem *finishing* in einem Moscatel-Weinfass. 2010 gab es auch aus dieser Diageo-Destillerie eine Abfüllung in der Reihe »Manager's Choice«: ein 1994er mit 15 Fassjahren wurde teuer auf den Markt gebracht.

Der Royal Lochnagar ist auch in der Reihe der Rare Malts der UDV in drei Abfüllungen erschienen: 1997 gleich zweimal (als 1972/1974er mit 24 und als 1973er mit 23 Fassjahren) sowie 2004 ein 1974er mit 30 Jahren.

Er ist auch in Abfüllungen von den Unabhängigen (wenn auch nicht oft) zu haben.

Links · Der trutzige, eckige Kamin aus rotem Backstein ist eines der Wahrzeichen der Destillerie.

Unten · Im kleinen *stillhouse* stehen die beiden ebenfalls nicht gerade großen *stills*.

In unmittelbarer Nähe der Sommerresidenz der englischen Königsfamilie und am Fuß des gleichnamigen Bergmassivs liegt die Destillerie Royal Lochnagar.

Von Aberdeen aus führt die A93 durch das Tal des River Dee an verschiedenen sehenswerten Schlössern vorbei über Banchory und Ballater nach Crathie. In der Nähe dieses Ortes liegt das Schloss Balmoral.

Kommt man von Perth auf der A93 über das Skigebiet mit dem treffenden Namen Glen Shee ins Tal des River Dee, steht bei Braemar ganz in der Nähe der Straße das schöne Braemar Castle. Kurz danach kommt man nach Crathie.

Der Parkplatz für die Besucher des Schlosses liegt direkt an der Straße. Will man zur Destillerie, fährt man an den (öfters einmal empört dreinschauenden) Schlosstouristen vorbei über die Brücke und zweigt an deren Ende nicht nach rechts zum Schloss, sondern nach links ab. Von hier aus wird man mit Wegweisern zur hinter dem Schloss liegenden Destillerie geführt.

Balmoral Castle · Sommerresidenz der englischen Königsfamilie; für Nicht-Königshaus-Fans kein Muss.

Crathes Castle · schönes Schloss aus dem 16. Jahrhundert mit einer interessanten Gartenanlage.

Braemar Castle · Schloss der Farquharsons of Invercauld aus dem Anfang des 17. Jahrhunderts; ist in Privatbesitz und kann nicht besichtigt werden; immer am zweiten Samstag im September Braemar Gathering: Highland Games der Superlative mit berühmten Gästen: den Royals.

Saint Magdalene †
(Linlithgow)

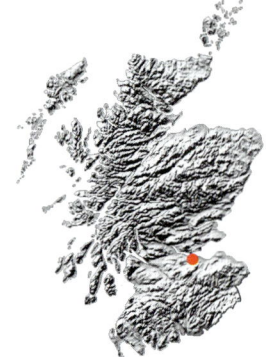

Von der Destillerie Saint Magdalene stehen nur noch wenige, dafür aber markante und unter Denkmalschutz stehende Gebäude. Sie sind, obwohl zu schönen (und teuren) Appartements umgebaut, sehr leicht zu erkennen.

Fährt man auf der M9 von Edinburgh nordwestlich in Richtung Stirling, nimmt man nach gut 30 Kilometern die Ausfahrt Linlithgow und fährt Richtung Stadtzentrum. Beim großen Kreisverkehr geht nach links die B9080 Richtung Bridgend ab. Folgt man dieser, stehen die Gebäude der ehemaligen Destillerie Saint Magdalene bald nach der Bahnunterführung auf der rechten Seite.

Der Name bedeutet	Saint Magdalene: Heilige Magdalena Linlithgow: Name der Stadt
Aussprache	Sänt Magdalin oder Sint Mädlen Linlisgau
Whiskyregion	Lowland
Adresse	Saint Magdalene Distillery Edinburgh Road, Linlithgow, West Lothian EH49 6AQ Scotland
Kontakt	Kein Web und Telefon
Club	Kein Club
Gründung	1795
Status	Stillgelegt 1983; teilweise abgerissen oder zu Wohnungen umgebaut
Besitzer	Letzter war UDV/Diageo plc

Stills	Früher 4 (2 *wash*; 2 *spirit*)
Kapazität pro Jahr	In der Glanzzeit ungefähr 1 250 000 Liter
Besucher	Nein; existiert nicht mehr
Rating	★★★★ (nur Whisky)
Hausstil	Grasig, malzig, leicht bitter, Zitrone, torfig/rauchig

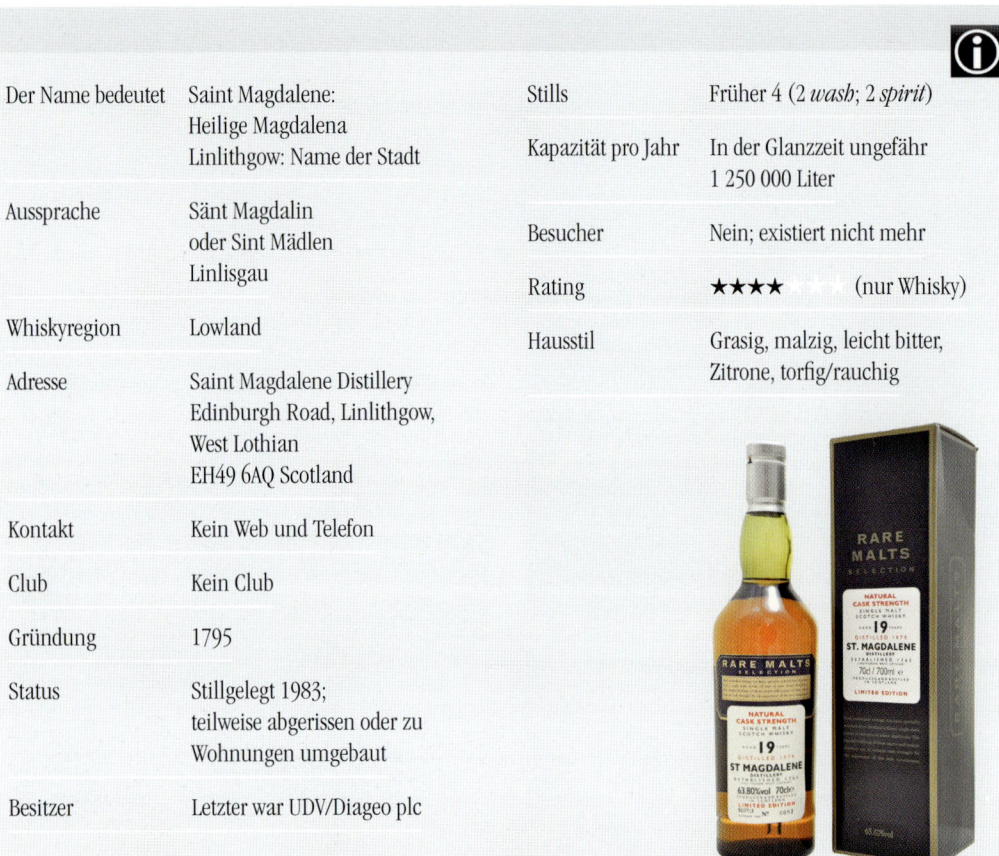

Unten • Aus einem Teil der alten Gebäude entstanden schmucke Reihen-Einfamilienhäuser.

Ganz unten • Die Destillerie Saint Magdalene gegen Ende der 1940er-Jahre.

Die Destillerie Saint Magdalene

Die Gegend um die Stadt Linlithgow war bereits im Mittelalter ein Zentrum für Getreideanbau und besaß einige Mühlen und Bierbrauereien. Im 18. Jahrhundert kamen dann auch noch Destillerien dazu. Auf dem Gebiet der alten Stadt standen damals fünf Destillerien.

Die Destillerie Saint Magdalene trug zuerst den Namen der Stadt, in der sie stand, sie wurde unter dem Namen »Linlithgow« im Jahr 1795 (einige Quellen sprechen auch vom Jahr 1765) von Sebastian Henderson gegründet. Die Destillerie nahm jedoch ihre Produktion erst im Jahr 1798 – und dies bereits unter einem neuen Besitzer, Adam Dawson – auf. Dieser besaß bereits die direkt neben ihr liegende Destillerie Bonnytoun. Dawson war einer der ersten in Schottland, der mit seiner Destillerie Linlithgow eine Brennerei lizenzieren und damit legalisieren ließ (1824).

Bereits kurz nach der Lizenzierung wurde sie in »Saint Magdalene« umbenannt. Diese Namensänderung hat eine Vorgeschichte: Die Destillerie wurde in bereits bestehenden Gebäuden eingerichtet. Diese beherbergten vorher ein Kloster mit dem Namen Saint Magdalene. Noch vor diesem

Kloster gab es an gleicher Stelle eine Leprakolonie, deren Geschichte bis ins 12. Jahrhundert zurückgeht. Nach der Aufhebung der Klöster in Schottland wurden die Gebäude dieses Klosters wieder als Spital genutzt. Im Volksmund hießen die Gebäude – seit sie das Kloster beherbergten – immer Saint Magdalene. Das war auch der Grund dafür, dass die spätere Destillerie ebenfalls diesen Namen erhielt.

Offensichtlich hatte die Destillerie großen Erfolg und wuchs schnell. Bereits zu Beginn des 19. Jahrhunderts wurde ihr die ältere Bonnytoun angeschlossen und die beiden Destillerien zu einer vereinigt. Die weitere Geschichte der

Destillerie im 19. Jahrhundert ist weitgehend unbekannt, es wurde aber offenbar immer Whisky produziert. Es scheint auch mehr oder weniger sicher zu sein, dass sie nachdem Adam Dawson sie im Jahr 1798 kaufte, beinahe 100 Jahre im Besitz der Familie Dawson gewesen ist. Ab 1829 waren Adam und John Dawson Besitzer der Destillerie. Sie firmierten unter dem Firmennamen A. & J. Dawson. Im Jahr 1894 wurde Saint Magdalene von A. & J. Dawson (wurde in diesem Jahr zu einer Publikumsgesellschaft) weiter ausgebaut. Die Destillerie – sie stand in der Nähe des Bahnhofs – besaß auch einen eigenen Gleisanschluss.

Linlithgow Palace • interessante Ruinen; Geburtsschloss von Maria Stuart.

Saint Michaels Church • Kirche aus dem 16. Jahrhundert.

Falkirk Wheel • Meisterwerk der Technik, Schiffsschleuse in Form eines Riesenrades in der Nähe von Falkirk.

Im Jahr 1912 war die Gesellschaft A. & J. Dawson und mit ihr auch Saint Magdalene bankrott und mussten liquidiert werden. Eine neue Gesellschaft mit dem Namen A. & J. Dawson Ltd. – die Aktionäre waren J. A. Dawson, die DCL und John Walker & Sons – übernahm die Destillerie aus der Konkursmasse und nahm sie sofort wieder in Betrieb.

1914 war Saint Magdalene eine der fünf Gründungs-Destillerien der SMD (zusammen mit Clydesdale, Glenkinchie, Grange und Rosebank).

1927 wurde Saint Magdalene einer größeren Renovierung und einem Ausbau unterzogen, arbeitete aber mit ihren fünf *stills* (zwei *wash* und drei *spirit*) – unüblich für eine Lowland-Destillerie – weiterhin nur mit zweifacher Destillation.

Die dritte *spirit still* wurde später – der genaue Zeitpunkt war nicht herauszufinden – entfernt.

Saint Magdalene besaß riesige, mehrstöckige Mälzböden und war bereits zu jener Zeit weitgehend elektrifiziert. Saint Magdalene war auch eine der wenigen Destillerien, die eine eigene Trommelmälzerei (mechanisches Mälzverfahren) besaßen. 1968 wurde die Mälzerei jedoch aufgegeben.

1983 wurde Saint Magdalene von der DCL aufgrund der Whiskykrise, die zu dieser Zeit die Industrie heimsuchte, geschlossen. Diese Schließung sollte endgültig sein. 1987 ging Saint Magdalene mit ihren restlichen Lagerbeständen an die UDV über. Ein Teil ihrer Gebäude wurde später unter Denkmalschutz gestellt. Durch Um- und Ausbauten wurden aus den *kilns,* den ehemaligen Mälzböden und anderen Bauten Wohnungen und teure Appartements.

Der Whisky von Saint Magdalene war bei den Blendern sehr begehrt. Er war relativ stark getorft und erinnerte in vielem an einen Islay-Whisky. Der Saint Magdalene war als Single Malt in Original- oder Eigentümerabfüllung erst erhältlich, als er in der Reihe der Rare Malts des letzten Besitzers, der UDV, auf den Markt kam. Es gab ihn 1995 in zwei verschiedenen Abfüllungen mit 23 Jahren aus dem Jahr 1970, und 1998 als 19-Jährigen aus dem Jahr 1979.

2004 brachte Diageo in der Reihe »Special Release« einen 30-Jährigen aus dem Destillationsjahr 1973 unter dem Namen »Linlithgow« heraus. Die Unabhängigen füllten ihn unter beiden Namen, als »St. Magdalene« und »Linlithgow«, ab. Alle Abfüllungen aus dieser Destillerie gehören heute zu den Raritäten und sind auf dem Markt immer seltener zu finden.

Unten und rechts • Der Zwillings-*kiln* nach und vor dem Ausbau.

Ganz unten • Das zu Wohnungen umgebaute Mälzhaus und ein *kiln.*

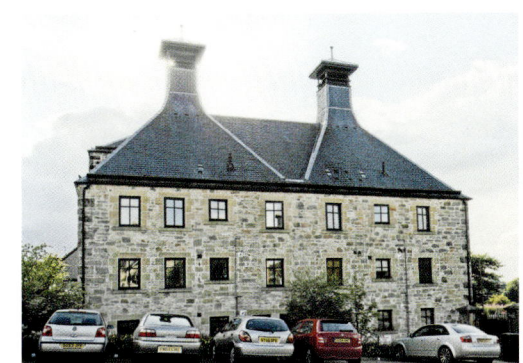

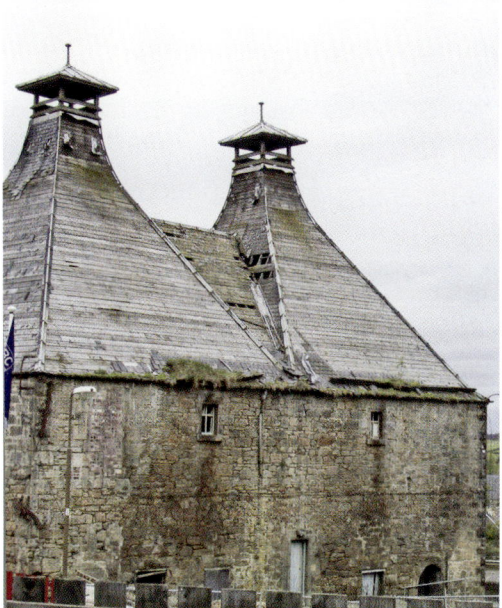

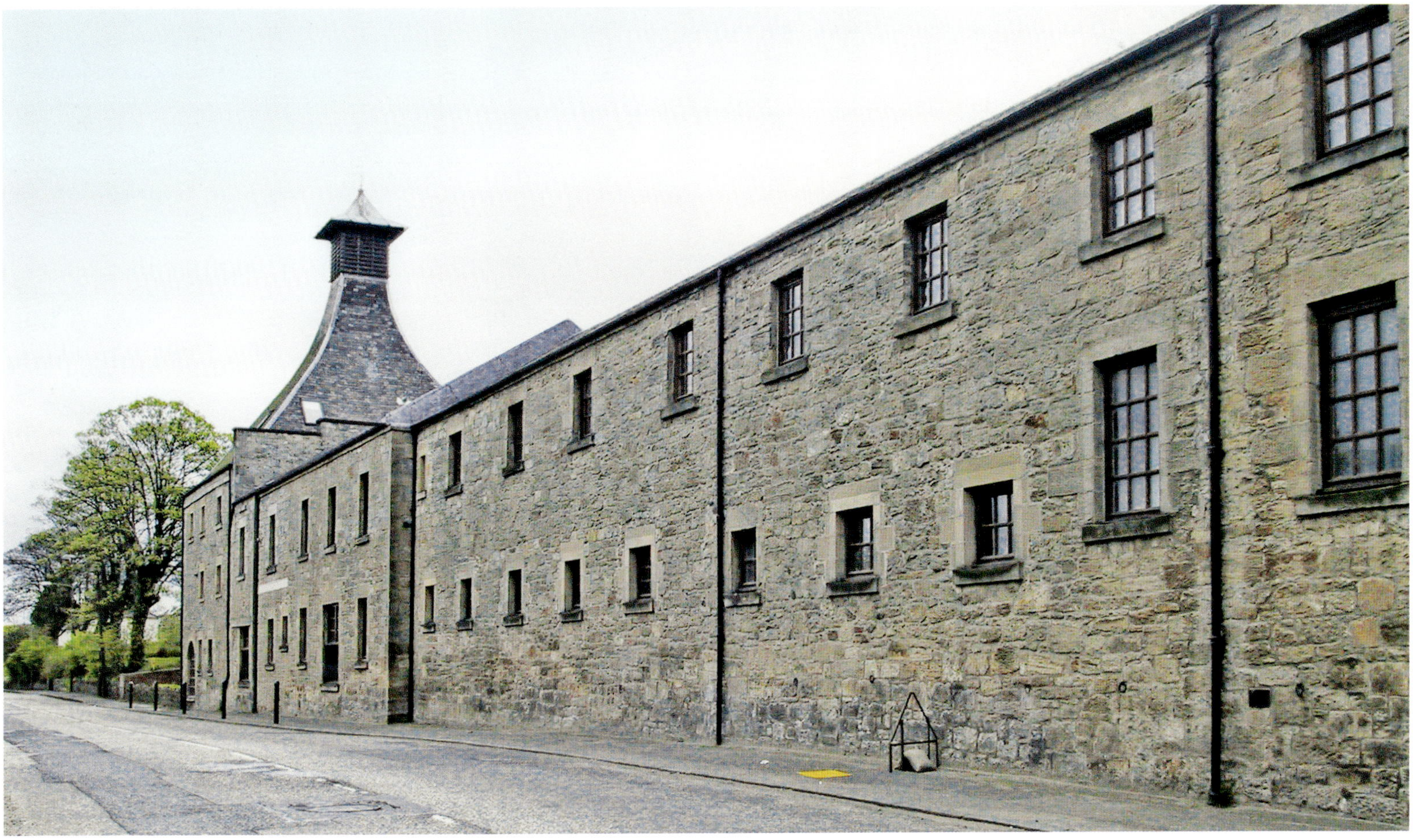

Scapa

Die Destillerie Scapa

John Townsend, ein Destilleriespezialist aus der Speyside, erbaute die Destillerie Scapa im Jahr 1885 zusammen mit seinem Partner Donald Macfarlane, einem Blendingspezialisten aus Glasgow. Ihren Namen bekam sie von ihrer Lage direkt am Scapa Flow. Sie steht seit ihrer Gründung nicht nur wörtlich im Schatten der nur drei Kilometer von ihr entfernt stehenden Destillerie Highland Park.

Bereits 1886 besuchte der berühmte Whiskyreisende und Journalist Alfred Barnard die Destillerie und beschrieb sie als eine Brennerei mit fortschrittlichen Anlagen. So waren bereits damals die *stills* mit Dampf beheizt und mit einem Explosionsschutz versehen. Ein paar Jahre nach der Gründung schied Donald Macfarlane aus und John Townsend führte die Destillerie allein weiter.

Während des Ersten Weltkriegs konnte bei Scapa ein Feuer dank der Hilfe von Seeleuten der britischen Flotte gelöscht werden, bevor die Destillerie vollständig vernichtet wurde. Die durch das Feuer zerstörten Gebäude wurden wieder aufgebaut.

1919 ging die Destillerie in eine Gesellschaft mit dem Namen Scapa Distillery Company Ltd. über.

In den Jahren 1934 bis 1936 war Scapa wegen einer freiwillig eingegangenen Liquidation stillgelegt. 1936 verkaufte die Firma Scapa Distillery Co. Ltd. die Destillerie an Bloch Brothers Ltd. Diese besaß bereits Glen Scotia in Campbeltown auf Kintyre. Bei Scapa wurde die Produktion sofort wieder aufgenommen.

Stillgelegt war Scapa dann wieder für die Dauer des Zweiten Weltkriegs, währenddessen ein Teil der Gebäude als Unterkunft für die am strategisch wichtigen Scapa Flow stationierten Truppen diente.

1954 verkaufte Bloch Brothers Ltd. Scapa an Hiram Walker Ltd. Diese kanadische Firma renovierte die Destillerie 1959 komplett und ersetzte eine der beiden *stills* – wie in beinahe allen ihrer Destillerien – durch eine *Lomond still*. In den obersten Teil dieser *still* sind bewegliche Kupferplatten eingebaut. Dank diesen kann der Destillierprozess beeinflusst und es können Whiskys mit verschiedenen Geschmacksnuancen und Charakteren produziert werden.

1962 gab man bei Scapa die eigene Mälzerei auf.

Hiram Walker Ltd. und so auch Scapa wurde 1988 durch Verkauf Teil des Konzerns Allied Domecq. Dieser legte die Destillerie 1994 still. Ab 1997 wurde bei Scapa wieder einige wenige Monate pro Jahr mit Angestellten der nahe gelegenen Destillerie Highland Park destilliert.

2004 erhielt Scapa wieder eine eigene Crew. Diese legte bei der gleichzeitig begonnenen Renovierung und einem teilweisen Umbau der Destillerie selbst Hand an. Zwischen den beiden Phasen, in die der Umbau aufgeteilt war (2004 erster Teil, 2005/2006 zweiter Teil), wurde wieder einige Monate lang destilliert. Mitte 2005 ging Scapa als Teil von Allied Domecq an Pernod Ricard über. Unter dieser französischen Besitzerin wurden die Arbeiten weitergeführt. Im Januar 2006 wurde dann die Produktion wieder voll aufgenommen.

Ein Besuch in dieser Destillerie – man sollte ihn unbedingt lange Zeit im Voraus vereinbaren – beginnt in Ermangelung von Besuchereinrichtungen im Freien oder in den Büroräumen. Dass es keine Besuchereinrichtungen gibt, stimmt nicht ganz. Es wurden nämlich während der Umbauphase von 2004 bis 2006 Räume für ein kleines Besucherzentrum geschaffen, aber (bis jetzt) nicht für ein solches eingerichtet.

Die beiden *stills* – eine ehemalige, jetzt als *wash still* eingesetzte *Lomond still,* sie ist die Attraktion bei Scapa – und eine normale *pot still* als *spirit still*.

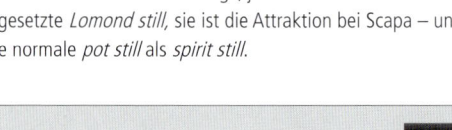

Kirkwall · interessante und lebendige Hafenstadt mit einigen Sehenswürdigkeiten.

Orkney-Inseln · fantastische Zeugen aus 4000 bis 5000 Jahren Geschichte. Die wichtigsten in alphabetischer Reihenfolge: Maes Howe, Ring of Brodgar, Skara Brae, Stennes Stones.

Orkney Wildlife · Vögel, Seehunde, Delfine, Wale usw.

Der Name bedeutet	Boot; Name der Bucht
Aussprache	Scapa
Whiskyregion	Highland
Adresse	Scapa Distillery St Ola, Orkney KW15 1SE Scotland
Kontakt	www.scapamalt.com Telefon +44 (0)1856 87 20 71
Club	Kein Club
Gründung	1885
Status	In Betrieb
Besitzer	Chivas Brothers Ltd. (Pernod Ricard)
Stills	2 (1 *wash*; 1 *spirit*)
Kapazität pro Jahr	1 250 000 Liter (wird nicht voll genutzt)
Besucher	Kein Besucherzentrum ★★★☆☆ Besuche sind aber nach Voranmeldung möglich. (Nicht zu knapp vor dem geplanten Besuch anrufen.)
Rating	★★★★☆☆
Hausstil	Ölig, Honig, Ingwer, Erika, salzig, dann süßlich, trocken

Oben • Die Destillerie mit ihrem dominanten Lagerhaus steht direkt am geschichtsträchtigen Scapa Flow.

Rechts • Fasseinlagerung im *Duty Free Warehouse N° 1*.

Scapa kauft sein Gerstenmalz von Großmälzereien auf dem Festland. Es wird in einer Porteus-Mühle, wie sie fast in allen Destillerien Schottlands stehen, zu *grist* gemahlen. Gemaischt wird in einem neuen *semi lauter*-Bottich aus Edelstahl mit einem Deckel aus Kupfer. Vier der acht *wash backs* sind aus Edelstahl. Die anderen vier sind aus einem speziellen Stahl, genannt Corten Stahl. Es handelt sich dabei um eine Stahlart, die normalerweise nur bei Bauten (Stahlhochbau, Fassaden, Brücken usw.) verwendet wird.

Im neu gebauten *stillhouse* stehen die beiden *stills*. Bei der *wash still* müsste es sich – wegen ihrer speziellen Form – eigentlich um eine *Lomond still* handeln. Tatsächlich ist es so, dass Scapa 1959 im Zuge des Einbaus solcher *stills* in fast allen damals zu Hiram Walker gehörenden Destillerien ebenfalls eine solche erhielt. Es handelt sich bei ihr um das Ur-Exemplar der *Lomond still* in halber Größe, die zuerst bei Inverleven für die ersten Versuche mit dieser Art *stills* im Einsatz war. Es wurde, als die *stills* in der Originalgröße bei Inverleven installiert wurden, in die Destillerie Glenburgie verschoben und kam von dort, als auch in dieser Destillerie die Original *Lomond stills* eingebaut wurden, in die Destillerie Scapa. Bei Scapa wurde die *still* aber, als sie nicht die gewünschten Resultate brachte, im Gegensatz zu den anderen Destillerien, nicht gegen eine Konventionelle ausgetauscht. Bei ihr wurde einfach eine der Platten im aufsteigenden Rohr in einer fixen, durch Tests festgelegten Position befestigt. Es wird also nicht mehr variiert, sondern ein einheitliches Destillat gebrannt. Das vom oberen Ende des Halses in einem Bogen nach unten weggehende Dampfrohr führt in einen *purifier*. Dieser ist unmittelbar vor dem Rohrkondensator montiert und hat die Aufgabe, einen Teil des Kondensats wieder in die *still* zur nochmaligen Destillation zurückzuführen. So entsteht ein weicheres Destillat. Die *spirit still* ist eine konventionelle *pot still* in Zwiebelform und hat keine Ein- oder Ausbuchtungen. Sie besitzt keinen *purifier* vor ihrem Rohrkondensator.

Der Malt von Scapa wird in den von vielen Fotografien her bekannten Lagerhäusern in hohen Lagergestellen vor allem in Ex-Bourbon-Fässern gereift. Er war früher wichtiger Bestandteil der Ballantine's Blends. Als Single Malt-Abfüllung war er sehr lange nur von den Unabhängigen erhältlich.

Zur Überraschung aller brachte Hiram Walker unter dem Namen des Lizenzinhabers Taylor & Ferguson eine Original- oder Eigentümerabfüllung mit 10 Jahren in einer Literflasche auf den Markt. Diese wurde nur in den Duty-Free-Shops verkauft und ist heute schwer zu finden.

Nach der Übernahme durch Allied Domecq war ein paar Jahre lang eine Standardabfüllung mit 12 Jahren im Verkauf. Ab 2004 wurde diese durch eine neue Abfüllung mit 14 Jahren abgelöst. Ende 2005 kam in einer limitierten Ausgabe ein 25-Jähriger auf den Markt. 2008 wurde dann der 14-Jährige als Standardabfüllung durch einen 16-Jährigen abgelöst. Heute geht die gesamte Produktion von Scapa nur noch in die Single Malts.

Der Scapa wird auch von den Unabhängigen angeboten.

Die Destillerie hat nicht nur ihren Namen von der berühmten Bucht, sie liegt auch in deren unmittelbarer Nachbarschaft auf den Orkney Islands.

Zu ihrem Standort an der Scapa Bay kommt man, wenn man aus dem Stadtzentrum von Kirkwall (auf Orkney Mainland) auf der A964 Richtung Westen, das heißt Richtung Houton–Stromnes (Achtung: nicht die A965 nehmen) fährt. Schon wenige Kilometer außerhalb der Stadt steht ein Wegweiser zur Destillerie: Der Weg geht nach links ab.

Speyburn

Die Destillerie Speyburn

John Hopkins und sein Bruder Eduard (sie firmierten als John Hopkins & Co.) gründeten Speyburn im Jahr 1897. Ihnen gehörte bereits die Destillerie Tobermory auf der Isle of Mull.

Sie suchten sich als Standort für die neue Destillerie zwar einen wunderschönen, aber doch etwas speziellen Ort aus: Sie steht ganz in der Nähe des ehemaligen Hinrichtungsplatzes, auf dem die Kriminellen der Region exekutiert wurden. Deren Geister sollen sich heute noch dort herumtreiben und der Grund dafür sein, dass viele der Angestellten die Nachtschicht scheuen.

Das Erstellungs- und Startjahr der Destillerie Speyburn ging mit einer besonderen Anekdote in die Annalen der schottischen Whiskygeschichte ein: John Hopkins wollte unter allen Umständen noch 1897, dem Jahr des 50. Thron-

Links • Speyburn arbeitet mit einer der seltenen *Boby Mills*.

Unten links • Gibt es in einer Destillerie nur noch bei Speyburn zu sehen: Trommelmälzen.

Unten • Die beiden *stills* stehen in einem sehr engen Raum.

jubiläums von Queen Victoria, seinen ersten Whisky abfüllen. Am Ende jenes Jahres standen zwar die Gebäude, und alle Anlagen waren betriebsbereit. Die Gebäude besaßen aber weder Fenster noch Türen. Kurz vor dem Jahreswechsel stellten sich die Arbeiter aber trotz der Kälte und sogar während eines Schneesturms, der durch das Tal des Spey River tobte, dick vermummt an die Anlagen. Sie produzierten und produzierten — und schafften es schließlich, auf ein einziges Fass mit brauchbarem Whisky die Jahreszahl 1897 schreiben zu können. Ihr Ziel war erreicht.

John Hopkins & Co. fusionierte bereits 1916 mit der DCL und brachte die ihr gehörenden Destillerien mit in diese große Organisation ein.

Speyburn produzierte als eine der wenigen Destillerien Schottlands beinahe während ihres gesamten Bestehens, unterbrochen ein erstes Mal wegen Renovierungs- und Ausbauarbeiten zwischen 1930 und 1934. Ab 1939 wurden die Destilleriegebäude während des Zweiten Weltkriegs als Unterkunft für zwei schottische Artillerieregimente genutzt. Die Produktion wurde erst 1947 wieder aufgenommen.

Gearbeitet wurde bei Speyburn immer mit nur zwei *stills*. Deren direkte Befeuerung wurde 1962 durch eine Dampfheizung mit einer Heizzentrale ersetzt.

In der Destillerie Speyburn wurden das erste Mal in Schottland *pneumatic drum maltings* (Pneumatische Trommelmälzanlagen) eingesetzt. Diese wurden 1967 aber wieder außer Betrieb genommen. Ab dann wurde das Malz von den großen Mälzereien bezogen. Die sechs Trommelmälzen sowie ihre in den oberen Stockwerken des Mälzhauses stehenden drei *steeps* (Einweichbecken) stehen heute unter Denkmalschutz. Sie sind die letzten noch existierenden Vertreter dieser Art in Schottland.

1962 ging die Kontrolle über Speyburn an die SMD und von dieser 1987 an die UDV weiter. Von ihr wurde die Destillerie 1991 an Inver House Distillers Ltd. verkauft.

Ein Besuch bei Speyburn beginnt — Speyburn besitzt weder Besucherzentrum noch Shop — entweder im Freien vor dem kleinen Bürohäuschen oder in diesem im immer noch fast viktorianisch wirkenden Office des Managers.

Mit nicht unbescheidenem Stolz führt der Manager höchstpersönlich durch die Destillerie. Zuerst geht es ins ehemalige Mälzhaus mit den unter Denkmalschutz stehenden Trommelmälzen. Sie sind seit 1967 nicht mehr in Betrieb, stehen aber zusammen mit den Einweichbecken und den Mälzböden immer noch dort. Zwischen Mälzhaus und den heutigen Produktionsgebäuden steht der alte *kiln*. Auch er hat seine frühere Aufgabe verloren. Die an ihn anschließenden alten Malzlager aber werden heute noch (nur noch) zur Zwischenlagerung von angeliefertem Gerstenmalz genutzt.

Dieses wird in einer uralten *Boby Mill,* einer Mühle mit zwei Mahlwerken, zu *grist* verarbeitet. Aus diesem wurde eine lange Zeit lang der Zucker (die Stärke) in einem traditionellen *mash tun* aus Edelstahl — er hatte einen Kupferdeckel — mit heißem Wasser herausgewaschen. Im

Rothes • Neben Glen Grant und Speyburn (bei den Touristen am bekanntesten), gibt bzw. gab es hier noch weitere drei Destillerien: Glenrothes, Glen Spey und die abgerissene Caperdonich.

Jahr 2008 wurde er durch einen *semi lauter tun* aus Edelstahl ersetzt. Für den Gärprozess setzt Speyburn sechs *wash backs*, vier aus Lärchenholz, zwei aus Douglas-Fichte ein.

Die beiden *stills* (je eine *wash* und *spirit*) sind nicht sehr groß und haben die typische Zwiebelform ohne Ein- oder Ausbuchtungen. Sie stehen in einem relativ engen *still-house* zusammen mit dem *spirit receiver*. Die Dampfrohre ihrer Schwanenhälse gehen ins Freie, wo ihre Enden als kupferne Spiralrohre in die großen, mit Wasser gefüllten Edelstahlbottiche führen. Jedes dieser für die Kondensation der Alkoholdämpfe dienenden Schneckenrohre ist fast 100 Meter lang.

Die gesamte Destillerie wird pro Schicht von einem einzigen Mann betrieben. Alle heute produzierenden Anlagen sind EDV-technisch vernetzt. Auf meine Frage, was es denn mit der Nachtschicht und den Geistern so auf sich habe, gab Bobby Anderson, Manager von Speyburn, lachend zur Antwort: »Oh, daran glaubt doch heute niemand mehr. Wir schließen in der Nacht alle Türen und Fenster der Destillerie nur aus Tradition immer ab.«

Der größte Teil der bei Speyburn hergestellten Whiskys wird gleich nach der Destillation in Tanklastwagen abgefüllt und in die zentralen Lagerhäuser von Inver House Distillers Ltd. in Airdrie gebracht. Dort werden sie in Fässer abgefüllt, gelagert und anschließend für die Blends dieser Firma verwendet.

Nur die später für Malt-Whiskys vorgesehenen Mengen an *new spirit* werden in den zwei doppelgeschossigen Lagerhäusern bei Speyburn in drei Reihen aufeinanderliegend gereift. Die Häuser haben einen Naturboden, der Boden der oberen Etage ist aus Holz und hat Zwischenräume zwischen den Bodenbrettern. So kann die Luft durch die Häuser zirkulieren, und vom Boden her kommt immer genügend Feuchtigkeit, die für eine lange Lagerung ohne zu großen Verlust *(angels' share)* wichtig ist. Verwendet werden fast ausschließlich Ex-Bourbon-Fässer. Ungefähr 80 Prozent des produzierten Whiskys wird in Tanklastwagen in die zentralen Lager von Inver House nach Airdrie zur Fassabfüllung und Lagerung gebracht.

Den Whisky von Speyburn findet man vor allem in Blends und auch im Vatted Malt »Blairmhor« des heutigen Besitzers Inver House Distillers Ltd. Als Single Malt gab es den Speyburn zuerst als 12-Jährigen in der Reihe Fauna & Flora der UDV. Inver House brachte ihn mit 10 und 21 Jahren – letzteren in einer schönen Korbhülle – auf den Markt. Weitere Abfüllungen, auch als Vintages, folgten. Eine sehr schöne Abfüllung war diejenige zum 100-Jahr-Jubiläum der Destillerie, zu dem ein 21-Jähriger in einen Kristalldekanter abgefüllt wurde. 2005 kam ein 25-jähriger »Solera« auf den Markt. Seit 2009 gibt es auch einen »Bradan Orach« ohne Altersangabe für den amerikanischen Markt und für Duty Free Shops.

Den Speyburn gibt es auch von den unabhängigen Abfüllern.

381

Rothes, das kleine Dorf, auf dessen Gebiet nicht weniger als fünf Destillerien stehen, ist auch der Standort von Speyburn.

Fährt man von Elgin aus auf der A941 nach Süden Richtung Rothes, kann man die malerisch unten im Tal liegende Destillerie von der Straße her sehen. Zusammen mit dem Schild »Malt Whisky Trail« an der Straße ist sie ein dankbares Fotomotiv und gilt auch als meistfotografierte Destillerie Schottlands. Im Dorf selbst liegt direkt beim Kreisverkehr an der Ortseinfahrt die Destillerie Glen Grant. Das dampfende Industriegebäude links vom Kreisverkehr ist keine Destillerie, sondern eine *black grains factory,* also eine Fabrik, die Destillerieabfälle zu Viehfutter verarbeitet.

Genau vor dieser Fabrik vorbei führt die B9015 Richtung Orton–Fochabers, die man nehmen muss, um zur Destillerie Speyburn zu gelangen. Schon wenige hundert Meter nach der Fabrik geht die Straße zu ihr nach links weg (Wegweiser).

Speyburn besitzt auch noch einen schönen, alten *kiln.*

Der Name bedeutet	Bach am Spey
Aussprache	Spey-börn
Whiskyregion	Speyside
Adresse	Speyburn Distillery Rothes, Morayshire AB38 7AG Scotland
Kontakt	www.speyburn.com Telefon +44 (0)1340 83 12 13
Club	Kein Club
Gründung	1897
Status	In Betrieb
Besitzer	Inver House Distillers Ltd. (International Beverage Holdings Ltd.)
Stills	2 (1 *wash*; 1 *spirit*)
Kapazität pro Jahr	2 500 000 Liter
Besucher	Kein Besucherzentrum ★★★★☆ Besuche sind aber nach Voranmeldung möglich. (Nicht zu knapp vor dem geplanten Besuch anrufen.)
Rating	★★★☆☆☆☆
Hausstil	Rundes Aroma, malzig, würzig, nussig, Zitronen, Spur Rauch

Speyside, The

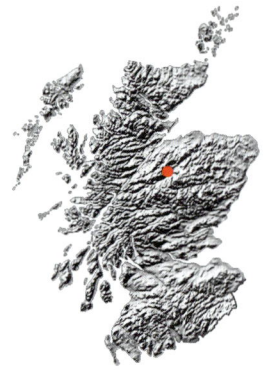

Ruthven Baracks • Ruinen eines Schlosses mit Neben-
gebäuden aus dem 13. Jahrhundert; bei Einbruch der
Dunkelheit wird man dort von Gespenstern zu einem
Schachspiel um Leben und Tod gezwungen, schon viele
sind von diesem unheimlichen Ort nicht mehr zurückgekehrt.

Die Destillerie Speyside

Anfang der 1960er-Jahre hatte George Christie – zu jener
Zeit eine der letzten überlebenden Whisky-Ikonen Schottlands – die Idee, eine neue Destillerie nach dem Vorbild
der alten Farmhouse-Destillerien zu bauen. Die Umsetzung
dieser Idee sollte aber viele Jahre in Anspruch nehmen.

Er kaufte unterhalb des Ortes Drumguish in der Nähe
von Kingussie ein Grundstück. Seine neue Destillerie Speyside wurde auf einem Platz, der Tromie Mill genannt wird,
in der Nähe der Überreste einer alten Destillerie mit dem
gleichen Namen, erbaut. Diese alte Destillerie war von 1895
bis 1905 in Betrieb und wurde 1911 abgerissen. Auf dem
Platz stand auch eine alte Mühle (daher der Name Tromie
Mill), die über Jahrhunderte von der Familie McGregor
betrieben wurde, die aber ihr Geschäft wegen finanzieller
Probleme aufgeben musste.

George Christie begann nach vielen administrativen
Problemen 1962 mit dem Bau seiner Destillerie. Er stellte
einen einzigen Mann, Alex Fairlie, an, der das Brennereigebäude in einer speziellen Technik, »Trocken-Stein-Legen«
genannt, eigenhändig baute. Da er den Bau der Destillerie
als Nebenbeschäftigung betrieb, sollte es über 25 Jahre dauern, bis das Gebäude fertig war. Christie selbst half in den
Ferien und an Wochenenden öfter einmal bei dem Bau mit.

Bei den *wash backs* kommt alte und neue Technik zum Einsatz.

1987 waren die Gebäude endlich fertig, und George
Christie hätte eigentlich mit dem Einrichten beginnen
können. Doch ging ihm das Geld aus. Die Schweizer Investitionsgesellschaft Scowis stieg ein, kaufte die halbfertige
Destillerie und investierte in die Anlagen. Das Management
wurde an Christies Sohn Ricky übertragen. Jedoch erst am
12. Dezember 1990 – also über 30 Jahre nachdem George Christie die Idee hatte – floss der erste brauchbare *new
make* aus den *stills*. Dieser sollte – so die vor Selbstbewusstsein strotzende Aussage von Christie – »The best Whisky
in the World« werden. Scowis verkaufte die Destillerie im
Jahr 2000 an eine private Gesellschaft mit dem Namen The
Speyside Distillery Co. Ltd.

Andrew Shand, ein charismatischer und dynamischer
Mann, führt als Manager die kleine Destillerie und meistens auch selbst die wenigen Besucher in seiner humorvollen Art durch die Gebäude. Einen Besuch sollte man unbedingt rechtzeitig vereinbaren.

Der Name bedeutet	Ufer des Spey
Aussprache	Spey-seid
Whiskyregion	Speyside
Adresse	Speyside Distillery Tromie Mills, Glentromie, Kingussie, Inverness-shire PH21 1NS Scotland
Kontakt	www.speysidedistillery.co.uk Telefon +44 (0)1540 66 10 60
Club	Kein Club
Gründung	1962; Produktionsaufnahme 1990
Status	In Betrieb
Besitzer	Speyside Distillery Co. Ltd.
Stills	2 (1 *wash*; 1 *spirit*)
Kapazität pro Jahr	500 000 Liter
Besucher	Kein Besucherzentrum ★★✩✩✩ Besuche sind aber nach Voranmeldung möglich. (Nicht zu knapp vor dem geplanten Besuch anrufen.)
Rating	★★★✩✩✩✩
Hausstile	The Speyside: Geröstete Gerste, Haselnüsse, Vanille, Toffee, süßlich, Spur Rauch, weich
Hausstile Fortsetzung	Drumguish: Malzig, mild, Minze, süßlich, torfig

Cú Dubh: Karamell, malzig, Kaffee, Gewürze, bittersüß, weich |

Das kleine Bürogebäude steht Andy's – ebenfalls kleinem – Wohnhaus gegenüber. Andy hat so sicher einen der kürzesten Arbeitswege eines Destilleriemanagers in Schottland: 37 Schritte, wie er selbst sagt. Im Bürohäuschen sind neben dem Office auch das kleine Malzsilo und die Malzmühle untergebracht. Sonst sind mit Ausnahme des Boilers in seinem kleinen Boilerhaus alle Anlagen im Destilleriegebäude: Ein stählerner *semi lauter*-Maischbottich; vier Gärbottiche (ebenfalls aus Edelstahl); die Behälter für die Maische *(wort)*, die *wash* und den *new make* sowie die beiden zwiebelförmigen *stills* mit ihren Rohrkondensatoren. Die *stills* haben weder Ein- noch Ausbuchtungen. Der *new make* wird mit Tanklastwagen abgeholt und in Lagerhäusern in der Nähe von Glasgow in Fässer abgefüllt und gelagert.

The Speyside produziert verschiedene Whiskysorten. Die Geschmacksunterschiede werden mit verschieden gemälzter Gerste und unterschiedlichen Gär- und Destillations-Parametern hergestellt. Andy ist stolz darauf, sagen zu können, dass er die einzige Destillerie in Schottland betreibt, die in der Produktion einen Frauenanteil von 25 Prozent hat: Eine der vier Angestellten ist eine Frau und sie bedient in ihrer Schicht die ganze Destillerie allein.

Das Wasser für den Whisky (Maischvorgang) und für die Kühlung holt sich die Destillerie direkt aus dem an ihr vorbeifließenden Bach, der wenig später in den River Spey

mündet. Der Bach wird, wie Andy ebenfalls schmunzelnd und mit viel Schalk in den Augen sagt, dreimal genutzt: Zuerst wird aus ihm das notwendige Wasser für die Destillerie entnommen. Dann treibt er von Zeit zu Zeit das von der ehemaligen Mühle immer noch stehende Mühlrad an und zum Abschluss nimmt er die aus dem über ihm gebauten Plumpsklo anfallenden Produkte mit in den River Spey. Andy meint dazu, dass – weil seine Destillerie die erste am River Spey ist und die anderen Destillerien wie Macallan usw. weiter flussabwärts liegen – diese so auch von den Aromen seiner Destillerie profitieren können ...

Der Whisky der Destillerie The Speyside wurde zum ersten Mal beinahe auf den Tag genau nach den gesetzlich vorgeschriebenen drei Jahren als Single Malt in Eigentümerabfüllung auf den Markt gebracht. Weitere Abfüllungen folgten schon sehr bald. Ein großer Teil der Produktion der

Oben · Das eigenwillige Destilleriehauptgebäude sieht aus wie eine Scheune.

Unten · Alle Anlagen stehen im gleichen Raum: die Maisch- und Gärbottiche und die beiden *stills*.

beiden kleinen *stills* (ungefähr 500 000 Liter pro Jahr) wird jedoch für die verschiedenen Blends (darunter ebenfalls einer mit dem Namen »Speyside«) und einem Vatted Malt (»Glentromie«) verwendet. Die Original- oder Eigentümerabfüllungen erscheinen als Single Malts nicht nur unter dem Namen »The Speyside« als 12- und 15-Jährige. Es gibt sie auch als »Drumguish« und als »Cu Dhub«. Letzterer gehört in die Kategorie der sehr speziellen Whiskys, ist er doch fast schwarz (Zuckercouleur).

Zur Destillerie mit dem schönen Namen »The Speyside« im (Fast-)Niemandsland des oberen Spey-Tales gelangt man entweder von Kingussie (an der A86 und der A9 Perth–Inverness) oder Aviemore (weiter nördlich) aus kommend auf der engen Straße mit der Nummer B970. Sie verbindet die beiden Orte auf der rechten, östlichen Seite dieses Flusses miteinander – parallel zur Hauptverkehrsstraße, die auf der linken Seite des River Spey verläuft. Ganz in der Nähe des Weilers Drumguish geht von der B970 das schmale Sträßchen zur Destillerie weg (Wegweiser).

Springbank

Um nach Campbeltown, der Stadt, in der diese Destillerie steht, zu reisen, muss man entweder Springbank-Fan oder Golfer sein. Nur die Springbank-Destillerie und der Machrihanish Golf Club können wirklich eingefleischte Fans dazu bringen, die mindestens dreieinhalbstündige Fahrt von Glasgow bis weit in den Süden der Halbinsel Kintyre unter die Räder zu nehmen.

Von Glasgow aus geht es zuerst auf der A82 nach Norden. Bei Tarbet wechselt man auf die A83. Diese führt zuerst nach Westen, dann nach Süden dem Loch Fyne entlang auf die Halbinsel Kintyre und weiter nach Campbeltown.

Die Destillerie liegt in einer rechts abzweigenden Seitenstraße im Stadtzentrum. Die Einfahrt ist kurz nach der Abzweigung der B842 nach Carradale und leicht zu übersehen. An einem Haus an der Hauptstraße ist ein Firmenschild angebracht. Direkt vor der Einfahrt in die Nebenstraße mit der Destillerie steht eine Kirche.

Links • In den drei *stills* wird auch dreifach destilliert.

Unten • In diesem alten Ofen wird das Torffeuer für das Trocknen des Malzes angemacht.

Die Destillerie Springbank

Die Stadt Campbeltown und mit ihr fast die ganze Halbinsel Kintyre waren bereits im 17. und 18. Jahrhundert Hochburgen der illegalen Whiskyherstellung. Die Nähe zu Irland – es liegt nur knapp 20 Kilometer von der Südspitze von Kintyre entfernt – und die Möglichkeit, Whiskys nicht nur dorthin, sondern auch um die im Firth of Clyde liegenden Inseln herum aufs schottische Festland und nach Glasgow zu bringen, spielten dabei eine nicht unbedeutende Rolle.

So ist es nicht verwunderlich, dass Archibald Mitchell, ein Vor-Vor-Fahre der heutigen Besitzerfamilie von Springbank, bereits Ende des 18. Jahrhunderts mit der – illegalen – Produktion von Whisky begann. Er bemühte sich nie um eine Lizenz. Es war die Familie eines Verwandten mit dem Namen Reid, die Springbank 1828 lizenzieren ließ. Springbank war erst die 14. von über 30 Destillerien, die im 19. Jahrhundert in der kleinen Stadt Campbeltown lizenziert wurden. Sie trug zu jener Zeit den sich selbst verliehenen Titel »Whisky Capital of the World«.

1837 musste sich die Familie Reid wegen finanzieller Probleme von Springbank trennen. Die Käufer waren zwei Söhne von Archibald Mitchell: John und William.

Die beiden übernahmen die Lizenz und führten die Destillerie neben ihren Bauernhöfen unter dem Firmennamen J. & W. Mitchell. Die Familie Mitchell ist seit diesem Jahr ununterbrochen Besitzerin von Springbank. Der heutige Manager der Gesellschaft J. and A. Mitchell (diese wurde 1897 gegründet), Hedley G. Wright, vertritt die siebte Ge-

neration dieser Whiskyfamilie. Er ist auch einer der Hauptaktionäre.

Springbank war von 1926 bis 1935 wegen der Prohibition in den USA und dann wieder von 1982 bis 1988 geschlossen. Im Jahr 2008 war Springbank wieder für ein paar Monate stillgelegt. Seit 2009 wird – zwar mit gedrosselter Produktion – wieder das ganze Jahr über gearbeitet.

Die eigene Mälzerei wurde bei Springbank zwar 1960 aufgegeben, 1992 aber im Zuge einer größeren Renovierung der Destillerie wieder in Betrieb genommen. Damit wurde Springbank wieder eine der wenigen Destillerien in Schottland, die alle Schritte vom Mälzen bis zur Flaschenabfüllung selbst machen.

In dieser alten Destillerie werden verschiedene Malt-Whiskys hergestellt. Neben dem »Springbank« und dem

»Longrow« produziert man hier seit 1997 einen dritten Whisky: den »Hazelburn«.

Alle drei Whiskys werden in den gleichen *stills,* jedoch mit unterschiedlichen Prozessen gebrannt. Zusätzlich unterscheiden sie sich im verwendeten Malz. Dieses wird in den eigenen *malting floors* hergestellt, jedoch für die verschiedenen Whiskyarten unterschiedlich getorft. Für den »Hazelburn« wird ungetorftes Malz eingesetzt, für den »Longrow« intensiv getorftes; das Malz für den »Springbank« liegt im Torfgehalt dazwischen.

Der erste Lauf beim Brennen ist für alle drei Sorten gleich. Der »Longrow« wird dann ganz normal zweimal destilliert. Beim »Springbank« wird im dritten Brennlauf ein großer Anteil der *feints* des zweiten Destillationsprozesses mit einem kleinen Anteil *low wines* aus dem ersten gemischt und ein drittes Mal gebrannt. Man kann also beim »Springbank« von einer zweieinhalbfachen Destillation sprechen. Der »Hazelburn« wird dreifach destilliert.

Die Anteile der verschiedenen Malts an der Jahresproduktion von Springbank sind: 60 Prozent »Springbank«, 20 bis 25 Prozent »Longrow« und 15 bis 20 Prozent »Hazelburn«. »Longrow« und »Hazelburn« sind nach geschlossenen Brennereien in Campbeltown aus der Zeit um 1850 benannt.

Ein Besuch bei Springbank beginnt entweder im kleinen Empfang des ebenfalls kleinen Bürohäuschens auf dem Gelände der Destillerie oder im Empfangsraum des unabhängigen Abfüllers Cadenhead (gehört auch der Familie) ein paar Straßen entfernt. Weil Springbank eine etwas spezielle Art der Produktion hat, kann man meistens nur einen Teil der Destillerie wirklich in Betrieb sehen. Ein paar Wochen/Monate wird gemälzt, dann wieder ein paar Wochen/Monate destilliert usw. Eine Ausnahme bildet die Zeit, in der in der Destillerie die beliebte Whisky School stattfindet. Während dieser Wochen wird, um den Kursteilnehmern eine komplette Ausbildung (oder einen kompletten Überblick) bieten zu können, in allen Abteilungen parallel

Mull of Kintyre • Leuchtturm und gefährliche Klippen ganz im Süden von Kintyre; nicht nur durch den Song von Paul McCartney bekannt und berühmt; der Weg dorthin lohnt sich aber nur bei wirklich schönem Wetter.

Machrihanish Golf Club • hat das weltberühmte erste Loch, bei dem auf das Meer hinaus aufgeschlagen werden muss.

Die Destillerie in der Nebenstraße zeigt dem Ankommenden auf großen Schildern, welche Whiskys hier produziert werden.

Der Name bedeutet	Quellenufer
Aussprache	Spring-bänk
Whiskyregion	Campbeltown
Adresse	Springbank Distillery 85 Longrow, Campbeltown, Argyll PA28 6EX Scotland
Kontakt	www.springbankwhisky.com Telefon +44 (0)1586 55 20 09 oder +44 (0)1586 55 17 10 (Cadenhead Shop)
Club	Springbank Society Anmeldung über die Homepage von Springbank. Die Mitgliedschaft (Lifetime Membership) kostet £ 50
Gründung	1790/1828
Status	In Betrieb
Besitzer	J. and A. Mitchell & Co. Ltd.
Stills	3 (1 *wash*; 2 *spirit*)
Kapazität pro Jahr	750 000 Liter (wird nur zum Teil genutzt)
Besucher	Ja ★★★☆☆ Aber unbedingt vor einem Besuch anrufen, um den langen Weg nach Campbeltown nicht umsonst zu machen; Springbank hat eine etwas eigene Art, Besucher zu empfangen; der Cadenhead Shop ist zumindest meistens offen. ❤♡♡
Rating	★★★★★★
Hausstile	Springbank: Ölig, malzig, Vanille, salzig und doch süß, lang
Hausstile Fortsetzung	Longrow: Erdig, torfig, fruchtig, süßlich, malzig Hazelburn: Weich, ölig, würzig, Kaffee, pfeffrig und doch süß

gearbeitet. Wann die Schulwochen stattfinden, wird auf der Homepage publiziert.

Beginnen wir unseren Rundgang in der Mälzerei von Springbank. Im zweigeschossigen Mälzhaus wird auf zwei Mälzböden das Malz hergestellt. Das keimende Malz wird im *kiln* je nach Art des aus ihm zu produzierenden Whiskys mit unterschiedlichem Torfanteil im *kiln*-Feuer getrocknet. Dann kommt es in die alte Malzmühle.

Springbank besitzt zum Maischen noch einen uralten Bottich aus Gusseisenplatten ohne Deckel. Die sechs Gärbottiche zur Herstellung der zum Destillieren benötigten *wash* sind aus Lärchenholz. Gebrannt wird in drei *stills* (einer *wash* und zwei *spirit*) je nach Art des zu produzierenden Whiskys in unterschiedlichen Prozessen. Alle drei *stills* sind zwiebelförmig und ihre Rohrkondensatoren stehen außerhalb des *stillhouse*. Die *stills* wurden lange Zeit direkt mit Kohlefeuer beheizt. Heute werden die beiden *spirit stills* mit heißem Dampf aus einem zentralen Boilerhaus versorgt. Auch die *wash still* erhält für die sich im Kessel befindenden Heizelemente heißen Dampf aus dem Boiler, wird aber – und dies ist einmalig in Schottland – zusätzlich noch direkt mit einem Ölbrenner beheizt.

Gelagert wird der Whisky von Springbank in Lagerhäusern bei der Destillerie in hohen Lagergestellen. Als Fässer kommen sowohl Ex-Bourbon-, Ex-Sherry- oder andere Arten wie Ex-Port-, Ex-Rum-Fässer usw. zum Einsatz.

Springbank ist eine der ganz wenigen Destillerien, die eine eigene Flaschenabfüllabteilung haben. In dieser werden auch alle Whiskys des unabhängigen Abfüllers Cadenhead (er gehört ebenfalls zu J. and A. Mitchell & Co. Ltd.) und der Destillerie Glengyle (Kilkerran) abgefüllt.

Den Springbank und den Longrow gibt es als Single Malt in den verschiedensten Originalabfüllungen vom 10- bis 18-Jährigen. Vom Springbank und Longrow kann man auch ältere Versionen finden, diese sind von Sammlern sehr gesucht und dementsprechend teuer.

Den »Hazelburn« gab es zuerst als 8-Jährigen, ihm folgten ein 12-Jähriger und einer mit der Bezeichnung »CV«. Sowohl den Springbank als auch den Hazelburn gibt es auch in Fass-*finishing*-Versionen. Die meisten Single Malts (mit Ausnahme natürlich die 100 Proof oder andere fassstarke Abfüllungen) haben die für diese Destillerie typischen 46 Volumenprozent Alkohol.

Alle Whiskys aus dieser Destillerie sind weder kühlgefiltert noch gefärbt. Vom Springbank gibt es auch Abfüllungen, die mit lokal produzierter Gerste (*local barley*) hergestellt wurden. Von allen Sorten erscheinen zudem abwechselnd spezielle Abfüllungen für die Mitglieder der »Springbank Society«, einem kostenpflichtigen Club von Springbank.

Auch die Unabhängigen bieten ihn – meistens als Single Cask-Abfüllungen – an.

Strathisla

Die Destillerie Strathisla

Strathisla wurde 1786 von George Taylor und Alexander Milne als »Milltown Distillery« erbaut. Sie gehört zu den ältesten Destillerien Schottlands und ist die älteste in der Speyside. Strathisla ist eine richtige Bilderbuch-Destillerie und eine der schönsten, die es gibt. Zu dieser wurde sie aber leider durch eine ungewöhnliche Zahl an Katastrophen, von denen sie heimgesucht wurde. Die schlimmsten waren ein Großfeuer im Jahr 1876 und eine Explosion 1879.

»Strathisla« – sie trug ihren heutigen Namen bereits einmal von 1870 bis 1890, wurde dann aber wieder in

Unten · Die beiden *kilns* mit dem Mühlrad, die parkähnliche Umgebung und die anderen alten Gebäude machen Strathisla zu einer der schönsten Destillerien Schottlands.

»Milltown« umbenannt – hatte im Laufe ihrer langen Geschichte viele Besitzer. Hier die wichtigsten:

1825 verkauften die Erben der beiden Gründer die Destillerie an die Firma Macdonald Ingram & Co. 1828 wurde sie von William Longmore gekauft. Nach seiner Pensionierung leitete sein Schwiegersohn Strathisla für die neu gegründete Firma William Longmore & Co.

1940 ging sie in den Besitz des zwielichtigen Financiers Jay Pomeroy über, der sie beinahe in den Ruin trieb. Pomeroy wurde 1949 wegen Steuerhinterziehung verurteilt. Er hatte einen Teil der Produktion unter verschiedensten Namen unversteuert auf dem Schwarzmarkt verkauft. Die Destillerie kam unter den Hammer und wurde 1950 von Seagram (Kanada) für ihren schottischen Ableger, Chivas Brothers Ltd, ersteigert. Ihr Name wurde 1951 wieder in »Strathisla« geändert.

Die Destillerie Strathisla steht im kleinen alten Städtchen Keith. Neben der sehr berühmten und oft als schönste Destillerie Schottlands bezeichneten Destillerie stehen hier noch zwei weitere Destillerien: die aktive Strathmill und die stillgelegte Glen Keith.

Um zur Destillerie Strathisla zu gelangen, fährt man auf der A96 – egal ob man aus der Richtung Aberdeen–Huntly oder von Elgin kommt – bis ungefähr in die Stadtmitte von Keith.

Der Weg zur Destillerie Strathisla ist von der A96 an beschildert.

1995 baute Chivas das Besucherzentrum ihrer Vorzeige-Destillerie aus. Dieses gehört heute zu den meist besuchten Schottlands.

Beim Seagram-Deal im Jahr 2001 ging Strathisla zusammen mit der ganzen Chivas-Gruppe an Pernod Ricard.

Im Zuge der vielen, manchmal auch durch die verschiedenen Katastrophen notwendig gewordenen Um- und Neubauten wurde Strathisla laufend ausgebaut und ihre Kapazität erweitert – das letzte Mal 1965, als auch die Zahl der *stills* verdoppelt wurde. Die Destillerie arbeitet seither mit vier *stills*.

Der Name bedeutet	Tal des (River) Isla
Aussprache	Strass-eila
Whiskyregion	Speyside
Adresse	Strathisla Distillery Seafield Avenue, Keith, Banffshire AB55 5BS Scotland
Kontakt	Keine eigene Homepage Besitzer www.pernod-ricard.com Hinweise www.maltwhiskydistilleries.com (unter Distilleries) Telefon +44 (0)1542 78 30 44
Club	Kein Club
Gründung	1786
Status	In Betrieb
Besitzer	Chivas Brothers Ltd. (Pernod Ricard SA)
Stills	4 (2 *wash*; 2 *spirit*)
Kapazität pro Jahr	2 400 000 Liter
Besucher	Ja ★★★☆☆ Besucherzentrum mit Shop ❤❤(❤)
Rating	★★★★☆☆
Hausstil	Sherrytönig, malzig, fruchtig, leicht rauchig, lang

Keith • alter Marktflecken mit einigen schönen Pubs.

Dufftown, »Malt Whisky Capital of the World« • nicht nur wegen ihrer neun Destillerien unbedingt einen Besuch wert; im Mai und September jeweils großes Whiskyfestival.

Ein Besuch bei Strathisla beginnt im schönen Besucherzentrum, in dem man in der Regel mit einem Dram eines Chivas Regal Blend – Strathisla ist dessen »Heimatort« – empfangen wird und diesen während eines kurzen Films über die Destillerie und Chivas Regal genießen kann. Einen 12-jährigen Strathisla gibt's dann noch zum Abschluss der Führung.

Strathisla mälzt nicht selbst, sondern erhält das Gerstenmalz aus Großmälzereien. In einer alten Porteus-Mühle wird dieses zu *grist* gemahlen. Der traditionelle Maischbottich ist aus Edelstahl mit einem Kupferdeckel. Er steht zusammen mit den zehn Gärbottichen aus Douglas-Fichte in einem Raum. Die vier zwiebelförmigen *stills* sind zusammen mit ihren Rohrkondensatoren in einem relativ engen *stillhouse* untergebracht. Die beiden *wash stills* haben am Halsansatz Einbuchtungen, die beiden *spirit stills* an der gleichen Stelle ballförmige Ausbuchtungen.

Der *new make* wird von Strathisla in die ganz in der Nähe stehende, stillgelegte Destillerie Glen Keith gepumpt und dort entweder in Fässer oder in Tanklastwagen abgefüllt. Die Fässer – für die Lagerung des Strathisla werden Ex-Bourbon- und Ex-Sherry-Fässer verwendet – lagern zu einem Teil in den zwei niedrigen Lagerhäusern mit Naturböden und einem Lagerhaus mit Hochregalen auf dem Gelände der Destillerie. Die Tanklastwagen bringen einen großen Anteil des *new make* in die zentralen Lager von Chivas außerhalb von Keith. Dort wird er in Fässer abgefüllt und gelagert.

Im Zusammenhang mit den Ex-Bourbon-Fässern gab meine Begleiterin durch die Destillerie, Jeanett Grant, eine kleine Geschichte zum Besten: Irgendwann im Jahr 1993 kam eine Lieferung von gebrauchten Bourbon-Fässern aus Louisville in Kentucky in einem großen Container bei der Destillerie Strathisla an. Als die Mitarbeiter ihn öffneten, torkelte eine abgemagerte schwarz-weiße Katze heraus.

Ganz oben • Die vier *stills* stehen in einem engen *stillhouse*.

Oben • Die nicht so fotogenen Produktionsgebäude.

Sie hatte sich offenbar in den Container geschlichen und die lange Reise ohne Futter, aber offensichtlich dank den Whiskyresten relativ gut überstanden. Nach den in Großbritannien üblichen sechs Monaten Quarantäne übernahm Dizzy – so wurde die Katze getauft – dann in der Destillerie den Job der Mäusefängerin.

Der Malt von Strathisla bildet das Rückgrat der Blends von Chivas Regal. Daneben gibt es ihn in Original- oder Eigentümerabfüllungen standardmäßig mit 12 Jahren in der speziellen Flasche und seit 2004 auch als fassstarke Version mit 15 Fassjahren. Einige frühere Abfüllungen sind zu Raritäten geworden. Den Strathisla findet man auch in Abfüllungen der Unabhängigen.

Strathmill

Die Destillerie Strathmill

Strathmill ist 1891 in einer zur Destillerie umgebauten Getreidemühle unter dem Namen »Glenisla-Glenlivet« entstanden. Es scheint aber an diesem Ort bereits viel früher eine Destillerie gegeben zu haben. In den Fundamenten der Mühle wurden eingemauerte Zeitungen aus dem Jahr 1823 gefunden, in denen eine Destillerie als Teil der Mühle beschrieben wurde. Von 1823 bis zum Jahr 1891 gibt es jedoch keine Informationen über und zu einer Destillerie an diesem Platz mehr.

W. & A. Gilbey Ltd. kaufte Strathmill 1895 und gab der Destillerie den heutigen Namen. Gilbey besaß zu jener Zeit bereits Glen Spey und Knockando.

1962 begann eine Fusionswelle in der schottischen Whiskyindustrie, in die auch Strathmill mit hineingezogen

Unten · Der Maischbottich mit der Maischmaschine (rechts) und dem *underback* zur Kontrolle der Produktion (links).

Ganz unten · Die vier voluminösen *stills* haben ihre Rohrkondensatoren außerhalb des Brennhauses.

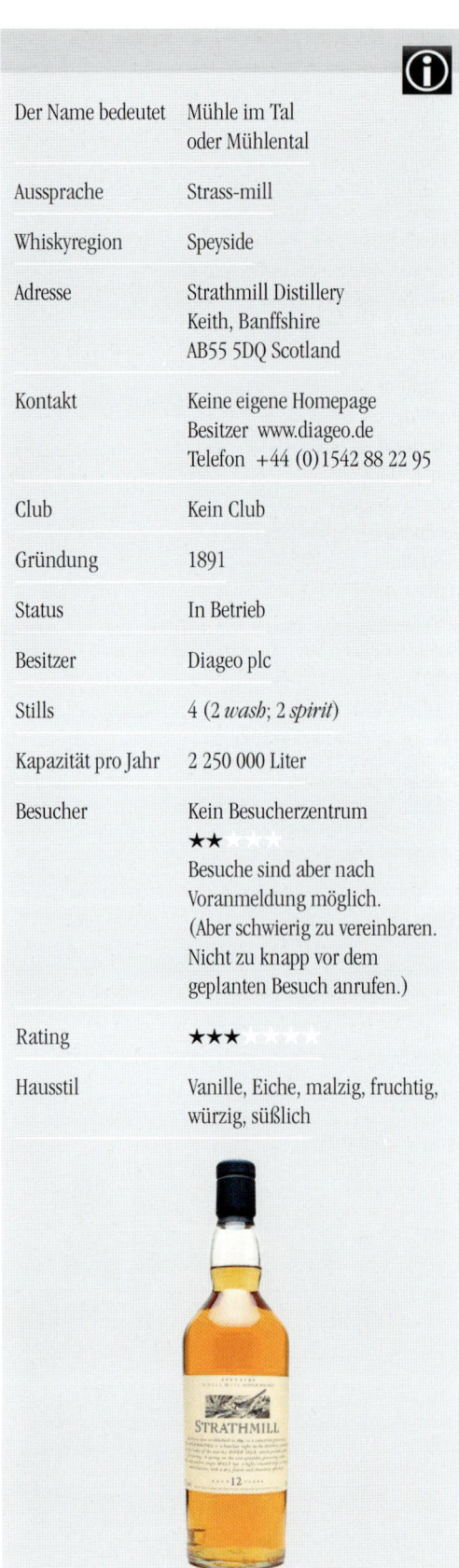

Der Name bedeutet	Mühle im Tal oder Mühlental
Aussprache	Strass-mill
Whiskyregion	Speyside
Adresse	Strathmill Distillery Keith, Banffshire AB55 5DQ Scotland
Kontakt	Keine eigene Homepage Besitzer www.diageo.de Telefon +44 (0)1542 88 22 95
Club	Kein Club
Gründung	1891
Status	In Betrieb
Besitzer	Diageo plc
Stills	4 (2 *wash*; 2 *spirit*)
Kapazität pro Jahr	2 250 000 Liter
Besucher	Kein Besucherzentrum ★★☆☆☆☆ Besuche sind aber nach Voranmeldung möglich. (Aber schwierig zu vereinbaren. Nicht zu knapp vor dem geplanten Besuch anrufen.)
Rating	★★★☆☆☆
Hausstil	Vanille, Eiche, malzig, fruchtig, würzig, süßlich

Keith · alter Marktflecken mit einigen schönen Pubs.

Strathisla · mit ihrem Wasserrad vor den beiden *kilns* und den schönen Gebäuden sicher eine der schönsten Destillerien Schottlands.

wurde: Gilbey ging zuerst einmal mit Justerini & Brooks zusammen. Dann waren Gilbey und Justerini & Brooks gemeinsam Gründer der IDV, diese wiederum ging 1975 an Grand Metropolitan und wurde 1987 schließlich Teil der UDV.

Strathmill – sowohl die Destillerie als auch der Whisky – gehört bis in die heutige Zeit zu den unbekanntesten in Schottland. Trotzdem produzierte sie seit ihrer Gründung ohne nennenswerte Unterbrechungen und liefert einen vor allem bei den Blendern begehrten Whisky. 1968 wurde sogar die Anzahl der *stills* und damit auch die Kapazität der Destillerie von zwei auf vier verdoppelt.

Strathmill hat keine Einrichtungen für Besucher und empfängt auch nicht gerne Besucher. Will man die Destillerie trotzdem sehen, muss man auf jeden Fall lange vor dem gewünschten Termin anrufen. Der Besuch beginnt dann auch gleich im Freien vor dem in den relativ großen Gebäuden liegenden Offices.

Strathmill beginnt seine Produktionsprozesse mit dem Mahlen des angelieferten und in großen Malzsilos zwischengelagerten Gerstenmalzes. Das Mahlen zu *grist* geschieht in einer Miag-Mühle, einem deutschen Produkt mit sechs Walzen. Für das Auswaschen der Stärke (des Zuckers) aus diesem steht der Destillerie ein *semi lauter*-Maischbottich aus Edelstahl (Kessel und Deckel) zur Verfügung. Im Gärhaus befinden sich sechs *wash backs,* sie sind ebenfalls aus Edelstahl.

Im *stillhouse* stehen die vier zwiebelförmigen *stills* (je zwei *wash* und *spirit*) mit ihren ballförmigen Ausbuchtungen am Halsansatz wie auf einer Galerie. Ihre Rohrkondensatoren stehen außerhalb des Gebäudes. Vor die beiden Kondensatoren der *spirit stills* ist – ebenfalls außerhalb des Gebäudes – je ein wirklich großer *purifier,* das heißt Reiniger, eingebaut.

In ihm wird ein Teil des Kondensats aufgefangen und wieder in die *still* zurückgeführt. Damit entsteht ein weicherer *new make.*

Der Whisky wird in Tanklastwagen in die Lagerhäuser bei Auchroisk gebracht und dort in Fässer abgefüllt (fast ausschließlich in Ex-Bourbon-Fässer), von denen ein Teil

wieder zur Destillerie Strathmill zurückgebracht wird. Dort lagern sie zum Teil in niedrigen Lagerhäusern mit Naturböden auf dem Gelände der Destillerie. Der andere Teil des Whiskys wird bei Auchroisk gelagert.

Der Whisky von Strathmill gehört zu den sehr selten als Single Malts abgefüllten Whiskys. Er wird vor allem in den Blends von J&B als Charaktergeber verwendet. Er wurde bis heute als Originalabfüllung von der UDV in ihrer Reihe Fauna & Flora als 12-jähriger Single Malt im Jahr 2001 abgefüllt. Diese Reihe wird nicht mehr weitergeführt. Zum 100-jährigen Bestehen der Destillerie wurden im Jahr 1992 zwei Fässer mit 25 Jahre altem Destillat abgefüllt. 2009 gab es auch von Strathmill einen »Manager's Choice«: einen 1996er aus einem Bourbonfass mit 13 Fassjahren.

Neben den genannten Abfüllungen gibt es den Strathmill als Single Malt nur in Abfüllungen von den Unabhängigen und in extrem seltenen Abfüllungen aus der Zeit von Gilbey (erste Hälfte des 20. Jahrhunderts).

Oben · Die beiden *kilns* werden heute nicht mehr als solche genutzt.

Rechts und ganz rechts · Ein Entsteiner *(destoner)*, für einmal nicht von Porteus oder Boby, sondern deutschen Ursprungs (MIAG, Braunschweig). Auch die Malzmühle ist vom gleichen Hersteller.

Die Destillerie Strathmill steht im kleinen alten Städtchen Keith im Schatten der sehr berühmten und oft als schönste Destillerie Schottlands bezeichneten Destillerie Strathisla. In Keith steht auch noch die stillgelegte Glen Keith.

Um zur Destillerie Strathmill zu gelangen, fährt man auf der A96 – egal ob man aus der Richtung Aberdeen–Huntly oder von Elgin kommt – bis ungefähr in die Stadtmitte von Keith. Die Straße macht in der Nähe des Tesco Supermarkts und der Brücke über den River Isla eine scharfe Kurve. Direkt bei der Brücke geht die leicht zu übersehende Straße (nur ein kleines Hinweisschild) weg und führt zur Destillerie am Fluss hinunter.

Talisker

Die Destillerie Talisker

Talisker ist die einzige heute noch existierende Destillerie auf der Insel Skye und bleibt dies zumindest noch so lange, bis die seit längerer Zeit angekündigte Pràban Na Linne an der Ostküste der Insel wirklich realisiert wird.

Die Destillerie Talisker wurde von den Brüdern Hugh und Kenneth MacAskill im Jahr 1830 am Ufer des Loch Harport in Carbost gegründet. Ihren Namen erhielt sie vom

Die einzige Destillerie auf der Insel Skye (Innere Hebriden) liegt mit ihren modernen, weiß gestrichenen Gebäuden in einer wunderschönen Landschaft am Loch Harport im mittleren Westen dieses Eilandes. Das Loch Harport – ein Meeresarm – ist umgeben von einer beeindruckenden Bergwelt.

Zur Destillerie kommt man, indem man auf der Insel zuerst einmal ein ganzes Stück auf der A87 fährt. Diese Hauptstraße kommt vom Festland, führt über die imposante Skye-Bridge und über die Hauptstadt Portree bis nach Uig. Noch vor Portree zweigt bei Sligachan links die A863 nach Bracadale–Dunvegan ab. Dieser Straße folgt man etwa zehn Kilometer und zweigt beim Weiler Drynoch auf die B8009 nach Carbost ab. Jetzt kann man die Destillerie nicht mehr verfehlen. Sie liegt direkt am Ufer des Loch Harport.

Talisker House, dem Herrschaftshaus der beiden Brüder, das in einem durch Felsen vom Wind geschützten Tal an der Westküste in der Nähe der Destillerie steht. Dieses wiederum wurde nach der Übersetzung des gälischen Namens des Berges Thalas Gair benannt.

Talisker erlebte viele Pleiten: 1848 musste eine Bank die Destillerie übernehmen, weil die Brüder MacAskill zahlungsunfähig wurden. Sie durften jedoch die Destillerie weiter betreiben.

Kenneth MacAskill war ein ausgezeichneter Brenner und produzierte zusammen mit seinem Bruder einen wirklich guten Malt. Als er 1854 starb, führte Hugh die Destillerie allein weiter. Und als auch er 1863 starb, übernahm sein Schwiegersohn Donald MacLellan die Pacht. Die Destillerie gehörte immer noch der Bank.

Donald MacLellan war aber nicht der beste Geschäftsmann und machte bald Konkurs. Ihm folgte in der Pacht John R. W. Anderson. Er besaß die Firma Anderson & Co. mit Sitz in Glasgow. Anderson musste jedoch für sechs Monate ins Gefängnis, weil er Geld für Whisky entgegennahm, der nicht existierte und auch Malt verkaufte, der nie ein Fass oder Lagerhaus von innen gesehen hatte. Während seiner bezahlten Ferien ging die Destillerie 1879 wieder Pleite.

Ein Jahr später (1880) kauften Roderick Kemp (Macallan) und Alexander Grigor Allan die stillgelegte Destillerie und nahmen sie wieder in Betrieb. In den Jahren von 1880 bis 1887 wurde Talisker komplett renoviert. 1892 übernahm dann Alexander Grigor Allan die Destillerie Talisker allein. Nach seinem Tod (1895) fusionierten seine Erben

die Destillerie im Jahr 1898 mit Dailuaine und gründeten die Dailuaine-Talisker Distilleries Ltd. Diese Gesellschaft und mit ihr Talisker wurde 1925 Teil der DCL und mit ihr zusammen 1930 unter die Leitung der SMD gestellt.

Einen weiteren größeren Aus- und Umbau erlebte die Destillerie im Jahr 1900. Für die Angestellten wurden gleichzeitig kleine Häuser gebaut.

Im Jahr 1928 wurde bei Talisker das bis dahin praktizierte Prinzip der Dreifach-Destillation aufgegeben. Ab diesem Zeitpunkt wurde nur noch zweimal gebrannt.

Talisker wurde im Jahr 1960 von einem Großfeuer fast vollständig zerstört. Man brauchte fast zwei Jahre, um die Destillerie wieder aufzubauen. 1962 konnte die Produktion endlich wieder aufgenommen werden. Die heutigen Destilleriegebäude und -anlagen (auch die *stills*) stammen zum großen Teil aus dieser Zeit und wirken deshalb so modern. 1972 gab man die eigenen *floor maltings* auf. Das Malz bezog man dann von Großmälzereien. 1987 kam Talisker unter das Management und die Kontrolle der UDV.

Seit 1988 besitzt die Destillerie ein Besucherzentrum. Dieses wurde im Verlauf der letzten Jahre um- und ausgebaut. Besuche in dieser sehr modernen Destillerie beginnen in diesem *Visitor Centre*. Es gibt dabei zwei Varianten: Die normale Führung durch die Destillerie und eine etwas ausgedehntere – bezogen auf den Besuch der Produktions- und Lagerhäuser und auf die gebotenen Drams. Talisker bezieht sein Malz von auf dem Festland liegenden Großmälzereien und lagert dieses dann für eine bestimmte Zeit in den eigenen Malzlagern weiter. In einer alten Porteus-Mühle wird es zu *grist* gemahlen. Der *full lauter*-Maischbottich ist aus Edelstahl und besitzt einen Kupferdeckel. Die acht Gärbottiche *(wash backs)* sind aus Douglas-Fichte.

Isle of Skye · etliche Sehenswürdigkeiten; Paradies für Natur-, Wander- und Jagdliebhaber.

Die Destillerie produziert in modernen Gebäuden.

Im schönen, modernen *stillhouse* stehen wie auf einem Balkon die fünf *stills*. Die beiden *wash stills* sind zwiebelförmig und haben am Ansatz ihrer langen, schlanken Hälse ballförmige Ausbuchtungen. Die drei kleineren *spirit stills* sind ebenfalls zwiebelförmig, haben aber weder Ein- noch Ausbuchtungen.

Die *lyne arms* (Dampfrohre) führen als Schneckenrohre *(worm tubes)* in die außerhalb des Gebäudes stehenden Holzbottiche. An den U-förmigen der *wash stills* sind – ebenfalls außerhalb des Gebäudes – zusätzlich *purifiers* zur Erhöhung des *reflux* angebracht. Das in ihm anfallende Kondensat fließt wieder ins *stillhouse* in die *stills* zurück und wird noch einmal destilliert. Auf diese Weise wird ein weicheres erstes Destillat erreicht.

Gelagert wird der Talisker fast ausschließlich in Ex-Bourbon-Fässern. Die ebenfalls in den niedrigen Lagerhäusern mit Naturböden anzutreffenden Ex-Sherry-Fässer werden für das Fass-*finishing* der Distillers Edition gebraucht. Da die Kapazität der Lagerhäuser bei der Destillerie nicht ausreicht, wird ein Teil des *new make* in Tanklastwagen abgefüllt und zur Fassabfüllung und Lagerung auf das Festland gebracht.

Die UDV erlaubte schon bald nach der Übernahme der Destillerie, den Malt der fünf *stills* nicht mehr nur exklusiv für die Blends von Johnnie Walker und White Horse zu verwenden. So kam er auch als Single Malt in Original- oder Eigentümerabfüllung auf den Markt. Die ersten dieser Abfüllungen (noch mit dem TD-Label für Dailuaine-Talisker Distilleries Ltd.) sind heute sehr selten und gesucht.

Der Single Malt von Talisker gehört heute zur Reihe der Classic Malts. Die neue Standardabfüllung wird immer noch – nach einer Reifezeit von 10 Jahren – mit dem ungewöhnlichen Alkoholgehalt von 45,8 Prozent abgefüllt. Den Talisker gibt es in Originalabfüllung auch in anderen Alterungsstufen (zum Beispiel 18, 25 und 30 Jahre) und Stärken zu verschiedenen Anlässen (so auch zum 175-jährigen Bestehen der Destillerie 2005) und in verschiedenen *finishing*-Varianten (z. B. die Distillers Edition in Amoroso-Sherry-Fässern). 2008 kam eine spezielle Abfüllung mit dem Namen »57° North« (dem Längengrad, auf dem die Destillerie liegt) mit 57 Volumenprozent auf den Markt. 2009 folgte ihm die Talisker-Abfüllung in der Diageo-Reihe »Manager's Choice«: eine Single Cask-Abfüllung eines 1994ers. Daneben gibt es auch limitierte Abfüllungen (zum Beispiel von 25- und 30-Jährigen) und solche, die man – wie bei allen Destillerien von Diageo mit einem *Visitor Centre* – nur in diesem kaufen kann.

Auch unabhängige Abfüller bieten ihn in verschiedenen Alterungsstufen und unter anderen Namen, so zum Beispiel als »Tactical« an.

Unten • Die Maischmaschine bringt den *grist*, vermischt mit heißem Wasser, in den schönen Maischbottich.

Ganz unten • Talisker arbeitet mit fünf *stills*.

Der Name bedeutet	Felsiger Abhang
Aussprache	Talesker
Whiskyregion	Highland
Adresse	Talisker Distillery Carbost, Ilse of Skye IV47 8SR Scotland
Kontakt	Keine eigene Homepage Besitzer www.diageo.de Info-Seite www.discovering-distilleries.com Telefon +44 (0)1478 61 43 08
Club	Kein Club
Gründung	1830
Status	In Betrieb
Besitzer	Diageo plc
Stills	5 (2 *wash*; 3 *spirit*)
Kapazität pro Jahr	2 750 000 Liter
Besucher	Ja ★★★☆☆ Besucherzentrum mit Shop ❤❤♡
Rating	★★★★★★★
Hausstil	Seetang, torfig, rauchig, salzig, würzig (Pfeffer?), lang

Tamdhu *

Die Destillerie Tamdhu

Tamdhu wurde 1896 von Tamdhu Distillers Co. Ltd. erbaut. Initiant für den Bau der Destillerie war William Grant (Glenrothes und The Highland Distillers Co., nicht von Glenfiddich). Ihre Eröffnung im Jahr 1897 mit George Reid als Destillerieleiter fiel jedoch genau in die Zeit der ersten großen Whiskykrise. Ihre Gründer fusionierten sie deshalb 1899 in die The Highland Distillers Co. (heute Teil der Edrington Group). Zu dieser Firma gehörte sie bis zum Jahr 2011.

Von 1911 bis 1913 und von 1928 bis 1947 war Tamdhu geschlossen; dann wurde sie dank der gestiegenen Nachfrage wiedereröffnet.

Die Edrington Group baute Tamdhu 1950/51 zu einer der modernsten Destillerien Schottlands aus. 1951 wurde zusätzlich direkt neben ihr eine Großmälzerei errichtet, die auch etliche andere Destillerien mit Malz beliefert. Tamdhu war damals dank dieser Mälzerei die einzige Destillerie in der Speyside, die das von ihr benötigte Malz selbst herstellte.

1972 wurde die Kapazität der Destillerie in einer ersten größeren Ausbauphase erweitert und die Zahl der *stills* von zwei auf vier verdoppelt. 1975 kamen noch einmal zwei weitere dazu.

Die Destillerie Tamdhu wurde samt der Mälzerei im April 2010 stillgelegt. Die beiden Betriebe arbeiteten so eng zusammen, dass sich ein Weiterbetrieb der Mälzerei nicht lohnte. Die ganze Abwärme der Destillerie wurde von der Mälzerei in vollem Umfang genutzt.

Im Juni 2011 kaufte die schottische Whiskyfirma Ian MacLeod die Destillerie und wird sie in der ersten Jahreshälfte 2013 wieder in Betrieb nehmen. (Ian MacLeaod besitzt neben Tamdhu Glengoyne, einen schönen Anteil an der Grain-Destillerie North British und hat im Portefeuille auch die Blended Whisky-Marken »Isle of Skye«, »Lang's« und »King Robert II«). Die Mälzerei wird geschlossen bleiben. Das Besucherzentrum, das sich im ehemaligen viktorianischen Bahnhofsgebäude befand, soll jedoch ebenfalls wieder reaktiviert werden. Es war bereits unter der Edrington Group seit längerer Zeit geschlossen. Wollte man damals die Destillerie oder die wirklich interessante Mälzerei besuchen, musste man ziemlich lange vorher einen Termin vereinbaren und wurde, weil es kein Besucherzentrum gab, im Destillerie-Hauptgebäude empfangen. Wie die Besuche unter Ian MacLeod Distillers Ltd. gehandhabt werden, war

Oben · Der Haupteingang zur modernen Destillerie.

Unten · Die Großmälzerei (in der Bildmitte) überragt die Destilleriegebäude.

Der Name bedeutet	Kleiner dunkelgrüner (auch dunkler) Hügel
Aussprache	Tammdu
Whiskyregion	Speyside
Adresse	Tamdhu Distillery Knockando, Aberlour, Banffshire AB38 7RP Scotland
Kontakt	(Noch) Keine eigene Homepage Besitzer www.ianmacleod.com Telefon +44 (0)1340 87 02 21
Club	Kein Club
Gründung	1896
Status	Seit April 2010 geschlossen; Wiedereröffnung geplant, 2013
Besitzer	Ian MacLeod Distillers Ltd.
Stills	6 (3 *wash*; 3 *spirit*)
Kapazität pro Jahr	4 250 000 Liter (wird nicht voll genutzt)
Besucher	Der neue Besitzer plant die Einrichtung eines Besucherzentrums. ★★★
Rating	★★★★(★)
Hausstil	Mild, süßer Sherry, Honig, Toffee, weich, lang

Ballindalloch Castle · Familiensitz der MacPherson-Grants seit 1546, im Winterhalbjahr für Besucher geschlossen; schönes und sehenswertes Äußeres und Inneres; auf dem Gelände um das Schloss weiden die berühmten Angusrinder.

Tamdhu liegt im Weiler Knockando am Fuß des Berges Carn na Cailliche in der Nähe des Spey River. Von Elgin aus fährt man auf der A941 Richtung Süden bis man nach Rothes auf die B9102 abzweigt.

Die etwa 17 Kilometer lange Strecke führt an Macallan und Cardhu vorbei. Kurz nach der Zufahrt zu Cardhu geht eine enge Straße links ab Richtung Tamdhu/Knockandu. Nach ein paar hundert Metern verzweigt sich dieses Sträßchen: Nach rechts geht es zur Destillerie Tamdhu, nach links zu Knockandu. Man kann die beiden Destillerien nicht verfehlen, führen die beiden Sträßchen doch nur zu ihnen.

Kommt man auf der A95 aus dem Süden (Aviemore, Grantown-on-Spey), führt in der Nähe von Marypark – nach Bridge of Avon – die B9102 zur Abzweigung zu den beiden Destillerien.

Unten · Die sechs *stills* werden 2013 wieder in Betrieb gehen.

Ganz unten · Die Kastenmälzen der Großmälzerei werden für immer stillstehen.

Unten rechts · Ein Fass des sehr beliebten Whiskys wird abgeholt.

bei Drucklegung dieses Buches noch nicht klar. Es bleibt zu hoffen, dass Besucher in der gleichen, ausgezeichneten Art wie bei Glengoyne empfangen und verwöhnt werden.

Im Folgenden wird bei Tamdhu sowohl die Destillerie als auch die Mälzerei vorgestellt, obwohl Letztere geschlossen bleiben wird. Interessant war ein Besuch der Mälzerei immer; sie war, obwohl nicht unbedingt auf dem neusten Stand der Technik, beeindruckend. Unmengen an Gerste wurden mit LKW's angeliefert und in die großen Silos gepumpt. Nach der Eingangskontrolle wurde – sollte bei dieser nichts Außerordentliches auftauchen – die Gerste zum Mälzen freigegeben. Bei Tamdhu wurden pro Tag ungefähr 45 Tonnen Gerste gemälzt.

In den acht *steeps* (Einweichbecken) wurde von unten Wasser eingefüllt und von oben die Gerste zugeführt. Gleichzeitig wurde auch von oben Wasser auf die Gerste gesprüht. Im ersten Durchgang lag das Getreide ungefähr sechs Stunden im Wasser. Dann wurde das Wasser abgelassen und die Gerste durch Einblasen von Luft ein erstes Mal getrocknet. Nun folgte der zweite Durchgang mit sechs Stunden Wässerung und vier Stunden Luftzufuhr. Die Gerste begann zu keimen. Sie kam jetzt in die Saladin-Boxen. Darin keimte die feuchte Gerste weiter.

Die dabei entstehende Wärme wurde kontrolliert, und die Gerste von Zeit zu Zeit mechanisch gewendet oder aufgemischt. Nach ungefähr fünf Tagen entwickelten die Körner genügend Stärke und brachen auf. Jetzt mussten sie getrocknet werden, damit die Keimlinge nicht selbst die Stärke aufbrauchten.

Im modernen *kiln* (er hatte nichts mehr zu tun mit den schönen Gebäuden und ihren Pagodendächern) wurde mit Hitze, Rauch und – je nach Wunsch der Destillerie, die das Malz erhielt – der Zugabe von Torf ins Feuer das Malz getrocknet.

Jetzt kam das für Tamdhu selbst bestimmte, respektive kommt das seit der Schließung der Mälzerei angelieferte Malz in eine alte Porteus-Mühle, eine Mühle mit zwei Mahlwerken. Der *grist* wird in einem *semi lauter mash tun* aus Edelstahl gemaischt. Die Vergärung der so gewonnenen zuckerhaltigen Flüssigkeit *(wort)* geschieht in neun *wash backs* aus Douglas-Fichte.

Die sechs großen, dick wirkenden, zwiebelförmigen *stills* (je drei *wash* und *spirit*) stehen in einem modernen Brennhaus. Sie haben weder Ein- noch Ausbuchtungen und ihre Rohrkondensatoren stehen nicht im gleichen Raum.

Der Whisky von Tamdhu wird zum großen Teil als *new make* mit Tanklastwagen von den verschiedenen Blendingfirmen abgeholt und in deren zentralen Lagern in Fässer abgefüllt und gereift.

In den niedrigen Lagerhäusern mit Naturböden auf dem Gelände der Destillerie selbst wird nur der für den Eigengebrauch (Single Malts usw.) benötigte Whisky vor allem in Ex-Bourbon-, aber auch in Ex-Sherry-Fässern gelagert.

Den Tamdhu gibt es bereits seit 1976 in Single Malt-Abfüllungen. Der Großteil der Produktion ist jedoch für den Blend »Famous Grouse« bestimmt, dessen großer Erfolg auch zum weiteren Ausbau der Destillerie beigetragen hat.

Seit dem Jahr 2001 spielt der Malt von Tamdhu zudem eine wichtige Rolle im Dunhill Blend. In Destillerie- oder Eigentümerabfüllung gab es den Tamdhu zuerst in einer heute gesuchten Abfüllung mit 8 Jahren in einer boxbeutelähnlichen Flasche. Noch seltener ist eine Abfüllung aus dem Jahr 1973, als ein 1950er abgefüllt wurde. Heute gibt es ihn ohne Altersangabe und als 10-, 18- und 25 Jährigen.

Den Tamdhu als Single Malt gibt es ebenfalls von den Unabhängigen. Diese haben ihn auch unter anderen Namen abgefüllt.

Tamnavulin

Die Destillerie Tamnavulin

Tamnavulin ist eine der neuesten und modernsten Destillerien in Schottland. Sie wurde 1965/66 von der Tamnavulin-Glenlivet Distillery Co. Ltd. (gehörte zu Invergordon Distillers Ltd.) gebaut.

Neben anderen speziellen Innovationen wurde in dieser Destillerie ein ausgeklügeltes Energiesparkonzept realisiert. So wurde zum Beispiel die Abwärme der heiß aus den *stills* kommenden *spirit* gebraucht, um die *wash* für den nächsten Destillationslauf vorzuwärmen.

1994 übernahm Jim Beam Brands plc (USA) die Invergordon Distillers Ltd. und mit ihr auch Tamnavulin. Bereits ein Jahr später – 1995 – wurde die Destillerie von dieser neuen Besitzerin stillgelegt.

Tamnavulin ist die einzige Destillerie in der Speyside, die den Beinamen Glenlivet eigentlich zu Recht tragen könnte: Sie liegt als einzige Destillerie wirklich am River Livet und hat ihren Namen von einer an diesem Fluss liegenden Wassermühle.

Diese Mühle wurde früher für die Herstellung von Wolle eingesetzt, war aber schon lange stillgelegt. Sie diente der Destillerie bis ins Jahr 2001 als Besucherzentrum. Dieses ist seither jedoch ebenfalls geschlossen.

Die Destillerie selbst wurde seit der Stilllegung während vieler Jahre nur noch als Lagergebäude für die eigenen Whiskys und diejenigen von anderen Destillerien der Firma

Der Name bedeutet	Mühle am Hügel	Besucher	Kein Besucherzentrum ★★☆☆☆ Besuche sind aber nach Voranmeldung möglich. (Nicht zu knapp vor dem geplanten Besuch anrufen.)
Aussprache	Tamna-wullen		
Whiskyregion	Speyside		
Adresse	Tamnavulin Distillery Tomnavoulin, Ballindalloch, Banffshire AB37 9JA Scotland	Rating	★★★☆☆☆☆
		Hausstil	Leicht, süß, malzig, fruchtig, wenig Rauch, Kräuter
Kontakt	Keine eigene Homepage Besitzer www.whyteandmackay.co.uk Telefon +44 (0)1807 59 02 85		
Club	Kein Club		
Gründung	1965/66		
Status	In Betrieb		
Besitzer	Whyte & Mackay Ltd. (United Spirits Ltd. / UB Group, Indien)		
Stills	6 (3 *wash*; 3 *spirit*)		
Kapazität pro Jahr	4 000 000 Liter (wird nicht voll genutzt)		

Um zu dieser Destillerie zu gelangen, nimmt man aus der Region des River Spey im nahe von Grantown-on-Spey liegenden Ort Speybridge (an der A95 Aviemore–Keith) die A939, die von dort aus Richtung Südosten über das Hochland führt. Sie verbindet Speybridge mit Ballater im Tal des River Dee (an der A93 Aberdeen–Perth). Kommt man aus dem Tal des Spey River, liegt der Ort Tomintoul auf dieser wundervollen Strecke ungefähr nach einem Drittel des Weges.

Mitten in diesem höchstgelegenen Dorf des Hochlands geht die enge B9008 Richtung Norden weg. Nach circa sieben Kilometern liegt die Destillerie Tamnavulin in unmittelbarer Nähe dieser Straße.

Fährt man auf der B9008 weiter talabwärts, kommt man zur Destillerie Glenlivet und noch weiter nördlich nach Bridge of Avon (Ballindalloch Castle).

Oben · Von dieser alten Mühle hat Tamnavulin den Namen. Sie diente lange Zeit als *Visitor Centre* der Destillerie, ist aber zurzeit geschlossen.

Rechts · Der Messerrechen dreht sich im Maischbottich.

A939 Ballater–Tomintoul · fantastische Hochlandstraße, führt am Corgarff Castle (sehenswert) und am Skigebiet Lecht vorbei.

Ballindalloch Castle · Familiensitz der MacPherson-Grants seit 1546, im Winterhalbjahr für Besucher geschlossen; schönes und sehenswertes Äußeres und Inneres; auf dem Gelände um das Schloss weiden die berühmten Angusrinder.

Ganz oben · Tamnavulin wirkt mit ihren modernen Gebäuden nicht sehr attraktiv.

Oben rechts · Die sechs *stills* sind beeindruckend groß.

Oben · Ein großer LKW liefert gerade eine Ladung Malz an.

White & Mackay Ltd. (Namensänderung der Kyndal Group Ltd. im Jahr 2003) genutzt.

Im Mai 2007 wurde White & Mackay Ltd. mit allen Destillerien und Marken zu 100 Prozent vom indischen Getränke-Multi United Spirits Ltd. übernommen. White & Mackay Ltd. leitet aber weiterhin von Schottland aus die verschiedenen Destillerien.

Was viele gehofft, aber kaum mehr geglaubt hatten, wurde im gleichen Jahr 2007 Wirklichkeit. Tamnavulin wurde nach einigen Renovierungen und der Anschaffung eines ausgeklügelten Hefe-Aufbereitungs- und Zusatz-Systems wieder in Betrieb genommen.

Besucher – man sollte unbedingt rechtzeitig einen Termin zum Besuch dieser Destillerie vereinbaren – werden

im kleinen Officegebäude, das vor den modernen und nicht gerade attraktiv wirkenden Destilleriegebäuden von Tamnavulin steht, empfangen. Tamnavulin hat zurzeit keine Besuchereinrichtungen, aber vielleicht wird ja in absehbarer Zeit das Gebäude der alten Mühle als kleines *Visitor Centre* ebenfalls wiedereröffnet.

Wegen seiner abgelegenen und relativ hohen Lage besitzt Tamnavulin große Malzlager, damit auch im Winter, wenn die LKW's nicht so einfach nach dort oben kommen, eine gewisse Zeit lang mit den darin gelagerten Vorräten die Produktion aufrecht erhalten werden kann.

Das Gerstenmalz wird in einer alten Porteus-Mühle zu *grist* gemahlen. Dieser kommt in den *full lauter*-Maischbottich aus Edelstahl (Kessel und Deckel), wo die Stärke mithilfe von heißem Wasser aus ihm herausgewaschen wird.

Die *wort* genannte, zuckerhaltige Flüssigkeit, wird anschließend in acht *wash backs* vergärt. Vier von ihnen sind ebenfalls aus Edelstahl, die anderen vier aus Corten Stahl – einem Stahl, der normalerweise nur bei Bauten

(Stahlhochbau, Fassaden, Brücken usw.) verwendet wird. Im hochmodernen *stillhouse* stehen die sechs großen *stills* (je drei *wash* und *spirit*) zusammen mit ihren Rohrkondensatoren. Sie sind zwiebelförmig und haben weder Ein- noch Ausbuchtungen. Alle *stills* wurden in den Jahren 2008 und 2010 inklusive den Rohrkondensatoren durch neue ersetzt.

In den modernen Lagerhäusern mit hohen Lagergestellen reift nur ein Teil der Whiskys von Tamnavulin in Ex-Bourbon-Fässern.

Der Rest wird in Tanklastwagen nach Invergordon gebracht, in Fässer abgefüllt und gelagert. Dort befinden sich auch die Blendinganlagen für die Blends der Gruppe. Tamnavulin produziert einen Whisky, der vor allem in den Blends von Whyte & Mackay Ltd. verarbeitet wird. Er existiert als Single Malt in verschiedenen Original- oder Eigentümerabfüllungen. Standard ist ein 12-Jähriger. Daneben gibt es ihn auch als »Stillman's Dram« in verschiedenen Alterungsstufen.

Auch von den Unabhängigen ist er zu haben.

Teaninich

Die Destillerie Teaninich

Captain Hugh Munro – ein Schotte und wichtiger Mann der neueren britischen Geschichte – gründete 1817 diese Destillerie, die den beinahe unaussprechlichen Namen Teaninich trägt. Benannt wurde sie nach dem Herrschaftssitz (Teaninich Castle) und dem Landbesitz der Familie des Captain (Teaninich Estate).

Ab 1845 wurde die Destillerie von Leutnant-General John Munro geführt. 1850 wurde dieser aber als Armeeangehöriger nach Indien abkommandiert und leistete dort viele Jahre Dienst. Deswegen wurde die Destillerie an verschiedene Whiskyspezialisten vermietet oder verpachtet. So zum Beispiel 1850 an Robert Pattison oder 1869 an John McGilchrist-Ross. Teaninich hatte zu jener Zeit vier *stills*, von denen ein Paar sehr klein war.

1895 gab John McGilchrist-Ross die Pacht aus Altersgründen ab. Sie wurde von John Munro, er war ein Verwandter des Leutnant-General und Spirituosenhändler, und Robert Innes Cameron, einem Whiskybroker, übernommen. Nachdem die Familie Munro Teaninich 1898 an die von diesen beiden gegründete Gesellschaft mit dem Namen Munro, Cameron & Co. verkauft hatte, übernahm 1904 Robert Innes Cameron die ganze Gesellschaft allein. 1933 verkaufte er die Destillerie Teaninich an die DCL/SMD.

Nach dem Zweiten Weltkrieg, während dem sie wegen Getreiderestriktionen ab 1940 geschlossen war, wurde Teaninich erst im Jahr 1946 wieder in Betrieb genommen. Die beiden kleinen *stills* waren bereits vorher abgebaut worden, sodass die Destillerie ab diesem Zeitpunkt nur mit zwei *stills* produziert hat. Die Destillerie bezog ihre Energie über Wasserräder in einem direkt an ihr vorbeiführenden Kanal.

1962 wurde die Kapazität von zwei auf vier, 1971 – mit dem Bau eines zweiten *stillhouse* – durch sechs weitere auf zehn *stills* ausgebaut. Ihr neues *stillhouse* ist zwar effektiv,

aber genau so wenig stilvoll wie die der meisten anderen nach den immer gleichen Plänen gebauten Brennhäuser der Destillerien der SMD (zum Beispiel Caol Ila, Royal Brackla usw.). 1974 wurde auch der alte Teil von Teaninich renoviert. Man produzierte danach ein gutes Jahrzehnt in beiden *stillhouses* parallel, bis im Jahr 1985 die ganze Destillerie aus finanziellen Gründen stillgelegt werden musste.

Auf dem Gelände der Destillerie baute man bereits im Jahr 1975 eine *dark grains*-Anlage. In dieser werden die Destillerieabfälle zu Viehfutter verarbeitet.

Ganz oben • Von diesem Schloss, Teaninich Castle, dem Sitz der Gründerfamilie Munro, hat die Destillerie ihren Namen.

Oben • Die modernen Gebäude mit dem markanten *stillhouse*.

Unten • Die sechs *stills* mit ihren Rohrkondensatoren.

Alness, einen Industrieort am Cromarty Firth, erreicht man von Inverness aus auf der A9 Richtung Norden. Um zur Destillerie zu gelangen, verlässt man diese Hauptverkehrsstraße bei Alness und fährt auf der B817 durch das Zentrum dieses Ortes.

Am großen Kreisverkehr nach der Kirche zweigt man links ins Industriegebiet ab und biegt nach dem Überqueren der Eisenbahnlinie wieder links in den River Drive ab. Auf diesem bleibt man bis zum Fluss und nimmt dort den nach rechts weggehenden Riverside Drive.

Die Destillerie ist schon bald auf der rechten Seite zu sehen.

Der Name bedeutet	Haus im Moor, Name eines Schlosses und Gutes
Aussprache	Tia-ninich oder Te-ni-nik
Whiskyregion	Highland
Adresse	Teaninich Distillery Riverside Drive, Alness, Ross-shire IV17 0XB Scotland
Kontakt	Keine eigene Homepage Besitzer www.diageo.de Telefon +44 (0)1349 88 50 01
Club	Kein Club
Gründung	1817
Status	In Betrieb
Besitzer	Diageo plc
Stills	6 (3 *wash*; 3 *spirit*)
Kapazität pro Jahr	4 250 000 Liter
Besucher	Kein Besucherzentrum ★★✩✩✩ Besuche sind aber nach Voranmeldung möglich. (Nicht zu knapp vor dem geplanten Besuch anrufen.)
Rating	★★★★✩✩✩
Hausstil	Leicht ölig, Gewürze, Laub, leicht torfig, süßlich-herb

Cromarty Firth · Meeresarm der Nordsee; Öl-Förderplattformen; Delfine.

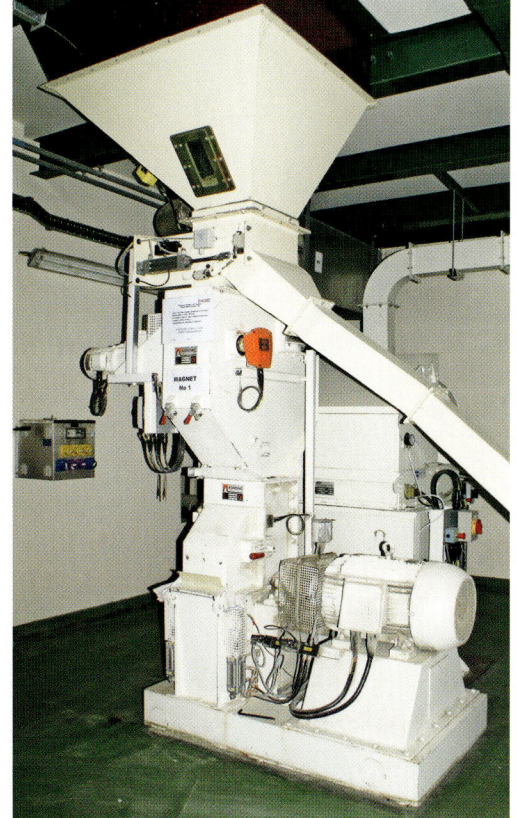

Oben · Das angelieferte Malz kommt zuerst in den *destoner*.

Mitte · Teaninich arbeitet mit einer modernen Hammermühle.

Unten · Gibt es in einer schottischen Malt-Destillerie nur bei Teaninich zu sehen: einen Maischfilter anstelle des sonst üblichen Maischbottichs.

1987 ging Teaninich in die Obhut der UDV über. Diese nahm 1991 den neueren Teil mit sechs *stills* (er wurde A-Site genannt) wieder in Betrieb. Im alten *stillhouse* (es hieß B-Site) mit seinen 4 *stills* wurde nach Wiederaufnahme der Produktion nie mehr produziert. Es wurde 1999 abgerissen.

Teaninich ist nicht für Besucher eingerichtet. Möchte man sie trotzdem sehen, lohnt es sich, ziemlich lange vor einem Termin anzurufen.

Die mitten in einem Industriegebiet liegende Brennerei bezieht ihr Gerstenmalz von Großmälzereien. Dieses wird hier jedoch nicht in einer alten Porteus-Mühle zu *grist* gemahlen. Nein, hier wird eine Hammer-Mühle eingesetzt, das heißt: Das Malz wird mithilfe von kleinen Hämmern, die gegen ein perforiertes Gitter rotieren, zu einem sehr feinen *grist* geschlagen. Das ist aber nicht das einzige Spezielle in dieser Destillerie: Teaninich hat keinen Maischbottich. Dieser wurde im Jahr 2000 abgebaut und durch ein sogenanntes Maisch-Filter-Verfahren ersetzt. Dieses Verfahren wird sonst vor allem in Bierbrauereien angewendet. Der *grist* wird dazu mit dem ersten heißen Wasser in einem sogenannten *mash conversion vessel* (Maische-Umwandlungs-Tank) vermischt. Darin wirbelt ein Mixer die Maische auf, bis sie die Konsistenz eines schottischen Frühstücksporridge hat. Dieser Brei wird dann in eine große Presse gebracht – sie wird *mash filter* genannt –, in der die *mash* in 24 sogenannten Filterplatten mithilfe von Druckluft ausgepresst wird. Die *wort* (zuckerhaltige Flüssigkeit) wird in einem Tank gesammelt. Dann wird ein zweites Mal heißes Wasser durch die Filter geschickt, noch einmal ausgepresst und die *wort* wieder gesammelt. Die übriggebliebene Flüssigkeit wird für den ersten Durchgang der nächsten Pressung verwendet. Die Filterplatten werden am Ende des Prozesses unten geöffnet und mithilfe von Druckluft von oben vom *draff* befreit. Dieser fällt auf ein Förderband und kommt auf diesem direkt in die *dark grains*-Anlage. Ein Pressprozess dauert ungefähr zwei Stunden.

Für die Füllung eines der zehn Gärbottiche – acht von ihnen sind aus Lärchenholz und zwei aus Edelstahl und fassen je 63 000 Liter – sind drei solcher Vorgänge notwendig.

Im neuen *stillhouse* stehen sechs ziemlich große *stills*. Sowohl die drei *wash* als auch die drei *spirit stills* sind zwiebelförmig und ziemlich dick. Ihre Dampfrohre führen in die im Brennhaus stehenden Rohrkondensatoren.

Gelagert wird der Whisky von Teaninich zu fast hundert Prozent in Ex-Bourbon-Fässern. Ex-Sherry-Fässer werden nur selten verwendet.

Die UDV brachte den Teaninich als Single Malt ein erstes Mal unter dem Namen ihrer Tochterfirma R. H. Thomson & Co. Ltd. auf den Markt. Auf diese läuft auch die Lizenz. Von der UDV selbst gab es ihn später in der Reihe Fauna & Flora als 10-Jährigen und dreimal bei den Rare Malts in älteren Jahrgängen und Fassalterungsstufen.

Er kam in dieser Reihe als 1972er mit 23 Jahren (1996), als 1973er ebenfalls mit 23 Jahren (1997) und wieder als 1972er mit 27 Jahren (2000) auf den Markt. Als 17-Jährigen füllte man ihn als »Managers Dram« ab (sehr selten erhältlich!). 2009 erschien auch von Teaninich eine Abfüllung in der Reihe »Manager's Choice«: ein 1996er mit 12 Fassjahren.

Vorher gab es ihn als Single Malt-Abfüllung nur von den Unabhängigen, die ihn auch heute noch von Zeit zu Zeit abfüllen.

Tobermory

Die Destillerie Tobermory

John Sinclair, ein Reeder, gründete die Destillerie Tobermory 1798. Er brachte auf Mull produzierte Güter auf das schottische Festland und von dort Gerste und Brennstoff für seine Destillerie zurück. Die Destillerie kam jedoch lange nicht richtig zum Laufen. Erst 1823 war sie wirklich pro-

duktionsfähig. Vielleicht wird darum das Gründungsjahr von Tobermory einmal mit 1823, dann wieder mit 1798 angegeben.

Tobermory war dann im Laufe des 19. Jahrhunderts mehr stillgelegt als in Produktion. So zum Beispiel auch von 1837 bis 1878. Ihre Geschichte ist relativ schwierig zu verfolgen.

1890 wurde die Destillerie von John Hopkins & Co. (diese Firma besaß auch Oban) gekauft. Aber auch ihr brachte sie kein Glück. Nach kurzer Betriebszeit musste sie wieder stillgelegt werden.

1916 übernahm die DCL John Hopkins & Co. und mit ihr auch Tobermory. Die neue Besitzerin nahm die Destillerie sofort wieder in Betrieb. Von 1930 bis 1972 war sie jedoch wieder geschlossen. Ein Teil der Gebäude wurde in einen Shop, ein anderer in ein Kraftwerk umgebaut.

1972 erhielt die Destillerie dann eine neue Besitzerin, die Ledaig Distillery (Tobermory) Ltd. Von dieser wurde sie sogleich wieder eröffnet. Gleichzeitig erhielt sie den Namen »Ledaig«. Bereits 1975 kam jedoch die nächste Stilllegung: Die Firma machte Konkurs.

1978 kaufte die Kirkleavington Property Co. die Destillerie und benannte sie wieder in »Tobermory« um. 1985 musste sie aber erneut wegen finanzieller Probleme geschlossen werden. Einige Gebäude wurden zu Wohnungen umfunktioniert.

Nachdem die Destillerie Tobermory 1990 ihren Betrieb dann doch wieder aufgenommen hatte, wurde sie 1993 von Burn Stewart Distillers plc gekauft. Seitdem produziert sie ohne Unterbrechung.

Die Destillerie Tobermory besitzt ein kleines *Visitor Centre* mit einer sehr freundlichen Crew. Diese macht auch die Führungen durch die kleine Destillerie. Sie beginnt bei den eher kleinen Malzsilos, in denen das größtenteils von den Port Ellen Maltings auf Islay stammende Malz gelagert wird, bevor es in die alte Malzmühle kommt. Tobermory bereitet die *wash* mit einem alten, traditionellen Maischbottich aus Gusseisen mit einem Kupferdeckel und vier Gärbottichen aus Douglas-Fichte auf. Von den vier überraschend großen *stills* (je zwei *wash* und *spirit*) gehen die *lyne arms* (Dampfrohre) in Form eines liegenden »S« in die ebenfalls im *stillhouse* stehenden Rohrkondensatoren. Diese Art *lyne arms* – sie tragen zu einem größeren *reflux* bei – habe ich sonst noch in keiner Destillerie gesehen.

Die vier *stills* stehen in einem engen *stillhouse* in einer Reihe.

Der Name bedeutet	Brunnen Marias, Name des Städtchens	Hausstile Fortsetzung	Ledaig: Torfig, nussig-malzig, Teer(?), Minze
Aussprache	Tober-mori		
Whiskyregion	Highland		Iona Atoll: Leicht torfig, malzig, weich
Adresse	Tobermory Distillery Tobermory, Isle of Mull PA75 6NR Scotland		
Kontakt	www.tobermorymalt.com Telefon +44 (0)1688 30 26 45		
Club	»The Few« Mitgliedschaft gratis; Anmeldung über die Website der Destillerie		
Gründung	1798/1823		
Status	In Betrieb		
Besitzer	Burn Stewart Distillers Ltd. (CL World Brands Ltd.)		
Stills	4 (2 *wash*; 2 *spirit*)		
Kapazität pro Jahr	1 000 000 Liter		
Besucher	Ja ★★★☆☆ Besucherzentrum mit Shop ♥♥♡		
Rating	★★★★☆☆		
Hausstile	Tobermory: Süßlich, malzig, fruchtig, manchmal leicht bitter, kurz		

Der *new make,* das neu gebrannte Destillat, wird seit der Übernahme der Destillerie durch Burn Stewart zum Großteil in Tanklastwagen in die Destillerie Deanston im zentralen Hochland gebracht und erst dort in Fässer abgefüllt und gereift. Nur ein kleiner Teil lagert in einem in ein Lagerhaus umgebauten Teil (altes *tunhouse*) der Destillerie auf der Insel Mull.

In der Destillerie Tobermory werden in den vier *stills* zwei verschiedene Whiskys hergestellt: Einer trägt den Namen »Tobermory« und wird aus ungetorftem Malz hergestellt.

Der andere – leicht getorfte – trägt den Namen »Ledaig«. Der dritte Single Malt aus der Destillerie mit dem Namen »Iona Atoll« ist eine Mischung aus Tobermory und Ledaig (sprich Ledschig). Die Jahresproduktion – sie liegt unterhalb der möglichen Kapazität – wird ungefähr zur Hälfte in die beiden Whiskytypen aufgeteilt.

Der Malt von Tobermory geht zu einem schönen Anteil in den Blend »Scottish Leader«.

Den Tobermory als Single Malt gibt es als Originalabfüllung aus der Zeit von Kirkleavington mit 12 Jahren. Unter Burn Stewart gibt es ihn ohne Altersangabe, mit 10 und 15 Jahren und in einer Limited Edition als 32-Jährigen.

Den Ledaig gibt es aus der Zeit vor der Übernahme durch Burn Stewart (selten) und aus der Zeit danach in verschiedenen Alterungsstufen. Standardabfüllung ist ein 10-Jähriger.

Die Malts von Tobermory werden auch unter anderen Namen abgefüllt und ebenfalls von den Unabhängigen angeboten.

Tobermory, die Destillerie mit dem Namen des kleinen Städtchens, in dem sie steht, ist die einzige Destillerie auf der Insel Mull. Sie liegt mit ihren alten und modernen Gebäuden direkt am schönen Hafenbecken.

Zur Destillerie kommt man, indem man auf der Insel nach der Ankunft mit der Fähre in Craignure (von Oban) oder in Fishnish (von Lochaline) Richtung Nordwesten zuerst nach Salen und weiter nach Tobermory fährt. Die Destillerie steht, wenn man vom Hochplateau ins Städtchen herunter fährt, gleich rechts am Hafenbecken.

Links · Der Maischbottich ist noch ein uraltes Modell aus Gusseisenplatten mit einem Kupferdeckel, aber immerhin mit Kontrollgeräten.

Unten · Die Destillerie mit dem zu Wohnungen umgebauten Lagerhaus (rechts im Bild) steht direkt am Ortseingang.

Tomatin

Die Destillerie Tomatin

Ab dem 16. Jahrhundert existierte in dem Gebiet, wo die heutige Destillerie liegt, eine große Anzahl von Schwarzbrennereien. Diese lebten vor allem vom Verkauf ihrer Whiskys an die Reisenden, die aus dem Süden Richtung Inverness oder umgekehrt auf dem Weg waren. Auch die Farmer, die ihre Tiere nach Inverness auf den Markt brachten, gehörten zu den guten Kunden.

Die Destillerie Tomatin wurde 1897 im Tal des River Findhorn von der Tomatin-Spey-District-Distillery Co. Ltd. erbaut. Das kleine Dörfchen entstand um und wegen der Destillerie. Diese spielte deshalb seit der Gründung immer eine wichtige Rolle.

Bereits 1906 musste die Besitzergesellschaft jedoch liquidiert und die Destillerie stillgelegt werden.

Die New Tomatin Distillers Co. Ltd. übernahm 1909 die bankrotte Destillerie und nahm die Produktion wieder auf. Mit Ausnahme der Zeiten während der beiden Weltkriege wurde in der Destillerie Tomatin in zwei *stills* immer produziert. Nach dem zweiten Weltkrieg und vor allem ab Mitte der 1950er-Jahre nahm der Absatz des dort produzierten Whiskys immer mehr zu. In verschiedenen Ausbaustufen wurde dann ihre Kapazität laufend erhöht. So das erste Mal 1956 von zwei auf vier, 1958 von vier auf sechs, 1961 von sechs auf zehn und 1964 auf elf *stills*.

Der letzte Ausbau erfolgte 1974, die eigene Mälzerei wurde gleichzeitig aufgegeben. In diesem Jahr kamen weitere zwölf *stills* dazu. Sie machten Tomatin damals mit der Kapazität von insgesamt 23 *stills* zur größten Malt-Destillerie Schottlands — wenn nicht der ganzen Welt. Ihre Produktionskapazität lag bei über 12 Millionen Litern pro Jahr.

Der Ausbau war aber offenbar doch zu gewagt: 1985 machte Tomatin Konkurs und musste deswegen stillgelegt werden. 1986 stieg ein japanisches Konsortium (bestehend aus den beiden Firmen Takara Shuzo Co. und Okura) ein,

Inverness • pulsierende Stadt mit vielen Sehenswürdigkeiten, Shops und Restaurants/Pubs.

Culloden Moor • Schlachtfeld der letzten großen Schlacht in Großbritannien; Viadukt; Steinkreise usw.

Loch Ness • der berühmte See mit Nessie, seinem Ungeheuer.

kaufte Tomatin und nahm die Produktion wieder auf. Dies war das erste Mal, dass eine schottische Destillerie von einem japanischen Unternehmen gekauft wurde. Weitere sollten folgen.

1998 musste Okura seinen Anteil wegen finanzieller Probleme an seinen Partner Takara Shuzo Co. verkaufen. Takara Shuzo Co. wurde später Teil der japanischen, aber international tätigen Marubeni Group. Von deren europäischer Tochter Marubeni Europe plc wird Tomatin heute geführt.

Im Laufe der Jahre wurde die Anzahl der *stills* wieder auf 12 reduziert. 11 *stills* wurden wieder abgebaut und verkauft.

Ein Besuch in der Destillerie startet im netten Besucherzentrum. Dort wird einem die Wartezeit auf die nächste Tour mit einem Film verkürzt, der die Besonderheiten der Destillerie aufzeigt und einen kurzen geschichtlichen Überblick gibt. Von den netten Damen wird man dann ins *stillhouse* begleitet. In einem dort für die Führungen speziell vorbereiteten Raum — er trägt den etwas gewagten Namen *stillhouse suite* — wird mit Bildern die Destillerie an sich und die einzelnen Produktionsschritte näher erklärt.

Anschließend geht es zur alten Malzmühle, in der die großen Mengen an Malz zu *grist* gemahlen werden. Das Silo, in dem das Gerstenmalz zwischengelagert wird — es kommt von Großmälzereien — ist beeindruckend.

Der Name bedeutet	Hügel der Wacholderbüsche
Aussprache	Toma-tin
Whiskyregion	Highland
Adresse	Tomatin Distillery Tomatin, Inverness-shire IV13 7YT Scotland
Kontakt	www.tomatin.com Telefon +44 (0)1463 24 81 44
Club	Kein Club
Gründung	1897
Status	In Betrieb
Besitzer	Tomatin Distillery Co. Ltd. (Kokubu & Co., The Marubeni Corporation Europe plc. und Takara Shuzo Co. Ltd.)
Stills	12 (6 *wash*; 6 *spirit*); früher 23 (12 *wash*; 11 *spirit*)
Kapazität pro Jahr	5 000 000 Liter (Die Kapazität wird nur etwa zur Hälfte genutzt.)
Besucher	Ja ★★✩✩✩✩ Besucherzentrum mit Shop ❤❤
Rating	★★★★✩✩
Hausstil	Malzig, Äpfel, Nüsse, Sherry, Honig, süßlich, Spur Rauch

Links • Im Winter kann es um die Destillerie Tomatin schon einmal so aussehen.

Nächste Seite oben • Die zwölf in einem separaten Raum stehenden Gärbottiche sind aus Edelstahl.

Nächste Seite unten • Die *stills* stehen auf Metallständern.

Diese moderne Destillerie liegt auf den Hügeln der Monadhliath Mountains in der Nähe der A9 ungefähr auf halbem Weg zwischen Inverness und Aviemore (südlich von Inverness). Sie kann eigentlich gar nicht verfehlt werden, denn der bei der Herstellung von Whisky entstehende Duft liegt mehr oder weniger über dem ganzen Gebiet. Ab der A9 führen Wegweiser zur Destillerie.

Die beiden *semi lauter*-Maischbottiche aus Edelstahl – auch die Deckel sind aus diesem Material – sind riesig. Es wird jedoch seit dem Zurückfahren der Produktion nur noch mit einem von ihnen gearbeitet. In einem einzigen Vorgang gewinnt man aus acht Tonnen *grist* ungefähr 40 000 Liter *wort* (zuckerhaltige Flüssigkeit). Diese wird in den zwölf *wash backs* – sie sind ebenfalls aus Edelstahl – vergärt.

Die noch bei Tomatin stehenden zwölf *stills* (je sechs *wash* und *spirit*) – es waren einmal 23 *stills* im großen *stillhouse* – sind zwiebelförmig und haben am Halsanfang ballförmige Ausbuchtungen. Die Dampfrohre führen zu den im Freien stehenden Rohrkondensatoren.

Der Whisky von Tomatin wird zu einem Teil in den Lagerhäusern der Destillerie in Ex-Bourbon-, zu einem kleineren Teil auch in Ex-Sherry-Fässern gelagert. Die Fässer werden in der eigenen *cooperage* vorbereitet. Tomatin ist eine der wenigen Destillerien in Schottland, die eine eigene Küferei betreiben.

Ein anderer, ziemlich großer Teil der Produktion wird als *new spirit* in Containern *(bulks)* nach Japan gebracht, dort in Fässer abgefüllt und nach seiner Reifung für die Herstellung von japanischen Blended Whiskys verwendet.

In Schottland liefert er seinen Anteil zu den Blends »Antiquary«, »Big T« und »The Talisman«, ist aber auch in anderen Blended Whiskys enthalten.

Als Single Malt-Abfüllungen gibt es ihn von der Destillerie als Standard mit 12 Jahren (dieser löste 2003 einen mit 10 Fassjahren ab). Ebenfalls zu den Standardabfüllungen gehören ein 15-, 18- und 25-Jähriger.

2011 wurden diese mit einem in limitierter Auflage abgefüllten 30-Jährigen ergänzt. Er ersetzt den 25-Jährigen, der aus dem Sortiment gestrichen wird. Man findet den Tomatin auch in Vintages sowie sehr seltenen und teuren Abfüllungen auf dem Markt.

Im Jahr 2011 wurde der 50 Jahre im Dienst von Tomatin stehende *Master Distiller*, Douglas Campbell, anlässlich seiner Verabschiedung – er ging in den wohlverdienten Ruhestand – mit einer speziellen Abfüllung namens »Decades« geehrt. Darin findet man Whiskys aus jedem Jahrzehnt seiner Tätigkeit bei Tomatin.

Douglas wurde im August 2011 von Graham Eunson, bekannt aus seinen Tätigkeiten bei GlenDronach, Scapa und zuletzt bei Glenglassaugh, wo er die Destillerie wieder neu in Schwung gebracht hatte, abgelöst.

Seit 2004 wird in der Destillerie Tomatin auch ein rauchiger Whisky produziert. Er kam ab 2010 jedoch nur in Testauflagen für Japan und ausgewählte Länder auf den Markt.

Der Tomatin wird auch gerne von den unabhängigen Abfüllern abgefüllt. Dies unter dem Original- oder unter Fremdnamen. Auch hier gibt es sehr rare Abfüllungen.

Tomintoul

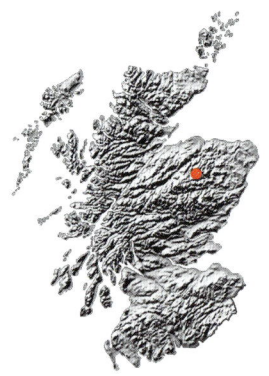

Die Destillerie Tomintoul

Die am dritthöchsten gelegene Destillerie Schottlands (nach Braeval, die ganz in ihrer Nähe liegt, und Dalwhinnie) wurde 1964 von den Whiskybrokern Hay & MacLeod/W. & S. Strong Ltd. erbaut. Sie gründeten zu diesem Zweck eine Firma mit dem Namen Tomintoul Distillery Ltd. Mitte 1965 nahm die Destillerie mit dem Namen »Tomintoul« die Produktion auf. Sie wurde nach dem in ihrer Nähe liegenden kleinen Ort benannt, der als das am höchsten gelegene Dorf in Schottland beschrieben wird.

1973 wurde Tomintoul von einer Gruppe mit dem Namen Scottish & Universal Investment Trust gekauft. Diese Gruppe übertrug bald darauf das Management der Destillerie an die im gleichen Jahr akquirierte Firma White & Mackay Ltd.

Zum 10-Jahr-Jubiläum wurde die Destillerie 1974 erweitert und die Anzahl der *stills* auf vier verdoppelt.

1989 wurde White & Mackay Ltd. und damit auch Tomintoul an Brent Walker und ein Jahr später von dieser an American Brands Inc. verkauft. Im Jahr 2000 ging die Destillerie an Angus Dundee plc, in deren Besitz sie sich auch heute noch befindet. Angus Dundee investiert viel in neue Technologien und Umweltschutz.

Die Destillerie Tomintoul hat keine Besuchereinrichtungen. Deshalb ist zu empfehlen, den Termin für einen Besuch rechtzeitig zu vereinbaren.

Bei einem Besuch ist der Empfang im netten Sitzungszimmer im kleinen Büroanbau der Destillerie. Die Besichtigung beginnt bei den großen Malzlagern. Wegen ihrer Höhenlage ist diese Destillerie so gut wie jeden Winter mindestens einmal durch viel Schnee von der Außenwelt abgeschnitten. Deshalb hat sie immer genügend Malz und anderes Rohmaterial am Lager, um die Produktion auch

unter diesen Umständen ungefähr zwei Wochen lang aufrechterhalten zu können.

In einer alten Porteus-Mühle wird das Malz zu *grist* gemahlen. Der *semi lauter*-Maischbottich ist komplett aus Edelstahl (Kessel und Deckel). Auch die sechs Gärbottiche sind aus diesem Material. Im sehr modernen *stillhouse* stehen nicht nur die zwei *still*-Paare, das heißt je zwei *wash* und *spirit stills* (zwiebelförmig mit ballförmigen Ausbuchtungen am Halsansatz). Neben den zu ihnen gehörenden Rohrkondensatoren stehen dort auch noch ausgeklügelte Wärmeaustausch- und Rückgewinnungsanlagen.

Die Whiskys von Tomintoul werden in verschiedenen Fassarten (in der Regel *refill*-Ex-Bourbon, aber auch Ex-Sherry und andere) in Hochregallagern in den hohen Lagerhäusern auf dem Gelände der Destillerie gereift.

Diese und nächste Seite oben • Das alte (auf dieser Seite) und das neue Firmenschild – die Geschichte dazu ist im Text.

Unten • Mischbottiche und vorbereitete Fässer.

Ganz unten links • Die Gärbottiche sind aus Edelstahl.

Ganz unten • Tomintoul ist eine moderne Destillerie.

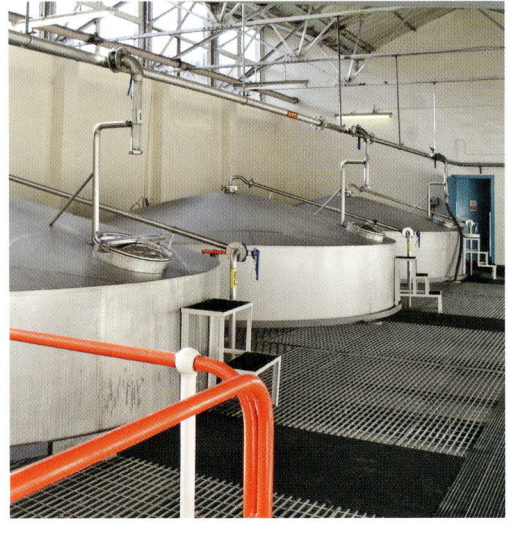

Der Whisky von Tomintoul hat in seiner doch noch jungen Geschichte schon einigen Blends aus dem Angebot seiner verschiedenen Besitzer Charakter verliehen, so zum Beipiel dem »Parker's«, dem »Dundee« und dem »White & Mackay«. Für das Mischen von verschiedenen Fässern von Malt-Whiskys für eine bestimmte Flaschenabfüllung besitzt Tomintoul ein sogenanntes *Blend Centre*. Darin werden auch die Mischungen für Blended Whiskys vorbereitet.

Unten • Die vier *stills* (hier je eine *wash* und *spirit still*) stehen in einem geräumigen *stillhouse*.

Als Single Malt gibt es ihn in verschiedenen Alterungsstufen in Original- oder Eigentümerabfüllungen. Diese gab es für eine relativ lange Zeit in wirklich sehr gewöhnungsbedürftigen großen »Parfümflaschen«. Für die neueren Abfüllungen werden wieder normale Flaschen verwendet. Heute gibt es den Tomintoul als Standardabfüllungen mit 10, 14, 16, 21 und 33 Fassjahren. Zu den Standards gehört auch der rauchige und zumindest ein wenig gewöhnungsbedürftige »Old Ballantruan«, den es seit 2011 auch als 10-Jährigen gibt.

Daneben findet man den Tomintoul auch als Vintage-Abfüllungen (zum Beispiel einen 1976er in spezieller Aufmachung). 2008 kam ein weiterer Rauchiger, genannt »Peaty Tang«, eine Mischung aus getorftem und ungetorftem Tomintoul auf den Markt. Zusätzlich gibt es ihn seit ein paar Jahren ebenso mit Fass-*finishings*.

Auch von den Unabhängigen ist er — wenn auch nicht sehr oft — in verschiedenen Alterungsstufen zu haben.

Und hier wieder eine kleine Anekdote: Die Schotten haben bei uns den Ruf, mit ihren Angaben und Zusagen nicht immer wirklich zuverlässig zu sein. Robert Fleming, der Manager bei Tomintoul, bewies mir bei meinem Besuch im April 2011 das Gegenteil: Ich war am 18. April bei Tomintoul, um mich auf den neuesten Stand zu bringen und das eine oder andere Foto zu schießen. Dabei fotografierte ich auch das vor der Destillerie stehende Firmenschild. Robert hielt mich fast ein wenig zurück und erklärte mir, dass dieses Schild morgen ausgetauscht und ich so ein altes Schild verwenden würde. Ich konnte das kaum glauben, fuhr aber zwei Tage später nach Besuchen bei anderen Brennereien noch einmal zur Destillerie Tomintoul hoch und — siehe da — das neue Firmenschild stand tatsächlich da.

A939 Tomintoul–Ballater • fantastische Hochlandstraße; führt am Corgarff Castle (sehenswert) und am Skigebiet Lecht vorbei.

Ballindalloch Castle • Familiensitz der MacPherson-Grants seit 1546, im Winterhalbjahr für Besucher geschlossen; schönes und sehenswertes Äußeres und Inneres; auf dem Gelände um das Schloss weiden die berühmten Angusrinder.

Die Destillerie Tomintoul trägt zwar den Namen des höchstgelegenen Dorfes in Schottland, steht aber nicht im Ort, sondern nordwestlich davon talabwärts.

Fährt man von Aviemore auf der A95 Richtung Aberlour–Elgin, kommt man schon bald am Ort Grantown-on-Spey vorbei zum kleinen Dorf Speybridge. In dessen Nähe zweigt die A939 Richtung Südosten nach Tomintoul–Ballater ab. Auf ihr fährt man bis kurz vor dem Ort Tomintoul und nimmt dort die B9136 Richtung Bridge of Avon.

Die Destillerie steht nach wenigen Kilometern auf der linken Straßenseite. Folgt man der Straße weiter, kommt man zur Destillerie Glenlivet und noch weiter nördlich nach Bridge of Avon (Ballindalloch Castle) und wieder auf die A95.

Der Name bedeutet	Hügel mit der Scheune
Aussprache	Tom-in-tuul
Whiskyregion	Speyside
Adresse	Tomintoul Distillery Ballindalloch Banffshire AB37 9AQ Scotland
Kontakt	www.tomintouldistillery.co.uk Telefon +44 (0)1807 59 02 74
Club	Kein Club
Gründung	1964
Status	In Betrieb
Besitzer	Angus Dundee Distillers plc
Stills	4 (2 *wash*; 2 *spirit*)
Kapazität pro Jahr	3 250 000 Liter
Besucher	Kein Besucherzentrum ★★★☆☆ Besuche sind aber nach Voranmeldung möglich. (Nicht zu knapp vor dem geplanten Besuch anrufen.)
Rating	★★★(★)☆☆☆

Hausstile

Tomintoul:
Zart, cremig, Vanille, malzig-süß, leicht

Old Ballantruan:
Rauchig, kaltes Haggis, Teer

Tormore

Die Destillerie Tormore

Tormore wurde als echtes architektonisches Schmuckstück von Long John International Ltd. in der Zeit von 1958 bis 1960 erbaut und 1960 in Betrieb genommen. Die Destillerie ist, wenn nicht überhaupt die Schönste, sicher eine der schönsten in den letzten Jahrzehnten errichteten Destillerien in Schottland. Sie war auch die erste Destillerie, die im 20. Jahrhundert im schottischen Hochland errichtet wurde.

Die spezielle Architektur ihrer Gebäude, die Verzierungen und der vor ihrem Hauptgebäude angelegte Teich erinnern eher an eine sehr gut restaurierte Anlage aus dem 19. Jahrhundert als an ein im Jahr 1960 fertig gestelltes Bauwerk. Dem Architekten gelang es, dieser Destillerie einen eigenen Charakter zu verleihen, der sich wohltuend von der Schablone der SMD bei der Renovierung ihrer Destillerien (modernes *stillhouse* mit großer Fensterfront) abhob.

Tormore besitzt auf einem Nebengebäude (dem Boilerhaus) einen kleinen Glockenturm. In diesem befindet sich ein Glockenspiel, das zu jeder Viertelstunde eine kurze, wechselnde Melodie aus einem schottischen Volkslied spielt.

Am Tag der Eröffnung wurde während der Zeremonie im Vorhof des Hauptgebäudes eine Zeitkapsel vergraben. Diese hat die Form einer *still* und enthält ein Firmenprofil von Long John International Ltd., eine Beschreibung darüber, wie schottischer Malt-Whisky gemacht wird, die Namen aller Angestellten zur Zeit der Inbetriebnahme, die Namen aller schottischen Clans und die Geschichte der Whiskyindustrie. Daneben enthält sie auch Rohprodukte der Whiskyherstellung und eine große Flasche (2,25 Liter) eines 1960 abgefüllten, speziellen Long John Blends.

Die Kapsel soll im Jahr 2060 ausgegraben werden. Wohl dem, der dann vor Ort ist und einen Dram dieses 100-Jährigen genießen kann.

In der Nähe der Destillerie stehen einige, im gleichen Stil wie die Destillerie gebaute Arbeiterhäuser. Elf von ihnen wurden in den letzten Jahren zu hohen Preisen über einen Immobilienhändler an private Leute verkauft.

1975 wurde Tormore von Schenley Industries Inc. (USA) – sie war Besitzerin von Long John International Ltd. – zusammen mit dieser Firma an die Brauerei Whitbread weiterverkauft. Whitbread ihrerseits ging 1989 in der Allied Distillers Ltd. auf. Bereits vorher – 1972 – wurde Tormore ausgebaut und die Zahl der *stills* auf acht verdoppelt.

2005 übernahm Pernod Ricard die Firma Allied Domecq und mit dieser auch Tormore.

Weil Tormore weder über ein Besucherzentrum noch über einen Shop verfügt, lohnt es sich, für einen geplanten Besuch rechtzeitig einen Termin zu vereinbaren.

Ein Rundgang durch die Destillerie beginnt bei den Malzsilos, in denen das von Großmälzereien angelieferte Gerstenmalz bis zur Freigabe durch die Qualitätskontrolle zwischengelagert wird. Dann wird es in der alten Porteus-Mühle zu *grist* gemahlen. In dieser Destillerie sind sowohl der einzelne *semi lauter mash tun* (Maischbottich) als auch die acht *wash backs* (Gärbottiche) aus Edelstahl (beim Maischbottich auch der Deckel).

Im großen *stillhouse* stehen total acht *stills*. Sie haben an ihren *lyne arms* vor deren Eintritt in die Rohrkondensatoren *purifiers*, in welchen ein Teil des Alkoholdampfes bereits kondensiert und wieder in die *stills* zurückgeführt wird.

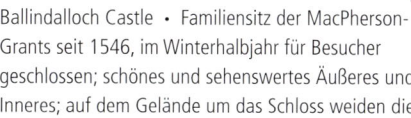

Ballindalloch Castle · Familiensitz der MacPherson-Grants seit 1546, im Winterhalbjahr für Besucher geschlossen; schönes und sehenswertes Äußeres und Inneres; auf dem Gelände um das Schloss weiden die berühmten Angusrinder.

Oben · Die im viktorianischen Stil gebaute Destillerie ist gegen die anderen in den 1960er-Jahren gebauten Brennereien eine wohltuende Alternative.

Unten · Der Maischbottich aus Edelstahl mit der Maischmaschine und dem Steuerpult.

Ganz unten · Auch die Gärbottiche sind aus Edelstahl.

Das *stillhouse* mit seinen acht *stills* (je vier *wash* und *spirit*) ist eindrucksvoll. Alle *stills* sind zwiebelförmig und haben weder Ein- noch Ausbuchtungen. Die beiden sich in Reihen gegenüberstehenden *still*-Typen (links die *wash*, rechts die *spirit*) sehen sich extrem ähnlich. Die minimal kleineren *spirit stills* besitzen wie ihre größeren Pendants ebenfalls die sonst nur bei den *stills* für den ersten Brennvorgang vorhandenen Fensterchen am *still*-Hals. Beide *still*-Arten haben zudem am Dampfrohr jeder *still* vor dessen Eintritt in den ebenfalls im *stillhouse* stehenden Rohrkondensator einen *purifier* geschaltet. Aus diesem wird ein Teil des bereits dort kondensierten Alkohols wieder in die *still* zur nochmaligen Destillation zurückgeführt. So entsteht ein weicherer Whisky.

Der Whisky wird dann in Tanklastwagen in den riesigen Lagerhauskomplex von Chivas in der Nähe von Keith gebracht und dort hauptsächlich in bereits vorher in Schottland zur Lagerung von Whisky eingesetzten Ex-Bourbon-Fässern *(refill)* abgefüllt.

Ein großer Teil der Fässer bleibt dort, nur ein kleiner Teil kommt zurück nach Tormore zur Reifung. Der Whisky von Tormore reift also nur zum Teil in den auf dem Gelände der Destillerie stehenden Lagerhäusern (hoch mit Lagergestellen).

Der Malt-Whisky von Tormore verschwindet fast vollständig in den Blends von Long John. Es gibt ihn aber auch als Single Malt in Original- oder Eigentümerabfüllung. Als Standard gab es ihn mit 5, 10 und 15 Jahren Fasslagerung, heute aber mehr oder weniger nur noch mit 12 Jahren. Ältere Jahrgänge oder Abfüllungen des Tormore sind heute gesucht.

In Abfüllungen von Unabhängigen ist er sehr selten erhältlich.

Der Name bedeutet	Großer oder hoher Hügel
Aussprache	Tor-moor
Whiskyregion	Speyside
Adresse	Tormore Distillery Advie, Tormore, Grantown On Spey, Moray PH26 3LR Scotland (sehr Nahe bei Bridge of Avon)
Kontakt	Keine eigene Homepage Besitzer www.pernod-ricard.com Telefon +44 (0)1807 51 02 44
Club	Kein Club
Gründung	1958
Status	In Betrieb
Besitzer	Chivas Brothers Ltd. (Pernod Ricard SA)
Stills	8 (4 *wash*; 4 *spirit*)
Kapazität pro Jahr	3 750 000 Liter
Besucher	Kein Besucherzentrum ★★★☆☆ Besuche sind aber nach Voranmeldung möglich. (Nicht zu knapp vor dem geplanten Besuch anrufen.)
Rating	★★★★☆☆☆
Hausstil	Leicht süß, malzig, Honig, aromatisch, weich

Sucht man die Destillerie an ihrer offiziellen Adresse, sucht man lange, denn Grantown-on-Spey liegt doch sehr weit von ihr entfernt. Sie müsste eigentlich eher Bridge of Avon/Ballindalloch zugeordnet werden.

Tormore liegt an der A95 Aviemore–Aberlour–Craigellachie etwa 15 Kilometer nach Grantown-on-Spey und etwa zwei Kilometer vor Bridge of Avon/Ballindalloch und damit in der Nachbarschaft der Destillerie Cragganmore direkt an der A95.

Tullibardine

Blackford, der Ort, in dem die Destillerie Tullibardine steht, liegt an der A9 ungefähr auf halber Strecke zwischen Perth und Stirling (südwestlich von Perth).

Das große Einkaufszentrum mit der Destillerie steht direkt an der Autobahn, deren Ausfahrt kann eigentlich nicht übersehen werden.

Die Destillerie Tullibardine

Im Jahr 1947 wurde die heutige Destillerie Tullibardine von William Delme Evans für die neu gegründete Tullibardine Distillery Ltd. errichtet. Dazu wurde eine alte Brauerei umgebaut und um einige Gebäude erweitert. Die Brauerei hatte eine mehrere Jahrhunderte alte Geschichte und war um einiges berühmter als die spätere Destillerie. In ihr wurde zum Beispiel im Jahr 1488 das Bier für die Krönung von König James IV. gebraut.

Es gab zwar bereits früher (1798) eine Destillerie mit dem Namen Tullibardine. Ihr damaliger Standort ist jedoch nicht genau bekannt. Sie produzierte auch nur für eine sehr kurze Zeit.

Die neue Destillerie konnte 1949 die Produktion aufnehmen. Der Manager und Mitbesitzer William Delve Evans wurde jedoch aufgrund gesundheitlicher Probleme 1953 dazu gezwungen, seine Destillerie an den Whiskybroker Brodie Hepburn aus Glasgow zu verkaufen.

Unten · Die vier *stills* stehen im *stillhouse* dicht nebeneinander.

Rechts · Im Maischbottich aus Edelstahl wird die Würze *(wort)*, eine zuckerhaltige Flüssigkeit, gewonnen.

Rechts unten · Im Lagerhaus findet man noch etliche ältere Fässer.

1971 wurde Invergordon Distillers Ltd. neue Besitzerin. Sie baute die Destillerie im Jahr 1973 aus und verdoppelte ihre Brennkapazität von zwei auf vier *stills*.

1993 ging Tullibardine zusammen mit Invergordon Distillers Ltd. in einer feindlichen Übernahme an Whyte & Mackay Ltd. Deren amerikanische Besitzerin, Fortune Brands, legte die Destillerie 1995 still.

Von Fortune Brands wechselte Whyte & Mackay Ltd. und damit auch Tullibardine im Jahr 2001 durch einen Management-Buy-out zu einer schottischen Organisation mit dem Namen Kyndal Group. Diese änderte im Jahr 2003 ihren Namen und nahm wieder denjenigen ihrer Tochtergesellschaft White & Mackay Ltd. an.

Am 17. Juni 2003 kaufte die neugegründete Firma Tullibardine Ltd. die Destillerie. Besitzer dieser Firma waren die vier Einzelpersonen Alan Williamson, Douglas Ross, Alastair Russell und Michael Beamish. Beamish wurde Manager der Destillerie. Die neuen Besitzer investierten viel Geld und bauten einen Teil der Gebäude zu einem Besucherzentrum mit Restaurant und Supermarkt um und aus.

Seit Dezember 2003 produzierte Tullibardine wieder — mit stark reduziertem Ausstoß. In den ehemaligen Destilleriegebäuden entstand ein Touristen- und vor allem Einkaufszentrum, in dem so nebenbei — aber immerhin — eine arbeitende Destillerie besichtigt werden kann.

Das Zentrum trägt den Namen »Tullibardine 1488« in Erinnerung an das in jenem Jahr für den König gebraute Bier. So war es eigentlich nur logisch, dass dem Zentrum auch eine Mikro-Brauerei angeschlossen wurde.

Tullibardine wechselte im November 2011 wieder den Besitzer: Die vier Eigentümer verkauften die Destillerie samt Lager und Marke an die französische Gruppe Picard Vins & Spiritueux. Der vor allem in Burgund sehr starke Familienbetrieb Picard hatte 2008 bereits die Marken »Highland Queen« und »Muirhead« von Glenmorangie übernommen und will mit dem Kauf der Destillerie Tullibardine ebenfalls am boomenden schottischen Whiskymarkt partizipieren.

Ein Besuch bei Tullibardine beginnt im sehr reich ausgestatteten Shop, in dem es extrem leicht fällt, während der Wartezeit, bis die nächste Tour beginnt, viel Geld auszugeben.

Stirling • schöne Stadt aus dem frühen Mittelalter; viele Sehenswürdigkeiten; Schloss; Church of the Holy Rude.

Dunblane Cathedral • sehenswerte Kathedrale aus dem 11. Jahrhundert.

Der Name bedeutet	Grüner Hügel im Land des Poeten/Barden oder der Ankündigung
Aussprache	Tulli-bardin
Whiskyregion	Highland
Adresse	Tullibardine Distillery Stirling Street, Blackford, Perthshire PH4 1QG Scotland
Kontakt	www.tullibardine.com Telefon +44 (0)1764 68 22 52
Club	Kein Club
Gründung	1947
Status	In Betrieb
Besitzer	Tullibardine Distillery Ltd. (Picard Vins & Spiritueux, Frankreich)
Stills	4 (2 *wash*; 2 *spirit*)
Kapazität pro Jahr	2 600 000 Liter
Besucher	Ja ★★★☆☆ Besucherzentrum mit Restaurant und Shoppingcenter ❤❤♡
Rating	★★★(★)★★★
Hausstil	Süßlich, Vanille, fruchtig, würzig, lang

Ganz oben • Ansicht der Destillerie vom Parkplatz des Einkaufszentrums. Tullibardine nutzt die Gebäude einer bereits früher existierenden Destillerie.

Oben • Die Destillerie: ganz hinten links die Produktionsgebäude, rechts davon im hohen Gebäude das *Visitor Centre*.

Selbstverständlich beginnt die Besichtigung der Destillerie mit einem zeitlichen Rückblick, der jedoch weit über die Geschichte der Destillerie hinausgeht. Der Start ist im 12. Jahrhundert, in dem in dieser Region das erste Mal Bier gebraut wurde. Das Ganze ist gut aufgebaut und schön präsentiert.

Bei der Besichtigung erfährt man Folgendes:

Das angelieferte Gerstenmalz wird in einer alten Porteus-Mühle zu *grist* gemahlen. Dieser kommt zur Gewinnung des in ihm enthaltenen Zuckers in den traditionellen *mash tun* aus Edelstahl (Kessel und Deckel).

In den neun Gärbottichen *(wash backs)* – sie werden zurzeit nicht alle genutzt – wird die *wash* für die Destillation gewonnen.

Im *stillhouse* stehen die vier *stills* (je zwei *wash* und *spirit*). Beide *still*-Arten sind zwiebelförmig, unterscheiden sich aber – neben ihrer Größe – auch darin, dass die *wash stills* keine Ein- oder Ausbuchtungen, die *spirit stills* jedoch am Halsansatz kragenförmige Einbuchtungen haben. Die zu den *stills* gehörenden Rohrkondensatoren stehen ebenfalls im *stillhouse*. An sie sind Wärme-Rückgewinnungs-Einrichtungen angebaut, die bereits zur Zeit des Gründers William Delme Evans als eine seiner Innovationen zum Einsatz kamen. Sie erfüllen auch heute immer noch ihren Zweck.

Gelagert werden die Malts dieser Destillerie sowohl in Ex-Bourbon- als auch in Ex-Sherry-Fässern. Daneben werden für *finishings* auch noch andere Fassarten eingesetzt.

Der Whisky von Tullibardine war bereits zu Zeiten von Invergordon als Single Malt in Eigentümer- oder Originalabfüllung mit 10 Jahren erhältlich. Von der Besitzerin, die im Jahr 2003 auch die Lagerbestände kaufte, sind neben dem ebenfalls als 10-Jährigen abgefüllten Standard etliche andere Abfüllungen, darunter neben *wood finishings* auch Vintages und ältere Jahrgänge auf den Markt gebracht worden.

In der seit 2009 erhältlichen Abfüllung »Aged Oak« waren zuerst Malts aus dem Destillationsjahr 2004 mit einem kleinen Anteil an 1992er enthalten. Heute besteht er aber nur noch aus Malts aus den Jahren nach der Übernahme der Destillerie (ab 2004).

Von den Unabhängigen gibt es ihn ebenfalls, wenn auch nur in einigen wenigen Abfüllungen.

Neu entstehende oder geplante Destillerien

In den Monaten, in denen ich mit der Überarbeitung dieses Buches beschäftigt war, haben einige neu gebaute Destillerien ihre Produktion aufgenommen, bei anderen wurde mit dem Bau begonnen. Einige Destillerien sind in Schottland zum Teil schon seit vielen Jahren in Planung, kommen aber keinen Schritt weiter. Ihre Initianten vertrösten die Geldgeber und die interessierten Beobachter der Szene immer und immer wieder mit neuen Argumenten, Plänen und Ausreden. Es fällt bei einigen von ihnen nicht mehr leicht zu glauben, dass die Pläne wirklich einmal realisiert werden können.

Im Folgenden gehe ich auf die Destillerien, die tatsächlich verwirklicht werden, wie auch auf einige – meiner Meinung nach – Fantasiegebilde in kurzen Betrachtungen ein. Falls ich mich bei Letzteren irren sollte: Ich freue mich auf das Gelingen jedes einzelnen Projektes.

Die Destillerien werden im Folgenden alphabetisch vorgestellt.

Sämtliche auf den Seiten mit den neu entstehenden oder geplanten Destillerien verwendeten Bilder unterstehen dem Copyright der jeweiligen Besitzer. Danke schön für die Erlaubnis, sie zu verwenden.

Annandale

Annandale steht in der Nähe der kleinen Stadt Annan in der Region Dumfries und Galloway im Südwesten Schottlands ungefähr in der Mitte zwischen den beiden großen Städten Dumfries und Carlisle.

Die Destillerie Annandale wurde im Jahr 1830 von George Donald & Co. gebaut und von ihm und seinen Nachkommen bis 1882 betrieben. Dann wurde sie an John Gardner verpachtet. Gardner ersetzte den großen Teil der Anlagen und modernisierte Annandale. 1896 kaufte die Gesellschaft John Walker & Sons die Destillerie. Nachdem diese wirklich kleine Destillerie mit der Zeit nicht mehr ins Konzept dieser großen Gruppe passte, wurde sie 1919 stillgelegt und 1921 für immer – so meinte man wenigstens – geschlossen. Die Überreste von Annandale stehen immer noch im Norden der kleinen Stadt. Ein Teil ihrer Gebäude wurde nach ihrer Schließung von einer Farm als Lagerräume genutzt. Ein anderer Teil wurde mehr oder weniger dem Verfall preisgegeben. Die Destillerie geriet in Vergessenheit.

Jetzt soll sie wieder in Betrieb gehen. Dr. David Thomson, Chef von MMR Research, einem bekannten Marktforschungsinstitut, und Professor an der Universitity of Glasgow, gründete zusammen mit seiner Partnerin Teresa Church die Firma Annandale Distillery Company Ltd. Diese kaufte im April 2007 die seit beinahe 90 Jahren stillgelegte Destillerie Annandale. Mit finanzieller Hilfe des schottischen Ministeriums für regionale Entwicklung und der von Historic Scotland soll in den immer noch stehenden Gebäuden der alten Destillerie wieder Leben einkehren. Die Gebäude – sie stehen unter Denkmalschutz – sind aber wirklich nicht mehr im besten Zustand.

Im Jahr 2009 wurde mit dem Aufräumen begonnen. Annandale soll wieder zu neuem Leben erwachen. Nach einigen Problemen mit den zuständigen Ämtern – wie bereits erwähnt steht die alte Destillerie unter Denkmalschutz – wurden 2011 die notwendigen Bewilligungen für die Restaurierung und den Wiederaufbau erteilt. Am 27. Juni 2011 wurde damit begonnen.

Annandale ist ein unglaublich charismatischer Platz, die alten Destilleriegebäude strahlen einen ganz speziellen Charme aus. Wer in der Gegend ist, sollte Annandale unbedingt einen Besuch abstatten und sich von der Atmosphäre bezaubern lassen. Wahrscheinlich ist der Besuch während der Wiederaufbauphase nicht sehr zu empfehlen. Freuen wir uns aber auf die neue Destillerie!

www.annandaledistillery.co.uk

Ganz oben · Die *kiln*-Kugel wird montiert. Ein weiterer Fixpunkt ist geschafft (4.5.2012).

Oben · Ein Überblick über die Restaurierungsarbeiten.

Ardnamurchan (Adelphi)

Adelphi, ein unabhängiger schottischer Abfüller, überraschte die Whiskywelt im Jahr 2011 mit der Mitteilung, dass er sich entschlossen hat, eine eigene Malt-Whisky-Destillerie zu bauen.

Der Name Adelphi hatte, bevor die heutige Firma im Jahr 1993 als *Independent Bottler* gegründet wurde, bereits eine lange Geschichte im Whiskybusiness hinter sich. In Glasgow exisitierte bereits seit dem Jahr 1826 eine Adelphi Distillery. Die von den Brüdern Charles und David Gray gegründete Destillerie, welche zu ihrer Blütezeit Ende des 19. Jahrhunderts in *pot* und *continuous stills* über 2 Millionen Liter Whisky produzierte. Ungefähr um das Jahr 1880 kaufte die Firma Walker & Co. die Destillerie, investierte in neue Produktionsmittel und expandierte, scheiterte aber wie viele andere Destillerien um die Jahrhundertwende vom 19. ins 20. Jahrhundert. 1902 wurde die Adelphi Distillery von der DCL übernommen und von dieser 1907 stillgelegt. Die Destilleriegebäude wurden seither nach und nach abgerissen und existieren heute alle nicht mehr.

Der Gründer der 1993 gegründeten Gesellschaft Adelphi, Jamie Walker, brachte den Namen Adelphi – diesmal nicht als Destillerie, sondern als Abfüller – im Whiskygeschäft wieder auf den Markt. Er verkaufte die Firma 2004 altershalber an Keith Falconer und Donald Houston.

Adelphi gehört zu den angesehenen Abfüllern von schottischen Whiskys und hat schon manches ausgezeichnete Fass auf den Markt gebracht.

Im Jahr 2007, als die Beschaffung von guten Fässern immer schwieriger zu werden begann, arbeiteten die Manager von Adelphi an einer Lösung, wie man die Zukunft am besten meistern könnte. Als Varianten wurden der Kauf von neuen Fässern von ungereiften Malts aus verschiedenen Destillerien und die Lagerung in eigenen Hallen, der Kauf einer produzierenden, eventuell stillgelegten Destillerie, oder der Bau einer eigenen Destillerie geprüft. Die Variante Bau einer eigenen Destillerie wurde gewählt.

Für den Bau der neuen Destillerie hat die Firma bereits die Bewilligung erhalten und hofft, noch vor Ende des Jahres 2013 in Produktion gehen zu können.

Zu stehen kommen wird die Adephi Destillerie nach Glenbeg in die Nähe des Hauptsitzes von Adelphi, dem Glenborrodale Castle. Dieses steht in der Nähe der gleichnamigen Bucht auf der Halbinsel Ardnamurchan.

Die Destillerie soll eine Kapazität von maximal 300 000 Liter Alkohol pro Jahr haben. Es wird auch für die Besucher gesorgt sein. Auch ein kleines Besucherzentrum mit Café und Shop sind in Planung.

www.adelphidistillery.com

Blackwood

Eine Destillerie auf den nicht weniger als 110 Inseln umfassenden Shetlands auf ungefähr 60 Grad Nord, also auf dem gleichen Breitengrad wie Alaska oder St. Petersburg? In einem Gebiet, wo sich die durchschnittliche Jahrestemperatur zwischen 5 und 15 Grad Celsius bewegt und es an zwei von drei Tagen regnet? Ist das realistisch? Man muss sagen: Wahrscheinlich nicht.

Im Jahr 2002 hatte Caroline Whitfield – eine rührige und vielleicht etwas überinitiative Frau – die Idee, auf der Hauptinsel der Shetlands eine Destillerie zu errichten. Mit der finanziellen Unterstützung der staatlichen Wirtschaftsförderung und Investitionsprogrammen sowie der Hilfe von privaten Anlegern versucht sie seitdem, dieses Unterfangen zu realisieren. Sie gründete zu diesem Zweck eine Firma mit dem Namen »Blackwood Distillers«.

Profitieren konnte sie seit der Geburt dieser Idee auch vom Know-how bekannter Experten auf den Gebieten der Destillation (z. B. Dr. James Swan) und dem Bau von Destillerien (z. B. Bill Rankin, dem bekannten Destillerienbauer und -umbauer). Das ganze Projekt basierte auf einem Sechs-Jahres-Plan. Es wurden Anteilscheine zum Preis von £ 560 verkauft. Diese hätten den Aktionären in Form von Whisky aus der Destillerie (12 Flaschen nach dreijähriger Fasslagerung im Jahr 2005 und weitere 12 mit fünf Jahren 2008) zurückbezahlt werden sollen.

Mit zwei *stills* von Forsyths in Rothes (einem der berühmtesten *still*-Hersteller) sollte die Produktion in einer komplett neu aufgebauten Destillerie aufgenommen werden. Sie hätte in Catfirth (Nesting) in der Nähe von Lerwick stehen sollen. Es ist nicht ganz klar, ob die beim geplanten Baubeginn im Baugrund aufgetretenen Probleme, die eine Verschiebung des Standortes um knapp hundert Meter notwendig machten, oder mangelndes Geld zu einer Einstellung dieses Planes führten.

Auf jeden Fall blieb es lange Zeit ruhig, bis im April 2006 eine total neue Idee in die Presse gelangte. Die neue Destillerie sollte nun am Saxa Vord auf der nördlichsten Insel der Shetlands, Unst, in den ehemaligen Gebäuden einer nicht mehr benötigten Militärbasis entstehen. Frau Whitfield hatte zu diesem Zweck eine neue Mannschaft mit dem Investor und ehemaligen Royal Air Force-Offizier Frank Strang an der Spitze gebildet. Im März 2007 hieß es, dass wegen Problemen mit den Zuständigen der ehemaligen RAF-Basis, die Destillerie doch wieder in Catfirth gebaut werde.

Doch immer noch fehlte es am nötigen Geld. Später kam die Meldung, dass ein Börsengang geplant sei, der für eine noch nicht einmal bestehende Destillerie aber nicht ganz so einfach ist. Er konnte dann auch tatsächlich nicht realisiert werden.

Links · Projektansicht der Ardnamurchan Distillery.

Oben · So war die Blackwood Distillery in Catfirth beim Hauptort Lerwick auf den Shetlands geplant.

Die Aktionäre wurden ungeduldig. Um sie zu »beruhigen«, wurde von Frau Whitfield und den Blackwood Distillers entschieden, einen schottischen Blend auf Unst ganz im Norden der Shetlands einen Winter lang zu lagern und dann unter dem Namen »Muckle Flugga« den Aktionären als Ersatz zu übergeben. Doch es kam wieder etwas dazwischen: Die 360 Schachteln mit je sechs Flaschen des Blend – sie seien mit dem Vermerk »for bond holders only« versehen gewesen – wurden aus einem Lagerhaus in Bordon in der Grafschaft Hampshire, ganz im Süden von England, gestohlen.

Im Frühjahr 2008 konnte man in der lokalen Presse Shetlands (Shetland Times) lesen, dass alle Spezialisten von Bord gegangen und die von Frau Whitfield sonst vertriebenen Spirituosen (Gin, Wodka, Wodka Cream usw.) mit den Marken zusammen an eine Londoner Firma verkauft worden sind. Blackwood Distillers hatte wohl nicht nur kein Geld für den Bau der lange angekündigten Destillerie, sondern auch keines für das eigene Überleben. Im August 2008 wurde die Firma dann liquidiert.

Es wurde zwar mit der Catfirth Limited (mit Frau Whitfield als Consultant) eine neue Firma gegründet, die das Projekt der Destillerie weiterverfolgen sollte. Ein Teil ihres Geschäftes sollte auch das Reifen von schottischen Whiskys auf Shetland sein. Dieser sollte dann mit dem Zusatz »matured in Shetland« versehen, vermarktet werden. Doch auch von dieser Gesellschaft hat man in den letzten Jahren nichts mehr gehört.

Wir können also – leider – in nächster Zeit wahrscheinlich nicht mit einer Destillerie auf den Shetlands rechnen.

www.catfirth.com

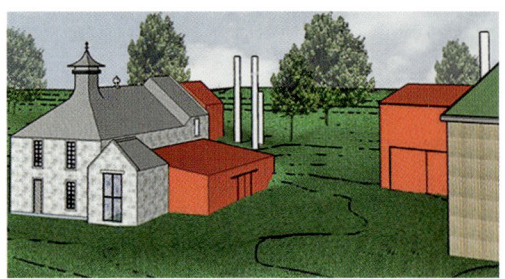

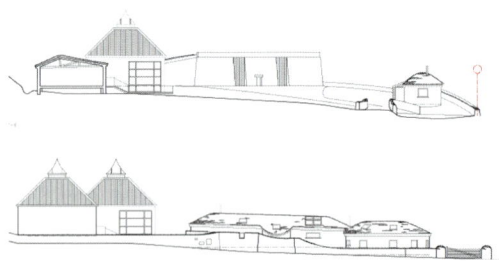

Falkirk

Das Projekt einer neuen Destillerie in Falkirk, der (leider) ehemaligen Heimat eines der besten Whiskys Schottlands, des Rosebank, ist in meinen Augen ein zweifelhaftes Unternehmen. Auf der Website findet man außer vielen großen Ideen und einem zweifelsfrei beeindruckenden Projekt leider nichts als schöne Worte (um nicht zu sagen Floskeln). Selbstverständlich fehlt die Aufforderung nicht, in dieses einmalige Projekt zu investieren.

Unter »Latest News« findet man (es ist bei den letzten Anpassungen der Arbeiten in diesem Buch August 2012) als neusten Eintrag eine Mitteilung aus dem Monat Oktober 2010 (!), in welcher mitgeteilt wird, dass am 1. November mit den Erdarbeiten begonnen wird. Gut, es wird nicht geschrieben, in welchem Jahr.

Was wird wohl aus diesem Projekt?

www.falkirkdistillery.com

Huntly

Euan Shand, einer der Besitzer und Geschäftsführer von Duncan Taylor & Co., einem unabhängigen Abfüller von Whiskys in Huntly, plant den Bau einer Destillerie in der Stadt, in der er auch seine jetzige Firma hat. (Huntly liegt an der A96 zwischen Elgin und Aberdeen.)

Die Destillerie – sie soll Huntly Distillery heißen – soll die erste »grüne« Destillerie Schottlands werden. Sie soll als eigene Gesellschaft neben Duncan Taylor & Co. als Huntly Distillers Ltd. operieren und mit eigenen Mitteln finanziert werden.

Der ambitiöse Plan sieht eine Destillerie mit zwei *pot stills* (je eine *wash* und einer *spirit*) sowie mit einer Grain-Whisky-Produktionsanlage mit einer 4-Säulen-*still* vor. Das heißt, dass in der Huntly Distillery sowohl Malt- als auch Grain-Whisky hergestellt werden soll. Die Destillerie wird eine Kapazität von 750 000 Litern Alkohol pro Jahr haben. Eine kleine zusätzliche *pot still* soll für Experimente zur Verfügung stehen. Die für die Destillation und die anderen Prozesse benötigte Wärme wird mit einer Holzschnitzelheizung produziert.

Euan Shand will in seiner neuen Destillerie neben Malt- und Grain-Whiskys und den aus der Mischung der beiden Arten hergestellten Blends in der *continuous still* auch Gin und Wodka produzieren. Dies macht Sinn, können doch die beiden letztgenannten Spirituosen ohne lange Lagerung sofort verkauft werden.

Der Destillerie soll die Flaschenabfüllerei (jetzt bei Duncan Taylor & Co.) sowie ein Besucherzentrum angegliedert werden.

Der Baubeginn wurde erst auf den Herbst 2007 und die Inbetriebnahme auf Juni 2008 festgelegt und publiziert. Dann sollte es im Juni/Juli 2008 losgehen und der erste *new make* ungefähr Mitte 2009 fließen. Dann wurde 2010 Stuart Robertson (letzte Station Springbank) als »Distillery Development Manager« mit dem Ziel verpflichtet, die Huntly Destillerie im Jahr 2010 zum Laufen zu bringen.

Wir schreiben jetzt Sommer 2012 und die Adresse der Homepage www.thehuntly.com der Huntly Distillery ist nicht mehr in Betrieb und sogar zum Verkauf ausgeschrieben.

Das ganze Projekt scheint aufgegeben worden zu sein, obwohl mir ein Mitarbeiter von Duncan Taylor & Co. im Juli 2012 am Telefon versicherte, dass am Projekt immer noch festgehalten werde.

Isle of Barra

Auf der Insel Barra – sie ist eine kleine Insel am südlichen Ende der Äußeren Hebriden – existiert seit dem Jahr 2005 der Plan, eine kleine Destillerie zu bauen. Ihre Jahreskapazität soll 25 000 Liter Alkohol betragen.

Im April 2008 wurde einem Architekten der Auftrag gegeben, die Destillerie zu planen, und eine Werbeagentur engagiert, um Prospekt- und Werbematerial zu kreieren.

Eine sehr schön gemachte Homepage ließe hoffen, dass es sich bei der Isle of Barra Distillery nicht um einen neuen finanziellen Fischzug oder Flop handelt. Das Ganze zieht sich nämlich verdächtig lange hin. Auf der Website findet man eine Seite »News«, auf der der Fortschritt (gibt es tatsächlich einen?) aufgezeigt wird.

Hier ein paar Schlüsselpunkte, die nichts Gutes erahnen lassen:

Offenbar hat der Besitzer der Idee bis Januar 2009 bereits 20 Fässer der Produktion des ersten Destillationsjahres verkauft. Im März des gleichen Jahres werden Fässer des zweiten Jahres mit einem Discount von £ 200 angeboten. Im Juli 2009 verlässt der Whiskyguru Andrew Currie die Gesellschaft. Seine Anteile werden vom *Managing Director* Peter Brown übernommen. Im Januar 2010 werden Investoren gesucht. Ab Juli 2010 werden bereits Fässer des dritten Produktionsjahres verkauft. Im Oktober 2010 erhält man die Bewilligung, eine Windturbine zu planen. Im Februar 2011 wird wieder mit Investoren verhandelt. Im Mai werden die Energiekostenbudgets komplett überarbeitet und im Juni 2011 – nach fast sechs Jahren Planung – wird eine Studie in Auftrag gegeben mit dem Ziel, herauszufinden, welche Gerstenarten auf den Äußeren Hebriden gedeihen können. Im Januar 2012 wurde gemäß Homepage an der Entwicklung von Windturbinen, welche später einmal für den Betrieb der Destillerie wichtig sein sollen, gearbeitet.

Lassen wir uns überraschen, wie es auf Barra, einer wirklich schönen Insel, in Bezug auf die Whiskydestillerie weitergeht. Ein glückliches Ende – vor allem für die Investoren – scheint mir zumindest sehr fraglich.

www.barradistillery.co.uk

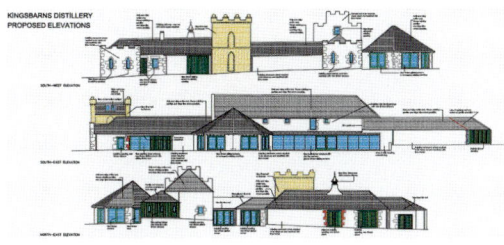

Kingsbarns

Eine Destillerie für Touristen in der Nähe des Mekka des Golfsports St. Andrews? So zumindest mutet die Kampagne der Kingsbarns Distillery (noch Projekttitel) an.

Doug Clement, ein an der Universität von Abertay Dundee ausgebildeter Marketingspezialist, hatte die Idee, für den lokalen – vor allem Golf- – Tourismus eine neue Attraktion zu schaffen. Er scharte eine Zahl von mehr oder weniger bekannten Whiskygrößen um sich und startete das von ihm sogenannte ambitiöse Projekt, eine Destillerie in dieser von vielen betuchten Gästen frequentierten Region zu bauen. Die Kingsbarns Company of Distillers Ltd. wurde von den beiden Direktoren Doug Clement und Greg Ramsay im Mai 2009 gegründet. Wenig später kamen zwei neue Direktoren, David and Graeme Cochrane (Bauingenieure) an Bord.

Um sich auf seine neue Rolle als Destilleriemanager vorzubereiten, beabsichtigte Doug Clement, ab 2009 das Diplom in Brauerei und Destillation am International Centre for Brewing and Distilling an der Heriot Watt University in Edinburgh zu machen. Im März 2010 reiste Doug für fast einen Monat nach Tasmanien (Australien), um sich in der Destillerie Lark in der Nähe von Hobart in die Destillationstechniken einzuarbeiten. Bill Lark, der Chef dieser australischen Micro-Destillerie wurde ebenfalls Partner am Projekt der Kingsbarn Distillery.

Seit dieser Ausbildung in Australien ist auch auf der Homepage der Destillerie nichts mehr Neues zu erfahren. Das heißt, doch: Doug Clement beschreibt in seinem Blog unter anderen – vor allem Golf- und anderen – Festivitäten, seinen Besuch am Glasgow Whisky Festival und Whiskypicknick (24. November 2010) und eine Reise auf die Whiskyinsel Islay (Februar 2011). Außer der Teilnahme an Reisen und Golfanlässen scheint sich in dieser Firma nichts zu bewegen. Oder hat Doug wegen seines Studiums am International Centre for Brewing and Distilling an der Heriot Watt University in Edinburgh keine Zeit, um sich dem Aufbau seiner Destillerie zu widmen?

Lassen wir uns auch bei diesem Destillerieprojekt doch einfach überraschen!

www.kingsbarnsdistillery.com

Ladybank

Im Jahr 2003 überraschte eine Meldung aus dem ehemaligen Königreich Fife nördlich von Edinburgh die Whiskywelt: Es sollte dort eine Destillerie für einen privaten Mitgliederclub gebaut werden.

Es war geplant, dass der Whisky aus dieser noblen Destillerie – sie sollte den Namen »Ladybank« nach dem nahe gelegenen Ort tragen – nur an die Mitglieder und deren Gäste in der Destillerie verkauft wird. Es sollten maximal 25 000 Liter Alkohol pro Jahr produziert werden.

Der Club sollte nicht mehr als 1250 Mitglieder haben. Der Mitgliederbeitrag (einmalig) schwankte zwischen £ 3250 und £ 5000. Bis zum Jahr 2008 haben offenbar ungefähr 300 Personen diesen Betrag einbezahlt.

Die Vergangenheits- und Möglichkeitsform des Textes ist gewollt. Die ganze Geschichte scheint mir mehr als nur fragwürdig. Seit Ende des Jahres 2008 hat die Webpräsenz der Destillerie kein Update mehr erfahren.

Ende 2010 hat eine Gruppe von Investoren/Aktionären die Geschichte der Polizei übergeben.

Auch hier ein Ende mit Schrecken für die Geldgeber? Es scheint so: Die Website www.whisky.co.uk von Ladybank Company of Distillers ist seit Frühjahr 2012 nicht mehr in Betrieb.

Port Charlotte

Mark Reynier, der Big Boss der Destillerie Bruichladdich auf der Whiskyinsel Islay und Jim McEwan, sein *Master Distiller* hatten bereits im Jahr 2003 die Idee, die alte und seit vielen Jahrzehnten nicht mehr produzierende Destillerie in Port Charlotte, »Loch Indaal«, wieder zum Leben zu erwecken. Sie stand im schönen Ort Port Charlotte am westlichen Ufer des Loch Indaal, ungefähr zwei Kilometer von der Destillerie Bruichladdich entfernt.

Die Port Charlotte Distillery wurde 1829 von Colin Campbell gebaut und 1929 geschlossen. Sie hatte während den 100 Jahren ihrer Existenz viele Besitzer. Nach ihrer Schließung wurde sie während den folgenden Jahrzehnten zum Teil abgerissen. Einige ihrer Gebäude werden jedoch bis in die heutige Zeit als Garagen genutzt und ein paar ihrer alten Lagerhäuser von Bruichladdich verwendet.

Am 2. März 2007 gab das Management von Bruichladdich bekannt, dass unter dem Namen »Port Charlotte Distillery« auf dem Gelände der ehemaligen Destillerie Loch Indaal eine neue Destillerie entstehen soll. Diese sei als Expansion von Bruichladdich gedacht. Die meisten Anlagen wurden bereits im Jahr 2003 gebraucht gekauft, als die Malt-Destillerie Inverleven im großen Komplex Dumbarton geschlossen und abgerissen wurde. Unter der Anleitung des für die Qualität der Whiskys bei Bruichladdich wichtigen Mannes, Duncan McGillivray, wurden die Anlagen bei Inverleven abgebaut, nach Islay gebracht und dort seitdem gelagert.

Die neue Destillerie Port Charlotte sollte eine Jahreskapazität von 1 200 000 Litern Alkohol haben. Ihr sollte ein Shop, ein Tastingraum und ein Festsaal angegliedert werden.

Am 27. Mai 2007 erfolgte dann tatsächlich der Spatenstich für den Bau der alten neuen Destillerie (siehe Bild oben). Die feierliche Eröffnung der neuen Port Charlotte Distillery sollte zwei Jahre später, also Ende Mai 2009 sein.

Doch es sollte anders kommen, als Mark und Jim es sich gedacht hatten. Das Geld für den Aufbau der Destillerie fehlte und so wurde bei der Bruichladdich-Besitzerin beschlossen, auf das neue Projekt zu verzichten. Das bereits vorhandene Geld musste in den Bau eines weiteren Lagerhauses bei Bruichladdich investiert werden. Eine der *stills* von Inverleven (eine *Lomond still*) fand 2010 im *stillhouse* von Bruichladdich Platz. In ihr wird dort jetzt Gin produziert.

Es gab auch viele Whisky-Freaks, die sich fragten, wie denn der Whisky aus der Destillerie Port Charlotte einmal heißen sollte. »Port Charlotte« kam dafür nicht mehr infrage, erhielten diesen Namen doch bereits die bei Bruichladdich hergestellten rauchigen bis extrem rauchigen

Malts. Eventuell wäre »Loch Indaal Distillery« eine Alternative gewesen. Doch all diese Überlegungen sind heute für Mark, Jim und alle Freaks überflüssig. Denn mit Port Charlotte starb – zumindest für den Moment – ein weiteres Destillerieprojekt.

www.islayinfo.com/islay_port_charlotte_distillery.html

Pràban na Linne

Sir Iain Andrew Noble, der Gründer und Geldgeber der Firma Pràban na Linne Ltd. war ein vehementer Verfechter und Kämpfer für die gälische Sprache. Die gälische Firma gründete er, um der Welt einen gälischen Whisky aus einer gälischen Firma und – so war es geplant – einer gälischen Destillerie zu schenken.

Gälische Whiskys hat er geschaffen: einen Blended Malt mit dem – logischerweise – gälischen Namen »Poit Dhubh« (sprich Potsch Guu) und zwei Blended Whiskys: »Té Bheag« (Tschei wek) und »Mac Na Mara«.

Seine gälische Destillerie plante er in der Region Sleat im Osten der Insel. Eine alte, stillgelegte Mühle sollte zur zweiten Destillerie auf Skye umgebaut werden. Die nötigen Bewilligungen erhielt er im Jahr 2005. Seither ging aber nichts mehr, das heißt, die Destillerie verblieb im Projektstadium.

Im Dezember 2010 starb Sir Iain Andrew Noble im Alter von 75 Jahren. Es ist nicht klar, ob die kleine Firma Pràban na Linne Ltd. ohne ihren Gründer und Geldgeber über die Ressourcen verfügt, ein solches Projekt realisieren zu können. Auf ihrer Homepage kann man das interessante Projekt aber immer noch bewundern.

www.gaelicwhisky.com/project.asp

Zur gleichen Firma gehört das kleine Hotel Eilean Iarmain mit einem ausgezeichneten Restaurant direkt neben dem Laden von Pràban na Linne auf der kleinen Halbinsel Sleat im Osten von Skye. Mein Lieblingshotel auf dieser Insel.

Grain-Whiskys
aus Schottland

Überblick

Grain-Whiskys werden beziehungsweise wurden in Schottland in den verschiedensten Landesteilen, das heißt vom tiefen Süden bis in den hohen Norden, hergestellt. Die meisten Destillerien standen jedoch immer schon in den Lowlands.

Die Grain-Destillerien in Schottland ließen sich ebenfalls den bei den Malt-Destillerien angewandten Regionen zuteilen. Im Gegensatz zu deren Zuweisung wäre eine Einteilung bei den Grain-Destillerien jedoch mehr oder weniger nur eine geografische. Bei den Malt-Destillerien kann aus den Regionen, in denen sie stehen, sehr oft auf den Charakter der dort hergestellten Whiskys geschlossen werden. Das ist jedoch bei den Grain-Destillerien nicht der Fall.

Im kontinuierlichen Destillationsverfahren, das in den Grain-Destillerien angewendet wird, wird ein Destillat mit einem höheren Wert an Alkohol-Volumenprozent gebrannt. Die so produzierten Whiskys haben deshalb nicht die großen Geschmacksunterschiede wie die Malt-Whiskys. Man könnte sogar sagen, dass alle ziemlich ähnlich schmecken. Und doch bestehen zwischen ihnen gewisse Unterschiede. Grain-Whiskys aus verschiedenen Destillerien haben eben doch einen leicht anderen Geschmack. Dieser ist jedoch nicht regionenspezifisch, sondern hat allein mit der Zubereitung der Maische, der Hefe und den angewandten Produktionsparametern zu tun. Selbstverständlich spielen auch hier die zur Lagerung benutzten Fassarten eine wichtige Rolle.

Vorherige Seite · Eines der sehr raren Fässer eines Carsebridge, abgefüllt 1970. Die Destillerie wurde 1983 stillgelegt und in den folgenden Jahren zum großen Teil abgerissen.

Grain-Destillerien in Schottland

Den »Besuchen« bei den Grain-Destillerien in Schottland möchte ich einen für alle Grain-Destillerien geltenden Hinweis vorausschicken: Grain-Destillerien sind richtige Fabriken und empfangen wegen der in Großbetrieben und bei der industriellen Fertigung auftretenden Gefahren in der Regel keine Besucher. Es kann aber gleichwohl interessant sein, sich eine solche riesige Destillationsanlage zumindest einmal von außen anzusehen.

Wir starten zu unserer Reise in den Highlands, und dort bei der einzigen so weit im Norden Schottlands stehenden Grain-Destillerie: Invergordon. Sie ist eine der größten Destillerien Schottlands und eine von zwei noch produzierenden Grain-Destillerien außerhalb der Lowlands. Auf ihrem Gelände – die Anlagen und Gebäude erinnern mehr an eine Raffinerie als an eine Destillerie – stand von 1965 bis

Die einzige Grain-Destillerie im Norden Schottlands steht in Invergordon am Cromarty Firth. In dieser Region wird auch viel Getreide angebaut. Blick über ein Getreidefeld zur Cromarty Firth Brücke, über welche man von Inverness in den Norden kommt.

1977 auch eine Malt-Destillerie mit dem Namen Ben Wyvis. Der Anblick der riesigen Anlage auf einer Anhöhe über dem gleichnamigen Ort Invergordon am Cromarty Firth (nördlich von Inverness) ist genauso beeindruckend wie der von ihr an die Umgebung abgegebene Geschmack, den man kilometerweit riechen kann.

Schon viel weiter südlich steht die Destillerie Ben Nevis in Fort William am Caledonian Canal und südlich des Loch Ness – sie gehört damit ebenfalls in die Whiskyregion Highland. Ben Nevis beherbergte in ihren Gebäuden von 1955 bis 1981 auch eine *continuous still* zur Produktion von Grain-Whiskys. Die Anlage wurde jedoch nach 26 Jahren wieder abgebaut. Seither produziert Ben Nevis nur noch Malt-Whiskys, ist also keine Grain-Destillerie mehr.

Ebenfalls noch im Hochland, aber im Osten, produzierte die Grain-Destillerie Lochside. Sie wurde im Jahr 1957 in einer ehemaligen Brauerei in einem Außenquartier des Städtchens Montrose (nördlich von Dundee an der Nordsee) als reine Grain-Destillerie eingerichtet. Wenige Jahre später wurde in den gleichen Gebäudekomplex auch noch eine Malt-Destillerie integriert. Lochside produzierte nur

13 Jahre lang Grain-Whiskys. Die *continuous stills* wurden 1970 außer Betrieb gesetzt, ab dann wurde nur noch Malt-Whisky hergestellt. Auch dieser Teil von Lochside wurde jedoch 1992 stillgelegt und die Gebäude im Laufe der folgenden Jahre abgerissen.

Von der Nordsee machen wir einen großen Sprung an den schönsten schottischen Binnensee, das Loch Lomond nordwestlich von Glasgow. An dessen südlichem Ende liegt die Stadt Alexandria und in deren dem See abgewandten Industriegebiet steht die Destillerie Loch Lomond. Sie gehört ebenfalls noch zur Whiskyregion Highland und produziert in architektonisch interessanten, aber überhaupt nicht an eine Destillerie erinnernden Gebäuden sowohl Grain- als auch Malt-Whiskys.

Aus dem Loch Lomond fließt der River Leven in südlicher Richtung und mündet bei der Stadt Dumbarton in den River Clyde. Auf diesem Weg passiert er auch die imaginäre Linie, die die Whiskyregion Highland von der mit dem Namen Lowland trennt.

Alle ab jetzt besuchten Grain-Destillerien zählen zur Region Lowland.

Ganz nahe bei der Einmündung des River Leven in den River Clyde stand der riesige Komplex der Grain-Destillerie Dumbarton, auf deren Gelände während einiger Jahrzehnte ebenfalls eine Malt-Destillerie betrieben wurde. Diese wurde 1991 stillgelegt. Das gleiche Schicksal ereilte im Jahr 2002 dann auch die Grain-Destillerie. Fast alle Gebäude der riesigen Destillerie wurden 2005 dem Erdboden gleichgemacht.

Auf dem Gebiet der Stadt Glasgow selbst produzieren, respektive produzierten, zwei große und moderne Grain-Destillerien: Port Dundas Distillery im gleichnamigen nördlichen Stadtteil und die Strathclyde Distillery am südlichen Ufer des River Clyde (ziemlich genau gegenüber dem berühmten Park Glasgow Green). Port Dundas wurde 2010 geschlossen und die Produktion in eine andere Destillerie von Diageo verlagert. Noch genutzt werden zurzeit die Lagerhäuser in der Nähe der geschlossenen Destillerie. Das ganze Areal soll aber verkauft und auch die Lager aufgehoben werden.

Strathclyde dagegen – die Destillerie hat die Produktion der vorher in der ebenfalls geschlossenen Dumbarton Distillery produzierten Grain-Whiskys mit übernommen – produziert rund um die Uhr, besitzt aber bei der Destillerie keine Lagerhäuser. Ihre Grains reifen im noch stehenden Lagerhauskomplex der Destillerie Dumbarton.

Nicht ganz 20 Kilometer östlich von Glasgow stand in der Industriestadt Airdrie mit Moffat Grain (oft Garnheath genannt) eine weitere große Grain-Destillerie mit einer riesigen Mälzerei. Sie war Teil eines auf dem Gelände und in den Gebäuden einer ehemaligen Papierfabrik ab 1964 betriebenen Destilleriekomplexes. In ihm gab es neben der Grain-Destillerie Garnheath auch eine Malt-Destillerie mit dem Namen Moffat. Aus dieser stammen die seltenen Single Malts »Glen Flagler« und »Killyloch«. All die Destillerien produzierten nicht lange. Bereits 1986 wurden sie abgerissen. Heute stehen aber noch die vielen, immer noch genutzten Lagerhäuser und ein paar Gebäude, in denen Whiskys in Fässer oder Flaschen abgefüllt werden. Von den Destillerien ist nichts mehr zu sehen.

Weiter geht es von Airdrie aus in einen Außenbezirk des östlich von Stirling liegenden Industrieorts Cambus. Hier standen zwei Grain-Destillerien sehr nahe beieinander. Die ältere der beiden trug den Namen des Ortes Cambus und stammte aus der ersten Hälfte des 19. Jahrhunderts. Sie schluckte 1982 die direkt neben ihr stehende, jedoch erst im Jahr 1957 gegründete Nachbarin Strathmore. Die beiden Destillerien wurden erst zusammengelegt, doch schon nach wenigen Jahren legte man die beiden Grain-Destillerien still, und bald darauf ließ man sie abreißen. Heute werden auf dem großen Gelände in anderen Destillerien produzierte und hierher transportierte Whiskys in Fässer abgefüllt, in den immer noch stehenden und in den neuen, zum erweiterten Komplex gehörenden »Blackgrange Bonded Warehouses« – es handelt sich dabei um einen der größten Lagerhauskomplexe Europas – gelagert und dann weiterverarbeitet (geblended und/oder abgefüllt). In den über 40 riesigen Lagerhäusern werden von Diageo ungefähr drei Millionen Fässer Whisky gelagert.

Von den ehemaligen hohen Destilleriegebäuden ist heute nichts mehr zu sehen. Beeindruckend ist jedoch die im Jahr 2011 neu in Betrieb genommene *cooperage* (Fassfabrik), in der die Küfer und ein paar Mitarbeiter aus den geschlossenen *cooperages* in Port Dundas und Alloa eine neue Anstellung gefunden haben. Diageo hat auch diesen Produktionsschritt zentralisiert.

Rechts · Ein Blick in die riesige neue, so weit als möglich automatisierte Fassfabrik *(cooperage)* von Diageo in Cambus.

Unten · Blick vom »Lighthouse« in Glasgow auf die Stadt.

Von Cambus aus nur ein paar Kilometer weiter östlich gab es in Alloa eine weitere große Grain-Destillerie: Carsebridge. Von ihr stehen neben ein paar wenigen übrig gebliebenen Gebäuden nur noch die vielen Lagerhäuser, die immer noch zur Lagerung und zum Umschlag von andernorts produzierten Whiskys genutzt werden. Ein Teil der nicht abgerissenen ehemaligen Destilleriegebäude dient heute einigen Kleinbetrieben als Produktionsstätte. Die dortige Fassfabrik wurde 2011 geschlossen.

Auf dem Weg zur nächsten Grain-Destillerie fährt man in östlicher Richtung an den beiden Städten Dunfermline und Glenrothes im ehemaligen Königreich Fife vorbei und durchquert hier ein Gebiet, in dem auch heute noch in den Pubs und Bars mehr Grain-Whiskys getrunken werden als Blended oder Malt-Whiskys.

Die bekannteste und gleichzeitig älteste Grain-Destillerie Schottlands ist Cameronbridge. Sie steht in Windygates östlich der alten Stadt Dunfermline und dem modernen Glenrothes in der Nähe der kleinen Hafenstädtchen Methyl und Leven. (Die letzteren beiden liegen etwas nordöstlich von Edinburgh auf dem gegenüberliegenden Ufer des Firth of Forth.) Cameronbridge ist wahrscheinlich die größte Destillerie der Welt und darum auch extrem abgesichert.

Dunfermline ist eine der ältesten Siedlungen Schottlands und unbedingt einen Besuch wert. Ein Höhepunkt in der ehemaligen Hauptstadt Schottlands ist die aus dem 12. Jahrhundert stammende Abtei mit dem Grab des berühmten schottischen Königs Robert the Bruce.

Die Grain-Destillerien in Schottland

1	Invergordon	7	Strathclyde	13	North British
2	Ben Nevis (Grain) †	8	Moffat Grain † (Garnheath)	14	Caledonian †
3	Lochside (Grain) †	9	Cambus †	15	Glen Turner (Starlaw)
4	Loch Lomond (Grain)	10	Strathmore †	16	Girvan
5	Dumbarton †	11	Carsebridge †	† = stillgelegte, abgerissene oder für eine andere Nutzung umgebaute Destillerie	
6	Port Dundas †	12	Cameronbridge		

Besucher sind überhaupt nicht willkommen. Neben Whiskys werden in den riesigen *continuous stills* auch Wodka, Gin und andere Spirituosen gebrannt.

Das nächste Ziel ist die Hauptstadt Schottlands. In der Stadt Edinburgh stand neben der heute noch produzierenden Grain-Destillerie North British eine weitere Großdestillerie: Caledonian. Sie destillierte etwas östlich von der großen Eisenbahnstation Haymarket. Ein Teil ihrer Gebäude wurde abgerissen und durch Wohn- und Bürohäuser ersetzt, ein anderer wird anderweitig genutzt.

North British, eine hochmoderne Destillerie, steht ungefähr zwei Kilometer westlich des Bahnhofs Haymarket direkt an der Bahnlinie in der Nähe des Fußballstadions des Heart of Midlotian FC. Die Ausmaße des Komplexes und die Größe der Gebäude sind wirklich beeindruckend. Weil in der Stadt selbst kein Platz für Lagerhäuser ist, betreibt North British einen großen Whiskylager- und Umschlagkomplex in Addiewell (südwestlich von Edinburgh).

Nicht weit von Edinburgh entfernt ist im Industriegebiet Starlaw des Städtchens Bathgate die jüngste Grain-Destillerie Schottlands zu finden: die Glen Turner Distillery. Der in einem großen Areal bereits seit mehreren Jahren produzierende Blending- und Flaschenabfüllbetrieb – er füllt neben dem »Glen Turner« und diversen Blends auch für namhafte Malt-Destillerien Single Malts in Flaschen ab – ergänzte den Bottling-Bereich um eine Grain-Destillerie. Und wie Glen Turner das tat! Sie schuf ein echtes Schmuckstück und stellte eine Anlage in schönstem italienischen Industriedesign auf die grüne Wiese. Am 5. September 2010 nahm die Destillerie ihren Betrieb auf. Sie ist einen Augenschein wert.

Zur letzten und gleichzeitig am südlichsten stehenden Grain-Destillerie Schottlands muss man ziemlich weit nach Süden fahren. Sie steht in Girvan an der Westküste der Lowlands, ungefähr 90 Kilometer südwestlich von Glasgow. (Vor der Stadt ragt die aus säulenartigen Felsen bestehende Insel Ailsa Craig aus dem Meer.) Die Destillerie, die zu den größten Schottlands zählt und den Namen der Stadt trägt, Girvan, steht etwas außerhalb der Stadt auf einem Hügel. Der riesige Komplex ähnelt eher einer Raffinerie und ist weithin sichtbar. Nur die Lagerhäuser verraten die Destillerie. Auf ihrem Gelände produzierte in den 1960er/1970er-Jahren die Kultcharakter besitzende Malt-Destillerie Ladyburn. Am 19. Januar 2009 wurde im gleichen Komplex eine neue Malt-Destillerie – sie trägt den Namen Ailsa Bay – offiziell eingeweiht. Sie hat sicher eine bessere Zukunft als Ladyburn.

Das sind alle Grain-Destillerien Schottlands. Es gab im 19. und Anfang des 20. Jahrhunderts noch weitere dieser industriell Whisky produzierenden Anlagen. Ich habe mich hier auf jene beschränkt, von denen man zumindest noch etwas sehen kann.

Näher vorgestellt werden immerhin 16 Destillerien (7 aktive und 9 nicht mehr produzierende).

Links • Es gibt neben dem pulsierenden Leben in Edinburgh auch stille und besinnliche Orte wie das »Writers' Museum«. Es entstand zur Erinnerung an die Zeit, die der große Dichter Robert Burns in der Stadt verbrachte.

Unten • Blick vom Calton Hill auf die Stadt mit ihren Türmen und dem alles dominierenden Edinburgh Castle.

Porträts der Grain-Whisky-Destillerien in Schottland

Überblick

Ähnlich wie bei den Porträts der Malt-Whisky-Destillerien Schottlands werden hier die aktiven und die wichtigsten inzwischen geschlossenen Grain-Destillerien des Landes beschrieben. (Zu den Details der Darstellung siehe Seite 152)

Eines sei hier vorweggenommen: Keine der Grain-Destillerien Schottlands hat Besuchereinrichtungen. Touristen/Besucher sind dort in der Regel nicht willkommen. Trotzdem kann es interessant sein, eine der riesigen Grain-Destillerien wenigstens von außen zu besichtigen. In den Grain-Destillerien selbst ist es oft nicht besonders sauber und manchmal sogar gefährlich. Die Alkoholkonzentration in der Luft ist – vor allem in Destillerien mit älteren Anlagen – in einigen Räumen extrem hoch.

Auf eine Bewertung der Qualität der Produkte aus den einzelnen Grain-Whisky-Brennereien habe ich verzichtet, da sie sich nicht sehr stark voneinander abheben. Für ältere Abfüllungen (15 Jahre und mehr) würden sie alle etwa 3 bis 4 Sterne erhalten.

Da sich die Grain-Whiskys, wie bereits erwähnt, ähneln, wird auch auf eine Beschreibung des Hausstils der einzelnen Grain-Destillerien verzichtet. Der Name der Whiskyregion, zu der die Destillerie gehört, ist zwar im Steckbrief angegeben, diese Zugehörigkeit spielt aber bei einem Grain-Whisky in Bezug auf Aussagen über seinen möglichen Geschmack so gut wie keine Rolle.

Vorherige Seite • In der Grain-Destillerie North British in Edinburgh wird Mais angeliefert.

Ben Nevis †
(Grain)

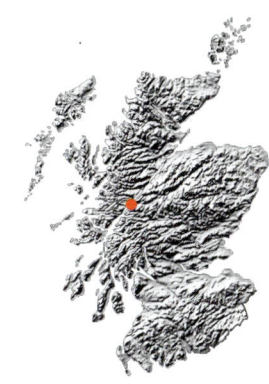

Die Destillerie Ben Nevis (Grain)

Die im Jahr 1825 von John MacDonald gegründete Destillerie Ben Nevis — sie wurde als reine Malt-Destillerie gebaut — wechselte nach über 130 Jahren 1955 das erste Mal den Besitzer. Bis zu diesem Zeitpunkt gehörte sie immer einem Mitglied der Gründerfamilie.

Der schottisch-kanadische Unternehmer Joseph Hobbs kaufte 1955 Ben Nevis und installierte im gleichen Jahr eine *Coffey* oder *continuous still* für seine Grain-Whisky-Herstellung. Ben Nevis war so — neben der dem gleichen Besitzer gehörenden Destillerie Lochside in Montrose — eine der ersten Destillerien, die unter einem Dach sowohl Malt- als auch Grain-Whiskys herstellte. Bei Ben Nevis machte Joseph Hobbs das erste Mal einen etwas speziellen Versuch: Er mischte die dort hergestellten Malt- und Grain-Whiskys direkt nach der Destillation und füllte den so produzierten Blend zur Reifung in Fässer ab. Dies im kompletten Gegensatz zur normalen Blending-Praxis, bei der reife Malts und Grains gemischt werden. Seine neue Technik nannte er »blended at birth«.

Bei Ben Nevis wurde jedoch nur wenige Jahre lang parallel der Single Malt-Whisky in *pot stills* und Grain-Whisky in einer *Coffey* oder *continuous still* hergestellt.

1981 wurde Ben Nevis von einer Gruppe, bestehend aus Long John Distillers und Whitbread Ltd., übernommen und in den folgenden Jahren einer umfassenden Renovierung unterzogen. Bei dieser Gelegenheit wurde die *continuous still* wieder abgebaut. Dies geschah zwischen den Jahren 1981 bis 1984, das genaue Jahr ist nicht bekannt.

1989 kaufte die japanische Firma The Nikka Whisky Distilling Co. Ltd. die Destillerie Ben Nevis. Sie firmiert seitdem wieder unter dem Namen Ben Nevis Distillery Ltd. Seit der Wiederaufnahme der Produktion im Jahr 1990 werden nur noch Malt-Whiskys hergestellt. Die Grains für die eigenen Blends werden zugekauft.

Der Ben Nevis wurde bis heute nie als Single Grain in Originalabfüllung abgefüllt. Auch von den unabhängigen Abfüllern ist er nur selten abgefüllt worden. Der Ben Nevis als Single Grain ist zu einer echten Rarität geworden.

Ben Nevis am Fuße des gleichnamigen Gebirgszuges ist heute eine reine Malt-Whisky-Destillerie.

Der Name bedeutet	Himmels-, Wolken- oder Schneeberg
Aussprache	Ben Newes oder Niwisch
Whiskyregion	Highland
Adresse	Ben Nevis Distillery Lochy Bridge, Fort William PH33 6TJ Scotland
Kontakt	Malt-Destillerie www.bennevisdistillery.com Telefon +44 (0)1397 70 24 76
Gründung	1825, Malt-Destillerie 1955, Grain-Destillerie
Status	Grain-Destillerie abgebaut zwischen 1981 und 1984. Malt-Destillerie ist noch in Betrieb.
Besitzer	Ben Nevis Distillery Ltd. (The Nikka Whisky Distilling Co. Ltd./Asahi Breweries Ltd; Japan)
Stills	Früher: 1 *Coffey still* mit 2 *columns*
Kapazität pro Jahr	Unbekannt
Besucher	Grain-Destillerie: Nein, existiert nicht mehr Malt-Destillerie: Ja, Besucherzentrum

Sucht man die Destillerie mit dem Namen Ben Nevis in der Nähe dieses höchsten Berges Schottlands, liegt man genau richtig. Die überhaupt nicht auf eine Destillerie hinweisenden Gebäude liegen am Fuße des Gebirgsmassivs in einem Industriegebiet der Stadt Fort William in der Nähe des Lochy River. (Nach Fort William gelangt man von Inverness aus auf die A82 Richtung Südwesten.) In dieser Destillerie wurde bis Anfang der 1980er-Jahre auch Grain-Whisky produziert. Heute ist sie eine reine Malt-Whisky-Brennerei.

Man kommt zu ihr, wenn man von Fort William aus auf der A82 ungefähr drei Kilometer Richtung Norden bis zur Abzweigung der A830 Richtung Westküste/Mallaig fährt. Ganz in der Nähe dieser Abzweigung und der Brücke über den Lochy liegt die Destillerie auf der rechten Straßenseite.

Ben Nevis • mit 1344 Meter Höhe der höchste Berg Schottlands; fantastische Aussicht, Wander- und Skiregion; ist aber an über 230 Tagen im Jahr im Nebel oder den Wolken.

Neptun's Staircase • beeindruckende Schleusenanlage mit acht Stufen; Teil des Caledonian Canals.

Fort William • Touristenort mit vielen Hotels, Pubs und Shops.

Caledonian †

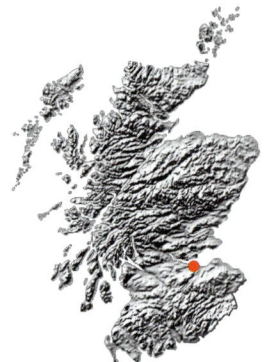

422

Die Destillerie Caledonian lag ganz in der Nähe des Haymarket und der gleichnamigen Bahnstation im Zentrum von Edinburgh. Der Haupteingang befand sich an der Distillery Lane, südwestlich des Bahnhofs.

Die Gebäude der ehemaligen Destillerie wurden zu Wohnungen und Räumen für Kleingewerbe umgebaut.

Der Name bedeutet	Kaledonische (von der Gebietsbezeichnung)
Aussprache	Kale-doniän
Whiskyregion	Lowland
Adresse	Caledonian Distillery Haymarket, Edinburgh EH3 8JB Scotland
Kontakt	Kein Web und Telefon
Gründung	1834/1855
Status	Stillgelegt 1987/88; umgebaut zu Wohnungen und Kleingewerbeateliers
Besitzer	Letzter war Scottish Grain Distillers Ltd. (DCL/UDV/Diageo)
Stills	Früher: 1 *continuous still* mit 2 *columns*
Kapazität pro Jahr	Früher ungefähr 9 000 000 Liter
Besucher	Nein, existiert nicht mehr

Edinburgh · Touristenstadt Schottlands schlechthin; viele Sehenswürdigkeiten (Schloss, Royal Mile usw.) und viele Pubs und Restaurants.

Die Destillerie Caledonian

Eine Vorgängerin der Caledonian Distillery – sie hieß »Sunbury« – wurde 1834 von der Firma Graham Menzies & Co. als reine Grain-Destillerie mitten in der Stadt Edinburgh gebaut. Am ausgewählten Standort hatte man aber keinen Platz für einen Ausbau. Die Menzies suchten also nach einem neuen Standort und fanden diesen in idealer Lage direkt beim Bahnhof Haymarket.

Die Produktion der dann komplett neu gebauten Destillerie konnte 1855 aufgenommen werden. Bereits ein Jahr später wurde ihr Name in »Caledonian Distillery« geändert. Diese Destillerie besaß unter anderem die größte *continuous still* Europas, eine *Coffey still* riesigen Ausmaßes mit *analyzer* und *rectifier columns* und war für viele Jahre die größte Destillerie Schottlands. Die Caledonian Destillerie schloss sich 1884 der DCL an.

Als Alfred Barnard (der berühmte Whiskyautor) 1886 die Destillerie besuchte, beschrieb er sie als unvergleichlich mit anderen Destillerien in Schottland. Caledonian beschäftigte in jenem Jahr 220 Mitarbeiter, und nicht weniger als 11 Steuerbeamte waren mit der Überwachung der Produk-

Einfahrt mit dem Zug in den Bahnhof Haymarket Edinburgh. Die Caledonian Distillery ist in ihrer ganzen Größe zu sehen. Foto aus dem Jahr 1966 © RCAHMS

tion und den Steuerabrechnungen beauftragt. Zu jener Zeit soll die Caledonian Distillery auch drei *pot stills* im Einsatz gehabt haben.

Im Verlaufe ihrer Geschichte wurde sie mehrmals von Feuersbrünsten heimgesucht. Das Feuer während des Zweiten Weltkriegs war das schlimmste: Mehr als 5 Millionen Liter Whisky fielen ihm – neben den Destilleriegebäuden – zum Opfer.

Ab 1966 wurde die nach Ende des Krieges wieder aufgebaute Caledonian Distillery von einer der Tochtergesellschaften der DCL/SMD, der Scottish Grain Distillers Ltd., geleitet. Nachdem der Brauerei-Multi Guinness die DCL 1986 übernommen hatte, wurde ein neues Konzept der Grain-Whisky-Produktion ausgearbeitet, das Rationalisierungsmaßnahmen nach sich zog. Infolge dieser wurde 1987/1988 die Destillerie stillgelegt und nicht wieder in Betrieb genommen.

Die noch stehenden Gebäude der ehemaligen Destillerie beherbergen heute zum einen Teil Wohnungen und werden zum anderen von einer kleinen Brauerei, die Spezialbiere herstellt, genutzt. Das hohe ehemalige *stillhouse*, in dem die *continuous stills* ihren Platz hatten, wurde in ein nobles und teures Appartementhaus umgestaltet.

Der Caledonian wurde bis heute nie als Single Grain in Originalabfüllung abgefüllt. Er gehört zu den großen Raritäten der Grain-Whiskys und ist nur in seltenen Abfüllungen von den Unabhängigen auf dem Markt.

Cambus †

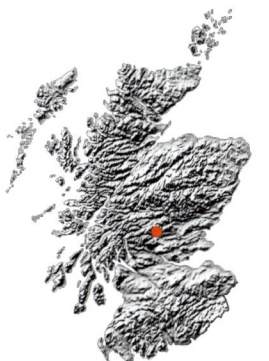

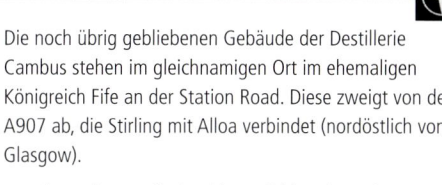

Die noch übrig gebliebenen Gebäude der Destillerie Cambus stehen im gleichnamigen Ort im ehemaligen Königreich Fife an der Station Road. Diese zweigt von der A907 ab, die Stirling mit Alloa verbindet (nordöstlich von Glasgow).

Man kann die Destillerie nicht verfehlen: Ihre schwarzen Lagerhäuser stehen entlang der Hauptstraße.

423

Die Destillerie Cambus

Cambus ist – oder besser gesagt war – eine der ersten Grain-Destillerien in Schottland. Sie wurde im Jahr 1806 als Malt-Destillerie von John Moubray (wird auch Mour-Bray oder Mouwbray geschrieben) gegründet. Er installierte seine Destillerie in einer ehemaligen, halbverfallenen Mühle. Schon bald baute er Cambus zu einer Grain-Destillerie aus und um. Es gibt Quellen, die geben bereits das Jahr 1823 für diesen Umbau an. Das würde bedeuten, dass er mit einer Vorgängerin der erst viel später erfundenen *continuous still* arbeitete.

Anfang der 1850er-Jahre installierte Robert Mouwbray, der Sohn des Gründers John und zu jener Zeit Leiter der Destillerie – bei Cambus eine zweite *continuous still*. Mit der Installation dieser *Coffey still* wurde die Destillerie zu einer der größten in Schottland.

Cambus gründete 1877 unter Robert Mowbray zusammen mit fünf anderen Grain-Destillerien die DCL.

Ende des 19. Jahrhunderts arbeitete Cambus mit drei riesigen *continuous stills,* von denen eine in einem eigenen *stillhouse* stand.

Der Grain-Whisky von Cambus, der bereits Anfang des 20. Jahrhunderts als Single Grain mit 7 Fassjahren erhältlich war und für den bereits sehr intensiv Werbung gemacht wurde, spielte 1906 in einem Fall namens »What is Whiskey« eine wichtige Rolle. In diesem Gerichtsfall – er lief tatsächlich unter der irischen Schreibweise mit dem »e« – wurde das für die Entwicklung des schottischen Whiskys entscheidende Urteil gefällt, dass nicht nur Malts, sondern auch Grains und Blends »Whisky« genannt werden dürfen. Die Werbung für den 7-jährigen Grain lief denn auch unter dem Slogan »Cambus is not a Pot Still Whisky«.

Im Jahr 1914 fiel die Destillerie einem Brand zum Opfer. Bei stürmischem Wetter flogen Funken aus den *kilns* und lösten ein gewaltiges Feuer aus, dem der Großteil der Destillerie zum Opfer fiel. Glücklicherweise blieben die Lagerhäuser vom Feuer verschont. Nach dieser Katastrophe war

Die Destillerie Cambus mit dem hohen *stillhouse* (in der Bildmitte) stand direkt am River Devon. Foto aus dem Jahr 1974 © RCAHMS

Stirling · schöne mittelalterliche Stadt aus dem frühen Mittelalter; viele Sehenswürdigkeiten; Schloss; Church of the Holy Rude.

Falkirk Wheel · Meisterwerk der Technik; Schiffsschleuse in Form eines Riesenrades.

Cambus lange Jahre geschlossen, bis im Jahr 1937/38 die alten Gebäude abgerissen und eine neue Destillerie gebaut wurde. Diese nahm die Produktion sofort auf.

Ab den 1950er- bis in die 1980er-Jahre wurde Cambus laufend ausgebaut und erhielt eine eigene *dark grains*-Fabrik (Viehfutter-Herstellungsbetrieb) und eine stattliche Anzahl zusätzlicher Lagerhäuser.

1966 übernahm die Scottish Grain Distillers Ltd. (Tochtergesellschaft der DCL/SMD) die Leitung der Destillerie.

Cambus wurde Ende 1993 von der UDV (in ihr war die DCL/SMD 1987 aufgegangen) geschlossen. Die Gebäude der Destillerie dienen heute als Lagerhäuser und Verarbeitungszentrum für die Whiskys von Diageo. In der Nähe der alten Destilleriegebäude befindet sich der riesige Lagerhauskomplex »Blackgrange« – er gilt als der größte in Europa – mit einer Großküferei, in der 2011 alle Küfereibetriebe des Konzerns für Schottland zusammengefasst wurden. Hier werden über drei Millionen Whiskyfässer gelagert.

Der Cambus wurde bis heute mehrmals als Single Grain in Originalabfüllung abgefüllt. Er gehört aber trotzdem zu den Raritäten der Grain-Whiskys und ist in – ebenfalls seltenen – Abfüllungen auch von den Unabhängigen auf dem Markt.

Der Name bedeutet	Flussbiegung (auch Name der Ortschaft)
Aussprache	Kämbes
Whiskyregion	Lowland
Adresse	Cambus Distillery Cambus, Alloa Clackmannanshire FK10 2NZ Scotland
Kontakt	Kein Web und Telefon
Gründung	1806, Malt-Destillerie 1823 (nicht belegt), Grain-Destillerie
Status	Stillgelegt 1993; zum Teil abgerissen. Lagerhäuser und ein paar Gebäude werden weiter genutzt.
Besitzer	Letzter war UDV/Diageo
Stills	Früher: 3 *Coffey stills* mit je 2 *columns*
Kapazität pro Jahr	Früher ungefähr 7 500 000 Liter
Besucher	Nein, existiert nicht mehr

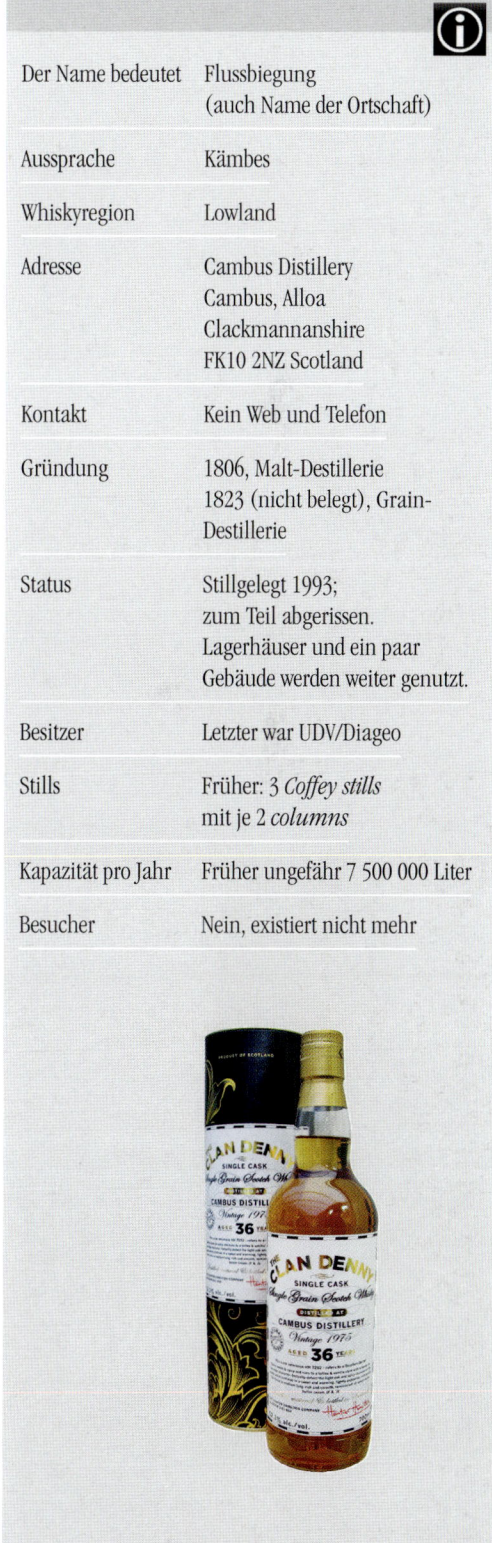

Cameronbridge

Der Name bedeutet	Brücke des Cameron
Aussprache	Kämeren Bridsch
Whiskyregion	Lowland
Adresse	Cameronbridge Distillery Windygates, Levenmouth, Fife KY8 5HD Scotland
Kontakt	Keine eigene Homepage Besitzer www.diageo.de Telefon +44 (0)1333 35 03 77
Gründung	1813, Malt-Destillerie 1830, Grain-Destillerie
Status	Grain-Destillerie in Betrieb
Besitzer	Diageo plc
Stills	4 *continuous stills* + 1 für Gin/Wodka
Kapazität pro Jahr	2012: Ungefähr 120 000 000 Liter
Besucher	Nein

Die Destillerie Cameronbridge

Die Destillerie Cameronbridge gibt als Gründungsjahr 1824 an. Dieses Jahr ist jedoch das Datum der Lizenzierung von John Haig & Co. Die Destillerie wurde von einem Mitglied der Familie Haig als Malt-Whisky-Destillerie jedoch bereits 1813 gegründet.

John Haig erfuhr dank dem Umstand, dass Robert Stein sein Cousin war, schon früh von dessen Erfindung der kontinuierlichen Destillation und setzte in Cameronbridge – als einer der ersten Destillerien Schottlands – dieses neue Verfahren ein. Bereits im Jahr 1830 installierte er zwei *continuous stills* nach dem Prinzip von Robert Stein. Als John Haig aber wenig später von der perfektionierteren *continuous still* des Iren Aeneas Coffey hörte, ergänzte er die beiden bestehenden *stills* mit zwei *Coffey stills*. Für diese baut er ein separates *stillhouse*.

Cameronbridge gründete unter John Haig zusammen mit fünf anderen Grain-Destillerien die DCL, zu der sie ab 1877 gehörte.

In den beiden *stills* mit der Technologie von Stein wurde noch bis 1929 destilliert. Dann wurden sie durch *Coffey stills* ersetzt. Ungefähr um diese Zeit gab man in Cameron-bridge die Malt-Whisky-Produktion auf. Bis dahin hatte man in der Destillerie sowohl Malt- als auch Grain-Whiskys hergestellt.

1966 übernahm die Scottish Grain Distillers Ltd. (Tochtergesellschaft der DCL/SMD) die Leitung der Destillerie. Diese ging 1987 an die UDV über.

1989 bis 1992 wurde Cameronbridge einer umfassenden Renovierung und einem umfangreichen Ausbau unterzogen. Im Jahr 2000 wurde die Destillerie noch einmal renoviert und erneut ausgebaut. Seit dieser Zeit werden in dieser Grain-Destillerie auch Gin (Gordon's Gin) und Wodka (Smirnoff) gebrannt.

Die Destillerie wurde in den Jahren 2008 bis 2012 für den Betrag von £ 105 000 000 ausgebaut. Ihre Kapazität beträgt nach diesem Ausbau ab dem Jahr 2012 ungefähr 120 Millionen Liter Alkohol pro Jahr.

Im August 2011 musste die riesige Destillerie wegen eines Chemieunfalls für einen Tag heruntergefahren und geschlossen werden. Ein Tank mit Salpetersäure (diese Säure wird für die Reinigung der Produktionsanlagen benötigt) hatte ein Leck und die Säure trat aus. Das Ganze ging aber glücklicherweise ohne Verletzte aus. Die Sicherheitsvorkehrungen in der Destillerie griffen.

Der Cameronbridge wurde in verschiedenen Original- oder Eigentümerabfüllungen unter den Namen »Cameron Bridge«, »Cameronbridge« und »Cameron Brig« abgefüllt. Es gibt ihn auch von den Unabhängigen.

Einfahrt zur wahrscheinlich größten Destillerie der Welt: Cameronbridge.

Windygates heißt der kleine Ort, in dem Cameronbridge, eine der größten Destillerien der Welt, steht. Zu dieser extrem abgesicherten Destillerie fährt man von Edinburgh aus über die Forth Road Bridge und dann weiter auf der M90 bis zur Abzweigung zur A92 Richtung Osten. Auf dieser fährt man über Cowdenbeath und Cardenden nach Glenrothes. Von dort aus führt die A911 nach Windygates. Im Ort folgt man den Wegweisern Richtung Hospital/Cameronbridge. Die riesige Destillerie liegt ein wenig versteckt hinter einem Wald und einem Wohngebiet.

Fife · im ehemaligen Königreich gibt es einige interessante Orte und viele Sehenswürdigkeiten (Dunfermline, Kirkcaldy, St. Andrews usw.).

Carsebridge †

Der Name bedeutet	Schlossbrücke
Aussprache	Kars-bridsch
Whiskyregion	Lowland
Adresse	Carsebridge Distillery Alloa, Clackmannanshire FK10 3BB Scotland
Kontakt	Kein Web und Telefon
Gründung	1799, Malt-Destillerie 1851/1852, Grain-Destillerie
Status	Stillgelegt 1983; zum großen Teil abgerissen (ab 1992). Lagerhäuser und ein paar Gebäude werden weiter genutzt.
Besitzer	Letzter war UDV/Diageo
Stills	Früher: 2 *Coffey stills* mit je 2 *columns*
Kapazität pro Jahr	Früher ungefähr 8 000 000 Liter
Besucher	Nein, existiert nicht mehr

Die Destillerie Carsebridge

Carsebridge wurde als Malt-Destillerie von John Bald bereits im Jahr 1799 – also lange vor dem Inkrafttreten der Lizenzierungsgesetze – von John Bald gegründet. Im Jahr 1825 wurde die Destillerie von der Familiengesellschaft John Bald & Co. lizenziert.

1844 übernahm der Sohn von John Bald, Robert, die Leitung der Destillerie, wurde aber bereits 1845/46 von seinem Bruder John Bald jr. abgelöst. Dieser rüstete Carsebridge Anfang der 1850er-Jahre mit *continuous stills* nach dem System von Aeneas Coffey aus und baute die *pot stills* ab. Ab diesem Zeitpunkt wurde Carsebridge nur noch als Grain-Whisky-Destillerie betrieben.

Die Besitzer von Carsebridge gründeten 1877 zusammen mit fünf anderen Grain-Destillerien die DCL, zu der sie ab diesem Zeitpunkt gehörte. Ungefähr zur gleichen Zeit über-

nahm nach dem Tod von John Bald jr. sein Neffe, Harvey Bald, die Leitung der Destillerie.

Carsebridge gehörte in jener Zeit mit einem jährlichen Ausstoß von ungefähr 8 Millionen Litern Alkohol zu den größten Grain-Destillerien Schottlands und beschäftigte in ihrer Blütezeit Mitte der 1880er-Jahre über 150 Mitarbeiter.

Gemaischt wurde in mehreren Maischbottichen und vergärt in über 25 *wash backs*. Die beiden *Coffey stills* standen in zwei zusammengebauten *stillhouses*.

1966 übernahm die Scottish Grain Distillers Ltd. (Tochtergesellschaft der DCL/SMD) die Leitung der Destillerie.

Carsebridge wurde wie viele andere Destillerien Schottlands Opfer der Whiskykrise in den 1980er Jahren und aus diesem Grund 1983 stillgelegt. Ab 1992 wurden die meisten ihrer Gebäude abgerissen. Ein Teil der noch stehenden Gebäude wurde bis zum Jahr 2011 von Diageo noch zur Lagerung und zum Betrieb einer Küferei genutzt. Doch ab 2011 wurden alle Küferei-Aktivitäten dieses Konzerns in einer komplett neu gebauten Anlage im riesigen Lagerhauskomplex Blackgrange bei Cambus konzentriert.

Bereits vorher entstand in einem Teil der stehengebliebenen Gebäude der Destillerie Carsebridge ein sogenannter Business Park. Dieser wurde und wird von Kleinbetrieben genutzt.

Der außerordentlich rare Carsebridge wurde bis heute nur wenige Male als Single Grain abgefüllt. Dies bis heute nie in Original- oder Eigentümerabfüllungen, sondern nur in solchen der Unabhängigen.

Stirling · schöne mittelalterliche Stadt aus dem frühen Mittelalter; viele Sehenswürdigkeiten; Schloss; Church of the Holy Rude.

Falkirk Wheel · Meisterwerk der Technik; Schiffsschleuse in Form eines Riesenrades.

Diese Lagerhäuser der ehemaligen Destillerie Carsebridge stehen heute noch und werden für die Lagerung der Whiskys anderer Diageo-Destillerien genutzt.

Die noch stehenden Gebäude der Destillerie Carsebridge findet man in Alloa (nordwestlich von Edinburgh) an der Carsebridge Road. Fährt man auf der A907 (sie verbindet Stirling mit der Kincardine Bridge am Firth of Forth) durch Alloa, geht von einem großen Kreisverkehr die A908 in Richtung Tillicoultry weg. Dieser muss man folgen, bis sie eine Linkskurve macht.

Die in dieser Kurve geradeaus weiterführende Straße ist die Carsebridge Road. Sie führt direkt zu den Gebäuden der ehemaligen Destillerie.

Dumbarton †

Glasgow · hat sich in den letzten Jahren vom hässlichen Entchen zu einer sehens- und besuchenswerten Stadt entwickelt.

Loch Lomond · ist der größte und wohl schönste See Schottlands.

Die Destillerie Dumbarton

George Ballantine & Son Ltd. baute den riesigen Destilleriekomplex Dumbarton im Jahr 1938 im Auftrag ihres damaligen Besitzers Hiram Walker Ltd. (Kanada). Die Destillerie bestand aus einem Malt- und einem Grain-Whisky-Produktionspart.

Der Komplex lag mitten in der gleichnamigen Stadt Dumbarton und fiel durch seine hohen, aus roten Backsteinen gebauten Gebäude auf.

Innerhalb des Grain-Whisky-Komplexes musste sich die Malt-Destillerie – sie trug den Namen »Inverleven« – klein vorkommen. Ihre *stills,* es handelte sich dabei um zwei normale *pot stills* und eine sogenannte *Lomond still,* wurden gleichzeitig mit den großen *continuous stills* eingebaut.

Unten · Blick in einen Teil des *stillhouse* mit den zwei *columns* der *Coffey still 1* und ihrer Bedienungskonsole. Die *columns* waren mehrere Stockwerke hoch. Foto aus dem Jahr 1980 © RCAHMS

Unten rechts · Von der ganzen Destillerie steht nur noch das ehemalige *stillhouse.* Die *columns* gingen über die ganze Gebäudehöhe.

1988 übernahm eine Vorgängerfirma von Allied Domecq plc den Spirituosenbereich von Hiram Walker Ltd. und wurde damit auch Besitzerin des Dumbarton-Komplexes.

Die Malt-Destillerie wurde 1991 stillgelegt und die für sie benutzten *stills* abgebaut.

2002 wurde dann auch die Grain-Destillerie Dumbarton stillgelegt und die Produktion ihrer Whiskys der Destillerie Strathclyde in Glasgow übergeben. Grund für die Aufgabe der Grain-Destillerie Dumbarton waren die veralteten Anlagen und die Unmöglichkeit, die wichtigsten von ihnen zu ersetzen. Die *continuous stills* zum Beispiel waren in das Gebäude integriert und ihre Destillationssäulen führten durch die Betonböden mehrerer Etagen.

2005 wurden die Gebäude der Destillerie abgerissen. An ihrer Stelle entstand eine Wohnsiedlung.

Die vielen großen Lagerhäuser – sie stehen ein Stück weit östlich von der ehemaligen Destillerie im Ortsteil Dumbuck – werden heute als zentrale Lagerhäuser des Konzerns eingesetzt. Auch die in der Destillerie Strathclyde in Glasgow gebrannten Whiskys werden in diesen Lagerhäusern gereift.

Zum Schutz dieser Lagerhäuser wurde bis vor Kurzem neben den elektronischen Sicherheitsanlagen und den Zäunen ein besonderes Sicherheitssystem eingesetzt: Der Lagerhauskomplex wurde von Gänsen bewacht. Tom Scott bildete 1959 die aus Gänsen bestehende Truppe. Sie trug den Namen »The Scotch Watch« und wurde viele Jahre hindurch von einem Gänserich kommandiert. Dieser trug den Namen »Mr. Ballantine«. 1959 bestand die Truppe aus fünf Gänsen und dem Gänserich. Bis ins Jahr 2002 – dem Jahr der Stilllegung der Destillerie Dumbarton – war sie auf eine Anzahl von etwa 100 Gänsen angewachsen. Nach

Die Gebäude der Destillerie Dumbarton standen am Ufer des River Leven im Stadtgebiet von Dumbarton. Kommt man von Glasgow aus nach Dumbarton, verlässt man die A82 am Stadtrand und folgt der A814 (sie trägt den Namen Glasgow Road), bis die Castle Street links abzweigt.

Dieser folgt man. Die Destillerie stand im Bereich, wo die Castle Street zur High Street wird, in der Nähe des Fußballstadions von Dumbarton direkt am Flussufer. Es sind keine Gebäude mehr zu sehen.

Im Ortsteil Dumbuck im Osten der Stadt stehen heute noch die Lagerhäuser.

der Schließung der Destillerie wurde die Gänse-Truppe auf ungefähr 30 Vögel reduziert, später dann aber vollständig aufgelöst.

Die bei Dumbarton produzierten Grains fanden in den verschiedenen Blends der Allied Distillers Ltd. wie »Ballantine's«, »Highland Cream«, »Long John«, »Old Smuggler« und »Teacher's« Verwendung.

Der Dumbarton wurde bis heute nie als Single Grain in Originalabfüllung abgefüllt. Er gehört zu den großen Raritäten der Grain-Whiskys und ist nur in seltenen Abfüllungen der Unabhängigen auf dem Markt.

Rechts · Die Destillerie Dumbarton in den 1990er-Jahren, als sie noch voll produzierte.

Rechts unten · Im Jahr 2005 wurde auch noch der letzte Teil der Destillerie, das ehemalige *stillhouse*, abgerissen. Heute befindet sich auf dem Gelände eine Wohnsiedlung.

Der Name bedeutet	Fort der Briten
Aussprache	Dum-barten
Whiskyregion	Lowland
Adresse	Dumbarton Distillery Dumbarton, West Dumbartonshire G82 1ND Scotland
Kontakt	Kein Web und Telefon
Gründung	1938
Status	Stillgelegt, 2002; abgerissen, 2005–2008
Besitzer	Letzter war Allied Distillers Ltd./ Allied Domecq (Pernod Ricard)
Stills	Früher: 2 *Coffey stills* mit je 2 *columns*
Kapazität pro Jahr	Früher ungefähr 30 000 000 Liter
Besucher	Nein, existiert nicht mehr

Girvan

Die Destillerie Girvan

1963 baute die Familiengesellschaft William Grant & Sons Ltd. (Glenfiddich, Balvenie usw.) in der Nähe der kleinen Hafenstadt Girvan an der Westküste der schottischen Lowlands eine große und hochmoderne Grain-Destillerie. Die Firma errichtete diese Destillerie, um von den großen Konzernen und Mitbewerbern, von denen sie bis zu jenem Zeit-

punkt die Grain-Whiskys für die eigenen Blends bezogen hatten, unabhängig zu werden.

Die Idee für den Bau der Destillerie an diesem Ort stammte von Charles Gordon, dem Urenkel von William Grant. Er war die wirklich treibende Kraft hinter dem Projekt und engagierte sich so stark für die neue Destillerie, dass er während der gesamten Bauzeit in einem Wohnwagen auf dem Gelände lebte. Er fuhr mehrmals täglich mit

seinem Fahrrad durch und um das Gelände und überprüfte persönlich jedes Detail. Daneben trieb er die Arbeiter mit Geschenken (logischerweise Whisky) an. In der Nacht vor der Einweihung der Destillerie wurde sein Fahrrad von Unbekannten entführt und zuoberst auf ein Getreidesilo (andere Quellen sprechen von einer der hohen *stills*) als Andenken befestigt.

In der Girvan Distillery wird vor allem Grain Whisky aus einer Mischung von circa 90 Prozent Weizen und 10 Prozent Gerstenmalz destilliert. Gebrannt wird in Girvan in den drei *continuous stills* (sie bestehen aus je zwei *columns*) jedoch nicht nur Whisky.

Neben diesem Hauptprodukt wird zum Beispiel auch Gin (Hendrick's Gin) destilliert. Die *column stills* arbeiten in dieser Destillerie – und das ist in Schottland einzigartig – unter Vakuum. Dies erlaubt, mit niedrigeren Temperaturen zu brennen und so einen weicheres und leichteres Destillat herzustellen.

Neben der Grain-Destillerie selbst entstanden im Komplex Girvan auch Labors, große Vattinganlagen (Whisky-Mischtanks) und eine stattliche Zahl an riesigen Lagerhäusern (heute gibt es über 40 davon).

Im Jahr 1966 wurde auf dem Gelände von Girvan zusätzlich eine Malt-Destillerie mit dem Namen Ladyburn in Betrieb genommen.

Ihre Aufgabe sollte sein, direkt auf dem Gelände von Girvan ebenfalls Malt-Whiskys herzustellen und so die Transporte der für das Vatting notwendigen Malt-Whiskys aus den Highlands unnötig zu machen. Die in der Destillerie Ladyburn hergestellten Malt-Whiskys konnten aber die Qualitätsansprüche von William Grant & Sons Ltd. nicht erfüllen. Die Destillerie wurde 1975 wieder geschlossen und die Anlagen abgebaut.

Mitarbeitermotivation auch in der Fassabfüllabteilung *(filling store)* und der *cooperage*. Unsere Werte: »Besser, wegweisend, unterstützend, zugänglich und enthusiastisch sein«.

Der Name bedeutet	Mündung des wilden Flusses, Name der Stadt	Stills	3 *continuous stills*
Aussprache	Görwen	Kapazität pro Jahr	Ungefähr 70 000 000 Liter
Whiskyregion	Lowland	Besucher	Nein; eventuell auf Anfrage
Adresse	Girvan Distillery Girvan, Ayrshire KA26 9PT Scotland		
Kontakt	Keine eigene Homepage Besitzer www.grantswhisky.com Telefon +44 (0)1465 71 06 37		
Gründung	1963		
Status	In Betrieb		
Besitzer	William Grant & Sons Ltd.		

Girvan ist eine Hafenstadt an der Westküste der schottischen Lowlands. Vor der Stadt liegt im Meeresarm mit dem Namen Firth of Clyde die berühmte Insel Ailsa Craig. Ihr spezieller Granit vulkanischen Ursprungs wurde lange Zeit für Turnier-Curlingsteine gebraucht.

Nach Girvan gelangt man von Glasgow kommend auf der A77. Knapp vor der Stadt geht nach links die B741 weg. Sie führt nach wenigen hundert Metern direkt am Komplex der Grain-Destillerie Girvan vorbei.

Die riesige Destillerie kann man auch schon von der Hauptstraße aus sehen und riechen.

Ayr • schöne alte Stadt mit einigen Sehenswürdigkeiten.

Alloway • Geburtshaus von Robert Burns mit Museum und National Heritage Park.

Oben · Das Areal von Girvan wird dominiert durch die schwarzen Lagerhäuser, die großen Getreidesilos und die hohen Gebäude mit den *stills*.

Rechts · Ein Teil der *continuous stills* befindet sich im Freien.

In der Grain-Destillerie in Girvan kann in den *continuous still*s pro Jahr die unglaubliche Menge von über 70 Millionen Liter Alkohol produziert werden. Darunter sind auch Gin und Wodka. Die Abfälle der Destillerie werden vor Ort zu Viehfutter verarbeitet.

Im Jahr 2007 baute William Grant & Sons Ltd. in Rekordzeit und beinahe unbemerkt eine neue Malt-Destillerie auf dem Gelände von Girvan (Ailsa Bay Distillery). Sie wurde Anfang 2008 in Betrieb genommen und soll – diesmal aber mit dem notwendigen Erfolg – die seinerzeit Ladyburn zugedachte Rolle übernehmen.

Für ihre acht *pot stills* (je vier *wash* und *spirit stills*) wurden die der Destillerie Balvenie in der Speyside als Vorlagen genommen.

Zur gleichen Zeit wurden auch die Anlagen und Labors der Grain-Destillerie weiter ausgebaut. Girvan erhielt bei dieser Gelegenheit ebenfalls ein neues Verwaltungsgebäude.

1995 brachten die Grants den »Black Barrel«, einen aus dieser Destillerie stammenden Single Grain, auf den Markt.

Ein »Girvan« mit 37 Fassjahren aus dem ersten produzierten Batch, destilliert 1964, erschien im Jahr 2001 in einer limitierten Auflage. Er ist heute nur noch sehr teuer zu haben.

Von Zeit zu Zeit erlauben die Grants auch einem der unabhängigen Abfüller, ein Fass zu kaufen und unter dem Namen »Girvan Grain« abzufüllen.

Glen Turner

(Starlaw)

Linlithgow Palace · interessante Ruinen, Geburtsschloss von Maria Stuart.

Falkirk Wheel · Meisterwerk der Technik, Schiffsschleuse in Form eines Riesenrades in der Nähe von Falkirk.

Edinburgh · die immer wieder sehens- und besuchenswerte Stadt.

Oben · Die gestylte Destillerie. Rechts die Getreidesilos, in der Mitte die Halle zur Aufbereitung der zu destillierenden Flüssigkeit und daneben die fünf *column stills* mit den riesigen Tanks für das Destillat.

Rechts · Mit dem Rüssel dieses *grain samplers* werden aus den Getreideanlieferungen ferngesteuert Proben entnommen und direkt ins Labor zur Analyse geleitet.

Die Destillerie Glen Turner

Der französische Getränkekonzern La Martiniquaise (Societe des Vins et Spiritueux La Martiniquaise S.A.S.) wurde als Familiengesellschaft 1934 gegründet. Seine Hauptprodukte waren und sind zum Teil immer noch Armagnac, Calvados, Cognac, Gin, verschiedene Aperitive usw.

Seit etwa zwanzig Jahren hat die Gruppe unter ihrem Chef Jean-Pierre Gayard zusätzlich im Whiskygeschäft Fuß gefasst und vertreibt vor allem in Frankreich, jedoch immer häufiger auch in anderen Ländern verschiedene Whiskymarken, die sie während einer ersten Zeit von großen Blendingfirmen bezog. So zum Beispiel die amerikanischen Bourbons »Sam Barton« und »Old Virginia«. Ihre vor allem in Frankreich bekannten schottischen Whiskymarken »Glen Turner« und »Label 5« – sie sind eher im Tiefpreissegment anzusiedeln – gehören dort zu den meistverkauften Whiskys. Der »Label 5« ist ein Blend, den Glen Turner gibt es unter dem Begriff »Highland Malt« als Blended Malt mit 8 Fassjahren, jedoch auch als Single Malt in verschiedenen Altersstufen, so zum Beispiel als 12- und 18-Jährigen. Aus welchen Destillerien die Malt-Whiskys stammen, ist ein Geheimnis. Da La Martiniquaise im Spätherbst des Jahres 2008 die Speyside-Destillerie Glen Moray gekauft hat, darf man annehmen, dass zumindest ab dann auch Malts aus dieser Destillerie verwendet werden.

Grain Sampler

Die neueste Grain-Destillerie Schottlands steht im Industriegebiet des kleinen Ortes Bathgate, etwa 20 Kilometer westlich von Edinburgh. Die hochmoderne Destillerie steht in der Nähe der A779, die die beiden Orte Bathgate und Livingston miteinander verbindet. Fährt man auf der Autobahn M8 von Edinburgh aus in Richtung Glasgow, nimmt man die Ausfahrt 3a und fährt in Richtung Livingston (Starlaw Road). Die moderne Destillerie steht links in der Nähe dieser Straße. Sie ist nicht zu übersehen.

Der Name bedeutet	Tal der Turner (Fantasienamen)
Aussprache	Glenn Törner
Whiskyregion	Lowland
Adresse	Glen Turner Distillery Starlaw Road, Bathgate EH47 7BW Scotland
Kontakt	Keine eigene Homepage Besitzer www.la-martiniquaise. fr/_uk/index.html Telefon +44 (0)1506 46 85 51
Gründung	2008/2009
Status	In Betrieb
Besitzer	La Martiniquaise (Societe des Vins et Spiritueux La Martiniquaise S.A.S.)
Stills	2 *continuous stills* mit 5 *columns*
Kapazität pro Jahr	Ungefähr 25 000 000 Liter
Besucher	Nein; eventuell auf Anfrage.
	Es sind noch keine Abfüllungen aus dieser Destillerie auf dem Markt.

Bereits vor dem Kauf von Glen Moray fasste die Firma im Jahr 2004 den Entschluss, nach Schottland zu expandieren und auch zu investieren. Sie kaufte im Industriegebiet von Bathgate ein großes Stück Land und errichtete darauf als Erstes einen hochmodernen Blending- und Flaschenabfüllbetrieb. Teil der Investition waren auch ein paar Lagerhäuser für die Lagerung der zugekauften Fässer. In den Lagerhäusern reifen aber auch Fässer aus den Destillerien, für die La Martiniquaise die Flaschenabfüllung macht. Darunter befindet sich die eine und andere Top-Destillerie.

Für ihr schottisches Engagement gründete La Martiniquaise eine Firma in Schottland. Diese trägt den Namen Glen Turner Distillery Ltd. Diesen Namen findet man auch auf den Etiketten der Glen Turner Whiskys. Dies ist etwas verwirrend, gibt es doch weder in den Highlands, aus denen der Malt stammen soll, noch sonstwo eine Malt-Destillerie mit diesem Namen. So fragten sich etliche Whiskyinteressierte, was das »Distillery« im Firmennamen wohl bedeutet. Sie sollten schon bald eine Antwort bekommen und dies nicht aus den High-, sondern aus den Lowlands.

Denn in den Jahren 2007 und 2008 arbeitete man beim schottischen Ableger des französischen Konzerns mehr oder weniger im Geheimen hart an der Planung einer eigenen Destillerie und holte die notwendigen Genehmigungen ein. Ende 2008 war es so weit. Die Bewilligung für die Errichtung einer Grain- wie auch einer Malt-Destillerie auf dem Firmengelände in Bathgate wurde erteilt.

Bereits am 5. Januar 2009 begann man mit dem Bau der Grain-Destillerie, am 5. September 2010 wurde in der supermodernen Destillerie bereits das erste Mal produziert. Und die Destillerie ist nicht nur supermodern: In ihr wurde schottisches Know-how in der Whiskyherstellung mit französischem Charme und italienischem Design kombiniert. Das Resultat ist ein echtes Schmuckstück.

Die Destillerie arbeitet nach den neuesten ökologischen Erkenntnissen und benötigt dank einem ausgeklügelten Energiekonzept über 30 Prozent weniger Energie als eine vergleichbare Grain-Destillerie herkömmlicher Bauart. Auch die Prozesse selbst sind bis ins letzte Detail optimiert.

So werden zum Beispiel aus dem in LKW's angelieferten Getreide noch vor der Einfahrtsschranke mit einer Art automatischem Rüssel Proben entnommen und direkt ins Labor befördert, wo sie geprüft werden. Kommt vom Labor das OK, darf der Truck einfahren und seine Ladung abliefern.

Für das Mahlen des angelieferten Getreides (hauptsächlich Weizen) wird eine Hammermühle eingesetzt. Alle für die Produktion benötigten Bottiche – cooker (Kochtopf), Maischbottich, Gärbottiche usw. – sind aus Edelstahl.

Die zwei continuous stills stehen im Freien. Sie haben eine Edelstahlummantelung, sind innen aber zum Teil mit Kupfer ausgekleidet. Damit man unterschiedliche Arten von Destillaten herstellen kann, können die columns (es gibt fünf von ihnen, für die Destillation braucht man aber nur je zwei) auf verschiedene Art gekoppelt werden.

Der new make wird zu beinahe hundert Prozent in Ex-Bourbon-Fässer abgefüllt und gelagert. Der erste Grain-Whisky aus dieser tollen Destillerie wird frühestens im Herbst 2013 für die Blends der Glen Turner Distillery zur Verfügung stehen. Ob auf dem Gelände später – trotz des inzwischen erfolgten Kaufs der Destillerie Glen Moray – auch eine Malt-Destillerie gebaut werden wird, bleibt vorerst ein Geheimnis.

Besuche sind nicht unbedingt erwünscht. Man kann aber telefonisch oder per Mail versuchen, einen Besuchstermin zu bekommen.

Links • Das Firmenschild steht außerhalb des die Destillerie umgebenden Zauns. Im Hintergrund das Bürogebäude.

Unten • Die beeindruckend hohen columns der continuous stills können je nach gewünschtem Destillat unterschiedlich miteinander gekoppelt werden. Auch eine dreifache Destillation ist möglich.

Invergordon

Die Destillerie Invergordon

Invergordon – ein imposanter Grain-Whisky-Komplex am Rand der gleichnamigen Ortschaft – wurde von Invergordon Distillers Ltd. im Jahr 1959 gegründet und nahm 1961 ihren Betrieb auf. Die Destillerie produzierte zu Beginn mit nur einer *Coffey still*. Diese kontinuierliche *still*-Art produziert mit zwei sehr hohen, röhrenförmigen *stills,* von denen die eine *analyzer,* die andere *rectifier* genannt wird.

Bereits 1963 musste wegen der großen Nachfrage die Kapazität von Invergordon erweitert werden. Es wurden zwei weitere *Coffey stills* installiert.

Im Jahr 1965 baute Invergordon Distillers Ltd. auf dem Gelände ihrer Grain-Destillerie zusätzlich noch eine Malt-Destillerie. Diese erhielt den Namen »Ben Wyvis«. Das mit deren Bau von Invergordon Distillers Ltd. angestrebte Ziel war, die Malt-Whisky-Produktion so nahe wie möglich bei derjenigen der Grain-Whiskys zu haben und so Blends komplett im gleichen Areal herstellen zu können. Das Projekt scheiterte jedoch. Die Malt-Destillerie mit ihren zwei *stills* wurde wegen Qualitätsproblemen im Jahr 1977 schon wieder geschlossen und abgerissen.

In der Grain-Destillerie dagegen installierte man 1978 eine weitere, sehr große *Coffey still* für die Produktion von neutralem Alkohol für Gin oder Wodka.

1988 wurde die Destillerie Invergordon durch einen Management-Buy-out aus der Firma Invergordon Distillers Ltd. ausgekauft.

1993 übernahm die damalige Jim Beam-Tochter White & Mackay Ltd. Invergordon und unterzog diese einem harten Sanierungsprogramm. Im Jahr 2001 tat sich dann eine Gruppe schottischer Investoren in einer Gesellschaft mit dem Namen Kyndal Group zusammen und kaufte die Firma Whyte & Mackay und mit ihr Invergordon von Jim Beam zurück.

2003 wurde die Firma Kyndal wieder in White & Mackay Ltd. umbenannt. Im Mai 2007 übernahm dann der indische Getränke-Multi United Spirits Ltd. die gesamte Firma White & Mackay Ltd. mit allen Destillerien (Dalmore, Fettercairn usw.) und Marken (White & Mackay usw.) zu 100 Prozent. White & Mackay Ltd. leitet aber weiterhin von Schottland aus die verschiedenen Destillerien. Die Kapazität der Grain-Destillerie Invergordon soll in den kommenden Jahren durch zusätzliche Investitionen stark erweitert werden. Geplant ist unter anderem der Bau von 17 weiteren Lagerhäusern.

Unter den Namen »Invergordon« und »Wolfe's Glen« wurden bereits 1990 Single Grain-Whiskys aus dieser Destillerie auf den Markt gebracht. Sie konnten sich aber nie richtig durchsetzen. Es gibt den »Invergordon« auch in Abfüllungen von den Unabhängigen.

Cromarty Firth · Meeresarm der Nordsee; Öl-Förderplattformen; Delfine.

Links oben · Invergordon aus der Ferne.

Ganz links · Blick in den Gärraum.

Links · Eine der großen Maismühlen.

Die Grain-Destillerie Invergordon steht im gleichnamigen Ort am Cromarty Firth. Um dorthin zu gelangen, nimmt man von Inverness aus die A9 Richtung Norden. Auf der Höhe von Alness verlässt man diese Straße und folgt auf der B817 dem Ufer des Cromarty Firth. Die imposante Grain-Destillerie liegt auf einer Anhöhe oberhalb des Ortes und ist schon von weit her zu riechen. Kurz vor dem langen Pier in den Firth geht es links den Hügel hoch zur Destillerie – man muss nur dem Wegweiser folgen.

Rechts · Invergordon ist die einzige produzierende Grain-Destillerie in der Whiskyregion Highland.

Rechts unten · Eine der beeindruckenden *columns* der *Coffey stills*.

Der Name bedeutet	Gordon's Flussmündung
Aussprache	Inwer-gorden
Whiskyregion	Highland
Adresse	Invergordon Distillery Invergordon, Ross-shire IV18 0HP Scotland
Kontakt	Keine eigene Homepage Besitzer www.whyteandmackay.co.uk Telefon +44 (0)1349 85 24 51
Gründung	1961
Status	In Betrieb
Besitzer	White & Mackay Ltd./ United Spirits (UB Group)
Stills	2 *Coffey stills* mit je 2 *columns*
Kapazität pro Jahr	Ungefähr 40 000 000 Liter – weiterer Ausbau geplant
Besucher	Nein; eventuell auf Anfrage.

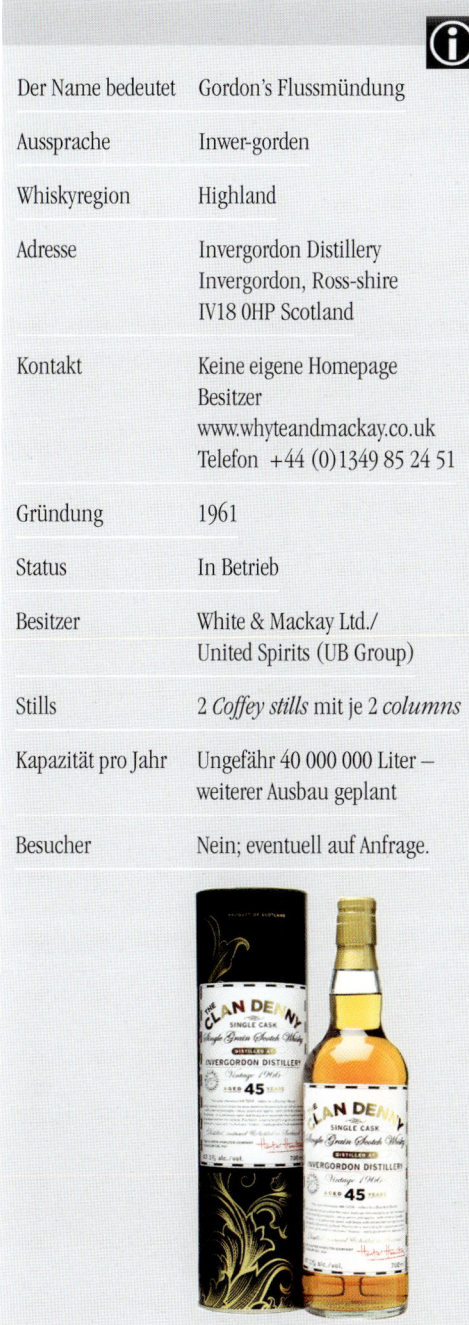

Loch Lomond
(Grain)

Die modernen Produktionsgebäude der Destillerie Loch Lomond sind gut abgesichert.

Alexandria, die Stadt mit dem ägyptisch klingenden Namen, liegt am südlichen Ende eines wunderschönen Sees mit dem Namen Loch Lomond. Die Destillerie Loch Lomond liegt in einem Industriegebiet im Osten der Stadt.

Kommt man auf der A82 aus Glasgow über Dumbarton nach Alexandria, zweigt man beim großen Kreisverkehr nach rechts ab und fährt auf dieser Straße (A811) ungefähr einen Kilometer bis zum nächsten großen Kreisel und nimmt dort wieder die Straße nach rechts (B857). Sie trägt den Namen Luss Road.

Ungefähr nach einem weiteren guten Kilometer geht links die Heather Avenue weg. Dieser muss man folgen; ein kleines Stück hinter der Bahnunterführung steht die Destillerie auf der rechten Seite.

Loch Lomond · der größte und wohl schönste See Schottlands mit zwei komplett unterschiedlichen Gesichtern: am westlichen Ufer befinden sich Rastplätze, Hotels, Restaurants, Souvenirläden und sonstige auf Touristen ausgerichtete Angebote; das Ostufer des Sees ist dagegen eine ruhige Gegend mit nur wenigen Hotels und ohne Durchgangsverkehr.

Ben Lomond · einzigartiger, 974 Meter hoher Berg am nordöstlichen Ufer des Loch Lomond. Die Aussicht von dort oben ist wirklich überwältigend.

Der Name bedeutet	Name des nahegelegenen Sees
Aussprache	Loch Lomend
Whiskyregion	Highland
Adresse	Loch Lomond Distillery Lomond Estate, Alexandria G83 0TL Scotland
Kontakt	www.lochlomonddistillery.com Telefon +44 (0)1389 75 27 81
Gründung	1965/66, Malt-Destillerie 1993/94, Grain-Destillerie
Status	In Betrieb
Besitzer	Loch Lomond Distillery Co. Ltd.
Stills	In der Grain-Destillerie: 1 Coffey still mit 2 columns
Kapazität pro Jahr	Ungefähr 17 500 000 Liter (Grain)
Besucher	Nein; eventuell auf Anfrage.

Die Destillerie Loch Lomond (Grain)

Die Littlemill Distillery Co. Ltd. stellte in der 1965/66 von ihr in Betrieb genommenen neuen Destillerie Loch Lomond zuerst nur Malt-Whiskys her. Die für ihren Betrieb benötigten Anlagen und Apparaturen wurden in dem See abgewandten Teil von Alexandria in eine bereits bestehende, aber nicht mehr genutzte Fabrik – eine ehemalige Färberei – eingebaut.

1971 wurde die Littlemill-Gruppe und mit ihr Loch Lomond von Barton Brands (USA) übernommen. 1982 ging sie von diesem amerikanischen Besitzer an die ADP (Amalgated Distilled Products plc) weiter. Diese neue Besitzerin schloss die Destillerie Loch Lomond im Jahr 1984.

Ein Jahr später (1985) kaufte die schottische Gesellschaft Loch Lomond Distillery Co. Ltd. die stillgelegte Destillerie, um für ihre große Abfüllfirma Glen Catrine Bonded Warehouse Ltd. genügend Whisky zu bekommen, und nahm 1986 die Produktion wieder auf. Ende der 1980er-/Anfang der 1990er-Jahre wurden plötzlich auch Grain-Whiskys knapp. Loch Lomond bekam nicht mehr genügend von diesem Hauptbestandteil ihrer Blends, und die noch erhältlichen Mengen wurden von den Lieferanten, welche gleichzeitig auch Mitbewerber waren, nur noch zu laufend steigenden Preisen geliefert. Dies führte dazu, dass im Jahr 1993/94 für die Destillation von Grain-Whiskys zusätzlich eine continuous still installiert wurde. In dieser werden

Grain-Whiskys nicht nur für die eigenen Blends hergestellt, sie werden auch an andere Blendingfirmen geliefert.

Bevor es so weit war, wurden für eine kurze Zeit sowohl die Malt- als auch aushilfsweise Grain-Whiskys in den gleichen stills gebrannt. Bei den vier speziellen stills in der Destillerie Loch Lomond handelt es sich um Kombinationen von pot stills und continuous stills: Auf den Brennkessel einer pot still ist jeweils statt dem sich nach oben verjüngenden Schwanenhals ein gerades Rohr mit Elementen einer kontinuierlichen still mit mehreren spirit plates (perforierten Platten) aufgebaut. Die Platten – jede hat mehr oder weniger die Wirkung einer kleinen still – können entfernt und/oder in der Höhe verstellt werden. So lassen sich in der gleichen still durch Variation der Anordnung der Platten verschiedenste Arten von Whiskys mit unterschiedlichen Geschmäckern herstellen.

Im stillhouse der Malt-Destillerie steht ebenfalls eine neue, zum Jahreswechsel 2007/2008 in Betrieb genommene Art einer continuous still mit zwei Säulen (columns). In dieser werden jedoch auf eine spezielle Art Malt-Whiskys (zum Beispiel Old Rhosdhu) destilliert. Ich zähle diese still deshalb nicht zur Grain-Destillerie Loch Lomond.

Die Master Blender von Loch Lomond waren dann auch die Ersten, die auf die Idee kamen, einen Single Blend herzustellen. Es handelt sich bei diesem um einen Whisky, der aus verschiedenen Malt- und Grain-Grundwhiskys aufgebaut wurde, die jedoch alle nur aus einer, nämlich der eigenen, Destillerie stammen.

Den Loch Lomond als Single Grain gibt es in Original- oder Besitzerabfüllung als »Organic Single Cask« in verschiedenen Alterungsstufen.

Lochside †
(Grain)

Die Destillerie Lochside stand in Montrose, einer kleinen, aber aktiven und interessanten Hafenstadt an der Ostküste des schottischen Hochlands in der Region Angus. Man erreicht sie von Dundee aus auf der A92 in Richtung Norden über Arbroath.

Lochside stand direkt an der A92 etwa zwei Kilometer nördlich des Bahnhofs (auch an diesem führt die A92 unmittelbar vorbei) an der Kreuzung der North Esk Road mit der Brechin Road. Ihre Gebäude sind nicht mehr zu sehen, sie wurden im Jahr 2005 abgerissen.

Montrose • schöne Hafenstadt; liegt zwischen dem Montrose Basin, einem Naturschutzgebiet, und der Nordsee.

Caledonian Railway • von Eisenbahn-Enthusiasten betriebene Dampf- und Dieselbahnstrecke mit regelmäßigen Fahrten zwischen Brechin und Bridge of Dun in der Nähe des Montrose Basin (circa 8 Kilometer).

Der untere Teil der beiden *columns* der 25 Meter hohen *Coffey still*. Foto aus dem Jahr 1996 © RCAHMS

Der Name bedeutet	Seeseite oder Seenplatte
Aussprache	Loch-seid
Whiskyregion	Highland
Adresse	Lochside Distillery Montrose, Angus DD10 9AD Scotland
Kontakt	Kein Web und Telefon
Gründung	1957, Grain-Destillerie 1961, Malt-Destillerie
Status	Grain-Destillerie abgebaut, 1970 Malt-Destillerie stillgelegt, 1992 Gebäude abgerissen, 2005
Besitzer	Letzter war Distillerias y Crianza, DYC (Spanien), Tochter von Allied Domecq Ltd.
Stills	In der Grain-Destillerie: 1 *Coffey still* mit 2 *columns*
Kapazität pro Jahr	12 500 000 Liter
Besucher	Nein; existiert nicht mehr

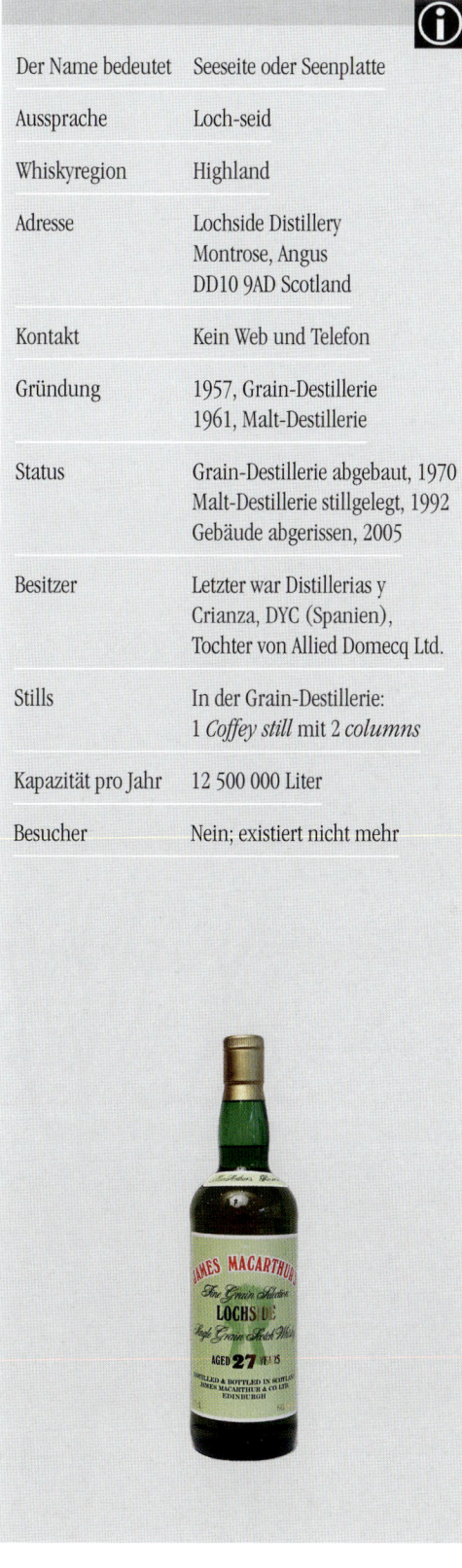

Die Destillerie Lochside (Grain)

Die Destillerie Lochside wurde 1957 von Joseph W. Hobbs als Grain-Destillerie gegründet. Ihre großen und hohen Gebäude waren – und dies war deutlich zu erkennen – nicht zur Herstellung von Whisky gebaut worden. Sie dienten zuvor über 200 Jahre einer Bierbrauerei (James Deuchars & Sons), bevor sie 1957 zu einer Destillerie umgebaut wurden.

Joseph Hobbs war kein Unbekannter in der Whiskyindustrie, so gehörte ihm zum Beispiel auch die Destillerie Ben Nevis in Fort William. Er war bei der Gründung der Destillerie Lochside vor allem an der Produktion von Grain-Whisky interessiert. Bis 1961 war dies auch das einzige Produkt, das in dieser Destillerie gebrannt wurde.

Ungefähr zu dieser Zeit verschärfte sich jedoch der Konkurrenzkampf unter den großen Grain-Destillerien, und Hobbs reagierte sofort. Er baute einige Anlagen um und installierte vier *pot stills* neben der bestehenden, über 20 Meter hohen *Coffey still*, um Malt-Whiskys herstellen zu können. Mit diesen war einerseits eine höhere Rendite zu erzielen und andererseits benötigte er diese für die Herstellung seiner Blended Whiskys.

Die beiden Whiskyarten von Lochside wurden in der Destillerie selbst zu Blends verarbeitet. Joseph W. Hobbs war ein Verfechter des »blending at birth«, das heißt des Mischens der Whiskys vor der Lagerung in den Eichenfässern. Den bei Lochside als hauptsächliches Produkt hergestellten Blend nannte er »Sandy Macnab's«. Die Destillerie in Montrose betrieb er unter dem Firmennamen Macnab Distillers Ltd.

Ab 1964 übernahm der Sohn von Joseph W. Hobbs, Joseph jr., die Leitung der Destillerie. Im Laufe des Jahres 1970 wurden unter seiner Leitung die *continuous stills* stillgelegt. Das heißt, ab dann wurde nur noch Malt-Whisky destilliert.

Von 1971 bis Ende 1972 war Lochside komplett stillgelegt. Dann kaufte die spanische Spirituosenfirma Distillerias y Crianza (DYC) die Destillerie. Der Blend mit dem Namen »Sandy Macnab's« wurde jetzt in Spanien mit aus Schottland stammendem Malt und spanischen Grain-Whiskys produziert. Der Malt-Whisky wurde zu diesem Zweck zum Teil in Tanklastwagen abgefüllt und nach Spanien gebracht. Dort wurde er in Fässern gereift und für die Blends verwendet.

1992 wurde die Destillerie endgültig stillgelegt. Sie gehörte später über die Verbindung DYC/Hiram Walker zu Allied Distillers Ltd. Im Laufe des Jahres 1996 wurden alle Anlagen und Whiskyvorräte aus den Gebäuden entfernt.

Eine Baufirma kaufte die leeren Gebäude und wollte diese in Appartements umbauen. Weil sich diese Pläne jedoch verzögerten, mussten die Gebäude von Lochside wegen der durch den fehlenden Unterhalt und die Verwitterung entstandenen Einsturzgefahr, die sich nach einem Anfang 2005 ausgebrochenen Feuer noch erhöhte, abgerissen werden. Lochside wird nie mehr Whisky produzieren.

Vom Lochside gibt es bis heute keine Originalabfüllung eines Single Grain. Auch von den unabhängigen Abfüllern kam er nur sehr selten auf den Markt. Der Lochside als Single Grain ist eine echte Rarität.

Moffat Grain †
(Garnheath)

Der Name bedeutet	Geschmückt mit Erika (Heidekraut)
Aussprache	Garn-hies
Whiskyregion	Lowland
Adresse	Garnheath Distillery Moffat, Airdrie, Lanarkshire ML6 8PL Scotland
Kontakt	Kein Web und Telefon
Gründung	1964
Status	Stillgelegt 1986; abgerissen. Lagerhäuser und ein paar Gebäude werden weiter genutzt.
Besitzer	Letzter war Inver House Distillers Ltd.
Stills	Früher: 2 *Coffey stills* mit je 2 *columns*
Kapazität pro Jahr	Früher ungefähr 20 000 000 Liter
Besucher	Nein, existiert nicht mehr

Die Destillerie Moffat (auch Garnheath) war eine reine Grain-Destillerie in einem riesigen Destillerie-Komplex mit der Malt-Whisky-Destillerie Moffat (Glen Flagler / Killyloch), einer Großmälzerei und Lagerhäusern in der Stadt Airdrie im Osten von Glasgow. Heute stehen dort noch die Lagerhäuser und die Gebäude für die Fassabfüllung, das Blending und die Flaschenabfüllung der Whiskys der Inver-House-Gruppe.

Zum Komplex gelangt man von Glasgow kommend, indem man die Stadt auf der A8 verlässt und bei Chapelhall auf die A73 nach Airdrie wechselt. In Airdrie selbst nimmt man beim großen Kreisverkehr mitten in der Stadt die A89 Richtung Armadale. Nach ungefähr zwei bis drei Kilometern geht eine Straße ab in Richtung Moffat Mills. Diese fährt man entlang, dann ist der große Komplex nach ungefähr einem Kilometer auf der linken Seite zu sehen. Es gibt dort keine Besichtigungsmöglichkeit.

Summerlee Heritage Park · historisches Industrieobjekt (Eisenwerk, Kohlemine, Straßenbahnen usw.).

Glasgow · mit all seinen Sehenswürdigkeiten.

Die Destillerie Moffat Grain (Garnheath)

Die Grain-Destillerie Moffat – sie war in der Region auch unter den Namen »Garnheath« oder »Inver House Distillery« bekannt – wurde von der Firma Inver House Distillers Ltd. im Jahr 1964 gegründet.

Inver House gehörte zu jener Zeit der amerikanischen Gesellschaft Publicker Industries Ltd. aus Philadelphia. Diese kaufte 1964 die stillgelegten Moffat Paper Mills (eine Papierfabrik) und baute diese so um und aus, dass sowohl eine Grain- als auch eine Malt-Destillerie auf ihrem Gelände zu stehen kam: Garnheath, eine wirklich große Grain- sowie eine Malt-Destillerie, in welcher zwei heute sehr gesuchte Malt-Whiskys produziert wurden: Glen Flagler und Killyloch. Die amerikanischen Besitzer glaubten, mit der Möglichkeit der Produktion von drei verschiedenen Whiskys in einem einzigen Komplex eine gute Rentabilität erzielen zu können.

Das Firmengelände in Moffat umfasste daneben damals auch noch 32 Lagerhäuser, eine eigene *cooperage* (Fassfabrik) und Blending- und Flaschenabfüllhallen sowie die Moffat-Mälzerei. Diese war zu jener Zeit eine der größten Mälzereien in Europa. 1978 wurde sie an die Associated British Maltsters (heute Paul's Malt, Tochtergesellschaft von Greencore Malt) verkauft, später aber stillgelegt und abgerissen.

1965 nahm Inverhouse Distillers Ltd. die Destillerien in Betrieb, legte sie aber nach relativ kurzer Zeit wieder still. Als Erstes wurde 1985 die Moffat Malt Distillery, in der bis 1975 der Malt mit dem Namen »Killyloch« und bis zum Schluss der mit dem Namen »Glen Flagler« gebrannt wurde, stillgelegt. Im Jahr 1986 wurde dann auch die große Grain-Destillerie Garnheath aufgegeben. Mit ihren zwei *Coffey stills* gehörte sie zu den größten Grain-Destillerien

Heute befinden sich die Lagerhäuser und die Fass- und Flaschenabfüllabteilungen der Firma Inver House Distillers Ltd. auf dem Gelände der ehemaligen Grain-Destillerie Moffat (Garnheath) in Moffat bei Airdrie.

Schottlands. Im gleichen Jahr wurden alle *stills* – sowohl diejenigen der Malt als auch der Grain-Destillerie – abgebaut und die Destilleriegebäude nach nur 21 Betriebsjahren abgerissen. Nur die Verarbeitungsbetriebe und die Lagerhäuser blieben stehen.

Diese Gebäude von Garnheath (oder Moffat) werden heute als Whiskyumschlagplatz (Abfüllen in Fässer, Entleeren der Fässer, Flaschenabfüllung usw.) und die heute 37 Lagerhäuser für das Reifen der Whiskys in den verschiedenen Fassarten genutzt.

Der »Garnheath« als Single Grain ist wie die Malts von »Killyloch« oder »Glen Flagler« eine absolute Rarität. Bis heute sind nur Abfüllungen von unabhängigen Abfüllern auf dem Markt aufgetaucht.

Links • Die Gärbottiche *(wash backs)* der Moffat Grain Distillery standen im Freien. Foto aus dem Jahr 1980 © RCAHMS

Unten • Die beiden unterschiedlich hohen *Coffey stills* standen ebenfalls unter freiem Himmel. Foto aus dem Jahr 1980 © RCAHMS

North British

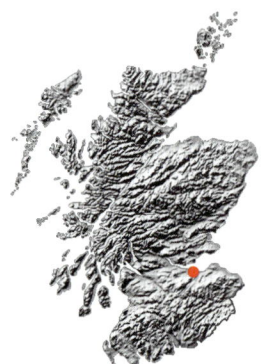

Die Destillerie North British liegt in der Nähe des Haymarket und der gleichnamigen Bahnstation in Edinburgh. Folgt man vom Bahnhof aus der A71 Richtung Calder, geht kurz vor dem Bahnübergang nach rechts die Wheatfield Road weg. Sie führt direkt zur Destillerie.

Der Name bedeutet	Nord Britisch
Aussprache	Nors-britisch
Whiskyregion	Lowland
Adresse	North British Distillery 9 Wheatfield Road, Edinburgh EH11 2PX Scotland
Kontakt	www.northbritish.co.uk Telefon +44 (0)1313 37 33 63
Gründung	1885
Status	In Betrieb
Besitzer	Lothian Distillers Ltd. (50/50 Joint Venture von UDV/ Diageo und Edrington Group)
Stills	4 *continuous stills*
Kapazität pro Jahr	65 000 000 Liter
Besucher	Nein; eventuell auf Anfrage.

Die Destillerie North British

Der North British-Grain-Whisky stammt aus einer großen Destillerie, die in der Stadt Edinburgh direkt an der Eisenbahnlinie, die diese Stadt mit England verbindet, steht. Sie befindet sich auch in der Nähe des Bahnhofes Haymarket und damit auch nahe der geschlossenen Destillerie Caledonian. Sie verdankt ihren Namen wohl diesem damals nördlichsten Bahnhof Großbritanniens.

Die Destillerie North British wurde 1885 von Andrew Usher (Usher), William Sanderson (VAT 69) und John M. Crabbie (John Crabbie & Co. Ltd. Leith) mit ihren Firmen als reine Grain-Destillerie gegründet. Ziel war, gegenüber der (über-)mächtigen DCL unabhängig zu werden. Baubeginn war im Jahr 1886, die Produktion konnte im September 1887 aufgenommen werden. North British war ab die-

Oben • Zwei der vier *Coffey stills*. Sie sind bei North British eingepackt.

Rechts • Im noblen Sitzungsraum aus dem Jahr 1937 kann man die wichtigen Persönlichkeiten seit der Gründung der Destillerie bewundern.

Edinburgh • die Touristenstadt von Schottland schlechthin mit all ihren Sehenswürdigkeiten (Schloss, Royal Mile usw.) und vielen Pubs und Restaurants.

sem Zeitpunkt bis zu einer Stilllegung am Ende des Ersten Weltkriegs von 1917 bis 1920 immer in Betrieb.

1937 wurde die Destillerie das erste Mal in größerem Umfang renoviert und erweitert. Im Zuge dieses Ausbaus erhielt North British auch ein neues Bürogebäude.

Während des Zweiten Weltkriegs musste in dieser Destillerie die Produktion aufgegeben werden. Ein Teil der Gebäude wurde von der Regierung als Getreidelager genutzt.

1948 wurden bei North British die ersten Saladin-Maltings (mechanisches Mälzverfahren) Schottlands in Betrieb genommen.

Im Jahr 1955 war North British aufgrund der großen Nachfrage nach ihrem Grain-Whisky gezwungen, weitere Lagerhäuser (bereits mit Hochregallagern) und eine zusätzliche Mälzerei zu bauen. Die Destillerie wuchs auch in den folgenden Jahren laufend weiter und ihr Ausstoß nahm Jahr für Jahr zu. Der Platz in Edinburgh wurde knapp und zu teuer. So wurde entschieden, auf der grünen Wiese im Industriegebiet Muirhall von Addiewell (südwestlich von Edinburgh) neue Lagerhäuser und Abfüllgebäude zu bauen. Bis ins Jahr 1975 entstanden dort nicht weniger als neun riesige Lagerhäuser. Es sollten noch mehr werden.

1979 wurden neue und zusätzliche Produktionsanlagen (*mash tuns*, *wash backs* und *continuous stills*) eingebaut und die Destillerie ein weiteres Mal erweitert. Neben einem neuen Labor wurde ihr auch eine *dark grains*-Fabrik (Herstellung von Viehfutter aus den Destillerieabfällen) angegliedert.

1992 wurde North British von einem Unfall heimgesucht, der aber wie durch ein Wunder keine Opfer forderte: Eine der *continuous stills* explodierte. Sie wurde im gleichen Jahr durch eine neue ersetzt.

Seit 1993 wird die Destillerie nach einer Kapitalerhöhung und einem Aktientausch von der Firma Lothian Distillers Ltd., einem 50/50 Prozent Joint Venture zwischen der Edrington Group und UDV/Diageo, betrieben.

Bis Ende der 1990er-Jahre wurde wiederum ein umfassendes Expansionsprogramm durchgeführt. Neben den verschiedensten Produktions-Verbesserungs-Maßnahmen wurden auch wieder neue, effektivere *stills* installiert. Verschiedene Lagerhausstandorte in der Stadt Edinburgh wurden aufgegeben und nach Addiewell ausgelagert. Dort wurden noch mehr zusätzliche Lagerhäuser gebaut.

North British setzt nach wie vor hauptsächlich Mais für die Herstellung seiner Grain-Whiskys ein. Für einen besseren Gärungsprozess wird diesem Grünmalz beigemischt.

Der Whisky aus der Destillerie North British wird zu fast 100 Prozent für Blended Whiskys gebraucht (zum Beispiel für »J&B Rare«, »Famous Grouse«, »Johnnie Walker Black Label«, »Lang's« und »Cutty Sark«) und wurde als Single Grain in Original- oder Eigentümerabfüllung bisher ein einziges Mal – mit 40 Fassjahren –abgefüllt. Daneben sind auch einige wenige alte Fässer auf den Markt gelangt und durch Unabhängige abgefüllt worden. Damit gehört er — wenigstens bis heute – mit zu den Single Grain-Raritäten.

Oben • Das über 100 Jahre alte *warehouse N° 1* ist noch das einzige Lagerhaus in Edinburgh selbst.

Mitte • Der Mais wird in solchen riesigen Dampfkochern ausgekocht.

Rechts • In einer riesigen Halle stehen die sehr großen Gärbottiche.

Port Dundas †

Die Destillerie Port Dundas

In Port Dundas, einem Stadtteil im Norden von Glasgow, wurde 1810/11 von Daniel MacFarlane eine Malt-Destillerie mit dem Namen des Stadtteils gebaut. Sie stand direkt am Forth-Clyde-Kanal. Ganz in ihrer Nähe begann Brown, Gourlie & Co. 1813 in einer zweiten Destillerie mit dem Namen Port Dundas ebenfalls mit der Produktion von Malt-Whiskys. Beide rüsteten ihre Destillerien auch schon bald mit *continuous* beziehungsweise *Coffey stills* aus und begannen mit der Grain-Whisky-Produktion im Jahr 1845.

1865 legten die beiden langjährigen Konkurrenten ihre Destillerien zusammen (die ältere von ihnen wurde damals Port Dundas 1 und die jüngere Port Dundas 2 genannt) und gründeten mit fünf anderen Grain-Destillerien 1877 die Distillers Company Ltd. (DCL).

1903 wurde Port Dundas durch ein Feuer stark zerstört. Nach einer langen Wiederaufbauphase konnte erst 1913 die Produktion wieder aufgenommen werden. Ab dann wurde nur noch mit *continuous stills* Grain-Whisky produziert.

Rechts · Die sehr große Destillerie stand direkt am Forth-Clyde-Canal.

Unten · In mehreren solcher *cooker* wurde der Mais ausgekocht.

Glasgow · hat sich von einer eher hässlichen zu einer sehens- und besuchenswerten Stadt entwickelt.

Loch Lomond · der größte und wohl schönste See Schottlands mit zwei unterschiedlichen Gesichtern: am westlichen Ufer mit Rastplätzen, Hotels, Restaurants, Souvenirläden und sonstigen auf Touristen ausgerichteten Angeboten; das Ostufer des Sees ist dagegen eine ruhige Gegend mit nur wenigen Hotels.

Der Name bedeutet	Hafen der Dundas	Besitzer	Diageo plc
Aussprache	Port Döndes	Stills	Früher: 2 *Coffey stills* mit je 2 *columns*
Whiskyregion	Lowland		
Adresse	Port Dundas Distillery North Canal Bank Street, Glasgow G4 9XL Scotland	Kapazität pro Jahr	Früher ungefähr 40 000 000 Liter
		Besucher	Nein; existiert nicht mehr
Kontakt	Kein Web und Telefon Besitzer www.diageo.de		
Gründung	1811/1813, Malt-Destillerien 1845, Grain-Destillerie		
Status	Grain-Destillerie: Stillgelegt im März 2010; abgerissen ab 2011 Malt-Destillerie: Nach dem Großfeuer 1903 nicht wieder aufgebaut		

PORT DUNDAS
20

Single Grain-Abfüllung gibt es den Port Dundas bis heute von den Eigentümern nur ein einziges Mal: Nach der Stilllegung brachte Diageo einen fassstarken 20-Jährigen in limitierter Abfüllung heraus. Es gibt ihn auch von ein paar Unabhängigen in seltenen und gesuchten Abfüllungen.

Links · Teil einer *column* einer der beiden *Coffey stills*.

Unten · Im Maischgebäude standen vier *mash tuns*.

Ganz unten · Aus den riesigen Gärbottichen wurde das Kohlendioxid durch die gelben Rohre abgezogen.

Alle Fotos aus dem Inneren der Destillerie stammen von Ben Cooper, www.transientplaces.co.uk

Bereits 1916 brannte durch ein weiteres Feuer erneut ein großer Teil der Destillerie ab.

Nach einigen Erweiterungen in den Nachkriegsjahrzehnten wurde 1966 die riesige Destillerie total renoviert.

1976 erhielt Port Dundas neue *stills* und ein ebenfalls komplett neues *stillhouse*. 1977 erweiterte man die Destillerie noch einmal. Gleichzeitig wurde ihr für die Verarbeitung der Destillerieabfälle zu Viehfutter eine *dark grains*-Fabrik angegliedert.

Direkt neben Port Dundas befand sich die Dundashill Cooperage. In dieser wurde dafür gesorgt, dass die Destillerie für ihren riesigen Ausstoß genügend Fässer hatte.

Im Jahr 2009 gab Diageo, die Besitzerin der Destillerie Port Dundas und der direkt neben dieser stehenden Dundashill Cooperage, bekannt, dass beide Produktionseinheiten im Jahr 2010 geschlossen werden sollen. Im März 2010 war es dann soweit: Port Dundas wurde stillgelegt.

Die Destillation der bis jetzt in ihr produzierten Whiskys wird neu bei Cameronbridge in Fife gemacht und die Küferei wie die aller anderen Küfereibetriebe des Konzerns in die neue riesige Fassfabrik in Cambus (Blackgrange) integriert. Im Jahr 2011 begann man, die Anlagen von Port Dundas zu demontieren und die Gebäude abzureißen.

Der Grain-Whisky von Port Dundas ging vor allem in die Blends von Haig, Johnnie Walker und White Horse. Als

Strathclyde

Der Name bedeutet	Weites Flusstal des Clyde
Aussprache	Strass-gleid
Whiskyregion	Lowland
Adresse	Strathclyde Distillery 40, Moffat Street, Glasgow G5 0ND Scotland
Kontakt	Keine eigene Homepage Besitzer www.pernod-ricard.com Telefon +44 (0)1414 29 20 24
Gründung	1927
Status	In Betrieb
Besitzer	Chivas Brothers Ltd. (Pernod Ricard SA)
Stills	1 *continuous still* mit 2 *columns* für Grain Whisky, weitere 5 *columns* für neutralen Alkohol
Kapazität pro Jahr	Ungefähr 40 000 000 Liter
Besucher	Nein

Glasgow · hat sich in den letzten Jahren von einer hässlichen zu einer sehens- und besuchenswerten Stadt entwickelt.

Der große Grain-Whisky-Komplex Strathclyde liegt in einem Industriegebiet Glasgows am linken Ufer des River Clyde gegenüber dem Glasgow Green Park.

Von der M8, der Autobahn, die durch die Stadt Glasgow führt, nimmt man an der Ausfahrt 19 die A814 in Richtung Osten, das heißt Richtung Central Station, fährt aber nicht zu dieser, sondern bleibt auf der A814. Die A814 heißt schon bald Clyde Street. Wenn diese Straße nicht mehr geradeaus weitergeht, muss man nach rechts in die Crown Street einbiegen und über die Clyde-Brücke fahren. Kaum auf der anderen Seite des River Clyde biegt man links in die A74 (Ballater Street) ein. Der beeindruckende Destillerie-Komplex steht unübersehbar schon bald auf der linken Straßenseite.

Die Destillerie Strathclyde

Strathclyde wurde als reine Grain-Destillerie 1927 von Seager, Evans & Co. gebaut. Diese Firma wurde 1956 von Schenley Industries (USA) übernommen.

Innerhalb des großen Grain-Destillerie-Komplexes Strathclyde wurde 1957 eine Malt-Destillerie mit dem Namen »Kinclaith« errichtet. Die Lizenz der mit zwei *pot stills* arbeitenden Destillerie lautete auf den Namen von Long John Distillers Ltd. Dies war auch der Name, den sich Seager Evans & Co. Ltd. im Jahr 1971 dann selbst gab.

1975 wurde Long John Distillers Ltd. von Whitbread & Co. gekauft. Dieser Besitzerwechsel bedeutete für die Malt-Destillerie Kinclaith nach 18 Jahren Produktionszeit das Aus. Whitbread wollte die Grain-Destillerie vergrößern und brauchte Platz. Kinclaith musste weichen. Die Destillerie wurde abgebaut und ihre Anlagen weiterverkauft.

Die Destillerie hat eine sehr große Kapazität, welche jedoch nur zu einem Teil für die Herstellung von Grain Whisky eingesetzt wird. So setzt man von den sieben *columns* nur deren zwei für die Whiskydestillation ein. In den anderen fünf wird neutraler Alkohol für die verschiedensten Einsatzarten produziert.

1990 ging die Grain-Destillerie Strathclyde in den Besitz von Allied Distillers Ltd. über. Mit dem Verkauf der gesamten Allied-Gruppe an Pernod Ricard im Jahr 2005 wechselte auch sie zu diesem neuen Besitzer.

Die engen Platzverhältnisse der Destillerie in der Stadt Glasgow zwingen sie, ihre Whiskys in den zentralen Lagerhäusern der Gruppe in Dumbarton und Alexandria zu lagern. Sie werden auch erst dort in Fässer abgefüllt, nach der geplanten Lagerzeit (mindestens drei Jahre) geblended und dann in Flaschen abgefüllt. Die Destillerie hat in Glasgow selbst keine Lagerhäuser.

Der große Teil der bei Strathclyde hergestellten Grain-Whiskys geht in die Ballantine's Blends. Seit 2002, dem Jahr der Schließung der Destillerie in Dumbarton werden die vorher dort produzierten Whiskys ebenfalls bei Strathclyde hergestellt.

Bis heute gibt es Abfüllungen von Single Grains aus dieser Destillerie nur von den Unabhängigen.

Mitten in der Stadt Glasgow steht die große Grain-Destillerie Strathclyde. Im hohen Gebäude kann man die *columns* der *continuous stills* erkennen. Foto von Martin Jenkins

Strathmore †

Die Destillerie Strathmore

North of Scotland Ltd. war der Name der Firma, die im Ort Cambus ab 1957 unter dem Namen »Strathmore« eine Destillerie mit einer einzigen *continuous still* betrieb. Sie gehörte der Familie Christie, die schon sehr lange im Whiskygeschäft tätig war. Viel weniger lang sollte die Destillerie in Betrieb sein. Sie hatte die kürzeste Existenz aller Grain-Destillerien in dieser Region. George Christie, die treibende Kraft hinter der Gründung dieser Destillerie, stammte aus einer berühmten Whiskyfamilie und sollte später auch noch die Malt-Destillerie »The Speyside« in der Nähe von Kingussie gründen.

Strathmore wurde in den Gebäuden einer stillgelegten Bierbrauerei (Knox Forth Brewery) eingerichtet. Diese standen in direkter Nachbarschaft zur imposanten Grain-Destillerie Cambus der DCL.

George Christie bemerkte erst nach dem Kauf der Gebäude, dass diese zum Teil unter Denkmalschutz standen. Es war ihm deshalb nicht gestattet, die Dächer für die Montage der hohen *stills* seiner kontinuierlichen Brennereianlage zu entfernen und die Gebäude um ein paar Meter zu erhöhen. Als sich die Diskussionen mit den Behörden immer mehr in die Länge zogen, ging er kurzerhand hin und hob einfach den Boden des *stillhouse* um die benötigten Meter aus.

Bei Strathmore wurde von 1958 bis Anfang der 1960er-Jahre in einer kontinuierlichen *column still* vor allem experimentiert und zum Erstaunen der schottischen Whiskyindustrie sogar Malt-Whisky produziert. Man wechselte dann aber aus Qualitäts- und sicher auch aus Kostengründen doch zu der für diese Art von *stills* normalen Grain-

Stirling • schöne Stadt aus dem frühen Mittelalter; viele Sehenswürdigkeiten; Schloss; Church of the Holy Rude.

Falkirk Wheel • Meisterwerk der Technik: Schiffsschleuse in Form eines Riesenrades.

Whisky-Herstellung und produzierte in dann drei *columns* einen von George Christie so genannten »Premium-Grain-Whisky«.

1982 verkaufte die Familie Christie die Destillerie an die DCL, die Besitzerin der benachbarten Destillerie Cambus. Diese neue Besitzerin schloss Strathmore ein Jahr später und riss den großen Teil der Destilleriegebäude im Jahr 1993 ab (sie standen damals nicht mehr unter Denkmalschutz). Einige von ihnen und vor allem die Lagerhäuser blieben jedoch stehen und wurden in den Komplex der Grain-Destillerie Cambus integriert.

Ein Single Grain-Whisky von Strathmore ist schwierig zu finden. Original- oder Eigentümerabfüllungen von ihm gab es bis heute nicht. Von den Unabhängigen gibt es ihn ebenfalls nur sehr selten. Von ihnen ist auch eine Abfüllung unter dem Namen der Firma — »North of Scotland« — bekannt.

Strathmore war eine kleine, ansehnliche Destillerie. Neben dem markanten Kamin erkennt man noch den oberen Teil des *stillhouse*. Foto aus den 1980er-Jahren © RCAHMS

Der Name bedeutet	Großes, breites Flusstal
Aussprache	Strass-moor
Whiskyregion	Lowland
Adresse	Strathmore Distillery Cambus, Alloa, Clackmannanshire FK10 2NZ Scotland
Kontakt	Kein Web und Telefon
Gründung	1957
Status	Stillgelegt 1993; zum Teil abgerissen. Die Lagerhäuser und einige andere Gebäude werden weiter genutzt.
Besitzer	Letzter war UDV/Diageo
Stills	Früher: 3 *column stills*
Kapazität pro Jahr	Früher ungefähr 10 000 000 Liter
Besucher	Nein, existiert nicht mehr

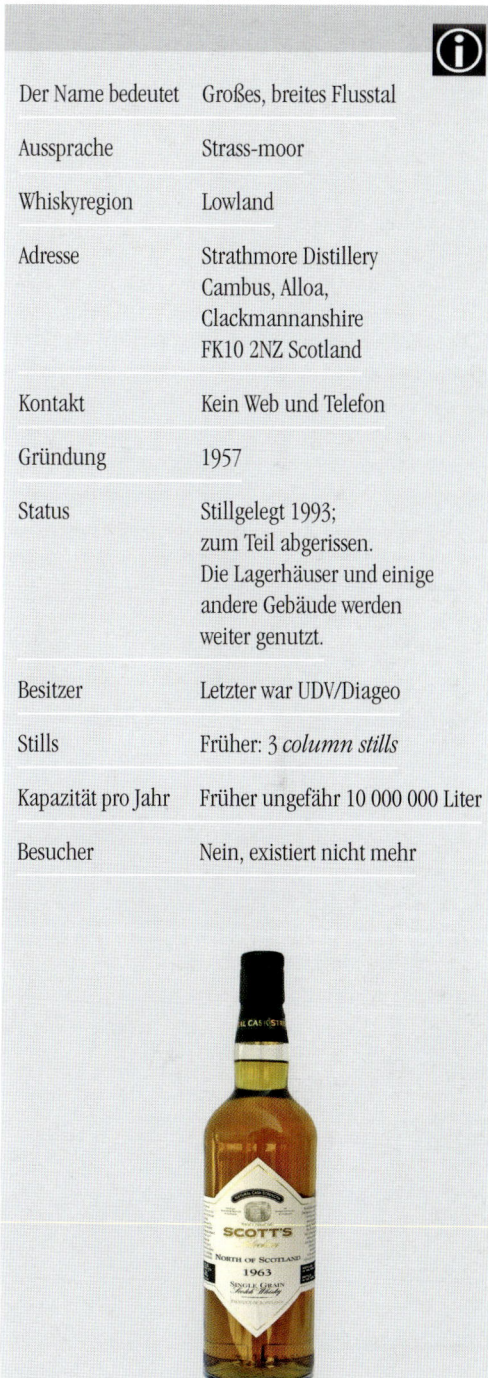

Die wenigen noch stehenden Gebäude der ehemaligen Destillerie Strathmore findet man im Ort Cambus an der Station Road im Komplex der heutigen Lagerhaus- und Whisky-Verarbeitungs-Gebäude der ehemaligen Destillerie Cambus von Diageo plc. Die Station Road zweigt von der A907 ab, die Stirling mit Alloa verbindet (nordöstlich von Glasgow/nordwestlich von Edinburgh). Man kann die ehemalige Destillerie nicht verfehlen: Die schwarzen Lagerhäuser stehen an der Hauptstraße. (Welche Gebäude früher zu Cambus und welche zu Strathmore gehörten, ist nicht mehr festzustellen.)

Irland

Überblick

Die Whiskeynation Irland – unter Irland sind hier beide Staaten auf der Grünen Insel gemeint – hat neben Schottland sehr viel zum Siegeszug des Lebenswassers in die ganze Welt beigetragen.

Irland hatte – ähnlich wie Schottland – eine über Jahrhunderte von Hochs und Tiefs geprägte Entwicklungszeit. Dies sowohl in Bezug auf die Whiskeyherstellung, die Vermarktung und, dies im Speziellen, die Veränderung des Aromas und Geschmacks der dort hergestellten Whiskeyarten.

Das Kapitel über Irland beginnt mit einem kurzen, aber doch die wichtigsten Fakten enthaltenden geschichtlichen Überblick um und über die Whiskeyproduktion auf der Grünen Insel. Anschließend folgen Informationen über die irischen Whiskeys, die für sie eingesetzten speziellen Herstellungsmethoden, ihre Arten und die typisch irischen Bezeichnungen.

Wie schon in Schottland reisen wir auch in Irland von Destillerie zu Destillerie, um einen ersten Eindruck von ihnen und ihrer Umgebung zu gewinnen. Im Kapitel »Porträts der Destillerien Irlands« sind sie und ihre Besonderheiten, Fakten und Geschichten dann detailliert beschrieben. (Ab Seite 461)

Vorherige Doppelseite • Clonmacnoise – eine der meistbesuchten touristischen Sehenswürdigkeiten Irlands – ist eine am River Shannon in einer wunderschönen Landschaft liegende Klosterruine. Die Ursprünge des Klosters gehen bis auf das Jahr 548 n. Chr. zurück.

Kurzer geschichtlicher Abriss

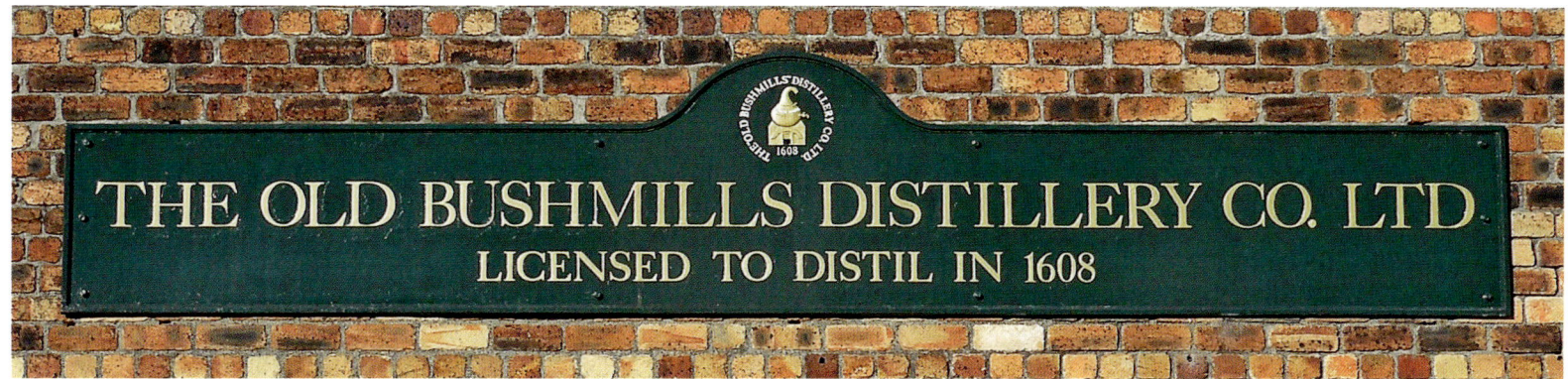

Die Schotten können für sich in Anspruch nehmen, das erste Dokument zu besitzen, das die Herstellung von Whisky aus dem Rohstoff Getreide nachweist. Die Iren dagegen können beweisen, dass in ihrem Land die erste Destillerie lizenziert wurde: König James I. erteilte diese erste Lizenz im Jahr 1608 an Sir Thomas Phillips, den damaligen Besitzer des Gebiets mit dem Namen Rowte, auf dem einige Destillerien standen und zu dem auch der Ort Bushmills gehörte. In diese erste Lizenz waren alle Destillerien dieser Region mit eingeschlossen.

Die damaligen Brennereien existierten jedoch nicht lange. Die heute den Namen Bushmills tragende Destillerie wurde, obwohl sie im Jahr 2008 ihr 400-Jahr-Jubiläum feierte, erst 1784 gebaut. Sie ersetzte Ende des 18. Jahrhunderts einige der vielen kleinen Destillerien der Region und produziert seither unter der Lizenz aus dem Jahr 1608.

Im Gegensatz zu Schottland war Irland bereits seit dem 12. Jahrhundert voll in das englische Königreich integriert und hatte keine eigene Regierung. Die Engländer übten ihre Macht in Irland also schon viel früher aus als in Schottland. So führten sie in Irland zum Beispiel bereits 1660 die Alkohol- und damit die Whiskeysteuer ein. Schwarzbrennerei und Schmuggelei übernahmen auf der Grünen Insel schon bald nach der Einführung der Steuer den Löwenanteil an der Whiskeyproduktion.

Die Folge davon war, dass in Irland wie in Schottland ein jahrzehntelanger Kampf zwischen den englischen Zollbeamten und den einheimischen Schwarzbrennern und Schmugglern tobte, in dem die Schwarzbrenner – auch hier eine Parallele zu Schottland – lange Zeit die Nase vorne hatten.

Ende des 18. Jahrhunderts gab es in Irland über 2000 kleine – fast ausschließlich illegale – Destillerien. Ihr schwarzgebranntes Produkt nannten die Iren »poitin« (kleiner Topf). Dieses Wort wurde später als *poteen* oder *potcheen* in die englische Sprache übernommen. Der Großteil der illegalen Destillerien arbeitete, wie diejenigen in Schottland, weit weg von den Hauptverkehrswegen in meist unwegsamem Gelände.

In den irischen Destillerien, ob legal oder illegal, wurde in erster Linie eine aus Gerste gewonnene Maische zu Whiskey gebrannt. Getrocknet und gebrannt wurde mithilfe von Torffeuern, denn in Irland gab und gibt es keine Kohlevorkommen. Kohle wurde aus England importiert.

So wie in Schottland revolutionierte dann aber das für alle unter britischer Regierung stehenden Länder geltende Gesetz von 1823 die Whiskeydestillation. Mit der Bezahlung einer Lizenz wurde eine Legalisierung der Destillerien möglich. Diese Legalisierung gab – auch hier eine Analogie zur Entwicklung in Schottland – den lizenzierten Destillerien eine bedeutend bessere Ausgangslage. Auch in Irland war deshalb Schwarzbrennen nicht mehr rentabel.

Über die ganze Insel verteilt entstanden schon bald große Destillerien. Zu echten Zentren wurden vor allem die größeren Städte wie Cork (früher Queenstown) und Dublin mit ihren Einzugsgebieten. Das war die Zeit der großen irischen Whiskeyfamilien Jameson, Powers usw. In ihren Großdestillerien wurde bereits Ende der 1830er-Jahre in kontinuierlich arbeitenden *stills* (nach einem ihrer Erfinder, Aeneas Coffey, *Coffey stills* genannt) industriell produziert.

Die kleineren Destillerien hatten deswegen schon bald überhaupt keine Chance mehr, viele mussten schließen. Die von Pater Theobald Mathew ins Leben gerufene

Oben • Die Destillerie Bushmills im gleichnamigen Ort in Nordirland besitzt die älteste Lizenz für die Destillation von Whiskeys auf der Welt.

Unten • Irischer Schwarzbrenner. (Zeichnung)

Abstinenzler-Bewegung, die einen riesigen Zulauf hatte, trug ab dem Jahr 1838 zusätzlich zum Verschwinden von Destillerien bei.

Eine im Jahr 1850 neu eingeführte Steuer auf gemälzte Gerste führte zu einer grundsätzlichen Änderung der Zusammensetzung des in Irland für die Whiskeyproduktion verwendeten Rohmaterials. Bereits ungefähr fünf Jahre nach Einführung dieser neuen Steuer verwendeten die meisten Destillerien neben der gemälzten mehr und mehr ungemälzte Gerste.

Produktion und Absatz der irischen Whiskeys stiegen in den folgenden Jahren mehr und mehr an. In der zweiten Hälfte des 19. Jahrhunderts wurde in den Hafenstädten Dublin und Cork und deren Umgebung begonnen, für den Prozess des Mälzens Kohle- statt Torffeuer einzusetzen und den Rauch nicht mehr durch die zu trocknende Gerste zu führen.

Weil der Torfrauch fehlte, bekam der so hergestellte Whiskey einen leichteren Geschmack. Der Irish Whiskey, wie man ihn heute kennt, entstand. Dieser – leichtere und weichere – Whiskey eroberte den Markt außerhalb Irlands sehr schnell.

Vor allem Engländer, Kanadier und Amerikaner liebten den ungetorften Whiskey. Dies führte noch einmal verstärkend dazu, dass die kleineren Destillerien in den Provinzen oder Counties immer größere Probleme hatten, ihre Destillate an die Kunden zu bringen. Denn sie waren durch die fehlenden finanziellen Möglichkeiten, sich Kohle für die Destillation zu kaufen, gezwungen, weiterhin vor allem stärkere – wenn auch nicht intensiv getorfte – Whiskeys zu produzieren. Und sie lebten wie die großen Destillerien hauptsächlich vom Export. In den Exportgebieten aber hatten sie bereits gegen die starke Konkurrenz der schottischen Whiskys anzukämpfen. Der Kampf – der bald auch noch gegen eine starke Gegnerschaft aus dem eigenen Land geführt werden musste – führte zum Aus fast aller kleinen Destillerien.

Wegen der laufend gesteigerten Kapazität und dem auch unter den irischen Produzenten extrem geführten Konkurrenzkampf gab es zusätzlich schon bald eine Überproduktion und daraus resultierend zu große Lagerbestände.

Dies alles führte in den letzten beiden Jahrzehnten des 19. Jahrhunderts zu großen Absatzproblemen für die komplette irische Whiskeyindustrie. Nach den irischen Unabhängigkeitskriegen gegen die Engländer – 1919 bis 1921 – fielen dann auf einen Schlag auch noch die Exportmöglichkeiten nach Großbritannien und in den gesamten Commonwealth weg. Auch die Prohibition in den USA (1919–1933) traf die irische Whiskeyindustrie hart.

All diese Probleme führten – noch extremer als in Schottland – zu einer beispiellosen Firmenkonzentration in der irischen Whiskeyindustrie. Bis auf zwei große Destilleriekonzerne (Bushmills und Irish Distillers Group IDG) mit nur noch drei Produktionsstandorten auf der Grünen Insel verschwanden alle Brennereien. Die bekannten und berühmten Marken und Whiskeysorten blieben jedoch bestehen und wurden von den neuen Besitzern weitergeführt. Die Whiskeys wurden aber zentral in neuen, großen Destillerien hergestellt.

Ab diesem Zeitpunkt blieb es bis in die 1970er-Jahre in der irischen Whiskeyindustrie mehr oder weniger ruhig und stabil. 1972 schluckte die IDG dann auch noch die letzte unabhängige Destillerie, Bushmills, und hatte damit in Irland das totale Monopol.

In den 1980er-Jahren wurde die IDG dann nach einer sehr kämpferischen Übernahme Teil des französischen Getränkekonzerns Pernod Ricard.

1987 gründete der junge Unternehmer John J. Teeling eine neue Destilleriegruppe. Er wollte seine eigenen Vorstellungen von Whiskeyproduktion und -vermarktung in die Tat umsetzen. Und dies gelang ihm voll und ganz. Er produziert heute in einer sehr modernen Destillerie – sie liegt in der Nähe von Dundalk an der nordirischen Grenze – hauptsächlich mit zweifacher Destillation in *pot stills* und in einer *Coffey still*. Teeling schaffte es, mit seiner unabhängigen Firma Cooley Ltd., dem großen Pernod Ricard-Konzern die Stirn zu bieten. Einige seiner Whiskeys sind getorft (zum Beispiel »Connemara«).

Gelagert werden sie zum Teil auch in der zu seiner Firma gehörenden alten Destillerie Locke in Kilbeggan im Zentrum Irlands. Diese war viele Jahrzehnte geschlossen. Im Jahr 2007 wurde dort aber das erste Mal wieder – wenn auch nur in sehr kleinem Stil – destilliert.

Mitte des Jahres 2005 setzte Pernod Ricard die Destillerie Bushmills als Joker im Gerangel um die Übernahme des Konzerns Allied Domecq gegen den anderen Riesen Diageo plc ein. Diageo hatte sich bei diesem finanziell riesigen Deal zurückgehalten und nicht mitgeboten, aber Pernod Ricard mit dem Kauf von Bushmills gleichzeitig zu einem Teil des zur Übernahme benötigten Geldes verholfen. Diageo plc besitzt so seit 2005 ebenfalls eine Destillerie in Irland.

Einige irische Destillerien haben seit dem Beginn der Absatzkrise Ende der 1980er-Jahre den Geschmack ihrer Whiskeys demjenigen der leichteren schottischen Single Malts und Blends angepasst. Dies führte dazu, dass der irische Whiskey bis zur Jahrtausendwende den ihm seit Mitte des 19. Jahrhunderts eigenen Stil immer mehr verlor.

So gesehen war das schade. Andererseits haben die irischen Produzenten damit zumindest in wirtschaftlicher Hinsicht das Richtige getan: Der Konsum an irischen Whiskeys ist in den letzten Jahren wieder stark angestiegen und erlaubt den Brennereien wieder zu experimentieren und vermehrt auch wieder nach altem System gebrannte echte irische Whiskeys auf den Markt zu bringen.

Der Boom – in der Zwischenzeit kann man die Absatzsteigerungen der irischen Whiskeys getrost so nennen – führte dazu, dass auch andere große Whiskyfirmen respektive -Konzerne auf den Plan traten und ebenfalls mitprofitieren wollten oder wollen. So wurden im Juni 2010 die Marken »Tullamore Dew« und »Irish Mist« von der schottischen Firma William Grant & Sons (Glenfiddich, Balvenie, Grant's usw.) aufgekauft. Zurzeit brodelt die Gerüchteküche, dass die Grants in Tullamore wieder eine Destillerie bauen wollen.

Wie ein Blitz aus heiterem Himmel überraschte die Nachricht, dass die Firma Cooley Ltd. im Januar 2012 vom amerikanischen Spirituosenkonzern Beam Inc. (Jim Beam, Maker's Mark, Canadian Club usw.) übernommen wurde.

Um die Zukunft der irischen Destillerien braucht man sich unter diesen Umständen keine Sorgen zu machen.

Der am Filmfestival in Cannes im Jahr 2006 mit der »Goldenen Palme« ausgezeichnete Film »The wind that shakes the barley« (auf deutsch in etwa »Der Wind, der die Gerste bewegt«; es gab keinen deutschen Filmtitel) schildert in beklemmender Art und Weise die Auswirkungen der irischen Unabhängigkeitskriege auf die irische Bevölkerung. (DVD Packung © Pathé)

Whiskeys aus Irland

Irish Whiskeys sind in Irland selbst schon lange nicht mehr das Nationalgetränk, als das sie immer noch in vielen Anekdoten beschrieben werden. Whiskey ist für den irischen Durchschnittsverdiener zu teuer geworden. Wenn sie schon ein Destillat trinken, bevorzugen die meisten Iren auch heute immer noch einen schottischen Whisky oder stattdessen sogar einen Wodka (der meist aus Irland stammt).

In Irland wird vor allem Bier getrunken. Darunter versteht man insbesondere das dunkle Stout mit dem starken Hopfengeschmack (Beamish, Guinness oder Murphy's). Man konnte aber – und das muss doch erwähnt sein – immer wieder einmal in einem Pub auf einen Iren treffen, der den Genuss seines geliebten großen schwarzen Bieres noch mit einem edlen irischen Whiskey toppte.

Seit ein paar Jahren werden aber auch von den Whiskeyliebhabern in Irland die neuen irischen Whiskeys mehr und mehr geschätzt.

Beim Vergleich von schottischem Whisky und irischem Whiskey werden allgemein Fakten aufgezählt, die heute – auch nach den gesetzlichen Vorschriften – keine Bedeutung mehr haben. Hier ein paar dieser falschen Behauptungen:

• Für irischen Whiskey darf nur auf der Grünen Insel gewonnenes Getreide verwendet werden. – Das stimmt nicht. Es gibt keine gesetzlichen Vorschriften mehr dazu.

• Irischer Whiskey wird, im Gegensatz zum schottischen Whisky, dreifach destilliert. – Das stimmt nicht mehr. Die Destillerie Cooley zum Beispiel destilliert die meisten Whiskeys nur zweimal. Auf der anderen Seite destilliert die Destillerie Auchentoshan in Schottland – neben weiteren – dreifach.

• Irische Whiskeys sind nicht rauchig. – Diese Behauptung stimmt auch nicht. Die Destillerie Cooley produziert seit Jahren rauchige Whiskeys.

• Irische Whiskeys sind immer »Blended Whiskeys«. – Auch das stimmt nicht. Aus Irland kommen auch Single Malts oder sogar Single Grains.

Irischer Whiskey unterscheidet sich vom schottischen nicht nur in der Schreibweise (er hat das zusätzliche »e«), sondern – wenn man die Herstellungstechnologien, die bis in die 1980er-Jahre angewandt wurden, vergleicht – auch in ein paar anderen, grundsätzlichen Punkten.

Da wäre als Erstes das Ausgangsmaterial, das heißt, das eingesetzte Getreide. Wird in Schottland für einen Malt-Whisky konsequent nur gemälzte Gerste verwendet, wird heute in Irland für den »Pure Pot Still« – oder wie er neuerdings heißt: »Single Pot Still« – Gerste sowohl in gemälzter als auch in ungemälzter Form eingesetzt.

Das irische Gerstenmalz wurde in der gleichen Art und Weise wie dasjenige in Schottland über Torffeuern auf Trockenböden getrocknet. Dieses Verfahren wurde in der zweiten Hälfte des 19. Jahrhunderts jedoch mehr und mehr aufgegeben. Einer der dafür wichtigsten Gründe war, dass die großen schottischen Whiskyproduzenten immer mehr Blended Whiskys, die viel weicher als die Malts waren, auf den Markt brachten. Mit dieser, von den Konsumenten gegen Ende des 19. Jahrhunderts immer beliebteren

Whiskyart hatten ja bereits die Malt-Whisky-Destillerien in den Highlands von Schottland ihre liebe Mühe.

Die großen irischen Produzenten reagierten auf die weichen schottischen Blends mit einer Modifikation des Verfahrens, um auf eine andere Art ebenfalls weiche Whiskeys herstellen zu können: In der zweiten Hälfte des 19. Jahrhunderts wurde von den großen irischen Destillerien nicht mehr Torf, sondern Kohle als Brennstoff beim Mälzen verwendet. Diese Änderung des Verfahrens hatte seinen Grund jedoch nicht allein in der Herausforderung durch die schottischen Blend-Hersteller. Sie erfolgte auch aus Gründen der Kosteneinsparung. Im Gegensatz zu den kleinen Destillerien, die Torf in ihrer Umgebung selbst stechen konnten und die auch nicht das nötige Geld für den Zukauf von Kohle hatten, war die Verwendung von Torf in den zum Teil riesigen Destillerien wegen des ganzen Handlings und sonstigen Aufwands viel teurer als der Einsatz von Kohle.

Unten links • In der ehemaligen Allman's Bandon Distillery in Bandon im County Cork – sie existierte von 1826–1925 – wurde wie in allen größeren Destillerien Irlands ab der zweiten Hälfte des 19. Jahrhunderts in der Mälzerei mit Kohle gefeuert und der Rauch nicht mehr durch die Gerste geführt. Das Malz wurde mehr oder weniger nur noch mit Hitze und sehr wenig Rauchanteil getrocknet.

Unten • Die Uhren in Irland laufen nicht nur für Guinness, Murphy's oder Beamish, sondern auch für die wieder immer beliebteren irischen Whiskeys.

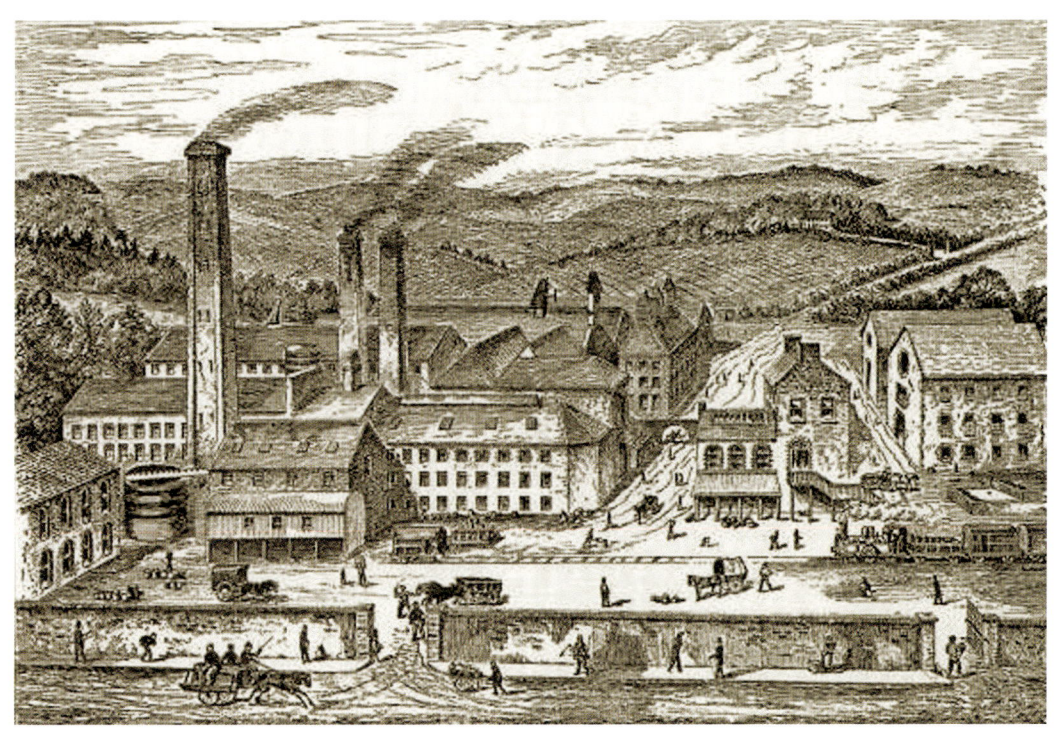

Zusätzlich gingen die irischen Destillerien auch dazu über, das Getreide überhaupt nicht mehr über einem offenen Feuer zu darren (trocknen), sondern in geschlossenen Räumen. Die Böden dieser Trockenräume bestanden aus speziellen Kacheln mit einer Dicke von circa 5 Zentimetern. Auf der Unterseite besaßen diese circa 25 x 25 Zentimeter großen Kacheln runde Aussparungen mit einem Durchmesser von ungefähr 1,5 Zentimetern. Diese reichten bis 4,5 Zentimeter tief in die Kacheln hinein. Durch den letzten halben Zentimeter führten ganz feine Löcher mit einem Durchmesser von etwa einem Millimeter an die Oberfläche. Gegen diese Kacheln wurde die durch das Kohlefeuer erhitzte Luft geführt. So wurden die Böden einerseits aufgeheizt, und durch die feinen Löcher gelangte trotzdem immer noch heiße Luft in die Trockenräume. Das Malz kam auf diese Weise fast nicht mehr mit dem Rauch in Kontakt und konnte so nur noch sehr wenige Aromen aus diesem aufnehmen.

In den Maischprozess wurden – und werden immer noch – der Mischung aus der gemahlenen gemälzten und ungemälzten Gerste auch kleine Mengen an Hafer, Weizen und Roggen zugegeben. Aus diesen Mischungen und vor allem wegen des nicht getorften oder im Rauch getrockneten Malzes entstanden weichere und trotzdem aromatische Whiskeys. Sie kamen dem Geschmack der schottischen Blends näher.

Destilliert wurde damals in Irland wie in Schottland in *pot stills*. Diese Art Brennblasen wurden in riesigen Abmessungen gebaut und eingesetzt. Heute noch stehen in Irland die weltweit größten ihrer Art. In ihnen wurden früher nicht nur Malt-, sondern während einer Übergangszeit auch Grain-Whiskeys gebrannt. Neben den *pot stills* hielten etwa zur gleichen Zeit wie in Schottland auch die für die Herstellung der schottischen Blends eingesetzten *continuous* oder *Coffey stills* in Irland Einzug. Einer der Erfinder dieser genialen Destilliertechnik war der Ire Anaeas Coffey. Mit diesem – von ihm und dem Schotten Robert Stein erfundenen – kontinuierlichen Verfahren werden die großen Mengen an Grain-Whiskeys, die für die Herstellung der Blended Whiskeys benötigt werden, gebrannt.

Seit Ende der 1980er-Jahre werden wieder vermehrt die sogenannten »Pure (oder Single) Pot Still-Whiskeys« produziert und als solche abgefüllt. In den vorherigen Jahrzehnten war dies eher seltener der Fall. Die *Pure* (oder *Single*) *Pot Still*-Whiskeys werden zwar auch heute noch hauptsächlich für die Blends verwendet, doch hat der Single Malt-Boom oder der Ruf nach reinen, nicht gemischten Whiskeys auch Irland erreicht. Blends machen jedoch immer noch mit großem Abstand den wichtigsten Teil des

450

Rechts · In solchen Öfen wurde mit Kohle die Luft des umgebenden Raumes unterhalb des Trockenbodens erhitzt.

Mitte · Die Hitze stieg nach oben zu den auf den Balken liegenden Kacheln. Die Spuren der Hitze kann man an den Balken gut sehen.

Oben links · Dank der vielen Aussparungen in den Kacheln drang die Hitze bis knapp unter deren Oberfläche durch und konnte die volle Wirkung auf das auf den Kacheln liegende feuchte, aber gekeimte Malz bringen.

Oben rechts · In den Kacheln befanden sich eine Anzahl feiner Löcher, durch welche ein Teil der heißen Luft – und mit ihr auch ein wenig Rauch – in den Trockenraum gelangen konnte.

verkauften Irish Whiskeys aus. Dies wird sich wohl auch nicht ändern.

Dass irische Whiskeys in *pot stills* dreimal destilliert werden – das ist eigentlich eines der Hauptmerkmale des Irish – stimmt heute, wie bereits erwähnt, nur noch bedingt. In mindestens zwei irischen Destillerien werden einige Whiskeysorten nur noch zweimal gebrannt.

Auch der Geschmack des Irish ist Veränderungen unterworfen: Seit die Destillerie Cooley einen Teil ihrer Whiskeys mit getorftem Malz herstellt und andere ihr folgten, gibt es auch wieder rauchige Whiskeys aus Irland.

In ganz Irland, das heißt in der Republik und in Nordirland, produzierten bis zum Jahr 2007 – nach dem großen Destilleriesterben zu Beginn des 20. Jahrhunderts und den Produktionszusammenlegungen – nur noch drei Destillerien. Alle anderen mussten wegen den Irland besonders hart treffenden Krisen (Weltkriege, Unabhängigkeitskriege, Prohibition in den USA – einem der größten Abnehmer irischer Whiskeys – und dem Einbruch der Lieferungen nach England) schließen. Ein paar Brennereien wurden in Museen verwandelt, die meisten jedoch abgerissen.

Im Jahr 2007 meldete sich jedoch die seit 1953 stillgelegte Destillerie Locke in Kilbeggan als produzierende Destillerie wieder zurück. Anlässlich ihres 250. Jubiläums in diesem Jahr wurden die ersten, noch beinahe als labormäßig zu bezeichnenden Destillationsläufe in einer über 150-jährigen *pot still* (der ältesten in Betrieb stehenden der Welt) gemacht. Neben dieser uralten *still* wurde schon bald eine zweite installiert und die volle Produktion von Whiskey in zweifacher Destillation aufgenommen. Die Destillerie in Kilbeggan wurde so nicht nur zur ältesten Destillerie Irlands, sondern zur ältesten produzierenden Destillerie der Welt. Sie stellte an ihrem auch heute noch gleichen Standort bereits Whiskeys her, bevor die heutige Destillerie Bushmills gebaut wurde.

Die dreifache Destillation – Die spezielle irische Whiskey-Brennmethode

Der weitaus größte Teil der irischen Whiskeys wird dreimal destilliert. Ausnahmen bilden die meisten in der Destillerie Cooley in Riverstown bei Dundalk destillierten Sorten. Dabei ist aber anzumerken, dass auch in dieser Großdestillerie zum Teil dreifach gebrannte Whiskeys hergestellt werden.

Dreifach destilliert wird sowohl in *pot* wie auch in *column stills*. Die zu destillierende Flüssigkeit wird aber in den irischen Brennereien – im Gegensatz zu den meisten in Schottland – verschieden bezeichnet. Dies liegt vor allem daran, dass in Irland seit mehreren Jahrzehnten in den Großdestillerien in beiden Arten von Brennapparaten produziert wurde. Da wurde auch in der Terminologie unterschieden, um Klarheit zu schaffen. Die für die Destillation in *pot stills* bestimmte, dem Bier ähnliche Flüssigkeit – sie besteht je nach Art der herzustellenden Whiskeys aus einer vergorenen Maische aus gemälzter Gerste (für Malt-Whiskey) oder aus gemälzter und ungemälzter Gerste (für Pot Still-Whiskey) – heißt wie in Schottland *wash*. Diejenige für die Destillation in *column (continuous) stills* – sie besteht in Irland zur Hauptsache aus Mais und einem kleinen Anteil (max. 10 %) an für die Vergärung notwendigem Gerstenmalz – wird wie in den amerikanischen Destillerien *beer* genannt.

Die Destillation in *pot stills*

In der ersten *still*, sie heißt *wash still*, wird ein Rohbrand mit einem Alkoholgehalt (je nach zu erreichendem Whiskeystil) von 30 bis 50 Prozent hergestellt. Dieser wird in der zweiten *still (intermediate/feints still)* auf 70 bis 72 Prozent erhöht. In der dritten, der *spirit still*, wird dann das Herz oder Mittelstück mit einem Alkoholgehalt von 80 bis 85 Volumenprozent gewonnen. In die Eichenfässer abgefüllt wird es mit einem reduzierten Gehalt von 63 Prozent.

Die Destillation in *column, continuous* oder *Coffey stills*

Auch bei der kontinuierlichen Destillation wird in Irland dreimal destilliert. Die Destillation erfolgt wie bei den schottischen Apparaten dieser Art in einer *analyser* respektive *beer still* und einem *rectifier;* zusätzlich zu diesen wird jedoch in Irland eine weitere *still,* sie wird *extractive still* genannt, eingesetzt. Dank den durch die dritte *still* ermöglichten zusätzlichen Verdampfungs- und Kondensations-Schritten entsteht ein gegenüber der Destillation in nur zwei Säulen feineres Destillat. Der Alkoholanteil bei dieser Produktionsart für irische Grain-Whiskeys liegt bei 94 Volumenprozent. Zur Lagerung in die Eichenfässer abgefüllt wird auch dieses Destillat mit einem reduzierten Gehalt von 63 Prozent.

In fast allen Ländern der Welt unterliegt die Herstellung von Spirituosen einem meist sehr strengen Gesetz. Das ist in Irland nicht anders. Im nächsten Abschnitt stelle ich das die irischen Whiskeys betreffende Gesetz vor.

Rechts · In der Destillerie Bushmills wird nach typisch irischer Art dreifach destilliert.

Ganz rechts · Bei Cooley in der Nähe von Dundalk stehen im *stillhouse* mit den *continuous stills* im ganzen drei *columns*.

Die Whiskey-Gesetzgebung Irlands

Gesetze, die den irischen Whiskey betreffen, gibt es seit dem Jahr 1556. Damals wurde im englischen Parlament unter Queen Elizabeth I. ein Gesetz erlassen, das die Herstellung, den Vertrieb und den Gebrauch von Whiskey regelte. Bis ins Jahr 1921 galten die englischen Gesetze. Nach den Unabhängigkeitskriegen schuf das irische Parlament eigene Whiskey-Gesetze. Diese wurden 1950 zum Teil noch einmal neu bearbeitet. Das heute (noch) gültige Gesetz, das den Titel »Irish Whiskey Act 1980« trägt, trat im Jahr 1980 in Kraft. Es entspricht weitgehend den Whiskey-Gesetzen der Europäischen Union. Irland wird jedoch in nächster Zeit ein neues, dem von Schottland angepasstes Gesetz erhalten.

Der »Irish Whiskey Act 1980«

Der Text des seit 1980 geltenden Gesetzes ist etwas kompliziert abgefasst. Ich gebe ihn hier in einer vereinfachten und gekürzten Version wieder. In dieser habe ich auch die Reihenfolge der Punkte verschoben.

Den Originaltext dieses sehr kurzen Gesetzes findet man im Internet unter

www.irishstatutebook.ie/1980/en/act/pub/0033/index.html.

Das irische Whisky-Gesetz enthält folgende Vorschriften:

»Irish Whiskey« muss auf der Insel Irland destilliert worden sein aus einer Maische aus Getreide, bei der durch eigene oder fremde – aber natürliche – Enzymsysteme (Diastasen) die Stärke im Getreide in Zucker umgewandelt und anschließend durch Zugabe von Hefe vergärt worden ist.

Die Destillation muss bei einem Alkoholgehalt von weniger als 94,8 Volumenprozent erfolgen, sodass das Destillat ein Aroma und einen Geschmack hat, der auf die Herkunft des verwendeten Rohmaterials schließen lässt.

Das Destillat muss in Holzfässern gelagert (gereift) werden. Die – mindestens drei Jahre lange Lagerung – muss in einem Lagerhaus in der Republik Irland oder in einem Lagerhaus in Nordirland erfolgen. Wird ein Destillat sowohl in Lagerhäusern in der Republik Irland als auch in Nordirland gereift, muss die gesamte Lagerzeit mindestens drei Jahre betragen.

Das Gesetz definiert ebenfalls den Begriff »Blended Irish Whiskey«. Es handelt sich dabei um eine Mischung von zwei oder mehr Destillaten, die beide der Definition von »Irish Whiskey« entsprechen müssen.

»Irish Whiskey« muss mit einem Alkoholgehalt von mindestens 40 Volumenprozent in Flaschen abgefüllt werden.

Die Whiskeyarten aus Irland

Bei den irischen Whiskeys werden vier Hauptarten unterschieden. Diese Einteilung basiert zum einen auf den Herstellungsmethoden, zum anderen auf den verwendeten Rohprodukten.

Im Großen und Ganzen sind die irischen Whiskeys den in Schottland produzierten Sorten sehr ähnlich. Sie unterscheiden sich jedoch von jenen, wie bereits erwähnt, in der Herstellungsart und dem Geschmack.

Malt-Whiskey

Ein Malt-Whiskey wird durch Destillation einer Maische aus Gerstenmalz hergestellt. Der Brennvorgang erfolgt in *pot stills*. Es gibt Malt-Whiskeys unter den Bezeichnungen »Single Malt«, »Pure Malt« oder »Straight Malt« für einen Whiskey aus einer einzigen Destillerie.

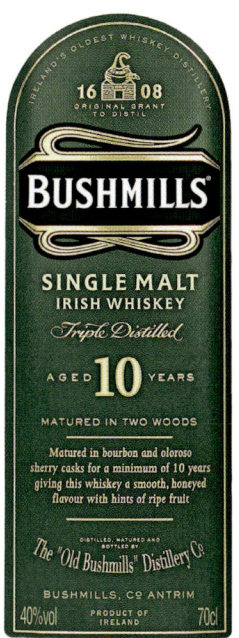

Single Pot Still Whiskey (Pure Pot Still Whiskey)

Der Single Pot Still Whiskey ist eine Whiskeyart, die aus einer einzigen Destillerie stammt. Man findet sie mit dieser Bezeichnung nur in Irland. Bis vor Kurzem wurde sie als Pure Pot Still Whiskey bezeichnet. Ein so bezeichneter Whiskey wird zudem ausschließlich in *pot stills* dreimal destilliert, enthält also keine in *continuous stills* gebrannten Whiskeys. Er wird aus einer Maische, die sowohl gemälzte wie auch ungemälzte Gerste enthält, gebrannt. Dabei muss der Anteil an ungemälzter Gerste überwiegen. Dank ihr erhält dieser Whiskey seinen typischen, fruchtigen Charakter. Der Pure Pot Still wurde gegen Ende des 19. Jahrhunderts erfunden, um Steuern zu sparen: Die Engländer führten zu jener Zeit eine Besteuerung von Malz ein. Um diese zu umgehen, begannen die Iren, für ihre Whiskeys vor allem ungemälzte Gerste einzusetzen und nur die für eine einwandfreie Gärung notwendige Menge an gemälzter Gerste beizugeben. Der Single Pot Still Whiskey wurde über längere Zeit eher selten abgefüllt. Heute trifft man ihn glücklicherweise wieder vermehrt an.

Der neue Begriff Single Pot Still wurde auf Wunsch höchster amerikanischer Stellen eingeführt. Die USA sind einer der bedeutendsten Abnehmer von irischen Whiskeys und hatten Probleme, diesen Whiskey neben den vielen im Land hergestellten Arten einzuordnen. Sie baten die Irish Distillers Group, den Namen in Single Pot Still Whiskey (also aus einer einzigen Destillerie stammenden, nur in *pot stills* produzierten Whiskey) zu ändern. Die Iren kamen diesem Wunsch sicher auch aus absatzpolitischen Gründen nach. Die Herstellung und Zusammensetzung ist die Gleiche geblieben, nur der Name hat sich geändert. Der neue Begriff wurde noch nicht ins Gesetz aufgenommen. Irland arbeitet seit 2011 an einer Überarbeitung des Whiskeygesetzes nach schottischem Vorbild.

Grain-Whiskey

Der Grain-Whiskey wird aus unterschiedlichen Getreidearten, in der Regel aber aus Mais hergestellt. Die Destillation erfolgt vorwiegend in Säulen-Destillierapparaten (*patent, Coffey* oder *continuous stills*). Abgefüllt wird er eher selten als reiner »Straight Grain«, so heißt der »Single Grain« in Irland.

Blended Whiskey

Blended Whiskeys aus Irland sind Mischungen aus Malt- und Grain-Whiskeys, egal in welchen Verfahren diese produziert wurden. Das heißt, sie können Malt- oder Single Pot Still Whiskeys aus einer Produktion in *pot stills* und Grain-Whiskeys, die ebenfalls aus einem Brennvorgang in *pot stills*, aber auch aus einem Vorgang im kontinuierlichen Verfahren stammen können, enthalten. Auch die Basis-Rohprodukte, die für die Herstellung der verschiedenen Destillate eingesetzt wurden, spielen dabei keine Rolle.

Paddy

Der Paddy ist Kult und der in Irland selbst berühmteste und beliebteste aller Irish Blended Whiskeys. Er hat deshalb in diesem Buch einen Platz verdient. Er verdankt seinen Namen einem sehr cleveren Whiskeyverkäufer aus der Gegend um Cork. Paddy O'Flaherty – so hieß er mit vollem Namen – offerierte in den von ihm besuchten Pubs immer eine Gratisrunde des von ihm vertretenen Whiskeys und wurde deshalb derart beliebt, dass seine Kunden schon bald statt »Old Whiskey from Cork Distillery« (so der Name der von ihm vertretenen Marke) nur noch »Paddy's Whiskey« bestellten. Dies führte dazu, dass der Whiskey mit der Zeit in »Paddy« umbenannt wurde.

Spezielle Begriffe

Es gibt in Irland noch andere, spezielle Ausdrücke für die verschiedenen Whiskeyarten, die in der Regel der US-amerikanischen oder kanadischen Marketingsprache entstammen. In jener wird laufend nach neuen Begriffen für einen Whiskey gesucht, um ihn von den anderen, normalen Produkten abzuheben. Die irischen Whiskeymacher haben sich diesem Trend angeschlossen – oder besser gesagt anschließen müssen –, weil ein relativ großer Teil ihrer Produktion in diese beiden Länder exportiert wird.

So gibt es zum Beispiel die verschiedenen »Straight« (reine Malt-, Single Pot Still oder Grain-Whiskeys) und andere typisch amerikanische Bezeichnungen. Aber auch Benennungen von echt irischen Eigenarten finden sich auf den Etiketten der Whiskeyabfüllungen aus diesem Land. Hier die Erklärungen für zwei typische Bezeichnungen:

Bonded Whiskey

Whiskeys mit dieser – heute veralteten – Bezeichnung müssen von einem einzigen Produzenten innerhalb eines Jahres respektive einer Brennperiode hergestellt und unter Kontrolle der Steuerbehörde in den sogenannten *Bonds* (*duty free warehouses* = Zollfreilagern) gelagert werden. Sie werden nach Ablauf der vorgeschriebenen (Minimum) oder der angestrebten Fassalterungszeit ebenfalls unter Aufsicht der Zollbehörde abgefüllt. Es kann sich bei ihnen um Malt- oder Grain-Whiskeys handeln.

Straight Blended Whiskey

Diese spezielle Whiskeyart besteht aus zusammengemischten Straight-Grain-Whiskeys verschiedener Sorten (eventuell auch aus verschiedenen Destillerien) und Jahrgänge. Die Whiskeys für diese Mischung müssen jedoch alle im *pot still*-Verfahren gebrannt worden sein.

Nächste Seite • Ein Mitarbeiter der Destillerie Old Kilbeggan rollt ein Fass ins Lagerhaus.

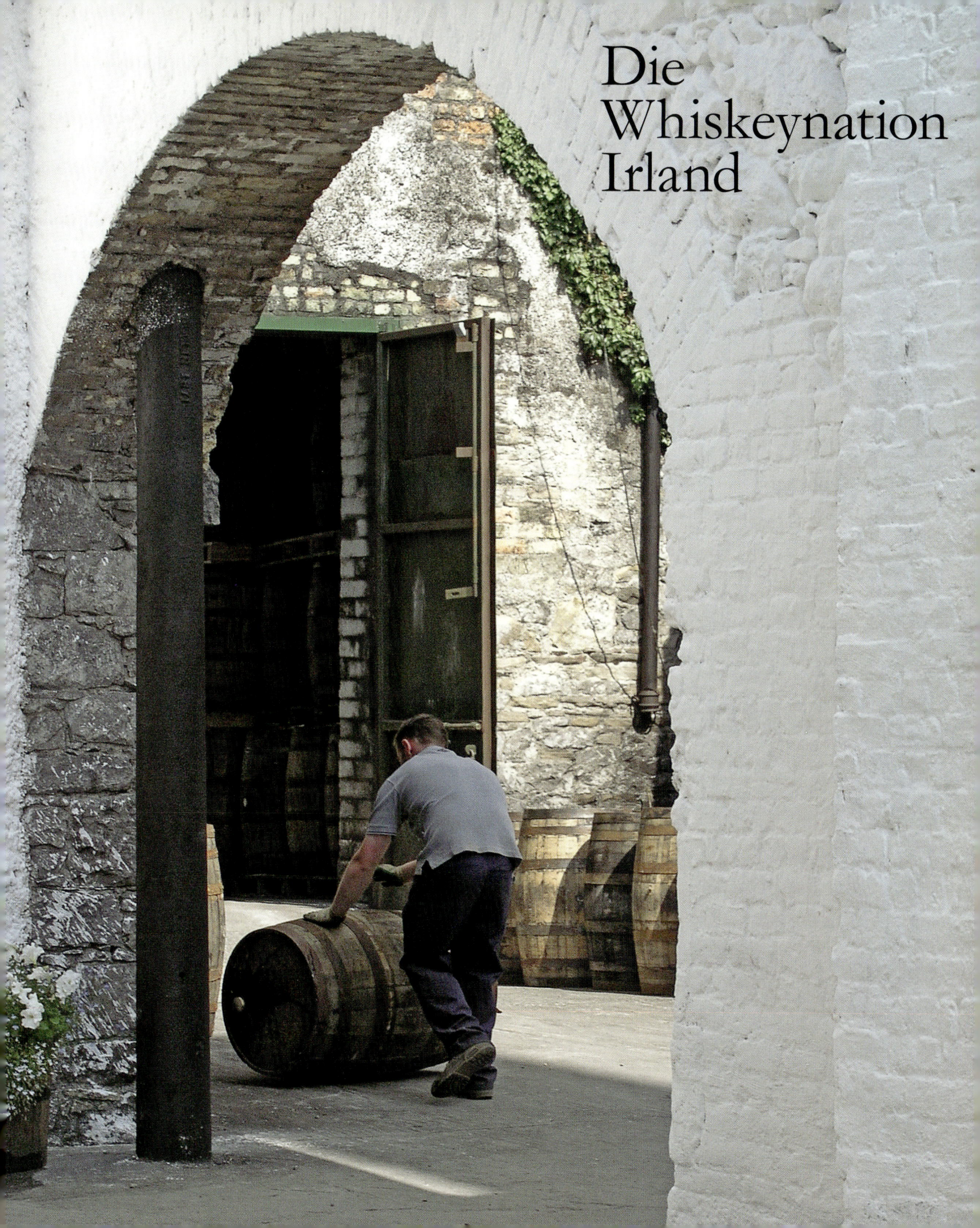

Die
Whiskeynation
Irland

Irland ist zu Recht ein beliebtes Reiseziel. Seine großartigen Landschaften, die leuchtend grünen Wiesen (die Iren behaupten, es gäbe 40 typisch irische Grüntöne) – sie haben Irland zum Prädikat »die Grüne Insel« verholfen –, die beeindruckenden schroffen Klippen und die riesigen Moor- und Seenlandschaften laden zum Genießen und Entspannen geradezu ein. Jedes der 32 Counties hat seinen eigenen, ursprünglichen Charakter.

Ist der Südwesten mit seinen vielen Rhododendren – sie bilden schon beinahe Wälder – und den Palmen schon beinahe subtropisch, ist der Norden eher wild. Hier gibt es Gebirgszüge, weite Hochmoore, viele Bäche, Wasserfälle und Seen – ursprüngliche Natur pur. In der Mitte des Landes liegt die Seenlandschaft des Shannon, im Westen befindet sich der Burren, ein beeindruckendes Gebiet mit bizarren Kalksteinformationen, und an der Westküste sieht man die berühmten, 200 Meter tief senkrecht ins Meer abfallenden Cliffs of Moher. Der Osten wiederum ist weicher. Es gibt hier keine Steilküsten und das Land ist landwirtschaftlich nutzbar. Nirgends sonst in Irland liegen Zeugen der verschiedenen Epochen der irischen Geschichte (Gräber aus der Steinzeit, Königspaläste, Klöster usw.) so nahe beieinander. Hier ist auch das Zentrum Irlands, die Hauptstadt Dublin mit all ihren Sehenswürdigkeiten, Festivals und Hunderten der typisch irischen Gaststätten.

In ganz Irland anzutreffen sind jedoch die gastfreundlichen, oft melancholischen, aber doch im Großen und Ganzen aufgestellten und humorvollen Iren und ihre Musik, die besonders in den vielen Pubs am meisten Spaß macht.

Und dann gibt es natürlich noch etwas: die irischen Whiskeys und ihre Destillerien.

In Irland sind heute nur noch vier Destillerien in Betrieb. Das heißt, all die vielen auf dem Markt anzutreffenden irischen Whiskeys kommen aus einer der vier Destillerien. Daneben gibt es auch in Irland ein paar unabhängige Abfüller (The Irishman, Knappogue Castle, Merrys usw.), die ihre Destillate aus eben diesen vier Destillerien beziehen. Bei den einen ist bekannt, woher sie stammen, bei anderen nicht.

Wir statten jetzt den Destillerien in Irland einen Besuch ab, lassen es uns dabei aber nicht nehmen, auch der einen oder anderen geschlossenen, aber als Museum weiterlebenden Destillerie ebenfalls unsere Aufwartung zu machen.

Wir beginnen im hohen Norden Irlands bei der noch einzigen auf dem Gebiet von Nordirland stehenden Destillerie: Bushmills. Sie ist die »schottischste« aller irischen Destillerien, zumindest was ihr Aussehen betrifft. In der Art der Destillation (dreifach) und der verwendeten Rohstoffe unterscheidet sie sich von jenen jedoch schon. Ihre alten, aus dem Ende des 19. Jahrhunderts stammenden Gebäude mit den beiden *kilns* sind sehenswert. Die Destillerie hat ein schönes *Visitor Centre* mit Restaurant. Bushmills – sie bezeichnete sich lange Jahre als die älteste Whiskey-Destillerie der Welt – steht im gleichnamigen kleinen Ort, der außer ihr und einem besuchenswerten Hotel/Restaurant, dem »Bushmills Inn Hotel«, nicht viel bietet. Das Hotel wurde in einer alten Postkutschenstation eingerichtet und hat ein schönes Ambiente aus der Zeit des 19. Jahrhunderts und ein wirklich gutes Restaurant. Bushmills liegt etwa 60 Kilometer nordöstlich von Derry, der interessanten und für mich schönsten und lebendigsten Stadt Nordirlands, in der Nähe der Küste im County Antrim. In der Region gibt es neben der wunderschönen Landschaft auch eine der größten Sehenswürdigkeiten Irlands zu bewundern: den Giant's Causeway. Der »Damm des Riesen« besteht aus etwa 37 000 mehreckigen Basaltsäulen vulkanischen Ursprungs, die sich zu einem Damm zusammengefügt haben. Dieser Damm – einige der Säulen sind bis zu 12 Meter hoch – verschwindet im Meer und endet bei der Insel Staffa südwestlich der Insel Mull. Seinen Namen erhielt er von einer Sage, die es in verschiedenen Versionen gibt. Die Hauptrolle darin spielt aber immer der Riese Fionn mac Cumhaill, der aus jeweils unterschiedlichen Gründen einen Damm von Irland nach Schottland baute.

Dass unser Besuch bei Bushmills im Norden Irlands mit dem Hinweis auf die »noch« einzige auf dem Gebiet Nordirlands produzierende Destillerie begann, hat seinen Grund: Im Januar 2011 wurde »The Belfast Distillery Company Limited« mit dem Ziel gegründet, in der Stadt Belfast eine neue Destillerie zu bauen. Hinter der Firma steht der ehemalige Busfahrer Peter Lavery. Er war durch einen schönen Lottogewinn zum Multimillionär geworden.

Peter organisierte in einem noblen Belfaster Hotel eine Veranstaltung, in der er seine Pläne, eine Destillerie zu bauen, vorstellte. Bei dieser Gelegenheit lancierte er auch gleich eine neue Whiskeymarke, den »Titanic Irish Whiskey«. Er ließ es sich bei dieser Gelegenheit auch nicht nehmen, zur Veranstaltung in seiner alten Busfahrer-Uniform und einem selbstgesteuerten Doppeldeckerbus mit einer riesigen Werbung für seinen »Titanic Irish Whiskey« vorzufahren.

Bis Ende 2013 soll nach über 130 Jahren in Belfast wieder eine Whiskeydestillerie in Betrieb gehen. Standort der neuen Destillerie soll ein Flügel des ehemaligen IRA-Gefängnisses Her Majesty Prison Belfast, auch »Crumlin Road Gaol« genannt – im Norden der Stadt Belfast werden.

Bis ihre ersten Whiskeys auf den Markt kommen werden, wird der »Titanic« bei Cooley in Irland produziert. Neben diesem Whiskey hat »The Belfast Distillery Company Limited« bereits einen zweiten Whiskey, den »Danny Boy«, im Angebot.

Im Juni 2012 trat die Firma Niche Drinks, unter anderem Produzent von irischen Cream Liqueurs, mit der Mitteilung an die Presse, dass sie einen Neubau plane und in diesem auch eine Destillerie für Whiskey installieren werde. Standort der neuen Destillerie soll Derry sein.

Oben · Peter Lavery anläßlich der Vorstellung seines Projektes, im ehemaligen IRA-Gefängnis im Norden von Belfast eine Destillerie einzurichten.

Links · Etwas östlich des kleinen Ortes Bushmills gibt es den »Giant's Causeway« (Damm des Riesen) zu bewundern. Er besteht aus etwa 40 000 Basaltsäulen und ist vulkanischen Ursprungs.

Vom Norden Irlands machen wir jetzt einen Sprung an die Ostküste der Grünen Insel knapp über die Grenze zwischen den beiden Staaten Irlands. In der Nähe der Stadt Dundalk steht die jüngste Destillerie in der Geschichte des irischen Whiskey: die Cooley Distillery. Zu ihr fährt man von Dundalk aus auf einer schmalen Straße auf die Cooley-Halbinsel. Die Destillerie steht hier in einer schönen Landschaft im kleinen Weiler Riverstown am Fuß der Cooley Hills etwas oberhalb der Straße in einem Wäldchen. Cooley besteht aus mehreren modernen, zum Teil sehr hohen Bauten. Sie dienten – bevor Cooley Distillery plc sie kauften – als Produktionsort einer staatlichen Fabrik, die aus Kartoffeln einen Industriealkohol brannte. In den grün gestrichenen Gebäuden wird heute in *pot* und *continuous stills* Whiskey destilliert. Das heißt, man stellt dort sowohl Grain- als auch Malt-Whiskeys her.

In der Region um Cooley sollte man mindestens zwei Orte nicht verpassen: zum einen das Restaurant Fitzpatricks in Jenkinstown/Rockmarshall auf dem Weg zur Destillerie und zum anderen den mittelalterlichen Ort Carlingford mit seinen Sehenswürdigkeiten. Carlingford liegt ebenfalls auf der Cooley-Halbinsel nicht weit von der Destillerie entfernt. Man folgt dorthin einfach der Straße weiter.

Die nächste Destillerie auf unserem Programm gehört dem gleichen Besitzer, nämlich der Cooley Distillery plc, steht aber relativ weit von Riverstown entfernt im zentralen Irland. Kilbeggan oder Locke, wie sie lange hieß und wie es immer noch auf dem alten Kamin zu lesen ist, ist die älteste produzierende lizenzierte Destillerie in Irland, ja sogar auf der Welt. Sie steht im kleinen Ort Kilbeggan (County Westmouth) in der Nähe der N6, die von Dublin nach Galway führt, ungefähr 90 km westlich von Dublin.

Carlingford, ein mittelalterliches Städtchen auf der Halbinsel Cooley, bezaubert nicht nur durch seine schönen Gässchen.

Die Destillerien in Irland

1 Bushmills (Nordirland)

2 Cooley

3 Kilbeggan / Locke

4 Tullamore †

5 Old Jameson (Bow Street) †

6 John's Lane Distillery (John Power & Sons) †

7 Midleton, neu

8 Midleton, Old †

† = stillgelegte, abgerissene oder für eine andere Nutzung umgebaute Destillerie

Dreimal irische Lebenskultur:

Oben · Pferderennen: Die Pferderennen von Kilbeggan erinnern an den speziellen Ladie's Days ein wenig an Ascot. In einem Wettbewerb wird die bestangezogene Besucherin ermittelt. Hier die Finalistinnen eines Jahres.

Unten · Die Temple Bar in Dublin ist der Inbegriff eines typisch irischen Musikpubs mit Livemusik. Auf den Tafeln links und rechts sind die beiden Gründer des Bezirks Temple Bar, von welchem die Bar ihren Namen übernommen hat, verewigt. Lady Martha und Sir William Temple lebten und wirkten hier zu Beginn des 17. Jahrhunderts.

Links · Im und um das Charleville Castle bei Tullamore finden das ganze Jahr über die verschiedensten kulturellen Veranstaltungen (Theater, Tanz, Musik, Schauspiel usw.) statt. Eine Figur des Shakefests – eines Tanzfestivals – posiert vor dem Schloss.

Die alte Destillerie – sie wurde 1757 gegründet – war viele Jahre (1953 bis 1988) geschlossen, nachdem ihre Besitzer Pleite gemacht hatten. 1988 kaufte Cooley die Destillerie, öffnete sie als Museum wieder für Besucher, richtete eine Küferei ein und benutzte die Lagerhäuser zur Lagerung der bei Cooley in Riverstown gebrannten Whiskeys. Im Jahr 2007, zum 250-jährigen Bestehen der Destillerie, nahm die neue Besitzerin die Produktion in den altehrwürdigen Hallen wieder auf. Seither wird die Destillerie schrittweise ausgebaut und immer mehr auf den neuesten Stand der Technik gebracht.

Kilbeggan/Locke ist eine der schönsten, urigsten und interessantesten Destillerien auf der Welt und ein Besuch dort schon beinahe ein Muss. Ich kenne sonst keine Destillerie, in der Altertum und Moderne so nah und greifbar beieinander zu sehen und zu erleben sind.

Die Destillerie Kilbeggan hat ein schönes *Visitor Centre* und mit dem »The Pantry« auch ein eigenes Restaurant. Eine weitere Attraktion in Kilbeggan sind die dort von Zeit zu Zeit stattfindenden etwas speziellen Pferderennen. Man muss sie gesehen haben (vor allem an den Ladies' Days, eigentlichen Mini-Ascots ...).

Die nächste Destillerie auf dieser Reise steht bzw. stand nur ein paar Kilometer südlich von Kilbeggan in einem kleinen, alten Städtchen, von dem sie auch ihren Namen hat: Tullamore. Von der Destillerie selbst, in der der berühmte »Tullamore Dew« das erste Mal destilliert wurde, stehen nur noch einige wenige Gebäude in der Nähe der Stadtmitte (Wegweiser).

In einem ehemaligen »Bonded warehouse« (unter Zollverschluss stehendes Lagerhaus) ist auf zwei Etagen das »Tullamore Dew Heritage Centre«, ein 2011 noch nicht sehr attraktives *Visitor Centre* mit einem kleinem Museum und Tea Room eingerichtet. Es soll im Jahr 2012 von der neuen Besitzerin, der schottischen Firma William Grant & Sons (Glenfiddich, Balvenie, Grant's usw.) zu einem modernen, interessanten und der Marke »Tullamore Dew« gerecht werdenden Besucherzentrum ausgebaut und wieder neu eröffnet werden.

Jetzt geht die Reise nach Dublin, der attraktiven und lebendigen Hauptstadt Irlands. Neben den schönen Gebäuden in georgianischer Architektur, den Museen, dem Dublin Castle, den Brücken, den Kirchen, den vielen Pubs (Temple Bar) und anderen Sehenswürdigkeiten gibt es einen weiteren, starken Touristenmagneten (leider nicht eine Destillerie): die Guinness Brauerei. Sie lockt jedes Jahr Zehntausende von Besuchern an. Diese kommen im wunderschönen, schon fast futuristischen *Visitor Centre* »Guinness Storehouse« mit Panoramabar, Restaurant und Shop auch voll auf ihre Kosten.

Zum Besuchsprogramm in Dublin gehört aber auch – und dies nicht nur für den Whiskeyfreund – die Bow Street Distillery (The Old Jameson Distillery). Sie ist von der Guinness Brewery in einem Spaziergang oder mit den Sightseeing Bussen (diese halten an beiden Orten) problemlos zu erreichen.

Die Gebäude der alten Jameson Distillery wurden zu einem schönen Museum mit ein paar Attraktionen, einem großen Shop und netten Restaurants und Bars umgebaut. Man erhält in den historischen Räumen einen guten und interessanten Überblick über die Herstellung des Irish Whiskey.

Die zweite Destillerie mit einem großen Namen in Dublin war die John's Lane Distillery (John Power & Sons). Sie war neben der Jameson Distillery die größte und beste Destillerie in Dublin und arbeitete sowohl mit *pot stills* als auch mit einer *Coffey still*. Zu ihr dauert der Spaziergang schon etwas länger: Eine gute halbe Stunde muss man für die Strecke zwischen den beiden ehemaligen Destillerien schon rechnen. Von der Brauerei Guinness aus ist sie jedoch in etwa zehn Minuten zu Fuß erreichbar. Sie produzierte an der Thomas Street/John's Lane in der Nähe des großen St. James Hospital bis zum Jahr 1975.

Ein paar ihrer Gebäude stehen immer noch. Sie werden heute vom National College of Art and Design genutzt. Im Innenhof kann man noch heute einige Zeugen der einmal großartige Whiskeys produzierenden Destillerie sehen. So stehen im Freien noch drei der ehemals fünf *pot stills*. Ihre Kupferhaut ist grün geworden. In einem der Gebäude kann man den ehemaligen *kiln* erahnen, und der kleinere der beiden Kamine steht ebenfalls noch. Man muss sich an der Rezeption der Schule melden und um die Möglichkeit bitten, diese Überbleibsel sehen zu dürfen. Die Schule ist für Besucher nicht geöffnet, man drückt aber für einen echten Whiskeyfan schon einmal ein Auge zu und lässt ihn die alte John's Lane Distillery sehen.

Die – eventuell zurzeit noch, siehe weiter unten – letzten beiden Destillerien auf unserer Irlandreise stehen wie die vorherigen beiden ebenfalls in einem Ort, diesmal aber in einem viel kleineren: in Midleton im County Cork, ganz in der Nähe der gleichnamigen, größeren Stadt. Wenn ich schon in Dublin auf die Guinness Brewery hingewiesen habe, darf ich in Cork die beiden anderen berühmten Brauereien Murphy's und Beamish nicht verschweigen. Beide haben kein *Visitor Centre*, ja nicht einmal einen Shop. Sie produzieren aber seit über 200 (Beamish; »Stout«) oder über 150 Jahren (Murphy's; »Red« und »Stout«) an den gleichen Standorten wie bei ihrer Gründung.

Cork, wie auch das in direkter Nähe dieser Stadt im Cork Harbour auf Great Island liegende kleinere Hafenstädtchen

Die Überreste einer der früher zu den berühmtesten Destillerien Irlands zählenden John's Lane Distillery (John Power & Sons) findet man auf dem Gelände des National College of Art and Design in Dublin.

Ganz oben · Drei der ehemals fünf *pot stills* stehen im Park der Schule.

Oben · Einige Schulräume befinden sich im ehemaligen *kiln*.

Überblick: Porträts der Destillerien in Irland

Irland gehört zu den großen Whiskeynationen, es hat eine lange und größtenteils erfolgreiche Geschichte. Im Folgenden werden die Destillerien in Irland – der Republik Irland und Nordirland – näher vorgestellt. Unter ihnen befinden sich sowohl die heute noch produzierenden als auch die wichtigeren inzwischen geschlossenen Destillerien.

Die irischen Whiskeys sind sich im Geschmack ähnlicher als die Whiskys aus Schottland. Das ist auch aus den ebenfalls im Steckbrief aufgeführten Kurzangaben über den in der betreffenden Destillerie produzierten Whiskeystil (Hausstil) ersichtlich. Trotzdem hat auch in Irland jeder Whiskey seine Eigenheiten. Und auch hier sind die Abfüllungen und angestrebten Geschmacksnuancen in den letzten Jahren wieder vielfältiger geworden, was ich in den entsprechenden Charakterisierungen zu vermitteln versuche.

Die Destillerien Irlands spielten in der Geschichte des Whisk(e)ys und im Geschäft mit diesem edlen Destillat lange Zeit eine weltweit dominierende Rolle.

Es gab auf der irischen Insel zu Beginn des 19. Jahrhunderts neben einer großen Anzahl illegaler Destillerien 1228 lizenzierte Destillerien. Viele von ihnen hatten nur ein kurzes Bestehen, jedoch lagen noch zu Beginn des 20. Jahrhunderts die irischen »Lebenswässer« in Bezug auf die Produktion und den Absatz noch vor denjenigen aus Schottland. So waren zum Beispiel allein auf dem US-amerikanischen Markt um das Jahr 1900 über 400 verschiedene Whiskeymarken aus Irland im Handel. Diese wurden in großen Destillerien vor allem in den Zentren um Dublin, Belfast und Cork produziert. Es gab daneben selbstverständlich auch noch in anderen Städten und über die ganze Insel verteilt kleinere und größere Destillerien.

Im zweiten und dritten Jahrzehnt des 20. Jahrhunderts brach die irische Whiskeyindustrie dann fast völlig ein. Die Gründe dafür waren der Erste Weltkrieg, die Prohibition in den USA – einem ihrer größten Absatzmärkte – und der Unabhängigkeitskrieg der Iren gegen die Engländer, nach dessen Ende der Absatz von irischen Produkten sowohl in England als auch in den anderen Ländern des britischen Commonwealth für eine lange Zeit extrem schwierig war.

Heute werden in Irland (Nordirland und Irland zusammen) nur noch in vier Destillerien Whiskeys hergestellt. Eine von ihnen – Kilbeggan/Locke – hat sogar erst im Jahr 2007 nach vielen Jahrzehnten der Stilllegung die Produktion wieder aufgenommen. Die Schließung der vielen Destillerien hat dazu geführt, dass jetzt viele der alten und berühmten Marken nicht mehr in den Originaldestillerien gebrannt werden, sondern aus Großdestillerien kommen.

(Zu den Details der Darstellung der folgenden Porträts siehe Seite 152.)

Nächste Seite · Alte Türe zum Distiller's Office in der Destillerie Kilbeggan.

Cobh (es hieß einmal Queenstown) sind mit ihren Sehenswürdigkeiten einen Besuch wert. Der Hafen von Queenstown – damals hieß das Städtchen noch so – ging in die Geschichte als der Hafen ein, in dem die Titanic das letzte Mal anlegte.

In östlicher Richtung, gute 20 Kilometer von Cork entfernt stehen die beiden Midleton-Destillerien im gleichnamigen Ort nahe beieinander. Die neue, hochmoderne Midleton Destillerie – sie wurde 1975 eröffnet – sieht eher aus wie eine Raffinerie.

Hier werden so berühmte Whiskeys wie (alphabetisch) Green Spot, Jameson, Midleton Very Rare, Paddy, Powers, Redbreast, Tullamore Dew und noch weitere produziert. Die New Midleton Distillery wurde als Resultat der Fusion der drei Destillerien Jameson, John's Lane (John Power) und Cork Distillers (Midleton), die ihre Produktionen an einem neuen zentralen Ort zusammenlegten, errichtet. Sie hat keine Besuchereinrichtungen.

Dies im Gegensatz zur Old Midleton-Distillery, die nach der Aufgabe und Übergabe der Produktion an ihre neue Nachbarin zu einem beeindruckenden Museum umgestaltet wurde. Sie musste nicht nur die Produktion aufgeben, sondern auch ihren Namen dem wichtigsten irischen Exportartikel, dem zu den meistverkauften Whisk(e)ys der Welt gehörenden Jameson opfern. Sie trägt jetzt den Namen »The Jameson Experience Midleton«, obwohl in dieser alten Destillerie nie ein Jameson produziert wurde.

Nicht nur die vor dem ehemaligen Mälzhaus stehende, sondern auch die im *stillhouse* nicht zu übersehende größte *pot still* der Welt – sie fasst 140 000 Liter! – wie auch die anderen Anlagen, Gebäude und die Ausmaße der riesigen Destillerie sind imposant. Selbstverständlich fehlen bei »The Jameson Experience« auch ein Shop und ein Restaurant nicht.

Etwas weiter südlich liegt die Stadt Dingle. Falls an den auf- und abschwellenden Gerüchten etwas Wahres ist, soll in dieser kleinen Stadt eine Whiskeydestillerie entstehen. Die Porterhouse Brewing Company, eine Firma mit einer Brauerei in Dublin und einigen Bars und Pubs über Irland

Die alte Hafenstadt Cobh – sie hieß früher Queenstown – hat mit ihren vielen bunten Häusern einen ganz eigenen Charme.

verteilt, plante offenbar seit ungefähr 2008, zusammen mit der in Dingle neu gegründeten »The Dingle Brewing Company« eine Whiskeybrennerei zu bauen. Es bestanden Pläne, diese Destillerie in den Gebäuden einer ehemaligen Molkerei einzurichten. Diese wurden jedoch fallen gelassen, als sich die Besitzer der kleinen Brauerei Anfang 2011 aus dem Projekt verabschiedeten.

Die Porterhouse Brewing Company unter ihrem Boss Oliver Hughes verfolgt jetzt ein neues Projekt und plant den Bau einer Destillerie in einer ehemaligen Sägerei in Baile an Mhuilinn in der Nähe von Dingle. Anfang 2012 sollen die Pläne so weit gediehen sein, dass die notwendigen Bewilligungen eingeholt werden können.

Parallel zu diesen, tauchen auch vonseiten der »The Dingle Brewing Company« durch einen ihrer Besitzer, Jerry O'Sullivan, neue Infos auf, dass das Projekt einer Destillerie in der alten Molkerei wieder aufgenommen wird. Für diese bestand aus der gemeinsam mit Porterhouse begonnenen Planung bereits eine Bewilligung.

Gibt es in der kleinen Stadt Dingle in Südirland tatsächlich nächstens die erste Micro Distillery der Republik Irland?

Bushmills, Old

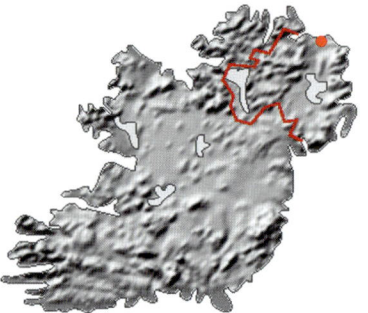

Der kleine Ort Bushmills liegt an der Nordküste Irlands (Causeway Coast) ungefähr in der geografischen Mitte zwischen den beiden Städten Belfast und Londonderry an der A2. Diese Hauptstraße führt durch den verträumt wirkenden, aber von vielen Touristen besuchten Ort. Zur Destillerie führen Wegweiser.

Die Destillerie Bushmills

462

Bushmills nimmt für sich selbst in Anspruch, die älteste Whiskeydestillerie der Erde zu sein. Auf den Flaschenetiketten wie auch auf den Firmenschildern findet man die Jahreszahl 1608. Diese hat aber mit der heutigen Destillerie Bushmills nichts zu tun. Im Jahr 1608 erhielt ein gewisser Thomas Philips (auch Philipps geschrieben) vom irischen Gouverneur des englischen Königs James I. eine Lizenz für das Brennen von Whiskey in einem Gebiet, das Rowte hieß und einen Teil des heutigen County Antrim umfasste. In diesem Gebiet liegt auch der Ort Bushmills.

Eine Destillerie mit dem Namen Bushmills wurde erst 1784 gebaut und registriert. Sie ist also weniger alt als die ältesten schottischen Destillerien wie zum Beispiel Glenturret oder Bowmore. Sie ist auch jünger als die im Jahr 2007 nach einer langen Stilllegung wieder in Betrieb genommene Destillerie Kilbeggan in der Republik Irland.

Die Destillerie Bushmills florierte und ihre Whiskeys wurden schon bald in viele Länder exportiert. Ende des 19. Jahrhunderts besaß Bushmills ein eigenes Schiff, die SS Bushmills (Jungfernfahrt 1890), mit der ihre Whiskeys über den Atlantik in die USA, nach Kanada und bis nach Asien (Hongkong, Singapur, Schanghai und Yokohama) geliefert wurden.

Wegen einem Großbrand im Jahr 1885, dem die Destillerie größtenteils zum Opfer fiel und neben großen Mengen an Whiskey auch viele alte Dokumente in Flammen aufgingen, fehlen sehr viele Informationen über ihre Geschichte. Nach dem Wiederaufbau (1888 abgeschlossen) wurde »Old Bushmills« – so der Name der Destillerie ab 1891 – von ihren damaligen Besitzern weiter betrieben, bis sie 1923 von Samuel Boyd, einem reichen Wein- und Spirituosenhändler aus Belfast, gekauft wurde.

1939 wurde der Destillerieteil von Bushmills stillgelegt. Einige der Gebäude wurden als Quartier für die alliierten Truppen verwendet. In der Mälzerei wurde Malz für Guinness-Bier hergestellt. 1941 wurde das Verwaltungsgebäude der Firma Boyd in Belfast und damit auch von Bushmills von deutschen Flugzeugen bombardiert. Dem daraus ent-

Giant's Causeway • der »Damm des Riesen« besteht aus ungefähr 40 000 größtenteils sechseckig geformten Basaltsteinen vulkanischen Ursprungs, die ein Alter von etwa 60 Millionen Jahren aufweisen. Dieses UNESCO-Naturerbe ist wirklich beeindruckend.

Dunluce Castle • eine der größten Ruinen einer mittelalterlichen Burg in Irland. Sie steht am Rand einer Klippe in dieser stark zerklüfteten Küstenregion.

Oben • Die Destilleriegebäude über den Weiher mit dem Kühlwasser gesehen: ein schöner Anblick.

Rechts • Vier der zehn hohen, schlanken *stills*. Sie stehen gemeinsam in einem geräumigen *stillhouse*.

standenen Großfeuer fiel das ganze restliche Archiv von Bushmills zum Opfer.

1946 nahm man bei Bushmills wieder die normale Produktion von Whiskey auf. Betreiberin der Destillerie war eine Gesellschaft, die den Erben von Samuel Boyd gehörte. Von dieser wurde Bushmills im Jahr 1947 an Isaac Wolfson, den Besitzer der Great Universal Stores verkauft. Er betrieb die Destillerie unter dem Firmennamen Old Bushmills Distillery Co. weiter. 1964 verkaufte Isaac Wolfson die Old Bushmills Distillery Co. an Charrington United Breweries, einen Brauereigiganten (späterer Name: Bass Charington).

1972 wurde die Old Bushmills Distillery Co. an die IDG (Irish Distillers Group) verkauft. Die eigene Mälzerei wurde aufgegeben. 1986 ging Bushmills dann, zusammen mit der ganzen IDG, an den französischen Konzern Pernod Ricard SA. Dieser hatte gegen eine ebenfalls stark interessierte, von John J. Teeling angeführte Gruppe den extrem hart geführten Übernahmekampf gewonnen.

In einem – zumindest zu Beginn – ebenfalls mit harten Bandagen geführten Übernahmekampf um die Allied Domecq-Gruppe (etliche Marken und Destillerien in verschiedenen Ländern) zwischen Diageo plc und Pernod Ricard SA im Jahr 2005 zog sich Diageo plc schließlich zurück. Grund dafür war – neben kartellpolitischen Überlegungen – die Abmachung, wonach Pernod Ricard sich verpflichtete, Bushmills an diesen Giganten weiterzuverkaufen. Den Erlös von beinahe 300 Millionen Pfund konnte Pernod Ricard für die Bezahlung eines Teils der für den Kauf von Allied benötigten Summe gut brauchen.

Die 2008 neu herausgegebenen nordirischen Banknoten mit den Werten £ 5, 10 und 20 (Herausgeber: Bank of

Ireland, Northern Ireland) tragen auf der Rückseite eine Abbildung der Destillerie. Dies zu Ehren des 400-jährigen Jubiläums der Lizenz zum Destillieren in der Region, in welcher Bushmills als einzige noch steht und produziert.

Ein Besuch bei Bushmills beginnt im schönen *Visitor Centre*, in dem jedes Jahr über 100 000 Besucher aus aller Welt empfangen werden.

Von dort geht es zuerst zu den großen Malzsilos, in denen das Gerstenmalz bis zu seiner Verwendung zwischengelagert wird. Bushmills mälzt nicht selbst, sondern bezieht sein Malz von Großmälzereien. Dabei ist zu erwähnen, dass der reine »Bushmills« im Gegensatz zum überwiegenden Teil der irischen Whiskeys aus gemälzter Gerste destilliert wird. In einem ersten Produktionsschritt wird das Malz in einer alten Mühle zu *grist* gemahlen. Dieses aus mehr oder weniger grobem Schrot und Mehl bestehende Mahlgut kommt anschließend in den Maischbottich *(lauter mash*

The Old Bushmills Distillery Co. Ltd.
THE WORLD'S OLDEST WHISKEY DISTILLERY

Der Name bedeutet	Mühle am (River) Bush
Aussprache	Busch-mills
Whiskeyregion	County Antrim, Nord-Irland
Adresse	Old Bushmills Distillery 2, Distillery Road, Bushmills County Antrim BT57 8XH Northern Ireland
Kontakt	www.bushmills.com Telefon +44 (0)28 207 332 18
Club	Kein Club
Gründung	1784 (Lizenz für das Gebiet 1608)
Status	In Betrieb
Besitzer	Diageo plc
Stills	10 *pot stills* (4 *wash*; 6 *intermediate* oder *spirit*)
Kapazität pro Jahr	4 250 000 Liter
Besucher	Ja ★★★★ Besucherzentrum mit Restaurant und Shop ❤❤❤
Rating	★★★★★
Hausstil	Warm, Vanille, Sherry, Honig, malzig-süß

Links oben • Das Schild mit dem Anspruch Bushmills, die älteste Whiskeydestillerie der Welt zu sein.

Oben • Wohl einmalig in einer Destillerie dieser Welt: Der Maischbottich *(mash tun)* steht in einem Raum mit Fenstern, welche Glasmalereien zieren.

tun) aus Edelstahl, in welchem aus ihm mit heißem Wasser der Zucker herausgewaschen wird. Die so gewonnene zuckerhaltige Flüssigkeit, *wort* genannt, kommt in die zehn Gärbottiche *(wash backs)* aus Edelstahl. In diesen wird mithilfe von Hefe der Zucker in Alkohol umgewandelt. Man gewinnt so die *wash,* eine Art Bier.

Im schönen *stillhouse* stehen zehn relativ kleine und schlanke zwiebelförmige *stills* ohne Ein- oder Ausbuchtungen (4 *wash*, 6 *intermediate* oder *spirit*). Ihre Rohrkondensatoren stehen im gleichen Raum. In den *stills* wird dreimal gebrannt *(triple distillation)*. Den leichten, weichen Whiskey erreicht man bei Bushmills, indem nach der ersten Destillation in den *wash stills* die *low wines* in einer der *intermediate stills* ein zweites Mal gebrannt werden. Dabei wird in drei Teile separiert: Der Vorlauf kommt wieder zurück in den *low wines*-Behälter, das Herz *(middle cut)* geht in einen eigenen Tank und der Nachlauf wiederum den gleichen Weg wie der Vorlauf. Die beiden für den dritten Destillationslauf bestimmten *spirit stills* werden mit dem *middle cut* befüllt. Jetzt wird ein drittes Mal destilliert. Auch hier wird wieder nach dem gleichen System vorgegangen wie beim Brennen in der *intermediate still*. Das Herz – es hat einen Alkoholgehalt von circa 83 Prozent – kommt jetzt jedoch in den für die Fassabfüllung bestimmten Tank. Vor- und Nachlauf hingegen werden wieder in den *low wines*-Tank zurückgeführt. Es gibt also Teile im »Bushmills«, die bedeutend häufiger als dreimal destilliert worden sind.

Die für die Reifung der Whiskeys benötigten Fässer (meistens Ex-Bourbon-, aber auch Ex-Sherry-Fässer) wer-

den in der eigenen Küferei bereitgestellt. Die Lagerung erfolgt in großen Lagerhäusern (Hochregallager).

Bushmills ist nicht nur eine Destillerie, sondern auch eine Blending/Vatting- und Abfüllfirma. Die eigenen Whiskeys werden bei Bushmills selbst gemischt und in Flaschen abgefüllt.

Zum Abschluss der Führung können Freiwillige im Restaurant des *Visitor Centre* in einem Vergleichs-Tasting mit anderen Whisky- und Whiskeyarten ihren Bushmills-Geschmack unter Beweis stellen und mit den richtigen Antworten ein Zertifikat erhalten. Selbstverständlich bekommen alle Besucher einen Bushmills oder anderen Drink.

Den »Bushmills« gibt es seit 1984 als Single Malt in Originalabfüllung als 10-Jährigen (Standardabfüllung), als 16-jährigen »Three Woods« und als 21-jährigen »Rare«. Der »Three Wood« wurde nach dem Vorbild einiger schottischer Destillerien in drei verschiedenen Fassarten (Bourbon, Sherry und Port) gereift. Neben diesen Single Malts gibt es von Bushmills auch Blended Whiskeys: den »Original« und den bekannteren »Black Bush«.

Unter Pernod Ricard folgten einige Abfüllungen zu besonderen Anlässen und mit höherem Alter. Darunter waren auch einige Einzelfassabfüllungen, die in Fassstärke realisiert wurden. Diageo brachte 2008 eine »1608 Anniversary Edition« zum 400-Jahr-Jubiläum der Lizenz heraus. Im *Visitor Centre* gibt es einen 12-Jährigen als »Distillery Reserve« zu kaufen.

Seit die neben Bushmills als zweite im 20. Jahrhundert noch aktive Destillerie in Nordirland – Coleraine – 1963 stillgelegt und 1978 endgültig geschlossen wurde, wird der Whiskey mit dem Namen »Coleraine« (nur als Blend und leider nicht mehr als Malt) ebenfalls bei Bushmills hergestellt.

Wie für den »Coleraine« kommen auch für den »Black Bush« (ebenfalls ein Blend) die für das Blending nötigen Grain-Whiskeys aus der Destillerie Midleton.

Cooley

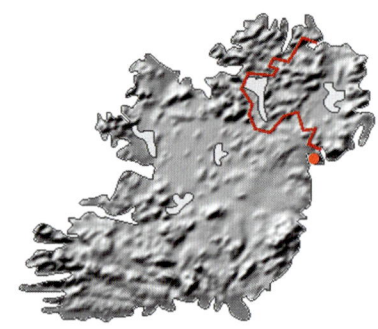

Die Destillerie Cooley

Die Cooley Distillery wurde 1987 aus einer Trotz- oder Wutreaktion heraus gegründet: Der irische Jungunternehmer John J. Teeling hatte mit anderen Geldgebern zusammen versucht, die IDG (Irish Distillers Group), zu der alle noch existierenden irischen Destillerien gehörten, zu übernehmen. Er scheiterte jedoch im wirklich ohne Bandagen geführten Übernahmekampf gegen den französischen Giganten Pernod Ricard. Aus Wut kaufte sich der Harvard-Absolvent (Diplomarbeit über die Verbesserung der Marketingstrategie für Irish Whiskey) 1987 für £ 120 000 eine Alkoholfabrik in Riverstown bei Dundalk (Ceimici Teo Distillery) auf einer Halbinsel in der Irischen See. Sie gehörte bis zu diesem Zeitpunkt dem Staat und sieht eher wie eine Raffinerie aus. In ihr wurde sogenannter Industriealkohol aus Kartoffeln produziert.

John J. Teeling gab seiner Firma und Destillerie den Namen der Halbinsel: »Cooley«. Um die Destillerieanlage von der Industriealkohol-Herstellung in eine für die Produktion von sowohl Malt- als auch Grain-Whiskeys geeignete umzubauen, mussten Teeling und seine Geldgeber noch weitere £ 3 Millionen investieren. Der Umbau beziehungsweise die Umnutzung der Destillerie nahm knapp zwei Jahre in Anspruch. Es wurden zwei alte *pot stills* und andere Destillerieeinrichtungen aus geschlossenen – meist schottischen –Destillerien zusammengekauft.

Schottische Destillationsspezialisten wurden geholt und die Produktion nach schottischem Vorbild mit zweifacher Destillation aufgenommen. Einer der Mitschuldigen an der

guten Qualität der Cooley-Whiskeys war Gordon Mitchell. Er war vor seiner Zeit bei Cooley bei Lochside und dann – ab der Gründung jener Destillerie bis zu seiner Pensionierung – bei Arran in Schottland tätig.

In Cooley wurde die Malt-Whiskey-Produktion 1988 und diejenige von Grain-Whiskeys 1990 aufgenommen.

Ungefähr in dem Zeitraum, als Teeling seine Destillerie zum Laufen brachte, kaufte Willie McCarther Anteile an der Andrew A. Watt Distillery im County Derry in Nordirland. McCarther – ein Studienkollege von Teeling in den USA – hatte die gleiche Idee wie Cooley, nämlich die irische Whiskeyindustrie wieder auf Vordermann zu bringen. 1988 taten sich die beiden zusammen. Zwei weitere irische Unternehmer, Paul Power (Nachfahre der berühmten Whiskeyfamilie) und Lee Mallaghan (ehemaliger Besitzer der Locke's Distillery in Kilbeggan) fügten ihre Interessen ebenfalls mit denen von Teeling zusammen und nahmen im Aufsichtsrat der Cooley Distillery plc Einsitz. Cooley übernahm die Marken der ehemaligen Destillerie Watt aus Nordirland (unter anderen »Tyrconnell«) und kaufte sich auch die Marken und Liegenschaften der John Locke & Co. in Kilbeggan. Locke ist die älteste noch stehende Destillerie in Irland. Sie wurde bereits 1757, also 27 Jahre vor Bushmills, lizenziert.

Nach anfänglichen finanziellen Problemen – von 1992 bis 1995 wurde nicht produziert – begann Cooley, die irische Whiskeywelt tüchtig durchzuschütteln. Die Destillerie und mit ihr die Verkaufszahlen entwickelten sich schnell, und dank den alten Marken »Tyrconnell« und »Locke's« konnte sich Cooley auch international schnell etablieren. In der Destillerie von Cooley wird heute, neben diesen bei-

den Marken, eine große Anzahl anderer Whiskeymarken und -sorten produziert. Diese entstehen durch Kombination von unterschiedlichen Destillationsarten. Malt-Whiskeys aus *pot stills* ungetorft und getorft, Grain Whiskeys aus zwei- und dreifacher Destillation usw. Diese Destillate werden zusätzlich vor dem Blenden und Abfüllen auch noch unterschiedlich lang in verschiedenen Fassarten gelagert.

Cooley hat keine Besuchereinrichtungen, deshalb läuft ein Besuch in dieser Destillerie auch »cool« ab. Der Empfang und die Führung durch die Destillerie sind aber wirklich freundlich und herzlich.

In der Destillerie steht als erstes ein echtes Sammelsurium an Malz- und Getreidemühlen der verschiedensten Fabrikate und Macharten. Im *tunhouse* für den Malz-Whiskey stehen der Maischbottich aus Edelstahl und die vier Gärbottiche, ebenfalls aus diesem Material. Im *stillhouse* stehen die beiden *stills* (je eine *wash* und *spirit*) mit ihren Rohrkondensatoren. Sie haben weder Ein- noch Ausbuchtungen. Bei Cooley werden die Malt-Whiskeys in für Irland unüblicher Art und Weise nur zweimal destilliert.

Für den Grain-Whiskey-Teil – als Getreide für diese Art wird fast zu hundert Prozent Mais eingesetzt – werden

---

Kilnasaggart Inscribed Stone · Granitstein aus dem 8. Jahrhundert mit interessanten Gravierungen; ein typisch irischer *standing stone* christlicher Herkunft.

Carlingford · schöner mittelalterlicher Ort mit der Ruine eines Schlosses aus dem 13. Jahrhundert und weiterer Sehenswürdigkeiten.

Fitzpatricks Restaurant · eines meiner Lieblingsrestaurants in Irland; Top-Service und Ambiente; gutes Essen usw.; in Rockmarshall, Jenkinstown, direkt an der Straße (R173) zur Cooley Distillery.

Unten links · In den beiden *pot stills* wird Whiskey in nur zweifacher Destillation gebrannt.

Unten · Im *stillhouse* gehen die *columns* über mehrere Etagen.

Die kleine Halbinsel Cooley liegt nordöstlich von Dundalk an der Ostküste Irlands in der Nähe der Grenze zu Nordirland. Von Dundalk aus fährt man auf der M1 Richtung Norden und nimmt dann die Richtung Osten abzweigende R173. Auf dieser Straße kommt man zum kleinen Weiler Riverstown. Die Destillerie Cooley steht etwas versteckt links oben in einem Wäldchen.

Cooley produziert in modernen, grün gestrichenen Gebäuden. Im höchsten Gebäude stehen die *continuous stills*.

zuerst die gleichen Mühlen wie bei der Malt-Whiskey-Herstellung genutzt. Nach dem speziellen Maischverfahren (Mais wird mit Gerstenmalz zusammen in einem eigenen Verfahren gemaischt) kommt die *beer* in die sechs großen Gärbottiche aus Edelstahl (je 200 000 Liter Fassungsvermögen).

Die beiden *continuous stills* mit ihren total fünf Säulen (*analyser/extractor, rectifier* und *spirit*) stehen in einem eigenen, hohen *stillhouse*. Cooley stellt auch Grain-Whiskeys im kontinuierlichen Verfahren mit dreifacher Destillation her.

Viele Jahre lang wurden die in der Destillerie gebrannten Whiskeys nach der Destillation in Tanklastwagen nach Kilbeggan (County Westmeath) zu den Lagerhäusern der alten Locke Distillery transportiert. Dort füllte man sie in Fässer (meistens in Ex-Bourbon-, vereinzelt aber auch in andere Fassarten wie Ex-Sherry-, Ex-Wein-Fässer usw.) ab. Diese werden in der eigenen Küferei vorbereitet.

Diese Praktik wurde im Jahr 2005 geändert, sodass nur noch die für die langjährige Lagerung vorgesehenen Grain- und alle Malt-Whiskeys nach Kilbeggan gebracht werden. Die Grain-Whiskeys, für die nur eine gut dreijährige Lagerzeit vorgesehen ist, werden in einem neuen Hochregal-Lagerhaus bei der Destillerie in Cooley gereift. Im Jahr 2011 wurde im Zuge eines weiteren Ausbaus ein zusätzliches großes Lagerhaus gebaut.

Im Dezember 2011 schlug die Nachricht fast wie eine Bombe ein, dass Cooley Distillery plc mit all ihren Destillerien und Marken für 95 Millionen US-Dollar an den amerikanischen Spirituosenkonzern Beam Inc. (Jim Beam, Maker's Mark, Canadian Club usw.) verkauft werde. Mitte Januar 2012 ging der Verkauf dann auch tatsächlich über die Bühne.

1992 kam der erste Whiskey von Cooley, ein sehr junger »Locke's«, in einer limitierten Auflage von 5000 Flaschen auf den Markt. Die wichtigsten in dieser sehr modernen Destillerie hergestellten Marken sind »Kilbeggan« (ohne Altersangaben und als 15-jähriger), »Tyrconnell« (verschiedene Alters- und *finishing*-Varianten) und der torfige »Connemara« (ebenfalls verschiedene Alters-und *finishing*-Varianten).

Weiter stammen von Cooley ebenfalls die bekannten Marken »Locke's« und »Magilligan«. Der »Greenore« ist zurzeit der einzige reine irische Grain-Whiskey auf dem Markt. Er ist in verschiedenen Altersstufen (vom 6- bis zum 18-Jährigen) erhältlich. Daneben macht Cooley in seiner eigenen Flaschenabfüllanlage in der Destillerie in Riverstown auch Abfüllungen für die verschiedensten Eigenmarken von Großverteilern.

Der Name bedeutet	Name der Halbinsel, Firmenname	Hausstil	Tyrconnell: Honig, Orangen, malzig-süß
Aussprache	Kuuli		
Whiskeyregion	County Louth, Irland		Connemara: Rauchig, ölig-nussig, Honig, Vanille, süßlich
Adresse	Cooley Distillery Riverstown, Cooley, County Louth Ireland		
			Greenore Grain: Süßlich, buttrig, fruchtig, Karamell, frischer Mais?
Kontakt	www.cooleywhiskey.com Telefon +353 (0)42 937 61 02		
Club	Kein Club		
Gründung	1987		
Status	In Betrieb		
Besitzer	Cooley Distillery plc (Beam Inc.)		
Stills	Malt-Destillerie 2 *pot stills* (1 *wash*; 1 *spirit*) Grain-Destillerie 2 *continuous stills* mit total fünf *columns*		
Kapazität pro Jahr	Malt-Whiskey ca. 1 000 000 Liter Grain-Whiskey ca. 4 000 000 Liter		
Besucher	Kein Besucherzentrum ★★★☆☆ Besuche sind aber nach Voranmeldung möglich. (Nicht zu knapp vor dem geplanten Besuch anrufen.)		
Rating	★★★★☆☆☆		

Jameson, Old †
(Bow Street)

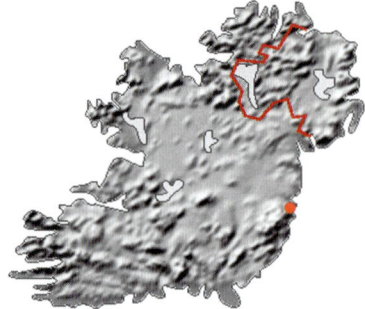

Die Destillerie Jameson Bow Street

John Jameson, ein Schotte, wanderte zusammen mit seiner Familie um das Jahr 1770 nach Irland aus. Er war mit einer der Töchter des schottischen Whiskygiganten Haig verheiratet und wurde schon bald nach seiner Ankunft und dem Kauf einer ersten Destillerie eine bedeutende Figur im irischen Whiskeygeschäft. Einer seiner Söhne, er hieß ebenfalls John, heiratete später eine Tochter von Robert Stein, einem der beiden Erfinder der *continuous still*. Diesem gehörte neben einigen Grain-Destillerien in Schottland auch die Brennerei an der Bow Street in Dublin.

Vater Jameson kaufte diese Destillerie für seinen Sohn John und die Marrowbone Distillery, sie stand an der Marrowbone Lane in Dublin, für seinen anderen Sohn William. Die Jameson's kauften sich im Laufe des 19. Jahrhunderts noch weitere Destillerien in Irland dazu. Darunter waren auch Grain-Destillerien. Daneben kauften sie zusätzlich Whiskeys von fremden Destillerien zu und mischten diese mit den eigenen für die verschiedenen Whiskeymarken. In der Bow Street Distillery wie auch in derjenigen an der Marrowbone Lane produzierten die Jameson's nur mit *pot stills*. Das heißt, in den beiden Dubliner Brennereien kamen keine *continuous stills* zum Einsatz.

Die Jameson-Destillerien bekamen in den ersten Jahrzehnten des 20. Jahrhunderts die Prohibition in den USA, die Auswirkungen des Ersten Weltkriegs und der Schließung der Grenzen zu England und dem ganzen Commonwealth nach dem Ende des irischen Unabhängigkeitskrieges zu spüren. Sie überstanden diese Schwierigkeiten aber dank überlegter Geschäftsführung und rechtzeitigem Drosseln und Wiederanfahren der Produktion.

1966 schloss sich John Jameson & Co. mit der Destillerie John Power & Son – sie stand an der Thomas Street/John's Lane in Dublin – und der Cork Distilleries Co. zur Irish Distillers Group zusammen.

Die ersten Whiskeys unter dem Markennamen »Jameson« kamen erst 1968 auf den Markt. Sie schlugen wie eine Bombe ein. Heute gehören die Whiskeys dieser Marke zu den am meisten verkauften auf der Welt.

Die Destillerie an der Bow Street wurde 1971 geschlossen und die Produktion der Jameson-Whiskeys von John Power & Son übernommen.

Oben • Die alte Destillerie an der Bow Street in Dublin (Zeichnung aus dem Buch von Alfred Barnard).

Unten • Die Original-*stills* von Jameson wären ungefähr zehnmal größer als die hier im Museum gezeigten, welche ursprünglich aus der nordirischen Destillerie Coleraine stammen.

Der Name bedeutet	Familien- und Straßenname
Aussprache	Tschämesen Bou Striit
Whiskeyregion	Dublin, Irland
Adresse	The Old Jameson Distillery Bow Street, Smithfield, Dublin Ireland
Kontakt	www.tours.jamesonwhiskey.com Telefon +353 (1)807 23 48
Club	Kein Club
Gründung	1780
Status	Stillgelegt, 1971; Teil der ehemaligen Destillerie in ein Museum umgebaut, 1998
Besitzer	Irish Distillers Ltd. (Pernod Ricard SA)
Stills	Früher 6 *pot stills* (2 *wash*; 4 *spirit*)
Kapazität pro Jahr	Früher ungefähr 4 500 000 Liter
Besucher	Ja ★★★★☆ Museum mit schönem (und gutem) Restaurant und Shop ❤❤❤
Rating	★★★★★☆☆ (nur Whiskey)
Hausstil	Mild, leicht süß, nussig, warm

Den »Jameson« gibt es in verschiedenen Mischungen und Alterungsstufen. Seit 1975 wird er jedoch – wie alle Whiskeys der Irish Distillers Ltd. – in der neuen Destillerie Midleton in der gleichnamigen kleinen Stadt in der Nähe von Cork produziert. Sämtliche Destillerien in Dublin wurden stillgelegt.

1988 übernahm Pernod Ricard die Irish Distillers Ltd. und mit ihr auch die Destillerien in Dublin. Dieser französische Konzern baute die Destillerie an der Bow Street zu einem schönen und sehenswerten Museum aus. Die Eröffnung war 1998. Im Jahr 2007 wurde das vielbesuchte Museum renoviert und mit modernster Technik ausgestattet.

Ein Besuch im Museum der »Old Jameson Distillery« an der Bow Street lohnt sich für alle, die diese Stadt besuchen und ohne viel Zeit zu investieren einen Überblick über die Whiskeyherstellung in Irland erhalten möchten. Das Museum – es empfing im Jahr 2011 über 200 000 Besucher – ist schön gestaltet und arbeitet mit der neuesten audio-visuellen Präsentationstechnologie. Zu Beginn wird im Auditorium ein Film mit dem Titel »John Jameson Story« gezeigt. Die anschließende Führung durch die ehemaligen Produktionsräume wird von sehr gut geschulten Guides gemacht.

Weil die Anlagen nicht mehr arbeiten, werden mit Videoeinspielungen die Prozesse aus verschiedenen Mälzereien und Destillerien gezeigt.

Sehen kann man im Museum den Mälzprozess, das Mahlen der Gerste, das Maischen (mit einem *mash tun* aus Gusseisenplatten ohne Deckel), das Gären in den Bottichen *(wash backs)* aus Holz, das Brennen in den *pot stills* im *stillhouse* und die Fassherstellung, die Abfüllung in die Fässer und die Lagerung dieser bis zum Abfüllen des Whiskeys in Flaschen.

Im Museum stehen nicht mehr die Originalanlagen aus der Jameson Distillery. Diese wurden in den 1970er-Jahren abgebaut. Sie waren alle auch bedeutend größer als die heute gezeigten Exponate. So waren beispielsweise die *wash stills* – Jameson arbeitete mit 6 *pot stills* (2 *wash* und 4 *spirit*) – mit ihrem Fassungsvermögen von über 100 000 Litern mehr als zehnmal so groß als die heute gezeigten. Diese stammen aus der 1963 stillgelegten und 1978 geschlossenen und abgebauten Destillerie Coleraine unweit des Ortes Bushmills in Nordirland.

Zum Abschluss der Führung können Freiwillige in einem Vergleichs-Tasting mit anderen Whiskeysorten ihren Jameson-Geschmack unter Beweis stellen und mit den richtigen Antworten ein Zertifikat erhalten. Selbstverständlich bekommen alle Besucher einen »Jameson« oder einen anderen Drink im Restaurant und Shop.

Unten · An der schönen Bar erhält man fast das ganze Sortiment der verschiedenen Jameson-Abfüllungen.

Ganz unten · Der Eingangsbereich zum *Visitor Centre* wird von einer – ebenfalls nicht aus dieser Destillerie stammenden – alten *still* geschmückt.

Die heute als Museum betriebene ehemalige Destillerie Jameson in Dublin liegt in der Nähe des River Liffey an der Bow Street. Vom Stadtzentrum aus folgt man zuerst der N81 und zweigt vor dem Fluss auf die R108 ab. Auf ihr überquert man den River Liffey mit seinen schönen alten Brücken und biegt auf dem anderen Ufer in die zweite Straße nach links ab. Sie führt direkt an die Bow Street und zur Destillerie. Achtung: Es gibt nur sehr wenige Parkplätze. Man benutzt am einfachsten die verschiedenen Touristenbusse (Hop on, hop off) oder die Straßenbahn. Beide haben ganz in der Nähe der Destillerie Jameson Haltestellen.

Dublin · lebendige Stadt mit vielen Sehenswürdigkeiten und besuchenswerten Plätzen; viele Restaurants und Pubs; Guinness-Brauerei mit *Visitor Centre*; Temple Bar usw.

Kilbeggan, Old
(Locke's)

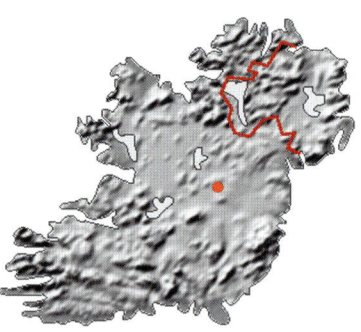

Links · Die Old Kilbeggan Distillery (früherer Name Locke's Distillery) steht am Brusna River. Sie beherbergt ein unglaublich eindrückliches Destilleriemuseum. Die Anlagen wurden über lange Jahre mit einem Wasserrad angetrieben.

Die Destillerie Old Kilbeggan

Die, nimmt man es genau, älteste Destillerie Irlands wurde unter dem Namen »Brusna« (benannt nach dem Fluss, an dem sie liegt) im Jahr 1757 gegründet. Bushmills pocht zwar darauf, die älteste Destillerie zu sein, und führt ihre Lizenz aus dem Jahr 1608 als Beweis an, doch wurde eine Destillerie mit ihrem Namen erst 1784 gebaut.

Bis Ende des 18. Jahrhunderts gehörte Brusna ihrem Gründer Matthias McManus. Der nächste Besitzer der bis dahin durchgehend produzierenden Brennerei war bis ins Jahr 1843 George Codd. In jenem Jahr wurde sie von John Locke übernommen und in Locke's Distillery umbenannt.

John Locke tat während der folgenden Jahre, in der es in seiner Destillerie gut lief, viel für die Bewohner des Ortes. In einer für ihn dann selbst schwierigen Zeit revanchierten diese sich dafür: Nachdem im Jahr 1866 der für die Whiskeyherstellung absolut notwendige Heizkessel explodiert war und Locke kein Geld hatte, um ihn zu ersetzen, kauften ihm die Bewohner des Ortes einen neuen.

Unter den nächsten Generationen der Familie, das heißt unter James Harvey und John Edward Locke, wurde die Destillerie zwischen 1870 und 1920 laufend erweitert, umgebaut und modernisiert.

Nach dem Tod von John Edward übernahmen dessen Töchter Florence Eccles und Mary Hope Johnston die Leitung und blieben gleichzeitig Hauptaktionäre der Firma. 1954 mussten sie die Produktion – auch wegen unlauterer Machenschaften ihrer Männer und deren Geschäftspartner – aufgeben und die Destillerie Locke im Jahr 1957 wegen finanzieller Probleme schließen. Die *pot stills* wurden verkauft und die Gebäude verlotterten. Ein Teil von ihnen wurde sogar als Schweinestall benutzt. Die Bewohner von Kilbeggan griffen in dieser Situation ein zweites Mal ein. Sie begannen 1982 die Destillerie herauszuputzen und aus ihr ein nettes kleines Museum mit einem Restaurant zu machen. Von der geschlossenen Destillerie Tullamore konnten die alten *stills* übernommen werden. Sie stehen bis heute ohne Dach im Freien.

1987/88 übernahm Cooley Distillery plc die alte Destillerie. Seitdem wurde die Old Kilbeggan Distillery – so heißt sie jetzt – Schritt für Schritt wieder in Betrieb genommen. Begonnen wurde damit, dass ein Teil der von der Cooley Distillery (in der Nähe von Dundalk) produzierten Whiskeys nach Kilbeggan gebracht und in der alten Destillerie in Fässer abgefüllt und gelagert wird. In den alten Gebäuden betreibt Cooley auch eine Küferei, um die benötigten Fässer selbst zusammenbauen oder instand setzen zu können. Zu Ehren der alten Destillerie hat Cooley dann einen Whiskey mit dem Namen »Locke's« auf den Markt gebracht. Es handelt sich bei ihm um einen Blend.

2006 wurde damit begonnen, in einem nicht mehr genutzten Gebäudeteil eine komplett neue Destillerie aufzubauen. Ein neuer Maischbottich aus Douglas-Fichte (!) und drei Gärbottiche aus dem gleichen Holz wurden installiert. Eine uralte, ungefähr Mitte des 19. Jahrhunderts gebaute *pot still*, sie stammte ebenfalls aus der Destillerie

Der Name bedeutet	Name des Ortes, Familienname	Besucher	Ja ★★★★★ Museum mit Restaurant und Shop ❤❤❤
Aussprache	Killbeggen / Lokki		
Whiskeyregion	County Westmeath, Irland	Rating	★★★★☆☆
Adresse	Kilbeggan Distillery Kilbeggan, County Westmeath Ireland	Hausstil	Kilbeggan (von Cooley): Vanille, Honig, Gras, süßlich
Kontakt	www.kilbegganwhiskey.com Telefon +353 (0)57 933 21 34		Locke (von Cooley): Weich, malzig, süßlich, warm
Club	Kein Club		
Gründung	1757		
Status	In Betrieb		
Besitzer	Cooley Distillery plc (Beam Inc.)		
Stills	Früher 3 *pot stills* (1 *wash*; 2 *spirit*) 2007 1 *pot still* aus dem 19. Jahrhundert wieder in Betrieb genommen Seit 2009 2 *pot stills* (1 *wash*; 1 *spirit*)		
Kapazität pro Jahr	Früher unbekannt, jetzt ungefähr 70 000 Liter		

Tullamore, wurde bei Forsyths, der berühmten Schmiede in Rothes (Schottland), restauriert und am 19. März 2007 zum 250-Jahr-Jubiläum der Destillerie als wahrscheinlich älteste aktive *still* der Welt wieder in Betrieb genommen. Es handelt sich bei ihr um eine typische alte, kesselförmige *still* mit einem Rohrhals, der jedoch nicht mehr wie früher in eine *worm tube*, sondern in einen Rohrkondensator führt. Diese kleine *still* sollte jedoch nur der Anfang der Wiedergeburt von Kilbeggan sein. 2009 wurde neben der uralten eine neu gebaute zweite, der ersten nachempfundene *still* installiert. In der Destillerie werden seither mit den beiden *pot stills* mit zweifacher Destillation ungefähr drei Fässer Whiskey (etwa 700 Liter) pro Tag produziert. Laut Brian Quinn, dem charismatischen, älteren Destillerie-Manager warten jetzt die drei großen *stills* darauf, ebenfalls restauriert und wieder in Betrieb genommen zu werden.

Die neue, aktive Destillerie ergänzt das Museum in optimaler Weise. Ein Besuch bei Old Kilbeggan ist viel mehr als nur ein Besuch – er ist eine Zeitreise. Nicht einmal in der als Museum geführten schottischen Destillerie Dallas Dhu gibt es so viel so Altes zu bestaunen und bewundern. Unglaublich, was die Iren früher mit wenigen Mitteln schafften und wie sie – mangels Geld – die vorhandenen Energien nutzten.

Kommt man im kleinen Ort Kilbeggan zu dieser Destillerie, fällt einem als erstes das Wasserrad auf, das sich vor den alten Gemäuern im Brusna River dreht. Die Destillerie trug in den über 250 Jahren ihrer Geschichte neben dem Namen des Flusses Brusna und der Familie Locke auch (wie heute wieder) den des Ortes Kilbeggan. Aus dem rechts vom Mühlerad stehenden Gebäude ragen die Hälse der *stills* in den Himmel, sie stehen im Freien.

Ein Besuch beginnt entweder am Schalter des ehemaligen Destilleriebüros oder im Restaurant, das in den Gebäuden der Destillerie eingerichtet wurde. Bereits hier erhält man einen Eindruck, was einen im Inneren der Destillerie erwarten wird. Viele Artefakte und Zeitzeugen aus der langen Geschichte dieser Destillerie stehen und hängen hier.

Das absolut größte und faszinierendste an dieser Destillerie ist, dass sie seit den 1950er-Jahren praktisch unberührt blieb und bis zu dieser Zeit seit der Jahrhundertwende immer mit den gleichen Mitteln gearbeitet hat. Die Restaurierungsarbeiten wurden sehr vorsichtig ausgeführt.

Das bereits erwähnte Wasserrad treibt im Inneren der Destillerie große Zahnräder an. Diese wiederum treiben die verschiedensten Anlagen an: So geben sie über einen Lederriemen einer durch die halbe Destillerie führenden Transmissionswelle Antrieb. An dieser Welle (Stangen) sind wiederum Riemenscheiben angebracht, über welche Leder-

riemen laufen und die unter ihnen stehenden Anlagen antreiben. Zu diesen gehören auch die schweren Mahlsteine, mit denen das Gerstenmalz gemahlen wurde. In den Zeiten, in denen der Brusna River zugefroren war oder nicht genügend Wasser führte, setzte man als Ersatz eine Dampfmaschine ein. Sie stammt aus dem Ende des 19. Jahrhunderts und tut ihren Dienst immer noch.

Der *mash tun* ist genauso beeindruckend wie die drei Stockwerke hohen *wash backs*. Die *stills* sind wie bereits erwähnt nicht original, sondern stammen aus der stillgelegten und ausgeräumten Destillerie in Tullamore. Offenbar hat man in beiden Destillerien mit den gleich großen *stills* gearbeitet. Die drei passten nämlich genau in die Öffnungen der gemauerten Aufbauten.

Der restliche Teil der Old Kilbeggan Distillery ist bereits seit der Übernahme durch Cooley wieder voll in Betrieb. In der Küferei werden die Fässer vorbereitet, in der Fassabfüllerei wird Whiskey abgefüllt, und die Fässer werden zur Lagerung und Reifung in die alten Lagerhäuser gebracht. Eines von ihnen – es wird als »T-Syphon-Warehouse« bezeichnet – ist sicher ein echtes Unikat und sonst in keiner Destillerie anzutreffen. Es wurde 1949 nach dem Vorbild und in der genialen Konstruktionsart eines der berühmten Gewölbegebäude in der alten irakischen Stadt Ur (4000–2000 v. Chr.) gebaut. In ihm wird neben der Lagerung der Fässer (aufrecht auf Paletten) auch der bei Old Kilbeggan hergestellte *new make* in Fässer abgefüllt. Auch ein Teil des für Single Malts bestimmten *Baby Whiskey* aus der Cooley Distillery wird hier bereits seit der Übernahme der Destillerie und ebenfalls heute noch in Fässer abgefüllt und gelagert. Er wird in Tanklastwagen hierher gebracht.

Rechts · Aus dieser *pot still* aus der Mitte des 19. Jahrhunderts floss nach vielen Jahrzehnten ohne Destillation bei Kilbeggan am 19. März 2007 das erste Mal wieder *new make*.

Unten links · Eine der drei aus der Destillerie Tullamore stammenden *pot stills*. Sie stehen alle im Freien.

Unten rechts · Neben den *pot stills* stehen auch die beiden *columns* einer uralten *Coffey still*.

Old Kilbeggan mit seinem schönen *Visitor Centre* und dem Restaurant ist ein echter Touristenmagnet geworden. So konnte am 8. September 2011 der einmillionste Besucher seit der Übernahme durch Cooley Distillery plc empfangen werden.

Mit dem Verkauf der Cooley Distillery plc mit all ihren Destillerien und Marken an den amerikanischen Spirituosenkonzern Beam Inc. (Jim Beam, Maker's Mark, Canadian Club usw.) gehört jetzt auch die älteste Destillerie Irlands zu diesem amerikanischen Konzern.

Die Gebäude der ältesten Destillerie Irlands stehen in Kilbeggan im Zentrum der Grünen Insel. Von Dublin aus fährt man die M4 bis Kinnegad, dann auf die M6 Richtung Galway. Nach ungefähr 90 Kilometern fährt man von der Autobahn ab und folgt den Wegweisern in den Ort Kilbeggan. Die Destillerie liegt ungefähr nach einem Kilometer direkt an dieser Straße.

Kilbeggan Racing Days · nicht nur für Pferdeliebhaber interessante Pferderennen; Mini-Ascot an den speziellen Ladie's Days.

Athlone · schönes mittelalterliches Städtchen mit Schloss.

Tullamore · kleines Städtchen mit Restaurants, Pubs und einem netten Marktplatz; am Stadtrand steht das sehenswerte Charleville Castle mit vielen kulturellen Veranstaltungen.

Midleton

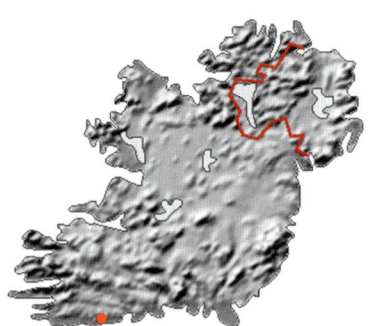

Destillerien von Jameson und Power hatten dort enorme Platzprobleme und keine Rationalisierungs- oder Expansionsmöglichkeiten. Die Produktion wurde so immer unrentabler. Beide Brennereien wurden deshalb aufgegeben und die Herstellung der Whiskeys dem neuen Produktionszentrum der Irish Distillers Group (IDG) Midleton übertragen. Hier entstand 1975 in Sichtweite der alten Destillerie Midleton eine komplett neue, hochmoderne Destillerie, die eher wie ein Kraftwerk aussieht.

Die Destillerie empfängt keine Besucher.

Wegen der unterschiedlich zu produzierenden Whiskeys – bei Midleton werden über ein Dutzend der bekannten irischen Whiskeymarken hergestellt – kommen verschiedene Produktionswege zur Anwendung.

Für die Malt- oder Single Pot Still-Whiskeys (früherer Name Pure Pot Still) wird die gemälzte Gerste gemahlen und kommt als erstes in einen riesigen, vollautomatischen Maischbottich *(full lauter tun)*. Er ist komplett aus Edelstahl und sieht fast ein wenig wie ein UFO aus. Die Gärbottiche sind ebenfalls aus Edelstahl. Bei der Malt-Whiskey-Produktion wird die zu destillierende Flüssigkeit wie in Schottland *wash* genannt. Die vier großen *pot stills* (zwei *wash*, eine *intermediate/feints* und eine *spirit still*) stehen in einem eigenen, modernen *stillhouse*. Sie sind zwiebelförmig und haben keine Ein- oder Ausbuchtungen. Ihre Rohrkondensatoren stehen ebenfalls im *stillhouse*. Nach der Destillation in der *wash still* hat das Destillat einen Alkoholgehalt von – je nach angestrebter Whiskeyart – 30 bis 50 Prozent, nach der *intermediate* von 68 bis 72 Prozent und nach der *spirit still* von 80 bis 85 Prozent. Ende 2012 soll – wenn alles rund läuft – ein neues, futuristisch aussehendes »Pot Still Stillhouse« mit neuester Technologie und sechs neuen *pot stills* (je zwei *wash*, *intermediate/feints* und *spirit stills*) in Betrieb gehen. Dies zusätzlich zu den im alten *stillhouse* produzierenden Anlagen.

Für die Grain-Whiskeys wird in erster Linie ungemälztes Getreide verwendet. Dieses wird gemahlen und in einen großen Wassertank (einen sogenannten Mischtank) geschüttet. Die Mischung wird anschließend in einen riesigen Kessel (funktioniert wie ein Dampfkochtopf) gebracht und dort mit einer Temperatur von 150 Grad gekocht. Das ausgekochte Getreide wird aus dem Kochtopf in einen Umwandlungskessel gepumpt, in dem seine Temperatur unter Vakuum auf 65 Grad reduziert wird.

Die Masse kommt jetzt in den Maischbottich, wo ihr ein kleiner Prozentsatz an gemälztem Getreide beigegeben wird. Dieses bringt die für den nachfolgenden Gärprozess

Die Destillerie Midleton

Die Gründe für den Bau der hochmodernen Destillerie Midleton im Jahr 1975 sammelten sich aus verschiedensten Begebenheiten, die sich auf mehr als ein Jahrhundert verteilten, an. Ein erster ergab sich bereits im Jahr 1867. Damals schlossen sich die fünf wichtigsten Destillerien der

Oben · Zwar schräg, dafür aber alles auf dem Bild: Die riesigen *pot stills* zusammen mit den *continuous stills* mit ihren Steuerpulten an der rechten Wand.

Unten · Die Fässer werden stehend zu sechst auf einer Palette gelagert.

Region Cork (Watercourse, North Mall, The Green, Daly's und Midleton) zur Cork Distillers Company (CDC) zusammen. Zu diesem Zeitpunkt wurde die Produktion der Whiskeymarken dieser fünf Destillerien in den zwei Destillerien North Mall und Midleton konzentriert.

Wegen der großen Absatzkrise in den 1920er-Jahren wurde dann auch North Mall aufgegeben und die Produktion der dort gebrannten Whiskeys ebenfalls an Midleton abgetreten.

Nach der Fusion der Cork Distillers Company mit den beiden Destillerien John Power und Jameson aus Dublin im Jahr 1966 wurde Midleton zum eigentlichen Destilleriezentrum Irlands. Die mitten in der Stadt Dublin stehenden

Cobh · schöne alte Hafenstadt mit vielen farbigen Häusern, Pubs, Hotels usw.

Blarney Castle · Schloss aus dem 13. Jahrhundert; beeindruckende Ruine mit dem weltberühmten Blarney Stone: Wer es fertig bringt, ihn zu küssen, wird zum außerordentlich gewandten Redner (Schmeichler). Die Gabe, die man mit dem Küssen (hier eine echte Turnübung) nach einer mittelalterlichen Sage erhalten soll, wird so umschrieben: Die Fähigkeit, mit schönen Worten und sanfter Sprache ohne jegliche Aggressivität zu beeinflussen und zu schmeicheln.

Midleton liegt in der Nähe der N25, die Cork (im Süden der Insel gelegen) Richtung Norden mit der nächsten größeren Stadt in nordöstlicher Richtung, Waterford, verbindet. Nimmt man die Ausfahrt Midleton und folgt den Wegweisern in die Stadt, kann man die Destillerie nicht verfehlen. Die im Jahr 1975 gebaute Destillerie der Irish Distillers Ltd. (Pernod Ricard) steht in Sichtweite der stillgelegten und zu einem sehenswerten Museum umgestalteten Old Midleton Distillery.

Midleton Distillery über den Pausenplatz einer Schule gesehen.

benötigten Enzyme mit. Die so entstandene *mash* wird in die großen, bei Midleton im Freien stehenden Gärbottiche gepumpt. Jetzt wird Hefe beigegeben und der Gärungsprozess eingeleitet. Das Resultat ist nach erfolgter Gärung eine – hier im Gegensatz zur *wash* beim Malt-Whiskey – *beer* genannte, diesem auch sehr ähnliche Flüssigkeit. Sie hat einen gegenüber der *wash* bei Malt- oder Single Pot Still-Whiskeys (8 %) höheren Alkoholgehalt von ungefähr 14 Prozent.

Midleton arbeitet auch bei der Grain-Whiskey-Herstellung mit dreifacher Destillation in drei sogenannten *column stills*. Diese stehen zusammen mit den *pot stills* im gleichen *stillhouse*. Die erste *still,* sie wird *beer still* genannt, hat die Aufgabe, aus der durch Gärung gewonnenen *beer* den Alkohol herauszuholen. Dies geschieht mithilfe von heißem Dampf. Das so entstandene Destillat nennt man *high wines*. Aus diesem werden in der zweiten *column,* der Extraktionssäule *(extractive still),* die schlechten Bestandteile, die in den *high wines* immer noch enthalten sind (Fuselöle usw.), herausdestilliert. Das Resultat dieser zweiten Destillation nennt man *light alcohols.* Diese werden in der dritten Säule *(rectifier)* noch ein drittes Mal destilliert, um den Geschmack der Grain-Whiskeys noch blumiger, fruchtiger und aromatischer zu machen. Der *new make* aus der kontinuierlichen Destillation hat einen Alkoholgehalt von 94 Prozent.

In den riesigen Fasslagern (sie beherbergen etwa eine Million Fässer) reifen die verschiedenen Whiskeyarten in den verschiedensten Fasstypen. Es kommen vor allem Ex-Bourbon- und Ex-Sherry-Fässer zum Einsatz. Für die *finishings* werden neben anderen auch Madeira- und Marsalafässer gebraucht.

Alle irischen Whiskeys – mit Ausnahme derjenigen von Bushmills und der Cooley-Gruppe – kommen heute von hier. Das Abfüllen der Whiskeys der Gruppe wie auch das Blenden oder Vatten erfolgt zentral in einem großen Abfüllbetrieb in Dublin.

Eines der Produkte von Midleton ist der »Paddy«, der wohl berühmteste irische Whiskey. Daneben werden – neben anderen – in Midleton folgende Whiskeys gebrannt (in alphabetischer Reihenfolge): »Dunphy's«, »Green Spot«, »Hewitts«, »Jameson«, »Midleton«, »Midleton Very Rare«, »Murphy's«, »Powers«, »Redbreast«, »Tullamore« usw. Der »Crested Ten« enthält Anteile von Whiskeys aus Midleton, aber auch aus Bushmills, der schönen alten Destillerie im gleichnamigen Ort in Nordirland. Diese gehörte ebenfalls für eine lange Zeit zur Irish Distillers Ltd. Im Jahr 2005 wurde sie von Diageo plc übernommen.

Der Name bedeutet	Name des Ortes	Midleton: Mild, Eiche, Honig, nussig, malzig, warm, süßlich
Aussprache	Midelten	
Whiskeyregion	County Cork, Irland	
Adresse	Midleton Distillery Midleton, County Cork Ireland	Paddy: Frisch, lieblich, malzig, Honig
Kontakt	Keine eigene Homepage Besitzer www.irishdistillers.ie Telefon +353 (1)212 90 00 (Zentrale Hauptsitz Dublin)	Powers: Würzig, aromatisch, malzig, Honig, ölig
Club	Kein Club	Redbreast: Karamell, ölig, Eiche, Beeren
Gründung	1975	
Status	In Betrieb	
Besitzer	Irish Distillers Ltd. (Pernod Ricard SA)	
Stills	4 *pot stills* (2 *wash*; 1 *intermediate/feints*; 1 *spirit*) ab 2013 10 *pot stills* (4 *wash*; 3 *intermediate/feints*; 3 *spirit*); 1 *continuous still* mit 3 *columns* (dreistufiger Prozess)	
Kapazität pro Jahr	Ungefähr 25 000 000 Liter	
Besucher	Nein ★★★★☆ Besuche sind nach Voranmeldung eventuell möglich. Auf jeden Fall nicht zu knapp vor einem geplanten Besuch anrufen.	
Rating	★★★★★☆☆	
Hausstile	Green Spot: Ölig, weich, Getreide, Spur Sherry Jameson: Weich, cremig, ölig, fruchtig	

Midleton, Old †
(»The Jameson Experience«)

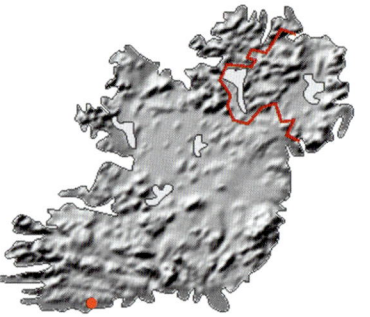

Midleton liegt nahe bei der N25, die Cork (im Süden der Insel gelegen) Richtung Nordosten mit der nächsten größeren Stadt, Waterford, verbindet. Weil der alte Ort fast nur von der Destillerie und den Touristen lebt, kann man Old Midleton nicht verfehlen. Die Wegweiser führen von der Autobahnausfahrt in den Ort und zur Destillerie.

472

Der Name bedeutet	Name des Ortes
Aussprache	Ould Midelten
Whiskeyregion	County Cork, Irland
Adresse	The Old Midleton Distillery (The Jameson Experience) Midleton, County Cork Ireland
Kontakt	www.jamesonwhiskey.com Telefon +353 (0)21 461 35 94
Club	Kein Club
Gründung	1825
Status	Stillgelegt 1975; heute Museum
Besitzer	Irish Distillers Ltd. (Pernod Ricard SA)
Stills	Früher 5 pot stills (1 *wash*; 2 *intermediate/feints*; 2 *spirit*) + 1 *Coffey still*
Kapazität pro Jahr	Unbekannt
Besucher	Ja ★★★★★ Museum mit schönem Restaurant und Shop ❤ ❤ ❤
Rating	★★★★★✰✰ (nur Whiskey)
Hausstil	Keine Produktion mehr Whiskeys siehe unter Midleton

Oben • Mit dieser Waage wurden die Fässer unter Aufsicht der Steuerbeamten bei der Ein- und Auslagerung gewogen.

Ganz links • Das Einlagern der angelieferten Gerste war eine sehr mühsame Angelegenheit!

Links • Ein Teil der größten *pot still* der Welt. Sie fasste 144 000 Liter.

Die Destillerie Old Midleton
(»The Jameson Experience«)

Die drei Brüder, die im Jahr 1825 in der kleinen Ortschaft Midleton eine Destillerie gründeten, stammten aus der in der Stadt Cork bekannten Familie Murphy. Die Murphy's waren eigentlich eher im Bierbrauereigeschäft zu Hause: »Murphy's Stout«, »Murpy's Red« usw.

Sie brachten ihre Destillerie in den Gebäuden einer ehemaligen Wollweberei unter. Die Häuser stammten aus dem Jahr 1796. Die Gebrüder Murphy installierten schon kurz nach Aufnahme der Produktion die auch heute immer noch größte *pot still* der Welt. In dieser konnten auf einmal beinahe 130 000 Liter *wash* gebrannt werden. Neben ihr standen noch zwei weitere *pot stills (spirit stills)* für die dreifache Destillation.

Mitte des 19. Jahrhunderts wurde zusätzlich eine kontinuierliche Brennanlage, nach ihrem irischen Erfinder Aeneas Coffey *Coffey still* genannt, installiert. In ihr wurden Grain-Whiskeys gebrannt.

Die Destillerie der Brüder Murphy – sie wurde nach dem kleinen Ort Midleton benannt – ist neben Bushmills die einzige, die die Probleme der Destillerien in der Krisenzeit Ende des 19./Anfang des 20. Jahrhunderts überlebte. Dies ist sicher auch dem Umstand zu verdanken, dass die Murphy's bereits im Jahr 1867 beschlossen, sich mit vier anderen Destillerien in dieser Region (North Mall, Watercourse, The Green und Daly's) zur Cork Distillers Company (CDC) zusammenzuschließen und gemeinsam am Markt aufzutreten.

Die Cork Distillers Company fusionierte 1966 dann auch noch mit den beiden Destillerien John Power & Son und

Vor dem ehemaligen Mälzhaus der alten Destillerie – sie ist heute ein Museum – steht eine riesige still, *welche früher ebenfalls bei Midleton im Einsatz war.*

John Jameson & Co. aus Dublin. Diese neue, größere Gruppe firmierte unter dem Namen Irish Distillers Group (IDG) und konzentrierte all ihre Produktionseinheiten in Midleton. Hier entstand 1975 in Sichtweite der alten Destillerie Midleton eine komplett neue, hochmoderne Destillerie mit Namen Midleton, die eher wie eine Raffinerie aussieht.

Die alte Destillerie mit ihren riesigen *pot stills* – sie waren die größten der Welt – wurde nach und nach geschlossen und von der IDG zu einem interessanten und sehenswerten Museum umfunktioniert. Das 1992 eröffnete Museum trägt den Namen »The Jameson Experience«. Warum das Museum diesen Namen erhalten hat, wissen nur die Verantwortlichen der IDG. Sie haben ihn wohl im Andenken an einen der größten Pioniere der irischen Whiskeygeschichte gewählt. Denn weder die alte Destillerie noch das Museum haben oder hatten mit den Jameson's oder mit deren Whiskeys etwas zu tun.

Zu sehen gibt es bei Old Midleton einiges. Die Destillerie ist sehr groß und die Anlagen in einem ausgezeichneten Zustand.

Ausgangspunkt für eine Besichtigung von Old Midleton ist das *Visitor Centre*. Ihm angegliedert ist ein schönes Restaurant. In einem Film wird den Besuchern zuerst etwas über die Geschichte und das Spezielle am irischen Whiskey gezeigt. Auf der folgenden Führung erhält man einen Eindruck über die Arbeitsbedingungen und -methoden dieser ehemaligen Großdestillerie. Zuerst geht es ins eindrucksvolle, mehrstöckige Getreidelagerhaus, in welchem zur Blütezeit der Destillerie auf jeder der fünf Etagen um die 250 Tonnen Getreide gelagert wurden. Von hier geht es weiter zu den Mälzböden, dem *kiln* und der beeindruckenden Mühle, deren Mahlsteine von einem Wasserrad aus Gusseisen mit einem Durchmesser von fast sieben Metern – es wurde 1852 in Betrieb genommen – angetrieben wurden. Im *tunhouse* stehen Maisch- und Gärbottiche mit riesigen Ausmaßen. Der Maischbottich ist aus Gusseisenplatten und

hat keinen Deckel, die Gärbottiche sind aus Holz. Im ersten Raum des *stillhouse* steht die größte *pot still* der Welt. Sie fasste 144 000 Liter und lieferte die *low wines* – so wird das Destillat des ersten Durchgangs genannt – für die je zwei *intermediate/feints* und *spirit stills,* in denen der zweite und dritte Brand gemacht wurden.

In den Gebäuden der Destillerie befand sich auch ein staatliches Steuerbüro, in welchem die Steuerbeamten gleich vor Ort die zu bezahlenden Abgaben berechneten und überwachten, dass alles mit rechten Dingen zuging.

Über die Fassabfüllung und einem Blick in ein Lagerhaus geht es wieder zurück zum Ausgangspunkt. Zum Abschluss der Tour können Freiwillige in einem Vergleichs-Tasting mit anderen Whisky- und Whiskeyarten ihren Jameson-Geschmack unter Beweis stellen und mit den richtigen Antworten ein Zertifikat erhalten. Selbstverständlich bekommen alle Besucher einen »Jameson« oder anderen Drink im Restaurant und Shop.

Cork • interessante Stadt mit Hotels, Restaurants und Pubs.

Cobh • schöne alte Hafenstadt mit vielen farbigen Häusern, Pubs, Hotels usw.

Blarney Castle • Schloss aus dem 13. Jahrhundert; beeindruckende Ruine mit dem weltberühmten Blarney Stone: Wer es fertig bringt, ihn zu küssen, wird zum außerordentlich gewandten Redner (Schmeichler). Die Gabe, die man mit dem Küssen (hier eine echte Turnübung) nach einer mittelalterlichen Sage erhalten soll, wird so umschrieben: Die Fähigkeit, mit schönen Worten und sanfter Sprache ohne jegliche Aggressivität zu beeinflussen und zu schmeicheln.

Tullamore †

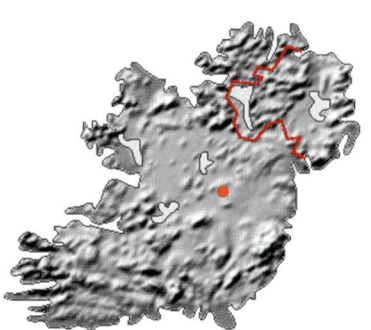

Die Destillerie Tullamore

Michael Molloy gründete 1829 eine Destillerie im kleinen, am Grand Canal liegenden Städtchen Tullamore. Der Grand Canal wurde damals als Wasserstraße genutzt und erlaubte Molloy den Vertrieb seines Whiskeys auch auf diesem Weg.

Nach dem Tod von Molloy (1857) ging die Destillerie in den Besitz seines Neffen, Bernard Daly, über. Er benannte sie in B. Daly Distillery um und setzte 1887 seinen Sohn Captain Bernard Daly als Leiter ein. Dieser hatte aber von der Whiskeyherstellung keine große Ahnung (er war ein bekannter Reiter und Besitzer eines Rennstalls und lebte voll und ganz für seine Passion) und überließ deshalb die Führung der Destillerie dem echten Profi Daniel E. Williams. Daniel E. Williams fing als junger Destilleriearbeiter in den 1860er-Jahren bei Tullamore an und arbeitete sich nach und nach empor.

Er brachte die mit drei *stills* mit dreifacher Destillation arbeitende Tullamore entscheidend weiter und wurde mit seiner Familie im Laufe der Zeit Teilhaber. Aus den Initialen seines Namens Daniel E. Williams bildete er den Zusatz »Dew« zum Whiskeynamen. »Tullamore Dew« wurde eine der am besten eingeführten irischen Marken, und der Slogan »Give every man his Dew« war bald weltbekannt.

Doch wurde auch die Destillerie Tullamore von der Krise im irischen Whiskeybusiness nicht verschont. Von 1925 bis zur Wiederaufnahme der Produktion im Jahr 1937 war die Destillerie stillgelegt.

Obwohl 1947 ein Enkel von Daniel E. Williams von einem Besuch in den USA die Idee mit nach Hause brachte, einen Blend herzustellen und diese Idee mit dem Tullamore Dew Blend auch umsetzte, ging es immer noch nicht richtig aufwärts. Nur dank der Lancierung eines neuen Produkts, des nach einem uralten Rezept gemischten Likörs »Irish Mist«, konnte der Konkurs noch einige Jahre hin-

In einem der noch stehenden Gebäude befindet sich das Tullamore Dew Heritage Centre, eine Bar und das Tourist Office.

Tullamore · kleines Städtchen mit Restaurants, Pubs und einem netten Marktplatz; am Stadtrand steht das sehenswerte Charleville Castle mit vielen kulturellen Veranstaltungen.

Kilbeggan Distillery in Kilbeggan · für jeden echten Whiskeyfreak fast ein Muss.

Birr Castle Demesne · noch bewohntes Schloss mit interessanter und sehenswerter Umgebung und mit Ausstellungen; Ireland's Historic Science Centre; größtes Teleskop der Welt (zu seiner Zeit) aus dem Jahr 1840 mit einem Durchmesser von fast 185 Zentimetern.

Der Name bedeutet	Großer Hügel, Name des Ortes
Aussprache	Tolla-moor
Whiskeyregion	County Offlay, Irland
Adresse	Tullamore Dew Heritage Centre Bury Quay, Tullamore, County Offlay Ireland
Kontakt	www.tullamore-dew.org Telefon +353 (0)506 250 15
Club	Kein Club
Gründung	1829
Status	Stillgelegt 1954; größtenteils abgerissen; Museum in einem alten Lagerhaus
Besitzer	Seit 2010 William Grant & Sons (Schottland)
Stills	Früher 3 *pot stills* (1 *wash*; 1 *intermediate*; 1 *spirit*)
Kapazität pro Jahr	Früher zirka 1 250 000 Liter
Besucher	Ja, Museum mit Restaurant und Shop ❤❤♡ (vor der Neueröffnung 2012)
Rating	★★★(★)☆☆☆
Hausstil	Sehr mild und weich, süßlich

ausgeschoben werden. 1954 wurde die Whiskeyproduktion bei Tullamore aufgegeben. Es wurde nur noch der »Irish Mist« produziert. 1963 gingen dann die Lagerbestände an Whiskey, der für den »Irish Mist« ebenfalls verwendet wurde, zu Ende. Der Neuaufbau einer Destillerie war zu teuer. Man verkaufte die Marke »Tullamore Dew« an die Powers Distillery in Dublin. Diese produzierte ab diesem Zeitpunkt auch den für das Blending des »Irish Mist« benötigten Whiskey, der seinerseits immer noch von der Firma D.E. Williams produziert wurde.

Die Destillerie Tullamore arbeitete zu ihrer Blütezeit mit eigenen Mälzböden. Für die Whiskeyproduktion selbst waren zwei *mash tuns* (Maischbottiche) aus Gusseisen, zehn *wash backs* (Gärbottiche) und drei *pot stills,* (je eine *wash, intermediate/feints* und *spirit still*) im Einsatz.

Ab dem Jahr 1963 wurden die Gebäude der alten Destillerie nach und nach abgerissen. Die *stills* wurden an Cooley verkauft und in die Destillerie Locke in Kilbeggan verlegt. Die an John Power & Son verkaufte Marke »Tullamore Dew« ging 1994 an C&C International, eine Tochterfirma von Allied Domecq plc, welche bereits die Marke »Irish Mist« besaß.

Der »Tullamore Dew« wird heute in der Destillerie Midleton hergestellt. Er ist in der Regel bis in die heutige Zeit der wichtigste Teil eines Irish Coffee.

Im Jahr 2000 richtete man in einem der noch stehenden Gebäude, einem aus dem Jahr 1897 stammenden Lagerhaus der alten Destillerie direkt am Grand Canal, ein kleines Museum ein. Das gleiche Gebäude beherbergt auch noch das Tourist Office und ein Restaurant mit Bar.

Im kleinen Museum lebt Tullamore zumindest auf diese Art noch etwas weiter. Dort wird vor allem die Geschichte des Tullamore Dew Whiskeys aufgezeigt. Daneben erhält man auch Einblick in die Art und Weise, wie in der ehemaligen Destillerie gearbeitet wurde. In rekonstruierten Arbeitsplät-

Oben • So sah die Destillerie Tullamore in den 1950er-Jahren kurz vor der Stilllegung aus.

Unten • Ob diese Bar im neuen *Visitor Centre* – es wird im Herbst 2012 eröffnet – wohl wieder Platz finden wird?

zen wird von der Mälzerei bis zur Flaschenabfüllung der ganze Prozess der Herstellung der Whiskeys in der ehemaligen Destillerie gezeigt. Dabei hat der Besucher Gelegenheit, selbst am einen oder anderen Ort Hand anzulegen.

Die Geschichte von Tullamore scheint aber noch nicht zu Ende geschrieben zu sein: Am 30. Juni 2010 wurden von der C&C International – neben anderen – die Marken »Tullamore Dew« und »Irish Mist« an die schottische Firma William Grant & Sons (Glenfiddich, Balvenie, Grant's usw.) verkauft. Teil des Verkaufs waren auch das Lagerhaus mit dem Museum und weitere Grundstücke in Tullamore. Die Grant's verkauften im gleichen Jahr ein paar Marken, darunter »Irish Mist« an die Firma Davide Campari Milano S.p.A. weiter.

Das »Tullamore Dew Heritage Centre« wurde am 30. November 2011 von William Grant & Sons vorübergehend geschlossen. Es wird umgestaltet und einem kompletten Aus- und Umbau unterzogen. Das neue Centre soll ab Herbst 2012 wieder für die Besucher aus aller Welt offen stehen.

Es sieht seit Ende März 2012 so aus, als ob es auch wieder eine Tullamore Distillery geben wird. Die Firma William Grant & Sons hat zu diesem Zeitpunkt bekanntgegeben, dass Gespräche mit den lokalen Behörden über den Wiederaufbau einer neuen Tullamore Distillery geführt wurden. Die Planung sieht demnach so aus, dass – wenn die notwendigen Bewilligungen bis Ende 2012 eintreffen – die neue Destillerie Ende 2014/Anfang 2015 in Betrieb gehen kann.

Das alte Städtchen Tullamore liegt in Zentralirland. Von der M4/N6, die Dublin mit Galway verbindet, geht bei Kilbeggan (mit der unbedingt sehenswerten Destillerie Kilbeggan) die N52 Richtung Tullamore weg. Die ehemalige Destillerie liegt in der Nähe dieser Straße.

Der Weg zu ihr ist gut beschildert: »Tullamore Dew Heritage Centre«.

Japan

Überblick

Dass sich im Laufe der letzten hundert Jahre im Land der aufgehenden Sonne, wie Japan sich selbst bezeichnet, eine Whiskykultur entwickeln konnte, ist bemerkenswert. Sind doch die Bewohner dieses Landes in der Regel gegenüber allem Westlichen oder Fremden eher verschlossen und bis in die heutige Zeit stark in alten Traditionen verharrend. Whisky ist bisher das einzige destillierte alkoholische Getränk aus dem Westen, das es geschafft hat, sich auf dem japanischen Markt zu etablieren.

Importierte Abfüllungen aus Schottland und Irland waren es, die in diesem Land im fernen Osten das Interesse an Whisky förderten. Mit der Zeit entwickelte sich in Japan dann jedoch selbst eine eigene Whiskyindustrie und -kultur. Und seit dem Start dieser Entwicklung sind noch nicht einmal hundert Jahre vergangen.

Japan, das Land, in dem am spätesten mit dem Destillieren von Whisky begonnen wurde, hat es in kurzer Zeit geschafft, in die Weltspitze vorzustoßen – und dies sowohl in qualitativer als auch in quantitativer Hinsicht. Es gehört heute zu den in der Whiskyherstellung führenden und für den Weltmarkt wichtigsten Nationen.

Vorherige Doppelseite · Eine der Hauptsehenswürdigkeiten der großen Tempelanlage im Norwesten der Großstadt Kyoto ist der Kinkaku-ji (»Goldener Pavillontempel«). Seine oberen Stockwerke sind vollständig mit Blattgold überzogen. Der Auftraggeber für den Bau dieses Tempels als sein Denkmal war im Jahr 1397 der Shogun Ashikaga Yoshimitsu. Ein Shogun war ein militärischer Herrscher, also eine Art Chef der Militärregierung.

Kurzer geschichtlicher Abriss

Das erste Mal wurden Whiskys in Japan – urkundlich belegt – im späten 18. Jahrhundert getrunken. Sie stammten aus Irland und Schottland und waren meist Mitbringsel von holländischen Geschäftsleuten und Händlern. Die Japaner zogen damals wie heute die im Land selbst hergestellten Produkte vor.

Zuerst tranken sie den Whisky aus reiner Höflichkeit – er war ja ein Geschenk – aber sie empfanden seinen Geschmack als angenehm. Das war bei europäischen Weinbränden (zum Beispiel Cognac) weniger der Fall. Der Stil des Whiskys dagegen und sein starker, voller Geschmack erinnerte sie an ihren Sake (Reisschnaps).

Speziell bei den Samurai war Whisky schon bald ein bevorzugtes Getränk. Dies nicht nur wegen seines Geschmacks und Aromas, sondern vor allem deshalb, weil er teuer und selten war. In der Lage zu sein, seinen Gästen mindestens eine Whiskysorte anbieten zu können, wurde bald zu einem Statussymbol der oberen Zehntausend. Whisky entwickelte sich schnell zum ersten aus der westlichen Welt stammenden Trendgetränk in Japan.

Die USS Susquehanna war eines der »Black Ships«, mit welchen Commodore Matthew Perry im Jahr 1854 in Edo (damaliger Name von Tokio) ankam und als Geschenk für den japanischen Kaiser ein Fass Whisky mitbrachte. Wegen der Größe, dem Dampfantrieb und der schwarzen Bemalung wurden die Schiffe von den überraschten Japanern als »Black Ships« bezeichnet. (Japanisches Aquarell aus der Zeit)

Im Jahr 1854 kam der amerikanische Kommandant Matthew Perry mit seiner Crew an Bord seines schwarzen Dampfschiffs (in Begleitung weiterer, ebenfalls schwarz bemalter Schiffe) nach Japan, mit dem Auftrag des damaligen Präsidenten der USA, Millard Fillmore, eine Wirtschaftsbeziehung zwischen Japan und den USA anzubahnen. Eines der mitgebrachten Geschenke für den japanischen Kaiser war ein Fass amerikanischer Whisky. Nach einigen Problemen soll es Perry gelungen sein, in Japan zu landen und das Anliegen des amerikanischen Präsidenten vorzutragen. Der Whisky hingegen soll den Kaiser nicht erreicht haben.

Etwa ab dem Jahr 1896 begannen japanische Destillerien – sie produzierten vor allem Reisschnaps – mit Versuchen, Imitationen der Importe aus Schottland und Irland herzustellen, waren aber dabei ziemlich erfolglos. Die japanische Whiskygeschichte wurde im Jahr 1899 eingeläutet, als ein gewisser Shinjiro Torii begann, Versuche mit dem Anbau und der Kelterung von Wein zu machen. Er war Gründer und Besitzer der Firma Kotobukiya, einer Wein- und Spirituosenfirma (für Sake). (Sie wurde später in Suntory umbenannt und wuchs im Laufe der Jahre zu einem riesigen internationalen Konzern heran.) Nach acht Jahren Entwicklung hatte es Torii geschafft: Ein süßlicher Rotwein war entstanden, unter dem Namen »Akadama« fand er auf Anhieb riesigen Absatz. Damit brachte das erste Mal ein japanischer Getränkehersteller ein bis zu diesem Zeitpunkt nur importiertes und als rein westlich geltendes alkoholisches Getränk auf den Markt. Nach dem durchschlagenden

Shinjiro Torii (1879–1962) kann als Vater des japanischen Whiskys bezeichnet werden. Er baute im Jahr 1923 in einem Tal außerhalb von Kyoto die erste Whiskydestillerie in diesem Land, Yamazaki.

Erfolg mit seinem Wein galt das Interesse Toriis dem in Japan zum Modegetränk gewordenen Whisky. Sein nächstes Ziel war es, einen Whisky zu produzieren, der mit der traditionellen japanischen Küche gut harmonierte. Seine Suche galt vor allem einem Destillat mit einem gleich bleibenden und ausgeglichenen Geschmack, der durch Verdünnen mit Wasser nicht gebrochen wird. Denn Whiskys wurden in Japan – vielleicht auch wegen des hohen Preises – zum großen Teil *mizuwari* (sprich misuwari) getrunken (*mizu* = mit Eis; *wari* = mit Wasser; also mit Eis und Wasser). Auch heute noch werden in Japan Whiskys normalerweise als Begleitgetränk zu den Mahlzeiten *mizuwari* eingenommen und nicht wie in den westlichen Ländern meistens pur vor oder nach einem Essen. Diese Form des Genießens von Whisky entspricht in etwa der Zubereitung des Shochu: Das Destillat aus Reis oder Gerste, Süßkartoffel oder Zuckerrohr wird auch als japanischer Wodka bezeichnet.

Es gibt noch eine weitere Art, Whisky zu trinken. Sie heißt *oyuwari* (sprich oiuwari). Das Rezept lehnt sich ebenfalls an die Zubereitung des Shochu an: Man fülle in ein Glas zwei Teile heißes Wasser, gebe einen Teil Whisky dazu und trinke das Ganze so heiß wie möglich. Das erklärt auch den Namen dieser Genussart: *oyuwari* bedeutet mit heißem

Oben • Masataka Taketsuru (1895–1979) und seine aus Schottland stammende Frau Rita, geb. Cowen (1896–1961).

Oben rechts • Masataka Taketsuru in einem seiner letzten Lebensjahre.

Unten • Die erste Whisky-Destillerie Japans, Yamazaki, kurz nach ihrer Eröffnung.

Wasser. Ich habe zwar Mühe, in diesem Zusammenhang von Genießen zu sprechen, das Getränk soll aber bei einer Erkältung helfen.

Im Jahr 1923 ließ Shinjiro Torii in Yamazaki (zwischen Kyoto und Osaka gelegen) die erste Whiskydestillerie Japans bauen. Mit dieser Destillerie begann die Laufbahn des — neben Shinjiro Torii — zweiten großen Pioniers der japanischen Whiskygeschichte.

Dieser hieß Masataka Taketsuru und wurde 1894 als Sohn des Inhabers eines japanischen Sakeherstellers mit Sitz in der Nähe von Hiroshima geboren. 1918 wurde der junge Mann von seinen Eltern nach Schottland geschickt, zum einen, um seine schulischen Kenntnisse in Chemie zu erweitern, zum anderen aber sollte er vor allem die Kunst der Herstellung von Whisky erlernen. Er begann eine Ausbildung an der Universität von Glasgow. Seine Ferien nutzte

er für einen Aufenthalt in einer Destillerie in der Speyside. In der Destillerie Longmorn erhielt Taketsuru einen ersten detaillierten Einblick in die Whiskyherstellung. Nach diesem ersten »Praktikum« setzte er sein Studium in Glasgow fort. Dort lernte er eine Frau, Rita Cowen, kennen und verliebte sich in sie. Die beiden heirateten später (im Januar 1920) gegen den Widerstand der Eltern (beider Seiten). Im Sommer 1919 hatte Taketsuru Gelegenheit, während drei Wochen in der heute nicht mehr existierenden Destillerie Bo'ness (südwestlich von Edinburgh gelegen) die Grain Whisky-Produktion in einer *Coffey still* zu studieren. Nach Abschluss seines Studiums zog Taketsuru mit seiner Frau nach Campbeltown, wo er in der Destillerie Hazelburn (geschlossen 1925) seine erste Stelle fand. Das war der Beginn seiner eigentlichen Ausbildung im Whiskygeschäft. Einige Quellen berichten, dass er die während fünf Monaten bei Hazelburn erworbenen Grundkenntnisse anschließend in den Destillerien Craigellachie und Lagavulin vertiefen konnte.

Ende 1920 kehrte Taketsuru zusammen mit seiner Frau Rita nach Japan zurück, um eine eigene Whiskydestillerie zu bauen. Diesen Plan musste er jedoch aufgeben. Die Depression der japanischen Wirtschaft nach dem Ersten Weltkrieg hatte den elterlichen Betrieb schwer getroffen. Zudem

nahmen ihm seine Eltern die Heirat mit Rita immer noch übel. So ging Taketsuru 1921 auf das Stellenangebot von Shinjiro Torii ein, für ihn und seine Firma (Kotobukiya/Suntory) die Destillerie Yamazaki zu errichten. Nach der Fertigstellung der Gebäude und der Inbetriebnahme der Anlagen im Jahr 1924 leitete er die Destillerie mehr als 10 Jahre lang als Destillerie-Manager. Während dieser Zeit wurden die Auseinandersetzungen zwischen ihm und den anderen Angehörigen des Managements der Großfirma über die Art und Weise der Whiskyherstellung im Allgemeinen und der Destillation im Besonderen jedoch immer härter. Der Streit betraf vor allem den Geschmack, den der Whisky schließlich haben sollte. Taketsuru strebte einen rauchigen Whisky nach schottischem Vorbild an, Torii und andere wollten aber eher einen weichen Whisky machen. Die Kontrahenten konnten sich nicht einigen, und Masataka Taketsuru entschloss sich (oder wurde gebeten), Suntory zu verlassen. 1934 gründete er seine eigene Firma, die er im kleinen Ort Yoichi in der Nähe von Sapporo auf der Insel Hokkaido ansiedelte. Die Verhältnisse dort erinnerten ihn und seine Frau an Schottland: Die Berge, die Flüsse, die Getreidefelder, das Torfvorkommen und vor allem auch das Wetter waren ähnlich. In Yoichi begann Taketsuru nach einiger Zeit mit seinen ersten Whisky-Destillationsversuchen. Die junge Firma besaß am Anfang nur eine einzige, sehr kleine *still*, eine *pot still*. Darin wurde der Whisky zweimal destilliert. Daneben produzierte das kleine Unternehmen — um sich über Wasser zu halten — vor allem Säfte, darunter auch einen Apfelsaft mit dem Namen »Kaju«. Nach diesem Produkt erhielt die Firma ihren Namen: Nippon Kaju. Daraus entstand dann (1952) durch Abkürzung die Bezeichnung der heutigen Firma: Nikka.

Im Oktober 1940 brachte die Firma Nikka ihren ersten Whisky auf den Markt. Er wurde in der aus der Gründungszeit stammenden einzigen *still* zweimal destilliert. Die Destillerie und das Geschäft mit anderen Produkten entwickelten sich in den folgenden Jahren und Jahrzehnten immer besser, und die Destillerie in Yoichi wurde laufend ausgebaut. 1969 eröffnete Masataka Taketsuru eine zweite Whiskydestillerie in der Nähe der Stadt Sendai im Nordosten der japanischen Hauptinsel, ungefähr auf halbem Weg von Yoichi nach Tokio. In dieser Destillerie mit dem Namen Miyagikyo wurden und werden ebenfalls Malt-Whiskys hergestellt. Die Whiskys der beiden Nikka-Destillerien gehören mit zu den Besten auf der Welt. Die für die Blends benötigten Grain-Whiskys wurden in Destillerien in Toshigi

und Nishinomiya produziert. Beide liegen ebenfalls auf der Hauptinsel. Nishinomiya wurde als Destillerie später aufgegeben und die *stills* nach Sendai transportiert. Heute ist Nikka der zweitgrößte Whiskyproduzent Japans (nach Suntory). Seit dem Tod von Masataka Taketsuru (er starb 1979) gehört die Firma zum Asahi Brauereikonzern.

Suntory entwickelte sich während dieser Zeit noch viel schneller. Der erste Whisky aus der Destillerie Yamazaki, der 1929 unter dem Namen »Shirofuda« auf den Markt kam, war zwar nicht gerade ein Erfolg. Die späteren Whiskys – der »Kakubin« aus dem Jahr 1937 und der »Old«, der 1940 folgte – fanden mehr Anklang. Bereits zu der Zeit, in der Nikka seine ersten Whiskys auf den Markt brachte, hatte Suntory unter dem Label »Tory Whisky Bar« eine landesweite Barkette aufgebaut. In diesen Bars wurden nur Suntory-Whiskys ausgeschenkt.

Die Firma wollte damit einerseits die eigenen Produkte optimal vermarkten, andererseits aber auch Whiskys bekannter machen. Suntory ist im Laufe der Jahre zum größten Spirituosenkonzern Japans und zu einem der größten der Welt geworden. Heute produziert Suntory seine Malt-Whiskys in mehreren Destillerien. Eine steht in Yamazaki. Die zwei Destillerien von Hakushu in Zentraljapan wurden 2003 zur größten Malt-Destillerie der Welt zusammengelegt.

Jede der Destillerien ist in der Lage, verschiedene Typen von Malt-Whiskys zu produzieren. Die Grain-Whiskys werden in Destillerien in Chita und Usuki produziert. Die zur Reifung notwendigen Fässer (über 2 Millionen) werden an verschiedenen Orten gelagert.

Neben den Destillerien besitzt Suntory etliche andere Betriebe, so zum Beispiel Brauereien und andere Getränkefirmen. Suntory hat am Getränkemarkt Japans einen Anteil von knapp 60 Prozent. Der Konzern ist aber auch in vollständig anderen Märkten wie zum Beispiel in der Pharmazie oder Biotechnologie tätig. Daneben engagiert sich Suntory stark im kulturellen Bereich. Der Konzern besitzt eine weltberühmte Kunstsammlung, die im eigenen Museum (»Suntory Museum of Art« in Tokio) ausgestellt ist. Die »Suntory Music Foundation« widmet sich der Förderung der Musik.

Neben denjenigen von Suntory und Nikka sind noch andere, zum Teil sehr große, japanische Destillerien zu nennen, die jedoch – im Gegensatz zu diesen – im westlichen Markt (noch) nicht sehr bekannt sind. Die Destillerien Fuji-Gotemba, Hanyu U, Karuizawa, Shinshu (Mars) und Shirakawa U (in alphabetischer Reihenfolge) stellen bzw. stellten bedeutende Mengen an Whiskys vor allem für den japanischen, aber auch den asiatischen Markt her. Seit einigen Jahren sind gute – um nicht zu sagen: sehr gute – Whiskys von ihnen auch auf unseren Märkten anzutreffen. Wir können gespannt sein, wie es weitergeht.

Einige Destilleriebesitzer haben sich in den vergangenen Jahren auch Brennereien gekauft, die außerhalb Japans liegen. Suntory (Auchentoshan, Bowmore, Glen Garioch), Nikka (Ben Nevis), Takara (Tomatin), Kirin (Buffalo Trace), um nur einige zu nennen. Sie importieren einen Teil von deren Whiskys, um ihre eigenen (Pure Malts und Blends) damit zu »veredeln«.

Die Japaner zählen zu den größten Whiskykonsumenten der Welt, und ihr Land gehört zu den wichtigsten Märkten für jeden großen Whiskyhersteller, ob dieser seinen Sitz in Irland, Schottland, Kanada oder den USA hat. Japan selbst

Oben · Kleines Tea House im Kongourinji Tempel Komplex in Aisho City (Präfektur Shiga).

Unten · Gemälde (zufällig mit dem Thema Suntory-Whisky) im »Suntory Museum of Art«.

wurde zu einem der bedeutendsten Whisky produzierenden sowie exportierenden Länder und liegt heute auf diesem Gebiet auf Platz 2 der Welt.

Es scheint auch, dass die Japaner zum Whisky eine viel engere Beziehung haben, als diese in der westlichen Welt möglich oder üblich wäre. So gehört es zum Beispiel in Gast- und Teehäusern der gehobenen Klasse zum guten Ton, den Stammgästen die Möglichkeit zu bieten, ihre eigene(n) markierte(n) Flasche(n) in einem speziellen, verschlossenen Schrein aufzubewahren. Dieses Privileg wird nur für Sake oder Whisky gewährt, alle anderen Arten von alkoholischen Getränken werden dieser Ehre als nicht würdig eingestuft.

Am Ende dieses Abschnitts noch eine kleine Anekdote:

Während der Führung durch die Destillerie Yamazaki wird jeweils auch erklärt, dass ein Jahr (Fass-)Leben eines Whiskys vier Menschenjahren entspricht. Ein fünfundzwanzigjähriger Whisky wäre demnach 100 Menschenjahre und die uralten schottischen Whiskys weit über 200 Jahre alt. – Ob japanische Weisheiten (wie die aus Schottland) immer stimmen?

Whiskys aus Japan

Whiskys aus Japan sind bei uns erst seit wenigen Jahren bekannt. Sie haben aber in dieser kurzen Zeit schon eine große Anhängerschaft gewonnen. Zu den bekannten japanischen Whiskys gehören – um nur ein paar Beispiele zu nennen – die Standard Single Malts wie »Yoichi« und »Sendai« von Nikka, »Yamazaki« und »Hakushu« von Suntory sowie auch der »Shirakawa« von Takara. Daneben gibt es wie in anderen Ländern absolute Spitzenprodukte wie die Single Cask-Abfüllungen einiger Karuizawa's oder verschiedener japanischer Destillerien von Ichiro (Ichiro's Malt).

Japanische Whiskys sind gewöhnlich eher weich, aber trotzdem vollmundig und aromatisch. Sie haben in der Regel auch einen leicht rauchigen, würzigen Geschmack. Dass japanische Single Malts einem guten schottischen Malt wirklich ebenbürtig sind, haben Blind-Tastings der großen Profis und Kenner gezeigt. Schon mehrere Male holten sowohl die japanischen Single Malts als auch die

Abgeerntete Gerstenfelder in Biei im zentralen Gebiet von Hokkaido.

Blends dabei erste Plätze, das heißt sie schnitten besser ab als ihre alten Vorbilder.

Der weitaus größte Teil der in Japan produzierten Whiskys sind Blends. Um deren Qualität zu verbessern, mischen die japanischen Produzenten auch schottische Malt-Whiskys bei. Da die Qualität des japanischen Wassers des Lebens in den letzten Jahren sehr gut geworden ist, wäre das eigentlich gar nicht (mehr) nötig. Die einheimischen Produkte wären dafür absolut geeignet. Es ist für Europäer auch nicht unbedingt einleuchtend, dass die japanischen Hersteller es vorziehen, Whiskys aus Schottland zu importieren und ihren Blends oder Pure Malts beizumischen. Der Grund hierfür liegt in den uralten japanischen Kodexen. Einer davon verbietet es mehr oder weniger, etwas von einem Konkurrenten in Japan zuzukaufen, wenn man ein Produkt nicht komplett selbst herstellen kann. Also importiert man die Produkte lieber zum Beispiel aus Schottland oder den USA, als mit der Konkurrenz im eigenen Land zusammenzuarbeiten. Das ist auch ein Grund dafür, dass japanische Konzerne sich Destillerien in Schottland und den USA gekauft haben. (So gehören in Schottland bei-

spielsweise Auchentoshan, Bowmore und Glen Garioch zum Suntory-Konzern, Ben Nevis zu Nikka und Tomatin zu Takara.)

Die Produktionsprozesse für die Whiskyherstellung in Japan entsprechen mehr oder weniger exakt dem schottischen Vorbild. Neben Gerste werden in Japan aber auch Roggen, Weizen und andere Getreidearten sowie weitere Rohstoffe für die Whiskyproduktion verwendet. Das Ausgangsprodukt für die Malt-Whiskys ist natürlich Gerstenmalz.

Im kühleren Norden der japanischen Hauptinsel und auf den nördlichen Inseln, wie zum Beispiel Hokkaido, kann kein Reis mehr wachsen. Sie sind aber für den Getreideanbau geeignet. Diese Gebiete sind heute die eigentlichen Getreidekammern Japans. Bei einem Großteil des dort angepflanzten Getreides handelt es sich um Gerste, die für die Whiskyproduktion so wichtig ist.

Dies war einer der Hauptgründe dafür, dass Masataka Taketsuru (Nikka) den Ort Yoichi auf der Insel Hokkaido als Standort für seine erste Destillerie wählte. Da es in dieser Region auch Torfvorkommen gibt, sind die dortigen Destillerien und Mälzereien ebenfalls in der Lage, Gerste nach

schottischem Beispiel zu torfen und so dem späteren Whisky einen mehr oder weniger stark rauchigen Geschmack zu verleihen.

Das für die Whiskys benötigte Malz oder sonstige Getreide kommt jedoch nur zu einem gewissen Teil aus Japan selbst. Ein großer Teil wird aus Australien und anderen Ländern importiert.

Nach dem Mälzen läuft der Prozess vom Maischen über das Gären bis zur Destillation genau so wie in Schottland ab. In beiden Ländern wird auch zweimal destilliert. Es gibt jedoch leichte Unterschiede bei den Produktionsmitteln. Während in den schottischen Destillerien in der Regel jeweils Größe und Form aller *wash stills* beziehungsweise aller *spirit stills* gleich sind, ist das in einigen größeren japanischen Destillerien, in denen mit mehreren *stills* produziert wird, nicht so. Hier werden verschiedene Größen und Formen von *wash,* respektive *spirit stills* eingesetzt. So schafft man sich die Möglichkeit, in einer einzigen Destillerie verschiedenartige Malt-Whiskys produzieren zu können. Zusätzlich werden, um verschiedene Grundwhiskys herstellen zu können, in einzelnen Destillerien auch verschiedene Hefestämme und Mischungen von Getreidesorten eingesetzt.

Damit setzen sich die Destillerien in die Lage, die verschiedenen Malt-Whisky-Typen, die sie neben den Grain-Whiskys für die Blends benötigen, nicht fremd zukaufen zu müssen (Ausnahmen sind die immer noch aus Schottland importierten Malts, die bei den edleren Blends einen Anteil von 15–20 % ausmachen können). Die japanischen Destillerien bauen ihre Blends aus bedeutend weniger einzelnen Whiskytypen auf, als das in Schottland der Fall ist.

Als *stills* (Brennblasen) werden in Japan für die Herstellung von Single Malts *pot stills* nach schottischem Vorbild eingesetzt. Diese werden noch in etlichen Destillerien dieses Landes mit Kohle direkt beheizt. In *continuous stills* wird der für die Blends – also für den Großteil des in Japan produzierten Whiskys – benötigte Grain gebrannt. Dieser wird aus einer aus Mais und anderen Getreidearten gewonnenen Maische destilliert.

Die für die Maische der Grain-Whiskys neben Weizen und Mais verwendeten Rohprodukte sind nach wie vor ein gut gehütetes Geheimnis. Das Gleiche gilt für einige andere in den *pot stills* destillierten *packers* (so heißen die mehr oder weniger geschmacklosen Füller) für die Blends. Es gibt in Japan dafür keine gesetzlichen Vorschriften.

Japanische Whiskys werden in Ex-Bourbon-Fässern und in Ex-Sherry-Fässern gelagert. Es werden aber auch Fässer aus japanischer Eiche (Mizunara) verwendet. Die Whiskys aus diesen Fässern haben einen nochmals anderen, etwas nussigeren (Suntory spricht von Kokosnuss) Geschmack. Wie in allen wichtigen Whisky produzierenden Ländern sind auch in Japan drei Jahre Fasslagerung ein Muss, be-

vor das Destillat Whisky genannt werden darf. Die besseren Whiskys reifen aber auch in Japan bedeutend länger.

Etwas Besonderes bei den in Japan gehandelten einheimischen Whiskys ist der ungewohnte Alkoholgehalt. Weil das japanische Steuergesetz ab einem Gehalt von mehr als 37 Volumenprozent für jedes Prozent mehr einen höheren Steuersatz anwendet, gibt es sehr viele japanische Whiskys, die für den einheimischen Markt mit 37 Prozent abgefüllt werden. Die Exportabfüllungen werden jedoch mit den sonst weltweit üblichen Prozentsätzen realisiert. Das auf dem Etikett der Flaschen angegebene Alter entspricht auch bei den Whiskys aus Japan dem Jüngsten der in der Mischung enthaltenen Destillate.

Die für die Lagerung benötigten Eichenfässer werden zum Teil im Land selbst hergestellt und nach amerikanischem Vorbild innen angekohlt. Daneben werden in großen Mengen – wie in Schottland, Irland und anderen Whiskystaaten auch – einmal gebrauchte Bourbon- und Sherryfässer importiert. Suntory machte auch schon Versuche mit Fässern aus Zedernholz. Die darin gereiften Whiskys hatten aber einen stark harzigen Nebengeschmack.

Für japanische Whiskys werden nicht nur in Japan hohe Preise verlangt. Sie gehören auch in allen anderen Ländern zu den teuersten Whiskys. Das hohe Preisniveau ist zum einen auf extrem hohe Infrastruktur- und Personalkosten sowie auf die übrigen Produktionskosten zurückzuführen. Ein weiterer Grund dafür ist die steigende Nachfrage. Japanische Whiskys sind heute auf der ganzen Welt so beliebt, dass sie bereits knapp zu werden drohen.

Wie die meisten anderen Länder hat auch Japan gesetzliche Vorschriften, die bei der Whiskyherstellung eingehalten werden müssen. Man findet sie im Gesetz über die Besteuerung von alkoholischen Produkten aus dem Jahr 1953. Es wurde seither in einigen Punkten angepasst.

Japanese Liquor Tax Law (Shuzeiho), Law No. 6, 1953

In Paragraph 9 dieses Gesetzes für alkoholische Getränke werden Whisky und Brandy zusammen behandelt. Im Folgenden fasse ich nur die Vorschriften/Umschreibungen, die Whisky betreffen, zusammen.

In diesem Gesetz sind unter 9a die Malt-Whiskys, unter 9b die Grain-Whiskys und unter 9c eine wahrscheinlich nur für den japanischen oder asiatischen Markt gedachte Whiskysorte umschrieben.

9a Eine Sorte Whisky wird destilliert aus einer zucker- resp. stärkehaltigen Flüssigkeit aus gemälztem Getreide und Wasser, die vor der Destillation vergoren wird. Der Alkoholgehalt bei der Destillation darf nicht höher als 95 Volumenprozent sein.

9b Eine Sorte Whisky wird destilliert aus einer zucker- resp. stärkehaltigen Flüssigkeit aus einer Mischung aus ungemälztem und gemälztem Getreide und Wasser, die vor der Destillation vergoren wird. Der Alkoholgehalt bei der Destillation darf nicht höher als 95 Volumenprozent sein.

9c Eine Sorte Whisky wird produziert durch die Beigabe von Alkohol, Spirituosen, Geschmackssubstanzen, Farbstoffen oder Wasser zu den unter 9a und 9b umschriebenen Whiskys. Dabei muss der Anteil der Whiskys der unter 9a und 9b umschriebenen Typen mindestens 10 Prozent des Endproduktes sein.

Auch die japanischen Whiskys müssen mindestens drei Jahre in Eichenfässern mit einem maximalen Fassungsvermögen von 700 Litern gelagert werden, bevor sie Whisky genannt und in Flaschen abgefüllt werden dürfen.

Interessant ist bei diesem japanischen Gesetz im Vergleich mit den schottischen, irischen und amerikanischen Gesetzen, dass die betreffenden Whiskys nicht nur in Japan produziert worden sein müssen.

Die Whiskyarten
aus Japan

Japanische Whiskyproduzenten folgen bei der Produktion der verschiedenen Typen stark dem schottischen Vorbild. Aber auch wenn die Hauptarten in Japan und Schottland gleich sind, ist jedoch trotz identischer Bezeichnungen das Produkt nicht immer das Gleiche.

Malt-Whisky

Ein Malt-Whisky ist ein Destillat, das auch in Japan aus einer vergorenen Maische aus Gerstenmalz hergestellt wird. Destilliert wird er zweimal in *pot stills*. Ein »Single Malt« ist ein Whisky aus einer einzigen Destillerie.

Für die zweite Malt-Whisky-Art, den »Pure Malt«, gelten jedoch andere Maßstäbe: Der Ausdruck »Pure Malt« steht in Japan zwar ebenfalls für einen nur aus reinen Malt-Whiskys aufgebauten Whisky. Im Gegensatz zu den Blended Malts oder Pure Malts aus Schottland können aber in den japanischen Abfüllungen mit dieser Bezeichnung auch ausländische (zum Beispiel schottische) Malt-Whiskys enthalten sein.

Grain-Whisky

Grain-Whiskys werden aus unterschiedlichsten, nicht klar deklarierten Getreidearten und anderen Rohmaterialien hergestellt. Es kann statt Getreide ohne Weiteres auch Melasse (aus Zuckerrohr) verwendet werden. Gebrannt wird in Säulen-Destillierapparaten (*patent, Coffey* oder *continuous stills*).

Grain-Whisky wird in Japan – mit Ausnahme der Abfüllungen für Sammler – extrem selten als Single Grain in Flaschen abgefüllt.

Blended Whisky

Den Großteil der japanischen Whiskys – man nennt sie in Japan »Standard Whiskys« – machen Blends aus Malt-Whiskys (beispielsweise aus Japan oder Schottland) und einheimischen Grain-Whiskys aus den verschiedensten Gerstensorten aus.

Woraus die japanischen Blends bestehen, ist nicht genau bekannt. Das einzige, was man weiß, ist, dass sie je nach Güteklasse zwischen 10 und 60 Prozent Malt-Whiskys (darunter sind auch solche aus Schottland) enthalten. Der Rest ist ein gut gehütetes Geheimnis.

Bei den japanischen Blends geben ihre Unterbezeichnungen den Anteil an Malt-Whiskys an. Der Malt-Anteil nach Qualitätsstufe: Super Premium = über 40 Prozent, Premium = 35–40 Prozent, Special = über 30 Prozent, First = über 20 Prozent, und Second = über 10 Prozent.

Rechte Seite · Eine junge Tourguide in ihrer Arbeitskleidung vor der Destillerie Miyagikyo in der Nähe der Stadt Sendai. Den Schottenrock (bei Damen spricht man ja nicht vom *kilt*) findet man auch bei Guides in anderen Destillerien Japans. Er scheint eine Art Referenz an die Whiskyhochburg Schottland zu sein.

Die Whiskynation
Japan

Die Whiskynation
Japan

Die japanischen Destillerien sind über das ganze Land verteilt. Von der im Norden liegenden Insel Hokkaido bis hinunter zur südlichen Insel Kyushu werden (oder wurden) Whiskys produziert. Etliche Destillerien stellen aber neben Whisky noch andere, typisch japanische Destillate und alkoholische Getränke her. Es handelt sich dabei vorwiegend um Sake (Reiswein), Mirin (süßer Reiswein) und Shochu (Destillat aus Reis oder Gerste, Süßkartoffel oder Zuckerrohr; japanischer »Wodka«).

In der folgenden Liste sind die zurzeit in Japan produzierenden Destillerien nach Präfekturen geordnet. Es werden bei jeder Destillerie die hauptsächlich produzierten Destillate angegeben. Die Destillerien, die in den anschließenden Porträts noch gesondert behandelt werden, sind mit einem * gekennzeichnet.

Das gibt es meines Wissens nur in Japan: Ein Shrine (Schrein, geheiligte Stätte) für Whisky. Im Futarasan Komplex – er besteht aus mehreren Schreinen – altern in einem eigenen Schrein Fässer verschiedener japanischer Whiskydestillerien. Futarasan bildet zusammen mit Toshogu und Rinno die Schreine und Tempel von Nikko, welche zum UNESCO Weltkulturerbe gehören. Whisky ist also Teil des Weltkulturerbes. Die Stadt Nikko mit ihren sehenswerten Schreinen und deren Lage in einer Naturparklandschaft liegt ungefähr 140 Kilometer nördlich von Tokio.

Die Destillerien
in Japan
nach Präfekturen

Aichi-ken

Aioi Unibio, Nishio

5 Shimomachi, Maruyama, Nishio, Aichi 445-0891
(Aioi Unibio Co., Ltd.)
Besucher nach Voranmeldung
www.unibio.jp (japanisch);
www.aichi-brand.jp/index-e.html (englisch)
Micro Distillery: Mirin, Sake, Shochu, Blended Whisky
(»Rainbow«)
Wissenswertes:

Aioi Unibio Co. stellt in erster Linie die typisch japanischen alkoholischen Getränke Mirin (süßer Reiswein, der vor allem zum Kochen gebraucht wird), Sake und Shochu her. Produziert wird sowohl in einer Art *pot stills* wie auch in *column stills*. Für den Blend – es gibt ihn nur in kleinen Mengen – werden importierte Malt- mit selbst hergestellten Grain-Whiskys gemischt.

Chita Distillery (Suntory), Chita

16 Kitahama-machi, Chita, Aichi 478-0046
(Suntory Ltd.)
Keine Besucher
Keine eigene Internetpräsenz;
www.suntory.com/whisky/en (englisch)
Große Destillerie: Grain-Whisky (»Chita«), Blended
Whiskys
Wissenswertes:

Chita ist eine riesige Destillerie, in der die großen Mengen der benötigten Grain-Whiskys für die Blends der Suntory Gruppe hergestellt werden. Im Firmenareal, den man als Industriekomplex bezeichnen kann, steht ebenfalls eine riesige Flaschenabfüllabteilung.

Fukushima-ken

* Shirakawa †, Shirakawashi

(neu: Blending und Bottling, Takara)
151 Kakunai, Shirakawashi, Fukushima 961-0074
(Takara)
Keine Besucher
Keine eigene Internetpräsenz;
www.takarashuzo.co.jp/english (englisch)
Kleine Destillerie: früher Malt: »Shirakawa«; unter Takara jetzt Blends: »King Whisky«

Links · Der vordere Teil mit den Büros der Destillerie Aioi Unibio in Nishio (Provinz Aichi). Die großen Gärbottiche hinter dem Laborgebäude lassen auf eine relativ große Kapazität an den verschiedenen hier hergestellten alkoholischen Getränken schließen, wobei Whisky nur einen sehr kleinen Anteil ausmacht.

Unten von links und Mitte · Auf dem Gelände der Grain-Destillerie von Suntory in Chita stehen riesige *stills* im Freien.

Unten · Fässer aus der Grain-Destillerie in Chita mit der etwas eigenartigen Aufschrift »Grain Whisky – Whisky Distillery Sun Grain«.

Die Destillerien in Japan

1 Yoichi Distillery (Nikka Whisky Co.), Yoichimachi, Yoichi-gun, Hokkaidou

2 Miyagikyo Distillery (Nikka Whisky Co.), Aoba, Sendai City, Miyagi-ken

3 Shirakawa †, Shirakawashi (neu Blending und Bottling, Takara), Fukushima-ken

4 Karuizawa Distillery (Kirin) †, Miyotamachi, Kitasaku-gun, Nagano-ken

5 Hanyu †, Hanyu-shi, Saitama-ken

6 Chichibu Distillery, Chichibu-shi, Saitama-ken

7 Shinshu (Mars), Hombo, Kami-Ina-gun, Nagano-ken

8 Hakushu Distillery (Suntory), Hakushu-cho, Hokuto, Yamanashi-ken

9 Monde Distillery (Monde Wines), Isawachoichibe, Fuefuki, Yamanashi-ken

10 Fuji-Gotemba Distillery (Kirin), Gotemba-shi, Shizuoka-ken

11 Aioi Unibio Co., Ltd., Nishio, Aichi-ken

12 Chita Distillery (Suntory), Chita, Aichi-ken

13 Yamazaki Distillery (Suntory), Shimamoto-cho, Mishima-gun, Osaka-fu

14 White Oak Distillery (Eigashima), Ookubo-cho, Akashi, Hyogo-ken

15 Kagoshima Distillery (Whisky = †), Hombo, Kagoshima, Kagoshima-ken

† = stillgelegte, abgerissene oder für eine andere Nutzung umgebaute Destillerie

In der Destillerie von Hombo Shuzo Co. Ltd. in Kagoshima wird seit Mitte der 1980er-Jahre kein Whisky mehr destilliert. Die alten Abfüllungen sind gesucht und teuer.

Hokkaidou

* Yoichi Distillery, Yoichimachi

7-6 Kurokawacho, Yoichimachi, Yoichi-gun, Hokkaido 046-0003
(Nikka Whisky Co.)
Besucher willkommen; Besucherzentrum (Führungen nur auf Japanisch)
www.nikka.com/eng (englisch)
Große Destillerie: Malt-Whisky, Single Malt (»Nikka Yoichi«)

Hyogo-ken

* White Oak Distillery (Eigashima), Akashi

919, Nishijima, Ookubo-cho, Akashi-shi, Hyogo 674-0065
(Eigashima Shuzo Ltd.)
Besucher willkommen; Besucherzentrum (Führungen nur auf Japanisch)
www.ei-sake.jp/all/distillery.html (japanisch)
Mittelgroße Destillerie: Sake, Shochu, Blended Whisky, Malt Whisky, Single Malt (»White Oak«, »Akashi«)

Kagoshima-ken

Kagoshima Distillery (Whisky = †), Hombo, Kagoshima

3-27, Nanei, Kagoshima, Kagoshima 891-0122
(Hombo Shuzo Co. Ltd.)
Keine Besucher
Keine eigene Internetpräsenz; www.hombo.co.jp/

Mittelgroße Destillerie: Sake, Shochu usw.; Malt-Whisky (»Satsuma«, »Kagoshima«)
Wissenswertes:
In der Destillerie Kagoshima, einer sehr alten Brennerei für Shochu – sie gehört seit ein paar Jahrzehnten zum Hombo-Konzern – wurden ungefähr von 1975 bis 1984 auch Malt-Whiskys destilliert. 1984 wurde die Whiskyherstellung in Kagoshima durch den Konzern aufgegeben und nach Kami-ina-gun (Präfektur Nagano-ken) in die Destillerie Shinshu (Mars) verlegt. Die gesamten bestehenden Fasslager wurden ebenfalls dorthin gebracht. Es tauchen – zwar sehr selten, aber immer noch – Abfüllungen aus der alten Destillerie Kagoshima auf. Sie sind aber sehr teuer.

Miyagi-ken

* Miyagikyo Distillery, Aoba, Sendai City

Nikka 1, Aoba, Sendai City, Miyagi 989-3433
(Nikka Whisky Co.)
Besucher willkommen; Besucherzentrum (Führungen nur auf Japanisch)
www.nikka.com/eng (englisch)
Große Destillerie: Malt Whisky, Single Malt (»Nikka Miyagikyo«), Grain-Whisky, Blended Whisky

Nagano-ken

* Karuizawa Distillery †, Miyotamachi

1795-2 Oaza Maseguchi, Miyotamachi, Kitasaku-gun, Nagano 389-0207
(Kirin Brewery Co. Ltd.)
Besucher willkommen; Besucherzentrum (Führungen nur auf Japanisch), Museum, Restaurant
www.kirin.co.jp/brands/sw/karuizawa (japanisch)
Kleine Destillerie: Malt Whisky, Single Malt (Karuizawa)

* Shinshu (Mars), Kami-Ina-gun

4752-31 Myata-Mura, Kami-ina-gun, Nagano 399-4301
(Hombo Shuzo Co. Ltd.)
Besucher willkommen; Besucherzentrum (Führungen nur auf Japanisch)
www.homboshuzo.jp/factory/shinshu (japanisch)
Mittelgroße Destillerie: Malt-Whisky, Single Malt (Mars), Pure Malt

Osaka-fu

* Yamazaki Distillery, Shimamoto-cho

5-2-1, Yamazaki, Shimamoto-cho, Mishima-gun, Osaka, 618-0001
(Suntory Ltd.)
Besucher willkommen; großes Besucherzentrum (Führungen nur auf Japanisch)
www.theyamazaki.jp/en/entrance.html (englisch)
Große Destillerie: Malt-Whisky, Single Malt (»Suntory Yamazaki«)

Saitama-ken

* Chichibu Distillery, Chichibu-shi

49, Midori Gaoka, Chichibu-shi, Saitama 368-0033
(Venture Whisky Ltd., Ichiro Akuto)
Besucher nach Voranmeldung; Besucherzentrum geplant
Keine eigene Internetpräsenz;
www.home.att.ne.jp/alpha/caskandstill/ichiro_chichibu.html (japanisch)
Kleine Destillerie: Single Malt-Whisky (»Chichibu«)

* Hanyu Distillery †, Hanyu-shi

4-1-11 Nishi, Hanyu-shi, Saitama-ken, 348-0054
Keine Besucher, existiert nicht mehr
Keine Internetpräsenz
Kleine Destillerie: Fruchtbrände, Sake, Grain- und Malt-Whisky, Single Malt »Hanyu Single Malt«

Shizuoka-ken

* Fuji Gotemba Distillery, Gotemba-shi

970 Shibanuta, Gotemba-shi, Shizuoka-ken 412-0003
(Kirin Brewery Co. Ltd.)
Besucher willkommen; Besucherzentrum (Führungen nur auf Japanisch)
www.kirin.co.jp/brands/sw/gotemba/index.html (japanisch)
Große Destillerie: Malt- und Grain-Whisky; Malt Whisky, Single Malt (»Fujisanroku«, »Fuji Gotemba«, »Kirin«); Blended Whisky

* Hakushu Distillery, Hakushu-cho, Hokuto

2913-1 Torihara, Hakushu-cho, Hokuto, Yamanashi-ken, 408-0316
(Suntory Ltd.)
Besucher willkommen; Besucherzentrum (Führungen nur auf Japanisch)
www.suntory.co.jp/factory/hakushu/index.html (japanisch)
Große Destillerie: Malt-Whisky, Single Malt (»Suntory Hakushu«)

Monde Distillery (früher Monde Shuzou), Fuefuki

476 Shibu, Isawachoichibe, Fuefuki City, Yamanashi Ken 406-0031
(Monde Wines Ltd.)
Besucher willkommen; Besucherzentrum (Führungen nur auf Japanisch)
www.mondewine.co.jp/index.html (japanisch)
Weinbaufirma mit einer kleinen Destillerie: Wein, Brandy, Malt Whisky, Single Malt (»Usuikyou«), Blended Whisky (»Monde Crystal Whisky«, »Fuji no Sei«)
Wissenswertes:

Monde ist ein großer Weinbaubetrieb mit Destillerie, in der normalerweise nur Weinbrand (»Brandy«) produziert wird. Wie andere kleine Destillerien versuchte sich jedoch auch Monde Ende der 1970er-, Anfang der 1980er-Jahre in der Herstellung von Whiskys. Dies aber ohne wirklich großen Erfolg. Ein Beweis dafür ist, dass aus der Destillerie selbst bis heute nie ein Single Malt auf den Markt gekommen ist. Die einzige Abfüllung eines Single Malt von Monde wurde vom unabhängigen Abfüller Tokuoka Ltd. unter dem Namen »Usuikyou« realisiert. Es handelte sich dabei um eine fassstarke Abfüllung mit 64 Volumenprozent Alkohol, die etwa 2004 auf den Markt gelangte. Auf dem Etikett (in englischer Sprache) steht unter anderem: »Distilled at Monde Syuzou«. Dies ist bis heute die einzige Single Malt-Abfüllung aus dieser Destillerie geblieben. Ob die beiden auf dem Markt erhältlichen Blended Whiskys (»Monde Crystal Whisky« und »Fuji no Sei«) von Monde selbst destilliert werden, ist eher unwahrscheinlich. Sie werden mit großer Wahrscheinlichkeit aus einem anderen Land importiert und in Japan nur abgefüllt.

Überblick: Porträts der Destillerien in Japan

In das Land der aufgehenden Sonne wurden bis in die 1920er-Jahre Whiskys – wenn auch nicht in großen Mengen – nur importiert. Die erste Whiskydestillerie Japans (Yamazaki) nahm ihre Produktion im Jahr 1923 auf und brachte den ersten japanischen Whisky 1929 auf den Markt. Trotz dieser erst kurzen Geschichte gehört Whisky in Japan heute zu den führenden Spirituosen und wird – mit meist großem Erfolg – in etlichen Destillerien hergestellt.

Neben den wichtigsten Destillerien der beiden großen Konzerne und Marktrivalen Nikka und Suntory werden in den folgenden Porträts die wichtigsten Brennereien in Text und Bild vorgestellt. Etliche von ihnen waren bis vor wenigen Jahren vor allem im japanischen Markt aktiv und bekannt, denn ihre Whiskys wurden offiziell nicht exportiert. Das hat sich aber in den letzten Jahren stark geändert. Die Qualität der japanischen Whiskys ist größtenteils ausgezeichnet und Destillate aus den verschiedensten Destillerien haben an Tastings auf der ganzen Welt mit Topnoten (oft sogar als Sieger) geglänzt.

Bei der Beschreibung der Destillerien Japans wird der Anfahrtsweg zur Destillerie ausnahmsweise mit öffentlichen Verkehrsmitteln angegeben. Da die Straßen in Japan meist nur in japanischen Schriftzeichen beschildert sind und es für einen der Sprache nicht Kundigen extrem schwierig ist, sich zurechtzufinden, werden die meisten Besucher auf öffentliche Verkehrsmittel zurückgreifen. In der Regel sind die Destillerien mit der Bahn erreichbar; manchmal muss für einen letzten Teil der Strecke ein Taxi genommen werden. (Zu den Details der Darstellung siehe im Übrigen Seite 152.)

Und noch etwas zu den Besuchen der japanischen Destillerien in Sachen Verkehrssicherheit: Einige Destillerien verteilen an die Fahrer der ankommenden Autos Badges, welche sie als solche kennzeichnen. Sie erhalten so am Ende der Besichtigung keine Drams, sondern Fruchtsäfte oder andere nichtalkoholische Getränke. Meistens wird ihnen jedoch zum Trost eine Miniaturflasche Whisky mitgegeben.

Die japanischen Whiskys sind – wie diejenigen aus Schottland, welche als Vorbild dienen – sehr unterschiedlich im Geschmack. Dies ist auch aus den Kurzangaben über den Stil der Whiskys (Hausstil) bei den Beschreibungen der einzelnen Destillerien ersichtlich.

Die beiden größten Whiskyproduzenten des Landes, Nikka und Suntory, waren lange Zeit mehr oder weniger die einzigen japanischen Firmen, deren Whiskys sich auch einen Markt in Europa und Amerika schaffen konnten. Etliche andere Destillerien konnten sich aber in den letzten Jahren nach einem Start im asiatischen und australisch-neuseeländischen Raum auch auf dem europäischen Markt etablieren.

Japanische Firmen oder Konzerne haben sich – wie bereits erwähnt – in den letzten Jahrzehnten auch Destillerien

in westlichen Staaten gekauft oder haben sich an ihnen zumindest finanziell beteiligt. So besitzen nicht nur die beiden Großkonzerne (Asahi/Nikka und Suntory) neben ihren Destillerien in Japan auch welche in Schottland und in anderen Staaten. Beispielsweise gehört der Asahi/Nikka-Gruppe die Destillerie Ben Nevis im westlichen Hochland von Schottland, und Suntory ist Eigentümerin der schottischen Destillerien Auchentoshan (Lowland), Bowmore (Islay) und Glen Garioch (Highland).

Im japanischen Whiskygeschäft spielt neben den beiden Großen auch Takara Shuzo & Co. eine wichtige Rolle. Die Firma produziert zwar in Japan keine Whiskys mehr. Ihre Destillerie Shirakawa wurde geschlossen. Takara konzentriert sich voll auf die Herstellung von Sake und Shochu. Die Firma besitzt jedoch Destillerien in Schottland (Tomatin) und besaß in den USA Anteile an der Destillerie Buffalo Trace und importiert deren Marken.

Diese japanischen Firmen importieren aus ihren im Ausland liegenden Destillerien Malt- und andere Whiskys zur Lagerung und Weiterverarbeitung in großen Containern nach Japan. Das Beimischen beschränkt sich aber ganz klar nur auf die gemischten Whiskys, das heißt auf die Blended (Vatted, Pure) Malts und Blended Whiskys. Die mit den Malts und anderen Whiskys aus den westlichen Destillerien »veredelten« japanischen Whiskys sind vor allem für die asiatischen Märkte bestimmt.

Die anderen namhaften Destillerien Japans, wie zum Beispiel Fuji Cotemba (gehört dem großen Bierkonzern Kirin), Shinsu Mars Whisky Factory (Hombo Shuzou) oder White Oak (Eigashima Shuzo Co. Ltd.), spielen mehr oder weniger nur in Japan und Asien eine Rolle, obwohl sie seit ein paar Jahren auch mit der einen oder anderen Abfüllung auf den europäischen Märkten vertreten sind.

Links · In dieser *still* destilliert die Weinfirma Monde Wines Ltd. neben Branntwein auch von Zeit zu Zeit Whisky.

Nächste Seite · Einer der beiden *kilns* der Destillerie Hakushu. In ihnen sind auf verschiedenen Etagen Ausstellungen zu unterschiedlichen Themen – nicht nur bezogen auf Whisky – zu bewundern.

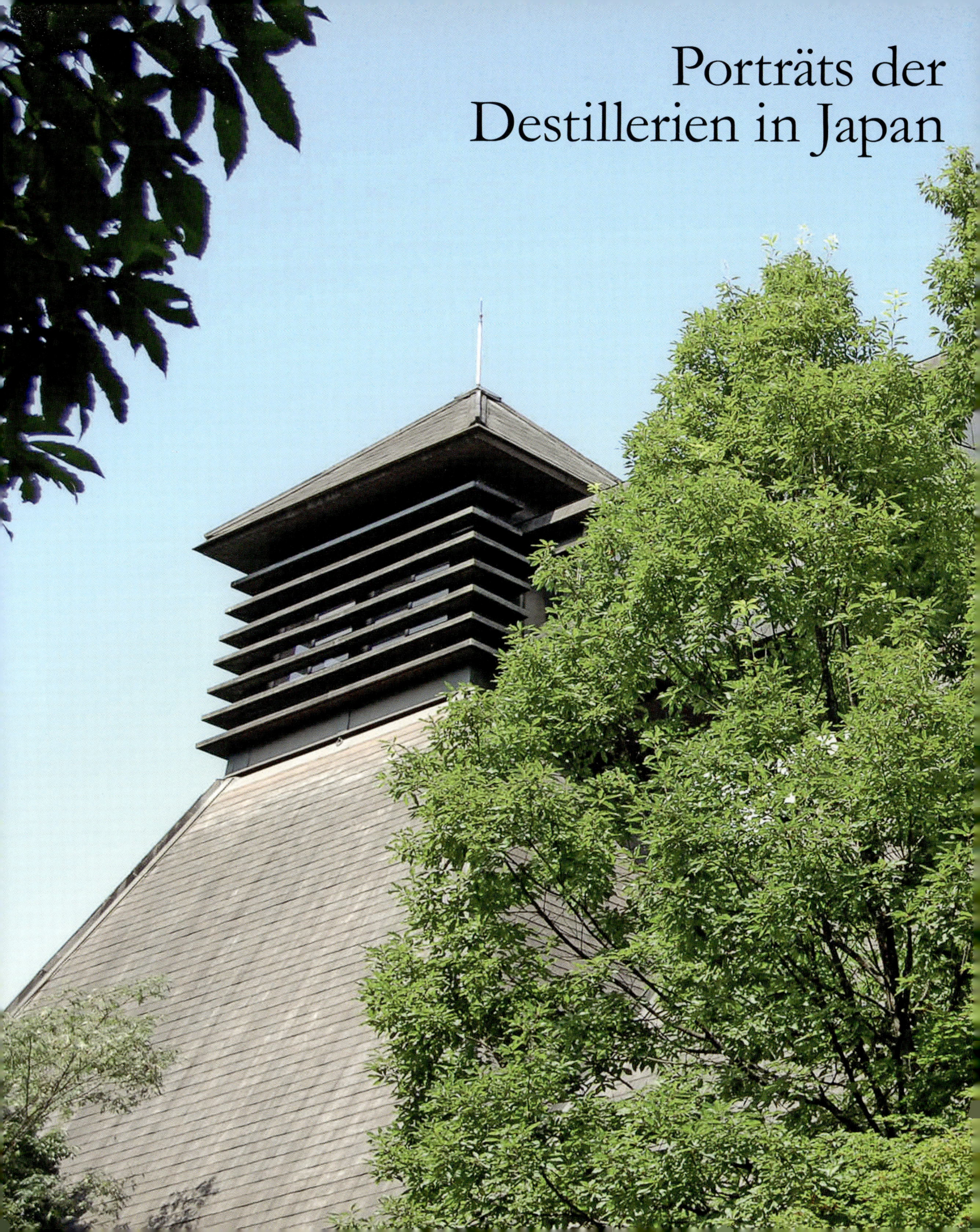

Porträts der
Destillerien in Japan

Chichibu

Die Destillerie Chichibu

An den Ausläufern der Saitama-Gebirge im Hinterland von Tokio hat sich Ichiro Akuto seinen Traum von der eigenen Destillerie verwirklicht und sich eine wirklich schöne und sehenswerte Destillerie von Grund auf neu gebaut. Die erste seit den 1970er-Jahren neu gebaute Destillerie Japans ist nach schottischem Vorbild gestaltet und besitzt sogar ein kleines Pagodendach.

Ichiro Akuto hat mit der Planung der Destillerie im Jahr 2007 begonnen. Nach dem Kauf des kleinen Grundstücks ließ er zuerst den Boden, auf den die Destillerie zu stehen kommen sollte, von einem Shinto-Priester segnen. Gemäß Ichiro entspricht dies einer alten Tradition in dieser Region Japans. Die Segnung muss erfolgen, bevor mit dem Bauen begonnen wird.

Die Destillerie besteht aus drei Gebäuden, die sehr schnell gebaut und in die die notwendigen Anlagen und Geräte ebenfalls in Rekordzeit eingebracht wurden. Bereits im Februar 2008 konnte die Produktion aufgenommen werden.

Ichiro hat sich, bevor er seine Destillerie baute, mit dem Verkauf von Whiskys, die hauptsächlich aus dem Konkursnachlass der seiner Familie gehörenden Destillerie Hanyu (Seite 498) stammten, einen guten Namen geschaffen.

Tokio · mit all seinen Attraktionen und Sehenswürdigkeiten.

Im Produktionsgebäude stehen alle Anlagen für die Destillation. Im Vordergrund fünf Gärbottiche *(wash backs)*, hinten die beiden aus Schottland stammenden *stills*.

Der Name bedeutet	Ortsname
Aussprache	Tschit-schibuu
Whiskyregion	Saitama, Japan
Adresse	Chichibu Distillery 49 Midori ga oka, Chichibu-shi, 368-0033 Saitama, Japan
Kontakt	Noch keine eigene Homepage Gute Seite über die Destillerie bei der Cask and Still-Bar home.att.ne.jp/alpha/caskand still/ichiro_chichibu.html Telefon +81 (0)494 62 46 01
Club	Kein Club
Gründung	2008
Status	In Betrieb
Besitzer	Venture Whisky Limited (Ichiro Akuto)
Stills	2 (1 *wash*, 1 *spirit*)
Kapazität pro Jahr	120 000 Liter
Besucher	Ja ★★★☆☆ Besucherzentrum geplant. Vor einem Besuch anrufen; Ichiro versteht Englisch.
Rating	★★★★☆☆
Arten	Malt-Whiskys, Blends
Hausstil	Ungetorfte Linie Fruchtig, Beeren, Vanille, Zitronengras, ölig, würzig Getorfte Linie Rauchig, süßlich, Früchte (erinnert an junge rauchige Islay-Whiskys)

Oben · Ichiro Akuto, der Gründer und Mitbesitzer der Destillerie ist ein echter Whisky-Guru.

Links oben · Vor der Destillerie warten Fässer auf die Befüllung.

Links · Die *stills* mit ihren Rohrkondensatoren und dem *spirit and sample safe*.

Der Ort Chichibu liegt nordwestlich von Tokio und ungefähr zwei Stunden mit dem Zug von der japanischen Hauptstadt entfernt. Ab dem Bahnhof in Chichibu lohnt es sich, bis zur Destillerie ein Taxi zu nehmen. Man braucht für den Weg dorthin etwa eine Viertelstunde.

Neben diesen Malt-Whiskys hat er sich auch noch Fässer aus anderen japanischen Destillerien gekauft und damit Single Cask-Abfüllungen realisiert. Mit diesen unter dem Label »Ichiro's Malt« abgefüllten, wirklich guten Malt-Whiskys schuf er sich nicht nur eine gute Marke, sondern konnte sich – die Whiskys verkauften sich trotz sehr hohen Preisen ausgezeichnet – auch den für den Bau der Destillerie notwendigen finanziellen Grundstock schaffen.

Die Destillerie verarbeitet verschiedene Sorten von Malz (ungetorft, schwach und stark getorft), die zum großen Teil importiert werden (aus Deutschland und Großbritannien). Ein kleinerer Teil Malz wird von japanischen Mälzereien zugekauft. Geplant ist, in Zukunft auch einheimische Gerste selbst zu mälzen. Ein Mälzhaus ist zu diesem Zweck bereits gebaut worden. Es wird jedoch zurzeit nur für die Lagerung des gekauften Malzes und für das Mahlen verwendet. Die hier stehende moderne Malzmühle stammt aus Großbritannien.

In einer an die Mälzerei anschließenden großen Halle stehen die für die Whiskyherstellung benötigten Anlagen.

Da wären einmal der *mash tun* aus Edelstahl, die fünf Gärbottiche aus japanischer Eiche und die beiden *stills*. Weder die *wash* noch die *spirit still* haben Ein- oder Ausbuchtungen. Ihre Rohrkondensatoren stehen im gleichen Raum.

Die beiden *stills* stammen aus Schottland: aus der berühmten Kupferschmiede Forsyths in Rothes.

Das dritte Gebäude der Destillerie ist ein Lagerhaus. Die ersten Fässer des neu destillierten Malts von Ichiro haben 2008 ihre Lagerzeit angetreten. Seither kamen und kommen laufend weitere dazu.

Für die Lagerung werden vor allem Ex-Bourbon-Fässer eingesetzt. Der Whisky von Chichibu kommt als ungetorfte und getorfte Version auf den Markt.

Ein *Visitor Centre* war ebenfalls geplant, ist bis jetzt aber noch nicht gebaut. Ein Besuch der Destillerie sollte – wenigstens zurzeit noch – vereinbart werden, denn es arbeiten nur wenige Leute dort.

Der erste Single Malt aus der jüngsten Destillerie Japans wurde am 24. September 2011 unter dem Namen »Chichibu The First« an der Whiskymesse »Whisky Live Paris« durch Ichiro persönlich einem äußerst interessierten Publikum vorgestellt. In Japan selbst fand die Vorstellung erst am 10. Oktober statt. Es handelt sich beim »Chichibu The First« um eine limitierte Abfüllung von 7400 Flaschen, von denen je die Hälfte für den japanischen und den internationalen Markt bestimmt waren.

Für die fassstarke Flaschenabfüllung mit 61,8 Prozent wurde der Inhalt von 31 Fässern (neue Ex-Bourbon-Fässer aus der Destillerie Heaven Hill) zusammengemischt *(vatted)*. Sämtliche Flaschen (Preis ¥ 10 000 = € 120 oder CHF 145) waren bereits vor dem Erscheinungstag reserviert. Der erste Single Malt von Chichibu ist bereits erstaunlich reif und aromatisch.

Vor dem für Ichiro Akuto großen Moment der Einführung seines Whiskys als Single Malt auf dem Markt kamen aus seiner Destillerie verschiedene Abfüllungen von ungetorftem und getorftem *new make* (oder Baby Whisky) – er bezeichnete sie als »newborn« – auf den Markt.

Fuji-Gotemba

Die Destillerie Fuji-Gotemba

Im Jahr 1973 gründete die Kirin-Seagram Ltd. – ein Gemeinschaftsunternehmen der Firmen Kirin Brewery Company Ltd. (Japan) und Seagram Co. Ltd. (Kanada) – die »Gotemba Distillery« in der gleichnamigen Stadt. Kirin war zu jener Zeit der größte Bierproduzent in Japan und wollte mit der Eröffnung einer Destillerie auch ins Spirituosengeschäft einsteigen und sich so ein weiteres Standbein schaffen.

Im Jahr 2002 übernahm die Kirin Distillery Ltd., eine hundertprozentige Tochter des großen Konzerns Kirin Brewery Company Ltd., die Anteile der anderen Besitzer Pernod Ricard SA (nach der Übernahme von Seagram/Allied Distillers) und der in den letzten Jahren neu hinzugekommenen Four Roses Distillery aus den USA) und führt die Destillerie seitdem allein.

Die heute unter dem Namen »Fuji-Gotemba« produzierende Destillerie hat eine beeindruckende Lage. Knapp 20 Kilometer vom Gipfel des Fujiyama entfernt steht sie in einem bewaldeten Gebiet auf der Höhe von 620 Metern über dem Meer. Den heiligen Berg kann man aber von der Destillerie aus wegen des Waldes nicht sehen.

Die Destillerie weist stolz darauf hin, dass sie ihr Wasser vom Fujiyama, dem heiligen Berg Japans habe. Die Quelle beinhalte neben Regenwasser auch Schmelzwasser des Schnees auf dem Berg, das durch die vulkanischen Schichten sickert und als Quelle in der Nähe der Destillerie austritt. Auf dieser Höhe und in diesem gebirgigen und stark bewaldeten Gebiet herrscht fast das ganze Jahr über eine hohe Luftfeuchtigkeit, die aber nicht so extrem ist wie im japanischen Flachland während der Sommermonate. Während dieser ist es dort oben sehr angenehm und kühl. In Gotemba und seiner Umgebung gibt es sonst viel Nebel und die jährliche Durchschnittstemperatur liegt bei nur 13° Celsius.

Außer der Dame am Empfang fand ich in dieser Destillerie wie auch in den schönen Besuchereinrichtungen niemanden, der Englisch spricht. Fuji Gotemba besichtigt man allein. Wegweiser führen durch die Räume, in denen man durch Fenster den Prozessen zusehen kann. Die Beschriftungen sind größtenteils nur auf Japanisch. In die Produktionsräume selbst erhält man keinen Zutritt. Auch das Fotografieren ist nicht erlaubt.

In der Malt-Whisky-Destillerie steht ein großer Maischbottich *(full lauter)* aus Edelstahl. Auch die direkt bei ihm stehenden acht Gärbottiche sind aus diesem Material. Im *stillhouse* stehen vier große, zwiebelförmige *stills* (je zwei *wash* und *spirit*). Sie sind den in der schottischen Destillerie Strathisla stehenden nachgebaut (Chivas gehörte damals noch zum an dieser Destillerie beteiligten Seagram-Konzern): Die *wash stills* haben am Halsansatz

Fujiyama · der heilige und höchste Berg Japans.

Tokio · mit seinen Attraktionen und Sehenswürdigkeiten.

Die moderne und große Destillerie steht außerhalb von Gotemba.

Der Name bedeutet	Geografische Begriffe
Aussprache	Fuu-dschi Got-emba
Whiskyregion	Shizuoka, Japan
Adresse	Fuji Gotemba Distillery Shibanuta 970, Gotemba-shi, Shizuoka-ken 412-0003 Japan
Kontakt	www.fujisanroku.jp Telefon +81 (0)550 89 49 09
Club	Kein Club
Gründung	1973
Status	In Betrieb
Besitzer	Kirin Distillery Ltd. (Kirin Brewery Company Ltd.)
Stills	4 *pot stills* (2 *wash*; 2 *spirit*) 1 *continuous still* mit 2 *columns* und weitere kleinere Destillationsanlagen
Kapazität pro Jahr	11 500 000 Liter (Malt und Grain zusammen)
Besucher	Ja ★★★☆☆ Besucherzentrum mit Shop ❤❤♡ (Führungen nur auf Japanisch; englisches Informationsblatt)
Rating	★★★(★)☆ ★★★
Arten	Malt-Whiskys, Grain-Whiskys, Blends
Hausstil	Trocken, Nüsse, Mandeln, Eiche, süßlich

kragenähnliche Ein-, die *spirit stills* dagegen ballförmige Ausbuchtungen. Die Kondensation des Alkoholdampfes erfolgt in im gleichen Raum stehenden Rohrkondensatoren.

Die Grain-Destillerie besitzt einen Kocher und sechs riesige Gärbottiche aus Edelstahl. Im separaten *stillhouse* stehen die hohen *stills*: Eine von ihnen besteht aus mehreren *columns*. Eine zweite ist die Kopie einer typisch amerikanischen *continuous still*, sie besteht aus einer *beer still* und einem *doubler*. Die dritte wiederum entspricht einer typisch kanadischen *still*-Art. In diesen unterschiedlichen *stills* werden in verschiedenen Kombinationen und Abläufen die verschiedensten Spirituosen hergestellt. Ein Großteil des benötigten Getreides – sowohl für die Malt- wie auch für die Grain-Whisky-Produktion – wird aus Großbritannien und Irland importiert.

Die modernen und großen Gebäude beherbergen nicht nur die Destillerie mit ihren *pot* und *continuous stills*, sondern auch die ganze Blending-Abteilung sowie die Flaschenabfüllung. Neben Whiskys werden vor allem Gin, Wodka und Brandy produziert. Der weitaus größte Teil der Malt-Whisky-Produktion wird für die Blended Whiskys der

Oben · Ein Besitzerwechsel hat sogar auf das Fass N° 1 Einfluss: Beschriftung vor und nach dem Wechsel.

Unten · In Gotemba gibt es einen großen Outlet-Shop-Komplex. Hinter ihm erhebt sich majestätisch der Fujiyama.

Gruppe verwendet (»Boston Club«, »Robert Brown«, »Crescent«, »Emblem« und »Kirin Whisky 50°«).

Erst seit Kirin alleinige Besitzerin von Fuji-Gotemba ist, werden die Single Malts »Fuji-Gotemba« mit 18 Jahren, »Fuji Sanruko« ebenfalls mit 18 Jahren (enthält aber auch ältere Malts) und der Single Grain »Fuji Gotemba« mit 15 Jahren abgefüllt.

Man findet – vor allem auf dem japanischen Markt oder direkt in der Destillerie – auch einige Single Cask-Abfüllungen verschiedener Jahrgänge. Aus der Destillerie gibt es zudem einen Pure Malt und einen Pure Grain (beide unter dem Label »Blender's Choice«). Wegen der kleinen produzierten Mengen sind auch diese vor allem auf dem japanischen Markt zu haben.

Zur Destillerie in Gotemba (südwestlich von Tokio) nimmt man in Tokio im Bahnhof Shinjuku entweder den Bus oder die Eisenbahn nach Gotemba. Mit beiden Verkehrsmitteln braucht man bis zum Bahnhof in diesem Gebirgsort ungefähr gleich lang, nämlich etwa eindreiviertel Stunden. Vom Bahnhof Gotemba aus lohnt es sich unbedingt, zur Destillerie ein Taxi zu nehmen – der Fußmarsch dorthin dauert ungefähr eineinviertel Stunden.

Hakushu

Die Destillerie Hakushu

Shinjiro Torii gründete die erste Whiskydestillerie Japans im Jahr 1923. Er gab ihr den Namen »Yamazaki« nach einem Tal, das zwischen den Städten Kyoto und Osaka liegt. Er hatte seine Karriere im Getränkebusiness als Importeur von Wein begonnen. Nachdem er einen japanischen Wein mit dem Namen »Akadama« entwickelt hatte und damit sehr erfolgreich war, wagte er sich an ein anderes, typisch westliches Getränk: den Whisky.

Nach anfänglichen Misserfolgen mit den in der Destillerie Yamazaki produzierten Whiskys konnte er mit dem Blend »Suntory Old« in Japan jedoch einen Riesenerfolg

Für den Trip zur Destillerie Hakushu fährt man von Tokio aus mit dem Hochgeschwindigkeitszug Shinkansen bis nach Kobuchizawa. Das dauert etwa zwei Stunden. Reist man mit dem normalen (billigeren) Zug, muss man unterwegs umsteigen und braucht für den Weg ungefähr vier Stunden. Im Gebirgsdorf Kobuchizawa nimmt man am Bahnhof vorzugsweise ein Taxi, um den ungefähr einstündigen Fußmarsch bis zur Destillerie zu vermeiden.

landen. Dieser Blend ist auch heute noch die unbestrittene Nummer 1 in Japan.

Der steigende Konsum und die daraus entstandenen Kapazitätsprobleme riefen nach einem Ausbau der Destillerie. Zuerst wurde dieser als Erweiterung von Yamazaki ins Auge gefasst. Dieser Plan wurde aber schnell wieder fallen gelassen.

Als neuer Standort wurde eine kleine Ortschaft am Fuße der südlichen japanischen Alpen gewählt. Hakushu, so ihr Name, liegt auf knapp 700 Meter über dem Meer in einem schönen Waldgebiet. Der an der Destillerie vorbeifließende Fluss trägt den übersetzten Namen »Schwanz eines weißen Pferdes«, weil er aus der Vogelschau gesehen wegen seines klaren Wassers und seinen Ufern aus weißem Sand in etwa wie ein solcher aussieht.

Der erste Teil der Destillerie Hakushu wurde 1973 – also genau 50 Jahre nach derjenigen in Yamazaki – in Betrieb genommen. Es handelte sich dabei um eine große Destillerie mit 24 *stills*. Alle (sowohl die 12 *wash* als auch die 12 *spirit stills*) sind in Größe und Form unterschiedlich.

1979 wurde der Destillerie ein schönes *Visitor Centre* und ein Suntory Whisky Museum angegliedert, das bis heute in mehreren Etappen mit viel Aufwand und auf beeindruckende Art und Weise ausgebaut und erweitert wurde. Auf verschiedenen Stockwerken der beiden in Form schot-

Ganz oben · Hakushu liegt in einem bewaldeten Gebirgstal auf über 600 Meter über Meer. Die beiden *kilns* der Destillerie – sie beherbergen ein interessantes Museum – ragen über die Wipfel des Waldes hinaus.

Oben · Im *stillhouse* stehen zwölf *stills* der verschiedensten Größen und Formen. Auch die *lyne arms* gehen in den unterschiedlichsten Winkeln von den *still*-Hälsen weg.

tischer Trockenböden *(kilns)* gebauten Gebäuden – diese sind ganz oben durch eine Aussichtsbrücke unterhalb der Pagodendächer miteinander verbunden – wird themenbezogen auf die Technologie und Geheimnisse der Whiskyherstellung eingegangen. Das oberste Stockwerk ist – die Destillerie liegt in einem berühmten Vogelschutzgebiet – als »Bird Sanctuary« dieser Spezies gewidmet.

1981 wurde auf dem Gelände der bereits vorher schon nicht gerade als klein zu bezeichnenden Destillerie eine zweite mit dem Namen »Hakushu Higashi« in Betrieb genommen (Higashi bedeutet Ost). Diese Destillerie wurde gebaut, um zusätzliche, noch einmal andere Malt-Whisky-Typen produzieren zu können.

Hakushu – West und Ost zusammen – galt in den 1980er-Jahren als größte Malt-Destillerie der Welt. Mit den insgesamt 36 *pot stills* wurden um die 10 Millionen Liter Malt-Whisky produziert. In der Whiskyabsatzkrise Mitte der

Ganz oben · Der riesige *full lauter mash tun* (Maischbottich) ist komplett aus Edelstahl.

Oben · Die zehn Gärbottiche aus Holz stehen zusammen mit dem Maischbottich in einem großen Gärhaus.

1990er-Jahre wurde Hakushu West aber stillgelegt. In Betrieb blieb nur noch die Destillerie Ost (Higashi).

Ein Besuch bei Hakushu Higashi beginnt im *Visitor Centre* und führt von dort in die verschiedenen Produktionsräume. Einige kann man wirklich selbst betreten, durch andere wird man in einem verglasten Korridor geführt. Als spezielle Dienstleistung – die Führungen werden nur auf Japanisch abgehalten – erhalten Besucher aus dem Ausland einen Audioguide, mit dem sie die Erklärungen zu den einzelnen Produktionsschritten auch englisch, französisch und chinesisch hören können.

Auf der Tour besichtigt man als Erstes die Getreideaufbereitung. Von dort geht es in die Maisch- und Gärräume. Der riesige Maischbottich *(full lauter)* ist komplett aus Edelstahl. Die zehn Gärbottiche *(wash backs)* sind aus Holz. Die zwölf *stills* (je sechs *wash* und *spirit)* im anschließend besuchten, beeindruckenden *stillhouse* sind in Größe und Form unterschiedlich. Dank diesem Umstand können mit ihnen Whiskys mit verschiedenen Charakteren und Geschmacksrichtungen produziert werden. Das ist wichtig,

sind doch die Malts von Hakushu zu fast 100 Prozent für die Herstellung der Blends von Suntory bestimmt. Die *stills* wurden während vieler Jahre direkt mit Kohle, heute jedoch werden sie mit Gas direkt beheizt. Ihre Rohrkondensatoren stehen im *stillhouse.* Ende der 1980er-Jahre wurden bei allen *stills* in Hakushu Higashi vor die Rohrkondensatoren *purifier* (Reiniger) installiert, um weichere Malt-Whiskys herstellen zu können. Die meisten *stills* wurden 2006 – sie zeigten nach den vielen Produktionsjahren größere Abnutzungserscheinungen – ersetzt.

Die Fässer für die Lagerung der Whiskys werden vor Ort in der eigenen Küferei aufbereitet. Man wird zur für die Touristen extra eingerichteten Schauküferei und den Lagerhäusern und wieder zurück mit einem Shuttlebus gebracht. Eine der Hauptattraktionen dort ist die Vorführung des *toasting* (Ausbrennens) der Fässer. Für die Lagerung der Whiskys werden zum weitaus größten Teil Ex-Bourbon-Fässer aus den USA verwendet.

Der Besuch endet im sehr schönen Besucherzentrum mit Restaurant, dem wirklich guten und informativen Suntory Whisky Museum und einem gut bestückten Shop.

Die heute am Markt erhältlichen Single Malts von Hakushu (»Hakushu« 10, 12, 18 und 25 Jahre) stammen aus dem neuen Teil der Destillerie. Es gibt den »Hakushu« ebenfalls in verschiedenen Vintage-Abfüllungen.

Der Name bedeutet	Ufer mit weißem Sand/Ortsname
Aussprache	Haku-schuu
Whiskyregion	Yamanashi, Japan
Adresse	Hakushu Distillery Torihara 2913-1, Hakushu-cho, Koma-gun, Yamanashi-ken 408-0316 Japan
Kontakt	www.suntory.com/factory/hakushu/index.html Telefon +81 (0)551 35 22 11
Club	Kein Club
Gründung	1973
Status	In Betrieb
Besitzer	Suntory Holdings Limited
Stills	12 *pot stills* (6 *wash*; 6 *spirit*)
Kapazität pro Jahr	3 000 000 Liter
Besucher	Ja ★★★★ Besucherzentrum mit Shop, Restaurant und Suntory Whisky Museum ❤❤❤ Führungen auf Japanisch (englisch- und französischsprachige Führungen mit Audioguides)
Rating	★★★★★(★)
Arten	Malt-Whiskys, Pure Malt
Hausstil	Leicht torfig, malzig, fruchtig, Vanille, weich

Gebirgsgegend um die Destillerie; Vogelschutzgebiet.

Hanyu †

Der Name bedeutet	Ausdruck, Sprache
Aussprache	Han-yu
Whiskyregion	Saitama, Japan
Adresse	Hanyu Distillery Nishi 4-1-11, Hanyushi, Saitama-ken 348-0054 Japan
Kontakt	Letzter Besitzer www.toashuzo.com Kein Telefon
Club	Kein Club
Gründung	1981
Status	Stillgelegt (die Whiskydestillerie)
Besitzer	Letzter war Toa Shuzo Co. Ltd.
Stills	2 pot stills (1 wash; 1 spirit); 1 continuous still
Kapazität pro Jahr	Nicht bekannt
Besucher	Nein, existiert nicht mehr
Rating	★★★★(★) ★ ★ (nur Whisky)
Arten	Malt-Whiskys, Blend
Hausstil	Weich, Malz, etwas pfeffrig, Vanille, süßlich

Die Destillerie Hanyu lag nordwestlich von Tokio in der Stadt Hanyu. Weil sie nicht mehr existiert und rein gar nichts mehr von ihr zu sehen ist, verzichte ich hier auf eine Wegbeschreibung. Hanyu ist eine kleine Stadt in einem der größten Reisanbaugebiete Japans, ungefähr 100 Kilometer nördlich von Tokio. Die Destillerie stand in einer Gewerbezone unweit des Bahnhofs von Hanyu.

Die Destillerie Hanyu

Die Familie Akuto gründete bereits im Jahr 1626 in Chichibu eine Familiengesellschaft für die Herstellung von japanischem Reiswein (Sake). Chichibu war damals noch eine kleine Ortschaft in der Provinz Saitama in den großen Reisanbaugebieten nordwestlich von Tokio.

Im Laufe der Jahrhunderte schaffte sich die Firma einen ausgezeichneten Ruf in der Sake-Herstellung. 1941 beschloss Isouji Akuto — er vertrat bereits die 19. Generation dieser Familie im Geschäft —, sich auch mit dem Destillieren zu befassen und baute in Hanyu, nicht weit von Chichibu entfernt, eine Destillerie. 1946 erhielt er die Brennlizenz und begann mit dem Destillieren von aus Früchten gewonnener Maische in einer einzelnen still. Die Sake-Produktion wurde parallel weiter gepflegt.

Anfang der 1980er-Jahre begann man in der Hanyu Distillery mit der Produktion von Whisky und schaffte sich dafür zwei pot stills (eine wash und eine spirit) und eine kleine continuous still an. Die Firma wollte mit diesen Anlagen vor allem die damals sehr gefragten Blended Whiskys herstellen. Doch änderten sich genau in den folgenden Jahren die Trinkgewohnheiten, und statt der Blends waren Single Malts gefragt. Dies brachte die Familie in finanzielle Nöte, weil für das Reifen von Single Malt bedeutend längere Zeit nötig ist als für Blends. Obwohl 1990 der erste Single Malt mit dem Namen »Chichibu« auf den Markt gebracht werden konnte, wurden die finanziellen Probleme Jahr für Jahr schlimmer.

Bis ins Jahr 2000 wurden bei Hanyu mit zwei pot stills und einer continuous still sowohl Malt- als auch Grain-Whiskys für die Blends noch weiter produziert. Die verschiedenen stills wurden mit Dampf beheizt. Hanyu importierte zusätzlich auch schottische Whiskys, die einerseits als Zugabe zu den Blends verwendet, andererseits aber auch rein abgefüllt und unter einem eigenen Label verkauft wurden.

Die modernen Gebäude der Destillerie lagen inmitten von Reisfeldern und beherbergten neben der Sake-Fabrik und der Whiskydestillerie auch eine Flaschenabfüllerei sowie den Hauptsitz der Gesellschaft mit allen Büros.

Im Jahr 2000 ging die Firma in Konkurs. Die Destillerie und die Herstellung von Whisky mussten aufgegeben werden. Die Anlagen der Whiskybrennerei wurden 2004 abgebaut und verkauft.

Einer der leitenden Angestellten des Betriebes in Hanyu war zu jenem Zeitpunkt ein Enkel von Isouji Akuto mit dem Namen Ichiro. Dieser versuchte vor allem das Lager an Malt-Whiskys zu retten, dem mangels Lagermöglichkeiten und Interessenten die Vernichtung drohte. Ichiro hatte jedoch nicht nur zu wenig Geld, sondern auch keine Lagerräume für Whisky. Er pilgerte zu den verschiedensten Firmen und bat um Hilfe, fand aber lange Zeit niemanden.

Schließlich stand ihm die Destillerie Sasanokawa Shuzo in Koriyama City (Provinz Fukushima) sowohl finanziell als auch mit der Zurverfügungstellung eines Lagerhauses zur Seite. Mit ihrer Unterstützung konnte Ichiro Akuto den großen Teil der Lagerbestände an Whisky kaufen. Diese wurden ins Lagerhaus in Koriyama gebracht und dort gelagert.

Ichiro Akuto gründete dann zusammen mit Partnern eine Gesellschaft mit dem Namen Venture Whisky Ltd. Diese Firma brachte die geretteten Bestände aus der Destillerie Hanyu unter verschiedenen Bezeichnungen und Namen auf den Markt. Die Abfüllungen fanden dank der ausgezeichneten Qualität der Whiskys auch ihren Weg nach Europa. Einige der unter dem Label »Ichiro's Malt« abgefüllten Single Malts kamen mit Spielkarten-Sujet-Etiketten heraus. Diese, wie auch etliche der anderen Abfüllungen der Reihe »Ichiro's Malt« — in ihr erschienen auch rare Abfüllungen aus anderen japanischen Destillerien — sind sehr gesucht und teuer.

Dank der guten Geschäfte mit seinen Malts konnte sich Ichiro wieder mit dem Gedanken, eine eigene Destillerie zu besitzen, beschäftigen. Sein Traum nahm mit dem Erhalt der Brennlizenz für seine eigene neue Destillerie Ende Februar 2008 Formen an. Die Fortsetzung dieser Geschichte findet man bei der Chichibu Distillery auf Seite 492.

Single Malts aus der Destillerie Hanyu waren früher vor allem in Japan erhältlich, sie wurden aber auch von einigen europäischen Firmen in kleinen Mengen importiert. Es gab sie in verschiedenen Abfüllungen (neben einigen sehr seltenen Realisationen als Vintages oder zu besonderen Anlässen): »Chichibu« mit 10, 12 und 14 Jahren, oder »Golden Horse« ohne Altersangabe, mit 8, 10, 12 und 14 Jahren.

Die beiden stills der geschlossenen Destillerie wurden demontiert und verkauft.

Tokio · mit all seinen Attraktionen und Sehenswürdigkeiten.

Karuizawa †

Vor der stillgelegten Destillerie steht eine alte *still*.

Der Name bedeutet	Name der Stadt
Aussprache	Karu-zauwa
Whiskyregion	Nagano, Japan
Adresse	Karuizawa Distillery Oaza Maseguchi 1795-2, Miyotamachi, Kitasako-gun, Nagano 389-0207 Japan
Kontakt	www.kirin.co.jp/brands/sw/karuizawa Telefon +81 (0)267 32 02 88
Club	Kein Club
Gründung	1955
Status	Stillgelegt 2001
Besitzer	Mercian Co. Ltd. (Kirin Distillery Ltd./Kirin Brewery Company Ltd.)
Stills	4 *pot stills* (2 *wash*; 2 *spirit*)
Kapazität pro Jahr	Früher 1 000 000 Liter
Besucher	Ja ★★★☆☆ die Führung – nur auf Japanisch, Informationsblatt auf Englisch. Besucherzentrum mit Shop, Restaurant und Kunstmuseum ♥♥♥
Rating (nur Whisky)	★★★★★(★)
Arten	Malt-Whiskys
Hausstil	Sehr aromatisch, Sherry oder Vanille, weich, süßlich, Eiche

Karuizawa · mondäner und im Sommer extrem überlaufener Touristenort mit vielen Sehenswürdigkeiten, Attraktionen, Hotels, Restaurants und Shops; sehr teuer.

Die Destillerie Karuizawa

Eine Firma mit dem etwas speziellen Namen Ocean Co. Ltd. gründete die Destillerie Karuizawa im Jahr 1955. Sie liegt etwas westlich der gleichnamigen Stadt am Fuß des Mount Asama, einem aktiven Vulkan. Er brach das letzte Mal im Jahr 2004 aus. Der mondäne Ort Karuizawa liegt auf ungefähr 1000 Meter über dem Meer, ist ein beliebter Sommer- und Winterferienort und berühmt für sein angenehmes Klima und das saubere Wasser.

1962 schlossen sich die Ocean Co. Ltd. und die bereits seit 1934 bestehende Showa Brewery Co. Ltd. unter dem neuen Firmennamen Sanraku Co. Ltd. zusammen. Zu ihr gehörte ab dann auch die Destillerie in Karuizawa. 1990 änderte die Firma Sanraku ihren Namen zu Mercian Co. Ltd. Das Hauptgeschäft der Mercian-Gruppe ist der Handel mit Wein und Spirituosen, die sie aus der ganzen Welt importiert. Daneben führt die Gruppe Whiskys aus den USA, Kanada und Schottland ein und vertreibt sie in Japan. Ein Teil dieser Whiskys wird für die selbst hergestellten Blends verwendet.

Im Jahr 2001 wurde die Whiskydestillation in dieser attraktiven Destillerie aufgegeben.

Beim Ort Karuizawa, dem Standort dieser stillgelegten Destillerie, handelt es sich um einen sehr mondänen und von der japanischen Elite oft besuchten Ort. Deshalb ist es nicht verwunderlich, dass dort der Shinkansen (der japanische Superschnellzug) auf seiner Fahrt von Tokio nach Nagano anhält. So kann man in knapp zweieinhalb Stunden von Tokio aus in der Destillerie sein. Vom Bahnhof in Karuizawa aus sind es keine zehn Minuten mehr zu Fuß bis zur Destillerie. Die Destillerie ist sehr einfach zu finden. Sonst kann man für den Hinweg ein Taxi nehmen und zu Fuß zurück flanieren.

2007 wurde die Mercian-Gruppe von der Kirin Brewery Company Ltd. übernommen und die Leitung der Destillerie der Tochtergesellschaft Kirin Distillery Ltd. übertragen. Mercian selbst führt als eigenständige Tochtergesellschaft von Kirin die anderen Geschäfte weiter. Auch dieser neuerliche Besitzerwechsel hat am Status der Destillerie nichts verändert. Sie ist immer noch stillgelegt und wird es wahrscheinlich auch bleiben. Im August 2011 wurde nämlich das ganze noch vorhandene Lager von diesem »schottischsten« aller japanischen Whiskys an einen englischen Whiskyhändler (Number One Drinks) verkauft. Ein Teil der Fässer wurde darauf in die Lagerhäuser der Destillerie Chichibu verlegt.

In der Destillerie Karuizawa wurde die Maische in einem kleinen Bottich aus Edelstahl *(semi lauter)* gewonnen und dann in vier *wash backs* (Gärbottichen) aus Douglas-Fichte zu einer Art Bier vergoren. Im *stillhouse* stehen vier kleine *pot stills* (je zwei *wash* und *spirit*). Sie sind zwiebelförmig und haben am Halsansatz kragenförmige Einbuchtungen. Ihre Rohrkondensatoren stehen im gleichen Raum. Die Kapazität der beiden *wash stills* ist mit je nur 4000 Litern wirklich klein. Bei Karuizawa wurden Malt-Whiskys destilliert, bei denen für die Herstellung der Maische nur Gerste der Sorte »Golden Promise« verwendet wurde. Diese importierte man zum Großteil aus Schottland.

Da Mercian Importeur der Sherrys von Gonzalez Byass für Japan war, wurden für die Lagerung der Whiskys vor allem Fässer eingesetzt, in denen zuvor Sherrys gereift waren. Die Außenwände der Lagerhäuser, in denen diese lagern, sind wie die der ganzen Destillerie fast komplett mit Efeu bedeckt. Dieser hilft im Sommer mit, das Innere kühl zu halten und im Winter vor der bitteren Kälte zu schützen.

Bereits 1995 wurde in den Gebäuden der Destillerie neben einem schönen Besucherzentrum mit Shop und einem italienischen Restaurant auch das Karuizawa Museum of Art eröffnet. Es zeigt moderne und zeitgenössische Kunst aus Europa und ist eine der Attraktionen dieses St. Moritz der japanischen Alpen. Dieses Besucherzentrum mit dem Museum ist heute immer noch Ausgangspunkt zu einer Tour, während der diese stillgelegte Destillerie – sie gehörte ganz klar zu den besten Japans – in ihren attraktiven und efeubewachsenen Gebäuden besichtigt werden kann.

Den Whisky von Karuizawa gibt (oder besser gab) es als Single Malt (ungetorft und getorft) für den japanischen Markt unter dem Namen »Karuizawa« mit 12, 15 und 17 Jahren. Daneben sind auch – sehr teure – Einzelfassabfüllungen als Vintages ab dem Jahr 1973 realisiert worden. Die Vintages haben auf den Etiketten oft handgeschriebene Informationen über das Fass, die Anzahl der Flaschen usw. Sie trugen meist auch die Originalunterschrift des Managers. Wir können gespannt sein, was die neue Besitzerin der verbleibenden Fässer an Abfüllungen realisieren wird.

Miyagikyo
(Sendai)

Die etwas erhöhte Lage am Fuß der Berge hat die Destillerie und ihre Angestellten vor größeren Auswirkungen des Erdbebens und Tsunamis im März 2011 verschont. Nach drei Monaten konnte die Produktion wieder aufgenommen und auch das *Visitor Centre* wieder geöffnet werden.

Die hochmoderne Destillerie verarbeitet das angelieferte Getreide (Gerste für die Malt-, Mais für die Grain-Whiskys) in einem für beide Arten gemeinsam genutzten *tunhouse*. Darin stehen neben anderen Anlagen zwei imposante Maischbottiche *(lauter tuns)*. Der kleinere (6 Tonnen) für die Malt-, der größere (9 Tonnen) für die Grain-Whisky-Produktion. Die Maische für die Malt-Whiskys wird anschließend in je 11 Gärbottichen *(wash backs)* für die beiden Destillationsverfahren vergärt. Auch hier werden die kleineren (30 000 Liter) für die Herstellung der *wash* für Malt-Whiskys, die größeren (50 000 Liter) der *beer* für die Grain-Whiskys, genutzt. Alle Maisch- und Gärbottiche sind aus Edelstahl.

Im Bereich der Malt-Whisky-Destillerie stehen im *stillhouse* acht *pot stills*. Sowohl bei den *wash* als auch den *spirit stills* sind immer je zwei gleich groß. Bei den *wash stills* fassen zwei 15 500, die anderen zwei 25 500 Liter; bei den *spirit stills* sind es zweimal 12 500 bzw. 18 500 Liter. Sie alle (sowohl die vier *wash* wie auch die vier *spirit stills*) haben mit ihren ballförmigen Ausbuchtungen am Halsansatz eine andere Form als diejenigen in der Destillerie Yoichi. Sie alle haben Rohrkondensatoren. Dank der unterschied-

Oben · Ein Teil der Destilleriegebäude zur Zeit der Kirschblüte.

Unten · In den beiden riesigen Maischbottichen wird die Maische für den Malt- wie auch für den Grain-Whisky zubereitet. Der größere *mash tun* im Vodergrund ist für den Grain-Bereich.

Die Destillerie Miyagikyo

Masataka Taketsuru war ein Sohn einer Familie, die sich mit der Herstellung des japanischen Nationalgetränks, des Sake, befasste. Nach seiner Schulzeit und dem Abschluss eines Chemiestudiums ging er nach Schottland, mit dem Ziel, sein Wissen in Bezug auf die Bier- und Whiskyherstellung an der Universität Glasgow zu erweitern. Nach dem Abschluss seines Studiums lernte er die Whiskyherstellung in verschiedenen Destillerien in der Praxis kennen. Zurückgekehrt nach Japan – er hatte in Schottland seine Frau Rita kennengelernt und geheiratet – wurde er Leiter von Yamazaki, der ersten Whiskydestillerie Japans. Die Destillerie gehört Suntory und steht im gleichnamigen Tal in der

Die Destillerie Miyagikyo steht etwas außerhalb von Sendai, einer Millionenstadt an der Strecke des Shinkansen (des japanischen Superschnellzugs) von Tokio in den Norden Japans. Von Tokio aus kann man – nimmt man diesen Zug – in ungefähr zweieinhalb Stunden in der Destillerie sein. Mit dem normalen Zug muss man einige Male umsteigen und braucht über vier Stunden. Vom Bahnhof in Sendai aus dauert die Fahrt mit einem Taxi in die Hügel zur Destillerie noch einmal eine gute halbe Stunde.

Nähe von Kyoto auf der japanischen Hauptinsel. Taketsuru verließ 1934 aufgrund persönlicher Probleme Suntory und gründete seine eigene Firma: Nikka. Diese ist auf dem Gebiet der Whiskyherstellung heute die einzige wirkliche Konkurrenz zu Suntory in Japan.

Seine erste Destillerie baute Masataka Taketsuru auf der Insel Hokkaido in der Nähe der bekannten Stadt Sapporo in einer kleinen Ortschaft mit dem Namen Yoichi. Sie wurde auch nach dieser benannt.

In japanischen Whiskykennerkreisen existiert über die Art und Weise, wie Masataka Taketsuru den Standort für seine zweite Destillerie ausgewählt hat, eine Anekdote: Er trank offenbar zu seinen Mahlzeiten gerne Whisky in der typisch japanischen Art »mizu-wari«, das heißt, mit viel Wasser verdünnt. Er ließ deshalb bei der Suche nach einem Platz für seine neue Destillerie in verschiedenen Gebieten Japans Wasser aus Quellen sammeln und verdünnte mit diesen Proben seinen Whisky. Das beste Resultat brachte das Wasser aus der Gegend um Sendai. Der Standort war gefunden.

Die unter dem Namen »Nikka Whisky Sendai Plant« im Jahr 1969 in Betrieb genommene Destillerie liegt etwas erhöht am Fuß von Bergen im Nordosten der japanischen Hauptinsel in einem bewaldeten Gebiet zwischen zwei Flüssen (Hirosegawa und Nikkawagawa). Bereits nach kurzer Zeit wurde sie in »Sendai Distillery« umbenannt, bevor sie in den 1990er-Jahren den heutigen Namen »Miyagikyo« erhielt. Sie ist benannt nach der Präfektur, in dem sie liegt.

Der Name bedeutet	Name des Bezirks	Besucher	Ja ★★★★
Aussprache	Mii-yag-ii-kyo		Besucherzentrum mit Restaurant und Shop ❤❤❤ (Führungen nur auf Japanisch, englische Führungen für Gruppen nach Voranmeldung)
Whiskyregion	Miyagi, Japan		
Adresse	Miyagikyo Distillery Nikka 1, Aoba, Sendai City, Miyagi 989-3433 Japan		
		Rating	★★★★★★
Kontakt	www.nikka.com/eng/ distilleries/index.html Telefon +81 (0)22 395 28 65	Arten	Malt-Whiskys, Blended Malt, Blends
		Hausstil	Ölig, fruchtig, Vanille, weich, süßlich
Club	Kein Club		
Gründung	1969		
Status	In Betrieb		
Besitzer	The Nikka Whisky Distilling Co. Ltd. (Asahi Breweries Ltd.)		
Stills	8 pot stills (4 wash; 4 spirit); 2 continuous (Coffey) stills mit je 2 columns		
Kapazität pro Jahr	5 000 000 Liter (in beiden Destillationsverfahren); die Produktion läuft zurzeit ungefähr mit halber Kapazität.		

Sendai · Millionenstadt mit einer schönen Umgebung; alte Burganlage; Museen; Thermalquellen usw.

Die Stadt wurde am Ende des Zweiten Weltkriegs weitgehend zerstört und als moderne Stadt wieder aufgebaut. Sie litt jedoch wieder sehr stark unter dem Erdbeben und dem Tsunami im März 2011.

501

lichen Größen der Brennkessel können Malt-Whiskys mit verschiedenen Charakteren gebrannt werden.

In einer speziellen Grain-Abteilung stehen in dieser Destillerie in der Nähe von Sendai seit 1999 neben ein paar *columns* für die Herstellung von neutralem Alkohol auch zwei *continuous stills* nach dem von Coffey erfundenen Prinzip mit je zwei Säulen (einem *analyzer* und einem *rectifier*). Sie standen vorher in einer ebenfalls Nikka gehörenden Destillerie in Nishinomiya zwischen Osaka und Kobe im südlichen Teil der japanischen Hauptinsel. Diese wurde 1999 aufgegeben und in einen reinen Likör-Verarbeitungs- und Abfüllbetrieb umgebaut. Die Anlagen für die Destillation wurden nach Sendai verlegt.

Mit dem Einsatz der unterschiedlichen *still*-Typen produziert Miyagikyo die verschiedensten Whiskyarten: Für den Malt-Whisky wird die *wash* aus gemälzter Gerste zweimal in den *pot stills* gebrannt. Der Grain-Whisky wird im kontinuierlichen Verfahren gebrannt. Daneben werden in Kombinationen oder sonst in der Industrie nicht üblichen Techniken andere Whiskyarten destilliert. So wird zum Beispiel auch in den *continuous stills* mit einer aus gemälzter Gerste gewonnenen *beer* gebrannt, was unüblich ist. Das Resultat ist ein im kontinuierlichen Verfahren destillierter Malt-Whisky. Ein anderer Whisky, genannt »All Malt«, wird auf noch einmal andere Art und Weise destilliert: Wie bei den Single Malts wird die *wash* ein erstes Mal in der *wash still,* also einer *pot still* destilliert. Der Rohbrand, die sogenannten *low wines,* wird dann ein zweites Mal, diesmal aber in der *continuous still* destilliert. Mit diesem Verfahren wird ein billigeres und weicheres Produkt hergestellt. Für die Abfüllungen der Blended Whiskys werden auf verschiedene Arten hergestellte Destillate gemischt.

Die Lagerung erfolgt in den 16 Lagerhäusern bei der Destillerie zum Großteil in Ex-Bourbon-Fässern. Die Fässer werden in der Destillerie selbst repariert und getoastet. Neue Fässer werden in der Küferei des Werkes in Utsunomiya City (Tochigi) hergestellt.

Den »Miyagikyo« gibt es als Single Malt mit 10, 12 und 15 Fassjahren. Daneben ist er auch als Vintages (Jahrgangsabfüllungen) in fassstarken Single Cask-Abfüllungen zu haben.

Die Destillerie in der Nähe von Sendai verfügt auch über eine eigene Flaschenabfüllabteilung.

Miyagikyo hat ein nettes Besucherzentrum mit einem Shop und Restaurant, von dem aus die Führungen durch die Destillerie starten.

Die acht großen *pot stills* stehen in einem geräumigen *stillhouse* auf ihren ehemaligen Feuerstellen.

Shinshu Mars

502

Die Destillerie Shinshu Mars

Die Besitzerin dieser Whiskydestillerie in den japanischen Alpen, Hombo Shouzo Co. Ltd., hat ihren Firmensitz in Kagoshima, der Hauptstadt der gleichnamigen Präfektur im Süden der südlichsten Insel Japans, Kyushu. Sie konzentrierte sich zwar auf den Weinbau und die Weinkellnerei, wagte sich aber – wie viele andere im Getränkesektor tätigen Firmen in Japan – Ende der 1940er-Jahre auch an die Herstellung von Spirituosen. Sie stellte in ihrer Destillerie vor allem einen süßen Kartoffelschnaps (Shochu) her. Im Jahr 1953 wagten sich die Brennereispezialisten von Hombo Souzo Co. Ltd. jedoch auch das erste Mal an die Herstellung von Whisky. Von diesem heute sehr alten Whisky soll es immer noch Lagerbestände geben. Von Zeit zu Zeit tauchen Abfüllungen der zum Teil über 50-jährigen Destillate in ausgewählten japanischen Bars und Shops auf.

1984 beschloss die Firma Hombo Shouzo Co. Ltd., auf der Hauptinsel in einem für die Whiskyproduktion besser geeigneten Gebiet eine Destillerie zu bauen. In Kagoshima ist es für die Destillation und speziell für die Lagerung von Whisky zu warm. Die neu gebaute, moderne Destillerie mit dem Namen »Shinshu Mars Whisky Factory« konnte 1985 die Produktion in einem wunderschönen Tal in der Bergregion der Präfektur Nagano aufnehmen. Sie liegt im Ort Shinshu auf 800 Meter über dem Meer und ist die am höchsten gelegene aktive Destillerie Japans.

Die Destillation von Whisky wurde bei Shinshu Mars wegen der Krise in der japanischen Whiskyindustrie Anfang der 1990er-Jahre aufgegeben und die Destillerie im Jahr 1992 stillgelegt. Erst 2010 beschloss die Firmenleitung, die Produktion wieder aufzunehmen und begann mit der Renovierung der Räume und der Wiederinstandsetzung der Anlagen, die während der langen Zeit der Stilllegung arg gelitten hatten. 2011 wurde die Produktion in kleinem Stil wieder aufgenommen.

In den Gebäuden von Mars in Shinshu befinden sich neben der Destillerie seit 1999 auch eine Bierbrauerei, die Flaschenabfüllerei und das Besucherzentrum mit Shop und Restaurant. Eine Führung (nur auf Japanisch; englisches Informationsblatt) geht bei Shinshu durch die Destillerie, die Bierbrauerei und die Flaschenabfüllerei.

Bei Shinshu Mars wird die Maische in einem kleinen *mash tun* hergestellt und anschließend in einem speziellen Mischtank – man nennt ihn bei Mars *starter tank* – mit Hefe vermischt. Diese Flüssigkeit kommt dann in einen der fünf Gärbottiche, von denen nicht alle in Gebrauch sind. Sie sind wie der Maischbottich aus Edelstahl und stehen in einem kleinen Gärhaus direkt neben dem Raum mit den zwei nicht sehr großen *pot stills* (je eine *wash* und eine *spirit*). Diese werden mit Dampf aus einer Heizzentrale beheizt. Die *wash still* hat einen Rohrkondensator. Der *lyne*

Ein Ausflug zu dieser Destillerie in einem abgelegenen Tal in der Provinz Nagano ist in einem Tag von Tokio aus nicht möglich. Auch wenn man die Strecke von Tokio bis nach Okaya mit dem Shinkansen zurücklegt und erst dort den normalen Zug bis nach Komagane, der am nächsten bei der Destillerie liegenden Bahnstation nimmt, braucht man zwischen vier und sechs Stunden für die einfache Wegstrecke. Von der Bahnstation Komagane aus ist man mit dem Taxi in ungefähr 10 Minuten bei der Destillerie.

arm der *spirit still* endet dagegen in einer sehr kleinen *worm tube*. Beide stehen im *stillhouse*.

Im Lagerhaus bei der Destillerie werden die Whiskys in Ex-Bourbon-, Ex-Sherry- und Ex-Brandy-Fässern gereift. Der gesamte Lagerbestand stammte bis zur Wiederinbetriebnahme der Destillerie aus den Jahren vor 1992.

In einigen japanischen Bars und Geschäften kann man noch immer Whiskys aus der ursprünglichen Destillerie in Kagoshima im Süden von Japan finden (sehr teuer). Er wird meistens unter dem Namen »Satsuma«, aber auch als »Kagoshima« angeboten.

Aus der Destillerie in Shinshu kommen vor allem Blends mit den Namen »Old Whisky«, »Mars Blended Whisky« und »3&7«. Die Single Malts tragen die Bezeichnung »Mars Maltage Komagatake Single Malt« und werden standardmäßig mit 8 und 10 Fassjahren abgefüllt. Es gibt ihn aber auch als Vintages »Mars Single Cask Vintage Malt Whisky Komagatake« in fassstarken Einzelfassabfüllungen. Daneben kam er auch noch in anderen Varianten (zum Beispiel als »Pure Malt« oder »3 + 25«) auf den Markt.

Die *wash still* hat einen Rohrkondensator, die *spirit still* dagegen einen kleinen *worm tube* (auf dem Bild nicht sichtbar).

Der Name bedeutet	Ausdruck, Sprache
Aussprache	Schin-schu
Whiskyregion	Nagano, Japan
Adresse	Shinshu Mars Distillery Miyata-mura 4752-31, Kami-ina-gun, Nagano-ken 399-4301 Japan
Kontakt	www.hombo.co.jp/wisky/ index.html (‚wisky‘ wirklich so!) Telefon +81 (0)265 85 46 33
Club	Kein Club
Gründung	1953/1985 Produktionsaufnahme am heutigen Standort
Status	In Betrieb
Besitzer	Hombo Shuzo Co. Ltd.
Stills	2 *pot stills* (1 *wash*; 1 *spirit*)
Kapazität pro Jahr	Ungefähr 100 000 Liter (wurde im Jahr der Wiederinbetriebnahme nicht genutzt)
Besucher	Ja ★★★✩✩✩✩ Besucherzentrum mit Restaurant und Shop ❤❤♡ (Führungen nur auf Japanisch; englisches Informationsblatt)
Rating	★★★★✩✩✩
Arten	Malt-Whiskys, Blends
Hausstil	Weich, Malz, Vanille, Toffee, süßlich

Gebirgsgegend um die Destillerie; Skigebiete; Universitäten und viele buddhistische Klöster.

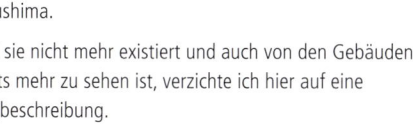

Shirakawa †

Die Destillerie Shirakawa lag 250 Kilometer nordwestlich von Tokio im gleichnamigen alten Ort in der Präfektur Fukushima.

Weil sie nicht mehr existiert und auch von den Gebäuden nichts mehr zu sehen ist, verzichte ich hier auf eine Wegbeschreibung.

503

Der Name bedeutet	Name des Ortes
Aussprache	Schira-ka-wa
Whiskyregion	Fukushima, Japan
Adresse	Shirakawa Distillery Kakunai 151, Shirakawashi, Fukushima 961-0074 Japan
Kontakt	Kein Web und Telefon
Club	Kein Club
Gründung	Gründungsjahr etwa 1926 (nicht belegt)
Status	Stillgelegt 2000; abgerissen 2003
Besitzer	Letzter war Takara Shuzo Co. Ltd.
Stills	2 *pot stills* (1 *wash*; 1 *spirit*)
Kapazität pro Jahr	Unbekannt
Besucher	Nein, existiert nicht mehr
Rating	★★★★★☆ (nur Whisky)
Arten	Malt-Whiskys
Hausstil	Vanille, malzig, weich, süßlich, lang
	Ich habe leider keine Flaschenabbildung dieses extrem raren Single Malts.

Die Destillerie Shirakawa

Die kleine Destillerie Shirakawa ist neben Hanyu die einzige japanische Destillerie, die in diesem Buch eine kurze Beschreibung erhält, obwohl sie seit dem Jahr 2000 stillgelegt ist und 2003 abgerissen wurde. Der Grund für diese Erwähnung ist, dass ihr Whisky zu den Besten der Welt gehört. Er ist leider heute so gut wie nicht mehr zu erhalten.

Wann genau die Destillerie in dieser Stadt in der Präfektur Fukushima gebaut wurde, ist mir nicht bekannt (einige Quellen nennen das Jahr 1926, jedoch ohne Gewähr). Die Stadt selbst ist vor allem wegen dem Komine Castle (auch einfach Shirakawa Castle genannt) sehenswert. Das Castle, dessen Ursprünge bis ins 14. Jahrhundert zurückgehen, thront auf einem Hügel in einem schönen Park und ist ein sehr attraktives Bauwerk.

Die Destillerie existierte gemäß verschiedenen Quellen sicher schon eine geraume Zeit, als sie im Jahr 1947 von der Ocean Co. Ltd. (später durch Fusion und Namensänderung Mercian Corporation) an Takara Shuzo, einen ihrer Konkurrenten, verkauft wurde.

Die Firma Takara Shuzo wurde bereits 1842 gegründet und befasste sich ab diesem Jahr mehr als 100 Jahre nur mit der Herstellung von Sake. Sie hat ihren Firmensitz und den größten Teil ihrer Produktionsfirmen für dieses japanische Nationalgetränk in der Region um Kyoto.

Die Destillerie Shirakawa produzierte in zwei *pot stills* Malt-Whiskys, die hauptsächlich für Blends verwendet wurden. Die Lagerung der Fässer erfolgte in Lagerhäusern bei

Nicht etwa die Destillerie Shirakawa, diese gibt es seit langem nicht mehr. Das Komine Castle (auch Shirakawa Castle genannt) aus dem 14. Jahrhundert steht auf einem kleinen Hügel in einem Park in dieser Stadt.

der Destillerie, der auch eine Vatting/Blending-Abteilung und eine Flaschenabfüllerei angegliedert waren. In den Gebäuden der Destillerie wurden in den letzten Jahren, bevor sie abgerissen wurden, nur noch Whiskys gevattet oder geblended und in Flaschen abgefüllt.

Die ehemalige Besitzerin der Destillerie, Takara Shuzo, bringt heute verschiedene Whiskymarken auf den Markt, dies vor allem mit aus Schottland und den USA importierten Destillaten.

Die Firma kaufte auch zusammen mit der japanischen Gesellschaft Okura im Jahr 1971 die Destillerie Tomatin in Schottland. Okura geriet aber schon bald in finanzielle Probleme und Takara übernahm auch deren Anteile.

Den Shirakawa als Single Malt gab es mit 10 Jahren als Standard- und — als Beispiele — mit 27, 30 und 32 Jahren als extrem teure Vintage-Abfüllungen.

Shirakawa · schön gelegene kleinere Stadt mit dem berühmten und sehenswerten Komine Castle (wird auch einfach Shirakawa Castle genannt). Es stammt aus dem 14. Jahrhundert.

White Oak
(Eigashima)

Alter Leuchtturm mit eigenwilliger Konstruktion.

Große Weinanbaugebiete in der Umgebung.

Kobe · schöne alte Stadt mit einigen Attraktionen und Sehenswürdigkeiten.

Die Destillerie White Oak (Eigashima)

Über diese, von einer auf die Herstellung von Sake und Shochu spezialisierten Firma gegründeten Whiskydestillerie ist leider nicht viel zu berichten. Die von ihr in erster Linie hergestellten Produkte sind Sake, ein nicht destillierter Wein aus Reis, und Shochu, ein dem Wodka ähnliches Destillat.

Die Mutterfirma der White Oak Distillery, Eigashima Shuzo, wurde bereits im Jahr 1888 gegründet und spezialisierte sich von Anfang an auf den Handel mit Sake und Shochu. Sie hatte großen Erfolg und war 1919 in der Lage, in Akashi, einem ganz in der Nähe von Kobe liegenden alten Ort, eine eigene Destillerie für die Herstellung des Shochu zu bauen.

Daneben installierte sie auch die Anlagen zur Herstellung von Sake und weitere Destillationsanlagen. Im gleichen Jahr erhielt Eigashima bereits eine Lizenz zur Destillation von Whisky. Wenn sie – wie die Leute bei Eigashima erzählen – damals bereits eine Art von Whisky herstellten, wäre nicht die Suntory-Destillerie Yamazaki, sondern Eigashima die älteste Whiskybrennerei Japans. Auf dem gleichen Gelände wurde auch ein Flaschenabfüllbetrieb gebaut.

Sake und Shochu waren dann auch für lange Zeit die einzigen bei Eigashima in großen Mengen hergestellten alkoholischen Getränke. Dies änderte sich erst im Jahr 1984, als die Firma in einen neu gebauten Produktionskomplex umzog und dort in einem separaten Gebäude eine kleine, aber feine Whiskydestillerie in Betrieb nahm.

In den frühen 1980er-Jahren waren in Japan Blended Whiskys ein echter Renner und führten zum Bau von einigen sogenannten Mikrodestillerien, wie auch zu dieser Brennerei in Akashi. Die Whiskys wurden damals meistens mit aus dem Ausland bezogenen Grain-Whiskys gemischt. In den 1990er-Jahren änderten sich jedoch die Trinkgewohnheiten in Japan, und neben Shochu wurden die Single Malts zum großen Geschäft. Eigashima hatte nicht genug von diesen eine längere Lagerzeit benötigenden Whiskys an Lager und fürchtete sich vor der Investition in eine größere Produktion. Man fuhr deshalb die Whiskyproduktion auf nur einen Monat pro Jahr zurück und konzentrierte sich auf die Destillation von Shochu, dem aus Reis hergestellten Wodka-ähnlichen Getränk.

Erst am Ende des letzten Jahrhunderts wurde in der am Meer liegenden Destillerie auf die Whiskyherstellung wieder etwas mehr Gewicht gelegt. Produziert wurde aber weiterhin nur nach den Shochu- und Sake-Produktionsspitzenzeiten jeweils ab Juni während weniger (zwei bis drei) Monate pro Jahr.

Der Whisky wurde aber weiterhin in erster Linie für den Blend mit dem Namen »White Oak« gebraucht. Dieser besteht aus bei White Oak destillierten Malt- und aus den USA importierten Grain-Whiskys. Daneben gibt es den »White Oak« aber – wenn auch immer noch nur selten und erst seit 2007 – als Single Malt.

Die gesamte Produktion läuft in einem einzigen Raum ab: In einem Maischbottich aus Edelstahl wird die *wort* und anschließend in vier Gärbottichen die *wash* zubereitet. Die beiden *stills* (eine *wash* und eine *spirit*) mit stark konisch zulaufenden Brennkesseln und fast rohrförmigen Hälsen haben ihre Rohrkondensatoren im gleichen Raum.

Der große Teil der bei White Oak produzierten Malt-Whiskys reift in Ex-Sherry-Fässern. Die Destillerie hat nur noch wenige seit mehreren Jahren gereifte Whiskys in ihren

Oben · Das Firmenschild ist in englischer Sprache »White Oak Whisky Distillery«.

Unten · Die beiden *pot stills* mit ihren Rohrkondensatoren sind nicht das ganze Jahr in Betrieb.

Fotos auf dieser Seite © Clint Anesbury (Whiskies R Us, www.whiskiesrus.blogspot.jp)

Oben · In diesem schönen Gebäude im Areal der großen Sake- und Shochu-Firma Eigashima Shouzu ist die Whiskydestillerie untergebracht.

Links · Über dem Eingang zur Destillerie steht neben dem Namen auch die Jahrzahl 1919. Die Destillerie hat seit diesem Jahr eine Lizenz zur Whiskydestillation. Hätte sie diese tatsächlich genutzt, wäre sie und nicht Yamazaki die älteste Destillerie Japans.

direkt am Meer liegenden Lagerhäusern. Man kann annehmen, dass dank dem Erfolg der Single Malt-Abfüllungen und der – wenn auch nur leicht – erhöhten Produktion in ein paar Jahren mehr Single Malts auf den Markt kommen werden. Bis heute gibt es den »Akashi Single Malt« als 5-, 8- und 12-Jährigen.

Noch eine Bemerkung zur Lagerung: In dieser Region Japans wird es im Sommer ziemlich heiß und die niedrigen Lagerhäuser nehmen diese Hitze gerne auf. Dies führte dazu, dass große Mengen an Whisky verdunsteten und in extremen Jahren beinahe 6 Prozent *angel's share* in die Luft gingen. Durch Gegenmaßnahmen ist dieser Anteil jetzt auf ungefähr 3 Prozent gesunken.

Der Name bedeutet	Weiße Eiche, Firmenname	Besucher	Ja ★★★☆☆ Besucherzentrum mit kleinem Museum der Geschichte von Sake und Shochu (Führungen nur auf Japanisch) ❤❤♡
Aussprache	Weit Ouk, Ei-ga-schima		
Whiskyregion	Hyogo, Japan		
Adresse	White Oak / Eigashima Shuzo Distillery 919 Nishijima, Okubo-cho, Nishi, Akashi-shi 674-0065 Japan	Rating	★★★(★)☆ ★★★
		Arten	Malt-Whiskys, Blends
		Hausstil	Süßlich, würzig, fruchtig, aromatisch, Sherry, weich und leicht; einige Typen sind getorft
Kontakt	www.ei-sake.jp/all/distillery.html Telefon +81 (0)78 946 10 01		
Club	Kein Club		
Gründung	1919; Whiskyproduktion seit 1984		
Status	In Betrieb		
Besitzer	Eigashima Shuzo Co. Ltd.		
Stills	2 *pot stills* (1 *wash*; 1 *spirit*)		
Kapazität pro Jahr	Wird nicht veröffentlicht.		

Die Destillerie White Oak steht im Destilleriekomplex der auf Sake und Shochu spezialisierten Firma Eigashima Shozu im Ort Akashi in der Nähe von Kobe in der im Süden der Hauptinsel liegenden Präfektur Hyogo.

Um zu ihr zu kommen, nimmt man ab Tokio am einfachsten den Hochgeschwindigkeitszug Shinkansen bis nach Nishi-Akashi. Vom Bahnhof aus sind es nur noch ein paar Schritte bis zur Destillerie. Sie steht beinahe am Ufer des Pazifischen Ozeans.

Yamazaki

Die Destillerie Yamazaki

Der Firmengründer des größten japanischen Whiskyherstellers Suntory, Shinjiro Torii, begann seine Karriere im Getränkebusiness als Importeur von Wein. In den Jahren um 1915 entwickelte er für seine Firma (damals Torii Shoten genannt) einen eigenständigen japanischen Wein mit dem Namen »Akadama«, mit dem er offenbar den Geschmack der japanischen Bevölkerung traf, denn er war damit sehr erfolgreich.

Nach diesem Erfolg expandierte die Firma stark und erhielt 1921 den Firmennamen Kotobukiya Co. Ungefähr zur gleichen Zeit wagte sich Torii an ein anderes typisch westliches Getränk: Whisky. Torii baute in einem Tal mit dem Namen Yamazaki in der Gebirgsgegend zwischen den beiden Städten Kyoto und Osaka seine erste Destillerie und benannte sie nach dem Namen dieses Tales.

Als Manager der Destillerie stellte Torii im Jahr 1923 einen gewissen Masataka Taketsuru ein. Dieser hatte in Schottland sein Chemiestudium mit dem in Brauerei- und Whisky-Herstellungstechnologie ergänzt und im Anschluss daran dort in verschiedenen Destillerien die Whiskyherstellung auch in der Praxis gelernt. Taketsuru war bis 1934 Leiter von Yamazaki, verließ dann aber aufgrund persönlicher Probleme Suntory und gründete seine eigene Firma: Nikka.

1929 kam der erste Whisky aus der Destillerie Yamazaki unter dem Namen »Suntory Whisky Shirofuda« auf den Markt. Er war ziemlich torfig beziehungsweise rauchig und nicht gerade erfolgreich.

Etwas besser konnte sich dann der nächste Whisky, der »Suntory Kakubin« (1937), durchsetzen. Aber erst 1950 gelang mit dem »Suntory Old« der große Durchbruch. Dieser Whisky, ein Blend, ist auch heute noch die unbestrittene Nummer 1 in Japan. 1963 wurde der Firmenname von Kotobukiya in Suntory, den Namen der erfolgreichen Whiskylinie der Firma, geändert.

Das für die hier produzierten Whiskys benötigte Getreide kommt aus der ganzen Welt, so zum Beispiel aus Großbritannien, Tschechien, Australien oder den USA. Aus dem gemahlenen *grist* wird in zwei *mash tuns* (einer davon ein hochmoderner *full lauter*) der Zucker herausgewaschen. Die Gärbottiche — sie bestanden seit der Gründung aus Edelstahl — werden im Zuge von Qualitätsverbesserungsmaßnahmen nach und nach durch solche aus Holz ersetzt.

In der Destillerie Yamazaki standen immer nur *pot stills*. Dabei haben — ganz im Gegensatz zu den *stills* in den schottischen Destillerien — die *wash* und *spirit stills* auch unter sich unterschiedliche Formen und Größen. Das ermöglicht Suntory die Herstellung verschiedenster Malt-Whiskyarten, die die Gesellschaft für ihre Blends braucht. Im Laufe der Jahre wurde die Anzahl der *stills* auf zwölf erhöht. Mit den verschiedenartigen *stills* wurde lange Jahre auch intensiv experimentiert. Sehr oft wurde sogar eine Art von *stills* durch eine andere ersetzt. Im Jahr 2005 wurden dann gleich drei *still*-Paare gegen kleinere — sie haben aber immer noch unterschiedliche Formen — ausgetauscht. Die Beheizung einiger *stills* wurde gleichzeitig von Dampfbeheizung wieder zurück auf direkte Befeuerung mit Gas geändert.

Unten · Die Gärbottiche *(wash backs)* waren früher aus Edelstahl, sie wurden in den letzten Jahren durch solche aus Holz ersetzt.

Ganz unten · Die große Destillerie steht direkt an der Bahnlinie am Eingang zu einem kleinen Tal.

Der Name bedeutet	Name des Tales
Aussprache	Jamasaki
Whiskyregion	Osaka, Japan
Adresse	Yamazaki Distillery Yamazaki 5-2-1, Shimamoto-cho, Mishima-gun, Osaka 618-0001 Japan
Kontakt	www.suntory.com/factory/ yamazaki/index.html Telefon +81 (0)75 962 14 23
Club	Kein Club
Gründung	1923
Status	In Betrieb
Besitzer	Suntory Company Limited
Stills	12 *pot stills* (6 *wash*; 6 *spirit*)
Kapazität pro Jahr	7 000 000 Liter
Besucher	Ja ★★★★☆ Besucherzentrum; Ausstellung »History of Japanese Whisky«; Whisky Library; Shop ❤❤❤ Führungen auf Japanisch (englisch- und französisch- sprachige Audioguides)
Rating	★★★★★(★)☆
Arten	Malt-Whiskys
Hausstil	Vanille, malzig-süß, weich; es gibt auch torfig-rauchige Sorten

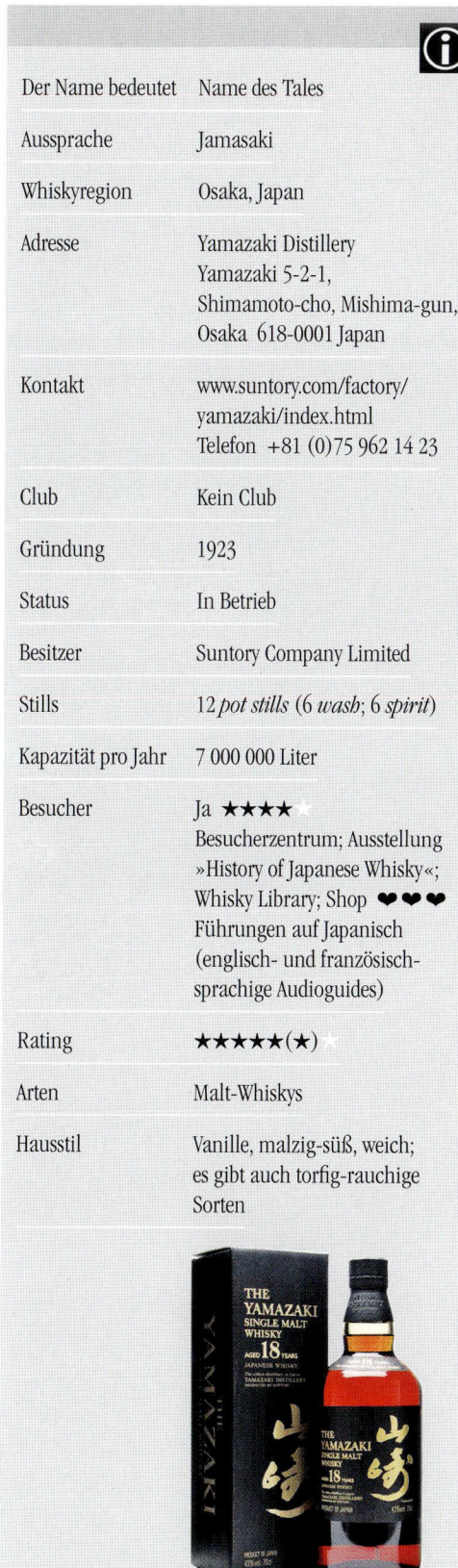

Kyoto · sehr interessante alte Stadt mit vielen Sehenswürdigkeiten und Attraktionen.

Osaka · (fast) genauso interessant und attraktiv wie Kyoto; auf jeden Fall auch einen Besuch wert.

Yamazaki hat ein schönes, jährlich von über 100 000 Besuchern frequentiertes *Visitor Centre*, von dem aus auch die Touren für die Besichtigungen der Produktionsräume starten. Die Führungen sind nur auf Japanisch. Als spezielle Dienstleistung erhalten jedoch Besucher aus dem Ausland einen Audioguide mit dem sie die Erklärungen zu den einzelnen Produktionsschritten auch englisch, französisch und chinesisch hören können.

Dem Besucherzentrum ist die Ausstellung »History of Japanese Whisky« und eine von Suntory so benannte »Whisky Library« angegliedert. In dieser sind 7000 (!) Malt-Whiskys der verschiedensten Arten ausgestellt.

Suntory baute noch weitere Destillerien. So zum Beispiel 1973 eine zweite Malt-Destillerie mit dem Namen Hakushu. Diese galt, nach einer Erweiterung im Jahr 1981, als größte Malt-Destillerie der Welt. Daneben wurden auch zwei Grain-Whisky-Destillerien, Chita und Usuki, gebaut.

Aus all diesen Destillerien brachte Suntory im Laufe der Jahrzehnte eine große Zahl an Whiskymarken (vor allem Blends) auf den Markt. Der erste Single Malt von Yamazaki kam im Jahr 1984 als 12-Jähriger auf den Markt. Als Single Malts gibt es die Whiskys von Yamazaki heute als Standard-abfüllungen mit 10, 12, 18, 25 und 35 Jahren.

Daneben gibt es ihn auch in fassstarken Vintage- oder Single Cask-Abfüllungen. Ein 50-Jähriger wurde im Jahr 2011 (nach 2005 und 2007) zum dritten Mal in einer kleinen Auflage auf den Markt gebracht. Sein Preis liegt etwa bei 10 000 Euro oder 12 000 Schweizer Franken.

Die Destillerie Yamazaki liegt in einem Tal zwischen den großen Städten Kyoto und Osaka im südlichen Teil der japanischen Hauptinsel und kann von beiden aus bequem in etwa 25 Minuten mit dem Zug erreicht werden. Dabei spielt es keine Rolle, ob man mit dem Hankyu nach Oyamazaki oder mit der Japan Rail nach Yamazaki fährt: Die Destillerie liegt ungefähr gleich weit entfernt von diesen beiden Stationen. Von beiden aus gibt es einen Gratis-Shuttlebus zur Destillerie. Der Weg ist auch leicht zu Fuß zu bewältigen.

Unten · Der neuere der beiden Maischbottiche – vorne im Bild – ist riesengroß.

Ganz unten · Fünf der sechs *stills* im linken Teil des *stillhouse*. Insgesamt gibt es hier zwölf *stills*.

Yoichi

Hokkaido · Insel im Norden Japans mit vielen Natursehenswürdigkeiten (Naturreservate, Vulkane usw.).

Sapporo · interessante und moderne Stadt mit etlichen Attraktionen und Sehenswürdigkeiten.

Die Destillerie Yoichi

Die erste Destillerie der Firma, die später den Namen »Nikka« erhalten sollte (sie hieß erst ab dem Jahr 1952 so), entstand 1934 im kleinen Fischerort Yoichi auf der im Norden Japans liegenden Insel Hokkaido. Die Produktion in der damals noch Hokkaido heißenden Destillerie wurde 1936 aufgenommen.

Ihr Gründer, Masataka Taketsuru, hielt sich Anfang des 20. Jahrhunderts längere Zeit in Schottland auf. Er studierte dort neben Chemie und Bierbrauen ebenfalls die Whiskyherstellung und sammelte anschließend praktische Erfahrungen in den Destillerien Craigellachie, Springbank und Lagavulin. Er fand in Schottland auch die Frau seines Lebens, Rita Cowen. Diese heiratete er gegen den Willen seiner und ihrer Eltern.

Nach seiner Rückkehr nach Japan baute er bei Suntory die erste Whiskydestillerie Japans (Yamazaki) auf und leitete diese anschließend mehrere Jahre, bevor er eine eigene Firma mit dem Namen Nippon Kaju gründete. Als Standort für seine Firma und die Destillerie wählte er Yoichi auf der Insel Hokkaido. Er fand dort nicht nur klare Bergbäche, Gerstenfelder und torfähnliches Brennmaterial, sondern auch sonst Verhältnisse, die ihn stark an Schottland erinnerten.

Als Hauptprodukt wurde in der jungen Firma zur Aufrechterhaltung der finanziellen Liquidität ein Apfelwein mit dem Namen »Kaju« (Bestandteil des Firmennamens Nippon Kaju) hergestellt. Daneben betrieb Masataka Taket-

Oben · Ein Teil des *Visitor Centre* mit einer Ausstellungs-*still* und dem »King of Blenders«, dem Markenzeichen von Nikka.

Yoichi liegt an der südwestlichen Küste der nordjapanischen Insel Hokkaido und ist so relativ weit von Tokio entfernt. Die meisten Besucher nehmen deshalb das Flugzeug, um nach Hokkaido zu gelangen (Flughafen Sapporo). Mit dem Shinkansen benötigt man für die Strecke von Tokio nach Sapporo ungefähr elf Stunden.

Von Sapporo nach Yoichi ist es dann nicht mehr weit. Mit dem Zug (er besteht meistens nur aus einem Triebwagen) braucht man für die Strecke circa eineinhalb Stunden. Von der Bahnstation aus bis zur Destillerie geht man dann noch ungefähr fünf Minuten zu Fuß.

Die Destillerie Yoichi mit ihren markanten Gebäuden kann man bereits vom Bahnhof aus sehen, sie ist leicht zu finden.

Der Name bedeutet	Name des Ortes
Aussprache	Jo-ii-dschii
Whiskyregion	Hokkaidou, Japan
Adresse	Yoichi Distillery 7-6, Kurokawa-cho, Yoichi-cho, Yoichi-gun, Hokkaido 046-0003 Japan
Kontakt	www.nikka.com/eng/ distilleries/index.html Telefon +81 (0)135 23 31 31
Club	Kein Club
Gründung	1934
Status	In Betrieb
Besitzer	The Nikka Whisky Distilling Co. Ltd. (Asahi Breweries Ltd.)
Stills	6 *pot stills* (4 *wash*; 2 *spirit*)
Kapazität pro Jahr	3 500 000 Liter
Besucher	Ja ★★★★ Besucherzentrum mit Museum und Shop ❤❤

(Führungen nur auf Japanisch; englischsprachiges Informationsblatt. Für größere Gruppen sind von Zeit zu Zeit nach Voranmeldung auch englischsprachige Führungen möglich.)

Rating	★★★★★(★)
Arten	Malt-Whiskys
Hausstil	Malz, wenig Torf, Eiche, fruchtig, leicht salzig, weich

suru auch eine kleine Destillerie. In dieser wurde am Anfang nur mit einer einzigen *still* gearbeitet, in der Whisky zweimal gebrannt wurde. 1940 kam der erste Whisky von Nippon Kaju als Blend auf den japanischen Markt und fand schon bald viele Liebhaber. Die Destillerie konnte weiter ausgebaut werden.

1952 wurde der Firmenname der inzwischen sehr erfolgreichen Firma in Nikka (die Anfangssilben des alten Firmennamens Nippon Kaju) geändert.

1969 baute Nikka in Sendai in Zentraljapan eine weitere Destillerie mit dem Namen Miyagikyo und an anderen Standorten weitere Lager-, Blending- und Abfüllbetriebe sowie eine Likörfabrik.

Im Jahr 2000 wurde The Nikka Whisky Distilling Co. Ltd. vom japanischen Bierkonzern Asahi Breweries Ltd. übernommen. Asahi besaß bereits vorher über 50 Prozent der Anteile an Nikka und kaufte sich jetzt auch noch die restlichen. Von der neuen Besitzerin wurde die Destillerie in Yoichi Distillery umbenannt (2001).

Eine Besichtigung der Destillerie in Yoichi beginnt im schönen Besucherzentrum, dem auch ein Museum mit Objekten und Fotos aus der Geschichte der Destillerie und ihres Gründers Masataka Taketsuru angeschlossen ist. Die Führungen sind nur auf Japanisch, man wird aber mit einem englischsprachigen Informationsblatt ausgestattet. Zusätzlich findet man beim Rundgang durch die Destillerie an wichtigen Punkten Videoboxen, in denen in mehrsprachigen Kurzfilmen die einzelnen Prozesse erklärt werden.

Yoichi arbeitet mit einem Maischbottich *(lauter mash tun)* aus Edelstahl und mit 10 Gärbottichen *(wash backs),* ebenfalls aus Edelstahl, in verschiedenen Größen. Im *stillhouse* stehen 6 *stills* (vier *wash stills* unterschiedlicher Größe (7700 bis 11 000 Liter) und zwei *spirit stills* (1100 und 1400 Liter). Sie alle sind zwiebelförmig und haben keine Ein- oder Ausbuchtungen. Sie werden immer noch hauptsächlich direkt mit Kohle beheizt. Ihre Kondensatoren stehen außerhalb des *stillhouse*. In diesen sechs *stills* wird der »schottischste« der japanischen Whiskys destilliert.

Der in Yoichi produzierte Whisky wird in den 26 Lagerhäusern nicht nur in gebrauchten Bourbon- oder Sherryfässern, sondern auch in neuen Fässern aus amerikanischer Eiche gelagert. Diese werden – wie in den USA – ebenfalls innen ausgebrannt beziehungsweise angekohlt. Daneben werden bei Yoichi auch Fässer aus Mizunara-Eiche eingesetzt. Weil dieses Holz sehr porös ist, verliert man viel mehr durch Verdunstung als beim Einsatz amerikanischer oder europäischer Eiche. Deshalb lagern die Whiskys meist auch nur für eine kurze Zeit in Fässern aus dieser japanischen Eichenart, um doch einige der in ihr enthaltenen speziellen Aromen aufnehmen zu können. Die Fässer werden in der eigenen Küferei repariert und ausgebrannt. Neue Fässer werden in der Küferei des Werkes in Utsunomiya City (Tochigi) hergestellt.

In der Destillerie Yoichi wird der Single Malt in einer eigenen Abteilung in Flaschen abgefüllt.

Sowohl in der Destillerie Yoichi als auch bei Miyagikyo werden Malt-Whiskys hergestellt. In der Destillerie in Sendai stehen aber neben den *pot stills* auch *continuous stills* für die Herstellung von Grain-Whiskys. Denn im großen Whiskyangebot von Nikka findet man neben Single Malts auch Grain Whiskys, Vatted Malts, Blends usw. Die Vatted Malts und die Blends werden zum Teil auch mit Whiskys aus schottischen Destillerien, darunter aus der seit 1989 zum Konzern gehörenden Destillerie Ben Nevis, vermischt.

1984 kam der erste Single Malt aus der Destillerie in Yoichi auf den Markt: ein »Hokkaido Single Malt« mit 12 Fassjahren. Heute gibt es Single Malts aus dieser Brennerei von Nikka als Standardabfüllungen unter dem Namen »Yoichi« mit 10, 12, 15 und 20 Fassjahren. Daneben gibt es auch Vintage- und Single Cask-Abfüllungen.

Oben · Die Gebäude von Yoichi haben eine etwas eigenwillige Architektur.

Unten · Die *stills* stehen auf einer Empore, unter der sich die Feuerstellen für die direkte Beheizung mit Kohlefeuern befinden.

Unten links · Ein anstrengender und gleichzeitig verantwortungsvoller Job ist das Kohleschaufeln, denn die Temperatur muss stimmen.

Kanada

Überblick

Die kanadischen Whiskys haben noch keine so lange Geschichte wie ihre irischen und schottischen Pendants. In Kanada werden erst seit ungefähr 250 Jahren Whiskys hergestellt. Die in der heutigen Zeit bekanntesten Marken sind »Canadian Club«, »Canadian Mist«, »Pike Creek« und »Crown Royal«. Daneben gibt es eine ganze Reihe weiterer Sorten. Kanadische Whiskys sind heute auf der ganzen Welt bekannt.

Vorherige Doppelseite · Grain-Elevator zur Lagerung von Getreide in Foremost östlich von Lethbridge in der kanadischen Provinz Alberta. In solchen hohen Gebäuden – man sieht sie überall in Alberta – wird das geerntete Getreide gelagert.
Foto © Cody Kapcsos

Kurzer geschichtlicher Abriss

Wann der erste kanadische Whisky hergestellt wurde, ist nicht genau bekannt. Im Jahr 1769 wurde die erste Destillerie in der Stadt Quebec eröffnet. Es existieren jedoch noch ältere Aufzeichnungen, aus denen hervorgeht, dass bereits früher Whisky destilliert wurde. So wird zum Beispiel ein gewisser William Henry aus Manitoba erwähnt. Er war zuerst Pelztierjäger, stieg dann ganz groß in den Pelzhandel ein und eröffnete neben seiner Pelzhandlung auch eine der ersten illegalen, später jedoch lizenzierten Destillerien Kanadas. Dort produzierte er zwar hauptsächlich Rum, daneben aber offenbar auch eine Art Whisky. Die Felle für seinen Pelzhandel kaufte er größtenteils von den Indianern, die er unter anderem mit seinen Destillaten bezahlte.

Kanada war wie die USA zu jener Zeit bereits ein Einwanderungsland. Gegen Ende des 18. und im Laufe des 19. Jahrhunderts suchten vor allem Iren und Schotten in Kanada eine neue Heimat. Da sie auch dort nicht auf ihr

Nationalgetränk verzichten wollten, bauten sie schon bald über das ganze Land verstreut Destillerien, in denen Whisky gebrannt wurde. Viele von ihnen waren kleine Schwarzbrennereien, die aber – als die neuen britischen Steuergesetze 1823 auch in Kanada eingeführt wurden – dasselbe erlebten wie die schottischen und irischen Destillerien. Das illegale Brennen lohnte sich nach deren Einführung auch in diesem nordamerikanischen Land schon bald nicht mehr, weshalb viele Besitzer von Destillieren ihre Brennereien lizenzieren ließen.

Im Jahr 1801 (manche Quellen nennen auch das Jahr 1799) kaufte sich der aus England stammende Bierbrauer John Molson eine *pot still,* die er in seiner Brauerei in Montreal in einem eigenen *stillhouse* aufstellen ließ. Er besaß neben weiteren Brauereien noch andere Firmen, unter anderem auch eine Schifffahrtsgesellschaft. Er und später seine Nachfahren bauten und betrieben in den folgenden Jahrzehnten neben dem Brauereigeschäft zwei Destillerien, die damals zu den größten in Kanada gehörten. Nach einigen Schicksalsschlägen (Großbrand, Tragödie in der Familie) gab die Familie Molson diesen Geschäftszweig Ende der 1850er-Jahre auf. Der Gründer, John Molson, darf aber für sich in Anspruch nehmen, erster Besitzer einer industriellen Destillerie in Kanada gewesen zu sein.

In den ersten Jahren des großen Whiskybooms in Kanada, den dreißiger und vierziger Jahren des 19. Jahrhunderts, gab es über das ganze Land verstreut über 200 Destillerien. Zu dieser Zeit erhielten die Müller für das Mahlen von Getreide als Lohn einen Zehntel des Mahlgutes. Einige von ihnen ließen diesen Anteil in den lokalen Destillerien zu

Whisky brennen. Er war bedeutend leichter zu transportieren und zu verkaufen als Getreide oder Mehl.

In diesen Jahren wurden die ersten größeren industriellen Whiskydestillerien Kanadas gebaut. Sie lagen vor allem in den Provinzen Alberta, Ontario, Quebec und Manitoba. In diesen großen Destillerien waren die wirklichen Pioniere des kanadischen Whiskys tätig – in der Regel waren sie auch gleichzeitig deren Besitzer. Der berühmteste und erfolgreichste unter ihnen sollte der gebürtige US-Amerikaner Hiram Walker werden.

Walker baute seine Destillerie 1858 in Walkerville, einem Vorort von Windsor im Staat Ontario. Sie liegt am Detroit River direkt gegenüber der US-amerikanischen Großstadt Detroit. Die Destillerie wurde schnell größer, und Walker und seine Ingenieure suchten laufend nach Möglichkeiten, die Produkte und deren Vermarktung zu verbessern.

Mit dem »Canadian Club« brachte Hiram Walker im Jahr 1883 nicht lediglich einen Whisky auf den Markt. Nein, er legte damit den Grundstein für einen neuen nationalen Whiskystil. Zuerst nannte Hiram Walker seinen

Oben · Bereits in den letzten Jahrzehnten des 18. Jahrhunderts begannen Pelztierhändler mit den eingeborenen Indianern Whisky gegen Pelze einzutauschen (Gemälde des Malers Daniel Charles Grose, 1838–1890).

Unten links · Hiram Walker, der größte Whiskypionier Kanadas (1816–1899).

Unten · Walkerville, die Destillerie von Hiram Walker im Jahr 1884. Hier entstand der »Canadian Club«. (Alte Postkarte)

Whisky ganz einfach nur »Club«. Er sollte exklusiv und nur einem exquisiten Kreis, seinen Clubmitgliedern, vorbehalten und gewidmet sein. Als jedoch andere Destillerien ihn nachahmten und ebenfalls Club-Whiskys auf den Markt brachten, ließ er seinen Whisky unter der Marke »Canadian Club« registrieren.

Was war das Besondere an diesem Whisky? In Nordamerika waren zu jener Zeit Weizen und Roggen zum Brennen am einfachsten und günstigsten erhältlich. Das aus diesen Getreiden erzeugte Destillat war jedoch hart und ölig, was sich nachteilig auf den Geschmack des Endproduktes auswirkte. Um diese unangenehme Nebenerscheinung zu beseitigen (Roggen schmeckt rau, sehr würzig und intensiv nach Getreide), wurde der in der Regel eingesetzten *beer still* ein *thumper* oder *doubler,* eine Art *spirit still,* nachgeschaltet. (Eine *beer still* ist die amerikanische Version der ersten Säule einer *Coffey still*.) Dieses damals eingeführte Verfahren wird heute noch angewendet – auch in den USA.

Seit Ende des 19. Jahrhunderts wurde und wird in den meisten Destillerien Kanadas und auch der USA vor allem Mais als Hauptgetreideart verwendet. Dadurch wird das Destillat weicher. Roggen kam und kommt aber weiter zum Einsatz. Hiram Walker und seine Ingenieure erfanden eine neue, ausgeklügelte Destillationstechnik, um die unangenehmen Nebeneffekte, die trotz der Reduktion des Roggenanteils immer noch vorhanden waren, zu bekämpfen. In einem ungewöhnlich langen und schonenden Destillationsprozess erzeugten sie einen möglichst reinen Grundwhisky. Dieses relativ neutrale Destillat mischten sie mit älteren und aus anderen Getreidesorten (zum Beispiel mit viel Roggenanteil) hergestellten Whiskys sowie mit anderen Zutaten (auch mit kanadischem Sherry, wird behauptet). Der »Canadian Club« wird – und dieses Verfahren kommt auch heute noch zur Anwendung – nicht erst nach der Fassreifung mit anderen Whiskys und Zutaten gemischt, das heißt geblended. Das Blenden geschieht bereits unmittelbar nach der Destillation. Erst nach der Vermischung wird der Whisky zur Lagerung in die Eichenfässer abgefüllt. Hiram Walker kreierte diesen Stil, um dem Whisky noch mehr von seiner Härte zu nehmen, ohne jedoch dabei den Geschmack zu opfern. Dieses spezielle Verfahren wurde schon bald von vielen Destillerien in Kanada übernommen.

Der »Canadian Club« zeichnete sich schon immer durch eine besondere Fruchtigkeit aus. Daneben besaß er jedoch einen leicht herberen Geschmack (dieser stammt vom Roggenanteil), als er zu jener Zeit in Europa oder Nordamerika bei den Whiskys üblich war. Dank diesen speziellen Merkmalen lassen sich auch heute noch alle kanadischen Whiskys mehr oder weniger leicht identifizieren.

Hiram Walker war, zusammen mit einem oder zwei weiteren Destillerie- oder Blendingfirmen-Besitzern aus anderen Ländern, einer der Pioniere der Markenwhiskys. Bereits zu der Zeit, in der Whisky normalerweise noch fassweise verkauft und aus Karaffen ausgeschenkt wurde, füllte Walker seine Whiskys in Flaschen ab und etikettierte sie, um die Herkunft seines Produktes zu dokumentieren und zu garantieren.

Der »Canadian Club« war schon bald nicht nur in Kanada, sondern auch in den USA ein riesiger Erfolg. Als Hiram Walker 1899 starb, war die Marke »Canadian Club« in beiden Ländern ein absolutes Gütezeichen für Whisky. Dies lockte Nachahmer an, und als Folge davon fanden sich bereits im Jahr 1900 mehr als 40 verschiedene gefälschte Abfüllungen des »Canadian Club« auf dem amerikanischen Markt.

Während des Ersten Weltkriegs mussten auch die kanadischen Brennereien ihre Produktion einstellen oder sich mit der Herstellung von Industriealkohol über die Runden retten, denn auch in ihrem Land galt ein Produktionsverbot. Hinzu kam, dass es in den Jahren 1916 und 1917 in Kanada eine Prohibition gab. Während dieser Zeit durfte Alkohol nur noch für medizinische, wissenschaftliche, industrielle und militärische Zwecke produziert werden.

Al Capone war einer der besten Kunden für kanadische Whiskys während der Prohibition. Er betrieb bandenmäßigen Schmuggel.

Dass nach dem Ende des Ersten Weltkriegs in den USA die Prohibition eingeführt wurde, war für die kanadischen Destillerien positiv. Im Gegensatz zu den US-amerikanischen konnten die kanadischen Destillerien während der Prohibition in den USA (1919–1933) weiter produzieren. Es gelang ihnen sogar, ihren Whiskyausstoß zu steigern. Zu dieser Zeit war Al Capone aus Chicago, der König der amerikanischen Unterwelt, einer der größten Kunden der kanadischen Destillerien. Auf welchen Wegen auch immer, die Whiskys sowie die anderen Spirituosen und alkoholischen Getränke gelangten trotz Prohibition in die USA. Der Großteil ihrer Whiskys wurde über die mehr als 5000 Kilometer lange gemeinsame Grenze zwischen den beiden Ländern in die USA geschmuggelt. Auch die aus Schottland und Irland stammenden und ebenfalls für die USA bestimmten Whiskys fanden ihren Weg größtenteils über Kanada in die USA. Es existierten jedoch noch andere geografische Möglichkeiten, die Sperre für Alkohollieferungen in die USA zu umgehen, unter anderem über die französischen Inseln im St. Lawrence Strom, über Havanna auf Kuba oder über Mexiko in den Süden der USA.

Die Whiskyproduktion in Kanada stieg – nach kurzer Unterbrechung während des Zweiten Weltkriegs – ständig an. In den 70er-Jahren des 20. Jahrhunderts erreichte sie ihren Höhepunkt. Von 1980 bis ungefähr ins Jahr 2000 ging die Produktion jedoch wieder deutlich zurück. Viele Destillerien mussten schließen. Ein Grund für den neuerlichen Rückgang war das veränderte Trinkverhalten und die wieder aufs Neue entdeckte Liebe der Kanadier zu den schottischen und irischen Whisk(e)ys. Ein weiterer Grund war und ist, dass viele der kanadischen Destillerien in den Besitz von großen Konzernen aus den USA übergingen. Diese stellen heute die Whiskys im kanadischen Stil entweder in den USA selbst her – dem Hauptabsatzgebiet dieser Sorten – oder importieren die Rohdestillate in die Vereinigten Staaten, um sie dort vor Ort zu blenden und abzufüllen.

Die wenigen übrig gebliebenen Destillerien Kanadas produzieren nur noch eine beschränkte Anzahl an Whiskysorten.

Im Jahr 1990 wurde zur großen Überraschung aller Whiskyliebhaber und der Whiskyindustrie in Kanada eine neue – nach schottischem Vorbild gebaute – Destillerie eröffnet: Glenora in Nova Scotia. Diese kleine Destillerie produzierte neben den normalen kanadischen Blends und anderen Spirituosen den ersten echten Single Malt der Neuen Welt. Er wurde im Jahr 2000 unter dem Namen »Glen Breton« auf den Markt gebracht und konnte sich seither auch im internationalen Markt einen guten Namen schaffen.

Als zweite reine Malt-Whisky-Destillerie hat im Jahr 2010 die Shelter Point Distillery auf Vancouver Island (British Columbia) nach einer vierjährigen Planungs- und Lizenzierungszeit ihre Produktion aufgenommen. Sie produziert seither ungefähr in der gleichen Größenordnung wie Glenora vor allem Malt-Whiskys.

Daneben kam in Kanada in den letzten Jahren – (noch?) nicht ganz so ausgeprägt wie in den USA – ein Boom in der Herstellung von Whiskys in sogenannten Mikrodestillerien auf. Beispiele sind (in alphabetischer Reihenfolge) die seit 2009 produzierenden Destillerien Pemberton Distillery in Pemberton (British Columbia) sowie die Still Waters Distillery in Concord (Ontario). Die Victoria Spirits Distillery in Victoria (British Columbia) produziert seit 2010. Diese Brennereien stellen neben anderen Destillaten auch Whiskys her. Dabei liegt jedoch der Schwerpunkt nicht auf den Standard-Canadians, sondern auf den Nischenprodukten wie Straight Whiskys, Single Malts usw.

Whiskys aus Kanada

»Kanadische Whiskys werden hauptsächlich aus Roggen gebrannt.« – Diese Aussage ist falsch. Sie ist wahrscheinlich auf die Unkenntnis der Tatsache zurückzuführen, dass in Kanada der Begriff »Rye Whisky« anders definiert wird als in den USA. In den USA müssen nämlich »Rye Whiskys« wirklich überwiegend aus Roggen bestehen. In Kanada ist dagegen der Anteil an Roggen in einer für die Destillation verwendeten Maische nicht gesetzlich spezifiziert. Die kanadischen Destillerien können ihre hauseigenen – geheim gehaltenen – Getreide-Mischverhältnisse oder -Rezepturen anwenden, ohne diesbezügliche Vorschriften beachten zu müssen.

In den landläufig als »Canadian Whiskys« bezeichneten Destillaten sind im Schnitt ungefähr siebenmal mehr Anteile Mais als Roggen enthalten. Der Anteil an Roggen verleiht ihnen den typischen würzigen, bitter-süßen Geschmack. Dieser wird durch den süßen Vanillegeschmack, den der Whisky durch die Lagerung in den getoasteten Eichenfässern erhält, abgerundet.

Die auf dem Markt erhältlichen kanadischen Whiskys sind auch heute noch zu über 95 Prozent Blended Whiskys. Nur sehr wenige Sorten werden als »Straight Whiskys« abgefüllt. Unter »Straight Whiskys« versteht man in Kanada Whiskys, die wirklich hauptsächlich entweder aus Mais (Canadian Bourbon-Style-Whiskys) oder Roggen (Canadian Rye Whiskys) destilliert wurden.

In Kanada und Schottland wird das Wort »Whisky« zwar gleich geschrieben, die Produktions- beziehungsweise Mischverfahren der Blended Whiskys unterscheiden sich aber in den beiden Ländern in einigen wichtigen Punkten:

In Schottland wird Grain-Whisky, das heißt Whisky, der vorwiegend aus einer Weizen- oder Maismaische gebrannt wird, als Basis verwendet. Diesem Grain-Whisky werden Malt-Whiskys in einem mehr oder weniger hohen prozentualen Anteil beigemischt (bei billigen Blends etwa 20, bei teuren bis über 80 Prozent). Dies trägt zu einem stärkeren Geschmack der Blends bei. In Kanada dagegen wird als Basis sogenannter neutraler Alkohol verwendet. Dieser stammt aus den gleichen *continuous* oder *Coffey stills* wie der Straight Whisky (zum Teil auch aus *beer stills* amerikanischer Bauart).

Beim Destillationsprozess der Basiswhiskys wird die Technologie bis an ihre Grenzen ausgereizt. Der Alkoholanteil des Destillats liegt bei etwa 95 Prozent. Leider geht aber bei einer so hohen Alkoholkonzentration der Geschmack zu einem großen Teil verloren.

Oben · Einrichtung zur Getreideanlieferung aus dem Ende des 19. Jahrhunderts. Heute wird mit riesigen Trucks oder Eisenbahnwagen angeliefert.

Rechts · Moderne Getreideernte in der Provinz Alberta.

Ganz oben · Im Durchlaufdampfkocher wird aus dem Getreidemehl die Stärke (der Zucker) herausgekocht. In den Bögen kann man den Durchmesser der Rohre erkennen, in denen das Getreidemehl mit Wasser und der *stillage* zusammengeführt wird. In den langen, geraden Teilen wird um das zentrale Rohr herum in einem zweiten Rohr heißer Dampf geführt und so die Mischung gekocht.

Oben · In riesigen Behältern (hier einer mit über 120 000 Liter Inhalt) wird nach der Vergärung die *beer* vor der Destillation zwischengelagert.

Die kanadische Whiskyindustrie feierte 1999 ihr 200-Jahr-Jubiläum. In dieser langen Geschichte hat sich in der Herstellung einiges verändert. Seit einigen Jahrzehnten wird hauptsächlich Mais als Rohstoff für die Destillation eingesetzt. Sein Anteil in den kanadischen Blends ist heute etwa siebenmal größer als derjenige aller anderen Getreidesorten zusammen. Den zweitgrößten Anteil hat Roggen. Dieser ist aber im Verhältnis zum Anteil von Mais wirklich nur noch gering.

95 Prozent der normalen Canadians sind Blends. Sie haben wie gesagt lediglich einen kleinen Anteil an Straight-Whiskys (zum Beispiel Roggen). Der Rest besteht aus Neutralsprit sowie Farb- und Geschmacksgebern. Als Geschmacks- und auch Farbgeber wird für einige Marken von vergorenem Orangen- oder Pflaumensaft über kanadischen Sherry (es handelt sich dabei um mit Alkohol verstärkten Wein) bis zu nicht aus Kanada stammenden Whiskys so ziemlich alles eingesetzt. Das heißt: Ein »Canadian« – so nennt man den Whisky aus diesem Land – wird aus mindestens zwei unterschiedlichen Grundstoffen gemacht. Da sind zum einen die *flavourings,* die Geschmacksgeber der Whiskys.

Diese werden in der Regel aus einer Maische aus Roggen, dem auch eine gewisse Menge an Gerstenmalz beigemischt wird, gewonnen. Neben diesen Geschmacksgebern aus einer Roggenmaische werden bei einigen kanadischen Whiskymarken auch *flavourings* aus einer Maische aus Mais, dem ein kleiner Anteil an Gerstenmalz beigemischt wird, verwendet. Die *flavourings* werden meistens in den gleichen *stills* gebrannt wie die *basics*. Letztere machen aber den großen Anteil des Produktes aus, das man am Ende in der Flasche findet. Für diese wird jedoch – mit einigen wenigen Ausnahmen – immer eine Maische verwendet, die hauptsächlich aus Mais, aber auch aus Weizen oder Gerste (öfter aber auch aus Kombinationen dieser Getreidearten) besteht.

In *continuous stills* verschiedenster Bauart – manchmal auch in speziellen und sehr eigenartig aussehenden Brennkesseln – werden einerseits die *basics* und andererseits die *flavourings* der in der Regel gemischten *(blended)* Whiskys gebrannt. Die *basics* werden dabei meistens hochprozentig destilliert (bis beinahe 95 Prozent), sodass man sie eigentlich bereits als Neutralsprit bezeichnen könnte. Die *flavourings* dagegen destilliert man mit bedeutend niedrigeren Alkoholwerten.

Beim Blenden – in einigen kanadischen Destillerien wird dieser Prozess bereits vor dem Abfüllen in die Fässer gemacht – werden die *flavourings* in bestimmten Mengenverhältnissen der Basis beigemischt. Je mehr dabei der Anteil eines Geschmacksgebers aus Roggen verwendet wird, umso würzig-bitterer wird der Whisky. Es gibt auch Whiskys, bei denen der Roggenanteil größer als 50 Prozent ist. In diesem Fall nennt man ihn auch in Kanada »Rye-Whisky«. Die meisten Canadians haben aber nur einen kleinen Anteil an Rye. Durch die süßen Vanillearomen, die der Whisky in den Ex-Bourbon-Eichenfässern erhält, wird dessen würziger Geschmack dann nochmals verändert.

Kanadische Whiskys – und dies soll hier doch erwähnt sein – werden auf diese Art hergestellt, um sich von den anderen Typen (wie denjenigen aus Schottland, Irland, den USA usw.) zu unterscheiden. Sie sind auf ihre spezielle Art leicht und besitzen mit ihren weichen, runden Aromen einen eigenen, unkomplizierten Charakter.

Die meisten Canadians werden in bereits einmal gebrauchten, sogenannten Ex-Bourbon-Fässern aus den USA oder in zuvor für die Lagerung von Sherry in Spanien (oder in Kanada) benutzten Fässern gelagert. Während der Lagerzeit in diesen Fässern können die Whiskys nicht nur die Aromastoffe des Holzes, sondern auch die der vorher darin gelagerten Weine (Sherry) oder Destillate aufnehmen. Dadurch werden die Whiskys aromatischer.

In Kanada sind die Lagerzeiten normalerweise aber sehr viel kürzer als in Schottland. Um den Geschmack und das bekannt weiche Aroma der kanadischen Whiskys zu erreichen, wird zur Aromatisierung der Whiskymischung durch Beimengung eines bestimmten Prozentsatzes von Sherry oder anderen Geschmacksgebern nachgeholfen.

Die Technik des Blendens der kanadischen Whiskys unterscheidet sich von Destillerie zu Destillerie. Einige Destillerien blenden ihre Whiskys – wie die schottischen und irischen Destillerien – erst nach einigen Jahren Fasslagerung. Der »Canadian Club«, der wohl berühmteste aller kanadischen Whiskys, wird jedoch bereits unmittelbar nach der Destillation geblended. Dem jungen Brand werden auch ältere, schon mehrere Jahre gelagerte Whiskys beigemischt. Dank der vorgegebenen Mischrezepturen kann so ein über Jahre gleich bleibender Geschmack der Whiskysorte oder -marke erreicht werden.

Oben · Im *barrel handling centre* werden einerseits die Fässer entleert (ausgesaugt) und in einem nächsten Schritt gleich wieder mit *new make* befüllt. Der *new make* kann dabei bereits mit alten Whiskys gemischt worden sein.

Mitte · Meistens befindet sich direkt auf dem Areal der kanadischen Destillerien eine große Anzahl an Lagerhäusern. Im Vordergrund der Kühlwasserteich.

Rechts · Große Mengen an neuem Destillat werden in den kanadischen Destillerien in große Eisenbahn-Zisternenwagen abgefüllt und so in die USA verkauft. Der *new make* wird erst dort in Fässer abgefüllt und gelagert. Für die anderen Abnehmerländer von Rohwhisky wird in *bulks* (Container) abgefüllt. Diese gelangen per LKW zu den Schiffen, mit welchen sie dann in ihre Bestimmungsregionen (Europa, Südafrika, Asien, Australien usw.) weitertransportiert werden.

Die Whisky-Gesetzgebung Kanadas

Weil Kanada lange Zeit eine englische Kronkolonie war, galten die in Schottland und Irland gültigen Gesetze auch in diesem großen, nordamerikanischen Land. 1931 erhielt Kanada mit dem Statut von Westminster die gesetzgeberische Unabhängigkeit. Die formale Unabhängigkeit vom Vereinigten Königreich erlangte das Land erst 1982.

So konnte Kanada ab diesem Jahr für seinen Whisky eigene Gesetze erlassen. Die letzte Revision des Gesetzes für kanadischen Whisky stammt aus dem Jahr 2011.

Canada's Excise Act and Food & Drugs Regulations, 2011

Die Regulations 2011 beschreiben im Paragraphen B.02.020 die Anforderungen an die kanadischen Whiskys. In den diesem vorausgehenden Paragraphen (B.02.10 bis B.02.019) sind die aus anderen Ländern stammenden Whisky- oder Whiskeyarten definiert. Hier eine Zusammenfassung des kurzen, die kanadischen Whiskys betreffenden Gesetzestextes:

»Canadian Whisky«, »Canadian Rye (Roggen) Whisky« oder »Rye (Roggen) Whisky«

soll

· ein trinkbares alkoholisches Destillat oder eine Mischung aus trinkbaren alkoholischen Destillaten sein, das aus einer Maische aus Getreidekörnern oder Produkten aus diesen stammt und bei der durch eigene oder fremde Enzymsysteme (Diastasen) die Stärke im Getreide in Zucker umgewandelt und durch Zugabe von Hefe, einer Mischung aus Hefe oder anderen Mikroorganismen vergärt worden ist.

· in Holzfässern mit einem Maximalinhalt von 700 Litern für die Dauer von mindestens drei Jahren gelagert worden sein.

· ein Aroma, einen Geschmack und einen Charakter haben, wie er allgemein einem kanadischen Whisky zugeschrieben wird.

· in Übereinstimmung mit den Steuervorschriften und den darin enthaltenen Regelungen produziert worden sein.

· in Kanada gemaischt, destilliert und gelagert worden sein.

· einen Alkoholgehalt von mindestens 40 Volumenprozent Alkohol haben.

Er darf

· Farb- und Geschmacksstoffe enthalten.

Nach einer Lagerzeit von mindestens drei Jahren in einem Eichenfass darf kanadischer Whisky anschließend für eine Dauer von maximal 6 Monaten in anderen Behältern gelagert werden. Diese Lagerzeit darf ebenfalls für die Angabe des Alters des Whiskys angerechnet werden. Das auf dem Etikett einer Flasche angegebene Alter ist auch bei den Canadians immer dasjenige des jüngsten darin enthaltenen Whiskys.

Nach dem kanadischen Gesetz dürfen die Destillerien also bei der Herstellung von Whisky etliche – in anderen Ländern nicht gestattete – Prozesse anwenden und dem Whisky zusätzliche Stoffe beimischen.

Die Whiskyarten
aus Kanada

Kanadischer Whisky kann in mindestens vier verschiedene Hauptarten eingeteilt werden. Drei von ihnen sind aber (noch) eher selten im Handel erhältlich.

Malt-Whisky

Es gibt zurzeit einen einzigen Single Malt aus Kanada. Er stammt aus der Glenora Destillerie in Nova Scotia und kam im November 2000 auf den Markt. Er wird nach schottischem Vorbild zweimal in *pot stills* destilliert. Weitere Single Malts werden in den Jahren 2012/13 in neu gebauten Destillerien in British Columbia und Ontario abgefüllt werden.

Pure Rye Whisky

Pure Rye Whiskys aus Kanada werden, wie ihre amerikanischen Namensvettern, aus einer Maische mit einem Anteil von bis zu 95 Prozent Roggen gebrannt. Sie werden hauptsächlich als Geschmackgeber für Blends eingesetzt und eher selten in reiner Form abgefüllt. Ausnahmen sind zum Beispiel die reinen Roggenwhiskys aus der Alberta Distillery und der berühmte »Bush Pilot« (früher aus der Cascadia Distillery, jetzt von Highwood Distillers).

Corn-Whisky

Mais gehört auch in Kanada zu den billigeren Getreidearten, daher wird er auch sehr oft zum Brennen von Whisky eingesetzt. Maiswhiskys, das heißt »Corn Whiskys«, bilden den Hauptanteil an den Standard Canadians. Als Single Corn werden sie aber selten abgefüllt. Single Corns sind sehr süß und weich, sie besitzen daneben aber auch eine scharfe Note. Eine echte Mischung der Gefühle.

Blended Whisky

Die auf dem Markt erhältlichen kanadischen Whiskys sind zu über 95 Prozent Blends. Sie werden aus Trinkalkohol (aus Mais hergestellt) unter Zusatz von 5 bis 15 Prozent Straight Whiskys aufgebaut. Die dabei als Aromenträger verwendeten Straights können Roggen- (dies ist die Regel), Weizen-, Gersten- oder mit geringerem Alkoholgehalt destillierte Maiswhiskys sein.

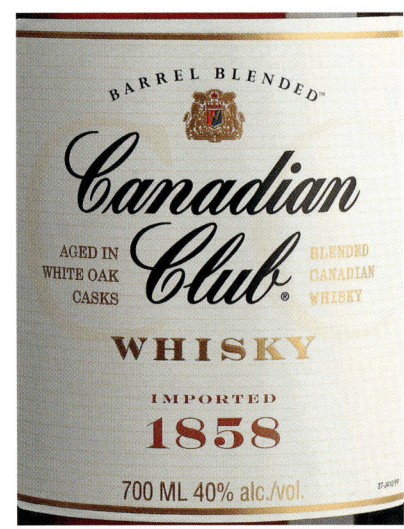

Rechte Seite • Diese Tür führte einst in ein Lagerhaus der berühmten Destillerie Gooderham & Worts in Toronto. Die Destillerie wurde 1990 stillgelegt und zum Teil abgerissen. Ein Teil der Gebäude steht noch und bildet den unbedingt besuchenswerten Distillery District (Theater, Restaurants, Clubs, Veranstaltungen, Museen, Galerien usw.).

Die
Whiskynation
Kanada

CANADIAN GOVERNMENT
EXCISE
BONDING WAREHOUSE
D

Die Whiskynation
Kanada

Die nach den verschiedenen wirtschaftlichen Problemen und Crashs in den letzten Jahrzehnten des 20. Jahrhunderts weiter produzierenden großen kanadischen Destillerien sind über das ganze Land verteilt. Wie auch in den USA, aber nicht im gleichen Ausmaß wie dort, entstanden – und entstehen – auch in Kanada wieder neue Destillerien. In British Columbia haben seit 2009 bereits drei neue Destillerien (zwei von ihnen sind jedoch keine reinen Whiskybrennereien) die Produktion aufgenommen. Eine weitere wurde in Ontario in Betrieb genommen und ein paar andere sind im Aufbau begriffen.

In der folgenden Liste sind die zurzeit in Kanada produzierenden Destillerien nach Provinzen geordnet. Es werden bei jeder Destillerie die hauptsächlich produzierten Destillate angegeben. Destillerien, die in den anschließenden Porträts noch gesondert vorgestellt werden, sind mit einem * gekennzeichnet.

Zu den Destillerien, die nicht in eigenen Porträts beschrieben sind, werden in der folgenden Auflistung nach Provinzen wissenswerte Informationen beigefügt.

Die aktiven Destillerien in Kanada nach Provinzen

Alberta (Karte Seite 523)

* Alberta Distillery, Calgary

1521 34 Ave SE, Calgary, AB T2G1V9
(Beam Global Spirits & Wine, Inc. / Fortune Brands, Inc.)
Keine Besucher
Keine eigene Internetpräsenz;
www.beamglobal.com/
Großdestillerie: Wodka, Whisky, vor allem echter Roggen-(Rye-)Whisky (»Alberta Springs«, »Alberta Premium«, »Windsor« usw.)

* Black Velvet Distillery, Lethbridge

2925 9th Avenue North, Lethbridge, AB T1H 5E3
(Black Velvet Distilling Co. / Constellation Brands Inc., USA)
Normalerweise keine Besucher, jedoch auf Voranmeldung eventuell möglich
Keine eigene Internetpräsenz;
www.blackvelvetwhisky.com
Großdestillerie: Rum, Gin, Wodka, Tequila und andere Destillate, Canadian Whisky (»Black Velvet«)

* Highwood Distillery, High River

114-10th Avenue SE, High River, AB T1V 1M7
(Highwood Distillers Ltd.)
Normalerweise keine Besucher, jedoch auf Voranmeldung eventuell möglich
www.highwood-distillers.com
Mittelgroße Destillerie: Wodka, Rum, Gin, Tequila, Likör, Whisky (»Centennial«, »Highwood Rye«, »Potter's«, »Quarter Masters« usw.)

British Columbia (Karte Seite 523)

Pemberton Distillery, Pemberton

1954 Venture Place, Pemberton, BC V0N 2L0
(Pemberton Distillery, Inc.)
Besucher willkommen; Besucherzentrum
www.pembertondistillery.ca
Micro Distillery: Wodka aus Kartoffeln, Gin, Single Malt
(»Pemberton Valley Single Malt«)
Wissenswertes:

Die Pemberton Distillery, eine echte Farmdestillerie, steht etwas nördlich des Wintersportortes Whistler in den Bergen der Westküste Kanadas in British Columbia. Gegründet wurde sie im Jahr 2009 von der Familie Schramm mit dem Ziel, selbst angebaute Kartoffeln zu einem Wodka zu destillieren. Die Region ist eines der größten Kartoffelanbaugebiete Kanadas. Nach den ersten Erfahrungen mit der Herstellung von Wodka (Beginn der Destillation im Sommer 2009) wagten sich die Gebrüder Tyler, Jonathan und Jake Schramm im September 2010 das erste Mal daran, Gerste – sie stammt aus einer biologischen Farm aus der Gegend – zu einem *Baby Whisky* zu brennen.

Gebrannt wird in einer Kolonnenbrennerei aus Deutschland (Arnold Holstein). Die Gebrüder Schramm möchten fünf Jahre warten, bis sie den ersten Single Malt auf den Markt bringen. Das würde bedeuten, dass er erst im Jahr 2015 in den Verkauf gelangen wird.

Ab 2013 kann man ihn aber bei einem Besuch auf der Farm schon einmal versuchen.

Pemberton Distillery: Die *stills* und das Destilleriegebäude.

1	Shelter Point Distillery, Campbell Rive	5	Highwood Distillery, High River
2	Victoria Spirits Distillery, Victoria	6	Black Velvet Distillery, Lethbridge
3	Pemberton Distillery, Pemberton	7	Gimli Distillery / Crown Royal Distillery, Gimli
4	Alberta Distillery, Calgary		

* Shelter Point Distillery, Campbell River

4650 Regent Road, Campbell River, BC V9H 1E3
(Shelter Point Farm)
Besucher willkommen; Besucherzentrum; Führungen
www.shelterpointdistillery.com
Kleine *pot-still*-Destillerie: Obst- und Fruchtbrände,
Brandy, Whisky, Liköre, Single Malt (»Shelter Point Single
Malt«)

Victoria Spirits Distillery, Victoria

6170 Old West Saanich Road, Victoria, BC V9E 2G8
(Victoria Spirits LLC; Peter Hunt, *Master Distiller*)
Besucher nach Voranmeldung
www.victoriaspirits.com
Micro Distillery: Gin, Wodka, andere Spirituosen, Whisky
(»Craigdarroch Whisky«)
Wissenswertes:

Victoria Spirits, eine kleine Destillerie auf der Saanich
Peninsula von Vancouver Island in Britisch Kolumbien,
wurde 2008 als Familienbetrieb gegründet.

Das erste Produkt aus der Familiendestillerie, Victoria
Gin, kam im gleichen Jahr in den Verkauf. Für die sehr
erfolgreiche Ginproduktion wurde eine Kolonnenbrennerei
verwendet.

Ende 2009 wurde sie auch eingesetzt, um einen Whisky
zu brennen. Dieser wurde bereits kurz nach der Abfüllung
ins Eichenfass als *new make* angeboten. Seither wird er
von Zeit zu Zeit an verschiedenen Messen präsentiert. Ab
2013 soll er in den Verkauf gelangen, wahrscheinlich unter
dem Namen »Craigdarroch Whisky« (die Destillerie bezeichnet den Namen bis jetzt als Arbeitstitel).

Unten links · Die etwas speziell anmutende *still* – sie kommt
von der Firma Müller in Oberkirch in Baden (D) – in der Victoria
Spirits Distillery in Victoria.

Unten · Die Destillerie Victoria Spirits befindet sich in einer Art
Einfamilienhaus. Der *Tasting Room* liegt im oberen Stock, die
Destillerie im Erdgeschoss.

Manitoba (Karte Seite 523)

* Gimli Distillery / Crown Royal Distillery, Gimli

Distillery Road, Gimli, MB R0C 1B0
(Diageo plc)
Normalerweise keine Besucher, jedoch auf Voranmeldung
eventuell möglich
Keine eigene Internetpräsenz;
www.crownroyal.com
Großdestillerie: Canadian Whisky (»Crown Royal«)

Nova Scotia (Karte Seite 525)

* Glenora Distillery, Glenville

13727 Route 19, Glenville, NS B0E 1X0
(Glenora Distillers International Ltd.)
Besucher willkommen: Besucherzentrum; Restaurant und
Inn; Führungen
www.glenoradistillery.com
Kleine *pot still*-Destillerie: Whisky, Single Malt (»Glen
Breton«)

Ontario (Karte Seite 525)

* Canadian Mist Distillery, Collingwood

202 MacDonald Rd, Collingwood, ON L9Y 4J2
(Canadian Mist Distillers Ltd. / Brown Forman Corp)
Normalerweise keine Besucher, jedoch auf Voranmeldung
eventuell möglich
Keine eigene Internetpräsenz;
www.canadianmist.com
Großdestillerie: Canadian Whisky, z. B. »Canadian Mist«
und andere Destillate

* Hiram Walker & Sons, Walkerville

2072 Riverside Drive East, Walkerville,
Windsor, ON N8Y 4S5
(Pernod Ricard SA)
Besucher willkommen im Hiram Walker Heritage Center
(Brand Center); keine Besuche in der Destillerie selbst.
Keine eigene Internetpräsenz;
www.pernod-ricard.com; www.corby.ca;
www.wisers.ca; www.canadianclubwhisky.com
Großdestillerie: Canadian Whisky, z. B. »Corby«,
»Wiser's«, »Canadian Club«; Gin, Wodka und andere
Destillate

* Kittling Ridge, Grimsby

297 South Service Road, Grimsby, ON L3M 1Y6
(Kittling Ridge Estates Wines & Spirits)
Besucher willkommen; Shop, Führungen
www.kittlingridge.com
Mikrodestillerie: Wodka, Brandy, Rum, Likör und andere
Spirituosen, Whisky (»Forty Creek Canadian Whisky« in
verschiedenen Abfüllungen, »Mountain Rock Canadian
Whisky«, »Canada Gold Canadian Whisky«)

Still Waters Distillery, Concord, Toronto

150 Bradwick Drive, Unit #26, Concord, ON L4K 4M7
(Premium Bottlers Inc., Barry Bernstein und Barry Stein)
Besucher nach Vereinbarung
www.stillwatersdistillery.com
Mikrodestillerie: Single Malt Wodka, andere Spirituosen,
Single Malt-Whisky
Wissenswertes:
  Die beiden Freunde Barry Bernstein und Barry Stein
gründeten im Jahr 2005 die Firma Premium Bottlers Inc.
Diese Firma importierte schottische Whiskys (Single Malts)

Barry Stein (Still Waters Distillery) schüttet gemahlenes
Gerstenmalz in den Maischbottich.

Die Destillerien im östlichen Kanada

1 Hiram Walker & Sons, Walkerville

2 Canadian Mist Distillery, Collingwood

3 Still Waters Distillery, Concord, Toronto

4 Gooderham & Worts †, Toronto

5 Kittling Ridge, Grimsby

6 Valleyfield Distillery (Schenley Distillery /
   Les Distilleries Schenley), Salaberry-de-Valleyfield

7 Glenora Distillery, Glenville

† = stillgelegte, abgerissene oder für eine andere Nutzung
umgebaute Destillerie

in Fässern und füllte diese in Kanada in Flaschen ab. Dabei gingen sie einen etwas speziellen Weg. Denn neben den reinen Single Malt-Abfüllungen (Single Cask) der verschiedensten schottischen Destillerien produzierten sie auch sogenannte Pure Malts. Bei diesen fügten sie den schottischen Single Malts kanadische Single Malts bei und verkauften sie als Pure Malt Whiskys. So gibt es beispielsweise Pure Malts aus Auchentoshan, Linkwood, Mortlach oder Scapa, denen kanadische Single Malts beigemischt wurden.

Im Januar 2009 eröffneten die beiden die Still Waters Distillery und begannen Wodka herzustellen, jedoch nicht aus Kartoffeln, sondern aus reinem Gerstenmalz. Der Wodka wurde in einer Kolonnenbrennerei – sie wurde von Carl in Deutschland gebaut – dreimal gebrannt und kam als »Still Waters Single Malt Wodka« auf den Markt.

Ende 2009 begann man auch mit der Herstellung von Single Malt-Whisky. Er wird in der gleichen *still* – sie steht zusammen mit den Maisch- und Gärbottichen in einem Raum – zweimal destilliert. Da in Kanada gilt, dass ein Destillat mindestens drei Jahre in einem Eichenfass gelagert sein muss, bevor es Whisky genannt werden darf, kann mit dem ersten Whisky aus einer Mikrodestillerie in Ontario frühestens im Dezember 2012 gerechnet werden

Die *stills* in der Still Waters Distillery in Torionto sind sehr hoch, hier sieht man nur einen Teil von ihnen.

Quebec (Karte Seite 525)

* Valleyfield Distillery
(Schenley Distillery / Les Distilleries Schenley), Salaberry-de-Valleyfield
1 Salaberry St W, Salaberry-de-Valleyfield, QC J6T 2G9
(Diageo plc)
Keine Besucher
Keine eigene Internetpräsenz; www.diageo.com
Großdestillerie: Wodka, Gin und andere Destillate,
Canadian Whisky (z. B. »Gibson's«)

Die Standorte dieser aktiven Destillerien Kanadas sind auf den beiden Karten auf den Seiten 523 und 525 markiert. Darüber hinaus sind auch die berühmten und noch nicht in Vergessenheit geratenen geschlossenen Brennereien auf den Karten vermerkt.

Obwohl Kanada in der Whiskyproduktion weltweit einen Spitzenplatz einnimmt, gibt es in diesem riesigen Land nur noch einige wenige aktive Destillerien. Die Zahl der Destillerien, die zur Zeit des Übergangs vom 19. zum 20. Jahrhundert in Kanada Whisky herstellten – es waren über 200 – ist geradezu dramatisch zurückgegangen. Heute gibt es gerade noch dreizehn Destillerien, die mehr oder weniger regelmäßig Whiskys brennen. Der Großteil der Destillerien machte im Laufe der Zeit entweder Konkurs oder wurde aus anderen Gründen geschlossen. Die Folgen der verschiedenen Whiskykrisen der vergangenen Jahrzehnte haben für etliche – darunter auch namhafte – Destillerien das Aus bedeutet oder ihre Besitzer zur Fusion oder zum Verkauf an Mitbewerber gezwungen. So gehören – und dies ist wirklich speziell – seit vielen Jahren die meisten Destillerien nicht mehr Kanadiern, sondern US-amerikanischen oder europäischen Konzernen. Viele der berühmten Marken wurden an solche Konzerne verkauft. Dies bedeutet, dass heute viele der auch bei uns bekannten Marken in großen, um nicht zu sagen riesigen Destilleriekomplexen hergestellt werden. In diesen werden neben Whiskys auch andere Spirituosen (wie zum Bespiel Wodka oder Gin) produziert. Weil es sich bei ihnen um eigentliche Fabriken handelt, sind sie in der Regel nicht für Besucher eingerichtet – und lieben diese auch nicht besonders.

Im Folgenden werden die wichtigsten Destillerien Kanadas in Text und Bild vorgestellt. In diesem Überblick finden sich neben der berühmtesten geschlossenen Destillerie (Gooderham & Worts) auch zwei Kleindestillerien (Kittling Ridge und Shelter Point). Diese stehen stellvertretend für viele kleine Destillerien (sogenannte Micro Distilleries), die auch in Kanada in letzter Zeit ihre Produktion aufgenommen haben oder im Entstehen sind.

Die kanadischen Whiskys sind in der Regel leicht und weich. In den Steckbriefen zu den einzelnen Destillerien finden sich einige Stichworte zum Stil der produzierten Whiskys. Zudem werden die Whiskys und die Destillerien – wie bereits bei Schottland praktiziert – mit Sternen bewertet, wobei in die Wertung die Qualität und die Art (Corn-, Rye-, Grain-, Blended Whisky) sowie die Kontinuität der Produkte und das Erscheinungsbild der Destillerie selbst einfließen. Sieben Sterne werden von keiner der Brennereien des Landes erreicht.

(Zu den Details der Darstellung der folgenden Porträts siehe Seite 152.)

Rechte Seite · In der großen Destillerie Gimli in der Nähe der gleichnamigen Stadt am Lake Winnipeg in der Provinz Manitoba wird der Crown Royal hergestellt.

Porträts der Destillerien
in Kanada

Alberta

Die Destillerie Alberta

Die 1946 von George C. Reifel und Frank McMahon gegründete Destillerie mit dem Namen der kanadischen Provinz steht in einem Industriegebiet im Südosten von Calgary. Hinter dieser Stadt erheben sich die Rocky Mountains mit ihren majestätisch hohen Bergen und fast unendlichen Wasservorräten. Umgeben ist Calgary von einem der größten Roggenanbaugebiete der Welt. So lässt sich leicht erklären, warum die Destillerie Alberta als einzige in Kanada fast ausschließlich nur diese Getreideart verarbeitet.

Ihre Gründer waren zwei komplett unterschiedliche Geschäftsmänner: George C. Reifel stammte aus einer ursprünglich aus Deutschland kommenden Familie, die bereits Destillerien und Brauereien in verschiedenen anderen Ländern besaß. Frank McMahon, ein Ölmagnat, war zu jener Zeit einer der reichsten Männer Kanadas mit vielen guten Beziehungen.

Die beiden Gründerfamilien verkauften die Alberta Distillery in den 1970er-Jahren an die National Distillers Ltd. Diese wiederum trennte sich ungefähr zehn Jahre später (1987) von der Brennerei. Käufer war die heutige Beam Inc., in deren Besitz sich die Destillerie heute noch befindet.

Links · Modernes Bürogebäude der Destillerie Alberta.

Unten · Ein Teil der mit Stacheldraht und Security-Leuten abgesicherten Produktionsgebäude. Aus den großen, im Freien stehenden Bottichen wird die fast nur aus Roggen bestehende *beer* in die *stills* gepumpt.

Der Name bedeutet	Name der Provinz
Aussprache	Alberta
Whiskyregion	Alberta, Kanada
Adresse	Alberta Distillery 1521 34 Avenue SE, Calgary, Alberta AB T2G 1V9 Canada
Kontakt	Keine eigene Homepage Besitzer: www.beamglobal.com Telefon +1(403) 265 25 41
Club	Kein Club
Gründung	1946
Status	In Betrieb
Besitzer	Alberta Distillers Limited (Beam Inc., USA)
Stills	1 spezielle *pot still* und 2 *beer stills (continuous stills)*
Kapazität pro Jahr	Ungefähr 15 000 000 Liter
Besucher	Nein ★★
Rating	★★★
Arten	Rye, Grain, Blend
Hausstil	Unterschiedlich nach Sorte Alberta Premium Eiche und Roggen, ein wenig aggressiv, leicht stechend, warm

Calgary · hat zu jeder Jahreszeit etwas zu bieten. Rocky Mountains; Banff National Park.

In einer einzigen *pot still* – ihr ist ein *doubler* nachgeschaltet – wird der Rye-(Roggen-)Whisky mit einem Alkoholgehalt von nur 65 Volumenprozent gebrannt. So bleiben die natürlichen Öle und Aromen erhalten. Dieser *new make* wird dann für 4 Jahre in ungebrauchten Eichen-, zum Teil auch in bereits einmal gebrauchten Ex-Bourbon-Fässern gelagert.

Der Basiswhisky für die Blends dagegen wird, ebenfalls aus einer Maische aus Roggen, in den beiden *continuous stills* bis auf 94,5 Volumenprozent Alkohol gebrannt.

Den beiden mit diesen unterschiedlichen Verfahren produzierten Grundwhiskys werden für die billigeren Sorten später beim Blenden neben Whiskys aus anderen Destillerien ebenfalls andere Geschmacksstoffe und meistens auch ein wenig Zuckercouleur beigegeben. Whiskys aus der Destillerie Alberta sind jedoch immer leicht stechend und riechen spürbar nach Roggen und Eiche.

Die wichtigsten Marken aus dieser Destillerie sind »Alberta Premium«, »Alberta Springs«, »Autumn Gold«, »Canada House«, »Carrington« und »Tangle Ridge«.

Unten · Die Lagerhäuser der Destillerie sind aus Blech. Im Vordergrund sind Fässer zur Einlagerung bereit.

Ganz unten links · Auf riesigen Paletten werden die Fässer nach dem Befüllen zur Einlagerung in die Lagerhäuser gebracht.

Ganz unten rechts · Fass im Empfangsbereich des Bürogebäudes.

Neben Whisky wird in der Destillerie auch Wodka (»Alberta Vodka«) gebrannt.

Der größte Teil der in der Alberta Distillery produzierten Whiskys wird in Tankwagen in die Betriebe und Lagerhäuser von Beam Inc. in die USA transportiert und erst dort in Fässer abgefüllt, gelagert und weiterverarbeitet. Daneben werden vom *new make* auch etliche Tankladungen in über 30 Länder verschickt. Nur der restliche Anteil wird bei Alberta selbst in Fässer abgefüllt. In den Lagerhäusern in Calgary lagern trotzdem weit über 400 000 Fässer.

Die Destillerie füllt den für den kanadischen und ein paar wenige andere Staaten bestimmten Whisky in der eigenen Flaschenabfüllabteilung ab.

Die Destillerie Alberta liegt in einem Industriegebiet im Südosten der Stadt Calgary am Fuße der Rocky Mountains.

Fährt man auf dem Highway 2 – er heißt in diesem Gebiet der Stadt Deerfoot Trail – nach Südosten, kommt man zum Deerfoot Park. Hier verlässt man den Highway und fährt auf der 17th Avenue SE über den River Bow. Schon bald geht nach links der Blackfoot Trail SE weg. Diesem folgt man, bis rechts die Ogden Road SE weggeht. An dieser Straße steht die Destillerie schon bald auf der linken Seite.

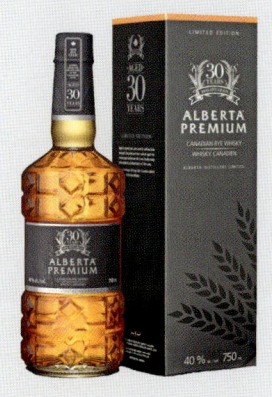

Black Velvet
(Lethbridge, Palliser)

Der Name bedeutet	Schwarzer Samt
Aussprache	Bläck Welwet
Whiskyregion	Alberta, Kanada
Adresse	Black Velvet Distillery 2925 9 Avenue North, Lethbridge, Alberta AB T1H 5E3 Canada
Kontakt	Keine eigene Homepage Besitzer www.cbrands.com Telefon +1 (403)317 21 28
Club	Kein Club
Gründung	1973
Status	In Betrieb
Besitzer	Black Velvet Distilling Co. (Sazerac Inc., USA)
Stills	2 *continuous stills* mit je 2 *columns*
Kapazität pro Jahr	Wird nicht veröffentlicht
Besucher	Nein ★★★ ☆☆
Rating	★★★(★) ☆☆☆
Arten	Corn, Rye, Blend
Hausstil	Süßlich, fruchtig, Sherry, Gewürze, Karamell, eine Spur Pfeffer, warm

Die Destillerie Black Velvet

In der Prärie von Alberta, nahe der US-amerikanischen Grenze und den Rocky Mountains liegt die Stadt Lethbridge. Hier baute die schottische IDV im Jahr 1973 eine neue Destillerie mit dem Namen »Lethbridge Distillery«.

Der Bau dieser Destillerie hatte eine längere Vorgeschichte: 1933 eröffnete die englische Firma W. & A. Gilbey Ltd., eine Familiengesellschaft, in Toronto (Ontario) eine Destillerie. Sie gab ihr den Namen »Palliser«. In dieser großen Destillerie wurde vor allem Gin und Wodka (Smirnoff) gebrannt. Die Destillerie war aber auch Geburtsort eines kanadischen Whiskys, der seinen Siegeszug um die ganze Welt antreten sollte: 1951 lancierte die Firma Gilbey mit dem »Black Velvet« einen sehr erfolgreichen, weichen kanadischen Whisky. Er war Teil einer ganzen Reihe von anderen »Velvet«-Abfüllungen. W. & A. Gilbey Ltd. besaß neben riesigen Flaschenabfüllbetrieben für importierte Weine und Spirituosen in England und Australien auch Destillerien in Schottland, so zum Beispiel Glen Spey, Knockando und Strathmill.

1962 wurden die Gilbey's durch wirtschaftliche Probleme gezwungen, sich nach einem Partner umzusehen. Ihre Firma wurde Mitbegründerin der großen schottischen Gesellschaft International Distillers and Vintners (IDV) und brachte all ihre Abfüllbetriebe und Destillerien in Schottland und den anderen Ländern in diese Firma ein. 1972 übernahm Grand Metropolitan (eine große Hotelkette) die IDV und mit ihr alle in ihr vereinigten Destillerien und Marken. Die IDV war aber auch unter der neuen Besitzerin

Einfahrt in den modernen Destilleriekomplex in Lethbridge.

für das Management der Destillerien und des Spirituosengeschäfts verantwortlich.

1973 – die kanadischen Whiskys boomten weltweit – wurde von der IDV zur Erweiterung der Kapazität in der Whiskyproduktion in Lethbridge (Alberta) inmitten der größten Getreideanbaugebiete Kanadas eine neue Destillerie gebaut und in Betrieb genommen. Die beiden wichtigsten Destillate aus der Palliser Distillery, der Whisky »Black Velvet« und der Wodka »Smirnoff« fanden dort ihre neue Heimat. Die Destillerie Palliser in Toronto produzierte noch für eine kurze Zeit Gin, wurde aber schon bald geschlossen und abgerissen. Der Name »Palliser« war in den Whiskykreisen aber derart stark verankert, dass später die Destillerie »Lethbridge« ebenfalls als »Palliser« bezeichnet wurde, obwohl sie nie so hieß.

1997 wurde durch die Fusion der IDV mit Guinness auch die Lethbridge Distillery Teil der neuformierten schottischen United Distillers and Vintners (UDV). Die UDV trennte sich jedoch im Jahr 1999 von der Destillerie Lethbridge und deren Marken (mit Ausnahme der Wodkamarke »Smirnoff«). Neuer Besitzer der Destillerie Lethbridge wurde Barton Brands (später Constellation Brands Inc.). Von diesem amerikanischen Getränkemulti wurde Lethbridge später nach dem dort hauptsächlich hergestellten Produkt in »Black Velvet Distillery« umbenannt.

Constellation übernahm in den folgenden Jahren von der UDV (Diageo) die Destillerie Schenley in Valleyfield. Die Produktion der Whiskysorten von Schenley erfolgte weiterhin in der Schenley Distillery, der Wodka »Smirnoff« und die verschiedenen Typen des »Velvet« hingegen wurden eine Zeit lang sowohl in der Destillerie Valleyfield als auch in Lethbridge produziert. Kurz vor dem (Rück-)Verkauf

Galt Museum · Geschichte des Südostens von Alberta; daneben verschiedenste Ausstellungen.

Lethbridge Viaduct · die längste, ganz aus Stahl errichtete Eisenbahnbrücke der Welt; wirklich beeindruckend.

der Destillerie in Valleyfield an Diageo (2008) wurde die Produktion aller Schenley-Whisky-Arten und die aller »Velvets« in der Destillerie in Lethbridge zusammengefasst. Die Destillerie erhielt den Namen ihres Hauptprodukts: »Black Velvet Distillery«.

Black Velvet ist eine hochmoderne Destillerie mit Einrichtungen, die dem neusten Stand der Technik entsprechen. Die kontinuierlichen Getreidekocher *(jet cookers)*, die Rohrmaischanlage wie auch die Gärbottiche und die beiden *continuous stills* aus Edelstahl sind beeindruckend.

Doch auch in dieser Destillerie fand sich ein Museumsstück: Zum Trocknen der Destillationsreste, die zu Tierfutter verarbeitet werden können, wurde bis vor wenigen Jahren ein Ungetüm von einem *grain dryer* eingesetzt. Nach 33 Produktionsjahren wurde er im Jahr 2007 durch ein energiesparenderes System ersetzt.

Neben dem Blend »Black Velvet« stellt man in Lethbridge auch andere Velvets, so einen »Red Velvet«, »Golden Velvet«, »Regal Velvet« und »Royal Velvet« und die ganze Palette der Schenley Whiskys wie z. B. »Golden Wedding«

Die Black Velvet Distillery steht in der Stadt Lethbridge, deren Namen sie bis 1999 auch trug. Die nicht sehr attraktive Stadt liegt gut 200 Kilometer südöstlich von Calgary zwischen der Prärie und den Ausläufern der Rocky Mountains.

Von Calgary aus fährt man auf dem Highway 2 Richtung Süden und wechselt bei Fort Macleod auf den Highway 3. Dieser führt über den Oldman River direkt durch die Stadt Lethbridge. Beim großen Verkehrsknotenpunkt muss man links in den Mayor Magrath Drive N abzweigen. Nach ein paar hundert Metern wird er zur 23rd Street N. Von dieser führt die 9th Avenue N nach rechts zur Destillerie.

531

oder »OFC« her. Auch die Blends »McMasters« und »Triple Crown« kommen aus dieser Destillerie.

In der Black Velvet Distillery werden die meisten Whiskys bereits vor dem Abfüllen in Fässer geblended: Reine Mais- und Roggenwhiskys und bereits einige Zeit gelagerte Blended Whiskys werden dem Hauptbestandteil auch dieser Canadians, den Basiswhiskys, beigemischt. Diese Mischung kommt in die Fässer zur Lagerung in den *warehouses* der Destillerie.

Die für die USA bestimmten Whiskys aus der Destillerie werden vor dem Abfüllen in die Tanklastzüge, die sie in die USA bringen, nach einem speziellen Rezept gemischt. Der Geschmack der amerikanischen Kunden ist anders als derjenige der kanadischen und internationalen Whiskyliebhaber. Der »Black Velvet« schmeckt also in den USA anders als in den anderen Ländern.

In der Black Velvet Distillery ist eine der modernsten Flaschenabfüllanlagen Kanadas in Betrieb. Hier werden die für die kanadischen und internationalen Märkte bestimmten Whiskys abgefüllt.

Neben Whiskys werden in dieser Destillerie auch andere Spirituosen wie zum Beispiel Wodka (das Know-how und die Anlagen dazu waren von der Herstellung des »Smirnoff« ja vorhanden) – auch im Auftrag anderer Spirituosenkonzerne – gebrannt.

Oben · Die moderne Destillerie; hinten die Getreidesilos, dann die Destilleriegebäude und im niedrigen Teil die Abfüllanlagen für Fässer sowie die Flaschenabfüllerei, Verpackung und Spedition. Ganz hinten wird das Getreide (meistens Mais) angeliefert. Vorne werden Eisenbahnwagen mit dem *new make* gefüllt und zu den Lagerhäusern und Abfüllbetrieben des Besitzers Barton Brands in Owensboro in Kentucky in die USA transportiert.

Mitte links · Blick in den Raum mit den für die verschiedenen Produktionsschritte benötigten Tanks.

Mitte rechts · Einer der zwei Flaschenabfüllautomaten.

Links · Habe ich sonst in einer Destillerie noch nie gesehen: ein Qualitätstestraum in dieser Art. Vier Testpersonen erhalten durch das Türchen Muster und müssen diese blind testen. Sie haben dazu nur Wasser zum Verdünnen zur Verfügung. Am Schluss stehen zur Belohnung ein paar Bonbons auf dem Tisch.

Canadian Mist

sechs *column stills* – aus Edelstahl sind, sie glänzen um die Wette. Doch auch hier gibt es Verborgenes, sind doch die oberen Teile der in einem engen und heißen *stillhouse* stehenden *stills* innen mit Kupfer ausgekleidet. Das Destillat kommt also bereits in der *still* und anschließend auch noch im ebenfalls aus Kupfer bestehenden *doubler* mit diesem für einen guten Whisky so wichtigen Material in Kontakt.

Der »Canadian Mist« wird dreifach destilliert: Nach der ersten Destillation wird ein Alkoholgehalt von etwa 70 Prozent erreicht. Nach den beiden weiteren Destillationsschritten in der *extractive* und der *rectification column* und dem Durchlauf durch den *doubler* ist der Alkoholgehalt auf über 90 Prozent gestiegen. Mit Wasser wird der Baby Whisky für die Fassabfüllung auf 64 Prozent reduziert.

Der spätere »Canadian Mist« wird zum Teil in Lagerhäusern auf dem Gelände der Destillerie gelagert. Die Lagerung erfolgt hauptsächlich in Ex-Bourbon-Fässern. Diese stammen aus den Destillerien der Brown-Forman-Gruppe in den USA. Der weitaus größte Teil des »Canadian Mist« wird aber direkt nach der Destillation in Tankwagen abgefüllt und in die USA zu den Destillerien und Lagerhäusern von Brown-Forman gebracht. Dort wird er in Fässer abgefüllt, gereift, nach der Lagerung geblended und für den US-amerikanischen Markt in Flaschen abgefüllt.

Hauptverantwortlich für den Geschmack und den Erfolg des Whiskys aus dieser Destillerie ist seit 1969 der bereits erwähnte Harold Ferguson, ein hemdsärmeliger Kanadier, der den ganzen Laden wie seine Hosentaschen kennt und genau weiß, was er will – und trotzdem einen sehr trockenen Humor besitzt. Besucher der Destillerie (Besuche unbedingt vorher vereinbaren; keine Besuchereinrichtungen!)

Die für die Aromageber *(flavourings)* bestimmte Maische enthält zusätzlich einen bestimmten Anteil an Roggen. Die beiden unterschiedlichen Arten von *wort* werden dann zusätzlich auch noch in zwei verschiedenen Verfahren in riesigen Gärbottichen aus Edelstahl mithilfe von Hefe aus einem Destillerie-eigenen Hefestamm vergärt. Der Gärprozess der *flavourings* dauert länger als derjenige der Basis: etwa fünf Tage. Das Resultat dieses langen Prozesses ist eine *beer,* mit der ein fruchtiger, aromatischer Whisky destilliert wird.

Die Basiswhiskys entstehen durch die Destillation einer *beer,* die nur drei Tage lang vergärt wird. Sie haben deshalb im Geschmack eher Getreidenoten.

Harold Ferguson, *Distillery Manager, Master Blender* usw. versicherte glaubhaft, dass nur in Collingwood hergestellte Whiskys Teil des »Canadian Mist« sind. Es werden aber auch andere Geschmacksgeber (nach kanadischem Gesetz erlaubt) eingesetzt.

Beim Rundgang durch die Destillerie entsteht der Eindruck, dass alle wichtigen Anlagen – die Bottiche und die

Die Destillerie Canadian Mist

1965 brachte die Firma Brown-Forman Co. – ein amerikanischer Getränkemulti – einen Whisky mit dem Namen »Canadian Mist« auf den kanadischen und später auch auf den US-amerikanischen Markt. Der »Canadian Mist« wurde für Brown Forman in der Destillerie Melchers in Montreal gebrannt.

Erst als der Whisky nicht nur in Kanada, sondern ebenfalls in den USA wie eine Bombe einschlug und in kurzer Zeit einen Riesenerfolg verzeichnen konnte, beschloss der amerikanische Konzern, den Whisky selbst herzustellen und baute dazu 1967 eine komplett neue Destillerie in einem Vorort des am Huron Lake liegenden Städtchens Collingwood. Nach einer Bauzeit von knapp eineinhalb Jahren konnte diese 1969 in Betrieb genommen werden.

In der Destillerie Canadian Mist wird aus dem angelieferten Getreide in zwei speziellen Maischprozessen die für die Vergärung benötigte zuckerhaltige Flüssigkeit *(wort)* hergestellt. Sie wird für den Teil des Whiskys, der später die Basis des Endproduktes »Canadian Mist« ausmacht, zu über 90 Prozent aus Mais und einem Zusatz von ungefähr 5 Prozent gemälzter Gerste gewonnen.

Oben · Eingang zum Bürogebäude. Was es mit dem kleinen Hasen auf sich hat, konnte ich nicht erfahren. Auf jeden Fall hat er nichts mit Ostern zu tun, es war Ende Juli.

Rechts · Canadian Mist ist eine moderne Destillerie. Im hinteren hohen Gebäude stehen die *continuous stills*. Im vorderen ist das Boilerhaus mit der Wärmerückgewinnung.

werden oft von ihm persönlich empfangen und können schon einmal mit einer von Harold durchgeführten, etwas speziellen Whisky-Blending-Übung überrascht werden.

Den »Canadian Mist« gibt es in verschiedenen Abfüllungen. Als Standard hat der »Canadian Mist« 40 Prozent Alkohol. Er wird mit nur drei Jahren Fasslagerung in Flaschen abgefüllt. In den USA ist er auch in anderen, älteren Abfüllungen erhältlich.

Im Jahr 2011 brachte Brown-Forman eine neue Whiskymarke, »Collingwood«, benannt nach dem Standort der Destillerie, auf den Markt. Auch bei ihm handelt es sich um einen dreijährigen Canadian, der jedoch am Ende seiner Lagerzeit noch einem Fass-*finishing* in Fässern aus Ahornholz unterzogen wurde.

Collingwood · Moderne und aktive Hafenstadt mit Veranstaltungen zu jeder Jahreszeit.

Unten links · In riesigen Gärbottichen wird die *beer* hergestellt.

Ganz unten links · Die zu vergärende Flüssigkeit aus Mais ist gelb.

Unten · Der Canadian Mist reift in großen Lagerhäusern stehend auf Paletten.

Collingwood ist nicht nur der Standort der Destillerie Canadian Mist, sondern auch ein schöner Touristenort. Die Stadt liegt an der Georgian Bay des Huron Lake in der Provinz Ontario.

Von Toronto aus fährt man zuerst auf dem Highway 400 Richtung Norden. In Barrie verlässt man ihn und nimmt den Highway 26/27. Der Highway mit der Nummer 26 führt nach Collingwood. Kommt man nach Collingwood, muss man bei der ersten großen Kreuzung (der Highway 26 geht nach rechts weg und heißt Pretty River Parkway) links in den Pretty River Parkway South einbiegen. Nach wenigen Metern geht links die MacDonald Road weg. Diese führt direkt zur Destillerie.

Der Name bedeutet	Kanadischer Nebel		Schätzung 8–10 000 000 Liter
Aussprache	Kanäidiän Mist	Besucher	Kein Besucherzentrum ★★★ Besuche sind aber nach Voranmeldung möglich. (Nicht zu knapp vor dem geplanten Besuch anrufen.)
Whiskyregion	Ontario, Kanada		
Adresse	Canadian Mist Distillery 202 MacDonald Road, Collingwood, Ontario		
ON L9Y 4J2 Canada			
Kontakt	www.canadianmist.com Telefon +1 (705) 445 46 90	Rating	★★★(★)
		Arten	Canadian Blend
Club	Mist Backyard Party Mitgliedschaft gratis; Anmeldung über die Website	Hausstil	Leicht, Toffee, Karamel, Vanille, süßlich und doch trocken
Gründung	1967		
Status	In Betrieb		
Besitzer	Canadian Mist Distillers Ltd. (Brown-Forman Co., USA)		
Stills	6 *column stills* mit *doubler*		
Kapazität pro Jahr	Wird nicht veröffentlicht;		

Gimli

(Crown Royal)

Die Destillerie Gimli (Crown Royal)

534

Die Destillerie Gimli wurde nach der kleinen Stadt am Lake Winnipeg, in deren Nähe sie liegt, benannt. Sie ist die einzige Destillerie aus dem ehemaligen Besitz des Großkonzerns Seagram, die heute in Kanada noch produziert. Die erst 1969 gebaute und in Betrieb genommene Brennerei profitiert von ihrer Lage mitten in den riesigen Getreideanbaugebieten von Manitoba.

Als Seagram sich im Jahr 2000 von all seinen Destillerien und Spirituosenmarken trennte, übernahm die Firma UDV (heute Diageo) die Destillerie in Gimli zusammen mit – und vor allem wegen – ihrer Parademarke »Crown Royal«. Diese ist eine der beliebtesten Whiskymarken in Kanada und der meistverkaufte kanadische Whisky in den USA.

Den »Crown Royal« gibt es schon seit 1939. Er wurde seit diesem Jahr in Waterloo (Ontario) in der dortigen Seagram

Oben · Firmenschild vor der Destillerie mit dem Hinweis auf das hauptsächlich hier destillierte Produkt: Crown Royal.

Unten · Die Destillerie hat hohe Produktionsgebäude mit markanten Silos und Tanks.

Der Name bedeutet	Name der Stadt
Aussprache	Gimli
Whiskyregion	Manitoba, Kanada
Adresse	Gimli Distillery Distillery Road, Gimli, Manitoba MB R0C 1B0 Canada
Kontakt	Keine eigene Homepage Besitzer www.diageo.com Hauptmarke www.crownroyal.com Telefon +1 (204) 642 51 23
Club	Society of the Crown Mitgliedschaft gratis; Anmeldung über die Website von Crown Royal
Gründung	1969
Status	In Betrieb
Besitzer	Diageo plc
Stills	2 *column stills*, 1 *Coffey still*, 1 *column still* mit *still kettle*
Kapazität pro Jahr	34 000 000 Liter
Besucher	Kein Besucherzentrum ★★★☆☆ Besuche sind aber nach Voranmeldung möglich. (Nicht zu knapp vor dem geplanten Besuch anrufen.)
Rating	★★★★(★)☆☆
Arten	Corn, Rye, Blend
Hausstil	Crown Royal: Weich, cremig, Eiche, Vanille, süßlich

Destillerie produziert. Diese ab 1857 bestehende Destillerie wurde 1992 geschlossen und die Herstellung des »Crown Royal« nach Gimli verlegt. Kurz nach der Schließung fiel ein Teil der Gebäude der ehemaligen Destillerie einem Großbrand zum Opfer. Von der ehemals großen und stolzen Destillerie kann man heute nicht mehr viel sehen.

Doch zurück zur Gimli Distillery: Das wirklich Spezielle an dieser großen Destillerie ist, dass sie mit ihren technischen Einrichtungen und dank den eingesetzten, verschieden nutz- und veränderbaren *stills* in der Lage ist, verschiedene Whiskarten zu produzieren. Dies ist auch nötig, gehen doch die Bestände der anderen, früher zum Seagram-Konzern gehörenden Destillerien zur Neige. Die Destillerien Beaupré, LaSalle und Waterloo wurden noch unter der Leitung von Seagram in den letzten Jahrzehnten

Gimli · nach den dorthin emigrierten Isländern auch Hauptstadt von Neu Island genannt; ein interessantes kleines Nest; lebt vom Wikingerkult seiner Bewohner.

Lake Winnipeg und Lake Manitoba mit ihrer Umgebung · Natur pur.

Die beeindruckende Anlage der Gimli-Destillerie am Lake Winnipeg mit ihren großen Lagerhäusern.

stillgelegt. Nun müssen die in ihnen früher hergestellten Whiskys für das Blenden der verschiedenen Marken nach den alten Geschmacksvorgaben in der Destillerie Gimli produziert werden.

In der Destillerie werden – neben weiteren Unterarten – fünf spezifische Whiskycharaktere produziert, die für das Blenden der verschiedenen Marken benötigt werden. Ausgangspunkt für diese – man könnte sie eigentlich als eigene Whiskys bezeichnen – ist der Einsatz verschiedener Maischen, aus denen dann durch Gärung die für das Destillieren benötigte *beer* gewonnen wird. Sie werden mit unterschiedlichen Zusammensetzungen und Anteilen an Getreidesorten gemischt. Die am meisten verwendete Mischung besteht aus einem großen Anteil an Mais mit Zugabe einer kleinen Menge an Gerstenmalz. Weitere Maischezusammensetzungen sind: eine Mischung aus Roggen und Gerstenmalz, eine aus Mais, Roggen und Gerstenmalz, eine spezielle, fast nur aus Roggen und eine fast nur aus Mais bestehende Mischung.

Gebrannt werden die verschiedenen Whiskys auch in verschiedenen *continuous stills*. Bei Gimli stehen neben einzelnen *column stills* auch noch eine alte *Coffey still* mit zwei Säulen und eine spezielle Kombination einer *column still* mit einem nachgeschalteten geschlossenen Bottich (*still kettle* genannt). In diesem wird der flüssige Teil (*reflux*), der sich unten in der *column still* ansammelt, durch die *still kettle* geleitet. Durch diese führen mit Dampf beheizte Rohre. Der *reflux* verdampft durch die Hitze der

Rohre und wird wieder in die *column* zur weiteren Destillation und Extraktion eingeleitet.

In den 46 Lagerhäusern auf dem Destilleriekomplex werden ungefähr 1,5 Millionen Fässer gelagert. Das Blenden und Abfüllen der verschiedenen Arten des »Crown Royal« und anderer Whiskymarken in Flaschen wird nicht in Gimli gemacht. Diese Produktionsschritte erfolgen im kleinen Ort Amherstburg in der Nähe von Windsor in Ontario (direkt gegenüber der amerikanischen Großstadt Detroit am Detroit River) in einem großen Betrieb von Diageo.

Der kleine Ort Gimli liegt am südwestlichen Ufer des Lake Winnipeg in der kanadischen Provinz Manitoba. Die Destillerie mit dem gleichen Namen liegt etwas nördlich.

Nach Gimli kommt man von Winnipeg aus auf dem Highway 8 Richtung Norden. Nach ungefähr 80 Kilometer Fahrt hat man den Ort erreicht. Am besten bleibt man auf dem Highway, bis die Distillery Road zur »Crown Royal Distillery«, wie sie wegen ihres Hauptproduktes auch genannt wird, führt.

Glenora

Die Destillerie Glenora

536

Nova Scotia ist ein Gebiet, das mit seinen Glens (Tälern) und Bens (Bergen) dem Herkunftsland der meisten seiner Bewohner – Schottland – ähnelt. Die Idee, dort, also in der schottischsten Provinz Kanadas, einen Whisky nach schottischem Vorbild zu destillieren, hatte ein Mann mit dem Namen Bruce Jardine. 1990 baute er mithilfe einiger Geldgeber im kleinen Ort Glenville auf dem Cape Breton Island in der Provinz Nova Scotia (Neu-Schottland) eine Destillerie, die schottischer aussieht als manche Destillerie in Schottland selbst. Nicht einmal der dort typische *kiln* mit dem Pagodendach fehlt.

Die Destillerie Glenora überlebte aber finanziell nicht einmal das erste Jahr ihres Bestehens. Nach wenigen Monaten war sie bankrott.

Bereits 1991 konnte jedoch mithilfe neuer Geldgeber ein neuer Anlauf genommen werden. Mit dem Verkauf von frischen Destillaten wurde versucht, die Zeit zu überbrücken, in der der Whisky lagern muss und demzufolge noch kein Geld einbringt. Doch auch dies gelang nicht. Bereits 1993

Glenora sieht typisch schottisch aus – mehr als manche Destillerie in Schottland.

war erneut Schluss, und Glenora musste wieder stillgelegt werden.

Gut ein Jahr später, Ende 1994, investierten noch einmal neue Geldgeber in die Destillerie und nahmen sie auch gleich wieder in Betrieb. Diesmal unterstützte sogar die Regierung das Projekt mit einer Finanzspritze. Unter dem neuen Manager Lauchie MacLean gelang das Vorhaben, und die finanzielle Lage der Firma verbesserte sich. MacLean ist bis heute Manager der ersten aber nicht mehr einzigen Single Malt-Destillerie Kanadas geblieben.

Die jetzt unter dem Namen Glenora Inn & Distillery Ltd. firmierende Besitzerin der Destillerie brachte damals zwei Blends auf den Markt, um die Reifezeit der Malt-Whiskys zu überbrücken, den »Breton's Hand and Seal« und den »Cape Breton Silver«. Es handelte sich dabei um aus eigenen und fremden Whiskys aufgebaute Blends.

1996 wurde mit dem Bau eines Restaurants und Inns und der damit verbundenen Möglichkeit des Angebots von Übernachtungen eine weitere Einnahmequelle geschaffen.

Im *Visitor Centre* und Shop beginnt die Führung durch die kleine Destillerie. Der Maischbottich *(mash tun)* besteht aus einem Kessel aus Edelstahl, eingepackt in Bretter aus Douglas-Fichte und einem Deckel aus Kupfer. Ganz aus Douglas-Fichte sind die drei Gärbottiche.

Die beiden von Forsith in Rothes (Schottland) produzierten *stills* (eine *wash* und eine *spirit*) sind zwiebelförmig und haben die typische, ballförmige Ausbuchtung am Halsansatz. Die beiden zu ihnen gehörenden Rohrkondensatoren stehen ebenfalls im Gebäude.

Der Malt-Whisky von Glenora kommt in Ex-Bourbon-Fässer aus Kentucky *(first fill)*. Diese werden in einem Lagerhaus auf dem Gelände der Destillerie gereift.

Der erste kanadische Single Malt wurde im Jahr 2000 unter dem Namen »Glen Breton« abgefüllt. Obwohl der Anfang der 1990er-Jahre produzierte Whisky noch einmal destilliert werden musste, ist der »Glen Breton« dank der Mithilfe von und Schulung durch die Spezialisten der Destillerie Bowmore, die die kanadischen Mitarbeiter ausbildeten, über die Jahre zu einem guten Single Malt geworden.

Den »Glen Breton« gibt es als Standard mit 10 Fassjahren gereift in Ex-Bourbon-Fässern. Einen weiteren 10-Jährigen gibt es in einer in Eisweinfässern von Jost Vineyards (Malagash, Nova Scotia) gereiften Version. 2008 kam eine limitierte Abfüllung eines 15-Jährigen auf den Markt. In

Die Destillerie Glenora steht auf Cape Breton Island (im Nordosten Kanadas). In Nova Scotia, bevor man über den Canso Causeway (einen Damm, der Festland und Insel verbindet) auf Cape Breton Island kommt, nimmt man vor dem Ort Port Hastings in Nova Scotia die an der Westküste von Cape Breton entlang führende Route 19 Richtung Judique–Port Hood–Mabou. Die Straße trägt auch den Touristiknamen Ceilidh Trail.

Die Destillerie mit ihrem Inn und Restaurant liegt in der Nähe der Straße zwischen Mabou und Inverness (Wegweiser zu Destillerie und Inn).

den letzten Jahren erschienen zusätzlich einige fassstarke Abfüllungen und Abfüllungen zu speziellen Anlässen.

Die Destillerie Glenora lief ein paar Jahre lang Gefahr, den Namen »Glen Breton« ihres Single Malt ändern zu müssen. Von 2001 bis Mitte 2009 musste die Destillerie vier Gerichtsverfahren – eingeleitet durch die Scotch Whisky Association (SWA) – über sich ergehen lassen. Der schottische Riese verlangte vom kanadischen Zwerg die Entfernung des Wortes »Glen« aus dem Whiskynamen »Glen Breton«, weil die Kunden den Whisky für einen schottischen halten

könnten. Der Schaden für die schottische Whiskyindustrie hätte katastrophal sein können. Schließlich lehnte der Supreme Court of Canada (Oberster Gerichtshof Kanadas) in letzter Instanz den Antrag der SWA auf Berufung gegen einen früheren Gerichtsentscheid zugunsten von Glenora ab. Dies bedeutet, dass die Destillerie das »Glen« weiter verwenden darf. Ein Jahr nach dem Urteil brachte die Glenora Distillery im Juni 2010 einen Whisky zum Gedenken an die jahrelange und schließlich gewonnene Schlacht heraus: »Battle of the Glen«, einen 15-jährigen Single Malt.

Cape Breton Island · beeindruckende Natur und Landschaft, Fauna und Flora.

Unten · Die drei Gärbottiche stehen zusammen mit dem Maischbottich im *tunhouse*.

Ganz unten · Im *stillhouse* stehen die beiden *stills* mit ihren Rohrkondensatoren und dem *spirit and sample safe*.

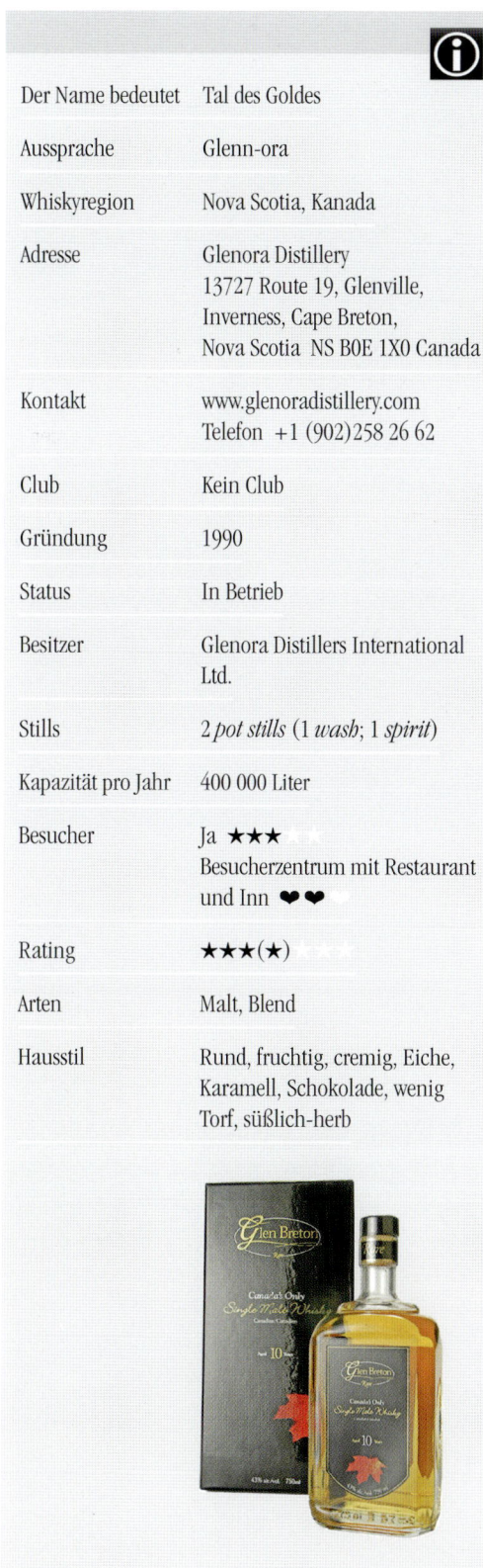

Der Name bedeutet	Tal des Goldes
Aussprache	Glenn-ora
Whiskyregion	Nova Scotia, Kanada
Adresse	Glenora Distillery 13727 Route 19, Glenville, Inverness, Cape Breton, Nova Scotia NS B0E 1X0 Canada
Kontakt	www.glenoradistillery.com Telefon +1 (902)258 26 62
Club	Kein Club
Gründung	1990
Status	In Betrieb
Besitzer	Glenora Distillers International Ltd.
Stills	2 *pot stills* (1 *wash*; 1 *spirit*)
Kapazität pro Jahr	400 000 Liter
Besucher	Ja ★★★ Besucherzentrum mit Restaurant und Inn ❤❤
Rating	★★★(★)
Arten	Malt, Blend
Hausstil	Rund, fruchtig, cremig, Eiche, Karamell, Schokolade, wenig Torf, süßlich-herb

Gooderham & Worts †

Den Distillery District in der Nähe des Parlaments kennt in Toronto jedermann. Er liegt in der Nähe des Gardiner Expressway. Folgt man der von diesem Expressway abgehenden Parlament Street, muss man die nächste Straße rechts abbiegen. Die Mill Street, so heißt sie, führt direkt zur ehemaligen Destillerie.

Die Destillerie Gooderham & Worts

538

Einer der beiden Gründer dieser Destillerie, James Worts, immigrierte 1831 aus England nach Kanada und errichtete in Toronto eine Getreidemühle. Ein Jahr später folgte ihm sein Schwager William Gooderham nach und investierte sein Geld ebenfalls in den Mühlenbetrieb. Die gemeinsame Firma trug die Bezeichnung Gooderham & Worts.

1837 gliederten die beiden dem Mühlenbetrieb eine Destillerie an und begannen im gleichen Jahr mit der Produktion der ersten Whiskys.

Gooderham & Worts hatte mit seiner Geschäftstätigkeit Erfolg und wuchs sehr schnell. Dies führte dazu, dass 1859 mit dem Bau einer großen industriellen Anlage an der Mill Street, östlich des Parlamentes von Toronto, begonnen wurde. 1861 wurden die neuen Gebäude bezogen und die ganze Produktion dorthin verlegt. Der Komplex umfasste die Mühle, Lagerhäuser für Getreide, die Destillerie, die Fassherstellung und eine Anti-Eis- und Frostmittelproduktion.

1869 wurde das Hauptgebäude der Destillerie von einem Großfeuer zerstört, das durch eine explodierende *still* ausgelöst worden war. Die Gebäude wurden nach den Plänen der 1859 gebauten Destillerie wieder erstellt. 1871 war die Destillerie von Gooderham & Worts Ltd. mit ihren 150 Angestellten und einem Ausstoß von über 10 Millionen Liter Whisky pro Jahr die mit Abstand größte Destillerie in Amerika. 1881 wurde George Gooderham,

ein Nachkomme des Firmengründers, alleiniger Besitzer der riesigen Destillerie. In den folgenden Jahren und Jahrzehnten hatte aber auch sie unter den Folgen der beiden Weltkriege sowie der Prohibition in den USA zu leiden.

1923 wurde Gooderham & Worts verkauft. Der neue Besitzer – Harry C. Hatch – kaufte sich 1926 auch noch die Destillerie Walkerville und fasste im Jahr 1927 die beiden Betriebe in einer einzigen Firma zusammen. Danach konzentrierte die neue Firma Hiram Walker-Gooderham & Worts Ltd. ihre Kräfte voll und ganz auf die Produktion ihres Paradepferdes, des Whiskys »Canadian Club« von Walkerville. Die Herstellung aller Whiskymarken von Gooderham & Worts Ltd. wurde nach und nach von Toronto nach Walkerville verlegt. Ab dem Jahr 1957 wurde in der Destillerie Gooderham & Worts kein Whisky mehr produziert. Dort wurde, bis sie 1990 endgültig stillgelegt wurde, nur noch Rum hergestellt.

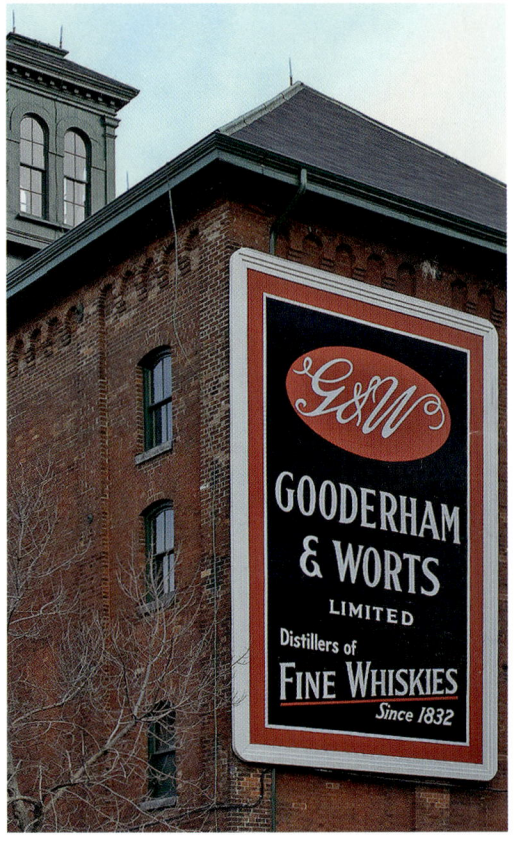

Rechts · An einem Gebäude des Distillery Districts hängt immer noch eine Werbetafel.

Unten · Lithographie der großen Destillerie Mitte des 19. Jahrhunderts auf einer alten Lithographie. Am Lake Ontario standen einerseits das riesige Getreidelager, in welches mit Schiffen angeliefert wird, und andererseits die Lagerhalle, aus welchen die Whiskys ausgeliefert wurden. Dahinter sind die Gebäude der Destillerie, von welchen viele noch stehen und den berühmten Distillery District bilden.

Der Name bedeutet	Familiennamen/ Name der Firma
Aussprache	Guuderhäm änd Wörts
Whiskyregion	Ontario, Kanada
Adresse	Gooderham & Worts Distillery Distillery District, Toronto, Ontario ON M5A 3C4 Canada
Kontakt	Die sehenswerte Homepage des heutigen Distillery District zeigt, was aus einer der größten Destillerien der Welt geworden ist: www.thedistillerydistrict.com
Club	Kein Club
Gründung	1837
Status	Stillgelegt 1990; seither zum Teil anderweitig genutzt oder abgerissen
Besitzer	Letzter war Hiram Walker Ltd. (Allied Domecq)
Stills	*continuous stills* mit mehreren *columns* für die verschiedenen produzierten Destillate
Kapazität pro Jahr	Über 10 000 000 Liter
Besucher	Nein, existiert nicht mehr – heute größtes Kultur- und Vergnügungszentrum Kanadas
Rating	★★★★✩✩✩
Arten	Malt, Grain, Rye, Blend
Hausstil	Weich, süßlich, würzig, Vanille, warm

Toronto · ist eine sehens- und besuchenswerte Stadt; einer ihrer absoluten Höhepunkte ist der in den Gebäuden und der Umgebung der ehemaligen Destillerie entstandene Distillery District.

539

Gooderham & Worts arbeitete in der Destillerie in Toronto mit mehreren Getreidemühlen, verschiedenen Getreidekochern, zwei Maischbottichen und einer großen Anzahl an Gärbottichen. In den *stillhouses* für die verschiedenen Destillate standen unterschiedliche *column stills*, so zum Beispiel eine *still* für die Rye-Whisky-Produktion, mehrere *columns* für die Produktion von Corn-Whisky und neutralem *spirit,* eine *column* mit einer *kettle* (Beschreibung dieses Systems siehe bei Gimli Distillery, Seite 535), eine Gin- und eine Rum-*still*.

Allied Domecq (Besitzer der Firma seit 1987) verkaufte 2001 das ganze Areal von Gooderham & Worts in Toronto an eine Immobilienfirma. Die Gebäude werden heute von der Filmindustrie, von Galerien, für Konzerte, von Restaurants und Kaffees und vielen Kleinindustriebetrieben genutzt. Ein großer Teil des kulturellen Lebens nicht nur Torontos, sondern auch der ganzen Provinz Ontario, spielt sich in den alten Gemäuern des Distillery District ab.

Die letzten, mit zu den besten gehörenden kanadischen Whiskys, die noch an die Destillerie erinnern (alles typisch kanadische Blends), wurden noch einige Zeit in der Destillerie Hiram Walker & Sons in Walkerville hergestellt. Sie trugen die Namen »Gooderham & Worts« (den Namen der Destillerie), »Lot N° 40« und »Pike Creek«. Sie alle werden nicht mehr produziert und sind heute schwer zu finden.

Oben · Zeichnung des Großfeuers, welches 1869 einen Teil von Gooderham & Worts zerstörte.

Links und unten · Die ehemalige Destillerie heute.

Highwood

Oben · Die Produktionsgebäude der Destillerie mit dem herausragenden *stillhouse*.

Rechts · Im *cooker* werden Mais, Roggen oder andere Getreidearten ausgekocht.
Alle Innenaufnahmen © Chip Dykstra

Die Destillerie Highwood

Die Destillerie Highwood wurde 1974 von einer Firma mit dem Namen Sunnyvale Distillers Ltd. unter dem Namen »Sunnyvale Distillery« gegründet. Die kleine Destillerie liegt im Städtchen High River. Dieses wiederum liegt in der Nähe der Stadt Calgary und damit nicht nur in den südlichen Ausläufern der Rocky Mountains, sondern auch im größten Getreideanbaugebiet Kanadas. 1984 wurde sie nach dem durch High River fließenden Fluss Highwood in »Highwood Distillery« umbenannt. Ab 1987 firmierte die Besitzerin als Highwood Distillers Ltd. Sie hatte all ihre Büros am Standort der Destillerie. 1997 wurde der Firmensitz samt Verkaufs- und Marketingabteilung nach Calgary verlegt.

Im Jahr 2005 kaufte Highwood Distillers Ltd. die Marke Potter's und bringt jetzt den Kultwhisky als »Potter's Special Old Canadian Rye« auf den Markt.

In den Jahren 2006 und 2007 wurde die Destillerie in High River renoviert und ausgebaut. Bei dieser Gelegenheit erhielt sie auch ein neues Lagerhaus. In der – für kanadische Verhältnisse – kleinen Destillerie wird Getreide (in der Regel Weizen) zuerst in einem *cooker* (einer Art Dampfkochtopf) aus Edelstahl unter Druck ausgekocht und so eine Maische produziert. Diese wird anschließend in einem Kühlbottich abgekühlt. Im gleichen Behälter werden der Maische Hefe und natürliche Enzyme beigemischt, bevor sie für den Gärprozess in die Gärbottiche gepumpt wird. Die

Calgary · hat zu jeder Jahreszeit etwas zu bieten.

High River · liegt in der Nähe der Rocky Mountains; Berge, Fauna und Flora.

540

Der Name bedeutet	Hochwald
Aussprache	Hei-wuud
Whiskyregion	Alberta, Kanada
Adresse	Highwood Distillery 114 10th Avenue SE, High River, Alberta AL T1V 1M7 Canada
Kontakt	www.highwood-distillers.com Telefon +1 (403)652 32 02
Club	Kein Club
Gründung	1974
Status	In Betrieb
Besitzer	Highwood Distillers Ltd.
Stills	1 kleine *continuous still*
Kapazität pro Jahr	Ungefähr 1 250 000 Liter
Besucher	Nein ★★★
Rating	★★★(★)
Arten	Rye, Wheat, Corn, Blend
Hausstil	Unterschiedlich nach Sorte

Highwood Rye:
Süß, Roggen, Vanille, weich

Potter's:
Vanille, süßlich, aromatisch, weich

Oben · In dieser *beer still* wird das erste Mal destilliert.

Ganz oben Mitte · Die etwas speziell aussehende *pot still* übernimmt die zweite Destillation.

Ganz oben rechts · Der *cooler* für die Kondensation der Alkoholdämpfe ist eine Art *worm tube*.

Oben rechts · In einem separaten, modernen Gebäude befinden sich das Lager und die Flaschenabfüllerei.

nach ungefähr drei Tagen Gärzeit entstandene *beer* hat einen Alkoholgehalt von ungefähr 8 Prozent.

Die *beer* wird ein erstes Mal in einer *column still* gebrannt. Der Alkoholgehalt des dabei erreichten Destillates, man nennt es bei Highwood *high wines,* liegt bei etwas über 70 Prozent.

Die zweite Destillation erfolgt in einer speziellen *pot still* mit einem aufgesetzten *column still*-Hals. Sie ist vom Prinzip her vergleichbar mit einer europäischen Kolonnenbrennerei.

Die *high wines* werden im Kessel erhitzt, die Alkoholdämpfe steigen durch den *still*-Hals hoch, kondensieren und werden aufgefangen. Dabei werden Vor- und Nachlauf abgezweigt und in einem folgenden Destillationslauf wie-

der den *high wines* beigemischt. Wenn ich die Erklärungen – sie klangen etwas geheimnisvoll – richtig verstanden habe, werden aus einem einzigen Destillationsdurchlauf in verschiedenen Abschnitten (zeitlich festgelegt) Destillate für unterschiedliche Produkte produziert: Whisky, Basis für Liköre, Wodka usw.

Die Whiskys reifen in Ex-Bourbon-Fässern im neu gebauten großen Lager- und Abfüllgebäude. In einem Teil dieses Gebäudes befinden sich die *blending*-Abteilung und die Flaschenabfüllerei für die verschiedenen Destillate und Liköre der Firma.

In der Destillerie wird zwar in erster Linie Wodka aus Weizen hergestellt, Whiskys machen daneben aber doch einen recht großen Anteil an der Produktion aus. Für einige der Blends werden auch Roggenwhiskys benötigt. Diese werden zugekauft.

Die Rye-Whiskys »Highwood Centenniel 10 years Canadian Rye«, der »Century Reserve Rye Whisky« in verschiedenen Altersstufen und der »Highwood Canadian Rye Whisky« sind die Paradepferde unter den verschiedenen Rye-Whiskys der Destillerie.

Ein neues Produkt ist der »White Owl Whisky«, ein klarer Whisky. Für ihn werden normal gealterte Whiskys ver-

wendet, die in der Destillerie mit einem speziellen Verfahren gefiltert werden. Dabei wird ihnen die Farbe entzogen.

Neben den Roggenwhiskys, ein paar Blends und dem – wie die Firma selbst behauptet – reinsten Wodka der Welt, stellt die Destillerie auch andere Destillate und Mischgetränke her. Zudem werden schottische Whiskys in Fassstärke importiert und mit dem »reinen Wasser«, das auch für die anderen Produkte Verwendung findet, verdünnt und auf den einheimischen Markt gebracht.

Highwood hat keine Besuchereinrichtungen. Eine Besichtigung ist jedoch nach Voranmeldung möglich.

Die kleine Stadt High River liegt ungefähr 40 Kilometer südlich von Calgary in einer sehr schönen Gegend. Von Calgary aus fährt man zuerst auf dem Highway 2 und biegt dann auf die Route 2A ab. Diese führt direkt in die Stadt High River. Von der 2A geht in der Nähe des Stadtzentrums – sie heißt dort Central Street – die 10th Avenue SE nach links weg und führt direkt zur Destillerie.

Kittling Ridge

Die Destillerie Kittling Ridge

»Destillerie Rieder« hieß diese Brennerei, als sie von Otto Rieder, einem Deutschschweizer, im Jahr 1971 gegründet wurde. Rieder verdiente sein Geld dann zwar hauptsächlich mit Obstbränden und dem Keltern von Weinen aus der Region, er machte in seiner Destillerie aber ebenfalls Experimente mit Whisky. In seiner kleinen *beer still* und der ebenfalls kleinen, kupfernen *pot still* produzierte er jedoch nie große Mengen. Er kaufte von anderen kanadischen Destillerien zu und mischte sie mit seinen selbst gebrannten Rye- und Corn-Whiskys, die er auch als Singles abfüllte. Seine Whiskys veredelte er zum Teil mit selbst hergestelltem Sherry.

Die Brennerei lief so gut, dass 1985 die Firmengebäude das erste Mal erweitert werden mussten.

1992 wurde Otto Rieder pensioniert. Er verkaufte seine Firma an John K. Hall, einen studierten Weinexperten. Dieser änderte den Namen der Destillerie in »Kittling Ridge Estate Wines and Spirits«. »Kittling Ridge« ist benannt nach einer Stelle über den nahen Niagarafällen, die von den Raubvögeln wegen ihrer Thermik gesucht wird, um sich in die Höhe und über die Gewässer treiben lassen zu können.

John mälzt einen Teil der benötigten Gerste selbst. Er braucht sie für die Vergärung der Maischen aus den hauptsächlich für seine Whiskys verwendeten Getreidearten Mais und Roggen.

Niagara-Fälle · ein Naturschauspiel sondergleichen.

Links · Fass mit dem Logo der Whiskymarke von Kittling Ridge: Forty Creek.

Unten · Die Weinhandlung und Destillerie Kittling Ridge.

Die Whiskys in dieser als Micro Distillery zu bezeichnenden Brennerei werden in zwei kleinen *pot stills*, eine mit 5000, die andere mit 500 Litern Kapazität gebrannt.

Aus der Destillerie Kittling Ridge kommt der Blend »Canada Gold«. Ein weiterer Blend mit dem Namen »Forty Creek« folgte in bis heute zwei verschiedenen Abfüllungen, zuletzt als »Barrel Select« und »Double Barrel Reserve«. Eine neuere Schöpfung – ebenfalls ein Blend – kam 2007 in einer PET-Flasche (!) als »Mountain Rock Canadian Whisky« auf den Markt.

Den »Forty Creek« gibt es auch in verschiedenen, sogenannten »Special Reserves«. Eine davon ist die im November 2011 auf den Markt gebrachte »Confederation Oak Reserve«.

Die Whiskys der Reihe »Forty Creek« gehören zu den besten kanadischen Whiskys und wurden an Whiskyanlässen *(Competitions)* schon mit mehreren Goldmedaillen ausgezeichnet.

Die Destillerie hat einen gut bestückten Shop, von dem aus die Führungen durch die Destillerie – manchmal führt John Hall selbst – starten.

543

Der Name bedeutet	Trag-/Treibhöhe (Vögel)
Aussprache	Kittling Ritsch
Whiskyregion	Ontario, Kanada
Adresse	Kittling Ridge Estate Wines & Spirits 297 South Service Road, Grimsby, Ontario ON L3M 1Y6 Canada
Kontakt	www.kittlingridge.com Whisky-Homepage www.fortycreekwhisky.com Telefon +1 (905) 945 92 25
Club	Kein Club
Gründung	1972
Status	In Betrieb
Besitzer	Kittling Ridge Estate Wines & Spirits
Stills	2 *pot stills*
Kapazität pro Jahr	Wird nicht veröffentlicht
Besucher	Ja ★★★☆☆ Besucherzentrum und Shop ❤❤♡
Rating	★★★(★)☆☆☆
Arten	Rye, Corn, Blend
Hausstil	Unterschiedlich nach Sorte Forty Creek Barrel Select Süßlich, Vanille, Eiche, würzig, nussig, weich

Oben links · Die »große« *still* hat einen speziell konstruierten Kopf.

Oben · In der kleinen *still* wird das zweite Mal destilliert.

Links · Das Fasslager beherbergt schon eine sehr stattliche Anzahl an Whiskyfässern. Hier nur ein kleiner Teil davon.

Die Destillerie Kittling Ridge steht in Grimsby, einer nicht gerade attraktiven Gemeinde, die direkt am Queen Elizabeth Way (Q.E.W. Zufahrtsstraße von Toronto zu den Niagarafällen liegt. Um zu ihr zu kommen, muss man den Highway beim Exit Casablanca South in Richtung Casablanca Boulevard verlassen und dann gleich in die South Service Road nach links einbiegen. Kittling Ridge liegt direkt an dieser Straße.

Shelter Point

Die Destillerie Shelter Point

Patrick Evans kaufte zusammen mit seiner Familie im Jahr 2005 von der Universität von Britisch Kolumbien eine Farm, die bis zu diesem Zeitpunkt von der Hochschule zu Forschungszwecken betrieben wurde. Die Familie Evans erhielt mit dem Landkauf die Möglichkeit, ihre Vision eines naturnahen Betriebs einer modernen Farm in die Wirklichkeit umzusetzen. Das große Gebiet der Farm ähnelt einem Naturschutzgebiet. Es leben dort etliche wilde Tiere und viele zum Teil seltene Vögel.

Auf der Farm wird vor allem Gerste angebaut. Daneben werden aber auch Gemüse und Beeren geerntet, besonders Himbeeren. Diese Himbeeren werden einerseits auf Märkten und in Geschäften verkauft, andererseits auch für Destillate verwendet. Damit wäre die Brücke zur Destillerie geschlagen.

Eigentlich gehört die Shelter Point Distillery (noch) gar nicht in dieses Buch. Ihr erster Single Malt wird erst 2014 auf den Markt kommen. Doch ich konnte nicht widerstehen: Shelter Point ist eine ausgesprochen schöne und beeindruckende Destillerie.

Die Idee, seiner neu gegründeten Farm auch eine Destillerie anzugliedern und so die eigene Gerste und andere Produkte seiner Farm auch auf eine andere Art zu veredeln, hatte Patrick Evans bereits im Jahr 2006. Es sollte aber beinahe fünf Jahre dauern, bis der erste *new make* in Fässer abgefüllt werden konnte.

Als Erstes holte er sich einen Spezialisten für die finanziellen Aspekte an Bord: Jay Oddleifson wurde Partner und Mitinhaber von Shelter Point. Zuvor war er Finanzchef im Mount Washington Alpine Resort von Vancouver Island.

Der andere Spezialist, den Patrick gewinnen konnte, kommt aus Schottland und heißt Mike Nicolson. Mike Nicolson? Ja, es ist tatsächlich *der* Mike Nicolson, den man von seinen verschiedenen Tätigkeiten in Diageo-Destillerien in Schottland kennt. So zum Beispiel als *Master Distiller* bei Blair Athol, Caol Ila, Glenkinchie, Lagavulin

Auf Vancouver Island, einer wunderschönen Insel westlich von Vancouver in British Columbia, steht die nach schottischem Vorbild gebaute Destillerie Shelter Point.

Der Weg zu ihr führt von Vancover aus zuerst mithilfe einer Fähre auf die Insel. Es gibt für die Überfahrt zwei Möglichkeiten: Entweder die Fähre in den interessanten Hauptort der Insel, Victoria, oder zum näher bei der Destillerie gelegenen Hafenort Nanaimo.

Von Victoria aus fährt man bis nach Nanaimo auf dem Highway 1 und wechselt dort auf den Inland Island Highway 19.

Auf diesem fährt man auch nach der Ankunft in Nanaimo in Richtung Norden. Bei Courtenay wechselt man auf den Highway 19A (Island Highway) und fährt weiter Richtung Norden. Im kleinen Ort Oyster River muss man nach rechts in die Terrain Road abzweigen. Diese führt zur Regent Road und zur Destillerie.

Achtung: Die Insel ist groß. Die Fahrt dauert von Victoria aus gut fünf, von Nanaimo aus etwa drei Stunden.

Eine Alternative wäre das Flugzeug: Nach Campbell River oder Comox (beide sind nicht weit von der Destillerie entfernt) gibt es Linienflüge ab Vancouver oder Calgary.

Sämtliche Produktionsmittel stehen in der Shelter Point Distillery in einem einzigen Raum. Vor den beiden *stills* stehen die vier Gärbottiche, dahinter der Maischbottich.

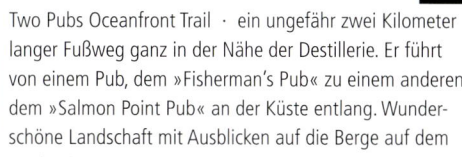

Der Name bedeutet	Geografischer Name
Aussprache	Schelter Point
Whiskyregion	British Columbia, Kanada
Adresse	Shelter Point Distillery 4650 Regent Road, Campbell River, Vancouver Island, British Columbia BC V9H 1E3 Canada
Kontakt	www.shelterpointdistillery.com Telefon +1 (778) 420 22 00
Club	Kein Club
Gründung	2006; Produktionsaufnahme 2011
Status	In Betrieb
Besitzer	Shelter Point Farm and Distillery
Stills	*2 pot stills*
Kapazität pro Jahr	Ungefähr 100 000 Liter
Besucher	Ja ★★★☆☆ Besucherzentrum und Shop ❤❤♡
Rating	Noch kein Rating; erster Whisky 2014
Arten	Single Malt, Blend
Hausstil	Noch keine Angaben
	Es sind noch keine Abfüllungen aus dieser Destillerie auf dem Markt.

und Royal Lochnagar. Welche Art Single Malt er bei Shelter Point produzieren wird, ist also nicht leicht einzukreisen. Er selbst gibt sich in dieser Beziehung bedeckt. Mike Nicolson wollte eigentlich sein Rentnerdasein auf Vancouver Island genießen, stieg aber gerne ein, als er vom Plan des Aufbaus einer Destillerie nach schottischem Vorbild hörte. Er befasste sich beim Aufbau der Destillerie vor allem mit der Auswahl der Anlagen. Wen wundert es da, dass dort jetzt zwei *pot stills* aus der Produktion von Forsyths in Rothes (Schottland) stehen?

Die beiden *stills* stehen zusammen mit den anderen Anlagen in einem speziell für die Destillerie neu erstellten Gebäude, einem schönen Holzbau, der sich sehr gut in die Umgebung einfügt. Die Destillerie ist besucherfreundlich und rationell geplant worden. In einem einzigen großen Raum stehen neben den beiden *pot stills* — je einer *wash* und *spirit* mit schlanken Hälsen ohne Ein- oder Ausbuchtungen und den Rohrkondensatoren — auch der Maischbottich und die vier Gärbottiche. Letztere sind aus Edelstahl.

Am 5. Juni 2011 floss das erste Mal brauchbarer *new make* aus den beiden *stills* und konnte in Fässer (Ex-Bourbon aus Kentucky) abgefüllt werden. Die mindestens dreijährige Lagerzeit des ersten Single Malt aus dem Westen Kanadas hatte begonnen.

Die Zeit, bis der erste eigene Whisky abgefüllt werden kann, überbrückt die Destillerie mit dem Brennen von Destillaten aus Obst und Früchten und dem Verkauf dieser Destillate. Daneben werden schottische Single Malt und Grain Whiskys zugekauft, geblended, in Flaschen abgefüllt und verkauft. So kommt ein wenig Geld in die Kasse. Daneben bietet Shelter Point auch die Möglichkeit an, ein Fass in Subskription zu erstehen.

Im schönen Besucherzentrum kann man die verschiedensten Artikel kaufen. Von ihm aus starten auch die Führungen durch die schöne Destillerie.

Rechts · Ein wohl einmaliger Anblick: eine Whiskydestillerie hinter einem riesigen Himbeerfeld!

Unten · Die Destillerie in wunderschöner Lage mitten in der Farm und in der Nähe des Meeres (Strait of Georgia). Im Vordergrund ein Teil des riesigen Himbeerfeldes.

Two Pubs Oceanfront Trail · ein ungefähr zwei Kilometer langer Fußweg ganz in der Nähe der Destillerie. Er führt von einem Pub, dem »Fisherman's Pub« zu einem anderen, dem »Salmon Point Pub« an der Küste entlang. Wunderschöne Landschaft mit Ausblicken auf die Berge auf dem Festland; viele Vogelarten.

Vancouver Island · bietet eine Fülle an Fauna, Flora und anderen Natursehenswürdigkeiten.

Victoria · schöne Stadt mit etlichen Attraktionen. Nicht verpassen: High Noon Tea, zelebriert wie zur Zeit König Edwards im Falmont Empress Hotel – zwar teuer, aber eine echte Show und *very british*.

Valleyfield
(Schenley)

Der Name bedeutet	Ortsname
Aussprache	Wällifiild
Whiskyregion	Quebec, Kanada
Adresse	Valleyfield Distillery 1 Salaberry St W, Salaberry-de-Valleyfield, Quebec QC J6T 2G9 Canada
Kontakt	Keine eigene Homepage Besitzer www.diageo.com Telefon +1 (450) 373 32 30
Club	Kein Club
Gründung	1945
Status	In Betrieb
Besitzer	Schenley Distillers Inc. (Diageo plc)
Stills	1 *pot still* mit *doubler*, 2 *continuous stills*
Kapazität pro Jahr	13 000 000 Liter
Besucher	Nein ★★★ ★★
Rating	★★★(★) ★★★
Arten	Corn, Rye, Blend
Hausstil	Seagram's VO: Cremig, weich, fruchtig, Vanille, Roggen, Gewürze

Die Destillerie Valleyfield

Die große Destillerie mit dem Namen »Valleyfield« wurde 1945 von der amerikanischen Schenley-Gruppe in der Nähe von Montreal auf einer Insel im Sankt-Lorenz-Strom nach den letzten Erkenntnissen der Destillationstechnik komplett neu gebaut. An ihrer Stelle stand zuvor bereits eine Destillerie der Quebec Distillers Company. In dieser wurde jedoch nur Industriealkohol destilliert.

Die Schenley-Gruppe befasste sich hauptsächlich mit dem Kauf und Verkauf von Whiskys, besaß daneben aber auch einige Destillerien in den USA und in Kanada.

1955 brachte die Gruppe mit dem Schenley »OFC« (»Old Fine Canadian«) eine Marke heraus, die zu einer der beliebtesten kanadischen Whiskys überhaupt werden sollte. Bald wurde die Destillerie in »Schenley Distillery« umbenannt. 1990 ging die Destillerie mit der gesamten Schenley-Gruppe an die UDV (Tochtergesellschaft von Guinness, dem Brauereigiganten aus Irland) über. 1997 wurde durch die Fusion der IDV (Grand Metropolitan Hotelkette) mit Guinness auch die Schenley Distillery in Valleyfield Teil der neuformierten schottischen United Distillers and Vintners (UDV), der heutigen Diageo. 1999 übernahm Constellation Brands Inc. (USA) von der UDV (Diageo) die Destillerie in Valleyfield, die diese in der Zwischenzeit in »Valleyfield Distillery« umbenannt hatte. Die Destillerie produzierte weiter

Die Größe der Fassabfüllabteilung ist beeindruckend.

Whiskys und vor allem den Wodka »Smirnoff« für Diageo. Im Jahr 2008 kaufte dann Diageo die Destillerie Valleyfield von Constellation wieder zurück. An den Gebäuden der großen Destillerie prangt nach wie vor der Name »Schenley«.

Während der Zeit des Besitzes durch die UDV wurden in der Destillerie die riesigen, aus Holz gefertigten Gärbottiche durch solche aus rostfreiem Stahl ersetzt. Sie sind aber nach wie vor oben offen und haben keine Deckel.

Der für die Mischung des Canadian Whiskys benötigte Straight Rye wird bei Valleyfield immer noch in einer kupfernen *pot still* ein erstes Mal gebrannt, bevor er dann im

Salaberry-de-Valleyfield mit der Destillerie Valleyfield liegt auf einer Insel im Sankt-Lorenz-Strom südwestlich von Montreal.

Fährt man aus der Stadt Montreal auf dem Expressway 20 Richtung Toronto, führt von diesem nach ungefähr 40 Kilometern die Route 201 über Brücken auf die Insel. Am einfachsten kommt man zur Destillerie, wenn man die Route 201 auf der Rue Grande Ile nach rechts verlässt. Man bleibt auf dieser Straße, bis sie den Strom überquert hat.

An der Kreuzung mit der Rue Victoria muss man nach links abbiegen und dieser Straße folgen. Sie führt direkt an der Destillerie vorbei.

Montreal · moderne, pulsierende Stadt mit vielen Sehenswürdigkeiten

doubler, einer auf dem amerikanischen Kontinent typischen *still*-Art, fertig destilliert wird. Für die großen Mengen werden aber auch in der Valleyfield Distillery moderne *continuous stills* eingesetzt.

Die Whiskys dieser Destillerie waren die süßesten, gleichzeitig aber auch die geschmackvollsten Kanadas. Sie werden – heute jedoch in einer anderen Destillerie – unter den Namen »Canadian Schenley«, »Schenley OFC«, »Golden Wedding«, »Gibson's« usw. abgefüllt. Denn ihre Produktion und die gesamten Lagerbestände wurden von Cons-

tellation in die von ihnen früher gekaufte und bevorzugte Destillerie Black Velvet in Lethbridge (Alberta) verlegt. Heute werden in Valleyfield noch der »Seagram's VO« und ein paar andere »Canadians« des Diageo-Konzerns destilliert.

Das jedoch wichtigste Produkt und wahrscheinlich auch der Hauptgrund für den Rückkauf der Valleyfield Distillery durch Diageo war der Wodka »Smirnoff«, der hier mit großem Know-how produziert wird.

In den riesigen Lagerhäusern in Valleyfield werden die produzierten Whiskys meist in Ex-Bourbon-Fässern ste-

hend gelagert. Der Destillerie angeschlossen ist ein großer und hochmoderner Blending- und Bottlingbetrieb. Hier werden die verschiedenen Whiskysorten gemischt und dann wie die anderen Spirituosen – darunter sehr viel »Smirnoff«-Wodka – in Flaschen abgefüllt, verpackt und in die ganze Welt verschickt.

Besucher werden nicht gerade gern empfangen.

Die Destillerie steht direkt beim katholischen Friedhof von Salaberry-de-Valleyfield.

Walker, Hiram & Sons

Die Destillerie Hiram Walker & Sons

Walkerville – heute ein Stadtteil im Osten von Windsor – war früher eine eigene Stadt. Sie wurde in den 1860er-Jahren von Hiram Walker, dem Gründer der gleichnamigen Destillerie, gebaut und nach ihm benannt. Sie liegt auf dem kanadischen Ufer des Detroit River gegenüber der US-amerikanischen Stadt Detroit und bildet den östlichen Teil von Windsor.

Der Platz wurde vom Amerikaner Hiram Walker im Jahr 1858 für den Bau seiner Destillerie gerade wegen seiner geografischen Nähe zu den USA ausgewählt. Er war aber, obwohl er in der Nähe der Stadt Windsor liegt, von dieser so abgeschnitten, dass Walker nicht nur die Destillerie errichtete, sondern für die Angestellten und ihre Familien sowohl Wohnhäuser als auch eine Schule und Kirche baute.

Die Whiskys aus der Destillerie Hiram Walker & Sons in Walkerville werden zu über 90 Prozent in *continuous stills,* also in einem kontinuierlichen Destillierverfahren, hergestellt. Als Rohstoffe werden außer dem Hauptprodukt Mais auch Roggen und andere Getreidearten verwendet.

In den *column stills* werden die Basiswhiskys destilliert. Für die *flavourings* wird die erste Destillation in einer kupfernen *beer still,* die zweite in einer alten, ebenfalls aus Kupfer bestehenden Art *pot still,* gemacht. Hier entstehen die aromatischen Teile des späteren Blend: die schweren *rye-* (Roggen) und *barley malt-* (Gerstenmalz)Whiskys.

In der Destillerie Hiram Walker wurde durch Hiram Walker und seine Spezialisten ein Whisky – eigentlich kann man sagen, ein Hausstil – kreiert, der nicht nur in Kanada, sondern auch weltweit große Anerkennung und Verbreitung fand: der »Canadian Club«. Er wurde das erste Mal

im Jahr 1884 abgefüllt. Das Besondere an ihm ist, dass er geblendet wird, bevor er zur Lagerung in die Fässer kommt. Abgefüllt wird er standardmäßig mit 6 Jahren. Es gibt ihn jedoch auch in anderen Fassalterungsstufen, zum Beispiel als 10-, 12-, 15- und 20-Jährigen, sowie in Fass-*finishings* und Abfüllungen zu besonderen Anlässen.

Während der Prohibition hatte die Destillerie in Walkerville einen sehr prominenten Hauptkunden: Al Capone. Dieser schmuggelte mit seiner Organisation Zehntausende von Litern des »Canadian Club« über die Grenze.

Hiram Walker & Sons expandierte in der Mitte des 20. Jahrhunderts stark nach Europa (Schottland und Spanien). An dieser Expansion war auch die Allied Distillers Ltd. als Mitaktionärin beteiligt. Im Jahr 1988 übernahm

Ob man nun über die große Brücke oder durch den Tunnel von Detroit nach Windsor kommt, man muss in beiden Fällen dem Riverside Drive East folgen, um nach Walkerville zu gelangen. Dem Riverside Drive folgt man auch, wenn man im Zentrum von Windsor startet. Er führt am Detroit River entlang direkt zum großen Komplex der Destillerie.

Destilleriegebäude mit der berühmten Brücke über die Hauptstraße und dem großen »Thank you« von Pernod Ricard.

Der Name bedeutet	Firmenname
Aussprache	Heirem Woker änd Sons
Whiskyregion	Ontario, Kanada
Adresse	Hiram Walker & Sons Distillery 2072 Riverside Drive East, Walkerville, Windsor, Ontario ON N8Y 4S5 Canada
Kontakt	Keine eigene Homepage Besitzer www.pernod-ricard.com Produkte www.canadianclubwhisky.com www.wisers.ca Telefon +1 (519) 254 51 71
Club	Kein Club
Gründung	1858
Status	In Betrieb
Besitzer	Corby Distillers Ltd. (Pernod Ricard SA)
Stills	1 *beer still* mit einer *pot still* als *doubler*, 2 *continuous stills*
Kapazität pro Jahr	40 000 000 Liter
Besucher	Ja ★★✩✩✩ aber nur im Besucherzentrum, genannt Canadian Club Brand Heritage Center ❤✩✩
Rating	★★★(★)✩✩✩
Arten	Corn, Rye, Wheat, Blend
Hausstil	Unterschiedlich je Sorte Canadian Club Süßlich, Butter, Eiche, leicht bitter

Wiser's Reserve Rund, Toffee, Eiche, Schokolade, süßlich |

Über den Detroit River von Detroit aus fotografiert: die Hiram Walker & Sons Distillery.

dann Allied das gesamte Spirituosengeschäft von Hiram Walker & Sons. 2005 wurde der gesamte Besitz von Allied Domecq plc an Pernod Ricard (Frankreich) verkauft. Dieser Konzern trennte sich sofort von den US-amerikanischen Akquisitionen und verkaufte diese an Fortune Brands (die heutige Beam Inc.) aus den USA. Pernod Ricard behielt jedoch die Betriebe in Kanada, gab aber die berühmteste kanadische Whiskymarke, »Canadian Club«, ebenfalls an Fortune Brands ab, dafür erhandelte sich die Firma aber die Aufträge für die Produktion und einen Teil der Blending- und Abfüllaufträge dieses Whiskys.

In der Destillerie Hiram Walker & Sons lancierte Pernod Ricard im Jahr 2005 ein umfangreiches Programm zur Erhöhung (oder dem Wiedererlangen) der Rentabilität. Die Hiram Walker Distillery ist die größte Destillerie in Kanada und braucht demzufolge viele Aufträge. Seit dem Verkauf der Marke »Canadian Club« werden nur noch die für den kanadischen Markt bestimmten »CC's« in Walkerville produziert, geblended und abgefüllt. Alle anderen Märkte erhalten den »Canadian Club« aus den Abfüllbetrieben von Beam Inc. aus den USA.

Die Leitung der Hiram Walker-Destillerie wurde der kanadischen Firma Corby Distillers Ltd. übertragen, an der Pernod Ricard die Aktienmehrheit besitzt. Die Produktion in der Destillerie wird unter Pernod Ricard seit 2005 laufend den neuen Gegebenheiten angepasst. Das heißt, die mehr oder weniger auf ein einziges Produkt abgestimmten Prozesse werden so geändert, dass auch kleinere Losgrößen für andere Marken rentabel produziert werden können. Pernod Ricard schloss zugunsten des Programmes in Walkerville sogar seine Destillerie in Lawrenceburg (Indiana, USA). Auch die Produktion anderer Spirituosen (Wodka, Gin usw.) wird jetzt bei Hiram Walker forciert.

Dass in der Destillerie einiges im Umbruch ist, zeigt sich auch den Außenstehenden: Die große »Canadian

Club«-Reklame über die Straße wurde 2007 durch eine für »Wiser's Canadian Whisky« ersetzt. Diese ebenfalls sehr alte kanadische Whiskymarke (gegründet 1857, dann lange Jahre im Besitz von Corby) ist das neue Paradepferd im Angebot an Canadians von Pernod Ricard. Der »Wiser's Canadian Whisky« wird nach seinem Umzug aus der geschlossenen Originaldestillerie (in Prescott, Ontario) in die Corby Distillery (Corbyville, Ontario) und von dieser ebenfalls geschlossenen Destillerie nach Walkerville bereits am dritten Ort produziert.

Die Destillerie in Walkerville wurde von Pernod Ricard im Gedenken an einen der größten Whiskypioniere nicht umbenannt, sie trägt immer noch den Namen Hiram Walker & Sons.

Im Besucherzentrum der Destillerie – immer noch ein Hiram Walker-»Heiligtum« – erhält man mit einem Film und einer Ausstellung auf zwei Etagen Einblick in die Geschichte der Destillerie und der Marke »Canadian Club«. Es gibt die alten Büros mit ihren Einrichtungen und Dokumente sowie andere Sammlungsstücke zu sehen.

Die Destillerie selbst empfängt keine Besucher.

Windsor auf der kanadischen und Detroit auf der amerikanischen Seite des Detroit River mit all ihren Sehenswürdigkeiten und Attraktionen.

Vereinigte Staaten von Amerika (USA)

Überblick

Vorbemerkung: Obwohl die meisten Destillerien ihre Produkte »Whiskey« nennen, verwende ich in diesem Kapitel für alle amerikanischen Whiskys, sofern es sich nicht um Marken handelt, die vom amerikanischen Gesetz benutzte Schreibweise »Whisky«.

Im Gegensatz zu den schottischen Whiskys, die unter dem Begriff »Scotch«, und den irischen Whiskeys, die unter »Irish«, oder den kanadischen Whiskys, die unter »Canadian« bekannt sind, werden US-amerikanische Whiskys üblicherweise nicht als »American« bezeichnet.

Amerikanische Whiskys werden heute zumeist landläufig unter dem Begriff »Bourbon« zusammengefasst. Diese Bezeichnung ist hergeleitet aus dem Namen eines Gebietes, das um das Jahr 1700 einen großen Teil des heutigen Bundesstaates Kentucky umfasste. Die Gegend erhielt diesen Namen als Anerkennung für die Unterstützung, die die französische Bourbonendynastie den Amerikanern während der Unabhängigkeitskriege gegen die Engländer gewährte. Die Bourbonen unterstützten die Amerikaner damals mit Geld und Waffen. Im Bourbon County, einem kleinen und unbedeutenden Landstrich im amerikanischen Bundesstaat Kentucky, gibt es heute keine einzige Destillerie mehr. Gesicherten Informationen zufolge wurden dort jedoch im 18. und 19. Jahrhundert in über 200 (meist illegalen) Destillerien Whiskys hergestellt. Der Name »Bourbon« entstand aus dem Begriff »Whisky from Bourbon County«, der zuerst »Bourbon Whisky« und dann nur noch »Bourbon« abgekürzt wurde. Der Begriff »Bourbon« als Bezeichnung für Whiskys hat sich erst Mitte des 19. Jahrhunderts etabliert.

Vorherige Doppelseite · West Mitten Butte, East Mitten Butte und Merrick Butte (von links nach rechts) heißen diese drei Gesteinsformationen im Monument Valley im Bundesstaat Utah, nahe der Grenze zu Arizona. Das Monument Valley liegt im Gebiet des Navajo Reservates, wird von diesem Indianerstamm verwaltet und ist deshalb kein staatliches Schutzgebiet.

Kurzer geschichtlicher Abriss

Es waren nicht die Ureinwohner Amerikas, also die Indianer, die in diesem Land als Erste destillierten. Die einzigen alkoholischen Produkte, die sie nachweislich vor dem Eintreffen der Einwanderer kannten, waren vergorene Früchte und daraus stammende Säfte.

Den Prozess der Destillation brachten die europäischen Siedler auf den neuen Kontinent mit. Anfangs waren es vor allem Engländer, die nach Nordamerika kamen, später folgten Iren, Schotten und Emigranten aus anderen Ländern. Noch vor all jenen kamen Einwanderer aus den iberoromanischen Ländern (vor allem aus Spanien und Portugal) auf den amerikanischen Kontinent. Sie ließen sich dort vor allem in der Karibik und in Mittelamerika nieder.

In diesen Gebieten – vor allem im karibischen Raum – brannten sie aus den dort wachsenden Pflanzen alkoholische Getränke. Das damals und auch heute noch am meisten produzierte Destillat war Rum. Dieser wurde aus einer aus Zuckerrohr gewonnenen Melasse gebrannt. Schon bald wurde Rum auch nach Europa und Nordamerika vertrieben. Er fand vor allem in Nordamerika viele Abnehmer und wurde dort schnell zu einer alles dominierenden Spirituose. Berühmte Familien – wie beispielsweise die Roosevelts – bauten ab dem 17. Jahrhundert auf dem Import von Rum aus der Karibik und dem Vertrieb in den USA ihren Reichtum auf.

Schon bald begann man jedoch, in Nordamerika selbst zu destillieren. Die Zuckerrohrmelasse wurde aus Mittelamerika und der Karibik importiert und in den USA zu Rum gebrannt. Die erste Rumdestillerie Nordamerikas wurde 1657 in Jamestown (heute Staten Islands, ein Stadtteil von New York) gebaut. Ihr folgten in anderen Städten an der Ostküste schon bald weitere, so zum Beispiel drei Jahre später in Boston, Massachusets.

Im Laufe der folgenden Jahrzehnte nahm in den USA die Einwandererzahl aus den nordeuropäischen Ländern und von den Britischen Inseln immer stärker zu. Die Einwanderer wollten in ihrer neuen Heimat neben den von ihnen bevorzugten Speisen auch die vor der Reise nach Nordamerika geliebten Getränke nicht missen. Sie kamen vor allem an der Ostküste der USA an, meist in den Einwanderungsstädten Boston, New York (damals Neu Amsterdam) und Philadelphia. Im Hinterland dieser Städte wuchsen auf guten Böden viele Getreidearten, speziell Roggen und Weizen. Ideale Voraussetzungen also für die Gründung von Farmen. Und weil die Farmer vor allem diese beiden gut gedeihenden Getreidearten anpflanzten, war es kein Wunder, dass schon bald ein Überschuss an Roggen und Weizen entstand. Diesen machten die Betreiber der Farmen nach schottischem oder irischem Vorbild durch Destillation haltbar. Dank dieser Getreideveredelung konnten sie sich ein wenig zu ihren sonst eher knappen Einkünften dazuverdienen.

Das erste alkoholische Getränk, das in Nordamerika gebrannt wurde und schon eine gewisse Ähnlichkeit mit Whisky hatte, bestand aus Roggen. Es wurde 1770 von einer Destillerie in Pittsburgh (Pennsylvania) hergestellt. In den folgenden Jahren und Jahrzehnten entstanden viele bäuerliche Destillerien – vor allem in den Staaten Maryland, Virginia und Pennsylvania.

Nach dem Ende des Amerikanischen Unabhängigkeitskrieges gegen England – dieser dauerte von 1775 bis 1783 – benötigte das junge Amerika zusätzliche Einnahmen, um seine in der Kriegszeit entstandenen Schulden zurückzahlen zu können. George Washington, der erste Präsident

Typische Farm-*still* aus dem 19. Jahrhundert im Museum of Appalachia in Norris bei Knoxville (Tennessee).

der USA, suchte nach Gelegenheiten, um an Geld zur Tilgung dieser Schulden zu kommen. Eine der gefundenen Möglichkeiten war die Einführung einer Steuer auf alkoholische Destillate. Washington kannte die Ergiebigkeit einer solchen Steuer sehr gut: Er betrieb selbst eine Destillerie, bevor er Präsident wurde.

Die bäuerlichen Brenner waren aber nicht bereit, diese neuen Steuerbelastungen einfach so hinzunehmen. Sie lehnten sich mit aller Kraft dagegen auf. Die Folge war der

554

Links · Was hat das Mount-Rushmore-Monument mit Whisky zu tun? Drei der vier aus dem Fels gehauenen Präsidenten hatten direkt oder indirekt mit dem edlen Destillat zu tun: Roosevelts Vorfahren besaßen eine Destillerie, George Washington betrieb selbst eine, und Lincolns Vater verkaufte seine Farm und erhielt einen Teil des Verkaufserlöses in Form von Whisky.

Mitte · Elijah Craig (Holzschnitt) war der Erfinder der Technik des Ankohlens (toasting oder charing) von Fässern.

Unten links · Ankohlen von Fässern in der Destillerie Jack Daniel in Tennessee.

Unten rechts · Innen angekohltes und bereits einmal für die Lagerung von Whisky benutztes Fass. Man kann erkennen, wie weit das Destillat ins Holz eingedrungen ist.

Er war Händler, Destilleriebesitzer und Baptistenmissionar. Craig baute 1786 in Georgetown eine Farm mit Mühlen- und Brennereibetrieb auf. Er hatte die Idee, die Fässer, in denen der Whisky später gelagert wurde, innen auszubrennen und anzukohlen und so die Harze von den mit dem Whisky in Kontakt kommenden Flächen zu entfernen. Der Whisky bekam aufgrund dieser Behandlung während der Lagerzeit in den so vorbehandelten Fässern mehr Geschmack, duftete viel angenehmer, wurde weicher und nahm eine goldene Farbe an.

Die Craig'sche Technik wird heute noch in allen Bourbon-Destillerien und in fast allen Brennereien und Küfereien rund um den Erdball nicht nur bei Fässern, in denen Whisky oder Whiskey gelagert wird, angewendet. Man benutzt sie auch bei Fässern, in denen Wein gelagert werden soll – wobei in diesem Fall nur leicht ausgebrannt (getoastet) wird.

Gegen Ende des 19. Jahrhunderts verloren die Farmbrennereien in den USA mehr und mehr an Bedeutung. Lizenzierte, große kommerzielle Destillerien, die sich rein auf die Whiskyproduktion konzentrierten, nahmen mehr und mehr überhand. Die Zahl der registrierten kleinen *stills* dagegen nahm laufend ab. Um 1850 gab es zum Beispiel allein in Pennsylvania über 3000 registrierte *stills*. Sie alle

erste Aufstand gegen den neuen Staat. Dieser wurde jedoch schnell durch die Armee mit einem unverhältnismäßig großen Aufgebot an Soldaten und Kriegsmaterial blutig niedergeschlagen. Die schließlich auf diese Weise durchgesetzte Steuer belastete die Farmer mit Destillerien jedoch tatsächlich weit über die Erträglichkeitsgrenze hinaus. Viele von ihnen zogen weiter nach Westen in die Staaten Kentucky, Ohio und Tennessee. In diesen, von der Hauptstadt Washington und den anderen großen Städten weit entfernten Staaten war der Arm des neuen Gesetzes noch nicht so stark und die Steuereintreiber verirrten sich nur selten dorthin.

Trotz der neuen Steuern – oder eventuell gerade wegen ihnen – entstanden in verschiedenen Staaten der USA in der zweiten Hälfte des 18. Jahrhunderts die ersten größeren und industriell arbeitenden Destillerien.

1783 brannte der Whiskypionier Evan Williams in seiner industriellen Destillerie in Louisville (Ohio) das erste Mal einen Whisky, der zum großen Teil aus Mais bestand und nur noch einen kleinen Anteil an Roggen und Weizen enthielt. Er gehörte mit seiner Destillerie zu den ersten kommerziellen Whiskyherstellern in Nordamerika. Evan Williams wurde später durch Interventionen von missgünstigen Nachbarn zur Aufgabe seiner Destillerie gezwungen. Er konnte aber immerhin fast 19 Jahre lang destillieren.

In die Geschichte der Stadt Louisville ging er aber nicht wegen seiner Destillerie oder einem besonders guten Whisky ein. Nein, der Grund dafür, weshalb er für immer mit der Geschichte der Stadt Louisville verbunden ist, ist ein anderer: Evan Williams war Mitglied des »Board of Trustees« – des Rechtsausschusses der Stadt – und verschönte deren Sitzungen mit seinen Whiskys. Er erntete jedoch damit in der sehr puritanischen Stadt nicht gerade viel Beifall. Aufgrund einer Bürgerinitiative wurde für Louisville wegen ihm sogar ein Gesetz erlassen, das das Mitbringen von Whisky in die Sitzungen des »Board of Trustees« verbot.

Doch zurück zur Entwicklung des Whiskys in den USA:

Eine absolut bahnbrechende und sich rasch durchsetzende Idee in der Geschichte der amerikanischen Whiskyherstellung hatte ein Mann mit dem Namen Elijah Craig.

Die Prohibition

verschwanden vollständig – bis auf die, in denen weiterhin schwarz gebrannt wurde.

Bis zu dieser Zeit wurde Whisky auch in den USA nur in Fässern und großen Tonkrügen angeboten und aus Karaffen ausgeschenkt. Ab Mitte des 19. Jahrhunderts füllten dann einige Destillerien ihr Getreidedestillat in Flaschen ab und kennzeichneten diese mit dem Namen der Destillerie und den mehr und mehr entstehenden Markennamen. Dazu kam später noch die Herkunftsbezeichnung.

Bis zur Mitte des 19. Jahrhunderts wurde in den amerikanischen Destillerien noch hauptsächlich in *pot stills,* das heißt mehr oder weniger handwerklich gebrannt. Dann wurde auch hier die kontinuierliche Destillation in einer eigenen Art von Säulenbrennanlagen eingeführt. Diese neue, industrialisierte Technologie verbreitete sich in kurzer Zeit, denn sie gestattete die kostengünstigere Produktion von Whisky in größeren Mengen. An der Destilliertechnik wurde auch in den USA laufend gefeilt und man versuchte sie zu optimieren. Sie erreichte ungefähr um das Jahr 1900 bereits annähernd ihren heutigen Stand.

Doch auch die Whiskyindustrie in den USA wurde von negativen Ereignissen heimgesucht: Während des Ersten Weltkriegs (1914 bis 1918) wurden viele Brennereien gezwungen, statt Whisky Schießpulver zu produzieren: Ihre finanziellen Mittel, aber auch die Whisky-Lagerbestände wurden dadurch knapp. Und kurze Zeit später war es die Politik, die den amerikanischen Whiskyproduzenten das Leben schwer machte:

»Herstellung, Verkauf und Transport sowie Ein- und Ausfuhr berauschender Getränke sind im Gebiet der USA verboten.«

So hieß es im 18. Zusatz (§1) zur Verfassung der USA vom 17. Dezember 1917.

Die Puritaner – eine in den USA damals immer stärker und größer werdende Gruppe – schafften es zu Beginn des 20. Jahrhunderts, Amerika im wahrsten Sinne des Wortes (in Bezug auf alkoholische Getränke) trockenzulegen. Die Puritaner praktizierten als Teil ihrer Lehre strenge Selbstzucht. Sie hatten großen politischen Einfluss. Dieser half ihnen, das Gesetz der Prohibition durchzusetzen. 1917 wurden, zwar zunächst nur für die Dauer der Kriegszeit, Produktion, Handel und Besitz von alkoholischen Getränken verboten.

Nach dem Kriegsende hielten jedoch einige Staaten weiter an dem Gesetz fest (zum Beispiel Tennessee). Diese Gebiete wurden »trockene« Staaten genannt.

Am 17. Januar 1920 wurde ein neues Prohibitionsgesetz geschaffen, das in den gesamten Vereinigten Staaten Produktion, Verkauf und Genuss von alkoholischen Getränken verbot. Sogar Produktion, Verkauf und Konsum von Bier waren untersagt. Diese Prohibitionszeit dauerte 13 Jahre, zehn Monate und 15 Tage. Sie endete am 5. Dezember 1933.

Während dieser Zeit mussten ohne Ausnahme alle alkoholischen Getränke, das heißt auch alle Whiskylagerbestände und -vorräte vernichtet werden. Die Einrichtungen der Brennereien wurden ausgebaut und für andere Zwecke weiterverwendet.

Berühmte Brennereifamilien, deren große Destillerien durch die Prohibition stillgelegt wurden, mussten sich ihren Lebensunterhalt mit anderen, neuen Unternehmens-

Oben · Plakat aus der Zeit der Prohibition (1917–1933).

Rechts · »Lippen, die Alkohol berühren, sollen unsere nicht berühren« – so steht es auf dem Plakat dieser attraktiven Mitglieder einer Abstinenzler-Frauenorganisation (eventuell auch eine bösartige Fälschung).

zweigen verdienen. Einen der extremsten Wege der Neuausrichtung wählte die Familie Beam (Jim Beam): Sie baute sich eine eigene Autobusfabrik auf.

Die Destillerie Early Times gehörte, neben ein paar wenigen anderen Brennereien, zu den glücklichen, die es schafften, während der Prohibitionszeit zumindest einen Notbetrieb aufrechtzuerhalten. Das war möglich, weil während dieser Zeit in ausgewählten Brennereien Alkohol für medizinische Zwecke hergestellt werden durfte.

Weil alles, was verboten wird, erst recht interessant ist, kam es so, wie es kommen musste. Der Schmuggel von Whisk(e)y und anderen alkoholischen Getränken in die USA blühte. Im Norden belieferten die Kanadier die USA mit Whisky, Spirituosen und anderen alkoholischen Getränken. Im Osten kümmerten sich vor allem die Niederländer um den illegalen Import aus Europa (Weine aus Frankreich und Italien, Whisk(e)ys aus Irland, Schottland usw.). Und in Florida und an der Südküste landeten die Schiffe der Schmuggler mit Destillaten (meistens Rum) aus den karibischen und mittelamerikanischen Staaten.

Amerika schaffte es mit dem Gesetz der Prohibition nicht, den Genuss von alkoholischen Getränken zu verhindern. Der Wunsch nach diesen Getränken in der Bevölkerung, die sehr gut organisierte Unterwelt und die Länge der Grenze mit viel Küste ließen diese Absicht zur reinen Utopie werden.

Das amerikanische Parlament hob 1933 das Gesetz zur Prohibition mit dem 21. Amendment zur Verfassung wieder auf. Dies leider spät, für viele Destillerien viel zu spät.

Die Prohibition war für die amerikanischen Destillerien in mehrfacher Hinsicht absolut vernichtend. Sie legte die Produktionskapazitäten der amerikanischen Betriebe lahm und ermöglichte dadurch den anderen Whisk(e)y produzierenden Ländern wie Schottland, Irland und Kanada eine starke Expansion und Erhöhung ihrer Produktion.

Es ist sicher eine Folge der Prohibition, dass es heute in den USA nicht einmal mehr fünfzehn wirklich bedeutende produzierende Destillerien gibt. Der Prohibitionszeit wird ebenfalls angelastet, dass in den USA bis in die heutige Zeit ungefähr gleich viel Canadian Whiskys konsumiert werden als in den Staaten selbst hergestellte (seien es Bourbons oder solche aus Tennessee). Auch die schottischen und irischen Wasser des Lebens können einen sehr ansehnlichen Marktanteil für sich behaupten.

Auf diese humoristische Art und Weise feierte John Dewar & Sons Ltd. das Ende der Prohibition.

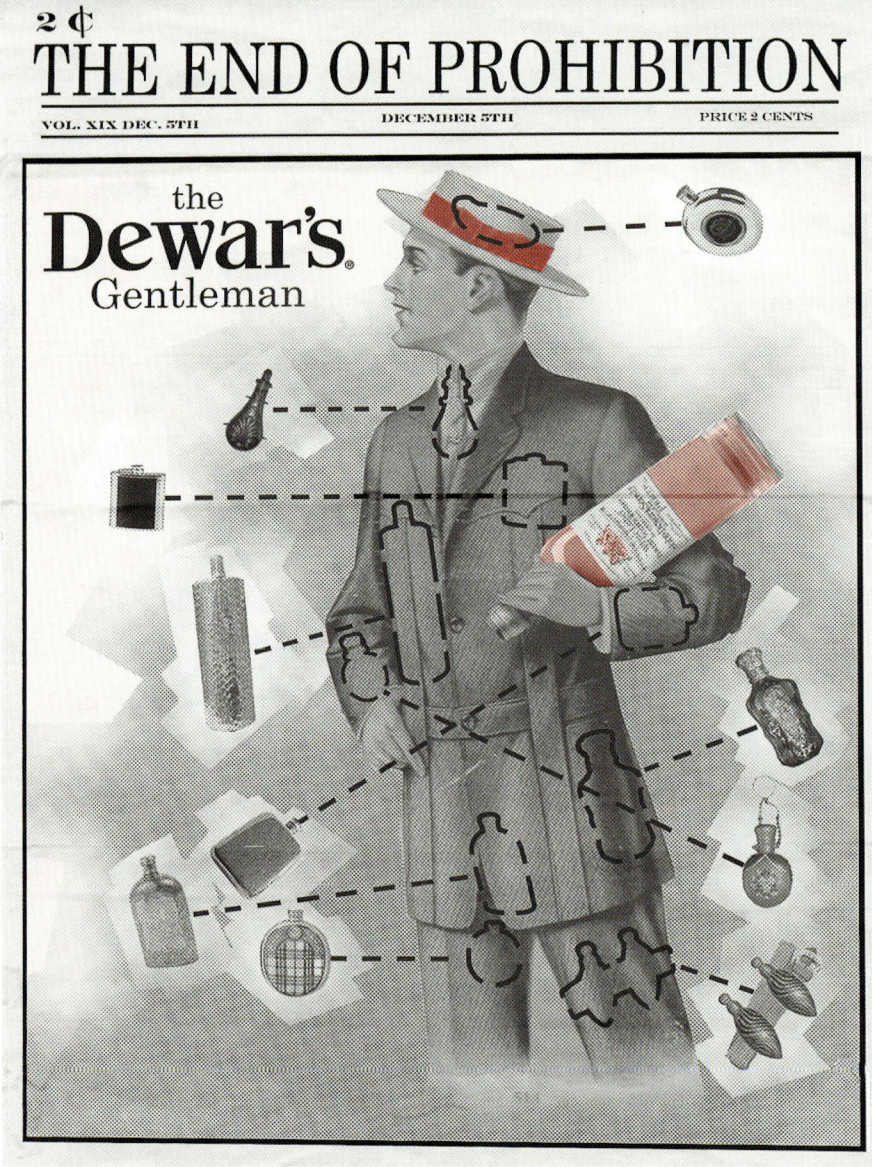

Die heutige Zeit

Dass es in den USA nicht mehr viele Destillerien gibt, kann man aber nicht nur der Prohibition anlasten. Das amerikanische Wirtschaftssystem hat ihren Teil zu Betriebsschließungen und Firmenzusammenschlüssen beigetragen. Die übrig gebliebenen großen amerikanischen Spirituosenkonzerne konnten sich behaupten und erwirtschaften heute große Gewinne. Einige von ihnen haben sich in den vergangenen Jahren und Jahrzehnten auch an schottischen Destillerien und solchen in anderen wichtigen Produktionsländern beteiligt.

Die beiden größten unter ihnen (Brown-Forman mit Jack Daniel, Labrot & Graham und weiteren Destillerien und Marken in den USA und Kanada, sowie Beam Inc. mit Makers Mark und ebenfalls weiteren Destillerien und Marken, zum Beispiel Laphroaig in Schottland) gehören zu den größten Spirituosenkonzernen der Welt.

Daneben haben sich aber auch eine ganze Anzahl kleiner und kleinster Destillerien mit der Produktion von sogenannten »Small Batch Bourbons« einen Markt und Namen schaffen können. Ein Beispiel ist der »Kentucky Bourbon« (Willett).

Beinahe jede der heute noch bestehenden Whiskydestillerien in den USA ist mit einem der großen und berühmten Namen der amerikanischen Whiskypioniere und deren Dynastien verbunden. Beispiele dafür sind Jack Daniels, Old Oscar Pepper/Labrot & Graham Distillery (heute Woodford Reserve Distillery) oder die Familie Beam (Jim Beam). Letztere managt heute in der siebten Generation persönlich ihre Whiskyproduktion, die achte steht schon in den Startlöchern.

Whiskys aus den USA

Aus diesen drei Getreidearten oder einer Mischung daraus werden amerikanische Whiskys gemacht: links Roggen, in der Mitte Mais und rechts Gerste.

Die Herstellung von amerikanischem Whisky – und zwar sowohl von Bourbon- als auch von Tennessee-Whisky – unterscheidet sich von den in Schottland oder Irland üblichen Herstellungsarten in einigen wichtigen Punkten:

In den USA ist gesetzlich vorgeschrieben, dass die Maische für einen Bourbon aus mindestens 51 Prozent Mais bestehen muss. In der Praxis wird jedoch meistens viel mehr Mais verwendet. Die Bezeichnung »Corn Whisky« trägt ein amerikanischer Whisky aber erst, wenn der Maisanteil bei über 80 Prozent liegt.

Weitere Bestandteile der Maische sind vor allem Roggen und Weizen. Und ein gewisser Prozentsatz an Gerstenmalz ist zusätzlich auf jeden Fall ebenfalls noch notwendig, denn ohne Gerstenmalz käme die Gärung nicht in Gang. Deshalb werden noch zwischen 5 und 15 Prozent Gerstenmalz hinzugefügt. Dabei spielt es keine Rolle, ob es sich um getrocknetes Malz oder sogenanntes Grünmalz handelt.

Mit der Art und Zusammensetzung der Maische steuert man den Geschmack des späteren Whiskys. Mais ist verant-

wortlich für die Süße, Roggen für die Würze und den Säureanteil, Weizen für die oft einmal angestrebte Feinheit. Der (kleine) Anteil an Gerstenmalz ist notwendig, um mit den enthaltenen Enzymen die Stärke in Zucker umzuwandeln. Gerstenmalz (egal welcher Art) wird in ähnlicher Art und Weise wie für den schottischen und irischen Whisk(e)y vorbereitet, eine Rauchbehandlung findet jedoch nicht statt.

Der Mais wird gemahlen, vorgedämpft und unter Dampfdruck in einer Art riesigem Dampfkochtopf gekocht. Dabei wird die Stärke im Mais verflüssigt. Ist dieser Prozess abgeschlossen, wird auf eine niedrigere Temperatur abgekühlt und – je nach Whiskytyp – gemahlener Roggen, Weizen usw. beigemischt.

Im Maischbottich wird die durch das Kochen entstandene, schlammige Flüssigkeit anschließend mit dem Gerstenmalz (getrocknet oder als Grünmalz) zusammengebracht und mithilfe von heißem Wasser gemaischt. Die Brühe hat dann eine Temperatur von etwa 63 Grad Celsius. Diese Temperatur ist optimal, um die Stärke im gekochten Ge-

treide oder der gekochten Gerste in Zucker umzuwandeln. Im Maischbottich wird die Masse mit sich drehenden Rechen gut umgerührt, sodass das Wasser die Möglichkeit hat, die Masse zu durchdringen und den Zucker mitzuschwemmen. Die so gewonnene zuckerhaltige Flüssigkeit – sie wird *wort* (Würze) genannt – wird abgezogen, gefiltert, gekühlt und dann dem nächsten Produktionsschritt, der Gärung, zugeführt.

Die Gärung erfolgt in Gärbottichen. In den US-amerikanischen Großdestillerien sind das Riesenkessel mit bis zu 450 000 Liter Inhalt. Der zuckerhaltigen Lösung wird im Gärbehälter Hefe zugegeben. Damit wird der Gärprozess eingeleitet.

Die *wort* wird normalerweise während der Gärung gekühlt, damit der Vorgang nicht zu schnell abläuft. Nach erfolgter Gärung werden die flüssigen von den festen Bestandteilen der Mischung getrennt und die *beer* (so heißt in den USA die in Schottland als *wash* bezeichnete, zwischen 5 und 8 Volumenprozent Alkohol aufweisende Flüssigkeit)

Links oben · Ein Gärbottich *(fermenter)* aus Holz ohne Deckel während dem Vergärungsprozess.

Links · Der gleiche Gärbottich in seiner gesamten Höhe.

Unten · Mit Kühlschlangen und rotierenden Propellern wird in den *fermentern* das Überschäumen verhindert.

Ganz unten · Riesige Gärbottiche *(fermenter)* aus Stahl.

in Tanks zwischengelagert, bevor sie der Destillation zugeführt wird.

In den USA wird heute in den Großdestillerien praktisch nur noch nach dem kontinuierlichen Verfahren destilliert. Dabei wird aber im Gegensatz zum in Schottland oder Irland angewendeten Prinzip meistens nur eine einzige hohe – *beer still* genannte – Destillationssäule eingesetzt, in die gelochte Platten (die auch als perforierte Platten bezeichnet werden) eingebaut sind. Von unten wird heißer Dampf in die *still* hineingeblasen oder -gepumpt. Die *beer* fließt von oben durch die Platten hinunter und trifft auf den aufsteigenden Dampf. Dieser löst den Alkohol heraus und nimmt ihn mit nach oben. Der Alkoholanteil im Dampf

---

Sour mash (Saure Maische) ?

Viele amerikanische Whiskyabfüllungen – es kann sich dabei um Bourbon- oder Tennessee-Whiskys handeln – tragen die Zusatzbezeichnung *sour mash*. Hinter diesem Begriff steht ein Verfahren, das von fast allen amerikanischen Destillerien angewandt wird. Deswegen macht es eigentlich keinen Sinn, es auf den Etiketten besonders hervorzuheben, dies ist ein reines Marketingargument.

Das Verfahren selbst kann folgendermaßen umschrieben werden:

Die neue Maische, die mit frischem Quellwasser zubereitet wird, ist chemisch mehr oder weniger neutral. Diese Eigenschaft misst und bezeichnet man in der Chemie mit dem pH-Wert. Ein pH-Wert von 7 steht dabei für eine neutrale Lösung (sauberes Wasser). Eine saure wässrige Lösung hat einen pH-Wert unter 7. Ist die Lösung basisch, hat sie einen Wert, der höher als 7 ist.

In einer chemisch neutralen Flüssigkeit – bei der Whiskyherstellung spricht man von *sweet mash* oder *sweet beer* – kann die Hefe nicht optimal arbeiten. Um optimale Bedingungen zu schaffen, wird der *beer* während des ersten Destillierdurchlaufs durch die *beer still* der Zuckergehalt (Alkohol) entzogen. Sie wird sauer und ihr pH-Wert sinkt auf ungefähr 5. Aus der durch den Boden der *beer still* abgesaugten, nicht mehr destillierbaren, dicken Flüssigkeit (sie wird *stillage* genannt) werden die festen Bestandteile entfernt. Was übrig bleibt, ist die flüssige, jetzt saure *thin stillage* oder *sour mash*. Diese wird von den meisten amerikanischen Destillerien in den Maischbottich zurückgeführt und dort der neuen Maische wieder beigefügt. Der pH-Wert der neuen Maische sinkt dadurch ab und sie wird sauer genug, um der Hefe während des folgenden Gärprozesses ein optimales Arbeiten zu ermöglichen.

Einige Destillerien führen die *sour mash* in einem anderen Produktionsschritt (zum Beispiel in den Gärbottichen) oder gar an mehreren verschiedenen Produktionsstufen dem Prozess wieder zu. Der erzielte Effekt bleibt der gleiche.

Als weiterer Effekt der *sour mash*-Technik wird zudem groß herausgestrichen, dass es sich auch um eine Schutzmaßnahme handelt. Da die Säure in der Maische die anderen fremden Organismen (außer der Hefe) daran hindert zu wachsen und zu gedeihen, kann man wirklich sauberen Whisky herstellen.

liegt bei ungefähr 55 bis 65 Prozent. Ab jetzt unterscheiden sich die beiden in den Großdestillerien in den USA angewandten Techniken für die zweite Destillation. In einem Betrieb wird der *beer still* ein *thumper* (Verstärker), im anderen ein *doubler* (Verdoppler) nachgeschaltet.

Beim *thumper* handelt es sich um einen mit einer Mischung von Alkohol und Wasser gefüllten Bottich. Der Alkoholdampf aus der *beer still* wird von unten in diesen Bottich geleitet und steigt in Blasen durch das Gemisch hoch. So wird sein Gehalt bis auf maximal 80 Volumenprozent (gesetzlich festgelegter Höchstwert) erhöht. Anschließend wird er kondensiert und aufgefangen. Beim Aufsteigen im *thumper* werden aus dem Alkoholdampf gleichzeitig auch einige unerwünschte Elemente ausgefiltert.

Der *doubler* dagegen ist eigentlich nichts anderes als eine Art *pot still,* die hier als *spirit still* eingesetzt wird. In dieser wird das in diesem Fall bereits kondensierte und flüssige Destillat aus der *beer still* noch einmal gebrannt. Auch hier wird nicht nur der Alkoholgehalt erhöht, sondern es

werden – wie in den schottischen *spirit stills* – auch unerwünschte Elemente wie zum Beispiel die unangenehm schmeckenden Fuselöle herausgefiltert.

Noch etwas zum Alkoholgehalt: Der gesetzlich festgelegte Höchstwert von 80 Volumenprozent Alkohol wird von den Destillerien nur für Billigwhiskys wirklich ausgenutzt.

Die guten Bourbons oder Tennessee-Whiskys dagegen werden mit bedeutend niedrigeren Werten destilliert. Denn auch hier gilt: Je niedriger die Stärke des *new make* ist (in Amerika wird er auch »white dog« genannt), desto aromareicher wird der Whisky werden.

Es gibt auch in den USA noch Brennereien, die mit *pot stills* arbeiten. Ein Beispiel dafür ist die gleichwohl industri-

Rechts · Die *pot stills* in der Woodford Reserve Distillery (Old Oscar Pepper/Labrot & Graham) erinnern an eine schottische Destillerie.

Unten · *beer stills* und *spirit safes* in der Destillerie Jack Daniel.

Charcoal mellowing (Holzkohlefilterung

Bei den Whiskys aus Tennessee wird das junge Destillat zusätzlich noch einem speziellen und sehr zeitraubenden Verfahren, dem *charcoal mellowing* (Holzkohlefilterung), unterzogen. Der junge Whisky wird durch einen riesigen Holzkohlefilter geführt. Dieser besteht aus einem großen, mehrere Meter hohen Holzbottich, der mit Holzkohle (aus Ahornholz) gefüllt ist. Der junge Whisky wird oben in diesen Filter geschüttet, unten dann gefiltert wieder aufgefangen und in Fässer abgefüllt. Durch die Holzkohlefilterung werden dem Alkohol einige Stoffe entzogen, aber über die Holzkohle andere wieder zugegeben. Das Resultat ist ein besonders milder und reiner Whisky. Der Erfinder dieses Verfahrens war ein gewisser Jack Daniel, dessen Name noch heute viele Whiskyflaschen ziert.

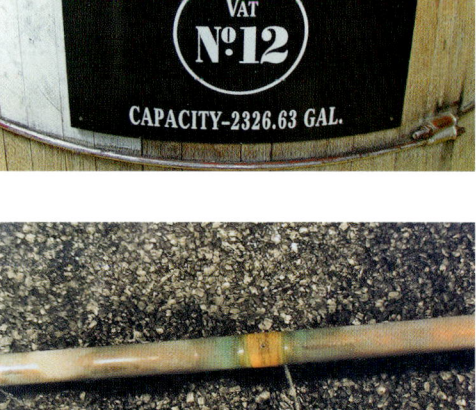

Der Kohlefilterungsprozess *(charcoal mellowing)* in der Destillerie Jack Daniel (er wird in ähnlicher Form auch bei George Dickel gemacht).

Oben · Holzkohleherstellung

Mitte · Einer der Holzbottiche für die Kohlefilterung.

Rechts · Aus Düsen in Eisenstangen fließt das junge Destillat in den Bottich mit der Holzkohle zur Filterung.

ell produzierende Destillerie Woodford Reserve (früher Old Oscar Pepper / Labrot & Graham) in Versailles (Kentucky), wo in – aus Schottland stammenden – *pot stills* dreifach destilliert wird.

Die wie Pilze aus dem Boden schießenden Mikrodestillerien dagegen arbeiten meistens mit modernen Kolonnenbrennereien (oft aus deutscher Produktion), in denen in einem einzigen Durchgang sehr gute Destillationsresultate erreicht werden können.

Die Herstellung und Zusammensetzung der *wash* – sie wird in den USA auch in diesem Fall *beer* genannt – ist für diese Destillationsart die gleiche wie für das Destillieren in den *beer stills*.

Nach der Destillation muss auch in den USA das Destillat in Eichenfässern lagern, bevor es Whisky genannt werden darf. Die Gesetze schreiben vor, dass die Lagerung der Whiskys mindestens zwei Jahre in unbenutzten, innen angekohlten Fässern aus weißer amerikanischer Steineiche erfolgen muss. Im Gegensatz zur Praxis in anderen Ländern wird in den USA diese Lagerzeit für die Standardabfüllungen sehr selten überschritten. Abfüllungen von sogenannten »Vintages« (Jahrgangsabfüllungen) sind bei den amerikanischen Whiskys nicht nur relativ selten, sondern sie haben meistens auch einen stolzen Preis.

Auf vielen amerikanischen Whiskyabfüllungen findet man die Angaben zum Alkoholgehalt in »degrees proof«. Manchmal steht daneben die Angabe auch in Volumenprozent. *Proof* ist eine in Großbritannien und Amerika lange Zeit verwendete Maßeinheit für den Alkoholanteil in Spirituosen. Dabei ist die amerikanische Einheit anders als die englische. Eine Alkoholangabe in den USA kann man einfach halbieren (Beispiel: 90 *proof* : 2 = 45 %). In Großbritannien dagegen muss man die *proofs* durch sieben teilen und dann mal vier rechnen (Beispiel: 79 *proof* : 7 = 11,285; 11,285 x 4 = 45 %).

Eine Kolonnenbrennerei der neusten Generation. Sie steht in der St Georges Spirits Distillery in Almeda (Kalifornien) und wurde gefertigt bei Holstein in Deutschland.

Die Whisky-Gesetzgebung der USA

Im Jahr 2007 hat der amerikanische Kongress ein Gesetz erlassen, das auch die Begriffe für die verschiedenen Arten von Whisky und deren Herstellung neu definiert. Im Gesetz findet sich als »Note« die interessante Bemerkung, dass das »Bureau of Alcohol, Tobacco and Firearms« (B.A.T.F.) generell die Schreibweise »Whisky«, also ohne »e«, einsetzt – obwohl im üblichen amerikanischen Gebrauch »Whiskey« meistens mit einem »e« geschrieben wird. Das Gesetz ist Bestandteil der »Alcohol Specifications« des »Bureau of Alcohol, Tobacco and Firearms« und dort Teil der »Definitions (›Standards of Identity‹) for Distilled Spirits«. Es besteht aus 12 sogenannten »Klassen« von Alkohol. In der Klasse 2 werden die verschiedenen in Amerika hergestellten Whiskysorten definiert. Die Namen bedeuten: Rye-Whisky = Roggenwhisky; Wheat-Whisky = Weizenwhisky; Malt-Whisky = Malzwhisky; Rye-Malt-Whisky = Roggenmalzwhisky.

Dem Gesetz folgend wird in diesem Buch auch für die amerikanischen Whiskys die Schreibweise ohne »e« verwendet. Eine Ausnahme bilden die Markennamen.

The Federal Standards of Identity for Distilled Spirits (27 C.F.R. 5), 2007

Beim folgenden Text handelt es sich um eine Zusammenfassung der wesentlichsten den Whisky betreffenden Teile dieses Gesetzes.

Als »Whisky« wird ein alkoholisches Destillat bezeichnet, das aus einer vergärten Maische aus Getreide mit einem Alkoholgehalt von weniger als 95 Volumenprozent destilliert wurde. Das Destillat muss einen Geschmack, ein Aroma und die anderen bekannten Charakteristiken, die generell Whisky zugeschrieben werden, aufweisen. Es muss in Eichenfässern gelagert werden. »Corn-«(Mais-)Whiskys unterliegen dieser Vorschrift nicht. Bei der Abfüllung in Flaschen darf das Destillat nicht weniger als 40 Volumenprozent Alkohol haben. Es darf auch Mischungen von Destillaten enthalten, für die keine speziellen Herkunftsstandards beschrieben sind.

1   Die Whiskyarten

1a   Als »Bourbon Whisky«, »Rye Whisky«, »Wheat Whisky«, »Malt Whisky« oder »Rye Malt Whisky« dürfen Whiskys bezeichnet werden, die aus einer vergärten Maische, die aus nicht weniger als jeweils 51 Prozent Mais, Roggen, Weizen, gemälzter Gerste oder gemälztem Roggen besteht, gebrannt werden. Bei der Destillation darf der Grenzwert von 80 Volumenprozent Alkohol nicht überschritten werden. Die Lagerung muss mit einem Alkoholgehalt von höchstens 62,5 Prozent in neuen ausgebrannten (getoasteten) Eichenfässern erfolgen. Diese Whiskyarten dürfen auch gemischte Whiskys des gleichen Typs enthalten.

1b   Ein »Corn Whisky« ist ein Whisky, der aus einer vergärten Maische, die mindestens 80 Prozent Mais enthält, besteht. Er darf mit einem Alkoholgehalt von nicht mehr als 80 Volumenprozent destilliert werden. Er muss mit einem Alkoholgehalt von höchstens 62,5 Prozent in gebrauchten oder neuen, nicht angekohlten oder einer ähnlichen Behandlung unterzogenen Eichenfässern gelagert werden. Er darf auch Mischungen der gleichen Whiskyart enthalten.

1c   Whiskys, die den Standards von 1a und 1b entsprechen und in den Arten von Eichenfässern, wie sie in diesen beiden Abschnitten umschrieben sind, für zwei oder mehr Jahre gelagert wurden, sollen als »Straight«, zum Beispiel »Straight Bourbon Whisky« oder »Straight Corn Whisky« bezeichnet werden.

Whiskys, die zwar sonst konform zu den Beschreibungen in Punkt 1a sind, aber aus einer vergärten Maische von weniger als 51 Prozent jeweils einer Getreideart destilliert worden sind, sollen, wenn sie für zwei oder mehr Jahre in angekohlten neuen Fässern gelagert worden sind, nur als »Straight Whisky« bezeichnet werden. Kein anderer Whiskytyp darf als »Straight« bezeichnet werden. »Straight Whisky« darf auch Mischungen von »Straight Whiskys« des gleichen Typs enthalten, sofern diese im gleichen Bundesstaat produziert worden sind.

2   »Whisky distilled from Bourbon (Rye, Wheat, Malt or Rye Malt) Mash« ist ein in den USA mit einem Alkoholgehalt von nicht mehr als 80 Prozent destillierter Whisky aus einer vergärten Maische, die aus jeweils nicht weniger als 51 Prozent Anteil an Mais, Roggen, Weizen, gemälzter Gerste oder gemälztem Roggen besteht. Es dürfen auch Whiskys des gleichen Typs gemischt werden. Die Lagerung erfolgt in gebrauchten Holzfässern. Sollte ein solcher Whisky den Standards für Whisky aus Mais entsprechen, muss er als »Corn Whisky« bezeichnet werden.

3   »Light Whisky« ist ein in den USA mit einem Alkoholgehalt von über 80 Prozent destillierter Whisky, der in gebrauchten oder neuen, nicht angekohlten Eichenfässern gelagert wurde. Er darf auch aus Mischungen der gleichen Whiskyart bestehen. Ist ein »Light Whisky« mit einem Anteil von weniger als 20 Prozent an »Straight Whisky« vermischt, sollte er als »Blended Light Whisky« oder »Light Whisky – A Blend« gekennzeichnet werden.

4   »Blended Whisky« oder »Whisky – A Blend« ist eine Whiskyart, die aus mehr als 20 Prozent an »Straight Whisky« oder einer Mischung aus »Straight Whiskys« besteht. Ein solcher Whisky darf keine Anteile an Alkohol, der mit unbedenklichen Farbstoffen gefärbt, mit Aromastoffen versehen oder gemischt worden sind, enthalten. Es dürfen auch keine anderen Whiskytypen oder neutraler Alkohol zugefügt worden sein. Enthält ein »Blended Whisky« mehr als 51 Prozent eines einzelnen Typs von »Straight Whisky«, soll er einen zusätzlichen Hinweis auf diesen Typ erhalten und zum Beispiel als »Blended Rye Whisky« oder »Rye Whisky – A Blend« bezeichnet werden.

5   »Blend of Straight Whiskys« oder »Blended Straight Whiskys« sind Mischungen von Whiskys, die den gesetzlichen Standards für »Straight Whisky« nicht entsprechen. So bezeichnete Produkte dürfen mit unbedenklichen Farbstoffen gefärbt sein, mit Aromastoffen versehen oder mit anderen Mischkomponenten vermischt werden. Enthält ein »Blend of Straight Whiskys« hauptsächlich eine einzelne Art eines »Straight Whisky«, soll er einen zusätzlichen Hinweis auf diesen Typ erhalten und zum Beispiel als »A Blend of Straight Rye Whiskys« oder »Blended Straight Rye Whiskys« bezeichnet werden. Für einen so bezeichneten Whisky dürfen nur »Straight Whiskys« aus dem gleichen Bundesstaat oder durch denselben Besitzer im gleichen Bundesstaat hergestellte Whiskys vermischt werden. Ein solcher Whisky darf mit unbedenklichen Farbstoffen gefärbt, mit Aromastoffen versehen oder mit anderen Mischkomponenten vermischt sein. Alle oben genannten erlaubten Materialien dürfen jedoch keinen neutralen Alkohol in seiner ursprünglichen Form enthalten. Unter bestimmten Voraussetzungen darf jedoch neutraler Alkohol zum Blenden verwendet werden.

6   »Spirit Whisky« ist eine Mischung aus neutralem Alkohol mit einer Basis von mindestens 5 Prozent Whisky oder »Straight Whisky« oder auch eine Mischung aus »Straight Whisky« und Whisky. Der Anteil an »Straight Whisky« ist bei dieser Whiskyart jedoch kleiner als 20 Prozent.

In den Punkten 7, 8 und 9 des Gesetzes werden die Anforderungen an die importierten Whisk(e)ys aus Schottland (7), Irland (8) und Kanada (9) beschrieben und deren Gesetze als auch für die USA gültig erklärt.

Die amerikanische Gesetzgebung lässt eine Vielzahl von Varianten der Whiskyherstellung zu. Im Extremfall darf ein Produzent sogar ein Getränk, das aus sehr vielen verschiedenen Getreidearten besteht – auch wenn diese sogar nur 5 Prozent im fertigen Produkt ausmachen – und dem die verschiedensten fremden Komponenten beigemischt worden sind, als Whisky bezeichnen.

Die Whiskyarten aus den USA

Obwohl man den amerikanischen Whisky landläufig allgemein als »Bourbon« bezeichnet, gibt es in den USA grundsätzlich unterschiedliche Whiskyarten. Die wichtigsten amerikanischen Whiskyarten werden hier gegenüber den im Gesetz beschriebenen Eigenheiten etwas näher vorgestellt. Neben diesen werden in den USA auch Single Malts nach schottischem Vorbild, Single Wheats und zusätzliche, den früheren amerikanischen Whiskys nachempfundene Typen, produziert.

Bourbon

Der wohl bekannteste Begriff im amerikanischen Whiskygeschäft ist »Bourbon«. Er tauchte im Zusammenhang mit einem Destillat das erste Mal im Jahr 1821 auf. Heute wird er allgemein als Bezeichnung für amerikanische Whiskys verwendet, obwohl er den Spezialitäten – und unter diesen zum Beispiel auch den Whiskys aus Tennessee oder solchen, die aus reinen Getreidesorten hergestellt werden – nicht gerecht wird.

Im Bourbon County – es handelt sich dabei um ein kleines Gebiet in Kentucky, das etwa die Fläche des schweizerischen Kantons Jura hat –, sucht man vergebens nach einer Destillerie. Der Bourbon wird in anderen Regionen, aber doch immerhin noch vorwiegend in Kentucky hergestellt. In diesem amerikanischen Bundesstaat und heutigen Zentrum der Bourbonherstellung gab es schon vor dem genannten Jahr 1821 Destillate. Dort wurden Destillerien bereits 50 Jahre früher in Schriften erwähnt.

Ein Whisky mit der Bezeichnung »Bourbon« muss jedoch nicht unbedingt in Kentucky, sondern darf in jedem amerikanischen Bundesstaat hergestellt worden sein. Eine geografische Bezeichnung, wie zum Beispiel »Kentucky Straigth Bourbon« darf aber nur dann gebraucht werden, wenn der Whisky tatsächlich aus diesem Gebiet kommt. Das heißt, trägt ein Bourbon zusätzlich die Bezeichnung eines Bundesstaates, zum Beispiel »Kentucky Bourbon«, muss er auch wirklich aus diesem Bundesstaat stammen. Es gilt also – ähnlich wie bei den Weinen – die Herkunftsbezeichnung. Whiskys mit der Bezeichnung »Bourbon« auf den Etiketten werden heute – zum Teil auch in Mikrodestillerien – in vielen Staaten der USA hergestellt. Die Hauptproduktions-Staaten für Bourbons sind jedoch immer noch (in alphabetischer Reihenfolge) Indiana, Kentucky und Virginia.

Seit ein paar Jahren werden auch in den USA aufgrund der Kostenersparnis Whiskys in bereits einmal für die Lagerung gebrauchten Whiskyfässern gereift. Solche Whiskys dürfen nicht als Bourbon bezeichnet werden.

Bourbon wird aus mindestens 51 Prozent Mais hergestellt. Dies gibt ihm seinen typischen, leicht süßlichen Geschmack. Für die restlichen maximal 49 Prozent werden andere Getreidesorten wie Roggen (würzig), Weizen (eher mild) und mindestens 5 Prozent Gerstenmalz verwendet. Der Gerstenmalzanteil ist für den Fermentations- oder Gärprozess unbedingt notwendig.

Straight Bourbon

Werden einem Bourbon keine anderen Destillate mehr beigemischt – wird er also rein belassen und nur noch mit Wasser verdünnt, um den Alkoholgehalt auf die meist als Standard geltenden 43 Prozent zu reduzieren –, nennt man ihn »Straight Bourbon«.

Tennessee Whisky

Die Whiskys aus Tennessee – sie werden nach ihrer Herkunft »Tennessee Whiskys« genannt – unterscheiden sich von den »normalen« Bourbons dadurch, dass sie am Ende des Herstellungsprozesses einen zusätzlichen Veredelungsprozess durchlaufen müssen. Es handelt sich dabei um eine Holzkohlefilterung *(charcoal mellowing)*, der alle Tennessee Whiskys unterzogen werden müssen, wenn sie diese Herkunftsbezeichnung tragen wollen. Sie macht die Whiskys sehr weich. (Siehe Seite 560.)

Whiskys, die die Bezeichnung »Tennessee« tragen, müssen zudem auch tatsächlich aus diesem Bundesstaat stammen und in der dort üblichen Art und Weise hergestellt worden sein.

Corn-Whisky

Corn-Whiskys werden aus einer *beer* destilliert, die einen Maisanteil von über 80 Prozent hat. Sie sind unter den Grain-Whiskys diejenigen, die am meisten Geschmack haben. Dies hängt jedoch stark davon ab, wie hochprozentig in der betreffenden Destillerie gebrannt wird. Sehr oft steht dabei der wirtschaftliche Aspekt stark im Vordergrund und die *beer* wird bis zum möglichen Maximalwert, das heißt 80 Volumenprozent Alkohol, destilliert. Nach einem derart hohen Destillationsprozess sind auch die Corn-Whiskys nicht mehr so aromatisch.

Corn-Whiskys werden vorwiegend für die Blends verwendet und sehr selten als reine Corn-Whiskys genossen.

Rye-Whisky

Das für die ersten amerikanischen Whiskys verwendete Getreide war Roggen. Die damaligen Gerstensorten eigneten sich nicht für den Anbau in den USA. Roggen wurde dann als hauptsächlich eingesetztes Getreide im 20. Jahrhundert – ungefähr ab dem Ende der Prohibition – mehr und mehr durch Mais ersetzt.

Mit der Bezeichnung »Rye« wird in den USA ein Whisky versehen, für dessen Herstellung eine Maische mit einem Anteil von über 50 Prozent Roggen eingesetzt wurde.

Früher gab es in Amerika sehr viele Roggenwhisky-Abfüllungen Sie waren sehr würzig. Der Geschmack der Konsumenten wandelte sich jedoch über die Jahrzehnte hin zu den Bourbontypen, sodass der Rye-Whisky beinahe in Vergessenheit geraten ist. Die Anchor Distillery in San Francisco ist heute eine derjenigen, die diese seit langer Zeit ausgestorbene Whiskyart wieder zum Leben erwecken. Sie füllt sogar einen Rye aus gemälztem Roggen als Single Malt ab.

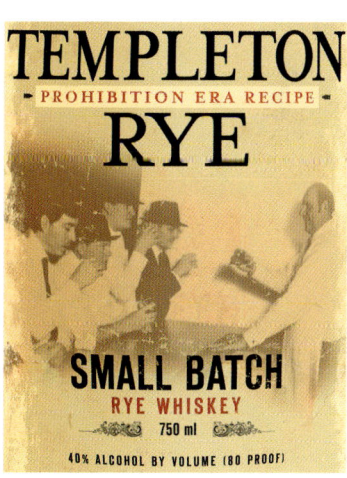

Wheat-Whisky

Unter der Bezeichnung »Wheat-Whisky« (Weizenwhisky) wurde von der Destillerie Heaven Hill Bernheim in Louisville Ende des Jahres 2005 das erste Mal ein Whisky abgefüllt, für dessen Herstellung eine Maische mit einem Anteil von mindestens 51 Prozent Winterweizen eingesetzt wurde. Die Maische enthielt daneben auch noch Anteile an Mais und Gerstenmalz. Der Weizenwhisky ist ausgesprochen süßlich und weich.

Man kann diese Whiskyart in die Kategorie der eher selten und in kleinen Mengen abgefüllten amerikanischen Whiskys einordnen.

Blended Whisky

Mit dem Zusammenmischen von Whiskys wird auch in den USA das gleiche Ziel verfolgt wie überall sonst auf der Welt: Es werden nach Rezepten verschiedene Whiskytypen miteinander »vermählt« und so ein marken-typischer und über lange Jahre reproduzierbarer Whisky geschaffen.

Ein amerikanischer Blended Whisky muss mindestens 20 Prozent »Straight Whiskys«, das heißt reine Whiskys enthalten. Die Straight-Anteile können von den verschiedensten reinen Whiskyarten stammen (Rye, Corn oder Wheat).

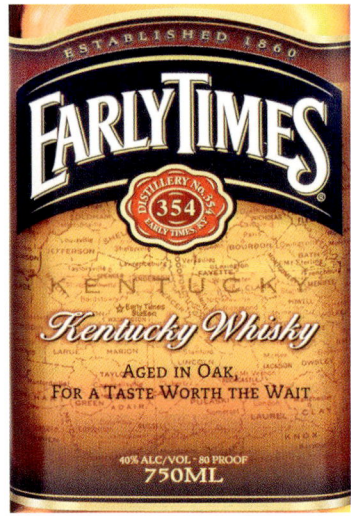

Nächste Seite · In der Nähe der »Route 66« steht beim kleinen Ort Bourbon (etwa 100 Kilometer südwestlich von St. Louis) dieser Wasserturm — es gibt noch einen zweiten — mit der Aufschrift Bourbon. Es wird oft und viel über seinen wahren Inhalt spekuliert.

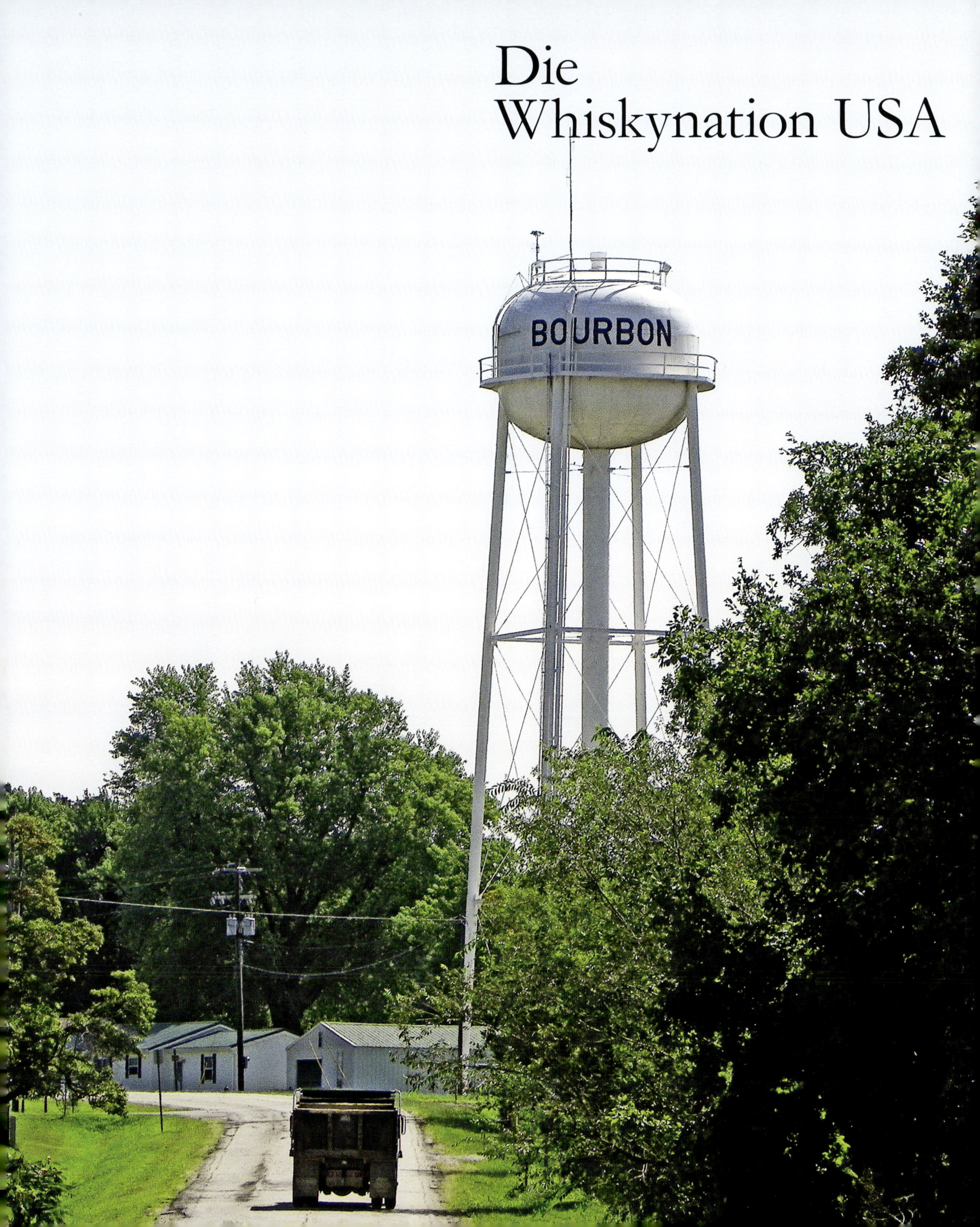

Die Whiskynation USA

Die Whiskynation
USA

In den USA wurde das Brennen von alkoholischen Getränken – vor allem auf den Farmen – sehr breit praktiziert. Aber auch in diesem Land nahm die große Zahl an Brennereien – viele davon waren illegal – im Laufe der Jahrzehnte stark ab. Wenn man sich nur einmal vorstellt, dass in der Mitte des 19. Jahrhunderts allein in Kentucky noch über 2000 Destillerien aktiv waren. Aber nicht nur in den ländlichen Gebieten und Bundesstaaten gab es viele Destillerien. In New York zum Beispiel waren noch im Jahr 1825 über 1000 Brennereien tätig, von denen aber nur eine kleine Anzahl Whisky produzierte. Beinahe alle von ihnen wurden aufgegeben oder in Konglomeraten zusammengefasst. Zu Beginn des 20. Jahrhunderts existierten in den USA noch über 500 Destillerien.

Heute gibt es in den USA nur noch ein paar wenige »etablierte« Destillerien oder Konzerne, die jeweils mehrere der weltbekannten amerikanischen Whiskymarken unter einem Dach produzieren. Ihr Wachstum ist unter anderem darauf zurückzuführen, dass sie während der verschiedenen wirtschaftlichen Krisen der letzten Jahrzehnte alle auf dem Markt angebotenen Marken erworben haben. Dies nicht nur in den USA, sondern auch in Kanada. Manchmal haben sie auch gleich die entsprechenden Destillerien aufgekauft.

Die größten und bekanntesten Destillerien der USA befinden sich fast alle in den Staaten Kentucky und Tennessee. Seit ungefähr einem Jahrzehnt gibt es aber in nahezu allen Bundesstaaten Mikrodestillerien. Sie schießen beinahe wie Pilze aus dem Boden. Produzierten im Jahr 2000 knapp 20 dieser Brennereien, waren es 2010 schon über 200. Nicht alle von ihnen haben die ersten Jahre ihres Daseins überstanden. Das American Distilling Institute rechnet trotzdem damit, dass – wenn der Boom weiter so anhält – bis zum Jahr 2015 bereits über 400 Mikrodestillerien (das Institut bezeichnet sie als *craft distilleries*) tätig sein werden. Zwar produzieren nicht alle dieser Destillerien Whiskys, aber es sind doch viele, die sich auf diesem Gebiet tummeln.

In den folgenden Listen sind die zurzeit in den USA produzierenden Destillerien aufgeführt.

Zuerst werden die industriellen Destillerien – nach Bundesstaaten alphabetisch geordnet – genannt. Dann folgt die Auflistung der in großer Zahl vorhandenen kleinen Destillerien (Mikrodestillerien), ebenfalls in der alphabetischen Reihenfolge der Bundesstaaten. Bei jeder Destillerie werden die hauptsächlich hergestellten Destillate angegeben.

Bei den Mikro-Destillerien taucht unter der Angabe der Besuchsmöglichkeiten ein neuer Begriff auf: »Bottling Parties«. Einige Destillerien bieten kleinen Gruppen an, bei der Flaschenabfüllung eines einzelnen – meist kleinen – Fasses mitzuhelfen. Die Flaschen werden von einem Mitarbeiter der Destillerie befüllt, die Partyteilnehmer übernehmen das Verschließen, Etikettieren, Nummerieren, Verpacken

usw. Dafür werden sie mit einem Gratistasting und einer Gratisführung belohnt. Bei größeren Fässern kann als »Lohn« auch schon einmal eine Flasche der meist schon bei der Abfüllung raren Whiskys drin sein.

Blick in ein Stockwerk eines der großen Lagerhäuser der Destillerie Buffalo Trace.

Die aktiven Destillerien in den USA nach Bundesstaaten

(nach amerikanischer Schreibweise)

Industrielle Destillerien

Die in der Liste »Industrielle Destillerien« aufgeführten Brennereien werden später in einzelnen Porträts vorgestellt.

In der Auflistung »Mikrodestillerien« erhalten ein paar ausgesuchte Brennereien dieser Art eine zusätzliche Beschreibung mit dem Titel »Wissenswertes«. Sie sind mir durch die eine oder andere Besonderheit aufgefallen, doch ist auch hier zu vermerken, dass ich mich aus Platzgründen einschränken musste. Sicher hätten auch andere Mikrodestillerien eine ausführlichere Erwähnung verdient. Ein »Sorry« an all diese!

Indiana (Karte Seite 580)

Lawrenceburg Distillery Indiana, Lawrenceburg

7 Ridge Avenue, Lawrenceburg, IN 47025
(Lawrenceburg Distillers Indiana, LLC / CL World Brands)
Normalerweise keine Besucher, jedoch auf Voranmeldung eventuell möglich
www.mgpingredients.com
Großdestillerie: Bourbon, Corn-Whisky, Rye-Whisky, Light Whisky, Gin, neutraler Alkohol

Kentucky (Karte Seite 581)

Barton 1792 Distillery, Bardstown

501 Cathedral Manor (31 E-New Haven Road), Bardstown, KY 40004
(Barton Brands Ltd. / Sazerac Company, Inc.)
Besucher willkommen; Besucherzentrum und Shop; Führungen
www.1792bourbon.com
Großdestillerie. Bourbon (»Barton's«, »1792 Ridgemont Reserve« usw.)

Brown-Forman Distillery, Louisville

850 Dixie Highway, Louisville, KY 40210
(Brown Forman Corporation)
Normalerweise keine Besucher, jedoch auf Voranmeldung eventuell möglich
www.earlytimes.com; www.oldforester.com
Großdestillerie: Bourbon (»Early Times«, »Old Forester« usw.)

Buffalo Trace Distillery, Frankfort

113 Great Buffalo Trace, Franklin County, Frankfort, Kentucky 40601
(Sazerac Company Inc.)
Besucher willkommen; Besucherzentrum und Shop; Führungen
www.buffalotrace.com
Großdestillerie: Bourbon (»Buffalo Trace«, »Ancient Age«, »Blanton's« usw.), Wheat Whisky, Wodka

Charles Medley Distillery Kentucky †, Owensboro

Distillery Road, Owensboro, Kentucky, KY 42301
(Charles Medley Distillery Kentucky; CL Financial Ltd., Trinidad & Tobago)
www.cmdistillerskentucky.com
Charles Medley: www.wathens.com
Industrielle Destillerie: Corn, Barley, Rye; Bourbon

Four Roses, Lawrenceburg

1224 Bonds Mill Road, Lawrenceburg, KY 40342
(Kirin Brewery Company Ltd.)
Besucher willkommen; Besucherzentrum und Shop; Führungen
www.fourroses.us
Großdestillerie: Bourbon (»Four Roses«)

Heaven Hill, Bardstown Distillery †, Bardstown

1311 Gilkey Run Road, Bardstown, Kentucky, KY 40004
(Heaven Hill Distillers, Inc.)
Besucher willkommen; Besucherzentrum mit Shop und Erlebnismuseum; Führungen
www.heaven-hill.com
Großdestillerie: abgebrannt, Ruinen der Destilleriegebäude, Lagerhäuser in Betrieb; produzierte früher Corn, Rye, Wheat; Bourbon, Blend

Heaven Hill, Bernheim Distillery, Louisville

1701 West Breckinridge Street, Louisville, KY 40210
(Heaven Hill Distillers, Inc.)
Normalerweise keine Besucher, jedoch auf Voranmeldung eventuell möglich
www.heaven-hill.com
Großdestillerie: Bourbon (»Elijah Craig«, »Evan Williams«, »Heaven Hill« usw.), Tequila, Rum, Whisky

Jim Beam, Boston Distillery

Boston Road, Boston, KY 40107
(Beam Global Spirits & Wine, Inc. / Fortune Brands, Inc.)
Besucher willkommen; Besucherzentrum; Führungen auch durch die Destillerie ab 2012
www.jimbeam.com
www.americanstillhouse.com
Großdestillerie: Bourbon (»Jim Beam«, »Knob Creek« usw.)

Jim Beam, Clermont Distillery

149 Happy Hollow Road, Clermont, KY 40110
(Beam Global Spirits & Wine, Inc. / Fortune Brands, Inc.)
Keine Besucher
www.jimbeam.com
Großdestillerie: Bourbon (»Jim Beam«, »Basil Hayden's«
usw.)

Kentucky Bourbon Distillery, Bardstown

1869 Loretto Road, Bardstown, KY 40004
(Kentucky Bourbon Distillers, Ltd., Even G. Kulsveen)
Besucher nach Abschluss der Renovierungs- und
Umbauarbeiten wieder willkommen
www.kentuckybourbonwhiskey.com
Mittelgroße Destillerie: Bourbon, Whisky (»Johnny
Drum«, »Noah's Mill«, »Old Bardstown« usw.)

Maker's Mark Distillery, Loretto

3350 Burks Spring Road, Loretto, KY 40037
(Maker's Mark Distillery, Inc. / Fortune Brands, Inc.)
Besucher willkommen; Besucherzentrum und Shop;
Führungen
www.makersmark.com
Größere Destillerie: Bourbon (»Maker's Mark«)

Wild Turkey, Lawrenceburg

1525 Tyrone Road, Lawrenceburg, KY 40342
(Davide Campari Milano S.p.A.)
Besucher willkommen; Besucherzentrum und Shop;
Führungen
www.wildturkeybourbon.com
Großdestillerie: Bourbon (»Wild Turkey«)

Woodford Reserve, Versailles

7855 McCracken Pike, Versailles, KY 40383
(Brown Forman Corporation)
Besucher willkommen; Besucherzentrum und Shop;
Führungen
www.woodfordreserve.com
Mittelgroße *pot still*-Destillerie: Bourbon (»Woodford
Reserve«)

Tennessee (Karte Seite 581)

George Dickel Distillery, Normandy

1950 Cascade Hollow Road, Normandy, TN 37360-3049
(Diageo plc)
Besucher willkommen; Besucherzentrum und Shop;
Führungen
www.dickel.com
Großdestillerie: Tennessee Whisky (»George Dickel«)

Jack Daniel Distillery, Lynchburg

Route 1, Lynchburg, TN 37352
(Brown Forman Corporation)
Besucher willkommen; Besucherzentrum und Shop;
Führungen
www.jackdaniels.com
Großdestillerie: Tennessee Whisky (»Jack Daniel's«)

Virginia (Seite 581)

A. Smith Bowman Distillery, Fredericksburg

1 Bowman Drive, Fredericksburg, VA 22408-7346
(A. Smith Bowman Co./Sazerac Company, Inc.)
Besucher nach Voranmeldung; Besucherzentrum in
Planung
www.asmithbowman.com
Kleinere Destillerie: Rum, Gin, Wodka, Bourbon
(»Bowman Brothers Virginia Straight Bourbon Whiskey«,
»John J. Bowman Virginia Straight Bourbon Whiskey«),
Whisky (»Abraham Bowman Virginia Limited Edition
Whiskey«), Neue Small Batch- und Single Cask-Linie
»A. Smith Bowman Collection«

Tafel an der Buffalo Trace Distillery in Frankfort, Kentucky.

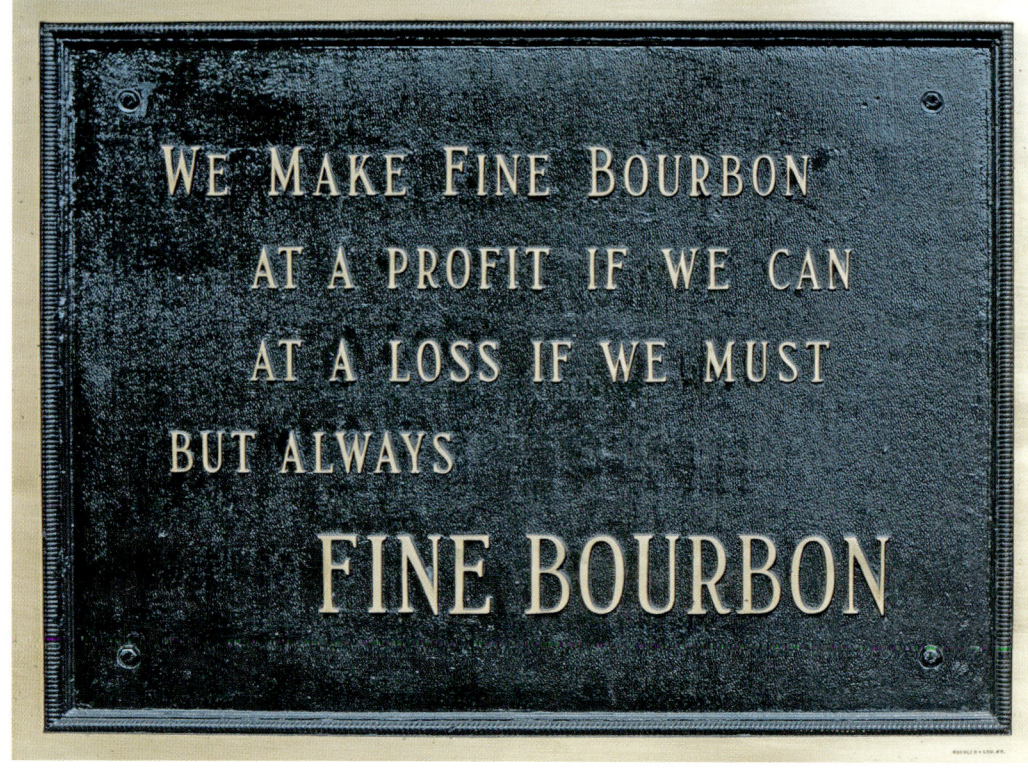

WE MAKE FINE BOURBON
AT A PROFIT IF WE CAN
AT A LOSS IF WE MUST
BUT ALWAYS
FINE BOURBON

Mikrodestillerien

Arkansas (Karte Seite 574)

Rock Town Distillery, Little Rock

1216 E. 6th Street, Little Rock, AR 72202
(Phil Brandon)
Besucher nach Voranmeldung; Shop; Bottling Parties
arkansaslightning.com
Micro Distillery: Wodka, Gin, Light Whisky, Bourbon

California (Karte Seite 570)

Anchor Distilling Company, San Francisco

1705 Mariposa St., San Francisco, CA 94107
(Anchor Brewing Co., Fritz Maytag)
Besucher nach Voranmeldung; Shop
www.anchorbrewing.com/about_us/anchordistilling.htm
Brauerei und Micro Distillery: Gin, Genever, verschiedene Whiskyarten (»Old Potrero«)
Wissenswertes:

»Potrero« heißt nicht nur der in dieser Destillerie hergestellte Whisky, so heißt auch der Hügel, an dessen Fuß die Destillerie in San Francisco ungefähr in der Mitte zwischen den beiden Hauptverkehrsadern, der 101. und der 280., liegt.

Die Familie Maytag, ihre Besitzerin, ist eine in den USA seit dem Zweiten Weltkrieg sehr bekannte, erfolgreiche und typisch amerikanische Unternehmerfamilie. Sie erbrachte zum Beispiel bahnbrechende Leistungen in der (für die Whiskyherstellung nicht so bedeutenden) Entwicklung von Waschmaschinen oder von speziellen Käsesorten. Fritz Maytag, einer ihrer Nachkommen, wurde ebenfalls ein Pionier, dies aber in der Getränkeindustrie. Er war vor allem sehr erfolgreich im Weinbau tätig und hatte daneben mit seiner sogenannten Mikro-Brauerei-Idee (Bierherstellung in Klein- und Kleinstmengen nach alten Rezepten) einen Riesenerfolg.

Im Jahr 1993 begann er, in den Räumen seiner sehr schönen und für das interessierte Publikum offenen Anchor Brewery (Anchor Steam Beer) in einer Mikrodestillerie auch zu brennen. Ab diesem Moment widmete er sich voll der Entwicklung eines Single Malt Rye-Whiskys.

Er schuf den ersten Single Malt in der Neuzeit, der nicht aus gemälzter Gerste, sondern aus gemälztem Roggen hergestellt ist. Seine Rezeptur war allerdings die eines Bauernwhiskys aus dem 18. Jahrhundert. Auf dem Etikett dieser Abfüllung ist deshalb auch der Vermerk »18th Century Style« zu lesen. Fritz – wie man ihn in den USA nennt – hat dann auch noch einen »19th Century

Style Single Rye«, also einen nach Rezepten aus dem 19. Jahrhundert hergestellten Whisky nachgeschoben. Dieser ist in angekohlten Fässern aus weißer Eiche gereift. Die Fässer für den 18th Century waren nur getoastet. Im Jahr 2006 erschien noch eine weitere Abfüllung mit dem Namen »Hotaling's Single Malt Whisky«. Es handelt sich bei ihm ebenfalls um einen Single Malt aus Roggen, der aber für amerikanische Verhältnisse sehr lange, nämlich elf Jahre, in einem getoasteten Eichenfass gelagert wurde. Den ersten Rye-Whisky destillierte Maytag im Jahr 1994. Ein Teil dieses Rye wurde bereits kurze Zeit nach der Destillation als »Single Malt Spirit« an Tastings in ausgewählten Restaurants Kaliforniens glasweise sehr teuer ausgeschenkt.

Ungefähr ein Jahr später (Anfang 1996) folgte das erste Mal die Abfüllung eines Rye-Whiskys, der volle zwei Jahre in angekohlten (getoasteten) Eichenfässern gelagert war. Die genau 1448 abgefüllten Flaschen des »Old Potrero« genannten Whiskys waren sofort ausverkauft. Seit 1999 kann man den »Old Potrero« in laufend neuen Versionen zwar immer noch teuer, aber immerhin kaufen.

Die Brennerei – eigentlich müsste man dieses Wort in Anführungszeichen setzen – bestand zu Beginn aus einem Edelstahlbottich, in dem vergärt wurde und zwei kleinen *stills* (eine davon hat eine gewisse Ähnlichkeit mit einer *pot still,* die andere ist eine Standard-Säulen- oder Kolonnen-*still*). Beide haben etwas spezielle geformte *condenser*. Diese Anlagen wurden in den letzten Jahren durch weitere Gärbottiche und eine Kolonnenbrennerei ergänzt.

Die Destillerie steht in einem abgetrennten Raum der Brauerei, von der auch die für das Brennen verwendete Maische stammt. Während des Rundgangs durch die Abteilungen von Anchor – er führt eigentlich hauptsächlich nur durch die Brauerei – muss man nach der Produktionsstätte für den Whisky fragen. Sonst wird sie von den Guides eventuell vergessen.

Ballast Point Brewing & Spirits, San Diego

10051 Old Grove Rd., San Diego, CA 92131
(Jack White, Yuseff Cherney)
Besucher willkommen; Shop und Führungen
www.ballastpoint.com
Brauerei und Micro Distillery: Gin, Rum, Whisky (»Devil's Share Whiskey«)

Charbay Winery and Distillery, St Helena, Napa Valley

4001 Spring Mountain Road, St Helena, Napa Valley, CA 94574
(Familie Charbay, Susan und Miles Charbay; Miles und Marko Karakasevic)
Besucher nach Voranmeldung
www.charbay.com
Weinbau und Micro Distillery: Wodka, Tequila, Brandy, Rum, Grappa, Whisky (»Charbay Whiskey«, »Doubled and Twisted Moon Light Whiskey« und weitere); Whisky-Destillation seit 1999, erster Whisky kam 2002 auf den Markt.

Fog's End Distillery, Gonzales

524 Alta Street, Gonzales, CA, 93901-2645
(Craig Pakish)
Besucher nach Voranmeldung
www.fogsenddistillery.com
Micro Distillery: Light Whisky »California Moonshine«, Rye-Whisky (»Fog's End Monterey Rye«)

Ein Gärbottich – die Hefe tut gerade ihr Werk – und die drei *stills* in der Anchor Distillery in San Francisco.

Die Destillerien im westlichen Teil der USA

Bundesstaaten · Colorado (CO), California (CA),
Montana (MT), Nevada (NV), New Mexico (NM),
Oregon (OR), Utah (UT), Washington (WA) und
Wyoming (WY)

1   Golden Distillery, Bow, WA

2   Bainbridge Organic Distillers, Bainbridge Island, WA

3   Woodinville Whiskey Co., Woodenville, WA

4   Wishkah River Distillery, Aberdeen, WA

5   The Ellensburg Distillery, Ellensburg, WA

6   Dry Fly Distilling, Spokane, WA

7   Bull Run Distillery, Portland, OR

8   Clear Creek Distillery, Portland, OR

9   Edgefield Distillery, Troutdale, OR

10 House Spirits Distillery, Portland, OR

11 Rogue Distillery, Newport, OR

12 Ransom Distillery, Sheridan, OR

13 Immortal Spirits Distillery, Medord, OR

14 Stein Distillery, Joseph, OR

15 Charbay Winery and Distillery, Saint Helena,
    Napa Valley, CA

16 Anchor Distilling Company, San Francisco, CA

17 St. George Spirits, Alameda, CA

18 Valley Spirits, Modesto, CA

19 Fog's End Distillery, Gonzales, CA

20 Saint James Spirits, Irwindale, CA

21 Ballast Point Brewing & Spirits, San Diego, CA

22 Rough Stock Distillery, Bozeman, MT

23 Wyoming Whisky, Kirby, WY

24 Las Vegas Distillery, Henderson, NV

25 High West Distillery, Park City, UT

26 Colorado Gold Distillery, Cedaredge, CO

27 Peach Street Distillery, Palisade, CO

28 Breckenridge Distillery, Breckenridge, CO

29 Downslope Distillery, Centennial, CO

30 Leopold Bros Distillery, Denver, CO

31 Stranahans Colorado Whisky, Denver, CO

32 Mystic Mountain Distillery, Larkspur, CO

33 Santa Fe Spirits, Santa Fe, NM

St. George Spirits, Alameda

2601 Monarch Street, Alameda, CA 94501
(Jörg Rupf, Lance Winters)
Besucher willkommen; Shop und Führungen
www.stgeorgespirits.com
Micro Distillery: Wodka, Absinth und andere Spirituosen,
Single Malt-Whisky (»St. George Single Malt«)

Saint James Spirits, Irwindale

5220 Fourth St, Unit 17, Irwindale, CA 91706
(James Busuttil)
Besucher nach Voranmeldung
www.saintjamesspirits.com
Micro Distillery: Wodka, Brandy, Rum, Grappa, Whisky
(»Peregrine Rock – California Pure Malt Whisky«)

Valley Spirits, Modesto

553 Mariposa Rd., Modesto, CA 95354
(Lee Palleschi)
Besucher nach Voranmeldung
www.drinkvalleyspirits.com
Micro Distillery: Wodka, Rum, Single Malt Whisky,
Bourbon (»Cold House Whisky«, »Cold House Bourbon«)

Colorado (Karte Seite 570)

Breckenridge Distillery, Breckenridge, Colorado

1925 Airport Rd., Breckenridge, CO 80424
(Bryan Nolt)
Besucher willkommen; Shop und Führungen; Bottling
Parties
www.breckenridgedistillery.com
Micro Distillery: Wodka, Bourbon (»Breckenridge
Colorado Bourbon Whiskey«)
Wissenswertes:

Eine Destillerie in einem der berühmtesten und höchstgelegenen Skigebiete der USA, in den Rocky Mountains?
Ja! Die Breckenridge Distillery steht in der gleichnamigen
ehemaligen Minenarbeitersiedlung, die sich zu einem
mondänen Skiort entwickelt hat, auf einer Höhe von gut
2900 Metern über Meer. Sie wird von ihren Besitzern als
die am höchsten liegende Destillerie der Welt bezeichnet.

Sie steht tatsächlich in einer Höhe, die nur noch von
einer Destillerie in Nepal oder Tibet übertroffen werden
könnte.

Die Idee, eine Destillerie zu bauen, hatte der Liebhaber
von schottischen Single Malts und studierte Physiker
Bryan Nolt vor ein paar Jahren beim Fliegenfischen
oberhalb des Ortes Breckenridge. Die Idee wurde in die Tat
umgesetzt. Bryan entschloss sich als Erstes, am American
Distilling Institute in Petaluma (Kalifornien) eine
Ausbildung zu machen. Dort traf er seinen Partner und
heutigen *Master Distiller* seiner Brennerei, Jordan Via.
Jordan war einer der Instruktoren an diesem Institut. Die
beiden machten dort bereits Versuche mit verschiedenen
Maischetypen, Destillierparametern und Fassarten,
während hoch oben in Breckenridge die Destillerie gebaut
wurde.

In dieser bis jetzt einzigen *still* werden in der höchstgelegenen
Whiskydestillerie der Welt (der Breckenridge Distillery) sehr
gute Bourbons destilliert.

Schon bei der Inbetriebnahme der Destillerie gab es
die ersten Diskussionen: Bryan wollte einen Whisky im
Stil eines Single Malt produzieren, Jordan aber eher einen
Bourbon. Sie einigten sich dann auf die Herstellung
beider Typen, wobei der Bourbon neben dem gesetzlich
vorgeschriebenen Anteil von mindestens 51 Prozent Mais
einen großen Anteil an Roggen haben sollte.

Die Destillerie wird von Jordan Via geleitet. Bryan Nolt
ist als Dr. med. (Radiologe) an einem Krankenhaus in
Pueblo tätig, fährt aber so oft es seine Arbeit zulässt nach
Breckenridge in »seine« Destillerie.

Produziert wird dort in einem *cooker* (einer Art
großem Dampfkochtopf), einem Maischbottich und
(nach schottischem Vorbild) oben offenen Gärbottichen
aus Edelstahl. Aus der bis jetzt einzigen *still*, einer
Kolonnenbrennerei amerikanischer Herkunft, floss 2008
der erste *new make*.

Der Erfolg ließ in der jungen Destillerie nicht lange auf
sich warten. Die Destillate verkaufen sich gut, und erste
Auszeichnungen an internationalen Wettbewerben, so
zum Beispiel eine von nur drei vergebenen Goldmedaillen
für Bourbons an der International Wine and Spirits
Competition (IWSC) 2011 in Großbritannien für ihren
»Breckenridge Colorado Bourbon Whisky«, lassen auf eine
gute Zukunft hoffen. Eine zweite *still* soll schon bald in
Betrieb genommen werden.

Neben Whisky werden in der Breckenridge Distillery
auch Wodka, Rum und andere Spirituosen hergestellt.

Colorado Gold Distillery, Cedaredge

1290 South Grand Mesa Drive, Cedaredge, CO 81413
(Tom und Pam Cooper)
Besucher willkommen; Shop und Führungen
www.coloradogolddistillers.com
Micro Distillery: Wodka, Gin, Corn-Whisky (»Colorado's
Own Corn Whiskey«), Bourbon (»Colorado Gold Straight
Bourbon Whiskey«)

DownSlope Distillery, Centennial

6770 South Dawson Circle, Ste. 400, Centennial, CO 80112
(Mitch Abate, Matt und Andy Causey)
Besucher nach Voranmeldung
www.downslopedistilling.com
Micro Distillery: Wodka, Rum, Grain-Whisky (»DownSlope
Double Diamond Whiskey«), Malt-Whisky (»DownSlope
Single Malt-Whiskey«)

Leopold Bros Distillery, Denver

4950 Nome St. Unit E, Denver, CO 80239
(Todd und Scott Leopold)
Besucher nach Voranmeldung
www.leopoldbros.com
Micro Distillery: Wodka, Gin, Absinth, Frucht-»Whiskys«,
Rye-Whisky (»Leopold Bros Rye Whiskey«)

Mystic Mountain Distillery, Larkspur

11505 Valley Road, Larkspur, CO 80118
(Fred Linneman)
Besucher nach Voranmeldung
www.mysticmtnspirits.com
Micro Distillery: Wodka, Gin, Bourbon (»Aces High
Bourbon Whiskey«)

Peach Street Distillery, Palisade

144 South Kluge Ave, Palisade, CO 81526
(Rory Donovan, Bill Graham und David Thibodeau; Davy
Lindig, *Master Distiller*)
Besucher nach Voranmeldung
www.peachstreetdistillers.com
Micro Distillery: Wodka, Brandy, Grappa, Gin, Bourbon
(»Peach Street Distillers' Straight Bourbon Whiskey«)

Stranahan's Colorado Whisky, Denver

200 South Kalamath St., Denver, CO 80223
(Proximo Spirits)
Besucher willkommen; Shop und Führungen; Bottling
Parties
www.stranahans.com
Micro Distillery: Whisky (»Stranahan's Colorado
Whiskey«)
Wissenswertes:

Das Projekt zur Gründung der Stranahan's Destillerie
in Denver, Colorado, entstand wie Phönix aus der Asche
– und dies im wahrsten Sinn des Wortes. Jess Graber, der
Mehrheitsaktionär der Destillerie, lernte George Stranahan
in seiner Funktion als Feuerwehrmann kennen, als er ein
diesem gehörendes brennendes Lagerhaus löschen half.

Bereits im Sommer 2011 konnte bei Stranahan's in Denver das Fass mit der Nummer 1000 befüllt werden.

Die beiden sprachen nach dem Unglück miteinander und stellten dabei fest, dass sie eine gemeinsame Leidenschaft hatten: Whisky.

Nach etlichen freundschaftlichen Treffen und weiteren Gesprächen über Whisky fassten sie 2002 den Entschluss, gemeinsam eine Destillerie zu bauen, und setzten diesen auch in die Tat um. Weil Jess fand, dass »Stranahan's Whisky« bedeutend besser klingt als »Graber's Whisky« schlug er vor, die Destillerie nach dem Namen seines Partners zu benennen.

Im Jahr 2004 floss der erste Whisky aus den zwei Kolonnenbrennereien. Die *beer* kam damals noch aus der George Stranahan gehörenden, direkt neben der Destillerie stehenden Brauerei mit dem Namen »Flying Dog Brewery«.

Heute wird in der Stranahan's Distillery – sie ist 2009 von ihren alten, zu klein gewordenen Gebäuden an einen neuen Ort umgezogen – alles selbst gemacht. In einem *cooker* und einem Maischbottich aus Edelstahl wird die Maische hergestellt. Die Gärung erfolgt in fünf geschlossenen *fermenters* aus dem gleichen Material. In der erweiterten, aber immer noch kleinen Destillerie – sie hat jetzt drei *stills* – können pro Woche etwas über 2000 Liter *new make* mit einem Alkoholgehalt von 70 Volumenprozent gebrannt werden. Die Fässer aus weißer Eiche werden in einem befeuchteten Lagerraum gelagert, um dem auf der Höhe von 1700 Metern über Meer viel höheren *angels' share*-Anteil entgegenzuwirken.

Dank dem Befeuchten kann dieser bei 4 Prozent pro Jahr stabil gehalten werden. Ohne würde er über 8 Prozent betragen.

George zog im Jahr des Umzugs der Destillerie mit seiner »Flying Dog Brewery« ebenfalls um (nach Frederick, Maryland) und war nur noch Teilhaber an Stranahan's Distillery.

Ende 2010 gab es bei der Stranahan's Distillery einige Änderungen: Jess und George verkauften ihre Brennerei an Proximo Spirits Inc. Jess war noch eine Zeit lang als »Consultant« tätig, verließ aber im Herbst 2011 die Destillerie. Ihm folgte schon bald Head Distiller Jake Norris, die gute Seele und der eigentliche Kopf der Brennerei. Er war – wenn auch nur in kleinem Stil – vorher ebenfalls Partner in der Firma.

Durch die neue Besitzerin Proximo wurde als neuer Head Distiller Rob Dietrich, er war vorher Jake's rechte Hand, eingesetzt. Hoffen wir, dass der Verkauf an den Multi Proximo Spirits Inc. und der nicht lange danach erfolgte, etwas überraschende Abgang der wichtigsten Leute keinen negativen Einfluss auf die weitere Entwicklung dieser guten Destillerie hat.

Den »Stranahan's Colorado Whiskey« gibt es in verschiedenen Abfüllungen, nie aber in großen Batches. Meistens wird er als Small Batch aus maximal 20 Fässern abgefüllt, es gibt ihn aber auch als Einzelfassabfüllung. Der »Stranahan's« ist immer sehr schnell ausverkauft, die Nachfrage ist bedeutend größer als die Produktion.

Florida (Karte Seite 580)

Florida Farm Distillery, Umatilla

Umatilla, FL 32784
(Richard »Rick« und Martine »Marti« Waters)
Besucher nach Voranmeldung
www.palmridgereserve.com
Micro Distillery: Whisky (»Palm Ridge Reserve Florida Whiskey«)

Georgia (Karte Seite 580)

Thirteenth Colony Distillery, Americus

305 N. Dudley, Americus, GA 31709
(Thirteenth Colony Distillery PLC)
Besucher nach Voranmeldung
www.13colony.net
Micro Distillery: Wodka, Gin, Corn-Whisky (»Southern Corn Whiskey«)

Illinois (Karte Seite 574)

Few Spirits, Evanston

918 Chicago Avenue, Evanston, IL 60202
(Paul Hletko)
Besucher nach Voranmeldung; Tasting Room
www.fewspirits.com
Micro Distillery: Gin, White Whisky (»FEW Whiskey«), Rye, Bourbon

Koval Distillery, Chicago

5121 N Ravenswood, Chicago, IL 60640
(Robert Birnecker)
Besucher nach Voranmeldung; Tasting Room
www.koval-distillery.com
Micro Distillery: Wodka, Brandy, Liköre, Rye-Whisky (»Rye Chicago Whiskey«), Oat (Hafer) Whisky (»American Oat Whiskey«), Millet (Hirse) Whisky (»Raksi Millet Whiskey«), Wheat Whisky (»Midwest Wheat Whiskey«), Spelt (Dinkel) Whisky (»Levant Spelt Whiskey«); zweite Linie »Lion's Pride Organic Whiskey«

Indiana (Karte Seite 580)

Heartland Distillery, Indianapolis

9402 Uptown Drive, Suite 1000, Indianapolis, IN 46256
(Stuart Hobson)
Besucher nach Voranmeldung
www.heartlanddistillers.com
Micro Distillery: Wodka, Gin, Bourbon (»Indiana Bourbon«)

Iowa (Karte Seite 574)

Cedar Ridge Distillery, Swisher

1441 Marak Road, Swisher, IA 52338
(Jeff Quint)
Besucher nach Voranmeldung
www.crwine.com
Weingut und Micro Distillery: Brandy, Rum, Grappa,
Single Malt-Whisky (»Cedar Ridge Single Malt«),
Bourbon (»Cedar Ridge Iowa Bourbon«)

Mississippi River Distillery, LeClaire

03 North Cody Road, LeClaire, IA 52753
(Ryan und Garrett Burchett)
Besucher willkommen; Shop und Führungen
www.mrdistilling.com
Micro Distillery: Wodka, Gin, Bourbon (»River Bourbon«)

Templeton Rye Distillery, Templeton

206 East 3rd Street, Templeton, IA 51463
(Ron und Keith Kerkhoff)
Besucher willkommen, Shop und Führungen
www.templetonrye.com
Micro Distillery: Rye-Whisky (»Templeton Rye«)

Kansas (Karte Seite 574)

High Plains Distillery, Atchison

1700 Rooks Road, Atchison, KS 66002
(Seth und Dorcie Fox)
Besucher nach Voranmeldung
www.highplainsinc.com
Micro Distillery: Wodka, Gin, Tequila, Bourbon, Whisky
(»Most Wanted Bourbon Whiskey«, »Most Wanted Pioneer
Whiskey«)

Kentucky (Karte Seite 581)

Barrel House Distillery, Lexington

1200 Manchester St. Bldg. 9, Lexington, KY 40504
(Barrel House Distilling Co.; Jeff Wiseman und Peter
Wright)
Besucher nach Voranmeldung
www.barrelhousedistillery.com
Micro Distillery: Wodka, Rum, Whisky (»Barrel House
Whiskey«)

Corsair Artisan Distillery, Bowling Green

400 East Main Street #110, Bowling Green, KY 42101
(Corsair Artisan, LLC; Andrew Webber)
Besucher willkommen; Shop und Führungen
www.corsairartisan.com
Micro Distillery: Gin, Wodka, Rum, Absinth, Rye-Whisky
(»Corsair 100 % Rye Whiskey«), Single Malt-Whisky
(»Corsair Single Malt Whiskey«)

Lyons Spirits Distillery, Lexington

401 Cross Street, Lexington, KY 40508
(Alltech Lexington Brewing and Distilling Co.;
Dr. T. Pearse Lyons)
Besucher willkommen in der Brauerei; für Destillerie
anfragen
www.lyonsspirits.com
Micro Distillery: Bourbon, Single Malt Whisky (»Pearse
Lyons Reserve«)
Wissenswertes:

Alltech Corporation, eine von Dr. Pearse Lyons
gegründete Bio-Hightechfirma, ist weltweit in der
Entwicklung und Herstellung von Tiernahrung und Tier-
Gesundheitsprodukten tätig.

Dr. Pearse Lyons – ein gebürtiger Ire – ist auf dem
Gebiet von Bier und Whisky familiär vorbelastet.
Einige seiner Vorfahren arbeiteten als Küfer in irischen
Brauereien und Destillerien. Diese »erbliche Belastung«
führte dazu, dass er sich neben der Leitung seines
Konzerns zur Herstellung von Bier und Whisky beinahe
gezwungen fühlte. Im Jahr 2000 gründete er in Lexington
eine Micro Brewery mit dem Namen Lexington Brewing
Company (Kentucky Ale).

2007 ergänzte er die Brauerei mit einer Destillerie,
die seinen Namen trägt: Lyons Spirits. Die im gleichen
Gebäude arbeitende Brauerei und Destillerie tragen
wohl verschiedene Namen, sind aber Teil seiner Alltech
Corporation und firmieren gemeinsam als Alltech
Lexington Brewing & Distilling Company.

Die Destillerie wurde nach dem Vorbild einer
schottischen Destillerie aufgebaut. Sie bezieht die Maische
(noch) aus der Brauerei und vergärt sie in geschlossenen
Gärbottichen aus Edelstahl. Die beiden *pot stills* (je eine
wash und *spirit*) stammen von Forsyth in Schottland.

Die wichtigsten Produkte aus der Destillerie sind bis
jetzt ein Single Malt, der »Pearse Lyons Reserve« und seit
Oktober 2011 ein Bourbon mit dem Namen »Town Branch
Bourbon«.

Weil sowohl die Brauerei als auch die Destillerie
sehr gut laufen, wurde der Platz für beide zu eng: Die
Destillerie wird in ein neues Gebäude umziehen. Mit dem
Bau wurde im Herbst 2011 begonnen, im September 2012

Schottische *stills* in einer Destillerie in Kentucky? Ja, in der
Lyons Spirits Distillery werden in *stills* von Forsyths sogar seit
1919 das erste Mal wieder Single Malts produziert.

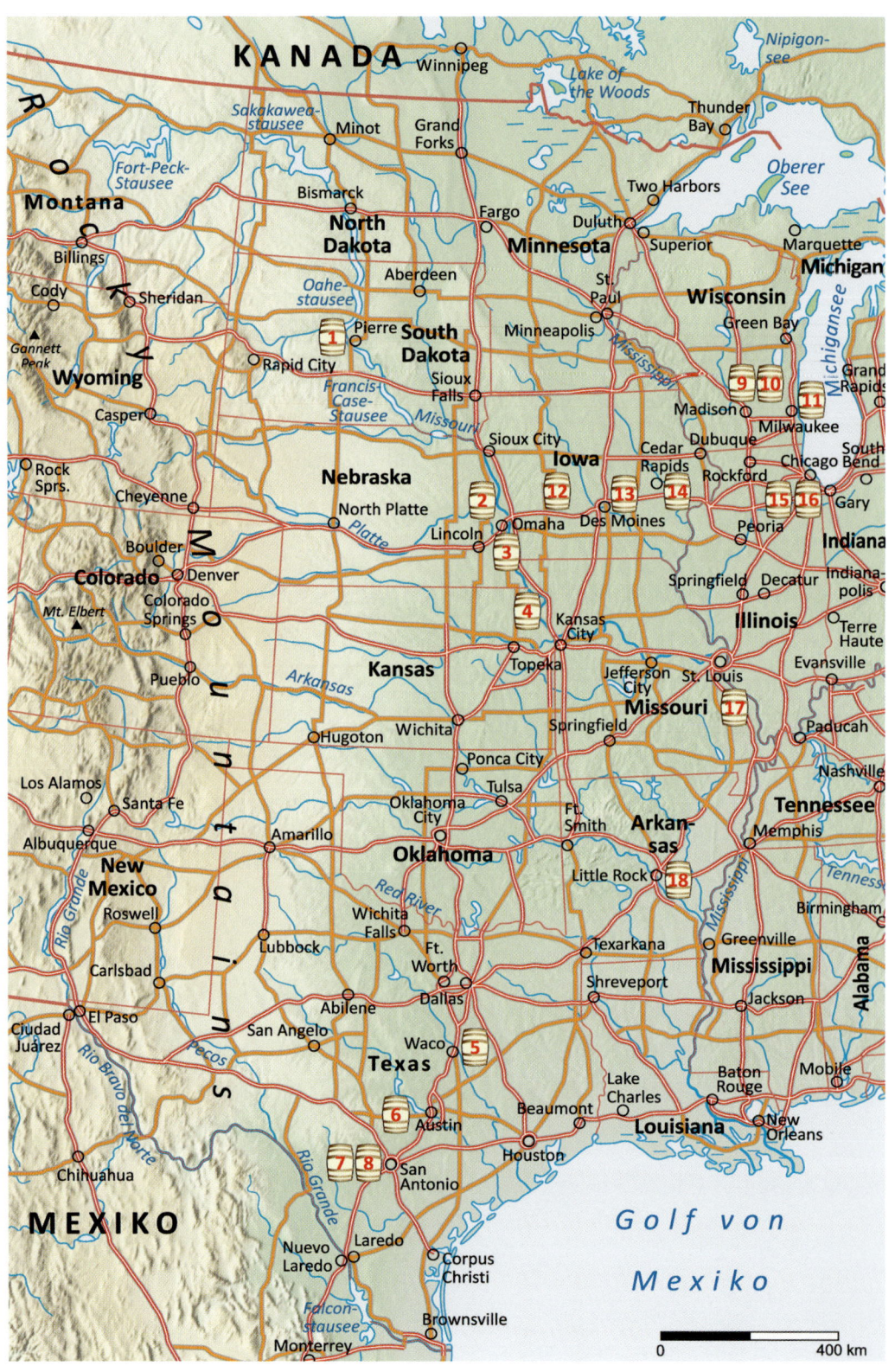

Die Destillerien im mittleren Teil der USA

Bundesstaaten · Arkansas (AR), Illinois (IL), Iowa (IA),
Kansas (KS), Missouri (MO), Nebraska (NE),
South Dacota (SD), Texas (TX) und Wisconsin (WI),

1 Dakota Spirits Distillery, Pierre, SD

2 Cooper's Chase Distillery, Westpoint, NE

3 Sòlas Distillery, La Vista, NE

4 High Plains Distillery, Atchison, KS

5 Balcones Distillery, Waco, TX

6 Garrison Brothers Distillery, Hye, TX

7 Ranger Creek Brewing & Distillery, San Antonio, TX

8 Rebecca Creek Distillery, San Antonio, TX

9 Death's Door Spirits, Madison, WI

10 Yahara Bay Distillery, Madison, WI

11 Great Lakes Distillery, Milwaukee, WI

12 Templeton Rye Distillery, Templeton, IA

13 Mississippi River Distillery, LeClaire, IA

14 Cedar Ridge Distillery, Swisher, IA

15 Few Spirits, Evanston, IL

16 Koval Distillery, Chicago, IL

17 Crown Valley Brewery & Distillery,
Sainte Genevieve, MO

18 Rock Town Distillery, Little Rock, AR

soll die neue Destillerie direkt neben ihrem bisherigen Standort und der Brauerei in Betrieb gehen. Ihre Kapazität wird etwa 700 000 Liter pro Jahr sein.

Zurzeit werden die Fässer mit den reifenden Whiskys noch in einem Lagerhaus in Bardstown gelagert. Alltech hat aber in Lexington selbst bereits ein Lagerhaus gekauft. Es wird nach der Inbetriebnahme der neuen Destillerie bezogen.

Die Lyons Spirits Distillery war 2011 die erste Micro Distillery, die Mitglied der Kentucky Distillers Association, der Vereinigung der großen Destillerien in Kentucky, wurde. Sie ist auch seit dem Jahr 1919 die erste Destillerie, die in Kentucky einen Single Malt produziert.

MB Roland Distillery, Pembroke

137 Barkers Mill Road, Pembroke, KY 42266
(Paul Tomaszewski)
Besucher nach Voranmeldung
www.mbrdistillery.com
Micro Distillery: Rum, Bourbon (»MBR Bourbon«), Corn-Whisky (»MBR Corn Whiskey«), Grain-Whisky (als Malt Whisky deklariert, er hat aber Mais- und Roggenanteile: »MBR Malt Whiskey«)

Massachusetts (Karte Seite 580)

Berkshire Mountain Distillery, Great Barrington

Great Barrington, MA 01230
(Chris Weld)
Besucher nach Voranmeldung
www.berkshiremountaindistillers.com
Micro Distillery: Gin, Wodka, Rum, Bourbon (»Berkshire Bourbon«), Corn Whisky (»New England Corn Whiskey«)

Nashoba Valley Spirits, Bolton

100 Wattaquadoc Hill Road, Bolton, MA 01740
(Nashoba Valley Spirits Ltd., Richard Pelletier)
Besucher willkommen; Restaurant, Shop, Führungen
www.nashobawinery.com
Weinbau und Micro Distillery: Wodka, Grappa, Brandy, Gin, Single Malt-Whisky (»Stimulus, Nashoba Single Malt Whiskey«)

Ryan & Wood Distillery, Gloucester

15 Great Republic Dr. U-2, Gloucester, MA 01930
(Ryan & Wood, Inc.; Rob Ryan und Dave Wood)
Besucher nach Voranmeldung
www.ryanandwood.com
Micro Distillery: Wodka, Rum, Gin, Rye-Whisky (»Ryan & Wood Rye«)

Triple Eight Distillery, Nantucket

5 Bartlett Farm Road, Nantucket, MA 02554
(Cisco Brewers; Jay Harman, *Master Distiller*)
Besucher nach Voranmeldung
www.ciscobrewers.com

Micro Distillery in Brauerei: Wodka, Rum, Gin, Bourbon (»Nor'Easter Bourbon«); Whiskydestillation seit 2000, erster Whisky im Verkauf 2008 (»Notch« = »Not Scotch«) zum unglaublichen Preis von US-Dollar 888 pro Flasche.

Michigan (Karte Seite 580)

Grand Traverse Distillery, Traverse City

781 Industrial Circle, Suite 5, Traverse City, MI 49686
(Kent Rabish)
Besucher willkommen; Shop und Führungen
www.grandtraversedistillery.com
Micro Distillery: Wodka, Rye-Whisky (»Ole George Whiskey«)

New Holland Brewing Company, Holland

66 East 8th Street, Holland, MI 49423
(New Holland Brewing Company, Brett VanderKamp)
Besucher willkommen; Brauerei/Destillerie mit Shop und Führungen
www.newhollandbrew.com
Brauerei und Micro Distillery: Rum, Wodka, Gin, Rye-Whisky (»Walleye Rye Brewers' Whiskey«), Grain-Whisky (»Malthouse Brewers' Whiskey«), Malt-Whisky (»Zeppelin Bend Straight Malt Whiskey«)

Round Barn Distillery, Baroda

10983 Hills Road, Baroda, MI 49101
(Rick, Matthew und Chris Moersch und Familie)
Besucher willkommen; Shop und Führungen
www.roundbarnwinery.com
Weingut und Micro Distillery: Rum, Brandy, Wodka, Bourbon (»DiVine Bourbon«)

Missouri (Karte Seite 574)

Crown Valley Brewery & Distillery, Sainte Genevieve

13326 State Route F, Sainte Genevieve, MO 63670
(Crown Valley Brewing & Distilling Co.; Carl Wiersma, Bryan Siddle)
Besucher willkommen; Brauerei/Destillerie, Shop
www.crownvalleybrewery.com
Micro Distillery: Wodka, Whisky

Montana (Karte Seite 570)

RoughStock Distillery, Bozeman

81211 Gallatin Road, Suite A, Bozeman, MT 59718
(Bryan und Kari Schultz)
Besucher nach Voranmeldung; Shop offen; Bottling Parties
www.montanawhiskey.com
Micro Distillery: »Montana Whiskey« in verschiedenen Ausführungen
Wissenswertes:
Bryan und Kari Schultz, ein junges, innovatives Ehepaar, kaufte vor ein paar Jahren die zum Bierbrauen benötigten Anlagen und eröffnete eine Mikrobrauerei. Nach kurzer Zeit mussten sie jedoch feststellen, dass es in diesem Business viel zu viel – und dazu noch sehr gute – Konkurrenz gab. Sie suchten nach einer anderen Geschäftsidee. Ihre Überlegungen führten zu der Frage, warum es in Montana keine Whiskydestillerie gab. Sie fragten herum und bekamen nicht nur die Antwort auf diese Frage, sondern auch viele wertvolle Tipps und

Kari Schultz, Ehefrau und Geschäftspartnerin von Bryan in der RoughStock Distillery, ist immer zu einem Späßchen aufgelegt. Hier lacht sie uns aus der *still* entgegen.

Angebote für die Mithilfe beim Aufbau einer Brennerei. Das war der Auslöser für den Aufbau der RoghStock Distillery.

Sie verkauften die nicht auch für eine Destillerie brauchbaren Anlagen ihrer Brauerei, belehnten ihr Haus, griffen die Altersvorsorge an und kratzten überall Geld zusammen, wo es möglich war, um den Traum von einer eigenen Destillerie zu verwirklichen. Und die beiden schafften es.

Im Jahr 2009 eröffneten sie ihre RoughStock Distillery, die erste Mikrodestillerie in Montana. Wenige Jahre früher wäre dies nicht möglich gewesen, denn erst 2005 wurde in diesem Bundesstaat ein Gesetz verabschiedet, das das Brennen in Mikrodestillerien möglich machte. Die Destillerie von Byan und Kari war dann auch die erste legale Destillerie in Montana seit über 100 Jahren. Der Maischbottich wie auch die Gärtanks sind aus Edelstahl. Die bis jetzt einzige *pot still* amerikanischer Herkunft aus Kupfer glänzt mit ihnen um die Wette. RoughStock ist eine etwas spezielle Destillerie – zumindest für Amerika. Das in der kleinen Brennerei hauptsächlich produzierte Produkt ist nämlich nicht ein Bourbon, sondern ein Single Malt Whisky. Für ihn wird nur in Montana gereifte Gerste verwendet. Für die Gärung wird ein nach langer Suche ausgewählter spezieller Hefetyp eingesetzt. Die *wash* wird in der *pot still* zweimal destilliert.

Neben dem Single Malt produzieren die beiden zusammen mit ihren Helfern auch Whiskys aus 100 Prozent Weizen, Roggen oder Mais. Das heißt, all diese Whiskys sind sogenannte Straight Whiskys.

Der *new make* wird in Fässern verschiedener Größe gelagert. Das Kleinste fasst gerade einmal 25 Liter, das Größte ist ein Standard-Bourbon-Fass mit 225 Litern Inhalt.

Bis jetzt gibt es aus dieser Destillerie folgende Whiskys: Single Malt-Whisky (»RoughStock Montana Whiskey«, »RoughStock Black Label Montana Whiskey«); Corn-Whisky (»RoughStock Montana Original Sweet Corn Whiskey«); Rye-Whisky (»RoughStock Montana Original Straight Rye Whiskey«); Wheat-Whisky (»RoughStock Montana Original Spring Wheat Whiskey«).

In den wenigen Jahren ihres Bestehens hat sich die Destillerie sehr gut entwickelt und die von ihr auf den Markt gebrachten Single Malts haben guten Anklang gefunden. So konnte bereits nach wenigen Jahren an die Expansion gedacht werden. Im ersten Quartal des Jahres 2012 wurden bereits zusätzliche Anlagen installiert, um der Nachfrage gerecht zu werden.

Nebraska (Karte Seite 574)

Cooper's Chase Distillery, Westpoint
1501 Homewood, Norfolk, NE 89701
(Cooper's Chase Distillery LLC; Doug Throener, Jim Brozek)
Besucher nach Voranmeldung
www.cooperschase.com
Micro Distillery: Wodka, Rum, Brandy, Bourbon, Corn-Whisky (»Chase Nebraska Corn Whiskey«)

Sòlas Distillery, La Vista
11941 Centennial Road, La Vista, NE 68128
(Zac Triemert, Jason Payne, Brian McGee)
Besucher nach Voranmeldung
www.solasdistillery.com
Micro Distillery: Wodka, Rum, Single Malt-Whisky (»Solas Single Malt Whiskey«); erster Whisky ungefähr 2013 auf dem Markt.

Nevada (Karte Seite 570)

Las Vegas Distillery, Henderson
7330 Eastgate Road, Henderson, NV 89011
(George und Katalyn Racz)
Besucher nach Voranmeldung
www.lasvegasdistillery.com
Micro Distillery: Wodka, Gin, Bourbon, Single Wheat Whisky (»Henderson Wheat Whiskey«), Grain-Whiskys in verschiedenen Zusammensetzungen, z. B. »7 Grain Corn Whiskey«, Bourbon (»Nevada Bourbon«)

New Mexico (Karte Seite 570)

Santa Fe Spirits, Santa Fe
7505 Mallard Way, Unit 1, Santa Fe, NM 87507
(Colin Keegan und Nick Jones, Distiller)
Besucher willkommen
www.santafespirits.com
Micro Distillery: Brandy, Whisky (»Silver Coyote Western Whiskey«), Malt-Whisky (»Glenkeegan Single Malt Whiskey«)

New York (Karte Seite 580)

Catskill Distillery, Bethel
2037 Route 17B, Bethel, NY 12720
(Stacy Cohen, Dr. Monte Sachs)
Besucher willkommen; Restaurant, Music Hall; Destillerie
www.catskilldistillingcompany.com
Micro Distillery: Wodka, Wheat-Whisky (»Catskill Mountain White Wheat Whiskey«)

Delaware Phoenix Distillery, Walton
144 Delaware St., Walton, NY 13856
(Cheryl Lins)
Besucher nach Voranmeldung
www.delawarephoenix.com
Micro Distillery: Absinth, Bourbon (»Delaware Bourbon Whiskey«), Whisky (»Delaware Phoenix Rye Whiskey«)

Finger Lakes Distillery, Burdett
4676 NYS Route 414, Burdett, NY 14818
(Bryan McKenzie und Thomas Earl McKenzie, Distiller)
Besucher willkommen; Shop und Führungen
www.fingerlakesdistilling.com
Micro Distillery: Gin, Wodka, Brandy, Grappa, Bourbon (»McKenzie Bourbon Whiskey«), Rye-Whisky (»McKenzie Rye Whiskey«)

Kings County Distillery, Brooklyn
35 Meadow Street, Brooklyn, NY 11206
(Colin Spoelman und David Haskell)
Besucher willkommen; Öffnungszeiten eingeschränkt!
www.kingscountydistillery.com
Micro Distillery: Corn-Whisky (»Kings County Whiskey«)

Firmenschild und Produktionsgebäude der Tuthilltown Distillery in Gardiner im Bundesstaat New York.

Tuthilltown Spirits Distillery, Gardiner

14 Grist Mill Lane, Gardiner, NY 12525
(Ralph Erenzo und Brian Lee)
Besucher willkommen; Shop und Führungen
www.tuthilltown.com
Micro Distillery: Wodka, Bourbon (»Hudson Bourbon«),
Rye-Whisky (»Hudson Manhattan Rye«), Grain-Whisky
(»Hudson 4-Grain Bourbon«), Single Malt-Whisky
(»Hudson Single Malt Whiskey«)
Wissenswertes:

Die im Jahr 2010 vom American Distillers Institute als
»American Artisan Distillery of the Year« ausgezeichnete
Destillerie Tuthilltown Spirits steht im breiten Tal des
Hudson River ungefähr 100 Kilometer nördlich von New
York. Sie wurde 2001 von Ralph Erenzo, Vicki Morgan
und Brian Lee als Micro Distillery gegründet. Im gleichen
Jahr kauften sie eine über 220 Jahre alte ehemalige
Getreidemühle mit ein paar kleinen Kornspeichern. In
einen von ihnen installierten sie die für die Destillation
benötigten Anlagen.

Die Destillerie maischt in einem kleinen rechteckigen
Bottich aus Edelstahl. Vergärt wird in einem runden Kessel
aus dem gleichen Material. In zwei Kolonnenbrennereien
von Carl aus Deutschland werden dann die verschiedenen
Destillate aus der vergorenen Maische – für die Whiskys
heißt sie *wash* oder *beer* – gebrannt.

Die ersten Erfahrungen auf dem Gebiet der Destillation
wurden mit der Produktion von Wodka gesammelt. Den
ersten Wodka brachte man 2003 in zwei Varianten auf den
Markt: Der »Heart of the Hudson« ist zweifach, der »Spirit
of the Hudson« dreifach destilliert.

2004 wagten sich die Pioniere aus dem Staat New York
(sie betreiben die erste Destillerie in diesem Staat seit der
Prohibition) an die Destillation von Whisky aus Mais,
Roggen und Gerstenmalz. Letzteres bezogen sie aus dem
nahe gelegenen Kanada. Alle Whiskys aus dieser Destillerie
sind zweimal gebrannt.

Sie werden in kleinen Fässern (13, 22 oder 30 Liter)
gereift. Bis heute wurden verschiedene Whiskytypen in
Flaschen abgefüllt, so zum Beispiel Bourbon (»Hudson
Bourbon«, »Hudson 4-Grain Bourbon«, »Hudson Baby
Bourbon«), Roggenwhisky (»Hudson Manhattan Rye«)
und Single Malt-Whisky (»Hudson Single Malt Whiskey«).
Daneben produziert die Destillerie auch einen klaren
»Hudson New York Corn Whiskey«.

Im Jahr 2011 begannen die Leute um Ralph Erenzo
damit, ihre Single Malts in bereits einmal für die Reifung
von Whiskys gebrauchten Fässern zu lagern. Damit folgen
sie dem Vorbild der Single Malt-Produzenten in den
wichtigsten Whiskyländern, die ihre Malts ebenfalls in
Ex-Bourbon-Fässern lagern.

Und noch etwas wirklich Spezielles: In der Tuthilltown
Distillery wird eine Art von Whiskyalterung praktiziert, wie
man sie sonst – so glaube ich wenigstens – nirgends sieht
(oder hört). Um den Kontakt der Whiskys in den Fässern
mit dem Holz noch zu intensivieren – was angesichts
der verwendeten kleinen Fässer mit bedeutend mehr
Holzkontakt als bei den Originalbarrels eigentlich nicht
mehr nötig sein sollte –, wird eine von der Destillerie
sogenannte »Schallalterung« *(sonic aging)* vollzogen.
In der Nacht oder zu den Zeiten, in denen niemand in der
Destillerie ist, werden die Fässer aus etlichen Bassboxen
mit relativ lauten, niedrigen (Bass-)Frequenzen beschallt.

Die Fässer vibrieren in deren Rhythmus, die in ihnen
gelagerten Destillate werden ebenfalls bewegt und erhalten
so den gewünschten zusätzlichen Holzkontakt.

Ohio (Karte Seite 580)

Ernest Scarano Distillery, Gibsonburg

1989 County Road 62, Gibsonburg, OH 43431
(Ernest und Darrin Scarano)
Besucher nach Voranmeldung
www.esdistillery.com
Micro Distillery: Rye-Whisky (»Old Homicide Rye
Whiskey«)

Woodstone Creek Distillery, Cincinnati

3641 Newton Avenue, Cincinnati, Ohio 45207
(Donald und Linda Outterson)
Besucher nach Voranmeldung; Shop und Führungen
www.woodstonecreek.com
Micro Distillery: Wodka, Bourbon (»Woodstone Creek
Straight Bourbon Whisky«), Single Malt-Whisky
(»Woodstone Creek Single Malt Whisky«)

Oregon (Karte Seite 570)

Bull Run Distillery, Portland

2259 MW Quimby St., Portland, OR 97210
(Bull Run Distilling Co.; Lee Medoff und Patrick Bernards)
Besucher willkommen; Öffnungszeiten eingeschränkt!
www.bullrundistillery.com
Micro Distillery: Wodka, Rum, Whisky (»Bull Run Straight
Bourbon«); erster Whisky ungefähr ab 2013 im Verkauf

Clear Creek Distillery, Portland

2389 NW Wilson, Portland, OR 97210
(Stephen R. »Steve« McCarthy)
Besucher willkommen
www.clearcreekdistillery.com
Micro Distillery: Brandy, Grappa, Whisky (»McCarthy's
Oregon Single Malt Whiskey«)
Wissenswertes:

Steve McCarthy gründete seine Destillerie vor beinahe
30 Jahren, um einen Teil der Früchte der familieneigenen
Obst- und Beerenplantagen zu Bränden verarbeiten zu
können. Er hatte das Problem, dass er diese nicht einmal
zum Selbstkostenpreis verkaufen konnte. Das benötigte
Know-how holte er sich in Europa (im Elsass und in der
Schweiz). Auf diesem baute er auf und entwickelte die
Brenntechnologie nach seinem eigenen Geschmack weiter.
Die Maischen für seine Obst- und Beerendestillate
produzieren seine Leute in den Maischbottichen selbst.
Auch die Gärbottiche stehen in der Destillerie.

Für den Whisky lässt Steve in einer Bierbrauerei
(Widmer Brothers Brewery) in der Nähe der Destillerie die
Maische und die daraus vergärte *wash* komplett herstellen.
Der »McCarthy's Single Malt« ist ein Whisky, der nach
der Art der schottischen Islay-Whiskys produziert wird: ein
rauchiger Typ. Für seine Herstellung wird aus Schottland
importiertes getorftes Gerstenmalz verwendet.
Der in der Clear Creek Distillery hergestellte Whisky ist
einer der ersten in den USA destillierten Single Malts.
»McCarthy's Oregon Single Malt Whisky« war in den
1990er-Jahren eine absolute Neuheit. Bis ins Jahr 2000 gab
es in diesem riesigen Land nur drei Mikrodestillerien, die
sich an die Herstellung von Single Malts wagten. Allein der
McCarthy kam tatsächlich auf den Markt.
Destilliert wird in einer der aus Deutschland stammenden
Kolonnenbrennereien (Holstein) nur einmal. Gereift
werden die Single Malts in Fässern aus Oregon-Eiche.

Kolonnenbrennereien und ein Teil der Crew der Clear Creek
Distillery in Portland (Oregon).

Der »McCarthy's Oregon Single Malt« erhielt in den letzten Jahren etliche Auszeichnungen. So zum Beispiel die Ernennung zum »Besten Small Batch Whisky der Welt«. Die relativ kleinen jährlichen Produktionsmengen sind jeweils schnell ausverkauft.

Edgefield Distillery, Troutdale

2126 S.W. Halsey St., Troutdale, OR 97060
(Mike und Brian McMenamin)
Besucher willkommen; Restaurant/Pub mit Brauerei und Destillerie
www.mcmenamins.com/878-edgefield-distillery-home
Micro Distillery: Brandy, Gin, Whisky (»Edgefield Hogshead Whiskey«)

House Spirits Distillery, Portland

2025 SE 7th Ave, Portland, OR 97214
(Christian Krogstad und Matt Mount)
Besucher willkommen; Shop und Führungen
www.housespirits.com
Micro Distillery: Aquavit, Gin, Whisky (»House Spirits Oregon Whiskey«)

Immortal Spirits Distillery, Medford

3582 S. Pacific Hwy., Entrance D, Medford, OR 97501
(Jesse Gallagher)
Besucher nach Anfrage
www.immortalspirits.com
Micro Distillery: Absinth, Rum, White Whisky (»Immortal Spirits Early Whiskey«), Single Malt-Whisky (»Immortal Spirits Single Malt Whiskey«)

Ransom Distillery, Sheridan

23101 Houser Road, Sheridan, OR 97378
(Tad Seestedt)
Keine Besucher
www.ransomspirits.com
Micro Distillery: Gin, Grappa, Whisky (»WhipperSnapper – Oregon Spirit Whiskey«)

Rogue Distillery, Newport

2122 Marine Science Dr., Newport, OR 97365
(Portland Distillery & Public House; John Couchot, Distiller)
Besucher willkommen; Pub, Brauerei und Destillerie
www.rogue.com
Brauerei und Micro Distillery: Rum, Gin, Whisky (»Dead Guy Whiskey«), Single Malt-Whisky (»Chatoe Rogue Oregon Single Malt Whiskey«)

Stein Distillery, Joseph

604 North Main St., Joseph, OR 97846
(Austin und Heather Stein; Dan Stein, Distiller)
Besucher nach Voranmeldung; Shop
www.steindistillery.com
Micro Distillery: Wodka, Rum, Rye-Whisky (»Stein Rye Whiskey«)

South Dakota (Karte Seite 574)

Dakota Spirits Distillery, Pierre

3601 Airport Rd, Pierre, SD 57501
(Dakota Spirits Distillery LLC; Tom Rounds)
Besucher nach Voranmeldung
www.dakotaspirits.com
Micro Distillery: Brandy, Wodka, Whisky (»Bickering Brothers Blended Whiskey«)

Tennessee (Karte Seite 581)

Corsair Artisan Distillery, Nashville

1200 Clinton Street, Nashville, TN 42101-6900
(Corsair Artisan, LLC; Andrew Webber)
Besucher willkommen; Shop und Führungen
www.corsairartisan.com
Micro Distillery: Gin, Wodka, Rum, Absinth, Rye-Whisky (»Corsair 100 % Rye Whiskey«), Single Malt-Whisky (»Corsair Single Malt Whiskey«)

Prichard's Distillery, Kelso

11 Kelso Smithland Rd., Kelso, TN 37348
(Phil Prichard)
Besucher willkommen
www.prichardsdistillery.com
Micro Distillery: Rum, Tennessee Whisky (»Benjamin Prichard's Tennessee Whiskey«), Single Malt-Whisky (»Benjamin Prichard's Single Malt Whiskey«), Bourbon (»Benjamin Prichard's Double Barreled Bourbon«)

Nicht viele Destilleriebesitzer können von sich behaupten, ihre Produktionsmittel selbst gebaut zu haben. Chip Tate von der Balcones Distillery in Waco (Texas) kann es!

Texas (Karte Seite 574)

Balcones Distillery, Waco

212 S 17th Street, Waco, TX 76701-1736
(Chip Tate)
Besucher nach Voranmeldung
www.balconesdistilling.com
Micro Distillery: Whisky (»Baby Blue Whisky«), Single Malt-Whisky (»Balcones Texas Single Malt Whisky«)
Wissenswertes:
    Die Balcones Distillery in Waco, einer Stadt mit circa 100 000 Einwohnern etwa 150 Kilometer südlich von Dallas, ist – so glaube ich wenigstens – die einzige Destillerie der Neuzeit, bei der alle wichtigen Anlagen vom Besitzer und seinen Helfern selbst gebaut wurden.
    Chip Tate, ein gelernter Braumeister und Genießer edler Destillate – so auch von Whisky –, war immer davon überzeugt, dass ein gutes Destillat nur aus einem gut gemaischten und vergärten Ausgangsmaterial hergestellt werden kann. Dieses Wissen besaß Chip einerseits aus seiner mehrjährigen Tätigkeit in Brauereien und eignete es sich andererseits bei einer längeren Schulung bei Jim McEwan in der Destillerie Bruichladdich auf der schottischen Whiskyinsel Islay an.
    Er und sein Geschäftspartner Jared Himstedt – beide mit viel Erfahrung sowohl in der industriellen als auch in der Mikrobrauerei – arbeiteten das Konzept für eine eigene Destillerie deshalb nicht per Zufall in einem kleinen Club von Heimbrauern aus. Mit Stephen Germer

fanden sie einen zusätzlichen Geldgeber und Spezialisten in Sachen Marketing und Promotion. Zu dritt und mit der Unterstützung von ein paar Freunden nahmen sie das Wagnis auf sich, eine Destillerie aufzubauen.

Mit Ausnahme der Maisch- und Gärbottiche stellten Chip und Jared alle Anlagen eigenhändig her. Das heißt, die *stills,* die Kondensatoren, die Wärmeaustauscher usw. wurden komplett selbst gebaut.

Die Destillerie, sie steht unter einer breiten Brücke, wurde Ende 2007 in Betrieb genommen.

Seinen ersten Whisky destillierte Chip Tate aus der vergorenen Maische einer ganz speziellen Maisart, genannt »Hopi Blue Corn«, die in New Mexico wächst. Die großen Kolben dieser früher von den Hopi Indianern gepflanzten Maissorte sind wirklich blau, und der aus ihnen gewonnene Mais hat seinen eigenen Geschmack. Der aus diesem Mais destillierte »Baby Blue Whisky« schmeckt ebenfalls speziell. Er eroberte nicht nur den Markt in Texas sehr schnell. Nein, er wird von San Francisco bis New York ausgeschenkt und wurde zum Beispiel an der San Francisco International Spirits Competition 2010 mit Doppelgold ausgezeichnet. Neben diesem hauptsächlich verkauften Whisky produziert die Destillerie einen ebenfalls sehr hoch dotierten »Texas Single Malt« und ein Rum-ähnliches Destillat, den »Balcones Rumble«. Dieses aus Honig, Zucker, Feigen und anderen Zutaten bestehende Destillat ist zum zweiten großen – und wegen der nicht notwendigen Lagerzeit auch finanziell interessanten – Erfolg geworden. Gelagert werden die Whiskys, um die Reifung zu beschleunigen, in kleinen Holzfässern.

Die ganze Arbeit, die vielen Überlegungen sowie das Basteln und Tüfteln haben sich gelohnt und erhielten höchste Anerkennung: Balcones Distillery heißt die Gewinnerin des erstmals verliehenen Titels »Craft Whiskey Distillery of the Year 2012 – Icons of Whisky America«.

Garrison Brothers Distillery, Hye

Hye-Albert Road, Hye, TX 78636
(Dan Garrison)
Besucher willkommen; Shop und Führungen
www.garrisonbros.com
Micro Distillery: Bourbon (»Garrison Brothers Straight Texas Bourbon Whiskey«)

Ranger Creek Brewing & Distillery, San Antonio

4834 Whirlwind Dr., San Antonio, TX 78217
(TJ Miller – Head Distiller, Mark McDavid, Dennis Rylander)
Besucher willkommen; Shop und Führungen, Brauerei und Destillerie
www.drinkrangercreek.com
Brauerei und Micro Distillery: Bourbon (»Ranger Creek's Bourbon Whiskey«)

Rebecca Creek Distillery, San Antonio

26605 Bulverde Rd., San Antonio, TX 78260
(Steve Ison und Mike Cameron)
Besucher willkommen; Öffnungszeiten eingeschränkt!

www.rebeccacreekdistillery.com
Micro Distillery: Wodka, Whisky (»Rebecca Creek Fine Texas Whiskey«, »Rebecca Creek Single Malt Whiskey«)

Utah (Karte Seite 570)

High West Distillery, Park City

703 Park Ave, Park City UT, 84060 (David Perkins)
Besucher willkommen; Saloon, Restaurant und Destillerie
www.highwest.com
Micro Distillery: Wodka, Whisky Blend Rye/Bourbon (»High West Bourye Whiskey«, Rye-Whisky (»High West Straight Rye Whiskey«, »High West Whiskey Double Rye«

Vermont (Karte Seite 580)

Green Mountain Distillers, Stowe

192 Thomas Lane, Stowe, VT 05672
(Timothy Danahy, Harold Faircloth III)
Besuche nach Voranmeldung
www.greendistillers.com
Micro Distillery: Wodka, Gin, Likör, Organic Single Malt-Whisky (»Green Mountain Organic Single Malt Whisky«); der Whisky kommt 2013 auf den Markt

Virginia (Karte Seite 581)

Catoctin Creek Distillery, Purcellville

37251-C East Richardson Lane, Purcellville, VA 20132-3505
(Scott und Becky Harris)
Besuche nach Voranmeldung; Bottling Parties
www.catoctincreekdistilling.com
Micro Distillery: Brandy, Gin, Rye-Whisky (»Catoctin Creek Organic Roundstone Rye«)

Copper Fox Distillery, Sperryville

9 River Lane, Sperryville, VA 22740
(Rick Wasmund)
Besucher willkommen; Shop und Führungen
www.copperfox.biz
Micro Distillery: Bourbon (»Wasmund's Bourbon Whiskey«), Rye-Whisky (»Copper Fox Rye Whiskey«), Single Malt-Whisky (»Wasmund's Single Malt Whiskey«)

George Washington's Distillery, Alexandria

5514 Mount Vernon Memorial Highway, Alexandria, VA 22309

(Mount Vernon Ladies' Association of the Union)
Besucher willkommen; die Destillerie ist Teil von George Washington's Mount Vernon Estate, Museum & Gardens
www.mountvernon.org/visit-his-estate/plan-your-visit/distillery-amp-gristmill
Museumsdestillerie: »George Washington Rye Whisky« (zur Zeit nur als *new make*)
Wissenswertes:

Der spätere amerikanische Präsident George Washington baute in seinem damaligen Wohnort im Jahr 1771 eine große Getreidemühle zur Herstellung von hochwertigem Mehl. Der Leiter seiner Farm, ein Schotte mit dem Namen James Anderson, überredete ihn 1797 zum Aufbau einer Destillerie gleich neben der Mühle. Sie war damals die größte in Amerika und produzierte im Jahr 1799 bereits um die 50 000 Liter Whisky.

Die heutige Destillerie ist ein nach archäologischen Gesichtspunkten und Vorlagen errichteter Nachbau der ursprünglichen Anlage. Die Rekonstruktion stand unter

Im George Washington's Mount Vernon Estate wurde die Destillerie dieses ehemaligen US-Präsidenten dem Original entsprechend wieder aufgebaut. Es wird darin auch destilliert.

Die Destillerien im östlichen Teil der USA (ohne zentrale Gebiete)

Bundesstaaten · Florida (FL), Georgia (GA), Indiana (IN), Massachusetts (MA), Michigan (MI), New York (NY), Ohio (OH) und Vermont (VT)

1   Grand Traverse Distillery, Traverse City, MI

2   New Holland Brewing Company, Holland, MI

3   Round Barn Distillery, Baroda, MI

4   Heartland Distillery, Indianapolis, IN

5   Ernest Scarano Distillery, Gibsonburg, OH

6   Lawrenceburg Distillery, Lawrenceburg, IN

7   Woodstone Creek Distillery, Cincinnati, OH

8   Green Mountain Distillers, Stowe, VT

9   Berkshire Mountain Distillery, Great Barrington, MA

10   Nashoba Valley Spirits, Bolton, MA

11   Ryen & Wood Distillery, Gloucester, MA

12   Triple Eight Distillery, Nantucket, MA

13   Finger Lakes Distillery, Burdett, NY

14   Delaware Phoenix Distillery, Walton, NY

15   Catskill Distillery, Bethel, NY

16   Tuthilltown Spirits Distillery, Gardiner, NY

17   Kings County Distillery, Brooklyn, NY

18   Thirteenth Colony Distillery, Americus, GA

19   Florida Farm Distillery, Umatilla, FL

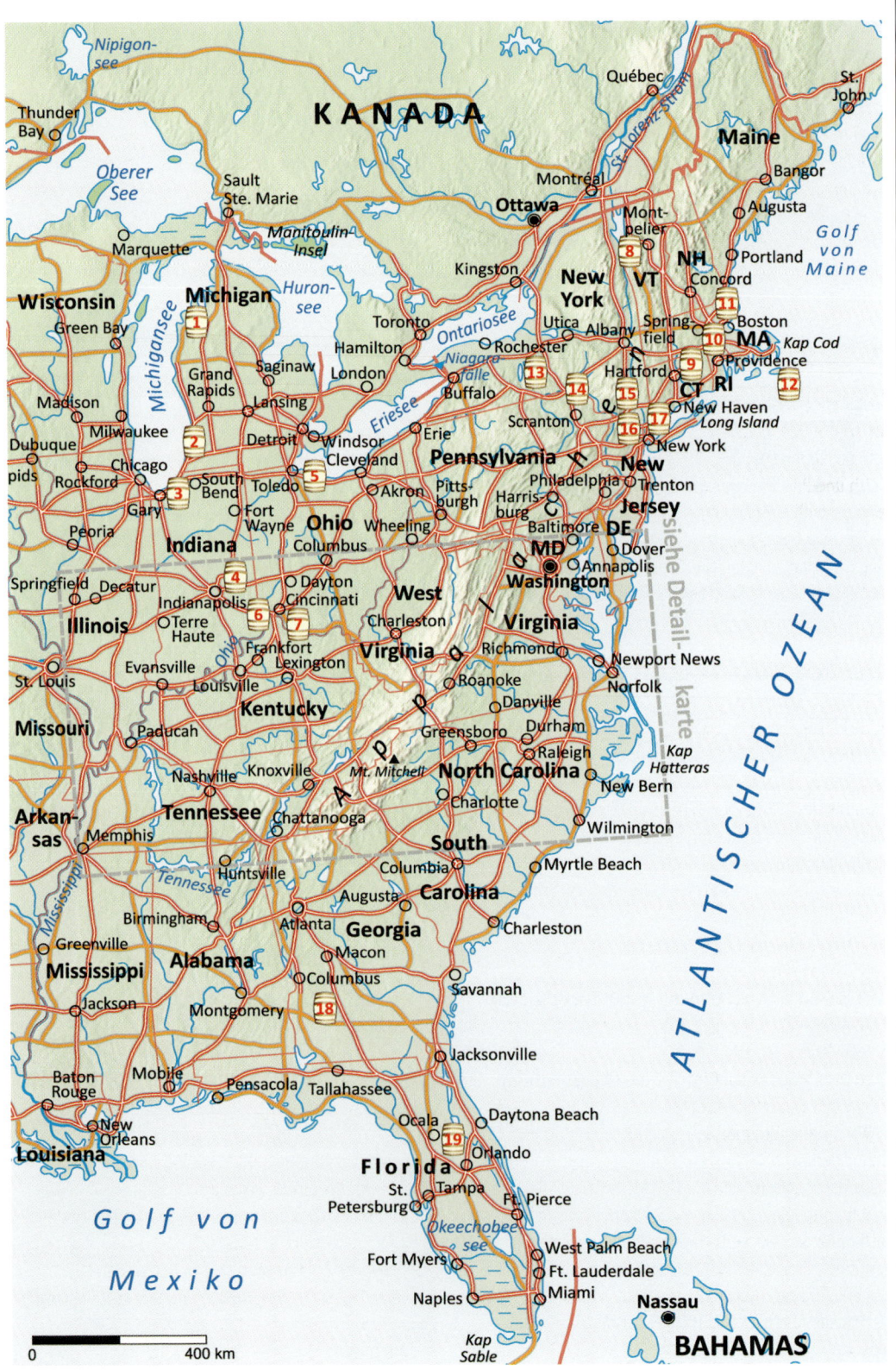

staatlicher Aufsicht und wurde ermöglicht dank der Mithilfe des Distilled Spirits Council of the Unites States. In der Destillerie – sie ist Teil des Museumskomplexes Mount Vernon – wird seit wenigen Jahren wieder Whisky nach dem Originalrezept aus der Zeit von George Washington destilliert. Er wird bis jetzt nur als *new make* verkauft. Dies entspricht dem Whisky, wie er damals auf den Markt kam: ungereift (nie in einem Fass) und klar. Es ist aber für die Zukunft geplant, auch gelagerten – das heißt wirklichen Whisky – zu produzieren.

Stillhouse Distillery, Culpeper

Belmont Farm, 13490 Cedar Run Road, Culpeper, VA 22701
(Stillhouse LLC; Adam Perry Lang und Chuck Miller)
Besucher nach Vereinbarung
www.moonshine.com
Micro Distillery: Clear Corn-Whisky (»The Original Moonshine Clear Corn Whiskey«), Corn-Whisky (»The Original Moonshine Corn Whiskey«)

Washington (Karte Seite 570)

Bainbridge Organic Distillers, Bainbridge Island

9727 Coppertop Loop NE, Bainbridge Island, WA 98110
(Keith und Patrick Barnes)
Besucher willkommen; Shop und Führungen
www.bainbridgedistillers.com
Micro Distillery: Wodka, Gin, Wheat-Whisky (»Bainbridge Battle Point Organic Whiskey«)

The Ellensburg Distillery, Ellensburg

1000 North Prospect Street, Suite 3, Ellensburg, WA 98926
(Berle Wilson »Rusty« Figgins, Jr. und Ralph Bullock, Jr.)
Besuche nach Voranmeldung
www.theellensburgdistillery.com
Micro Distillery: Brandy, Single Malt-Whisky (»Gold Buckle Club Washington Frontier Style Single Malt Whisky«)

Dry Fly Distilling, Spokane

1003 E Trent 200, Spokane, WA 99202
(Kent Fleishman, Don Poffenroth und Patrick Donovan)
Besucher nach Voranmeldung
www.dryflydistilling.com
Micro Distillery: Wodka, Gin, Weizen- (Wheat-)Whisky (»Dry Fly Washington Wheat Whiskey«), Bourbon (»Dry Fly Washington Bourbon 101«)
Wissenswertes:

Die Dry Fly Distillery steht in Spokane, der zweitgrößten Stadt im direkt an Kanada grenzenden Bundesstaat Washington an den westlichen Ausläufern der Rocky Mountains. Vancouver liegt nordwestlich dieser Stadt nur etwa 600 Kilometer entfernt.

Die beiden Besitzer und Partner der Destillerie, Don Poffenroth und Kent Fleischmann, kamen 2007 auf die Idee, eine Destillerie zu gründen, als sie – wie könnte es bei diesem Namen der Destillerie anders sein – beim

Die Destillerien im östlichen Teil der USA (zentrale Gebiete)

Bundesstaaten · Kentucky (KY), Tennessee (TN), Virginia (VA) und West Virginia (WV)

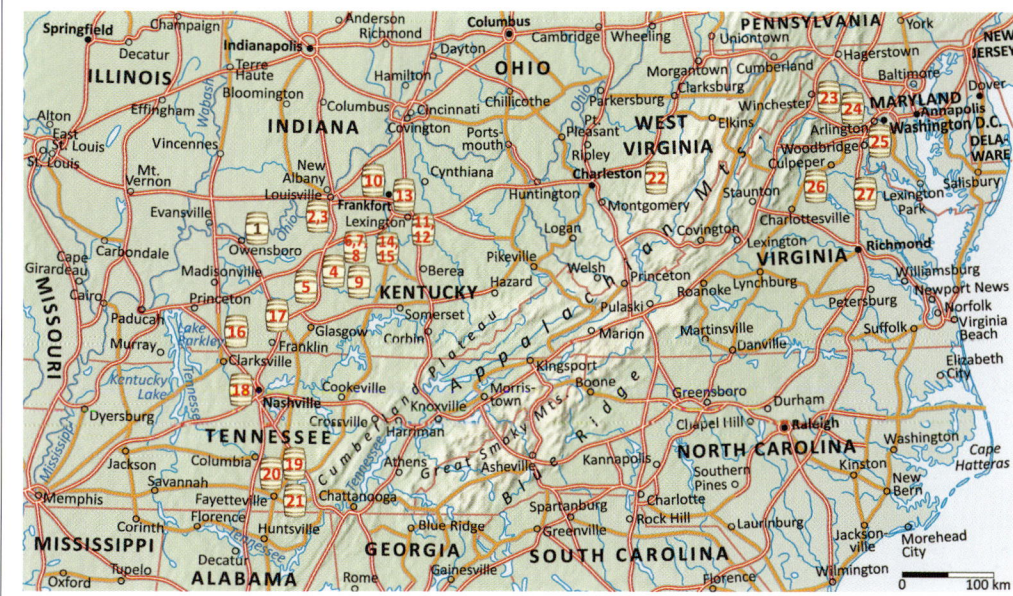

† = stillgelegte, abgerissene oder für eine andere Nutzung umgebaute Destillerie

Fliegenfischen waren. Sie setzten ihre Idee gleich in die Tat um und gingen als Erstes auf die Suche nach dem passenden Destillerieequipment. Sie fanden die für die geplanten Destillate (Wodka, Gin und Whisky) am besten geeignete *still* bei Christian Carl in Deutschland. Diese Firma baute für die kleine Destillerie eine ziemlich große Kolonnenbrennerei, für die sogar das Dach etwas erhöht werden musste.

Don, Kent und der später dazugekommene Distiller Patrick Donovan begannen ihre Karriere als Brenner

mit der Produktion von Wodka und Gin aus Weizen. (Im Staat Washington wird auf riesigen Flächen Weizen angepflanzt.)

Dass mit der Herstellung von Wodka und Gin begonnen wurde, hatte finanzielle Gründe: Beim Whisky dauert es Jahre, bis Geld zurückkommt. Außerdem, so Don, sei Whisky schwieriger zu produzieren als Wodka oder Gin.

In der Destillerie steht ein Getreidekocher zum Auskochen der Stärke (des Zuckers) aus dem Getreide. In einem Maischbottich aus Edelstahl werden nach Rezepten

In diesen Kolonnenbrennereien – sie stammen von der Firma Carl in Eislingen in der Nähe von Stuttgart – werden in der Dry Fly Distillery in Spokane (Washington) Whiskys in nur einem Durchlauf destilliert.

die für das betreffende Destillat bestimmten Mischungen gemacht. In hohen Gärbottichen – sie sind ebenfalls aus Edelstahl – wird die Maische mithilfe von Hefe vergärt. Die so entstandene alkoholhaltige Flüssigkeit – für den Whisky heißt sie *wash* oder *beer* – wird dann in einem Durchlauf destilliert. Der *new make* der bis jetzt auf dem Markt erhältlichen Whiskys wird in Eichenfässern gereift. Einer von ihnen hat einen überwiegenden Weizenanteil (»Dry Fly Washington Wheat Whiskey«), der andere ist ein klassischer Bourbon mit etwas über 50 Prozent Maisanteil (»Dry Fly Washington Bourbon 101«). Die Flaschenabfüllung wird direkt in der Destillerie gemacht.

Die Destillate aus der Dry Fly Distillery haben schon etliche Preise geholt. Don, Kent und Patrick bieten auch eine Destillationsschule für Neueinsteiger in der Mikrodestillerie an. Diese wird rege besucht, und schon mancher neue Destilleriebesitzer in den USA hat sich in Spokane das Grundwissen für seine Tätigkeit geholt.

Golden Distillery, Bow

9746 Samish Island Rd., Bow, WA 98232
(James Caudill und Bob Stillnovich)
Besucher willkommen, Shop und Führungen
www.goldendistillery.com
Micro Distillery: Brandy, Whisky, Single Malt-Whisky
(»Golden – Samish Bay Single Malt Whiskey«)

Wishkah River Distillery, Aberdeen

2210 Port Industrial Rd., Aberdeen, WA 98520
(Susan »Sue« Watts)
Besucher nach Voranmeldung
www.wishkahriver.com
Micro Distillery: Wodka, Gin, Whisky (»Wishkah River

Whiskey«)

Woodinville Whiskey Co., Woodenville

16110 Woodinville Redmond, Rd. NE, Ste. 3, Woodenville, WA 98072
(Brett Carlile und Orlin Sorensen)
Besuche willkommen; Shop und Führungen
www.woodinvillewhiskeyco.com
Micro Distillery: Wodka, White Whisky (»Woodinville Headlong White Dog Whiskey«), Whisky (»Woodinville Whiskey«)

West Virginia (Karte Seite 581)

Isaiah Morgan Distillery, Summersville

45 Winery Lane, Summersville, WV 26651
(Rodney Facemire, Shirley Morris)
Besucher willkommen; Kirkwood Weingut und Destillerie, Führungen
www.kirkwood-wine.com
Weingut und Micro Distillery: Grappa, Corn-Whisky (»Isaiah Morgan Corn Whiskey«), Rye-Whisky (»Isaiah Morgan Rye Whiskey«)

Wisconsin (Karte Seite 574)

Death's Door Spirits, Madison

220 W. Lakeside St., Madison, WI 53715
(Brian Ellison)
Besuche nach Voranmeldung
www.deathsdoorspirits.com
Micro Distillery: Gin, Wodka, Whisky (»Death's Door Whisky«)

Great Lakes Distillery, Milwaukee

616 W. Virginia St., Milwaukee, WI 53204
(Great Lakes Distillery LLC; Guy Rehorst)
Besucher willkommen; Shop und Führungen
www.greatlakesdistillery.com
Micro Distillery: Absinth, Brandy, Gin, Rum, Wodka, Blended Whisky (»Kinnickinnic Whiskey«); Single Malt (»Kinnickinnic Single Malt Whiskey«)

Yahara Bay Distillery, Madison

3118 Kingsley Way, Madison, WI 53713
(Nick Quint)
Besucher willkommen; Shop, Galerie
www.yaharabay.com
Micro Distillery: Gin, Rum, Wodka, Whisky (»Yahara Bay Whiskey«)

Wyoming (Karte Seite 570)

Wyoming Whisky, Kirby

100 South Nelson, Kirby, WY 82430
(Steve und Donna Nally)
Besuche nach Voranmeldung
www.wyomingwhiskey.com

Überblick: Porträts der Destillerien in den USA

Die USA gehören – zusammen mit Schottland, Kanada, Japan und Irland – zu den wichtigsten und größten Whisky produzierenden Ländern der Erde.

Bis zum Beginn der Prohibition (1917 bis 1931) produzierten in den verschiedensten Staaten der USA über das ganze Land verstreut unzählige kleinere und größere Destillerien. Nur wenige von ihnen überlebten jedoch diese für sie extrem harten 14 Jahre des totalen Alkoholverbots. Seit dieser Zeit führten zusätzlich Fusionen, Übernahmen und weitere Schließungen dazu, dass es in den USA bis vor wenigen Jahren nur noch ein paar aktive Destillerien gab.

Seit Beginn des dritten Jahrtausends schießen jedoch neue Destillerien – sogenannte Mikrodestillerien – wie Pilze aus dem Boden. Zwar sind nur wenige unter den bis zum Jahr 2010 bereits 200 neuen Betrieben reine Whiskybrennereien, doch wagen sich etliche auch an das edelste aller Destillate.

Auf den folgenden Seiten werden die wichtigsten Destillerien der USA besucht. Die großen Destillerien stellen nach der Welle von Fusionen und Liquidationen im 20. Jahrhundert jeweils (je nach geografischer Lage) entweder Bourbon- oder Tennessee-Whiskys oder Whiskys mit speziellen Zusammensetzungen her. Mikrodestillerien widmen sich dagegen vermehrt anderen Whiskyarten.

Die Großdestillerien werden nun im Folgenden in Wort und Bild vorgestellt. Auf eine spezielle Beschreibung der Mikrodestillerien wurde wegen ihrer großen Anzahl verzichtet. Sie haben international auch keine Bedeutung. Auf einige von ihnen wird in der Auflistung der Mikrodestillerien in den USA nach Bundesstaaten näher eingegangen (siehe Seite 569).

Die amerikanischen Whiskys sind sehr unterschiedlich im Geschmack. Dies liegt, neben dem Einsatz verschiedener Getreidearten an den oft beinahe von Destillerie zu Destillerie unterschiedlichen Produktionsmethoden. Dieser Umstand wird auch in den Kurzangaben über den Stil der Whiskys (Hausstil) der verschiedenen Destillerien ersichtlich.

Zu den Details der Darstellung der im folgenden vorgestellten Destillerien siehe Seite 152.

Nächste Seite • Alter Wagen mit Fässern vor einem Gebäude der Destillerie Maker's Mark in Kentucky.

Porträts der Destillerien in den USA

Barton 1792

Der Name bedeutet	Name der Firma
Aussprache	Barten 1792
Whiskyregion	Kentucky, USA
Adresse	Barton 1792 Distillery 1 Barton Road / 501 Cathedral Manor, Bardstown, Kentucky KY 40004 USA
Kontakt	www.1792bourbon.com Telefon +1 (502)331 48 79
Club	Kein Club
Gründung	1879
Status	In Betrieb
Besitzer	Barton Brands Ltd. (Sazerac Company Inc.)
Stills	1 *beer still* mit *doubler*
Kapazität pro Jahr	Wird nicht veröffentlicht
Besucher	Ja ★★★★★ Besucherzentrum mit Shop und Oscar Getz Museum ❤❤❤
Rating	★★★(★) ★★★
Arten	Corn, Rye, Wheat; Bourbon, Blend
Hausstil	Unterschiedlich je nach Sorte

Kentucky Gentleman: Hart, Roggen, kurz

1792 Ridgemont Reserve: Weich, Roggeneinflüsse, Toffee, Eiche |

Die Destillerie Barton 1792

Tom Moore baute 1879 die damals noch seinen Namen tragende Moore Distillery als erste Destillerie in Bardstown, Kentucky. In den ersten Jahrzehnten wuchs das Unternehmen stetig, und seine Zukunft schien gesichert. Doch dann kam die Prohibition mit all ihren Auswirkungen. Die Destillerie musste 1926 stillgelegt werden.

1934 wurde die Destillerie Moore von ihrem neuen Besitzer, Henry Teur, wiedereröffnet. 1944 übernahm Oscar Getz als Geschäftsführer und Mitbesitzer der damals schon großen Getränkefirma Barton die Destillerie und benannte sie gleichzeitig in Barton Distillery um.

Oscar Getz leistete als Geschäftsführer der Firma Barton Brands und als Leiter der Destillerie enorm viel und war zum großen Teil für das starke Wachstum von Barton im Whiskygeschäft verantwortlich. Neben seinem Job schrieb er Bücher und errichtete in Bardstown ein sehenswertes Whiskymuseum, das heute Teil des neuen *Visitor Centre* der Barton 1792 Distillery ist.

Oscar Getz war ebenfalls Schöpfer einer großen Anzahl von Whiskymarken. Darunter ist zum Beispiel der berühmte und beliebte »Kentucky Gentleman«. Auch der auf den Markt gebrachte Bourbon »Tom Moore« im Andenken an den Gründer dieser Destillerie und echten Whiskypionier Tom Moore war eine Idee von Oscar Getz.

Die große Spirituosenfirma Constellation Brands kaufte die Firma Barton Brands samt allen Destillerien und Marken im Jahr 1993. 2008 benannte die Firma die Destillerie in »Tom Moore Distillery« um. Sie sollte diesen Namen

Reklametafel vor einem der riesigen Lagerhäuser. Links im Bild ein paar der großen Gärbottiche.

aber nicht lange tragen: 2009 wurde die Firma Barton Brands samt allen Marken und mit ihnen auch die Destillerie Tom Moore von der Sazerac Company Inc. übernommen. Die Destillerie wurde von ihr in »Barton 1792 Distillery« umbenannt.

Die Destillerie Barton benutzt eine große Hammermühle zur Vorbereitung des Getreides. Das gemahlene Getreide kommt dann in die *cookers* (eine Art Dampfkochtöpfe) zur Herstellung der Maische. Diese hat neben dem großen An-

Bardstown, ein kleines Städtchen im Herzen von Kentucky südöstlich von Louisville und nicht weit entfernt vom quer durch diesen Staat führenden Bluegrass Parkway, ist Heimat einer geschlossenen (Heaven Hill) und Sitz von zwei aktiven Destillerien (Barton 1792 und Kentucky Bourbon/Willett).

Vom Bluegrass Parkway aus nimmt man, um zur Destillerie Barton 1792 zu gelangen, am besten die KY150 Richtung Bardstown. Sie heißt zuerst Springfield Road und wechselt am Ortseingang die Straßennummer zur 62 und den Namen zu Boston Road. Von dieser geht die Barton Road, die direkt zur Destillerie führt, nach der Kreuzung mit der US31 links weg. Zum neuen Besucherzentrum führen Wegweiser.

teil an Mais und den wenigen Prozenten an Gerstenmalz einen für Bourbons aus Kentucky relativ hohen Anteil an Roggen. Die Maische wird in riesigen Gärbottichen aus rostfreiem Stahl mithilfe von Hefe vergärt. Die Gärbottiche stehen zum großen Teil im Freien. Nur ein schmaler Teil in der Mitte zwischen den beiden langen Reihen von Gärtanks befindet sich in einem Gebäude und ist überdacht.

Ebenfalls im Freien steht der aus Kupfer bestehende *doubler*. Er ist jedoch komplett eingepackt und deshalb nicht auf Anhieb zu erkennen. Dem *doubler* – einer speziellen, typisch amerikanischen *still*-Art – vorgeschaltet ist eine riesige, 17 Meter hohe und 2 Meter breite *beer still*. Sie steht im Inneren des *stillhouse* und besteht – bis auf einen Kupferhelm – komplett aus rostfreiem Stahl.

Die Whiskys aus dieser Destillerie werden auf mehreren Etagen in 28 riesigen Lagerhäusern gereift, von denen das Lagerhaus »Z« neben dem *stillhouse* zu den ältesten und eindrucksvollsten Gebäuden dieser Destillerie gehört.

Die Barton 1792 Distillery ist zwar eine wirklich industrielle Produktionsstätte und war bis zum Jahr 2011 nicht für Besucher eingerichtet. Im Mai dieses Jahres wurde jedoch ein sehr schönes Besucherzentrum mit Shop und dem Oscar Getz Museum eröffnet. Von ihm aus starten auch interessante Destilleriebesichtigungen.

Die bekanntesten Whiskys aus dieser Destillerie, deren Qualität man auch mit viel Goodwill nicht zu den Besten zählen kann, sind die verschiedenen Barton's: der bereits erwähnte »Kentucky Gentleman«, »Imperial«, »Old Tompson«, »Golden Grain«, »Colonel Lee«, »Tom Moore« usw. Unter der neuen Besitzerin, der Sazerac Inc., wurde zum Gedenken an die Gründung des Bundesstaates Kentucky ein Small Batch Bourbon mit dem Namen »1792

Ridgemont Reserve« als Topmarke in einer speziellen Flasche auf den Markt gebracht. Er hat mindestens acht Jahre in Fässern gelagert.

Neben Whiskys werden bei Barton auch Wodka und andere Spirituosen produziert.

Unten · In solchen *cookers* (Dampfkochern) wird aus dem Mais die Stärke herausgekocht und so ein Teil der Maische für die Bourbon Whiskys produziert.

Ganz unten · Der oberste Teil der über 20 Meter hohen *beer still*.

Links unten · Die Bourbons von Barton 1792 werden auf dem Gelände der Destillerie selbst in Flaschen abgefüllt.

Bardstown, nennt sich »Bourbon Capital of the World« · Oscar Getz Museum of Whisky History und andere Sehenswürdigkeiten; jedes Jahr im September Kentucky Bourbon Festival.

Kentucky Bourbon Trail · Die amerikanische Antwort auf den schottischen Malt Whisky Trail führt zu ein paar wichtigen Destillerien in dieser Region. (Achtung: Nicht alle Destillerien machen mit, so ist auch Barton 1792 nicht Mitglied dieser Marketingorganisation.)

Brown-Forman
(Early Times)

Kentucky Bourbon Trail · Die amerikanische Antwort auf den schottischen Malt Whisky Trail führt zu ein paar wichtigen Destillerien in dieser Region. (Achtung: Nicht alle Destillerien machen mit, so ist auch Brown-Forman nicht Mitglied dieser Marketingorganisation.)

Die Destillerie Brown-Forman

George Garvin Brown war ein junger Medizinverkäufer in Louisville und verkaufte als solcher auch Whiskys für medizinische Anwendungen. Die Qualität der ihm dabei zur Verfügung gestellten Whiskys war aber derart schwankend und teilweise wirklich schlecht, dass er beschloss, qualitativ wirklich guten Whisky in versiegelte Flaschen abzufüllen und anzubieten. Er hatte damit großen Erfolg und gründete im Jahr 1870 zusammen mit seinem Bruder John Thompson Street (J.T.S.) Brown unter der Firmengesellschaft J.T.S. Brown & Brother in Louisville eine Destillerie. Die beiden vermarkteten ihren Whisky (einen Blend) unter dem Namen »Old Forrester« (wurde zuerst mit zwei »r« geschrieben).

1872 kam George Forman als neuer und zusätzlicher Partner in die Firma. Diese erhielt nach verschiedenen Besitzer- und Namensänderungen im Jahr 1890 den heute noch geltenden Firmennamen Brown-Forman. 1901 starb George Forman. George Garvin Brown übernahm seine

Oben · Eine riesige Old Forester-Flasche steht als Wasserreservoir auf dem Dach eines der Gebäude der früheren Destillerie von Brown-Forman. Heute befinden sich hier die Flaschenabfüll- und Verpackungsbetriebe.

Rechts · Eine der beiden hohen *beer stills*. Durch das Rohr links wird die *beer* in den Kopf der *still* gebracht.

Der Name bedeutet	Firmenname
Aussprache	Braun Formän
Whiskyregion	Kentucky, USA
Adresse	Brown-Forman Distillery 850 und 2921 Dixie Highway, Louisville, Kentucky KY 40210 USA
Kontakt	Keine eigene Homepage Besitzer brown-forman.com Marken www.oldforester.com www.earlytimes.com Telefon +1 (502)585 11 00 / 774 29 60
Club	1870 Society Mitgliedschaft gratis; Anmeldung über die Website von Old Forester
Gründung	1870 Brown-Forman 1863 Early Times
Status	In Betrieb
Besitzer	Brown-Forman Corporation
Stills	2 *beer stills* mit *thumpers* und *doublers*
Kapazität pro Jahr	20—25 000 000 Liter
Besucher	Nein ★★★ ★★
Rating	★★★(★) ★★★
Arten	Corn, Rye, Wheat; Bourbon, Blend
Hausstil	Unterschiedlich je nach Sorte Old Forester: Fruchtig, Schokolade, Eiche, Vanille Early Times: Weich, süßlich, Honig, Mandeln, Ingwer, Gewürze

Anteile an der Firma, änderte ihren Namen aber vorerst nicht. 1902 firmierte die Gesellschaft aber neu unter dem Namen Brown-Forman Distillery Co.

Von 1917 bis 1933 durfte Brown-Forman als eine der wenigen Destillerien in den USA auch während der Prohibition weiter Whisky für medizinische Zwecke produzieren.

1923 übernahm Brown-Forman die Destillerie Early Times, die 1863 in Shively, einem Stadtteil von Louisville, von John H. Beam (einem Onkel des berühmten Jim Beam) gegründet wurde.

1924 bezog die Firma Brown-Forman neue Gebäude an der Adresse, wo sie sich heute noch befindet.

In den folgenden Jahrzehnten wurde die Destillerie Brown-Forman nach und nach beinahe komplett umgebaut. Ihre Gebäude dienten bald nur noch für die Büros des Firmensitzes, zur Lagerung und als Standort für die *vatting*- (Misch-) und Abfüllanlagen, in denen heute nicht mehr nur die selbst hergestellten Whiskys, sondern auch andere Spirituosen, Weine und die verschiedensten Mischgetränke in Flaschen abgefüllt werden.

Destilliert wurden die verschiedenen Whiskys und anderen Spirituosen nur noch in der in den Jahren 1931—35 neu gebauten Destillerie Early Times in Shively (nicht weit von der Destillerie Brown-Forman entfernt). Sie wurde in den folgenden Jahren und Jahrzehnten laufend modernisiert. Sie hieß noch bis ins Jahr 2003 Early Times Distillery, dann wurde sie in Brown-Forman Distillery umbenannt. Hier werden, neben dem »Early Times« und dem »Old Forester« auch etliche andere Whiskymarken hergestellt.

Der »Early Times« selbst wird seit ein paar Jahren wieder nach alter Kentucky-Art, das heißt dreifach, destilliert. Dazu werden eine *beer still*, ein *thumper* und ein *doubler* eingesetzt. Aus der *beer still*, einer hohen Brennsäule, wird der Alkoholdampf direkt in den *thumper* geführt. Das so entstehende Halbdestillat wird in einen Zwischentank geführt. Es hat jetzt einen Alkoholgehalt von ungefähr 65 Prozent. Von dort kommt diese alkoholische Flüssigkeit in den *doubler*, wo sie noch einmal destilliert wird, um die

Oben · Auf dem Maischboden stehen mehrere solcher Maischbottiche, in welchen die verschiedenen Grundprodukte eines Bourbon miteinander vermischt und die Stärke oder der Zucker herausgewaschen werden.

gewünschten ungefähr 80 Volumenprozent Alkohol zu erreichen.

Für die Maische wird eine Mischung aus gemahlenem Mais, Roggen und gemälzter Gerste in — je nach produzierter Whiskyart oder -marke — verschiedenen Rezepten zusammengestellt. Für die Gärung sie erfolgt in riesigen Gärtanks wird der Maische Hefe aus eigenen Kulturen beigemischt.

Die Lagerung der späteren Bourbons erfolgt in neuen Fässern aus weißer Eiche in den riesigen Lagerhäusern bei der Destillerie.

Zur Firmengruppe Brown-Forman gehören heute auch die Destillerien Jack Daniel, Labrot & Graham und die kanadische Destillerie Canadian Mist.

Es ist schwierig, für die Destillerie und die anderen Betriebe von Brown-Forman in Louisville einen Besichtigungstermin zu bekommen. Ein Versuch (telefonisch) kann sich aber lohnen.

Louisville in Kentucky, eine typisch amerikanische Stadt, liegt am Ohio River. Die Gebäude von Brown-Forman stehen in einem Außenbezirk im Süden dieser Stadt.

Kommt man aus dem Süden entweder auf der Interstate 60 oder 31 in die Stadt, liegt die Destillerie direkt an dieser Straße, sie heißt Dixie Highway. Kommt man aus einer anderen Richtung, fährt man am besten auf die Ringstraße (Highway K264 / Interstate 60) und verlässt diese an der Kreuzung 8. Von hier folgt man dem Dixie Highway stadtauswärts. Die unübersehbaren Gebäude von Brown-Forman liegen direkt an dieser Straße.

Buffalo Trace
(Ancient Age)

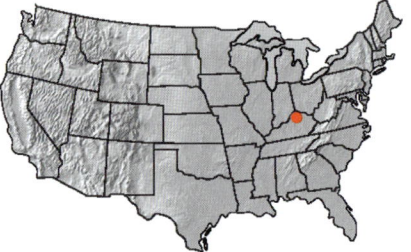

Die Destillerie Buffalo Trace

Die Destillerie Buffalo Trace trug, bevor sie diesen Namen erhielt, mindestens so viele unterschiedliche Bezeichnungen wie sie Besitzer hatte. Und das waren bis zum Jahr 1999 – seitdem heißt sie Buffalo Trace – doch einige.

Destilliert hatte Harrison Blanton am Ort der heutigen Destillerie in Leestown (einer kleinen Siedlung aus dem 18. Jahrhundert, ist heute ein Stadtteil von Frankfort) in seiner kleinen Brennerei bereits im Jahr 1812. Eine wirklich industrielle Destillerie entstand jedoch erst im Jahr 1857, als sein Sohn Benjamin Blanton eine neue Destillerie baute. Bereits vier Jahre später verkaufte Blanton seine Destillerie an Clement und Ashton Craig weiter.

Im Jahr 1870 kaufte Edmund Haynes Taylor die damals etwas veraltete Destillerie und investierte viel Geld, um sie auf einen Topstandard zu bringen. Seine fast komplett neu aufgebaute Destillerie nannte er »Old Fire Copper«. Bereits 1872 baute er die Destillerie noch einmal aus.

1878 wurde Old Fire Copper an George T. Stagg verkauft. Vier Jahre später fiel die Destillerie einem Großfeuer, ausgelöst durch einen Blitzschlag, zum Opfer. Sie wurde sofort wieder aufgebaut.

1904 erhielt die Destillerie den Namen »George T. Stagg Distillery«. Nachdem sie ab 1929 für einige Jahre den Namen »Schenley« (nach ihrem Besitzer ab diesem Jahr) trug, übernahm sie 1940 denjenigen ihres berühmtesten Produktes: »Ancient Age«.

Albert Blanton, er war von 1912 bis ins Jahr 1952 ihr Manager, investierte viel Zeit und Geld in die qualitative Weiterentwicklung seiner Whiskys. Er ist der eigentliche Verantwortliche für die außerordentliche Entwicklung dieser Destillerie und brachte als erster einen Single Barrel Bourbon – er trägt heute noch den Namen »Blanton« – auf den Markt.

1992 wurde Ancient Age von der Firma Sazerac Company Inc., zu der die Destillerie über Aktienanteile indirekt bereits seit 1982 gehörte, in »Leestown Distilling Co.« umbenannt.

Der Wasserturm mit dem aufgemalten Firmenlogo ist eines der Wahrzeichen von Buffalo Trace.

Im Jahr 1999 erhielt sie dann endlich ihren heutigen Namen »Buffalo Trace«.

Und so sieht die Destillerie aus: Im Gärraum von Buffalo Trace stehen zwölf riesengroße Gärbottiche aus rostfreiem Stahl. Für die Maische und den Gärprozess werden Mischungen aus den verschiedensten Getreidearten bis zu fast reinem Roggen oder Weizen verwendet.

Der neben dem Flaggschiff der Destillerie, dem »Buffalo Trace« (Zusammensetzung geheim), bekannteste Bourbon der Destillerie, der »Ancient Age«, besteht aus einer Mischung von 80 Prozent Mais, 10 Prozent Roggen und 10 Prozent Gerstenmalz. Die verschiedenen, hier hergestell-

Der Name bedeutet	Büffelspur
Aussprache	Böffalou Träiss
Whiskyregion	Kentucky, USA
Adresse	Buffalo Trace Distillery 1001 Wilkinson Boulevard / 113 Great Buffalo Trace, Frankfort, Kentucky KY 40601 USA
Kontakt	www.buffalotrace.com Telefon +1 (502)696 59 26
Club	Kein Club
Gründung	1812/1859
Status	In Betrieb
Besitzer	Sazerac Company Inc.
Stills	3 *beer stills* mit *doubler*
Kapazität pro Jahr	Wird nicht veröffentlicht
Besucher	Ja ★★★ Besucherzentrum mit Restaurant (Firehouse Café) und Shop ♥♥♥

Rating	★★★★(★)
Arten	Corn, Rye, Barley; Bourbon, Blend
Hausstil	Unterschiedlich je nach Sorte
	Buffalo Trace: Vanille, Eiche, Getreide, Nüsse, Spur Rauch(?), süß, lang
	Ancient Age: Süßlich, Vanille, Roggen, Kokosnuss(?)

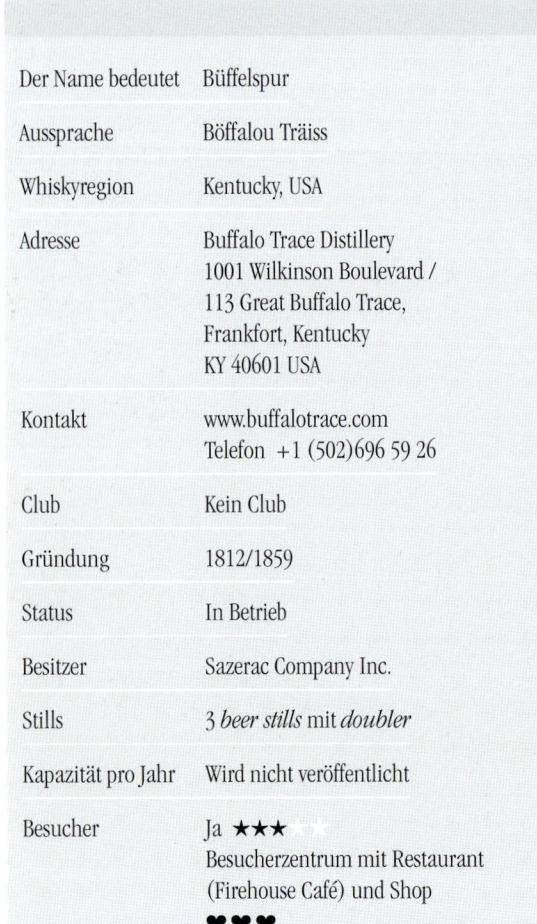

Die Destillerie Buffalo Trace steht in einem Außenquartier der kleinen Stadt Frankfort östlich von Louisville in Kentucky. Kommt man auf der Interstate 64 in die Nähe von Frankfort, kann man die Interstate auf beiden zur Stadt führenden Ausfahrten verlassen.

Von der westlichen Ausfahrt kommt man am Flughafen vorbei und auf dem Highway fast rund um die Stadt. Wenige Kilometer nach der Einfahrt in die Stadt geht links der Wilkinson Boulevard weg. Er führt direkt an der Destillerie vorbei. Die andere Zufahrt führt von der östlichen Ausfahrt über die Versailles Road in den Wilkinson Boulevard. Buffalo Trace liegt nach der großen Verzweigung an dieser Straße.

ten Whiskys werden in drei unterschiedlichen *beer stills* mit je einem *doubler* gebrannt.

Neben den beiden genannten Whiskymarken ist der »Elmer T. Lee« ein weiterer berühmter Whisky von Buffalo Trace. Er ist nach dem Destillerieleiter, der von 1968 bis 1985 bei Buffalo Trace war, benannt. Elmer T. Lee kommt bis heute (Mitte 2012) mit 93 Jahren noch immer von Zeit zu Zeit in die Destillerie, um die Reifung des Whiskys, der seinen Namen trägt, selbst zu überwachen.

Andere bekannte Marken aus dieser Destillerie sind »Sazerac«, »Eagle Rare«, »Hancock Reserve«, »Rock Hill's« usw. In der Destillerie wird seit ein paar Jahren ebenfalls Wodka destilliert.

Eine Besonderheit von Buffalo Trace ist, dass die Destillerie seit 1886 die riesigen Lagerhäuser im Winter mit Abwärme aus der Destillerie heizt. An den in dieser Region im Winter relativ häufig vorkommenden kalten Tagen wird Dampf in die Lagerhäuser gepumpt und damit der Reifeprozess beeinflusst.

Buffalo Trace hat ein schönes *Visitor Centre* und bietet auch gute Führungen durch Teile der Destillerie an. Ein Besuch in dieser großen Destillerie ist absolut lohnenswert.

Links oben · Albert Blanton erhielt für seine großen Verdienste für die Destillerie im Park eine Statue.

Links unten · Ein Teil der beeindruckenden *beer still*.

Rechts oben · Elmer T. Lee ist einer der Großen im amerikanischen Whiskybusiness.

Unten · Einige Produktionsgebäude mit dem *stillhouse* (links).

Frankfort · schöne Kleinstadt im Grünen; Hauptstadt des Staates Kentucky.

Kentucky Bourbon Trail · Die amerikanische Antwort auf den schottischen Malt Whisky Trail führt zu ein paar wichtigen Destillerien in dieser Region. (Achtung: Buffalo Trace ist nicht Mitglied dieser Marketingorganisation.)

Charles Medley

✝

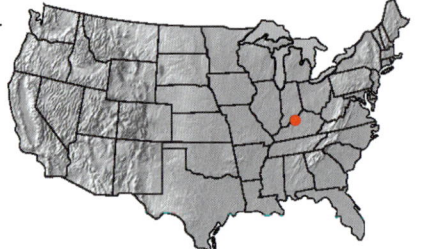

590

Die Destillerie Charles Medley

Nach einer ziemlich langen Zeit, während der sie in fremdem Besitz oder geschlossen war, kam die Destillerie Medley in Owensboro an der Grenze zwischen Kentucky und Illinois im Jahr 1996 wieder in den Besitz der Familie Medley zurück, die sie im Jahr 1812 gegründet hatte. Die Vorfahren des heutigen Besitzers kamen bereits Anfang des 17. Jahrhunderts in die USA. Ob die Familie damals in Maryland, wo sie ihre Zelte aufschlug, schon Whisky produziert haben, ist auch Charles W. Medley (Besitzer bis 2007) nicht bekannt, er ist aber der Meinung, dass die Medley's schon immer Whisky herstellten.

Sicher ist dagegen, dass die Familie ab 1786 in Kentucky Destillerien besaß und durch Heirat auch mit der berühmten Whiskyfamilie Beam (Jim Beam) verwandtschaftlich verbunden war.

Eine Vorgängerin der heutigen Destillerie, die Daviess County Distillery in Owensboro, wurde von George E. Medley ab dem Jahr 1901 betrieben. Nach seinem Tod im Jahr 1910 führte sein Sohn Thomas die Geschäfte weiter. Aber auch die Medley's bekamen die Prohibition hart zu spüren und mussten sich nach den trockenen Jahren wieder nach oben und in den Markt zurück arbeiten.

Dies gelang ihnen mit einigen berühmten Marken wie zum Beispiel »Ezra Brooks«, »Mellow Corn«, »Rittenhouse« usw.

1940 baute die Familie Medley eine neue Destillerie. Diese stand an der Distillery Road und wurde im Laufe der folgenden Jahrzehnte laufend ausgebaut. Doch 1959 begann der Anfang vom Ende: Die Destillerie wurde von der Familie verkauft und wechselte dann sehr oft den Besitzer. Einer von diesen war die Glenmore Ltd. Sie legte die Destillerie 1991 wegen finanzieller Probleme still und verkaufte die bis dahin dort produzierten großen Marken an die meistbietenden Firmen. Diese großen Whiskymarken werden heute in den verschiedensten Destillerien Kentuckys hergestellt. Die Marken selbst blieben aber – bis auf sehr wenige – bestehen und werden heute noch abgefüllt und angeboten.

1991 übernahm die UDV (United Distillers & Vintners), ein schottischer Getränkeriese, die Destillerie, nahm sie aber nicht mehr in Betrieb. 1995 kaufte dann Charles W. Medley (er vertritt die siebte Generation dieser Whiskydynastie) die Destillerie mit ihren Anlagen und Whiskyrestbeständen zurück.

Er versuchte bis ins Jahr 2007, die alten Anlagen wieder in Betrieb zu setzen, doch fehlte ihm das Geld. Der Getreidekocher sowie einige der Gärbottiche waren in keinem guten Zustand mehr und hätten ersetzt werden müssen. Die kupferne *beer still* und der ebenfalls verkupferte *doubler* hätten eine dringend notwendige Revision benötigt. So blieb Charles W. Medley nichts anderes übrig, als die noch in den Lagerhäusern liegenden Bestände in einer eigenen kleinen *bottling*-Anlage in Flaschen abzufüllen. Zusammen mit

Oben links · Der Hebel am Briefkasten zeigt es an: Bei Medley geht immer noch etwas, der Briefträger war da! Oder bedeutet der Hebel etwa: Bitte nichts mehr einwerfen?

Oben · Charles W. Medley bei einem Auftritt für die Owensboro Bourbon Society im ehemaligen, zu einem Eventraum umgebauten Flaschenabfüllraum »seiner« Destillerie. (Foto OBS)

seinem Sohn Samuel Wathen Medley – dieser vertritt bereits die achte Generation der Familie im Whiskygeschäft – betreibt er die Abfüllerei und kauft auch das eine oder andere Fass zur Abfüllung von Single Casks von anderen Destillerien zu.

Das neu geschaffene Produkt, ein Whisky mit dem Namen »Wathen's Kentucky Bourbon« wird nur als Single Barrel (die Bezeichnung dafür in Schottland ist Single Cask) abgefüllt. Medley füllte, voll dem Trend der kleineren und größeren Destillerien und Marken in den USA folgend, sogenannte Small Batch Bourbons, die von Fass zu Fass, oder eben von Batch zu Batch, im Geschmack variieren können, ab. Die Wathen Bourbons sind wirklich gut und gehören zu den besten Bourbons, die ich je versucht habe.

Charles W. Medley – er führte mich durch seine leise vor sich hin rostende Destillerie – hat ein unglaubliches Tempo. Sowohl im Sprechen als auch beim Durchgang durch seine Destillerie. Er sprach so lebendig und überzeugend von seinen Anlagen und wie er darauf seinen Whisky produziert, dass man ihm glauben würde, dass es so ist, würde man nicht die traurige Wahrheit einer stillgelegten Destillerie vor sich sehen. Er war bis ins Jahr 1991 *Master Distiller* in dieser, damals Glenmore gehörenden, Brennerei und hat die Produktion der heute von ihm abgefüllten Whiskys geleitet und überwacht. Von den Lagerbeständen kann er wirklich behaupten, dass er sie produziert hat.

Die Destillerie arbeitete mit einer Hammer-Mühle zum Mahlen des angelieferten Getreides (Mais, Roggen, gemälz-

Der Name bedeutet	Name
Aussprache	Tscharls Medli
Whiskyregion	Kentucky, USA
Adresse	Charles Medley Distillery Kentucky Distillery Road, Owensboro, Kentucky KY 42301 USA
Kontakt	www.cmdistillerskentucky.com Telefon +1 (270) 926 44 60
Club	Kein Club
Gründung	1812/1901/1940
Status	Stillgelegt
Besitzer	Letzter war Charles Medley Distillery Kentucky (CL Financial Ltd., Trinidad & Tobago)
Stills	1 *beer still* mit *doubler*
Kapazität pro Jahr	Ungefähr 10 000 000 Liter
Besucher	Nein ★★ ☆☆☆
Rating	★★★★ ☆☆
Arten	Corn, Barley, Rye; Bourbon
Hausstil	Unterschiedlich je nach Sorte
	Wathens Single Barrel: Weich, Vanille, aromatisch, süßlich, rund

Im Jahr 2009 wurde mit den Restaurationsarbeiten begonnen, und man sprach von einer baldigen Wiedereröffnung der Destillerie. Seit Ende 2009 wird aber nicht mehr gearbeitet.

te Gerste). In einem großen *cooker* wurde die Maische produziert, die anschließend mit der Hilfe von Hefe in großen Gärbottichen aus Edelstahl vergärt wurde. Destilliert wurde in einer kupfernen *beer still* mit nachgeschaltetem *doubler*.

Im September 2007 kaufte die CL Financial Ltd. aus Trinidad & Tobago die Charles W. Medley Distillery. Der große Konzern hatte zuvor im Juli bereits die Destillerie Lawrenceburg in Indiana gekauft. Die dringend notwendigen Reparaturen und Investitionen für Ersatzteile (Kosten ungefähr 10 Millionen US-Dollar) wurden wohl in Angriff genommen und die Destillerie sollte nach 16 Jahren Stilllegung 2008/2009 wieder in Betrieb gehen. Doch bereits nach kurzer Zeit wurden die Arbeiten wieder eingestellt. Der Flaschenabfüllraum war zuvor bereits renoviert worden. Es war geplant, ihn später als *Visitor Centre* und Restaurant zu nutzen. Zurzeit nutzt ihn Charles W. Medley privat für verschiedene Anlässe.

Aus der Fortsetzung der Arbeiten und der Wiedereröffnung wird aber wohl nichts: Die CL Financial Ltd. machte mehr oder weniger Konkurs, wurde unter staatliche Aufsicht gestellt *(too big to fail)* und verkaufte im Dezember 2011 die Destillerie in Lawrenceburg an die Firma MGP In-

gredients aus Atchison, Kansas. Was aus der Charles Medley Distillery wird, steht einmal mehr in den Sternen. Sie erhielt von mir ein vorsichtiges † für eine stillgelegte oder geschlossene Destillerie, das ich jedoch sehr gerne wieder entfernen würde.

Die Marke »Wathen's« wurde von Charles und Sam Medley nicht mit verkauft. Sie wollen sie selbst weiter vertreiben, aber wahrscheinlich nicht mehr in Handarbeit selbst abfüllen.

Owensboro mit seiner einzigen Destillerie liegt am Ohio River ungefähr 180 Kilometer südwestlich von Louisville. Von Louisville aus fährt man am besten auf der US60 Richtung Westen an Fort Knox vorbei. Die relativ lange Fahrt führt durch landwirtschaftlich genutzte Gebiete und ist sehr abwechslungsreich.

In Owensboro selbst bleibt man zuerst auf der US60, bei deren Verzweigung sollte man aber die rechte Spur in die 2nd Street East nehmen. Bald nach der Bahnüberführung geht rechts die Ewing Road weg, in diese muss man einbiegen. Nach ein paar hundert Metern sollte man rechts die Distillery Road nehmen. Die Destillerie mit ihren mehrstöckigen Lagerhäusern steht auf der linken Straßenseite und ist nicht zu übersehen.

Four Roses

Die Destillerie Four Roses

Bereits im Jahr 1818 wurde an dem Platz, wo die heutige Destillerie Four Roses steht, von einem Mann namens Joseph Peyton Whisky gebrannt. Die heute produzierende Destillerie entstand jedoch erst 1910. Sie trug zuerst den Namen »Old Prentice« und gehörte der Frankfort Distilling Company. In ihrem Baustil unterscheidet sie sich komplett von allen anderen amerikanischen Destillerien. Sie ähnelt eher einer alten spanischen Mission in Mexiko.

Die Geschichte des Whiskys mit dem Namen »Four Roses« erzählt man sich in den verschiedensten Varianten. Welche von ihnen die Richtige ist, weiß wahrscheinlich niemand wirklich. Ich übernehme einmal diejenige der Destillerie und des Besitzers des Namens.

In den ersten Jahren ihres Bestehens wurden bei Old Prentice verschiedene Whiskymarken produziert. Der Bourbon mit dem Namen »Four Roses« spielte in der Destillerie Old Prentice erst ab der Zeit der Prohibition eine Rolle. Paul Jones, dessen »Erfinder«, bezog 1884 ein Büro in Louisville, und vermarktete von dort aus seinen »Four Roses«, den er in Destillerien in der Umgebung der Stadt produzieren ließ.

1888 meldete er seinen Bourbon als Marke an. Während der Prohibitionszeit hatte er jedoch größte Probleme, seinen Whisky weiter zu bekommen und vor allem vermarkten zu dürfen. Er schaute sich um und fand heraus, dass die Destillerie Old Prentice eine der wenigen Brennereien in den USA war, die Bourbon für medizinische Zwecke herstellen durfte. 1922 kaufte er mit seiner Gesellschaft Paul Jones Company die Frankfort Distilling Company und mit ihr Old Prentice.

1943 wurde Paul Jones Co. und mit dieser die Destillerie durch Seagram, eine kanadische Firma, übernommen. Im gleichen Jahr wurde der Name der Brennerei von Old Prentice in Seagram's Distillery geändert.

Ab diesem Zeitpunkt wurde in der Destillerie nur noch der »Four Roses« produziert, es gab ihn aber ab diesem Jahr in den USA nicht mehr als Bourbon zu kaufen. Der in den USA damals verkaufte »Four Roses« war ein Blend, von dem nichts aus dieser Destillerie stammte. Den echten »Four Roses« erhielt man nur noch in Asien und Europa.

1983 wurde der Entschluss gefasst, den »Four Roses« nur noch als Kentucky Straight Bourbon zu vermarkten. Dies führte dazu, dass die Destillerie 1986 dann auch den

Namen ihres wichtigsten Produktes, »Four Roses«, erhielt. Diesen trug früher schon eine andere Destillerie in Louisville. Sie stand ganz in der Nähe von Brown-Forman/Early Times, sie war jedoch schon längere Zeit geschlossen.

Der japanische Getränkekonzern Kirin Brewery Company Ltd. kaufte im Jahr 2002 – nachdem sie für kurze Zeit zu Vivendi gehört hatte – die Destillerie Four Roses und fuhr fort, den Hauptteil der dort hergestellten Whiskys nach Japan und Europa zu exportieren. Erst nach und nach kamen bestimmte Sorten des beliebten Four Roses auch wieder in den USA und in Kanada auf den Markt.

Four Roses besitzt sowohl in Lawrenceburgh als auch in Cox's Creek je ein kleines Besucherzentrum. Die netten Mitarbeiter und Mitarbeiterinnen zeigen und erklären in einer angenehmen und gut verständlichen Art die verschiedenen Prozesse.

In der Destillerie Four Roses werden nach dem Mahlen des Getreides (Mais, Roggen, Gerstenmalz) in der Ham-

Frankfort · schöne Kleinstadt im Grünen; Hauptstadt des Staates Kentucky.

Kentucky Bourbon Trail · Die amerikanische Antwort auf den schottischen Malt Whisky Trail führt zu ein paar wichtigen Destillerien in dieser Region. (Achtung: Nicht alle Destillerien machen mit, Four Roses ist aber eines der Mitglieder dieser Marketingorganisation.)

Nicht eine spanische Missionsstation in Mexiko, sondern die Destillerie Four Roses in Kentucky. Im Turm steht die *beer still*.

mermühle und dem Maischprozess im Maischbottich in den zum Teil sehr alten hölzernen Gärbottichen bis zu zehn unterschiedliche *beer*-Rezepturen hergestellt. Diese unterscheiden sich nicht nur in den Getreidearten und -Mischungen, sondern auch in den eingesetzten fünf unterschiedlichen Hefestämmen. Die *beer* wird in einer verkupferten *beer still (column still)* mit einem nachgeschalteten, kupfernen *doubler* gebrannt.

Nahe bei der Destillerie stehen ein paar riesige Lagerhäuser. Diese gehören zwar Four Roses, wurden aber an die in unmittelbarer Nähe stehende Destillerie Wild Turkey vermietet.

Gelagert werden die Whiskys von Four Roses in neuen, innen angekohlten Eichenfässern in Lagerhäusern, die fast 80 Kilometer von der Destillerie entfernt in einem Cox's Creek genannten Komplex liegen. In Cox's Creek befinden sich die Fassabfüllung, die Lagerhäuser und die Flaschenabfüllung von Four Roses. Die dortigen Lagerhäuser sind für amerikanische Destillerien untypisch nur einstöckig. Die Fässer werden liegend in hölzernen Lagergestellen sechs Lagen hoch gelagert. Beeindruckend sind in diesem Komplex vor allem aber die Vatting- und die Flaschenabfüllabteilungen.

Den Whisky von Four Roses gibt es heute in etlichen Sorten. Einmal als Standard in der Yellow Label Version (sie besteht aus 75 Prozent Mais, 21 Prozent Roggen und nur 4 Prozent Gerstenmalz) und ist weltweit erhältlich. Daneben gibt es – unter anderen – den Small Batch (nur für die USA und Europa), den Single Barrel (für die USA, Europa und Japan), den Super Premium (nur für Japan) und den Black Label (ebenfalls nur für Japan).

Oben · Der *stillman* am *spirit safe*.

Links · Durch solche Ventile steigt der Dampf in der *beer still* nach oben.

Unten · Das Besucherzentrum bei den Lagerhäusern und dem Flaschenabfüllbetrieb in Cox's Creek.

Ganz unten · Flaschenabfüllanlage in Cox's Creek.

Four Roses, eine wirklich attraktive Destillerie, liegt in der Nähe des Bluegrass Parkway ungefähr 25 Kilometer südlich von Frankfort (östlich von Louisville). Von Frankfort aus fährt man auf der KY127 Richtung Süden. Kurz vor der Einfahrt auf den Bluegrass Parkway geht rechts die KY1604 zur Destillerie weg.

Die Lagerhäuser und Flaschenabfüllungsanlagen stehen jedoch weit von der Destillerie entfernt in der Nähe von Bardstown (südlich von Louisville). Der Standort wird von der Destillerie mit Cox's Creek angegeben, doch sucht man dort vergebens nach den Gebäuden.

Fährt man von Bardstown aus auf der KY245 Richtung Louisville, kommt man bei einer kleinen Ortschaft mit dem Namen Lotus vorbei. Dort muss man rechts die KY1604 nehmen. Sie führt direkt an den Lagerhäusern und anderen Gebäuden von Four Roses vorbei. Aus Louisville kommend, muss man zuerst auf der Interstate 65 Richtung Süden fahren und dann auf die KY245 Richtung Clermont/Bardstown abbiegen. Von dort an Clermont vorbei und in Lotus auf die KY1604.

593

Der Name bedeutet	Vier Rosen
Aussprache	Four Rousis
Whiskyregion	Kentucky, USA
Adressen	Four Roses Distillery 1224 Bonds Mill Road, Lawrenceburg, Kentucky KY 40342 USA Cox's Creek Warehouse 624 Lotus Road, Cox's Creek KY 40013 USA
Kontakt	www.fourroses.us Lawrenceburg Telefon +1 (502)839 34 36 Cox's Creek Telefon +1 (502)543 22 64
Club	Kein Club
Gründung	1818/1910
Status	In Betrieb
Besitzer	Four Roses Distillery LLC (Kirin Brewery Company, Ltd., Japan)
Stills	1 *beer still* mit 2 *thumper*
Kapazität pro Jahr	17 500 000 Liter
Besucher	Ja ★★★☆☆ Besucherzentrum in der Destillerie und bei den Lagerhäusern in Cox's Creek; in beiden Fällen lohnt sich ein Anruf zur Terminvereinbarung (bei den Lagerhäusern ein Muss). ❤❤♡
Rating	★★★★☆☆
Arten	Corn, Rye, Barley; Bourbon
Hausstil	Unterschiedlich je nach Sorte Four Roses Standard: Vanille, Eiche, wenig Roggen, süß, weich

George Dickel
(Cascade Hollow)

Der Name bedeutet	Name / Quelle des Cascade (River)
Aussprache	Tschortsch Dickel/ Käskäid Hollou
Whiskyregion	Tennessee, USA
Adresse	George Dickel Distillery 1950 Cascade Hollow Road, Normandy, Tullahoma, Tennessee TN 37380 USA
Kontakt	www.dickel.com Telefon +1 (931) 857 41 10
Club	Kein Club
Gründung	1870/1958
Status	In Betrieb
Besitzer	George A. Dickel & Co. (Diageo plc)
Stills	1 *beer still* mit *thumper*
Kapazität pro Jahr	8 000 000 Liter
Besucher	Ja ★★★☆☆ Besucherzentrum mit Restaurant und Shop ♥♥♡
Rating	★★★★☆☆
Arten	Corn, Rye, Barley; Tennessee Whisky
Hausstil	Unterschiedlich je nach Sorte

George Dickel N° 12:
Ölig, süß, Vanille, Zitrone, Kakao, eine Spur Rauch

Die Destillerie George Dickel

Über die Gründung der Destillerie, die heute George Dickel heißt, gibt es die verschiedensten Versionen. Eine davon, diejenige des heutigen Besitzers Diageo plc, der diese aber – der Ehrlichkeit halber – vom Vorbesitzer übernommen hat, stimmt wahrscheinlich am wenigsten. Ziemlich sicher kommt folgende Geschichte den Tatsachen am nächsten. Ich habe sie zusammengestellt aus Artikeln in der Zeitschrift »Tennessee Historical Quarterly«, aus Veröffentlichungen der Tennessee Historical Society und von Mike Veach, einem der größten Whiskyhistoriker der USA. Er arbeitet als Assistent bei der Filson Historical Society in Louisville, Kentucky. Hier die Story:

George Dickel wurde 1818 in Darmstadt (Deutschland) geboren und emigrierte 1844 nach Amerika. Mitte der 1850er-Jahre erscheint der Name George Dickel das erste Mal in Dokumenten in Nashville, Tennessee. Er produzierte Schuhe und Stiefel.

Die George Dickel Distillery ist nicht leicht zu finden, deshalb hier eine etwas ausführlichere Zufahrtsbeschreibung: Die Interstate 24 (Nashville–Chattanooga) an der Ausfahrt 97 verlassen und auf dem Highway 64 South weiterfahren. In Wartrace verlässt man die 64 und fährt auf der 269 (Knob Creek Road) weiter. Auf dieser Strasse bis in den Ort Normandy bleiben. In Normandy geht mitten im Ort die Cascade Hollow Road weg. Ab hier den Wegweisern zur Destillerie folgen.

Die modernen Destilleriegebäude stehen in einer gepflegten Anlage.

Im Zusammenhang mit Spirituosen wurde der Name Dickel um 1865 erstmals genannt. Eine Firma Geo. A. Dickel betrieb damals einen Spirituosenladen in Nashville (der Buchstabe A. im Firmennamen ist der Anfangsbuchstabe des Namens seiner etwa 20 Jahre jüngeren Frau Augusta). Kurze Zeit später stieg Victor E. Shwab als Teilhaber in die Firma George A. Dickel & Co. ein. Die Firma handelte jetzt mit Wein, Spirituosen und hochprozentigem Alkohol. Sie hatte damals den Ruf, sich zumindest an den Grenzen der Legalität zu bewegen. Victor E. Shwab besaß beispielsweise mindestens einen Saloon mit Prostituierten. Er heiratete um das Jahr 1870 Emma Banzer, die Schwester von Augusta Dickel.

1877 kauften John F. Brown und F. E. Cunningham im Gebiet der Quelle des Cascade River ein Grundstück und bauten darauf eine Destillerie. Sie gaben ihr den Namen Cascade Distillery. Nach einigen Besitzerwechseln stieg Victor E. Shwab 1888 mit zwei Dritteln des Kapitals (es ist nicht ganz klar, ob im Auftrag der Firma George A. Dickel & Co.) bei der Cascade Distillery ein. Ein Drittel besaß Maclin Davis, einer der Besitzer vor der Beteiligung von Shwab. Shwab und Davis leiteten dann die Destillerie gemeinsam. Die Firma George A. Dickel & Co. erhielt das Recht, die Whiskys aus der Cascade Distillery exklusiv zu vermarkten.

George Dickel selbst traf ein großes Unglück: Er fiel im Jahr 1988 von einem Pferd und litt infolge dieses Sturzes an einem Schädel-Hirn-Trauma. An diesem starb er im Jahr 1894 im Alter von 76 Jahren.

Kurz vor der Jahrhundertwende starb Maclin Davis. Victor E. Shwab kaufte von dessen Nachkommen die restlichen Anteile. Die Cascade Distillery – sie war jetzt ein Teil der Firma George A. Dickel & Co. – florierte und war 1904 die größte Destillerie in Tennessee.

1910 wurde in Tennessee die Prohibition eingeführt. Die Cascade musste wie alle anderen Destillerien geschlossen werden. George A. Dickel & Co. zog nach Louisville (Kentucky) um und ließ den »Cascade Whisky« in der Destillerie A. Ph. Stitzel in Shiveley (damals noch ein selbständiger Vorort von Louisville) produzieren.

1916 starb Augusta Dickel. Ihre Anteile an der Firma wurden von Victor E. Shwab übernommen.

Ab 1919 galten die Prohibitionsgesetze für das gesamte Gebiet der USA, und so musste auch die Destillerie A. Ph. Stitzel geschlossen werden. Ab diesem Moment wurde mehrere Jahrzehnte kein »Cascade Whisky« mehr produziert.

1937 verkauften die Nachkommen von Victor E. Shwab – sie führten die Firma George A. Dickel & Co. nach seinem Tod (1924) weiter – die Marke »George Dickels Cascade Whisky« an Schenley Distillers Corporation. Das war möglich, weil der Whisky nach dem Ende der Prohibition bis zu diesem Zeitpunkt wieder von der Destillerie in Shiveley – sie hieß jetzt Stitzel-Weller – produziert und verkauft wurde.

Die Produktion des Whiskys wurde nach dem Verkauf an Schenley in anderen Destillerien in Kentucky, so zum Beispiel auch in der George T. Stagg Distillery in Frankfort (Kentucky) verlegt.

1958 baute die Schenley Distillers Corporation ungefähr einen Kilometer von der früheren Destillerie am Cascade River in der Nähe von Tullahoma eine neue Destillerie: die George Dickel Cascade Hollow Distillery. Manager wurde Ralph Dubbs. Er begann, wieder Whiskys nach den alten Rezepten am ursprünglichen Ort zu produzieren. Nicht nur die Destillerie, sondern auch der Whisky hießen ab diesem Zeitpunkt »George Dickel«. Grund für diese Namensgebung war, dass Schenley bereits eine Bourbon-Marke mit dem Namen »Cascade« besaß. Der erste »George Dickel Tennessee Whisky« wurde 1964 in Flaschen abgefüllt.

1987 kaufte Guinness die gesamte Schenley-Gruppe und deren Destillerien und Marken in den USA und in Kanada auf. Der irische Brauereiriese integrierte diese in die ihm gehörende UDV (United Distillers & Vintners). Seit der Fusion von Guinness und Grand Metropolitan heißt die Besitzerin der George Dickel Distillery Diageo plc.

Von 2001 bis 2004 war die George Dickel Cascade Hollow Distillery wegen zu hohen Lagerbeständen stillgelegt.

Doch die Abfüllungen – speziell diejenigen der N° 8 und N° 12 – hatten die Herzen der Tennessee-Whisky-Liebhaber schnell erobert, und ab 2004 wurde wieder voll produziert. Die Wiederaufnahme der Produktion kam jedoch zu spät: Es gab in der Folge Lieferengpässe.

Die George A. Dickel Distillery hat ein im Stil einer Wildwest-Farm gebautes *Visitor Centre*, das gleichzeitig als Mini-Einkaufscenter geführt wird. Es hat (hatte?) sogar ein eigenes Postbüro. Im Centre beginnen die Führungen durch die modern wirkende Destillerie.

In zwei *cookers* (Rohrkocher) wird eine Maische aus 81 Prozent Mais, 11 Prozent Roggen und 8 Prozent gemälzter Gerste hergestellt. Das Kochen dieser Maische geschieht in Etappen: Zuerst wird der Mais gekocht, ein wenig abgekühlt, der Roggen zugegeben, wieder gekocht und abgekühlt und als letztes dann noch das Gerstenmalz für den Gärungsprozess zugegeben. Die so entstandene *sweet mash* wird jetzt noch gesäuert. Es werden ihr die flüssigen Überreste des ersten Destillierprozesses in der *beer still* (sie werden *thin stillage* genannt) beigemischt.

Dieser *sour mash process* genannte zusätzliche Schritt soll zu einem einheitlichen Geschmack des Endproduktes beitragen und das Ganze etwas steriler gestalten. In Tennessee ist diese Maischart vom Gesetz her vorgeschrieben, sie wird aber so gut wie in allen amerikanischen Whiskydestillerien angewendet. Der Gärungsprozess erfolgt mit der auch hier notwendigen Zugabe von Hefe in neun großen stählernen *fermenters*.

Die saure Maische wird in einer kupfernen *beer still* und einem *doubler,* der eine ähnliche Form wie eine *pot still* hat, destilliert.

Aus den Tanks, in die das junge Destillat nach diesem Prozess geführt wird, kommt es zuerst noch in einen Kühler, in dem ihm die öligen Elemente entzogen werden *(chill filtration).* Diese – umstrittene – Technik wird auf George Dickel zurückgeführt, der als Verkäufer der Whiskys immer sagte, dass ein im Winter produzierter Whisky weicher sei als ein im Sommer gebrannter. Deshalb werden in dieser Destillerie alle Whiskys gekühlt.

Anschließend an diesen Prozess folgt der für die Tennessee-Whiskys typische Prozess des *charcoal mellowing,* der Kohlefilterung. Bei George Dickel wird dabei das junge Destillat durch große, mit Holzkohle gefüllte Bottiche geführt, bei denen unten und oben Baumwolltücher angebracht sind. Das obere hat den Zweck, das Destillat über die gesamte Oberfläche zu verteilen, damit es gleichmäßig durch die Holzkohle rinnen kann; das untere dient dazu, die

Holzkohlepartikel zurückzuhalten. Das mit diesem Prozess angestrebte Ziel ist ein weicherer, aromatischerer Whisky. Dieser Prozess dauert ein paar Tage.

Der Whisky von George Dickel wird in innen ausgekohlten Fässern aus weißer Eiche gereift. Die einstöckigen, mit Blech verkleideten Lagerhäuser liegen etwas oberhalb der Destillerie in einer Waldlichtung.

Aus der Destillerie George Dickel kommen vier Whiskys: »George Dickel Cascade Hollow«, »George Dickel N° 8«, »George Dickel N° 12« und »George Dickel Superior Barrel Select«.

Ganz oben · Büste von George Dickel vor dem *Visitor Centre.*

Oben · Die *beer still* ist komplett verkupfert.

Links · Das Besucherzentrum im Stil einer Wildwest-Farm besitzt (oder besaß?) sogar ein eigenes US Post Office.

Nashville · mit seinen Sehenswürdigkeiten und der Grand Ole Opry, dem Mekka der Country-Music.

Jack Daniel Distillery in Lynchburg · nur knapp 30 Kilometer entfernt.

Heaven Hill Bardstown †

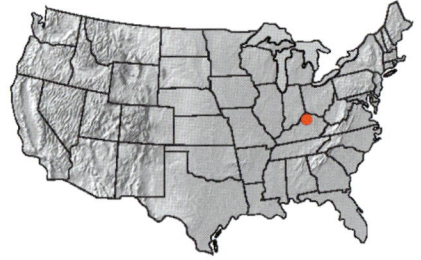

Die Destillerie Heaven Hill Bardstown

596

Fünf Brüder aus der Familie Shapira – David, Ed, Gary, George und Mose – gründeten kurz nach Ende der Prohibition im Jahr 1934 in Bardstown die Destillerie Heaven Hill. Ihre Nachkommen sind heute noch Besitzer der Aktienmehrheit der Firma Heaven Hill Distillers Inc. Die Gründung und die ersten Jahre waren nicht einfach, verfügte die Firma doch weder über eine Marke noch über Whiskyvorräte.

Im Jahr 1942 wurde Harry Homel Beam *Master Distiller* bei Heaven Hill. Er entstammte der bekannten Whiskyfamilie, hatte seine Anteile an deren Firma jedoch an Jim Beam verkauft. Im Jahr 1946 übernahm sein Cousin Earl Beam seinen Job. Auch er war von Jim Beam zu Heaven Hill gewechselt. Seit dem Tag seines Eintritts war immer ein Beam *Master Distiller* bei Heaven Hill. Der Job vererbte sich jeweils vom Vater auf den Sohn.

Die Firma Heaven Hill brachte in den Jahren nach dem Zweiten Weltkrieg eine ganze Reihe von Marken heraus, von denen nicht wenige Riesenerfolge verbuchen konnten und Heaven Hill Distillers Inc. im Laufe der Jahre zu einem Key-Player im amerikanischen Whiskybusiness werden ließen. Einige dieser berühmten Marken sind (neben vielen anderen) »Elijah Craig«, »Evan Williams«, »Heaven Hill« und »Henry McKenna«.

1960 trat der Sohn von Earl Beam, Parker, bei Heaven Hill ein und übernahm 1975 den Posten als *Master Distiller* von seinem Vater. Craig, der Sohn von Parker Beam begann seine Laufbahn bei Heaven Hill im Jahr 1982. Er ist heute ebenfalls *Master Distiller*.

Die Destillerie Heaven Hill in Bardstown wurde am 7. November 1996 von einem durch Blitzschlag verursachten Großbrand heimgesucht. Diesem fielen nicht nur einige Millionen Liter Whisky (Craig Beam sagte mir, es seien um die 18 Millionen Liter gewesen), sondern auch die ganze Destillerie zum Opfer. Glücklicherweise blieben aber einige der Lagerhäuser und die in ihnen lagernden Whiskys unversehrt. Die Produktion der Heaven Hill-Whiskys wurde aushilfsweise von der nicht ganz ausgelasteten Destillerie Bernheim in Louisville übernommen. 1999 konnte Heaven Hill Distillers Inc. die Destillerie Bernheim von der UDV/Diageo plc kaufen. Seither stellt sie in dieser hochmodernen Anlage in Louisville neben den dort bereits früher produzierten Whiskys auch alle Marken von Heaven Hill her. Gelagert werden diese aber weiterhin neben den riesigen Lagerhäusern in Louisville ebenfalls in den wieder neu aufgebauten Lagerhäusern in Bardstown.

In deren Nähe steht auch der vom Brand nicht betroffene, 1967 gebaute große Flaschenabfüllbetrieb von Heaven Hill. In dieser Anlage werden neben den Eigenmarken auch andere Destillate abgefüllt. Die Pläne, die ausgebrannte Destillerie in Bardstown neu aufzubauen und wieder in Betrieb zu nehmen, wurden auf Eis gelegt.

Bardstown, nennt sich »Bourbon Capital of the World« · Oscar Getz Museum of Whisky History und andere Sehenswürdigkeiten; jedes Jahr im September Kentucky Bourbon Festival.

Kentucky Bourbon Trail · Die amerikanische Antwort auf den schottischen Malt Whisky Trail führt zu ein paar wichtigen Destillerien in dieser Region. (Achtung: Nicht alle Destillerien machen mit, aber Heaven Hill Bardstown mit seinem *Visitor Centre* ist eines der Mitglieder dieser Marketingorganisation.)

Links oben · Auf dem Areal steht eine große Anzahl solch riesiger Lagerhäuser.

Links unten · Das Bourbon Heritage Centre, ein Prachtsbau mit viel an modernster Präsentationstechnik.

Unten · Nicht etwa ein Horn! Nein, einer von mehreren *nosing*-Trichtern, aus welchen beim Drücken auf einen Knopf der Geruch eines Bourbons kommt (hier eines siebenjährigen).

7 YEAR OLD BOURBON

After seven years, whiskey turns the deep, ruddy caramel of classic Bourbon, and its aroma holds oak and vanilla undertones. It has soaked into the barrel to a depth of ¼–½" and about 32% of it has evaporated. There's less in the barrel, but what remains has a more distinctive, elegant flavor.

PRESS FOR AROMA

Der Name bedeutet	Himmelshügel, Name
Aussprache	Häwen Hill Bardstaun
Whiskyregion	Kentucky, USA
Adresse	Heaven Hill Bardstown Distillery 1311 Gilkey Run Road, Bardstown, Kentucky KY 40004 USA
Kontakt	Keine eigene Homepage Besitzer www.heaven-hill.com Visitor Centre www.bourbonheritagecenter.com Telefon +1 (502) 337 10 00
Club	Kein Club
Gründung	1935
Status	Geschlossen nach Großbrand 1996; Lagerhäuser, Abfüllbetrieb und Besucherzentrum noch in Betrieb
Besitzer	Heaven Hill Distilleries Inc. (Familie Shapira)
Stills	Früher 2 *beer stills* mit *doubler*
Kapazität pro Jahr	Unbekannt
Besucher	Ja ★★ Besucherzentrum mit Shop und Erlebnismuseum; Führungen ❤❤
Rating	★★★★
Arten	Früher Corn, Rye, Wheat; Bourbon, Blend
Hausstil	Unterschiedlich je nach Sorte Heaven Hill: Eiche, Nüsse, ölig, süß

Ganz oben · In den ausgebrannten Destilleriegebäuden von Heaven Hill stehen immer noch die Anlagen.

Links · Das alte Firmenschild mit den Wegweisern aus der Zeit vor dem Großbrand.

Oben · Eines der am 7. November 1996 bei einem Blitzschlag in Feuer aufgegangenen Lagerhäuser. Foto © Bardstown Fire Department..

Das kleine Städtchen Bardstown liegt im Herzen von Kentucky und südlich von Louisville nicht weit vom Bluegrass Parkway entfernt. Von diesem nimmt man, um zur Destillerie zu gelangen, am besten die KY150 Richtung Bardstown. Sie heißt zuerst Springfield Road und wechselt am Ortseingang die Straßennummer zur 62 und den Namen zu Boston Road. Diese wird später zur Stephen Foster Avenue, der man auch über die große Kreuzung in der Stadtmitte weiter folgt. Nach ungefähr 1½ Kilometer geht rechts die Parkview Avenue weg. Dieser muss man folgen, sie erhält nach einigen hundert Metern den Namen Loretto Road. Von ihr führt geradeaus die Gilkey Run Road direkt zu den Lagerhäusern der Destillerie und zum *Visitor Centre*.

Will man die Brandruinen der alten Destillerie besichtigen, bleibt man auf der Loretto Road. Die Ruinen stehen direkt an der Straße auf der linken Seite.

Im Jahr 2004 wurde auf dem Gelände von Heaven Hill in Bardstown das imposante »Bourbon Heritage Center« – ein eigentliches Denkmal für Heaven Hill und einige Namensgeber der Whiskys der Firma – für das Publikum geöffnet. Ab hier starten die normalen Führungen. Sie beginnen mit einem etwa viertelstündigen Film über Heaven Hill, die Geschichte und die Produktionsmethoden sowie die Produkte. Das ist auch das einzige, was man auf diesen Führungen von den Produktionsräumen zu sehen bekommt. Nach dem Film darf man eines der Lagerhäuser besichtigen. Zum Abschluss gibt es im *Visitor Centre* noch die eine oder andere Attraktion, zum Beispiel ein spezielles *nosing*-Experiment und einen Dram eines Whiskys aus der Heaven Hill-Produktion in Louisville. Eine spezielle (teure) Tour führt zusätzlich durch die Fassabfüllerei, das Lagerhaus, die Fassentleerung und die Flaschenabfüllabteilung.

Das »Bourbon Heritage Center« empfängt pro Jahr über 200 000 Besucher.

Heaven Hill Bernheim

Die Destillerie Heaven Hill Bernheim

Eine Vorgängerin der heutigen Destillerie Bernheim wurde bereits 1881 gebaut. Sie fiel jedoch kurz nach der Inbetriebnahme einem Großfeuer zum Opfer. Isaac W. Bernheim übernahm im Jahr 1897 die noch stehenden Gebäude, ließ aber die Destillerie wieder komplett neu aufbauen. Bernheim war schon vorher im Whiskygeschäft tätig und besaß mit der Marke »I. W. Harper« einen der meistverkauften Whiskys in den USA. Bis zum Kauf der Destillerie ließ er diesen in fremden Brennereien herstellen. Die beiden Initialen stammen von seinen Vornamen Isaac Wolfe, der Name selbst vom befreundeten Pferdezüchter Harper. Bernheim zog es vor, Whiskys nicht unter seinem jüdischen Namen zu vermarkten.

In der Destillerie wurde im Laufe der folgenden Jahre und Jahrzehnte die fast unglaubliche Zahl von über 90 Marken produziert.

Während der Prohibition gelang es I. W. Bernheim dank seinem Beziehungsnetz und seiner Schenkungen (er verdiente mit seinen Whiskys sehr viel Geld) die Produktion in seiner Destillerie aufrechtzuerhalten. Er durfte als einer der wenigen in jener Zeit Alkohol für medizinische Zwecke herstellen. Nach der Prohibitionszeit wurden bei Bernheim nur noch die beiden Marken »I. W. Harper« und »Old Charter« produziert.

1937 übernahm die Schenley-Gruppe die Destillerie Bernheim mit all den zu ihr gehörenden Marken. Sie wurde dann aber 1987 selbst von der UDV übernommen. Dieser schottische Konzern fasste die Produktion anderer, ebenfalls ihm gehörenden amerikanischen Destillerien bei Bernheim zusammen.

Sie hatte zu diesem Zweck ganz in der Nähe und auf dem Areal der bestehenden Brennerei Bernheim bereits vorher eine neue High-Tech-Destillerie errichtet. Nach der Übernahme der Produktion durch diese neue wurde die alte Destillerie abgerissen. 1992 schloss die UDV dann auch noch die in der gleichen Stadt liegende Destillerie Stitzel-Weller und verlegte die Produktion der dort bis zu diesem Zeitpunkt produzierten Marken ebenfalls in die Destillerie Bernheim.

Die große Destillerie mit dem Namen »Heaven Hill« in Bardstown wurde 1996 von einem durch Blitzschlag verursachten Großbrand heimgesucht und zum größten Teil zerstört. Die Produktion der Marken von Heaven Hill wurde daraufhin aushilfsweise von der nicht ganz ausgelasteten Destillerie Bernheim übernommen. 1999 kaufte dann Heaven Hill Distilleries Inc. von der UDV die Destillerie und führt Bernheim seitdem unter eigener Regie. Parker Beam und sein Sohn Craig, die beiden *Master Distiller* bei Bernheim – sie stammen beide aus der berühmten Whiskyfamilie Beam und waren vorher in der abgebrannten Destillerie

in Bardstown tätig – sind heute für den Geschmack und die Qualität der bei »Heaven Hill Bernheim« produzierten Whiskys verantwortlich. Die Destillerie erhielt diese Bezeichnung bei der Übernahme durch Heaven Hill Distilleries Inc. im Jahr 1999.

Produziert werden heute bei Heaven Hill Bernheim nicht nur die vielen eigenen Marken, sondern auch Whiskys für andere Markeninhaber.

Die in der Destillerie verwendeten Getreidearten (Mais, Roggen, Weizen und gemälzte Gerste) werden in riesigen Trucks angeliefert, kontrolliert, für eine kurze Zeit in den Silos gelagert und dann in den Prozess eingespeist. Zuerst wird das Getreide in einer Hammermühle gemahlen und in einem großen Dampfkochtopf *(cooker)* ausgekocht. Anschließend wird es nach für die verschieden zu produzierenden Whiskys unterschiedlichen Rezepten in einem der Maischbottiche *(mash tubs)* zusammengemischt. Die so

Oben · Die zwei hochglänzenden *beer stills* im 2007 neu bezogenen *stillhouse*.

Rechts · Der Distillery Manager Jim Land will mich unbedingt zu einem *dram Baby Whisky* überreden.

Unten · Sehr beeindruckend sind die riesigen Lagerhäuser.

Louisville in Kentucky kann man als typisch amerikanische Stadt bezeichnen. Sie sieht aus wie viele andere der schnell gewachsenen und gesichtslosen Städte in den USA. Die Destillerie Heaven Hill Bernheim liegt im nicht besonders attraktiven Vorort Shiveley.

Kommt man in die Stadt Louisville, fährt man am besten auf die Ringstraße (K264/Interstate 60) und verlässt diese an der Kreuzung 8. Hier nimmt man den Dixie Highway und bleibt auf diesem (auch noch über die Interstate 60 hinaus). Etwa zehn Kilometer nach der Abzweigung der Interstate steht die Destillerie am Dixie Highway. Die West Breckinridge Street geht rechts weg.

Kentucky Bourbon Trail · Die amerikanische Antwort auf den schottischen Malt Whisky Trail führt zu ein paar wichtigen Destillerien in dieser Region.

Oben rechts · Einer der beiden *doubler*, in welchem mithilfe von Dampf eine Art zweite Destillation erfolgt.

Oben · Die Destillerie arbeitet in hochmodernen Gebäuden mit ebensolchen Anlagen.

gewonnene Maische wird anschließend in einem der riesigen Gärbottiche mithilfe von Hefe aus eigenen Kulturen vergärt. Die so entstandene *beer* wird in den beiden riesigen *beer stills,* die mit Ausnahme des *still*-Kopfs (aus Kupfer) komplett aus Edelstahl bestehen, ein erstes Mal und im diesen nachgeschalteten *doubler* oder *thumper* ein zweites Mal destilliert. Die in der Destillerie Bernheim in Louisville hergestellten *new spirits* der eigenen Whiskysorten von Heaven Hill werden zu einem großen Teil in Tanklastwagen nach Bardstown zu den dortigen Abfüllbetrieben und Lagerhäusern gebracht, wo sie dann auch gelagert und nach Abschluss des Reifungsprozesses in Flaschen abgefüllt werden. Der andere Teil der eigenen, aber vor allem der Teil der Whiskys, der für andere Firmen produziert wird, lagert in den riesigen, mehrstöckigen Lagerhäusern bei der Destillerie.

Im Jahr 2007 wurde die Destillerie ein weiteres Mal um- und ausgebaut. Nach Abschluss dieser Erweiterungsphase konnte die Produktion um fast 40 Prozent gesteigert werden.

Heaven Hill Bernheim empfängt keine Besucher und verweist auf das Besucherzentrum in Bardstown.

Der Name bedeutet	Himmelshügel, Name
Aussprache	Häwen Hill Börnheim
Whiskyregion	Kentucky, USA
Adresse	Heaven Hill Bernheim Distillery 1701 West Breckinridge Street, Louisville, Kentucky KY 40210 USA
Kontakt	Keine eigene Homepage Besitzer www.heaven-hill.com Telefon +1 (502) 585 91 00
Club	Kein Club
Gründung	1881 / 1992
Status	In Betrieb
Besitzer	Heaven Hill Distilleries Inc. (Familie Shapira)
Stills	2 *beer stills* mit *doubler*
Kapazität pro Jahr	20—25 000 000 Liter
Besucher	Nein ★★★☆☆
Rating	★★★★☆☆☆
Arten	Corn, Rye, Wheat; Bourbon, Blend
Hausstil	Unterschiedlich je nach Sorte

I. W. Harper:
Süßlich, Vanille, würzig

Fortsetzung Hausstil

Elijah Craig:
Karamell, Vanille, Gewürze, Honig, süßlich

Evan Williams:
Ölig, Honig, fruchtig, Vanille, süßlich

Jack Daniel

Den kleinen Ort Lynchburg in Tennessee, wo Jack Daniel seine Destillerie errichtete, erreicht man am einfachsten über die Interstate 24 (Nashville–Chattanooga). Diese verlässt man an der Ausfahrt 111 und nimmt ab dort den Highway 55 über Manchester und Tullahoma nach Lynchburg. Die Destillerie liegt direkt an der Straße.

Die Destillerie Jack Daniel

Der berühmteste Whisky aus den USA ist sicher der »Jack Daniel's«. Der Mann, von dem er seinen Namen hat, Jesper Newton »Jack« Daniel, gründete diese Destillerie im Jahr 1866 im Alter von gerade einmal 20 Jahren. Seine Destillerie ist damit die älteste heute noch arbeitende lizenzierte Destillerie in den USA. Erfahrungen in der Whiskyherstellung hatte Jack bereits seit seinem 14. Lebensjahr. Sein Ziehvater fühlte sich zu diesem Zeitpunkt zum Prediger berufen und übergab dem jungen Jack Daniel die von ihm die bis zum Moment selbst betriebenen Anlagen aus religiösen Gründen. Er konnte das Whiskybrennen nicht mehr mit seiner Tätigkeit als Prediger vereinbaren.

Jack Daniel war nie verheiratet und hatte auch keine Kinder. Um trotzdem die Familie im Geschäft zu halten, holte er einen seiner Neffen, Lem Motlow, zu sich in die Firma. Dieser wurde bald Manager. Unter Motlow's Führung begann die Firma Jack Daniel ihre Whiskys in die heute noch verwendeten eckigen Flaschen abzufüllen.

Jack Daniel starb 1911 eines nicht gerade gewöhnlichen Todes: Er hatte an einem Tag Probleme, seinen Safe zu öffnen. Aus Wut trat er mit dem Fuß dagegen. Dabei brach er sich eine Zehe und starb ein paar Wochen später an einer davon herrührenden Infektionskrankheit.

Lem Motlow wurde neuer Besitzer der Destillerie. Als solcher wurde er jedoch schon bald von der fast gleichzeitig mit dem Tod von Jack Daniel in Tennessee eingeführten Prohibition zur Schließung der Destillerie gezwungen. Zur Überbrückung dieser nicht nur für ihn schwierigen Zeit betrieb er eine Pferde- und Maultierzucht. Er tat dies weiter

Oben · Jack Daniel (1846–1911).

Rechts · Die Holzkohle für das *charcaol mellowing* (die Kohlefilterung) wird im Rickyard zubereitet.

Der Name bedeutet	Name	Arten	Corn, Rye, Barley; Tennessee Whisky
Aussprache	Tschäk Däniel		
Whiskyregion	Tennessee, USA	Hausstil	Unterschiedlich je nach Sorte
Adresse	Jack Daniel Distillery 182 Lynchburg Highway, Lynchburg, Tennessee TN 37352 USA		Jack Daniel's Old N° 7: Weich, Vanille, Karamell, ölig, süß
Kontakt	www.jackdaniels.com Telefon +1 (931)759 63 57		Jack Daniel's Single Barrel: Würzig, süß, gebrannter Zucker
Club	Friends of Jack Mitgliedschaft gratis; Anmeldung über die Website der Destillerie		Gentleman Jack: Warm, Honig, Vanille, Eiche, süß
Gründung	1866		Jack Daniel's Green Label: Leicht, Spur Rauch, Butter, süß
Status	In Betrieb		
Besitzer	Brown-Forman Corporation		
Stills	5 *beer stills* mit je einem *thumper*		
Kapazität pro Jahr	35 000 000 Liter		
Besucher	Ja ★★★★ Besucherzentrum mit Shop (kein Alkohol!), Cafe und Führungen ❤❤❤		
Rating	★★★★		

unter dem Firmennamen Jack Daniel und konnte so die Rechte an der Firma behalten.

1938 erhielt Lem Motlow wieder eine Lizenz zum Brennen und nahm die alte Destillerie wieder in Betrieb. 1947 starb er, und seine Söhne übernahmen die Führung. Sie fühlten sich aber in diesem Geschäft nicht wohl und verkauften 1955 die Destillerie mit allen Markenrechten an die Brown-Forman Corporation.

Die Destillerie Jack Daniels hat ein schönes Besucherzentrum und bietet interessante Führungen. Gezeigt werden die aus der Zeit von Jack Daniel stammenden, von ihm seinerzeit selbst benutzten Gebäude, die Wasserfassung in einer Höhle und die Produktionsräume inklusive die Flaschenabfüllung. In Jack's ehemaligem Bürohäuschen kann man auch den Tresor sehen, der ihn das Leben kostete.

Näheres zur Anlage: Die in riesigen Gärbottichen hergestellte *beer* wird in fünf kupfernen *column stills* mit je 1,5 Meter Durchmesser einmal gebrannt. Jeder dieser *stills* ist ein *thumper* nachgeschaltet, in dem das aus der *beer still* kommende erste Destillat noch einmal destilliert wird.

Der Jack Daniel's wird nach dem Brennen dem für die Tennessee Whiskys typischen Verfahren der Kohlefilterung unterzogen. Dabei wird der junge Whisky durch große, mit Holzkohle gefüllte Behälter geleitet. Erst dann wird er in Fässer zur Lagerung abgefüllt. Durch diesen Prozess, er wird *charcoal mellowing* genannt, wird der starke Geschmack des Whiskys reduziert und er erhält neue, weichere Noten.

Die Fassabfüllung wird direkt auf dem Areal der Destillerie gemacht. Pro Tag werden hier durchschnittlich 5000 Fässer abgefüllt. Das kleinste Lagerhaus, das Barrel House N° 7, kann man ebenfalls besichtigen. In ihm lagern circa 5000 Fässer. Die anderen 76(!) Lagerhäuser sind riesig. In ihnen werden auf sieben Etagen Whiskyfässer gelagert. Man schätzt, dass bei Jack Daniel etwa 1,6 Millionen Fässer lagern.

Am Ende der Tour erhält man nicht wie vielleicht erwartet einen Dram Jack Daniels, sondern man bekommt einen Softdrink. Lynchburg ist Hauptort des County Moore, dem kleinsten County in Tennessee. Hier gilt immer noch die Prohibition, auch wenn in ihm eine der größten Destillerien in den USA steht.

Den Whisky aus der Destillerie gibt es in vier Standardtypen: »Black Label« (Jack Daniel's Old N° 7), »Single Barrel«, »Gentleman Jack« und »Green Label«.

601

Links · Produktionsgebäude der Destillerie: Maisch- und Gärhäuser und das sehr hohe *stillhouse*.

Unten links · Der Safe, der Jack Daniel das Leben kostete.

Unten rechts · In fünf solchen *stills* wird der Jack Daniel's destilliert.

Unten · In einem der riesigen Gärbottiche *(fermenters)* wird die zur Hauptsache aus Mais gewonnene, zuckerhaltige Flüßigkeit vergärt.

Nashville · mit seinen Sehenswürdigkeiten und der Grand Ole Opry, dem Mekka der Countrymusic.

George Dickel Distillery · in Normandy/Tullahoma, nur knapp 30 Kilometer entfernt.

Jim Beam
(Clermont und Boston)

Die Destillerien Jim Beam in Clermont und Boston

Ein deutscher Einwanderer – er hieß Jakob Böhm – war indirekt Initiant dieser neben Jack Daniel wohl bekanntesten Destillerie in den USA. Er verkaufte etwa ab 1795 im sogenannten Bluegrass County in den USA den auf seiner Farm selbst gebrannten Whisky und war Ur-Vater der nicht nur in den USA im Whiskygeschäft sehr berühmten Familie Beam.

1820 übernahm sein Sohn David die Farm und die Brennerei und führte sie während der folgenden Jahrzehnte, bis im Jahr 1850 sein Sohn David M. Beam Farm und Destillerie übernahm. Dieser entschloss sich jedoch im Jahr 1854, die Destillerie ins Nelson County zu verlegen. Er nannte sie »Clear Springs Distillery«.

1894 übernahm David M. Beam's Sohn James »Jim« die Leitung der Destillerie. In seine Managerzeit fiel auch die Prohibition. Während dieser Zeit durfte er keinen Whisky produzieren und war zusammen mit seinen Familienmitgliedern gezwungen, sein Geld in anderen Branchen zu verdienen. Die Familie war deswegen unter anderem im Fruchtanbau und im Kohlebergbau tätig.

Nach dem Ende der Prohibition gründete Jim Beam zusammen mit seinem Sohn Jeremiah 1934 in Clermont in der Nähe des Ortes Bardstown eine neue Destillerie, die »Jim Beam Distillery«, und begann in größerem Stil wieder mit der Whiskyproduktion. Die Beams hatten dazu aber nicht genug Geld. Der Spirituosenhändler und Financier Harry Blum beteiligte sich finanziell an ihrer Gesellschaft und half so beim Aufbau mit. Die neu entstandene Firma trug den Namen James B. Beam Distilling Company, und

der von ihr hergestellte Whisky trug den Namen »Jim Beam Bourbon«. Harry Blum war für das Marketing in der Firma verantwortlich.

Es war dann auch Harry Blum, der 1942 die Marke »Jim Beam« kreierte. Marketing und Whisky kamen so gut an, dass die Beam's ihren Partner Blum bereits 1945 wieder auszahlen konnten und alleinige Besitzer der Destillerie wurden. Der große Erfolg und die stark gestiegene Nachfra-

Unten · Die zweite Destillerie in Boston wurde 1953 errichtet.

Ganz unten · Die Ursprünge dieser ersten von Jim Beam gebauten Destillerie in Clermont gehen auf das Jahr 1934 zurück.

ge nach den Whiskys von Jim Beam führten dazu, dass Jeremiah – er wurde 1946, ein Jahr vor dem Tod seines Vaters (1947) Leiter der Firma – 1953 eine weitere Destillerie in Boston, einem Ort in der Nähe von Clermont, baute.

Von 1965 war Booker Noe (1929–2004), Sohn der Schwester von Jeremiah und damit ein Enkel von Jim Beam, als *Master Distiller* (von 1998 bis 2004 zusammen mit Jerry Dalton) für die Destillerie verantwortlich. Er brachte im Jahr 1987 das erste Mal eine zweite Whiskylinie mit dem Namen »Booker's Bourbon« auf den Markt. Es handelt sich bei diesem um Single Cask-Abfüllungen, die – untypisch für Jim Beam – nicht kühlgefiltert sind. Sie erschienen zuerst nur zu speziellen Anlässen.

1967 übernahm American Brands (die spätere Fortune Brands Inc.) die Jim Beam Gruppe. 2011 benannte sich Fortune Brands für den Geschäftsbereich Spirituosen um und nahm den Namen ihrer Topmarke an. Die Firma heißt jetzt Beam Inc. Der Sohn von Booker Noe, Fred, ist jetzt in seine Fußstapfen getreten.

Besucher werden seit Ende August 2012 im American Stillhouse, dem tollen Besucherzentrum der Destillerie in Clermont empfangen. Dort werden neben einem Film über die Geschichte von Jim Beam und seinen Bourbons auch Ausstellungsstücke gezeigt. Auf einem Rundgang durch die

Zur Jim Beam Destillerie in Clermont fährt man von Bardstown aus (südöstlich von Louisville) auf der KY245 Richtung Nordwesten. Über Deatsville und Lotus (Lagerhäuser von Four Roses) kommt man nach Bullit/Clermont. Die Destillerie ist nicht zu übersehen und der Weg zu ihr und zum *Visitor Centre* mit dem Namen American Outpost ist gut beschildert.

Die Destillerie von Jim Beam in Boston liegt direkt an der Boston Road im kleinen Ort Boston. Die KY62 führt von Bardstown aus (südöstlich von Louisville) unmittelbar an der Destillerie vorbei. Von der Destillerie Clermont aus fährt man auf der aus Bardstown kommenden KY245 weiter bis zur Einfahrt auf die Interstate 65 Richtung Elizabethtown – Bowling Green. Man folgt der Interstate 65, bis nach ungefähr zwölf Kilometern die KY61 Richtung Boston abzweigt. In diesem kleinen Ort ist die Destillerie nicht zu übersehen.

Destillerie kann man auch das T. Jeremiah Beam Home, das Wohnhaus dieses Pioniers und der zwei ihm folgenden Generationen besichtigen. Daneben sind auf einer Runde durch die Destillerie von der Quelle des Wassers bis zur Flaschenabfüllung alle Schritte der Herstellung zu sehen. Im gut bestückten Shop des *Visitor Centre* kann man so ziemlich alles kaufen.

Beide Jim Beam Destillerien arbeiten in etwa mit den gleichen Anlagen. Auch die für das Vergären eingesetzte Hefekultur ist identisch. Sie wurde von Jim Beam 1934 persönlich gezüchtet. Jedoch sind die in den beiden Destillerien produzierten Whiskys im Geschmack nicht gleich. Die verschiedenen eingesetzten Getreidearten (Mais, Roggen, Weizen, gemälzte Gerste) werden nach dem Mahlen in Dampfkochern gekocht und anschließend in verschiedenen Rezepturen vermaischt.

Beide Destillerien arbeiten mit je drei *column* oder *beer stills*. Hinter diese ist jeweils ein *doubler* geschaltet. Der Kopf der *beer stills* besteht aus Kupfer.

Bei Jim Beam wird der Geschmack der verschiedenen Whiskysorten vor allem bei der Destillation und anschließend beim Lagern beeinflusst. Bei der Destillation wird mit verschiedenen Werten an zu erreichendem Alkoholgehalt gearbeitet. Dieser geht von 62,5 bis auf 68 Prozent. In Fässer abgefüllt wird der *Baby Whisky* mit 62,5 Prozent.

Die Whiskys werden an verschiedenen Orten in über 80 mehrstöckigen Lagerhäusern gelagert. Die Fässer werden nicht wie in anderen Destillerien rotiert, das heißt sie lagern die ganze Zeit über am selben Ort. So bekommen die im siebten Stock gelagerten Whiskys viel mehr Wärme ab als jene, die im Erdgeschoss gelagert werden. Dies hat großen Einfluss auf den späteren Geschmack.

Die Wiskys werden in Flaschenabfüllbetrieben in Clermont und in Frankfort abgefüllt und verpackt.

Oben · Im Jahr 1974 zerstörte ein Tornado einige Lagerhäuser und über 500 Fässer. Dieses Lagerhaus verlor neben ein paar Fässern »nur« die Hülle.

Unten · Zum Andenken an Booker Noe (1929–2004), dem wichtigen Mann für die Firma Jim Beam, wurde vor seinem ehemaligen Wohnhaus diese Skulptur errichtet.

In den beiden Destillerien werden nicht nur die verschiedenen Marken des Jim Beam (»Original«, »Red Stag«, »Black«, »Devil's Cut«, »Rye«, »7 Years«, »Choice« usw.), sondern auch Whiskys für eine ganze Anzahl anderer Marken hergestellt. Die Wichtigsten davon sind: »Bourbon Deluxe«, »Old Grand Dad«, »Baker's«, »Basil Hayden«, »Knob Creek«, »Old Overholt« usw. All diese Marken gibt es ebenfalls in unterschiedlichsten Abfüllungen als Bourbon, Small Batch Bourbon, Rye, Straight, Blend usw. Sie enthalten in der Regel Whiskys aus den beiden Destillerien. Je nach Marke variiert aber der Anteil an Roggen (Rye). Auch die Zeit und Art der Fasslagerung ist unterschiedlich.

Bardstown, nennt sich »Bourbon Capital of the World« · Oscar Getz Museum of Whisky History und andere Sehenswürdigkeiten; jedes Jahr im September Kentucky Bourbon Festival.

Kentucky Bourbon Trail · Das amerikanische Pendant zum schottischen Malt Whisky Trail führt zu ein paar wichtigen Destillerien in dieser Region. Jim Beam mit seinem *Visitor Centre* in Clermont ist Mitglied dieser Organisation.

603

Der Name bedeutet	Name	Besucher	Ja ★★★★☆
Aussprache	Tschim Biim		Besucherzentrum in Clermont; Shop, Museum, Restaurant und Führungen; komplett neues Besucherzentrum und Konzept seit Ende August 2012 ❤❤❤ Keine Besucher in Boston
Whiskyregion	Kentucky, USA		
Adressen	Jim Beam Distillery Clermont 149 Happy Hollow Road, Clermont, Kentucky KY 40110 USA	Rating	★★★(★)☆☆☆
		Arten	Corn, Rye, Barley; Bourbon, Blend
	Jim Beam Distillery Boston Boston Road, Boston, Kentucky KY 40107 USA	Hausstil	Unterschiedlich je nach Sorte
Kontakt	www.jimbeam.com Telefon +1 (502)543 98 77 (Visitor Centre Clermont)		Jim Beam Original: Süßlich, Vanille, Mais, eher trocken
Club	Kein Club		Jim Beam Black: Fruchtig, Vanille, Roggen, süßlich
Gründung	1795; 1934 Clermont; 1953 Boston		
Status	In Betrieb		
Besitzer	Beam Inc.		
Stills	Clermont 3 *beer stills* mit je einem *thumper*		
	Boston 3 *beer stills* mit je einem *thumper*		
Kapazität pro Jahr	75 000 000 Liter		

Kentucky Bourbon
(Willett)

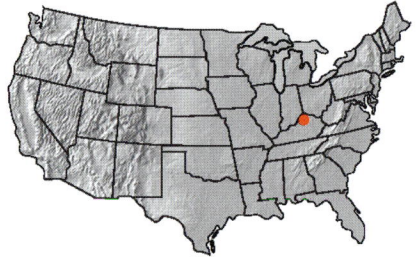

Bardstown, ein typisches amerikanisches Kleinstädtchen, liegt im Herzen von Kentucky südlich von Louisville nicht weit vom quer durch diesen Staat führenden Bluegrass Parkway entfernt. Von diesem nimmt man, um zur Kentucky Bourbon Destillerie zu gelangen, am besten die KY150 Richtung Bardstown. Sie heißt zuerst Springfield Road und wechselt am Ortseingang die Straßennummer zur 62 und den Namen zu Boston Road. Diese wird später zur Stephen Foster Avenue, der man auch über die große Kreuzung in der Stadtmitte weiter folgt. Nach ungefähr 1,5 Kilometer geht rechts die Parkview Avenue weg. Dieser folgt man, sie erhält nach einigen hundert Metern den Namen Loretto Road. Auf dieser muss man bleiben und zuerst an den Gebäuden und Lagerhäusern von Heaven Hill und dann an den Brandruinen der alten Heaven Hill Destillerie vorbeifahren. Schon bald danach geht die Straße zur Destillerie links den Hang hoch. Dort gibt es Wegweiser.

Die Destillerie Kentucky Bourbon

Mitglieder der Familie Willett emigrierten Anfang des 18. Jahrhunderts aus England nach Amerika. Ursprünglich stammte die Familie jedoch aus Frankreich (Willette). Sie beschäftigte sich bereits dort mit der Herstellung von Destillaten und war dann auch auf der britischen Insel in diesem Geschäft tätig.

In Amerika setzten die Willetts ihr großes Wissen bereits unmittelbar nach ihrer Ankunft in einigen Destillerien ein (zu Beginn auch in Schwarzbrennereien), bevor sie sich die erste eigene Destillerie bauten. John David Willett errichtete diese zusammen mit seinem Schwager Thomas S. Moore (sie lebten beide in Bardstown) und einem Herrn Frenke aus Louisville. Zum Betrieb der Destillerie gründeten die drei Partner im Jahr 1873 eine Gesellschaft mit dem Namen Moore, Willet & Frenke Distillery. 1876 schied John David Willett aus gesundheitlichen Gründen aus der Firma aus und verkaufte seine Anteile an seine Partner.

Die heutige Destillerie in der Nähe des Ortes Bardstown wurde von A.L. Thompson Willet, einem Enkel von John David, im Jahr 1935 gegründet. Sie liegt von der leider abgebrannten großen Destillerie Heaven Hill nur ein kleines Stückchen den Hügel hinauf entfernt und wurde auf dem Gelände einer Farm, die Lambert Willett, dem Vater von Thompson, gehörte, gebaut. Die Betreiberfirma hieß Willett Distilling Company und die Brennerei »Willett Distillery«. Die Produktion wurde 1936 aufgenommen. Lambert Willett war zu jener Zeit Distillery Manager bei der Max Selliger Distillery in Bardstown. 1940 gab er diesen Job auf und trat in die Destillerie Willet als *Master Distiller* ein.

Bis in die 1980er-Jahre produzierten die Willetts ohne Unterbrechung und brachten einige erfolgreiche Marken heraus (zum Beispiel den »Old Bardstown« oder den »Johnny Drum«). Während der Öl- und Energiekrise der 1970er-Jahre änderte die Destillerie jedoch ihr Produktionsprogramm und produzierte bis 1988 anstelle von Whisky Gasohol als Treib- und Brennstoff.

1984 heiratete Martha Willett, die Tochter von Thompson, den heutigen Manager Even Kulsveen. Kulsveen – er stammt ursprünglich aus Norwegen – kaufte die Firma und beschloss, die Destillerie über kurz oder lang wieder zur Produktion von Whiskys zu nutzen. Als Erstes füllte er einen Teil der Lagerbestände in Flaschen ab und exportierte diese vor allem nach Europa und Japan.

Links oben · An der Straße von Bardstown nach Loretto steht dieses Firmenschild, welches bereits erahnen lässt, dass die Kentucky Bourbon Distillery mit ihrer *pot still* etwas Spezielles sein muss.

Links unten · Die Destillerie soll ein echtes Bijou werden und ist auch von der Architektur her gefällig.

Unten · Nicht ganz so verspielt wie auf dem Firmenschild an der Straße, aber doch speziell: Die *pot still*. Sie erlaubt, mit neun verstellbaren Platten im Hals, die Destillation zu beeinflussen und verschiedene Whiskys herzustellen.

Der Name bedeutet	Name der Firma
Aussprache	Kentökki Börben
Whiskyregion	Kentucky, USA
Adresse	Kentucky Bourbon Distillery 1869 Loretto Road, Bardstown, Kentucky KY 40004 USA
Kontakt	www.kentuckybourbonwhiskey. com Telefon +1 (502)348 00 81
Club	Kein Club
Gründung	1873, 1935
Status	In Betrieb
Besitzer	Kentucky Bourbon Distillers Ltd.
Stills	1 *beer still* mit *doubler* und 1 *pot still*
Kapazität pro Jahr	Wird nicht veröffentlicht
Besucher	Nein ★★★☆☆ Aber Besucherzentrum in Planung, es lohnt sich anzufragen.
Rating	★★★★☆☆
Arten	Corn, Rye, Barley; Bourbon
Hausstil	Unterschiedlich je nach Sorte Johnny Drum: Süßlich, Vanille, Gewürze, Pfeffer(?), ein wenig bitter Noah's Mill: Karamell, Vanille, Eiche, süßlich Old Bardstown: Weich, ölig, Vanille, Honig, Getreide, süßlich

1997 wurde die Whiskyproduktion in einem Nebengebäude der alten Destillerie teilweise wieder in Betrieb genommen. Mit den Einkünften aus den Whiskyverkäufen wurde die alte Destillerie laufend mit neuen, den alten Originalen nachgebildeten Anlagen bestückt. Der Name der Destillerie und der Firma wurde in Kentucky Bourbon Distillers Ltd. geändert.

Seit 2004 arbeitet Kentucky Bourbon wieder in den ehemaligen Gebäuden, die einer umfangreichen Renovierung unterzogen wurden und immer noch werden. Die Firma produziert ihre Bourbons, die eine Zeit lang auch in anderen Destillerien hergestellt wurden, seitdem wieder selbst. Es handelt sich dabei um die Vintage Collection und verschiedene Arten (sie werden als »Collection« bezeichnet) des »Johnny Drum«, »Old Bardstown« und »Noah's Mill«.

Seit ein paar Jahren arbeiten auch der Sohn von Even Kulsveen, Even A. »Drew« Kulsveen, und die Tochter Britt Kulsveen Chavanne mit ihrem Mann Hunter Chavanne in der Destillerie.

In der renovierten und zum Teil wieder aufgebauten Destillerie steht eine kleine Hammermühle zum Mahlen des Getreides (vorwiegend Mais, aber auch Roggen und gemälzte Gerste). Im *cooker,* einer Art Dampfkochtopf wird die Stärke (der Zucker) herausgekocht. In einem Maischbottich werden dann die aus den verschiedenen Getreiden stammenden zuckerhaltigen Flüssigkeiten nach bestimmten Rezepten zusammengemischt und anschließend in einem der *fermenter* vergärt. Die *beer* wird entweder in der *beer still* mit *doubler* (sie steht im eigenen hohen *stillhouse* außerhalb des eigentlichen Destilleriegebäudes) oder in einer sehr speziellen *pot still* destilliert. Die im Destilleriegebäude stehende *pot still* hat einen sehr schmalen, konisch nach oben zulaufenden Aufsatz auf dem Brennkessel. Dieser mündet in eine — wie mir Even erklärte — sehr ausgeklügelte Ansammlung von Rohren und Behältern, die

schließlich den Alkoholdampf in den Kondensator führen. Der *new make* wird in der Fassabfüllerei – sie ist in einem eigenen Gebäude – in Fässer abgefüllt.

Der Großteil der Produktion wird – dem heutigen Erfolgsrezept folgend – auch in Zukunft als Small Batch oder Single Barrel abgefüllt. Das heißt, die Destillerie hat sich nicht der Massen-, sondern der sorgfältigen Kleinmengenproduktion verschrieben.

Even hat beschlossen, seine Destillerie, bis sie komplett erneuert ist, nicht für Besucher zu öffnen. Wann es so weit sein wird, ist nicht ganz klar. Bei jedem Besuch in der kleinen Destillerie sieht man jedoch wieder einen kleinen Fortschritt. Um das Ganze aber wirklich voll zum Laufen zu bringen, braucht es noch viel Geld – und Zeit. Bei einem Besuch in Bardstown kann es sich auf jeden Fall lohnen, einmal anzurufen und nachzufragen. Auch auf der Homepage wird zu gegebener Zeit sicher darüber berichtet werden.

Bardstown, nennt sich »Bourbon Capital of the World« · Oscar Getz Museum of Whisky History und andere Sehenswürdigkeiten; jedes Jahr im September Kentucky Bourbon Festival.

Kentucky Bourbon Trail · Die amerikanische Antwort auf den schottischen Malt Whisky Trail führt zu ein paar wichtigen Destillerien in dieser Region. (Achtung: Nicht alle Destillerien machen mit, so ist auch Kentucky Bourbon nicht Mitglied dieser Marketingorganisation.)

Der untere Teil der *beer still* mit dem Kondensator. Der *doubler* steht auf einer der oberen Etagen.

Lawrenceburg Distillery

(Indiana)

Die Destillerie Lawrenceburg Indiana

Am Ohio River standen noch Mitte des 19. Jahrhunderts eine ganze Reihe mittlerer und größerer Destillerien. Eine von ihnen trug den Namen »Rossville Distillery«. Sie wurde im Jahr 1847 gegründet und lag im Städtchen Lawrenceburg im Staat Indiana. Im Laufe der folgenden Jahrzehnte erhielt sie den Namen der Stadt: »Lawrenceburg Distillery«.

1933 übernahm der kanadische Seagram Konzern die Destillerie in Lawrenceburg, Indiana, und benannte sie in »Seagram's Distillery Lawrenceburg« um. Zehn Jahre später kaufte Seagram auch noch die »Old Prentice Distillery« in Lawrenceburg, Kentucky, und gab auch dieser zum Erstaunen der ganzen Industrie den Namen »Seagram's Distillery Lawrenceburg«.

Nicht nur der Umstand, dass es Destillerien in zwei – für amerikanische Verhältnisse nicht einmal so weit auseinanderliegenden – Städten mit dem Namen Lawrenceburg in zwei verschiedenen Bundesstaaten gab, provozierte Verwechslungen. Für zusätzliche Verwirrung sorgte der Umstand, dass beide im Besitz von Seagram waren und beide »Seagram's Distillery Lawrenceburg« hießen. Das änderte sich erst nach vielen Jahren, als diejenige in Lawrenceburg, Kentucky, im Jahr 1986 den Namen »Four Roses« erhielt. Jene Destillerie wurde im Jahr 2001 an den japanischen Kirin Konzern weiterverkauft.

Die Destillerie, die weiter unter dem Namen »Seagram's Lawrenceburg Distillery« produzierte und in Lawrenceburg in Indiana liegt, ging während des Ausverkaufs der Seagram-Aktivitäten im Spirituosengeschäft an den französischen Konzern Pernod Ricard. Als letzte überlebende Destillerie in Indiana befasste sie sich im Laufe ihrer Existenz nicht nur mit der Herstellung von Whiskys. Ihre Größe und ihr Überleben verdankt sie in erster Linie dem Umstand, dass in ihr vor allem Gin und Wodka gebrannt wurden. 1996 war sie für kurze Zeit stillgelegt, nahm aber ihren Betrieb bald wieder auf und produzierte seitdem wieder voll.

Nach dem Riesendeal im Jahr 2005, in dem die Pernod Ricard-Gruppe die Firma Allied Domecq plc und mit ihr eine Reihe weiterer Destillerien in Nordamerika schluckte, wurden die Kapazitäten in diesem Teil der Welt zu groß, und der französische Konzern gab Mitte 2006 bekannt, dass die Destillerie in Lawrenceburg mit all ihren Zusatzbetrieben bis Mitte 2008 geschlossen werde und die Produktion aus Lawrenceburg nach Walkerville (Kanada) und andere Plätze innerhalb der USA verlegt werde. Pernod Ricard führte aber gleichzeitig aus, dass sie an einem Verkauf der Destillerie interessiert sei, um die über 400 Arbeitsplätze zu sichern.

Und es fand sich tatsächlich Mitte des Jahres 2007 mit dem karibischen Giganten CL Financial Ltd. aus Trinidad & Tobago ein Käufer. Der neue Besitzer (zu ihm gehören zum Beispiel auch Angostura Rum, Burn Stewart Distillers in Schottland, Banken usw.) übernahm die Leitung der Destillerie im September des gleichen Jahres. Weil Pernod Ricard nur die Destillerie mit ihren Lagerhäusern, Flaschenabfüllbetrieben und einer riesigen Getreideaufbereitungsanlage (Grain Elevator) in Rushville (Indiana) verkaufte, nicht aber die Marken, musste sich CL Financial Ltd. selbst um den Aufbau neuer Marken kümmern. Dafür übertrug Pernod dem karibischen Besitzer die Produktion ihres Seagram's Gin.

Die Destillerie in Lawrenceburg entwickelte sich in den kommenden Jahren gar nicht schlecht. Dies war vor allem dem Umstand zu verdanken, dass vermehrt Gin, Wodka und neutraler Alkohol destilliert wurde. Die Produktion von Whisky wurde nicht gefördert, wird doch durch sie (lange Lagerzeit = langes Warten auf das Geld) viel Kapital blo-

Oben · Am größten Lagerhaus der Destillerie prangt seit 1933 immer noch der Name der damaligen Besitzerin, der kanadischen Seagram's Gruppe.

Rechts · Die großen Gärtanks stehen im Freien vor einem der beiden hohen *stillhouses.*

Der Name bedeutet	Name der Stadt
Aussprache	Laurens-börg
Whiskyregion	Indiana, USA
Adresse	Lawrenceburg Distillery Indiana 7 Ridge Avenue, Greendale, Lawrenceburg, Indiana IN 47025 USA
Kontakt	Keine eigene Homepage Besitzer www.mgpingredients.com Telefon +1 (812) 537 07 00
Club	Kein Club
Gründung	1847
Status	In Betrieb
Besitzer	Lawrenceburg Distillers Indiana (MGP Ingredients Inc.)
Stills	3 *beer stills*; 1 *doubler*; 2 *column stills*; 3 *Gin stills*; 1 *multi column still*
Kapazität pro Jahr	Über 100 000 000 Liter, vor allem neutraler Alkohol, Gin und Wodka, wenig Whisky
Besucher	Nein ★★★★★
Rating	★★(★)★★★★
Arten	Corn, Rye, Wheat, Barley; Bourbon, Blend
Hausstil	Unterschiedlich je nach Sorte

Sam Cougar Bourbon Whisky: Vanille, Roggen, Nüsse, warm, süßlich

ckiert. Auch die Flaschenabfüll- und Verpackungsbetriebe waren – durch Aufträge von Drittfirmen – gut ausgelastet. Nicht so gut ging es der Besitzerfirma, der CL Financial Ltd. Sie machte Konkurs und musste wegen der Größe der Firma vom Staat und den Banken mehr oder weniger übernommen werden *(too big to fail)*. Die großen Brocken (Banken, Versicherungsgesellschaften usw.) wurden in andere Institute integriert und so teilweise gerettet. Die CL-Tochter Angostura wurde zu einer selbständigen Firma, wenn auch immer noch unter dem Dach der unter Staatsaufsicht stehenden CL Financial. Für die weiteren Firmen und Beteiligungen der CL Financial Ltd. begann die Suche nach Käufern.

Im Oktober 2011 gab die Firma MGP Ingredients, Inc. – eine Firma mit den Hauptabteilungen Nahrungsmittel, Alkohol und Biopolymere – bekannt, dass sie beabsichtigt, die Lawrenceburg Distillery Indiana (LDI) zu übernehmen. Die Übernahme sollte aber nur die Destillerie selbst betreffen, nicht aber die großen Flaschenabfüll- und Verpackungsbetriebe, die ebenfalls zur Destillerie gehören. Der Deal wurde Ende Dezember 2011 abgeschlossen, und Anfang 2012 wurde die Leitung der Destillerie von Jim Vinoski, einem Mann der MGP Ingredients, Inc., übernommen.

Die restlichen Teile der LDI (Flaschenabfüll- und Verpackungsbetriebe) wurden Anfang 2012 an Proximo Spirits Inc., bisher einer der größten Kunden der Flaschenabfüll- und Verpackungsbetriebe verkauft.

Für die Whiskyherstellung wird in dieser wohl zu den größten der USA gehörenden Destillerie nur ein kleiner Teil der Produktionsanlagen eingesetzt: In 14 im Freien stehenden Gärbottichen aus rostfreiem Stahl wird die *beer* aufbereitet. Diese kommt dann in eine riesige *beer still* und das Rohdestillat aus dieser in einen ebenfalls sehr großen *doubler*. Bis zur Übernahme durch CL Financial und auch noch unter deren Besitz wurde so der einzige Bourbon aus der Destillerie Lawrenceburg gebrannt. Er trägt den Namen »Sam Cougar« und wird vor allem in Australien und Asien vermarktet. Die Marke gehört seit 1865 dem australischen

Die Gebäude der Großdestillerie liegen auf beiden Seiten einer Durchgangsstraße.

Foster-Konzern, wurde aber immer in Lawrenceburg produziert. Den »Sam Cougar« gibt es in verschiedenen Varianten und Alterungsstufen. Ein großer Teil der Whiskys dieser Marke landet auch in Alcopops. Ob der »Sam Cougar« unter MPGI weiter in Lawrenceburg destilliert wird und welche eventuell neuen oder anderen Whiskys in Zukunft aus der »Lawrenceburg Distillery Indiana« auf den Markt kommen werden, ist noch nicht bekannt.

In weiteren 21 großen *fermenters* – so werden die Gärbottiche hier genannt – werden die Grundstoffe für die anderen Destillate zubereitet. Sie stehen in einem riesigen Gärhaus. Neben der für die Whiskydestillation eingesetzten *beer still* stehen in verschiedenen Brennhäusern noch zwei weitere *beer stills,* zwei aus zwei Säulen bestehende *column stills* und drei *Gin stills.* In diesen werden die anderen Spirituosen (Wodka, Gin usw.) hergestellt. Dazu kommt noch eine riesige Destillationsanlage zur Produktion von neutralem Alkohol.

Unter den ehemaligen Besitzern waren Besucher nicht willkommen, was angesichts der sehr industriellen und zum Teil Gefahren bergenden Produktion auch nicht verwunderlich ist. Es ist abzuwarten, was die MGP Ingredients Inc. in dieser Beziehung zu tun gedenkt.

Die kleine Stadt Lawrenceburg liegt westlich der Stadt Cincinnati im Dreiländereck Kentucky/Ohio/Indiana an der Ringstraße 275 um die Großstadt. Man verlässt die Ringstraße bei der Lawrenceburg Junction und fährt auf der US50 in die Stadt. Schon bei der Einfahrt in die Stadt sind die hohen Gebäude der Destillerie zu sehen. Ungefähr in der Stadtmitte geht die Ridge Avenue nach rechts. Sie führt mitten durch den großen Destilleriekomplex.

Cincinnati · mit seinen Sehenswürdigkeiten, Attraktionen und Festivals.

Maker's Mark

Oben · So entsteht die Maker's Mark-eigene Wachskappe. Eine Frau (oder ein Mann) macht ungefähr 20 Verschlüsse je Minute!

Links · Alle Gebäude der Destillerie sind dunkelbraun und haben rote Türen und Fensterläden. Hier eines der Lagerhäuser.

Der Name bedeutet	Herstellersiegel
Aussprache	Mäikers Mark
Whiskyregion	Kentucky, USA
Adresse	Maker's Mark Distillery 3350 Burk Spring Road, Loretto, Kentucky KY 40037 USA
Kontakt	www.makersmark.com Telefon +1 (270)865 20 99
Club	Maker's Mark Ambassador Mitgliedschaft gratis; Anmeldung über die Website der Destillerie
Gründung	1784/1844/1953
Status	In Betrieb
Besitzer	Maker's Mark Distillery Inc. (Beam Inc.)
Stills	2 *beer stills* mit *doubler* (eine Art amerikanische *pot still*)
Kapazität pro Jahr	Wird nicht veröffentlicht

Besucher	Ja ★★★★☆ Besucherzentrum mit Cafe und Shop ♥♥♥
Rating	★★★★(★) ☆☆
Arten	Corn, Barley, Wheat; Bourbon
Hausstil	Unterschiedlich je nach Sorte
	Maker's Mark Red Seal: Ölig, Früchte, Gewürze, Eiche, Vanille, Spur Rauch

Die Destillerie Maker's Mark

Die Gründerin der Destillerie Maker's Mark, die Familie Samuels, schrieb in der Whiskygeschichte der USA ein langes Kapitel.

1780 ließ sich Robert Samuels — er war vorher Offizier in Pennsylvania — als Farmer in Kentucky nieder und fing ungefähr im Jahr 1784 mit dem Brennen von Whisky an. 1844 begann dann einer seiner Enkel namens Taylor William Samuels in Samuels Depot, einem kleinen Dorf in Nelson County, Kentucky, mit der industriellen Whiskyproduktion. Das Geschäft lief gut, und seine Familie führte die Destillerie nach seinem Tod mit großem Erfolg weiter. Doch mach-

Der kleine Ort Loretto in der Nähe der Destillerie Maker's Mark liegt südlich von Bardstown (und dieses wiederum südlich von Louisville).

Von Bardstown (Barton Distillery, Heaven Hill, Kentucky Bourbon Distillery) fährt man auf der Loretto Road (KY49) bis Loretto. Dort muss man an der Kreuzung mitten im Ort die KY52 nehmen und auf dieser bleiben, bis nach gut drei Kilometern links die Don Ryan Road abzweigt; dann diese Straße nehmen und nun den Wegweisern zu Maker's Mark folgen.

te die Prohibition auch den Samuels einen Strich durch die Rechnung, und sie mussten ihre Destillerie, wie viele andere auch, im Jahr 1920 schließen.

Nach dem Ende der Prohibition wagte ein Nachfahre mit dem Namen Leslie Samuels einen Neuanfang: Er baute in Deatsville eine neue Destillerie und fing an Whisky zu produzieren. Nach seinem Tod verkaufte sein Sohn T. Williams 1943 die Destillerie. Sie wurde vom neuen Besitzer schon bald geschlossen. Es stehen von ihr nur noch ein paar Lagerhäuser, die von der heutigen Destillerie Maker's Mark weiter genutzt werden.

Der gleiche T. Williams (Bill) erwarb 10 Jahre später (1953) in Loretto eine heruntergekommene Destillerie mit dem Namen »Star Hill Happy Hollow«. Er benannte sie in »Maker's Mark« um. Dies war auch der Name, den das dort hergestellte Produkt erhalten sollte. Bill Samuels hatte für seinen Whisky ein spezielles Rezept entwickelt: Der Whisky von Maker's Mark besteht zu 71 Prozent aus Mais, 16 Prozent Weizen und 14 Prozent Gerstenmalz. Maker's Mark verzichtet komplett auf den Einsatz von Roggen. Der Name »Maker's Mark« wie auch die Flaschenform und das typische Wachssiegel ist von Bill Samuels Frau Marge geschaffen worden.

Bill Samuels machte aus der alten Destillerie ein richtiges Bijou. Dies nicht nur in Bezug auf die Destillerie – ihre Gebäude wurden im alten Zustand belassen –, auch der Whisky wurde bald zu einem der Besten in den USA. Bill Samuels übergab die Leitung seiner Destillerie im Jahr 1975 an seinen Sohn Bill Samuels jr.

Der erste »Maker's Mark« in der speziellen Flasche mit dem Wachssiegel kam 1958 auf den Markt und verkaufte sich von Anfang an sehr gut. Der ganz große Durchbruch kam aber im Jahr 1980, als das berühmte Wall Street Journal eine Titelstory über die Destillerie brachte. Der »Maker's Mark« wurde über Nacht vom Provinz- zum Modewhisky (Maker's Mark schreibt Whisky ohne »e«). Das große Interesse an den Whiskys und der Destillerie führte dazu, dass im gleichen Jahr ein Besucherzentrum mit Shop eröffnet wurde.

Der durch den Artikel hervorgerufene Erfolg hatte noch einen anderen, von den Samuels nicht unbedingt gewünschten Effekt: Die Firma geriet in einen Übernahmestrudel. Die kanadische Firma Hiram Walker kaufte Maker's Mark im Jahr 1981. Nach der Übernahme Walker's durch Allied Domecq wurde sie Teil dieses Konzerns, bevor sie 2005 von Fortune Brands Inc. übernommen und unter das Management von Beam Global Spirits gestellt wurde. 2011 benannte sich Fortune Brands für den Geschäftsbe-

reich Spirituosen um und nahm den Namen ihrer Topmarke an. Die Firma heißt jetzt Beam Inc.

Bereits vorher musste die Kapazität der Destillerie wegen der großen Nachfrage verdoppelt werden. Dazu wurden im Jahr 2000 neue Gärbottiche und eine neue kupferne *beer still* mit einem ebenfalls kupfernen *doubler* in die dem ursprünglichen Stil der Destillerie wieder angepassten erweiterten Gebäude installiert.

In der wirklich kleinen Destillerie wird das Getreide branchenunüblich nicht gemahlen, sondern zermalmt. Es wird in diesem Zustand ohne Druck gekocht und die so gewonnene zuckerhaltige Flüssigkeit in den 41 Gärbottichen aus Holz vergoren. Auch in dieser Brennerei wird das Prinzip des *sour mashing* angewendet. In zwei kleinen kupfernen *beer stills* mit je einem ebenfalls kupfernen *doubler* (einer Art *pot still*) werden gerade einmal 37 Fässer Whisky (circa 10 000 Liter) pro Tag produziert. Dabei wird sehr sorgfältig gebrannt: In der ersten Destillation wird in der *beer still* ein Destillat von 60 Volumenprozent Alkohol hergestellt. Im zweiten Brennlauf wird in der *pot still* dieser Alkoholgehalt um fünf Prozent auf 65 Prozent erhöht. Die zweite Destillation dient eigentlich nur noch dazu, aus den *low wines* die nicht gewünschten Stoffe auszufiltern. Der neue Brand wird bei Makers Mark – wie in anderen amerikanischen Destillerien auch – *white dog* (weißer Hund) genannt.

Gelagert werden die Whiskys in mehrstöckigen Lagerhäusern in neuen, innen angekohlten Fässern aus weißer Eiche. Maker's Mark praktiziert in den Lagerhäusern die Fassrotation, das heißt, die Fässer werden in den Lagerhäusern in verschiedene Etagen umgelagert, um eine möglichst einheitliche Reifung zu erreichen.

Nach dem Abfüllen des Whiskys in die Flaschen – dies geschieht ebenfalls auf dem Gelände der Destillerie – wer-

den diese einzeln von Hand versiegelt (Maker's Mark heißt übersetzt Herstellersiegel). Die Farbe dieses Siegels wird gleichzeitig zum Qualitätsmerkmal: »red seal« (rotes Siegel) für die Standardabfüllung; »black seal« für die höherwertige und »gold seal« für die Topqualität. Eine Spezialität bildet – neben Sonderabfüllungen – der »Maker's 46«, der länger als die normalen »Maker's Mark«-Abfüllungen im Fass war und mit einem höheren Alkoholgehalt abgefüllt wird.

Ein Besuch bei Maker's Mark ist ein Erlebnis. Die Gebäude, die Anlagen, das Ambiente, die freundlichen Guides, die typisch amerikanischen Sprüche, der Shop. Es empfiehlt sich, einfach hinzugehen und zu genießen.

Oben · Hinter dem hölzernen Gärbottich, in dem gerade die Hefe ihr Werk vollbringt, sieht man an der Wand das Familienemblem der Familie Samuels: S für Samuels, der Stern für den Gründungsort der Destillerie, die Star Hill Farm und die römische IV für die vierte Generation.

Unten · Die beiden *spirit safes* stehen auf den *spirit receivern*; links im Bild eine der beiden *beer stills.*

A. Smith Bowman

Die Destillerie A. Smith Bowman

Die Destillerie A. Smith Bowman in Fredericksburg wurde erst im Jahr 1988 in Betrieb genommen. Sie ist bereits die zweite mit diesem Namen, die erste wurde 1935 in einem damals noch ländlichen und bereits im Bundesstaat Virginia liegenden Gebiet in der Nähe der amerikanischen Hauptstadt Washington errichtet.

Abram Smith Bowman, ein reicher Unternehmer, kaufte sich dort 1927 eine Farm und begann nach dem Ende der Prohibition um das Jahr 1935 zuerst mehr als Hobby zusammen mit seinen Söhnen Smith und DeLong mit der

Unten · Die Einfahrt zur in einem kleinen Park mit Bäumen stehenden Destillerie.

Unten rechts · Die spezielle pot still bei A. Smith Bowman ist seit ein paar Jahren wieder voll in Betrieb. Foto Greg Gilbert

Herstellung von Whisky. Farm und Destillerie trugen den Namen »Sunset Hills Farm«. Das Geschäft entwickelte sich, und schon bald wurde aus der Hobbydestillerie eine industriell produzierende. 1937 kam der erste Whisky mit dem Namen »Virginia Gentleman« auf den Markt.

Als sich die Hauptstadt Washington immer weiter auszudehnen begann und aus dem Landwirtschaftsgebiet immer mehr eine Kleinstadt wurde (Reston, gegründet 1964), verkaufte Bowman das teuer gewordene Land und kaufte sich ein leerstehendes Industriegebäude in Fredericksburg. Die Anlagen seiner Destillerie wurden 1988 nach Fredericksburg verlegt. Die Destillerie in der Nähe von Washington wurde geschlossen und zum großen Teil abgerissen.

Die A. Smith Bowman Distillery war lange Zeit von ehemals vielen Destillerien im Bundesstaat Virginia die letzte noch existierende. Im letzten Jahrzehnt hat der Boom an neu gegründeten Destillerien jedoch auch vor diesem Staat

nicht Halt gemacht. Es wurden ein paar Mikrodestillerien gegründet.

Bei A. Smith Bowman werden hauptsächlich Wodka, Gin und Rum gebrannt. Der einzige Whisky, den die Destillerie zurzeit noch herstellt – wobei das Wort »herstellt« mit Anführungszeichen versehen werden muss – ist der »Virginia Gentleman«. Dieser wurde bis zum Jahr 1987 in der alten Destillerie in einer kupfernen *beer still* und einem ebenfalls kupfernen *doubler* – einer Art *pot still* – gebrannt.

Die *beer still* wurde zwar zusammen mit dem *doubler* nach Fredericksburg verlegt, steht dort aber nur noch als Zierobjekt vor einem großen Bürokomplex. Dies ist auch der Grund für die erwähnte Einschränkung. Die ersten Produktionsschritte für den »Virginia Gentleman« werden nämlich in der Buffalo Trace Distillery in Kentucky gemacht. Dort wird das Getreide gekocht, die *beer* hergestellt und der spätere Whisky zweimal destilliert. Dieser neue Brand – er wird bei Buffalo Trace nach den alten Bowman-Rezepturen hergestellt – wird dann in Tankwagen nach Fredericksburg gebracht. Die *beer* für den »Virginia Gentleman« besteht aus 65 Prozent Mais, 20 Prozent Roggen und 15 Prozent Gerstenmalz.

In der sehr speziellen, kupfernen *pot still* – sie hat eine Art schneckenförmigen Aufsatz und nicht den in Schottland üblichen zwiebelförmigen Schwanenhals – wird der zugekaufte, zweimal destillierte Bourbon ein drittes Mal gebrannt. Durch diesen Prozess und den Kontakt mit viel Kupfer erhält er seinen speziellen Charakter.

A. SMITH BOWMAN
DISTILLERY

Der Name bedeutet	Name der Firma
Aussprache	Smiss Boumän
Whiskyregion	Virginia, USA
Adresse	A. Smith Bowman Distillery 1 Bowman Drive, At Deep Run, Fredericksburg, Virginia VA 22408 USA
Kontakt	www.asmithbowman.com Telefon +1 (540)373 45 55
Club	Kein Club
Gründung	1935/1988
Status	In Betrieb
Besitzer	A. Smith Bowman Inc. (Sazerac Company, Inc.)
Stills	1 *pot still* sehr spezieller Bauart
Kapazität pro Jahr	Wird nicht veröffentlicht
Besucher	Ja ★★★★★ Kleiner Besucherempfangsraum Führungen und Shop ❤♡♡ Ein Visitor Centre ist in Planung; auf der Homepage wird über Neuigkeiten informiert.
Rating	★★★(★)★★★
Arten	Corn, Rye, Barley; Virginia Bourbon
Hausstil	Unterschiedlich je nach Sorte Virginia Gentleman: Leicht, Getreide, süßlich, weich

Fredericksburg · interessante kleine Stadt aus dem 17. Jahrhundert mit einigen Sehenswürdigkeiten.

Nach diesem dritten Destillationsprozess wird der Whisky in die innen angekohlten Fässer aus weißer Eiche für die Lagerung und Reifung gefüllt. Bei Smith Bowman werden die Fässer nicht liegend, sondern auf Paletten stehend gelagert. Die Flaschenabfüllung der großen Marken erfolgt in einem Sazerac-Betrieb in Barton, Maryland.

Einen Hinweis darauf, dass am Prozess der Herstellung nach dem Umzug von Reston nach Fredericksburg etwas verändert wurde, geben die Flaschenetiketten: Bis 1987 wurde der Whisky als »Virginia Whisky« bezeichnet, seit jenem Jahr nennt man ihn »Virginia Bourbon«. Der »Virginia Gentleman« ist in verschiedenen Abfüllungen, auch als Small Batch Bourbon, erhältlich.

Daneben vertreibt man bei Bowman auch noch einen Whisky mit dem Namen »Bowman Bourbon«. Bei ihm handelt es sich um einen echten und komplett bei Buffalo Trace hergestellten Kentucky Straight Bourbon.

Master Distiller Truman Cox, der Nachfolger des pensionierten Joe Dangler (er arbeitete mehr als 32 Jahre in dieser Firma), produziert unter dem Label »A. Smith Bowman Collection« eine Linie von Small Batch Whiskys, die noch unter Joe begonnen wurde. Diese Whiskys werden komplett in Fredericksburg destilliert, gelagert und abgefüllt. Einige Typen aus dieser Linie sind: der »Bowman Brothers«, ein Virginia Straight Bourbon aus ein paar wenigen Fässern (Small Batch). Unter dem Namen »John J. Bowman Pioneer Spirit« wird ein Virginia Straight Bourbon als Einzelfassabfüllung angeboten (Single Barrel). Der »Abraham

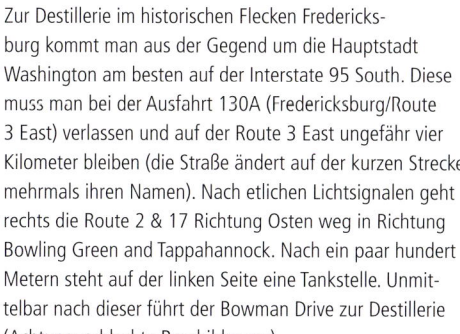

Zur Destillerie im historischen Flecken Fredericksburg kommt man aus der Gegend um die Hauptstadt Washington am besten auf der Interstate 95 South. Diese muss man bei der Ausfahrt 130A (Fredericksburg/Route 3 East) verlassen und auf der Route 3 East ungefähr vier Kilometer bleiben (die Straße ändert auf der kurzen Strecke mehrmals ihren Namen). Nach etlichen Lichtsignalen geht rechts die Route 2 & 17 Richtung Osten weg in Richtung Bowling Green and Tappahannock. Nach ein paar hundert Metern steht auf der linken Seite eine Tankstelle. Unmittelbar nach dieser führt der Bowman Drive zur Destillerie (Achtung: schlechte Beschilderung).

Bowman« ist ein Small Batch Virginia Whisky, der nicht nach den Bourbon-Richtlinien produziert wurde.

Seit dem Jahr 2003 gehört A. Smith Bowman zur Sazerac Company, Inc. mit Sitz in New Orleans.

Die Destillerie empfängt Besucher jeweils an Werktagen für Führungen und Einkäufe im Shop. Es ist geplant, auf Anfang 2013 in einem der Gebäude ein kleines, aber feines *Visitor Centre* zu eröffnen.

Vor dem Verwaltungsgebäude steht die *continuous still,* mit der früher in Reston der Virginia Gentleman gebrannt wurde.

Wild Turkey

Die Destillerie Wild Turkey

612

Im Jahr 1869 gründeten Mitglieder der Familie Ripy, einer Einwandererfamilie aus Irland, in der Nähe von Lawrenceburg (Kentucky) die »Ripy Distillery«. Ihr Standort ist spektakulär: Sie thront über einer Schlucht des Kentucky River. Über diese führt heute noch eine alte, imposante Eisenbahnbrücke zur Destillerie. Sie wird nicht mehr benutzt. Neben dieser Brücke steht nun auch eine modernere Version für den Straßenverkehr.

Die Destillerie der Familie Ripy galt bereits 1880 als größte in Kentucky. Sie hatte jedoch im Laufe der folgenden Jahrzehnte mehrere Besitzer und auch verschiedene Namen. Sie hieß zum Beispiel »J.T.S. Brown«, »D.L. Moore« und »Boulevard Distillery«. Die ganze Zeit arbeiteten aber immer Mitglieder der Familie Ripy in der Destillerie mit.

Wie fast alle Destillerien in den USA war auch die Boulevard Distillery während der Zeit der Prohibition (1919 bis 1933) geschlossen. Bevor wieder mit der Produktion begon-

Zur Destillerie Wild Turkey in der Nähe von Lawrenceburg in Kentucky führen zwei Brücken über eine tiefe Schlucht des Kentucky Rivers – links die uralte Eisenbahn-, rechts die neue Straßenbrücke. Die beeindruckende Eisenkonstruktion der Eisenbahnbrücke – sie heißt »Tyrone« oder »Young's High Bridge« – stammt aus dem Jahr 1889. Sie wird im Gegensatz zur Straßenbrücke nicht mehr benutzt.

nen wurde, unterzog man die Destillerie einer Totalrenovierung und modernisierte einige der Anlagen.

1940 ging ein Angestellter der vor allem im Lebensmittel-, Wein- und Spirituosenhandel tätigen Firma Austin Nichols mit ein paar Freunden auf die jährliche Truthahnjagd und brachte dazu eine Probe eines Whiskys aus den Lagerhäusern mit. Die Jagdgruppe fand großen Gefallen an diesem und bat Thomas McCarthy, so der Name des Jägers, auch im nächsten Jahr wieder von diesem »Wild Turkey Whisky« mitzubringen. Eine Marke war geboren. Ab 1942 wurde in der Boulevard Distillery von den Ripy's der Whisky mit dem Namen »Wild Turkey« im Auftrag der Firma Austin Nichols produziert.

Die Firma Austin Nichols wurde bereits 1855 gegründet und konzentrierte sich ab den 1940er-Jahren immer mehr nur noch auf die Wein- und Spirituosenvermarktung. Es dauerte jedoch bis zum Jahr 1971, dass sich die Firma entschloss, selbst eine Destillerie zu kaufen. Dass die Wahl dabei auf die Boulevard Distillery fiel, die das Paradepferd »Wild Turkey« für sie produzierte, ist relativ leicht nachzuvollziehen. Nach dem Kauf erhielt die Destillerie den Namen ihres Hauptproduktes: »Wild Turkey Distillery«.

Es war noch einer der alten Ripys, der einen jungen Mann, der im Jahr 1954 seine Tätigkeit in der Destillerie aufnahm, in die Geheimnisse der Whiskyherstellung einweihte. Es handelte sich bei diesem um den jungen James »Jimmy« Russell, der bei Wild Turkey später ungefähr die

Stellung einnahm wie sie Elmer T. Lee bei Buffalo Trace bekleidete. Er war *Master Distiller* und ist ebenfalls ein ganz Berühmter seiner Gilde.

1980 kaufte Pernod Ricard die Firma Austin Nichols samt Marke und Destillerie Wild Turkey.

Im Mai 2000 brannte eines der siebenstöckigen Lagerhäuser ab. Die Fässer explodierten oder flogen durch die Luft und platzten beim Auftreffen auf den Boden. Mehrere zehntausend Liter Alkohol flossen den Hügel hinunter in den Kentucky River und hatten ein Fischsterben riesigen Ausmaßes zur Folge: Hunderttausende von Fischen starben auf einer Flusslänge von fast 100 Kilometern.

Im Herbst 2007 gab Pernod Ricard bekannt, dass die Kapazität der Destillerie wegen der ungehindert steigenden Nachfrage verdoppelt werden soll und man auch zusätzliche Lagerhäuser bauen will. Es sollte aber nicht mehr Pernod Ricard sein, die den Ausbau von White Turkey vornehmen sollte. 2009 wurde die Destillerie zusammen mit der Marke von diesem französischen Konzern an den italienischen Getränkemulti Davide Campari Milano S.p.A. verkauft. Unter dieser neuen Besitzerin wurde im Juni 2011 die neue hochmoderne und gestylte Destillerie, mit der die Kapazität mehr als verdoppelt wurde (von 22,5 auf 50 Millionen Liter pro Jahr) zusammen mit einem neuen Lagerhaus mit Platz für 20 000 Fässer in Betrieb genommen. Für

Frankfort · schöne Kleinstadt im Grünen; Hauptstadt des Staates Kentucky.

Tyrone oder Young's High Bridge · beeindruckende Eisenbahnbrücke aus dem Jahr 1889 direkt bei der Destillerie.

Kentucky Bourbon Trail · Die amerikanische Antwort auf den schottischen Malt Whisky Trail führt zu ein paar wichtigen Destillerien in dieser Region. Wild Turkey ist eines der Mitglieder dieser Marketingorganisation.

Der Name bedeutet	Wilder Truthahn
Aussprache	Weild Törky
Whiskyregion	Kentucky, USA
Adresse	Wild Turkey Distillery 1525 Tyrone Road, Lawrenceburg, Kentucky KY 40342 USA
Kontakt	www.wildturkeybourbon.com Telefon +1 (502)839 21 82
Club	Rare Breed Society Mitgliedschaft gratis; Anmeldung über die Website der Destillerie
Gründung	1869
Status	In Betrieb
Besitzer	Austin Nichols Distilling Co. (Davide Campari Milano S.p.A.)
Stills	1 *beer still* mit 1 *doubler*
Kapazität pro Jahr	Nach dem Ausbau 2011: 50 000 000 Liter
Besucher	Ja ★★★☆☆ Besucherzentrum mit Shop ❤❤
Rating	★★★★☆☆
Arten	Corn, Rye, Barley; Bourbon
Hausstil	Unterschiedlich je nach Sorte
	Wild Turkey, 8 Jahre: Vanille, Honig, Nüsse, süß, weich
	Wild Turkey Rye: Ölig, feurig, Gewürze, Nüsse, Roggen

die kommenden Jahre ist auch ein umfangreicher Ausbau des *Visitor Centre* geplant.

In der alten Destillerie wird auch nach Inbetriebnahme der neuen weiter produziert: Die für den »Wild Turkey Bourbon« angelieferten Getreidearten (Mais, Roggen und Gerstenmalz) werden separat in *cookers* aus Edelstahl gekocht und dann im Maischbottich nach den uralten Rezepten gemischt. Die so gewonnene Maische, sie besteht für den Standardtyp aus 75 Prozent Mais, 13 Prozent Roggen und 12 Prozent Gerstenmalz, kommt aus insgesamt 26 Gärbottichen, von denen fünf aus Holz und 21 aus Stahl sind. Durch Zugabe von Hefe aus einem destillerieeigenen Stamm wird in diesen die destillierbare Flüssigkeit (*beer* genannt) vergärt. Für den »Wild Turkey Rye« wird mit einem Verhältnis von 67 Prozent Roggen, 21 Prozent Mais und 12 Prozent Gerstenmalz gearbeitet.

In einer einzelnen *beer still* (sie ist innen verkupfert) mit einem nachgeschalteten *doubler* wird der »Wild Turkey« gebrannt. Sie sind beide ebenfalls komplett aus Kupfer. Die Destillation erfolgt mit einem sehr niedrigen Alkoholgehalt (je nach Sorte zwischen 62 und 65 Prozent).

Die größere Kapazität der neuen Destillerie wird nicht durch die Art der *stills* erreicht. Bei ihnen handelt es sich nämlich um exakte Kopien der alten Anlagen. Die Erweiterung liegt in den moderneren *cookers* und den 23 größeren *fermenters*.

Die verschiedenen Wild Turkey Bourbons werden mit einem Alkoholgehalt von 55 Prozent in innen angekohlten Eichenfässern abgefüllt und in mehrstöckigen Lagerhäusern gelagert. Neben den Bourbons in verschiedenen Alterungsstufen und Stärken gibt es — wie bereits erwähnt

— auch einen Rye-Whisky von Wild Turkey. Das Standardprogramm an Bourbons: »Wild Turkey 8 Year«, »Wild Turkey 12 Year«, »Wild Turkey 81« (40,5 % Alkohol), »Wild Turkey 86,8« (43,4 % Alkohol) und »Wild Turkey 101« (50,5 % Alkohol). Daneben gibt es verschiedene Sonderabfüllungen, so auch eine zu Ehren von Jimmy Russell, »Russell's Reserve«.

Die Destillerie hat ein schönes Besucherzentrum und bietet auch Führungen durch die Produktionsräume und Lagerhäuser an.

In Frankfort (östlich von Louisville) nimmt man, um zur Destillerie zu kommen, am besten die US127 Richtung Süden. Nach gut 15 Kilometern muss man nach links auf die KY62 Richtung Lawrenceburg abzweigen. Im Ort selbst bleibt man auf der KY62 und fährt Richtung Versailles. Ab dem Ortsausgang führen dann Wegweiser zur Destillerie.

Es lohnt sich aber, auf der KY62 zu bleiben, über die eindrucksvolle Brücke über den Kentucky River zu fahren und das einmalige Bild der uralten Eisenbahnbrücke und der Brücke mit der direkt gegenüber liegenden Destillerie zu genießen.

Rechts · Nach der Übernahme durch Davide Campari Milano S.p.A. wurde eine komplette zusätzliche Destillerie gebaut und 2011 in Betrieb genommen.

Unten rechts · Im alten *stillhouse* stehen eine *beer still* (hinten) sowie ein *doubler* zusammen mit ihren *spirit safes*. In der neuen Destillerie stehen exakte Kopien dieser *stills*.

Woodford
Reserve

Frankfort · schöne Kleinstadt im Grünen; Hauptstadt des Staates Kentucky.

Kentucky Bourbon Trail · Die amerikanische Antwort auf den schottischen Malt Whisky Trail führt zu ein paar wichtigen Destillerien in dieser Region. Woodford Reserve ist Mitglied dieser Marketingorganisation.

614

Die Destillerie Woodford Reserve

Woodford Reserve ist nicht nur der Name eines ausgezeichneten Bourbons, sondern auch der Name einer kleinen, aber feinen Destillerie. Sie liegt in Versailles, ganz in der Nähe von Frankfort in Kentucky.

An der Stelle, wo sie heute steht, wurde bereits Ende des 18. Jahrhunderts von Elijah Pepper Whisky hergestellt. Die erste wirklich kommerzielle Destillerie wurde jedoch erst 1812 vom in die Jahre gekommenen Elijah Pepper und seinem Sohn Oscar in Betrieb genommen. Nach dem Tod von Elijah Pepper (1831) engagierte Oscar im Jahr 1833 den schottischen Chemiker und Physiker Dr. James Crow. Ihm wird die Erfindung des *sour mashing* zugeschrieben. 1838 erhielt die Brennerei den Namen »Oscar Pepper Distillery«.

In den 1850er-Jahren wurde die Destillerie Oscar Pepper Teil des Imperiums von Colonel Edmund H. Taylors Glenn's

Oben · Die Destillerie mit ihren drei uralten Kaminen.

Rechts · Immer wieder spektakulär anzusehen: Die vollen Fässer, welche auf Schienen zu den Lagerhäusern gerollt werden.

Creek Distilleries. Dieser besaß neben der von ihm gegründeten Taylor Distillery (später Old Taylor) in der Nähe von Frankfort mehrere Destillerien in Kentucky.

1878 übernahmen Leopold Labrot und James Graham die Destillerie. Ihre zu diesem Zweck gegründete Firma trug den Namen Labrot & Graham. Nachdem sie die Destillerie noch eine Zeit lang unter dem Namen »Old Oscar Pepper« weiterbetrieben hatten, benannten sie sie in »Labrot & Graham Distillery« um.

Diese wurde bis ins Jahr 1941 (mit Ausnahme der Prohibitionszeit) ohne Unterbrechung von diesen Besitzern

beziehungsweise von deren Nachfahren betrieben. 1941 kaufte die Brown-Forman Corporation die in finanzielle Nöte geratene Firma samt Destillerie und betrieb sie weiter als »Labrot & Graham – Old Oscar Pepper Distillery«. 1968 wurde die Destillerie dann doch stillgelegt und 1971 verkauft. Die Gebäude der Destillerie wurden in den folgenden Jahren von Kleinunternehmen für andere Zwecke genutzt.

1994 suchte Brown-Forman nach einer Destillerie mit Vergangenheit und stieß bei der Suche auf die von ihr selbst verkaufte Destillerie Labrot & Graham. Sie kaufte sie zu-

rück und nahm sie 1995 wieder in Betrieb. Diese Wiederinbetriebnahme wurde von Brown-Forman auf eine edle Art vollzogen: Die früher vorhandenen Gärbottiche aus Stahl wurden durch drei Holzbottiche ersetzt. Es wurden neue *stills* angeschafft und auch sonst große Investitionen getätigt. Als einzige Destillerie in den USA arbeitet Labrot & Graham seit der Wiedereröffnung mit drei *pot stills* mit ballförmigen Ausbuchtungen am Halsansatz, die in Schottland hergestellt wurden.

Praktiziert wird eine Dreifachdestillation nach irischem oder schottischem Lowland-Vorbild. Dabei wird die *beer* in der *beer still* ein erstes Mal gebrannt. Die so entstanden *low wines* haben einen Alkoholanteil von 20 Prozent. Diese werden in der zweiten *still,* man nennt sie bei Woodford *high wines still* ein zweites Mal auf 52 Volumenprozent Alkohol gebrannt, bevor in der dritten, der *spirit still* der endgültige Alkoholgehalt von durchschnittlich 79 Prozent erreicht wird.

Bei Labrot & Graham stellt man seit der Wiederinbetriebnahme 1995 wieder Bourbon wie in den alten Zeiten, also in der Art der ersten US-Destillerien, her. Der Standardwhisky wird aus einer Maische mit 72 Prozent Mais, 18 Prozent Roggen und 10 Prozent Gerstenmalz gebrannt. Er kommt mit nur 55 Volumenprozent Alkohol, einem der tiefsten, der in Bourbon-Destillerien zur Anwendung kommt, in die Fässer aus weißer Eiche. Sehr speziell dabei ist, dass für die Standardabfüllungen maximal 24 Fässer zusammengeschüttet und gemischt werden, bevor der Whisky in Flaschen abgefüllt wird. Das bedeutet, dass – wenn in dieser Destillerie nicht sehr gleichmäßig destilliert würde – jeder *batch* einen anderen Geschmack hätte.

Im *stillhouse* wird man stark an Schottland erinnert, die drei *stills* kommen tatsächlich von dort. Mit ihnen wird dreifach destilliert.

Aus der Destillerie kommt seit der Neueröffnung nur noch eine einzige Whiskymarke: »Woodford Reserve«. Der Name stammt vom Woodford County, in dem die Destillerie liegt. Da war es nicht verwunderlich, dass der Name der Destillerie im Jahr 2003 in »Woodford Reserve Distillery« geändert wurde.

Der »Woodford Reserve« wird in verschiedenen Sorten – darunter findet man auch Abfüllungen zu speziellen Anlässen – auf den Markt gebracht.

Das sehr schön gestaltete Besucherzentrum steht am Hang über der Destillerie und ist Ausgangspunkt zur sehr interessanten und professionellen Führung durch die Destillerie.

Die zu den historischen Plätzen von nationaler Bedeutung zählende Destillerie Woodford Reserve erreicht man von Frankfort (östlich von Louisville) aus am einfachsten, wenn man die Stadt auf der KY60 Richtung Süden verlässt. Die Straße heißt zuerst Versailles Road, ändert aber ihren Namen in der Nähe des Städtchens Versailles zu Frankfort Road.

Ungefähr vier bis fünf Kilometer nach der Kreuzung mit der Interstate 64 geht nach rechts die Route 3360 (Grassy Springs Road). Dieser folgt man bis zu ihrem Ende an den wunderschönen Pferdegestüten vorbei. Dort geht der beschilderte Weg zum Besucherzentrum nach rechts.

Der Name bedeutet	Name der Firma
Aussprache	Wuudford Risörf
Whiskyregion	Kentucky, USA
Adresse	Woodford Reserve Distillery 7855 McCracken Pike, Versailles, KY 40383 USA
Kontakt	www.woodfordreserve.com Telefon +1 (859)879 18 12
Club	Kein Club
Gründung	1812
Status	In Betrieb
Besitzer	Brown-Forman Corporation
Stills	3 *pot stills* (1 *beer,* 1 *high wines,* 1 *spirit*)
Kapazität pro Jahr	Wird nicht veröffentlicht
Besucher	Ja ★★★★ Besucherzentrum mit Cafe und Shop ❤❤❤
Rating	★★★★
Arten	Corn, Rye, Barley; Bourbon
Hausstil	Unterschiedlich je nach Sorte
	Woodford Reserve Standard: Starker Vanilleton, Roggen, Eiche, süß, lang

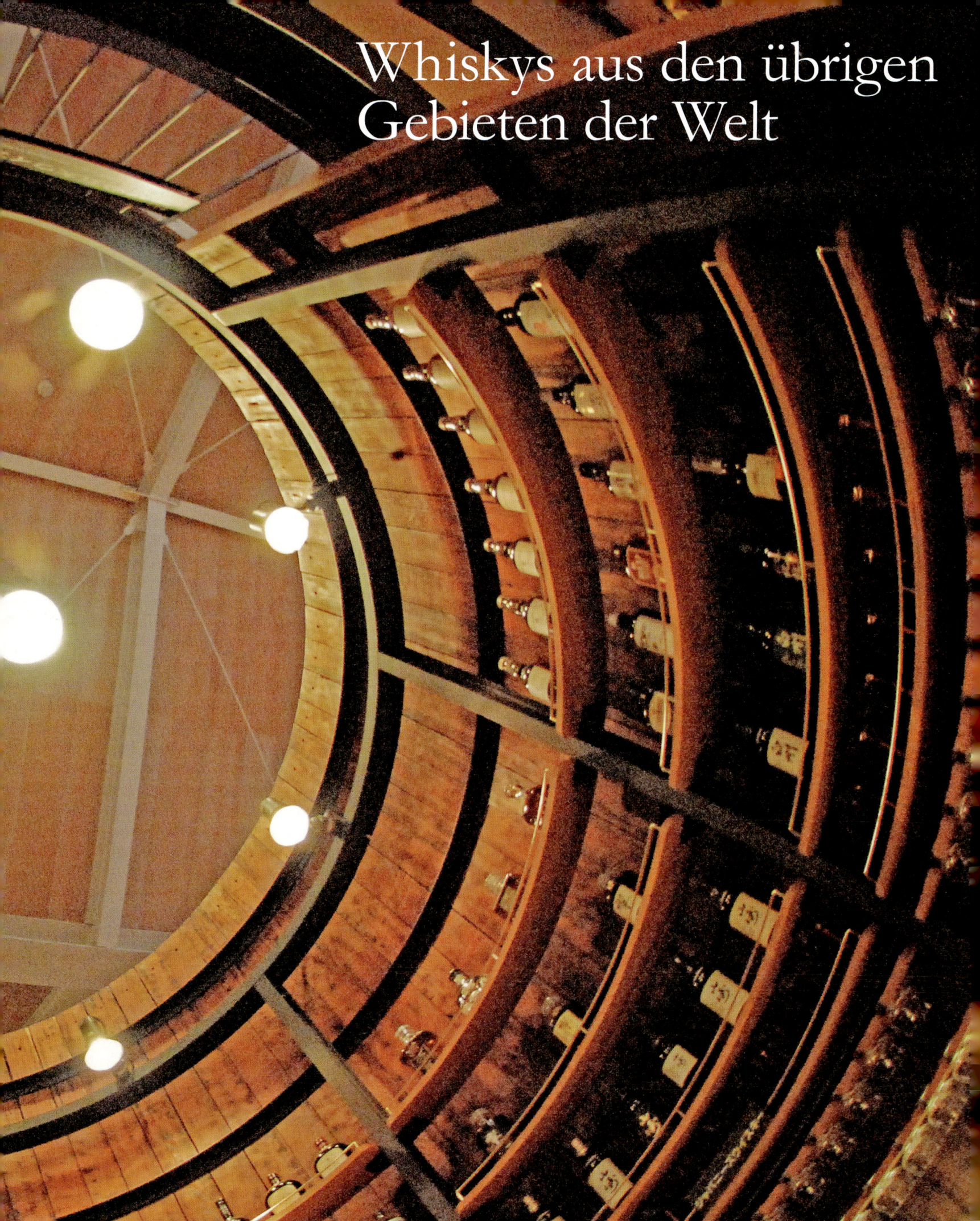

Whiskys aus den übrigen
Gebieten der Welt

Überblick

Nach der Vorstellung der führenden Whiskynationen wird der Kreis jetzt weiter gezogen und die Whiskyherstellung in den verschiedenen Ländern der einzelnen Kontinente beschrieben. Dabei habe ich mich für folgende »Reiseroute« entschieden: Zuerst besuche ich Europa und anschließend die verschiedenen Kontinente in alphabetischer Reihenfolge, und zwar Afrika, Asien, Australien und Neuseeland und Südamerika.

In Afrika wie auch in Asien und Südamerika werden etliche Länder nicht aufgefülrt. Meines Erachtens verdienen die meisten der in diesen Staaten als Whisky angebotenen Destillate diese Bezeichnung nicht. Da heute in fast jedem Gebiet der Welt versucht wird, Whisky herzustellen, würde es auch den Rahmen dieses Buches sprengen, alle Länder einzeln und eingehend vorzustellen. Deshalb beschränke ich mich bei jedem Kontinent auf einige ausgewählte Staaten.

Man kann sagen, dass Whiskys heute auf irgendeine Art und Weise in fast allen Ländern der Erde hergestellt werden. Manchmal mit mehr, manchmal mit weniger Erfolg.

Nicht nur Japan importiert containerweise schottische, irische und amerikanische Whiskys, um den im eigenen Land hergestellten Blends oder Pure Malts das richtige Aroma zu verleihen. Große Mengen, vor allem an schottischen Malt-Whiskys, gelangen zum Beispiel auch nach Indien, Thailand, Spanien, Australien, Neuseeland, um nur einige der wichtigen Abnehmerländer zu nennen. Dort werden ebenfalls Whiskys von mehr oder weniger guter Qualität hergestellt. Die importierten Whiskys sollen die Massenprodukte veredeln, mit denen die Destillerien in den betreffenden Inlandsmärkten hauptsächlich ihr Geld verdienen.

Whiskylieferungen aus Schottland und Irland gehen aber auch in Länder wie Nepal oder Peru. Dort werden Destillate, die ebenfalls den Namen Whisky tragen, aus verschiedensten Getreidearten, zum Teil sogar aus Melassen, hergestellt. Dank der Zugabe von schottischem Lebenswasser haben sie dann aber doch immerhin ein wenig — wenn auch wirklich nur am Rande — mit Whisky zu tun.

Vorherige Doppelseite · Im Besucherzentrum der Destillerie Yamazaki in Japan befindet sich diese »Whisky Library«. In ihr sind die nach Ansicht von Suntory besten Whiskys der ganzen Welt ausgestellt.

Europa

Überblick

620

Das »Wasser des Lebens« wird heute in irgendeiner Form in fast allen Ländern Europas produziert.

Neben dem in Sachen Qualität und Quantität alles in den Schatten stellenden Schottland und dem großen Whiskeyland Irland wird auf den Britischen Inseln darüber hinaus beispielsweise in Cornwall, England, auf der Isle of Man und in Wales Whisky destilliert.

Auf dem europäischen Festland kann man in fast allen Ländern Destillerien finden, in denen Whisky produziert wird. Sehr oft wird dort jedoch Whisky nur als Zusatzprodukt neben den landesspezifischen Destillaten gebrannt. Bei nur wenigen Brennereien handelt es sich um reine Whiskyproduktionsbetriebe, wie man sie aus Schottland oder Irland kennt. Es werden oft nur relativ kleine Mengen Whisky produziert, die in Relation zur Gesamtalkoholproduktion des betreffenden Landes unbedeutend sind.

Bei der folgenden Vorstellung der in Europa Whisky produzierenden Länder beginne ich mit den Ländern im deutschsprachigen Raum, mit Deutschland, Österreich und der Schweiz mit Liechtenstein.

Anschließend reisen wir von Westen nach Osten durch die anderen – in Gruppen zusammengefassten – Whisky produzierenden Länder, um dort die guten Destillerien aufzusuchen.

Vorherige Seite · Der Eiffelturm in Paris erstrahlte während der Dauer der französischen EU-Ratspräsidentschaft vom 1. Juli bis zum 31. Dezember 2008 in den Farben der europäischen Union.

Europa

Deutschland

Bis Ende der 1930er-Jahre war Whisky in Deutschland ein nahezu unbekanntes Destillat. Nur ein paar noble Hotels in Berlin, Bremen und Hamburg, München sowie in anderen großen Städten schenkten damals schon Whiskys aus. Obwohl die Flaschen vor allem aus Schottland importiert wurden, war dies oft nicht zu erkennen, weil sie häufig als Hausmarken der Hotels etikettiert waren. 1939 – also in der Kriegszeit – brannte in Berlin eine Forschungsanstalt mit dem Namen »Institut für Gärungsgewerbe und Biotechnologie« einen nach schottischem Vorbild destillierten, rauchigen Whisky. Den damaligen Gepflogenheiten folgend wurde er aber nicht Whisky genannt, sondern erhielt den Namen »Deutsches Rauchkorn«. Nach Kriegsende wurde im Komplex der gleichen Institution unter dem Namen »Adler Destillerie« eine Brennerei betrieben. Sie produzierte neben anderen Destillaten auch von Zeit zu Zeit Whisky und füllte ihn unter dem Namen »Rauchmalt« ab.

Gegen Ende der 1950er-Jahre begannen einige Destillerien in Deutschland, Whiskys auch in größeren Mengen herzustellen. Eine Firma ragte damals aus allen anderen heraus: die Firma Racke in Bingen. Sie begann 1959, importierten schottischen Malt-Whisky mit selbst gebranntem Getreideschnaps zu verschneiden. Das so entstandene Produkt – es erhielt den Namen »Racke Rauchzart« – war lange Zeit der meistverkaufte Whisky in Deutschland. Er gehört immer noch zu den beliebtesten Whiskys in diesem Land. Doch etwas hat sich geändert: Der »Racke Rauchzart« wird heute komplett in Schottland geblended und abgefüllt. Er ist jetzt also ein echter schottischer Whisky.

Nicht nur in Westdeutschland, sondern auch in der ehemaligen DDR wurden Whiskys hergestellt:

• Aus dem VEB (Volkseigener Betrieb) Bärensiegel in Berlin-Lichtenberg kamen die Whiskys »Goldener Stern«, »HC« (High Country) und »Old Joe Silver«. Woraus sie zusammengesetzt waren, ist nicht mehr bekannt. Es gibt diese Whiskys nicht mehr. Die Brennerei selbst firmierte ab 1990 unter dem Namen »Berliner BärenSiegel GmbH«. Aus der 1994 in drei verschiedene Firmen aufgesplitteten GmbH kommt heute immer noch der »Wurzelpeter«, ein Kräuterlikör, der – wie die Whiskys – schon zu DDR-Zeiten beliebt war. Er konnte sich auf dem Markt behaupten.

• Aus der Brennerei der Familie C. W. Falckenthal in Luckenwalde im Bundesland Brandenburg bei Berlin stammte der Whisky mit dem Namen »Der Falckner«. Die Firma wurde nach dem Zweiten Weltkrieg verstaatlicht und hieß zu DDR-Zeiten »VEB Edelbrände und Spirituosen«.

Nach der Wende kaufte die Familie Falckenthal die Brennerei zurück und brachte mit dem »Oldmaster« und dem »Edelfalcke« zwei weitere Marken in den Verkauf.

Alle Whiskys von Falckenthal waren Blends. Wegen Überschuldung musste die Familie ihren Betrieb 1995 an die Berentzen-Gruppe in Haselünne (Niedersachsen) verkaufen. Diese schloss die Brennerei 1997.

• Die Kornbrennerei Nordhausen (bekannt durch den Doppelkorn) trug während der DDR-Zeit den Namen VEB Nordbrand. Sie produzierte den Blend »Smoky Springs«, den es aber ebenfalls nicht mehr gibt.

Ungefähr Mitte der 1980er-Jahre gab es in mehreren deutschen Brennereien erneute Versuche mit der Herstellung von Whisky. Das Engagement dieser neuen »Pioniere« war jedoch nicht in allen Fällen überzeugend, und dementsprechend fiel auch der Erfolg sehr unterschiedlich aus. Einige kamen nicht über ein paar wenige produzierte Fässer hinaus, andere konnten sich dagegen mit ihren Whiskys durchsetzen und die Produktion über Jahre kontinuierlich betreiben und ausbauen. In den meisten Brennereien werden Whiskys jedoch eher nebenbei hergestellt. Ihr Hauptaugenmerk liegt in der Regel auf den »normal« produzierten, einheimischen Destillaten.

Viele der deutschen Whiskyprodukte werden in modernen Anlagen (meistens Kolonnenbrennereien von den ausgezeichneten deutschen Herstellern) nur einmal gebrannt.

Auf diesen hochtechnologischen und ausgeklügelten Anlagen können derart feine (weiche) und »saubere« Destillate gewonnen werden, dass ein zweiter Brennvorgang meist nicht mehr nötig ist.

Der folgende Überblick über die Destillerien in Deutschland, die Whiskys herstellen, geht etwas detaillierter auf die »etablierten«, das heißt auf die seit Langem existierenden oder sonst Whiskygeschichte schreibenden Betriebe ein und auch auf die Brennereien, die größere Mengen produzieren. Die kleineren oder weniger aktiven Destillerien werden dagegen nur in Stichworten behandelt.

Und etwas ist unbedingt anzumerken: Die folgende Aufstellung erhebt keinerlei Anspruch auf Vollständigkeit, denn laufend entstehen neue Destillerien, oder die etablierten bringen ebenfalls noch einen Whisky auf den Markt.

Die Destillerien werden nach Bundesländern (in alphabetischer Reihenfolge) vorgestellt.

Hamburg mit dem Michel und den Landungsbrücken.

Die Destillerien Deutschlands nach Bundesländern

Baden-Württemberg

Gutsbrennerei Aglishardt, Nellingen,

Aicherstraße 7–9, 89191 Nellingen
(Hans-Gerhard Fink)
Besucher willkommen
Keine Internetpräsenz
Hofbrennerei: Obstbrände, andere Spirituosen, Whisky aus Dinkel und Weizen (»Schwäbischer Highland-Whisky«)

Edelbrandbrennereien Alt Enderle, Rosenberg/Sindolsheim

Bofsheimer Straße 8, 74749 Rosenberg/Sindolsheim
(Alt Enderle V&B GmbH)

Besucher willkommen
www.altenderle.de
Gewerbliche Brennerei: Obstbrände, andere Spirituosen, Single Malt-Whisky (»Neccarus Schwäbischer Whisky«)

Bellerhof-Brennerei, Owen

Berghof 1a, 73277 Owen
(Susanne und Thomas Dannenmann)
Besucher willkommen
www.bellerhof-brennerei.com
Bauernhofbrennerei: Obstbrände, Whiskys aus Gerstenmalz, Roggen und Weizen (»Danne's« Schwäbischer Whisky)

Bosch Edelbrand, Lenningen-Unterlenningen

Kirchheimer-Straße 43, 73252 Lenningen-Unterlenningen
(Andreas Bosch)
Besucher willkommen
www.bosch-edelbrand.de
Bauernhofbrennerei: Obstbrände, Whisky (»Schwäbischer Whisky« aus Alb-Dinkel oder Alb-Weizen)

Blackwood-Keller Schwarzwaldbrennerei, Calw

Im Klösterle 33, 75365 Calw-Holzbronn
(Walter Seeger)
Besucher willkommen
www.krabba-nescht.de/black-wood-keller
Hausbrennerei: Obstbrände, Bierbrand, andere Spirituosen, Weizen-Whisky (»Black-Wood Whisky«)

Kleinbrennerei Fitzke, Herbolzheim-Broggingen

Riedstraße 18, 79336 Herbolzheim-Broggingen
(Walter Fitzke; Familie Fitzke)
Besuche nach Voranmeldung
www.kleinbrennerei-fitzke.de
Hofbrennerei: Obstbrände, verschiedenste Whiskyarten (Single Malts aus Gersten-, Weizen-, Roggen-, Dinkel- oder Hafermalz; Grain-Whiskys aus ungemälzten Getreidesorten), alle als »Schwarzwälder Whisky« abgefüllt

Spirituosen-Manufaktur Brennerei Gruel, Owen

Neuestraße 24, 73277 Owen
(Immanuel Gruel; Familie Gruel)
Besuche nach Voranmeldung
www.manufaktur-gruel.de
Bauernhofbrennerei: Obstbrände, Korn, Single-Grain-Whisky, Single Malt-Whisky (»Tecker«)
Wissenswertes:

Christian Gruel, der Großvater des heutigen Firmeninhabers, kann als einer der Whiskypioniere Deutschlands, bestimmt aber als der des Landes Baden-Württemberg bezeichnet werden. Eigentlich wollte er bereits Ende der 1970er-Jahre Whisky brennen, doch sein Schwiegervater (dieser gründete die Destillerie im Jahr 1926) war dagegen. Nach dessen Tod begann Christian Gruel dann aber, seinen Traum in die Wirklichkeit umzusetzen. 1989 floss aus der Kolonnenbrennerei das erste Mal ein aus Gerstenmalz und Körnern anderer Getreidearten gebranntes Destillat, das nach der

Unten links · Immanuel Gruel (Spirituosenmanufaktur Gruel) arbeitet mit einer Kolonnenbrennerei von Arnold Holstein. In ihr werden nicht nur Whiskys gebrannt.

dreijährigen Lagerung in Eichenfässern zum ersten Schwäbischen Whisky – einem Grain-Whisky – wurde. Seither wird in der – inzwischen weiter ausgebauten – Brennerei neben Obstbränden und anderen Destillaten die Herstellung von Whisky auf laufend höherem Niveau betrieben. Neben Grain-Whiskys (diese werden heute mit 5 Fassjahren in Flaschen abgefüllt) stellt Gruel auch Single Malt-Whiskys her. Sie werden in Ex-Sherry-Fässern gereift und sind ohne Altersangabe im Handel. Die verschiedenen Whiskyarten destilliert die Brennerei in Kolonnenbrennapparaten nur einmal. Vor- und Nachlauf werden ausgeschieden, nur der Mittellauf, das Herz, kommt in die Fässer.

Die Whiskyproduktion macht heute ungefähr ein Fünftel der Produktion in der Spirituosen-Manufaktur Brennerei Gruel aus. Die Brennerei wird seit dem Jahr 2010 in vierter Generation von Immanuel Gruel geführt. Er übernahm das Geschäft im Alter von 23 Jahren. Sein Großvater, er war zum Zeitpunkt der Geschäftsübergabe 74 Jahre alt, geht ihm aber immer noch gerne zur Hand.

Höllberg Brennerei, Oberkirch

Lohstraße 11, 77704 Oberkirch
(Karl Walter; Daniel Walter)
Besucher willkommen
www.hoellberg.de
Gewerbliche Brennerei: Obstbrände, andere Destillate, Grain-Whisky (»Black Forest Single Grain Whisky«)

Brennerei Lamm (Gasthof, Hotel, Restaurant), Tübingen

Jesinger Hauptstraße 55/57, 72070 Tübingen
(Volker Theurer)
Besucher willkommen
www.lamm-tuebingen.de
Hausbrennerei: Obstbrände, andere Spirituosen, Whiskys (»Sankt Johann« – Schwäbischer Single Malt / »Original Ammertal Whisky« – Blend aus Malt- und Grain-Whiskys)

Berghof Rabel, Owen-Teck

Berghof, 73277 Owen-Teck
(Familie Thomas Rabel)
Besucher willkommen
www.berghof-rabel.hoffrisch.de
Bauernhofbrennerei: Obstbrände, andere Destillate, Whiskys aus Gerste, Weizen und Albdinkel (»Schwäbischer Whisky«)

Rieger & Hofmeister Destillerie & Genussmanufaktur, Fellbach

Rommelshauser Straße 9/1, 70734 Fellbach
(Marcus E. Hofmeister)
Besucher willkommen; Achtung: Öffnungszeiten eingeschränkt
www.rieger-hofmeister.de
Bauernhofbrennerei: Obstbrände, andere Destillate, Malt-Whisky (»Rieger & Hofmeister Single Malt«)

Die Whisky produzierenden Destillerien in Deutschland

Brauerei Rothaus, Grafenhausen-Rothaus

Rothaus 1, 79865 Grafenhausen-Rothaus
(Badische Staatsbrauerei Rothaus AG)
Brauereibesichtigungen mit Führungen
www.rothaus.de
Die Brauerei stellt die *wash* für den Brand her und liefert das Wasser für die Reduktion auf Trinkstärke. Sie produziert zusammen mit der Destillerie Kammer-Kirsch in Karlsruhe den »Black Forest Single Malt«.

624

Destillerie Kammer-Kirsch, Karlsruhe

Hardtstraße 37, 76185 Karlsruhe
(Destillerie Kammer-Kirsch GmbH / Gerald Erdrich)
Besuche nach Voranmeldung
www.kammer-kirsch.de
Gewerbliche Brennerei: Obstbrände, andere Spirituosen, Malt-Whisky für die Brauerei Rothaus (»Black Forest Single Malt«)

Obst-Korn Brennerei Zaiser, Köngen

Hussengasse 1, 73257 Köngen
(Familie Zaiser)
Besucher willkommen; Achtung: Öffnungszeiten eingeschränkt
www.obstbrennerei.de
Hofbrennerei: Obstbrände, andere Spirituosen, Grain-Whisky aus Weizen und Gerstenmalz (»Zaiser Schwäbischer Whisky«)

Brennerei Ziegler, Freudenberg

Hauptstraße 26, 97896 Freudenberg
(Gebrüder Josef & Matthäus Ziegler GmbH; Alain Langlois, Torsten Schlenz)
Besucher willkommen
www.brennerei-ziegler.de
Gewerbliche Brennerei: Obstbrände, andere Spirituosen, Single Malt-Whisky (»AUREUM 1865«); der erste AUREUM Single Malt kam im Oktober 2011 auf den Markt.

Bayern

Brennerei Anton Bischof, Wartmannsroth

Hauptstraße 1, 97797 Wartmannsroth
(Anton Bischof)
Besuche nach Voranmeldung
www.brennerei-bischof.de
Bauernhofbrennerei: Obstbrände, Whisky aus Weizen (»Bischof's Rhöner Whisky«)

Whisky-Destillerie »Blaue Maus«, Eggolsheim

Bamberger Str. 2, 91330 Eggolsheim
(Firma Robert Fleischmann / Thomas Fleischmann)
Besucher willkommen
www.fleischmann-whisky.de
Gewerbliche Brennerei: Obstbrände, andere Spirituosen, Malt-Whisky (»Blaue Maus«, »Spinnaker«, »Krottentaler«, »Schwarzer Pirat«, »Grüner Hund«, »Old Fahr«, »Elbe 1«), Grain-Whisky (»Austrasier«)
Wissenswertes:

Die älteste Malt-Whisky-Brennerei Deutschlands steht im fränkischen Eggolsheim im Ortsteil Neuses. Ihr Gründer ist Robert Fleischmann, ein Franke, der als Marinesoldat einige Jahre zur See gefahren ist. Robert Fleischmann übernahm im Jahr 1973 den elterlichen Betrieb, eine Firma, die sich vor allem dem Tabakhandel (Groß- und Fachhandel) und dem Handel mit Lebensmitteln verschrieben hatte. 1980 gliederte er seiner Firma eine Brennerei an, in der er in den ersten Jahren vor allem Korn und Obstbranntweine destillierte. 1982 wurde das Geschäft um einen Anbau und ein Kellerlokal mit »Seemannsanstrich« erweitert. Das Lokal erhielt den Namen »Zur Blauen Maus«.

Anfang 1983 wagte sich Fleischmann dann an das edelste aller Destillate: Whisky. Doch über eine lange Zeit, einige Monate, sogar Jahre, schmerzten die Misserfolge – und dies vor allem auch im Geldbeutel. Nach einigen Enttäuschungen führten die Experimente und Lernprozesse aber doch noch zu den ersten positiven Resultaten. Das Destillat wurde immer besser. Nachdem auch die lange Lagerung das Ihre dazu beigetragen hatte, wurde 1996 der erste Single Malt als Pure Malt mit dem Namen »Piratenwhisky« auf den Markt gebracht. Der große Erfolg stellte sich aber (noch) nicht ein. 1997 brachte Robert Fleischmann den »Piratenwhisky« neu

Unten · Der Geburtsort der »Blauen Maus« im fränkischen Eggolsheim.

Unten rechts · Die neue, moderne Kolonnenbrennerei der Whisky-Destillerie »Blaue Maus«.

unter dem Namen »Glen Mouse« und gleichzeitig einen neuen Malt-Whisky, den »Glen Blue«, heraus. Die Namen erweckten den Unmut der Scotch Whisky Association. Sie wollte der neuen »Konkurrenz« aus Franken die Verwendung der Namen verbieten. Fleischmann folgte dem alten Sprichwort »Der Klügere gibt nach« (eventuell aber auch »Der Ärmere hat keine Chance«) und änderte die Namen auf »Blaue Maus« und »Spinnaker«. Diese beiden Single Cask Malt-Whiskys wurden ab dem Jahr 2000 verkauft.

Seither werden in der kleinen Destillerie weiter Malt-, aber auch Grain-Whiskys destilliert. Seit dem Jahr 2000 führt der Sohn Thomas Fleischmann den Betrieb. Er baute 2006 zusätzlich eine Destillerie nur für die Whiskyherstellung. Diese wird neben der alten Brennerei betrieben. Die Whisky-Destillerie »Blaue Maus« ist aber auch unter seiner Leitung der speziellen Namensgebung für ihre Whiskys treu geblieben. Die neueren heißen zum Beispiel »Krottentaler«, »Schwarzer Pirat«, »Grüner Hund«, »Old Fahr« oder »Elbe 1«.

Brennerei Brasch, Oberaurach

Scheidbergstraße 12, 97514 Oberaurach
(Erna und Roland Brasch)
Besuche nach Voranmeldung
Keine Internetpräsenz
Bauernhofbrennerei: Obstbrände, andere Spirituosen, Whisky (»Whisky aus dem Steigerwald«)

Drexler Destillerie, Arrach

Lamer Straße 94, 93474 Arrach
(Reinhard Drexler)
Besucher willkommen
www.drexlers-baerwurz.de
Mittelgroße Brennerei: Bärwurz, Obstbrände, andere Spirituosen, Malt-Whisky (»Drexler Arrach Single Malt«)

Brennerei Otto Hübner, Stadelhofen,

Steinfeld 69, 96187 Stadelhofen
(Privatbrauerei Otto Hübner)
Besucher willkommen
www.huebner-braeu.de
Hausbrennerei: Obstbrände, Bierbrand, andere Spirituosen,
Whisky (»Fränkischer Whisky«)

Liebl, Bayerwald-Bärwurzerei, Spezialitätenbrennerei, Bad Kötzting

Jahnstraße 11–15, 93444 Bad Kötzting
(Gerhard Liebl Senior und Junior)
Besucher willkommen
www.baerwurzerei-liebl.de
Gewerbliche Bärwurzerei und Brennerei: Bärwurz,
Obstbrände, andere Spirituosen, Malt-Whisky (»Coillmór
Single Malt Whisky«)
Wissenswertes:

Bereits vor dem Zweiten Weltkrieg wurde der Grundstein
zu der Unternehmung, aus der die heutige Brennerei Liebl
hervorging, gelegt. Aus einem Lebensmittelgeschäft wurde
nach dem Krieg eine Wein- und Spirituosenhandelsfirma,

Links • Gehört eigentlich nicht in ein Buch über und um
Whisky, aber ehrlich gesagt: Ich hatte keine Ahnung, was
eine Bärwurz ist. So sieht sie aus. Es handelt sich um eine
Heilpflanze, der verschiedene Wirkungen zugeschrieben
werden. Sie wird etwa 60 Zentimeter hoch und 30 Zentimeter
breit. Aus ihrer Wurzel wird der dieser Destillerie den Namen
gebenden Schnaps gemacht. Foto © C. und K. Kämpfe

Oben • Nicht »nur« Bärwurz, sondern – neben anderen
Spirituosen – auch Malt-Whisky wird in der Bayerwald-
Bärwurzerei Liebl in modernen Kolonnenbrennereien destilliert.
Hier die Verschlussbrennerei.

die sowohl Wein als auch Spirituosen in großen Gebinden
einkaufte und in Flaschen abfüllte. Diese wurden mit
Liebl-Etiketten versehen und als Eigenmarken verkauft.
Im Jahr 1970 entschloss sich der heutige Seniorchef,
Gerhard Liebl, Spirituosen und Destillate in einer eigenen
Brennerei herzustellen. Das Hauptprodukt – und auch
der Namensgeber der kleinen Brennerei, sie nennt sich
Bärwurzerei – war der Bärwurz, ein mit den Aromen aus
der Wurzel der gleichnamigen Heil- und Gewürzpflanze
hergestellter klarer Schnaps. Die Pflanze ist vor allem
im Bayerischen Wald heimisch und im Gegensatz
zum Schnaps weiblich, heißt also *die* Bärwurz. Die
Wurzeln werden in hochprozentigem Alkohol angesetzt
und ein paar Monate gelagert, bis die Aromen aus
ihnen herausgezogen worden sind. Die so entstandene
»Maische« wird anschließend destilliert.

Die Brennerei – sie stellte die verschiedensten Obst-,
Beeren-, Trester-, Bier- und andere Brände her – wurde in
verschiedenen Etappen über die Jahre weiter ausgebaut
und modernisiert. Im Jahr 2006 wurde dann in einer
neuen, hochmodernen Kolonnenbrennerei (sie hat zwei
Brennblasen, eine Rohbrand- und eine Feinbrandblase)
der erste Malt-Whisky gebrannt. Die Idee, einen Whisky
herzustellen, hatte Gerhard Liebl junior, der in der

Zwischenzeit in die Fußstapfen seines Vaters getreten war.

Der Whisky ist ein echter Malt-Whisky, der aus reinem
Gerstenmalz gebrannt wird. Er wird unter dem Namen
»Coillmór Single Malt« verkauft. »Coillmór« ist der
gälische Begriff für »großer Wald«. Der Name wurde
wegen der Lage der Destillerie im großen Bayerischen
Wald gewählt. Es gibt den »Coillmór« in verschiedenen
Fasslagerungsarten (z. B. amerikanische Eiche, Sherry,
Port, Bordeaux).

Weingut Mößlein, Zeilitzheim

Untere Dorfstraße 8, 97509 Zeilitzheim
(Weingut Mößlein GbR; Reiner Mößlein)
Besucher willkommen
www.weingeister.de
Gewerbliche Brennerei: Obstbrände, Grain-Whisky
(»Fränkischer Whisky«)

Weingut Simon, Alzenau-Michelbach,

Dörsthof 4, 63755 Alzenau-Michelbach
(Severin Simon)
Besucher willkommen
www.weingut-simons.de
Hofbrennerei: Obstbrände, andere Spirituosen, Whisky aus
Dinkel und Weizen (»Simon's Old Bavarian Pure Pot Still
Whiskey«)

Slyrs Destillerie, Schliersee/Neuhaus

Bayrischzeller Straße 13, 83727 Schliersee / Ortsteil
Neuhaus
(Andrea und Florian Stetter)
Besucher willkommen; Besucherzentrum
www.slyrs.de
Gewerbliche Brennerei: Malt-Whisky (»Slyrs«), Blended
Whisky (»Raritas Diaboli«).
Die Destillerie gehört dem Besitzer der Destillerie
Lantenhammer in Schliersee, diese hat aber einen
anderen Standort, (Obstbrände, andere Spirituosen und
Spezialitäten), Wissenswertes:

Eine der schönsten Malt-Whisky-Destillerien außerhalb
Schottlands steht im Ortsteil Neuhaus des Marktortes
Schliersee am gleichnamigen See in den bayerischen
Alpen: die Slyrs Destillerie. Allerdings sucht man dort
vergeblich nach den typisch schottischen *stills* mit den
großen Brennkesseln und den Schwanenhälsen. Der Slyrs
(sprich Schliers) Bavarian Single Malt Whisky wird seit
dem Sommer 2007 in einer speziell für die Produktion
von Whisky neu gebauten Brennerei in einer speziellen
Art von *pot stills* destilliert. Die älteren Single Malts
stammen noch aus der Destillerie Lantenhammer, der
Besitzerin von Slyrs, die schon seit Generationen von
Mitgliedern der Familie Stetter geführt wird. Die Idee,
in den bayerischen Alpen einen Single Malt-Whisky zu
produzieren, hatte Florian Stetter, der heutige Chef der
im Jahr 1928 gegründeten Destillerie Lantenhammer.
Seit 1999 wurde bei Lantenhammer in den gleichen
Kolonnenbrennanlagen, in denen Obstbrände und andere
Spirituosen gebrannt werden, auch Whisky destilliert. Im
Sommer 2007 wurde die Herstellung von Whisky dann
in die neue Slyrs-Whisky-Destillerie ausgelagert. In einer

Halle stehen der Maisch- und die Gärbottiche zusammen mit den drei Brennanlagen. Sie bilden in ihrer eleganten Anordnung eine schöne Kombination. In zwei von den Brennanlagen, den *wash stills*, wird das hier »Rohbrand« genannte erste Destillat mit ungefähr 30 Volumenprozent Alkohol gewonnen. Dieses wird dann im dritten Brennkessel, der *spirit still* – sie ist aus steuertechnischen Gründen »eingepackt« – zum endgültigen Produkt mit etwa 70 Prozent Alkoholgehalt gebrannt. Die in den normalen Kolonnenbrennereien bei Lantenhammer produzierten Whiskys schmecken ganz anders als die neuen Single Malts aus der speziell errichteten Malt-Whisky-Destillerie. Gelagert wird der neue Brand in der von Brennmeister Hans Kemenater geleiteten Destillerie in neuen Fässern aus amerikanischer Weißeiche. Dafür wird der neue Brand mit reinem Quellwasser auf 55 Prozent reduziert. Das separate, ebenfalls sehr schön präsentierte Lagerhaus, in dem schon weit über tausend Fässer ruhen, wird gleichzeitig auch als Degustationsraum genutzt. Den »Slyrs Bavarian Single Malt Whisky« gibt es als Standardabfüllung mit 3 Fassjahren. Im Jahr 2015 soll er als 12-Jähriger auf den Markt kommen. Er stammt dann logischerweise noch aus den in der Destillerie

Unten · Sicher eine der schönsten und wahrscheinlich die meistbesuchte und aktivste unter den Whiskydestillerien Deutschlands: Slyrs in Schliersee/Neuhaus. In dieser Brennerei werden ausschließlich Whiskys destilliert.

Rechts · Ein kleiner Teil des beeindruckenden Fasslagers von Slyrs.

Lantenhammer produzierten Beständen.

Für seine Lagerung werden Fässer benutzt, in denen bereits für drei Jahre ein »Slyrs« gereift wurde. Neuerdings werden auch Experimente mit *finishings* in Ex-Sherry-Fässern gemacht.

Steinwälder Hausbrennerei Schraml, Erbendorf

Kaiserberg 16, 92681 Erbendorf
(Alois Schraml)
Besuche nach Voranmeldung
www.brennerei-schraml.de
Hausbrennerei: Obstbrände, andere Destillate, Grain-Whisky (»Stonewood 1818 Bavarian Single Grain

Cornelia Bohn mit ihrer Preußischen Whiskydestillerie ist die einzige Destilleriebesitzerin und Brennerin Deutschlands.

Whisky«)
Berlin

Eschenbräu Hausbrennerei, Berlin

Triftstraße 67, 13353 Berlin
(Martin Eschenbrenner)
Besucher willkommen; Öffnungszeiten eingeschränkt
www.eschenbraeu.de
Hausbrennerei in Brauerei-Gasthof: Obstbrände, Bierbrand, Malt-Whisky (ab 2013 im Verkauf)

Brandenburg

Preußische Whiskydestillerie, Mark Landin

Gutshof 3, 16278 Mark Landin (Uckermark)
(Cornelia Bohn)
Besuche nach Voranmeldung
www.preussischerwhisky.de
Bauernhofbrennerei: Malt-Whisky (ab 2012 im Verkauf)

Spreewälder Feinbrand und Spirituosenfabrik, Schlepzig

Dorfstraße 53/56, 15919 Schlepzig
(Dr. Torsten Römer)
Besucher willkommen
www.spreewaldbrauerei.de
Hausbrennerei: Obstbrände, Getreidebrände, andere Spirituosen, Single Malt-Whisky (»Spreewälder Single Malt Sloupisti«); Whiskyherstellung seit 2004; Single

Hessen

Brennerei Höhler, Aarbergen

Kirchgasse 3, 65326 Aarbergen
(Karl-Holger Höhler)
Besuche nach Vereinbarung
www.brennerei-hoehler.de
Gewerbliche Brennerei: Obstbrände, Bierbrand,
Getreidebrände, junger Whisky (»Whesskey« – Hessischer
Single Malt Whiskey«), Mais-Whiskey (»Whesskey –
Hessischer Mais Whiskey«), Blended Whiskey (»Whesskey
– Hessischer Blended Whiskey«). In der Destillerie
Höhler wurde bereits 2001 Whisky destilliert, die ersten
Flaschen kamen 2004 auf den Markt.
Anschließend wurde viel experimentiert und erst 2007
wieder ernsthaft mit der Whiskyproduktion begonnen.
Höhler bezeichnet seine Destillate tatsächlich als Whiskey
mit dem »e«.

Obsthof am Berg Brennerei, Kriftel

Auf der Hohlmauer 2, 65830 Kriftel
(Henrich GbR, Holger & Ralf Henrich)
Besucher willkommen
www.obsthof-am-berg.de
Bauernhofbrennerei: Obstbrände, Malt-Whisky (ab 2012
im Verkauf)

Schlitzer Destillerie, Schlitz

Im Grund 16, 36110 Schlitz
(Schlitzer Korn- und Edelobstbrennerei GmbH)
Besucher willkommen
www.schlitzer-destillerie.de
Gewerbliche Brennerei: Obst- und Kornbrände, Wheat-
(Weizen-) und Malt-Whiskys (»Glen Slitisa«)

Mecklenburg-Vorpommern

Mönchguter Hofbrennerei »Zur Strandburg«, Middelhagen, Rügen

Alt Reddevitz 36 (Hövt), 18586 Middelhagen
(Familie Kliesow)
Besucher willkommen
www.rügen-whisky.de
Hofbrennerei: Obstbrände, Whisky (»Pommerscher Greif«)

Niedersachsen

Hammerschmiede Spirituosen-Manufaktur, Zorge

Elsbach 11A, 37449 Zorge
(Karl-Theodor und Alexander Buchholz)
Besucher willkommen; Besucherzentrum mit Shop;
Führungen
www.hammerschmiede-spirituosen.de
Gewerbliche Brennerei: Obstbrände, andere Spirituosen,
Malt-Whisky (»Glen Els – Hercynian Single Malt

Whisky«)
Wissenswertes:
Karl Theodor Buchholz, Gründer und Besitzer der
kleinen Spirituosenmanufaktur Hammerschmiede,
begann mit dem Brennen im Jahr 1995 in einer
geschichtsträchtigen ehemaligen Hammerschmiede in
Wieda im Harz. Auf diese Schmiede ist auch der Name
der Destillerie zurückzuführen. Die Schmiede in dem
altehrwürdigen, kleinen Gebäude, das aus dem Ende
des 13. Jahrhunderts stammt, hatte bereits eine lange
Geschichte, als sie 1895 vom Urgroßvater des heutigen
Besitzers gekauft wurde. Seither ist sie im Familienbesitz.
Die verschiedenen Generationen haben sie laufend
renoviert und aus- und umgebaut. Im Jahr 1985
eröffneten Karl Theodor Buchholz und seine Frau in
diesem Gebäude ihre Harzgaststätte Hammerschmiede.
Im gleichen Jahr wurde auch mit den ersten
Destillierversuchen begonnen, und schon bald wurde als
erstes Destillat der Kräuterschnaps »Schmiedefeuer« auf
den Markt gebracht. Es folgten weitere Sorten, darunter
auch Obstbrände und Liköre. Da immer weniger Gäste
in dieses abgelegene Gebiet im südöstlichen Harz an
der Grenze zu Thüringen kamen, bekam die Gaststätte
wirtschaftliche Probleme. Seit 1998 hat sich die Familie
Buchholz deshalb rein auf das Destillieren spezialisiert.
Im Spätherbst 2002 wurde in der kleinen Brennerei das
erste Mal ein Whisky gebrannt, der Ende 2005/Anfang
2006 unter dem Namen »Glan Iarran« auf den Markt
kam. Die folgenden Abfüllungen trugen dann immer
den Namen »Glen Els – Harzer Single Malt Whisky«. Der
Name Glen Els weist auf seine Herkunft, das Elstal hin.

Er wurde vom Markt gut aufgenommen und bestätigte,
dass die Firma auf dem richtigen Weg war. Die Produktion
wurde ausgeweitet, und auch das Fasslager wurde immer
umfangreicher.

Wegen Platzproblemen in der kleinen Hammerschmiede kaufte die Brennerei im nahegelegenen Zorge
das leerstehende alte Kurhaus und zog dort nach dessen
Aus- und Umbau 2005 ein. Der Brennerei angegliedert ist
ein Besucherzentrum mit Shop. Die alte Hammerschmiede
stand jedoch nicht lange leer. Die laufend zunehmende
Produktionsmenge ließ das Fasslager größer und
größer werden. Die alte Hammerschmiede wurde wieder
gebraucht, jetzt dient sie als Lager für den reifenden
Whisky.

2009 schaffte sich die Brennerei, die sich jetzt
Spirituosen-Manufaktur nennt, eine neue moderne *pot
still*-Brennanlage (Kolonnenbrennerei) an. In dieser
werden seither neben Whisky auch andere Spezialitäten,
vor allem Edelobstbrände, gebrannt. Der »Glen Els«
wird zweimal destilliert und in verschiedensten Fässern
(Madeira, Marsala, Malaga, Portwein, Sherry, Rum
usw.) gelagert. In den beiden Fasslagern – in der alten
Schmiede und am neuen Standort in Zorge – reift
Whisky bereits in mehr als 300 Fässern heran. Der »Glen
Els – Hercynian Single Malt Whisky« wird im Alter von
drei bis fünf Jahren als Standard, aber auch in speziellen
Editionen (zum Beispiel »Unique Distillery Edition«)
abgefüllt. Abfüllungen älterer Whiskys sind geplant.

Die Kolonnenbrennerei in der Hammerschmiede in Zorge.
In ihr werden neben Edelobstbränden auch Whiskys
(»Glen Els«) gebrannt.

Nordrhein-Westfalen

Uerige Destillerie, Düsseldorf

Berger Straße 1, 40213 Düsseldorf
(Uerige Obergärige Hausbrauerei GmbH/Michael
Schnitzler; André Meurer)
Besucher willkommen
www.uerige.de
Hausbrennerei: Bierbrand, Single Malt-Whisky (»BAAS«)

Privatbrennerei Sonnenschein, Witten-Heven

Alter Fährweg 7–9, 58456 Witten-Heven
(Privatbrennerei Sonnenschein GmbH)
Besucher willkommen, Shop, Bistro, Seminare
www.sonnenschein-brennerei.de
Gewerbliche Brennerei: Obstbrände, andere Spirituosen,
Single Malt-Whisky (»Sonnenscheiner«)

Rheinland-Pfalz

Distillery Avadis, Wincheringen

Zum Wetterbrunnen 1–3, 54457 Wincheringen
(AV Brennerei GmbH, Andreas Vallendar)
Besucher willkommen
www.avbrennerei.de
Gewerbliche Brennerei: Obstbrände, andere Spirituosen,
Single Malt-Whisky (»Threeland Whisky«)

Birkenhof-Brennerei, Nistertal

Auf dem Birkenhof, 57647 Nistertal
(Birkenhof-Brennerei GmbH / Stefanie und Peter
Klöckner)
Besucher willkommen; Besucherzentrum
www.birkenhof-brennerei.de
Gewerbliche Brennerei: Obst-, Kräuter- und Bierbrände,
andere Spirituosen, Liköre, Rye- (Roggen-)Whisky, Malt-
Whisky (»Fading Hill«)
Wissenswertes:

In der Westerwälder Birkenhof-Brennerei wurde
der erste Whisky im Jahr 2002 gebrannt, und zwar ein
Rye-(Roggen-)Whisky. Als Ausgangsprodukt für den
Brand wurde eine Maische aus 90 Prozent Roggen – ihr
beigemischt war auch ein kleiner Anteil Weizen – und 10
Prozent Gerstenmalz eingesetzt. Das neue Destillat wurde
in ein spanisches Ex-Sherry-Fass gefüllt und fünfeinhalb
Jahre darin gelagert. Dann wurde es als der erste »Fading
Hill German Rye Whisky« in edel geformte Flaschen
abgefüllt und auf den Markt gebracht. Es war sehr schnell
ausverkauft. »Fading Hill« bedeutet »verschwindender
Hügel«.

Die Birkenhof-Brennerei hat diesen Namen für ihre
Whiskylinie gewählt als Huldigung an das Hügelmassiv
mit dem Namen Stöffel in der Nähe der Brennerei.

Am Stöffel wird seit über hundert Jahren – heute aber
nicht mehr so intensiv wie früher – Basalt abgebaut. Das
Hügelmassiv schwand also über die Zeit mehr und mehr
dahin.

Die Birkenhof Brennerei hat eine jahrhundertealte
Tradition. Als sie der Landwirt Heinrich Zeiler im Jahr
1848 gründete, wurde sie als Brennerei auf dem Birkenhof
bezeichnet. Den heutigen Namen Birkenhof-Brennerei
erhielt sie im Jahr 1972. In diesem Jahr wurde das
Brennrecht auf 27 000 Liter Alkohol pro Jahr erweitert. Die
Brennerei ist nach wie vor im Besitz derselben Familie.
Sie wird heute in der siebten Generation von Stefanie
(Steffi) und Peter Klöckner geführt. Auf dem Birkenhof

Oben links · Im schönen Tastingraum der Birkenhof-Brennerei
in Nistertal kann man durch Fenster im Boden in den Fasskeller
sehen.

Oben · Detailansicht der modernen Kolonnenbrennerei in der
Birkenhof-Brennerei.

werden heute über 50 000 Liter Alkohol (Obst-, Kräuter
und Bierbrände, andere Spirituosen, Liköre und Whiskys)
produziert.

2010 kam in der »Fading Hill«-Whisky-Linie der erste
Single Malt als »Fading Hill N° 2« auf den Markt. Der in
je einem Fass aus amerikanischer und schottischer Eiche
gelagerte Whisky war – wie die zwei Jahre zuvor abgefüllte
Nummer 1 – sofort ausverkauft. Anfang Mai 2011 folgte
der zweite Single Malt (ebenfalls in amerikanischer und
französischer Eiche gereift) als »Fading Hill N° 3«.

Im gleichen Monat eröffneten die innovativen Inhaber,
Steffi und Peter Klöckner, in einem neuen zweistöckigen
Gebäude ein »Whisky Warehouse«. Im Erdgeschoss lagern
schon über 70 (verschiedene) Fässer mit diversen Whiskysorten. Im Obergeschoss befinden sich ein Tastingraum
sowie Seminar-/Veranstaltungsräume. Von dieser Etage
aus kann man durch zwei Glaselemente im Boden einen
Blick ins darunterliegende Lagerhaus werfen.

Österreich

Viele der preisgekrönten Edeldestillerien Europas liegen in Österreich. In diesem Land wird die Kunst des Brennens auf höchstem Niveau zelebriert. So ist es nicht verwunderlich, dass der Whiskyboom auch einige der vielen ausgezeichneten Brennmeister Österreichs in seinen Bann zog. Der erste dieser Destillationskünstler, der in der Alpenrepublik einen Whisky produzierte, war Johann Haider aus dem kleinen Ort Roggenreith im Waldviertel (Niederösterreich). Er brannte ihn in seiner Brennerei auf dem Roggenhof – was bei dem Orts- und Hofnamen naheliegend war – aus Roggen. Haider war nicht lange Zeit der einzige Whiskyhersteller in Österreich. Schon bald folgten weitere Brenner seinem Beispiel (Reisetbauer, Malznerhof, Weutz usw.). Inzwischen wird außer in Wien in jedem Bundesland Whisky destilliert.

Die Destillerien Österreichs werden im Folgenden nach Bundesländern alphabetisch vorgestellt. Über die »etablierten«, das heißt seit Längerem existierenden oder Whiskygeschichte schreibenden Betriebe gibt es eingehendere Informationen. Die kleineren oder weniger aktiven Destillerien werden dagegen nur in Stichworten behandelt.

Eines der Wahrzeichen Österreichs: der Stephansdom in Wien.

Die Destillerien Österreichs nach Bundesländern

Burgenland

Spezialitätenbrennerei Lagler, Kukmirn,

Hotel Lagler, Hotelgasse 1, 7543 Kukmirn
(Lagler GmbH)
Besucher willkommen; Hotel, Restaurant, Brennerei, Schnapsmuseum
www.lagler.cc
Gewerbliche Brennerei: Obst-, Frucht- und Kräuterbrände, Liköre, Korn-Whisky, Korn-Malt-Whisky, Blended Whisky (»Pannonia«) und Destillation des Single Malt »Brisky« für Lava Bräu, erste Whiskydestillation 2000

Braugasthof Schmidt, Neustift an der Lafnitz

7423 Neustift an der Lafnitz, 64
(Familie Schmidt, Andreas Schmidt)
Besucher willkommen; Gasthof, Brauerei, Brennerei
www.oldraven.at
Gasthofbrauerei und -brennerei: Single Malt-Whisky (»Old Raven«), nicht rauchig und rauchig; Produktion aufgenommen 2004

Kärnten

Destillerie Wolfram Ortner, Bad Kleinkirchheim

Besucher willkommen; Achtung: eingeschränkte Öffnungszeiten
www.wob.at
Gewerbliche Brennerei: Obst- und Fruchtbrände, Kaffee- und Zigarren-Destillate, Malt-Whisky (»WOB DÖ MALT Vergin«, »Nock-Land-Whisky«). Mischdestillate (zum Beispiel Whisky mit Fruchtdestillaten »WOB Marriage«). Wolfram Ortner hat auch ein Designatelier für die verschiedensten Dinge (Gläser, Zigarrenzubehör usw.)

Niederösterreich

Schnapsbrennerei, Obstgut und Landhaus Böckl, Deutsch-Wagram

Franz-Mair-Straße 5–7, 2232 Deutsch-Wagram
(Böckl Obstgut, Landhaus & Schnapsbrennerei. Ges.n.b.R., Frau Irmgard Böckl)
Besucher willkommen
www.boeckl.at
Gewerbliche Brennerei: Obst- und Fruchtbrände, Liköre, Hafer-Whisky (»Marchfelder Hafer Whisky«), Mais-Whisky (»Marchfelder Bourbon Whisky«)

Waldviertler Roggenhof / Whisky-Erlebniswelt, Roggenreith

3664 Roggenreith,
(Whisky-Erlebniswelt J. Haider GmbH / Johann und Monika Haider)
Besucher willkommen; großes Besucherzentrum, Whisky-Erlebniswelt, Attraktionen, Feuer-Wasser-Garten, Café usw.
www.roggenhof.at
www.whiskyerlebniswelt.at
Gewerbliche Brennerei: hauptsächlich Whiskys: Rye (Roggen), Rye Malt (gemälzter Roggen), Malt-Whisky (gemälzte Gerste), alle unter dem Namen »Waldviertler Whisky J.H.«; daneben auch Frucht- und Obstbrände, Gin, Liköre usw.

Unten · Bereits das dritte Lagerhaus steht in der wohl schönsten und innovativsten Whisky-Begegnungs- und Erlebnis-Anlage auf dem europäischen Festland, dem Waldviertler Roggenhof in Roggenreith (Niederösterreich).

Rechts · Die Kolonnenbrennereien im Roggenhof.

Wissenswertes:

Im niederösterreichischen Waldviertel wird seit vielen Jahrhunderten Roggen für das Backen von Brot angebaut, Milch und Milchprodukte produziert, und es wird auch schon seit langer Zeit Schnaps gebrannt. Auch der Roggenhof hat Getreide (zur Hauptsache Roggen, nomen est omen) angebaut und Milchwirtschaft betrieben, als Johann Haider und seine Frau Monika den elterlichen Betrieb im Jahr 1990 übernahmen.

Der EU-Beitritt Österreichs im Jahr 1995 wirkte sich negativ auf die Ertragslage des Betriebs, vor allem auf die Milchwirtschaft, aus. Für Johann und Monika Haider gab es zwei Möglichkeiten, die wirtschaftlichen Probleme des Roggenhofs zu lösen: Sie konnten entweder einen zweiten Job annehmen oder sich ein neues Standbein schaffen. Sie entschieden sich für letzteres. Und was lag da in dieser Region näher, als der Aufbau einer eigenen Brennerei?

So begann Johann Haider 1995 mehr oder weniger als Autodidakt mit dem Brennen. Dafür verwendete er naheliegenderweise ein Produkt, das es im Waldviertel in Hülle und Fülle gab: Korn. Schon bald floss aus seinem Brennapparat das Rohdestillat für einen Roggen-Whisky. Das war die Geburtsstunde des ersten österreichischen Whiskys.

Drei Jahre später (1997) kam der erste Whisky, der »Waldviertler Roggen-Whisky J.H.« auf den Markt. Er wurde zweimal destilliert. Der große Erfolg führte dazu, dass die Produktionsanlage in den folgenden Jahren laufend ausgebaut werden konnte. Neue Brennanlagen wurden angeschafft, ein Whiskykeller und ein gut bestückter Shop eingerichtet.

In den Jahren 2004 bis 2009 entstand dann das wohl schönste und attraktivste Whisky-Begegnungszentrum auf dem europäischen Festland: die Whisky-Erlebniswelt – eine beeindruckende Anlage mit einer Produktionsstätte mit Schaubrennerei, einem Whiskykino, einem an keltische Überlieferungen angelehnten Feuer-Wasser-Garten, einem Kindergarten mit Druidenspielplatz und einem Café.

Die jährlich über 70 000 Besucher beweisen eindrucksvoll, dass das Familienunternehmen Haider – auch Tochter Jasmin arbeitet heute im Betrieb mit (Bereich

Die Whisky produzierenden Destillerien in Österreich

1 Destillerie Harald Keckeis, Rankweil, Vorarlberg

2 Feindestillerie Christoph Kössler, Landeck, Tirol

3 Brennerei Ebner, Absam, Tirol

4 Achenseer Edelbrennerei Franz Kostenzer, Maurach, Tirol

5 Destillate Siegfried Herzog, Saalfelden, Salzburg

6 Destillerie Wolfram Ortner, Bad Kleinkirchheim, Kärnten

7 Destillerie Weutz, St. Nikolai im Sausal, Steiermark

8 Lava Bräu, Feldbach, Steiermark

9 Spezialitätenbrennerei Lagler, Kukmirn, Burgenland

10 Braugasthof Schmidt, Neustift an der Lafnitz, Burgenland

11 Stoaninger, Mühlviertel Destillation, Lembach/Obermühl, Oberösterreich

12 Malznerhof, Wallern, Oberösterreich

13 Reisetbauer, Axberg, Oberösterreich

14 Destillerie Rogner, Rappottenstein, Niederösterreich

15 Waldviertler Granitdestillerie, Waidhofen/Thaya, Niederösterreich

16 Waldviertler Roggenhof / Whisky-Erlebniswelt, Roggenreith, Niederösterreich

17 Destillerie Weidenauer, Kottes, Niederösterreich

18 Schnapsbrennerei, Obstgut und Landhaus Böckl, Deutsch-Wagram, Niederösterreich

Marketing/Kommunikation) – das Kulturgut Whisky erfolgreich »belebt«.

Whisky wird in einer beeindruckenden Vielfalt angeboten: Es gibt Roggen-Whisky, Roggen-Malz-Whisky (hell und dunkel gemälzt) und darüber hinaus Gersten-Malz-Whisky (Single Malt). Alle Whiskys werden in drei verschiedenen Lagern in Fässern aus der im Waldviertel wachsenden Manhartsberger Sommereiche oder Traubeneiche – sie verleiht dem Whisky eine besonders milde Vanillenote – gereift.

Destillerie Rogner, Rappottenstein
Roiten 13, 3911 Rapottenstein
(Hermann und Elisabeth Rogner)
Besuche nach Voranmeldung
www.destillerie-rogner.at
Gewerbliche Brennerei: Obst- und Getreidebrände, Liköre, Whisky aus verschiedenen Getreidesorten, Rye-(Roggen-)Whisky, Malz-Whisky (»Rogner Whiskey«)

Waldviertler Granitdestillerie, Waidhofen/Thaya
Hollenbach Nr. 117, 3830 Waidhofen/Thaya
(Günther Mayer)
Besuche nach Voranmeldung
www.granitdestillerie.at
Gewerbliche Brennerei: Obst- und Fruchtbrände, andere Destillate, Mais-Roggenmalz-Whisky, Rauch-Gerstenmalz-Whisky, Rauch-Dinkelmalz-Whisky (»Granitdestillerie Whisky«)

Destillerie Weidenauer, Kottes
Leopolds 6, 3623 Kottes
(Familie Weidenauer, Oswald Weidenauer)
Besuche nach Voranmeldung
www.weidenauer.at
Gewerbliche Brennerei: Obst- und Fruchtbrände, Liköre, Hafer-Whisky, Hafermalz-Whisky (»Waldviertler Hafer-Whisky«), Dinkel-Whisky, Dinkelmalz-Whisky (»Waldviertler Dinkel-Whisky«)

Oberösterreich

Malznerhof, Wallern
Mauer 2, 4702 Wallern
(Hochmair Ges.b.R., Familie Hochmair)
Besucher willkommen
www.malznerhof.at
Gewerbliche Brennerei: Obst- und Fruchtbrände, andere Destillate, Liköre, Single Malt-Whisky (»Malznerhof Single Malt Whisky«)

Reisetbauer, Axberg
Zum Kirchdorfergut 1, 4062 Axberg
(Reisetbauer Qualitätsbrand GmbH, Hans Reisetbauer)
Besucher willkommen
www.reisetbauer.at

Gewerbliche Brennerei: Frucht- und Obstbrände, Gin, Malt-Whisky (»Reisetbauer Single Malt«; Produktion seit 1995)

Wissenswertes:

Die Brennerei Reisetbauer steht im kleinen Ort Axberg in Oberösterreich im Hausruckviertel (benannt nach einem Bergrücken). Betrieben wird die Destillerie seit 1994 von Hans und Julia Reisetbauer.

Das markante Landwirtschaftsgebäude Kirchdorfergut ist seit 1956 in Familienbesitz. Lange Jahre war der Obstbau der Schwerpunkt dieses landwirtschaftlichen Betriebes.

Seit der Installation des ersten Brennapparates verwandelte sich das Gut mehr und mehr in eine hochmoderne Destillerie. Das Gut beschäftigt heute mehrere Personen. Aus den verschiedensten Obstplantagen, die Hans Reisetbauer um sein imposantes Kirchdorfergut errichtet hat, erntet er fast 75 Prozent des Obstes, das er zu Edeldestillaten verarbeitet. Bereits im Jahr 1995 pflanzte er auf ein paar Hektar Sommerbraugerste an und destillierte daraus in zweifacher Destillation einen Single Malt.

Er gehörte damit zu den ersten Whiskyproduzenten Österreichs.

Der Name Reisetbauer hat international einen ausgezeichneten Ruf. Für seine vorzüglichen Obst- und Fruchtbrände erhielt er viele Auszeichnungen. Er ist mehrfacher »Meisterbrenner des Jahres« und »Bester Brenner

Hans Reisetbauer – hier vor seinen Kolonnenbrennereien – ist ein begnadeter Brennmeister. Er wurde im Jahr 2012 wieder zum Meisterbrenner Österreichs gewählt.

Österreichs« (2011). Weitere Ehrungen wie beispielsweise »Destillate des Jahres«, Medaillen usw. schmücken den Palmarès des Meisterbrenners.

Was noch fehlt, ist eine Auszeichnung für seinen »Reisetbauer Single Malt«. Der mit 71 Volumenprozent Alkohol in österreichische Ex-Wein-Fässer (Chardonnay und Trockenbeerenauslese) abgefüllte und über Jahre gereifte Whisky ist als Jahrgangsabfüllung (1998 mit 56 Volumenprozent Alkohol) sowie als 7-jähriger (43 %) und 12-jähriger (48 %) Single Malt im Handel. Als der 12-Jährige 2008 auf den Markt kam, war er der erste österreichische Whisky, der so viele Fassjahre aufweisen konnte.

Stoaninger, Mühlviertel Destillation, Lembach/Obermühl
Graben 6, 4132 Lembach/Obermühl (Whisky-Schaubrennerei) und Lichtenau 1, 4264 Grünbach
(Michael und Georg Jachs, Michaela Steininger)
Besucher willkommen
www.stoaninger.at
Gewerbliche Brennerei: Frucht- und Obstbrände, Gin, Roggen-Whisky (»ViaSaumBehmWiski«)

Destillate Siegfried Herzog, Saalfelden

Breitenbergham 5, 5760 Saalfelden
(Siegfried Herzog)
Besucher willkommen; schöne Schaubrennerei und Shop
www.herzogdestillate.at
Gewerbliche Brennerei: Obst- und Fruchtbrände, Liköre,
Gersten-Dinkel-Whisky (»McHagmoar«)

Steiermark

Lava Bräu, Feldbach

Auersbach 130, 8330 Feldbach
(Technikum Extrakt Getränke GmbH)
Besuche nach Voranmeldung
www.lavabraeu.at/briskypage.htm
Brauerei: stellt die *wash* für den Brand des Malt-Whisky
»Single Malt Brisky« her. Gebrannt wird er (seit 2003)
in der Spezialitätenbrennerei Lagler in Kukmirn im
Burgenland (siehe dort).

Destillerie Weutz, St. Nikolai im Sausal

St. Nikolai 6, 8505 St. Nikolai im Sausal
(Destillerie Weutz GmbH, Michael und Brigitte Weutz)
Besucher willkommen; Führungen nach Voranmeldung;
schönes, modernes Besucherzentrum
www.weutz.at
Gewerbliche Brennerei: hauptsächlich Whiskys: Single
Malt (»Black Peat«, »Hot Stone«, »St. Nikolaus«,
»White Smoke«), Bourbon Style Whisky (»Sugar Corn«),
Dinkel-Whisky (»Origin Spelt«), Spezielle Whiskyarten
und -erzeugnisse; daneben auch Wodka, Absinth usw.
Whisky wird seit 2003 gebrannt. Die *mash* stammt aus der
Flamberger Hausbrauerei (Dipl. Ing. Dr. Michael Löscher).

Unten · Die Brennanlagen im neuen Brennhaus der Destillerie
Weutz.

Wissenswertes:

Michael Weutz tüftelt mit Ausdauer und Herzblut.
Im Jahr 1990 entdeckte er ein neues Hobby. Im Keller
eines Wochenendhauses in St. Nikolai im Sausal im
südsteirischen Weinland begann er mit dem Brennen.
Seine ersten Destillationsversuche machte er überwiegend
mit Früchten. Da er aus seinen Fehlern, die wohl keinem
Neueinsteiger erspart bleiben, schnell lernte, erreichten
seine Produkte nach relativ kurzer Zeit einen hohen
Qualitätsstandard. Zu Beginn fanden sie ihre Abnehmer
hauptsächlich im Kreise von Freunden und Bekannten.

Die Produkte – es gab die Destillate aus der kleinen
Brennerei in immer mehr Sorten – stießen bald auf immer breiteres Interesse, und der Absatz stieg. Schon wurde
die Destillerie nicht mehr als Hobby, sondern in Vollzeit
betrieben. Michael und Brigitte Weutz bauten die Destillerie aus. Im Wochenendhaus, wo alles begann – einem
über 100-jährigen Winzerhaus mit integrierter Weinpresse
– sind heute eine Lounge für Degustationen, der Keller für
die Fasslagerung und der Shop eingerichtet.

Die Brennerei befindet sich hinter dem alten Gebäude.
In einem neuen, einen architektonischen Quantensprung
bildenden Glaskomplex steht die hochmoderne Brennanlage.

Dass hier heute Whisky produziert wird, ist – wie sehr
oft bei Innovationen – einem glücklichen Zufall zu
verdanken. Ganz in der Nähe der Destillerie betreibt ein
anderer Michael, nämlich Michael Löscher (Dipl. Ing. Dr.)
seine kleine Hausbrauerei Flamberger.

In der Brauerei Flamberger wird ebenfalls viel experimentiert und an der Kreation neuer, spezieller Biersorten
gearbeitet. Michael Weutz und Michael Löscher kamen
schnell überein, gemeinsam einen steirischen Whisky zu
produzieren.

Der »Hot Stone Single Malt« verdankt seinen Namen
unter anderem der alten Technik des Trocknens (Darrens)
von Gerstenmalz auf heißen Steinen. Der mit dieser
Produktionsart seit 2004 von Michael Löscher hergestellten und anschließend bei Weutz destillierten *wash* werden
für die Produktion dieses Whiskys zusätzlich glühende
Basaltsteine beigegeben. Sie sorgen für eine Art Karamelli-

sierung des Zuckers in dieser für das Brennen bestimmten
Flüssigkeit.

Eine andere interessante Kreation basiert auf einer
typisch steirischen Spezialität: dem Kürbiskern. Michael
Löscher entwickelte aus diesem Produkt ein Bier, das
Kürbiskernbier. Dieses inspirierte die beiden Spezialisten
dazu, einen »Special Malt« mit dem Namen »Green
Panther« auf den Markt zu bringen. Ausgangsprodukt ist
eine vergorene Maische aus Gerstenmalz und ungefähr
zehn Prozent gerösteten Kürbiskernen.

Was ist in Zukunft wohl noch alles aus dieser Brennerei
zu erwarten?

Tirol

Achenseer Edelbrennerei Franz Kostenzer, Maurach

6212 Maurach, Nr. 220
(Franz Kostenzer)
Besucher willkommen; Führungen nach Voranmeldung
www.schnaps-achensee.at
Gewerbliche Brennerei: Obst- und Fruchtbrände, andere
Destillate, Liköre, Rye/Malt-Whisky,
Grain-Whisky (Hafer), Single Rye-Whisky (»Whisky
Alpin«)

Brennerei Ebner, Absam

Karl-Zanger-Straße 17, 6067 Absam
(Arno Pauli)
Besucher willkommen; Gasthof mit Brennerei; Führungen
nach Voranmeldung
www.brennereiebner.at
Gewerbliche Brennerei: Obstbrände, Liköre, Gersten-
Whisky (»Absamer Whisky«, »Abs Whisk«)

Feindestillerie Christoph Kössler, Landeck

Stanz 57, 6500 Landeck
(Christoph Kössler)
Besuche nach Voranmeldung
www.edelbraendetirol.at
Gewerbliche Brennerei: Obst- und Fruchtbrände,
Fruchtliköre, Whisky »Kössler-Whisky«, erstmals gebrannt
2003

Vorarlberg

Destillerie Harald Keckeis, Rankweil

Torkelgässele 3, 6830 Rankweil
(Harald Keckeis)
Besuche nach Voranmeldung
www.destillerie-keckeis.at
Gewerbliche Brennerei: Obst- und Bierbrände, Bier aus
Whisky-Malz, Malt-Whisky »Keckeis Single Malt«

Schweiz und Liechtenstein

634

Auch in der Schweiz, im Herzen Europas, haben Whiskys – vor allem solche aus Schottland, Irland und Japan – einen festen Platz. Ebenso wie in anderen Ländern ist im Land der Eidgenossen (meinem Heimatland) zu beobachten, dass der Anteil der Whiskygenießer, die Single Malts oder andere Unblended Whiskys bevorzugen, stetig ansteigt. Bis vor wenigen Jahren hat die Schweiz, genau wie die anderen Staaten auf dem europäischen Festland, den Bedarf an Whisky ausschließlich durch Importe gedeckt. Am 1. Juli 1999 trat in der Schweiz das 1997 revidierte Alkoholgesetz inkraft, in dem – neben anderen darin enthaltenen Paragrafen – grundsätzlich erlaubt wurde, dass Grundnahrungsmittel – und dazu gehören neben Kartoffeln und Gemüse auch alle Getreidearten – gebrannt werden dürfen. Bis zu diesem Zeitpunkt galt seit der Einführung des ersten Alkoholgesetzes der Schweiz im Jahr 1887 eine sehr restriktive Konzessionspolitik, die das Brennen von Grundnahrungsmitteln zwar nicht verbot, jedoch sehr schwierig machte, da so gut wie keine Konzessionen erteilt wurden. Diese Politik wurde während des Ersten Weltkriegs, während dem Nahrungsmittel in der Schweiz sehr knapp wurden, noch extremer gehandhabt.

Bis zum Jahr 1999 wurde von schweizerischen Brennern so gut wie nie um eine Konzession für das Brennen von Getreide gebeten. Dies im Gegensatz zu Gesuchen für das Brennen von Kartoffeln. Als 1999 das neue, liberalere Gesetz inkrafttrat, begannen sofort in verschiedenen Regionen der Schweiz Brennereien auch mit der Herstellung von Whisky. Endlich konnten sich die Destillierspezialisten, die schon lange den Wunsch hatten, einen Whisky aus eigener Produktion anbieten zu können, diesen Traum erfüllen. Die Eidgenössische Alkoholverwaltung stand bei den Experimenten mit dem Brennen von Getreide einigen Betrieben sogar beratend zur Seite.

Der erste Whiskybrenner in der Schweiz war Ernst Bader. In seiner Brennerei Holle (heute heißt sie Hollen) in Lauwil (Kanton Basel-Landschaft) brannte er 1999 als Erster einen Whisky. Im Jahr 2002 brachte er den »Holle Single Malt« auf den Markt.

Noch schneller – zumindest auf dem Markt – war Edi Bieri aus Baar im Kanton Zug. Er brannte ein Getreidedestillat, für das die *wash* aus der Bierbrauerei Cham stammte. Da er es aber nicht Whisky nennen durfte, weil es noch keine drei Jahre Fasslagerung hinter sich hatte, nannte er das Destillat »Swissky«. An der Herstellung von »Swissky« beteiligt waren auch die Gebrüder Z'graggen (Schaubrennerei Lauerz). Heute existiert das Destilleriezentrum Bauernhof von Edi Bieri in Baar nicht mehr. Die Restbestände des »Swissky« wurden im Jahr 2009 an die Destillerie Etter, Zug, verkauft.

Weitere Destillerien oder Brennereien folgten dem Beispiel dieser Vorreiter. Es gibt bereits mehr als 30(!) »Whisky-Brenner« in der Schweiz – eine imposante Zahl, wenn man bedenkt, wie klein das Land ist. Die Betriebe produzieren mehr oder weniger regelmäßig in irgendeiner Form Whisky. Es gibt – auch hier besteht eine Parallele zu Deutschland und Österreich – Brennereien, die sich wirklich intensiv mit diesem Destillat befassen und solche, die von Zeit zu Zeit »auch« Whisky brennen.

Der Überblick über die schweizerischen Destillerien, die Whiskys herstellen, befasst sich etwas eingehender mit den Betrieben, die entweder Pionierleistungen erbracht oder sich in spezieller Art und Weise mit diesem Edeldestillat beschäftigt haben.

Zumindest erwähnenswert, wenn auch »außer Konkurrenz« ist ein Destillat mit dem Namen »Alpwhisk«. Das fehlende »y« weist auf eine Besonderheit hin: Der »Alpwhisk« ist nämlich kein Whisky, sondern ein Blend aus verschiedenen fassgereiften Kastanienbränden und trägt deshalb die Zusatzinformation »Swiss Single Chestnut«. Grundmaterial sind rauchgetrocknete Esskastanien aus dem Bergell. Gereift wurde das Destillat über mehrere Jahre in Eichen- und Kastanienholzfässern. Der »Alpwhisk« ist eine Idee von Stefan Keller (Rapperswil) und René Zimmermann (Zürich). Gebrannt wird er in der Brennerei Humbel im aargauischen Stetten.

Auch Liechtenstein, das kleine Fürstentum zwischen Österreich und der Schweiz, steht in Sachen Whiskyproduktion nicht hinten an. Die einzige konzessionierte Brennerei im »Ländle« – Telser – hat sich in den letzten Jahren ebenfalls mit Whisky befasst und die ersten Abfüllungen auf den Markt gebracht.

Die Kapellbrücke und Jesuitenkirche in Luzern an einem kühlen Dezembermorgen. Foto © Dr. Annemarie Vetter

Die Destillerien in der Schweiz nach Kantonen und die Destillerie im Fürstentum Liechtenstein

In der folgenden Auflistung werden die Destillerien, die »richtigen« Whisky brennen, nach Kantonen alphabetisch vorgestellt.

Am Ende der Liste ist die Brennerei Telser aus dem Fürstentum aufgeführt, was keineswegs eine Klassifizierung ist. Es hat sich einfach eingebürgert, dass die Schweiz und Liechtenstein (beides Länder ohne Euro, aber beide mit Schweizer Franken) gemeinsam dargestellt werden.

Aargau

Humbel Spezialitätenbrennerei, Stetten

Baumgartenstraße 12, 5608 Stetten
(Humbel Spezialitätenbrennerei AG, Lorenz Humbel)
Besucher willkommen; Achtung: eingeschränkte Öffnungszeiten
www.humbel.ch
Gewerbliche Brennerei: Obst- und Fruchtbrände, Malt-Whisky (»Our Beer Single Malt Whisky«); Spezialität aus Kastanien (»Swiss Single Chestnut«); Whiskyherstellung seit 2004

Unten • Die Brennerei Käsers Schloss im Fricktal (Kanton Aargau) macht ihrem Namen »Whisky Castle« alle Ehre.

Unten rechts • Ruedi Käser mit einem Whiskyfass vor seinem »Castle«.

Käsers Schloss / Whisky Castle, Elfingen,

Schloss 17 c, 5077 Elfingen
(Käsers Schloss AG, Ruedi und Franziska Käser)
Besuche nach Voranmeldung; Führungen, Whiskyanlässe, Schnapstheater
www.whisky-castle.com
Gewerbliche Brennerei: Obst- und Fruchtbrände, andere Destillate (es gibt fast nichts, aus dem Ruedi Käser nichts brennen kann), Liköre, Whiskys aus den verschiedensten Getreidearten wie Gerste, Roggen, Dinkel, Mais, Hafer usw. (»Whisky Castle Single Malt«)
Wissenswertes:

Der Bauernhof im kleinen Dorf Elfingen im aargauischen Fricktal ist seit über 200 Jahren im Familienbesitz. Ruedi und Franziska Käser übernahmen den Hof 1992 und produzierten dort neben anderen Erzeugnissen auch Obst. Im Jahr 1994 ließ Ruedi Käser einen Teil seines Obstes auswärts brennen. Als er im darauffolgenden Jahr einem befreundeten Fachmann diesen Brand kredenzte, bezeichnete dieser ihn als untrinkbar.

Das war der Auslöser dafür, dass Ruedi Käser zum Schnapsbrenner wurde – und zu einem guten noch dazu. Er tüftelte und experimentierte und begann selbst zu brennen. Nichts war vor seiner Brennblase sicher. Das zeigen ein paar Beispiele der von ihm zu Schnaps verarbeiteten Rohmaterialien: Knoblauch, Mohn, Geranien, Zimt, Thymian und Schokolade. So war es auch nicht überraschend, dass er – nachdem das revidierte Alkoholgesetz von 1997 über das Brennen von Grundnahrungsmitteln am 1. Juli 1999 inkrafttrat – zu den ersten in der Schweiz gehörte, die mit dem Brennen von Whisky begannen.

Dieses Destillat faszinierte ihn.

2006 bauten er und seine Frau Franziska einen wahren Whiskytempel, dem sie den Namen »Whisky Castle« gaben – ihr Hof steht an der Schlossstraße. Das »Whisky Castle« ist ein schöner Bau mit zwei Geschossen. Im Erdgeschoss befinden sich die Brennerei mit allen Einrichtungen, das verglaste Lagerhaus und Räume für Events. Das Obergeschoss besteht aus einer rundherum laufenden Galerie. Dort sind eine Bar und der Shop eingerichtet.

Pro Jahr werden maximal 10 000 Liter *new make* aus den verschiedensten Getreidearten – wie kann es beim Tüftler Käser anders sein – destilliert. Die Lagerung erfolgt in den verschiedensten Fassarten (von neuer Eiche über Weinfässer usw. bis zu Kastanie). Die Whiskys kommen unter dem Namen »Whisky Castle« auf den Markt.

Dass Ruedi Käser ein begnadeter Brenner ist, bestätigen die ihm verliehenen Auszeichnungen. Er wurde auch schon zum besten Brenner Europas gekürt. Darüber hinaus haben sein Marketingtalent und die Tatsache, dass es ihm keineswegs an Selbstbewusstsein mangelt, zu seinem Erfolg beigetragen. Er hat die Whiskys aus der »exklusivsten Whiskybrennerei der Welt« (Zitat Käser) sehr gut und werbewirksam platzieren können (zum Beispiel in Tophotels und auf internationalen Kreuzfahrtschiffen). Zudem exportiert er sie in verschiedene Länder (sogar nach China). Unter solchen Voraussetzungen sollte der Fortsetzung der Erfolgsstory eigentlich nichts im Wege stehen.

Bauernhofbrennerei Lüthy, Muhen

Suhrgasse 27, 5037 Muhen
(Familie Urs Lüthy)
Besucher willkommen; Hofladen; Achtung: eingeschränkte Öffnungszeiten; Whiskyanlässe, Führungen, Seminare, Kurse
www.swiss-single-malt.ch
Gewerbliche Brennerei: Obst-, Frucht- und Kräuterbrände, Absinth, Malt-Whisky (»Single Malt Original«, »Single Malt Pure Swiss«; Whiskyherstellung seit 2005; Urs Lüthy brennt auch für die Mühle Seengen (Thomas und Marianne Häusermann) den »Seetaler Ur-Dinkel Spelt Whisky«, der im Jahr 2006 das erste Mal destilliert wurde.
Wissenswertes:

Die Bauernhofbrennerei Lüthy im aargauischen Muhen in der Nähe der Kantonshauptstadt Aarau entstand 1997 im Zuge einer Umstrukturierung des klassischen Landwirtschaftsbetriebes (Ackerbau/Milchwirtschaft) zur Lohnbrennerei mit Obstbau und Ackerbau. Die Entscheidung »Weg von der Milchwirtschaft – hin zur »Schnapswirtschaft« wurde von der ganzen Familie gemeinsam getroffen. 1998 erhielt die Bauernhofbrennerei zusätzlich zur Konzession als Lohnbrennerei auch die Gewerbe- bzw. Spezialitätenkonzession, das heißt, sie durfte ab dann auch eigene Destillate für den Verkauf herstellen.

Urs Lüthy übernahm den Hof und die Brennerei in den folgenden Jahren von seinen Eltern, die sich eigentlich zur Ruhe setzen wollten, aber auch heute immer noch zeitweise aktiv mithelfen. Zur Zeit des Inkrafttretens des neuen Alkoholgesetzes (1999) hatte er kein großes Interesse daran, Getreide zu brennen.

Er kannte Whisky nur von Whisky-Cola her, und das war auch nicht unbedingt sein Ding. Zudem wollte er nicht die herkömmliche Obstbrennerei (sie besteht aus Kolonnenbrennereien) für das Brennen von Getreide einsetzen.

Ungefähr im Jahr 2001 genoss Urs Lüthy das erste Mal einen schottischen Single Malt und war begeistert über dessen Geschmacksfülle. Seine erste Flasche Whisky war ein Glen Ord Single Malt, die – nicht mehr volle – Flasche besitzt er immer noch.

Anfang Juli 2012 wurde die fahrbare Destillerie der Bauernhofbrennerei Lüthy in Muhen, Kanton Aargau, mit einem Helikopter auf den Titlis, einen Berg in der Zentralschweiz geflogen. Urs Lüthy produzierte dort auf der Höhe von 3020 Metern über Meer ein paar hundert Liter Malt-Whisky. Das Ganze war ein Auftrag der Organisatoren des »Whiskyschiffs Luzern«, einer der beiden großen Whiskymessen in der Schweiz. Ziel war ein Eintrag als Weltrekord im Guinness Buch der Rekorde.

2005 hörte Urs Lüthy per Zufall von der Aufgabe der Brenntätigkeit einer Brennerei-Genossenschaft. Er kaufte die fahrbare Brennerei, mit der der Brennmeister der Genossenschaft bis Ende des 20. Jahrhunderts von Bauernhof zu Bauernhof fuhr und zusammen mit den Bauersleuten Obst usw. brannte. Diese nicht mehr sehr einsatzbereite Destillerie ließ Urs Lüthy auf eine spezielle Art umbauen. Die beiden alten Brennapparate wurden durch zwei kleine *pot stills* ersetzt. Mit dieser fahrbaren Brennerei – sie wird nur für das Brennen von Whisky eingesetzt – begann das Whiskyzeitalter der kleinen Bauernhofbrennerei.

Der erste Whisky wurde auf einer kleinen Insel in der Aare bei Aarau in der holzbefeuerten, fahrbaren *pot still*-Brennerei destilliert. Die Aktion hatte eine schöne Medienpräsenz. Die Folge war, dass der Großteil des »Insel-Whiskys« bereits in den ersten Tagen nach dem »Inselauftritt« in Subskription verkauft war. Seither folgten laufend weitere »Destillationsauftritte«, bei denen Single Malts mit den Namen »Wyna«, »Lenzburg«, »Whiskyschiff Zürich«, »Whiskyschiff Luzern« usw. entstanden. Er brennt auch Whiskys im direkten Kundenauftrag, so zum Beispiel am Eidgenössischen Schützenfest 2010.

Im gleichen Jahr wurde Urs Lüthy Sieger des Aargauer Landwirtschaftlichen Innovations- und Förderpreises für die Produktion und Veredelung des ersten 100 Prozent Schweizer Whiskys.

2012 brachte er ein eigenes Bier, aus eigener Braugerste, auf dem eigenen Hof gemälzt, und mit Schweizer Hopfen,

Wasser und Hefe hergestellt, auf den Markt. So wie ich Urs Lüthy kennenlernen durfte, ist das noch nicht das Ende der Geschichte ...

Appenzell

Destillerie Brauerei Locher, Appenzell,

Industriestraße 12, 9050 Appenzell
(Brauerei Locher AG)
Besucher willkommen; sehr schönes Besucherzentrum »Brauquöll Appenzell« mit ausführlichen Informationen zu Bier und zum »Säntis Malt«; keine Betriebsbesichtigungen
www.saentismalt.ch
Gewerbliche Brauerei und Destillerie: Biere, Malt-Whisky (»Säntis Malt Swiss Highlander / Appenzeller Single Malt« in drei Editionen: »Edition Säntis«, »Edition Dreifaltigkeit«, »Edition Sigel«)
Wissenswertes:

Die Brauerei Locher stellte in der Produktionsstätte des Appenzeller Biers bereits im Jahr 1998 eine *wash* aus vergorenem Gerstenmalz her und ließ sie extern zu einem »Baby Whisky« brennen. Damit wäre sie genau genommen das erste Schweizer Unternehmen, das sich am Whisky versuchte. Der *new make* (nur etwa 50 Liter) musste aber unter Verschluss gehalten werden und durfte erst nach Inkrafttreten des neuen Gesetzes (1. Juli 1999) weiter gehegt und gepflegt werden. Im Jahr 2002 schaffte man eine eigene Kolonnenbrennerei an und installierte sie in den Gebäuden der Brauerei. Seither werden im Haus verschiedene Whiskys produziert. Da gibt es einmal die Standardabfüllung, den »Säntis Malt – Edition Säntis« und den in speziell kleinen Ex-Bier-Fässern gelagerten »Säntis Malt – Edition Sigel«. Der dritte Typ »Säntis Malt – Edition Dreifaltigkeit« – eine leicht torfige Version – wurde von Jim Murray als »European Whisky of the Year

2010« ausgezeichnet. Daneben gibt es den Säntis Malt auch in Single Cask-Abfüllungen.

Die Brauerei Locher lagert ihre Whiskys nicht nur in alten Bierfässern, sondern experimentiert zusätzlich mit den verschiedensten Holzarten von der amerikanischen Weißeiche bis zur russischen Bergeiche. Eine entsprechende Geschmacksvielfalt ist so garantiert. In der Destillerie werden auch Whiskys im Auftrag von Kunden gebrannt. Dazu gehören der »Ascona Single Malt Whisky« für die Firma Terreni alla Maggia in Ascona (Tessin), der »SWBOE Swiss Highland Whisky« in verschiedenen Ausführungen für die »Smallest Whisky Bar On Earth« in Sta. Maria im Engadin (Graubünden), und auch der »Stammheimer Single Malt« der Brauerei Hopfentropfen in Unterstammheim wird in der Brauerei Locher gebrannt.

Basel Land

Brennerei Hollen, Lauwil

Hollen 52, 4426 Lauwil
(Ernst und Verena Bader)
Besuche nach Vereinbarung
www.single-malt.ch
Gewerbliche Brennerei: Obst- und Fruchtbrände, Kräuterschnaps, Absinth, Malt-Whisky (»Hollen Single Malt Swiss Whisky«), Grain-Whisky (»Hollen Single Grain Swiss Whisky«); Whiskyherstellung seit 1999
Wissenswertes:

Auf dem Bauernhof Hollen, der in Lauwil – etwa 15 Kilometer südwestlich von Liestal in den nördlichen Ausläufern des Jura – liegt, wird nicht nur Landwirtschaft betrieben. Seit Generationen wird auch im kleinen Stil gebrannt. Ernst und Verena Bader, die heutigen Besitzer des Hofes, ersetzten die beiden kleinen Brennapparate (sie stehen heute als Museumsstücke im Shop) durch

Ernst Bader von der Brennerei Hollen im basellandschaftlichen Lauwil mit der Kolonnenbrennerei, in der das erste Mal in der Schweiz (offiziell) ein Single Malt gebrannt wurde.

Die Whisky produzierenden Destillerien
in der Schweiz
und im Fürstentum Liechtenstein

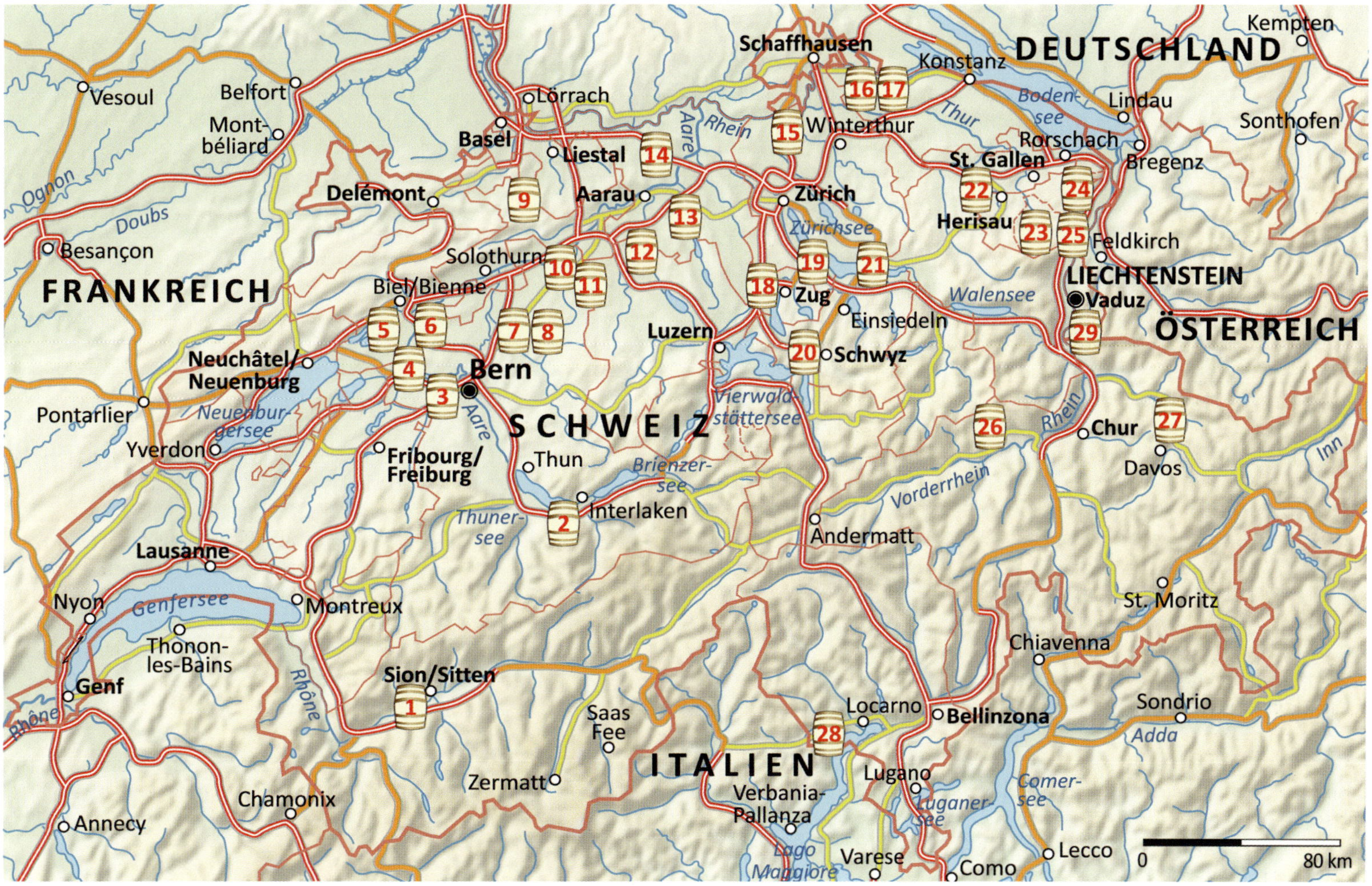

1   Maison Les Vignettes, Ardon, Wallis

2   Rugen Distillery, Interlaken, Bern

3   Altes Tramdepot Brauerei Restaurant, Bern

4   Brauerei Aare Bier, Bargen, Bern

5   Spezialitätenbrennerei Zürcher, Port, Bern

6   Brennerei Schwab, Oberwil bei Büren, Bern

7   Brennerei Kramer, Heimiswil, Bern

8   Burgdorfer Gasthausbrennerei, Burgdorf, Bern

9   Brennerei Hollen, Lauwil, Basel-Landschaft

10 Langatun Distillery AG, Langenthal, Bern

11 Brennerei & Mosterei Stadelmann, Altbüron, Luzern

12 Bauernhofbrennerei Lüthy, Muhen, Aargau

13 Humbel Spezialitätenbrennerei, Stetten, Aargau

14 Käsers Schloss / Whisky Castle, Elfingen, Aargau

15 Brennerei Hans Erismann, Eschenmosen/Bülach, Zürich

16 Brauerei Hopfentropfen, Unterstammheim, Zürich

17 Destillerie Hagen's Best, Hüttwilen, Thurgau

18 Distillerie Etter Söhne, Zug, Zug

19 Wädi-Brau-Huus, Wädenswil, Zürich

20 Schaubrenni Z'graggen, Lauerz, Schwyz

21 Rappi Bier Factory, Rapperswil, St. Gallen / Verein
    Linthmais, Tuggen, Schwyz

22 Brunschwiler Brennerei und Mosterei, Gossau, St. Gallen

23 Destillerie Brauerei Locher, Appenzell, Appenzell
    Innerrhoden

24 Mosterei und Brennerei Kobelt, Marbach, St. Gallen

25 Brauerei Sonnenbräu, Rebstein, St. Gallen

26 Aktienbrauerei Flims Surselva, Flims Waldhaus,
    Graubünden

27 Brennerei Kindschi Söhne AG, Davos/Schiers,
    Graubünden

28 Terreni alla Maggia, Ascona, Tessin

29 Brennerei Telser, Triesen, Fürstentum Liechtenstein

eine größere Kolonnenbrennerei. Auf dem Holle-Hof wurde nebenbei seit längerer Zeit auch Bier gebraut. Das Destillieren von Whisky – des edelsten aller Destillate – war schon seit Langem ein Traum von Ernst Bader.

Als die Einführung des revidierten Gesetzes – das Brennen von Grundnahrungsmitteln ohne eine restriktiv gehandhabte Konzessionserteilung – zum 1. Juli 1999 angekündigt wurde, fasste er den Entschluss, genau an diesem Tag seinen ersten Whisky zu brennen. So kam es, dass am Anfang der Schweizer Whisky-Geschichte ein Rentner aus dem Baselbiet steht, der bis zu diesem Moment noch nie einen Whisky genossen hatte.

Den ersten Whisky seines Lebens schenkte ihm seine Tochter an dem Tag, an dem er das erste Mal einen Whisky brannte: einen 12-jährigen Glenfiddich. Der *new make* des ersten eigenen Schweizer Whiskys floss am 1. Juli 1999 aus der Kolonnenbrennerei. In der modernen Anlage in einem ehemaligen Kuhstall wurde er in einem Durchlauf gebrannt. Die Lagerung erfolgte in französischen Rot- und Weißweinfässern. Die ersten Abfüllungen dieses Destillates kamen als »Holle Single Malt« vor Ablauf der für Whisky vorgeschriebenen Fasslagerung von drei Jahren und einem Tag auf den Markt. Seit es sich bei den Abfüllungen um wirklichen Whisky handelt, tragen die Abfüllungen den Namen »Holle Single Malt Whisky«. Vor ein paar Jahren benötigte die Familie Bader eine Grundbuchauskunft. Als »Nebenprodukt« dieser Anfrage erfuhr sie, dass das Gebiet, auf dem ihr Hof liegt, nicht »Holle« sondern »Hollen« heißt. So ist es zu erklären, dass die neueren Whiskys diesen Namen tragen. Ernst Bader arbeitet weiter an neuen Arten seiner Whiskys. Es gibt vom »Hollen Whisky« nicht rauchige und rauchige Versionen sowie auch Grain-Whisky. Im Keller des alten Bauernhauses lagern etwa 100 Fässer.

Für die Fasslagerung setzt Ernst Bader heute neben den französischen Rot- und Weißweinfässern auch Ex-Bourbon-Fässer und solche aus neuer amerikanischer weißer Eiche ein.

Bern

Brauerei Aare Bier, Bargen
Neuenburgstraße 42, 3282 Bargen
(Max Herrmann)
Besuche nach Voranmeldung
www.aarebier.ch
Brauerei: Bier, Likör (»Swiss Midland Malt Liqueur«), Malt-Whisky, destilliert in der Destillerie Matter-Luginbühl AG, 3283 Kallnach, Bern (»Old River Midland Single Malt Whisky«); der erste Whisky kam im März 2012 heraus.

Altes Tramdepot Brauerei Restaurant, Bern
Großer Muristalden 6, 3006 Bern
(Altes Tramdepot Brauerei Restaurant AG)
Besucher willkommen; Brauerei im Restaurant
www.altestramdepot.ch
Brauerei: Bier, Malt-Whisky, destilliert im Brauerei-Restaurant (»Tram Whisky Single Malt«) seit 2007.

Burgdorfer Gasthausbrennerei, Burgdorf
Wynigenstraße 13 (ab 2012 im Burgdorfer Kornhaus), 3401 Burgdorf
(Burgdorfer Gasthausbrennerei AG)
Besuche nach Voranmeldung
www.burgdorferbier.ch
Brauerei: Bier, Malt-Whisky, destilliert in der Destillerie Schwab in Oberwil bei Büren, Bern (»Reiner Burgdorfer Malzwhisky«); der erste Whisky kam 2006 heraus.

Langatun Distillery AG, Langenthal
St. Urbanstraße 34, 4900 Langenthal
(Langatun Distillery AG, Hans Baumberger)
Besuche nach Voranmeldung
www.langatun.ch
Gewerbliche Brennerei: Obst-, Frucht- und Bierbrände, Rum, Likör (»Gold Bee Whisky-Liqueur«), Malt-Whisky nicht getorft und getorft (»Single Malt Old Deer Classic«; »Single Malt Old Bear Smoky«)
Wissenswertes:

Es war im Jahr 2005, als Hans Baumberger III. (so bezeichnet er sich selbst) eine Vision seines Urgroßvaters Jakob Baumberger aufnahm; daraufhin begann er – wie dieser 150 Jahre früher (1857) – mit dem Aufbau einer Destillerie. Was sowohl seinem Urgroßvater als auch dessen Nachfolgern Großvater Hans Baumberger I. und Vater Hans Baumberger II. nicht vergönnt war, konnte er dank dem 1999 in Kraft gesetzten neuen Alkoholgesetzes in die Wirklichkeit umsetzen. Er brannte 2005 in seiner neuen Brennerei – bestückt mit einer Kolonnenbrennerei von Arnold Holstein – das erste Mal ein Destillat aus Getreide, genau genommen aus Gerstenmalz: Whisky.

In einer Kolonnenbrennerei produziert der rührige und engagierte Hans Baumberger in seiner Langatun Distillery (Langenthal, Kanton Bern) seine verschiedenen Malt-Whiskys.

Die Familie Baumberger besaß seit 1860 in Langenthal eine Brauerei, in der damals schon die Möglichkeit bestanden hätte, für die Destillerie die notwendige *wash* für das Brennen von Bier herzustellen. Hans Baumgartner III. ist gelernter Brau- und Brennmeister und war in der Brauerei (»Braui Langenthal«) der letzte Braumeister. Die Familie Baumberger verkaufte ihre Brauerei 1983 an die Zürcher Brauerei Hürlimann, die ihrerseits mit der Großbrauerei Feldschlösschen fusionierte. Von dieser wurde die »Braui« bald darauf stillgelegt. Im Jahr 2007 löste Hans Baumberger die Destillerie mit ihren Anlagen aus der Brauerei heraus und integrierte sie in eine neue Firma, die Langatun Distillery AG.

Die von Hans Baumberger aufgebaute Langatun Distillery ist eine der wenigen wirklich professionell arbeitenden Whiskydestillerien der Schweiz. Der erste Single Malt aus der Destillerie, er hieß damals noch »Olde Deer«, kam 2008 auf den Markt.

Die beiden heute auf dem Markt erhältlichen Single Malts »Old Deer Classic« und »Old Bear Smoky« werden in einer Kolonnenbrennerei dreifach destilliert. Im schon großen Fasslager reifen Whiskys in bereits über 200 Fässern heran. Es handelt sich dabei um Sherry-, Chardonnay, Châteauneuf-du-Pape (französische Weiß- und Rotweine) und in kleinem Rahmen auch um Ex-Bourbon-Fässer.

Brennerei Kramer, Heimiswil
Niederdorf 7, 3412 Heimiswil
(Brennerei Kramer AG, Simon und Walter Kramer)
Besucher willkommen; Shop »Schnaplädeli«
www.brennerei-kramer.ch
Gewerbliche Brennerei: Obst-, Frucht- und Bierbrände, andere Spirituosen, Malt-Whisky (»Emmentaler Single Malt Whisky«); Whiskyherstellung seit 2006

Rugen Distillery, Interlaken

Wagnerenstraße 40, 3800 Interlaken
(Rugenbräu AG)
Besuche nach Voranmeldung
www.rugenbraeu.ch
Gewerbliche Brauerei und Destillerie: Biere, Malt-Whisky
(»Swiss Highland Single Malt Whisky«)
Wissenswertes:

In den ersten Jahren des neuen Jahrtausends fassten die maßgebenden Leute in der Berner Oberländer Brauerei Rugenbräu den Entschluss, neben Bier auch Whiskys herzustellen. Im Jahr 2004 war es dann so weit: Sie sandten die erste Ladung mit einer *wash* aus einer vergorenen Maische von Gerstenmalz von Interlaken nach Port bei Biel. Dort wurde sie bei der Spezialitätenbrennerei Zürcher gebrannt. Der *new make* wurde nach Interlaken zurück transportiert und in der Brauerei Rugenbräu in Ex-Sherry-Fässer abgefüllt. Dieser Produktionsablauf wurde auch bei allen anderen bis Ende 2010 produzierten Destillaten beibehalten. Das Fasslager befindet sich in einem schönen, aus dem Jahr 1870 stammenden Gewölbefelskeller. Dieser war ursprünglich für die Lagerung von Bier gebaut worden, fand aber für diesen Zweck keine Verwendung mehr. Jedes Jahr werden aus dem immer größer werdenden Lagerbestand drei Fässer ausgewählt und für mindestens ein Jahr auf das Jungfraujoch (3454 Meter über Meer) gebracht. Dort sollen sie im Eis des Gletschers weiterreifen.

Am 14. März 2008 brachte die Brauerei Rugenbräu den ersten Whisky auf den Markt. Einer der Gäste bei der großen Präsentationsfeier war Jim McEwan von der schottischen Destillerie Bruichladdich – Hansdampf in allen Gassen und Berater der Rugenbräu.

Den »Swiss Highland Single Malt Whisky« gibt es in zwei Versionen: als »Classic«, der nur im Felsenkeller gelagert wurde, und eine Version mit dem Zusatz »Ice Label«. Bei dieser limitierten – und teuren – Edition handelt

Oben · Über dem modernen Sudhaus der Rugenbräu in Interlaken im Berner Oberland wurde eine komplett neue, attraktive Destillerie eingerichtet.

Unten rechts · Zwei der drei Kolonnenbrennereien der Spezialitätenbrennerei Zürcher in Port in der Nähe des Bielersees.

es sich um Abfüllungen des im Eis des Jungfraugletschers gelagerten Whiskys.

Im Dezember 2010 eröffnete die Rugenbräu in einem modernen Aufbau auf dem bereits bestehenden Sudhaus eine eigene Destillerie mit zwei Kolonnenbrennereien. Sie nimmt seither nicht mehr die Dienste der Spezialitätenbrennerei Zürcher in Anspruch. Die größere Brennblase hat eine Kapazität von 1000 Litern. Die kleinere ist eine Versuchsanlage mit 100 Litern Kapazität. So verfügt die Destillerie über genügend Kapazität, um den steigenden Anforderungen des Marktes gerecht werden zu können.

Brennerei Schwab, Oberwil bei Büren,

Barweg 11, 3298 Oberwil
(Alfred Schwab)
Besucher willkommen; Hofladen
www.brennereischwab.ch
Gewerbliche Brennerei: Obst- und Fruchtbrände, andere Spirituosen, Malt-Whisky (»Bucheggberger Whisky – Single Malt«); Whiskyherstellung seit 1999
Wissenswertes:

Die Brennerei Schwab gehört zu den ersten Brennereien, die in der Schweiz Whiskys herstellten. Der »Bucheggberger Whisky – Single Malt« wird mit eigenem Quellwasser verdünnt. Schwab brennt auch den Single Malt »Reiner Burgdorfer Malzwhisky« für die Burgdorfer Gasthausbrennerei in Burgdorf. Um diesen Whisky auf Trinkstärke zu verdünnen, wird Burgdorfer Wasser verwendet.

Spezialitätenbrennerei Zürcher, Port

Nägeligässli 7, 2562 Port
(Daniel und Ursula Zürcher)
Besucher willkommen; kleines Ladengeschäft
www.lakeland-whisky.ch
Gewerbliche Brennerei: Obst- und Fruchtbrände, Absinth, andere Destillate, Liköre, Malt-Whisky (»Single Lakeland Malt Whisky«) und bis 2010 für die Brauerei Rugenbräu in Interlaken den »Swiss Highland Single Malt Whisky«; Whiskyherstellung seit 2000
Wissenswertes:

Daniel und Ursula Zürcher übernahmen im Jahr 2004 von Daniels Onkel, Heinz Zürcher, in Port, einer Vorortgemeinde von Biel, die Spezialitätenbrennerei Zürcher.

Die Brennerei hatte Daniels Großvater bereits 50 Jahre früher gegründet. Er und Daniels Onkel bauten sie im Laufe der Jahre zu einer erfolgreichen Brennerei aus. Die Herstellung eines Malt Whisky im Jahr 2000 war einer der Glanzpunkte in der Destillerietätigkeit von Heinz Zürcher. Der 2003 unter dem Namen »Single Lakeland Malt Whisky« abgefüllte Whisky war innert wenigen Tagen ausverkauft.

Von diesem Erfolg ermutigt, produziert die Brennerei seit dem Jahr 2003 jedes Jahr mindestens ein Fass des Lakeland Whisky und füllt ihn in der Regel nach 3 Jahren in Flaschen ab.

Daniel Zürcher brannte mehrere Jahre lang auch den »Swiss Highland Single Malt Whisky« für die Berner Oberländer Brauerei Rugenbräu. Bald jedoch konnte er den steigenden Bedarf nicht mehr decken. Im Dezember 2010 nahm die Brauerei Rugenbräu mit der Rugen Distillery in ihren Brauereiräumlichkeiten eine eigene Whiskybrennerei in Betrieb.

Die Spezialitätenbrennerei Zürcher konnte mit ihrer qualitativ hochstehenden Arbeit einiges zum Entstehen dieser neuen Whiskybrennerei beitragen.

Aktienbrauerei Flims Surselva, Flims Waldhaus

7018 Flims Waldhaus
(Aktienbrauerei Flims Surselva AG, Beat Glaus)
Besucher willkommen; Brauereigastronomie; Brauerei-
führungen nach Anfrage
www.surselva-bier.ch
Brauerei: Bier, Malt-Whisky (»Flimser Whisky – Swiss
Single Malt«), destilliert in der Brennerei Kindschi Söhne
AG, Davos Dorf (ab 2012 in Schiers); Whiskyherstellung
seit 2007

Brennerei Kindschi Söhne AG, Davos/Schiers

Seehornstraße 13, 7260 Davos Dorf
(Kindschi Söhne AG)
Besucher willkommen; Säumerladen, Führungen,
Degustationen in der Säumerstube
www.kindschi.ch
Gewerbliche Brennerei: Röteli Likör, Chrüter, Berg-Enzian,
Obstbrände, Whisky »Flimser Whisky – Swiss Single Malt«
für Aktienbrauerei Flims Surselva

Brennerei & Mosterei Stadelmann, Altbüron

Unterdorf 5, 6147 Altbüron
(Hans und Jolanda Stadelmann)
Besucher willkommen; Schaubrennerei und Hofladen;
Achtung: eingeschränkte Öffnungszeiten; Whiskyanlässe
www.schnapsbrennen.ch
Gewerbliche Brennerei und Mosterei: Obst- und
Fruchtbrände, Malt-Whisky (»Dorfbachwasser Single
Malt Whiskey« – wird tatsächlich mit »e« geschrieben),
produziert mit und für den Whisky Club Melchnau;
»Luzerner Hinterländer Single Malt«, die von Jolanda
Stadelmann lancierte Hausmarke; Whiskyherstellung seit
2003

Brunschwiler Brennerei und Mosterei, Gossau

Hirschenstraße 11a, 9200 Gossau
(Urs und Judith Brunschwiler)
Besucher willkommen; Restaurant, Shop, Schaubrennerei
www.brennerei-gossau.ch
Gewerbliche Brennerei und Mosterei: Obst- und
Fruchtbrände, Malt-Whisky (»Swiss Lowlander Single
Malt«); Whiskyherstellung seit 2006

Mosterei und Brennerei Kobelt, Marbach

Staatstraße 21, 9437 Marbach
(Mosterei und Brennerei Kobelt + Co., Ruedi und Karen
Kobelt)
Besuche nach Voranmeldung
www.mostereikobelt.ch
Gewerbliche Mosterei und Brennerei: Obst- und
Fruchtbrände, Mais- und Gersten-Whisky (»Corn & Barley
Glen Rhine Whisky«); destilliert auch die beiden Whisky-
sorten »Ribel Swisslander Whisky« und »Swisslander
Single Malt Whisky« für die Brauerei Sonnenbräu in
Rebstein. Whiskyherstellung seit 2000.

Rappi Bier Factory, Rapperswil, St. Gallen / Verein Linthmais, Tuggen, Schwyz

Schönbodenstraße 3, 8640 Rapperswil
(Rappi Bier Factory GmbH)
Besucher willkommen; Achtung: eingeschränkte
Öffnungszeiten
www.bierfactory.ch
www.linthmais.ch
Gewerbliche Mikrobrauerei: Bier; Whisky in
Zusammenarbeit mit der Schaubrennerei Lauerz
(»Liwhinthsky«)
Wissenswertes:
  Die Rappi Bier Factory arbeitet für ihren Whisky
mit einem Verein zusammen: Der Verein Linthmais
liefert den benötigten Mais an die Rappi Bier Factory.
Bei diesem handelt es sich um eine spezielle Züchtung,
die in der Linthebene, einem Gebiet zwischen Zürich
und Walensee, wächst. Aus 30 Prozent Linthmais und
70 Prozent Gerstenmalz stellt die Rappi Bier Factory die
Würze (*wort*) her. Die Schaubrennerei Lauerz verarbeitet
diese zu einer *wash* und brennt diese. Der Getreidebrand
lagert dann etwas mehr als zwei Jahre in Eichenfässern
im Keller der alten Mühle in Tuggen, bevor er abgefüllt
und als »Liwhinthsky – Getreidebrand nach dem Whisky-
verfahren« vertrieben wird. Liwhinthsky ist zwar eine
Wortschöpfung aus Linth und Whisky, trotzdem handelt es
sich bei ihm wegen der kurzen Lagerzeit nicht um einen
Whisky. Ein richtiger Whisky aus der Rappi Bier Factory
ist jedoch bald zu erwarten. Im Keller der alten Mühle
lagern Fässer mit Whiskys aus verschiedenen Jahrgängen
(seit 2004).

Brauerei Sonnenbräu, Rebstein

Alte Landstraße 36, 9445 Rebstein
(Sonnenbräu AG, Arnold Graf)
Besucher willkommen; Brauereishop
www.sonnenbraeu.ch
Brauerei: Bier, Ribelmais/Gerstenmalz-Whisky (»Ribel
Swisslander Whisky«), Malt-Whisky (»Swisslander Single
Malt Whisky«), destilliert in der Mosterei und Brennerei
Kobelt + Co., Marbach; erste Versuche in der Whisky-
herstellung 1999/2000; 2002 Beginn der Produktion in
größerem Stil

Wirklich beeindruckend: die acht Kolonnenbrennereien in
der Schaubrenni Z'graggen in Lauerz bei Schwyz.

Schaubrenni Z'graggen, Lauerz

Seestraße 56, 6424 Lauerz
(Andreas und Toni Z'graggen)
Besucher willkommen, Schaubrennerei, Brennishop
www.schaubrennerei.ch
Gewerbliche Brennerei: Obst- und Fruchtbrände, Absinth,
andere Destillate, Liköre, Malt-Whisky (»Z'graggen Single
Malt Whisky«)
Wissenswertes:
  Toni Z'graggen war es, der im Sommer/Herbst 1999
zusammen mit Edi Bieri im Destilleriezentrum Bauernhof
in Baar den *new make* zu einem Whisky brannte. Um die
ersten zu sein, die einen Schweizer Whisky in den Verkauf
brachten, warteten die beiden die erforderlichen drei Jahre
Lagerzeit nicht ab. Bereits im Jahr 2000 füllten sie einen
Einjährigen als Baby-Malt-Whisky unter dem Namen
»Swissky« ab. Sie waren damit auch tatsächlich die ersten,
die ein Schweizer Gerstenmalzdestillat verkauften. Der
»Swissky« wird denn auch als erster Schweizer Single
Malt-Whisky bezeichnet. Allerdings war dieses Destillat
zu diesem Zeitpunkt – wie auch der 2002 auf den Markt
gebrachte »Holle Single Malt« – noch kein Whisky. Beim
Marktauftritt hatte der »Swissky« einen Vorsprung. Die
Frage aber, welcher von beiden zuerst gebrannt wurde,
der »Holle Single Malt« oder der »Swissky«, ist nicht
eindeutig geklärt.
  In der Schaubrenni (Schaubrennerei) Z'graggen wird
weiterhin Whisky destilliert. Den »Z'graggen Single Malt
Whisky« gibt es nicht nur im »Brennishop« direkt neben
der sehenswerten Schaubrennerei als 3- und 7-Jährigen
im Angebot. Man kann ihn auch in der ganzen Schweiz in
spezialisierten Shops kaufen.
  Die Schaubrennerei Z'graggen brennt außerdem auch
den »Liwhinthsky« für den Verbund aus der Rappi Bier
Factory, Rapperswil, und dem Verein Linthmais, Tuggen.

Tessin

Terreni alla Maggia, Ascona
Via Muraccio 105, 6612 Ascona
(Terreni alla Maggia SA)
Besuche nach Voranmeldung
www.terreniallamaggia.ch
Weinproduzent: Wein, Grappa, Malt-Whisky (»Ascona
Single Malt Whisky«) aus Gerste, geerntet am Delta
der Maggia in Ascona; verarbeitet und destilliert in der
Brauerei Locher AG in Appenzell

Thurgau

Destillerie Hagen's Best, Hüttwilen
Seehof, 8536 Hüttwilen
(Ueli und Verena Hagen-Rühli)
Besuche nach Vereinbarung
www.distillerie-hagen.ch
Gewerbliche Hofbrennerei: Obst- und Fruchtbrände,
andere Spirituosen, Malt-Whisky (»Hagen's Best Single
Malt«); Whiskyherstellung mit dreifacher Destillation
schon seit 1999. Die Destillerie Hagen ist also eine der
ersten Brennereien in der Schweiz, die Whiskys
herstellte.

Wallis

Maison Les Vignettes, Ardon
Les Vignettes 6, 1957 Ardon
(Copainrative Lap'Tou / Alex und Lysiane Delaloye,
Thierry Faust und Johanna Pitteloud)
Besuche nach Vereinbarung (im Weingut)
www.maisonlesvignettes.ch
Weingut: Weine, Gin, Wodka, Malt-Whisky (»Glen
Vignettes«) aus Gerste, verarbeitet und destilliert in der
Destillerie Agrol in Siders, Wallis; Whiskyherstellung seit
2000/2001

Zug

Distillerie Etter Söhne, Zug
Chollerstraße 4, 6300 Zug
(Etter Söhne AG)
Besucher willkommen; Showroom und Shop;
Besichtigungen nach Voranmeldung
www.etter-distillerie.ch
www.johnett.ch
Gewerbliche Brennerei: Obst- und Fruchtbrände, andere
Spirituosen, Malt-Whisky (»Johnett Swiss Single Malt
Whisky«); Whiskyherstellung seit 2007
Wissenswertes:
   Die Distillerie Etter Söhne AG ist seit 2009 Besitzerin
der Marke »Swissky«. Sie kaufte diese zusammen mit
den Restlagerbeständen von Edi Bieris Destilleriezentrum
Bauernhof in Baar.

Zürich

Brennerei Hans Erismann, Eschenmosen/Bülach
Dorfstraße 6, Eschenmosen, 8180 Bülach
(Hans Erismann)
Besuche nach Voranmeldung
www.brennerei-erismann.ch
Gewerbliche Brennerei: Obst- und Fruchtbrände, andere
Spirituosen, Liköre, Malt-Whisky (»Zürcher Lowland
Whisky«); Whiskyherstellung seit 2006

Brauerei Hopfentropfen, Unterstammheim
Kollbrunn, 8476 Unterstammheim
(Brigitte und Markus Reutimann)
Besucher willkommen; Verkaufsladen; Besichtigungen
nach Voranmeldung
www.hopfentropfen.ch
Gewerbliche Mikrobrauerei: Bier, Malt-Whisky
(»Stammheimer Single Malt«), destilliert in der Brauerei
Locher AG in Appenzell; Whiskyherstellung seit 2004

Wädi-Brau-Huus, Wädenswil
Florhofstraße 13 »di alt Fabrik«, 8820 Wädenswil
(Wädi-Brau-Huus AG)
Besucher willkommen; Gasthaus und Shop;
Betriebsbesichtigungen auf Anfrage
www.waedenswiler.ch
Brauerei: Bier, Malt-Whisky (»Wädenswiler Single
Malt Whisky 8820«), destilliert in der Destillerie
Käsers Schloss / Whisky Castle, Elfingen, Aargau;
Whiskyherstellung seit 2002

In der Schweiz und in Liechtenstein setzt sich der Trend,
Whisky zu produzieren, munter fort. Oft beginnen auf
andere Destillate spezialisierte Destillerien zur Erweiterung
ihres Sortiments mit dem Brennen von Whiskys. So werden
auch immer wieder neue Whiskyarten geschaffen. Man
sollte die Produkte aber nicht mit den Whiskys aus den
etablierten Whiskyländern vergleichen. Die Schweizer
und Liechtensteiner Brennereien entwickeln wie ihre
Kolleginnen und Kollegen aus den anderen europäischen
Ländern einen eigenen Whiskystil. Einige Destillerien
haben sich dabei schon ein sehr hohes Qualitätsniveau
geschaffen, andere wiederum haben nach ein paar
Versuchen aufgegeben.

Fürstentum Liechtenstein

Brennerei Telser, Triesen
Dorfstraße 67, 9495 Triesen
(Telser AG, Marcel und Sebastian Telser)
Besucher willkommen; kleiner Shop; Führungen nach
Voranmeldung
www.brennerei-telser.com
www.telsington.com (Whisky)
Gewerbliche Brennerei: Obst- und Fruchtbrände, andere
Spirituosen, Malt-Whisky (»Telsington«)
Wissenswertes:
   Die Brennerei Telser in Triesen existiert seit dem Jahr
1880 an dem Platz, an dem sie sich heute immer noch
befindet. Die verschiedenen Destillate werden wie damals
über dem Holzfeuer gebrannt und anschließend im über
500 Jahre alten Gewölbekeller gelagert. Das benötigte
Wasser kommt aus einer eigenen Bergquelle.
   2006 stellte Vater Sebastian Telser (er leitete die
Destillerie in der dritten Generation) das erste Mal eine
Gerstenmischung zusammen und maischte diese ein.
Nachdem die Würze zehn Tage lang vergärt wurde,
destillierte er sie in der Kolonnenbrennerei. Der 2006er
kam 2009 als gut 3-jähriger Single Malt mit 42 Prozent
Alkohol unter dem Namen »Telsington« in einer edlen
Aufmachung auf den Markt. Seither wurden zwei weitere
Abfüllungen realisiert (Telsington II und III). Sie haben
einen sehr stolzen Preis: Eine 50 cl-Flasche kostet beinahe
CHF 300.– (€ 250,–).
   Die Brennerei Telser wird seit 2009 von Marcel Telser,
dem Sohn von Sebastian in vierter Generation geführt.

In der Brennerei Telser in Triesen (Fürstentum Liechtenstein)
wird in diesen beiden immer noch mit Holz befeuerten *stills*
neben anderen Destillaten auch Whisky gebrannt.

Belgien

In den Klöstern Belgiens wurde – wie im westlichen Nachbarland Frankreich – bereits im Mittelalter destilliert. Auch die weltberühmten belgischen Biere haben ihren Ursprung in Klosterbrauereien. Heute tragen viele Mikrobrauereien mit ihren ausgezeichneten Produkten zum Ruf Belgiens als Biernation bei. Erste Versuche, einen Malt-Whisky zu destillieren, wurden aber in Belgien erst spät unternommen, und zwar 1997 von Etienne Bouillon in der PUR.E Distillerie in Grâce Hollogne. Seit 2004, als neue Geldgeber hinzukamen, heißt die Brennerei »The Owl Distillery«. Sie brachte im Jahr 2008 den ersten rein belgischen Single Malt mit drei Fassjahren unter dem Namen »The Belgian Owl, Belgian Single Malt« auf den Markt.

Der erste belgische Grain-Whisky stammt aus der Distillerie Radermacher in Raeren an der deutschen Grenze bei Aachen. Über den Jahreswechsel 1998/1999 begann sie mit der Grain-Whisky-Herstellung, und im Winter 2008/2009 brachte sie den ersten belgischen Grain-Whisky, den »Lambertus Single Grain Whisky«, als bereits 10-Jährigen in den Verkauf.

Die erste belgische Brauerei, die sich der Whiskyherstellung widmete, war die Brouwerij Het Anker in Mechelen. Ihr erster Whisky wird im Jahr 2013 erwartet. Der »Distilled Duvel« aus der Brauerei Duvel in Puurs (Provinz Antwerpen), der seit 2009 verkauft wird, ist kein Whisky, sondern ein in Eichenfässern gereifter Bierbrand.

Seit kurzer Zeit befassen sich weitere Brauereien und Brennereien mit dem Destillieren von Whisky, aber von ihnen gibt es noch keine Produkte auf dem Markt.

Die belgischen Destillerien werden im Folgenden alphabetisch aufgeführt.

Brouwerij Het Anker, Mechelen, Antwerpen

Guido Gezellelaan 49, 2800 Mechelen
(Brouwerij Het Anker, Familie van Breedam; Charles Leclef)
Destillerie in Blaasveld bei Willebroek: Molenberg, 2830 Blaasveld; Lagerung der Fässer in der Brauerei und später auch auf dem Molenberg
Besucher in der Brauerei (auch Hotel und Restaurant) willkommen; Besucherzentrum in der Destillerie auf dem Molenberg in Blaasveld geplant
www.hetanker.be
Gewerbliche Brauerei und Destillerie: Biere, Malt-Whisky (»Gouden Carolus Single Malt«); eigene Whiskyherstellung seit 2010, erster Single Malt 2013

The Owl Distillery, Grâce Hollogne, Liège

Rue Sainte Anne 94, 4460 Grâce Hollogne
(The Owl Distillery, Etienne Bouillon)
Besuche nach Voranmeldung
www.belgianwhisky.com
Gewerbliche Destillerie: Malt-Whisky (»The Belgian Owl, Belgian Single Malt Whisky«), Baby-Whisky unter dem Namen »Belgian Single Malt Spirit« mit 0, 12 und 24 Monaten Fasslagerung; erste Destillierversuche seit 1997; Firmengründung und Beginn der Produktion 2004; Whisky seit 2007, Single Malt seit 2008

Distillerie Radermacher, Raeren, Liège

Spitalstraße 50, 4730 Raeren
(Distillerie Radermacher SA)
Besucher willkommen
www.distillerie.biz
Gewerbliche Destillerie: Obstbrände, Genever, Aperitive, Liköre, Grain-Whisky (»Lambertus Single Grain Whisky«); Whiskyproduktion seit 1998/1999, Single Grain seit 2008/2009

Nicht etwa in Schottland, sondern im kleinen Ort Grâce Hollogne bei Liège: Der *kiln* schmückt das Eingangstor zur schon mehrfach ausgezeichneten The Owl Distillery.

Bulgarien

Die in Bulgarien hergestellten Whiskys sind in der Regel Blends aus verschiedenen Grain-Destillaten aus inländischen Destillerien oder importierten Produkten. »John Rider Whisky«, »King Edward's Whisky«, »Jack Colson Whisky« – die bekanntesten Marken – stammen alle von den Unified Distillers Ltd. in Sofia.

Die Blends der Vinprom Peshtera SA bestehen aus importierten Grain-Whiskys und einem kleinen Anteil an Malt-Whiskys. Aus dieser Destillerie stammt der bekannte »Black Ram Whisky« (es gibt ihn als 3- und 12-Jährigen).

Unified Distillery, Sofia

12 A, Probuda Street, Sofia, Bulgarien
(Unified Distillers Ltd.)
Keine Besucher
www.unifieddistillers.com
Industrielle Brennerei und Handel: Wodka, Gin, Liköre, andere Destillate, Whisky (»John Rider Whisky«, »King Edward's Whisky«, »Jack Colson Whisky«)

Vinprom Distillery, Peshtera und Plovdiv

1 Georgi Kyoseivanov Street, Peshtera, Bulgarien
5 Dunav Boulevard, Plovdiv, Bulgarien
(Vinprom Peshtera SA)
Keine Besucher
www.peshtera.com
Weinbau und industrielle Brennerei: Rakia (eine Art Grappa), Wodka, Gin, Liköre, andere Destillate, Whisky (»Black Ram Whisky«)

Bei der Firma Vinprom Peshtera SA handelt es sich um einen sehr großen Konzern mit Weinanbaugebieten, einer Destillerie und einem weltweiten Netzwerk für Import und Export. Im Bild ein Teil der Produktionsgebäude in Peshtera.

Dänemark

Dänemark besitzt gute Voraussetzungen für eine Whisky-herstellung: die großen Brauereien des Carlsberg Konzerns (Carlsberg und Tuborg) und die vielen Kleinbrauereien sowie das gute Brennerei-Know-how in den vielen kleinen Akvavit-Destillerien. So ist es erstaunlich, dass die ersten Firmen – wie der Vingården Lille Gadegård auf Bornholm und die heutige Stauning Whisky Distillery – erst im Jahr 2005 mit dem Brennen von Whisky begannen. Seitdem folgten und folgen weitere Betriebe ihrem Beispiel. Die Whiskybrennereien Dänemarks werden in alphabetischer Reihenfolge genannt.

Bryghuset Braunstein, Køge, Seeland

Carlsensvej 5, 4600 Køge
(Bryghuset Braunstein, Michael und Claus Braunstein)
Besucher willkommen; Gasthausbrauerei, Shop; Führungen
www.braunstein.dk
Gewerbliche Brauerei und Destillerie: Biere und andere Getränkearten, Akvavit, Gin, Wodka, Malt-Whisky in ungetorfter und getorfter Art (»Braunstein Single Malt Whisky«, »Edition N° 01, 02 usw.«, »Library Collection«); Whiskyherstellung seit 2007

Fary Lochan Destilleri, Farre, Give, Jütland

Agade 41, Farre, 7323 Give
(Fary Lochan Destilleri A/S, Jens Erik Jørgensen)
Besuche nach Voranmeldung
www.farylochan.dk
Gewerbliche Destillerie: verschiedene Destillate, Malt-Whisky (»Fary Lochan Danish Single Malt«) in ungetorfter und leicht getorfter Version; Produktionsaufnahme im Winter 2009. Das Destillat ist bereits als »New Spirit« abgefüllt worden. Erste Single Malts 2013/2014.

Ørbæk Bryggeri, Ørbæk, Fünen

Assensvej 38, 5853 Ørbæk
(Ørbæk Bryggeri, Niels Rømer)
Besuche nach Voranmeldung; Führungen
www.oerbaek-bryggeri.nu
Gewerbliche Brauerei und Destillerie: Biere und andere Getränkearten, Malt-Whisky (»Isle of Fionia Single Malt«, »Isle of Fionia Smoked Whisky«); Whiskyherstellung seit 2007

Stauning Whisky, Skjern, Mitteljütland

Stauningvej 38, 6900 Skjern
(Stauning Whisky Distillery A/S)
Besuche nach Voranmeldung; Führungen
www.stauningwhisky.dk
Gewerbliche Destillerie: Malt-Whisky (»Stauning Single Malt«), Roggen-Whisky (»Stauning Rye«). Die Firma, die im Jahr 2005 mit den ersten Versuchen einer Whisky-destillation begann, kaufte 2007 einen Bauernhof und errichtete darin eine Malt-Whisky-Destillerie. Seit 2009 wird mit eigenem Getreide, eigener Mälzerei und in *pot stills* voll produziert. Der erste Single Malt wird 2012 auf den Markt kommen.

Vingården Lille Gadegård, Aakirkeby, Bornholm

Søndre Landevej 63, 3720 Aakirkeby
(Vingården Lille Gadegård, Jesper Paulsen)
Besucher willkommen; Besucherzentrum und Shop
www.a7.dk
Getränkefirma und Destillerie: Weine, Liköre, Bitter, Malt- und Grain-Whisky (»Lille Gadegård Bornholmsk Whisky«); Whiskyherstellung seit 2005

Links unten · Die Stauning Whisky Distillery arbeitet mit vier *stills*.

Unten · In diesen altehrwürdigen Gebäuden am Hafen wird neben Bier auch in einer *still* Malt-Whisky destilliert.

Ganz unten · Eine der beiden aus Schottland stammenden *pot stills* in der Fary Lochan Distillery.

Finnland

Der von Mika Heikkinen im Jahr 2001 im Panimoravintola Beer Hunter's (Restaurant, Brauerei und Destillerie unter einem Dach) gebrannte Malt-Whisky »Old Buck Single Malt« kam als erster finnischer Single Malt 2004 in den Verkauf. Sein Beer Hunter's steht im südwestfinnischen Pori, ungefähr 250 Kilometer nordwestlich von Helsinki.

Die zweite Destillerie, die Teerenpeli Brewery and Malt-Whisky Distillery in Lahti (ungefähr 100 Kilometer nord-östlich von Helsinki), hat im September 2002 das erste Mal Whisky gebrannt.

Panimoravintola Beer Hunter's, Pori, Satakunta, Südwestfinnland

Antinkatu 11, 28100 Pori
(Beer Hunter's, Mika Heikkinen)
Besucher willkommen; Restaurant, Brauerei und Destillerie
www.beerhunters.fi
Gewerbliche Brauerei und Destillerie: Biere, Malt-Whisky (»Old Buck – The First Finnish Single Malt«); Whisky-herstellung seit 2001, auf dem Markt seit 2004

Der erste finnische Single Malt von Panimoravintola.

Teerenpeli Brewery and Malt-Whisky Distillery, Lahti, Päijät-Häme, Südfinnland

Restaurant Taivaanranta Grill & Distillery, Rautatienkatu 13, 15110 Lahti
(Anssi Pyysing)
Besucher willkommen; kleines Besucherzentrum, Restaurant mit Destillerie; Führungen
www.teerenpeli.com
Gewerbliche Brauerei und Destillerie: Biere, Malt-Whisky (»Teerenpeli Single Malt«); Whiskyherstellung seit 2002, auf dem Markt seit 2005
Wissenswertes:
Die kleine Brauerei wie auch die Destillerie sind Teile eines Restaurants. Die Maisch- und Gärbottiche stehen in der Bar und die beiden *pot stills* im Keller des Restaurants. Bezahlt man eine Gebühr, kann man aus dem kleinen, 2010 errichteten Besucherzentrum aus eine Besichtigungstour machen, die durch die Bierbrauerei und die Whiskydestillerie führt. Im Jahr 2005, also nach den vorgeschriebenen drei Jahren Fasslagerung, kam der erste »Teerenpelin Mallasviskit« testweise auf den Markt. Es gibt ihn heute als Single Malt, Single Cask und als Double Wood-Abfüllung. Geplant ist, den Single Malt erst nach acht und mehr Jahren Fasslagerung abzufüllen. Ein erster 8-Jähriger wurde im Frühjahr 2011 in London vorgestellt. Die Jahreskapazität der Destillerie liegt bei ungefähr 15 000 Litern.

Frankreich

Frankreich spielte in der Geschichte und Entwicklung der Destillation eine wichtige Rolle. Die meisten Destillate in diesem Land werden nach wie vor aus Weintrauben und Äpfeln hergestellt. Cognac oder Armagnac als Branntweine, Marc aus gepressten Trauben und Calvados als Brand von Apfelweinen machen den Hauptteil der französischen Destillate aus. Daneben sind die Kloster-Kräuter-Schnäpse berühmt, wie zum Beispiel der von Chartreuse.

Im Mittelalter wurden auch Mönche aus Irland und Großbritannien in die Geheimnisse der Destillation eingeweiht. Mit den dort erworbenen Kenntnissen war es ihnen dann in der Heimat möglich, das edelste Destillat, den Whisky, zu erfinden. In Frankreich selbst ist die Destillation von Whiskys in der Vergangenheit nie wirklich bedeutsam gewesen. Die Franzosen lieben jedoch Whiskys. In Bezug auf den Konsum dieser Destillate gehören sie zur Weltspitze, was die einheimischen Brennereifirmen nicht gerade freut. Die größeren unter ihnen – wie auch große französische Getränkekonzerne (zum Beispiel Moët-Hennessy und andere) – haben sich mit dieser Tatsache arrangiert und selbst Destillerien in Irland und Schottland gekauft oder Beteiligungen erworben (an den Destillieren selbst oder deren Besitzerfirmen).

Der französische Getränkegigant Pernod Ricard besaß eine Zeit lang sogar die Monopolstellung auf dem irischen Whiskeymarkt: Nach einer intensiv geführten Übernahmeschlacht mit der IDG (Irish Distillers Group) hatte sie sämtliche Destillerien in Irland und Nordirland erworben. Ab dem Jahr 2000 besaß Pernod Ricard auch in Schottland eine ganze Reihe von Destillerien, so zum Beispiel Aberlour, Glen Grant, Glenlivet und Strathisla (um nur einige zu nennen). Daneben gehören ihm auch Chivas Regal und eine ganze Anzahl anderer Blend-Marken. In einem großen Deal im Sommer 2005 hat die Gruppe zusammen mit dem amerikanischen Giganten Fortune Brands (Jim Beam usw.) den Allied Domecq-Konzern mit all seinen Destillerien und Marken übernommen. Im Gegenzug hat Pernod Ricard die Destillerie Bushmills an Diageo abgegeben und auch Glen Grant verkauft. In den USA ist Pernod Ricard Eigentümerin der Destillerie Wild Turkey. An anderen Destillerien ist der Konzern mitbeteiligt. Er besitzt ebenfalls Beteiligungen an kanadischen Destillerien.

Ab Beginn der 1990er-Jahre wagen sich immer mehr französische Destillerien an die Herstellung von Whisky. Inzwischen erlebt auch Frankreich einen Boom in Bezug auf die Gründung von Whiskydestillerien. Seit der Jahrtausendwende haben immer mehr etablierte Brennereien, die seit vielen Jahren oder Jahrzehnten die typisch französischen Destillate herstellen, mit der Whiskyproduktion begonnen. Manchmal sind es auch Brauereien, die neuerdings zusätzlich Whisky produzieren. Und dieser Trend setzt sich fort. Es werden laufend weitere Whiskyproduktionen aufgebaut. Die folgende Aufstellung – sie umfasst bereits 19 Betriebe – kann deshalb nicht vollständig sein.

Die folgenden Destillerien werden nach Départements alphabetisch vorgestellt.

Allier

Distillerie de Monsieur Balthazar, Hérisson

8, place de la République, 03190 Hérisson
(Sarl Balthazar)
Besuche nach Voranmeldung
www.whisky-hedgehog.fr
Gewerbliche Brennerei: Liköre, Mais-Whisky nach Bourbon-Art (»Hedgehog Straight Whisky Bourbonnais« – Hedgehog ist der englische Ausdruck für Igel)

Alsace

Distillerie artisanale Bertrand, Uberach

Rue du Maréchal Leclerc, 67350 Uberach
(Jean Metzger, Laurent Osswald)
Besucher willkommen
www.distillerie-bertrand.com
Gewerbliche Brennerei: Obstbrände und andere Spirituosen, Liköre, Single Malt-Whisky (»Uberach Single Malt«); seit 2007 auf dem Markt. Jean Metzger produziert Whisky seit 2002.

Distillerie artisanale Hepp, Uberach

94 Rue de la Walck, 67350 Uberach
(Yannick Hepp)
Besuche nach Voranmeldung
Keine Internetpräsenz
Gewerbliche Brennerei: Obstbrände, Spirituosen, Malt-Whisky (»Tharcis Hepp«); seit 2008 auf dem Markt

Distillerie Gilbert Holl, Ribeauvillé

Route de Ste-Marie-aux-Mines, 68150 Ribeauvillé
(Gilbert und Bernadette Holl)
Besucher willkommen
www.gilbertholl.com
Gewerbliche Brennerei: Obstbrände, Liköre, Malt-Whisky (»Lac'Holl«); seit 2004 auf dem Markt

Die Destillerie von Gilbert Holl in Ribeauvillé: ein kleines Bijou.

Distillerie artisanale Lehmann, Obernai

Chemin des peupliers, 67210 Obernai
(Les eaux-de-vie J & M Lehmann; Yves Lehmann)
Besucher willkommen
www.distillerielehmann.com
Gewerbliche Brennerei: Obstbrände, Spirituosen, Liköre, Malt-Whisky (»Elsass Whisky Single Malt«); seit 2007 auf dem Markt

Distillerie F. Meyer, Hohwarth

18, Rue Saint-Gilles, 67220 Hohwarth
(Lionel Meyer)
Besucher willkommen
www.distillerie-meyer.fr
Gewerbliche Brennerei: Obstbrände und andere Spirituosen, Liköre, Blended und Single Malt Whiskys (»Meyer's Whisky Alsacien«)

Unten · Yves Lehmann an seiner speziellen *alambic*.

Mitte und ganz unten · Die *stills* der Destillerie Meyer stehen in einer schönen Elsässer Riegelbauten-Liegenschaft.

Distillerie Jacques Fisselier, Chantepie

56, rue du Verger, 35571 Chantepie
(Les Liqueurs Fisselier, Jacques Fisselier)
Besucher willkommen
www.jacques-fisselier.com
Gewerbliche Brennerei: verschiedene Spirituosen und
Liköre, Grain-Whisky (»Whisky de Bretagne«, »Glenroc
Whisky Breton« heißt neu »Gwenroc Whisky Breton«)

Distillerie artisanale Glann ar Mor, Pleubian

Crec'h ar Fur, 22610 Pleubian
(Celtic Whisky Compagnie, Jean Donnay)
Besuche nach Voranmeldung
www.glannarmor.com
Kleine Bauernhofbrennerei: Malt-Whiskys (»Taol Esa«,
»Kornog«, »Glann ar Mor«), ungetorft und getorft, gereift
in verschiedenen Fassarten. Jean Donnay macht bereits
seit 1999 Versuche in der Whiskyherstellung; seit 2005
produziert er professionell und brachte 2008 seine erste
Abfüllung aus dieser Produktion in den Verkauf.

645

In diesen *stills* wird der wohl bekannteste und meistverkaufte
französische Single Malt gebrannt. Der »Armorik« von
Warenghem in Lannion.

Distillerie des Menhirs, Plomelin

7 Hent Saint Philibert, Pont Menhir, 29700 Plomelin
(Guy, Erwan, Kevin und Loig Le Lay)
Besucher willkommen
www.distillerie.fr
Gewerbliche Brennerei: Apfelsäfte, Apfelbrände, Whisky aus
Weizen, blé noir (»EDDU«), gereift in französischer Eiche
(seit 2002 im Verkauf)

Eine wunderschöne Destillerie: die Destillerie des Menhirs in
Plomelin in der Bretagne.

Distillerie Warenghem, Lannion

Route de Guingamp, 22300 Lannion
(Distillerie Warenghem SAS, Gilles Leizour)
Besucher willkommen; Besucherzentrum (Öffnungszeiten
beachten!)
www.distillerie-warenghem.com
www.whisky-breton.com
Gewerbliche Brennerei: Apfelbrände, andere Spirituosen
und Liköre, Single Malt-Whiskys (»Armorik«), Blended
Whiskys (»WB Whisky Breton«, »Breizh Whisky«,
»Galleg«)
Wissenswertes:

Die Familie Warenghem zog Ende des 19./Anfang des
20. Jahrhunderts aus dem Norden Frankreichs (Nord
Pas-de-Calais) nach Lannion, wo Léon Warenghem eine
Destillerie gründete. Zu Beginn wurden hauptsächlich
Liköre hergestellt. Später wurde auch noch eine Mikro-
brauerei angegliedert und Bier produziert. Im Laufe der
Jahre begann man dann auch mit der Destillation von
Obstspirituosen.

1967 tat sich Paul Henri, der Enkel von Léon Warenghem, mit Yves Leizour zusammen. Beide bauten
den Marktanteil des Betriebes laufend weiter aus. Der
zunehmende Platzbedarf erforderte den Umzug der Firma
aus dem Zentrum von Lannion. In einem Außenbezirk
fand man ein Grundstück mit einer ausgezeichneten
Wasserquelle. 1983 übernahm Gilles Leizour, der Sohn von
Yves, den Betrieb und brachte neue Ideen für zusätzliche
Produkte ein.

Die Destillerie Warenghem begann im Jahr 1987 mit
der Herstellung des ersten Whiskys aus der Bretagne, dem
nordwestlichsten Teil Frankreichs. Produziert wurde er in
zwei angepassten Charentais-Brennblasen, die sonst vor
allem in der Cognac-Herstellung eingesetzt werden. Der
»WB Whisky Breton« kam 1990 als Blend (75 % Grain-
Whisky aus Weizen, 25 % Malt-Whisky aus gemälzter
Gerste) auf den Markt. Ab 1998 destillierte man bei
Warenghem das erste Mal einen echten Single Malt.

Der »Armorik« ist heute der – auch international
– bekannteste Whisky aus Frankreich. Es gibt ihn in
verschiedenen Abfüllungen, zum Beispiel als »Edition
Originale«, in »Double Maturation«, mit einem Sherry-
finishing usw.

Neben dem »Armorik« wird aber auch die Blend-Linie
weitergeführt. Dem »WB Whisky Breton« folgten in den
letzten Jahren der »Breizh Whisky« und der »Galleg«.

Champagne

Distillerie Guillon, Louvois

Hameau de Vertuelle, Route de Verzy, 51150 Louvois
(Thierry Guillon)
Besucher willkommen; Besucherzentrum
www.distillerie-guillon.com
Gewerbliche Brennerei: Single Malt Whiskys (»Guillon«,
»Single Malt de la Montagne de Reims«, »Single Malt
de Louvois«), in verschiedenen Ex-Wein-Fässern aus
Frankreich gereift.
Thierry Guillon produziert seit 1997/1998 Whisky. Sie sind
seit 2002 im Verkauf.

Champagne-Ardenne

Distillerie Chevailler / Distillerie Artisanale du Pays d'Othe, Saint-Mards-en-Othe

13 rue de la croix, 10160 Saint-Mards-en-Othe
(Denis Chevailler)
Besucher willkommen
www.distilleriedupaysdothe.chez-alice.fr
Gewerbliche Brennerei: Obstbrände, Liköre, Malt-Whisky
(»Le Chevailler Whisky«); verschiedene Fassreifungen

Corse

Domaine Mavela, Distillerie artisanale, Aleria

20270 Aleria, Domaine Mavela
(Jean Claude Venturini)
Besucher willkommen; Besucherzentrum
www.domaine-mavela.com
Gewerbliche Brennerei: Frucht-, Obst- und Weinbrände,
andere Spirituosen und Liköre, Blended Whiskys und
Single Malt Whisky (»P&M Whisky«). Die *wash* stammt
aus der Besitzerfirma, der Brauerei Pietra, deshalb der
Markenname P&M (Pietra & Mavela). Der erste korsische
Whisky kam 2004 auf den Markt.

Aus dem kleinen Ort Aleria auf Korsika kommt der Single Malt
»P&M«. Herstellerin ist die Domaine Mavela.

Jura

Brasserie Rouget de Lisle, Bletterans

Rue des Vernes, 39140 Bletterans
(Bruno Mangin)
Besuche nach Voranmeldung
www.larougetdelisle.com
Kleinbrauerei mit Brennerei: Bier, Single Malt-Whisky
(»Rouget de Lisle Single Malt«); auf dem Markt seit 2009

Lorraine

Distillerie Grallet-Dupic / La Maison de la Mirabelle, Rozelieures

16 rue du Capitaine Durand, 54290 Rozelieures
(Hubert Grallet)
Besucher willkommen; Besucherzentrum
www.maisondelamirabelle.com
Gewerbliche Brennerei: Mirabellendestillate, Single Malt-
Whisky (»G. Rozelieures, Whisky de Lorraine«); seit 2007
auf dem Markt

Nord Pas-de-Calais/Lille

Distillerie Claeyssens, Wambrechies

1, Rue de la Distillerie, 59118 Wambrechies
(Groupe Distillerie Claeyssens S.A.)
Besucher willkommen; Besucherzentrum; Museum
www.distillerieclaeyssens.com
Gewerbliche Brennerei: Jenever und Liköre, Malt-Whisky
(»Wambrechies Whisky Single Malt«); seit 2007 auf dem
Markt. Destilliert wird in *column* (erster Lauf) und *pot
stills* (zweiter Lauf).

Vor der Distillerie Claeyssens, einer der ältesten Destillerien
Frankreichs mit einem schönen Museum, steht eine alte *still*.

Rhône-Alpes

Domaine des Hautes Glaces, Saint Jean d'Hérans

Col Accarias, 38710 Saint Jean d'Hérans
(Frédéric Revol und Jérémy Bricka)
Besuche nach Voranmeldung
www.hautesglaces.com
Gewerbliche Brennerei: Spirituosen, Malt-Whisky;
Produktion aufgenommen 2009

Seine-Maritime

Northmæn Ferme-Brasserie, La Chapelle,

Le Centre, 76780 La Chapelle Saint-Ouen
(Dominique und Frédérique Camus)
Besuche nach Voranmeldung
www.northmaen.com
Mikrobrauerei und Brennerei: Bier, Whisky (»Thor
Boyo«); auf dem Markt seit 20.12.2011.

Tarn

Distillerie artisanale Castan, Villeneuve-sur-Vere

81130 Villeneuve-sur-Vere
(Sarl Distillerie Castan Père et Fils;)
Besucher willkommen; Besucherzentrum
www.distillerie-castan.com
Gewerbliche Brennerei: Obstbrände, Liköre, Malt-Whisky
(»Whisky Tarnais«) ab 2013 erhältlich

Wie man sieht, haben auch französische Brenner das Wasser des Lebens entdeckt. Dank ihnen ist Frankreich nicht
länger »nur« eine der größten Whisky und Whiskey genie-
ßenden Nationen.

646

Großbritannien

England

Cornwall

In allen Gebieten der Britischen Inseln, die eine keltische Vergangenheit haben, wird Whisky gebrannt: in Irland, Nordirland, Schottland mit seinen Inseln und Wales.

Auch die zu England gehörende Grafschaft Cornwall im Südwesten Englands hat eine keltische Vergangenheit, denn kornisch – die alte Sprache dieses Gebietes – ist eine keltische Sprache. Aber in Cornwall tut sich erst seit Kurzem etwas in Sachen Whiskey. (Der Cornish Whiskey schreibt sich tatsächlich mit »e«.) Seit dem Jahr 2003 lagern in einem Keller der Cornish Cyder Farm in Penhallow bei Newquay die ersten Fässer Malt Whiskey.

Das ist David und Kay Healey, den Besitzern und Steve Cadwallader, dem damaligen Geschäftsführer der Cyder Farm, und Roger Ryman, dem Brauereichef der St Austell Brewery in St Austell, zu verdanken. Sie hatten die Idee, auch in Cornwall einen Whiskey zu brennen. In der Brauerei in St Austell wurde die *wash* mit Gerste aus Cornwall hergestellt und anschließend zur Cyder Farm gebracht. Diese verfügt über eine einzige kleine *still* mit einem Fassungsvermögen von 1200 Litern. Sie stammt aus der schottischen Kupferschmiede Forsyths in Rothes. In dieser im Jahr 2000 installierten *still* wird normalerweise der »Cornishapplebrandy« und ein »Cornish Eau de Vie« hergestellt. Zu Testzwecken wurde in dieser *still* nach den guten Resultaten mit anderen Destillaten in den ersten Produktionsjahren 2003 auch ein Baby-Whiskey gebrannt. Aus dem Test ergab

Unten · In dieser *still* auf der Cornish Cyder Farm wurde nach 300 Jahren das erste Mal in Cornwall wieder Whisky gebrannt.

Rechts · Der Maischbottich und die beiden aus Schottland stammenden *stills* der St Georges Distillery in Roadham (Norfolk).

sich über die letzten Jahre eine ganze Produktionsreihe. Der erste »richtige« Cornwall-Whiskey könnte also das Herstellungsjahr 2003 tragen. Er ist der erste auf dem Gebiet von England destillierte Whiskey seit über 100 Jahren. Damit hat auch der letzte keltische Teil der Britischen Inseln nach 300 Jahren ohne lizenzierte Whiskydestillerie wieder seinen ersten legalen Whiskey.

Schon bei seiner Herstellung wurde bestimmt, dass der erste Whiskey aus Cornwall erst mit mehreren Jahren Fasslagerung auf den Markt kommen soll. Weil in den ersten beiden Jahren nur ganz kleine Mengen – und dies eher als Testläufe – gebrannt wurden, trug der erste Cornwall-Whiskey, der im September 2011 auf den Markt kam, das Herstellungsjahr 2004. Sein Name: »Hicks & Haley Cornish Single Malt«. Er kam aus dem Fass mit der Nummer 29 und hatte den für 50 cl stolzen Preis von £ 150. Er war sofort ausverkauft und ist für diesen Preis wohl kaum mehr zu haben.

Haley's Cornish Cyder Farm, Penhallow

Penhallow, Truro TR4 9LW, Cornwall
(David und Kay Healey)
Besucher willkommen; Shop, Keller, Museum; Führungen
www.thecornishcyderfarm.co.uk
Gewerblicher Saft- und Apfelweinhersteller und Brennerei:
Apfelsaft, Apfelwein, Apfelbrandy, Obstbrände, Liköre, Malt-Whisky (»Hicks & Haley Cornish Single Malt«)

Norfolk

Der zweite englische Whisky kommt aus der Grafschaft Norfolk im Osten von England. Dieses Gebiet Englands war die Heimat der Angeln, von denen England später seinen Namen erhielt. Dies bedeutet, dass sich dort nicht Kelten, sondern Engländer an die Herstellung von Whisky machten.

James Nelstrop, ein Farmer in Roudham (gut 30 Kilometer südwestlich von Norwich in der Nähe der A11), hatte im Alter von 60 Jahren genug von der Farmarbeit. Weil er aber noch nicht Rentner sein wollte, ließ er sich etwas anderes einfallen und verwirklichte seine Vision zusammen mit seinem Sohn Andrew. Die beiden begannen Konzepte auszuarbeiten, machten Erkundungsreisen nach Wales, Irland und Schottland und entschlossen sich, eine Destillerie für Whiskys zu bauen. Im Oktober 2005 reichten sie die verschiedenen Bewilligungsunterlagen ein, im Januar 2006 konnte es dann losgehen.

James und Andrew hatten das Glück, einen ebenfalls Beinaherentner aus Schottland zu treffen, der ihnen beim Aufbau und den ersten Destillierversuchen half. Es handelte sich bei ihm um keinen geringeren als den berühmten Iain Henderson (Laphroaig und Edradour). Iain half beim Aufbau der Destillerie mit und bildete, bevor er sich dann wirklich zur Ruhe setzte, den heutigen Destillerie Manager David Fitt aus.

Die ersten Fässer Whiskey aus der sehr schönen St Georges Distillery wurden im Dezember 2006 noch vom großen Meister selbst gebrannt.

Im August 2007 eröffnete die Destillerie ein sehr schönes Besucherzentrum mit einem Shop und bietet seither auch Führungen an.

Die ersten Abfüllungen der Whiskeys – sie sind, wie könnte es bei einem Lehrmeister wie Iain anders sein, sowohl ungetorft als auch stark getorft – kamen 2009 auf den Markt. Sie werden zum einen in einer streng limitierten Reihe »Founder's Private Cellar« und in einer Standardreihe als »Chapter« (Kapitel) abgefüllt.

James, Andrew und David möchten so die Entwicklung der Destillerie auch in den Abfüllungen festhalten. Der erste echte Single Malt kam als »The English Whiskey Company Single Malt – Chapter 5« als 3-Jähriger auf den Markt. »Chapter 1« bis »Chapter 4« waren Abfüllungen von ungetorften oder getorften Baby-Whiskeys (1 und 2 direkt von den *stills,* 3 und 4 waren 18 Monate im Fass gelagert). Im Frühjahr 2012 kam bereits »Chapter 12« in den Verkauf.

Oben • Gebäude der St Georges Distillery in Roadham (Norfolk).

Oben rechts • Die Kella Distillery steht im kleinen Ort Sulby auf der Isle of Man und produziert dort den ManX Spirit.

Die St Georges Distillery hat auch die ersten einer sicher fortzusetzenden Reihe an sogenannten »Commemorative Bottlings« realisiert. Die ersten für solche Abfüllungen geeigneten Anlässe waren das diamantene Thronjubiläum von Queen Elizabeth II. (»Diamond Jubilee Whisky«) und die Hochzeit von Prinz William und Catherine (»Royal Wedding Commemorative Whisky«). Weitere werden sicher folgen.

Produziert wird in einem kleinen *semi lauter mash tun* (Maischbottich) aus Edelstahl mit einem Kupferdeckel, drei *wash backs* (Gärbottichen) aus Edelstahl und zwei *stills* (je eine *wash* und *spirit*). Die *wash still* hat am Halsanfang eine sehr enge Ein-, die *spirit still* am gleichen Platz eine ballförmige Ausbuchtung. Ende 2011/Anfang 2012 wurde eine eigene Flaschenabfüllanlage installiert.

St Georges Distillery, Roadham

Harling Road, Roudham, Norfolk, NR16 2QW
(English Whisky Co. Ltd., James und Andrew Nelstrop)
Besucher willkommen; Besucherzentrum, Shop, Café
www.englishwhisky.co.uk
Gewerbliche Brennerei: Likör (»Norfolk Nog«), Malt-Whisky (»The English Whisky Company Single Malt«)

Isle of Man

Auf der Isle of Man, sie liegt zwischen Großbritannien und Irland, wird ein spezielles Produkt destilliert. Es war zuerst unter dem Namen »Glen Kella Manx White Whiskey« auf dem Markt. Dieser bestand – trotz der irischen Schreibweise mit »e« – aus schottischen Malt- und Grain-Whiskys, die in der Destillerie Glen Kella geblended und dann in der einzigen *still* noch einmal gebrannt wurden. Während dieses Prozesses verlieren die Whiskeys ihre von den Fässern stammende Farbe und werden so farblos – weiß oder klar – in Flaschen abgefüllt. Die Scotch Whisky Association hat gegen die Destillerie prozessiert und erreicht, dass diese das Destillat nicht mehr Whiskey und auch nicht mehr Glen nennen darf.

Seither trägt es den Namen »ManX Spirit« mit dem Zusatz »Distilled from Scotch Whisky«.

Den »ManX Spirit« gibt es in zwei verschiedenen Sorten: Der »ManX Red« wird aus schottischen Blended Whiskys gebrannt, die mindestens fünf Jahre in Eichenfässern gereift sind. Der »ManX Blue« besteht aus Malt-Whiskys aus Schottland, die ebenfalls mindestens fünf Jahre gelagert wurden.

Kella Distillers, Sulby

Kella Mills, Main Road, Sulby IM7 2HH, Isle of Man
(Andrew Dixon)
Besuche nach Voranmeldung
www.manx-spirit.com
Gewerbliche Brennerei: ManX Spirit aus Malt Whiskys (»ManX Red«, »ManX Blue«)

Wales

Wales, das im Westen von Großbritannien liegt, kann für sich in Anspruch nehmen, eines der Länder zu sein, die als erste Whisky produziert haben. Entsprechende Berichte sind jedoch über die Jahrhunderte nur wenige erhalten geblieben. Einige Dokumente aus dem 18. Jahrhundert belegen jedoch, dass Evan Williams und ein Vorfahre von Jack Daniel dort Whisky produzierten, bevor sie in die USA auswanderten.

1888 nahm in Bala am Lake Bala eine relativ große Destillerie, die Destillerie Frongoch, ihren Betrieb auf. Sie wurde jedoch von der Temperenzbewegung (Abstinenzbewegung) 1907 zur Schließung gezwungen.

Erst 1974 – nachdem fast 70 Jahre kein Whisky mehr in Wales produziert worden war – gründete Dafydd Gittins in Brecon eine neue walisische Destillerie. Ihr erster Whisky (1976) war ein Blend aus schottischem Malt und Grain. Ihr zweiter Whisky, der »Prince of Wales«, war ein durch Kräuter gefilterter Tomatin aus Schottland. Die Technologie des Filterns von Spirituosen mit Kräutern basiert auf altem Wissen. Mönche sollen sie bereits um 600 nach Christus in einem Kloster auf der walisischen Insel Bardsey praktiziert haben. 1992 zog die Welsh Whisky Company – so nannte Gittins seine Gesellschaft zuletzt (nachdem sie zuvor die verschiedensten Namen getragen hatte) – nach Pontpren, Penderyn um. Dort baute sie gegen Ende der 90er-Jahre eine neue Destillerie mit dem Namen Penderyn Distillery. In dieser Destillerie – sie ist auch unter dem Namen Gwalia bekannt – werden neben Whisky die verschiedensten Spirituosen hergestellt. Die speziell nach Plänen einer Universität und dort unter der Leitung eines Dr. David Faraday (ein Verwandter des berühmten Erfinders des Faradayschen Käfigs) gefertigte *pot still* bereitete zunächst einige Probleme. Im Jahr 2000 floss dann der erste Whisky, produziert in dieser speziellen *pot still* mit einem einzigen Destillierlauf. Auf dem Brennkessel ist statt des üblichen Schwanenhalses eine Art *continuous still* – ähnlich wie in der schottischen Destillerie Loch Lomond – montiert. In dieses Destillationsrohr sind 24 Metallsiebe eingebaut, die variierbar sind. So ist es möglich, den Geschmack zu verändern und ein sehr reines Destillat zu erzielen. Es wird mit einem ungewöhnlich hohen Alkoholanteil von 92 Volumenprozent destilliert. Besonders in der Destillerie Penderyn ist, dass die für das Brennen benötigte *wash* nicht in der Destillerie, sondern in einer in der Nähe produzierenden Bierbrauerei hergestellt wird. Das heißt, Penderyn hat keinen Maischbottich und auch keine Gärbottiche. Der *wash* aus der Brauerei wurde dort – wie in Brauereien üblich – die Milchsäure entzogen. Deshalb muss in der Brennerei vor dem Destillationsprozess noch in einem geheizten Tank wieder Milchsäure beigegeben und die *wash* für die Whiskydestillation noch speziell aufbereitet werden.

Die Destillerie Penderyn besitzt seit Mitte des Jahres 2008 ein schönes *Visitor Centre*.

Penderyn Distillery, Penderyn

Penderyn CF44 9JW, Wales
(The Welsh Whisky Company)
Besucher willkommen; Besucherzentrum, Shop
www.welsh-whisky.co.uk
Gewerbliche Brennerei: Wodka, Gin, Likör, Malt-Whisky (»Penderyn Single Malt Welsh Whisky«)

In der Penderyn Distillery wird Whisky in einer wirklich speziellen *still*-Konstruktion in einem Durchlauf destilliert.

Niederlande

In Holland ist Whisky seit Jahrhunderten bekannt und beliebt, aber produziert wurde er dort sehr lange nicht. Holländische Kaufleute brachten die schottischen und irischen Erzeugnisse als Geschenke nach Holland und auf ihren Reisen fast in die ganze Welt. In den heutigen Niederlanden gibt es sehr viele Whiskyfans, die in Clubs mitmachen und an Tastings oder auf Reisen das edle Destillat genießen. Die großen Whiskymessen in Leiden, Twente und Groningen ziehen Jahr für Jahr Tausende von Whiskyliebhabern an. Da mit Amstel, Grolsch und Heineken in den Niederlanden auch große Bierkonzerne zu Hause sind, war es nur eine Frage der Zeit, bis sich auch in diesem Land jemand an die Destillation von Whisky wagte. Im Jahr 2000 floss der erste *new make* aus einer *still* in der Destillerie Zuidam in Baarle Nassau. Seither haben weitere Destillerien Whiskys produziert und auf den Markt gebracht. Andere warten auf das Erreichen der drei Jahre Fasslagerung, und wiederum andere sind in Planung oder am Entstehen. Die folgenden Destillerien werden in alphabetischer Reihenfolge vorgestellt.

Kampen Destillateurs, Bruinisse, Seeland

Havenkade 19, 4311 BA Bruinisse
(Kampen Destillateurs, Meinderd Kampen und Hanna de Keijser)
Besuche nach Voranmeldung
www.kampendestillateurs.com
Gewerbliche Destillerie: Genever, andere Spirituosen, Malt-Whisky (»Zeeuwse Single Malt Whisky«), Whiskyherstellung seit 2009, erster Single Malt 2012

Us Heit Distillery, Bolsward, Friesland

Snekerstraat 43, 8701 XC Bolsward
(Us Heit Distillery B.V., Aart van der Linde)
Besuche nach Voranmeldung
www.usheitdistillery.nl
Gewerbliche Destillerie: Bier, Malt-Whisky (»Frysk Hynder Single Malt Whisky«); Whiskyherstellung seit 2002; Tochterfirma von De Friese Bierbrouwerij B.V., Bolsward

Oben • Nicht nur Nostalgie oder Tourismus: In der »Molen van Jetten« in Uden wird ein Teil des für ihre Whiskys benötigten Malzes von der Familie van Zuidam auch heute noch gemahlen.

Unten • Die moderne Kolonnenbrennerei der Zuidam Distillers.

Zuidam Distillers, Baarle Nassau, Nordbrabant

Smederijstraat 5, 5111 PT Baarle Nassau
(Zuidam Distillers B.V., Helene und Fred mit ihren Söhnen Patrick und Gilbert van Zuidam)
Besuche nach Voranmeldung
www.zuidam.eu
Gewerbliche Destillerie: Genever, Gin, Liköre, Malt-Whisky ungetorft und getorft (»Millstone Dutch Single Malt Whisky«), Rye-(Roggen-)Whisky (»Millstone Dutch Rye Whisky«); erste Versuche in der Whiskyherstellung 1996; wirkliche Produktionsaufnahme 1998; Abfüllungen auf dem Markt seit 2005

Die gemälzte Gerste wird zugekauft und als erstes in einer der in der Nähe stehenden typischen holländischen Windmühlen gemahlen. Eine davon, die »Molen van Jetten«, ist über 200 Jahre alt. Destilliert wird bei Zuidam in modernen Kolonnenbrennereien, welche für alle hergestellten Destillate genutzt werden.

Norwegen

In Norwegen gab es schon seit Langem zahlreiche Leute, die daran interessiert waren, endlich destillieren zu dürfen. Das war jedoch erst möglich, als im Jahr 2005 das staatliche Brennereimonopol fiel. Im gleichen Jahr löste die Agder Brenneri in Grimstad als erste private Brennerei des Landes eine Lizenz und begann zu destillieren. Der Besitzer Ole Puntervold brannte zuerst Akvavit und andere Destillate, bevor er sich 2009 auch der Produktion von Whisky zuwandte. Sein erster Single Malt wird im Jahr 2012 in den Verkauf gelangen.

Die beiden privaten Brennereien Egge Gård in Lier und Buran Norsk Whisky begannen bereits im Jahr 2008 mit dem Whiskybrennen. Der erste norwegische Single Malt, der »Aass og Egge Norsk Single Malt«, kam im Jahr 2011 auf den Markt.

In den Jahren 2010 und 2011 wurden zwei neue Whiskydestillerien gegründet: Die Lofotr Maltwhisky AS in Svolvær (www.lofotrwhisky.no) und die Rein Singlemalt Destilleri (www.singelmalt.no). Ob es wohl noch weitere Neugründungen in Norwegen geben wird?

Die norwegischen Whisky-Brennereien hier in alphabetischer Reihenfolge.

Agder Brenneri, Grimstad, Aust-Agder

Østerhus Næringspark, 4891 Grimstad
(K.G. Puntervold AS, Ole Puntervold)
Besuche nach Voranmeldung
www.agderbrenneri.no
Gewerbliche Brennerei: Akvavit, verschiedene Destillate, Malt-Whisky (»Agder Norge Single Malt«); Beginn der Whiskyproduktion 2009, ein erster Single Malt soll im Spätherbst des Jahres 2012 auf den Markt kommen. Die Agder Brenneri von Ole Puntervold war nach dem Fall des Monopols im Jahr 2005 die erste private Brennerei Norwegens.

Ole Puntervold, Besitzer und Betreiber der Agder Brenneri in Grimstad mit einigen seiner doch schon zu einer stattlichen Anzahl angewachsenen Fässern.

Buran Norsk Whisky, Markabygda, Trøndelag

Buran, 7622 Markabygda
(Buran Norsk Whisky AS, Peder Angel Andresen)
Besuche nach Voranmeldung
www.norskvhisky.no
Gewerbliche Brennerei: verschiedene Destillate, Malt-Whisky (»Buran Norvegian Single Malt«); Beginn der Whiskyproduktion 2008, Single Malt ab 2012 im Verkauf

Egge Gård, Lier, Buskerud

Baneveien 16, 3400 Lier
(Marius Egge)
Besucher willkommen, Hofladen
www.eggegaard.no
Bauernhofbrennerei: verschiedene Destillate, Malt-Whisky (»Aass og Egge Norsk Single Malt«); Beginn der Whiskyproduktion 2008, Single Malt seit 2011. Die *wash* kommt aus der Brauerei Aass in Drammen, das erklärt den Namen »Aass og (und) Egge«.

Marius Egge von Egge Gård mit einer Flasche des »Aass og Egge Norske Single Malt« den er zusammen mit der Brauerei Aass poroduziert. Im Hintergrund seine Kolonnenbrennerei. Foto © Lierposten

Russland

Whiskys aus Russland werden in der Regel in größeren, ehemals – oder teilweise immer noch – staatlichen Destillerien, die vor allem im Süden Russlands liegen, aus verschiedensten Getreidesorten gebrannt. In der Regel handelt es sich bei den aus diesen Brennereien auf den Markt kommenden Whiskys um Blends aus verschiedenen Grain-Destillaten.

Die Whiskys reifen bereits ein paar Jahre lang in Destillerien in verschiedensten Teilrepubliken Russlands in Lagerhäusern. Hier zwei der Bekanntesten von ihnen:

Die Praskoveysky Distillery in der Nähe der Stadt Budyonnovsk in der Region Stavropol (Nordkaukasus) ist Teil der Praskoveya Winery, der ältesten und einer der größten Weinbaufirmen Russlands. Sie produziert seit dem Ende des 19. Jahrhunderts vor allem edle Weine. Budyonnovsk liegt im Süden Russlands ungefähr 200 Kilometer westlich des Kaspischen Meeres.

19/0 fing man in der damals staatlichen Firma Praskoveya auch mit dem Destillieren von Weinbrand (russischem Cognac) an. Nach dem Ende der Sowjetunion wurde die Firma privatisiert. 2008 wurde in der Destillerie auch mit dem Brennen von Malt- und Grain-Whisky und der Produktion von Blended Whiskeys nach irischem Vorbild begonnen.

In der Praskoveysky Distillery wird vor allem versucht, die Whiskeys von Jameson nachzuahmen. Die Destillation erfolgt in den gleichen *stills* – einer speziellen Art von *pot stills* – wie diejenige der russischen Cognacs. Die ersten Abfüllungen – noch in wirklich kleinen Mengen – kamen über den Jahreswechsel 2011/2012 auf den Markt.

Noch intensiver befasst sich die Whisky of Russia Distillery mit Whisky. Sie ist eine hundertprozentige Tochtergesellschaft der staatlichen Kizlyar's Cognac Factory in der im Süden Russlands liegenden Teilrepublik Dagestan. Kizlyar liegt im Süden Dagestans ungefähr 50 Kilometer vom Kaspischen Meer entfernt. Auch sie begann ungefähr im Jahr 2008 mit der Produktion und machte als Erstes einmal verschiedene Tests. Dabei wurden sowohl Malt- (aus Gerstenmalz) als auch Grain-Whiskys (vor allem aus

Weizen) produziert. Gelagert werden sie in amerikanischen Ex-Bourbon-Fässern. Gleichzeitig wurden auch direkt nach der Destillation Malts und Grains zu Blended Whiskys gemischt und in Fässer zur Lagerung abgefüllt. Auch aus dieser Destillerie sind die ersten Whiskys bereits auf dem Markt. Die Firma baut zurzeit neben der bestehenden Destillerie eine spezielle Whiskydestillerie.

Andere Produzenten, vor allem von russischem Cognac, gingen mit ausländischen Destillerien (vor allem aus Schottland) Verträge ein. Sie importieren deren Whiskys bereits in Schottland gelagert und geblendet und füllen diese unter einem eigenen Label als günstige russische Blended Whiskys ab. So zum Beispiel die Wein- und Cognacfirma »Alliance-1892« aus Kaliningrad (ehemals Königsberg, heute eine russische Exklave zwischen Polen und Lettland), die einen 7-jährigen »7 Yards« Blend produzieren lässt und diesen in Containern importiert und selbst abfüllt.

Praskoveysky Distillery, Praskoveya, Stavropol

Lenin Street 11, Praskoveya, 356817, Budyonnovsk (Budenovsk), Stavropol
(SKP »CJSC« Praskoveyskoe)
Keine Besucher
www.praskoveya.ru (russisch)
Industrielle Weinfirma und Destillerie: ausgezeichnete Weine, Branntwein (russischer Cognac), Whisky (»Praskoveya Whiskey«)

Whisky of Russia Distillery (Kizlyar's Cognac Factory), Kizlyar, Dagestan

Ordzhonikidze Street 60, Kizlyar, 368800 Republic Dagestan
(NPO LLC Whisky of Russia, Tochtergesellschaft der staatlichen Firma »Kizlyar's Cognac Factory«)
Keine Besucher
www.kizlyar-cognac.ru (russisch)
Industrielle Weinfirma und Destillerie: ausgezeichnete Weine, Branntwein (»Kizlyar Cognac«, russischer Cognac), Whisky (»Whisky of Russia«)

Unten · Eingangstor zum Gelände der Kizlyar's Cognac Factory in der Region Dagestan. Hier produziert auch die Whisky of Russia Distillery.

Rechts · Mehrere solcher *pot stills* stehen in einem schön gestalteten *stillhouse* der Praskoveysky Distillery, Praskoveya, Stavropol.

Schweden

Betrachtet man den Whiskykonsum und die Anzahl von Whiskyclubs, liegt Schweden in der Rangfolge nicht nur in Skandinavien ziemlich weit vorne. Die importierten Whiskys stammen vor allem aus Irland und Schottland. Es wird aber auch einheimischer Whisky hergestellt. Nach ersten Tests im Jahr 1999 hat die sehenswerte Mackmyra Distillery in Valbo 2002 mit der Destillation von Whisky begonnen. Der erste Mackmyra kam 2006 in den Verkauf, ein Single Malt mit dem Namen »Preludium:01«. Seither hat diese Destillerie sich mit etlichen neuen Abfüllungen auch international etabliert und beste Werbung für die schwedischen Whiskys gemacht.

Der Erfolg von Mackmyra hat in Schweden eine Welle von Gründungen neuer Whiskydestillerien ausgelöst. Die meisten dieser neuen Destillerien werden ihre ersten Whiskys erst 2012 oder später auf den Markt bringen. Man darf gespannt sein, ob deren Qualität mit den von Mackmyra gesetzten Maßstäben mithalten kann.

Neben den nachstehend aufgelisteten Destillerien sind noch weitere im Aufbau begriffen, so zum Beispiel die Bergslagens Distillery in Nora (Örebro) oder die Gotland Whisky Distillery (Isle of Lime, Gotland).

Box Destilleri, Bjärtrå, Västernorrland

Box Kraftverk 140, 872 96 Bjärtrå (Kramfors)
(Box Destilleri AB, Roger Melander, Manager)
Besuche nach Voranmeldung, Führungen
www.boxwhisky.se
Gewerbliche Brennerei: Malt-Whisky (»Box Single Malt Whisky«); Whiskyherstellung seit 2010, erster Single Malt 2013

Grythyttan Whisky, Lillkyrka, Uppsala

Ekeberg, 70598 Lyllkyrka, Uppsala
(Grythyttan Whisky AB; Benny Borgh)
Besucher willkommen; Besucherzentrum mit Shop, Führungen
www.grythyttanwhisky.se
Gewerbliche Destillerie: Malt-Whisky; Produktionsstart war im Oktober 2010, Markteinführung der ersten Whiskys ungefähr 2014

Mackmyra Destilleri, Mackmyra, Valbo und Gävle, Gävleborgs län

Bruksgatan 4, 818 32 Valbo und Mackmyra Village, 801 84 Gävle
(Mackmyra Destilleri AB)
Besucher willkommen, Besucherzentrum
www.mackmyra.com
Gewerbliche Brennerei: Malt-Whisky (»Mackmyra Svensk Whisky« unter verschiedenen Bezeichnungen/ Serien: »Preludium«, »Special«, »Brukswhisky« usw.); erste Whiskyherstellungsversuche ab 1999, kommerzielle (industrielle) Destillerie seit 2002, erster Single Malt 2006
Wissenswertes:

Die Idee zur Errichtung der ersten Whiskydestillerie Schwedens hatten ein paar Studenten des Royal Institute

Unten · So sieht die neue »Gravitationsdestilleriet« (Gravitätsdestillerie) von Mackmyra aus: Hinter dem Gebäude befinden sich die Silos; ganz oben im Turm steht der Maischbottich, im ersten Stock des Anbaus sind die Gärbottiche und unter ihnen die beiden *stills*. Foto © Robin Hayes

Ganz unten · Erinnern an Schottland: die beiden *pot stills* in der Box Distillery in Bjärtrå.

of Technology in Stockholm auf einem Skiausflug im Jahr 1999. Aus der Idee wurde ein Projekt, und man machte sich professionell an die Arbeit, um die entsprechenden Abklärungen durchzuführen. Nachdem die notwendigen Bewilligungen vorlagen, wurden die ersten Destillierversuche unternommen. Im Jahr 2002 konnte schließlich die industrielle Produktion von Whisky aufgenommen werden. In einem ehemaligen kleinen Kraftwerk in der Gemeinde Mackmyra wurde in zwei *stills* von Forsyth aus Schottland gebrannt.

Die ersten Abfüllungen kamen in einer »Preludium«-Serie ab 2006 auf den Markt. Bis ins Jahr 2011 brachte Mackmyra neben den sechs »Preludiums« bereits über 15 weitere Abfüllungen heraus. Um den Bedürfnissen des Marktes gerecht werden zu können, musste die Brennerei in den Jahren 2010/2011 ausgebaut werden.

Unter dem Begriff »Gravitationsdestilleriet« wurde 2011 im ungefähr 10 Kilometer östlich der »alten« Destillerie entfernt liegenden kleinen Ort Gävle eine komplett neue, zweite Destillerie errichtet. In einem 35 Meter hohen Bau brachte man eine – nach den maßgebenden Leuten bei Mackmyra – gänzlich neue Art einer Destillerie unter. Sie wurde unter dem Gesichtspunkt des Energiesparens und der Schonung der Umwelt gebaut. Die Silos für das angelieferte Getreide sind in einem über die ganze Höhe des Gebäudes reichenden Anbau untergebracht. Die Prozesse folgen dann dem Gesetz der Gravitation. Der Zucker wird aus dem gemahlenen Getreide im ganz zuoberst im Gebäude stehenden Maischbottich mit heißem Wasser ausgewaschen und fließt dann ohne Hilfe von Pumpen in die einen Stock tiefer stehenden Gärbottiche und von dort wieder ohne Pumpen in die Zwischenlager und von diesen wiederum in die im Erdgeschoss stehenden *stills*

Die Gravitationsdestillerie wurde im Dezember 2011 eingeweiht.

Die Fässer (Ex-Bourbon, Ex-Sherry und neue Eichenfässer) werden nicht in der Destillerie selbst gelagert, sondern zum Teil in einer alten Mine in der Nähe der Brennerei. Weitere Lager befinden sich auf einer kleinen Insel (Stora Fjäderholmen) bei Stockholm und an zwei anderen Orten in Schweden.

Norrtelje Brenneri, Söderby, Norrtälje, Uppland
Lohärads Söderby PL 104 77, 761 72 Norrtälje
(Norrtelje Brenneri AB, Richard Jansson und Kristina Anerfält-Jansson)
Besuche nach Voranmeldung
www.norrteljebrenneri.se
Gewerbliche Brennerei: Obstbrände, Akvavit, andere Spirituosen, Malt-Whisky (»Roslags Eko Single Malt Whisky«); Whiskyherstellung seit 2009, erster Single Malt 2012

Smögen Whisky, Hunnebostrand, Västra Götaland
Ståleröd Ljungliden 1, 456 93 Hunnebostrand
(Smögen Whisky AB, Pär und Marie Caldenby)
Besuche je nach Saison nach Voranmeldung
www.smogenwhisky.se
Gewerbliche Brennerei: Malt-Whisky (»Smögen Single Malt Whisky«); Whiskyherstellung seit 2010, erster Single Malt 2014

Spirit of Hven, Sankt Ibb, Öresund
Norreborgsvägen 55, 26013 Sankt Ibb
(Backafallsbyn AB, Benny Borgh)
Besucher willkommen; Hotel und Restaurant, Destillerie
www.backafallsbyn.se
Gewerbliche Brennerei: Gin, Wodka, Akvavit, andere Destillate, Malt-Whisky (»Hven Urania Single Malt Whisky«); Whiskyherstellung seit 2008, erster Single Malt 1. Februar 2012

Wannborga på Öland, Köpingsvik, Öland
Övra Wannborga by 11, 387 96 Köpingsvik
(Wannborga på Öland AB)
Besucher willkommen; Restaurant, Weingut, Destillerie, Shop
www.wannborga.nu
Gewerbliches Weingut und Brennerei: Brandy, Grappa, Obstbrände, Malt-Whisky (»Wannborga Whisky – Single Malt«); Whiskyherstellung seit 2007, erster Single Malt 2010

Links unten · Die Kolonnenbrennerei in der Norrtelje Brenneri in Söderby hat einen speziellen *still*-Kopf.

Links ganz unten · Der *spirit and sample safe* der Spirit of Hven Distillery in Sankt Ibb ist ein beeindruckend großes Exemplar.

Unten · Die Destillerie Smögen Whisky an der Westküste Schwedens hatte Ende 2011 schon eine Reihe Fässer, darunter auch *Baby Whisky* aus lokaler Gerste an Lager.

Ganz unten · Diese schöne Kolonnenbrennerei steht bei Wannborga, einem Weingut mit angeschlossener Destillerie in Köpingsvik.

Spanien

Die Spanier lieben den Whisky nicht nur als Aperitif oder Digestif. Sie genießen ihn auch gerne nach dem Feierabend zu den typischen Tapas. Oft ziehen sie ihn sogar dem einheimischen Sherry vor. Seit vielen Jahren nehmen die Bewohner der iberischen Halbinsel in Bezug auf das Konsumieren von Whiskys weltweit eine der Spitzenpositionen ein. Wenn man auch die in Containern importierten Malts mit einberechnet, stammt der größte Teil der in Spanien getrunkenen Whiskys aus Schottland.

Die heute größte Whiskydestillerie in Spanien ist die DYC. Sie befindet sich in Palazuelos de Eresma, in der Nähe der schönen alten Stadt Segovia nordwestlich von Madrid (siehe Beschreibung unten).

Im Südwesten Spaniens wurde die Destilerie Liber in Padul am Fuß der Sierra Nevada um eine Whiskybrennerei erweitert. Sie stellt ausschließlich Malt-Whiskys her. 2007 brachte sie den »Embrujo de Granada« auf den Markt, den ersten spanischen Single Malt.

Bis zum Beginn des 3. Jahrtausends gab es in Spanien weitere zwei große Brennereibetriebe, die ebenfalls Whiskys herstellten:

Die Destilerias del Penedes in Gelida (bei Barcelona) importierte schottische Malt-Whiskys in großen Mengen, mischte sie mit selbst hergestellten Grains und vermarktete sie als »Gold & Black Whisky«. 2001 hat die französische Firma Bardinet die Destillerie übernommen. Bardinet importiert heute die verschiedensten Whiskys (Blended und Single Malt) aus schottischen und amerikanischen Destillerien. Die meisten von Bardinet importierten schottischen

Whiskys stammen aus der Destillerie Glen Turner, die – wie auch Bardinet – zur französischen Gruppe La Martiniquaise gehört. Der »Gold & Black Whisky« wird nicht mehr produziert.

Die zweite Destillerie war Teichenné in Bellvei del Penedès in der Nähe von Barcelona. Diese Firma stellte eine Zeit lang selbst Blends her. Die für den »Old Level« in Schottland und den USA eingekauften Whiskys wurden mit in Spanien produzierten Grain Whiskys geblendet und abgefüllt. Die Marke »Old Level« existiert immer noch. Die Blends, die diesen Namen tragen – darunter gibt es sogar 3-Jährige –, werden heute jedoch komplett aus Schottland importiert.

Die spanischen Whisky-Destillerien werden in alphabetischer Reihenfolge vorgestellt.

Destileria Liber, Padul, Granada

Polígono Industrial La Paloma, Calle Mulhacén, 18640 Padul, Granada
(Liber S.L., Destilerías y Distribuciones; Francisco (Fran) Peregrina)
Besuche nach Voranmeldung; Führungen
www.destileriasliber.com
Industrielle Destillerie: Rum, Wodka, andere Destillate, Malt-Whiskys (»Embrujo de Granada – Whisky Puro Malta«); Whiskyproduktion seit 2002, Single Malt seit 2007 (erster spanischer Single Malt)

DYC, Destilerias y Crianza del Whisky S.A., Palazuelos de Eresma, Castilla y León, Segovia

Paraje Molino del Arco, 40194 Palazuelos de Eresma
Besucherzentrum; Führungen und Degustationen
www.dyc.es
Industrielle Destillerie: Grain- und Malt-Whiskys (»DYC Blended Whisky«, »DYC Pure Malt« und »DYC Single Malt Collección Barricas«)

Wissenswertes:

Die Destilerias y Crianza del Whisky S.A. (DYC) ist eine große spanische Spirituosenfirma. Zu ihr gehört die Großdestillerie Molina del Arco in Palazuelos de Eresma bei Segovia (nordöstlich von Madrid), die 1958 gegründet wurde. 1959 machte man die ersten Whiskydestillierversuche, und schon 1963 brachte man die ersten Whiskys auf den Markt. Sie waren in ganz Spanien schnell beliebt, und die Produktion konnte laufend gesteigert werden. Gestartet wurde 1959 mit 1 Million Liter Alkohol. In den 1980er-Jahren betrug die Produktionsmenge bereits mehr als 20 Millionen Liter. Bei DYC werden sowohl Malt- als auch Grain-Whiskys hergestellt.

Die DYC expandierte schon bald ins Ausland. 1973 kaufte sie die im östlichen Hochland Schottlands liegende Destillerie Lochside, in der sowohl Grain- als auch Malt-Whiskys produziert wurden. Die dortige Grain-Produktion wurde jedoch kurz nach der Übernahme stillgelegt. Die weiterhin produzierten Malt-Whiskys wurden größtenteils in Containern nach Spanien gebracht und dort den Blends der DYC beigemischt, bis 1991 auch die Malt-Destillerie Lochside geschlossen wurde. Die Malt-Whiskys im DYC Blend stammen heute zu einem Teil aus eigener, spanischer Produktion und aus Schottland. Nachdem die DYC seit ein paar Jahren zum amerikanischen Großkonzern Beam Inc. gehört, dürften bei den letzteren auch Malts aus den ihm gehörenden Destillerien Ardmore und Laphroaig sein.

Die pot stills, die in der Großdestillerie in Palazuelos de Eresma neben den continuous stills stehen, sehen aus, als kämen sie aus Schottland. Sie sind aber in einer Kupferschmiede in Madrid hergestellt worden.

Die Whiskys der DYC – hauptsächlich Blends – sind nicht nur in Spanien, sondern auch in Lateinamerika sehr beliebt. Sie haben in diesen Regionen einen hohen Marktanteil. Die DYC-Whiskys zählen zu den 80 am meisten getrunkenen Whiskymarken der Welt.

653

Unten · In diesen beiden *pot stills* in der Destileria Liber in Granada wird der in Spanien berühmte »Embrujo de Granada«, ein Single Malt, gebrannt.

Unten rechts · Im *stillhouse* der DYC in Palazuelos de Eresma stehen sechs solche *pot stills* für die Produktion der für Single Malts wie auch Blends benötigten Malt Whiskys.

Tschechische Republik

Tschechien ist seit vielen Jahrhunderten weltberühmt für eine außerordentlich hoch stehende Bierkultur (Budweiser und Pilsner sind dafür nur zwei Beispiele). Außerdem besitzt es auch ausgezeichnete Destillerien. Sehr alte Rezepte und heute noch bekannte und gern getrunkene Kräuterschnäpse stammen aus diesem Land. Der hohe Stand der Destillationskunst veranlasste die italienische Firma Stock in den 1920er-Jahren, die Produktion ihres Fernet aus Italien nach Böhmen in die Nähe von Pilsen zu verlegen. Dass in der Tschechischen Republik Whiskys destilliert werden, kann daher nicht verwundern.

Mit der Produktion von Whisky wurde in der heutigen Tschechischen Republik nach dem Zweiten Weltkrieg noch unter kommunistischer Herrschaft begonnen. Das schottische Original war zu jener Zeit in diesem Land nicht erhältlich, aber durch den Export des tschechischen Whiskys in die Länder des ehemaligen Ostblocks konnten dringend benötigte Devisen beschafft werden.

In der Tschechischen Republik gab es noch bis vor Kurzem zwei international bekannte Destillerien, die neben anderen Destillaten auch Whiskys herstellten. Die Destillerie Stock produziert auch heute immer noch Whiskys (siehe unten). Die Firma Seliko, die Destillerien in Testice und Dolony in der Nähe von Olomouc (Olmütz) besaß, machte jedoch vor ein paar Jahren Konkurs. Den Single Malt mit dem Namen »King Barley«, den Seliko produzierte, gibt es schon lange nicht mehr. Der Whisky »Gold Cock« wurde einerseits als Blend und andererseits als Single Malt in verschiedenen Altersstufen (bis 12 Jahre) produziert. Die Firma Robert Jelínek in Vizovice, die die verschiedenen Marken von Seliko übernahm, hat einige davon ins Produktionsprogramm aufgenommen. Zu den Marken, die nach der Übernahme zuerst nicht mehr weitergeführt

wurden, gehörte auch der Whisky. Jelínek hat aber in den letzten Monaten die Produktion wieder aufgenommen und sogar in seinem sehr schönen Besucherzentrum ein kleines Whiskymuseum zu Ehren des »Gold Cock« eröffnet.

Obwohl ihre Whiskys den Vergleich mit einigen schottischen nicht zu scheuen brauchen, hatten und haben die Destillerien in der Tschechischen Republik seit der Aufhebung des Eisernen Vorhangs große Absatzprobleme. Die Hauptabsatzgebiete für ihre Whiskymarken waren immer die Staaten im Osten. Nach der Öffnung des Marktes zum und vom Westen sind heute die schottischen, irischen und amerikanischen Whiskys eine harte Konkurrenz für die einheimischen Produkte – nicht nur in ihrem eigenen Land, sondern auch in allen anderen östlichen Ländern.

Deviseneinnahmen können heutzutage durch die Malzherstellung für Whiskys erzielt werden. Das tschechische Malz, das nach schottischem Vorbild hergestellt wird, ist ausgezeichnet. Obwohl es auch in Tschechien Torfvorkommen gibt, wird der dabei verwendete Torf größtenteils aus Schottland importiert. Ein bedeutender Abnehmer von tschechischem Malz für die Whiskyherstellung ist zum Beispiel der japanische Gigant Suntory.

R. Jelínek, Vizovice, Okres Zlín

Razov 472, 763 12 Vizovice
(Rudolf Jelínek A.S.)
Besucher willkommen; großes Besucherzentrum »Distillery Land« mit Shop, Führungen, Museum usw.
de.rjelinek.cz (deutsch)
Industrielle Destillerie: Pflaumen-Edelbrand (»Slivovice«), Obstbrände, Likör, Wodka, Whisky (»Gold Cock Blend«, »Gold Cock Single Malt«)

Stock Pilsen, Pilsen, Böhmen

Palírenská 641/2, 326 00 Pilsen-Božkov
(Stock Pilsen – Božkov s.r.o.)
Keine Besuchereinrichtungen
www.stock.cz
Getränkekonzern mit Destillerien in Pilsen und Pradlo: verschiedenste Destillate und Liköre, Fernet, Grain- und Malt-Whisky (»Printer's Whisky – Fine Blended«)

Links · Die alte Schwarzbrennerei vor einem der Fasslager ist ein Teil des Museums von R. Jelinek in Vizovice.

Unten · Stock betreibt zwei Destillerien in Tschechien. Diese moderne steht in Pilsen, eine zweite, ältere, aus ihr stammen die Whiskys, befindet sich in Pradlo.

Türkei

Auch in der Türkei werden Whiskys produziert und konsumiert. Alle türkischen Destillerien gehörten bis ins Jahr 2004 zum staatlichen Unternehmen Tekel, das das Monopol für Tabak, Tabakerzeugnisse, Salz und Alkohol besaß. Seit 2003 waren jedoch Bestrebungen im Gang, die einzelnen Unternehmensteile (Tabak, Alkohol usw.) zu privatisieren. Der Unternehmensteil Tabak fand erst Anfang 2011 einen Käufer. Schneller ging es bei den Destillerien und Weinfirmen.

Der türkische Staat verkaufte den Alkoholteil, der in der Firma Tekel zusammengefasst war, an eine Gruppe, bestehend aus vier Firmen: Nurol Holding, Özaltın Insaat, Limak Insaat und Tütsab. Diese Gruppe verkaufte die noch den Namen Tekel führende Firma im Jahr 2006 an die amerikanische Investitionsgesellschaft Texas Pacific Group. Von dieser ging sie Anfang 2011 an den Spirituosenmulti Diageo plc. Die Firma – sie heißt heute Mey Içki Sanayi ve Ticaret A.S. – produziert die Destillate und Weine der ehemaligen Tekel weiter. Bei Tekel wurden seit den 1960er-Jahren auch »Whiskys« produziert. Sie bestanden aus Reis, gemälztem Roggen und einem Teil Gerstenmalz. Die Whiskys – ein Blend aus diesen Rohprodukten sowie ein 3- und 5-jähriger Single Malt, bei dem die Zusammensetzung nicht klar ist – werden auch exportiert. Sie sind auch in den deutschsprachigen Ländern in türkischen Fachgeschäften erhältlich. Ob sie unter Diageo plc weiter hergestellt werden, ist mir nicht bekannt.

Mey Içki Sanayi ve Ticaret A.S., Sisli

Abide-i Hurriyet Cad 211, Bolkan Center, B Blok, Sisli, Istanbul 34381, Turkey
Keine Besucher
www.mey.com.tr
Industrielle Gruppe mit Weingütern und Destillerien: Wein, Raki, Gin, Wodka, Cognac, andere Spirituosen, Gersten-Roggen-Reis-Whisky (»Ankara Viski«), Malt-Whisky (»Ankara Malt Viski«); Beginn der Whiskyherstellung Anfang der 1960er-Jahre

Blick in die Whiskydestillerie von Mey Içki in Sisli bei Istanbul.

Afrika

Whiskys aus Afrika

Südafrika

656

Auf dem afrikanischen Kontinent wird in verschiedenen Ländern Whisky gebrannt, vor allem aber in den ehemaligen englischen Kolonien. Die Qualität der meisten Produkte entspricht jedoch nicht gerade gehobenen Ansprüchen. Außerdem ist oft nicht bekannt, welche Rohprodukte verwendet wurden. Die einzigen Whiskys, die diesen Namen auch verdienen und zudem international bekannt sind, stammen aus der Republik Südafrika. Südafrika ist insofern deshalb auch das einzige afrikanische Land, dessen Whiskys und Destillerien hier vorgestellt werden.

Unten · Die James Sedgwick Distillery besitzt einen als Bürogebäude benutzten *kiln*.

Ganz unten · In diesen beiden *pot stills* werden die Malt Whiskys auch für die »Three Ships«-Reihe destilliert.

Rechts · Moritz Kallmeyer von der Drayman's Brewery and Distillery in Pretoria steht bei seiner kleinen *still*, in der er seine Whiskys brennt.

Unten rechts · Die Drayman's Brewery and Distillery erinnert stark an ein bayerisches Anwesen. Auf dem Gemälde am linken Bildrand ist zu lesen: Hopfen und Malz – Gott erhalts!

Vorherige Seite · Ein großartiges Naturschauspiel: einer der Augrabies Wasserfälle im gleichnamigen Park in Südafrika.
Foto © Rodney Jones

In Südafrika gibt es nur zwei Destillerien, die Whiskys in der Art und Weise der großen Whiskynationen herstellen. Eine der beiden Destillerien ist sozusagen eine One-Man-Show von Moritz Kallmeyer. 1996 begann er in der Garage seines Hauses in Pretoria Bier zu brauen. Im Jahr 2000 eröffnete er dann aber im Industriegebiet Silverton von Pretoria eine wirklich produktive Mikrobrauerei mit dem Namen Drayman's Brewery. Seit 2006 heißt die kleine Firma Drayman's Brewery and Distillery. In diesem Jahr nahm Moritz Kallmeyer in einer der Brauerei neu angegliederten Destillerie auch die Whiskyproduktion auf. Er arbeitet als Chef seiner immer noch kleinen Firma jedoch nach wie vor voll als Brauer und Brenner. Es gehen ihm jedoch seit ein paar Jahren auch ein paar Hilfskräfte zur Hand. Seit dem Jahr 2010 sind zwei Whiskyarten aus seiner Destillerie auf dem südafrikanischen Markt erhältlich. Der »Drayman's Single Malt Whisky« ist ein komplett südafrikanischer, nach schottischem Vorbild destillierter und gelagerter Malt-Whisky. Beim zweiten — er trägt den Namen »Drayman's Solera Whisky« — handelt es sich um einen Blend aus schottischen und eigenen Whiskys, die gemischt und dann in einem Mini-Solera-Verfahren (einem spanischen Weinblendingverfahren, das in Schottland auch von der Destillerie Glenfiddich praktiziert wird) gealtert wird.

Das genaue Gegenteil der Kleinfirma Drayman's Brewery and Distillery ist der zweite Produzent von Whiskys in Südafrika. Die Distell Group Limited ist ein richtiger Konzern mit über 4000 Angestellten. Die Firma hat ihren Hauptsitz in Stellenbosch, etwa 80 Kilometer nordöstlich von Kapstadt. Die Produktionsbetriebe befinden sich an über 20 verschiedenen Standorten. Einer dieser Produktionsbetriebe ist die James Sedgwick Distillery in Wellington. Aus dieser Destillerie kommen die verschiedenen Whiskys, die zum Wiederaufleben der Whiskyherstellung in Südafrika beigetragen haben. Die schöne Destillerie besitzt eine Pagoda nach dem Vorbild der schottischen *kilns*. Distell produziert sowohl Malt- als auch Grain-Whiskys. Die wichtigsten Marken aus der Destillerie James Sedgwick sind: »Bain's Cape Mountain Whisky«, ein rein südafrikanischer Single Grain; »Harrier Whisky« und »Knights Whisky« sind Blends aus schottischen und südafrikanischen Whiskys, beide sind als jeweils als 3-Jährige seit der ersten Hälfte der 1990er-Jahre auf dem Markt. Seit 2005 ist der »Three Ships Whisky«

wieder erhältlich, diese alte Whiskymarke wurde lange Zeit nicht mehr produziert. Er ist der erste rein südafrikanische Blend, das heißt sowohl Malt- wie Grain-Whisky sind einheimische Produkte.

Neben diesen beiden Produzenten sind weitere Firmen — darunter auch Brauereien — in der Abklärungsphase für den Aufbau eigener Whiskybrennereien. Wir können gespannt sein, was uns Südafrika in Zukunft noch bieten wird. Die Whiskys von Drayman's wie auch die »besseren« von Distell sind von wirklich guter Qualität.

Drayman's Brewery and Distillery, Silverton, Pretoria

222 Dykor Road, Silverton, Pretoria 0127, Südafrika
(Moritz Kallmeyer)
Besuche nach Voranmeldung; kleiner Shop
www.draymans.com
Gewerbliche Brauerei und Destillerie: Bier, Whisky
(»Drayman's Single Malt Whisky«, »Drayman's Solera Whisky«)

James Sedgwick Distillery, Wellington

Distillery Road, Wellington 7655, Südafrika
(Distell Group Limited)
Besuche nach Voranmeldung; Besucherzentrum in Planung
www.threeshipswhisky.co.za
www.distell.co.za
Industrielle Destillerie: Whisky (»Bain's Cape Mountain Whisky«, »Harrier Whisky«, »Knights Whisky« und die Topmarke »Three Ships Whisky«; die Destillerie ist schon über 125 Jahre alt und gehört zu den modernsten der Welt.

Asien

Thailand

Thailand hat bis zum Beginn seiner Wirtschaftskrise gegen Ende des Jahres 1997 in Bezug auf Whisky beinahe dieselbe Entwicklung genommen wie Südkorea.

Der Import von Whiskys stieg auch in diesem Land ab dem Jahr 1986 sprunghaft an. Thailand importierte viele billige Blends in riesigen Mengen. Doch nach 1997 kam es zu größten Absatzschwierigkeiten. Nicht so stark betroffen waren die im Land selbst hergestellten und als Whisky bezeichneten Destillate. Sie bestehen zum großen Teil aus bis zu 95 Prozent Reisdestillat, das mit Wasser verdünnt wurde. Ihr Aroma erhalten sie von braunem Zucker, Karamell und einer nicht näher definierten Essenz mit der Bezeichnung »60«. Dabei könnte es sich um Malzextrakt handeln. Den besseren thailändischen Blends wird auch ein wenig schottischer Malt beigemischt.

Ein einziges, heute leider nicht mehr existierendes Produkt hätte den Namen Whisky verdient: der »Master Blend« von Seagram, der aus einheimischem Grain- und schottischem Malt-Whisky bestand.

Bis zum Jahr 1999 wurde ausschließlich in staatseigenen Destillerien gebrannt. In diesem Jahr fiel jedoch das bis dahin geltende Staatsmonopol für die Alkoholproduktion definitiv. Dennoch stammt auch heute noch der Großteil der Whiskys aus den ehemaligen Staatsbetrieben. Der weit-

aus größte Teil dieser wirklich bedeutenden Destillerien wurde vom Riesenkonzern Thai Beverage plc übernommen (www.thaibev.com). Zu ihm gehört unter anderem auch die Inver House-Gruppe in Schottland mit ihren Destillerien (Balmenach, Pulteney, Knockdhu usw.).

Von der United Winery And Distillery Co. Ltd. (Thai Bev) in Bangplad (Bangkok) kommen der »Black Cat Whisky« (ein thailändischer Blend mit Zugabe von Malt-Whiskys) und der »V.O. Thai Whisky« (aus Weizen und Gerstenmalz und anderen Zutaten).

Aus der (Thai Bev) Sura Bangyikhan Distillery in einem Vorort von Bangkok kommt der wohl bekannteste »Whisky« aus Thailand, der »Mekhong Whisky«. Da er aus 95 Prozent Zuckermelasse und 5% Reis besteht, handelt es sich bei ihm aber eher um einen Rum. Der »Hong Tong« aus der gleichen Destillerie hat eine ähnliche Zusammensetzung.

Thai Bev hat zusätzlich noch eine Reihe anderer Whiskys im Angebot. Sie stammen jedoch aus einer anderen Destillerie, der Red Bull Distillery aus einem westlichen Vorort von Bangkok. Die Zusammensetzung dieser Whiskys beschreibt Thai Bev in ihrer Werbung folgendermaßen: »Das Produkt ist eine Art Liqueur, bestehend aus einer Mischung von Destillaten aus unterschiedlichen Getreidearten wie verschiedenen Sorten Reis, Malz, Mais usw., die einen Alkoholgehalt von 55 bis 95 Prozent haben. Diese Mischung wird mit destilliertem Wasser auf einen bestimmten Alkoholgehalt reduziert. Das Resultat wird zum Altern in angekohlte Eichenfässer abgefüllt und dort für mindestens zwei Jahre gelagert. Bevor er in Flaschen abgefüllt wird, kann der Whisky weiter gemischt werden, um die gewünschte Farbe, den gewünschten Geschmack und das richtige Aroma zu bekommen.«

Derart produzierte Whiskys sind zum Beispiel »Crown 99«, »Blend 285« und »Blue«.

Von den neuen Marken aus ein paar kleinen privaten Destillerien konnte sich noch keine so richtig durchsetzen.

Weitere Länder Asiens

In verschiedensten anderen Ländern Asiens werden ebenfalls Whiskys hergestellt. Sie entsprechen in ihrer Herstellung und Qualität in etwa den ebenfalls als Whisky verkauften Produkten aus Thailand.

Destillerien gibt es beispielsweise (ich führe pro Land jeweils eine Destillerie mit einem Produkt an) in

- Bhutan (Ghelepu Distillery, »Coronation Silver Jubilee CSJ Whisky«);
- Laos (das häufig von Touristen besuchte Whiskey Village in Luang Prabang mit den Schlangen und Skorpionen im selbstgebrannten »Whiskey«);
- Myanmar/Burma (Peace Myanmar Group Co. Ltd., »Myanmar Whisky«);
- Nepal (Shree Distillery Pvt. Ltd., »Mount Everest Whisky«);
- Vietnam (im Mekong Delta findet man die gleichen, selbstgebrannten »Whiskeyarten« mit Zugaben wie in Laos); usw.

Oben · So gut wie jeder organisiert nach Laos reisende Tourist muss das Whiskey Village in Luang Prabang Besuchern und darf die hausgemachten Destillate (sie werden tatsächlich Whiskey genannt) samt Zugaben »bewundern«. Einige kaufen das Zeug sogar.

Links oben · Gärbottiche in einer der Destillerien des Thai Bev Konzerns.

Links Mitte · Die *column stills* stehen in einem offenen *stillhouse* (Thai Bev).

Unten · Blick in eines der riesigen Fasslager von Thai Bev.

Asien

Whiskys aus Asien

Auf dem bevölkerungsreichsten Kontinent der Erde wird in verschiedenen Ländern Whisky destilliert und genossen. Neben Japan, dem Land der aufgehenden Sonne, gehört das größtenteils hinduistische Indien zu den größten Whisky produzierenden und trinkenden Nationen der Welt. Allerdings werden in Indien unter dem Begriff Whisky in einigen Fällen Destillate angeboten, die nicht einmal im weitesten Sinn etwas mit dem Wasser des Lebens, wie wir es kennen, zu tun haben. Das Gleiche gilt für die Whiskys aus weiteren asiatischen Staaten. Sehr oft wird dort ein Produkt hergestellt, abgefüllt und verkauft, das nichts, aber auch gar nichts mit einem aus einer Getreidemaische durch Gärung und Brennen gewonnenen Destillat zu tun hat. Und trotzdem wird es als Whisky bezeichnet. Es darf sogar von Rechts wegen so genannt werden. In den USA hat ein Gericht im Jahr 2004 entschieden, dass derartige Destillate als Whisky deklariert werden dürfen.

Destillate unter dem Namen Whisky werden in fast allen Staaten Asiens hergestellt. Der folgende kurze Überblick über die Whiskys aus den Ländern Asiens (in alphabetischer Reihenfolge) beschränkt sich auf die wichtigsten Länder und Destillerien. Nebenbei werden aber auch ein paar Exoten (wie zum Beispiel Pakistan) erwähnt.

Vorherige Seite • Die Chinesische Mauer (Simatai Sektion) 120 Kilometer nordöstlich von Peking. Foto © Adrian Tritschler.

Unten • Gemälde im Liquor Museum Moutai.

Rechts • In der Likörabfüllabteilung der Renhuai Distillery.

Unten rechts • Verwaltungsgebäude der Wuliangye Distillery.

China

Im Reich der Mitte, dem bevölkerungsreichsten Land der Erde, gab es bereits vor der teilweisen politischen Öffnung mehrere Destillerien. Diese produzieren seit ein paar Jahren neben anderen Spirituosen (darunter hauptsächlich den typischen und weit verbreiteten aus Reis gewonnen Destillaten) ebenfalls Whiskys. Neben den im Land selbst hergestellten Arten beschränkt sich der Genuss von Whiskys in China hauptsächlich auf Blended Whiskys. Diese mischt man sehr oft der am liebsten getrunkenen Art von Ice Tea – gekühltem grünem Tee – bei. Single Malts werden in China dagegen immer noch nicht wirklich oft genossen.

Im Jahr 1988 ging die Shanghai Distillers Group mit dem Getränkekonzern Seagram (Kanada) ein Joint Venture ein. Dieses Abkommen war das erste zwischen einer chinesischen und einer westlichen Gruppe. Infolge dieser Zusammenarbeit entstand der erste vollständig in China hergestellte Whisky: ein Blend mit dem Namen »Seagram's 7 Star«, der schon bald einen neuen Namen erhielt, nämlich »D'Accord Whisky«. Unter dem Namen »D'Accord« existierte bis Ende der 2000er-Jahre eine Produktelinie, die neben Whisky auch Gin, Wodka, Brandy usw. umfasste.

Die China Kweichow Moutai Distillery (Group) Co. Ltd. – eine große staatliche Weinproduzentin mit angeschlossener Destillerie in Renhuai, Provinz Guizhou – stellt neben den verschiedensten Reisweinsorten und Destillaten auch Whiskys her. Diese werden unter dem Namen »Mutai Whisky« in verschiedenen Alkoholstärken angeboten. Woraus der Whisky hergestellt wird, ist ein Geheimnis. Er hat – gemäß Werbung – eine optimale Kombination aus chinesischen und westlichen Geschmacksnoten. In Renhuai absolut sehenswert ist die National Liquor Culture City mit sieben Museen, die sich mit der Kultur alkoholischer Getränke in China befassen. Jedes Museum deckt mit einzigartigen Objekten je eine Zeitperiode ab: von den verschiedenen Dynastien (Han, Tang, Song, Yuan, Ming und Qing) bis zur Gegenwart.

Aus der riesigen staatlichen Brauerei und Destillerie Wuliangye in Yibin (Sichuan) kommt ein Whisky mit dem Na-

men »Ampenas«. Auch bei diesem Blend ist nicht bekannt (beziehungsweise wird nicht bekannt gegeben), woraus er hergestellt wird. Auch Wuliangye hat eine große Ausstellungshalle und nennt sein Areal Liquor City. Die Brauerei und Destillerie beschäftigt über 20 000 Mitarbeiter.

Neben diesen »Riesen« existieren weitere Destillerien, die aber nur für den Inlandsmarkt Whiskys produzieren. Whiskys aus den Großbetrieben werden dagegen auch exportiert – zusammen mit den Reisbränden, die den Löwenanteil des Exports ausmachen.

Renhuai Distillery, Renhuai, Sichuan

Kweichow Renhuai City, Moutai Town, Renhuai, Sichuan, China
(China Kweichow Moutai Distillery [Group] Co. Ltd.)
Keine Besucher, jedoch ein Supermuseum (National Liquor Culture City)
www.china-moutai.com/en (englisch)
Industrielle Großdestillerie: verschiedenste Destillate, Whisky (»Mutai Whisky«)

Wuliangye Distillery, Yibin, Sichuan

150 West Minjiang Road, Yibin, Sichuan, China
(Wuliangye Group)
Besucher willkommen: Große Ausstellungshalle; keine Destillieriebesichtigungen
www.wuliangye.com.cn/en (englisch)
Industrielle Großdestillerie: verschiedenste Destillate, Whisky (»Ampenas Whisky«)

Indien

Die ersten Destillerien in Indien entstanden während der Besetzung der indischen Staaten durch die britischen Truppen. Die jahrelange britische Herrschaft ist die Erklärung dafür, warum Indien zu den Ländern zählt, in denen viel Whisky getrunken und hergestellt wird.

Nach dem Erreichen der Unabhängigkeit führte Indien zuerst ein totales Alkoholverbot ein. Die Destillerien mussten schließen, oder sie produzierten illegal weiter, bis das Alkoholverbot in den meisten Staaten dieses vielschichtigen Staatenbundes wieder aufgehoben wurde. Es gibt heute in Indien nur noch drei »trockene« Staaten.

Indien ist im Verlauf der letzten Jahrzehnte zu einem der bedeutendsten Whiskyproduzenten der Welt geworden. Der Whiskyausstoß ist heute schon größer als derjenige Japans. Das ist vor allem auf den sehr großen Absatz im eigenen Land zurückzuführen. Zudem konnten in den letzten Jahren wegen der tiefen Preise auch erste Exporterfolge (überwiegend in andere asiatische Länder) verzeichnet werden.

Die zahlreichen Destillerien Indiens sind über das ganze Land verstreut. In über 20 von ihnen werden auch sogenannte Malt-Whiskys hergestellt. Darunter darf man sich aber nicht die zum Beispiel in Schottland oder Irland hergestellten Produkte gleichen Namens vorstellen. Eigentlich wäre die Bezeichnung Rum zutreffender, weil der Großteil der indischen Malt-Whiskys aus Melasse gebrannt wird. Den Namen Malt-Whisky verdanken die Destillate dem Umstand, dass ihnen eine kleine Menge an Malzextrakten beigemischt wurde, um den Whiskys den Malzgeschmack zu geben.

Die andere indische Whiskysorte wird als Blend verkauft. Sie besteht aus einheimischen Grain- oder »Malt«-Whiskys, die mit neutralem indischem Alkohol vermischt wurden. Bessere indische Blends können zum Teil auch aus Schottland und anderen Ländern eingeführte Malt-Whiskys enthalten.

Es gibt in Indien bis heute eigentlich nur einen erwähnenswerten echten Single Malt, der auch im Export große Erfolge feiern kann, den »Amrut«. Er wird in der Destillerie mit dem gleichen Namen in der südindischen Stadt Bangalore destilliert und abgefüllt. Neben verschiedenen Whiskyarten (Blended Whisky, Blended Malt Whisky, Single Malt) werden bei Amrut auch Brandy, Gin, Rum und Wodka hergestellt. Die Amrut Distilleries Limited ist Teil des großen Industriekonzerns N.R. Jagdale Group, der in verschiedenen Branchen – unter anderem auch in der Produktion von nichtalkoholischen Getränken – tätig ist.

Die weiteren wichtigeren Whiskyproduzenten Indiens (in alphabetischer Reihenfolge) sind:

Allied Blenders and Distillers Ltd. (www.abdindia.com) mit Sitz in Mumbai (Bombay) stellt in drei eigenen und einer großen Zahl von Kontraktbetrieben (im ganzen 36 Destillerien) unter anderem die Nummer 2 der indischen Whiskys her: den »Officer's Choice«. Dabei handelt sich um einen Blend aus indischen Malt-Destillaten und neutralem indischem Alkohol.

Die Jagatjit Industries Limited (Sitz in New Delhi, www.jagatjit.com) produziert an sieben Orten über Indien verteilt unter dem Label »Aristocrat«, Brandy, Rum, Gin usw. Auch Whiskys werden unter diesem Namen als »Premium Malt«, »Black Whisky« usw. abgefüllt.

Khoday India Limited in Bangalore im Bundesstaat Karnataka im südlichen Indien produziert neben anderen Destillaten mit dem »Peter Scot« einen für den lokalen Markt bestimmten Whisky. Es handelt sich bei ihm um einen Blend mit unbekannter Zusammensetzung.

Die Firma Mohan Meakin (www.mohanmeakin.com) destilliert an drei Standorten: in Kasauli in der Himalajaregion (Himachal Pradesh), in Lucknow (Lakhnau), der Hauptstadt des Bundesstaates Uttar Pradesh, und in Mohan Nagar (Ghaziabad) im gleichen Bundesstaat. Sie stellt neben Brandys und Gins auch um die zehn Whiskymarken her, darunter die bekannten Marken »Colonel's Special«, »Diplomat Deluxe« und »Black Knight«.

»Delight Fine Whisky« und »Malabar Malt Whisky« heißen die beiden »Whiskys« der Premier Distilleries Pvt. Ltd. (www.premierdistilleries.com) aus dem Süden Indiens. Bei beiden ist die Zusammensetzung nicht bekannt.

Der Spirituosenkonzern Radico Khaitan Ltd. betreibt in Rampur (Uttar Pradesh) eine der größten Destillerien Indiens. Sie stellt neben Rum, Wodka, Brandy usw. auch Whiskys her. Zu den bekannteren Marken gehören der »8 PM Whisky«, der »Royal Whitehall« und der »After Dark«. Sie enthalten indische Grain-Whiskys und zum Teil auch schottische Malt-Whiskys.

In Rangpo (Sikkim) produziert die Sikkim Distilleries Ltd. (sie wurde bereits 1954 gegründet) neben anderen Spirituosen auch verschiedene Whiskyarten, darunter den »Sikkim Old Gold Single Malt Whisky«. Einige der Whiskys sind Blends mit importierten Whiskysorten.

Die Som Distillery Group (www.som-group.in) stellt neben anderen Destillaten auch ein paar nur für den indischen Markt bestimmte Whiskysorten her. So zum Beispiel »He-Man XXX Whisky, »Super Master Whisky« oder »21st Century Whisky«.

South Seas Distilleries & Breweries Pvt. Ltd. (www.southseasdistilleries.com), eine in Tardeo bei Mumbai (Bombay) ansässige Firma, produziert nicht nur Wodka, Gin, Rum, sondern auch die beiden Whiskys »Million Dollar Whisky«, »Gold Rush Superior Whisky«. Bei beiden Blends ist die Zusammensetzung nicht bekannt.

Die in Bezug auf die produzierte Menge größte Spirituosenfirma der Welt ist die indische United Spirits Limited (USL) (www.unitedspirits.in). Sie besitzt große indische Marken und über 60 Destillerien in Indien, Sikkim und Nepal. Sie ist auch Eigentümerin der White & Mackay Gruppe mit ihren Destillerien in Schottland. Zu den indischen Marken der USL gehört unter anderem der »Antiquary« (ein Blend aus schottischen und indischen Malt-Whiskys und indischem Alkohol). Der »McDowell's Signature« besteht aus einer ähnlichen Mischung. »McDowells N° 1« und »McDowells N° 1 Platinum« sind zwei weitere Bestseller (beides indische Blends). Der »Royal Challenge« stammt aus der von der USL im Jahr 2005 übernommenen Destillerie Shaw Wallace. Dieser Blend ist der meistverkaufte Premium Whisky Indiens. Zum Angebot der USL gehört auch die Topmarke »Bagpiper« (ebenfalls ein Blend).

Hier die Adressen der bei uns bekanntesten, nicht zu den Riesen-Konzernen gehörenden Destillerien in Indien. Für die den indischen Markt dominierenden Konzerne mit den jeweils vielen zu ihnen gehörenden und über das ganze Land verteilten Destillerien wurde im Text oben jeweils die Internetadresse angegeben.

Amrut Distillery, Bangalore

36 Sampangi Tank Road, Bangalore 560 027, Indien
(Amrut Distilleries Ltd.)
Besuche nach Voranmeldung
www.amrutdistilleries.com
www.amrutwhisky.co.uk (beide englisch)

Unten links · Die modernen Gebäude der Destillerie Amrut.

Unten · Auch in der Amrut Distillery werden die Fässer angekohlt (getoastet).

Industrielle Destillerie: Wodka, Rum, Gin, Brandy, Whisky (»Amrut Single Malt«, »MaQ Scotch«, »MaQintosh«, »Club House«, »Prestige«)

Rampur Distillery, Rampur, Uttar Pradesh

Bareilly Road, Rampur, Uttar Pradesh 244901, Indien
(Radico Khaitan Ltd.)
Keine Besucher
www.radicokhaitan.com/rampurdistillery.html (englisch)
Industrielle Großdestillerie: Neutralalkohol, Rum, Brandy, Wodka, Gin, Whisky (»8 PM Whisky«, »8 PM Royale Whisky«, »Royal Whytehall Whisky«, »After Dark Whisky«)

Sikkim Distillery, Rangpo, Sikkim

Sai Baba Nagar, Rangpo, Sikkim, Indien
(Sikkim Distilleries Ltd.)
Besuche nach Voranmeldung
www.lahag.com (englisch)
Industrielle Destillerie: Brandy, Rum, Gin, Liköre, Whisky (»Sikkim Old Gold Single Malt Whisky«, »Sikkim Special Whisky«, »Sikkim Shangrila Whisky«, »Red Barrel Noble Malt Whisky«, »Sikkim Corn Whisky«)

Unten · Die im Freien stehenden *stills* der Rampur Distillery sind vor allem in der Dunkelheit attraktiv.

Ganz unten · Werbetafel an der Straße in der Nähe von Rangpo.

Pakistan

Die einzige auch Whisky produzierende Destillerie Pakistans nahm schon im Jahr 1899 unter dem Namen Murree Distillery die Produktion auf. Ihre Gründung erfolgte also in einer Zeit, in der Pakistan – wie der große Nachbar Indien – unter britischer Besetzung stand.

Die Destillerie steht in Rawalpindi direkt neben einer Brauerei und gehört wie diese zum Imperium der Murree Brewery Co. Ltd. Diese Firma besitzt neben den Brauereien noch andere Getränkeproduktions- und Handelsbetriebe. Das Malz für die Whiskyherstellung bezieht sie von der benachbarten Brauerei. Ein Teil des Malzes wird aber auch bereits fertig aus England oder Schottland importiert.

Weil der pakistanische Whisky nur für den einheimischen Markt – und dort auch nur für den nicht-muslimischen Teil der Bevölkerung – bestimmt ist, werden nur kleine Mengen produziert. Der Export von pakistanischen Spirituosen ist verboten. Will man den Whisky in Pakistan genießen, braucht man eine Bewilligung des Amtes der betreffenden Provinz. Als Tourist erhält man diese jedoch auch in den größeren Hotelketten.

Aus der Murree Distillery kommen mehrere Whiskys. Darunter sind drei Single Malts. Der 3-Jährige heißt »Murree's Vintage Single Malt«. Die älteren – sie werden mit 8 und 12 Jahren Fasslagerung abgefüllt – tragen den Namen »Murree's Classic Single Malt«. Es gibt den Whisky auch in zwei Premiumabfüllungen (»Muree's Premium Malt Whisky – Rarest«) als 18- und 21-jährigen Single Malt als »Limited Edition«.

Neben diesen Single Malts gibt es einen Blend aus destilliertem Reiswein, Melasse und wenig Malz, der unter dem Namen »Vintage Gold« verkauft wird. Die Malt-Whiskys werden in zwei eigentümlich geformten *stills* – sie haben die Form einer Zitrone – zweimal destilliert.

Weil das Holz der meisten für die Lagerung verwendeten Fässer alt ist und ein großer Teil der (billigeren) Whiskys in großen *vats* (Holzbottichen) reifen, sind diese zu hell. Um dem abzuhelfen, werden sie mit Karamellfarbe geschönt. Von dieser erhalten sie ihren goldenen Farbton. Seit ein paar Jahren wird jedoch der Lagerung größere Aufmerksamkeit geschenkt. So werden immer mehr gebrauchte Eichenfässer aus den USA und anderen Ländern importiert.

Das Wohnhaus des ehemaligen Destilleriebesitzers ist heute Sitz eines der höchsten pakistanischen Beamten.

Murree Brewery and Distillery, Rawalpindi

National Park Road, Rawalpindi, Pakistan
(Murree Brewery Co. Ltd.)
Besuche nach Voranmeldung
www.murreebrewery.com
Industrielle Brauerei und Destillerie: verschiedene Biersorten, Wodka, Gin, Rum, Whisky (»Murree's Vintage Single Malt«, »Murree's Classic Single Malt«, »Muree's Premium Malt Whisky – Rarest«

Südkorea

Im wirtschaftlich boomenden Südkorea hat der Konsum von Whiskys in den letzten zwanzig Jahren in einem fast unglaublichen Ausmaß zugenommen (nachdem Whisky überhaupt erst einmal in diesem Land zugelassen war).

Der Whisky wird auch heute noch zu einem großen Teil importiert. Die ins Land eingeführten Mengen haben in den letzten Jahren in der Höhe von zweistelligen Prozentzahlen pro Jahr zugenommen. Südkorea avancierte innerhalb kurzer Zeit zu einem der weltweit bedeutendsten Importeure von guten Blends und Single Malts aus Schottland.

Im Land gibt es heute zwei wichtige Destillerien, die beide auch Whiskys herstellen. Die größere der beiden, die Hite-Jinro Brewery and Distillery in Seoul, ist bekannt für ihr Hauptprodukt, den »Jinro Soju«, der zweitgrößten Wodkamarke der Welt (Wodka aus einer Maische aus einem hohen Prozentanteil Reis und kleineren Anteilen an Kartoffeln und Gerste). Hite produziert und importiert auch zwei Whiskys mit den Namen »Kingdom« und »Lancelot«. Sie entstammen einem Joint Venture zwischen der Brauereigruppe Hite – der Besitzerin von Jinro – und der schottischen Edrington Group (Macallan, Highland Park, Glenrothes usw.). Die zu diesem Zweck gegründete Firma trug den Namen Hiscot, gebildet aus den Wörtern Hite und Scotland. Sie wurde im Juli 2012 in die Hite Group integriert. Den »Kingdom« gibt es mit 12, 17 und 21 Jahren, den »Lancelot« als 12-, 17-, 21- und 30-jährigen Whisky. Die jüngeren Sorten von »Lancelot« und »Kingdom« enthalten koreanische Grain- und Malt-Whiskys. Diesen wird schottischer Malt-Whisky (aus den Edrington-Destillerien) beigemischt. Die älteren sind Abfüllungen von aus Schottland stammenden Malt-Whiskys.

Die Whiskyfirma Diageo Korea (www.diageo.co.kr) entstand durch Übernahme der Firma Seagrams Korea und importiert vor allem Whiskys aus Schottland. Die Firma hat in Icheon, Gyeonggi, eine Destillerie, in der günstige Spirituosen, darunter auch Whiskys, hergestellt werden.

Hite-Jinro Brewery and Distillery, Seoul

222-111, Nae-dong, Ojeong-gu, Bucheon 421 806, Südkorea
(Hite-Jinro Group Co. Ltd.)
Besuche nach Voranmeldung
www.hitejinro.com oder www.hitejinro.com/english.pdf
Industrielle Großbrauereien und Destillerien: verschiedene Biersorten, Soju, Likör; Whisky (»Lancelot«, »Kingdom«)

Blick in die riesige Flaschenabfüllhalle von Hite in Seoul.

Taiwan

»Taiwan Whisky beats Scotch in blind taste test« (Taiwanesischer Whisky schlägt Scotch in einem Blind-Tasting). So lautete der Titel eines Artikels in der Tageszeitung »The Telegraph« vom 25. Januar 2010. In einem Lokal in Edinburgh/Leith hatte die renommierte Zeitung »The Times« zu einer Blinddegustation eingeladen, an der auch der große Whisky-Writer Charles MacLean teilnahm. Im betreffenden Artikel in der »Times« war nicht angegeben, welche Whiskys bewertet wurden. In dem »Telegraph«-Artikel waren dagegen die Whiskys namentlich aufgeführt, und es wurde auch die erreichte Punktzahl (von 40 möglichen) genannt. Hier das Resultat (vom Letzten zum Ersten): mit 4,5 Punkten lag der »Bruichladdich X4+3« am untersten Ende der Rangfolge. Schon viel besser abgeschnitten hat der englische »The English Whiskey Company Single Malt« mit 3 Fassjahren. Er erhielt 15,5 Punkte. Es folgte der »King Robert Blend« aus Schottland mit 20 Punkten. Der schottische »Langs Blend« (3-jährig) kam auf 22 Punkte. Sieger wurde – und erhielt so internationale Beachtung – der 3-jährige »Kavalan Single Malt« aus Taiwan mit 27,5 Punkten. Die »Times« schreibt zu diesem Tasting in einer Zusammenfassung, dass Asiaten nicht nur zu den anspruchsvollsten Genießern von Scotch gehören, sondern auch Malts herstellen, die mit denjenigen der besten schottischen Destillerien konkurrieren können. Diese Aussage stimmt tatsächlich, aber sie mit den Ergebnissen dieses Tastings zu untermauern, ist mehr als fragwürdig. Wahrscheinlich hat die »Times« es versehentlich unterlassen, die bei diesem Anlass servierten Whiskys zu beschreiben.

Unten · Sogar in Taiwan kann man *kilns* finden: Bei der Kavalan Distillery in Yilan stehen zwei.

Ganz unten · Die Kolonnenbrennereien von Kavalan befinden sich in einem eigenen Raum.

Rechts unten · Auch die *pot stills* aus Schottland stehen in einem separaten *stillhouse*.

Man kann sich fragen, was ein Tasting mit einem solchen Whiskyangebot für einen Sinn macht und noch mehr, warum so renommierte Personen daran teilnehmen.

Nichtsdestotrotz ist der »Kavalan« ein sehr guter Single Malt, der bei verschiedenen internationalen Anlässen mit den Höchstpreisen für Whiskys aus der Asien-Pazifik-Region ausgezeichnet wurde. Er wird von der Kavalan Distillery der King Car Gruppe produziert.

Die King Car Gruppe (sie produziert mit über 2000 Angestellten unter anderem Getränke, Nahrungsmittel, Biotechnologie usw.) nahm im März 2006 eine wunderschöne Destillerie mit dem Namen King Car Whisky Distillery (Kavalan) in Betrieb. Sie steht in Yuanshan, einem Vorort von Yilan, der Hauptstadt der gleichnamigen Provinz im Nordosten von Taiwan. Yilan liegt ungefähr 80 Kilometer südöstlich der Hauptstadt Taipeh. Die Region ist eines der wichtigsten Reisanbaugebiete Taiwans. Touristisch ist diese Region nicht sehr interessant. Sie ist aber mit ihren Badestränden und Thermalbädern (Hot Springs) ein beliebtes Ausflugsziel für die Bewohner von Taipeh.

Die Destillerie Kavalan wurde mit Know-how von schottischen Experten (darunter Dr. Jim Swan) aufgebaut. Diese waren auch für die Schulung der einheimischen Mitarbeiter verantwortlich. Der erste Whisky wurde im Dezember 2008 in Flaschen abgefüllt und auf den Markt gebracht. Er war also noch nicht einmal 3-jährig, aber in Taiwan darf das Destillat bereits nach zwei Jahren als Whisky verkauft werden. Heute werden Single Malts unter den Namen »Kavalan«, »Concertmaster«, »Kavalan Solist« und »King Car Conductor« zum Teil auch aus verschiedenen Fassarten (Ex-Bourbon, Sherry, Wein usw.) und ebenfalls in Fassstärke angeboten. Die Destillerie besitzt ein sehr schönes *Visitor Centre*, das im Jahr 2011 über eine Million (!) Besucher empfangen durfte. Ein Besuch bei King Car geht neben der Besichtigung der Destillerie auch durch die Orchideen-Farm, die Kaffeeproduktion und – falls man dazu auch noch Lust hat – durch die Shrimp Farm der Firma.

In Yangmei City (Taoyuan) im Nordwesten Taiwans entstand im Jahr 2003 aus einer Importfirma für Weine und Spirituosen die Universal Distiller Product Co. Ltd. Die Firma begann schon bald mit der Herstellung eigener Reisweine, etablierte 2006 eine Brauerei und eine Destillerie. In letzterer – seit 2010 in einem neuen Werk – stellt Universal Distiller auch verschiedene Whiskys (zum Beispiel »Royal Knights Whisky«, »Kings Rocks Whisky« oder »Ikusa – Gaiut Blended Whisky«) her. Es sind alles Blends, deren Zusammensetzung nicht bekannt gegeben wird. Daneben importiert die Firma auch Whiskys in Containern aus Schottland, den USA und Frankreich, blended sie und füllt sie unter eigenen Markennamen ab (»Royal Eagle Blended Scotch«, »Malt Club Premium French Whisky« usw.).

Neben diesen beiden größten Whisky herstellenden Destillerien gibt es noch weitere, kleinere Brennereien, die neben ihrem Hauptprodukt, Reisbranntwein, auch Whiskys herstellen. Sie sind aber alle relativ unbedeutend.

King Car Whisky Distillery/Kavalan Distillery, Yuanshan Township, Yilan

No. 326, Sec. 2, Yuanshan Road, Yuanshan Township, Yilan County 264, Taiwan
(King Car Group)
Besucher willkommen; Besucherzentrum, Shop, Orchideenfarm
www.kavalanwhisky.com/en (englisch)
Industrielle Destillerie: Whisky (»Kavalan«, »Concertmaster«, »Kavalan Solist«, »King Car Conductor«)

Universal Distillery, Yangmei City, Taoyuan

No. 18, Ln. 22, Gaoqing Road, Yangmei City, Taoyuan County, Taiwan
(Universal Distiller Product Co. Ltd.)
Keine Besucher; eventuell nach Voranmeldung möglich
www.udp.com.tw
Industrielle Destillerie und Weinproduzentin: Reiswein, Brandy, Likör, Whisky (»Royal Knights Whisky«, »Ikusa – Gaiut Blended Whisky«)

Thailand

Thailand hat bis zum Beginn seiner Wirtschaftskrise gegen Ende des Jahres 1997 in Bezug auf Whisky beinahe dieselbe Entwicklung genommen wie Südkorea.

Der Import von Whiskys stieg auch in diesem Land ab dem Jahr 1986 sprunghaft an. Thailand importierte viele billige Blends in riesigen Mengen. Doch nach 1997 kam es zu größten Absatzschwierigkeiten. Nicht so stark betroffen waren die im Land selbst hergestellten und als Whisky bezeichneten Destillate. Sie bestehen zum großen Teil aus bis zu 95 Prozent Reisdestillat, das mit Wasser verdünnt wurde. Ihr Aroma erhalten sie von braunem Zucker, Karamell und einer nicht näher definierten Essenz mit der Bezeichnung »60«. Dabei könnte es sich um Malzextrakt handeln. Den besseren thailändischen Blends wird auch ein wenig schottischer Malt beigemischt.

Ein einziges, heute leider nicht mehr existierendes Produkt hätte den Namen Whisky verdient: der »Master Blend« von Seagram, der aus einheimischem Grain- und schottischem Malt-Whisky bestand.

Bis zum Jahr 1999 wurde ausschließlich in staatseigenen Destillerien gebrannt. In diesem Jahr fiel jedoch das bis dahin geltende Staatsmonopol für die Alkoholproduktion definitiv. Dennoch stammt auch heute noch der Großteil der Whiskys aus den ehemaligen Staatsbetrieben. Der weit-

aus größte Teil dieser wirklich bedeutenden Destillerien wurde vom Riesenkonzern Thai Beverage plc übernommen (www.thaibev.com). Zu ihm gehört unter anderem auch die Inver House-Gruppe in Schottland mit ihren Destillerien (Balmenach, Pulteney, Knockdhu usw.).

Von der United Winery And Distillery Co. Ltd. (Thai Bev) in Bangplad (Bangkok) kommen der »Black Cat Whisky« (ein thailändischer Blend mit Zugabe von Malt-Whiskys) und der »V.O. Thai Whisky« (aus Weizen und Gerstenmalz und anderen Zutaten).

Aus der (Thai Bev) Sura Bangyikhan Distillery in einem Vorort von Bangkok kommt der wohl bekannteste »Whisky« aus Thailand, der »Mekhong Whisky«. Da er aus 95 Prozent Zuckermelasse und 5% Reis besteht, handelt es sich bei ihm aber eher um einen Rum. Der »Hong Tong« aus der gleichen Destillerie hat eine ähnliche Zusammensetzung.

Thai Bev hat zusätzlich noch eine Reihe anderer Whiskys im Angebot. Sie stammen jedoch aus einer anderen Destillerie, der Red Bull Distillery aus einem westlichen Vorort von Bangkok. Die Zusammensetzung dieser Whiskys beschreibt Thai Bev in ihrer Werbung folgendermaßen: »Das Produkt ist eine Art Liqueur, bestehend aus einer Mischung von Destillaten aus unterschiedlichen Getreidearten wie verschiedenen Sorten Reis, Malz, Mais usw., die einen Alkoholgehalt von 55 bis 95 Prozent haben. Diese Mischung wird mit destilliertem Wasser auf einen bestimmten Alkoholgehalt reduziert. Das Resultat wird zum Altern in angekohlte Eichenfässer abgefüllt und dort für mindestens zwei Jahre gelagert. Bevor er in Flaschen abgefüllt wird, kann der Whisky weiter gemischt werden, um die gewünschte Farbe, den gewünschten Geschmack und das richtige Aroma zu bekommen.«

Derart produzierte Whiskys sind zum Beispiel »Crown 99«, »Blend 285« und »Blue«.

Von den neuen Marken aus ein paar kleinen privaten Destillerien konnte sich noch keine so richtig durchsetzen.

Weitere Länder Asiens

In verschiedensten anderen Ländern Asiens werden ebenfalls Whiskys hergestellt. Sie entsprechen in ihrer Herstellung und Qualität in etwa den ebenfalls als Whisky verkauften Produkten aus Thailand.

Destillerien gibt es beispielsweise (ich führe pro Land jeweils eine Destillerie mit einem Produkt an) in

- Bhutan (Ghelepu Distillery, »Coronation Silver Jubilee CSJ Whisky«);
- Laos (das häufig von Touristen besuchte Whiskey Village in Luang Prabang mit den Schlangen und Skorpionen im selbstgebrannten »Whiskey«);
- Myanmar/Burma (Peace Myanmar Group Co. Ltd., »Myanmar Whisky«);
- Nepal (Shree Distillery Pvt. Ltd., »Mount Everest Whisky«);
- Vietnam (im Mekong Delta findet man die gleichen, selbstgebrannten »Whiskeyarten« mit Zugaben wie in Laos); usw.

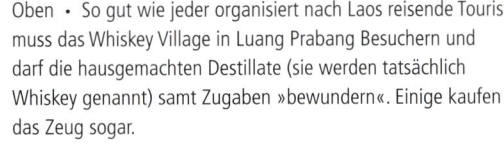

Oben · So gut wie jeder organisiert nach Laos reisende Tourist muss das Whiskey Village in Luang Prabang Besuchern und darf die hausgemachten Destillate (sie werden tatsächlich Whiskey genannt) samt Zugaben »bewundern«. Einige kaufen das Zeug sogar.

Links oben · Gärbottiche in einer der Destillerien des Thai Bev Konzerns.

Links Mitte · Die *column stills* stehen in einem offenen *stillhouse* (Thai Bev).

Unten · Blick in eines der riesigen Fasslager von Thai Bev.

Australien
und Neuseeland

Whiskys aus Australien und Neuseeland

Australien und Neuseeland sind ehemalige britische Kolonien und heute noch Mitglieder des Britischen Commonwealth. Es leben dort sehr viele Briten, die das Nationalgetränk der Schotten auch fern der Heimat nicht missen wollen. Das Gleiche galt und gilt sinngemäß ebenfalls für die vielen emigrierten Iren und Amerikaner, die auch in Australien oder Neuseeland gerne einmal einen Whisky oder Whiskey genießen. Also eigentlich ein ideales Gebiet für Whiskyproduzenten. Doch die Whiskygeschichte der beiden »downunder« liegenden Staaten ist alles andere als eine Erfolgsgeschichte.

In beiden Ländern gab es zwar Destillerien, aber ihre Produkte konnten sich in der Vergangenheit nicht gegen die aus Schottland, Irland und später auch aus den USA importierten Whisk(e)ys durchsetzen. Es half den australischen Destillerien auch nur kurzzeitig, dass nach Erreichen der Unabhängigkeit Anfang des 20. Jahrhunderts die neue Regierung auf Importe von Spirituosen relativ hohe Zölle erheben ließ. Die Lage der australischen Destillerien verbesserte sich dadurch nur gering, denn als Antwort auf diese neuen Abgaben begannen einige der großen internationalen Konzerne – wie zum Beispiel die DCL (die spätere UDV/Diageo) und Gilbey aus Schottland sowie Seagram aus Kanada –, in Australien selbst zu produzieren.

In Neuseeland bauten große Bierkonzerne (beispielsweise Guinness und Fosters) Destillerien und stiegen in die Whiskyherstellung ein. Sie hatten es aber wegen einer – nicht unumstrittenen – Gesetzgebung noch schwerer als ihre Kollegen in Australien.

Ob in Australien oder Neuseeland: Die Bevölkerung zog die Originale aus Schottland, Irland und den USA jedem im Land selbst produzierten Whisky vor. Heute liebt die junge Generation vor allem die amerikanischen Whiskeys, und zwar speziell in Mischgetränken.

Trotzdem sind auch positive Tendenzen festzustellen. Auskunft darüber, wie es im einzelnen um die Whiskyproduktion in diesen beiden Ländern steht, geben die folgenden Ausführungen.

Australien

Auf dem siebten Kontinent gibt es wirklich alles, was man für eine funktionierende Whiskyindustrie braucht: gutes Getreide, sauberes Wasser, das richtige Klima und vor allem die entsprechende Käuferschicht: ehemalige Briten, Iren und Amerikaner. Die Anfänge der australischen Whiskygeschichte zu Beginn des 19. Jahrhunderts waren auf alle Fälle genauso vielversprechend wie diejenigen der beiden damals schon führenden Whisk(e)yländer Schottland und Irland. In Australien gab es zu Beginn des 19. Jahrhunderts ebenfalls viele Schwarzbrennereien. Als die Legalisierung und Lizenzierung auch in diesem Teil der Erde Einzug hielt, konnten sie sich aber – wie auch ihre schottischen und irischen Kollegen – nicht mehr über Wasser halten. Im Jahr 1866, als in Australien das Gesetz über die Lizenzierung der Brennereien eingeführt wurde, wurde die erste lizenzierte Destillerie in Australien gegründet: die Destillerie Myers in Ballarat in der Provinz Victoria. Diese neue, einheimische Destillerie hatte aber von Anfang an mit großen Absatzproblemen zu kämpfen, weil sich die australische Bevölkerung in den davor liegenden Jahren an die importierten Whiskys (vor allem Blends) aus Schottland gewöhnt hatte. Ihre Lage verbesserte sich, als die australische Regierung im Jahr 1925 die Einfuhrzölle auf alle Spirituosen markant erhöhte. Das bewirkte, dass »Old Court«, die Topmarke von Myers, einigen Erfolg verbuchen konnte. Der gute Geschäftsgang lockte jedoch auch ausländische Unternehmer an. 1927 etablierte sich die Distillers Company Limited (DCL), ein schottischer Riesenkonzern, in Australien. Sie ging mit vier australischen Firmen Joint Ventures ein und baute 1928 in Geelong in der Nähe von Melbourne eine Destillerie mit dem Namen Corio. 1931 führten die Joint Ventures zu einem Zusammenschluss in einer Gruppe mit dem Namen United Distilleries. Dieser Name sorgte wegen der Ähnlichkeit zur schottischen United Distillers and Vintners, der Nachfolgerin der DCL, in der Branche für Verwirrung.

Doch zurück zur Destillerie Corio. Dort wurden zwei, zumindest am heimischen Markt sehr erfolgreiche Whiskys produziert. Einer trug den Namen der Destillerie, »Corio«, der andere hieß »Four Seasons«. Bei beiden handelte es sich um Blends.

In der zweiten Hälfte des 20. Jahrhunderts, als die australische Bevölkerung wieder vermehrt schottische und amerikanische Whiskys bevorzugte, waren die beiden australischen Blends nicht mehr so gefragt. Wegen der Absatzprobleme brannte Corio 1980 das letzte Mal Whisky. Die Restbestände an Whisky wurden sogar zu Gin oder Wodka umdestilliert.

Ein vergleichbares Schicksal erlitt der Blend mit dem Namen »Bond 7«, der von Gilbey, einer Tochterfirma der britischen Gruppe mit gleichem Namen, hergestellt wurde.

Das sind Gründe dafür, dass sich in Australien keine eigene Whiskykultur – wie beispielsweise in Kanada, den USA oder in Japan – entwickelt hat.

Oben • Diese alte *pot still* ist das Einzige, was von der sehr großen Corio Distillery in Geelong in der Nähe von Melbourne noch übrig geblieben ist.

Unten • Luftaufnahme des Areals der Großdestillerie Corio aus dem Jahr 1936. Rechts im Bild die Mälzerei, in der Bildmitte die Destilleriegebäude – im hohen Gebäude stand die *Coffey still* – und links die Lagerhäuser. Viele Angestellte wohnten in den Häusern hinter der Destillerie. (Foto State Library of Victoria)

Ganz oben links · Bill Larks darf als Vater des wiedergeborenen australischen Whiskys bezeichnet werden.

Ganz oben Mitte · Die Tochter von Bill Lark, Kristy, arbeitet bereits ebenfalls mit. Sie steht neben der größten *still* der kleinen Destillerie.

Ganz oben rechts · Der »Sullivans Cove« wird in der Tasmania Distillery in Cambridge bei Hobart in einer *still* gebrannt, die einer französischen *alambic* sehr ähnlich ist.

Oben links und rechts · In der Nant Distillery in Bothwell steht neben der *wash* auch noch eine *spirit still*. In den einladenden Räumen der in einer wunderschönen Landschaft gelegenen Destillerie kann es ohne Weiteres etwas später werden.

Die Schließungen von Destillerien und die Notaktionen zur Verwertung des nicht verkäuflichen Whiskys schienen das Ende der australischen Whiskyindustrie zu bedeuten.

In Tasmanien, der großen Insel im Süden von Australien, begann sich jedoch neues (Whisky-)Leben zu regen – mit guten Startbedingungen. In Tasmanien wird auf riesigen Feldern ausgezeichnete Gerste angebaut, es gibt vorzüglich weiches Wasser, und auch Torfabbaugebiete sind vorhanden. Verhältnisse also, die jenen in Schottland ähneln. Genau 150 Jahre, nachdem die letzte lizenzierte Destillerie auf dieser Insel geschlossen wurde, beantragten Bill Lark und seine Frau Lyn im Jahr 1989 eine Destillierbewilligung.

Im Jahr 1992 erhielten sie schließlich die »General Makers Spirit Licence«. Ihre Lark Distillery befindet sich in

der historischen Stadt Richmond, sie liegt in der Nähe von Hobart im Süden Tasmaniens. Sie stellt außer ihrer eigentlichen Spezialität, einem nach altem Rezept gebrannten »Bush Liqueur«, auch Gin, Wodka, Kirschen- und Apfelbrand her. Bereits im Gründungsjahr wagten die beiden sich ebenfalls an die Herstellung eines Single Malt-Whiskys. Bill und Lyn lagern ihren Whisky in kleinen Eichenfässern mit 50 und (heute meistens) 100 Litern Fassungsvermögen. Der »Lark Single Malt«, der in verschiedenen Flaschengrößen realisiert wird, ist nur in kleinen Mengen zu haben. Es gibt von ihm auch fassstarke Abfüllungen. Vor wenigen Jahren ist die Destillerie in neue Gebäude umgezogen. Sie befindet sich jetzt in Hobart, einer wunderschönen Hafenstadt mit einem der schönsten Naturhäfen der Welt am Fuß des Mount Wellington. Im Hafenviertel hat die Lark Distillery mit der angegliederten Whisky- und Kaffeebar einen guten Standort gefunden. Dort wird mit einer *wash* und zwei *spirit stills* produziert. Zusätzlich ist eine spezielle *still* im Einsatz, in der Pflanzen und Kräuter für die Ginproduktion destilliert werden. Die Single Malts von Bill Lark erhielten schon verschiedene Auszeichnungen.

Im Jahr 1993 wurde an der Nordküste von Tasmanien in Ulverstone (zwischen Devonport und Burnie) eine zweite Kleinbrennerei für Whisky unter dem – ironisch gemeinten – Namen »Small Concern Whisky Distillery« gegründet. Mithilfe des Know-how der schottischen Destillerie Springbank wurde der Single Malt »Cradle Mountain« gebrannt. Er erhielt seinen Namen nach dem beeindruckenden Gebirgsmassiv »Cradle Mountain«, das in der Nähe der De-

stillerie liegt. In der einzigen, sehr kleinen *still* (aus Stahl und Kupfer) konnte logischerweise nur eine kleine Menge produziert werden. Die beiden beteiligten Firmen Small Concern aus Australien und Springbank aus Schottland ließen sich als Marketing-Gag etwas Spezielles einfallen. Sie brachten den »Cradle Mountain« in einer zweiten, als »Double Malt« bezeichneten Version heraus. Die neue Whiskykreation besteht aus Single Malts aus diesen beiden Destillerien. Die Small Concern Whisky Distillery produziert seit ein paar Jahren leider nicht mehr.

Weitere Destillerien, die erst in den letzten Jahrzehnten die Produktion aufgenommen hatten, sind ebenfalls nicht mehr in Betrieb: Smith's Angaston in Angaston, Barossa Valley, Südaustralien, und die Booie Range Distillery in Booie, Queensland. Auch die bereits erwähnte im Jahr 1928 eröffnete Corio Distillery in Geelong bei Melbourne, Victoria, existiert nicht mehr.

1994 entstand auf Tasmanien die zweite, heute noch existierende Destillerie Australiens: die Tasmania Distillery in Cambridge in der Nähe von Hobart. Sie arbeitet mit nur einer einzigen *still*. Diese ähnelt einem *alambic*, wie er in Frankreich zur Cognac-Herstellung eingesetzt wird. Der hergestellte Single Malt-Whisky trägt den Namen »Sullivans Cove«. Er wird in verschiedenen Fässern (Ex-Bourbon, Port, Wein) gelagert und mit 40 oder 60 Volumenprozent in Flaschen abgefüllt. Der Whisky wurde schon mehrfach ausgezeichnet.

Im Hochland von Tasmanien steht die dritte Destillerie dieser Insel: die Nant Distillery. Sie produziert in Bothwell

Oben links · Die Bakery Hill Distillery von David und Lynne Baker in Victoria bei Melbourne produziert mit einer einzigen *still*.

Oben Mitte · Diese beiden kleinen *pot stills* stehen in der Greath Southern Distillery und destillieren den »Lymeburner's Single Malt Whisky«.

Oben · Blick in die modern ausgerüstete Hellyers Road Distillery, die einer Milchgenossenschaft gehört.

Links außen · Casey Overeem, der große Tüftler in Sachen Whiskydestillation, besitzt die Destillerie Old Hobart in der gleichnamigen Stadt und produziert den »Overeem Single Malt Whisky«.

Links · In der Timboon Railway Shed Distillery wird in dieser *still* direkt im Gastraum des Restaurants destilliert. Die Destillerie steht im kleinen Ort Timboon bei Melbourne.

im Gebäude einer aus dem Jahr 1823 stammenden Mühle, die Teil einer Farm ist. Die immer noch mit Wasser betriebene Mühle wird auch heute noch gebraucht, um die gemälzte Gerste zu *grist* zu mahlen. Die kleine Destillerie arbeitet mit je einer *wash* und *spirit still* und lagert ihre Whiskys in Ex-Bourbon-, Ex-Sherry- und Ex-Port-Fässern.

David und Lynne Baker gründeten knapp vor der Jahrtausendwende die Bakery Hill Distillery in Victoria in der Nähe von Melbourne. Sie produziert seit 1999 in einer kleinen *still* mit einer Kapazität von 1000 Litern. Die verwendete *wash* kommt von der Brauerei Mountain Goat in Richmond.

Die Bakery Hill Distillery produziert Single Malt-Whiskys in drei Versionen: einen klassischen, ungetorften, einen getorften und einen Double Wood (zuerst in Ex-Bourbon-, dann in Ex-Port-Fässern gelagert). Auch sie benutzt zur Lagerung umgearbeitete Fässer mit einem Inhalt von 50 oder 100 Litern. Die ersten Abfüllungen des »Bakery Hill Single Malt«, die im Februar 2004 auf den Markt kamen, erhielten gleich einige Auszeichnungen.

2005 nahm Cameron Syme in Albany, einem Ort an der Südküste von Westaustralien (Frenchman Bay), die Greath Southern Distillery für die Whiskyproduktion in Betrieb. Sie verfügt über zwei kleine *pot stills*. Das erste Fass wurde im Jahr 2008 in Flaschen abgefüllt und unter dem Namen »Lymeburner's Single Malt Whisky« in Einzelfassabfüllung auf den Markt gebracht. Die Mehrheit der Fässer soll aber noch etliche Jahre lagern, bevor mit der Abfüllung in größerem Stil begonnen werden soll.

Die Betta Milk Cooperative – sie gehört zu 100 Prozent tasmanischen Farmern und beliefert den Markt in Tasmanien mit frischer Milch – gründete 1997 die Whisky Tasmania Pty Ltd. Diese Firma betreibt seither die Hellyers Road Distillery in Burnie an der Nordwestküste der Insel. Diese zurzeit größte Destillerie Australiens füllte ihren ersten Whisky Anfang 1999 ab. Seither sind die verschiedensten Abfüllungen, ungetorft oder getorft und auch mit Fass-*finishings* realisiert worden. Hellyers Road produziert neben Whisky auch noch andere Destillate (Wodka usw.). Sie alle werden in der gleichen, etwas speziell aussehenden, großen *pot still* destilliert.

Casey Overeem (ein Tüftler in Bezug auf *stills* und die Whiskyproduktion), der im Jahr 2005 die Lizenz zum Destillieren erhielt, gründete in Hobart die zweite Destillerie: die Old Hobart Distillery. Er produziert in seinem Familienbetrieb in den zwei *stills* (je eine *wash* und *spirit*) nur Malt-Whiskys. Gelagert werden sie in 50 und 100 Liter-Fässern (Ex-Bourbon, Ex-Sherry und Ex-Port). Der erste Whisky (»Overeem Single Malt Whisky«) kam im Dezember 2011 auf den Markt. Der Whisky wird ausschließlich als Single Cask in reduzierter und fassstarker Ausführung abgefüllt.

In Bundesstaat Victoria stehen im Meer zwischen Princetown und Port Campbell im Port Campbell-Nationalpark zwölf Kalksteinfelsen. Sie werden die Zwölf Apostel (Twelve Apostles) genannt. Diese Sehenswürdigkeit liegt in Australien in der Beliebtheit nach dem Ayers Rock an zweiter Stelle. Nicht weit von dieser Naturschönheit entfernt, produziert die Timboon Railway Shed Distillery. Sie befindet sich im

nordwestlich von Melbourne liegenden kleinen Ort Timboon in einem ehemaligen, über hundertjährigen, aber schön renovierten Güterschuppen eines Bahnhofs. Hier werden in einer *pot still* neben Malt-Whiskys auch andere Spirituosen gebrannt. Der Whisky wird in verschiedenen Fassarten (Ex-Bourbon, Ex-Sherry und Ex-Port) gelagert und als »Timboon Single Malt« verkauft. Die kleine Destillerie von Tim Marwood verfügt über ein Besucherzentrum mit Restaurant, das den größten Teil des Gebäudes beansprucht.

Ein paar weitere kleine Destillerien werden in den nächsten Jahren ebenfalls Malt-Whiskys auf den Markt bringen (als Beispiele: die Hoochery Distillery in Kununurra, Westaustralien, www.hoochery.com.au; die Mackey's Distillery in New Town, Tasmanien, www.mackeysdistillery.com.au; die Triptych Distillery in Yarra Valley, Victoria, www.triptychdistillery.com.au; die Victoria Valley Distillery in Essendon Fields, Victoria, www.victoriavalley.com.au und die Wild Swan Distillery in Henley Brook, Westaustralien, www.wildswandistillery.com.au).

Australische Whiskys werden größtenteils aus Gerste (Malt-Whiskys), aber auch aus Mais und Hirse (Blends) hergestellt. Sie müssen nach australischem Gesetz mindestens zwei Jahre in Fässern gelagert worden sein, bevor sie auf den Markt gebracht werden dürfen.

Hier die Liste der wichtigsten aktiven australischen Whisky-destillerien in alphabetischer Reihenfolge:

Bakery Hill Distillery, Nth Bayswater, Victoria

1/20 Gatwick Road, Bayswater North, Victoria 3153, Australien
(David Baker)
Besuche nach Voranmeldung
www.bakeryhilldistillery.com.au
Gewerbliche Destillerie: Whisky (»Bakery Hill Single Malt«)

Great Southern Distillery, Robinson, Westaustralien

252 Frenchman Bay Road, Robinson, Albany, Western Australia 6330, Australien
(Great Southern Distilling Company)
Besucher willkommen; Café-Restaurant und Shop, Führungen
www.distillery.com.au
Gewerbliche Destillerie: Gin, Wodka, Brandy, Likör, Whisky (»Lymeburner's Single Malt Whisky«)

Hellyers Road Distillery, Burnie, Tasmanien

153 Old Surrey Road, Burnie, Tasmania 7320, Australien
(Whisky Tasmania Pty Ltd.)
Besucher willkommen; Besucherzentrum, Führungen
www.hellyersroaddistillery.com.au
Gewerbliche Destillerie: Wodka, Likör, Whisky (»Hellyers Road Single Malt Whisky«)

Lark Distillery, Hobart, Tasmanien

14 Davey Street, Hobart, Tasmania 7000, Australien
(Bill und Lyn Lark)
Besucher willkommen; Shop, Führungen
www.larkdistillery.com.au
Gewerbliche Destillerie: Wodka, Gin, Rum, andere Destillate, Whisky (»Lark Single Malt«, Lark Pure Malt«)

Nant Distillery, Bothwell, Tasmanien,

The Nant Estate, Nant Lane, Bothwell, Tasmania 7030, Australien
(Nant Distillery, Familie Batt)
Besucher willkommen; Shop, Führungen, Events
www.nantdistillery.com.au
Gewerbliche Destillerie: Whisky (»The Nant Single Malt«)

Old Hobart Distillery, Blackmans Bay, Tasmanien

37 Bridgewater Road, Blackmans Bay, Tasmania 7052, Australien
(Casey Overeem)
Besuche nach Voranmeldung
www.oldhobartdistillery.com
Gewerbliche Destillerie: Whisky (»Overeem Single Malt Whisky«)

Tasmania Distillery, Cambridge, Tasmanien

1/14 Lamb Place, Cambridge, Tasmania 7170, Australien
(Tasmania Distillery, Patrick Maguire)
Besucher willkommen; Shop, Führungen
www.tasmaniadistillery.com.au
Gewerbliche Destillerie: Gin, Wodka, Likör, Whisky (»Sullivans Cove Single Malt«)

Timboon Railway Sheed Distillery, Timboon, Victoria

The Railway Yard, Balley Street, Timboon, Victoria 3268, Australien
(Tim Marwood)
Besucher willkommen; Besucherzentrum, Restaurant, Führungen
www.timboondistillery.com.au
Gewerbliche Destillerie: Wodka, andere Destillate, Whisky (»Timboon Single Malt Whisky«)

Neuseeland

Die erste namhafte Brennerei in Neuseeland, die New Zealand Distillery, wurde im Jahr 1848 von C. R. Howden und R. M. Robertson gegründet (die beiden wanderten aus Schottland und England ein). Es gab zu jener Zeit auch einige kleinere Destillerien in Neuseeland, die meisten brannten aber schwarz. Ihr illegal hergestelltes Produkt wurde »Hokonui« genannt.

1875 erließ das neuseeländische Parlament ein neues Gesetz, das die einheimischen Produkte mit höheren Steuern belastete. Dank diesem Gesetz waren die importierten Produkte billiger als die einheimischen. Böse Zungen behaupten, dass die schottischen und irischen Whiskybarone den betreffenden Parlamentariern diese kuriose Gesetzgebung »erleichterten«. Wegen dieser – etwas eigenartig anmutenden – Art der Besteuerung mussten die Destillerien im Lande bald aufgeben.

Lange Zeit gab es in Neuseeland keine eigene Whiskyproduktion. Das änderte sich erst, als im Jahr 1964 die

Unten • Die Wilson Distillery wurde 1964 gegründet, nahm aber die Produktion erst 1969 auf. 1995 wurde sie geschlossen und 1999 abgerissen. Ihre Single Malts sind auch als Lammerlaw oder Milford bekannt.

Ganz unten • Die *pot stills* werden aus der zum Teil schon abgerissenen Destillerie entfernt.

Familie Wilson auf der Südinsel Neuseelands auf dem Gelände einer ehemaligen Brauerei eine Destillerie errichtete. Der Name Dunedin ist eine Abwandlung von Dun Eideann, dem gälischen Namen von Edinburgh. In Dunedin, das schottischer wirkt als manche Stadt in Schottland selbst, betrieb die Familie Wilson bereits erfolgreich eine Brauerei (Wenn Park Brewery) und unter dem Namen Maltexo eine sich noch besser rentierende Malzextraktproduktion. 1968 erhielten die Wilsons vom neuseeländischen Parlament die Lizenz für die Produktion von Whisky, 1969 begannen sie zu brennen. 1974 wurde ihr erster eigener Whisky – ein Blend mit dem Namen »South 45« – auf den Markt gebracht. Dieser konnte sich aber gegen die auf dem Markt etablierten schottischen Blends nicht durchsetzen.

Der einzigen neuseeländischen Destillerie drohte ein schnelles Ende. Dank dem Einstieg der kanadischen Seagram-Gruppe konnte dieses aber abgewendet werden. Seagram engagierte sich finanziell und vor allem auch mit Know-how. Das Produkt dieser Kooperation war wieder ein Blended Whisky. Er wurde unter dem Label »Wilson's Matured Blend Whisky« zum meistverkauften Whisky Neuseelands. 1991 brachte Wilson den »Lammerlaw« als ersten einheimischen Single Malt auf den Markt. Aber die Erfolgsgeschichte war leider schon bald zu Ende. Nach einem fatalen Nachfrageeinbruch der beiden Whiskys musste die Destillerie 1995 doch noch geschlossen werden. Die Wilson-Betriebe wurden an die australische Foster's Group verkauft. 1997 wurden sie stillgelegt und im Jahr 1999 abgerissen.

Die noch vorhandenen Lagerbestände der Whiskys aus der Destillerie Wilson (sie wird auch als Willowbank Distillery bezeichnet) kamen in den letzten Jahren unter verschiedenen Namen auf den Markt, zuerst noch einmal als »Lammerlaw« (auch von Cadenhead, dem berühmten unabhängigen Abfüller aus Schottland). Anschließend verwendeten verschiedene Abfüller, die sich offenbar rechtzeitig mit Fässern eingedeckt haben, den Namen »Milford«. Der Whisky wird auch unter dem Namen »Thomson Single Malt« angeboten.

In Kaiopai, in der Nähe von Christchurch ebenfalls auf der Südinsel gelegen, produziert die Southern Grain Spirits NZ Ltd. in ihrer Kaiapoi Distillery seit ein paar Jahren neben Gin und Wodka auch Whiskys. Mit dem »Shepherd's Whisky« brachte die Destillerie einen Blend auf den Markt, der aus importiertem Single Malt und selbst destilliertem Grain-Whisky aufgebaut ist. In einer einmaligen Destillation wurde im Jahr 1996 ein Malt-Whisky in einer *pot still* destilliert. Dieser kam bis jetzt nur im Jahr 2011 mit 13 Fassjahren in einer einzigen Abfüllung als Single Malt auf den Markt. Er trägt nach dem Master Distiller John Fitzpatrick den Namen »Fitzpatrick's 13 years old«. Die Destillerie kann besichtigt werden.

Weit im Süden der Südinsel Neuseelands, in Timaru, South Canterbury, ist die Southern Distilleries Ltd. (www.hokonuiwhiskey.com) zu finden. Sie ist eine wirklich kleine, sogenannte Mikrodestillerie, die in entsprechend kleinen Mengen Malt-, Grain- und Blended Whiskys produziert. Das Ganze macht einen hobbymäßigen Eindruck, obwohl die beiden Besitzer davon leben können. Ihre Produkte sind aber eher etwas für Liebhaber und Sammler.

In der South Pacific Distillery in Nelson wird neben dem Hauptprodukt dieser Brennerei, Rum, auch ein Malt-Whisky produziert. Die Brennerei wurde 1982 in Queenstown in einer umgebauten Garage gegründet. 1997 bezog die Firma Räume im historischen Anchor Shipping-Gebäude in Nelson. Die Grain-Destillationsanlage, eine Kolonnenbrennerei deutscher Herkunft, wird nicht nur für das Destillieren von Whisky verwendet. Brian Hetzel, Direktor der Firma, zeigt auf Anfrage gerne seine Destillerie und schenkt auch diesen oder jenen Dram aus. Der Single Malt aus dieser Destillerie ist unter dem Namen »Roaring Forties Single Malt« auf dem Markt.

Kaiapoi Distillery, Kaiapoi, Canterbury

9A Peraki Street, 7630 Kaiapoi, Canterbury, Neuseeland
(Southern Grain Spirits NZ Ltd.)
Besucher willkommen; Besucherzentrum, Führungen
www.southerngrainspirits.co.nz
Industrielle Destillerie: Gin, Wodka, Whisky (»Shepherd's Whisky«, »Fitzpatrick's 13 years old«)

South Pacific Distillery, Nelson

258 Wakefield Quay, 7010 Nelson, Neuseeland
(Brian Hetzel)
Besuche nach Voranmeldung
www.roaringforties.co.nz
Gewerbliche Destillerie: Rum, Gin, Wodka, Whisky
(»Roaring Forties Single Malt«)

Links oben · In der Kaiapoi Distillery werden neben anderen Destillaten auch die in Neuseeland bekannten Whiskysorten »Shepard's« und »Fitzpatrick's« hergestellt.

Links · Im historischen Anchor Shipping-Gebäude in Nelson produziert die South Pacific Distillery unter anderem auch den »Roaring Forties Single Malt«.

Whiskys aus Südamerika

In Südamerika wird zurzeit nur in einem einzigen Land Whisky nach internationalen Maßstäben gebrannt: in Brasilien. Es gibt dort auch nur zwei Destillerien, die Whiskys herstellen, die diesen Namen auch tatsächlich verdienen. In den übrigen Ländern in Südamerika werden hauptsächlich Destillate aus Zuckermelasse mit einem kleinen Malzanteil produziert, die meines Erachtens den Namen Whisky gar nicht tragen dürften. Sie sind eher eine etwas spezielle Art Rum. Aus diesem Grund werden sie in diesem Buch auch nicht erwähnt.

Brasilien

Die erste Destillerie, die wir in Brasilien Besuchern, steht in einem schönen kleinen Tal in einem Außenbezirk der Stadt Bento Gonçalves im Bundestaat Rio Grande do Sul. Der Ort liegt im Süden Brasiliens, gut 100 Kilometer nördlich der großen Hafenstadt Porto Allegre in einem berühmten Weinanbaugebiet.

Bento Gonçalves ist wegen seiner Höhe (fast 700 m.ü.M.) und dem angenehmen Klima ein beliebter Ausflugs- und Ferienort.

Die Destilaria Busnello selbst ist allein schon eine Reise wert: Die am 22. August 1963 von drei Freunden gegründete Destillerie sieht aus wie ein Schloss. Erreicht man den Vorort Barracao auf den »Caminhos de Pedra« (Straßen der Steine), ist dieses Schloss die erste Attraktion in der von ausgewanderten Italienern seit der zweiten Hälfte des 19. Jahrhunderts mitgeprägten Region. Als Vorlage für den

Bau diente das alte Kastell (Castelvecchio) von Conegliano in der Provinz Treviso im Nordosten von Italien. Luigi Pessetto, einer der drei Erbauer, kam aus diesem Ort in Italien, wo er die Scuola Enologica di Conegliano gegründet hatte, bevor er nach Brasilien ausgewandert war.

Den Turm wie auch die Mauern zieren die Schwalbenschwanzzinnen, die man von vielen italienischen Prunkbauten kennt. Die italienische Familie Scaligeri war die erste, die sie auf all ihren Palästen, Gräbern usw. angebracht hat.

Die Destilaria Busnello produziert neben Malt- auch Blended Whiskys und andere Destillate. Die Whiskys werden unter dem Namen »Pitt's Whisky« vor allem in Brasilien verkauft – Antonio Pitt gehörte zu den Gründern der Destillerie. Sie werden aber auch in andere südamerikanische Länder exportiert. Die Whiskys (Malt und Grain) werden in besonderen *pot stills* mit Rohrkondensatoren destilliert und – und das ist wirklich speziell – in zum Teil bis zu 25 000 Liter fassenden Fässern gelagert.

Man trifft in der Destillerie also vom Ex-Bourbon-Fass mit 200 oder einem Weinfass mit 3500 Litern Inhalt bis zu diesen riesigen Bottichen alles an. Wir sind hier ja auch in einem der größten Weinanbaugebiete Brasiliens, und

Links und ganz unten • Nicht ein Castello in Italien, sondern ein in Bento Gonçalves in Brasilien stehender Nachbau, in welchem man nicht unbedingt eine Destillerie vermuten würde.

Unten • In diesen *stills* werden neben Branntwein und anderen Destillaten auch Whiskys destilliert.

Vorherige Seite • Der Inbegriff von Südamerika: Rio de Janeiro; Botafogo Bucht und der Zuckerhut.

warum nicht die dort üblichen Fässer verwenden? Das Angebot an Whiskys reicht bei Busnello vom 8- bis zum über 20-jährigen Single Malt. Es werden auch verschiedene Blended Whiskys hergestellt.

Ebenfalls im Bundesstaat Rio Grande do Sul steht die zweite Malt-Whisky-Destillerie Brasiliens. Sie hat einen wohlklingenden und vielsagenden Namen: Union Distillery Maltwhisky do Brasil Ltda. Sie steht in der Kleinstadt Veranópolis – sie liegt nur etwa 40 Kilometer nördlich der Destillerie Busnello – und gehört wie Bento Gonçalves zu den Orten, wo es sich in Brasilien am Besten leben lässt. Das Gebiet nennt sich denn auch »Land des langen Lebens«. Auch hier befinden wir uns in einer hügeligen, vom Weinbau geprägten Landschaft, die auch bei vielen Touristen (vor allem einheimischen) beliebt ist.

Die Destillerie, die 1948 als Weinfirma gegründet wurde, stellte bald auch schon Weinbrand her. 1972 begann Union (sie hieß damals noch Borsato e Cia. Ltda) mit der Herstellung von Malt-Whiskys. Die Resultate waren jedoch nicht gerade ermutigend, ja man kann sogar sagen, dass die Firma große Probleme mit ihrem neuen Produkt hatte. Zu Hilfe kam ihr die schottische Gruppe Morrison Bowmore Distillers. Von 1987 bis 1991 wurden die Leute der Union Distillery sowohl bei Bowmore und Auchentoshan als auch in der eigenen Firma in Brasilien geschult. Auch die Destillationsausrüstung wurde angepasst. Die Destillerie stellt heute sowohl getorfte und ungetorfte Malt-Whiskys her (»Union Club Whisky«), die vor allem als 2- und 3-Jährige in Brasilien verkauft werden. Es gibt aber auch ältere Whiskys.

Die Lagerung erfolgt in importierten Ex-Bourbon-Fässern. Ein Teil des Destillats wird auch schon als *new make,* das heißt als »destilado de malte novo« und als 6 beziehungsweise 12 Monate altes Malt-Destillat verkauft. Das brasilianische Gesetz schreibt eine zweijährige Fasslagerung vor, bevor das Destillat Whisky genannt werden darf.

Obwohl die Firma Union Distillery Maltwhisky do Brasil Ltda heißt, stellt sie aber hauptsächlich das brasilianische Nationalgetränk Cachaça (sprich Ka-scha-sa) her. Das mit einem Alkoholgehalt von 38 bis 48 Prozent nach etwa dreimonatiger Lagerzeit in Flaschen abgefüllte Getränk besteht aus destilliertem Zuckerrohrsirup. Dieser wird bei Union Distillery wie der Malt-Whisky in *pot stills* gebrannt und unter den Namen »Dona Flor« und »Sant'Antonio« verkauft.

Davide Campari Milano S.p.A. übernahm von Diageo Anfang des dritten Jahrtausends die UDV Industria e Comercio Ltda und damit die drei Produktionsstätten der ehemaligen Firma Heublein do Brasil und benannte sie in Campari do Brasil um. In den verschiedenen Betrieben der Campari do Brasil werden auch Whiskys destilliert, so zum Beispiel »Durfee Hall Single Malt« oder »Drury's Special Reserve Blended«.

Neben diesen Firmen gibt es in Brasilien noch weitere Betriebe, die meistens aus der Destillation von Weintrauben gewonnene Spirituosen produzieren, die sich in ihren Destillerien aber ebenfalls an die Herstellung von Whisky machen oder gemacht haben.

Ein Beispiel ist die Vinicola Cordelier Ltda in Bento Conçalves (Rio Grande do Sul), die verschiedene Blends (auch aus importierten Whiskys) herstellt. Zu nennen wäre hier ein »Malte Barrilete Blended« oder ein »Old Master Blended«.

Destilaria Busnello, Barracao, Bento Gonçalves, Rio Grande do Sul

Rua Francisco Ferrari 765, Barracao,
95700-000 Bento Gonçalves, Rio Grande do Sul, Brasilien
(Destilaria Busnello Ltda)
Besucher willkommen; Besucherzentrum, Führungen
www.destilariabusnello.com.br/eng (englisch)
Gewerbliche Destillerie: verschiedene Destillate, Whisky Single Malt und Blend (»Pitt's Whisky«)

Union Distillery, Veranopolis, Rio Grande do Sul

Rua Julio de Oliveira 312, 95330-000 Veranopolis,
Rio Grande do Sul, Brasilien
(Union Distillery Maltwhisky do Brasil Ltda)
Besuche nach Voranmeldung
www.maltwhisky.com.br
Industrielle Destillerie: Cachaça, Likör, andere Destillate, Whisky (»Union Club Whisky«)

Ganz oben links • Die *stills* in der Destillerie mit dem schönen Namen »Union Distillery Maltwhisky do Brasil« gleichen denjenigen in der Destilaria Busnello aufs Haar, der große Unterschied ist, dass die *lyne arms* (vom Kopf der *still* weggehende Dampfrohre) als Schneckenrohre in sogenannten *worm tubes* enden.

Ganz oben rechts und oben • Die Whiskys der Union Distillery werden in Ex-Bourbon-Fässern gelagert.

Der Genuss
von Whisky

Überblick

Ist es überhaupt möglich, Hilfen oder Tipps zu geben, wie man beim Genuss eines edlen Whiskys am besten vorgeht? Genau genommen ist das ja eine persönliche Angelegenheit. Am meisten Freude wird ein edler Whisky aber bereiten, wenn er in der Art genossen wird, wie man dies normalerweise bei einem schönen Wein tut. Dieser Meinung der großen Whiskypäpste kann ich mich vorbehaltlos anschließen.

Unblended Whiskys, namentlich die schottischen Single Malts – ob nun in Standard- oder Spezialabfüllung (zum Beispiel in Fassstärke) –, sind so ausgezeichnete Destillate, dass man sie unbedingt bewusst genießen sollte. Zum Erfahren und Erleben von Neuem gibt es Degustationen – in Schottland nennt man sie *tastings*. Dieser Begriff hat sich auch bei uns eingebürgert.

Einige Leute vertreten die Meinung, dass Tastings sinnlos seien. Begründet wird dies häufig mit dem Argument, dass es sowieso jedem anders schmeckt. Doch es lohnt sich, in dieser Hinsicht offen für Neues zu sein. Bei keinem anderen Anlass kann man auf so einfache Art und Weise die Vielfalt entdecken – sei es von Wein, Whisky oder anderen edlen Getränken – sowie auch Nuancen erkennen und lieben lernen. Ein Tasting, das so geleitet wird, dass man seine eigene Erfahrungen machen kann, macht Spaß. Eine Degustation, bei der den Teilnehmerinnen und Teilnehmern vorgeschrieben wird, was sie zu entdecken, zu riechen und zu schmecken haben, ist nicht sehr hilfreich.

Ich stehe dazu, dass für mich Geschmack etwas von Person zu Person Unterschiedliches und deshalb etwas Persönliches ist. Aus diesem Grund finden sich in diesem Buch auch keine sogenannten *tasting notes*. Zu diesem Thema gibt es genügend, und erst noch Jahr für Jahr erscheinende, mehr oder weniger hilfreiche Literatur.

Vorherige Doppelseite · Eine solche Gelegenheit zum Genuss eines schönen Drams Whisky hat man leider viel zu selten: Ziehen einer Fassprobe mit dem *valinch* (der großen Pipette) im Fasslager der Destillerie Bowmore auf Islay.

Rund um das Genießen

Grundsätzliches

Auch wenn es große Unterschiede zwischen Whisky und Wein gibt, haben beide doch etliche Gemeinsamkeiten. Ein in großen Mengen hergestellter Tischwein unterscheidet sich grundlegend von einem »handgemachten« Burgunder oder Bordeaux. Das Gleiche gilt für Single Malts auf der einen und die billigen Whiskysorten auf der anderen Seite. Selbst zwischen den guten Weinen gibt es große Unterschiede. Sie differieren geschmacklich nicht nur von Region zu Region, sondern auch innerhalb eines einzigen Landstrichs, sogar wenn es sich um die gleiche Rebsorte handelt. Es kommt auch noch auf das Mikroklima an. Ein Rebberg, der sich auf der einen Seite eines Berges befindet, wird einen anderen Wein hervorbringen als der auf der anderen Seite.

Ähnlich verhält es sich beim Whisky. Selbst wenn zwei Destillerien sich am gleichen Ort befinden und die gleiche Quelle nutzen, hat der Whisky jeder Destillerie ein anderes Aroma und einen eigenen Charakter. Ein zwölfjähriger Balvenie schmeckt viel runder und gereifter als der aus der gleichen Ortschaft stammende Pittyvaich mit gleich vielen Jahren Lagerung im identischen Fasstyp. Welche Elemente einen Einfluss auf den endgültigen Geschmack des Whiskys haben, zeige ich später noch genauer auf.

Bleiben wir vorerst beim Genießen allgemein. Trinkt man Whiskys zum Beispiel wie einen einfachen Schnaps, ist das Einzige, was man dabei herausfindet, ob er einem schmeckt oder nicht. Wirklich erfahren kann man den Charakter eines Whiskys nur, wenn man sich Zeit nimmt, dieses edle Getränk zu genießen und sich ein Bild von ihm zu machen. Dabei muss es keineswegs so steif zugehen, wie bei einer Degustation unter sogenannten Spezialisten, die

konzentriert, manchmal mit verkniffenem Gesicht, um einen großen Tisch herum sitzen und penibel darauf achten, nichts Falsches zu sagen, um sich nicht zu blamieren. Whisky sollte man in gemütlicher Umgebung trinken und Spaß daran haben.

Whiskys lassen sich grob in zwei Gruppen einteilen: Die größte Gruppe ist die der sogenannten »Durstwhiskys«. Sie macht über 95 Prozent des weltweiten Whiskykonsums aus. Diese Whiskys werden meistens in Bars, Nachtklubs oder auf Partys getrunken. Man erhält sie dort normalerweise mit Eis, Wasser oder als Basis für ein Mischgetränk (mit Coca-Cola, Gingerale, Orange usw.). Sehr oft sind sie auch Bestandteil von Alcopops. In der Regel handelt es sich bei den »Durstwhiskys« um Blends aus Schottland, Irland oder Japan, um Bourbons aus den USA, Canadian Whiskys, aber auch um Destillate aus den »neuen« Whiskyländern.

Zur zweiten, kleineren Gruppe der »Genusswhiskys« gehören speziell die schottischen Single Malts, die Single Malts und Single Pot Stills aus Irland sowie die Single Barrel oder Small Batch Whiskys aus Kentucky (Bourbons) oder Tennessee aus den USA. Ebenfalls dazugezählt werden japanische Single Malts und einige andere edle Sorten aus anderen Produktionsländern. Diese Whiskys verdienen es, dass man sie wirklich würdigt. Vorschriften, wie man einen Whisky zu genießen hat und wie nicht, werde ich hier nicht geben. Doch möchte ich im Folgenden einige Anhaltspunkte vermitteln, wie man diese edlen Getränke mit dem größtmöglichen Genuss trinkt. Wichtige Einflussfaktoren sind der Ort, der Zeitpunkt sowie die gerade herrschende Stimmung. Auch die Wahl des Glases spielt eine Rolle.

Alle genannten Aspekte sind etwa gleich wichtig für den Genuss eines Whiskys. Welches Produkt man aus der Gruppe der »Genusswhiskys« bevorzugt, ist aber eine subjektive Angelegenheit, bei der es kein Falsch oder Richtig gibt.

Umgebung und Zeitpunkt

Whiskys werden – je nach Stimmung – allein, jedoch meistens zu zweit oder in größerer Gesellschaft getrunken. Ein Raum voller Rauch ist nicht unbedingt der geeignete Ort für den Genuss eines schönen Whiskys. Auch starker Parfüm- oder Speiseduft trägt nicht gerade zur richtigen Atmosphäre bei. Wenn in der Werbung davon geschwärmt wird, dass zu einer guten Zigarre ein guter Whisky gehört, ist daran ist sicher etwas Wahres. Das bedeutet aber umgekehrt nicht auch, dass zu einem guten Whisky eine gute Zigarre gehören muss. Viele Whiskygenießer sind Nichtraucher.

Und damit man einen Whisky auch mit den Augen genießen kann, sollte es im Raum ausreichend hell sein. Die Beleuchtung ist aber nicht das Wichtigste, denn die Farbe eines Whiskys kann – wie später aufgezeigt wird – auch in die Irre führen.

Zum Thema Whisky und Mahlzeiten gibt es einiges zu sagen. Ein Whisky passt – im Gegensatz zur gängigen Meinung – nicht nur als Digestif zum Abschluss eines schönen Essens. Er kann auch als Aperitif getrunken werden. Leichte Whiskys sind ausgezeichnete Aperitifs. Empfehlenswert sind dafür frische und blumige Whiskys aus den schottischen Lowlands oder die leichten und doch fruchtigen *pot still*-Whiskeys aus Irland. Einige nicht oder nur leicht getorfte Whiskys von der Insel Islay – beispielsweise ein junger Bunnahabhain oder ein ausgewählter Bruichladdich – und auch die jüngeren Abfüllungen der Destillerie Glengoyne (Highlands) passen ebenfalls sehr gut.

Als Digestifs, um ein gutes Essen ideal abzurunden, sind in Sherryfässern gereifte schottische Whiskys wie Macallan, Glenfarclas, einige Aberlour's usw. ideal. Aber auch schön torfige Malts, wie zum Beispiel ein Laphroaig, geben einen sehr guten Digestif ab. Als Digestifs infrage kommen auch irische Single Pot Stills oder bessere amerikanische Bourbons oder Tennessee-Whiskys – selbstverständlich pur und ohne Eis. Selbst zu einem Dessert gibt es den geeigneten Whisky. Zu Schokoladenkuchen oder einer dunklen Schokoladenmousse sind beispielsweise ein Linkwood oder Blair Athol ideale Begleiter.

Als »Schlummertrunk« eignet sich auch ein schwererer Tropfen. Port Ellen, Ardbeg, Lochside oder Millburn sind hier – neben vielen anderen – sicher eine gute Wahl.

Es macht Spaß, zusammen mit Freunden in einer gut bestückten Bar (hier Grouse Inn in Cabrach, Schottland) den einen oder anderen Dram Whisky zu genießen. Genauso schön ist aber zum Beispiel der Genuss allein mit einem Buch vor dem Kaminfeuer.

Das richtige Trinkglas

Normalerweise verwendet man heutzutage für den Genuss von Whiskys überall auf der Welt Gläser. Das ursprüngliche Trinkgefäß in Schottland für Whisky ist der *quaich* (sprich: kwich), eine flache Trinkschale mit zwei Griffen. Er wurde ursprünglich aus Holz, später aus Horn geschnitzt. Ganz edle Exemplare gibt es auch versilbert oder vergoldet. Er lässt sich gut im Sporran transportieren. Sporran nennt man die Tasche, die die Schotten vorne über ihrem *kilt* tragen.

Der Quaich existiert seit dem späteren Mittelalter als Schale für eine oder zwei Personen. Er findet heute immer noch bei speziellen Anlässen, so zum Beispiel am »Burns' Supper« (der Feier zu Ehren des berühmtesten und beliebtesten schottischen Dichters und Barden Robert Burns) in einigen schottischen Klubs Verwendung. Die größeren Formen, die einen halben Liter und mehr fassen können, wurden früher als »cup of friendship« (Freundschaftsschale) mit Whisky gefüllt und von Person zu Person um den Tisch herum zu einem Freundschaftsschluck oder -toast gereicht. Dieser Brauch wird auch heute noch bei besonderen Gelegenheiten gepflegt.

Heute ist die Auswahl des richtigen Trinkglases ein bedeutender Schritt, um den Genuss eines Getränks – sei es Wein, Sherry, Cognac oder natürlich Whisky – zu erhöhen oder ihn überhaupt erst richtig möglich zu machen. Bestellt man in einer nicht spezialisierten Bar oder in einem Restaurant einen Whisky, wird dieser mit einer Wahrscheinlichkeit von über 90 Prozent in einem Tumbler serviert. Dieses Glas mit seinem dickem Boden und dem großen Durchmesser ist das bekannteste Whiskyglas. Es eignet sich zum Beispiel für Blends, normale Bourbons und Tennessee- oder kanadische Whiskys. Für diese Whisky-Sorten braucht man große Gläser, da man sie in der Regel mit Eiswürfeln oder Wasser trinkt.

Die guten Whiskys – wie zum Beispiel die Single Malts – trinkt man ohne Eis. Für solche Whiskys benötigt man Gläser, in denen sich Aroma und Geschmack voll entfalten können und die es erlauben, den Fluss des Whiskys richtig auf die Zunge zu lenken. Dafür geeignet sind Glastypen in Tulpenform, wie beispielsweise das Port- oder Sherryglas. Dieser Glastyp ist häufig in den Degustationsräumen der Malt-Destillerien in Schottland und Irland anzutreffen. Seit einigen Jahren wird er auch in den Destillerien in Kentucky und Tennessee eingesetzt.

Auch die *Master Blender* brauchen diesen Glastyp für die langen Versuchsserien zum Finden der richtigen Mischungen. Sie verwenden dafür ein spezielles Blending-glas, das eine Messeinteilung zur groben Bestimmung der Anteile der verschiedenen für die Mischung verwendeten Whiskysorten besitzt.

Die Tulpenform dieser Gläser lässt unten genügend Raum dafür, den Whisky zu schwenken, damit sich die Aromen voll entfalten können. Der nach oben zulaufende Kelch konzentriert die Aromen oder Duftstoffe und ermöglicht dadurch ein besseres Empfinden in der Nase. Ein weiterer Vorteil dieser Form ist, dass sie beim Genießen den Whisky richtig auf die Zunge fließen lässt.

Wenn man die Modelle der Gläser betrachtet, die die verschiedensten Destillerien, Blendingfirmen, Abfüller, Whiskyspezialisten, Klubs oder Glasfabrikanten speziell für den Whiskygenuss entwickelt haben oder haben entwickeln lassen, sind der Fantasie offenbar keine Grenzen gesetzt. Einige dieser Gläser eignen sich wirklich ganz hervorragend für den Genuss von Whiskys.

Eine kleine Auswahl der am Markt erhältlichen für den Genuss von Whisky mehr oder weniger geeigneten Gläser:

1 Das auch von den *blending*-Spezialisten verwendete Glas.

2 Der Tumbler.

3 Das von Michael Jackson entworfene Glas.

4 Ein modisches, tumblerartiges Glas von Norrmann.

5 Das tulpenförmige Glas gibt es von verschiedenen Herstellern.

6 Der Wumbler.

7 Das Glencairn-Glas.

Eis und Wasser

Die Zugabe von Eis ist bei Blended Whiskys aus Schottland und Irland oder bei amerikanischen und kanadischen Standardwhiskys üblich. Die Eiswürfel tragen nicht nur zur notwendigen Kühlung bei. Wenn sie auftauen und die Whiskys verwässern, wirken sie sich auch positiv auf den Geschmack und die Weichheit aus.

In einem edlen Whisky – wie zum Beispiel einem Single Malt – hat Eis dagegen nichts verloren. Diesen Whisky trinkt man wie einen guten Wein bei Zimmertemperatur (also mit einer Temperatur von 16 bis 19 Grad Celsius). Dann kann er seine einzigartigen Duftstoffe entwickeln und abgeben. Ist ein Whisky zu kalt, kommen die Aromen nicht richtig zur Geltung. In diesem Fall nimmt man das Glas in die Hand und wärmt den Whisky so lange auf, bis sich seine Geschmacksnuancen voll entfaltet haben. Aber bitte nicht übertreiben: Zu warm darf ein Whisky auch nicht werden.

Manchmal muss man den Whisky »wecken«, damit er seine wahren Aromen zeigen kann. Bei einigen Whiskys, vor allem bei denjenigen in Fassstärke *(cask strength)*, kann es sein, dass der hohe Alkoholgehalt die Aromastoffe unangenehm überlagert oder dass sich seine Aromen aus anderen Gründen nicht richtig entfalten wollen. Dann hilft es, dem Whisky ein wenig Wasser (Quellwasser oder neutrales Mineralwasser ohne Kohlensäure) zuzugeben. Bereits ein Tropfen Wasser kann genügen, damit sich der Whisky in seiner ganzen Pracht entfaltet. Deshalb sollte die Zugabe von Wasser tropfenweise erfolgen. Es empfiehlt sich, mit Wasser wirklich sorgfältig umzugehen. Ein Tropfen zu viel kann den ganzen Charakter des Whiskys zerstören.

Unten · Ist vermutlich eine Erfindung von Günther Wagner in Hohentengen (jetzt Rentner): das kleine Holzgestell an der Wasserflasche als Pipettenhalterung.

Ganz unten · »Whiskey on the rocks« nach typisch amerikanischer Art: mehr Eis als Whiskey.

Das Genießen von Whisky

Sichten

Einige Whiskypäpste vertreten in Artikeln und Büchern die Meinung: »Zum Genießen eines Whiskys benötigt man das Auge nicht.« Sie schlagen sogar vor, Whisky aus kobaltblauen Gläsern zu trinken, um nicht durch die Farbe beeinflusst und in eine falsche Richtung geführt zu werden.

Weil meiner Ansicht nach das Auge doch eine wichtige Rolle spielt, gibt es hier in diesem Buch trotzdem einen Abschnitt mit dem Titel »Sichten«. Zu beachten ist aber, dass die Farbe bei einigen Whiskys nicht ihrem Originalfarbton entspricht. Das gilt vor allem für Blended Whiskys. Speziell bei diesen Whiskys ist nicht nur der Geschmack, sondern auch die Farbe ein wichtiger Faktor bei der Kundenbindung. Und genau dem Element des Wiedererkennens eines Whiskys durch die Farbe wird von den Marketingexperten große Bedeutung beigemessen. Dies ist ein Grund dafür, dass diese Whiskys mit Zuckerfarbstoff E150 (Zuckercouleur) geschönt, das heißt gefärbt werden. Auch die oft vorherrschende – falsche – Meinung, dass ein dunkler Whisky besser ist als ein heller, hat die Produzenten von Blended Whiskys dazu veranlasst, die Praxis des Färbens anzuwenden. Leider gingen im Laufe der letzten Jahrzehnte fast alle Destillerien dazu über, auch ihre Single Malt-Whiskys in dieser Art zu »schönen«. Der Geschmack eines Whiskys – dies muss klar gesagt werden – wird durch die moderate Färbung nicht beeinträchtigt. Es genügen nämlich schon extrem kleine Mengen des – meistens natürlichen und aus zuckerhaltigen Stoffen gewonnenen – Farbstoffs, um den gewünschten Effekt zu erzielen.

Handelt es sich jedoch um ein so edles Produkt wie einen Single Malt, ist das Anwenden dieser Technologie ein Schönheitsfehler. Glücklicherweise hat bei den Destillerien ein Umdenken stattgefunden. Seit einigen Jahren werden die meisten Malt-Whiskys wieder in ihrem Originalfarbton belassen. Seither ist es wieder möglich, mithilfe des Auges etwas zu sichten, das heißt wahrzunehmen und zu interpretieren.

Wenn Whisky die *stills* (Brennblasen) verlässt, ist er absolut farblos. Seine spätere Farbe entsteht in erster Linie durch die Lagerung in Eichenholzfässern. Die Farbe eines Whiskys im Glas kann deshalb in den meisten Fällen einen Hinweis auf die Art der verwendeten Fässer und die Dauer der Fasslagerung geben.

Single Malt-Whiskys aus Schottland beispielsweise können eine ganze Farbskala von hellem Weißwein bis zum Ton eines dunklen Sherrys aufweisen. Für eine helle Farbe gibt es mehrere Erklärungen. Sie kann entstehen, wenn der Whisky entweder in gebrauchten Eichen-, Ex-Bourbon- oder in schon mehrfach verwendeten Ex-Sherry-Fässern gelagert wurde. Möglich ist aber auch, dass die Lagerzeit relativ kurz war. Eine dunkle Farbe deutet auf eine Lagerzeit in guten Ex-Sherry-(meistens Oloroso-Sherry-)Fässern hin.

Neue Eichen-, Ex-Sherry- und Ex-Portwein-Fässern werden schon seit vielen Jahrzehnten für die Lagerung von Whisky gebraucht. In letzter Zeit werden auch noch andere Fasstypen verwendet, zum Beispiel solche, in denen zuvor Rum oder Cognac gelagert wurde. Es werden aber auch Fässer eingesetzt, in denen die verschiedensten Weinsorten herangereift sind. Diese Fassarten werden insbesondere für das *finishing,* also die gezielte Beeinflussung des Geschmacks eines Whiskys eingesetzt. Die Lagerung in ihnen beschränkt sich meistens auf nur wenige Monate. In dieser Zeit nehmen die Whiskys Farb- und Geschmacksstoffe auf, die die ursprünglich in diesen Fässern gelagerten Produkte während ihrer Lagerzeit an die Fässer abgegeben haben. Die Fässer, die für das *finishing* verwendet werden, haben also nicht nur einen Einfluss auf den Geschmack, sondern auch auf die Farbe des in ihnen gelagerten Whiskys.

Einen gewissen (wenn auch nur einen geringen) Einfluss auf die Farbe und sogar auf den Geschmack kann das für das Verdünnen der Whiskys verwendete Wasser haben. Einige Destillerien verdünnen ihre Whiskys auf Trinkstärke mit Quellwasser, das sich beim Versickern durch die Torfschichten bräunlich gefärbt hat. Trotz dieser Färbung ist dieses Wasser aber sauber.

Sieht man in der Whiskyflasche oder im -glas kleine Teilchen schwimmen, handelt es sich mit großer Sicherheit um einen nicht kühlgefilterten Whisky. Dieser kann bei Zugabe von Wasser sogar seine klare Farbe verlieren und milchig werden. Die Schwebeteilchen, die vom Destillierprozess oder vom Fass stammen, haben keinen nachteiligen Einfluss auf den Whiskygenuss.

Bevor man den Gehalt eines Whiskys im Mund und im Abgang erfährt, kann man ihn schon nach dem optischen Eindruck erahnen und einschätzen. Schwenkt man einen unverdünnten Whisky vorsichtig im Glas, entstehen an den Wänden des Glases »Beine«. (Der Weinfachmann würde diese Erscheinung »Tränen« nennen.) Bilden sich dünne, lange Beine *(long legs),* ist dies entweder ein Zeichen für

einen hohen Alkoholgehalt oder dafür, dass es sich um einen jungen, leichten Whisky handelt. Sind die Beine dicker und verschwinden sie nur langsam von den Glaswänden, weist dies auf ölige Substanzen hin. Daraus kann man schließen, dass der betreffende Whisky einen vollen Körper hat und viel Geschmack besitzt. Dieses Wasser des Lebens wird viel Freude und Genuss bereiten.

Oben · »Beine« nennen die Whiskyfachleute diese Erscheinungen an den Glaswänden.

Unten · Die Farbe eines Whiskys kann von sehr hell bis zu einem dunkelbernsteinfarbigen Ton gehen.

Riechen

Vor dem *nosing* – so nennen die Spezialisten das Beschnuppern eines Whiskys – wird der Whisky zuerst vorsichtig im Glas geschwenkt. Dadurch verteilen sich seine Aromen auf eine größere Fläche. Für das Riechen ist es einerseits wichtig, die Nase so ins Glas zu halten, dass sie sich unterhalb des Glasrandes befindet. Andererseits darf man beim *nosing* nicht zu tief einatmen, weil sonst die Fähigkeit zum Erkennen einzelner Aromen beeinträchtigt wird. Jeder prickelnde, beißende oder brennende Eindruck deutet auf einen sehr kräftigen Whisky hin. Es wurde schon unter dem Titel »Eiswürfel und Wasser« erwähnt, dass bei den fassstarken Whiskys jedoch oft ein großer Teil der Aromen vom Alkohol überdeckt wird und dass durch die Zugabe von ein wenig Wasser die Aromen geöffnet und richtig zur Geltung gebracht werden können. Das gilt auch für das *nosing*. Wasser sollte man aber immer erst nach einem ausgiebigen Beschnuppern des Whiskys zugeben. Einen in der Nase beißenden Whisky kann man durch das Hinzufügen von Wasser dazu bringen, seine Aromen zu entfalten. Sogar bei einigen Standardabfüllungen kann damit eine Steigerung der Wahrnehmung erzielt werden. Bereits die Zugabe eines einzigen Tropfens Wasser hat eine Veränderung des Duftes des Whiskys zur Folge. Daher ist es wichtig, die Wassermenge nur nach und nach zu erhöhen. Aber wie viel Wasser nimmt man? Es gibt keine Faustregel dafür. Die richtige Dosierung muss man selbst herausfinden. Der eine ist glücklich mit einem oder ein paar Tropfen, ein anderer liebt den Whisky mit mehr Wasser. Wenn der Whisky seine ganzen Aromen entfaltet hat, können beim Riechen sogar oft mehr Aromen als beim Trinken selbst erfahren werden. Whiskykenner können beim *nosing* eines Whiskys die verschiedensten Geschmacksnuancen herausfinden und manchmal sogar seine Herkunft bestimmen. Es gibt ein paar typische Geschmacksrichtungen, mithilfe derer man einen Whisky einer bestimmten Art zuordnen kann: Beispielsweise leicht zu erkennen sind die Islay-Whiskys, wie Ardbeg oder Laphroaig. Sie sind rauchig, rau und haben einen intensiven Torf- und meistens auch Salzgeruch. Lowland-Whiskys (zum Beispiel aus Auchentoshan) riechen nach Heu oder Gras und haben meistens ein wenig Zitronenaroma. Die Whiskys aus der Speyside riechen in der Regel süßlich und nach Sherry oder Vanille, Karamell, ganz wenig Torf und Malz (Macallan, Glenlivet, Aberlour usw.).

Die »Nase« von Glenfiddich: Der *Malt Master* und *Master Blender* David Stewart ging 2009 in Rente.

Die Geschmacksnuancen – wie, wann und wo sie entstehen

Es wird immer schwieriger, die Herkunft des Whiskys zu bestimmen. In nahezu jeder Whiskyregion gibt es inzwischen Destillerien, die Geschmacksrichtungen produzieren, die eigentlich für eine ganz andere Region typisch sind.

Für den Genießer, der nicht gleich die ganze Whiskyterminologie kennen und auswendig lernen will, können die folgenden Beschreibungen von Geschmäckern eine gute Hilfestellung bieten. Beschnuppert man einen Whisky, erfährt man als Erstes einmal ganz oben und hinten in der Nase die vier Hauptnuancen. Diese können als wärmend, prickelnd, scharf und trocken beschrieben werden. Die Whiskys erhalten diese Aromen in zwei Phasen. Während der Herstellung entstehen in den verschiedenen Produktionsprozessen die ersten Geschmacksnuancen. Die zweite Phase beginnt mit der Lagerung in den Eichenfässern, wodurch weitere Geschmacksnoten entwickelt werden. Beginnen wir mit der ersten Phase.

Herstellung

Die Geschmacksnuancen, die durch die Herstellung entstehen, sind in die Hauptgruppen Getreide, Torf/Rauch, Düfte, fruchtige Noten (aus Ester entstanden), Öle und Reststoffe *(feints)* einteilbar.

Getreide

Diese Geschmacksstoffe, die speziell in den Malt-Whiskys zu finden sind, stammen vom verwendeten Getreide. Sie werden mit Malz, Spreu, Hafer, Roggen, Brot usw. bezeichnet.

Torf/Rauch

Die rauchigen Noten erhält ein Whisky durch den Prozess des Trocknens der gekeimten Gerste. Sie werden häufig mit folgenden Begriffen charakterisiert: Torf, Rauch, Phenol, Medizin, Grillfeuer usw.

Düfte

Die duftigen Aromen entstehen während der Umwandlung von Stärke beziehungsweise Zucker zu Alkohol, das heißt während des Gärungsprozesses. Um die Düfte zu beschreiben, verwendet man Begriffe wie Gras, Heu, Heidekraut, Kaffee, Laub, Rosen, Geranien usw.

Fruchtige Noten

Ebenfalls während des Gärungsprozesses erhält der Whisky Fruchtigkeit. Dieser Begriff umfasst folgende Geschmacksnuancen: Honig, Zitrusfrüchte (Limonen, Zitronengras, Orangenschalen usw.), Früchte (Äpfel, Pfirsiche, Birnen, Trauben usw.), Beeren usw. Den Geschmack der Früchte bezeichnet man oft noch genauer, indem man sie als frisch, gekocht oder getrocknet beschreibt, wie zum Beispiel »frischer grüner Apfel« oder »getrocknete Trauben – Rosinen oder Sultaninen«.

Öle

Die öligen Strukturen in einem Whisky entstehen während des Destillationsprozesses. Für die Charakterisierung der Öle werden Ausdrücke wie Rapsöl, Crème, Leinsamen, Kerzen, usw. gebraucht.

Reststoffe *(feints)*

Die Reststoffe riechen meistens nicht sehr angenehm. Sie können am Anfang und Ende des Destillationsprozess während des Abtrennens des Mittelstücks *(heart)*, das heißt des guten Destillats, entstehen. Wird zu früh umgeschaltet oder zu spät zurückgeschaltet, kann ein Whisky ungenießbar werden. Für diese Reststoffe gibt es eine ganze Reihe von Ausdrücken: Gerbstoffe, Tabak, Hefe, Leder, Radiergummi, Löschpapier, feuchter Karton, Essig, Waschmittel usw. Als positiv hervorzuheben ist jedoch, dass die *feints* dem Whisky auch Süße mitgeben können.

Lagerung

Die Geschmacksnoten, die der Whisky während der Lagerung in den Eichenfässern bezieht, werden unter den Begriffen Holz und Umgebung zusammengefasst.

Holz

Mit dem Oberbegriff Holz werden alle durch die Lagerung in Eichenfässern möglichen Einflussfaktoren abgedeckt: Das verwendete Fass gibt Aromen wie Vanille, Eiche, Toffee, Nüsse, Gewürze usw. ab. Die zuvor in den Fässern gelagerten Getränke – wie beispielsweise Rum usw. – tragen weitere Geschmacksnoten bei. Ob das Fass alt oder neu war, kann man ebenfalls riechen: Ein neues Fass kann harzige Aromen hinterlassen, ein altes Fass modrige und abgestandene Duftnoten.

Umgebung

Mit dem Luftaustausch durch die Poren eines Holzfasses werden auch Aromen aus der Umgebung des Lagerortes aufgenommen. Dies können Salz, Seeluft, Seetang usw. (am Meer gelagert) oder Heidekraut/Erika, Heu usw. (zum Beispiel in den Highlands gelagert) sein.

Zur Geschmacksbestimmung werden auch sogenannte *nosing wheels* (Geschmacksfindungshelfer) eingesetzt. Dieses riesige *nosing-wheel* im Besucherzentrum der Destillerie Aberfeldy besitzt Riechdüsen – ein interessantes Erlebnis.

Nippen, Genießen, Empfinden

Nach dem *nosing* kann man sich jetzt dem zweiten Genuss, dem Nippen, widmen. Obwohl ich im Folgenden jeweils auch das Wort »Trinken« verwende, werden edle Whiskys nicht eigentlich getrunken, sondern gekostet oder eben in kleinen Schlucken genippt. In diesem Sinn ist hier das Wort »Trinken« zu verstehen.

Wenn man den Whisky in der für das *nosing* gefundenen optimalen Verdünnung mit Wasser genießt, kann es sein, dass man ein ganz neues – und vielleicht sehr positives – Erlebnis mit einem Whisky, den man schon länger kannte (oder zu kennen glaubte) bekommt.

Es ist aber nicht immer so, dass einem der Whisky in der für das *nosing* gefundenen »Einstellung« beim Trinken ebenfalls schmeckt. Versuchen sollte man ihn auf alle Fälle auch einmal so.

Es gibt viele trinkfertig eingestellte Whiskys. Nicht wenige von ihnen zeigen ihr wahres Ich für das Trinken ebenfalls erst nach der Zugabe von ein wenig Wasser. Bei diesen Whiskys empfiehlt es sich, mit einem unverdünnten Whisky zu beginnen. Und hier gilt verstärkt: mit Wasser sparsam umgehen!

Der Geschmack im Mund

Die Zunge des Menschen besitzt vier Hauptempfindungszonen. In diesen werden jeweils bestimmte Geschmacksrichtungen wahrgenommen:

Die Zungenspitze ist empfindlich für süß, an den oberen Zungenrändern empfindet man sauer und an den Seiten salzig. Für bitter und trocken ist der hintere Teil der Zunge »zuständig«.

Weil der Whisky beim Genießen zuerst auf die Mitte der Zunge gebracht werden soll, kommt dem Glas eine große Bedeutung zu. Von der Mitte aus werden die ganze Zunge und der gesamte Mund benetzt. Dabei werden auch der Gaumen und die Mundseitenwände mit einbezogen.

Es ist wichtig, dass man zuerst nur einen ganz kleinen Schluck nimmt. Diesen rollt man im Mund, um die verschiedenen Geschmacksempfindungspunkte zu aktivieren und einen ersten, allgemeinen Eindruck vom Whisky zu erhalten.

Nach diesem ersten Schluck sollte man unbedingt einen Moment warten – oder auch zwei –, bevor man die gleiche Prozedur wiederholt. Die Geschmacksknospen der Zunge brauchen nämlich eine gewisse Zeit, bis sie sich wieder neutralisiert haben.

Dieser zweite, wichtigere Schluck wird in der Regel das ganze Gefühl, das ein guter Whisky zu geben imstande ist, hervorbringen.

Dabei kann man wie beim *nosing* die Grundempfindung als Erstes wahrnehmen: Ist der Whisky ölig, wärmend, lebendig, prickelnd, scharf oder trocken oder eine Kombination dieser Empfindungen?

Auch für die Beschreibung der empfundenen Geschmacksnuancen kann man auf die unter dem Riechen oder *nosing* aufgelisteten Empfindungen und Begriffe zurückgreifen.

Der Abgang

Beim Whiskygenuss spielt das Geschmacksempfinden, das im Rachenraum und in der Kehle entsteht, nachdem man den Whisky geschluckt hat, ebenfalls eine wichtige Rolle. Man nennt es Abgang, Nachklang oder auch *finish*.

Der Abgang oder Nachklang kann als warm, bitter, voll, rauchig, lang, kurz usw. empfunden werden.

Sind die zuerst in der Nase, dann auf der Zunge und im Gaumen erfahrenen Aromen im Nachklang oder Abgang noch bemerkbar?

Sind vielleicht noch neue hinzugekommen? Haben sich einige Empfindungen sogar verstärkt?

Ist die Geschmacksempfindung, die der Whisky in diesem Moment vermittelt, sofort verflogen oder bleibt sie bestehen und wirkt in ihrer ganzen Fülle noch lange nach?

Bleibt der Eindruck des Whiskys lange erhalten, spricht man von einem langen Abgang. Das Gegenteil davon ist ein kurzer oder schneller Abgang. Man kann auch sagen, dass ein Whisky lang oder kurz hängen bleibt.

Das Land, aus dem ein Whisky stammt, übt dank dem Tourismus ebenfalls Einfluss auf die Darreichungsform und die Art des Genießens aus. Es folgen auf den nächsten Seiten noch einige diesbezügliche Details zu Whiskys aus Schottland, Irland, Japan, Kanada, und den USA.

Das Glas ist für den richtigen Genuss sehr wichtig. Es muss nicht nur die für das *nosing* richtige Form haben, sondern auch den Whisky in die Mitte der Zunge bringen können.

So genießt man ...

Whiskys aus Schottland

Je nach der Art und dem Herstellungsverfahren trinkt man die schottischen Whiskys aus unterschiedlichen Gläsern: Für einen Single Malt bevorzugt man spezielle Whisky-Gläser. Ein Tumbler eignet sich dagegen für Grain- oder Blended Whiskys, die auch oft einmal mit Eis *(on the rocks)* oder mit Wasser getrunken werden. Grain- oder Blended Whiskys werden ebenfalls für Mischgetränke verwendet. Ein Single Malt ist dafür zu schade. Single Malts, Blended Malts (Pure Malts oder Vatted Malts) genießt man pur und ohne Eis. Ein weiteres Einsatzgebiet für Blended Whiskys – aber auch für ein paar leichtere und doch aromatische Single Malts – ist das schottische Pendant zum weltberühmten Irish Coffee: der Scottish Coffee. Er wird aber im Gegensatz zu diesem nicht aus einem Glas getrunken, sondern aus einem Jug.

In Schottland – und unter Whiskygenießern beinahe überall auf der Welt – stößt man mit dem gälischen »Slàinte Mhath« oder mit der Kurzform »Slàinte« – hier in schottisch-gälischer Schreibweise (sprich *slantschi wa* oder nur *slantschi*) – auf gute Gesundheit an.

Whiskeys aus Irland

Irische Whiskeys trinkt man – genau wie die schottischen – je nach Art und Herstellung auf unterschiedliche Art und Weise. Einen irischen Single Malt, Pure Malt, Single Pot Still oder Straight Malt genießt man pur und ohne Eis. Auch in Irland kennt man die für den Genuss von schottischen Single Malts verwendeten speziellen Whiskygläser, häufig werden aber die irischen Malts auch aus dem in der ganzen Welt bekannten Tumbler getrunken.

Die Grain-Whiskeys oder die irischen Blends trinkt man ebenfalls aus dem Tumbler, oft mit Eis oder als Mischgetränk.

Der Irish Whiskey ist nicht zuletzt deshalb sehr bekannt, weil er als Geschmacksgeber für den weltberühmten Irish Coffee gebraucht wird. In Irland wird dafür als geistvolle Basis vor allem der Tullamore Dew verwendet.

In Irland klingt der Wunsch beim Anstoßen wie in Schottland »slantschi wa«. Er schreibt sich jedoch in irisch-gälischer Schreibweise ein wenig anders: »Sláinte Mhaith«.

Direkt ein wenig ehrfürchtig: Iseabail Mactaggart (ehemalige Operations Director bei der Destillerie Bowmore auf der Insel Islay) beim Anbieten eines eben gezogenen Fassmusters. Ein schöner Whisky ist halt einfach etwas Besonderes und sollte wirklich genossen werden!

Whiskys aus Japan

Wie bereits im betreffenden Kapitel erwähnt, gibt es in Japan eine Art Whisky zu trinken, die außerhalb des Landes der aufgehenden Sonne nicht üblich ist: *Mizuwari* (*mizu* = mit Eis; *wari* = mit Wasser; also mit Eis und Wasser). In der Regel zu Mahlzeiten trinkt man Blended Whiskys oder japanische Pure Malts mit Eis und viel Wasser. Die anderen Whiskyarten genießt man in Japan in der gleichen Art wie in Schottland, je nach Art aus dem Tumbler oder aus den speziellen, tulpenförmigen Whiskygläsern.

In Japan stößt man mit »Kanpai« an (wird so ausgesprochen wie geschrieben). Es kann aber ohne Weiteres vorkommen, dass man in einer der vielen Whiskybars auch dort das »Slàinte« zu hören bekommt.

Whiskys aus Kanada

Die kanadischen Whiskys werden im Land selbst größtenteils entweder *on the rocks* oder mit *crushed ice,* also mit Eis, oder mit Süßwassern gemischt (zum Beispiel mit Cola oder Gingerale) getrunken. Wegen ihres weichen Aromas sind sie auch Bestandteil von einigen Bar-Mixgetränken (Cocktails), die man in den bekannten Tumblern oder Longdrinkgläsern serviert. Canadians werden auch oft als Zusatz bei Alcopops eingesetzt.

Die kanadischen Single Malts und die – wieder vermehrt auf den Markt gelangenden – schönen Straight Whiskys verdienen es aber, aus einem echten Whiskyglas (selbstverständlich ohne Eis) genossen zu werden.

Die Kanadier prosten sich im englischsprachigen Gebiet mit »Cheers«, im französischsprachigen mit »Santé« zu.

Whiskys aus den USA

Wie die meisten kanadischen Whiskys trinkt man auch die Whiskys aus den USA in der Regel mit Eiswürfeln oder mit gehacktem Eis aus dem typischen Tumbler. Diese Whiskys werden auch sehr oft als Zusatz zu Mischgetränken und Alcopops verwendet.

Während fast alle Destillerien in den USA die Whiskys bei Tastings gewöhnlich ebenfalls in Tumblern – natürlich ohne Eis – ausgeschenkt haben, sind neuerdings immer mehr dazu übergegangen, ihn in den Gläsern für Single Malts nach schottischem Vorbild anzubieten.

Vor einiger Zeit haben Destillerien in den USA damit begonnen, ihre Whiskys länger in den Fässern zu lagern und sie dann als »Single Barrel« abzufüllen. Die Whiskys werden bereits *blended* in Fässer abgefüllt oder diesem Prozess erst vor der Flaschenabfüllung unterzogen.

Ein solch lange gelagerter Whisky verdient es, pur getrunken zu werden. Das Gleiche gilt selbstverständlich für die edlen Whiskys aus den Mikrodestillerien.

In Amerika hört man als guten Wunsch beim Anstoßen neben dem allgegenwärtigen »Cheers« in Kreisen von Whiskygenießern auch schon einmal ein »Slàinte« (*slant-schi* gesprochen).

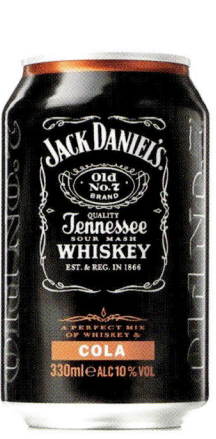

Man sollte immer eine kleine Flasche Whisky
bei sich haben
für den Fall eines Schlangenbisses –
und außerdem sollte man immer eine kleine Schlange
dabei haben.

W. C. Fields (1880–1946)

Schlusspunkt

Ich hoffe, dass ich Ihnen all das, was ich mit diesem Buch weitergeben wollte, vermitteln konnte – nicht zuletzt die Freude an der Kultur, die die Whiskys durch die ganze Welt begleitet und die in unzähligen Destillerien, Bars, Lounges und Shops täglich gelebt wird. Oder auch die Begeisterung, die all jene Menschen teilen, die täglich mit der Herstellung und dem Vertrieb des edelsten aller Destillate zu tun haben.

Ich hoffe auch, dass beim Genießen von Whiskys – aus welchen Ländern und Destillerien der Welt sie auch stammen mögen – in Ihnen Bilder und Assoziationen aufkommen und den Genuss noch intensiver machen.

Slàinte Mhath – Auf gute Gesundheit
Peter Hofmann

So klein komme ich mir neben den riesigen Produktionsmitteln oft einmal vor, wenn ich in Destillerien fotografiere – wie hier im *stillhouse* der Destillerie Mannochmore in Schottland. Foto © Dr. Annemarie Vetter

Stichwortverzeichnis
Bildnachweis

Stichwortverzeichnis

Halbfett gedruckte Seitenzahlen verweisen auf
Hauptstichworte
Kursiv gedruckte Seitenahlen verweisen auf Karten

Vorherige Doppelseite · Ein ständig sich veränderndes
Kunstwerk: die Berge von Fässern, welche hinter der Speyside
Cooperage auf ihre Überprüfung und Instandstellung warten.

Bildnachweis

698

Die hier genannten Firmen oder Firmengruppen haben mir ermöglicht, ihre Destillerien und/oder Anlagen zu fotografieren und in diesem Buch zu veröffentlichen. Mit der Nennung der Firma sind alle zugehörigen Tochtergesellschaften und Betriebe, in welche mir Einlass gewährt wurde, mit eingeschlossen. Sie und die ebenfalls genannten Einzelpersonen haben mir zusätzlich das eine oder andere Bild freundlicherweise zur Verfügung gestellt.

Der Übersichtlichkeit zuliebe sind direkt bei den Bildern im Buch die Quellen nur dann angegeben, wenn die betreffenden Personen, Firmen und Organisationen dies ausdrücklich gewünscht haben.

Bei einigen älteren Aufnahmen konnte ich leider den Inhaber des Copyrights nicht ausfindig machen, wollte aber nicht auf sie verzichten. Ich bitte deren Besitzer um Nachsicht und danke für das Verständnis.

Gut 95 Prozent der Bilder stammen von mir selbst. Ich habe sie auf meinen zahlreichen Reisen durch die vielen Länder machen dürfen. Das Copyright all dieser Bilder liegt bei mir.

A. Smith Bowman Inc. (Sazerac Company Inc.)
Adelphi Distillery Limited (Ardnamurchan)
Agder Brenneri (K.G. Puntervold AS)
Aioi Unibio
Alberta Distillers Limited (Beam Inc.)
Alltech Lexington Brewing and Distilling Co.
  (Lyons Spirits Distillery)
Amrut Distilleries Ltd.
Anchor Distilling Company (Anchor Brewing Co.)
Anesbury, Clint (Whiskies R Us,
  www.whiskiesrus.blogspot.jp)
Angel Yeast Co. Ltd.
Angus Dundee Distillers plc
Annandale Distillery
Asahi Breweries Ltd.
Austin Nichols Distilling Co.
  (Davide Campari Milano S.p.A.)
Bacardi Ltd. (John Dewar & Sons Ltd.)
Backafallsbyn AB (Spirit of Hven)
Bakery Hill Distillery
Balcones Distillery
Barton Brands Ltd. (Sacerac Inc.)
Bauernhofbrennerei LÅthy
Beam Inc.
Beer Hunter's, Panimoravintola
Belfast Distillery Co. Ltd.
Ben Nevis Distillery Ltd. (The Nikka Whisky
  Distilling Co Ltd/ Asahi Breweries Ltd.)
BenRiach Distillery Company Ltd., The
Birkenhof Brennerei GmbH
Black Velvet Distilling Company (Sazerac Inc.)
Black, Richard
Blackwood Distillers Ltd.
Box Destilleri AB
Braunstein, Bryghuset
Breckenridge Distillery, Bryan Nolt
Brown Forman Corporation
Brown, Duncan
Bruichladdich Distillery Co. Ltd. (Rémy Cointreau)
Burn Stewart Distillers Ltd. (CL World Brands Ltd.)
Canadian Mist Distillers Ltd. (Brown Forman Co.)
Canzani, Markus
Carl GmbH
Charles Medley Distillery Kentucky (CL Financial Ltd.)
China Kweichow Moutai Distillery (Group) Co. Ltd.
  (Renhuai Distillery)
Chivas Brothers Ltd. (Pernod Ricard SA)
Clear Creek Distillery
Clotworthy, John und Frances
Cooley Distillery plc (Beam Inc.)
Cooper, Ben (www.transientplaces.co.uk)
Co-Ordinated Development Services Ltd. (Bladnoch)
Corby Distillers Ltd. (Pernod Ricard SA)
Cuthbert, Francis und Ian (Daftmill)
Davide Campari S.p.A.

Destilaria Busnello Ltda
Destillerie Weutz GmbH
Diageo plc
Diageo Suisse SA
Distillerie artisanale Lehmann
Distillerie Claeyssens
Distillerie des Menhirs
Distillerie F. Meyer
Distillerie Gilbert Holl
Distillerie Warenghem
Domaine Mavela, Distillerie artisanale
Douglas Laing & Co. Ltd.
Drayman's Brewery and Distillery
Dry Fly Distilling
Duncan Taylor & Co. (Huntly Distillery)
DYC, Destilerias y Crianza del Whisky S.A.
Dykstra, Chip
Edrington Group Ltd.
Egge Gård
Eigashima Shuzo Co. Ltd. (White Oak Distillery)
Falkirk Distillery Co.
Fary Lochan Destilleri A/S
Fleischmann Robert (Blaue Maus)
Four Roses Distillery LLC (Kirin Brewery Company, Ltd.)
G2 Outdoor
George A. Dickel & Co. (Diageo plc)
Glenglassaugh Distillery Co. Ltd. (Scaent Group)
Glenmorangie Co., The
Glenora Distillers International Ltd.
Gordon & MacPhail Ltd.
Davidson, Graeme
Great Southern Distilling Company
Haider J. GmbH (Waldviertler Roggenhof)
Haley's Cornish Cyder Farm
Hammerschmiede Spirituosen-Manufaktur
Hawkins, John
Heaven Hill Distilleries Inc.
Highland Distillers Ltd. (Edrington Group)
Highwood Distillers Ltd.
Hirt, Beat
Historic Scotland
Hite Jinro Group Co. Ltd.
Hollen, Brennerei
Hombo Shuzo Co. Ltd.
Horse Racing Ireland
Huntly Distillery Co. (Duncan Taylor & Co.)
Ian MacLeod Distillers Ltd.
Inver House Distillers Ltd. (International Beverage Holdings Ltd.)
Invergordon Distillers Ltd
Irish Distillers Ltd. (Pernod Ricard SA)
Isle of Arran Distillers Ltd.
Isle of Barra Distillery (Uisge Beatha nan Eilean Ltd.)
Jack Daniel Distillery (Brown-Forman Corporation)
J. and A. Mitchell & Co. Ltd.

Peter Hofmann

1946 geboren, war als Gründer, Mitinhaber und Leiter eines Betriebs der grafischen Industrie mit Produktionsstandorten in der Schweiz, in Deutschland und Frankreich tätig.

Vor mehr als zwanzig Jahren begann er sich intensiv mit Schottland und dem Thema Whisky zu beschäftigen und besuchte auf seinen Reisen – sehr häufig nach Schottland, mehrmals nach Irland, Kanada, in die USA, nach Japan und beinahe um die ganze Welt – unzählige Whiskydestillerien. Dabei lernte er viel über das Whiskymachen, konnte in einigen Betrieben als Trainee eigene Erfahrungen sammeln, führte zahlreiche Gespräche mit Destilleriemitarbeitern und -managern und durfte die mit dem Whisky verbundene spezielle Kultur kennenlernen. Alle diese Erfahrungen, Begegnungen und Gespräche bilden die Grundlage dieses Buches.

Nach ausgedehnten Reisen machte er 2004 sein Hobby zum »Beruf«: Er eröffnete das »Angels' Share« in Oberentfelden bei Aarau (Schweiz) mit »Inn«, Whisky-Shop und Internetvertrieb von Whiskyspezialitäten aus der ganzen Welt. Er veranstaltet Whiskydegustationen in seinem »Inn« sowie bei Anlässen im In- und Ausland. Außerdem leitet er Gruppenreisen nach Schottland, bei denen die Teilnehmer nicht nur zahlreiche Destillerien besuchen, sondern auch das Land und seine Kultur kennenlernen.

www.angelsshare.ch

Bücher aus dem AT Verlag

Martin Kilchmann/Jörg Wilczek
Die Winzer Graubündens
und ihre Weine

Rolf Klein/Armin Faber
Weinfrauen
Die besten Winzerinnen Europas und ihre Weine

Karen Page/Andrew Dornenburg
**Das Lexikon der Aromen-
und Geschmackskombinationen**

Dominik Flammer/Sylvan Müller
Das kulinarische Erbe der Alpen

Dominik Flammer/Fabian Scheffold
Schweizer Käse
Von Urkäsen, traditionellen Käsesorten und Käsekünstlern

Martin Jenni/Marco Aste
Cervelat und Tafelspitz
Einfach gut essen im Dorf, im Quartier und auf dem Land
88 stimmungsvolle Beizen in der Schweiz

Martin Arnold/Urs Fitze/Ronald Decker
Das Buch vom Schweizer Fleisch
Reportagen, Wissenswertes, Rezepte

Margaretha Junker/Clara Tuma
Absinthe
Die Grüne Fee in der Küche
Sinnliche Rezepte für Pikantes und Süßes,
Drinks und Gebäck

Jean-Marie Dumaine
Trüffeln – die heimischen Exoten
60 Rezepte und viel Wissenswertes über die
mitteleuropäischen Arten

Martin Weiss/Albi von Felten
Blaue Schweden, Grüne Zebra, Roter Feurio
Alte Sorten neu entdeckt
Das ProSpecieRara Kochbuch

Keda Black
Alte Gemüsesorten neu gekocht
Topinambur, Petersilienwurzeln, Steckrüben,
Haferwurzeln, Spaghettikürbis, Rote Bete,
Schwarzwurzeln, Patisson, Kohlrabi & Co.

Stefan Wiesner
Avantgardistische Naturküche
Mit Lexikon der Geschmackskombinationen

Stefan Wiesner
Gold Holz Stein
Sinnliche Sensationen aus Wiesners alchemistischer
Naturküche

André Jaeger
Fischerzunft

Peter Knogl
Ma cuisine passionnée
Rezepte aus dem Cheval Blanc im Grand Hotel
Les Trois Rois Basel

Tanja Grandits
Aroma pur
Meine fröhliche Weltküche

Tanja Grandits
Alles klar
Im Glas gekocht – im Glas serviert

Douce Steiner
Cuisine Douce
Sterneküche für zuhause

Douce Steiner
Meine leichte Küche
Cuisine Douce

Vreni Giger
Meine Frischmarktküche

Werner Tobler
Cuisinier

Roland Jöhri/René Dittrich
Kochkunst einfach edel
100 Küchengeheimnisse aus dem «Talvo»

Hans-Peter Hussong
La Cuisine surprise

Sylvan Müller
Japan – Kochreisefotobuch

AT Verlag
Bahnhofstraße 41
CH-5000 Aarau
Telefon +41 (0)58 200 44 00
Fax +41 (0)58 200 44 01
E-Mail: info@at-verlag.ch
Internet: www.at-verlag.ch